Paul Kegan

Freya

Paul Kegan

Freya

ISBN/EAN: 9783744663960

Hergestellt in Europa, USA, Kanada, Australien, Japan

Cover: Foto ©ninafisch / pixelio.de

Weitere Bücher finden Sie auf **www.hansebooks.com**

Freya

Illustrirte
Familien-Blätter.

Erster Jahrgang
1861.

Stuttgart

VERLAG VON KRAIS UND HOFFMANN.

Inhalts-Verzeichniß.

Text.

Holzschnitte im Text.

Stahlstiche.

Tondrücke.

Farbendrücke.

Musik.

Illustrirte Blätter
für
Deutschlands Frauen und Jungfrauen.

Unser Sinnbild.

So ungezwungen die Einbildungskraft mit dem Worte Freya die Vorstellungen des Reinen, Kräftigen, Liebreichen verbindet, so nahe liegt es uns, dieses Werk mit einem Namen zu schmücken, in dessen heimatlichem Klange die Eigenschaften ausgedrückt sind, die wir unsrem Streben zu verdienen suchen. Aus dem sagenhaften Dunkel der deutschen Urzeit glänzt uns der Name als ein poetisches Vermächtniß herüber, und in solchem Sinne wird es den Frauen und Jungfrauen, denen diese Blätter gewidmet sind, erwünscht sein, wenn sie überall den Spuren der Gesinnungen und Anschauungen begegnen, die unsere Voreltern in dem Cultus der Freya zum Gegenstande göttlicher Verehrung machten. An der Seite Wodans, ihres Gemahls — so glaubten sie — waltete Freya als Schaffnerin des Himmels, Thron und Herrschaft mit dem Götterkönige theilend. Ihr Haupt schmückt ein leuchtendes Diadem, ihre Augen sind blau wie Flachsblüthe, blondes Haar wallt um ihren Nacken, ihr Gewand umfaßt ein gestirnter Gürtel. In mancherlei wechselnden Gestalten, hilfreich und strafend, neckend und versöhnend, wandelte sie als sorgliche Mutter unter den Menschen. Lieder und Saitenspiel hatten ihre Gunst. Sie schützte den Bund der Liebe und Ehe, sie hütete die Seelen der Kinder, sie tröstete Kranke und Verlassene und belohnte Tapferkeit und häuslichen Fleiß. Nichts blieb ihr verborgen, keine Lüge noch Täuschung konnte vor ihr bestehen. Die ganze Natur gehorchte ihrem Wink. Sie gab Regen und Sonnenschein, sie öffnete die Quellen und bedeckte die Fluren mit Wachsthum. Aber sie jagte auch in wildem Sturmgetöse durch die Luft und sandte Schrecken und Tod herab. — Ohne daß diese Züge die reich gestaltete Sage erschöpfen, prägt sich aus ihnen das Bild der Freya zu unserem Sinnbild. Möchten wir, ihm getreu, mit Klarheit, Milde, Festigkeit das Gute und Schöne zur Wirkung bringen, das Unwürdige bekämpfen, die Meinungen läutern, die Gemüther erfrischen, und vor Allem den Trieb zum Vaterlande lebendig erhalten.

Karl v. Stein.

Eine historische Skizze

von

Adolf Stahr.

„Der ächter Grundstein, der Unrecht Eckstein.
Der deutschen Volkes Edelstein.“
(Arndt.)

Wer das geschichtliche Leben der Völker aufmerk=
sam beobachtet, kann sich der Bemerkung nicht ent=
ziehen, daß Völker, wie einzelne Menschen, bei einer
verdeckt herannahenden großen Gefahr, von einer
Ahnung derselben ergriffen werden, daß ein geheimer
Instinkt sie die Nähe derselben empfinden läßt, selbst
wenn das Bedrohliche noch fern oder unter täuschen=
der und gleißender Hülle der Sicherheit verborgen
liegt.

Ein solches Gefühl, eine solche Stimmung hat seit
den letzten Jahren das deutsche Volk ergriffen, und stei=
gert sich unter uns von Tag zu Tage. Nahezu ein
halbes Jahrhundert ist dahingegangen, seit die Welt=
geschichte 1815 abschloß mit der Niederlage des großen
Nachbarvolks, das in den zwei vorhergegangenen Jahr=
zehnten die europäische Welt in ihren Grundvesten
erschüttert, und dessen siegreicher Imperator seinen
ehernen Fuß auf den Nacken der Fürsten und Völker
Europa's gesetzt hatte. Einen solchen Abschluß aber
erträgt kein großes Volk, zumal kein Volk wie das
französische, dessen Seele Ehrgeiz und Herrschbegier sind.
Das empfanden schon damals, als dies Volk und
sein Imperator unter der Wucht des vereinten Eu=
ropa's am Boden lagen, gar manche deutsche Pa=
trioten. Sie empfanden, daß es dringend Noth sei,
den ungehofften Sieg, die vollständige Niederwerfung
des Feindes zu benutzen zur Neugestaltung des eigenen
Vaterlandes, zur Kräftigung Deutschlands gegen die
Gefahren der Zukunft. Aber ihr Warnungsruf ver=
klang ungehört. Alles was bei uns geschah, war von
der Art, daß es die Franzosen im Westen und die
Russen im Osten für ihre gegen Deutschland gerichteten
Absichten und Pläne nicht besser hätten wünschen
können. Methodisch ward Deutschland kraft=, macht=
und wehrlos gemacht. Der Aufschwung seiner für
die Idee eines einigen und starken Vaterlandes be=
geisterten Jugend wurde gebrandmarkt, und das helle
Feuer dieser Begeisterung bis auf den letzten Funken
ausgelöscht. Denn Deutschland sollte sein und blei=
ben, was es nach Metternichs Ausspruche war und
sein sollte: „ein geographischer Begriff,“ nichts wei=
ter. Wozu auch ein gemeinsames Vaterland aller
Deutschen, mit gleichem Recht und gleichem Ge=
setz für Alle? Der „Erbfeind“ jenseits des Rheins
war ja besiegt, der Napoleon schlief in seinem Fel=
sengrabe mitten im Weltmeer, und sein Geschlecht war
wie ein ausgerottetes Unkraut über die Gränzen
Frankreichs geworfen.

Da regte sich nach fünfzehn Jahren wieder ein=
mal der gefesselte Riese jenseits des Rheins, und
von dem bloßen Schütteln seiner Glieder stürzte ein
Thron in Trümmer. Ein Vorgefühl großer Gefahr
durchzitterte Deutschland. Aber auch dieser Mo=
ment ward versäumt. Der neue Herrscher schien so
friedlicher Natur, so vollauf beschäftigt, sein eigenes
Reich in Ordnung zu erhalten. Was war für Deutsch=
land zu fürchten von diesem „Bürgerkönige,“ der statt
des Schwertes einen Regenschirm führte? Deutsch=
land schlief ruhig weiter, nicht ahnend, daß über sei=
nen Schlaf hinweg der französische Bürgerkönig dem
Czaren von Rußland heimlich die Hand entgegen=
streckte zum Bunde für — eine Theilung Deutsch=
lands.

Auch diese Gefahr ging vorüber an dem schlafen=
den Deutschland, da es der Czar verschmähte, mit dem
„Bürgerkönige“ eine Gemeinschaft einzugehen, die er
mit einem legitimen Herrscher einzugehen sehr bereit
gewesen wäre. Aber dennoch fehlte es Deutschland
nicht an Vorzeichen der Gefahr. Kaum zehn Jahre
saß Louis Philippe auf dem Thron, als der französi=
sche Hahn sein Lied von der Rheingränze zu krähen
anhub. Da rüttelte sich Deutschland auf und —
Niklas Becker dichtete sein Rheinlied:

„Sie sollen ihn nicht haben.
Den freien, deutschen Rhein!“

wobei der Dichter nur das Eine vergaß, daß dieser
Rhein weder „frei,“ noch „deutsch“ war, und daß

es ein „Deutschland" überhaupt noch gar nicht gab, sondern eben nur einen also benannten geographischen Begriff, und daß in der einzigen deutschen Nationalhymne, die wir haben, das deutsche Volk noch immer — noch bis auf den heutigen Tag — fragte und fragt: wo sein Vaterland sei?

Auch dieser günstige und dringende Augenblick also ward versäumt, und in Deutschland blieben die Dinge beim Alten.

Da krachte es eines Tages wieder jenseit des Rheins, und wieder lag dort ein Thron in Trümmern, wieder floh ein Königsgeschlecht in ruhmlose Verbannung. Jetzt aber griff das deutsche Volk selbst seine Sache an. Es fühlte instinktmäßig, daß es hohe Zeit sei, Deutschland zu etwas Anderm als zu einem „geographischen Begriffe" zu machen, wenn es nicht in allnächster Frist als ein solcher von den Nachbarn behandelt werden sollte. Ueber ein Menschenalter hatten seine Regenten diese Aufgabe versäumt — jetzt legte das Volk selber Hand an's Werk.

In wenigen Tagen lag das Bauwerk Metternich'scher Staatsweisheit, lagen Bund und Bundestag und alle die zahllosen Hemmnisse, welche List und Gewalt über ein Menschenalter lang mit Hülfe aller erdenklichen Machtmittel gegen die Idee eines deutschen Vaterlandes aufgethürmt hatten, in Scherben, begannen rüstige Hände den Neubau des in der Proklamation von Kalisch 1813 verheißenen neuen, „aus ureigenem Geiste des deutschen Volkes wiedergeborenen" Reiches deutscher Nation. Nie, so lange die Welt steht, war eine gleich große Revolution mit so geringen Mitteln und Opfern so vollständig in's Werk gerichtet werden. Was es an Blut gekostet hatte, war kaum demjenigen gleich, was in einem einzigen der Tausende geringerer Treffen in den Fürstenkriegen des letzten Jahrhunderts vergossen worden war. Aber die Hoffnung, daß Deutschland auf verhältnißmäßig so unblutigem und friedlichem Wege zu seinem Ziele gelangen werde, erwies sich nur zu bald als ein schöner Traum. Die Sache des neuen deutschen Reiches unterlag, und die Sache des alten bundestägigen Deutschlands siegte. Und doch war es hohe Zeit, daß Deutschland endlich sich zusammenraffte; denn schon zeigte sich am fernen Horizonte eine drohende Wolke künftigen Unheils. In Frankreich, dem republikanischen, bestieg der zweite Bonaparte den Präsidentenstuhl. Zwar jubelte die deutsche Reaktion, als dieser Bonaparte mit frevelndem Beginnen die von ihm beschworene Verfassung Frankreichs über den Haufen warf; und es machte sie nur wenig irre, als der Mann des 2ten Decembers sich bald darauf die Kaiserkrone seines Oheims auf das Haupt setzte. Aber die Mehrheit unsres Volkes empfand anders und richtiger. Es fühlte, daß von diesem Tage an eine neue Epoche herannahe, daß die Erneuerung des Kampfes gegen den Erben des ersten Bonaparte, daß ein Kampf Deutschlands für seine Existenz unvermeidlich sei; daß die Zeit kommen werde, wo dieser zweite Napoleon,

um seine Dynastie zu festigen, dem französischen Volke, das er um seine Freiheit betrogen, Ruhm, Macht und Eroberungen zum Entgelt, die Rheingränze zur Morgengabe werde bringen müssen.

Von da an begann sich ein neuer Geist im deutschen Volke zu regen. Während die Großmächte den neuen Herrscher in ihren Reigen aufnahmen und Bezeugungen der Freundschaft mit ihm austausch- ten, wandte sich das deutsche Volk mit Vorliebe zu- rück zu den Erinnerungen an die Tage seiner glor- reichen Erhebung gegen den ersten Bonaparte, der einst Deutschland so tief erniedrigt, so schmachvoll beraubt, ja Deutsche gegen Deutsche in den bruder- mörderischen Kampf geführt hatte. Es erinnerte sich der Helden dieser glorreichen Erhebung; es zog die Bilder der Männer, welche nicht verzagt hatten, als die Nacht der fremden Knechtschaft sternenlos über Deutschland hing, aus der Vergessenheit hervor. Mit ihnen das Bild des Mannes, von dem das Höchste gesagt werden muß, was von einem Bürger gesagt werden kann: daß ohne ihn das Vaterland nicht befreit worden wäre aus dem Joche der Knechtschaft, das Bild des Freiherrn

Heinrich Friedrich Karl von Stein,

des letzten großen deutschen Freiherrn, der ein Herr war und ein Freier zugleich, ein Feind alles Des- potismus und aller Herrscherwillkür. Wenn wir den Namen Stein aussprechen, so verbinden wir mit demselben Alles, was uns Beste erstrebenswerth er- scheint für unser Vaterland, alle die Wünsche und Ziele, denen unser Volk entgegenhofft. Mit dem Namen Stein bezeichnen wir zugleich das, was heute demjenigen deutschen Staate zählt, auf den unsre Blicke in Hoffnung und Sorge gerichtet sind, bezeichnen sie den „Marschall Vorwärts" im Bür- gerkleide, den Blücher deutscher Politik und Ge- setzgebung, den Staatsmann, dessen Siege auf stil- len Feldern nicht minder groß und noch nachhaltig bedeutender waren, als die Thaten seines großen Mitarbeiters am deutschen Befreiungswerke auf den blutigen Schlachtfeldern. Es ist nicht ohne Bedeu- tung, daß gerade jetzt deutsche Männer daran sind, das Bild dieses großen deutschen Staatsmannes, die- ses Helden der Staatskunst im antiken Sinne, in Erz aufzurichten auf den Stein bei Nassau, der die Wiege war eines siebenhundert Jahre lang im deut- schen Rheinlande blühenden Adelsgeschlechts, als des- sen letzter und herrlichster Sproß dieser Vorkämpfer eines freien Deutschlands vor einem Menschenalter seine Laufbahn beschloß. Denn mehr wie jemals sind bei uns die Gemüther jetzt von dem Ge- fühle erfüllt, daß der Augenblick herannahe, wo es sich wiederum zeigen werde, was ein Mann wie Stein werth sei, wenn wieder einmal, wie es bei Schiller heißt:

„Die ungestüme Brustlein, die Noth.
Der nicht mit hohlen Namen, Figuranten
Gedient ist, die die That will, nicht der Zeichen"

herantreten wird an „dies Geschlecht, das lange, bis
es nicht mehr kann, sich bedilft mit feigen Sklavenseelen und mit den Drahtmaschinen seiner Kunst", und
das erst

Wenn das Aeußerste ihm nahe tritt.
Der hohle Stein es nicht mehr thut."

zurückfällt „in die starken Hände der Natur, des
Riesengeistes, der nur sich gehorcht, nichts von Ver-
trägen weiß, und nur auf ihre Bedingung, nicht auf
seine mit ihm handelt."

Diese Worte unsers gefeierten Nationaldichters sind
gleichsam vorahnend auf Stein gedichtet. Denn solch'
eine Zeit war es im deutschen Vaterlande, als „die
ungestüme Presserin, die Noth," diesen Mann und
mit ihm „den Größten und Besten" unter Teutschlands und Preußens Staatsmännern an das Ruder
des halb zerschmetterten preußischen Staatsschiffs stellte.
Es war im Jahre 1807. Das Königreich Friedrichs
des Großen war zertrümmert, sein Schwert zerbrochen, das Land bis auf wenige Spannen in Feindes-
hand. Die Sklavenseelen und Figuranten, die Drahtmaschinen des alten Schlendrians, welche das Unheil
herbeigeführt hatten, standen rathlos da in ihrer
Plätze. Da griff man zurück zu dem einzigen Manne,
dessen starke Hand allein noch retten und helfen zu
können schien, zu dem Manne, den man wenige Monate zuvor noch in eitlem Hochmuthe von sich gestoßen hatte. Dieser Mann war Stein.

Unter dem großen Friedrich hatte der freie deutsche
Reichsritter seine Staatsdienstlaufbahn in Preußen begonnen. Das helle Auge des großen Heldenkönigs
hatte noch über ihm geleuchtet, und in dem jugendlichen Manne hatte die bedeutende Kraft erkannt.
Stein war noch im Anfang der dreißig, als er schon
bedeutende Verwaltungsämter bekleidete, und noch nicht
vierzig, als er bereits in der Stellung eines Ober-
präsidenten von Westphalen ein Landgebiet verwaltete,
das größer und volkreicher war, als zwei oder drei
deutsche Herzogthümer. Durch ernste Studien hatte
er seinen Geist gebildet, durch eigene Anschauung die
auf persönliche Freiheit, Tüchtigkeit und Selbstthätigkeit freier Staatsbürger beruhende Größe des englischen Staatslebens kennen und lieben gelernt. Solchen Geist in seinem Vaterlande zu erwecken, blieb
von da an das Ziel seines Strebens um so mehr,
je tiefer er von der Unhaltbarkeit und Verrottung
der heimischen Staatszustände durchdrungen war, wo,
wie er schon damals an den genialen preußischen
Prinzen Louis Ferdinand schrieb, „eine despotische Regierungsweise den Charakter des Volks vernichtet hatte,
indem man es von den öffentlichen Geschäften entfernt hielt und diese lieber einem eingeübten, ränke-
vollen Beamtenheere anvertraute." Die französische
Revolution brach aus, und die in Teutschland von
jener schlechten Regierungsweise gestreute Saat trug
ihre Früchte. Sie hießen Schmach und Schande.
Weder Volk noch Fürsten zeigten sich dem Anprall
der französischen Eroberer gewachsen. Teutschland
verlor sein linkes Rheinufer, und mit ihm die eine

seiner Schwingen. Napoleon besetzte ungehindert
ein deutsches Reichsland, Hannover, weil es — eine
englische Provinz war. Preußen sah zu, ja es vergaß sich so weit, den Raub von dem Räuber als
Geschenk anzunehmen. Stein, jetzt in das Ministerium berufen, mußte knirschend geschehen lassen, was
er nicht hindern konnte. König Friedrich Wilhelm
war in den Händen kleinherziger und feiger Rathgeber, die Preußens Ehre ihrer Weichlichkeit zu opfern
kein Bedenken trugen, und Stein selbst war dem auf
das Mittelmäßige gestellten Sinne des Königs zuwider. Friedrich Wilhelm III. nannte ihn spottend „ein
Genie", und ein Genie sein war für diesen Geist
ein schwerer Makel. Und doch waren die Dinge so
angethan, daß nur noch ein Genie den untergraben-
nen Preußen hätte Rettung bringen können. Napoleon gründete den Rheinbund, an dessen Spitze er
selbst als Schirmherr (Protector) trat, und die deutschen Fürsten, welche solchem Bund mit dem Feinde
des Reiches eingingen, gaben bei dem deutschen Reichs-
tage durch ihre Gesandten die Erklärung ab: „daß die
Absichten des erhabenen Protectors sich stets mit
dem wahren Interesse Teutschlands über-
einstimmend gezeigt hätten." Thaten unerhörten
Frevels an Teutschland geschahen. Der Kaiser des
uralten deutschen Reichs, der geschworene Beschützer
dieses Reichs und der deutschen Nation, ließ beide
im Stiche. Er warf die deutsche Kaiserkrone fort,
und erklärte seine deutschen Provinzen aller Pflichten
gegen das deutsche Reich los und ledig.

Langsam versöhnlich hatte Napoleon dem letzten in Teutschland noch aufrecht stehenden Staate,
hatte er Preußen, das selbst er noch für gesünder
und kräftiger hielt als es war, die Schlinge um die
Füße gelegt. Ein kräftiger Ruck zur rechten Zeit,
und es mußte fallen. Bei Jena geschah dieser Ruck,
und — Preußen fiel.

Vergebens hatte Stein zuvor mit einigen wenigen Gleichgesinnten den preußischen König gewarnt
und um Aenderung seiner Politik und um Entlassung seiner bisherigen Rathgeber beschworen. Die
Folge solcher Treue war vielmehr seine eigene Entlassung. Der preußische König sah in dem wackern
Manne nichts als „einen widerspänstigen, hartnäcki-
gen und ungehorsamen Staatsdiener," dessen über-
spannte Genialität nicht zum Staatsdienste tauge, ja
den Staat in's Verderben stürzen müsse, während
sein „respektwidriges und unanständiges Benehmen"
nicht geduldet werden könne. Mit dem Briefe, in
welchem er ihm diese Beleidigungen schrieb, stieß
der unglückliche Monarch den einzigen Mann von
sich, der ihm in seiner Noth hätte die stützende und
rettende Hand bieten können. Nicht einmal einen
regelrechten Abschied in hergebrachter Form gewährte
er dem schwer Beleidigten.

Aber Stein's Charaktergröße überstieg weit selbst
die Größe solchen königlichen Undanks. Auch folgte
die Strafe dem letzteren auf dem Fuße nach. Schon
nach wenigen Monaten lag es selbst dem blö-
desten Auge klar zu Tage, daß Stein der einzige

Mann sei, der den zerrütteten preußischen Staat retten könne. Der König mußte sich entschließen, den Schwergekränkten um solche Hülfe anzugeben, und Stein dachte groß genug, um alle Kränkungen zu vergessen gegenüber der großen Aufgabe: den einzigen deutschen Staat aufrecht zu erhalten, von dem, wie er zuversichtlich hoffte, einst für Teutschland Errettung aus der Fremdherrschaft kommen könne. Auf's Neue ergriff er das Steuer des am Abgrunde taumelnden Staatsschiffs. Kaum länger als ein Jahr war es ihm vergönnt, dasselbe in seiner starken Hand zu halten, aber in dieses eine Jahr drängte sein gewaltiger Geist die Thatkraft und die Thaten von Jahrzehnten zusammen.

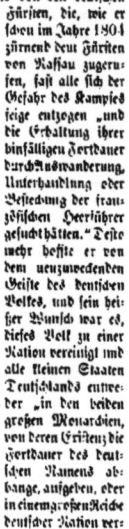

Die Aufgabe, die er sich stellte, war: das Volk zu neuem Leben, zur Theilnahme am Staate, zur Selbstthätigkeit in seinen Angelegenheiten zu erheben; denn nur ein solches Volk, nur ein Volk, welches im Innern entknechtet sei, vermöge auch die äußere Knechtschaft der fremden Zwingherrn zu brechen. In diesem Geiste begann er die Umgestaltung des preußischen Staats. Es war eine staatliche Revolution, wie sie Teutschland bisher noch nicht gesehen hatte, eine Revolution, auf deren Erfolgen noch heute die Macht und Stärke des preußischen Staates beruht. Die Erbunterthänigkeit und Leibeigenschaft wurden aufgehoben; der hörige Bauer ward zum freien Grundeigenthümer gemacht. Eine Städteverordnung ward gegründet, welche den Bürgern die Verwaltung ihrer Angelegenheiten in die eigene Hand gab. Dem so neugeschaffenen freien Bauern- und Bürgerstande ward eine Verwaltung verliehen, die den Begriff des freien Staatsbürgers an die Stelle des bloß lasttragenden Unterthanen setzte. Das Heer, bis dahin aus geworbenen Söldnern bestehend, ward mit Hülfe des genialen Scharnhorst zu einem Volksheere umgeschaffen, und mit der neuen kriegerischen auch die friedliche Erziehung des Volkes durch Schule und Kirche zu geistiger Bildung und sittlicher Tüchtigkeit auf neue Grundlagen gestellt. Daneben ward der Grund gelegt zu einer ständischen Verfassung, welche an die Stelle der bisherigen schrankenlosen Königsgewalt treten, und deren Abschluß eine reichsständische Verfassung bilden sollte. Und alle diese großen Reformen hatten nur ein einziges nächstes Ziel. Sie sollten Mittel sein zu dem großen Zwecke der Erhebung Preußens und Teutschlands, zu einem Befreiungskampfe auf Leben und Tod gegen den fremden Unterjocher.

Groß sein heißt nicht nur: Großes wollen, sondern vor Allem auch zum großen Zwecke die rechten Mittel wollen. In der Kraft solchen auf tiefster Einsicht beruhenden Wollens lag die Größe Stein's. Er hoffte für den bevorstehenden Kampf um Teutschlands Befreiung wenig oder nichts von den deutschen Fürsten, die, wie er schon im Jahre 1804 zürnend dem Fürsten von Nassau zugerufen, fast alle sich der Gefahr des Kampfes feige entzogen "und die Erhaltung ihrer hinfälligen Fortdauer durch Auswanderung, Unterhandlung oder Bestechung der französischen Heerführer gesucht hätten." Desto mehr hoffte er von dem neuzuweckenden Geiste des deutschen Volkes, und sein heißer Wunsch war es, dieses Volk zu einer Nation vereinigt und alle kleinen Staaten Teutschlands entweder "in den beiden großen Monarchien, von deren Erkenntniß Fortdauer des deutschen Namens abhange, aufgehen, oder in einem großen Reiche deutscher Nation verschwinden zu sehen!"

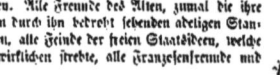

Wohl konnte im Angesichte solcher Kühnheit sein Freund Scharnhorst von ihm sagen: "Nur zwei Männer kenne ich, welche ganz ohne Menschenfurcht sind, den Minister Stein und den General Blücher!" Beide setzten ihr einziges Vertrauen auf die Kraft und den Geist ihres Volkes, und dies Vertrauen hat sie nicht getäuscht. Diese beiden Männer wurden die Bannerträger des deutschen Volkes in seinem großen Befreiungskampfe.

Vorläufig aber hatte Stein bei seinen Bestrebungen nicht nur mit dem Argwohn der fremden Zwingherrn, sondern mehr noch mit innern Feinden zu kämpfen. Alle Freunde des Alten, zumal alle Privilegien durch ihn bedroht sehenden adeligen Standesgenossen, alle Feinde der freien Staatsideen, welche er zu verwirklichen strebte, alle Franzosenfreunde und

Feiglinge, der ganze Holadel, alle die Ruhe- und Genußsüchtigen, die diese ihre höchsten Güter um jeden Preis, selbst um den äußersten Erniedrigung des Vaterlandes zu erhalten strebten, dazu noch die große Zahl aller beschränkten und schwachen Köpfe, — alle diese bildeten eine festgeschlossene Partei gegen den einen Mann, dessen Wahlspruch war: lieber mit Ehren untergeben als mit Schande fortzuvegetiren. Seine Stellung war bereits untergraben, noch ehe der Schlag von Außen her gegen ihn erfolgte. Dieser Schlag war das Rechtungsdekret, das Napoleon aus dem fernen Spanien gegen den Mann schleuderte, in welchem er den gefährlichsten Feind seiner Pläne und Absichten gegen Deutschland erkannt hatte. Denn nur ein Genie vermag das andere ganz zu erkennen. Aus seinem kaiserlichen Feldlager zu Madrid vom 16. December 1808 war das Dekret datirt, das „den Mann Namens Stein, so nenne Stein, der da Unruhen in Teutschland zu erregen strebe, für einen Feind Frankreichs und des Rheinbundes" erklärte, seine Güter einzuziehen und sich seiner Person überall, wo französische und Rheinbundstruppen ihn greifen könnten, zu bemächtigen befahl.

Die Partei seiner Feinde in Preußen und Teutschland begrüßte mit lautem Jubel den Sturz des Mannes, während alle Patrioten sich dem tiefsten Schmerze hingaben. Aber Stein selbst bewährte gerade jetzt die ganze Größe seines Charakters. Schwer getroffen von einem Schlage, der dem Unglück und der Einsamkeit für seine Ideen und sein Vaterland, zugleich das Vaterland selbst und alle Güter des Lebens entzog, empfand er doch zugleich die ganze Größe und Bedeutung, welche ihm dieses Unglück verlieh, und beschloß sich derselben würdig zu zeigen. Er empfand die Ehre welche darin lag, daß der gewaltige Beherrscher Europa's, das Genie des Weltdespotismus, ihn, den einzigen Mann würdig erachtete, ihn zu seinem Feinde zu erklären. Er empfand es, daß sein Name jetzt, wo er als heimathloser Flüchtling das Vaterland verlassen mußte, größer war als je zuvor; daß der Feind selbst diesen Namen und diesen Mann dem teutschen Volke als das Banier aufpflanzte, unter dem es sich zu schaaren habe, wenn es frei werden wolle; daß das Rechtungsdekret, welches den Minister des Preußischen Königs traf, das Bestallungsdekret enthielt für den Minister des teutschen Volks.

Er verließ Preußen, das ihn nicht schützen konnte, und entfloh nach Oesterreich. Doch ehe er als heimathloser Flüchtling aus dem Lande schied, dem er dreißig Jahre seines Lebens gewidmet hatte, erließ er in dem bekannten Rundschreiben an alle preußischen Verwaltungsbehörden jenen berühmten Aufruf zum Ausharren auf der von ihm errittenen Bahn und zum Festhalten an seinen Grundsätzen zur Erneuerung des preußischen Staats- und Volksgeistes. Diese Grundsätze lauteten:

Unabhängigkeit des Richterstandes;

Befreiung der Staatsbürger von allen Hemmnissen ihrer Selbständigkeit;

Reform des Adels und Aufhebung der Kluft zwischen dem Adel und Bürgerstande;

Allgemeine Wehrpflicht;

Hebung des Volks durch sittlich-religiöse Erziehung, und Entwicklung jeder Geisteskraft durch einen vernünftigen, in seiner Methode auf die innere Natur des Menschen gegründeten Volksunterricht.

Dies war das „politische Testament," welches der große Staatsmann scheidend für Preußen hinterließ. Seine Nachfolger traten die Erbschaft nicht an; sie arbeiteten nicht fort in seinem Geiste! Aber die Folge bewies, daß die von ihm gestreute Aussaat dennoch nicht verloren war.

Harte Zeiten folgten. Die großartige Erhebung Oesterreichs ward zum zweitenmale von Napoleon (1809) niedergeworfen. Teutschlands Knechtschaft schien jetzt für immer befestigt. Aber während alles um ihn her verzweifelte, blieb Stein's Zuversicht ungebeugt. Er durchschaute das hohle Fundament, auf welchem Bonaparte's Machtgebäude ruhte, und je höher dasselbe emporstieg, desto sicherer rechnete er auf seinen endlichen Sturz. „Dies Gebäude," — so schrieb er damals an einen Freund, — „könne nicht von Dauer sein; es beruhe auf zu faulen Grundlagen, auf Gewalt und aus gemeinsten Regierungskünsten; in dem Ganzen liege nirgends ein Zug von Menschlichkeit, Größe, Edelmuth; Alles sei auf den Eindrängen, und auf den teuflischen Sinn seiner Umgebungen berechnet." Dieser Glaube gab ihm den Muth auszuharren drei lange Jahre für Fritz hindurch, in denen sich seine Kraft in Plänen und Entwürfen gegen den Despoten verzehrte. Wohl kamen auch über den Starken zuweilen Stunden, in welchen er irre ward in seinem Glauben an die Zukunft Teutschlands und Europa's, und mehr als einmal dachte er daran, sich und den Seinen in dem freien Nordamerika eine neue Heimath zu gründen. Aber sein Geist raffte sich immer wieder empor aus solcher Verdüsterung. Denn er glaubte felsenfest an die Macht der Idee, die zuletzt doch über die rohe Gewalt der Tyrannei den Sieg davon tragen müsse. Wenn das jetzige Geschlecht aufzugeben sei, so müsse für das folgende gewirkt werden, die Jugend müsse durch Erziehung gekräftigt, und ihr in dem ausharrenden Muthe der Aelteren ein Beispiel hinterlassen werden. Sein Wahlspruch war jetzt das mannhafte Wort des Apostels: „Jeder soll bleiben in dem Beruf, in dem er berufen ist, Niemand soll suchen was sein, sondern was des Andern ist." (1. Corinth. 10, 24.)

So blieb er und harrte aus. Tiefer und tiefer sank die Nacht der Knechtschaft herab auf Teutschland. Preußen, aus dem Stein's Geist gewichen war, schwebte zagend und haltlos zwischen Sein und Nichtsein. Oesterreich blutete an den Wunden, die ihm zwei unglückliche Kriege geschlagen. Die Fürsten der übrigen Staaten Teutschlands waren ein weiches Wachs in den Händen Napoleon's, der Könige und Fürsten nach Willkür erschuf und absetzte. Die Jugend Teutschlands ward gewöhnt, dem Rufe der französischen Trommel zu folgen und ihr Blut auf allen Schlachtfeldern für die Erhöhung und Befestigung der Macht desselben Tyrannen zu vergießen, der ihr eigenes Vaterland in seinen Ketten hielt. Bald riefen diese Trommeln zu dem Kampfe gegen das letzte noch unbezwungene Reich des Festlandes, gegen Rußland. Auch Preußens und Oesterreichs Herrscher schickten sich an, diesem Rufe zu folgen. Stein sah in solchem Verhalten einen Selbstmord. Seines Bleibens war jetzt nicht länger in Oesterreich. Er dachte nach England zu gehen, um von dort aus weiter gegen Napoleon zu wirken. Aber es kam anders. Der Kaiser von Rußland, Alexander, der im Angesichte der gegen ihn heranziehenden Gefahr erkannte, was ein Mann wie Stein werth sei, berief ihn durch ein eigenhändiges Schreiben mit inständigster Bitte zu sich, damit er ihm beistehe in dem nahenden Kampfe gegen den Welttyrannen. In dem geächteten heimathlosen Manne sah der mächtige Kaiser seinen einzigen Alliirten auf dem Festlande Europa's!

Stein folgte dem Rufe. Aber er nahm keine Anstellung in Rußland, um nicht den Reiz der Rußen gegen den Fremdling zu erregen. Das Einzige was er forderte war: unversöhnlicher Kampf gegen Napoleon bis zur Befreiung Deutschlands; denn diese war und blieb das Ziel all seines Strebens. Und kaum in Rußland angekommen, spann er von dort aus, während Napoleon mit seinen Hunderttausenden gegen Rußland heranzog, die Netze im Rücken des Gewaltigen, welche ihn umgarnen, bereitete er die Kräfte vor, welche sich im Jahr später gegen ihn in Rußland geschlagen erheben sollten, errichtete er ein Comité für die künftige Erhebung Deutschlands und eine deutsche Legion aus deutschen Streitern. Unbeirrt durch den Widerspruch deutscher Fürsten, welche gleich ihm als Vertriebene in Rußland lebend, von einem Aufrufe deutscher Volkskraft nichts wissen wollten, beharrte er dabei, daß einzig und allein von dieser energischen Kraft, die auf der weitesten und edelsten Grundlage ruhe, die Errettung des Vaterlandes aus der Knechtschaft und die Aufrichtung der Freiheit und des Glücks der Nation zu erwarten sei." In Rußland ward in der Seele der Widerstandes gegen den weiter und weiter siegreich vordringenden französischen Imperator. Er war es, der immer aufs Neue das Feuer seines ungebrochenen Muthes in die Seele Alexander's goß, als alles rings um ihn her verzagte, als das russische Heer, in blutigen Schlachten geschlagen, sich weiter und weiter vor den herandringenden Franzosen zurückzog, als selbst Moskau, die altgeheiligte Hauptstadt Rußlands in die Hände des Feindes fiel. Die Flammengluth, welche dies Palladium des Reichs verzehrte, erhöhte nur seines Muthes Zuversicht. "Es kann sein," — rief er bei der Nachricht seinem treuen Arndt zu, der ihm nach Rußland nachgereist war, — "daß wir nach Orel oder gar nach Orenburg die Fahrt antreten müssen. Ich habe schon zwei, dreimal im Leben mein Gepäck verloren! Was thut's? Sterben

müssen wir doch einmal!" Je dunkler es um ihn her wurde, desto heller erstrahlte in ihm der Stern seines Glaubens an den Sieg der Idee, an den Sieg des Guten über das Böse. Denn nur wer freudig bereit ist, für solchen Sieges Gewinnung alle Lebensgüter und das Leben selbst hinzugeben, der darf auf den endlichen Sieg des Guten im Kampfe gegen das Schlechte vertrauen. Denn solcher Opfermuth ist und gibt göttliche Kraft des Ausharrens bis an's Ende.

Und Stein harrte aus bis an's Ende, und seine Festigkeit und sein Zuspruch vermochten auch den Kaiser Alexander zum Ausharren im Kampfe, als Alles rieth, den jetzt von Napoleon gebotenen Frieden anzunehmen. So ward der Geächtete der Berather seines Rechtes. Am 18. October des Jahres 1812 begann Napoleon seinen verhängnißvollen Rückzug aus Moskau's rauchenden Trümmern. An dem selben Tage des folgenden Jahres befreite die Völkerschlacht auf Leipzigs Ebenen Deutschland von dem Joche der Fremdherrschaft.

Noch aber war es nicht so weit. Zwar hatte der eisige Winter des Jahres 1812 das gewaltigste Heer vernichtet, das seit Jahrtausenden die Welt unter eines Herrschers Machtgebot vereint gesehen. Aber noch stand der Gewaltige selbst aufrecht, noch wurzelte seine Macht nicht allein in seinem eigenen Volke, sondern auch in den zagenden Herzen der deutschen Fürsten, seiner Verbündeten. Zwar in Preußen gingen die Saaten auf, welche Stein und seine Genossen ausgestreut. Der patriotische Geist des Volks und Heeres, die kühne That Yorks, der immer höher in der Nation anschwellende Drang nach Rache an dem übermüthigen Zwingherrn rissen zuletzt, — wenn auch nach langem Zögern und nach dem Verschwinden kostbarer Zeit, — den wankenden König mit sich fort zu dem Entschlusse, Alles an Alles zu setzen. Der Aufruf, der das gesammte Preußenvolk zu den Waffen rief, erfolgte. Aber — kein einziger deutscher Fürst ahmte dieses Beispiel nach. Vergebens forderte die unter Stein's Einflusse abgefaßte Proklamation von Kalisch alle Deutschen auf zur Erhebung gegen den gemeinsamen Feind des Vaterlandes, dessen Neugestaltung und Wiedergeburt zu einem starken und freien Reiche deutscher Nation in dieser Proklamation als Ziel und Lohn des Kampfes hingestellt ward. Die deutschen Könige und Fürsten standen fest zu dem Zwingherrn, in welchem sie den Schützer ihrer eigenen Souveränität und Willkürherrschaft erblickten. Stein's Zornfeuer loderte auf im Angesicht solchen Verhaltens. Er hatte keinerlei Sympathie für irgend eine der deutschen Dynastien. Selbst Preußens Erhebung war ihm nur Mittel, nicht Zweck für die Sache seines Vaterlandes; und dieses Vaterland war ihm, — er bekannte es laut, — nicht Preußen und sonst ein deutscher Staat, sondern Deutschland. "Daß Deutschland groß und stark werde, um seine Selbständigkeit, Unabhängigkeit und Nationalität wieder zu erlangen und beides, in seiner Lage zwischen Frankreich und Rußland, zu behaupten: das sei, so schrieb er damals an den Grafen Münster, das Interesse der Nation und ganz Europa's, und dieß könne auf dem Wege alter, zerfallener und verlauter Formen nicht erreicht werden." Das eben war es, was Stein so eigenthümlich groß machte, daß er, als freier deutscher Reichsritter geboren, kein anderes Vaterland als Deutschland, und Niemanden über sich erkannte, als dessen gemeinsames Oberhaupt. Aber der auf den Adel seines uralten Geschlechts so stolze Mann war dennoch groß genug, auch selbst diesen Adel dem Vaterlande zum Opfer zu bringen. Er sprach es offen aus: der deutsche Adel habe seine Ansprüche verwirkt, und ein neuer Adel müsse an seine Stelle treten, ein Adel, der nur gewonnen werden könne durch Tapferkeit und Heldenthaten im Kampfe für das zu befreiende Vaterland. Höher hat nie den Flug der Gedanken einen adligen Mann Deutschlands getragen, als Stein in diesem Momente erscheint. Selbst ein Gentz, der Diener Metternichs, fühlte sich gedrungen laut anzuerkennen: dieser Mann sei der geborene "Diktator" Deutschlands.

Stein hatte mit dem siegreichen russischen Heere am 19. Januar 1813 die erste preußische Stadt, Tol, wieder betreten. Vier Wochen später tauchte er als Kaiser Alexanders Abgesandter den Preußischen König in Breslau auf, um den Zaudernden zur Entscheidung zu bewegen. Nicht Krankheit und Körperschwäche hemmten seine rastlose Thätigkeit. Als Friedrich Wilhelm III. endlich gewonnen war, eilte Stein nach Dresden, um auch den Sächsischen König für den Anschluß an die deutsche Sache zu gewinnen. Aber dieser blieb seinem Schubherrn Napoleon treu, und Deutschland war somit bei der Eröffnung des großen Entscheidungskampfes nur durch Preußen vertreten, dessen Volk sich, angezeigen und erschöpft durch jahrelange Drangsal und Noth, mit einer nie bis dahin in Deutschland gesehenen Begeisterung, wie ein einziger Mann in Waffen erhob, und die ersten mörderischen Schlachten den Großgörschen und Bautzen — zum Theil gegen deutsche Streiter auf Feindesseite, — glorreich und durch keine Niederlage entmuthigt, durchkämpfte.

Stein war es vor Allem gewesen, der in diesem Kampfe auf Tod und Leben die Volkskraft in Landwehr und Landsturm gegen die Tyrannen anzubieten getrieben hatte. Das war selbst deutschen Fürsten unheimlich, um wie viel mehr dem Napoleon. Ein Moniteur wüthete gegen den "berüchtigten Stein," der "den Pöbel gegen die Besitzenden aufrühre," und bedauerte den König von Preußen, "der sich zur Stütze solcher verbrecherischen und abscheulichen Umtriebe hergebe!"

Zögernd und zaudernd war endlich auch das von Metternich geleitete Oesterreich dem Bunde gegen Napoleon beigetreten, und wenn auch sein Beitritt den Sieg über Napoleon erleichtern half, so war doch Stein der Erste, der es schon damals erkannte und aussprach: "daß Metternich dadurch ein Uebergewicht in den deutschen Dingen erhalte, welches dieser Mann gewiß auf keine Deutschland beglückende Art ausüben

werde." Die Schlacht von Leipzig ward geschlagen, und wieder war es Stein, der jetzt unablässig darauf drang, den Sieg bis zur letzten Entscheidung zu verfolgen. Er war es, der die Absichten eines voreiligen Friedensschlusses unerschütterlich bekämpfte, und fest an dem Worte hielt, daß er schon in Rußland ausgesprochen: erst in der eroberten Hauptstadt Frankreichs dürfe man Frieden schließen. Sein starker Muth war es, der mit Blücher die Heere der Verbündeten über den Rhein führte, und nicht eher ruhen ließ, bis das große Ziel erreicht sei.

Es ward erreicht, und der von Napoleon gejädtete deutsche Mann zog am 9. April 1814 in die Hauptstadt seines Feindes ein, in welcher wenige Tage zuvor der eigene Senat des Kaisers dessen Absetzung hatte verkünden müssen. Es war der glorreichste Tag im Leben Stein's, als er aus dem eroberten Paris seiner Gattin in die Heimath schreiben konnte: "Der Tyrann hat geendet wie ein Feigling. — Derselbe Mangel an Geisteserhebung, der ihm die Flucht aus Rußland eingab, indem er sein Heer allen Gräueln des Hungers und der Kälte überließ, macht ihm jetzt ein schaunvolles Dasein erträglich. Die Erzherzogin (Marie Louise) kehrt zu ihrem Vater zurück, Jérome geht nach Stuttgart, Joseph nach der Schweiz: und so ist nun alles dieses Gesindel zu Boden!"

Um zu wissen was Stein in diesem Kampfe geleistet, muß man die Briefe und Zeugnisse der Edelsten und Besten aus der damaligen Zeit lesen. Sie stimmen alle überein in dem Geständniß, daß ohne diesen einen Mann das Ziel der Befreiung Deutschlands nicht erreicht sein würde. Hier ein Zeugniß statt unzähliger. Ein deutscher Fürst, der Herzog Franz von Anhalt-Dessau schrieb an Stein in jenen Tagen: "Was wäre Deutschland, was Europa, was Sie uns wären?! Der herrliche Freundschaftsbund der hohen Verbündeten, die Organisation der ganzen Gesammtkraft gegen den Störer der Ruhe Europa's, die unerschütterliche feste Verfolgung der vorgesteckten Ziele, alles das ist Ihr Werk!"

Es war sein Werk, aber nicht sein letztes Ziel. Und dieses letzte Ziel, das sein Werk krönen sollte, zu dem alles bisher Geleistete und Geschehene nur Mittel sein sollte: den Wiederaufbau, die Erneuerung Deutschlands, seines Vaterlandes, hatte er den Schmerz nicht erreicht, alle dafür gebrachten Opfer vergebens gebracht zu sehen. Er hätte Diktator sein müssen, um das Widerstreben der Einflüsse niederzuwerfen, die sich überall in den Weg stellten. Es gab Zeitgenossen, die dies empfanden. Deutsche Offiziere waren es, die den Gedanken hegten, ihn zum deutschen Freiherrn zum deutschen Kaiser anzurufen, und er selbst mochte in manchen Stunden das Gefühl haben, daß eine Diktatur in seiner Hand allein Deutschland zum Genuß der Früchte des blutigen Kampfes verhelfen könne. Aber — hier lag die Schranke seiner Natur, die Gränze seiner Kraft. "Deutschland ist durch Gottes Gnade in den Händen der Fürsten" (schrieb ihm in diesen Tagen ein Freund, der ihn beschwor nach Wien zu geben, um dort das Gute zu wirken); „was werden sie daraus machen?"

Die Geschichte der seitdem verflossenen sechsundvierzig Jahre gibt eine niederschlagende Antwort auf diese Frage. Das Geschlecht, das diese Zeit in Deutschland durchlebt hat, und das heute mit düsterem Blicke in die nächste Zukunft des Vaterlandes schaut, hat für diese Zukunft nur eine Hoffnung. Es ist die Hoffnung auf eine ähnliche Entwicklung deutscher Volkskraft, wie Stein sie in den Tagen tiefsten Elendes und äußerster Erniedrigung des Vaterlandes heraufzubeschwören verstand, und auf das Erstehen eines Mannes, der diesem Manne gleich und glücklicher sein möge, als er gewesen ist.

Stein's großes öffentliches Leben ist mit dem Anfange des Jahres 1815 zu Ende. Er schied von

Stein's Wappen.

dem Wiener Kongresse mit dem traurigen Bekenntnisse: „daß die Versöhnung das Ziel der Leiden Deutschlands noch nicht gesteckt habe, und daß das jetzige Geschlecht noch mehr zu dulden bestimmt sei." Zwar erlebte er noch das zweite Auftreten Napoleon's, und schöpfte aus demselben neue Hoffnung für Deutschland. Denn des Sieges über Napoleon war er gewiß, und diesmal, hoffte er, werde man den Sieg besser benutzen. Aber auch diese Hoffnung erwies sich als eine Täuschung. Nicht einmal die von Frankreich geraubten deutschen Reichslande, auf deren Wiederherstellung er unablässig drang, wurden von den Sie-

gern zurückgenommen. Ihre Uneinigkeit übte Großmuth an dem besiegten Frankreich. Die großen europäischen Mächte entschieden dafür, daß der stete übermüthige Angreifer die Ausfallspforten gegen Deutschland in seiner Hand behalte! Deutschland duldete und schwieg.

Dulten und Schweigen — das war fortan auch Stein's Schicksal. Zwar sprühete noch von Zeit zu Zeit das Zornesfeuer auf in dem Frühalternden, zwar sprach und wirkte er noch Manches im kleinen Kreise der ihm fortan beschiedenen Thätigkeit. Aber seine eigentliche Kraft war aufgebraucht; die Mission, welche er zu erfüllen hatte, war vollendet. König Friedrich Wilhelm III. verlieh dem Manne, der ihm seinen Thron retten helfen, die Auszeichnung des schwarzen Adlerordens. Aber die ihm von den verbündeten Herrschern bestimmte Ehrengabe, den Johannisberg am Rhein, erhielt — Metternich. Es war ein Symbol des Ausganges, den die deutschen Dinge genommen hatten.

Am 29. Juni des Jahres 1831, ein vierundsiebzigjähriger Greis, entschlief er, der letzte des über sieben Jahrhunderte zählenden deutschen Rittergeschlechts, der letzte deutsche Ritter von der Art der Sidingen und Hutten, den Deutschland gesehen. Und der Mann, von dem mit vollem Rechte gesagt werden kann, daß er der wirkliche Befreier Deutschlands gewesen, dieser Mann hat noch heute kein Ehrendenkmal in den zahlreichen Hauptstädten Deutschlands. Aber die Inschrift auf seinem bescheidenen Grabsteine in der Familiengruft zu Frücht durfte mit Recht ihn nennen: „der Lüge und des Unrechts Feind, unerschütterlich in Acht und Bann, — des gebeugten Vaterlandes ungebeugten Sohn, in Kampf und Sieg Deutschlands Mitbefreier;" und sein treuer Arndt durfte an seinem Grabe das Wort ausrufen, dessen auch wir uns getröften:

„Der Löwe schläft, — nicht Er, nur sein Gebein.
Denn wenn es ruht im Vaterlande: Wer da?
Dann ist Er wach, dann ruft der Löwe Stein.
Dann ist Stein Geist, ist Er da!"

Zwei Florentiner.

(Ein Erlebniß.)

Man hatte mir S. Margarita in Campo als einen der schönsten Aussichtspunkte in der Umgegend von Florenz gerühmt, und ich benutzte einen der ersten Märztage, in sonniger Klarheit lachte, um dahin zu wandern. An der Kirche S. Nicole vorbei, in deren Thurm sich Michel Angelo nach Einnahme der Stadt geflüchtet hatte, dann durch das alte Thor gleichen Namens, durch die lange Vorstadtstraße, in welcher die Weiber, florentinisches Stroh strickend, vor den Thüren saßen, gelangte ich in den

Weg, der vom Arno rechts ab den Landhäusern entgegenführt und sich den Burgzinnen von S. Margarita zuschlängelt. In den Gärten der Villen piepten eben die Vögel, über die Mauern blickten Rosensträuche in voller Blüthe, und die Blume waren bereits von jugendlichem Geldgrün bedeckt. Es war stille auf dem ganzen Wege, und mit der ganzen Frühlingsandacht im Herzen, wie man sie im Norden erst um die Osterzeit zu empfinden pflegt, wanderte ich eben so stille, und mit Behagen die würzige Luft einschlürfend, die Höhe hinan. An einem Scheidewege angekommen, setze ich mich auf einen Eckstein, um Jemand abzuwarten, der mir über meine weitere Wanderung Bescheid geben könnte. Ich wartete nicht lange, als ich zwei jugendliche Stimmen hörte, die sich in lebhaftem Gespräche näherten. Es waren zwei Knaben von ungefähr dreizehn oder vierzehn Jahren: der Eine schlank, mit heller Gesichtsfarbe und kastanienbraunen Haaren; der Andere kurz, untersetzt, dunkelbraun, mit kohlschwarzen, langen Locken, auf denen sich die alte, zersetzte Tuchmütze nur mit Mühe erhielt. Nur die tiefe Schwärze der Augen und das Zerlumpte der Kleidung stellte einige Aehnlichkeit zwischen den beiden jugendlichen Wanderern her. Man sah ihnen auf den ersten Blick an, daß sie Freunde und nicht Brüder, und daß sie Kinder aus den untersten Schichten des Volkes waren.

„Könnt ihr mir sagen," fragte ich, indem ich aufstand, „welcher dieser beiden Wege nach S. Marguerita in Campo führt?"

„Dieser Weg rechts," antwortete der Kleinere; „aber nach zehn Minuten kommen Sie wieder an zwei Wege, dann nehmen Sie wieder den zur rechten Hand."

„Es geben so viele Wege rechts und links," sagte der Andere, „daß der Herr sich am Ende doch verirren könnte. Wir können ja mitgehen und Ihnen den Weg zeigen, wenn es Ihnen so beliebt?"

„Freilich, wir können ja mitgehen," bestätigte der Kleine.

„Ich bin sehr dankbar, aber ich möchte euch nicht von eurem Wege abbringen."

„O, das schadet nichts," versicherte wieder der Kleine; „wir haben keinen bestimmten Weg, wir gehen nur spazieren, weil es so schön ist, und wir können auch nach S. Marguerita gehen."

Nach den schönen Erfahrungen, die ich nach einem viermonatlichen Aufenthalte schon mit dem liebenswürdigen Florentiner Volke gemacht hatte, und wissend, wie sehr es in der Natur des Florentiners liege und wie sehr es ihn freue, sich gefällig zu erweisen, nahm ich das Anerbieten gerne an, abgesehen davon, daß ich es liebe, im fremden Lande auf diese Weise Bekanntschaften zu machen, und daß mir die Gesellschaft dieser beiden höchst intelligent aussehenden Knaben eine angenehme Unterhaltung versprach. So wanderten wir zu Dreien weiter, langsamen Schrittes, da es ziemlich steil bergauf ging.

Der kleine, schwarze, Cola hieß, blieb fortwährend an meiner Seite und schien, wie ich aus mancher schüchternen Frage errieth, gerne etwas über die weite Ferne, aus der ich kam, erfahren zu wollen, während der andere, Ubaldine, wie ein Jagdhund in beständiger Bewegung war, bald vor, bald hinter uns, bald jenseits einer Mauer verschwand, um an einem fernen Punkte wieder zum Vorschein zu kommen, und immer etwas Hübsches, einen sonderbar geformten Stein, eine Blume oder dergleichen entdeckte, und es mir zur Ansicht brachte. Während wir hundert Schritte machten, legte er wenigstens

fünfhundert zurück, und doch war er immer in unserer Nähe, wenn von Etwas, das ihn interessirte, die Rede war.

Auf einer Anhöhe angelangt, die zwischen Landhäusern eine Durchsicht auf die Stadt gewährte, fragte Cola, indem er auf die Befestigungen in der Nähe von San Marguerita deutete, von denen wir durch ein tiefes Thal getrennt waren -- „wissen Sie, wer diese alten Befestigungen aufführte?"

„Nun," fragte ich, „wenn ich es nicht wüßte, könntest du mir es sagen?"

„Michel Angelo!" sagte er stolz, „Michel Angelo der Florentiner!"

„So? Wer war dieser Michel Angelo?"

Cola lächelte: „Signor," fragte er, „wissen es sehr wohl! Wer kennt Michel Angelo nicht! Die ganze Welt kennt ihn, denn er ist der berühmteste Mensch der ganzen Welt."

„Aber wer war denn, dieser Michel Angelo?"

„Er war Maler und Bildhauer."

„Wie kommt ein Maler und Bildhauer dazu, Festungsmauern aufzuführen?" fragte ich weiter.

„Der kennte Alles!" rief Cola begeistert.

„So, wirklich?"

„Ja, gewiß! Wenn Sie ihm gesagt hätten: ‚führe den Arno auf den Berg von Fiesole,' er hätte es auch gethan."

Ich sah den kleinen Jungen erstaunt an: seine Augen glänzten, und stolz stemmte er die linke Hand an die Hüfte, indem er mir in's Gesicht blickte.

„Aber wie kam er dazu, Festungsmauern zu bauen?" fragte ich weiter.

Cola war etwas verlegen; wahrscheinlich hatte er sich nach dem Grunde nie erkundigt; aber Ubaldine, der jetzt wieder neben uns stand, antwortete für ihn: „Michel Angelo that es aus Liebe zu seiner Vaterstadt, und er befestigte sie wahrscheinlich gegen den Forestiere, denn immer hat der Forestiere unsere schönen Städte erobern wollen."

„So ist es," sagte ich, „und als er da herauf ging, um den Platz zu besichtigen, wo er die Werke auflegen sollte, zeigte er ihm eben aus."

„Wo? Wo?" fragten die beiden Knaben wie aus Einem Munde.

„Dort an der Kirche von San Miniato, die er sehr liebte."

Beide betrachteten San Miniato, als ob sie es zum ersten Male sähen. — „Ich war schon lange nicht auf San Miniato," sagte Cola vor sich hin; „morgen müssen wir hinauf gehen."

Sie schwiegen dann lange, und ich weidete mich an ihrer stillen Andacht. Endlich fragte Cola wieder: „Signor, haben andere Länder auch so große Männer wie Michel Angelo?"

Ubaldine lachte bei dieser Frage, als ob er sagen wollte: ‚Thörichte Frage!'

„Nein," sagte ich; „andere Länder haben keinen Michel Angelo!"

Ubaldino lachte wieder, und Cola sagte rasch: „Ich dachte es wohl! Aber wir haben noch andere große Männer. Haben Sie von Dante gehört?"

Ich bejahte.

„Kennen Sie die Uffizien? Erinnern Sie sich der vielen, vielen weißen Statuen, die unten in und vor den Arkaden stehen?"

Ich nickte wieder.

„Nun, sehen Sie, alle diese Statuen sind Statuen großer Männer aus Toscana. Haben andere Länder auch so viele große Männer?"

„Ich glaube nicht!" erwiederte ich.

„Ich glaube es auch nicht!" rief Cola entschieden, und Ubaldino lachte wieder, als ob er sagen wollte, daß sich das von selbst verstehe.

Im Ganzen war ich über die Art der beiden Knaben weniger verwundert, als der Leser vielleicht voraussetzt; ich kannte das Selbstbewußtsein und den nationalen Stolz, die der Florentiner hinter seiner großen Milde und Bescheidenheit verborgen trägt, und ich wußte, wie dieses Volk ohne Bücher sich am Anblick seiner Kunstwerke und der Denkmäler und in der lebendigen Tradition selbst erzieht. Was mich aber in Erstaunen setzte, war die Lebhaftigkeit, der Ernst, die viele Begeisterung, die aus dem ganzen Wesen dieser Kinder sprach, und der schöne, dramatische Ausdruck, den Gesicht, Gestalt und Stimme annahmen, während sie so sprachen, fragten und sich des Ruhmes ihrer Heimath erinnerten.

„Heute," sagte Cola nach langem Nachdenken, „heute gibt es nicht mehr so viele große Männer in Toscana. Oder gibt es, Signor?"

Ich zuckte die Achsel.

„Warum nicht?" fragte Cola heftig.

Ich war in Verlegenheit, wie mir ein solches ‚Warum nicht?‘ kurz und verständlich beantwortet werden solle? Ein ‚Warum nicht?‘ das vielleicht mit einer vielbändigen Lokal- und Culturgeschichte nicht ganz beantwortet werden könnte. Aber Ubaldino war mit der Antwort schneller fertig als ich. — „Das kommt Alles," rief er entschieden, „von den Fremden. Wenn wir die Fremden nicht im Lande hätten, so hätten wir noch so viele große Männer; aber die Fremden werfen sie in's Gefängniß und erschießen unsere großen Männer. Mein Vater hat es gesagt, alle die Männer, die bei Curtatone gefallen sind, und alle die, welche die Tedeschi erschossen haben, waren große Männer. Wenn wir keine Fremden mehr in Italien haben, werden wir große Männer haben. — Und Garibaldi?" lachte Ubaldino.

„E' vero," sagte Cola ruhig, „Garibaldi ist ein großer Mann."

„Wenn wir Zwei erwachsen sind," fuhr Ubaldino fort, „wird Italien frei sein, und beide werden wir Männer, große Männer werden."

Zur Zeit war er nur noch ein höchst mutbiger Knabe. Kaum hatte er die Hoffnung auf einstige Größe ausgesprochen, als er ausrief: „Die schönen Blumen!" und mit Einem Satze, wie ein Reh, über die nächste Gartenmauer sprang. Nach einigen Mi-

nuten kam er uns, wie wir weiter wanderten, nach, und indem er mir eine rothglühende Kelchblume überreichte, sagte er: „Dieses, Signor, zur Belohnung dafür, daß Sie unsere großen Männer kennen." Und wieder lief er weiter, um durch eine kleine Oeffnung, die das Wasser einer Quelle in den benachbarten Garten leitete, zu verschwinden.

„Könnt ihr lesen und schreiben?" fragte ich Cola.

„Ubaldino kann Beides," erwiederte dieser; „ich kann nur lesen, und das habe ich von Ubaldino gelernt. Jetzt wird er mich auch schreiben lehren."

„Hast du auch schon Bücher gelesen?"

„Gewiß, zwei oder große Bücher."

„Wie heißen diese Bücher?"

Anstatt mir den Titel zu nennen, erzählte mir Cola, daß Ubaldino einen Oheim habe, einen Abbate, der viele Bücher besitze, und dem habe er diese Bücher nicht habe leihen wollen. Der Abbate habe gesagt, das Buch verderbe die Jugend; aber Ubaldino habe darin gelesen und es habe ihm sehr gefallen. „Darauf hat er es entwendet, und wir Beide versteckten uns in die Oelpresse beim Padrone seines Vaters und lasen es dort im Verborgenen."

„Und wovon handelte das Buch?"

„Es erzählte," sagte Cola, „schön, von den Männern, die Italien frei machen wollten und darum gelitten haben."

„Waren es nicht ‚Die Märtyrer Italiens von Atto Vannucci'?"

„Richtig," rief Cola, „Atto Vannucci! Der Name steht auf der ersten Seite."

So sprechend, kamen wir auf S. Margherita in Campo an. Dort nahmen die beiden Knaben Abschied von mir, denn der eigentliche Zweck ihrer Wanderung war, nachzusehen, ob das Wasser, das in dem Thale hinter uns floß, schon zum Baden warm genug sei. Ich bat sie noch, mir einige Auskunft über den Weg zur Villa Galilei zu geben, was sie auf sehr ausführliche Weise thaten; worauf sie sich dann mit einem freundlichen Gruße entfernten.

Die Aussicht von der kleinen Kirche auf der Höhe ist in der That eine der schönsten in der Umgegend von Florenz. Man sieht Fiesole, die ganze Stadt, von der man nur durch ein tiefes, üppig grünendes Thal getrennt ist, rückwärts den Arno und eine ganze Reihe lachender Thäler, die nur von Frieden und Segen bewohnt scheinen. Villa an Villa taucht an allen Vorsprüngen und an allen Winkeln auf, bis sich ihre Zahl in's Unendliche verliert. Aber ich genoß den Anblick nur halb. Die Nachklänge des Gespräches mit den Knaben beschäftigten mich; ich empfand, wie eine schöne Geschichte, wie diese Beispiele ewig nachwirken, und wie solche Vergangenheit endlich die Stätte einer ebenbürtigen Zukunft werden müße. Die Knaben mit ihrem unklaren Cultus für den Genius, mit ihrem dunklen Instinkte der Zukunft schienen mir Vertreter eines Italiens, das noch im Hintergrunde steht, ächteste Kinder dieses Bodens und zugleich Keime selbstständiger, schöner Persönlichkeiten. Ich war auf's Angenehmste überrascht, als sie plötzlich wieder vor mir standen.

„Wir dachten," sagte Cola, „daß Sie den Weg zur Villa Galilei vielleicht doch nicht finden würden, und wir kommen zurück, um Sie dahin zu begleiten, wenn Sie das erlauben."

Ich nahm ihre Dienste dankbar an, und wieder wanderten wir in Gesellschaft weiter.

„Signor," begann Cola von Neuem das Gespräch, „alle Fremden besuchen die Villa Galilei. Warum thun sie das?"

„Weil es ihnen interessant ist, die Stelle zu sehen, wo ein edler und großer Mensch geweilt hat."

„Das war Galilei?" fragte Cola.

„Gewiß."

„Und er war ein Florentiner?"

„Ich merke," sagte ich lächelnd, „daß du die Statuen vor den Uffizi, nach denen du vorhin fragtest, doch nicht genau betrachtet hast, sonst wüßtest du, daß er auch dort steht unter den edlen Florentinern."

„Ich weiß, wie das kommt. Seit ich lesen kann, bin ich wohl dort gewesen, sonst hätte ich wohl den Namen unter den Statuen gelesen. Was hat er gethan, Galilei?"

Ich erklärte den Kindern, so gut es ging, das Verdienst Galilei's, und als ich ihnen sagte, daß er für die gefundenen Wahrheiten habe büßen müssen, rief Ubaldino: „Gewiß haben ihn die Fremden foltern lassen!"

„Nein, Ubaldino," sagte ich; „es waren nicht die Tedeschi, es war der Papst."

Ubaldino war einen Augenblick betroffen, dann sagte er, die Achsel zuckend: „Das ist dasselbe" — und ohne weiter darauf einzugehen, vertiefte er sich in das Schicksal eines Galilei. „Das," sagte er, „muß einen Menschen wüthend machen, wenn er eine Wahrheit sagt, und dafür gefoltert wird, weil er die Wahrheit sagt — und dann" — rief er weiter, indem er die Faust ballte und mit den Füßen den Boden stampfte — „dann sagt man sie erst recht, dann schreit und brüllt man die Wahrheit, und je mehr sie Einen foltern, die birbuni, desto lauter schreit man, daß sie platzen vor Aerger."

„Das ist wahr," sagte Cola bestätigend. „Unsern Heiland haben sie auch gekreuzigt wegen der Wahrheit, und er hat doch ausgehalten. Die Heiligen auch. Ist Galileo Galilei auch ein Heiliger?"

„Nein," sagte ich lächelnd, „die Kirche hat ihn noch nicht heilig gesprochen."

„Fa niente!" (Das thut nichts!) murmelte Ubaldino.

So kamen wir vor Galilei's Hause an. Die Knaben betrachteten die Büste vor der Villa mit großer Andacht.

„Non é bello! Er ist nicht schön!" sagte endlich Cola.

„Ein Mann, der so viel gelitten hat!" rief Ubaldino und seufzte.

Auf dem Wege nach dem Schlosse Poggio Imperiale und in der Allee, die in gerader Linie nach der Stadt zurückführt, erzählten sie mir von ihren Familienverhältnissen. Sie waren, wie es ihre zerrissene Kleidung laut genug verkündete, die Kinder armer Leute, zweier Pächter, welche die Grundstücke zweier hart an der Stadt liegenden Villen auf halbe Nutznießung mit dem Besitzer bearbeiteten — ein Verhältniß, das den ganzen Agrikulturzustand Toscana's charakterisirt und das Volk zu keinem unabhängigen Wohlstand gelangen läßt — ein Verhältniß, das in dem national-unabhängigen Italien noch zu bedeutenden innern Kämpfen und Bewegungen Veranlassung geben wird.

Die Knaben begleiteten mich durch die Porta Romana und auf meinen Wunsch noch weiter bis an den Ponte della Trinità; dort trat ich in einen Buchladen und kaufte eine gute, populäre Geschichte Italiens, mit vielen Portraits bedeutender Männer illustrirt. Ich schenkte ihnen das Buch und sagte: „Nehmet dieses Buch als Andenken an den Forestiere, leset häufig darin, damit ihr wisset, wer die großen Männer sind, die ihr liebet, und damit ihr euer Italien noch mehr liebet. Du, Cola, lerne von Ubaldino auch noch schreiben, und vielleicht wird es wahr, was Ubaldino sagte, daß ihr in einem freien Italien große Männer werdet. Lebet wohl!"

Cola nahm das Buch. Beide faßten meine Hände und drückten sie herzlich. Sie sahen mir nach, so lange ich sie sehen konnte. Ich trat in das Haus des Lungarno, das ein Freund bewohnte, und aus dem Fenster sah ich, wie beide Knaben das Buch auf das Parapet der Brücke legten, die Köpfe zusammenstreckten, bald die Bilder betrachteten, bald da und dort eine Stelle lasen, bis die Dunkelheit sie und das Buch bedeckte.

Der Spaziergang mit den Knaben hatte auf mich einen großen Eindruck gemacht. War es, weil sie wie ein Versprechen aussahen, wie eine schöne Prophezeiung, die sich auf die ganze Zukunft eines liebenswürdigen, hochbegabten Volkes bezieht? War es, weil sie an sich liebenswürdige Erscheinungen waren, die etwas, wie den Stempel des Genius auf der Stirne trugen? So haben ja auch die Giotto, Palestrina, Titus, Pius und dem Volke, ausgesehen!

Manchmal lächelt mir der Gedanke, daß mein Geschenk vielleicht zur Ausbildung eines edlen Geistes beitragen könnte. So viel ist gewiß: wie viele Bücher ich auch in meinem Leben eingekauft, für wenige habe ich mit solcher Freude mein Geld ausgegeben.

Moritz Hartmann.

Neue Gedichte von Eduard Mörike.

Einer Freundin zur Hochzeit.

Wie manchen Morgen, frisch und wohlgemuth,
Im lichten Sommerkleid, Feldblumen auf dem Hut,
Trat sie bei uns, die edle Freundin, ein!
Und wie sie kam, da war es Sonnenschein.

Als ob sie weiter gar nicht wollte oder wüßte,
Nur daß sie Jedermann zur Freude da sein müßte,
So lebte sie in klarer Gegenwart,
Neidlos bei Andrer Glück, die Lachende, die Feine;
Doch heimlich sah ich's oft in ahnungsvollem Scheine
Hoch über vieles Scheitels Reine
Wie einen sel'gen Stern, der seiner Stunde harrt.

Nun ist's geschehn! Hier, mit entzücktem Blicke
Von ihres Lebens Gipfel lächelt sie.
Es war geschehn, kaum weiß sie selber wie:
Denn jäh erfüllen sich die himmlischen Geschicke.

Vor einer gemalten Ansicht des Bodensees.

An eine Reisende.

Bald an die Ufer des See's, der uns von ferne die Herzen
Lockt in jeglichem Jahr, Glückliche! kehrst du zurück.
Tag für Tag ist er dein, mit Senn' und Mond, mit der Alpen
Gluth und dem holden Verkehr schwebender Schiffe dazu.
— Denk' ich an ihn, gleich wird mir die Seele so weit, wie sein heller
Spiegel! Doch ach, wie kurz stillt sich am Bildchen ihr Durst!

Einem jungen Kaufmann.

Hermes, der handelbeschützende Gott, der klug mit dem Beutel
Schaltet, nachdem er dem Sohn Leto's die Leyer geschenkt,
Wahrlich, er sieht dir nicht scheel um die täglichen Opfer, womit du,
Ferne von seinem Altar, singende Musen berufst.
Ohne das Schöne was soll der Gewinn? Dem feineren Sinn nur
Duftet die Blüthe des Glücks. Heil dir! du kennst sie, o Freund.

Garrick.

— Schnell und spurlos geht des Mimen Kunst,
Die wunderbare, an dem Sinn vorüber,
Wenn das Gebild des Meißels, der Gesang
Des Dichters nach Jahrtausenden noch leben.
Hier stirbt der Zauber mit dem Künstler ab,
Und wie der Klang verhallet in dem Ohr,
Verrauscht des Augenblicks geschwinde Schöpfung,
Und ihren Ruhm bewahrt kein dauernd Werk.
Schwer ist die Kunst, vergänglich ist ihr Preis;
Dem Mimen flicht die Nachwelt keine Kränze.

So urtheilt Schiller, und er hat Recht. Wie vergänglich ist der Ruhm eines Eshof, Eslair, Seydelmann, einer Ackermann, Schröder, eines Talma, Sheridan, Weston, Kean, Kemble, einer Siddons, Mars, Rachel, da der Zauber ihrer Kunst nur auf ihre Zeitgenossen wirken konnte und nach ihrem Tode ihr Andenken zwar noch im Munde der gebildeten Welt und in biographischen Sammelwerken sich wach erhält, aber der Bildungsgang der Menschheit nicht mehr von ihnen beeinflußt werden kann; es sei denn, daß ihre Individualität solche gemüthliche oder geistige Elemente in sich getragen habe, welche sie zu Gegenständen künstlerischer Behandlung machen konnten, wie es z. B. bei der unglücklichen Charlotte Ackermann der Fall war, oder daß sie zu gleicher Zeit auch in andern Zweigen der Kunst sich auszeichneten, wie Iffland, dessen dramatische Werke eine unvergängliche Zierde der deutschen Literatur bleiben werden. Nur ein Einziger scheint der Wahrheit der eben angeführten Dichterworte Trotz zu bieten, indem sein Ruhm noch frisch und lebendig nicht bloß in seinem eigenen Vaterlande, sondern in der ganzen gesitteten Welt fortlebt — es ist David Garrick, der große Mime, von dem Pope schon bei seinem ersten Auftreten geweissagt hat: „Dieser junge Mann hat nie seinen Gleichen als Schauspieler gehabt und wird niemals einen Rivalen haben," und welchem seine wunderliche Nation eine Stelle im Poet's Corner der Westminster-Abtei einzuräumen, eine Ruhestätte neben Shakspeare und Händel in jener heiligen Halle vergönnt hat!

Wie kommt es aber, daß David Garrick's Name noch heute, ein Jahrhundert nach der Glanzhöhe seiner Laufbahn, so hell strahlt, und daß wir noch so begierig sind, über sein Leben und über die magische Wirkung seiner Kunst belehrt zu werden? Hat er unvergängliche Werke geschrieben, die ihn zugleich als dramatischen Dichter ersten Ranges erscheinen lassen? Nein; ein paar glückliche Würfe im Lustspiel, wie sein High Life below Stairs, stehen allerdings auf den englischen Repertoiren, aber hierin haben ihn Sheridan und Andere überflügelt. Hat er mit Gemüth gerungen und gelitten, wie ein Chatterton oder Harden, welche durch ihr Seelenleben sich unsterblich gemacht haben, wenn sie durch ihre Werke nie vermocht hätten? Nein; zwar war seine Ver-

ehelichung mit einer Wiener Tänzerin sehr romantischer Natur, allein er hat glücklich mit ihr gelebt, und die Satyren der bösen Zungen ruhig ertragen. Was ihn im geistigen Gebiete der Menschheit unsterblich erhält, ist, daß die Wirkung, die er auf den Fortschritt und die Entwickelung der mimischen Kunst ausübte, so mächtig und schwungvoll war, daß sie sich der von ihm zuerst in Ausübung gebrachten Grundsätze und Elemente nicht mehr entwinden kann. Er war es, der zuerst die Schauspielkunst auf die Höhe einer wahrhaft tragischen brachte, indem er die rein deklamatorische Wirkung des Trauerspiels, in der seine Vorgänger ihr Endziel gesucht hatten, zu dem Wesen und Gehalt der dichterischen Schöpfung in so lebendige Beziehung brachte, daß er den hohen Zweck des dramatischen Dichters, menschliches Leben und menschliches Schicksal darzustellen, gleichsam verkörperte, ja überhaupt ermöglichte, indem auch der genialste Dichter durch das bloße Wort dies nicht vermag, wie es ein gelesener Hamlet oder Richard III. gegenüber einem mit Garrick'scher Kunst gespielten, klar beweisen wird. Das ist ja die Aufgabe des Mimen, daß er „die Schöpfung des Dichters in den vollen Schein der Wirklichkeit überführt," oder „daß er ihn in das Meer der menschlichen Gesinnungen und Leidenschaften nachtaucht, bis er ihn findet." Er gehört also zur Ergänzung des Dichters, und wenn er im Stande ist, einen Shakspeare so zu ergänzen, daß auch nur eine einzige Generation das Glück hat, in die innersten Falten dieses Dichters zu dringen, und die Perlen zu betrachten, die der Seelentaucher aus dem shakspeari'schen Meere heraufgebracht hat: so hat er ein Vorbild hinterlassen, das, wenn auch nur traditionell, sich auf die Nachwelt fortleben wird, so hat er so viel Neues in dem Shakspeare zu Tage gefördert, und dasjenige zum Verständnisse und steten Einflusse dieses Dichters geliefert, was die ausgebreiteteste Gelehrsamkeit eines Commentators, oder die tiefste Reflexion des Kunstkritikers nie geahnt hätten. Diese Erhebung und Ergänzung des größten dramatischen Dichters der Neuzeit ist es auch, was David Garrick mit dem Namen Shakspeare's so innig verbunden hat, und was bewirkt, daß Schiller's Worte auf ihn keine Anwendung finden.

Uns Deutschen bleibt aber sein Name noch besonders lebendig, weil einer unserer schärfsten Menschenkenner, Lichtenberg, in beredten Worten den gewaltigen Eindruck schildert, den das Spiel des großen Mimen auf ihn gemacht, und weil auch andere deutsche Reiseleute, namentlich Sturz, in ihren Schriften den Zauber seiner Kunst in Worte zu bannen suchten, Worte, denen ein Wieland, Göthe, Schiller in unserer Literatur einen Nachhall verschafften, und denen die spätesten Zeiten noch lauschen werden.

Ein kurzer Abriß des äußeren Lebens dieses großen Briten, und ein gedrängter Auszug aus den

Stimmen seiner Zeit möge zum Rahmen seines hier beigegebenen Bildes dienen.

David Garrick wurde im Februar 1716 zu Hereford geboren; sein Großvater hatte sich aus Frankreich nach England übergesiedelt, sein Vater Peter Garrick erlangte die Würde eines Hauptmanns in dem königlichen Heere. In der Schule zu Lichfield, wohin der junge David im Alter von zehn Jahren geschickt wurde, machte der lebhafte Knabe seinen seinen glänzenden Anlagen entsprechenden Fortschritte in den Wissenschaften; unglaublich früh zeigten sich aber Spuren seines Talentes, welches seinem Namen einen unvergänglichen Ruhm verleihen sollte. Von der Schule aus machte er seinem Oheim in Lissabon einen kurzen Besuch; bei seiner Rückkehr nach England bezog er wieder dieselbe Schule, deren Leitung im Jahr 1735 Dr. Samuel Johnson übernahm. Doch auch diesem ausgezeichneten Manne gelang es nicht, seinen Zögling zu andauerndem Fleiße zu spornen; das ausschließliche Interesse des Jünglings blieb dem Schauspiel und den darauf Bezug habenden literarischen Produktionen zugewendet. Nach einiger Zeit wurde Johnson des Unterrichtens müde, und auch Garrick sehnte sich nach einem anregenderen, bewegteren Leben; im März 1738 kamen Beide überein, Lichfield zu verlassen und ihr Glück in London zu versuchen. Noch in demselben Monate ließ sich Garrick in Lincolns Hall einschreiben, weil er sich für das Studium des Rechts entschieden hatte. Nach kurzer Zeit starb sein Vater, dem seine Mutter auch bald folgte; er entsagte hierauf der Rechtswissenschaft, die ihm wenig Befriedigung gewährte, und fing gemeinschaftlich mit seinem Bruder ein Weingeschäft an. Als sich aber auch diese Verbindung nach einer kurzen Dauer zerschlug, beschloß er endlich, einem unwiderstehlichen Drange seines Herzens folgend, sich gänzlich der Bühne zuzuwenden. Im Sommer des Jahres 1741 ging er nach Ipswich und erlangte unter dem angenommenen Namen Lyddal großen Beifall; seine erste Rolle war der Abean in Southern's berühmtem Drama Oroonoko. Am 19ten Oktober des Jahres 1741 trat er zum ersten Mal in London als Richard der Dritte auf; diese Vortrefflichkeit in diesem gewaltigen Charakter setzte Alles in Staunen und Verwunderung; daß ein Neuling auf der Bühne, ein Mann von vierundzwanzig Jahren, mit einem Male einen Grad der Vollkommenheit zeigte, den gereiftes Alter und eine lange praktische Erfahrung den berufensten Mitgliedern der damaligen Bühnen Englands nicht hatten verleihen können, war eine unerhörte Erscheinung. Die Theater in der Umgegend des königlichen Palastes standen leer; Personen aller Stände strömten nach Goodman's Fields, wo Garrick bis zum Schluß der Saison spielte. Im folgenden Winter nahm er ein Engagement am Drury Lane Theater an und blieb daselbst bis zum Jahre 1745; im Winter dieses Jahres ging er nach Irland, wo er die ganze Saison über vereilte und in Gemeinschaft mit Sheridan das königliche Theater in Smock Allen leitete. Von da kehrte er nach England zurück und wurde für das Jahr 1746 von Rich, dem Besitzer des Covent-Garden Theaters, engagirt. Dies war die letzte Saison, in der er im Dienste eines andern Unternehmers auftrat; am Ende derselben kaufte er mit Lacy zusammen die Garderobe dieses Theaters und die Erneuerung des Patented. In dieser Stellung blieb Garrick bis zum Jahr 1776, nur mit einer Unterbrechung von zwei Jahren, von 1763 bis 65, die er auf Reisen im Auslande zubrachte.

Seine Gemahlin war eine geborne Wienerin, ein Fräulein Weigel, die als Tänzerin in London durch ihre Anmuth viel Beifall erlangte; sie überlebte ihren Gemahl um 43 Jahre und starb in sehr hohem Alter im Jahr 1822.

Den 10. Oktober 1776 spielte Garrick zum letzten Mal den Don Felix in dem Lustspiel von Madame Centlivre, „das Wunder", und schied dann auf immer von der Bühne. Nach einer Krankheit von wenigen Tagen ereilte ihn am 20. Januar 1779 der Tod in seinem Hause in den Adelphi; er hinterließ ein sehr bedeutendes Vermögen, und wurde am 1. Februar mit großem Pomp in der Westminster-Abtei beigesetzt.

Da Garrick nach dem einstimmigen Urtheil seiner Zeitgenossen und der competenten Richter überhaupt zu den größten darstellenden Künstlern gehört, die die Welt gesehen hat, so ist es interessant, sich einige von den Eigenschaften zu vergegenwärtigen, durch welche der außerordentliche Mann seine gewaltigen Effecte hervorbrachte. Man hat häufig darüber gestritten und sich doch nicht einigen können, ob Garrick unübertrefflicher war in tragischen oder in komischen Rollen, und ein so seiner und scharfsinniger Beobachter wie Lichtenberg schließt das bewundernde Referat über einige seiner Darstellungen mit der Frage — „ob Garrick denn durch und durch so untadelig spiele, daß man gar nichts entdecken könne, was man anders zu haben wünschte?" — der beste Beweis, in welchem Vereine die Natur ihrem Lieblinge alle zu seiner Kunst erforderlichen Talente verliehen hatte. Da nun bei einem Schauspieler die äußere Erscheinung von einem so entscheidenden Gewicht ist, so geben wir billiger Weise erst eine kurze Skizze seiner Persönlichkeit, wie sie uns von Augenzeugen überliefert ist.

Garrick war eher von kleiner als mittlerer Statur, sein Körper untersetzt. In allen seinen Gliedern bemerkte man das gefällige Ebenmaß, die Schönheit seiner Hand und seines Fußes war berühmt; jede seiner Bewegungen machte den wohlthuenden Eindruck der vollen Kraft und Muskel-Energie. Und diese Stärke war nicht nur scheinbar: er war in der That ungewöhnlich stark, und zeichnete sich in Fechten wie im Tanze nicht minder durch die Gewandtheit als die Kraft seiner Bewegungen und Stellungen aus. Seine hohe Stirn verrieth den glücklichen, heitern, in sich abgeschlossenen Geist; sein feuriges, bewegliches, oft schalkhaftes Auge den feinen Beobachter und großen Menschenkenner; vor Allem wird die Ofsenheit und das Unthunliche seiner Miene gerühmt, die ihm die Herzen gewann, bevor er noch den Mund zum Reden geöffnet hatte. Ueber diese von der Natur so ausgestattete Persönlichkeit hatte Garrick durch tiefes Nachdenken und die mühsamsten Anstrengungen eine absolute Herrschaft errungen. Im vorigen Jahrhundert galt, wie allbekannt, in Folge eines nicht abzuläugnenden, angeborenen Geschickes der Nation und anderer einflußreicher Ursachen, das Benehmen eines feinen Franzosen den höheren Kreisen der gebildeten Welt als Norm; daher wissen Garricks Biographen und Bewunderer uns den Eindruck, den die Sicherheit und Feinheit seiner Manieren auf sie hervorbrachte, nicht treffender zu schildern, als indem sie uns sagen, daß er etwas von einem sein gebildeten Franzosen in seinem Wesen gehabt habe. Auch ist wichtig hervorzuheben, welche Vortheile Garrick in dieser Beziehung durch seine Stellung und seine Verbindungen geboten wurden. London, diese Weltstadt, in der sich dem Auge des Beobachters alle Formen und Nüancirungen des Menschen in solcher Fülle darbieten, erfreute sich damals einer großen Anzahl bedeutender Dichter und Schriftsteller, unter denen es keinen einzigen gab, der nicht mit Garrick mehr oder weniger befreundet gewesen wäre. Alle Kreise der Gesellschaft, die Feste des königlichen Hofes und die Assembleen des reichsten und unabhängigsten Adels der Welt wurden von Garrick besucht und durch seinen Witz und sein geselliges Talent gezieret. Derselbe Mann, der die Eigenthümlichkeiten oder Thorheiten der vornehmen Welt des Abends auf den Brettern darzustellen hatte, war in ihr zu Hause und lebte beständig mit ihr. Davon gibt uns Garricks Korrespondenz mit seinen berühmtesten Zeitgenossen, die im Jahr 1831 und 32 in zwei Bänden zu London erschienen, ein äußerst interessantes und für die Sitten- und Kultur-Geschichte jener Zeit höchst wichtiges Bild. Wir finden darin die Namen der ersten wissenschaftlichen und politischen Notabilitäten Englands, eines Gibbon, Hume, Robertson, Sheridan u. s. f., eines Chatham, Rutleton, Burke, Junnid und mehrerer geistreicher Frauen, wie Mrs. Clive und Lady Montagu; unter den Ausländern nennen wir Voltaire, Beaumarchais, Diderot, Helvetius, Riccoboni und unsern Wieland. Alle diese Personen waren Bewunderer oder Freunde des großen Mannes; und um sich den unberechenbaren Einfluß zu vergegenwärtigen, den das Leben in solchen Kreisen auf Garrick als Künstler hervorbringen mußte, genügt es daran zu erinnern, wie viel die deutsche Schauspielkunst z. B. unserem Ifland zu verdanken hat.

Von Garricks Kunst, seine Züge zu verstellen und ihnen einen beliebigen Ausdruck zu verleihen, sind die Berichte wahrhaft Staunen erregend. In Vanbrugh's Lustspiel „Das herausgeputterte Weib" spielte er den Sir John Brute, den er als liederlichen, dem Trunke ergebenen Taugenichts von vornehmer Herkunft mit unnachahmlicher Feinheit darstellte. „Gleich bei seinem Betreten der Bühne," sagt Lichtenberg, „machte

mich sein Mund aufmerksam. Er hatte nämlich die beiden Winkel desselben etwas herabgezogen, wodurch er sich ein äußerst schlaffes und verwesenes Ansehen gab. Diese Figur des Mundes behielt er bis an's Ende bei, nur mit dem Unterschiede, daß sich der Mund etwas mehr öffnete, so wie sein Rausch anwuchs; diese Figur muß sich also in dem Manne so mit der Idee eines Sir John Brute asseciirt haben, daß sie sich ohne Vorsatz gibt, sonst, sollte man denken, müßte er sie einmal in dem Lärm vergessen, dessen er fürwahr in diesem Stücke nicht wenig macht."

Als Garrick in Frankreich war, machte er eine kleine Kreuzfahrt aus der Hauptstadt mit dem berühmten französischen Schauspieler Preville. Sie waren zu Pferde, und Preville kam auf den Einfall, einen trunkenen Kavalier darzustellen. Garrick ertheilte seiner Nachahmung Beifall, sagte aber, daß noch Eins fehle, was zur Vervollständigung des Bildes nothwendig wäre, „er mache seine Beine nicht betrunken." „Gebuld, mein Freund," fuhr er fort, „ich will Ihnen einen Engländer zeigen, der in einem Gasthause trinkt, dabei drei oder vier Flaschen Portwein hinuntergetrunken hat, und dann an einem Sommerabend zu Pferde steigt, um sein Landhaus zu besuchen." Er fing nun auf der Stelle an, alle Grade des Rausches darzustellen. Er rief seinem Diener zu, daß Sonne und Felder sich herumdrehen, er sperrte und peitschte sein Pferd, bis das Thier anfing zu steigen und in jeder Richtung Bolten schlug; zuletzt verlor er seine Reitpeitsche, sein Fuß schien nicht im Bügel bleiben zu können, der Zügel entfiel seiner Hand, und es sah so aus, als hätte er den Gebrauch seiner Sinne verloren. Endlich fiel er so täuschend wie ein Todter vom Pferde, daß Preville unwillkührlich einen Angstschrei ausstieß, und seine Besorgniß stieg gewaltig, als sein Freund auf keine Frage ihm Antwort gab. Er wischte ihm den Sand vom Gesicht und fragte noch einmal mit ängstlicher Theilnahme, ob er sich verletzt habe. Garrick öffnete seine geschlossenen Augen zur Hälfte und verlangte mit heftigem Schlucken in dem natürlichsten Tone eines Berauschten noch ein Glas. Preville war hingerissen, und als Garrick aufsprang und sein gewöhnliches Wesen wieder annahm, da rief der Franzose aus: „Erlauben Sie dem Schüler, seinen Meister zu umarmen und ihm für die treffliche Lehrstunde zu danken, die er eben bekommen hat."

Einer der beliebtesten von Garricks Kunstgenossen war Kleston — ein Mann, den die Natur für die niedrigste Sphäre des Komischen expreß geschaffen zu haben schien, ein roher Gesichtsbildung, etwas dicken Lippen und einer Nase, die an einen Schusterleisten erinnerte, so daß sein tiefstes Auftreten schon Lachen erregte. Diejenigen Scenen, in denen diese beiden Männer zusammenspielten, werden uns als unübertrefflich geschildert und sind auch häufig bildlich dargestellt worden; die bekannteste darunter ist eine Scene aus Farquhar's Lustspiel „Die Kriegslist", worin Garrick den Archer, einen Herrn von Stande, der sich um eines Liebesabenteuers willen in einen

Garrick.

Bedienten verkleidet hat, und Weston den Scrub, den Aufwärter in einer Schenke, spielte.

Wenn Garrick sich in der Komödie als einen großen Kenner des menschlichen Lebens und Elends in seinen alltäglichen Formen erwies und durch die Naturwahrheit seiner Zeichnungen die Zuschauer zur Heiterkeit und zu herzlichem Gelächter stimmte, so wußte er in der Tragödie mit derselben Macht durch die Darstellung aller Leidenschaften der menschlichen Brust auf die Affekte zu wirken und Alles mit sich

fortzureißen. Geistesverwandtschaft zog ihn zu Shakespeare, und er hat das hervorragende Verdienst, diesen Titanen wieder in sein Recht auf der Bühne Englands eingesetzt zu haben. Seine Darstellungen des Richard, des Macbeth, Lear, Hamlet u. s. f. erregten nicht nur Grausen und stumme Bewunderung, sondern ergriffen das Innerste der Seele und erzeugten eine wahrhafte Erhebung. Als er einmal den Lear spielte, konnten die Zuschauer in der ersten Reihe des Parterre ihn in der Scene, wo er den

4

Fluch kniend ausspricht, nicht gut sehen; sie standen
auf; die hinter ihnen Sitzenden erhoben sich auch sogleich, um keine Störung durch Remonstrationen hervorzubringen, und so stand das ganze Parterre auf,
mit lautloser Stille, so daß man eine Nadel hätte fallen hören können. Bei einer andern Gelegenheit fiel
ihm die Krone von Stroh, die er in derselben Rolle
trug, herunter oder gerieth in Unordnung, was bei
jedem gewöhnlichen Schauspieler einen Sturm von
Gelächter erregt haben würde; doch seine Rolle flößte
ein so tiefes Interesse ein, eine solche Macht besaß der
Mann, die Aufmerksamkeit zu fesseln, daß die Zuschauer
nicht die geringste Notiz von der Sache nahmen, sondern ihren stillen Thränen einen freien Lauf ließen.
Erzählungen wie diese dienen dazu, die Erfolge des
großen Tragöden zu firiren und uns ein Bild von
seiner Gewalt über die Gemüther zu geben.

Obschon Garrick gleich bei seinem ersten Auftreten als Richard der Dritte unerhörten Beifall errang, so bedarf es doch kaum der Erwähnung, daß
es ihm, wie jedem aufstrebenden Künstler, an Tadlern
und Neidern nicht fehlte; namentlich fand er viele
Gegner unter den Mitgliedern des alten Adels, und
erst als es Verdruß einbrachte, ihn zu tadeln, wurden diese Stimmen von Tag zu Tage seltener. Wie
günstig diese Sicherheit seines Rufes, dieses volle Bewußtsein seines Talentes auf seine Productionen wirken mußte, ist leicht zu ermessen.

Neben der beiläufigen Bemerkung, daß Garrick
erst gegen das Ende seiner Laufbahn als Richard der
Dritte eine mittelalterlich-spanische Tracht annahm,
wie sie etwa in den Zeiten der Elisabeth üblich war,
während er als Hamlet und Macbeth nach der Mode
seiner Zeit gekleidet und frisirt erschient, als Lear
aber schon eine Annäherung zu charakterisirender
Tracht zeigt, haben wir noch einige Worte über seine
schriftstellerische Thätigkeit zu sagen; denn auch zu
dieser blieb ihm trotz seiner vielen Geschäfte als
Schauspieler und Dirigent einer großen Bühne noch
Zeit übrig. Außer einer beträchtlichen Anzahl von
Gelegenheitsgedichten, Oden, Prologen u. dgl. werden
in der Biographie der englischen Dramatiker über
vierzig Stücke namhaft gemacht, die er theils verändert, theils selbst verfaßt hat. Von seinen eigenen
Kompositionen sind die bekanntesten: „Die heimliche
Ehe,“ die er mit dem bekannten Lustspieldichter Col-
man zusammen verfaßte; die Farcen: „Der lügende
Diener,“ „Bon Ton“ u. s. f. Sie sind, wie ziemlich
alle englischen Lustspiele der damaligen Zeit, in Prosa
geschrieben, unterhalten durch lustige Verwicklungen und
feine Charakterzeichnung, und gewähren noch heute wegen der sehr reinen Diktion eine angenehme Lektüre.

Wir können nicht von Garrick scheiden, ohne noch
seiner Gattin besonders zu gedenken. Sie war die
Tochter eines achtbaren Bürgers in Wien, Johann
Weigel, und war daselbst im Jahr 1725 geboren.
Ein Freund ihres Vaters, Balletmeister Hilverding,
bildete sie zur Tänzerin aus, und schon bei ihrem
ersten öffentlichen Auftreten in Wien erregte sie
Sensation. Maria Theresia selbst interessirte sich

für sie, und hieß sie den Namen Violette tragen.
Graf Stahremberg verschaffte ihr Empfehlungsschrei-
ben nach London, wohin sie in Gesellschaft einer
englischen Familie zu reisen im Begriffe war. Ihre
persönliche Anmuth, sowie die Reinheit ihrer Sitten
verschafften ihr Aufnahme im Hause des Grafen von
Burlington. Sie mußte die schlüpfrige Laufbahn
einer Ballet-Tänzerin aufgeben, wurde dafür als
Freundin und Tochter in diesem vornehmen Hause
bald heimisch, und genoß ein sorgenfreies, glückliches
Leben. Doch bald bemerkte man an ihr Anfälle von
Schwermuth und Trübsinn, selbst ihre Gesundheit
flößte Bedenken ein. Man drang in sie, den Grund
ihres Kummers zu offenbaren, und da gestand sie,
daß Garrick, den sie öfters zu sehen Gelegenheit hatte,
einen solchen Eindruck auf sie gemacht habe, daß leit-
her eine geheime Liebe an ihrem Herzen nage, daß
sie aber nicht hoffen könne, ihn zum Gatten zu bekommen, da er ja aus den glänzendsten Familien sich
eine Gattin wählen könne. Der Graf von Burlington beruhigte sie, und bat eines Tages Garrick
zu Tische. Als dieser über die Schwermuth der ihm
so wohl bekannten heiteren Violette erstaunt war,
bemerkte ihm der Graf lächelnd, daß nur ein Garrick
sie wiederherstellen könne. Diese räthselhaften Worte
erklärte der Graf durch die Frage an den Künstler,
ob er als Mann von Ehre versprechen könne, mit
der schönen Wienerin glücklich zu sein, die ihm eine
Morgengabe von 10,000 Pfund Sterling zubringen
werde. Garrick, der damals dreiunddreißig Jahre alt
war, aber noch ein freies Herz hatte, gab das Versprechen und vermählte sich mit ihr am 22. Juli
1749. Man erzählt, daß er dadurch ein Gegenstand
der Satyre geworden sei. Er brach
aber dem Stachel des Spottes bald die Spitze ab,
indem er in Shakspeare's „Viel Lärmen um Nichts“
in der Rolle des Benedict auftrat, der auch, ohne
zu wissen wie, zu einem schönen Weibe kommt, und
durch seine unvergleichliche Laune und durch Anreden
des Publikums bei einigen witzigen Bemerkungen,
Aller Herzen gewann.

Violette war ihm treu ergeben bis an sein Ende.
Sie unterstützte ihn in seinen finanziellen Unternehmungen als Direktor des Drury Lane Theaters; sie
begleitete ihn nach Italien, wo er 1763 in den Bädern von Padua Wiederherstellung seiner zerrütteten
Gesundheit suchte, und erschien mit ihm in den hervorragendsten Cirkeln der Pariser Gesellschaft. Garrick hinterließ ihr außer einem Capital von 6000 Pf.
St. noch eine Jahresrente von 1500 Pfd., und zwei
schöne Landhäuser. Nach seinem Tode umschwärmten
zahlreiche Freier die Wittwe, sie aber dem ihrem
Gatten gegebenen Versprechen, nie wieder zu heirathen, standhaft blieb. Noch lebte sie gerne in Gesellschaft geistreicher Männer, und nahm noch im 97.
Lebensjahre Interesse an Theater, Literatur und Kunst.
Ihre Anhänglichkeit an ihren Gatten bewies sie durch
den Wunsch, in dem von ihr als Reliquie aufbewahrten Bette Garrick's zu sterben, und neben ihm in der
Westminster-Abtei beigesetzt zu werden.

Der Geiger zu Gmünd.

(Mit einer Sarge in Farbendruck.)

Einst ein Kirchlein sonder gleichen,
Noch ein Stein von ihm steht da,
Baute Gmünd der saugereichen
Heiligen Cäcilia.

Lilien von Silber glänzten
Ob der Heil'gen mondenklar,
Hell wie Morgenroth bekränzten
Goldne Rosen den Altar.

Schuh' aus reinem Gold geschlagen,
Und von Silber hell ein Kleid
Hat die Heilige getragen:
Denn da war'e noch gute Zeit,

Zeit, wo über'm fernen Meere,
Nicht nur in der Heimat Land,
Man der Gmünd'schen Künstler Chöre
Hell in Gold und Silber fand.

Und der fremden Pilger wallten
Zu Cäcilia's Kirchlein viel;
Ungesehn woher, erschallten
Fein Gesang und Orgelspiel.

Einst ein Geiger kam gegangen,
Ach, den drückte große Noth,
Matte Beine, bleiche Wangen,
Und im Sack kein Geld, kein Brod.

Vor dem Bild hat er gesungen
Und gespielet all sein Leid,
Hat der Heil'gen Herz durchdrungen:
Horch! melodisch rauscht ihr Kleid!

Lächelnd bückt das Bild sich nieder
Aus der lebenlosen Ruh',
Wirft dem armen Sohn der Lieder
Hin den rechten goldnen Schuh.

Nach des mächt'gen Goldschmieds Hause
Eilt er, ganz vom Glück berauscht,
Singt und träumt vom besten Schmause,
Wenn der Schuh um Geld vertauscht.

Aber kaum den Schuh erheben,
Zühret der Goldschmied rauhen Ton,
Und zum Richter wird mit Schmähen
Wild geschleppt des Liedes Sohn.

Bald ist der Proceß geschlichtet,
Allen ist es offenbar,
Daß das Wunder nur erdichtet,
Er der frechste Räuber war.

Weh! du armer Sohn der Lieder
Sangest wohl den letzten Sang!
An dem Galgen auf und nieder
Sollst, ein Vogel, fliegen bang.

Hell ein Glöcklein hört man schallen,
Und man sieht den schwarzen Zug
Mit dir zu der Stätte wallen,
Wo beginnen soll dein Flug.

Bußgesänge hört man singen
Nonnen und der Mönche Chor,
Aber hell auch hört man dringen
Geigentöne draus hervor.

Seine Geige mit zu führen,
War des Geigers letzte Bitt'.
„Wo so Viele musiciren,
Musicir' ich Geiger mit!"

An Cäcilia's Kapelle
Jetzt der Zug vorüber kam,
Nach des offnen Kirchleins Schwelle
Geigt er recht in tiefem Gram.

Und wer kurz ihn noch gehasset,
Seufzt: „Das arme Geigerlein!"
„Eine noch bitt' ich, — singt er, lasset
Mich zur Heil'gen noch hinein!""

Man gewährt ihm; vor dem Bilde
Geigt er abermals sein Leid,
Und er rührt die Himmlischmilde:
Horch! melodisch rauscht ihr Kleid!

Lächelnd bückt das Bild sich nieder
Aus der lebenlosen Ruh',
Wirft dem armen Sohn der Lieder
Hin den zweiten goldnen Schuh.

Voll Erstaunen steht die Menge,
Und es sieht nun jeder Christ.
Wie der Mann der Vollgedränge
Selbst der Heil'gen theuer ist.

Schön geschmückt mit Bändern, Kränzen
Wohl gelabt mit Geld und Wein,
Führen sie zu Sang und Tänzen
In das Rathhaus ihn hinein.

Alle Unbill wird vergessen,
Schön zum Fest erhellt das Haus,
Und der Geiger ist gepriesen
Obenan beim lust'gen Schmause.

Aber als sie voll vom Weine,
Nimmt er seine Schuh' zur Hand,
Wandert so im Mondenscheine
Ruhig in ein anderes Land.

Seitdem wird zu Gmünd empfangen
Liebreich jedes Geigerlein,
Kommt es noch so arm gegangen —
Und es muß getanzet sein.

Drum auch hört man geigen, singen,
Tanzen dort ohn' Unterlaß,
Und wenn alle Saiten springen,
Klingt noch mit dem letzten Glas.

Und wenn bald ringsum verhallen
Becherklingeln, Tanz und Sang,
Wird zu Gmünd noch immer schallen
Selbst aus Trümmern lust'ger Klang.

Aus Justinus Kerner's Gedichten.

Zum Verständniß der antiken Plastik.

1. Juno Ludovisi.

Zu den erfreulichsten Zeichen der fortschreitenden Bildung unserer Zeit in der Erkenntniß des Schönen der Kunst gehört das wachsende Interesse an den Werken der alten Bildkunst, — der „Plastik" wie der griechische Name lautet — welches sich seit Jahren in immer weiteren Kreisen verbreitet.

Das ist nicht immer so gewesen. Noch zur Zeit als der Verfasser dieser Zeilen Gymnasium und Universität besuchte, sah es ganz anders mit dieser Kenntniß aus. Sie war gering selbst bei den Gebildeten und Gelehrten. In meiner Vaterstadt, der Hauptstadt einer Preußischen Provinz, welche ein Gymnasium und zahlreiche gebildete Einwohner besaß, gab es kein Haus, in welchem sich ein Abguß irgend eines antiken plastischen Bildwerks befunden hätte. Selbst Universitäten wie Halle und Jena, besaßen zu jener Zeit — in der Mitte der Zwanziger Jahre — nichts von dergleichen ästhetischen Bildungsmitteln, und ich selbst war zwanzig Jahre alt geworden, ehe ich irgend eines der antiken Bildwerke, wie den Apoll von Belvedere oder den Laokoon, von denen ich doch so Manches in Büchern gelesen, anders als in Kupferstichen und Zeichnungen gesehen hatte. Noch heute erinnere ich mich des heiligen Schauers, mit dem ich in Mannheim, auf einer Ferienwanderung am Rhein, in der Sammlung des alten Schlosses die ersten lebensgroßen Abgüsse von Werken antiker Plastik erblickte. Es war ein Anblick, bei dem mir eine neue Welt aufging.

Das sind jetzt vierunddreißig Jahre her. Wie anders haben sich in dieser verhältnißmäßig kurzen Zeit auch in diesem Betrachte die Dinge gestaltet! Damals mochte es selbst ein Goethe noch als etwas Wichtiges und Interessantes in seinen Tagebüchern verzeichnen, wenn es ihm gelungen war, sich den Abguß irgend eines der von ihm so geliebten Werke antiker Plastik zu verschaffen. Heutzutage entbehrt kaum eine Wohnung gebildeter Menschen dieses edelsten Schmuckes. Was sonst nur einzeln und als Seltenheit vorhanden war, finden wir jetzt zu tausenden verbreitet. Die Kenntniß, Würdigung und Schätzung solcher Werke, welche damals Eigenthum weniger hochgebildeter Menschen, ein Privileg exclusiver Kreise war, ist seitdem mehr und mehr fast in alle Schichten und Klassen unseres Volkes eingedrungen. Die Bemühungen eines Lessing und Winkelmann, Goethe und Schiller um die Förderung der Erkenntniß dieser Erscheinungsform des Kunstschönen haben reiche Frucht getragen. Unsere eigene plastische Kunst hat seitdem einen Aufschwung genommen, der die kühnsten Hoffnungen Lessings und Winkelmanns weit übertreffen hat. In dem Lande, welches zur Zeit als die Meister der griechischen Plastik ihre unsterblichen Werke schufen, kaum dem Namen nach als das Land wilder Barbaren bekannt war, strahlen

jetzt die Werke eines Thorwaldsen und Rauch, eines Rietschel und Schwanthaler, eines Drake und Hähnel und so vieler andern würdigen Schüler der großen Hellenen auf Märkten und Plätzen, von den Giebeln tempelartiger Kunstbauten, oder in den Hallen großartiger Paläste zu uns hernieder. Die Schönheiten eines Jupiterhauptes und einer Juno Ludovisi, einer Venus von Milos, eines Apoll von Belvedere, an denen sich sonst nur einzelne Bevorzugte erfreuten, sind jetzt Gegenstände der Kenntniß und des Genußes für Hunderttausende. Zahlreiche Schriften bemühen sich, die Erkenntniß und damit den Genuß und die veredelnde und versittlichende Wirkung der antiken plastischen Kunstwerke zu fördern. In herrlichen umfangreichen Sammlungen werden die Abgüsse derselben nicht einem kleinen Kreise von Auserwählten, sondern dem ganzen Volke in unsern Hauptstädten Berlin, München, Dresden u. a. dargeboten. Kaum giebt es eine Bildungsanstalt, eine Universität, ein Gymnasium, die solcher Abgüsse ganz entbehrte. Selbst die Industrie, die großartige Macht unseres Jahrhunderts, bedient sich bereits dieses Hebels ihrer eigenen Förderung, und in einem abgelegenen Fabrikstädtchen des Thüringer Waldes, das seine Kinderspielzeugwaaren über Europa und bis nach Amerika sendet, sah ich Arbeiter nach antiken Abgüssen ihre Figuren formen und begegnete dem Versuche, die Schönheit und den Adel griechischer Vorbilder auch zugleich dem Geschmack und der veredelnde Kraft plastischer Schönheit schon dem spielenden Kindesalter zugänglich zu machen. Und das ist recht und nothwendig. Das Schöne, zumal das Schöne der plastischen Kunst will gelernt, und früh gelernt sein! Denn „Alles Schöne ist lernen", wie ein alter Weiser sagt, schwer nicht bloß hervorzubringen und zu schaffen, sondern auch zu verstehen und zu fassen, und nicht Alle, die Augen haben, können auch sehen, das Schöne sehen; denn dazu will das Auge geübt sein.

Zu solcher Uebung aber ist heutzutage Jedem und überall die Gelegenheit geboten. Selbst wer sich nicht für wenige Thaler, ja nur für wenige Groschen in den Besitz eines Abgusses irgend eines antiken plastischen Kunstwerks zu setzen im Stande ist, braucht nur die Augen aufzuthun, wenn er an den Fenstern unserer Schaubäden vorübergeht, oder die Hallen und Gallerien unserer, für alle offenen Museen und Sammlungen besucht. Die Schönheit der antiken plastischen Kunstwerke, in welchen das gebildetste und schönheitsvollste Volk der Erde seine Seele ausgeprägt hat, enthält jedem zudem Etwas, das zu jeder einfachen unverdorbenen menschlichen Seele spricht. Denn es ist die Schönheit der Gestalt des menschlichen Leibes, der edelsten und herrlichsten Form, welche, wie das alte Bibelwort lautet, Gott selbst „nach seinem Bilde" geschaffen hat, die Schönheit des Menschenleibes, der "ein Tempel Gottes sein soll". Die Griechen aber sind es gewesen, die zuerst der bildenden Kunst die Aufgabe gestellt haben, diese Menschengestalt und ihre Schönheit und die Verklärung derselben zu göttlicher Erhabenheit und Reinheit sichtbar darzustellen. In diesem Streben, in der Erfüllung dieser Aufgabe haben die Meister der griechischen Plastik ihrem Volke die Idealbilder seiner Götter erschaffen. Denn diese Götter waren nichts andres, als gesteigerte Erscheinungen einer über das gewöhnliche Maaß und über die irdischen Schranken erhabenen, menschlichen Persönlichkeit. So war selbst der höchste der Götter, ihr Zeus, "der Vater und König der Götter und Menschen", eben nur das Ideal eines allgewaltigen, väterlich herrschenden Königs; seine Gemahlin, Hera, als Vorbild einer erhabenen vergöttlichten Gattin und Hausfrau, als würdige Genossin und Mitherrscherin. — So wurde Apollon, ursprünglich nur der Gott, die persönliche Darstellung des Sonnenlichts, dann symbolisch in dieser Eigenschaft der allsehende Gott des lichten Wissens und der erhellenden Erkenntniß, der Gott der Weissagung und der in die Tiefen der Dinge dringenden Poesie, zuletzt unter den Händen der bildenden Künstler der

Juno Ludovisi.

ihre Tempel und Altäre, ja selbst ihre herrlichsten Darstellungen in Marmor und Erz, in Gold und Elfenbein längst in Staub zerfallen sind. Sie leben ein ewiges unsterbliches Leben in dem Bewußtsein späterer Geschlechter. Ihr Wesen, das Wahre in ihnen, ist erhalten; es lebt fort in den Werken unserer eigenen Dichter, in unsern Vorstellungen und Begriffen, in unsern Gefühlen und Empfindungen, und Schiller selbst hätte das Gedicht, in welchem er den Untergang "der Götter Griechenlands" beklagt, nicht dichten können, hätte er nicht zugleich voraussetzen dürfen, daß diese untergegangenen Götter, "welche einst die schöne Welt regierten", noch lebendig seien in dem Bewußtsein und in den Vorstellungen der Menschen und der Zeit, für welche er dichtete.

Diese einleitenden Bemerkungen waren nothwendig vorauszuschicken, um den Standpunkt zu bezeichnen, von welchem aus wir die Schilderungen der bedeutendsten Werke antiker Plastik, welche als spärliche Reste eines überreichen Kunstschatzes der alten Welt auf uns gekommen sind, angesehen wissen möchten. Diese schildernden Beschreibungen sollen anleiten, jene Werke richtig und liebevoll zu sehen. Das Verhältniß aber, welches Jemand zu den Werken der Plastik hat, ist ein sehr genauer Maaßstab seiner ästhetischen Bil-

ganz zum Gott gewordene Mensch und als solcher das Urbild hellenischer Schönheit, Bildung und Weisheit, umstrahlt von dem Glanze ewiger Jugend. Jahrhunderte, ja vielleicht Jahrtausende hat es bedurft, damit sich aus der wüsten Fratzenhaftigkeit der orientalischen und aus der seelenlosen Starrheit der ägyptischen Plastik die griechische Bildkunst zu dieser Höhe der freien beseelten menschlichen Schönheit erheben konnte, welche seitdem nie wieder erreicht, dennoch in ihren spärlichen Resten auf die Kunst und Bildung der späteren Völker einen so unermeßlichen Einfluß geübt hat. Denn die griechischen Götter sind nicht todt, wenn auch

dung überhaupt. Denn diese Bildung ist unvollständig, wo der Sinn für plastische Schönheit fehlt, d. h. nicht geweckt und ausgebildet ist. Die Ausrede, die man so oft hört, daß Jemand überhaupt keinen Sinn für die plastische Kunst habe, ist eben nur eine Ausrede, oder vielmehr sie ist ein Geständniß, daß man sich um die Erweckung desselben bisher nicht bemüht habe. Denn wer im Ernste von sich behaupten wollte, daß er jenen Sinn nicht habe, der hätte damit auch zugleich eingestanden, daß er nicht beurtheilen könne, was menschliche Schönheit sei, daß ihn die Schönheit menschlicher Form und Gestalt gleichgültig lasse.

Wir beginnen unsere Schilderungen mit dem berühmten Haupte der sogenannten Juno Ludovisi, einem Werke, das ihm nur an dem Haupte des Jupiter Otrikoli unter den uns erhaltenen plastischen Kunstwerken des Alterthums seines Gleichen hat. Das Original dieses herrlichen Marmorhauptes befindet sich in der Villa Ludovisi zu Rom, wovon dasselbe seinen Beinamen führt.

Wie Phidias mit seinem Olympischen Jupiter das Idealbild des höchsten der Götter für alle Zeit vollendend erschuf, so daß fortan Niemand mehr sich Gestalt und Antlitz des Vaters der Götter und Menschen anders denken mochte: so vollendete sein jüngerer Zeitgenosse, der zu Argos lebende Eikonier Polyklet mit seiner kolossalen sitzenden Tempelstatue der Argivischen Here (Juno) in gleicher Weise und mit gleichem Erfolge das typische Idealbild der Gemahlin des Zeus, der Königin des hellenischen Olymps. Dieses Werk, das größte des Meisters, ebenso wie der Olympische Jupiter des Phidias aus Elfenbein und Gold gebildet, ist uns noch bekannt aus Beschreibungen alter Schriftsteller, deren Hauptzüge man in meinem Buche "Torso, Kunst Künstler und Kunstwerke der Alten" (Th. I, S. 279—280) nachlesen mag. Aber der Ludovisische Kolossalkopf hat uns im Marmor von der Hand eines Künstlers aus der schönsten Zeit griechischer Kunstblüthe die göttlichen Züge des Urbildes in einer Vollendung erhalten, welche uns für den Verlust des letzteren einigen Ersatz gewährt, und uns die Bewunderung begreiflich macht, welche dem Werke Polyklets im ganzen Alterthum gezollt wurde. Als Goethe vor 74 Jahren zuerst in Rom diesen herrlichsten aller erhaltenen antiken Kolossalköpfe erblickte, war es ihm nach seinem Geständnisse, als ertönte ihm ein Gesang Homers in Marmor gebildet, und schauernd der Entzücken gestand er: "keiner unserer Zeitgenossen dürfe sich rühmen, diesem Anblicke gewachsen zu sein." In der That ist es eine große aber zugleich eine lohnende Aufgabe, sich in die erhabene Schönheit dieser kolossalen Bildung zu vertiefen; denn wer dieses Werkes Herrlichkeit begriffen und sich zu eigen gemacht hat, der darf versichert sein, daß er sich damit Sinn und Verständniß erschlossen hat für die Antike überhaupt.

Die Aufgabe, welche sich Polyklet gestellt hatte, war eine der schwersten. Es war die: dem obersten der Götter in der Gestalt, wie ihn so eben Phidias erschaffen, die seiner würdige Gemahlin, das Ideal einer Götterkönigin zu geben, deren Antlitz und Gestalt die Gattin und Mutter, die herrschende Königin des Himmels, und zugleich die Repräsentantin der heiligen Ehe für die Menschen darstelle, die mit gebietender Würde und Erhabenheit der Göttin zugleich die höchste Schönheit des Weibes, mit der hohen göttlicher Majestät zugleich die aus der Dichtersage bekannte Gewalt der Leidenschaft, mit der herben Strenge dennoch auch die Huld und Anmuth jenes Liebreizes vereinen sollte, der den Gebieter der Götter und Menschen einst unwiderstehlich fesselte. Das einstimmige Urtheil des Alterthums und die Bewunderung, welche die größten Dichter und Künstler neuerer Zeiten dieser Juno Ludovisi gezollt haben, bezeugt, daß ihm dies gelungen sei, und auch wir vermögen bei dem Anblicke dieses Kopfes zu begreifen, daß der Grieche, wenn er dieser Juno Polyklets anbetend nahte, in ihr nicht ein bloßes Bild der Olympischen Himmelskönigin, der rechtmäßigen Gemahlin des höchsten Zeus, der Schützerin des geheiligten Ehebandes, sondern diese Göttin selbst zu erblicken glaubte.

Betrachten wir jetzt dieses göttliche Haupt in seinen wesentlichen Zügen näher, so finden wir die charakteristischen Eigenschaften der Göttin, wie sie der Grieche nach seinen Dichtern sich dachte: die Kraft und Mächtigkeit des gebieterischen Willens, der nicht selten auch einen Zug der Starrheit an sich trug, den selbstbewußten Stolz der Götterkönigin und die Strenge der Ehegöttin ausgedrückt in der feinen und doch kräftiggewölbten, etwas niedrigen aber göttlich klaren Stirne und in den stolz geschwungenen Bogen der Augenbrauen, sowie in dem weit geöffneten mächtigen Auge, welches diese Brauen höchst ausdrucksvoll überschatten. Die Haare, zu den großblickenden Augen leise gewellt wie sanft bewegte Meeresfluth, mildern die Strenge der Stirne, indem sie dieselbe in der Form eines sanftgewölbten Dreiecks erscheinen lassen. Mächtige Locken fließen zu beiden Seiten über die Hälfte des Ohres am Halse hinab, dessen gerade kräftige Form und Haltung, verbunden mit dem kraftvollen Kinn, der in reinster griechischer Formbildung gehaltenen Nase und dem gebieterischen Ausdrucke des wenig geöffneten Mundes, den Eindruck der Majestätisch-Gebieterischen verstärkt. Aber diese erhabene Gebieterin und göttliche Herrscherin ist doch zugleich auch wiederum ein Weib; die Ehrfurcht, die sie erweckt, darf nicht sein ohne den Zauber weiblicher Schönheit, die Strenge nicht ohne den Liebreiz erhabener Anmuth. Die Gattin des Götterkönigs will nicht bloß herrschen und gebieten, sie will auch gefallen, wenn auch vorzugsweise oder allein nur ihrem Gemahle. Darum ist das Haar, wenn auch ohne Koketterie, doch sorgsam und schön geordnet, darum tritt neben und unter dem königlichen, mit Anthemien gezierten Diademe, welches das erhabene Haupt krönt, die schmückende Perlenschnur hervor; darum liegt in der leise nach links gewendeten Haltung des Kopfes ein Zug von milder Sanftmuth, und zeigen die Formen des Antlitzes und der mächtigen Wangen die unvergängliche Blüthe vollgereifter Schönheit, sanftgerundet ohne Ueberfülle. Es liegt ein gleichsam elementarischer Zauber in dieser ruhig in sich versenkten Götterschönheit mit den runden weitgeöffneten, und doch wieder gleichsam in die Unendlichkeit ihres eigenen Selbst verlorenen Augen, der Zauber einer Schönheit, die, unbekümmert oder doch unangefochten von Menschenlust und Menschenleid, wie sich selbst genügende olympische Daseinsgenuß nur der reinen Aether des eigenen ewigen Götterdaseins zur Umgebung hat. Es ist der Blick und Ausdruck der Homerischen "leichtlebenden ewigen Götter", im

Vergleich zu deren kummerloser Seligkeit das Loos der „mühebeladenen kurzlebenden Sterblichen" das Herz der alten hellenischen Dichter so oft zu schwer muthvoller Klage bewegt. Zwar haben gar manche Neuere von einem Zuge und Hauche der Schwermuth und Trauer geredet, welcher diese wie alle griechischen Götter umwittere, und ihren Zügen den Ausdruck gebe, als ob diese hellenischen Götter, mitten im Glanze ihrer ewigen Jugend, doch ihr endliches Todesschicksal vorausschauend im Bewußtsein trügen. Aber die, welche solches aussprachen — wie zuerst der schwermüthige Friedrich Stolberg, — haben damit nur ihre eigene Empfindungen in die Schöpfungen des griechischen Geistes hineingetragen, und der Klage Schillers um die Götter Griechenlands eine falsche Anwendung gegeben. Denn diese antiken Götterbilder sind durchaus frei von solchem Ausdrucke, so wie die Künstler, ihre Schöpfer, selbst frei von einer solchen Empfindung waren. Denn nur weil diese Künstler an die Ewigkeit ihrer Götter glaubten, konnten sie dieselben so vollkommen in ihrem Idealbildern darstellen.

Zum Schlusse noch ein Wort über die plastische Darstellung des Auges. Dieses am meisten seelenhafte Organ des menschlichen Leibes mit dem Ausdrucke der Innigkeit und dem Feuer seines Blicks vermag allerdings die Plastik nicht wie die Malerei darzustellen, weil ihr hier die Natur ihres Materials hindernd in den Weg tritt. Aber diese Beschränkung ist, wie schon von andern bemerkt worden ist, zugleich nicht ohne eigenthümliche Vortheile. Denn durch diesen Mangel des nach außen hin gerichteten, auf der Welt außer ihm mit irgend welchem Ausdrucke haftenden und von seelischem Leben erfüllten Blicks gewinnt das plastische Bild jene in sich versenkte, auf sich concentrirte Ruhe und Abgeschlossenheit, jene feierliche stille Großheit, und jene Vergeistigung der ganzen Gestalt, welche sie jedem, auch dem an das Anschauen plastischer Werke minder gewöhnten Betrachter sofort fühlbar und bemerklich machen. Wo daher die spätere Plastik durch allerhand Mittel, durch Bemalung, durch Einsetzen von Metall und Edelsteinen u. s. w. jenem Mangel zu Hülfe zu kommen unternahm, da raubte sie sich meist einen großen Theil der ihr eigenthümlichen und aus ihrem Wesen und ihrem Materiale natürlich hervorgehenden Wirkung. Es ist ein sicheres Kennzeichen, daß Jemand noch nicht in das eigenthümliche Wesen der Plastik eingedrungen ist, wenn er beim Anblicke der scheinbar blicklosen Augen der alten griechischen Götterbilder, diesen Umstand als einen Mangel empfindet, oder sich gar davon abgestoßen fühlt, und schon um dieses einen Mangels willen der Kunst der Malerei und ihren Werken den Vorzug vor der Plastik giebt. Ist es doch eine Thatsache, daß je tiefer und reifer der Geist und die Bildung eines Menschen werden, um so mehr die Plastik und ihre Schöpfungen vorwiegend sein ästhetisches Interesse und sein Gemüth in Anspruch nehmen. —

Adolf Stahr.

Die Telegraphie in alter und neuer Zeit.

Von Ph. Huber.

Der Wunsch, sich auch in die Ferne verständlich zu machen und Mittheilungen an Orte gelangen zu lassen, wohin der unmittelbare Verkehr nicht reicht, mußte schon bei den ältesten Völkern rege werden. Namentlich machte sich ein solches Bedürfniß bei wichtigen nationalen Ereignissen — vor Allem in Kriegszeiten — geltend. Darum lesen wir auch, daß die alten Griechen, und zwar schon zur Zeit des trojanischen Krieges, also vor mehr als 3000 Jahren, den durch den Fall Troja's endlich errungenen Sieg vermittelst besonderer Signalfeuern noch in derselben Nacht, da das stolze Ilium fiel, nach Argos kundgaben, wo Klytämnestra, die Gemahlin Agamemnons, des Anführers des vereinigten Griechenheeres, der Mittheilung des längstgehofften Ereignisses seit Jahren harrte.

Aehnliches findet man auch in der Geschichte anderer alten Völker, namentlich der Römer, sowie in den zu uns gelangten Nachrichten über die alten Perser.

Somit reichen die ersten Anfänge der Telegraphie oder der Fernschrift, Fernschreibekunst, in das graueste Alterthum zurück; jedoch waren diese Anfänge nur äußerst roh, und bestanden, wie bemerkt, in dem Anbringen einer gewissen Anzahl von Fackeln oder Signalfeuern, welche nach der Art ihrer Gruppirung oder Combination entweder bestimmte Gedanken (Begriffe) und Sätze ausdrückten oder auch die einzelnen Buchstaben des Alphabets darstellten.

War nun auch diese Art der Mittheilung noch unvollkommen genug, so sehen wir darin doch den Ursprung der bis auf die jüngste Zeit gelangten s. g. optischen Telegraphen, d. h. derjenigen Zeichengeber oder Fernschreiber, deren Mittheilungen durch den Gesichtssinn wahrgenommen werden mußten.

In ihrer ursprünglichsten Einfachheit, nämlich in dem bloßen Anbringen von Signalfeuern, wurde diese Art des Telegraphirens für manche Zwecke noch bis in das jetzige Jahrhundert herein benutzt. So namentlich zu Mittheilungen von Kriegsereignissen, oder auch noch bis vor Kurzem an einzelnen größeren Flüssen, z. B. an der Donau, bei eintretenden Wassergefahren ꝛc.

In ein eigentliches System wurde die optische Telegraphie aber erst durch die Anwendung des Fernrohrs gebracht, und indem man, statt einfacher Feuersignale, besondere, weithin sichtbare Zeichen gebrauchte, welche die einzelnen Buchstaben, sowie auch die Ziffern unseres Zahlensystems ausdrückten.

Ohne von den verschiedenen Versuchen zu reden, die der Erfindung eines eigentlichen Telegraphen vorangingen, sei hier nur erwähnt, daß diese von Ende des 17ten bis gegen Schluß des vorigen Jahrhunderts, und zwar von dem Engländer Hoel, den Franzosen Amontons, Linguet, Gauthier und dem Deutschen Bergsträßer angestellt wurden. Alle von diesen Männern gemachten Vorschläge gelangten aber zu keiner praktischen Anwendung, und erst dem französischen Ingenieur Chappe gelang es im Jahr 1794, ein optisches Telegraphensystem zur Ausführung zu bringen, welches sich als zweckmäßig bewährte, und namentlich in Frankreich auf eine Strecke von circa 800 Stunden ausgedehnt wurde.

Es wird von Interesse sein, wenn wir mit wenigen Worten auf diesen, in den Napoleon'schen Kriegen vielfach verwendeten, erst in der allerjüngsten Zeit durch den elektrischen Telegraphen verdrängten Chappe'schen Telegraphen eingehen, und eine kurze Beschreibung nebst einer bildlichen Darstellung desselben folgen lassen. Ist es doch noch gar nicht lange her, daß zunächst unserer Grenze, das mystische Spiel und die lautlos erfolgte Zeichengebung des optischen Telegraphen auf dem Straßburger Münster den ununterrichteten Beschauer nicht wenig erstaunen machte.

Fig. 1.

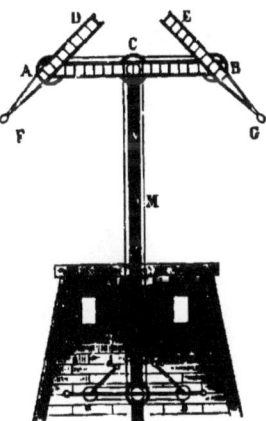

Figur 1 gibt eine Ansicht des genannten Telegraphen. An dem obersten Theile eines aus einem

Thurm oder einem sonstigen hohen, weithin sichtbaren Gebäude hervorragenden Pfosten oder Mastes M befindet sich ein jalousieartiger, durchbrochener und um den Punkt C drehbarer Arm A B, den man den Regulator nennt. An den beiden Enden A und B dieses Armes sind die Flügel A D und B E angebracht, welche durch in F und G befindliche schwere Massen im Gleichgewicht erhalten werden. Sowohl der Regulator A B, als auch die beiden Flügel, die — um besser gesehen zu werden — schwarz angestrichen sind, können durch eine, unten im Gebäude angebrachte mechanische Vorrichtung so in einer vertikalen Ebene verstellt oder im Kreise herumgetrieben werden, daß sie alle möglichen Stellungen gegen einander annehmen. Von den vielen verschiedenen Stellungen werden aber nur diejenigen benutzt, welche in der Ferne am leichtesten zu unterscheiden sind, d. i. die senkrechte oder vertikale, die wagrechte, die rechtsschräge und die linksschräge Stellung. Demnach kann der Regulator 4 solche Stellungen, jeder der Flügel aber deren 8 annehmen. Uebrigens rechnet man diejenige wagrechte Lage der Flügel, bei welcher sie die Verlängerung des Regulators bilden, da dieselbe mit der Stellung, bei welcher die Flügel mit dem Regulator zusammenfallen, gar leicht verwechselt werden könnte. Es können darum mit einem der Flügel 7 verschiedene Zeichen, bei einer und derselben Lage des andern Flügels, und also in Verbindung mit den 7 verschiedenen Lagen des zweiten Flügels 7 mal 7 oder 49 Zeichen gegeben werden. Und verbindet man hiemit noch die 4 Stellungen des Regulators, so ergeben sich im Ganzen 4 mal 49 oder 196 verschiedene Figuren oder telegraphische Zeichen.

Der untere Theil der Figur zeigt die Vorrichtung, vermittelst welcher der Regulator und die beiden Flügel gedreht werden können. Im Innern des Thurmes oder Gebäudes befindet sich ein ganz gleicher Apparat, wie der eben beschriebene, nur in kleinerem Maaßstabe ausgeführt. Es besteht dieser aus einem doppelarmigen Hebel oder Wagbalken a b von ganz gleicher Lage wie der Regulator A B. An den beiden dieses Wagbalkens befinden sich die einarmigen Hebel a d und b e in gleicher Lage mit den Flügeln A D und B E. Durch mehrere mit endlosen Ketten oder Schnüren umschlungene Rollen, die auf den Drehungsachsen der Hebel, sowie des Regulators und der Flügel angebracht sind, und von denen immer die zusammengehörigen die gleichen Durchmesser haben, wird jede Bewegung des Hebels a b dem Regulator A B, und jede Drehung der Hebel a d und b e den Flügeln A D und B E in der Weise mitgetheilt, daß der Regulator mit den Flügeln immer ganz dieselbe Figur bildet, wie die Hebelvorrichtung im Innern des Gebäudes.

Die Art des Telegraphirens ist nun folgende: Sobald an einer Station einer optischen Telegraphenlinie durch den Telegraphen ein Zeichen gegeben ist, so wird an der nächsten Station, auf welcher natürlicherweise mit dem Fernrohr beobachtet werden muß, dieses Zeichen vermittelst der eben genannten

Am Brunnen.

Hebelvorrichtung nachgebildet, worauf die folgende Station das Gleiche thut, bis das Zeichen, sowie alle darauf folgenden, an den Bestimmungsort gelangt ist.

Außer dem beschriebenen Chappe'schen Telegraphen wurden später auch in England und erst im Jahr 1832 noch in Preußen optische Telegraphen eingeführt, die von den französischen in ihrer Construction mehr oder weniger abwichen.

Der englische Staatstelegraph bestand in einem Rahmenwerk mit sechs, zu je drei Paaren über einander stehenden, schwarzen Tafeln, die so um wagrechte Stifte oder Aren gedreht werden konnten, daß jede einzelne Tafel entweder eine horizontale oder verticale Lage annahm, also dem Beschauer auf der nächsten Telegraphenstation einmal die volle Fläche, das andere mal nur eine schmale Kante darbot. Durch die Verbindung dieser verschiedenen Stellungen der 6 Tafeln konnten 64 verschiedene Signale oder Zeichen gegeben werden; denn da durch ein Tafelpaar 2 mal 2 oder 4 Signale möglich waren, so steigerte sich die Zahl aller der durch drei Paare möglichen Zeichen auf 4 . 4 . 4 = 64.

Der durch Figur 2 dargestellte preußische Staatstelegraph war ein senkrechter Pfosten oder

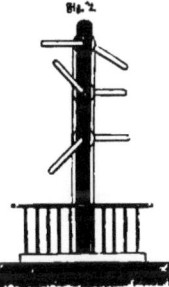
Fig. 2.

Mast mit je 3 auf zwei gegenüberstehenden Seiten angebrachten, also zusammen 6 Armen. Diese Arme waren um ihre Befestigungspunkte an dem Pfosten drehbar und erhielten durch einen unten angebrachten Mechanismus entweder eine wagrechte, aufrechte, schief aufwärts zeigende oder schief abwärts gehende Stellung. Da jeder 6 Arme demnach 4 Lagen zeigte, so konnten mit einem Flügelpaar 4 . 4 = 16, folglich mit allen drei Paaren 16 . 16 . 16 = 4096 verschiedene Zeichen gegeben werden.

Aehnliche Telegraphenvorrichtungen waren auch noch in andern Ländern eingeführt.

Die nächste wichtige Ausbildung, welche der optische Telegraph erfuhr, war die, daß man — da alle die beschriebenen Telegraphen bei Nacht und Nebel ihre Dienste versagten — s. g. Tag- und Nachttelegraphen zu construiren suchte. Diese bestanden

in der Anwendung von Lichtern und Spiegeln, von denen die ersteren durch ihre verschiedene Combination die nöthigen Zeichen darstellten, die letzteren dagegen, die auch verschiedenartig gruppirt werden konnten, ein empfangenes intensives Licht nach der nächsten Station fortpflanzten.

Eine besondere Beachtung der vorgeschlagenen, hieher gehörigen verschiedenen Constructionen verdient Treutler's Tag- und Nachttelegraph, der, in mehreren Ländern patentirt, als Signalgeber auf Eisenbahnlinien eingeführt wurde. Derselbe besteht in einem Maste mit zwei drehbaren, durchbrochenen Armen. In jedem dieser Arme ist eine Anzahl kleiner Spiegel angebracht, welche abwechselnd so links und rechts schief gestellt sind, daß sie eine gebrochene Linie darstellen. Die verschiedenen Lagen der beiden Arme nämlich wagrecht und schief auf- oder abwärts, geben die nöthigen Signale für den Eisenbahndienst an. Für den Nachtdienst dienen dann die Spiegel, die von je zwei Lampen so beschienen sind, daß das Licht der einen Lampe auf die nach der einen Seite geneigten Spiegel, das Licht der andern Lampe aber auf die abwechselnd folgenden, in der Bahnrichtung entgegengesetzt gekehrten Spiegel fällt. Das empfangene Licht wird dann durch die ersten Spiegel vor- und durch die andern rückwärts in der Bahnlinie reflectirt, und macht dabei die Stellung der Arme erkennbar.

Alle die verschiedenen Arten des Telegraphirens vermochten, namentlich was den allgemeinen Verkehr betrifft, nicht zu genügen. Denn einmal ist die Wahrnehmung insbesondere bei Nacht oder bei nebeliger und regnerischer Witterung unmöglich, zum mindesten sehr schwer und unsicher. Sodann ist die Handhabung des Telegraphenapparats viel zu schwerfällig und für umfassendere Mittheilungen ganz ungeeignet. Und endlich bedenke man, wie äußerst mühselig und lästig das beständig nöthige Beobachten, zum Theil mit dem Fernrohr, sein mußte.

Noch viel weniger empfahl sich der vorgeschlagene akustische Telegraph. Dieser beruht auf der Fortpflanzung eines erregten Rufes, Glockentons oder irgend eines verstärkten Schalles durch besonders eingerichtete, die Schallwellen concentrirende Röhren, oder auch durch Wasser, das den Schall besser fortpflanzt als die Luft.

Erst die elektrische Telegraphie wurde zu einem Mittel, nicht nur einzelne Signale an ferne Orte blitzschnell zu lassen, sondern um in kürzester Zeit nach einer gleichsam unbegrenzten Entfernung umfassende und vollständige Mittheilungen in einer eigentlichen Schriftsprache zu richten.

Um uns jedoch über das Wesen dieser Telegraphie verständlich machen zu können, müssen wir etwas ausholen, und das mächtige und wunderbare Agens, das dieser Mittheilungsweise, sowie noch vielen andern, nicht weniger merkwürdigen und überraschenden Wirkungen zu Grunde liegt — nämlich die Elektrizität — einer nähern Betrachtung unterziehen.

(Wird fortgesetzt.)

Lieder von J. G. Fischer.

Reliquie.

Weißt du es noch, wie dir im Spiel
Am Raine des Gartens ein Band entfiel,
Wie mein bebender Finger mit heimlicher Hast,
Du süßestes Mädchen, das Pfand erfaßt,
Und meine Wonne ich nun verborgen
Entgegengeträumt dem nächsten Morgen? —
Du weißt es nimmer, denn bald vergißt
Ein Kind sich selbst, das selig ist.

Doch mir, mir leuchtet er immerfort
Mit Wunderglanz, der gesegnete Ort,
Die sonnige Stelle, so warm und lind,
An der es war, du verklärtes Kind.
Und wie du standest — ich seh' dich noch
So festlich still, so sinnend hoch;
Versunken steh' ich und schaue dich an,
Den Himmel über dir aufgethan,
Wie dich umstrahlt sein Glorienlicht
Gleich einer Heiligen Angesicht.

Heimath.

Ich habe dein Bild am Himmel fern
Gesucht beim bleichen Morgenstern;
Ich schwebte dir nach mit dem Schwalbenzug,
Der gen Mittag nimmt den geschwinden Flug;
Die Arme hob ich nach deiner Gestalt,
Wann die Berge des Abends Gold umwallt.
An aller hohen Dinge Glanz
Hab' ich dein Bild gebunden,
Und habe dich nirgend so rein und ganz
Als bei dir selbst gefunden.

Ersatz.

Es weint ein Vöglein, welches leise
Durch's stille Herbstgezweige streicht,
Wenn an des Lenzes frohe Weise
Einsmals Erinn'rung es beschleicht.

So weinst du, Herz, mit tiefem Sehnen
Nach deinem Jugendmai zurück;
Und sieh, das Rieseln dieser Thränen
Ist süßer fast als jenes Glück.

Eine alte Firma.

Erzählung von Fanny Lewald.

Der Sommer war gar kein Sommer gewesen; wer eine Reise unternommen, hatte keine große Freude davon gehabt. Statt des Sonnenscheins hatte es überall nur Nebel und graue Tage gegeben, und in den Kurorten hatten die Leute trübselig in ihren Wohnungen gesessen und waren froh gewesen, wenn sich mit ihren Hausgenossen eine Art von Verkehr gebildet hatte, der über die langen Abende mit ihren vielen leeren Stunden hinweghalf. Mit solcher zufälligen Gesellschaft erschöpft sich aber die Unterhaltung leicht. Man hat mit ihr keine gemeinsamen Erinnerungen, man hat auch keine gleichen Ansichten, seine eigenen Verhältnisse kann man den fremden Leuten nicht preisgeben, und recht aus seiner tiefsten, innern Ueberzeugung heraus mag man mit Personen, die man nicht kennt, doch auch nicht sprechen. Es bleibt also gar nichts übrig, als von den Tagesereignissen zu reden, die in solch' kleiner Gemeinschaft keinen großen Stoff für die Unterhaltung bieten, oder das Gespräch auf die Vorgänge in der Politik, auf das Allgemeine zu richten, wobei die Meinungsverschiedenheit auch oft ein Hinderniß für die Freiheit des Gedankenaustausches wird. Ehe man es sich also versieht, wird man zum Erzählen von Dingen genöthigt, die man Andere einmal erleben oder Dritten geschehen sah, und es ist dann ein wahres Glück, wenn sich in dem Kreise Jemand findet, der so gut zu erzählen weiß, wie die alte Frau Arenthaler, die den Mittelpunkt unserer ganzen Gesellschaft bildete, und uns eines Nachmittags, an dem es ganz unmöglich war das Haus zu verlassen, mit folgender Geschichte die Stunden verkürzte.

„Ich habe mir nie etwas aus den Romanen gemacht," sagte sie, „in denen die allerwunderbarsten Ereignisse zusammengetragen werden, um die Leute damit in Erstaunen zu setzen. Sie sind mir immer wie die Pasteten erschienen, in denen alle Ingredienzien von der Welt zusammengemischt werden, damit etwas ganz Besonderes zu Stande komme. Etwas Besonderes wird's denn auch, und man sieht's den Leuten, wenn sie es essen, deutlich an, daß sie sich darüber wundern, wie diese Dinge, diese Erzeugnisse aller vier Welttheile, sich in den einen Schüssel zusammenfinden konnten. Es schmeckt Jeder davon, und wer einen abgestumpften Gaumen hat, findet auch sein Vergnügen daran. Die Mehrzahl hat aber doch ein ehrlich Stück Braten lieber, und wie ich meinen Gästen bei mir zu Hause immer nur einen ordentlichen Braten und ein Gericht Gern-gesehen vorsetze, so ist's auch nur eine ganz gewöhnliche Hausmannskost, eine ganz alltägliche Geschichte, die ich Ihnen zu erzählen habe. Es ist gar nichts dabei zum Verwundern, und es hat wohl Jeder von Ihnen Aehnliches erlebt, nur daß er sich nicht so im Zusammenhange daran erinnert."

Sie rückte dabei die Haube mit dem weißen Bande zurecht, die ihr freundliches, altes Gesicht umgab, nahm die Brille ab, weil sie nicht weiter an der Wiegendecke für ihre Tochter häkeln wollte, und begann dann in ihrer ruhigen Weise also zu berichten.

„Es war im Herbste des Jahres achtzehnhundert siebenundvierzig, als bei uns im Hamburg das Haus von Gotthard James Brooke das hundertjährige Bestehen der Firma feierte. Der erste Brooke war ein armer Marktheller gewesen, der sich durch Fleiß und Beharrlichkeit, durch Klugheit und Entschlossenheit heraufgearbeitet hatte. Aus einer kleinen Bude, in der er unten am Hafen allerlei Kleinkram für die Schiffer feil gehalten, war er mit seinem Geschäfte in die Stadt hinaufgezogen, und hatte endlich das Grundstück am Jungfernstiege gekauft, das jetzt dem Schwager meiner Tochter gehört.

„Zur Zeit des Jubiläums war der Urenkel von Gotthard Brooke, William Brooke, Inhaber des Geschäftes, und wie er einer der ersten Männer an der Börse war, so nahm er auch in unserer Kaufmanns-Aristokratie eine der ersten Stellen ein. Er beherrschte den ganzen Getreidemarkt, hatte eigene Schiffe in allen Häfen, sein Haus war voll von Fremden, und das muß man ihm nachsagen, er verstand es, einen guten Gebrauch von seinem Gelde zu machen. Galt es ein allgemeines Unternehmen, irgend eine Anstalt der Wohlthätigkeit, so stand sicher William Brooke mit einer Summe auf der Subscriptionsliste, deren kein Fürst sich schämen durfte; schickte ein Künstler ein bedeutendes Kunstwerk nach Hamburg, so kaufte es William Brooke, und da er seine Kunstsammlung bereitwillig jedem Besucher öffnete, so leistete er durch seine Ankäufe zugleich immer etwas für die ganze Stadt. Sein Haus war Fremden und Einheimischen ein angenehmer Versammlungsort. Seine Frau — er hatte eine Engländerin aus einer verarmten Adelsfamilie geheirathet, die er auf einer seiner Reisen kennen lernte — wußte die Honneurs desselben vortrefflich zu machen, und wenn sie auch für hochmüthig galt, so verzieh man ihr das, weil man sich wohl bei ihr befand, und weil man wußte, daß sie den Armen im Stillen vieles Gute that.

„Die Brooke's hatten viel Glück, und dazu noch das ganz besondere Glück, daß man es ihnen nicht beneidete. Sie waren beliebt; man nahm also an dem Jubiläum den größten Antheil, Fremde und Freunde sprachen davon, und wo man davon sprach, konnte man auch das Bedauern ausdrücken hören, daß Herrn Brooke das Einzige fehle, was dieses Jubiläum erst zu einem rechten Feste machen würde: ein Sohn und Erbe seines Namens und damit der angeborne Fortführer des Geschäftes; denn William Brooke hatte nur ein einziges Kind und das war eine Tochter.

4*

„Aber Helene Broelä, oder vielmehr Ellen, wie man sie nannte, denn es wurde der Mutter wegen meist Englisch in der Familie gesprochen, und das ganze Familienleben und Hauswesen war nach englischem Muster eingerichtet — Ellen war ein Mädchen, das über die Entbehrung eines Sohnes trösten konnte. Sie war damals achtzehn Jahre alt und wirklich eine Schönheit zu nennen. Dabei hatte sie viel Verstand, es war für ihren Unterricht Alles geschehen, was Voraussicht und Reichthum einem Menschen in dieser Beziehung zuwenden konnten, und da beide Eltern ehrenwerthe Charaktere waren, so hatte auch Ellens ganzes Wesen einen Zug von sittlichem Ernst und von innerer Tüchtigkeit, die ihrer Anmuth und ihrer Fröhlichkeit noch einen höhern Reiz gaben. Sie war einfach, wie alle diejenigen, die im Reichthum geboren sind, und denen Pracht und Luxus eben deßhalb keinen besondern Werth haben, aber sie wußte nichtsdestoweniger einen reichen Schmuck vortrefflich zu tragen, und die Mutter gefiel sich in der Behauptung, daß Ellen, wohin man sie auch immer stellen möge, überall an ihrem Platze sein würde. Sie mochte dabei in ihrem Innern freilich weniger an eine einfache Häuslichkeit denken, als an ein Fürstenschloß, aber es lag in jener Behauptung wirklich etwas Wahres, und Ellens Leben hat dieß bethätigt.

„Daß ein solches Mädchen viel umworben war, versteht sich von selbst. Alle unsern reichen Kaufmannssöhne beeiferten sich ihr zu gefallen, der mecklenburgische und hannoversche Adel, der sich viel in Hamburg aufhielt und natürlich das Broelä'sche Haus vor allen andern Häusern frequentirte, wetteiferte in Ellens Huldigung; man wußte, daß sie bereits sehr glänzende Bewerbungen ausgeschlagen habe; man sah, daß sie Niemand bevorzugte, und man fragte sich oftmals, wen sie einmal wählen würde oder was die Eltern für Absichten mit ihr haben möchten. In der Familie selbst war aber das Heirathskapitel bisher immer nur sehr oberflächlich zur Sprache gekommen. So oft sich eine Bewerbung um Ellen geltend gemacht, hatte man sie davon benachrichtigt, um ihr, deren Glück die wirkliche Sorge der Eltern war, die freie Wahl zu lassen, und man war im Grunde jedesmal sehr zufrieden gewesen, wenn sie den Antrag zurückgewiesen hatte; denn eine verheirathete Tochter gehört den Eltern nicht mehr, und Herr Broelä und die Frau verlangten nichts Besseres, als das Mädchen noch eine Weile ihr eigen zu nennen.

„Am Morgen des Jubiläums aber mochte der Gedanke, daß ihm ein Erbe seines Namens und die Fortführer seines Geschäftes fehle, Herrn Broelä wohl besonders fühlbar geworden sein, und er mußte sich mehr als sonst damit beschäftigt haben, denn kaum war Ellen mit der Mutter bei ihm eingetreten, um ihre Glückwünsche zu bringen, kaum hatte er ihnen seinen Dank ausgedrückt, und sie mit Freude und Rührung umarmt, als sein Gesicht ernsthaft wurde und eine Traurigkeit über ihn kam, die sonst ganz außer seiner Art lag. Madame Broelä fragte ihn, was ihm fehle, was ihn eben heute verstimme.

„,Ich habe,' sagte er, ,so häufig von der Melancholie des Glückes, von der Furcht reden hören, die den Glücklichen im Hinblick auf sein Glück beschleicht, und habe das eigentlich immer für eine Thorheit gehalten oder doch nie eine solche Empfindung gekannt. Alles was wir besitzen, ist die Frucht der Arbeit und des Talentes, ist Folge richtiger Berechnung und schneller Benutzung des günstigen Augenblicks, ist also wohl verdient, und ich darf sagen, so gut benutzt worden, als es wohl verdient ist. Heute jedoch ist es mir plötzlich eingefallen, wie oft der Zufall, oder nennt es das Schicksal, unsere Unternehmungen beschützte, wie Manches uns ganz unerwartet gelungen, ja gegen alles Erwarten gelungen ist, und ich habe mir zum erstenmale eingestehen müssen, daß wir ein ganz ungewöhnliches Glück gehabt haben, daß es wirklich ein Glück gibt, welches reine, zufällige Gunst des Schicksals ist. Wenn man diese Gedanken aber in sich aufkommen läßt, gibt man damit zugleich die Möglichkeit eines eben solchen, von jedem eigenen Thun unabhängigen Unglücks zu. — Darin liegt etwas Unheimliches, etwas Dämonisches! Ich konnte mich diesem Eindruck heute nicht entziehen, und es war mir neben demselben fast eine Genugthuung, daß mir der Himmel den Sohn versagt hat, den ich mir so oft gewünscht habe, den mich zu besitzen, für einen Mann in meinen Verhältnissen, an einem Tage wie dieß Jubiläum, wirklich ein Mißgeschick ist.'

„Aussprechen dessen, was uns drückt, heißt oftmals, es auf fremde Schultern laden. Herrn Broelä's Stirn erheiterte sich, aber Frau und Tochter waren schmerzlich berührt. Es thut weh zu erfahren, daß einem Menschen sein höchster Wunsch unerfüllt geblieben ist, dem man Alles zu sein und Alles zu leisten glaubte, was er begehrte. Herr Broelä wurde den Mißgriff, den er gemacht hatte, auch augenblicklich inne, und um zu begütigen, was er gefehlt, sprach er, sich gegen die Tochter wendend: ,Da du nun bisher mein Glück gemacht hast, Ellen, so wird es auch an Dir sein, mir das Einzige in zu bringen, was mir fehlt. Du mußt dich verheirathen, und mir den Sohn in das Haus schaffen, der die Firma von Gotthard William Broelä fortführt — denn fortgeführt muß sie werden, darauf halte ich.'

„Ellen nahm das für eine jener gelegentlichen Aeußerungen; sie legte kein großes Gewicht darauf, weil sie keinen bestimmten Gedanken damit verband; Madame Broelä indessen war sichtlich beunruhigt durch die Worte, und als ihr Mann die Frage that: ,Weißt du denn noch Niemand, der für uns Beide passen könnte, Mädchen?' — fiel die Mutter ihm mit der Bemerkung in die Rede, daß dieß kein Tag sei, dergleichen Dinge zu verhandeln.

„Gerade umgekehrt!' rief Herr Broelä. ,Ein Freitag ist's für uns, für alle meine Freunde, für alle meine Leute, und ich habe durch die gestern gemachte Stiftung dafür gesorgt, daß es auch ein dauernder Festtag für Hamburg bleiben solle. Unsere Freunde erwarten heute etwas Besonderes für den

Abend. Wir haben ihnen Bälle und Soupers genug geboten, damit überraschen wir sie nicht, und eine Ueberraschung möchte ich unsern Gästen doch bereiten. Ellens Verlobung z. B. würde eine solche sein.'

Ellen sah ihn verwundert an. ‚Wie kommst du darauf, Papa?' fragte sie erröthend.

„Mich dünkt,' versetzte er, ‚das liegt nahe genug, denn alle Welt wundert sich, daß du dich noch für keinen deiner Bewerber entschieden hast. Fasse heute einen Entschluß, und zwar einen, den man nicht erwartet, und der mir der erfreulichste wäre.' Er hielt inne, und sagte darauf: ‚Wenn heute Abend Ellens Verlobung mit Graf Schönthal oder mit dem Erben von Gotthold Bertram publizirt würde, so würde dieß für Niemand eine Ueberraschung sein, und Jedermann das als etwas ganz Gewöhnliches betrachten. Ich hätte aber mein Vergnügen daran, Mädchen, wenn du eine Wahl träfest, die den Leuten Etwas zu reden gäbe, wenn du eine Wahl träfest, wie eben nur du sie thun kannst, die auf Geld und Gut nicht zu achten braucht, weil es seit hundert Jahren für dich erworben ist' —

„‚Ich bitte dich, bester William,' fiel die Mutter ihm, mehr und mehr verstimmt, abermals in das Wort, ‚während doch solche Gedanken in dem Kopf des Kindes. Was in dir republikanischer Bürgerstolz ist, ja! was geradezu eine Seltenheit an einem Manne ist, dessen Geschlecht sich so den eigenen Weg gebahnt, wie das deine, das würde in Ellens Kopf zu einer sehr thörichten Romantik werden, der wir entgegen treten müßten. Und ich bin gewiß, Ellen ist sehr fern von solchen Grillen! Sie weiß, was sie sich schuldig ist, und was wir von ihr hoffen dürfen!"

„Die arme Ellen wurde bald roth, bald blaß. Die Wahl ihres einstigen Gatten war der Streitpunkt zwischen ihren Eltern, und die Mutter vermied es daher sonst geflissentlich, das Thema in Gegenwart der Tochter aufkommen zu lassen, von deren Gehorsam sie sich überzeugt hielt, und für welche sie ganz andere Plane hegte, als der Vater; denn Madame Brooke hatte alle Vorurtheile einer Engländerin und den ganzen Stolz einer armen Adeligen. Sie war in der Verehrung von Rang und Reichthum auferzogen, weil Beides ihr gesehlt hatte; so lange sie auch mit William Brooke verheirathet war, in ihrem Herzen war sie immer eine Winkham geblieben, und da sie einst durch ihre Verbindung mit Brooke ein fürstliches Vermögen in die Winkham'sche Familie gebracht hatte, so war es nun an Ellen, eine neue Grafenkrone für dieselbe zu erwerben. Madame Brooke hatte auch bereits eine Wahl getroffen, und sie zweifelte nicht sie geneigt zu machen, so ferne der Vater selbst ihr nicht hindernd in den Weg trat. Ellen sollte den Grafen Schönthal heirathen, den Attaché des österreichischen Gesandten, den Sohn und Schwager einer Fürstin, dem die fürstlichen Titel seines Mutterbruders in nächster Aussicht standen; und mit ihrer Tochter,

der Fürstin Ellen, wollte Madame Brooke dann einmal ihre Verwandten in England besuchen, um durch Pracht, Reichthum und Namen jene Baronets und Viscounts zu überstrahlen, die einst mit vornehmer Rücksichtung auf die arme Miß Winkham herabgesehen hatten.

‚Niemand, weder Mann noch Tochter, kannten diese letzten geheimen Gedanken der Mutter, denn sie verstand zu schweigen. Aber Herr Brooke sowohl als Ellen wußten, daß sie vorzugsweise auf eine vornehme Heirath für Ellen sehen würde, und diese selbst hatte sich den Galanterien und der Bewerbung des jungen Grafen immer freundlich hingegeben. Nicht daß sie etwa eine besondere Liebe für ihn gefühlt hätte — sie liebte weder ihn noch einen Andern — aber der Graf war jung, schön, lebhaft, die Frauen und Mädchen zeichneten ihn aus, und heirathen mußte sie doch einmal.

‚Aber auch der Vater hatte seinen heimlichen Stolz und seine heimlichen Wünsche, und Madame Brooke fürchtete diese so sehr, daß sie sich niemals merken ließ, wie gut sie dieselben errathen habe. Ellen sollte keinen Edelmann, sie sollte überhaupt Niemand heirathen, der es nicht als ein großes Glück ansehen mußte, sie zur Frau zu bekommen; und er wollte, da er nun einmal keinen Sohn besaß, sich einen Schwiegersohn verschaffen, der ihm ganz zu eigen werden konnte, der ganz in seine Ansichten einging, der sein Geschäft nicht nur übernehmen, sondern nach der eingeführten Weise fortsetzen, und vor Allem nicht daran denken sollte, ihm jemals die Tochter aus dem Hause zu führen. Da aber bei einem Charakter wie Herr Brooke solche Gedanken nicht bloß fromme Wünsche bleiben, so hatte er auch bereits den Mann gefunden, dem er die Tochter und ihr Erbe und sein Handlungshaus bestimmte, und dieser Mann war Emanuel Sievert, der einzige Sohn seines einzigen Jugendfreundes.

‚Emanuel war sechs, sieben Jahre älter als Ellen. Sein Vater war in den Colonien gestorben, und Herr Brooke hatte seit dessen drittem Lebensjahre Sorge für ihn getragen. Ein Fünfzehnjähriger, war er als Lehrling in das Brooke'sche Geschäft eingetreten, der es nun als die rechte Hand seines Principals und Beschützers. Er nahm seit Kurzem die Stelle eines Disponenten ein, Ellen wußte, wie ihn oilmald, und Herr Brooke, dem im Leben Alles wohl gelungen war, konnte sich nicht denken, daß Ellen sich weigern würde, die Frau des Mannes zu werden, den er sich zu seinem Nachfolger erkoren hatte.

‚Ohne also auf die Aeußerung seiner Frau zu achten, sagte er, ‚Wie wäre es, Ellen, wenn wir heute hinunterschickten und Emanuel rufen ließen?'

‚Emanuel?' fragte Ellen mit wirklicher Verwunderung. ‚Wozu das, lieber Vater?'

„Um ihm zu verkünden, was wir mit ihm vorhaben!' antwortete Herr Brooke, und er sah dabei so heiter aus, daß man ihm anmerken konnte, wie angenehm die Vorstellung ihm war.

„Aber statt der Zustimmung, die er zu hören wünschte, schlug das helle Lachen der Tochter an sein Ohr. „Den Emanuel soll ich heirathen, den Emanuel? Nein, Papa! Das ist zu komisch! Das hast du doch nicht gemeint. Und so ganz mit einem Male willst du das abmachen, so ohne Weiteres soll ich ihm übertragen werden, wie du ihm erst das Hauptbuch und dann die Prokura übertragen hast? Das ist zu komisch, Väterchen!" — Sie lachte, auch die Mutter, der nichts erwünschter kommen konnte, als die Art, in welcher Ellen die Sache auffaßte, stimmte in das Lachen ein, und von ihrer guten Laune fortgerissen, fügte Ellen hinzu: „Stelle dir nur vor, Papa, wenn der ernsthafte Emanuel jetzt käme, und du sagtest ihm, was du ihm für eine neue Ehre zugedacht, und daß er mein Mann werden solle, und feierlich und ernsthaft wie er ist, gestände er dir unumwunden, daß er dafür danken müsse, weil eine Andere ihm besser gefalle als ich! Das wäre doch außer allem Spaße, das könnte doch möglich sein, und was würde dann aus mir bei solcher Scene!"

„Sie konnte des Lachens kein Ende finden; Madame Brooke sagte scherzend, das käme davon heraus, wenn ein Geschäftsmann romantisch würde; indeß die Heiterkeit der Frauen blieb ohne allen Einfluß auf den Vater, und strenger als der Anlaß es rechtfertigte, sprach er: „Ziere dich nicht, Helene, und scherze nicht, wenn ich ernsthaft mit dir rede. Da ich es weiß, daß Emanuel dich liebt, wirst auch du darüber nicht in Zweifel sein, und daß der Mann sein Leben für die Frau läßt, die er einmal in sein Herz geschlossen hat, deß seid ihr Beide so gewiß als ich. Ich wiederhole es: ich wünsche mir Emanuel zum Schwiegersohn; willst du mir durch deine Zustimmung diesen Wunsch erfüllen?"

„Lieber Vater! Du setzest mich wirklich in Erstaunen, in Verwirrung," wendete Ellen ausweichend ein, die es zu Erfahrung wußte, daß mit ihm nicht zu scherzen war, wenn er sie nicht Ellen, sondern auf gut Deutsch Helene nannte. Auch die Mutter bat ihm, die Sache nicht in solcher Weise und an solchem Tage zur Entscheidung zu bringen; aber er achtete ihrer Einwendungen nicht.

„Ich überrasche Ellen gar nicht, sie kann auch gar nicht verwirrt sein,' erklärte er, ,denn sie und du, ihr müßt meine Absichten schon längst gekannt haben. Kurz und gut also! Convenirt Emanuel dir zum Manne oder nicht? Ja oder nein?"

„Der Ton des Vaters verdroß das durch Liebe und Nachgiebigkeit verwöhnte Mädchen, die Verstimmung der Mutter reizte es noch mehr auf, und ohne zu zögern, antwortete Ellen kalt und trocken: ,Nein! Durchaus nicht!"

„Also nein!" wiederholte Herr Brooke, indem er sich erhob und in das Nebenzimmer ging. Die Frauen blieben erschrocken zurück. Auf nichts weniger waren sie gefaßt gewesen, als auf solch' eine Unterredung, auf solch' einen Vorgang an eben diesem

sem Morgen. Ellen traten die Thränen in die Augen, sie war nahe daran, dem Vater nachzugehen und ihm zu sagen, daß sie gehorchen wolle; es kam ihr auch der Gedanke, welch' ein tüchtiger und liebenswürdiger Mann Emanuel sei, und daß der Vater sie, sein einziges und so überaus geliebtes Kind, sicherlich nur demjenigen anvertrauen würde, zu dem er sich des Allerbesten versah. Davon war sie fest und sicher überzeugt. Daß Emanuel sie liebe, daß seine ganze Seele an ihr hänge, das hatte sie fast von Kindheit an gewußt, aber die Frau Emanuels, Frau eines jungen Mannes ohne Namen, ohne Stellung zu werden, den Tispeneuten ihres Vaters zu heirathen, das war ihr niemals in den Sinn gekommen. Sie stellte sich vor, welche Einwendungen die Mutter dagegen machen würde; sie dachte, was man in ihrem Umgangskreise dazu sagen, wie man sich darüber wundern würde; sie erinnerte sich all' der Aussichten, die sich ihr mit ihren Vorzügen, mit ihrem Vermögen in der großen Welt eröffnen mußten, wenn sie einen Aristokraten, einen Mann aus den Kreisen der Diplomatie und der Höfe wählte, und sie räumte es sich zuletzt ein, daß sie eine unverantwortliche Thorheit begehen würde, wenn sie nur um ihrem Vater nachzugeben, eine Heirath schlösse, von der sie in keiner Weise irgend eine besondere Befriedigung zu erwarten hätte.

„Niedergeschlagen und die Augen voll Thränen, saß sie in dem Sessel neben dem Sofa, Madame Brooke stand noch unmuthiger an dem Fenster. Der Vater war aus dem Nebenzimmer zurückgekommen und ging schweigend auf und nieder. Die drei Menschen bildeten einen schneidenden Gegensatz zu den heiter geschmückten Räumen, zu den Blumen, die in sommerlicher Pracht die Vasen und Blumentische füllten, obschon der Schnee durch die Straßen wirbelte und seine kleinen Sterne an die Fenster klebte. Auf den Tischen lagen die Gaben der Liebe für den Vater ausgebreitet, die silbernen Schalen trugen glückwünschende Karten und Briefe in Menge, in allen war von den schönen, ungetrübten Familienleben, von der Liebe die Rede, welche die Gatten und das Kind verband — und zum ersten Male fühlten sie sich entzweit, zum ersten Male ohne Frieden und ohne Freude.

„Das lastete auf Jedem von ihnen, und sie fühlte der Eine die Gedanken des Andern, so erhoben sich Mutter und Tochter plötzlich, als der Vater sich ihnen wieder näherte, und warfen sich an seine Brust. Er umarmte und küßte Beide. „Sei wieder gut!" baten sie ihn.

„Ich bin nicht böse!" entgegnete er, „indeß von einem Lieblingswunsche trennt man sich nicht so im Augenblick, nicht ohne Bedauern. Jetzt ist es abgethan, und damit gut. Für Emanuel, den ich liebe wie einen Sohn, werde ich zu sorgen wissen, aber auch seine Zukunft, ich will festgestellt sehen. Graf Schönthal wartet noch immer auf deine Entscheidung. Die Mutter ist seiner Bewerbung vorzugsweise geneigt; ich habe gegen ihn nicht mehr als gegen jeden andern Aristokraten einzuwenden, der dir in seinem Innern doch letztlich eine Ehre mit seiner Wahl zu erzeigen meint, und du selbst scheinst ja auch dem Leben in unserm Kreise abgeneigt. Soll ich dem Grafen Schönthal sagen, daß du die Seine werden willst? — Es würde der Mutter heute eine doppelte Freude machen; wir vergessen dann Alle, was uns heute trennte und verstimmte, und — für Emanuel wird es gut sein, wenn er es auf diese Weise erfährt, daß er Nichts zu hoffen hat.'

Ellen hatte, als der Vater ihr Emanuel zum Manne vorgeschlagen, in ihrem Innern an den Grafen gedacht. Jetzt, da sie sich für diesen erklären sollte, regte sich keine Freude in ihrem Herzen, indeß es sträubte sich auch nichts in ihr gegen diese Aussicht. Sie hatte sich den Augenblick, in dem sie sich und ihr Herz für immer verschenken sollte, nur anders vorgestellt. Aber sie sah das freudestrahlende Gesicht der Mutter, sie sah das Auge des Vaters auf sie gerichtet, sie wollte ihn nicht zum zweiten Male an diesem Tage erzürnen, und ohne alles Widerstreben, aber auch ohne die freudige Aufregung der Liebe, gab sie ihre Einwilligung dazu, die Frau des Grafen zu werden.

Damit kehrten der Einklang und die Freude in die Familie zurück. Madame Broote war so glücklich, als ihre Tochter es hätte sein müssen, der Vater fand sein Gleichgewicht immer wieder, sobald er vor einer festen Thatsache stand, und Ellen war erfreut darüber, wieder helle Gesichter um sich zu sehen. Man benachrichtigte den Grafen von der für ihn günstigen Entscheidung, freudestrahlend eilte er herbei, und der Graf war jung, schön, liebenswürdig und der Liebe kundig. Seine Anregung, seine Lebhaftigkeit rissen das unschuldige Herz des jungen Mädchens mit sich fort, die Glückwünsche, die Freudenbezeugungen der Verwandten und Freunde des Hauses ließen Ellen kaum zur Besinnung kommen. Man sprach mit Ellen von ihrer Hochzeit, von dem Wiener Hofe; am Mittag trafen zufällig die Schwester und der Schwager des Grafen ein, und die Anwesenheit des fürstlichen Paares brachte neue Zerstreuung, neue Gedanken, neue Aussichten an die junge Braut heran. Ihre Ideen wirbelten wie Phantasmagorien durch einander, tausend wechselnde und glänzende Bilder zogen an ihrer Seele vorüber, und doch lag hinter ihnen allen ein dunkler Punkt, doch lag über allen ein nicht zu bannender Schatten. Sie mußte nicht, woher es kam, sie konnte nicht aufhören, an Emanuel zu denken. Wo sie auch war, wovon man mit ihr sprach, immer sah sie ihn vor sich stehen, immer sah sie, wie bleich er geworden war, als man ihm am Herzen ihre Verlobung mitgetheilt hatte. Sie sah den Blick nicht vergessen, den er auf sie gerichtet, als er ihr glückwünschend die Hand gegeben hatte, und sie hätte weinen können, wenn sie an den Ton seiner Stimme dachte.

Mittags bei dem Familien-Diner erschien er wie immer. Er hatte seit seinem fünfzehnten Jahre als Hausgenosse in Broote'schen Hause gelebt. Aber man war nicht mehr zu Vieren beisammen wie sonst, er saß nicht mehr neben Ellen. Der Graf, der Fürst und die Fürstin waren als Familienmitglieder anwesend, Ellen hatte zwischen dem Grafen und dem Fürsten Platz genommen, aber sie mußte es sich eingestehen, daß Emanuels Erscheinung etwas sehr Edles habe, und daß er sich, ohne es besonders zu wollen, die Beachtung erzwang, welche ihm zu gewähren die neuen vornehmen Verwandten nicht eben gewillt gewesen waren.

Am Abende war ein Ball im Hause. Die Gesellschaft war sehr groß, die Säle schimmerten im Lichtglanz, die Frauen im Glanze ihrer Schönheit und ihres Schmuckes. Die Ehrenbezeugungen, welche die Kaufmannschaft, welche seine Mitbürger Herrn Broote dargebracht, hatten ihm wohlgethan; er fühlte sich so selbstherrlich, daß die aristokratische Verwandtschaft ihm nicht mehr lästig dünkte, er war vortrefflich aufgelegt. Auch Ellen war heiter geworden. Sie tanzte gern, der Graf war ein vortrefflicher Tänzer, sie war jetzt seine Braut, er durfte sie fester in seinen Arm ziehen, er durfte unbemerkt ihre schöne Stirne küssen. Sie sah zu ihm empor, sie war sicher, daß sie ihn liebte und ihn schon lange geliebt habe.

Emanuel tanzte auch, aber er hatte Ellen nicht zum Tanze aufgefordert wie sonst, er vermied es sogar, ihr zu begegnen, das that ihr leid. Sie wählte ihn, als die Anordnung des Tanzes dieß gestattete; er konnte es nicht abweisen, und trat mit ihr in die Reihe. Aber als könne er es nicht unterdrücken, sagte er: ‚Was soll das, Fräulein Ellen?'

Sie schrak zusammen, er sah finster aus und war sehr blaß. ‚Ich kann es nicht ertragen, daß Sie mich so meiden! Sind wir denn nicht Freunde? Sollen wir es nicht bleiben? Warum mißgönnen Sie mir mein Glück?' stieß sie hervor.

‚Ich war Ihr Freund niemals! Ich liebte Sie, Ellen, liebe Sie mehr als Alles — und wir sehen uns nicht wieder!' entgegnete er mit einer Leidenschaft, die ihr das Herz erzittern machte. Sie mußte sich niedersetzen, als er sie zu ihrem Platz geleitete, es schwamm ihr wie Nebel vor den Augen, sie wußte nicht, wie ihr geschah. Ihr Verlobter, die Mutter kamen herzu, man geleitete sie in ein anderes Zimmer; als sie in den Saal zurücklehrte, suchte ihr Auge vergebens nach Emanuel, er hatte das Fest verlassen.

Am folgenden Tage kam er nicht zu Tische, Niemand sprach von ihm, Ellen wagte nicht nach ihm zu fragen. Der Graf war beständig in ihrer Nähe, es gab Briefe an auswärtige Verwandte zu schreiben, Visiten waren zu machen und zu empfangen, Alles im Hause war voll Heiterkeit, auf Ellens Seele lastete ein dumpfes, drückendes Gefühl von Schuld und Reue. Sie hätte es aussprechen mögen — aber gegen wen konnte sie dies zu thun sich entschließen?

Eine Woche nach ihrer Verlobung machte der Graf bei Tische die Bemerkung, daß er den jungen

Mann, den Disponenten des Vaters so lange nicht gesehen habe. ‚Den werden Sie auch sobald nicht wieder sehen, lieber Graf!' entgegnete Herr Broote gelassen. ‚Er hat schon lange eine Neigung gehabt sich weiter auszubreiten, die Welt zu sehen und selbstständig zu werden. Da hat er die Gelegenheit ergriffen, für eine unserer exportirenden Firmen eine Commandite in Australien, in Melbourne zu übernehmen. Er hat sich gestern eingeschifft.'

„Und das haben Sie mir nicht erzählt, liebe Ellen?" fragte der Graf verwundert.

„Ich wußte es ja nicht!" sagte sie leise, und die Thränen traten ihr in die Augen und schnürten ihr den Hals zu.

„Wir wollten Ellen in ihrer Freude nicht stören,' fiel die Mutter ihr schnell in die Rede. ‚Sie hat so viel Gemüth, und Emanuel selbst war zartfühlend genug, ihr den Schmerz zu ersparen, den die Trennung von einem Jugendfreunde uns immer bereitet.'

„Madame Broote hätte sich die Mühe dieser Erörterung sparen können. Es lag dem Grafen sehr fern zu glauben, daß Ellen an seiner Seite den Verlust eines Andern beweinen könne; und meinen konnte sie auch nicht, das Herz war ihr dazu viel zu sehr zusammengedrückt, der Sinn zu sehr verstört. Was sie an sich, an Emanuel gesündigt, was sie gegen den Grafen zu thun im Begriffe stand, das sah sie jetzt deutlich ein, als es ihr gut war; aber wie sie es ändern, wie sie es ungeschehen machen und sich davor bewahren könne, mit all' der Freiheit, welche ihre Lebensverhältnisse gerade ihr geboten hatten, eine Heirath ohne alle Neigung zu schließen, das vermochte sie nicht zu denken, weil sie von jeher in der Scheu vor dem Urtheil der Menschen, in der gänzlichen Abhängigkeit von der Meinung ihres Gesellschaftskreises erzogen war. Es marterte sie es sich sagen zu müssen, wie sie den Geliebten verzweifelnd hinausgetrieben in die Welt. Es graute ihr vor dem Betruge, den sie an dem Grafen auszuüben im Begriffe stand, und mehr noch vor der Entwürdigung, die er selbst dadurch entgegen ging. Die ganze Schwere ihrer Handlungsweise lastete auf ihr; indeß die bloße Vorstellung dessen, was geschehen mußte, um aus diesen unwahren und unsittlichen Verhältnissen herauszutreten, nahm ihr den Muth des Wollens, und wie alle verzagten Herzen entschloß sie sich zum Dulden, wo es ihre Pflicht gewesen wäre offen und ehrlich zu handeln. In solchen Fällen kommt dem Menschen die Sophistik des Selbstbetruges immer schnell zu Hilfe. Sie sagte sich, daß sie zu büßen habe, daß sie leiden müsse, weil sie den Geliebten leiden mache, und sie suchte sich mit dem Troste zu beruhigen, daß sie noch unglücklicher werde sein, als er, weil sie die Stärkung und Erhebung entbehre, welche ein gutes Gewissen dem Unglücklichen bereite.

„Damit ging der Winter hin. Ellen's Ausstattung wurde mit fürstlichem Luxus vorbereitet, des Grafen Ernennung zu einem andern und vortheilhafteren Posten stand in Aussicht, sobald er verheirathet und

durch das Vermögen seiner Frau in den Stand gesetzt war, eine seiner Stellung angemessene Figur zu machen. Ellen's innere Verfassung schwankte hin und her. Sie gewann die Vorstellung lieb, bald Gräfin Schönthal zu sein, und einst Fürstin Schönthal zu werden; sie schrieb bisweilen mit Wohlgefallen Madame la Princesse de Schönthal auf irgend ein Blättchen, aber eben so oft kam ihr der Name Emanuel in die Hand, und allmählig fand sie sich darin nicht glücklich zu sein, als so viele andere ihres Geschlechtes, die gezwungen sind, ihren Verhältnissen ihre Jugendliebe aufzuopfern. Das Schlimme dabei war allein, daß ihr Verstand, daß ihr Herz es ihr beständig vorhielten, wie solch' ein Zwang für sie in keiner Weise obgewaltet, und wie sie vielmehr gegen die Wünsche ihres Vaters, aus Laune und aus Eigensinn über ihre Zukunft entschieden habe.

„Im Mai sollte Ellen's Hochzeit sein, aber gleich die ersten Monate des Jahres acht und vierzig brachten mit dem Ausbruche der französischen Revolution, mancherlei kleine Störungen in den Frieden ihres Brautstandes. Der Graf, sonst nicht vorurtheilsvoller als die Mehrzahl seiner Standesgenossen, nahm gegenüber der demokratischen Bewegung, welche durch die Welt ging, plötzlich eine andere Position. Er sah die Vorrechte der Kaste, welcher er angehörte, bedroht, das erbitterte ihn gegen diejenigen, von denen die Bedrohung ausging. Herr Broote war wie die Reichen in der Regel, kein Freund revolutionärer Bewegungen, hatte aber dennoch den Stolz des Bürgerstandes, einen Widerwillen gegen die Anmaßungen der herrschenden Adelskaste. Sein Freiheitssinn charakterisirte sich in dem Spruch: stehe auf, damit ich mich setze! und mit diesem meinte er es ernsthaft. Er verfocht die Vorzüge einer bürgerlichen Republik, er nannte sich mit Stolz einen Bürger seiner republikanischen Vaterstadt; der Graf belächelte das, wenn er es nicht verspottete, es gab oftmals Streit über die Politik, es gab Streit über Ansichten, und wenn Madame Broote das auch auszugleichen suchte, wenn Ellen's Bitten diesen Zwistigkeiten manchmal auch vorbeugen konnte, so hielt Herr Broote ihr doch häufig vor, daß er sich, eben weil er den Adel kenne, niemals einen Edelmann zum Eidam gewünscht habe, und der Graf verbarg es seiner Verlobten nicht, wie froh er sein werde, mit ihr endlich allein in jenen ruhigen Kreisen der Gesellschaft zu leben, in denen er geboren und erzogen, und in denen man vor so peinlichen Erörterungen und so unberechtigten Anmaßungen sicher sei. Selbst Ellen fing an sich aus dem Hause fortzusehnen, das heißt gebunden zu sein, um, wie sie hoffte, durch ihr Pflichtgefühl vor ihrer Reue und vor ihrer Sehnsucht bewahrt zu werden.

„Je weiter die Revolution aber in Europa um sich griff, desto mehr verdüsterte sich auch das Leben im Broote'schen Hause. Die Kaufleute sahen ihre Angelegenheiten durch den Lauf der Dinge vielfach geschädigt, der und jener fand sich von schweren Verlusten getroffen, die Fallissemente in Paris wirkten

Mask

.Ball.

auf Deutschland zurück, der Schrecken lähmte alle Bewegungen der Börse. Herr Brooke war nicht mehr jung, er hatte den Kopf voll Sorgen, Emanuel dessen jugendliche Lebhaftigkeit und Entschlossenheit solchen Stürmen mehr Gegengewicht geboten haben würde, fehlte ihm an allen Ecken und Enden. Er war verdrießlich, wie die Seinen ihn niemals gesehen hatten, jede abweichende Meinung reizte ihn zum Zorne auf, und der Graf war nicht geneigt ihn zu schonen, denn die Vorgänge in Oesterreich wurden immer bedenklicher, und sein Zorn war nicht geringer, wenn schon anderer Art als der seines künftigen Schwiegervaters.

„An einem Morgen, als er Ellen besuchte, brachte er das Wappen seiner Familie mit. Die Fürstin hatte es in Wien auf's beste ausführen lassen, damit Ellens Taschentücher in Hamburg danach gestickt werden könnten. Ellen bewunderte die kunstvolle Arbeit, Madame Brooke entzückte sich an der Grafenkrone, und der Graf gefiel sich darin seiner Braut die ersten Grundzüge der Heraldik beizubringen, und ihr die Bedeutung des Wappens zu erklären, als der Vater eintrat. Frau und Tochter sahen es ihm an, daß er irgend einen recht unangenehmen Eindruck gehabt haben müsse, und um ihn in bequemer Weise in das Gespräch zu ziehen, zeigte Madame Brooke ihm das Wappen mit dem Zusatz, daß die Fürstin so gut gewesen sei, es ihnen zu senden.

„Und wozu das?" fragte Herr Brooke.

„Um meine Taschentücher damit zu sticken, und unser Silber darnach zu graviren, lieber Vater,' fiel Ellen ein, als verstände sich das von selbst.

„Herr Brooke's Mienen wurden noch düsterer, und mit einem kalten und scharfen Tone, der den Grafen entschieden verletzen mußte, sagte er: ‚die Frau Fürstin ist sehr gütig! Aber die Taschentücher und das Silber, das William Brooke seiner Tochter zu ihrer Ausstattung mitgiebt, werden mit ihrem und seinem Namen, Helene Brooke gezeichnet werden. Ueber die Anschaffungen, welche der Graf später für seine Frau und sein Haus etwa machen wird, mögen er und die Frau Fürstin dann nach Belieben schalten.'

„Er ging hinaus, der Graf sprang auf und that eine Aeußerung gegen ihren Vater, die Helene und die Mutter nicht ohne Abwehr lassen konnten, obschon der Graf sie augenblicklich zu beschönigen versuchte. Helene weinte, die Mutter vermittelte, man trennte sich anscheinend beruhigt, aber ohne rechte innere Versöhnung. — Niemand sprach im Laufe des Tages von dem Begegniß, der Graf kam am Mittage nicht zu Tisch, er entschuldigte sich schriftlich damit, daß Arbeiten in der Gesandtschaft ihn zurückhielten. Abends, als er um die gewohnte Stunde zum Thee erschien, wartete man vergebens auf Brooke, dessen Pünktlichkeit zum Sprüchwort unter seinen Freunden geworden war. Als Jane ihren Mann in sein Zimmer schickte, um ihn rufen zu lassen, erhielt sie den Bescheid: Doktor Heerbrand, einer seiner Freunde und zugleich sein Rechtskonsulent, wäre bei ihm, und die Herren würden dort den Thee einnehmen.

„Das war gegen alle Erfahrung. Madame Brooke und Ellen waren besorgt, der Graf schien es auch zu sein. Er that verschiedene Fragen, die sich, wenn auch versteckt, auf die geschäftlichen Verbindungen des Vaters bezogen, und der Abend war noch unbehaglicher als der Morgen es gewesen war. Als der Graf sich entfernt hatte, sagte Madame Brooke: des Vaters Verschlossenheit hat in Zeiten, wie die jetzige, wirklich etwas Quälendes. Der Bankerott des Onkels hat ihn schwer getroffen, ich weiß, daß er in Sorgen ist. Er schläft die Nächte nicht, ich höre ihn oftmals seufzen — er ist nicht mehr der Alte. In früheren Jahren war er so unverzagt. Ich wollte wir hätten Emanuel zu seiner Stütze hier — und ich wollte auch der Graf ginge auf einige Tage fort, damit sich der Vater erst wieder beruhige.

„Es war das erstemal, daß die Mutter den Entfernten zurückwünschte, das erstemal, daß sie des Grafen nicht mit der gewohnten Vorliebe gedachte und sich seiner Nähe freute. Auch Ellen hatte heute schon zu wiederholten Malen die beiden Wünsche der Mutter gehegt, und wenigstens der Eine sollte sich erfüllen.

„Am andern Morgen brachten die Zeitungen die Nachricht von der Revolution in Wien. Eine Stunde später meldete ein Billet des Grafen der Brooke'schen Familie, wie ein Auftrag seines Gesandten ihn genöthigt habe, noch in der Nacht abzureisen, und daß er Ellen melden werde, wohin sie ihm ihre Briefe nachsenden solle. Der Brief war so sonderbar gefaßt, daß Mutter und Tochter darüber die Wiener Revolution kaum beachteten, während der Vater keine Verwunderung irgend einer Art über das Schreiben bezeigte, sondern es gleichgültig an die Seite legte. Er zog sich bald in das Comptoir zurück, die Frauen ergingen sich in Vermuthungen nach allen Seiten, in der Stadt sprach man davon, daß die Firma Gotthard Brooke sich kaum werde halten können, so ungeheure Anstrengungen sie durch Realisirungen auch mache, ihre laufenden Wechsel zu decken. Um sich zu zerstreuen und zu beschäftigen, verhandelten Mutter und Tochter mit den Lieferanten für die Ausstattung."

Die Erzählerin machte eine Pause. Sie scherzte über ihre Weitschweifigkeit und wollte offenbar zum Fortfahren ermuthigt sein. Wir ließen es an der Bitte nicht fehlen, und sonderbar wie sich eine kleine Rast gegönnt hatte, fuhr sie also wieder fort:

„Sie werden sich erinnern, wie schnell die Ereignisse damals gingen. Der Revolution in Wien folgte die Revolution in Preußen auf dem Fuße. Am neunzehnten hatte man die Nachricht an der Börse, am zwanzigsten wußte man, daß William Brooke seine Zahlungen einstelle. Alle Welt beklagte ihn. Er hatte das Möglichste gethan, das Aeußerste zu verhindern, er hatte Alles geopfert, seine Handlungsweise war die respektabelste gewesen, und es gab Personen, die da meinten, da er doch insolvent bleibe, hätte er weniger gewissenhaft und klüger handeln, hätte er als bejahrter Mann mehr an sich selbst und an die Seinen denken können.

„Die Tage im Broofe'schen Hause können Sie sich denken. Man stand einer Thatsache gegenüber, an deren Möglichkeit man nie gedacht hatte. Die Liebe, welche die Familienglieder für einander hegten, verlieh ihnen Fassung und Selbstbeherrschung. Ellen gab nicht zu, daß der Vater dem Grafen die Mittheilung seines Fallissementes machte; sie übernahm es ihm davon in Kenntniß zu sehen; und Stolz und Ehrgefühl, welche den Vater getrieben, sich zum armen Manne zu machen, um seinen Gläubigern gerecht zu werden, diktirten der Tochter die Erklärung, daß sie den Grafen nicht an sein ihr gegebenes Versprechen gebunden erachte, wenn die Hand des mittellosen Mädchens ihm weniger begehrenswerth erscheine, als die Hand der reichen Erbin.

„Seine Antwort ließ nicht lange auf sich warten. Es war der zärtlichste Brief, den sie jemals von ihm erhalten hatte, es war ein leidenschaftlicher Brief. Mit den Ausdrücken der wärmsten Liebe sagte er ihr, wie unglücklich es ihn mache, die Freiheit anzunehmen, die ihre Großmuth ihm biete. Er erinnerte sie, daß er kein Vermögen habe, er stellte ihr vor, wie unmöglich es ihm sei, sie, in der neuen ihm zugedachten Stellung, seinem Range und ihren Gewohnheiten nach zu unterhalten. Er sprach davon, wie sie sich jetzt sicher von ihren Eltern nicht werde trennen wollen, und wie unvereinbar seine und ihres Vaters Lebensansichten sich in der letzten Zeit gezeigt hätten. Er schilderte ihr seinen Schmerz, sein hoffnungsloses Leiden — sie las den Brief nicht bis an's Ende. Ihr Herz litt weniger davon, als sie selbst erwartet hatte, aber eine bittere Reue, eine tiefe Scham überwältigte sie. Emanuel würde nicht so gehandelt haben.

„Auch der Vater dachte unaufhörlich an ihn. Emanuel war der Einzige, gegen den der Niedergebeugte sein ganzes Herz entlastete. Aber es währt lange, bis ein Schiff die Meere durchzieht und Kunde von Europa nach Melbourne bringt, und es mußte viel Zeit vergehen, ehe des Fernen Antwort Herrn Broofe erreichen konnte.

„Ellen war wie verwandelt nach dem schweren Schlage. Sie sah den verzehrenden, schweigenden Gram des Vaters, sie hörte die Klagen der kaum gewordenen Mutter. Darüber lernte sie sich selbst vergessen. Ihre Schuld war es, daß der Vater in diesem Augenblicke die Stütze entbehrte, die er sich in Emanuel zu geben gewünscht, sie hatte es zu verantworten, daß jetzt kein Sohn an seiner Seite stand, sie wollte vergüten was sie konnte, ersehen und leisten was in ihrer Macht war.

„Die Zeitverhältnisse waren der Auflösung des Geschäftes so ungünstig als möglich. Der dänische Krieg lastete auf Hamburg, Jedermann hatte nur an sich zu denken, und Herr Broofe fand daher weniger Nachsicht bei seinen Gläubigern, als eine Firma wie die seine es in einem andern Zeitpunkte hätte treffen dürfen. Sich gemahnt zu sehen, gedrängt zu finden, machte ihm die nöthige Klugheit vergessen, er beschleunigte, um Ruhe zu bekommen, den Verfauf seines liegenden Besitzes, es litt ihn auch nicht mehr in dem Hause, in welchem er das Unglück erlebt hatte, und auf das seine Gläubiger gerechte Ansprüche erhoben.

„An dem Tage, an welchem die preußischen Garden in Hamburg einrückten, um nach Holstein zu gehen, sollte die Familie Broofe das Haus verlassen, das mit seiner Kunstsammlung und mit seinem ganzen Mobiliar damals bereits in fremde Hände übergegangen war. Früh am Morgen hatte man noch einmal in den gewohnten Zimmern gefrühstückt, draußen standen die Koffer gepackt, man wollte weiterhin auf den Tag die kleine Wohnung in St. Georgen beziehen, in welcher die Familie verweilen sollte, bis man Hamburg ganz verließ. Denn in Hamburg zu bleiben, wäre Jedem von den Dreien das Unerträglichste gewesen. Indeß Allen blutete das Herz im Augenblick des Scheidens. Jeder von ihnen durchschritt noch einmal unter verschiedenen Vorwänden die Reihe der unvergeßlichen Gemächer, Jeder wollte sich, ohne daß er es aussprach, noch dieses einmal ansehen, Jenes noch einmal betrachten. Ellen, so sehr sie darnach strebte, irgend ein Günstiges in den künftigen Verhältnissen zu entdecken, das den Ihren in dieser Stunde zum Troste hätte gereichen können, stand rathlos da. Mit einem Male vermißte man die Mutter, sie hatte ohne ein Wort zu sagen, die Stube verlassen, und war nicht wiedergekehrt. Man ging zu sehen, wo sie weilte, sie war in dem ganzen Stockwerk nicht zu finden. Ellen stieg die Treppe hinauf, in das Schlafzimmer der Eltern, in das Zimmer, in welchem sie geboren worden war, und ein Schrei des Entsetzens entfloh ihren Lippen — Madame Broofe hatte ihrem Leben ein Ende gemacht.

„Die Aufregung, welche an dem Tage in Hamburg herrschte, die Spannung, welche die Nähe des Kriegsschauplatzes und die Ereignisse in Deutschland überhaupt hervorriefen, nahmen die Theilnahme der Menschen ganz in Anspruch, und verschlangen das Glück und das Mißgeschick des Einzelnen. Man beklagte das Unglück der Broofe'schen Familie einige Tage, man erinnerte sich, daß unter den Verwandten von Madame Broofe, unter den Wickham's öfter Selbstmorde vorgekommen wären und fand es sehr begreiflich, daß Herr Broofe und die Tochter nicht länger in Hamburg zu leben vermochten. Herr Broofe war wirklich ruinirt, und das kleine Jahrgeld das ihm geblieben war, reichte höchstens dazu aus, ihm und der Tochter in irgend einer der deutschen Binnenstädte, ein sehr bescheidenes Auskommen zu sichern. Man wußte, daß sie Heidelberg zum Aufenthalte wählen würden, und Ellen's Freundinnen bewunderten den Muth und die Entsagung, mit welchem sie ihr Schicksal trug.

„Und Muth hatte Ellen nöthig, denn ihr Loos war schwer. Es ist kein Geringes, sich aus Reichthum in die äußerste Beschränkung, aus einem Kreise mitgenießender, theilnehmender Menschen in die Einsamkeit gedrängt zu sehen, seine ganzen Lebensverhältuisse plötlich umgebrochen zu finden, und am Grabe der Mutter der einzige Halt für einen so gebeugten Vater zu werden. Es gehört dazu ein festes Herz und eine starke Liebe, und Ellen gewahrte es mit Freude, daß ihr diese beiden unschätzbaren Güter in weit höherm Maaß zu eigen waren, als sie selbst es bisher gewußt hatte.

„Herr Broote konnte die Unthätigkeit, zu welcher er sich, nicht ohne seine Schuld verdammt sah, nicht ertragen. Er klagte sich an, daß sein Ehrgefühl, sein Stolz zu weit gegangen wären, daß er sich selber zu genügen mehr gethan habe, als die strengste Gewissenhaftigkeit in solchem Zeitpunkte von einem Kaufmanne hätte fordern können, er machte sich den Ruin seiner Familie, den Untergang seiner Firma, den Tod seiner Frau zum Vorwurf. Er mochte es nicht sehen, wenn seine Tochter sich den nothwendigen häuslichen Verrichtungen unterzog, und sie wollte ihm doch die möglichste Pflege gewähren. Er konnte nicht athmen in der kleinen Wohnung, die sie jetzt hatten, und fühlte ein Widerstreben das Haus zu verlassen, aus Scheu irgend einem seiner früheren Lebensgenossen zu begegnen. Er schloß sich von der Welt ab, und verlangte Neues zu hören, begehrte unterhalten zu sein. Ellen wußte sich keinen Rath. Von ihrem vergangenen Leben vermied sie gern zu sprechen, weil Alles, was ihn daran erinnerte, ihm wehe that; die Gegenwart bot keinen erheiternden Wechsel dar, und Aussichten in die Zukunft, welche ihn hätten erfreuen können, sah sie nicht vor sich eröffnet. Nicht helfen zu können, wo man um jeden Preis Hilfe bringen möchte, ist aber sehr bitter, und Ellen fühlte, daß auch sie die Spannkraft der Seele verlieren würde, wenn sie dem entmuthigten und leitenden Vater unthätig gegenüber bliebe, einzig damit beschäftigt den trüben Gedanken nachzuhängen, die sie verfolgten, und über die Irrthümer zu grübeln, welchen sie anheim gefallen war. Es mußte etwas geschehen, sie mußte Etwas thun, sie wußte nur nicht was.

„Da fiel ihr Auge eines Tages, als sie dem Vater die Zeitungen vorlas, plötzlich auf eine Anzeige, die ihren Bedürfnissen entgegenkam. Man suchte in einer neu gegründeten Erziehungsanstalt eine Person, welche der französischen und der englischen Sprache mächtig sei, um mit den jungen Damen in den Nachmittagsstunden je nach Bedürfniß Conversation zu machen, oder spazieren zu gehen, und Ellen beschloß, sich zu diesem Posten zu melden. Es kam ihr hart an, die Erlaubniß des Vaters dazu zu fordern, aber mit dem Vorgeben, daß es das beste Weg für sie sei, sich selber in der Uebung der erlernten Sprachen und sich die ihr unentbehrliche Bewegung zu machen, erlangte sie die gewünschte Einwilligung, und es war damit für sie sehr viel gewonnen.

„Sie war für einige Stunden des Tages in eine heitere Umgebung versetzt, sie sah wohl immer das grammerfüllte Antlitz ihres Vaters vor sich, sie hörte das sorglose Geplauder der jungen Mädchen, diese und jene ihrer Pflegebefohlenen sprach von ihrer Heimath, von ihren Eltern; es war doch eine Zerstreuung, es zog sie von sich selber ab, und das hatte sie nöthig.

„Herr Broote war plötzlich zum Greise geworden. Seit er sich nicht mehr von seinen gewohnten Lebensgenossen umgeben sah, seit er nicht mehr den Chef des Hauses Gotthard Broote zu repräsentiren und der Mutter nicht mehr zu beweisen hatte, daß er noch immer der Alte sei, hatte er jene Achtsamkeit auf sich verloren, welche den Menschen anstreckt erhält, wenn die Jahre ihn niederzuziehen trachten. Er kämpfte nicht mehr gegen das Altwerden, und das Alter wurde also über ihn Herr. Dazu entbehrte er der stärkenden Weine, der Bäder, ja selbst der Pflege seines Kammerdieners, der ihm das dünner werdende Haar so geschickt zu bürsten, der seine Halstücher so gut zu binden verstanden hatte, daß Herr Broote sich immer noch ganz vortrefflich aussehend gefunden, und sich gern im Spiegel betrachtet hatte. Jetzt war das Alles anders, es kam ihm keine Täuschung mehr zu Hilfe, er sah, wie schnell er alterte, aber auch das betrübte ihn nicht mehr, wie es sonst der Fall gewesen sein würde. Es war ihm Alles gleichgültig geworden, Alles bis auf Ellen und die Gestaltung ihrer Zukunft.

„Ellen war jetzt der Mittelpunkt seines ganzen Daseins. Ihr stetes Gehen und ihr Gehen bildete die Abtheilung seiner gleichförmig hinfließenden Tage. Er hatte einen Zeitvertreib daran, nach der Uhr zu sehen, und zu sagen, daß sie sich nun in das Institut begeben müsse, und eine Freude, wenn sie wiederkehrte. Sie erzählte, was die Kinder und jungen Mädchen ihr vorgeplaudert, sie berichtete von dem, was sie an den Fenstern der Schaulädens gesehen hatte, sie und da war sie bei Spaziergängen mit ihren Schülerinnen auf Jemand gestoßen, dem sie früher auf ihren Reisen begegnet war, und da in der Einsamkeit das kleinste Erlebniß eine Wichtigkeit erlangt, so fand Ellen bald, daß ihr Leben wieder ein bewegteres werde, und daß es lange nicht mehr so traurig, wie in den ersten Monaten sei. Als sie dann endlich am Neujahrstage dem Vater von dem ersten selbstverdienten Gelde einige Flaschen stärkenden Weines und einige andere Erfrischungen auf den kleinen Mittagstisch hinkeren konnte, hatte sie eine neue, nie zuvor geahnte Freude, obschon der Vater ihr wegen ihrer Verschwendung Verweise zu machen für nöthig hielt.

„Inzwischen war der lang erwartete Brief von Emanuel eingetroffen. Jedes Wort darin war Treue und Hingebung für seinen Wohlthäter. Er nannte es sein Mißgeschick, daß er nicht hier zur Stelle sei, und eine schwere Verschuldung, daß er aus selbstischer Schwäche und Weichlichkeit, den väterlichen Freund verlassen habe, dem ihn zu bleiben und dem zu dienen Pflicht und Ehre ihm ein für alle mal geboten hätten. An eine Rückkehr war auf lange Jahre hinaus nicht zu denken, wollte er dem Vertrauen entsprechen, welches sein jetziges Haus in ihn gesetzt hatte, und wollte er selbst vorwärts kommen, was nun doppelt für ihn gefordert war. Indeß er stellte sich und seine ganze Thätigkeit der Einsicht seines früheren Wohlthäters zur Verfügung. Er hatte bei Abgang seines Briefes es noch nicht gewußt, in welch' unzweckmäßiger Weise die Arangements des Brooke'schen Hauses geleitet worden waren, sondern den Glauben gehegt, daß die Firma von Gotthard Brooke noch fortbestehe, daß das Haus nach gemachten Regulirungen seine Geschäfte wieder aufnehmen werde, und darauf hin war sein ganzer Brief gerichtet. Er wies Mittel und Wege für neue Unternehmungen nach, wie der Hinblick auf Australien sie ihm an die Hand gab, er erbot sich alle Einleitungen zu treffen, alle Vermittelungen zu übernehmen, er zeigte sich als der wahre Freund in der Noth.

„Auch von dem Tode der Mutter, von Ellens rückgängig gewordener Verlobung war er natürlich noch nicht unterrichtet. Während er also mit banger Theilnahme des Eindruckes gedacht, welchen der Glückwechsel auf Madame Brooke hervorbringen würde, erwähnte er Ellens mit keiner Sylbe, bis ganz am Schlusse des Briefes, an welchem es hieß: ‚ich hoffe, daß Sie mein väterlicher Freund! und Madame Brooke, in dem Glück und der Zufriedenheit der Frau Gräfin Schönthal und Ihres Herrn Schwiegersohnes, einen Trost und eine Antrichtung in den bösen Tagen finden werden, die mit Ihnen zu bestehen ich mir leider selbst unmöglich gemacht habe, und die sicherlich überwunden und vergessen sein werden, wenn es mir einst bei meiner Heimkehr vergönnt ist, Ihnen für all das Gute zu danken, das Sie mir von Kindheit an erwiesen, und für das ich, so lange ich lebe, Ihr ehrlicher Schuldner bleibe!"

„Der Brief hatte Ellen und den Vater, jeden auf seine Weise erschüttert. Er war gelesen und wieder gelesen worden, und jede Aeußerung des Vaters über Emanuel war, ohne daß Herr Brooke dies beabsichtigte, ein Schmerz und ein Vorwurf für die Tochter geworden, so sehr er es vermied auf das Schreiben und auf Emanuel zurückzukommen, obschon des Vaters Gedanken vorzugsweise gern bei ihm verweilten. Emanuel's Aussichten, seine Plane, seine Unternehmungen und die Wahrscheinlichkeit ihres Erfolges beschäftigten Herrn Brooke, wie ihn einst die eigenen Unternehmungen beschäftigt hatten. Er fing im Geiste wieder zu rechnen, zu spekuliren an, er verlangte wieder nach den Zeitungen, um den Stand der Waarenmärkte und der Kourse, um die Aussichten für Erwerb zu erfahren. Er kalkulirte wie viel Jahre Emanuel brauchen könne, um ein reicher Mann zu werden, und nach Europa zurückkommen zu können; aber bald ermüdete ihn das Rechnen, bald regte es ihn übermäßig auf, und Ellen überzeugte sich nur zu schnell, daß ihres Vaters fast leidenschaftliche Theilnahme an Emanuel's Ergehen, hauptsächlich auf der Hoffnung beruhte, ihn für Ellen zum Manne zu gewinnen, und so seinen alten Lieblingswunsch, wenn auch in ganz anderer

Weise als er es zuerst beabsichtigt hatte, in Erfüllung gehen zu sehen."

Die Erzählerin machte eine neue Pause, man that verschiedene Zwischenfragen an sie, und nachdem sie ihre Gedanken wieder gesammelt hatte, fuhr sie also fort: „Sehr leidenschaftliche Wünsche sind oft, wie das letzte Aufflackern eines Lichtes, der Vorbote des Erlöschens. Herr Brooke überlebte den Sturz seines Hauses kaum um ein Jahr. Das Unglück hatte dem nur an Glück gewöhnten Manne das Herz gebrochen, und mit 19 Jahren stand Ellen als Waise in der Welt. Unter ihres Vaters Papieren fand sich ein Brief, der sie in Form der vertrauensvollsten Bitte dem Schutze Emanuels empfahl und diesem im Voraus den väterlichen Segen ertheilte, falls er Ellen zu seiner Gattin wählen würde.

„Ellen las den Brief mit stürzenden Thränen, aber er ward nicht abgeschickt. Liebende mißverstehen sich oft genug, und zusammengehörende Herzen entfernen sich oft genug von einander, wenn sie in nächster Nähe bei einander sind, wie konnte es also sein, daß Ellen und Emanuel sich nicht zusammenfanden, da sie sich einmal mißverstanden hatten und beide durch den halben Erdkreis von einander getrennt waren.

„Emanuel hatte sich eines gewissen Triumphes nicht erwehren können, als er die Kunde vernahm, wie ehr- und herzlos Graf Schönthal seine Braut verlassen; denn auch das großmüthigste Herz bleibt ein Menschenherz, und sich verschmäht zu sehen, um eines Unwürdigen willen verschmäht zu werden, das verwindet sich nicht leicht. War gerade diese Empfindung der gereizten und befriedigten Eitelkeit und die ihr folgende aufkeimende Hoffnung hatten Emanuel mißtrauisch gegen sich selbst, und vorsichtig und höchst zurückhaltend in den Aeußerungen gemacht, mit denen er in seinem zweiten Briefe der Familie über den Tod der Mutter sein Beileid ausdrückte und die schmerzlichen Erfahrungen von Fräulein Helene bedauerte. Es war gewohnend, daß Ellen sich vorhielt, wie er gar nicht anders habe schreiben, gar nichts Anderes in diesem Augenblick sagen oder thun können, ohne eine Unzartheit zu begehen. Sie liebte ihn, und Liebe macht ungeduldig und darum unverständig und ungerecht. Sie hatte einst die Neigung nicht beachtet, die er ihr durch lange Jahre offen bewiesen hatte, nun zürnte sie ihm, daß er es über den Ocean hinweg nicht sehen konnte, wie sie sich damals selbst betrogen, wie ihr Sinn verwandelt und ihre Liebe ihm zugewendet war. Sie schalt seine männliche Selbstbeherrschung, Vergeßlichkeit und Kälte, und dieser gegenüber durfte und wollte sie sich nicht verrathen. Aber zu der thörichten Eitelkeit des Herzens, welche die Frauen sich so gern als edlen weiblichen Stolz, als weibliche Würde auslegen, gesellte sich bei Ellen ein sehr berechtigter Ehrgefühl. Sie hatte Emanuel zurückgewiesen, als sie reich gewesen war und ihm eine in jedem Betrachte erwünschte Zukunft zu bieten gehabt hatte, wie sollte sie sich nicht scheuen, als eine Hilfe suchende vor ihm zu erscheinen und ihm zu gestehen, daß sich jetzt auf ihn, als auf ihren einzigen Freund, all ihre Sehnsucht richtete.

Drei, viermal schrieb und zerriß sie den Brief, in welchem sie dem Entfernten den Tod ihres Vaters zu melden beabsichtigte. Er klang ihr immer zu liebevoll, sie fürchtete immer, zu viel gesagt und es verrathen zu haben, was sie Alles durchlebt und durchlitten hatte, seit Emanuel geschieden war. Aber so oft sie auch von Neuem begann, immer wieder strömte das Herz ihr über, immer wieder machte ihr Schmerz sich Luft. Wollte sie Emanuel nicht Alles bekennen, was sie bewegte, und ihm nicht eingestehen, daß sie ihn liebte, daß sie auf ihn hoffte, so blieb ihr Nichts übrig, als einen Brief zu schreiben, wie sie ihn an irgend einen Geschäftsfreund ihres verstorbenen Vaters gerichtet haben würde, und selch einen Brief sendete sie endlich an Emanuel ab, nicht ohne sich der Hoffnung hinzugeben, weil er sie liebe, werde er errathen, was sie ihm aus Scham verberge, werde er ahnen, wie viel Selbstüberwindung es sie gekostet habe, sich diesen ruhigen Bericht, sich einen solchen trockenen, kalten, lieblosen Brief abzugewinnen.

Ihre Voraussetzungen betrogen sie aber, denn Emanuel befand sich in ähnlicher Lage, wie sie selbst. Auch er hielt sich daran, daß Ellen seine Liebe und seine Zurückhaltung verstehen und schätzen müsse; er rechnete auf einen Brief, der die Antwort auf alles Dasjenige hätte sein müssen, was er ihr verschwiegen hatte, und da dieser Brief der Natur der Sache nach unmöglich eintreffen konnte, hatte er darüber einen Kummer, der nicht geringer war, als Ellen's Gram.

Ein Mann jedoch, der viele Geschäfte und die mannigfach wechselnden Anfragungen zu besorgen hat, welche große Handelsunternehmungen mit sich bringen, behält nicht viel Zeit übrig, um an eine verkannte Liebe zu denken, und erliegt derselben nicht, auch wenn er nicht aufhört, den Gegenstand derselben im Herzen zu tragen. Er antwortete Ellen mit aufrichtiger Trauer um ihren Vater, sagte, daß er sich glücklich schätzen würde, ihr irgendwie dienen zu können, und glaubte etwas sehr Heroisches geleistet zu haben, als er ihr betheuerte, daß sie auf ihn wie auf einen Bruder rechnen könne.

Als Ellen dies Wort gelesen hatte, nannte sie sich ganz verlassen, und da Augenblicke des Schmerzes den Menschen, sofern sie ihn nicht lähmen, meist über sich selbst hinausheben, und ihn zu gewaltsamen Entschlüssen verleiten, so stieg in Ellen der Gedanke auf, sich ganz von ihrer Vergangenheit loszulösen, sich einzig auf die eigene Kraft zu stellen, und eine Scheidewand zwischen sich und Emanuel aufzurichten, hinter der sie für ihn verloren bleiben mußte, auch wenn ihm später einmal die Sehnsucht und das Verlangen kommen sollten, sie zu suchen und wieder zu finden.

Die Beschäftigung mit jüngern Mädchen, das Unterrichten war ihr lieb geworden, und sie befand sich auch in der Nothwendigkeit, für ihren Unterhalt sorgen zu müssen. In dem letzten Willen ihres Vaters hatte sie den Nachweis über mancherlei Verpflichtungen gefunden, deren Tilgung er ihr empfahl, falls sie jemals wieder zu Vermögen gelangen sollte. Diesem Wunsche des Hingegangenen nachzukommen, war ihr eine Befriedigung. Der Vater und sie hatten nach dem Fallissemente von den Zinsen eines Legates gelebt, das ihr Großvater für unbemittelte Kaufleute und deren Töchter begründet hatte, und zu welchem William Breote natürlich der Nächstberechtigte gewesen war. Dies Legat gehörte jetzt ihr an, aber sie beschloß darauf zu verzichten, oder vielmehr sie wies die Gläubiger ihres Vaters auf ihren Antheil an, und Alles, was sie dafür verlangte, war, daß der eine derselben, der als englischer Consul in Antwerpen lebte, ihr einen Paß auf den Familiennamen ihrer Mutter ausstellte. Er willfahrte ihr, und mit dem Bewußtsein, eine letzte Liebespflicht gegen ihren Vater, eine Ehrenpflicht gegen sein Andenken erfüllt zu haben, verließ sie Heidelberg und begab sich nach Paris, wo die Vorsteherin des Erziehungsinstitutes, in welchem sie Hilfslehrerin gewesen war, ihr in einer alten Adelsfamilie eine Gouvernantestelle vermittelt hatte.

Abhängigkeit zu tragen will erlernt sein, aber wer großes Leid im Herzen birgt, schlägt die kleinen Widerwärtigkeiten des Lebens nicht allzuhoch an, und Ellen traf es insofern sehr günstig, als die Grafen Molincour zu jenen alten guten Familien zählten, in denen Abel des Herzens und Feinheit der Sitte eben so erblich waren, als ihr Titel und ihr Wappen. Miß Windham, unter welchem Namen Ellen in dem Hause des Grafen auftrat, wurde mit aller der Rücksicht behandelt, auf die sie irgend Anspruch machen konnte, und die beiden Mädchen, welche man ihrer Aufsicht anvertraute, waren liebliche Geschöpfe. Ellen verlangte es auch gar nicht besser, als fern von der Gesellschaft ausschließlich für diese Kinder zu leben, und es hätte auch kein besseres Heilungsmittel für ihr müdes, hoffnungsloses Herz gefunden werden können, als der Verkehr mit jenen glücklichen Wesen, deren ganzes Dasein Hoffnung und Freude war.

Die Kinder waren ihr ganzes Augenmerk und schlossen sich ihr zärtlich an. Das machte die junge Gouvernante der Gräfin werth, und es war auch nicht möglich, die schöne anmuthige Ellen nicht zu lieben, deren sanfte, gefaßte Entsagung, deren milde Traurigkeit sie nur noch anziehender erscheinen ließen. Man wußte in dem gräflichen Hause, daß Ellen eine Waise sei, aber man hielt sie für eine Engländerin, und sie sah auch, in ihrer Mutter sehr ähnlich war, wie eine solche aus. Ihren wahren Namen kannte Niemand.

Jahre entschwanden auf diese Weise. Ellen war ihrer Herrin immer näher getreten, es ging ihr wohl in dem gräflichen Hause, und sie gewöhnte sich, so wenig als möglich zurückzudenken. Sie fing an, das Gute, das sich ihr darbot, ohne Vergleichung mit der Vergangenheit zu genießen, und der Mensch ist, ja, wenn er gesund an Seele und Leib ist, so glücklich organisirt, daß er Alles vergessen kann, was er vergessen will; und Ellen wollte vergessen, Alles vergessen bis auf den Einen, den sie nicht vergessen konnte, weil dessen Bild immer höher und heller in ihr empor wuchs, je reifer und je tüchtiger sie selber wurde.

„Es hatte sie oftmals, wenn sie am Abende nach erfüllter Tagesarbeit einsam in ihrem Zimmer saß, dazu getrieben, an ihn zu schreiben. Oftmals hatte sie die Feder angesetzt, oft auch ein Paar Zeilen, ein paar Seiten geschrieben, aber sie mußte die Stille und der Mond leuchtete so hell, daß die weißen, sacklartigen Kastanienblüthen förmlich auf dem Blättermeer erglänzten. Ellen hatte eine große Freude an der Schönheit der Natur, aber der Zauber einer weichen Frühlingsnacht ist sehr gefährlich für den Menschen, der schon viel verloren hat, denn die schwärmerische Empfindung, die uns in das All versenken möchte, erinnert uns bald an Diejenigen, die uns entrissen, und die vor uns in den Schooß der Mutter Erde zurückgekehrt sind.

„Ellen dachte, als sie die schönen Bäume vor sich sah, bald an die Trauerweiden und Cypressen, die auf dem Hamburger Kirchhofe das Erbbegräbniß der Brooks beschatten, in dem ihre Mutter beerdigt lag, und in dem ihr armer Vater seine letzte Ruhestätte nicht gefunden hatte. Sie stellte es sich vor, wie groß jene Bäume jetzt schon sein würden, und wie hoch wohl der Epheu das Kreuz umranken möchte, das sie ihrem Vater auf sein Grab gesetzt. Es gedieh Alles schnell in Heidelberg, die Vegetation war viel kräftiger als in ihrer Vaterstadt, aber in den Tropen, war es noch ganz anders sein. Sie schreckte zusammen, sie war mit ihren Gedanken gelandet, wo sie nicht verweilen sollten. In dem Augenblicke klopfte es an ihre Thüre: es war der Diener, der sie einlud, zum Thee zu kommen, und es war ihr lieb, daß man sie störte.

„Sie hatte lange im Dunkeln gesessen, im Saale war es hell, das Licht blendete sie also, als sie ein-

trat. Die Thüren nach dem Garten waren geöffnet, der Graf befand sich mit Jemand, den sie nicht sehen konnte, auf dem Balkon. Auf dem Sopha saß neben der Gräfin eine nicht eben junge und nicht hübsche Frau. Die Gräfin begrüßte Ellen, und stellte sie mit den Worten: „die Erzieherin meiner Kinder!" der fremden Dame vor, ohne ihr jedoch den Namen derselben zu nennen, wie das in ähnlichen Fällen meist so einseitig zu geschehen pflegte. Die Fremde machte der Gouvernante eine herablassende Verbeugung, und nahm weiter keine Notiz von ihr. Die Damen sprachen von den Tagesereignissen, und Ellen ging bei der Gräfin bei dem Bereiten des Thees zur Hand, als der Graf mit seinen Begleiter von dem Balkon in das Zimmer kam. Sie blickte nach den Eintretenden hinüber, das Blut stockte ihr im Herzen, sie mußte die Tasse, welche sie in der Hand hielt, niedersetzen, um sie nicht fallen zu lassen, denn Graf Schönthal stand vor ihr.

„Auch er war eben so erschrocken. „Fräulein Brooke!" rief er aus, und hätte sicherlich viel darum gegeben, den Ausruf nicht gethan zu haben, der eine allgemeine Verwunderung erzeugte. Die Gräfin Molincour und die Gräfin Schönthal wiederholten den Namen, Beide mit sichtlicher Befremdung. „Du kennst das Fräulein?" fragte die Gräfin Schönthal, und: „Was bedeutet das, Miß Windham?" fragte die Gräfin Molincour. Ellen rang nach Fassung, aber Graf Schönthal hatte es auf seiner diplomatischen Laufbahn besser als die arme Gouvernante gelernt, einer unerwarteten Begegnung und einer üblen Lage mit Dreistigkeit die Stirne zu bieten. Er trat an Ellen heran und sagte, indem er ihr die Hand hinreichte; „Verzeihen Sie, Miß Windham, daß die Erinnerung mich verwirrte!" Dann sich gegen die Anderen wendend, sprach er: „Ich habe Miß Windham in dem Hause ihrer nächsten Verwandten, in dem Brooke'schen Hause in Hamburg gekannt und verehren gelernt, als ich noch an jenem Orte Attaché war." — Er verbarg es mit einer geschickten Bewegung, daß Ellen sich weigerte ihm die Hand zu geben, setzte sich an ihrer Seite nieder, und versuchte es, eine Unterhaltung mit ihr anzuknüpfen. Aber er blieb unfrei und verwirrt, sie antwortete ihm kurz und abweisend, und benutzte dann die erste Gelegenheit, den Saal zu verlassen, um sich in der Stille ihres Zimmers von dem Schrecken zu erholen, und sich von Herzen auszuweinen. Es war das erste Mal gewesen, daß sie einen ihrer frühern Bekannten wieder gesehen hatte, und grade dem Grafen hatte sie begegnen müssen.

„Am folgenden Tage verließ die Gräfin Molincour Paris, um, wie das alljährlich geschah, bis gegen das Neujahr hin mit ihrer Familie auf dem Landsitz zu verweilen. Für Ellen war dies eine Erleichterung, daß der ganze Vorgang insofern zu ihrem Besten ausschlug, als er die Veranlassung zu einem weitern Aussprechen und damit zu einem vollern Vertrauen zwischen ihr und der Mutter ihrer Pflegebefohlenen wurde. Aber obschon die Gräfin

jetzt Ellens wahren Familiennamen und ihre früheren Erlebnisse kennen gelernt hatte, blieb sie, weil
man das Aufsehen zu vermeiden wünschte, welches
ein Wechsel ihres Namens mit sich gebracht haben
würde, für alle Uebrigen Miß Windham, nach wie
vor; und keiner jener Schicksalswechsel, keines jener
romantischen Ereignisse, auf welche selbst verständige
und nüchterne Naturen sich zu vertrösten geneigt
sind, und auf welche zu hoffen kaum irgend Jemand
unterläßt, treten in Helenens Leben ein.

„Sieben Jahre hatte sie als Erzieherin in dem
Hause der Gräfin gelebt, die älteste ihrer Schülerinnen hatte sich nach französischer Sitte sehr früh an
einen Marquis von Brühal verheirathet, die Verlobung der jüngern war eben vollzogen worden, und
die junge Marquise zur Feier derselben von ihrem
Schlosse in die Stadt gekommen. Die Gräfin ging
viel in Gesellschaft, weil der Beifall, welchen ihre
beiden Töchter überall empfingen, sie erfreute, und
die Marquise überließ sich mit freiem Herzen den
Zerstreuungen von Paris, wenn sie ihr zweijähriges
Söhnchen in Ellens Obhut wußte, welche vor nicht
ferner Zeit die treue Pflegerin ihrer eigenen Jugend
gewesen war.

„Niemand in der Molineour'schen Familie dachte
daran, sich nach der Verheirathung der zweiten Tochter von Ellen zu trennen, denn sie war Allen wie
eine Anverwandte lieb und werth geworden; es fragte
sich zwischen der Mutter und den Töchtern nur, ob
Ellen als Gesellschafterin im Hause der Gräfin bleiben, oder als Erzieherin zur Haus der Marquise
übergeben sollte; aber Ellen hatte doch das peinliche
Gefühl, an keinem der beiden Stellen wirklich nothwendig zu sein, und diese Erkenntniß drückte sie.
Sie empfand die Leere, welche jedes Frauenzimmer
fühlt, das in früheren Tagen viel umworben sich,
wenn die eigentliche Zeit der Jugend vorüber ist,
ohne eigene Familie, ohne eigene Häuslichkeit und
ohne einen ihr für ihr ganzes Leben zugewiesenen
Beruf erblickt: sie fühlte sich heimathlos und überflüssig in der Welt, und das ist bitter.

„Spät im Herbste des Jahres achtzehnhundert
sechs und fünfzig hatte sie es unternommen, die Wärterin zu begleiten, welche den Knaben der jungen
Marquise in das Freie hinaustragen sollte, während
seine Mutter und Großmutter in der Stadt Besuche
machten. Die Sonne schien hell, die Luft war
trocken, und das gelbbraune Laub der Kastanien-
bäume hielt noch fest an den Zweigen; so daß die
schönfarbigen Baumkronen des Luxembourg-Gartens
sich noch ganz stattlich in dem hellblauen Himmel
hinaufhoben. Die Wärterin hatte den kräftigen Knaben, der in ihren Armen ungeduldig geworden war,
auf die Erde gestellt, und der Kleine trippelte und
lief um umher, die braunen Kastanien aufzusam-
meln, die er, so oft er eine gefunden hatte, einzeln
zu Ellen hintrug.

„Eine Weile sah sie dem Spiele des Kindes mit
Vergnügen und mit Theilnahme zu, aber die braunen Kastanien und das Rascheln der kleinen Füße in
dem am Boden liegenden welken Laube riefen ihr
die eigene Kindheit und die Tage zurück, in denen
sie selbst als solch ein fröhliches Kind unter den
Augen ihrer Mutter in dem Garten ihres schönen
Landhauses gespielt hatte. Wie wenig hatte ihre
Mutter damals daran denken können, daß ihre Tochter einst fremde Kinder überwachen und erziehen,
wie wenig hatte sie daran denken können, daß die
sechsundzwanzigjährige Ellen so einsam und so unnütz in der Welt dastehen würde, als es jetzt ihr
Fall war.

„Und sie war sechs und zwanzig Jahre alt,
morgen war ihr Geburtstag. Sie hatte ihn nun
schon seit so langer Zeit allein durchlebt, denn man
kennt in Frankreich die Feier des Geburtstages nicht;
aber nie zuvor hatte sie mit solcher Traurigkeit auf
denselben hingeblickt, als eben jetzt. War es der Ton
des Herbstes in der Luft, waren es die fallenden
Blätter oder der Gedanke, daß sie nun bald sich auch
von ihrer zweiten Schülerin werde trennen, und sich
eine neue Thätigkeit, einen Ersatz für die Liebe werde
suchen müssen, die das junge Mädchen ihr bewies, —
genug, sie konnte sich des tiefsten Herzeleides nicht erwehren. Ihr ganzes Leben, all ihr Handeln und
Thun zog in der Erinnerung an ihr vorüber; was sie
den Andern gethan hatte, lag im Zusammenhange vor ihr, und sie gehörte zu jenen ehrlichen und darum in gewissem Sinn
beklagenswerthen Naturen, die es nicht vermögen, ihre
Irrthümer vor sich zu beschönigen. Sie vermochte
meist nur sich selbst und nur sehr selten einmal Andere
anzuklagen für dasjenige, was sie zu erfahren und
zu erleiden hatte.

„Zweimal, das gestand sie sich mit Reue, war es
in ihre Hand gegeben worden, mit ihrem eigenen
Glücke das Glück eines Andern zu begründen. Es
würde sie nur ein Wort gekostet haben, den treuen
Emanuel auch nach ihres Vaters Tode noch an sich
zu fesseln, aber den Gedanken, der dazu gebracht,
ihn zu verschmähen, als der Vater sie ihm verbinden wollte, sie hatte sie dann später auch dazu verleitet,
sich vor ihm zu verbergen und sich von allen ihren
Freunden und Jugendgenossen zurückzuziehen. Was
hatte ihr das genützt?

„Sie sehnte sich in diesem Augenblicke nach Deutschland, nach ihrer Vaterstadt, nach ihren alten Freunden und Bekannten. Sie wünschte in die Heimath
zurückzukehren. Die Schuld ihres Vaters, welche sie
mit ihrem Legate zu bezahlen übernommen, war getilgt, sie besaß dadurch jetzt wieder eine kleine Jahresrente; von der gräflichen Familie war ihr eine
Pension zugesichert, wenn sie nach vollendeter Erziehung der beiden Töchter Frankreich zu verlassen wünschte, und sie hatte selber einige Ersparnisse
gemacht, so daß sie vor aller Noth gesichert und in
der Lage war, in ihrer Heimath selbstständig und
auskömmlich zu leben. Aber wen würde sie wiederfinden von ihren früheren Bekannten, wie würde man sie
dieselben wiederfinden, wie würde man sie jetzt empfangen? — Das waren die Fragen, die sie hin

Der Verwandte

und her erwog, die ihr das Herz beklemmten und den Sinn verdüsterten.

„In jenes Brüten versenkt, in dem man vor sich hinblickt ohne etwas Bestimmtes zu sehen, saß sie träumerisch da, und zog mit ihrem Sonnenschirme leise Linien in die Erde, die sich in Kreise verschlangen, wie ihre Gedanken, und immer auf denselben Punkt zurückkehrten, wie diese. Der Knabe hatte so viel Kastanien auf ihren Schooß gehäuft, daß sie endlich wieder aufmerksam auf ihn und seine Spiele zu werden begann, und eben richtete sie das Haupt nach der Seite hin, nach der das Kind sich hingewendet hatte, als sie einen Mann erblickte, der plötzlich in seinem schnellen Gange inne hielt, um dem Knaben Raum für seine kleinen Schritte zu lassen.

„Sie sah noch einmal hin, ihr Auge konnte sie nicht getäuscht haben, aber sie wagte es nicht, ihm zu vertrauen. Sie erhob sich, der Fremde wurde aufmerksam auf sie, er blickte sie an, er kam näher heran, es war keine Täuschung, es war Emanuel selbst.

„Er war noch kräftiger, noch männlicher geworden, aber das war der Blick voll Liebe, mit dem er sein ernstes Auge stets auf sie gerichtet hatte, das war der Ausdruck von Freude, den sie so oft gesehen, wenn er sich ihr unerwartet gegenüber befunden hatte. Auch er hatte sie also augenblicks erkannt, und er hatte sie noch nicht vergessen. Sie wollte ihm entgegengehen, und mußte sich doch festhalten an der Bank; aber er trat an sie heran, er stand an ihrer Seite, sie hielten sich bei den Händen, keines von ihnen sprach ein Wort.

„Ellen!" sagte er endlich, „welch ein Glück ist das!"
„Was führt Sie hieher?" fragte sie.
„Gestern bin ich in Havre gelandet. Seit heute morgen bin ich hier!" gab er ihr zur Antwort, und Rede und Gegenrede paßten nicht recht zusammen, aber sie verstanden einander dennoch und wieder schwiegen sie Beide.

„Wo waren Sie denn all die langen Jahre? wir haben uns lange, lange und viel erlebt, seit wir uns trennten!" nahm Emanuel endlich wieder das Wort, und sie hatten sich niedergesetzt und er hielt ihre Hand in der seinen. Er fragte sie, wie es ihr ergehe. Sie sagte, es gebe ihr sehr wohl! und ihr ganzes Gesicht lächelte vor stillem Glück. Sie hatte es ganz vergessen, wie unglücklich sie sich eben noch gefühlt hatte.

„Während dessen kam der Knabe an sie heran. Er weinte, weil sie die Kastanien hatte zur Erde fallen lassen. Sie bog ihn auf und suchte ihn" zu beruhigen. Er schmiegte sein dickes bethräntes Gesichtchen an ihre Schulter. Emanuel wurde ernst und blaß.

„Ist das Ihr Knabe?" fragte er.
„Nein!" versetzte sie. „Ich habe seine Mutter von Kindheit auf erzogen, und ihn auf deren Bitte mit seiner Wärterin ein wenig in die Luft geführt." Sie kam sich sehr vor, als sie das aussprach, und es that ihr weh, so alt zu sein."

„Und Sie selbst, Sie haben keine Kinder?" forschte Emanuel weiter.
„Ellen wurde roth. „Ich bin nicht verheirathet!" sagte sie. Das hatte er hören wollen, und doch nicht danach zu fragen gewagt. Er nahm das Kind von ihrem Arme und küßte es. Vorher war ihm das nicht möglich gewesen, so sehr er Kinder liebte.

„Vom Luxemburg schlug es zwei Uhr. „Es wird Zeit sein, Miß Windham, daß wir nach Hause gehen,' bemerkte die Wärterin des Knaben, und es war das erste Mal, daß Jemand Ellen an ihre Pflicht erinnern mußte.

„Sie erhob sich, Emanuel gab ihr den Arm, die Wärterin folgte ihnen mit dem Kinde nach. Es gab das Beiden eine Illusion, die sie verlegen machte, daß sie still neben einander hergingen, bis Emanuel die Frage aufwarf, weshalb man sie nicht bei ihres Vaters Namen nenne. Sie fing an ihm zu erzählen, und sie erzählte nun Alles. Seit wie lange hatte sie nicht so recht von Herzen sprechen können. Sie schilderte ihm die letzten Stunden in ihrem Vaterhause in Hamburg, und des Vaters letztes Lebensjahr, und Alles, was sie seitdem erlebt. Ihm war ja Alles wichtig, Alles neu. Er beklagte des Vaters Tod, er beklagte auch den Untergang des guten alten Hauses, der guten alten Firma, in der er selbst gelernt und gearbeitet hatte durch so lange Zeit.

„Es war Schade, daß Niemand da war, sie neu anzurichten!' sagte er, und er bedauerte dann, daß er das Wort gesprochen hatte. Ellens bewegte Gedanken davon abzulenken, hub er nun von sich selber zu berichten an. Sie mußte es doch wissen, wie Alles ihm geglückt war, wie acht Jahre der Arbeit ihn zum reichen Manne gemacht hatten, und daß er nun wiederkehrte, um Europa nicht mehr zu verlassen, und sich in der Heimath festzusetzen. Er wollte von Hamburg aus seine Geschäfte in Australien leiten. „Ich fürchte nur,' meinte er, „ich werde auch hier ein Fremder in der Vaterstadt geworden sein. Acht Jahre sind solch eine lange Zeit.'

„Ellen räumte ihm das ein. Sie kamen vor das gräfliche Haus, sie gelangten an Ellens Zimmer, er begleitete sie hinein. Sie zeigte ihm den Raum, in dem sie so lange einsam gelebt, und die Andenken aus dem Vaterhause, von dem sie so lange schon entfernt war. Welch eine Welt trennte sie von jenen Tagen! Er saß an ihrer Seite und sah sie gedankenvoll an. „Eine lange Zeit!" wiederholte er — und fügte dann hinzu: „Und sie hat doch Nichts geändert, Ellen! Denn ich komme wieder mit all den alten Wünschen, mit dem einen alten Gedanken, und mit der alten Hoffnung, liebe Ellen!"

„Sie saß ihm gegenüber, das Herz war ihr voll zum Ueberfließen, aber sie konnte Nichts sagen. Im Kamin lustirte das Feuer, die Sonne sah hell in die Stube herein, sie saßen einander so nah und es war ihm so wohl in ihrer Nähe. Er bog sich zu ihr hinüber und nahm ihre Hände gefangen: „Ellen!" fragte er, „soll ich denn noch einmal von Dir gehen, noch einmal in die Welt hinaus, ohne Dich?"

Der Verwundete

„Ach nein,“ rief sie, „bleibe hier!“ Aber als habe sie noch kein Recht zu dieser Bitte, entzog sie ihm ihre Hand, und mit einer Lebhaftigkeit, die er nie an ihr wahrgenommen, sagte sie: „Du mußt es aber wissen, du mußt Alles wissen, wie unglücklich ich war, seit der Stunde, da ich dich verschmähte! Du mußt es auch wissen, mit wie viel tausend bittern Thränen ich es bereute, wie schwer mir das Herz war, wie schuldig ich mich fühlte, als ich noch die Braut des Grafen war“ —

„Stille, Ellen, stille!“ sagte er, denn er war keiner jener Egoisten, die Freude finden können an der Selbstanklage der Geliebten: „Stille, Ellen! Ich hätte auch nicht fortgehen sollen; es war eine feige Flucht, daß ich euch verließ, und auch ich habe jener Tage thörichte Verblendung oft genug bereut. Aber wozu rückwärts blicken, sind wir doch im Hafen!“

„Ja, im Hafen!“ rief sie, und warf sich in seine Arme, die er ihr entgegenbreitete.

„Nun kehren wir Beide in die Heimath zurück!“ sagte Emanuel.

„Und du richtest die alte Firma wieder auf!“ rief Ellen so eifrig, daß Emanuel lachen mußte; „das sind wir dem Vater schuldig.“

„Gewiß! Da du nun mein Compagnon wirst,“ sagte der glückliche Emanuel, „mein treuer Compagnon in Glück und Leid.“

„Sie kannten ihrer Freude kein Ende, und sie haben Wort gehalten. Sie haben den Wunsch des Vaters ganz und gar erfüllt, nur Schade, daß er sich nicht mehr daran erfreuen konnte. Emanuel hat die alte Firma wieder aufgerichtet, Ellen ist seit vier Jahren seine Frau, und sie sind einander treue

Compagnons geworden, die guten, lebensgeprüften Menschen; auch für die Fortführung der Firma ist schon gesorgt, denn Ellens beide Knaben gedeihen ganz vortrefflich.“

Die Erzählerin brach jetzt ab. Sie war ganz gerührt worden von ihrem eigenen Berichte, und wir waren es mit ihr. „Es ist eines der glücklichsten Paare, die ich kenne,“ meinte sie nach einer kleinen Pause, da wir Alle noch unter dem Eindruck des Gehörten schwiegen; „und bei den Beiden wird man wirklich einmal wieder an den alten Vers aus dem Fouqué'schen Zauberring erinnert:

    „Man geht aus Nacht in Sonne,
    Man geht aus Graus in Wonne.
    Aus Tod in Leben ein!“

„Oder auch an das alte Sprichwort: ,Was lange währt, wird gut!“ meinte einer der ältern Herren.

„Es könnte auch heißen: ,Auf Regen folgt Sonnenschein!“ sagte ein Anderer, der hinausgeschaut und es, wie wir Alle, wahrgenommen hatte, daß der Himmel sich gelichtet, und die letzten Sonnenstrahlen durch die Bäume der Promenade funkelten.

„Wenigstens hat die Erzählung das Gute gehabt,“ sagte die alte Dame, „Ihnen vom Regen bis zum Sonnenschein die Zeit zu vertreiben. Das ist ein Verdienst, das der Redseligkeit des Alters nicht immer zuerkannt werden kann, und das ich mir heute nicht nehmen lasse. Nun aber kommen Sie hinaus, denn wir sind ja hier, um uns zu sonnen.“

Sie ging hinaus und wir Alle folgten ihr nach — wir dankten ihr eine gute Stunde, und Mancher vielleicht noch eine gute Lehre in den Kauf.

Der Verbannte.

(Mit einem Stahlstich.)

„Mein Vater liegt erschlagen,
Im Streit für's Vaterland,
Ich bin in jungen Tagen
Geächtet und verbannt.

„Der Mutter brach das Herze,
Sie sank in's Grab hinein,
Und ließ mit meinem Schmerze
Mich in der Welt allein;

„Verstoßen und vertrieben —
Doch ist in bitter Noth
Die Geige mir geblieben,
Sie gibt mir Trost und Brod.

„Ihr darf ich anvertrauen,
Was mir im Busen wühlt:
Die Sehnsucht nach den Auen,
Wo ich als Kind gespielt;

„Den Schmerz um meine Todten,
Den Schmerz um's Vaterland,

Und gegen die Despoten
Der Rache heißen Brand.

„Maria, Gnadenvolle,
Zu dir heb' ich den Blick:
Führ' zu der theuren Scholle
Der Heimath mich zurück!

„Aus meiner Geige klingen
Ist dir mein Fleh'n bekannt:
Gib, daß mein Arm mag schwingen
Ein Schwert für's Vaterland!“

Die Zeit, sie ist gekommen,
Die Geige liegt zerschellt,
Das Schwert hat er genommen,
Der Geiger ward ein Held.

Ein Held ist er gestorben,
Das Schwert noch in der Hand;
Und hat ein Grab erworben
Im freien Vaterland.

Die Telegraphie in alter und neuer Zeit.

Von Ph. Huber.

(Fortsetzung von Seite 25.)

Es ist eine bekannte, nun bald in jeder ordentlichen Volksschule gelehrte Thatsache, daß manche Körper, z. B. eine Glasröhre, Siegellack- oder Schwefelstange re. durch Reiben in einen eigenthümlichen Zustand versetzt werden können, den man den elektrischen nennt. Dieser elektrische Zustand äußert sich zunächst so, daß die mit einem Seidentuch geriebene Glasröhre, oder die mit einem wollenen Lappen ebenso behandelte Siegellad- oder Schwefelstange leichte Körperchen, als: Papierschnitzel, Hollunder- oder Binsenmarkkügelchen re. anziehen und nachher wieder abstoßen. Ist die Elektrizität in hinreichendem Grade erregt, so springt sogar auf einen genäherten Körper, z. B. die Fingerknöchel, ein leuchtender Funke über, wobei man ein eigenthümliches Stechen und Erschüttern des Körpers verspürt.

Hiebei ist nun aber ein sehr bedeutsamer Umstand wohl zu beachten. Der genannte elektrische Funke, d. i. die in der Glasröhre re. erregte Elektrizität, geht nicht auf jeden Körper über, oder wenn sie auch übergeht, doch nicht gleich gerne. Manche Körper leiten die Elektrizität gar nicht fort, während andere sie rasch aufnehmen und ebenso schnell wieder fortpflanzen, wenn sie mit solchen in Verbindung stehen, die sie ebenso gut fortleiten.

Man unterscheidet darum Leiter und Nichtleiter der Elektrizität; oder auch gute und schlechte Elektrizitätsleiter.

Gute Leiter sind vorzugsweise die Metalle, Erze, Kohle, Graphit; sodann, wenn auch in geringerm Grade, der menschliche und thierische Körper, die Pflanzen, viele feuchte und flüssige Körper, z. B. Säuren, Salzlösungen, selbst Wasser und feuchte Luft. — Schlechte Leiter sind hauptsächlich diejenigen Körper, in denen die Elektrizität gut erregt werden kann, also: Glas, Harze, Seide, Elfenbein, die brennbaren Mineralien, Haare und trockene Luft.

Auf diesem verschiedenen Verhalten der Körper beruht es nun, daß man sowohl durch manche Körper die Elektrizität von dort, wo sie erregt wird, rasch an einen andern beliebigen Ort fortleiten und ebenso aber auch, daß man die Elektrizität in manchen Körpern ansammeln, gleichsam anhäufen kann. Letzteres geschieht nämlich, wenn man den Körper, in dem sich die Elektrizität sammeln soll, mit bloßen Nichtleitern umgibt, ihn also entweder auf Glas oder Harz re. stellt, oder an einem Seidenfaden in trockener Luft aufhängt.

Man nennt dies einen Körper isoliren.

Die Wirkungen einer derartig angehäuften Elektrizität sind nun in jeder Beziehung viel kräftiger, als man an einer einzelnen, geriebenen Glasröhre re. bemerken kann. — Ehe wir hierauf aber näher eingehen, müssen wir noch auf zwei wichtige Punkte aufmerksam machen.

Zunächst ist zu merken, daß man sich — wenn wir auch den Ausdruck „gehäufte Elektrizität" brauchen — doch unter der Elektrizität durchaus nichts Materielles, d. h. keinen besondern Stoff vorstellen darf, der von den elektrisch gemachten Körpern ausströmt. Es ist nur ein eigenthümlicher Zustand oder ein ganz besonderes Verhalten, welches die Körper zeigen, die elektrisch sind. Der Körper wird durch die erregte Elektrizität weder schwerer, noch wird er durch das fortwährende Ausströmen derselben leichter. Es ist das noch nicht eingesehene Walten einer Kraft, deren Thätigkeit aber erst durch die genannte und auch noch andere Behandlung mancher Körper hervorgerufen wird. Der Physiker weiß, unter welchen Umständen die genannte Kraft zur Aeußerung gelangt, und kennt auch so ziemlich die Gesetze ihrer Wirksamkeit; worin aber eigentlich die Kraft selbst besteht, kann auch er nicht angeben.

Der andere Punkt, der für das ganze Verständniß der elektrischen Wirkungen die größte Bedeutung hat, ist der, daß es zweierlei Elektrizitäten gibt. Es ist nämlich die Elektrizität, die an einer Glasröhre erzeugt wird, verschieden von derjenigen, die man an einer Siegellackstange oder in einem Harzkuchen hervorrufen kann. Die Wirkungen beider, d. i. der s. g. Glas- und der Harzelektrizität, bezüglich der Licht- und Wärmeerscheinungen, sowie der Einwirkung auf den menschlichen Körper re. sind zwar die gleichen, wenn auch z. B. die Form des Funkens verschieden ist; ihr Hauptunterschied gibt sich aber so kund, daß zwei isolirte Körper, z. B. zwei an Seidenfäden aufgehängte Hollundermarkkügelchen, wenn sie die gleiche Elektrizität besitzen, einander abstoßen, hingegen wenn das eine Kügelchen Glas- und das andere Harzelektrizität empfangen hat, dieselben also ungleich elektrisch sind, dann einander anziehen. — Durch die Lehren der Physik wird dies Verhalten durch den kurzen Satz ausgedrückt: „Gleichnamige Elektrizitäten stoßen einander ab, ungleichnamige ziehen einander an." Dort nennt man auch die Glaselektrizität die positive und bezeichnet sie mit dem Zeichen +; die Harzelektrizität dagegen nennt man die negative und bezeichnet sie mit dem Zeichen —.

In dem Hervorrufen dieser beiden Elektrizitäten und ihrem gegenseitigen Anziehen und Aneinanderwirken beruht nun alle elektrische Thätigkeit, und so namentlich die Anwendung für den hier in Rede stehenden Zweck.

Hierzu bedarf es nun aber meistens einer stärkern Elektrizitätserregung, als durch eine bloße Glasröhre ꝛc. bewirkt wird. Zunächst bedient man sich zu einer kräftigen Elektrizitätsentwicklung der Elektrisirmaschine. Es besteht diese aus einem großen Glascylinder, einer gläsernen Kugel oder Scheibe, an welche ein Seidenkissen, das als Reibzeug dient, durch Federn angedrückt wird. Der gläserne Cylinder (Scheibe oder Kugel) ist mit einer Are und Kurbel versehen, um in rasche Umdrehung versetzt werden zu können. Dadurch wird in dem geriebenen Glaskörper Elektrizität hervorgerufen. Um diese zu sammeln, dient nun ein besonderer Theil der Maschine, der s. g. Conductor. Dies ist in der Regel ein aus Messingblech gebildeter, an beiden Enden abgerundeter Cylinder, der durch einen gläsernen Fuß isolirt und auf der Seite des Glascylinders oder Elektrizitätserregers mit dem Funkenfänger, d. i. einer gegen jenen gekehrten leitenden, gewöhnlich mit Metallspitzen ausgerüsteten Vorrichtung versehen ist. Hier im Conductor sammelt sich nun die Elektrizität an, so daß demselben schon ganz kräftig wirkende Funken entlockt werden können. Die im Conductor angesammelte Elektrizität ist positive oder Glaselektrizität. In gleichem Verhältniß wird aber in dem Reibzeuge oder dem Kissen die entgegengesetzte oder negative Elektrizität hervorgerufen, und wenn man dieses mit einem zweiten Conductor in Verbindung bringt, sammelt sich auch hier die entgegengesetzte verstärkte Elektrizität. Um größere Mengen Elektrizität hervorzurufen, verbindet man den Reibzeug durch eine Kette mit der Erde.

Um die Wirkungen der verstärkten Elektrizität noch mehr zu zeigen, wendet man die s. g. Leydner oder Kleist'sche Flasche an. Figur 3 zeigt eine

Verbindet man nun den genannten Metallknopf mit dem Conductor einer in Thätigkeit befindlichen Elektrisirmaschine, so sammelt sich auf der innern Belegung der Flasche die positive Elektrizität des Conductors. Da aber immer eine Elektrizität die entgegengesetzte anzieht oder hervorruft, so sammelt sich auf der äußern Belegung die aus der Erde zuströmende negative Elektrizität in gleichem Maaße, als die andere sich innen anhäuft. Hiebei wächst das Bestreben der beiden Elektrizitäten, sich zu vereinigen. Bringt man darum durch irgend einen Leiter die innere mit der äußern Belegung der also geladenen Flasche in Verbindung oder nur bis so weit, daß die Anziehung kräftig genug ist, so findet ein plötzliches Ueberströmen, eine Vereinigung oder s. g. Vertheilung der beiden Elektrizitäten statt.

Man nennt dies das Entladen der Flasche; und es erfolgt dasselbe nicht nur mit einem heftigen Knalle, sondern auch mit bedeutender Licht- und Wärmeentwicklung, und findet solches durch den menschlichen Körper hindurch statt — wenn man nämlich mit der einen Hand die äußere Belegung und mit der andern den Knopf des Deckels berührt — so erfolgt eine sehr empfindliche Erschütterung.

Verbindet man die innere Belegung mehrerer Flaschen mit einander und setzt letztere auch an ihren Außenseiten durch einen Leiter in Rapport, so erhält man die s. g. elektrische Batterie, deren Wirkungen die allerkräftigsten sind.

Das Entladen einer Flasche erfolgt durch den s. g. Auslader, welcher gewöhnlich aus zwei metallenen Armen besteht, die um ein Charnier drehbar und an ihren Enden mit Messingkugeln ver-

Fig. 3.

Fig. 4.

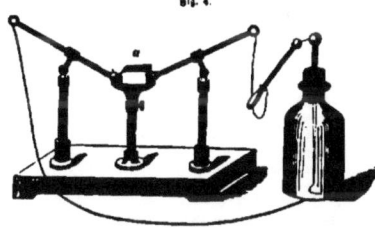

solche. Es ist dies gewöhnlich ein Zuckerglas, das inner- und außerhalb bis nahe zum Halse auf gleiche Höhe a b durch Belegen mit Stanniol leitend gemacht ist. Von da an aber wird das Glas ebenso innen und außen mit einem Nichtleiter, z. B. Schellack, überzogen. Ein hölzerner, gefirnißter Deckel c d trägt eine Metallkugel, die mittelst eines Drahtes oder einer Kette mit der innern Belegung der Flasche in Verbindung steht. Die äußere Belegung der Flasche steht mit der Erde in leitender Verbindung, d. h. sie darf nicht isolirt sein.

sehen sind. Ein gläserner Handgriff dient zum Halten. Beim Entladen berührt man mit der einen Kugel die äußere Belegung, mit der andern sucht man dem auf dem Deckel der Flasche angebrachten Knopfe nahe zu kommen, bis die Anziehung stark genug ist, daß das Ueberströmen der Elektrizitäten stattfindet.

Schon mit einer einzigen Flasche lassen sich viele, höchst interessante Versuche machen. Bringt man z. B. zwischen die äußere Belegung und den Auslader ein oder mehrere Kartenblätter, so verursacht der durchgehende Funken ziemlich bemerkbare zackige Löcher. Oder läßt man den Funken durch eine in Figur 4 dargestellte Vorrichtung durchschlagen, so können leicht brennbare Stoffe, z. B. Schießpulver oder Schießbaumwolle, welche sich in a statt des in der Figur angebrachten Körpers befinden, sogleich entzündet werden. Bei dieser Vorrichtung schlägt der Funke durch zwei isolirte, an ihren sich gegenüberstehenden und verstellbaren Enden mit Kugeln versehene Metallstäbe. Auch muß hiebei die Leitung von der innern zur äußern Belegung der Flasche durch einen, einige Zoll langen, nassen, leinenen Faden unterbrochen werden, damit die Fortpflanzung der Elektrizität etwas verzögert wird. — Läßt man ferner einen starken Funken durch einen dünnen Eisendraht gehen, so wird dieser glühend und kann in's Schmelzen gerathen. — Faßt sich eine Reihe von Menschen gegenseitig an den Handknöcheln und der Erste der Reihe ergreift die äußere Belegung einer geladenen Flasche, so empfinden Alle einen plötzlichen, namentlich in den Armgelenken empfindlichen Schlag, wenn der Letzte der Reihe die Fingerknöchelchen der freien Hand dem Knopfe nähert. Besonders kräftig ist dieser Schlag, wenn man die Hände, der besseren Leitung wegen, vorher mit Salzwasser angefeuchtet hat. — Selbst magnetische und chemische Wirkungen des elektrischen Funkens lassen sich hier zeigen, indem ein Stahlstab durch den hindurchgegangenen Funken magnetisch, oder ein Magnet aus seiner Richtung abgelenkt und manche zusammengesetzte Körper in ihre Elemente zerlegt werden.

Merkwürdig ist, wie selbst in einem Menschen die Elektrizität sich ansammeln kann, so daß sich mit ihm ähnliche Versuche machen lassen, wie mit einer geladenen Flasche. Stellt sich nämlich ein Mensch auf den s. g. Isolirschemel, d. i. einen Schemel, der auf Glasfüßen steht, und faßt den Conductor der Elektrisirmaschine oder eine dort angehängte Kette an, so sammelt sich in ihm die durch die Maschine entwickelte Elektrizität. Die Haare des also Elektrisirten richten sich in die Höhe, namentlich wenn ein Anderer die Hand über dessen Kopf bringt. Funken lassen sich aus allen Theilen des Körpers hervorlocken, wenn man mit den Fingerknöchelchen ihnen nahe kommt. Diese Funken vermögen selbst, wenn man dem auf dem Schemel Stehenden einen Metallknopf in die Hand gibt und ihm eine Metallschale mit Schwefeläther ꝛc. nähert, diesen zu entzünden.

Viele andere Erscheinungen und Wirkungen der Elektrizität, z. B. das eigenthümliche Gefühl im Gesicht, das man empfindet, wenn man in die Nähe eines elektrischen Körpers kommt, sowie ein wahrgenommener, ganz besonderer Geruch können hier nur vorübergehend erwähnt werden.

Da nun die Vertheilung oder das Ueberströmen der beiden Elektrizitäten, welches von beiden Seiten gegen einander stattfindet, mit außerordentlicher Geschwindigkeit eintritt — die nach Wheatstone's, eines englischen Physikers, mit einem sich sehr rasch drehenden Spiegel gemachten Versuchen nicht weniger als 62,000 Meilen in der Sekunde beträgt — so mußte man leicht auf den Gedanken kommen, die durch eine Maschine erregte Elektrizität vermittelst gut leitender Körper, also durch Metalldrähte, nach einer fernen Station fortzupflanzen und dort Signale zu geben. Gelehrte vom Fach machten bald, und zwar schon im vorigen Jahrhundert, allerlei hieher bezügliche Vorschläge. Diese bestanden zum Theil darin, daß man für die Bezeichnung eines jeden Buchstaben des Alphabets einen besondern Draht verwende, welcher dann durch Anziehen und Abstoßen der an der andern Station angebrachten Hollundermarktkügelchen den betreffenden Buchstaben angeben sollte. Oder es sollte durch die Zahl und die Combination der einzelnen, auf eine andere Station übergeleiteten Funken, dort irgend ein Zeichen ausgedrückt werden.

Alle diese Vorschläge erwiesen sich aber als wenig praktisch, da die Anbringung von so vielen Drähten zu große Kosten und Umstände machen würde, und überdies die Zeichengebung auf die genannte Weise eine höchst unsichere wäre, weil die Erregung der Reibungselektrizität nicht beständig genug ist und sehr von dem mehr oder weniger trockenen oder nassen Zustande der Luft abhängt.

Erst nachdem eine neue, ganz eigenthümliche Erregung der Elektrizität entdeckt war, die sich im Verfolge der Sache als eine beständige, andauernde fortwirkende erwies, war das Mittel zu einer sichern Zeichengebung auf elektrischem Wege gefunden, zumal auch durch die besondere Wirkung dieser Elektrizität auf manche Körper die Art der telegraphischen Correspondenz eine ganz einfache, d. i. zu dem wurde, was sie jetzt ist.

Dies Mittel war gefunden in der Entdeckung des Galvanismus, d. i. der galvanischen oder Berührungs-Elektrizität, welche wir im Folgenden erklären werden.

(Wird fortgesetzt.)

Das Ständchen.

Mit englischer Uebersetzung

„Was wecken aus dem Schlummer mich
  Für süße Klänge doch?
O Mutter, sieh, wer mag es sein
  In später Stunde noch?"

„Ich höre nichts, ich sehe nichts,
  O schlumm're fort so lind!
Man bringt dir kein Ständchen jetzt,
  Du armes, krankes Kind!"

„Es ist nicht irdische Musik,
  Was mich so freudig macht:
Mich rufen Engel mit Gesang —
  O Mutter, gute Nacht!"

Ebiond.

„What wakes me from my gentle sleep?
  Sweet sounds my soul delight:
O mother, see, what can it be
  At this late hour of night?"

„I nothing hear, I nothing see,
  So rest in slumber mild;
No music comes to comfort thee,
  Thou poor and sickly child!"

„It is no earthly sound I hear,
  That gives me such delight;
'Tis angels call me with their song —
  So, mother dear, good night!"

Aus dem Gebiete der Seelenkunde.

1.

Kurz vor den Christfeiertagen des Jahres 1833 träumte mir, ich befinde mich in einem kleinen, völlig leeren Zimmer; die Wände waren weiß getüncht und kahl; nur sah ich auf einer derselben einen Kalender in Form eines einfachen Folioblatts angebracht. Die Schrift war allenthalben wie in weißen Nebel aufgelöst und nichts zu unterscheiden bis auf eine Stelle, wo zwei auf einander folgende Tage, der eine schwarz, der andere roth gedruckt, stark hervortraten. Der erstere war deutlich als der 24., ohne weitere Bezeichnung, der zweite weniger bestimmt angegeben, doch zeigte die Farbe offenbar einen Sonn- oder Feiertag an. Ich stand dicht vor dem Blatt und war im Hinsehen auf die schwarze Zahl sogleich von Schmerz ergriffen, denn alsbald wußte ich, daß mir Jemand an diesem Tage sterben würde. Irgend eine bestimmte Person jedoch schwebte mir nicht entfernt dabei vor. Allein am 26. December erhielt ich ein Schreiben aus St. mit der Nachricht, daß mein Oheim D. M. daselbst am Vorabend des Christfests, den 24., auf der Straße von einem Hirnschlage getroffen worden und wenige Minuten darauf in einem fremden Haus gestorben sei.

2.

Bei meinem mehrjährigen Aufenthalte zu M., den eine jüngere Schwester mit mir theilte, lebten wir mit der Familie S. als zufällige Hausgenossen auf freundschaftlichem Fuße; besonders aber hatte meine Schwester das innige Verhältniß zu der Tochter. Mir war an dem täglichen Umgang der Beiden vorerst nur ein sehr bescheidener Antheil vergönnt, und Keines von uns Dreien konnte ahnen, daß mir sechs Jahre später in dieser neuen Freundin eine Frau geschenkt sein sollte.

Sie, mit den Ihren, wohnte in dem zweiten, wir Geschwister im ersten Stockwerk. Einst, in der Nacht, — es mochte eilf Uhr sein, ich hatte schon einige Zeit und zwar in vollkommener Ruhe geschlafen — erweckte mich ein plötzliches Gefühl, als wenn mir kalte, schwere Tropfen gewaltsam in das Gesicht gespritzt würden; ich glaubte ihren Fall zugleich auf dem Deckbett zu hören. Ich fühlte nach der Nässe auf der Haut, auf Kissen und Decke umher: da aber Alles durchaus trocken war, beruhigte ich mich mit dem Gedanken, es müsse Einbildung gewesen sein, obwohl ich nie mit so viel Schein der Wirklichkeit geträumt zu haben glaubte.

Den andern Tag erzählte ich die Sache in Gegenwart der Freundin. Sie war sichtlich darüber bestürzt und nachdenklich. Wir drangen vergeblich in sie, ob ihr irgend eine fatale Bedeutung oder sonst eine Erklärung dieses Vorkommens beiz“. Erst späterhin bekannte sie der Schwester Folgendes.

Sie hatte jene Nacht bei ihrem Vater, der an einer schmerzhaften Krankheit leidend langsam dem Tod entgegenging, zu wachen, verweilte aber zur gedachten Stunde noch allein auf ihrem Zimmer. In einer ungewöhnlich erhöhten Stimmung, begünstigt durch die Einsamkeit und die tiefe nächtliche Stille, verrichtete sie ihr Gebet, in welches sie nächst ihren Angehörigen auch uns einschloß. Zuletzt griff sie, als Katholikin, nach dem geweihten Wasser, und sprengte, was sie sonst nie that, für jedes Einzelne besonders, der Reihe nach und in der Richtung, wo die Lagerstätte eines Jeden war, einige Tropfen in die Luft.

Hiernach erklärte sich das Räthsel einfach aus einem momentanen Fernsehen der Seele im schlafenden, völlig gesunden Zustand. Die Seele bekam oder gab vielmehr sich selbst ihre Wahrnehmung sinnlich durch einen scheinbar äußeren Eindruck zu fühlen.

Eduard Mörike.

Antilopen.

Obschon das Interesse, das wir der Thierwelt zuwenden, allermeist ein materielles ist und sich auf den Nutzen oder Schaden gründet, den uns die einzelnen Geschöpfe gewähren oder zufügen, so werden wir doch von vielen, die uns durch Gestalt, Schönheit oder Intelligenz imponiren, in noch ganz anderer Weise angezogen, und manche Thiere sind sogar seit den ältesten Zeiten Sinnbilder gefälliger Eigenschaften und in jene Bildersprache aufgenommen worden, die bei den Dichtern, zumal den orientalischen, gebräuchlich ist. So ist, um aus vielen nur einige Beispiele zu nennen, der Löwe das Sinnbild der Macht und Großmuth, Tiger und Wolf das der Grausamkeit und Mordlust, so wie im Gegensatze das Lamm Geduld und Sanftmuth bezeichnet; das schöne Symbol weiblicher Schönheit und Grazie in der Poesie des Morgenlandes ist aber die zierliche Gazelle.

Die Anmuth der Erscheinung, das klare, treue Auge, die Grazie der Bewegung und die Schnelligkeit des Laufes der Antilopen, zu welchen auch die Gazelle und unsere Gemse zählt, wird schon durch die Namen ausgedrückt, die ihnen in den verschiedensten Sprachen beigelegt werden. Der Gattungsname Antilope selbst bedeutet „Blumenauge"; eine südafrikanische Art führt den Namen einer Bergnymphe: orüas, und die gemeine, von den alten Egyptern der Isis geweihte Gazelle hieß von ihren schönen Augen dorcas, die Schönblickende.

Die Gazelle (Antilope dorcas, arabisch Guzal) lebt in ganz Nordafrika, Persien und dem steinigen Arabien in zahlreichen Heerden. Sie ist das berühmte, schon in der heil. Schrift als Gemse und von den meisten alten Schriftstellern angeführte Thier, das die Egypter der Isis zum Opfer brachten und häufig auf ihren Denkmälern darstellten. Aber nicht nur auserkorenes Opferthier war die Gazelle, ihr selbst wurden unter mehreren orientalischen Völkern als Priesterin der Natur göttliche Ehren erwiesen, so wie auch die Griechen das Schöne als eine göttliche Offenbarung verehrten. Darum erscheinen die Hörner der Antilope, die nach Plinius auch die Zargen der antiken Lyra bildeten, als Attribute der Götter und Helden. Neben Bergen und endlosen Ebenen dahin fliegend, sanft und weiblich, flink und gewandt, beschwingt ohne beflügelt zu sein, jungfrauen-, großund dunkeläugig, war die Gazelle, wenn es den Preis edler Frauen galt, stets das geläufigste Gleichniß persischer und arabischer Dichter; und Hafis, der anmuthigste und süßeste Sänger, den je im Orient

Gazellen.

der Kuß der Muse geweckt, nannte die zauberhaftesten seiner überschäumenden Lieder „Ghaselen", eine Form, der sich bekanntlich auch moderne Poeten zu bedienen belieben.

Die Gazelle ist dem Reh wie an Leichtigkeit und Schwungkraft, so auch an Größe vergleichbar. Ihre Hörner sind schwarz, leierförmig und geringelt, der Rücken ist schön gelbbraun, die Seiten dunkler, der Unterleib weiß.

Wie schon bemerkt, ist diejenige Antilope, welche man schlechtweg Gazelle nennt, im nördlichen Afrika keineswegs selten, und der Tourist, der die Gegend von Algier durchstreift und den aus dem kleinen Atlas kommenden Harrach überschreitend, die Tabak-, Baumwollen- und Reiskulturen hinter sich läßt, wird sich nicht lange vergeblich nach dem Anblick einer Gazelle sehnen. In die weite, im Sonnenglanze glühende Landschaft, deren Einförmigkeit knorrige Wurzelstämme alter Agaven, die Spitzen niedriger Fächerpalmen, üppige Flußufer und Sümpfe mit ihren Oleandern und Wasserlilien und die willkommenen Schatten junger Dattelbaumsprossen unterbrechen, gehört als nothwendige Staffage, der gelbäugige, mit leisem Tritt dahin schleichende Schakal, die feige, halbgezähmte Hyäne, hauptsächlich aber ein Rudel Antilopen, wenn sich nämlich der Reisende damit begnügen will, den im Gebirge häufigen Löwen nur brüllen zu hören.

Siehst du den dunkeln, sich am Horizont hinziehenden Streif! Es ist eine Antilopenheerde; ihr rasches Fortschreiten beweist, daß sie von einem Panther oder Löwen verfolgt wird, denn das erste zurückbleibende Thier zur Beute wird. Zersprengt nähert sich ein Rudel unserem Standpunkt. Ein Schuß und — welch' prächtiger Anblick! Wie ein Sturmwind brausen die überraschten Thiere über die Fläche hin, sich nach allen Seiten zerstreuend, so daß dem Jäger überall nur Einzelne zu verfolgen bleiben. — Man jagt die Gazelle zu Pferde und mit Hunden, denen jedoch die schnellfüßigen Thiere meist zu entkommen wissen; hat aber der Jäger einen Jagdtiger (Gepard) auf dem Pferde, so ist minderstens eine Gazelle das Opfer dieses blutdürstigen Jagdgesellen, der das harmlos weidende Thier nach Katzenart zu beschleichen und dann mit einigen gewaltigen Sprüngen sicher zu erhaschen weiß. Europäer bedienen sich auf dieser Jagd gewöhnlich der Büchse, während der Araber die Antilopen überhaupt mit Lanzen und Speeren verfolgt, bis ein sicherer Wurf ein Thier zu Boden streckt. In Algier und Constantine sieht man zuweilen die Gazelle auch in Gärten. Sie wird bald sehr zahm und zutraulich, und hüpft und springt selbst in der Gefangenschaft nach Herzenslust.

Die meisten Antilopen, deren Grundform in den verschiedenen Arten auf mannichfache Weise variirt auftritt, leben im südlichen Afrika, wo sie in Gesellschaft des Zebras, Giraffen, Strauße, Büffel in unzähligen und zum Theil so zahlreichen Heerden in den Wäldern und bewachsenen Ebenen umherschweifen, daß der Unkundige eine in vollem Galopp ansprengende Reiterschaar zu erblicken glaubt. Unter ihnen zeichnen sich die auf der Flucht über einander wegspringenden Springböcke aus, welchen das Ebenmaß der Glieder unbedingt den Rang des elegantesten Thieres dieser Gruppe anweist. Der Contrast der feurig zimmtbraunen Färbung des Rückens, welche durch die nußbraunen Streifen an den Hüften noch gehoben wird, zu dem blendend weißen Unterleib, und das glänzend schwarze Auge voll Lammesunschuld, lassen den Spring- oder Prunkbock als einen Triumph der schaffenden Natur erscheinen, deren Schönheitssinn hier dem menschlichen Sinne so sehr zusagt. Ferner findet sich in Südafrika die glänzend roth und gelbe Hirschantilope (Harte-beest), sowie das ansehnliche Pallah mit seinen langen, in einer weiten Spirale gewundenen Hörnern. Großartig und einzig ist hier der Anblick eines Treibjagens, wenn mit dem Toben eines Gewittersturms Tausende aufgescheuchter Thiere vor den Wilden dahinjagen, welche die verwundeten Thiere durch einen Stoß in's Rückgrat tödten, und dem Fremden zuerst unerklärlich, sogleich mit Zweigen bedecken. Auf deinen fragenden Blick zeigt dir der Kaffer, ohne ein Wort zu verlieren, nach oben, wo du einige kleine, schwarze Punkte hoch in der Luft schweben siehst. Es sind lauernde Geier, bereit herabzuschießen, sobald die Büchse knallt oder das Opfer am Boden liegt.

Das Fleisch der Antilopen ist sehr wohlschmeckend, und es ist wohl hauptsächlich diesem Umstande zuzuschreiben, daß in England, dessen Bewohner bekanntlich in erster Linie das Materielle berücksichtigen, so wohlgelungene Versuche mit der Acclimatisation der Antilopen gemacht wurden. Schon im vorigen Jahr zählte man im Londoner zoologischen Garten dreißig Kälber der Canna- oder Eland-Antilope, deren Fleisch, das Wildpret par excellence, für unübertrefflich gilt. Die zarte, graulich-braune Färbung dieser anmuthigen Geschöpfe mit ihren ansehnlichen, gegen die Basis schraubenförmig gewundenen Hörnern weist ihnen als ornamentalen Thieren noch einen höheren Rang als selbst den Reben an, und bald werden die englischen Parklandschaften durch die Verbreitung dieser Antilope um einen Hauptreiz reicher. Die ästhetische Seite der Acclimatisation ließ, wie schon angedeutet, keineswegs die gastronomische vergessen. Es wurde ein sechsjähriger Bock geschlachtet, von Meisterhand zubereitet, und ein Schmaus für Kenner veranstaltet, welche sich sämmtlich für die Vortrefflichkeit dieses Bratens erklärten.

In dem Thiergarten von Knowsley-Hall, der dem Grafen von Derby gehörte, war auch eine Heerde kleiner indischer Antilopen zu sehen, die an Zierlichkeit dem Springbock nicht nachstanden. Wurde Morgens das Gehege geöffnet, so erschien zuerst das alte Männchen, behutsam die Seinen umkreisend, ehe er unternahm, sie in's Freie zu führen. Erregte irgend ein Stein oder ein Baumstamm sein Mißtrauen, so setzte er mit einem mehr als zurückenden Sprung darüber weg, welchen jedes Stück der nachfolgenden Heerde pflichtschuldigst an derselben Stelle wiederholte, worauf gewöhnlich ein allgemeiner Galopp oder ein unsinniges Rasen im Kreise begann.

Schließlich glauben wir hier noch des Einhorns erwähnen zu sollen, dessen Vorhandensein zwar der Natur widerspricht, da alle wirklich gehörnten Thiere zwei Hörner, und zwar an den Seiten tragen, das man aber in der auf egyptischen und nubischen Denkmälern einhörnig abgebildeten Oryx-Antilope der Alten erkennen will. Hiergegen ist allerdings zu bemerken, daß das Einhorn, von dem in den Büchern Moses und den Psalmen so oft die Rede ist (z. B. Psalm 92: Mein Horn wird erhöhet werden, wie das eines Einhorns), von dieser Antilope verschieden gewesen sein müsse, da diese, wie alle übrigen, zwei Hörner hat, und die Egypter schwerlich auf ihren Denkmälern ein Thier verstümmelt dargestellt hätten. Indessen soll es, nach einer Bemerkung in Okens Isis, dem Residenten der ostindischen Compagnie, Herrn Hogdson zu Nepaul, gelungen sein, Haut, Schädel und Horn eines Einhorns zu erhalten, das in Tibet lebe und ein schwarzes, spitzes Horn auf der Stirne habe. Auch gab der afrikanische Reisende F. W. Müller eine Schrift über das Einhorn heraus, in welcher er die Ueberzeugung ausspricht, daß es in Nordafrika wirklich ein Einhorn, d. h. ein Thier mit einem unpaarigen Horn gebe, und daß er Hoffnung habe, sich dasselbe dort in natura verschaffen zu können. Bis das Wunder jedoch eintritt, müssen wir auf das Wappen der Engländer und ihre Etiketten verweisen. Uebrigens enthalten die Schriften der Griechen und Römer ziemlich genaue Beschreibungen dieses räthselhaften Thieres.

C. F. A. Kolb.

Schäfer-Lieschen.

Den Kindern erzählt.

Errathet ihr wohl, Kinder, was dem Mädchen geschehen ist, das so einsam dasteht, an ein Wasserfaß gelehnt? Glaubt ihr, daß sie sich verirrt habe beim Erdbeerensuchen und den Weg nicht mehr nach Hause finde? — Das könnte wohl sein, denn sie sieht gar betrübt aus, und Wächter, ihr Hund, schmiegt sich auch so ängstlich an sie an, wie wenn er ihr helfen wollte und nicht könnte. Aber sie hat ja ein Reisebündel neben sich liegen, das hätte sie doch beim Erdbeerensuchen nicht nöthig gehabt; — da ist sie wohl auf der Wanderschaft? —

Weil ihr es nicht errathen könnt, will ich euch erzählen, was es für ein Bewenden mit dem Mädchen hat.

Sie heißt Lieschen und ist die Schäferstochter aus Hemsdheim; doch kann man sie jetzt eigentlich nicht mehr die „Schäferstochter" nennen, da der Schäfer heute Morgen begraben werden ist. Ihre Mutter hatte das arme Lieschen schon vor zwei Jahren verloren. Ja, das kleine Mädchen hat schon traurige Zeiten erlebt, aber so traurig war es ihr noch nie zu Muthe gewesen, wie in diesem Augenblick. — Die letzten Worte, die ihr guter Vater mit schwacher Stimme zu ihr sagte, waren: „Wenn ich todt bin, Lieschen, so gehst du nach Feldbach zu der Base, die wird dich nicht verstoßen;" und als es so gekommen war, wie er vorausgesagt hatte, und man ihn auf den Kirchhof getragen hatte, da nahm Lieschen Abschied von den Leuten im Dorf, die immer gut gegen sie gewesen waren, packte die wenigen Sachen, die ihr gehörten noch auf dem Schäfer ein armer armer Mann gewesen — zusammen und machte sich auf die Wanderschaft mit dem treuen Wächter, der fast eben so betrübt war, wie sie selbst, und der ihr jetzt das Liebste auf der ganzen Welt war. Sie war noch nie im Leben so weit gewandert; aber doch verfehlte sie den Weg nicht; sie konnte ja lesen, und an jedem Kreuzweg stand ein Wegzeiger, der ihr mit seinem langen Arm die Richtung wies, die sie zu nehmen hatte; auch begegneten ihr öfters Leute, die sie zur Sicherheit nach der rechten Straße befragte, und von denen bekam sie, wahrscheinlich aus Mitleiden, immer freundlichen Bescheid. — Manches Thränlein rollte ihr, während sie so dahinschritt, über die blassen Wangen herab, und wenn sie nicht hie und da ein lustiges Eichhörnchen von Zweig zu Zweig hätte hüpfen sehen, oder ein furchtsamer Hase die Flucht vor ihr ergriffen hätte, wenn die Vöglein nicht so hell und munter gezwitschert hätten, wäre es ihr noch viel schwerer um's Herz gewesen. Ihr einziger Trost war Wächter, der ihr nicht von der Seite ging und sie mit seinen ehrlichen Augen so zuversichtlich anblickte.

Drei Stunden waren sie ohne auszuruhen gegangen, als sie das erste Häuschen von Feldbach erreichten. Einen kleinen Jungen, der eine Kuh zum Brunnen führte, fragte Lieschen, wo der Müller Mathes wohne.

„Der wohnt nicht im Dorf," sagte der Knabe; „du mußt aber doch durch's ganze Dorf gehen, dann kommst du an den Bach, und wenn du immer am Bache fortgehst, so kommst du zur Mühle."

„Danke!" sagte Lieschen.

So müde sie war, so froh war sie doch, noch ein Stückchen Wegs machen zu müssen, ehe sie zum Vetter und zu der Base kam; sie fürchtete sich sehr vor ihnen, weil sie sie noch nie gesehen hatte. Das Dorf entlang und am Rande des Baches hin, wanderte sie mit langsameren Schritten, als sie bisher gemacht hatte; hinter einem schönen Waldberge ging die Sonne eben unter, als sie die Mühle erreichte. Sie dachte sich, der Vetter oder die Base würde vielleicht vor der Thüre sein und sie fragen, was sie wolle. Und sie würde dann sagen: „Einen Gruß von meinem Vater, dem Schäfer Lorenz, und er sei gestorben, und ihr möchtet mich doch annehmen und mich nicht verstoßen." Aber kein Vetter und keine Base und auch sonst kein lebendes Wesen war zu sehen oder zu hören. Sie ging an die Thüre und klopfte schüchtern an; — einmal — zweimal — aber es blieb mäuschenstill. Da drückte sie die Klinke herab und fand, daß das Haus geschlossen war. Rathlos sann sie nach, was nun zu thun sei, als eine Stimme ihr zurief: „Wenn du zu dem Müller willst, so warte noch ein Weilchen; er ist mit seinem Weib und dem Knecht noch auf dem Feld; er kommt wohl bald heim, denn er hat schon aufgeladen."

„Danke!" erwiderte Lieschen dem alten Mütterchen, das ihr die Worte zugerufen hatte, und das eine große Last dürren Laubs, in ein Tuch gebunden, auf dem Kopfe trug und wankend weiter ging.

Nun dachte Lieschen, sie müsse vielleicht noch lange warten, und nahm das Bündel, das sie an einer Stütze auf der Schulter getragen hatte, ab und legte es neben sich auf die Erde; ein Schnallfell hatte sie, damit der harte Stecken ihr den nackten Hals nicht schürfte, um die Schultern gebunden; das band sie auch los und hängte es an ein Wasserfaß, in das ein spärlicher Abfluß des Mühlbachs träufelte. An dieses Faß lehnte sich das müde Kind und wartete mit klopfendem Herzen auf die Dinge, die da kommen würden; Wächter schmiegte sich dicht an ihre Kniee an, wie wenn er ihr kundgeben wollte, daß er sie nie verlassen werde.

Seht euch einmal genau an, Kinder, und stellt euch vor, wie übel es ihr zu Muth sein muß! Sie denkt an ihren guten Vater, den ihr der liebe Gott genommen hat; sie denkt an die Heerde, die sie so oft gehütet, und in der sie jedes Schaf kannte und lieb hatte; besonders an den zarten Lämmchen hatte sie ihre Freude gehabt und wußte sie gut zu pflegen — die hatten jetzt einen andern Hirten und einen andern Hund. Dann dachte sie auch wieder, ob sie der Vetter und die Base behalten würden und nicht „verstoßen," wie der Vater gesagt hatte. O, es war ihr so weh im Herzen! Auch war sie hungrig und dachte, Wächter würde noch viel hungriger sein. Sie wäre am liebsten auch bei Vater und Mutter im Himmel gewesen!

So sehen wir Lieschen auf dem Bilde, aber was ihr weiter begegnet ist, können wir nicht sehen. Ich kann es euch aber erzählen, weil ich die Müllersleute und das Lieschen gut kenne, und weiß, wie Alles gegangen ist.

Nachdem sie noch eine gute Weile gewartet hatte und es schon dunkel zu werden anfing, sah sie auf einmal den Fruchtwagen um die Ecke biegen: der Müller und seine Frau gingen neben dem Wagen her, und der Knecht führte das Pferd. Die Scheune, in welche das geschnittene Korn gebracht wurde, war so gelegen, daß die Müllersleute das Kind nicht sehen konnten, als sie einfuhren. Der Müller half noch dem Knecht beim Abladen, aber die Müllerin wandte sich dem Hause zu; — da stand Lieschen und weinte bitterlich. Die Müllerin wußte nicht, was sie aus dem Mädchen machen sollte, aber sie hatte ein gutes Herz und sagte gleich zu ihr:

„Komm herein in die Stube, Kind, du hast, scheint's, einen weiten Marsch gemacht; ich will dir was zu essen geben, und du kannst dich dabei ausruhen."

Lieschen folgte der Base — denn die Frau mit dem guten, dicken Gesicht war ja ihre wirkliche Base — in die Stube, Wächter schlich unbemerkt nach, und da brachte sie mit mehr Muth, als sie sich einen Augenblick vorher zugetraut hatte, ihren Gruß von Vater und das ganze Sprüchlein vor. Die Müllerin schlug die Hände über dem Kopf zusammen,

als sie den Sinn von Lieschens Worten begriffen hatte.

„Du bist das Schäfer-Lieschen!" rief sie. „Ach, lieber Gott, und der brave Lorenz ist todt! Und das hören wir heute erst! Warum habt ihr es uns nicht sagen lassen, Kind?"

Darauf wußte Lieschen keine Antwort zu geben, denn sie hatte nicht daran gedacht, und der Vater hatte ja auch nichts davon gesagt.

„Ich hätte dich abgeholt, Schätzchen, und du hättest den weiten Weg nicht allein zu machen brauchen. — Wir dich verstoßen! Ja, das hat dein Vater wohl gewußt, daß er dich zu den rechten Leuten schickte!"

Die freundliche Stimme und Art der Base that der armen Waise im Grund des Herzens wohl, und noch war die Müllerin nicht fertig mit Ausrufungen des Erstaunens und des Mitleids, als Mathes in die Stube trat. Er wußte, daß seine Frau immer Recht hatte, und fand daher, als er die ganze Geschichte Lieschens gehört hatte, nichts dagegen einzuwenden, daß das Kind fortan im Hause bleiben sollte. Seine Frau hatte auch schon früher mit ihm darüber gesprochen, daß sie, wenn der Lorenz, welcher schon ziemlich lange kränkelte, sterben würde, das Mädchen, da sie selbst keine Kinder hatten, zu sich nehmen wollten.

So hatte denn Lieschen eine neue Heimath gefunden. In der ersten Zeit wurde sie ein wenig streng gehalten, bis die Base wußte, ob sie auch gut geartet sei; aber bald erkannte diese, daß Lieschen ein sanftes, folgsames Kind war, das sich zu jeder Arbeit wohl anschickte. — Sie durfte in's Dorf zur Schule gehen, bekam ein gutes Bettchen und für den Winter warme Kleider. Ihren treuen Wächter ließ sie der Müller gern behalten, weil es ein wachsames Thier war und seinen Namen mit Recht führte.

So gut es aber dem Schäfer-Lieschen in der Mühle zu Feldbach ging, ihre armen, todten Eltern hat sie ihr Lebtag nicht vergessen, denn sie war ein frommes und dankbares Kind.

Zum Verständniß der antiken Plastik.

2. Der Jupiterkopf von Otricoli.

An die auf Seite 20 gegebene Beschreibung der Juno Ludovisi reiht sich von selbst die Schilderung der berühmten Zeusbüste, in welcher allein wir einen Abglanz des weltberühmten olympischen Zeus besitzen, den der größte Bildhauer der Griechen, der Athener Phidias, der Freund und Zeitgenosse des größten griechischen Staatsmannes, des Perikles, der hellenischen Welt erschuf.

Diese Büste, der Schmuck der kolossalen, mit plastischen Kunstwerken ersten Ranges erfüllten Ro-

tunde des Vatikan zu Rom, führt ihren Beinamen von Otricoli, — einem unbedeutenden Gebirgsstädtchen an der Straße, die von Rom nach Perugia führt, — weil hier unter Schutt und Trümmern alter Prachtbauten dieses herrliche Werk griechischer Bildkunst gefunden wurde. (S. Torso von Ad. Stahr, Th. I, S. 161 ff.) Sie ist eine verkleinerte Marmorkopie des Hauptes der Phidias'schen kolossalen Jupiterstatue, welche sitzend zweiundvierzig Fuß hoch die Cella des Tempels zu Olympia schmückte,

7.

und über welche man die von mir in dem zuvor angeführten Werke gegebene Beschreibung nachlesen mag.
Aber selbst diese Nachbildung, welche vielleicht nur
die Villa eines reichen römischen Privatmannes zu
zieren bestimmt war, reicht vollkommen hin, uns von
der Herrlichkeit des durch Phidias geschaffenen Ideals
des Vaters der Götter und Menschen ein Bild
zu gewähren, welches, einmal geschaut und verstanden, nie mehr unserer Phantasie entschwinden wird.

Phidias war der Homer der griechischen Plastik;
und Homer ist auch sein Vorbild gewesen bei der
Schöpfung dieses Zeusideals. Er selbst sagte es, daß
die Verse des Altvaters der griechischen, götterschaf-
fenden Dichtkunst, jene berühmten Worte:

Also sprach und Gewährung winkte mit dunkeln Brauen Kronion;
Und die ambrosischen Locken des Herrschers wallten ihm vorwärts
Von dem unsterblichen Haupte; es erbebten die Höhn des Olympos.

es gewesen seien, welche in seinem Geiste die Idee
des Urbildes in's Leben gerufen hätten, „in deren
Anschaun versunken er," wie ein alter Schriftsteller
es schön ausdrückt, „Kunst und Hand schöpferisch
walten ließ," sicher hoffend, daß es ihm gelingen
werde, dieses Urbildes treues Abbild der Menschheit
hinzustellen. Und es gelang ihm. Der Gott selber,
so erzählt die fromme griechische Sage, bezeugte dem
Künstler, daß sein Werk gelungen sei. Als Phidias
vor seinem vollendeten Werke stand, da hob er die
Hände empor zu dem Gotte, und flehte ihn an um
ein Zeichen, ob ihm das Werk seiner Kunst gefalle;
und alsbald gab ihr bejahende Antwort ein Blitz-
strahl, der aus unbewölkter Himmelshöhe zu seinen
Füßen durch das offene Tempeldach niederzuckte. Noch
in späten Tagen, wohl ein halbes Jahrtausend nach
Phidias, zeigten die führenden Tempeldiener den wall-
fahrenden Fremden die schwarze Platte und derselben die vergoldete Erzurie, welche die Stelle bezeichnete, wo Zeus' Blitz in den weißen Marmor-
boden zum Zeichen des göttlichen Beifalls nieder-
gefahren sei. So stand ein göttliches Wunder an der
Wiege dieses größten Werkes griechischer Bildkunst,
das selbst ein göttliches Wunder war, und noch in
dieser späten Nachbildung des Hauptes uns als ein
solches erscheint.

Dieses Haupt, das wahrscheinlich zu einer Ko-
lossalstatue gehörte, welche ein griechischer Künstler in
römischer Zeit für jene sabinische Landstadt bildete,
ist aus karrarischem Marmor und mißt vom Ansatz
des Haarwuchses an der Stirne bis zur Spitze des
Kinns dreizehn Zoll, und ist — wie wenige Antiken
— vollkommen erhalten.

Schon bei den Alten finden wir es ausgesprochen, daß es in der Homerischen Schilderung besonders das vorwärts wallende Gelock des Haupthaares
und die „Gewährung winkenden dunklen Brauen"
gewesen, was auf die Phantasie des Künstlers den
Haupteindruck machte, aus welchem heraus er den
Gesammtausdruck des Antlizes in diesem Idealbilde
des Zeus erschaffen habe. Und ein Blick auf diesen
Jupiter Otricoli genügt, um zu empfinden, daß es
gerade diese Theile sind, in denen sich die erhabene
Majestät und Machtgewalt des Gottes vorzugsweise
ausspricht. Den blitzschleudernden Vertilger der rohen
Erdmächte, der Giganten, hatten schon andere Künstler vor Phidias gebildet. Ihm aber war es vorbehalten, die Aufgabe zu lösen: die höchste Macht
und Erhabenheit, und zugleich die höchste Weisheit,
Huld und Milde des Göttervaters in der ruhigen
Majestät des unbestrittenen Herrschers im Himmel
und auf Erden zu vereinen, der alle Feinde besiegt
und den strahlenden Blitz weggelegt hat, um von seinem Throne herab den Siegern in den feierlichen
Spielen des Hellenenvolkes gleichsam Siegeskranz und
Palme darzureichen. Hören wir die Beschreibung,
welche der geniale Anselm Feuerbach, in seinem Mei-
sterwerke über den vatikanischen Apoll, von diesem
Haupte gibt. „Unter einem löwenartigen Haupthaar,
das mit dem Ausdruck einer gewissen Wildheit an
den Homerischen Wolkenversammler erinnert, erhebt
sich eine Stirn, deren ruhiges Bewußtsein unerschütterlicher Macht nur dem höchsten Weltgebieter angehören kann. Weit geöffnet ist das Auge, damit der
Herrscherblick den ganzen Umfang seines Reichs überschauen könne, indeß hinter der tief sich absenkenden
Stirn der Geist in die Ruhe eines großen Gedankens zurücktritt. Mund und Wange zeigen nur die
Freundlichkeit eines Vaters, aber auf den hochgewölbten Brauen droht noch der mächtige Ernst des Ti-
tanenvertilgers. Kaum braucht man den Zug väterlicher Liebe mehr hervorzuheben, um einen Jupiter
zu sehen, der sich huldvoll einer Thetis entgegenneigt;
aber auch kaum jenen entscheidenden Zug um die
Brauen zu verstärken, um einen Jupiter in ihm zu
erkennen, der vor den phlegräischen Feldern die
Titanen vernichtet."

An diesem Zeuskopfe kann man lernen, was es
heißt, wenn Phidias in der alten Kunstgeschichte als
derjenige Meister bezeichnet wird, welcher in seinen
Werken das, was wir die Idealität nennen, am
vollkommensten ausgesprochen hat. Denn dieser Kopf
ist die vollkommene Verwirklichung der in des
Künstlers Phantasie durch jene Homerischen Verse
lebendig gewordenen Vorstellung, des geistigen Bildes
von dem höchsten Herr der Götter in der Totalität seiner
Eigenschaften; er ist die zur sinnlichen Erscheinung
gestaltete Einheit des Sinnlichen und Uebersinnlichen,
und zwar ist er dies in einer Vollkommenheit, daß,
seitdem Phidias diesen Zeus geschaffen, im Verlaufe
der ganzen griechischen Bildkunst, welche doch noch
ein halbes Jahrtausend nach ihm die herrlichsten
Blüthen trieb, kein Künstler mehr von dieser Darstellung des Zeusideals abzuweichen die Kraft besessen
hat. Es ward zum feststehenden Typus aller späteren Jupitergestaltungen, zu einem Typus, der selbst
in der geringsten und noch erhaltenen Darstellung
des Gottes sichtbar hervortritt, während doch keine
derselben die Erhabenheit der Züge des Phidias-
schen Urbildes, wie es in dem otricolanischen Jupiter vor uns steht, auch nur annähernd erreicht.
Dieses selbst aber hat in seiner Totalität kein Vor-

bild an irgend einem existirenden Wesen der Wirklichkeit, und wenn man von einem „löwenartigen"
Ausdrucke dieses göttlichen Hauptes spricht, so ist
dies eben nichts weiter als ein Versuch der Sprache,
durch eine Vergleichung einen Theil des Gesammt-
ausdrucks der übermenschlichen Mächtigkeit in Worte
zu fassen. Die Vereinigung aber der verschiedensten Eigenschaften in diesem Gesammtausdrucke des

Phidias'schen Zeusideals ist es, welche die Idealität dieses unsterblichen Hauptes ausmacht, und wofür die Alten beim Anblicke desselben vergebens die
ihrer Bewunderung entsprechenden Worte zu finden
strebten. Sie sahen sie die Macht ausgedrückt in dem
Haupthaar und in der Erhabenheit seines Gelocks,
von dessen Wallen bei Homer „die Höhen des Olympos erbeben." Die vom Wirbel nach allen Seiten

Der Jupiterkopf von Otricoli.

ausgehenden Haare streben wie von geistigem Hauche
getrieben über der Stirn empor, beugen sich ledig
zurück und fließen dann wieder im Wellenschwunge
abwärts, das ruhig erhabene Antlitz umrahmend in
ihren bewegten Linien, deren Wechselspiel Milde und
Kraft vereinigt. Sie sahen in den obern Partien
der, über alle Natur menschlicher Bildung hinaus,
vorspringenden hochgewölbten Stirn ebenso die ruhige

Klarheit göttlicher Einsicht ausgeprägt, wie sie in den
untern Theilen derselben und in der starken Ausbildung der Brauen die Allmacht und Festigkeit des
„unbezwinglichen" Gottes versinnlicht fanden, und
wiederum in dem mild geöffneten Munde den Ausdruck jener Huld und Güte erkannten, welcher der Majestät alles Furchtbare benimmt und die bewundernde
Verehrung an die Stelle der Ehrfurcht treten läßt.

Auch wir können im Anblicke dieses Hauptes die Begeisterung begreifen, mit welcher ein alter hellenischer Dichter die Empfindung seines ganzen Volkes in die Worte zu fassen suchte:

Selig, sein Bild Dir zu zeigen, nicht Zeus selbst nieder zur Erde,
Kam so stiegst ihn zu schauen, Phidias, Du zum Olymp.

Diesen Zeus des Phidias in seinem Tempel zu Olympia nicht mit Augen geschaut zu haben, ehe man starb, galt den Griechen für ein Unglück. Denn erst Phidias, meinten sie, habe dem Hellenenvolke seinen Gott gezeigt, und wer ihn in seiner Herrlichkeit gesehen, der könne selig in den Hades hinabgehen. Ein Schauer der Ehrfurcht erfaßte den Besieger Griechenlands und Macedoniens, den römischen Feldherrn Aemilius Paullus, als er in den Tempel zu Olympia eintretend, den Gott gleichsam in leibhafter Gegenwärtigkeit zu erblicken glaubte, und von Bewunderung hingerissen, rief er aus: „Fürwahr, dies ist der Zeus des Homer!" Auch wagte von allen den kunstwerkräuberischen Feldherrn und Kaisern des römischen Volks im Laufe so vieler Jahrhunderte keiner, an dieses Kunstwerk Hand anzulegen, und selbst der wahnsinnige Caligula verzichtete auf den frevlerischen Plan, dasselbe nach Rom zu entführen, als ihm berichtet ward, der Gott habe, als man ihm in solcher Absicht genaht, ein höhnendes Gelächter erschallen lassen. So stand das Urbild dieses unsres Otricolischen Jupiters fast ein Jahrtausend in dem geheiligten Thale von Elis, noch unter Kaiser Julian dem Abtrünnigen, ein Gegenstand der Verehrung der Gläubigen und der Bewunderung der Künstler, bis es zu Anfange des fünften Jahrhunderts unserer Zeitrechnung, in den Stürmen der Völkerwanderung sammt seinem Tempel zu Grunde ging, oder von christlichem Fanatismus zerstört ward. Jener namenlose römische Privatmann aber, der sich vielleicht zur Zeit des Augustus und Tiberius von einem griechischen Künstler die Marmorkopie dieses göttlichen Hauptes anfertigen ließ, um sie in seiner Otricolischen Villa aufzustellen, verdiente sich dadurch den ewigen Dank der Kunstgeschichte und aller Freunde des Schönen und der plastischen Kunst. Denn ihm allein verdanken wir es, daß uns die Berichte der alten Schriftsteller sammt der unvergleichlichen Herrlichkeit und Erhabenheit des Phidias'schen Zeus Olympius mehr sind als tönende Worte, und daß wir uns, von dem auf ewig zerstörten Originalbilde durch Jahrtausende getrennt, bei dem Anblick dieses erhabenen Marmorbildes zurückversetzen können in eine Blüthezeit idealer Bildkunst, wie sie die Welt nimmer wieder schauen wird.

Adolf Stahr.

Liebeslieder von F. Siegfried.

1.

Mich däucht in einer Wiegen
Lieg' ich, ein spielend Kind,
Umsummet von den Fliegen,
Umfächelt von dem Wind.

Ich lache und ich weine,
Wie es mir eben freimut,
Bin auch so ganz alleine,
Bis daß der Abend kommt.

Und trägt das letzte Futter
Der Storch den Jungen zu,
Kommt meine schöne Mutter
Und singet mich in Ruh'.

Sie wird des Liebs nicht müde,
Sie blickt mich zärtlich an,
Doch mehr hat ihre Güte
Dem Liebling nicht gethan.

Beim Kommen und beim Scheiden
Hat sie mich nie geküßt,
Ich glaub', weil ich vor Freuden
Im Kusse sterben müßt'.

2.

Wie in der Traube, Beer' an Beere,
Sich eine Fluth von Säften drängt,
Und sie, gewiegt von ihrer Schwere,
Zur warmen Erde niederhängt:

So neigt, von holder Kraft durchdrungen,
Mein Haupt sich nieder nach der Brust,
Gewieget in Erinnerungen
An alt' und neue Liebeslust.

3.

Wenn wir die Ferne
Dein Aug' verschlingt,
Worin so gerne
Mein Wunsch versinkt,

Muß ich vergehen
Vor Einsamkeit,
Kann nicht bestehen
Das schwere Leid;

Verwaist mich wähne,
Der Muth entweicht,
Und Thrän' um Thräne
Zur Wange schleicht,

Und stürze nieder
Vor deinem Bild,
Bis Ruhe wieder
Zum Herzen quillt.

Nationalcharakter der Amerikaner.

Die Bewohner der Vereinigten Staaten von Nordamerika, durchschnittlich ein gesunder und kräftiger Menschenschlag, berechnen sich auf nahezu 29 Millionen Seelen. Das rasche Anwachsen der Bevölkerung, wie es die Zählungslisten von zehn zu zehn Jahren nachweisen, ist hauptsächlich eine Folge der freien Bewegung, welche dem Bürger der Union in Handel und Wandel gegönnt ist, sowie des Ueberflusses an cultivirbarem Boden. Jeder kann sich dort leicht ernähren, weil Jeder für sich selbst arbeitet, ohne lastende Zinsen und beschwerliche Abgaben. Die Taxen der Ansiedler sind äußerst billig, und drei Fünftel der Bewohner der Union besitzen ihr eigenes Land. Der Gewerbsmann zahlt für die Erlaubniß, sein Geschäft betreiben zu dürfen, nicht die geringste Abgabe, bedarf auch keiner Concession, und kann, wenn das Geschäft nicht lebt, und er Geschick und Mittel hat ein anderes zu ergreifen, nach Willkür wechseln, ohne bei dem einmal günstig erlernten, sollte es auch weder der Zeit noch der Umgebung angemessen sein, verhungern oder verkümmern zu müssen. — Der Nationalcharakter der Amerikaner ist vielfach verkannt worden, und doch ist derselbe eben so gediegen, so viel und edel in allen Theilen der Bevölkerung begründet, wenn auch mit allen menschlichen Schwächen gemischt, wie der Charakter der civilisirtesten Völker Europa's. Ursprünglich aus Großbritannien stammend, haben die Amerikaner von dort den Stolz, das Selbstgefühl der Briten mitgebracht; aller Ruhm des britischen Namens ist der ihrer Voreltern, und sie selbst haben Theil an der Ehre seiner Eroberung. Ihre Vorfahren, waren die kühnen Ansiedler, welche zuerst britische Gesetze (oder vielleicht die alten germanischen) und britischen Genius an die Ufer der neuen Welt verpflanzten, um sie dort zu verewigen. Auf diesem Grund weiter bauend, öffneten sie die Tempel des Herrn allen seinen Anbetern, nahmen in ihrem neuen Lande alle sich unglücklich oder gedrückt fühlenden Bewohner Europa's mit offenen Armen auf, und entfalteten die Fahne der Freiheit und Gerechtigkeit; kämpften unter dieser den ungleichen Kampf gegen das mächtigste Volk der Erde, und wurden nicht überwunden; rüsteten sich zum zweiten Male zum Streite mit England, und traten abermals unbesiegt aus dem ungleichen Kampfe hervor; — Gründe genug für den Nationalstolz der Amerikaner; denn sicher erzeugt es eine gewisse Selbstzufriedenheit, einer Nation anzugehören, deren glänzende Thaten, auf dem Kriegsschauplatze wie in der Politik, im Handel wie in Künsten und Gewerben, die Welt in Erstaunen setzen.

Ein zweiter, nicht weniger merkwürdiger Charakterzug der Amerikaner besteht in einem Grade von Ernst, der zuerst als Mangel an Geselligkeit erscheint, und doch ist vielleicht in keinem Lande die wahre, edle Geselligkeit, welche durch das Familienleben bedingt wird, so zu Hause, wie in Amerika. Von früher Jugend auf gewohnt, über sich und seine Verhältnisse nachzudenken, ist der Amerikaner von der Zeit an, wo er handelnd auftritt, stets auf die Mittel bedacht, seine Lage zu verbessern. Ist er reich und deshalb mehr betheiligt am Gesammtwohl des Staates, dann fordert jedes neue Gesetz, jeder Wechsel in den Personen der Volksvertreter seine Sorgfalt für die Zukunft; und ist er arm, so kann jede Veränderung im Staate ihm Gelegenheit bieten, sein Glück zu machen. Er ist deshalb immer wachsam, stets besorgt auf die Zukunft, nicht als bloßer Zuschauer, sondern selbst eine Rolle spielend, und beschäftigt, den gegenwärtigen Zustand aufrecht zu erhalten oder ihn zu vervollkommnen. Die ganze Masse der Bevölkerung ist beständig bewegt, und auf sie bauend oder sie fürchtend, bringt man unaufhörlich von allen Seiten auf einen Ausspruch der öffentlichen Meinung. Kein Mann ist so reich oder mächtig, den ihr Einfluß nicht zittern machen, keiner so arm und niedrig, in dem sie nicht die Hoffnung auf Erfolg und Beförderung erwecken könnte. Sie ist in Amerika das mächtigste Organ der Gerechtigkeit,

Niemand schonend, ja erniedrigend oder zermalmend, was sich ihr entgegenstellt und ihren Richterspruch herausfordert. Dieser Zustand beständiger Aufregung gibt dem Leben der Amerikaner das Ansehen geschäftiger Unruhe, ist aber dessen ungeachtet der eigentliche Grund ihrer Zufriedenheit. Ruhe findet der Amerikaner nur in seinem Hause, im Kreise seiner Familie; Alles außer demselben ist fortwährendes Wirken und Treiben, in der Politik wie im Handel, auf den Straßen und Kanälen wie in den Wäldern des Westens. So ungleich auch die Elemente sind, aus denen die Bewohner der Vereinigten Staaten zusammengesetzt sind, und unter wie verschiedenen Verhältnissen sie auch leben, dennoch herrscht eine gewisse Einheit der Gesinnungen unter ihnen, eine Stetigkeit des Charakters, die man nicht sogleich wieder so trifft, vielleicht eben der Mischung und Verschiedenartigkeit der Theile wegen, indem ein Element das andere herrschend werden läßt. Alle haben etwas Gemeinschaftliches in ihrem Wesen, das sie zu Verwandten macht; in ihrem Umgang zeigt sich etwas, wodurch sie nicht mehr Engländer, Deutsche, Franzosen, sondern etwas Anderes sind. Selbst die Einwanderer schleifen in Amerika bald ihre rohen Kasten-Vorurtheile ab. Der Mensch gilt dort nur als Mensch etwas; nur Thätigkeit bringt Ehre; man fragt nicht, was der Mensch ist, wer seine Eltern waren, sondern was er kann, was er zu leisten, zu schaffen vermag. Es findet in Amerika kein Verzug, kein Ständeunterschied statt. Jeder fühlt sich frei und unabhängig, und äußert sich nach diesem Gefühl. Selbst der Dienende ist ein freier Mann, der wohl seine Dienste, aber nicht sein ganzes Wesen vermiethet hat. In der amerikanischen Gesellschaft findet wenig Zwang statt; doch herrscht allenthalben, im Umgang mit dem weiblichen Geschlechte, der größte Anstand, und in keinem Lande der Welt, selbst England nicht ausgenommen, erfreuen sich die Frauen einer solchen Achtung, als in den Vereinigten Staaten. Immer zu sich selbst geführt, ist der Amerikaner offen, freimüthig und ohne Rückhalt in seinem Umgange. Die große Masse hat Kenntnisse und Gefühl, obgleich weniger wissenschaftliche Bildung, als in Europa, und ein hoher Grad von Intelligenz durchdringt selbst die untersten Schichten. Nicht die Pflege der höheren Wissenschaften, welche man von Gelehrten fordert, sondern der Vollbesitz nützlicher Kenntnisse, welche auf den Glückszustand der Menschen einen unmittelbaren Einfluß ausüben, ist es, wodurch sich die Amerikaner vor andern Nationen vortheilhaft auszeichnen, und für dessen Erwerbung sie bessere Vorkehrungen getroffen haben, als vielleicht irgend ein anderes Volk. Ein Hinblick auf die Summen, welche jährlich auf die Einrichtung und Unterhaltung von Schulen und Universitäten verwendet werden, ist genügend, um sich von der Liberalität zu überzeugen, mit der man in den Vereinigten Staaten für die sittliche Erziehung des Volkes sorgt. Man schätzt das Wissen, aber nur nach seiner Nützlichkeit und Anwendbarkeit im Leben, und beurtheilt es auch darnach.

Auch die Religiosität des Amerikaners erscheint in einem achtungswerthen Lichte. Nordamerika kennt keine Staatskirche; die Verfassung gewährt Jedem vollkommene Gewissensfreiheit, und durch Gleichstellung aller Religionen und dadurch, daß keine herrschende Religion anerkannt ist, und alle öffentlichen Staatsbesoldungen für ihre Diener aufgehoben wurden, ward die Religion aus einem Erwerbszweig der Prediger-Kaste ein Eigenthum des Volkes, und scheinbar verlassen und aufgegeben, wurde ihr absolutes Bedürfniß um so dringender, ihre Herrschaft um so dauerhafter. Jeder im Lande kann sich eine Kirche nach einer selbstgeschaffenen Idee aufbauen, ohne deshalb angefeindet zu werden, und die vielen Gotteshäuser, welche man überall sieht, und die ernste Andacht ihrer zahlreichen Besucher bezeugen es deutlich, daß der Amerikaner wirklich religiös ist. Die Anhänger aller Sekten leben friedlich neben einander, und es zählt eine Familie so viele Bekenner einzelner Glaubensmeinungen, als dieselbe Glieder hat. Für den Staat sind diese Ansichten vom Kirchenthum vortheilhaft und ersprießlich: denn in Folge derselben kennt er die Last der Kosten und der Aufsicht des Kultus nicht, er gibt kein Geld zu Kirchenbauten, besoldet keine Geistlichkeit, und dennoch gibt es kein Land, wo mehr Kirchen gefunden werden, als in der Union. Philadelphia allein hat über 100 Kirchen, New-York 172, Baltimore 41 ec., welche Sonntags so voll Andächtiger sind, wie man sie in Europa nirgends findet. Die bedeutendsten religiösen Sekten in den Vereinigten Staaten sind die Methodisten, die Episkopalen, die Presbyterianer und die Wiedertäufer oder Baptisten; ihnen folgen: die Kongregationalisten, die Reformirten, Lutheraner, Katholiken, die Mährischen Brüder, Unitarier, Universalisten, Schwedenborger, Freunde oder Quäker, die Zitterer oder Anhänger der Millenium-Kirche, die Dunker, Mennoniten, die strengen Calvinisten und Mennoniten. Offizielle Listen geben die Zahl der Geistlichen aller Religionsparteien im Jahre 1855 auf 12,250, die der Kirchen auf 36,211, und die der Kommunikanten auf 5,220,580 an.

Um endlich noch ein Wort über die Sklaverei zu sagen, welche in einigen Staaten der Union besteht, in zwölf Staaten aber bereits ganz abgeschafft ist, so ist sie ein Uebel, dessen Entstehen die Amerikaner nicht verschuldet haben. Sie ist ein Erbtheil der Europäer, ihrer Politik und Industrie! und dieselbe einseitige Gesetze aufheben zu wollen, wäre ein Eingriff in die Eigenthumsrechte jedes einzelnen Sklavenbesitzers, dessen Eigenthum die Gesetze und Behörden eben so wie jedes andere schützen sollen und müssen. Die Regierung der Union selbst hat gethan, was nur immer rechtlicher Weise geschehen konnte: die Einführung neuer Sklaven wurde verboten, der Sklave konnte sich freikaufen, und jedem ist Zeit und Gelegenheit gegeben, sich die Mittel zur Loskaufung zu verdienen.

Wirkung der Cultur auf das Glück der Völker.

Liegt das goldene Zeitalter in der Vergangenheit oder in der Zukunft?

Es wird öfters behauptet, wenn auch in neuerer Zeit immer seltener, daß das Glück der cultivirten, d. h. der gebildeten und reichen Völker nicht größer, sondern vielmehr kleiner sei, als dasjenige der einfachen Naturvölker. Zugleich wird der glücklichste Zustand der Menschen in die Vergangenheit, in die Zeit eines verlorenen Paradieses, in ein entschwundenes goldenes Zeitalter versetzt, von welchem uns Cultur und Luxus, Bildung und Aufwand immer mehr entferne. Als Beispiel eines einfachen, noch im sogenannten Naturzustande befindlichen und deswegen glücklichen Volkes wird häufig das kindliche Volk der Freundschaftsinseln angeführt.

Wenn nun aber auch gegenwärtig für die meisten Menschen das Ergebniß einer Untersuchung über die Vergangenheit oder Zukunft des goldenen Zeitalters nicht mehr zweifelhaft ist, so bietet es doch einen großen Reiz, darüber klar zu werden, was es denn Werthvolles ist, das die Menschen durch ihr schrankenloses Streben nach Reichthum und Bildung erringen, und unter welchen Bedingungen durch die Cultur dauerndes Glück gewonnen wird.

Wir finden nun zunächst, daß der Naturzustand, unter dem man einen einfacheren, weniger gekünstelten versteht, entweder durch mindere Begabung eines Volkes oder durch Mangel an Bildung bedingt ist. Im ersteren Falle wäre jene Behauptung eines größeren Glückes offenbar falsch. Denn jede Anlage, jedes Geistesvermögen, das ein Volk in höherem Grade besitzt, ist ein anderes, ist eine Quelle zu größerem unmittelbaren Glücke und zu größerer Leistung, und durch diese zu einem weiteren mittelbaren Glücke. Selbst die rauheren Vermögen, wie der Kampf- und der Zerstörungssinn, erzeugen nicht nur die Befriedigung, welche in ihrer eigenen Erregung liegt, sondern sie befriedigen auch andere Geistesvermögen vermittelst ihrer Leistungen. So könnte ohne jene beiden Triebe und ihre Wirkungen ein Volk nicht das Gefühl der Macht und Unabhängigkeit empfinden, weil es beide ohne Muth und Kraft nicht besäße. Es ist also kein Zweifel, daß geringere Begabung auch geringeres Glück mit sich bringt. — Andererseits kann aber auch der Naturzustand durch Mangel an Bildung allein, ohne Mangel an Begabung, verursacht sein, und dieser Fall wird hauptsächlich von den Vertheidigern des verlorenen Paradieses gemeint.

Wirkung der Bildung.

Fragen wir aber, worin der Zustand der Bildung und des Aufwandes, dem immer Reichthum zu Grunde liegen muß, besteht, so finden wir, daß bei demselben eine Menge von Genußmitteln geboten

werden, welche dem s. g. Naturzustande fremd sind. Die Bildung lehrt, die dürftigen und rohen Früchte des Feldes durch Bebauen vermehren und durch künstliche Zubereitung schmackhafter machen. Sie lehrt, schützende und schöne Kleider herstellen. Der Handel führt fremde Gewürze, fehlende Metalle, schöne Stoffe zu. Die Bildung schafft Werkzeuge und Waffen gegen Thiere und feindliche Menschen. Sie erbaut gesunde und behagliche Wohnungen. Sie erzeugt die Künste, welche die Menschen mit beglückenden Empfindungen erfüllen. Sie erweckt die Wissenschaften, welche die Macht und Wohlfahrt der Menschen steigern.

Gleichzeitige Vermehrung der Genußmittel und der Arbeit.

Diese Wirkungen der Bildung haben nun eine doppelte Seite: vermehrte Genußmittel und vermehrte Arbeit. Wenn die Vermehrung des Genusses und des Aufwandes innerhalb der Grenze bleibt, daß sie die Genußfähigkeit des Menschen nicht vermindert, daß sie also einerseits seinen Geist und Körper nicht schwächt, und andererseits seine Vermögensverhältnisse und Erwerbsfähigkeit nicht zerrüttet, so liegt kein Nachtheil, sondern nur der größte Vortheil in dem Aufwande, dieser einen Seite der Bildung. Das Mittel aber, welches den Verlockungen über jene Grenze wirksam entgegensteht, ist die mit der Bildung und dem Aufwande verbundene nothwendige Arbeit. Denn wodurch anders werden jene Genußmittel geschaffen, als durch Arbeit? Das Feld muß bebaut, die Speisen müssen bereitet, die schönen Kleider verfertigt, der Handel muß betrieben, Tauschwaaren erzeugt, die Häuser gebaut, die Künste ausgeübt und die Wissenschaften geschaffen und fortgebildet werden. Ein Volk kann sich Bildung und den damit verbundenen höheren Genuß nur durch Arbeit verschaffen.

Beglückende Wirkung der Arbeit.

Die nothwendige Arbeit in einem entsprechenden, gewissen Maaße bildet nun das kräftigste Gegenmittel gegen das mögliche schädliche Uebermaaß des Genusses. „Der Müßiggang ist aller Laster Anfang." Die Arbeit aber trägt ihren Segen in sich. Während der Müßige seine ganze Zeit mit Genüssen erfüllt, sich aufreibt, bald nur noch für die äußersten Reizmittel empfindlich ist, und endlich auch für diese stumpf, keiner Freude mehr fähig und des Lebens satt dahinsiecht, füllt der Thätige seine meiste Zeit mit Arbeit, die ihm selbst zur Freude wird, die seinen Körper und Geist stählt, seinen Charakter und seine Willenskraft befestigt. Die Zeit der Ruhe findet ihn dann für andere Genüsse empfänglich. Da seine Arbeitszeit nicht mit schädlichen Gedanken und Einbildungen erfüllt ist, so treibt es ihn auch in der Muße weniger zu den reizensten und zerstörendsten Genüssen hin; und die geringere Zeit, die er ihnen widmet, erfreut, belebt, erfrischt nur die Geistesvermögen, statt sie zu überreizen und zu schwächen. So bleibt er immer kräftig und lebensfroh, empfänglich für jede Freude. — Der eigentliche Grund, durch welchen die Arbeit diese Frische und Erregbarkeit erzeugt und erhält, ist aber der Wechsel, der in der Thätigkeit der Geistesvermögen eintritt, in der allseitigen Erregung derselben. Der Müßige will beständig nur durch einige wenige Geistesvermögen, meist die sinnlichen, Genuß empfangen; sie allein werden erregt und müssen der Uebermäßigkeit bald erliegen. Der Arbeitsame aber strengt noch viele andere Vermögen an. Verfolgen wir dies in einigen Beispielen und betrachten zuerst einen rein geistig Thätigen. Jeder Blitz der Schlußfolgerung, jeder Lichtstrahl, der auf das gegenseitige Verhältniß mehrerer Dinge fällt, ist zugleich ein Strahl der Freude; denn jede gesunde Thätigkeit irgend eines Geistesvermögens ist unmittelbar, an und für sich, wohlthätige Empfindung, Genuß. Jede Anstrengung, um zum Ziel zu kommen, jede Ausdauer, um die sich entgegenstellenden Widerstände zu überwinden, erregt den Sinn für Kampf und den für Beharrlichkeit auf angenehme Weise, und bei mancher kräftigen, rein geistigen Erregung spannen sich selbst die Muskeln, wie für einen körperlichen Kampf. Jeder Erfolg, wenn auch von Andern nicht bemerkt, befriedigt die Beifallsliebe; aber noch mehr Nahrung erhält der Ehrgeiz bei einem großen Streben, das einst in seinem Ergebnisse vor die Welt treten soll. Diese und noch viele andere Grundvermögen, je nach der Art der geistigen Ausgabe, werden in wohlthuende Thätigkeit gesetzt. Wie mannichfach besonders sind die Genüsse des Künstlers bei dem Schaffen und in dem Ausüben seiner Kunst! Er schwelgt in der Fülle der Gebilde, die seine erregte Einbildungskraft hervorzaubert, und tief geht sein Athem, wenn er das Eine, Schönste herausgewählt hat, es zum Voraus in der Vollendung vor sich sieht, sammt den Menschen, die es bewundern. Wie oft tritt er vor das halb vollendete Werk, um den wirklichen Eindruck in sich aufzunehmen und nachher durch Bewußtwerden und Nachdenken über die Ursachen dieses Eindrucks sein Werk zu beurtheilen und zu verbessern! Und auch in einer weniger hohen, in einer mehr handwerksmäßigen Beschäftigung liegt Genuß, der um so größer ist, je mehr sie sich der Kunst nähert, oder je größer die Geschicklichkeit. Schon die bloße Ausübung einer Handfertigkeit erweckt Freude; man fühlt mit Lust, wie leicht und sicher die Arbeit unter den Fingern hinläuft. Zu allen diesen unmittelbaren Genüssen kommt aber das außerordentlich Wichtige, daß der Erwerbsinn befriedigt, und daß wirklich Etwas errungen wird. Das Erworbene macht es möglich, sorgenfrei zu leben, es schafft die Mittel, mit Ruhe und Behagen sich auch diejenigen Genüsse zu verschaffen, welche durch die Arbeit Anderer geliefert werden.

So folgt den ganzen Tag über Genuß auf Genuß. Keiner erzeugt Abstumpfung und Schwächung des entsprechenden Grundvermögens, keiner muß erst durch schädliche Ueberreizung hervorgebracht werden, weil alle mit einander abwechseln, weil kein Vermögen zu lange und zu stark erregt wird. Genügende Nahrung und wohlthätiger Schlaf ersetzen mehr als die augenblickliche Abnahme, und die Geistesvermögen wachsen durch Geistesthätigkeit, wie die Muskelkraft durch körperliche Arbeit.

Gleichgewicht zwischen Ruhe und Arbeit.

Damit aber diese glücklichen Wirkungen eintreten, muß auch ein richtiges Gleichgewicht zwischen allen Thätigkeiten stattfinden, zwischen Arbeit und Ruhe; ein Gleichgewicht, das durch die beste Wirkung auf das dauernde Glück bestimmt ist. Es darf weder die Ruhe noch die Arbeit zu sehr ausgedehnt sein. Denn jede für sich erregt einzelne Grundvermögen vorwiegend, und diese werden abgestumpft durch zu große und zu lang dauernde Thätigkeit.

Wann ist Reichthum gefährlich?

Die sittenverderbende, entnervende Wirkung des Müßiggangs und des Aufwandes tritt besonders dann ein, wenn die Mittel zum Genusse ohne Arbeit und Erwerb vorhanden sind. Darin liegt die mächtige Verführung des Reichen. Der Reiche hat zwar die Triebfedern zur Arbeit, welche in der Arbeit selbst ihre Befriedigung finden; und ist sein Ehrgeiz, seine wissenschaftliche oder künstlerische Befähigung seine Thatkraft groß, so werden sie ihn zur Arbeit führen. Leider aber kommen diese Genüsse erst in ihrem ganzen Maße bei der Arbeit selbst und nach derselben; bei der Arbeit aber, wenn erst der Entschluß zu ihr gefaßt wird, sind sie oft in Gedanken nur schwach, die sinnlichen Genüsse der Trägheit dagegen oft schon sehr kräftig. Wenn daher nach der Natur des einzelnen Menschen die ersteren Triebe die letzteren nicht weit übertragen, so der Sieg der Trägheit nur zu leicht entschieden, so lange nicht jene nöthigende Triebfeder des Bedürfnisses, des zum Leben erforderlichen Unterhaltes hinzutritt. Daher kommt es, daß so viele Reiche dem Müßiggange verfallen, daß sie ihrer Kraft und Sittlichkeit nach zu Grunde gehen, daß sie ihr Vermögen vergeuden. Es hat einen tiefen Grund, daß man als Erfahrungssatz auszusprechen pflegt, ein großes Vermögen bleibe nicht länger als durch drei Geschlechter bei derselben Familie. — Gegen dieses Uebel scheint auch mit der Zeit eine Schranke gezogen zu werden. Wenn einmal der Handel und die Gewerbe, welche zur jetzigen Zeit in mächtiger Entwicklung begriffen sind, in mehr gleichförmige, feste Zustände gelangen, wenn neue Fabriken, Eisenbahnen und andere seltene Anlagen nur noch selten errichtet werden, weil die vorhandenen genügen, dann nimmt auch der Bedarf und die Nachfrage nach Kapital und der Zinsfuß fällt. Dann wird die Arbeit hohe, das Kapital geringe Erträge liefern, und es wird nicht leicht sein, von den Zinsen eines Vermögens zu leben. Die etwa

59

daraus entspringenden Nachtheile, die Sorge für Wittwen und Waisen werden dann durch Anstalten, Versicherungen, in welche die Arbeitenden Einzahlungen leisten, leicht aufgehoben.

Die ganz gleiche, schädliche Wirkung, welche aufgespeicherter Reichthum, oder was dasselbe ist, aufgespeicherte eigene Arbeit, oder Arbeit der Vorfahren auf die einzelnen Menschen hervorbringt, erzeugt er auch bei ganzen Völkern. Die Reichthümer, welche die Römer aus den eroberten Ländern in Rom aufgehäuft, die Abgaben, welche sie durch ihre Siege den Völkern auferlegt hatten, machten es den Nachkommen möglich, zu genießen, ohne zu arbeiten. Dadurch wurden sie entnervt und erlagen selbst fremden Eroberern. Das spanische Volk sank, als es das mühelos erworbene Gold und Silber Amerika's in sein Vaterland schleppte. Der Reichthum, welchen die Engländer durch ihre außerordentliche Gewerbthätigkeit erwerben, ist ihnen nicht schädlich; der Reichthum, welchen ein englischer Beamter aus Ostindien durch Erpressung sich erwirbt, gereicht ihm nicht zum wahren Glücke, und dieser Reiche vermehrt nicht die Kraft des englischen Volkes. — Daher kommt es auch, daß es auf ein Volk nicht erdrückend und nachtheilig wirkt, wenn es von anderen, gleich thätigen und tüchtigen Völkern umgeben ist, daß es im Gegentheil dadurch zur Arbeit angespornt wird. Jedes dieser Völker hat immer so viel Reichthum, so viele Genußmittel, als es erarbeitet. Unthätigere Nachbarvölker bilden hingegen eine Gefahr. Denn indem sie von dem mächtigeren ausgebeutet werden und sich endlich ernähren müssen, erschlafft die Thatkraft des höher stehenden und es geht leicht zu Grunde. Je mehr sich aber die Bildung auf der Erde verbreitet, je weniger ein Volk einem andern untergeordnet und botmäßig ist, um so nöther steht die Kraft und das Wohl, das Gedeihen und Glück aller einzelnen. Die alte Geschichte mit ihren Völkerwanderungen wird sich dann nicht in der neuen wiederholen. Kein Volk wird, wenn es gebildet und reich ist, seinen Sitz verlassen wollen; kein Volk, wenn es gebildet und thätig ist, wird sich von einem anderen aus seinem Sitze verdrängen lassen.

Maß in der Arbeit.

Aber ebenso darf auch die Arbeit nicht übermäßig werden. Sie wird es, wenn sie nachtheilig wirkt, d. h. nicht die möglichst große Menge von Glück zur Folge hat. Zu harte und anhaltende Arbeit schwächt den Körper, weil demselben ungenügende Ruhe und oft auch bei geringem Lohne mangelhafte Nahrung zum Ersatze des durch die Arbeit Verbrauchten geboten wird. Für eine solche Schwächung des Körpers geben die armen Schlesier, welche zu wenig durch ihre Weberei verdienen, und auch häufig Bergwerksarbeiter Beispiele. Man hat durch ausgedehnte Versuche ermittelt, daß bei bloßer Muskelarbeit, wie bei dem Treiben eines Haspels oder Rades, ein Arbeiter auf die Dauer ohne Schwächung am meisten arbeiten kann, wenn die tägliche Arbeitszeit acht Stunden beträgt. Bei weniger Zeit kann die Anstrengung stärker, bei mehr Zeit muß sie schwächer sein, jedesmal wird aber die tägliche Leistung kleiner. Also hat in diesem Falle selbst der Arbeitgeber einen Vortheil dabei, die Arbeitsstunden nicht über acht im Mittel zu steigern. Was nun bei anderen Beschäftigungen — z. B. bei den die Muskelkraft weniger anstrengenden in Fabriken, in denen nur die Maschinen geleitet und regelmäßig mit Rohstoff versehen werden müssen — die für die Arbeitsmenge vortheilhaftesten Arbeitszeiten sind, das ist nicht mit Bestimmtheit ermittelt.

Jedenfalls darf aber die Gesundheit nicht untergraben, das Leben nicht verkürzt werden; darüber zu wachen, liegt im Vortheile des Staates. Denn wollte man sagen, wenn die Arbeiter früher untauglich werden, so ersetzt man sie durch junge, frische, so läge darin zuerst eine schreiende Härte, welche jeden wohlwollenden Menschen empörte. Dann aber, wer soll die untauglichen nähren? Sollen sie dem Staate, der Gemeinde oder den in neuerer Zeit vielfach entstehenden Arbeiter-Vereinen zur Last fallen? Wie es auch sei, so sind sie eine todte Last, die die Kraft des Staates nicht verstärkt. Dazu kommt, daß durch jenen häufigeren Wechsel von Arbeitern ein stärkerer Wechsel der auf einander folgenden Geschlechter eintreten muß; daß also die Anzahl der Kinder verhältnißmäßig größer, die der Erwachsenen kleiner wird. Im günstigen Falle ein Mensch 15 Jahre Kind und dann 45 Jahre Arbeiter ist, im ungünstigen eben so lang Kind, dagegen nur 30 Jahre Arbeiter, also nur $^2/_3$ von der früheren Zeit, so treten zwei Nachtheile ein. Zuerst können die übermäßig angestrengten Arbeiter doch nur Anfangs zur Zeit ihrer größten Kraft mehr leisten, als die mäßig angestrengten. Denn durch die übermäßige Anstrengung tritt bald eine Schwächung ein, so daß die Arbeiter sich anstrengen müssen, um nur eben so viel zu leisten, als die gleichförmig und mäßig thätigen. Diese Anstrengung schwächt von Neuem und bald kommt es dahin, daß diese Arbeiter sich mehr anstrengen und demungeachtet weniger leisten als die anderen. So kommt es, daß die aufgeriebenen Arbeiter in ihrer vollen 30jährigen Arbeitszeit nicht mehr, sondern weniger leisten, als die anderen Arbeiter in den 30 ersten Jahren ihrer 45jährigen Arbeitszeit. Daraus folgt aber, und dies ist der zweite Nachtheil, daß wegen der kürzeren Arbeitsdauer eines Menschen die Anzahl der Kinder mindestens im Verhältniße von 30 : 45 größer werden muß, um die größere Anzahl abgehender Arbeiter zu ersetzen.

Durch das Aufreiben der Arbeiter wird also sowohl die Zahl der abgenutzten als die verhältnißmäßige Zahl der Kinder gesteigert, also wird die für die Arbeit todte Last im Verhältniß zur thätigen Kraft vermehrt. Das Glück der Gesammtheit wird aber dadurch bedeutend vermindert. Denn auf dieselbe Menge geleisteter Arbeit oder erzeugter Genußmittel kommt eine größere Anzahl Arbeiter, weil dieselben geschwächt sind; es ist also der Antheil an jenen Genußmitteln oder der Verdienst bei dem einzelnen Arbeiter kleiner. Ferner theilen die Arbeiter ihren Erwerb mit einer verhältnißmäßig größeren Anzahl nicht Thätiger, so daß hierdurch die Genußmittel jedes einzelnen Menschen noch mehr vermindert werden. Dazu sind diese Menschen elender, weniger genußfähig. Der Staat erhält also eine schwächere und weniger glückliche Bevölkerung, was gegen den Gesammtvortheil ist. — Aber auch die Fabrikherren verlieren ihre Arbeiter. Denn einerseits werden dieselben andere günstigere Verhältnisse aufsuchen und meist finden können; andererseits, wenn dieß nicht der Fall sein sollte, muß sowohl die Gesammtbevölkerung als auch besonders die Anzahl der kräftigen so abnehmen, daß es bald an Arbeitern fehlt. Ständige Einführung von außen ist aber nicht, wie bei der Negersklaverei, möglich.

Zweckmäßigste Arbeitsdauer.

Wenn man also die Arbeiter nicht bis zur Abschwächung anstrengen will — und die Auseinandersetzung der Wirkungen bleiben war nicht unnöthig, da es noch an manchen Orten geschieht — so fragt sich doch noch, was ist die zweckmäßigste tägliche Arbeitszeit. Wie schon gesagt, steigt die Leistung nicht im Verhältniß mit dieser Zeit; denn die Größe und Geschwindigkeit der thätigen Kraft nimmt ab, wenn die Arbeitsdauer zunimmt. Hier müßten nun für die verschiedenen Beschäftigungen bestimmte Erfahrungen gesammelt werden. Vielleicht ist es für alle nicht viel mehr als acht Stunden, wie bei bloßen Muskelthätigkeiten. Jede Dauer aber über die vortheilhafteste Zeit hinaus bringt, wie schon bemerkt, auch dem Arbeitgeber keinen Gewinn, oder nur einen augenblicklichen auf Kosten der Kraft und Gesundheit der Arbeiter. In der Jetztzeit findet ein Streben nach Verminderung der Arbeitszeit statt. Gegenwärtig ist sie meist noch gegen zehn Stunden, überall jedoch, wo eine regelmäßige Arbeitszeit verändert wird, wird sie vermindert.

Aber es ist nicht die einzige Rücksicht, welche bei Bestimmung der Arbeitszeit genommen werden muß, daß die Arbeiter nicht geschwächt, und daß möglichst große Leistungen hervorgebracht werden, sondern die einzige große, Alles umfassende Rücksicht ist hier wie immer die, daß eine möglichst große Summe von Glück geschaffen werde. Es fragt sich also, wie wirkt die Anzahl der Arbeitsstunden auf das Gesammtglück?

Was zuerst die Arbeiter selbst anbelangt, so vermehrt eine Abnahme der Arbeitszeit ihre Mußestunden. Dadurch erhalten sie Zeit und Gelegenheit, auch ihre anderen Grundvermögen in Erregung zu bringen. Sie werden des Familienglückes, des Glückes der Geselligkeit, der sinnlichen Vergnügen theilhaftig. Sie können in den Mußestunden durch angenehme, belehrende Beschäftigung und geistige Erhebung auch höhere Genüsse und zärtere, sittlich anregende Gefühle empfinden. Doch hat eine große Mußezeit noch eher bei den ungebildeteren als bei den gebildeteren

Ständen die früher angeführten, durch die Verführung zu übergroßem Genusse hervorgerufenen nachtheiligen Folgen.

Wird nun durch eine mäßigere Arbeitszeit und außerdem durch einen höheren Lohn das Glück der Arbeiter gesteigert, so ist die Folge hiervon, daß die Arbeitserzeugnisse der Menge nach geringer und theurer, also etwas schwerer zugänglich werden. Dadurch entspringt für die höheren Stände eine gewisse Abnahme von Genüssen oder eine gewisse Steigerung der eigenen Arbeit, oder Beides in ausgleichendem Maße. Die Folge also ist, daß sich der Genuß der Arbeiter auf Kosten derjenigen der höheren Stände etwas erhöht, daß das Glück etwas gleichförmiger vertheilt wird. Dabei wird aber doch stets eine große Ungleichheit bleiben, die der Natur der Sache gemäß ist. Die Arbeiter müssen von härterem Stoffe sein, sie können keine so feinen geistigen und keine so andauernden Genüsse vertragen; denn wenn dieß der Fall wäre, so würden sie Gebildete sein und sich durch die rohere Arbeit unglücklich fühlen. Die höheren Stände werden immer den Vorzug haben, daß sie mehr unmittelbares Glück in ihrer Arbeit, die mehr geistiger Natur ist, finden, und sie werden zugleich eine größere Zeit der Muße ohne Schaden, zur Erhöhung ihres Gesammtglückes ertragen können. Die Ausgleichung in Bezug auf die Arbeitszeit wird sich derart herstellen, daß das Ziel einer möglichst großen Menge des Gesammtglückes mehr und mehr erreicht wird, ohne daß die Staatsgewalt einzuschreiten genöthigt sein wird. Wenn diese nur die freie Entwicklung zuläßt, so werden die Arbeiter durch die vielfache Bewerbung der Arbeitgeber um sie und nöthigenfalls durch die in England gebräuchlichen s. g. Strikes oder Arbeitseinstellungen diejenigen Vortheile erringen, welche aus dem Grade ihres Werthes für die gesammte menschliche Gesellschaft hervorgeht.

Nach diesen Betrachtungen erscheint es fast überflüssig, den Zustand eines Volkes, dem die Bildung noch abgeht, mit dem eines gebildeten Volkes zu vergleichen. Weil es aber noch genug Leute giebt, welche, wie schon erwähnt, das goldene, paradiesische Zeitalter der Menschheit in das Kindesalter derselben versetzen, so wollen wir doch die Vergleichung in wenigen Zügen ausführen.

Glücksvergleichung eines s. g. Naturvolkes mit einem gebildeten.

Nehmen wir einmal an, der Mensch hätte bei seinem ersten Erscheinen auf der Erde dieselben Fähigkeiten gehabt, die er jetzt besitzt, nur wäre seine Bildung nicht vorhanden gewesen — eine Annahme, die im Ernste zu machen wir weit entfernt sind, da wir im Gegentheil glauben, daß er sich erst allmählig aus einem mehr thierischen zu dem gegenwärtigen höheren Zustande entwickelte — aber nehmen wir einmal jenes an, so fragt es sich, womit beschäftigte er sich in diesem kindlichen Zustande, worin bestand sein Glück? Die Früchte des Feldes fielen ihm ohne

Arbeit zu, die Kleidung bestand vielleicht nur in einfachen Thierfellen, er brauchte also nur zu essen, zu trinken, des Genusses und der Ruhe zu pflegen. Dann hätte er gehabt, was ein Thier auch hat. Aber er soll ja alle menschlichen Fähigkeiten besessen haben. Davon hätte nun ein Theil, und gerade die besseren, brach liegen müssen, während die weniger guten, wie Beifallsliebe, Kampflust, Zerstörungssinn damals wie jetzt wirken mußten. Um aber von diesen nur gedachten Dingen abzugehen, so finden wir, daß die jetzt noch bestehenden s. g. wilden Völker ein im Ganzen sehr unthätiges Leben führen. Ihre einfachen Bedürfnisse sind leicht gewonnen, oder wenn das Herbeischaffen derselben nothwendig mit Arbeit verbunden ist, so wird diese je nach der Stufe ihrer Bildung in höherem oder niederem Maße auf die unentbehrlichsten Bedürfnisse verwendet. Die übrige Zeit — und dieß ist, wenn jene Arbeit vorwiegend auf die Weiber fällt, wie es häufig stattfindet, bei den Männern die meiste Zeit — wird in schlaffer Unthätigkeit hingebracht. Je nach dem mehr friedfertigen oder triegerischen Charakter leben sie entweder ruhig von den Früchten des Feldes und dem Ertrage ihrer Heerden, oder sie üben die Jagd und bekämpfen sich gegenseitig. Eitelkeit, Rachsucht, Diebstahl und Mord sammt allen bösen Trieben des Menschen finden wir aber bei diesen Völkern nicht nur ebenso, wie bei den gebildeten, sondern im Allgemeinen viel stärker. Dieß wird besonders dadurch bewiesen, daß die sittlichen Vorstellungen noch sehr gering bei ihnen sind, und daß Vieles gar nicht für ein Verbrechen bei ihnen gehalten wird, was bei uns für eines gilt. Und endlich, wo bleiben die edlen, die hochgeistigen, die künstlerischen Bestrebungen und Genüsse?

Dagegen wird der Bildung vorgeworfen, daß sie mit der Vermehrung der Genußmittel und der Menge der künstlichen Hülfsmittel die Untugenden steigere und die Verbrechen gefährlicher mache. Bei dem ersten Vorwurfe wird unter den Untugenden besonders die Eitelkeit, die Putzsucht und die Genußsucht hervorgehoben. Zwar hängen diese Fehler mehr von der Neigung des Menschen, als von der Feinheit der Genußmittel ab, und das Laster bleibt Laster, mag nun der Mensch mit Glasschnüren oder mit goldgestickten Purpurstoffen prangen, mag er in rohem Fleische oder in seinen Gerichten, in gegohrenen Baumsäften oder in schäumenden Weinen schwelgen; allein doch ist nicht zu verkennen, daß in den feineren Genüssen mehr Verführungsreiz und mehr Verderblichkeit liegt. Dieß gilt für alle Genußmittel, ist aber bei keinem deutlicher und entschiedener hervorgetreten, als bei den geistigen Getränken, insbesondere dem Branntwein. Als dieser den Indianern bekannt wurde, ergaben sich ihm Viele, welche vorher mäßig gelebt hatten, und es unterlagen ihm Viele, welchen die inländische Unmäßigkeit wenig geschadet hatte. — Bei dem zweiten Vorwurfe über die größere Gefährlichkeit der Verbrechen ist es wahr, daß mit dem Schaffen aller Arten von Hülfsmitteln durch die Bildung auch diejenigen Hülfsmittel mannichfal-

tiger und feiner geworden sind, welche dazu dienen, Verbrechen auszuüben und ihre Spuren zu verdecken. Wenn es nun so auch als wahr und unzweifelhaft dasteht, daß die Verführung zu Untugend und Verbrechen und die Gefährlichkeit derselben durch die Bildung zugenommen hat, so steht dem doch entgegen, daß die Mittel zur Abhaltung von den Lastern und zur Verhütung ihrer Verderblichkeit in noch größerem Maße gewachsen sind. Und hier tritt zuerst die Arbeit auf, welche nothwendig ist, um die Genußmittel zu schaffen. Je mehr die Bildung fortschreitet, um so mehr müssen diejenigen Stände verschwinden, welche ohne nützliche Arbeit bestehen können, um so mehr wird der größere Lohn demjenigen zufallen, welcher das Glückbringendere leistet, um so mehr wird Reichthum mit Arbeit verbunden. Selbst die Wohlhabenden werden dann durch nothwendige eigene Arbeit vor Untugend geschützt werden, denn durch die Arbeit werden die Genußmittel viel weniger verderblich, und selbst der Branntwein, welcher die Indianer hinrafft, ist für den Mann, der kräftig arbeitet, von viel geringerem Schaden. Wenn nun die Wohlhabenden auf reichere Kleidung, feinere Kost, künstlerisch ausgestattete Wohnung verzichten würden, so müßten die Arbeiter und Künstler, welche jene Gegenstände sonst herstellten, müßig gehen, oder vielmehr, es müßten diese Berufszweige erlöschen. Dadurch würde eine Menge von Bettlern entstehen, und die Barmherzigkeit und Mildthätigkeit würde wieder, wie im Mittelalter, die erste Tugend werden, statt daß sich jetzt Jeder durch Arbeit rechtmäßigen Anspruch auf Unterhalt erwerben kann. Außer der Arbeit tritt noch die mit der Bildung verbundene geistige und sittliche Erhebung auf. Und diese Erhebung wirkt nicht allein selbst wieder als Arbeit, indem sie eine Menge von Menschen für Ausübung der Wissenschaft, des Unterrichts und der Künste bedingt, sondern sie erzeugt auch unmittelbar höhere und edlere Genüsse. Diese treten dann aber sowohl durch einfaches Verdrängen und an die Stelle treten gegen die Zunahme der sinnlichen Genüsse, als auch, indem sie sittlicher machen, durch Verminderung der Werthschätzung der letzteren. — Was andererseits die größere Gefährlichkeit der Verbrecher betrifft, so wird zuerst durch den wachsenden Wohlstand die Noth vermindert, welche zu Verbrechen treibt. Sodann kommen die gesteigerten Hülfsmittel nicht nur den Verbrechern, sondern auch der Staatsgewalt zu gut; und wenn der Verbrecher mit dem Dampfrosse davoneilt, so erreicht ihn doch mit dem noch schnelleren Telegraphen der Arm der strafenden Gewalt.

Uebereinstimmend mit diesen Betrachtungen zeigt uns denn auch die Beobachtung, daß mit der Bildung die Sittlichkeit steigt und die Anzahl der Verbrecher sinkt, und zwar in um so höherem Grade, je mehr Jeder durch seine eigene Arbeit leben muß, je weniger ein Stand auf Kosten eines anderen Standes, ein Volk auf Kosten eines anderen Volkes schwelgen kann.

Welcher Unterschied besteht also zwischen dem sogenannten Naturvolke und dem gebildeten? Die Thätigkeit und das Glück des ersteren ist sehr einseitig und mehr sinnlicher Natur. Die meiste Zeit geht ihm in stumpfer Gleichgiltigkeit dahin, die man nicht einmal Zufriedenheit nennen kann.

Bei dem gebildeten Volke ist aber Streben und Schaffen und Genießen. Die Arbeit gewährt unmittelbaren augenblicklichen Genuß und befähigt zu anderen Genüssen in der Zeit der Muße. Das Arbeitserzeugniß ist ein Genußmittel für Andere und der Arbeitslohn ein Genußmittel für den Arbeiter. Die Bildung schafft die Wissenschaften und Künste, und mit ihnen eine Menge sowohl niederer, als auch besonders höherer, edlerer Genüsse. Die Bildung sittlicht, erhöht dadurch die Sicherheit Aller und verleiht ihnen die höchsten und dauerndsten Güter. Mit einem Worte, sie erzeugt in steigendem Maße eine mannichfaltigere und weniger unterbrochene Menge größeren Wohlgefühles und Glückes.

Wir können uns daher getrost dem kräftigen Strome der Zeit hingeben, welche nach Bildung und Reichthum ringt. Wir werden uns dadurch nicht vom goldenen Zeitalter entfernen, sondern uns ihm nähern, denn es liegt stromabwärts.

Aus Demosthenes' Reden gegen Philipp von Macedonien.

Eine Parallele.

Das ist am meisten zu besorgen, daß der hinterlistige Mann, der so gut versteht, die Umstände zu benützen, theils durch Nachgiebigkeit in gleichgültigen Dingen, theils durch Drohungen (und darin wird er ohne Zweifel glaubwürdig erscheinen!), theils endlich durch Verläumdungen setze und unsere Abwesenheit den Dingen rasch eine Wendung gibt und dann ein Stück herunterreißt von dem Ganzen unseres Staates!

Als von Pydna, von Potidäa, von Methone, von Pagasä und den andern Städten (um euch nicht mit bloßen Namen zu langweilen) — ihre Belagerung die Reihe nach und gemeldet wurde: — hätten wir damals irgend einen, den ersten besten Staate bereitwillig und zum Schuldigkeit geblieben: dann hätten wir jetzt einen geschmeidigeren, einen weit demüthigeren Gegner an Philippus. Aber wir lassen immer die Gegenwart hinaus und die Zukunft muß sich (nach unserer Meinung) schön gestalten — ganz von selber! Wir haben's gethan; wir haben ihn auf eine Höhe gestellt, worauf noch niemals ein König von — Macedonien gestanden ist!

Merket euch zweierlei: — für's Erste, wenn man immer Etwas von seinen Sachen hinausläßt, Eins um das Andere, so ist das — ein gar geringer Nutzen. Für's Zweite: seht die Betriebsamkeit, welche Philippus anwendet, und die mit seinem Leben Eins ist und bei welcher es ihm nicht möglich ist, daß er, zufrieden mit den bisherigen Erfolgen, künftig Ruhe hält. Wenn aber der Eine dazu entschlossen ist, noch Größeres auszurichten, als schon geschehen ist, und ihr dagegen nur dazu, nirgends mit Entschiedenheit einzugreifen in eurer eigenen Sache: dann gebt nur Acht, was man zu erwarten hat und wie das enden soll. Beim Himmel, wer ist so einfältig unter euch, daß er nicht wüßte: der dortige Krieg wird hieher kommen, wenn wir ihn nicht beachten! Aber wahrhaftig, wenn dieß geschieht, so fürchte ich, Athener, es möchte uns ergehen, wie Leuten, welche Geld entlehnen, zwar ohne Mühe, aber auf große Zinsen. Eine kleine Zeit leben sie im Vollauf; nachher müssen sie selbst ihr eigenes Gut verlieren, und so wird es sich zeigen, daß auch wir — um theures Geld leichtsinnig gewesen sind.

Ed. Eyth.

Was ist Schiefer?

Unweit der alten Kaiserstadt Goslar, inmitten des Harzes, dicht an der steilen beschwerlichen Straße, die über harten Felsen hin nach Clausthal führt, und auf beiden Seiten nichts als Fichten und felsiges Gestein erblicken läßt, erhebt sich rechter Hand ein von Nadelholz überwachsenes Schiefergeschiebe. Einige Durchhaue in demselben gewähren Einblicke in einen der mächtigsten Schieferbrüche des Harzes, in welchem, Ameisen gleich, die Häuer die Fahrten auf und ab klettern, um Schiefer loszuhauen oder die gehauenen Stücke auf Karren der Bearbeitung, gesimsgleichen Wege zu weiterer Bearbeitung fortzuschieben. Viele Hunderte von Menschen finden in diesem berühmten Bruche Beschäftigung, denn in un-

geheuren Massen wird das Gestein zu Tage gefördert und mannichfach verarbeitet. Wohl kennt Jedermann, bis zum kleinsten Kinde herab, den Schiefer, sollte es auch nur durch Schiefertafeln und
Griffel sein, ohne vielleicht zu wissen, was Schiefer ist. Man hat an kein bestimmtes Mineral wie
Blei, Eisen, Schwefel, Quarz u. s. w. zu denken,
sondern der Name Schiefer bezeichnet nur eine physikalische Eigenschaft, vermöge der sich verschiedene
Mineralkörper in tafelförmige Theile zertrennen lassen. Diese Art der Absonderung nennt man die
schieferige, das Mineral selbst aber Schiefer.
Es gibt daher eine Menge verschiedener Schiefer,
wie: Glimmerschiefer, Chloritschiefer, Talkschiefer,
Thonschiefer, Mergelschiefer, Kieselschiefer 2c. und andere, die nach ihrer Anwendung benannt werden,
wie: Wetzschiefer, Zeichenschiefer, Polirschiefer 2c.
Aber von allen Schieferarten zeigt der im Harz und
auf dem Thüringer Wald so häufig vorkommende
Thonschiefer die schieferige Absonderung in ausgezeichnetem Grade und führt daher auch im gemeinen
Leben vorzugsweise den Namen Schiefer.

Der Thonschiefer selbst ist eine mit zarten, oft
kaum erkennbaren Glimmerblättchen durchsetzte, kiesel-
artige, mit Wasser nicht bildsam werdende Thon-
masse, von grauer, braunrother, grünlicher oder
schwarzer Farbe, ausgezeichnet schieferigem Gefüge,
und geringem, von den Glimmerblättchen herrührenden Schiller auf den Absonderungsflächen. Er findet
sich sehr verbreitet, und kommt sowohl im Grund-
gebirge, wie auch, und zwar vorzugsweise im Ueber-
gangsgebirge vor, oft mit Einmengungen von Feld-
spath, Quarz, Hornblende, Staurolith, Granat, Tur-
malin, Epidot, Magneteisen 2c. Trotz seiner Weichheit
widersteht er zerstörenden Einflüssen oft lange, und
zerfällt zuletzt zu einem, dem Pflanzenwuchse günstigen Thon oder Lehm, in welchem besonders Waldungen gut gedeihen. Man unterscheidet in den
Brüchen den gemeinen Thonschiefer, der seiner
unregelmäßig krummflächigen Absonderung wegen
keine Anwendungen gestattet, und beim Abbau zum
Verwittern auf Halden geworfen wird, und den
Dachschiefer, welcher geradschieferig und gewöhnlich von schwarzer Farbe ist. Dieser, der in dem
Goslarer Bruche von vorzüglicher Güte gewonnen
wird, dient sowohl zum Decken der Häuser, als auch
zur Anfertigung der Rechentafeln in sehr ausge-
dehntem Gebrauche. Guter Dachschiefer läßt sich
leicht in dünne, gerade Tafeln zerspalten und besitzt ein
festes, geschlossenes Korn, das nur wenig Wasser
einzusaugen vermag, was man daran erkennt, daß
eine Tafel, einige Zeit in Wasser eingelegt, nur wenig an Gewicht zunimmt; auch kommt er in hinreichend großen Tafeln ohne Querrisse und erhält
sich, der Witterung ausgesetzt, durchaus unverändert.

Die Zurichtung desselben zu Dachschiefern geschieht folgendermaßen:

Nachdem der Schiefer in Gestalt großer, dicker
Platten gebrochen ist, zertheilt man diese mittelst des
Meißels und Hammers in kleinere Stücke, wobei

die sehr häufig vorkommenden Querabsonderungen
von wesentlichem Nutzen sind. Die so erhaltenen
Stücke werden sodann mittelst dünner, scharfer Meißel
in Tafeln von der erforderlichen Dicke zerspalten,
und endlich in die bekannte trapezoidische Gestalt
gebracht, indem man sie auf einen hölzernen Block
legt, das abzunehmende Stück über den Rand her-
vorstehen läßt, und mit einer Art Hackmesser ab-
schlägt. Es ist hierbei zu bemerken, daß das
Spalten des Schiefers in dem frischen, feuchten
Zustande, so wie er aus dem Bruche kommt, weit
besser von Statten geht, als wenn er erst durch längeres Liegen an der Luft ausgetrocknet ist; weßhalb
denn auch das Zurichten meist gleich in dem Bruch
vorgenommen wird, und mit der Gewinnung der
Blöcke gleichen Schritt hält. Frost erhöht, wie sich
leicht denken läßt, die Spaltbarkeit; durch darauf
folgendes Thauwetter soll sie aber größtentheils verloren gehen; durch abermaligen Frost hingegen wird sie,
obwohl nicht in so hohem Grade wie vorher, erneuert.

Zu Rechentafeln wird ein möglichst feinkör-
niger, harter, gleichförmiger und schwarzer Dachschiefer ausgewählt, der nach dem Zurichten an beiden
Seiten abgeschliffen und endlich in hölzerne Rahmen
gefaßt wird. Die Griffel oder Rechenstifte
werden ebenfalls aus Thonschiefer, aber aus einem
weniger dünnschieferigen und möglichst weichen Schiefer angefertigt, damit sie nicht in die Tafel einschnei-
den, sondern sich darauf zu einem feinen Pulver ab-
reiben, welches in dieser sein zertheilten Gestalt eine
weißliche Farbe besitzt.

Andere bemerkenswerthe Schieferarten, die aber
nicht im Harz gebrochen werden, sind: der Wetzschiefer, eine dichte, hauptsächlich aus Quarz, thonigen Theilen und höchst zarten Blättchen von
Glimmer oder Chlorit bestehende Masse von meist
grünlich oder gelblichgrauer Farbe und sehr dick-
schieferiger Absonderung. Je nachdem die Quarz-
oder Thontheile verwalten, kommt er in den verschiedenen Härtegraden vor und bildet durch verschiedene Abstufungen einen allmäligen Uebergang vom
Quarz zum Thonschiefer. Man benützt ihn, wie
schon sein Name andeutet, zu Schleifsteinen, namentlich zu feineren Oelsteinen.

Der Polirschiefer, der im Wesentlichen aus
Kieselerdehydrat besteht, hat eine gelblichgraue Farbe,
ist undurchsichtig und von sehr erdigem Bruche, zart,
aber mager anzufühlen, zerreiblich und dünnschiefe-
rig, und hängt wenig an der Zunge. Man findet
ihn besonders zu Kutschin bei Bilin in Böhmen, am
Habichtswald in Hessen, und bei Planitz in der Gegend von Zwickau, und braucht ihn zum Putzen von
Silber und anderen weicheren Metallen.

Der Mergelschiefer oder Liasschiefer,
ein lockeres, oft sehr dünnblätteriges Gemenge
aus thonigen, kalkigen und erdharzigen Theilen, von
schwärzlichgrauer Farbe, enthält nicht selten fein ein-
gesprengte Kupfererze, und spielt in diesem Falle, so
namentlich im Mansfeldischen, bei der Kupfergewin-
nung eine sehr wichtige Rolle.

Der Schieferthon, nicht zu verwechseln mit dem Thonschiefer, ist weit weniger hart als dieser, von mehr erdigem Bruch, oft fast zerreiblich, hängt an der Zunge, und zerfällt bei längerem Liegen in Wasser zu einer plastischen Masse, die, wenn sie frei von Eisen und Kalk ist, zu feuerfesten Steinen und Schmelztiegeln angewendet werden kann. Meist findet er sich als Begleiter der Steinkohlenflöße,

Schieferbruch bei Goslar.

deren nächste Begrenzung er zu bilden pflegt. Ist er von der kohligen Masse durchdrungen und schwarz gefärbt, so bezeichnet man ihn als Zeichenschiefer oder schwarze Kreide und verwendet ihn als Zeichenmaterial. Am vorzüglichsten findet man den Zeichenschiefer in Spanien, Italien und Frankreich. Die ganz dunkelschwarze, in cylindrischen, glänzenden Stängelchen vorkommende Pariser Kreide ist jedoch ein Kunstprodukt.

2.

Scenen aus dem Kinderleben.

1.

„Ach! die Gattin ist's, die theure,
Ach! es ist die treue Mutter,
Die der schwarze Fürst der Schatten
Wegführt aus dem Arm des Gatten,
Aus der zarten Kinderschaar,
Die sie blühend ihm gebar!"

Ja, die Mutter war's. — Es geschah und geschieht immer wieder, daß Mütter sterben — weg von ihren jungen Kindern, weg von den kleinen, zarten Geschöpfen, denen sie Leben und Nahrung, Nahrung für Leib und Seele gaben. Es geschieht — und die Sonne geht auf und nieder, die Sterne glänzen, die Blumen duften, und die Wolken des Himmels ziehen ihre Bahn.

Wer wird den Kleinen nun die Augen, wer die Füßchen küssen? Wer wird die Bettdecke wärmend um sie hüllen? Wer ihres Leibes Gedeihen hüten, ihre Spiele verstehen und ihre Herzenswünsche rathen? Wem werden sie ihre leisen, rührenden Geheimnisse vertrauen? Wer wird ihnen verzeihen und wieder verzeihen? Wer ihnen danken für ihre Lieblichkeit? Wer wird ihre Seele zum Tempel Gottes machen? — Es ist Niemand da.

In der schönen Besuchstube lag sie im geschlossenen Sarg. Ihre beiden Kinder, ein brauner großäugiger Knabe und ein feines, blondes Mädchen saßen in der Ecke hinter dem Ofen und hatten ein großes Stück Kuchen vor sich. Ein Stück zu zweien. Eine fremde, gute Frau hatte ihnen den Kuchen gegeben, doch hatte sie vergessen ihn — wie sie's gewohnt waren — in zwei gleiche Theile zu schneiden. Wie sollten sie nun essen? — Doch ja, es gieng!

„Du einmal und ich einmal," sagt der Junge und hält dem Schwesterchen zuerst den Kuchen an den Mund.

„Das ist lustig!" ruft sie, „ich will's der Mutter — Ach! die Mutter!" Jetzt kommt die Furcht wieder über sie, die sie in die Ecke getrieben hatte. Sie sehen scheu im Zimmer umher. Dort liegen die vielen, schönen Blumen, dort auf dem Boden die hellen, lockigen Holzspäne. — Das frische Holz und die frischen Blumen riechen so stark. — Dort am Sarge saß auch der Vater. War es denn gewiß der Vater? — Sie konnten von ihm nur die verschränkten Arme und den darauf ruhenden Kopf sehen; die Haare hingen ihm verworren über die Arme — so hatten ihn die Kinder nie gesehen. Es wird ihnen bang in der Stube, sie laufen schreiend hinaus — vorüber an den schwarzen Männern und Frauen; vorüber an dem schwarzen Wagen; vorüber an dem gaffenden Menschenhaufen und hinein in das alte, liebe Gärtchen. — Da ist ja die Schaukel noch und das Vogelhaus, da der Baum mit den rothen Aepfeln, — ja, da steht noch das kleine Kochgeschirr, voll Sand und dürrer Blumen, mit dem sie zuletzt gespielt hatten. Sie setzten sich auf den warmen Kiesboden und füllten geschäftig die Töpfchen und Tellerchen mit neuem Sand. Die abendliche Herbstsonne vergoldet ihre wirren Haare, und verklärt die lieben Gesichter. Bald waren sie des Sitzens müde. „Wir wollen was Anderes spielen," sagte der Knabe.

„Aber was spielen?" — Eben fährt der schwarze Wagen vom Hause weg — „Begrabens," sagte das Mädchen.

„Begrabens"! ach, das hatten sie schon oft gespielt und das war immer so hübsch gewesen: ja, das wollten sie spielen. — Doch war nichts da, was sie hätten dazu gebrauchen können; — kein todtes Mäuschen oder Vögelchen, kein Schmetterling, nicht einmal eine alte Puppe. — Was war nun zu thun? — Sie dachten nach. „Ich weiß was!" ruft das Mädchen; „wir ziehen unsere Schuhe und Strümpfe aus, und begraben die." „Ja, ja, das thun wir!"

Am stillsten Platz des Gärtchens im dunklen Gebüsch gruben sie emsig ein tiefes Loch, dann zogen sie traurig die Schuhe und Strümpfe aus und legten sie feierlich in die Grube; nun kam die ausgeworfene Erde wieder darauf, und dann war es fertig.

„Jetzt holen wir schöne Blumen und du machst das Kreuzchen von Holz," sagte das Mädchen. Das thaten sie. Sie hatte die Schürze voll Blumen und Er trug das dünne Kreuz in der Hand. Hastig liefen sie dem Gebüsch zu, denn es war düster geworden und sie empfanden eine leise Angst; — doch, wo war denn das Grab? — „Hier!" — „Nein." „Hier!" — „O nein." Sie suchten, sie suchten und konnten es nicht finden. — Es wurde dunkler und Nebel umhüllte das Gesträuch. — Die Kinder wimmerten vor Angst. „Unsere Strümpfe! Unsere Schuhchen!" klagten sie. Trostlos faßten sie sich bei den Händen und zogen dem Hause zu. — Mit ihren nackten Füßchen trippelten sie die Stufen hinan dem einsamen Vater zu. — In seine ausgebreiteten Arme stürzten sie und riefen mit jammerndem Schluchzen: „wir haben sie verloren und können sie nimmer finden!"

„Wir finden sie niemals, niemals wieder," sagte der erschütterte Mann, und alle Drei weinten umschlungen heiße Thränen.

Indische Fabeln.

Die Affen und der Schaumberg.

Zwei Affenkönige bekriegten sich mörderisch. Der Eine wurde so gänzlich aufs Haupt geschlagen, daß ihm nichts übrig blieb, als mit dem Reste seiner Leute auszuwandern. Er kam zum Gestade eines großen Meeres und bemerkte in einem Golf eine Masse Schaumes, welchen der Wind zu einem Berg von etlichen tausend Fuß Höhe aufgethürmt hatte. Der Affenkönig bildete sich ein, es sei ein Schneeberg und sagte zu seinen Begleitern: „ich habe vereinst erfahren, daß es im Meere einen Schneeberg gebe, in dessen Innerem ein herrliches Leben zu finden sei. Hier haben wir ihn. Ich will nun zuerst mich erkundigen. Finde ich in seinem Innern das herrliche Leben, so kehre ich nicht zurück. Täuscht mich aber meine Hoffnung, so werde ich bald wieder da sein, um es Euch zu sagen."

Er klettert auf einen Baum und springt aus allen Kräften in den Schneeberg hinein. Durch den Schaum hindurch fällt er ins Meer und ertrinkt darin. Seine Begleiter warten und warten. Endlich sind sie überzeugt, daß der König von den Reizen des herrlichen Lebens zurückgehalten worden sei, und stürzen sich, einer um den andern, ihm nach.

Zwei Gänse und eine Schildkröte.

Zwei Gänse lebten vereinsamt am Ufer eines Teichs und hatten enge Freundschaft mit einer Schildkröte geschlossen. Nach und nach vertrocknete der Teich. Darunter litt die Schildkröte empfindlich und ihren Freundinnen gieng der Jammer zu Herzen. Sie berathschlagten lange miteinander, wie zu helfen wäre. Endlich sagten sie zur Schildkröte: „Faßt diesen Stecken in der Mitte fest mit Euren Zähnen; an den beiden Enden wollen wir ihn fassen, Euch so aufheben und irgendwohin tragen, wo Wasser im Ueberfluß zu finden ist. Aber hütet Euch wohl, während Ihr den Stecken im Maule habt, zu sprechen."

Gesagt, gethan. Die Fahrt durch die Lüfte gieng von Statten, die Gesellschaft kam über Städte und Dörfer hinweg. Einmal wurden sie von Knaben bemerkt, die ein Geschrei erschallen: „Da fliegen Gänse mit einer Schildkröte, Gänse mit einer Schildkröte!" Darob ärgerte sich die Schildkröte gewaltig und rief: „was geht's Euch an?" Sie ließ den Stecken fahren und fiel todt zur Erde.

Brod und Wein.

Wo goldne Aehren schwankten
Im milden Abendschein,
Und grüne Reben rankten,
Ging träumend ich allein.

Und als das letzte Glimmen
Des müden Tages wich,
Da weckten leise Stimmen
In meiner Nähe mich.

Es neigte zu der Rebe
Die Aehre still sich hin:
„Leb' wohl, o Schwester — lebe,
Auch wenn ich nicht mehr bin.

„Mich hat des Sommers Glühen
Zur Ernte früh gereift,
Noch darfst du grünen, blühen,
Ich werde abgestreift.

Die Sichel seh' ich blinken,
Und offen meine Gruft,
Ich muß hinuntersinken,
Der Herr der Ernte ruft."

„Zur Gruft?" so haucht mit Beben
Die Rebe drauf ihr zu:
„Nicht doch, zu neuem Leben,
O Schwester, reiftest du.

„Aus deiner goldnen Hülle
Bricht auf des Herrn Gebot
Des Segens reichste Fülle,
Die Gottes-Gabe Brod.

„Und läßt der Herr die Reben
Auch einsam jetzt noch stehn,
Wir werden uns im Leben
Noch öfters wiedersehn.

„Zum Trost der Menschenherzen
Schuf uns Natur zugleich,
In Freuden und in Schmerzen
Begehrt uns Arm und Reich.

„Ich darf den Kranken laben,
Du stillst des Armen Noth,
Des Wirthes beste Gaben
Sind immer Wein und Brod.

„Bei jedem Mittagsmale,
Im häuslichen Verein
So wie im Fürstensaale,
Erscheinen Brod und Wein.

„So manchem Freundschaftsbunde
Muß ich das Siegel leihn,
Geb' ich in froher Stunde
Durch junger Zecher Reihn.

„Doch reicht sein Brod dem Armen
Ein Kind mit zarter Hand,
So knüpfet das Erbarmen
Durch dich ein schön'res Band.'

Mehr hab' ich nicht vernehmen,
Was Rebe' und Rebe spricht,
Es ist die Nacht gekommen
Mit sanftem Sternenlicht.

Als höchstes Bild auf Erden
Seh' ich im Abendmal
In Geist und Leben werden,
Was reift in Höh' und Thal.

O tröstender Gedanke!
Was wird der Mensch einst sein,
Kann schon aus Halm und Ranke
So hohe Kraft gedeihn!

R. J.

Meran und Andreas Hofer.

Das Land Tyrol, welches den Uebergang von den Gärten Italiens zu den deutschen Ebenen bildet, ist wegen seiner mannigfachen und großartigen Naturschönheiten und wegen des eigenthümlichen, einfach natürlichen Charakters seiner kräftigen Bewohner, eines der merkwürdigsten Gebiete Deutschlands. Sogar die Schweiz, mit aller Pracht ihrer herrlichen Landschaften und entzückenden Scenerien ist kaum interessanter als dieses wundererfüllte Gebirgsland, das als eine natürliche Fortsetzung der Schweiz betrachtet werden kann, denn hier wie dort sehen wir dieselben Gletscher, die gleichen ungeheuren Eisberge, unermeßlichen Abgründe, dieselben großartigen Wasserfälle, dasselbe frische Grün der Wiesen, klare Bäche, reißende Waldströme, und höchstens vermissen wir die Seen der Schweiz, mit dem Glanze ihrer ausgedehnten Wasserspiegel, die dort in erhabener Größe, und wiederum in bezaubernder Anmuth so viel zur Verschönerung des Landes beitragen. Und wie Tyrol dem Schweizerland an Großheit der Naturformen nur wenig nachsteht, so hält auch dessen Bevölkerung, was Muth und unüberwindliche Tapferkeit betrifft, mit den mannhaften Vertheidigern der eigenen Freiheit den Vergleich aus. Nur der eine Unterschied ist zwischen beiden Völkern, daß während die Schweizer ihre Kräfte dazu verwandten, sich frei zu machen und frei und unabhängig zu erhalten, die Tyroler mit ächter Treue für das angestammte Regentenhaus, nur diesem ihre unerschütterliche Liebe weihten, mochte ihre Anhänglichkeit erkannt und belohnt werden oder nicht.

In fünf Sechstein mit Gebirgsmassen bedeckt, die als rhätische und norische Alpen die Mitte des Landes durchziehen und die beiden größten Thäler desselben, das Inn- und Etschthal trennen, von denen aus die Nebenthäler größtentheils in der Richtung nach Norden und Süden streichen, umschließen Mittel- und Hochgebirge die Grenze des Landes und machen Tyrol zu einer einzigen ungeheuren Festung, aus welcher nur acht Hauptausgänge, die militärisch befestigt und verstärkt, noch eine Hauptrolle in der nächsten Kriegsgeschichte zu spielen bestimmt sind, nach den benachbarten Ländern führen. Im Westen bildet der 12,020 Fuß hohe Orteles, der höchste Gipfel der rhätischen Alpen, den Scheidepunkt zwischen Schweiz und Tyrol, und zu seinen Füßen windet sich die herrliche Kunststraße des Wormfer Jochs, die höchste von Europa, und nach Anlage und Ausführung noch viel großartiger als jene berühmte Straße des Simplon, das allenthalben ausposaunte Denkmal von Napoleons gewaltigem Unternehmungsgeist. In der Mitte der das Land durchziehenden Hauptgebirgskette ragt der, zwar nur 6,063′ hohe Brenner hervor, mit seiner alten Straße, über welche so oft den Zug der deutschen Kaiser nach dem Reiche Italiens gesehen, und im Osten erhebt sich der 9,794′ hohe Dreiherrnspitz und rechts von ihm auf der Landmark

von Tyrol, Salzburg und Kärnthen, wie eine ungeheure Grenzsäule, der mächtige Großglockner zu 12,158′ Höhe.

So mannigfaltig wie das Gebirge des Landes, eben so verschieden und reizend in ihrer Abwechslung sind die Thäler desselben. Von der wildromantischen Alpennatur des schauervollen Oehthales, das von himmelhohen Gletschern eingeschlossen, dem Auge nur den Blick nach schneeglänzenden Hochfernern gestattet, bis herab zu der üppigen Pracht des untern Etschthales, das alle Lieblichkeit, Fülle und Gluth des italienischen Himmels entfaltet, finden wir die unendlichste Mannigfaltigkeit einer Natur, die, ewig schön und erhaben in jeder Form, hier die verschiedensten Reize ihres unerschöpflichen Füllhorns in einem einzigen Landstriche ausgeschüttet zu haben scheint. An seinem Ursprung, oberhalb des Stilfer Jochs, noch wildes Gebirgsthal, und unter dem Namen des Thals von Glurns bekannt, erweitert sich dasselbe schon mehr in der Gegend des ehrwürdigen Meran, wo das durch die neuere Geschichte berühmte Passeyer-Thal in dasselbe mündet und wo zugleich in geringer Entfernung das alte Stammschloß Tyrol sich erhebt, das dem Lande den Namen gab. Nachdem es mit dem großen Thal der Eisack sich vereinigt, das zahlreiche Nebenthäler aufgenommen, folgt es, an manchen Stellen in bedeutender Breite, dem Laufe der Etsch immer noch das große Seitenthal von Ren und das von Flein auf. In dieser südlichen Hälfte ist das Thal nur ein üppig prangender Garten, der alle Pracht italienischer Landschaft mit der kräftigen Gebirgsnatur Tyrols vereinigt, und mit den Städten Bozen, Trient und Roveredo geziert, mit vielen lachenden Ortschaften geschmückt, zugleich die fruchtbarste und gesegnetste unter allen Gegenden des Landes ist.

Hier, im obern Etschthal, erblicken wir das ehrwürdige Meran, den Ursitz der Tyroler Fürstenhäuser, den ersten Ring in der genealogischen Kette der gefürsteten Grafschaft, die im Jahre 1180 von Bayern getrennt, als kaiserliches Reichslehen dem Grafen Bernhard von Andechs mit dem Titel eines Herzogs von Meran verliehen wurde. Noch jetzt heißt das obere Etschthal auf- und abwärts von Meran das „Mutterländchen“ oder kurzweg das „Ländle“, und Meran selbst hieß und heißt noch jetzt ausschließlich die Stadt, wie die Römer einst auch bloß von der Urbs (Stadt) sprachen, wenn sie Rom nennen wollten. — Die Lage von Meran ist überaus malerisch; den schönsten Anblick hat man, wenn man von Gampen in das Thal herabsteigt. Meran, am Fuße des Küchelberges, liegt 1200′ über der Meeresfläche, an der Passer, die rauschend durch die Stadt vorüberströmt und eine Stunde davon in die Etsch mündet. Von seiner früheren Bedeutung ist in der Stadt keine Spur mehr vorhanden und erst in neuester Zeit beginnt sie sich, als Sommeraufenthalt für Leidende, wieder zu beten. Der Ort selbst bietet dem Fremden nur wenig Genüsse. Zwei Hauptstraßen, die Laubengasse, eine enge, mit Lauben oder Arkaden versehene Straße, und der Rennweg, führen mitten durch die Stadt. Die Häuser in der eigentlichen Stadt sind von altfränkischer Bauart, die mit der Stadt zusammenhängende Vorstadt Steinach, hat bessere Häuser in freierer Lage, und meist mit Gärten umgeben. Die im deutschen Styl gebaute Pfarrkirche, die viele Frescogemälde aufzuweisen hat, gewährt von ihrem Thurme aus, der einer der höchsten in Tyrol sein soll, eine schöne Rundsicht; die jenseits der Passer liegende Spitalkirche zeichnet sich durch ein schönes Eingangsthor aus, und in der, an's Kelleramt stoßenden Kapelle, in welcher Margarethe Maultasche, schimpflichen Andenkens, getraut wurde, befinden sich noch interessante Gemälde aus jener Zeit (1329). — Die Umgebung Merans ist höchst einladend; die Natur ist, trotz aller Veränderungen der Zeit, stets dieselbe geblieben, herrlich und großartig, dabei mild und zuträglich. Das Klima ist angenehmer, als in südlichen Gegenden. Die Sommerhitze wird durch die Bergklüfte gemildert, und den Winter kommen durchschnittlich nur 8 Tage. In 6 Jahren überstieg in Meran die Hitze nie 27° R., und nur ein einziges Mal fiel das Thermometer auf 9°, sonst selten 3° unter 0. Diese Milde des Klima's wurde Veranlassung, Meran allen Brust- und Lungenleidenden zu empfehlen, und von da an ist die Umgegend von Meran eine Zufluchtsstätte für Kranke geworden, die bei Milch-, Molken-, Kräutersaft- und Traubenkuren hier Genesung zu finden hoffen.

Hart an das Gebirge angelehnt, und durch eine Wassermauer gegen die reißende Passer geschützt, die schon siebenmal im Laufe der Zeit die Stadt zur Hälfte verwüstete, führt über die Passer eine Brücke, von welcher man eine herrliche Aussicht auf die näheren Umgebungen genießt. Die nördlichen Bergkuppen sind mit malerischen Schlössern und Ruinen geschmückt: da erblicken wir vor allem Tyrol, Aur, Josephsberg, Forst, weiterhin Zenoberg, Löwenberg, Brandis, Tragberg, Rabenstein; immer weiter bringt der Blick bis an die hohe Reuberg, Schenna, Rubein, Rameis, Quillenberg, Winkel und Labers; im Osten, am Ende des Horizontes, erkennen wir noch auf dem grotesken Bergrücken Mendola auf hoher Spitze das Schloß Hocheppan, im Thale begegnen uns in der Nähe die Orte Algund, Gratsch, St. Peter, Marling, und die lieblichen Höfe von Freiberg. Hinter und zwischen diesen Wäldern und Schlössern taucht unser Blick in das wilde Passeyerthal vor uns hin, mit der Jaufenburg in äußerster Ferne, und doch erhaben ragen die Oethaler Ferner über die Höhen hervor und vollenden das majestätische Anblick.

Von Meran aus bieten sich uns zahlreiche Ausflüge in die Umgegend nach den angegebenen Punkten, die am besten alle zu Fuß unternommen werden.

Will man das Schloß Tyrol besuchen, so steigt man beim Pulverthurm den Küchelberg bis zum Schloß Zenoburg hinan, wo man sich einer schönen Aussicht in den Anfang des Passeyerthals und nach Schenna und Obermais erfreut. Zenoburg ist jetzt eine malerische Ruine, in welcher nur noch ein Thurm, mit uraltem Portal, bewohnbar ist. Zwischen Rebenpflanzungen steigt man mitunter etwas steil zum Dorfe Tyrol empor, wo man nun wieder eine reiche Aussicht hat: Passeyer breitet sich vor den Blicken bis zum Jaufen aus; Schenna auf seiner Höhe, von Getreidefeldern umgeben, wohnlich und heiter, Kur ihm gegenüber, einsam am Eingange des Sprangerthales, darüber hinauf die Orte Kuens und Riffian. Außerdem stiegen die Blicke über Vrichtthal und Vintschgau hinauf; die Aussicht ist so reich, daß sie erst nach mehrmaligem Genusse ganz umfaßt werden kann. Hinter dem Dorfe geht man an den Trümmern der Brunnenburg vorbei und steigt dann durch einen in Felsen gesprengten Gang, das Knappenloch genannt, nach dem Schlosse Tyrol hinauf. Hier sieht man Erdpyramiden, welche durch Regengüsse ausgespült und von dem darauf liegenden Stein geschützt, in dieser Gestalt stehen geblieben sind. Schloß Tyrol besteht aus drei Theilen. Von dem ältesten, rückwärts nach der Mutt gelegenen, sieht man nur noch die Trümmer; im östlichen haben sich noch einige kleine Wohnungen erhalten; im südlichen endlich, dessen Façade den Erichthal zugekehrt ist, hat der kaiserliche Schloßhauptmann, ein Krieger aus Hofer's Heldenschaar, seine Wohnung. Daß das Schloß ursprünglich eine Römerveste war, und damals Teriolis hieß, unterliegt keinem Zweifel. Dem Schlosse hinab geht es steil nach dem Dorfe Gratsch. Wer es bequemer haben will, macht den Umweg über St. Peter. Die Aussicht, die man hier wieder hier nach und nach beim Niedersteigen vor den Blicken entfaltet, ist ungemein ergötzlich. Neben Gratsch liegt in üppiger Wein- und Obstfülle Algund, und durch liebliche Wiesen kehrt man von hier auf völlig ebenem Wege nach Meran zurück.

Interessanter ist der Ausflug nach Passeyer und zu den Oethaler Fernern; ein begeisternder Gang aber die Wallfahrt nach der Wiege des Tyroler Leonidas. — Nach dreistündiger Wanderung gelangt man von Meran aus, das Schloß Jaufenberg fortwährend im Gesicht, zu dem Punkte, den kein Wanderer zu besuchen versäumen wird: zum Wirthshaus Am Sand, dicht am reißenden Passer, der bescheidenen Heimath des Helden Andreas Hofer. Vor dem Jahre 1809 lebte derselbe, von nur wenigen gekannt, in seiner einfachen Hütte, beschäftigt seine zahlreiche Familie auf seinem angestammten Gute zu ernähren. Da der Ertrag der Wirthschaft hiezu nicht ausreichte, übernahm er den Transport von Personen und Gütern mittelst Saumrossen durch das Passeyer über den Jaufen, und zeigte sich als biederer, für das Wohl seiner Angehörigen eifrigst bemühter Familienvater. Von Jugend auf hatte er sich durch unerschrockenen Muth und Entschlossenheit ausgezeichnet; in seinem Wesen sprach sich große Willenskraft aus und von jeher hatte man einen starken Hang zu Abenteuern und kühnen Unternehmungen an ihm bemerkt. Als im Jahre 1809 dem biederen Volke Tyrols schmähliche Knechtschaft aufgedrungen wurde, loderte in den treuen Herzen der Aelpler die Begeisterung für das Vaterland und das angestammte Kaiserhaus mächtig auf, und das Beispiel der tragischen Katastrophe, die fünf Jahre später über den Unterdrücker Europa's, den Knechter Deutschlands hereinbrach, begann auf den Bergen und in den Thälern des treuen Tyrols. Hofer stand in seinem vierzigsten Jahre, als er von der Oesterreichischen Regierung, der er als treuer Anhänger bezeichnet war, zum Agenten, von seinen Landsleuten, die in ihn volles Vertrauen setzten, bald zum Hauptführer angestellt wurde. Vor dem Ausbruch des Krieges war er heimlich nach Wien gereist; nach seiner Rückkehr wurde unter seinem bescheidenen Dache der Kriegsplan entworfen, und auf seine Aufforderung sammelte sich das Landvolk aus allen Gauen um seine Fahne. — Napoleon beorderte die Divisionen von Deroi und Wrede unter dem Kommande des Generals Lefebre nach Tyrol, um den Aufstand zu unterdrücken und die Oesterreicher aus dem Lande zu vertreiben. Lefebre drängt die Oesterreicher aus ihrer Stellung zurück und verfolgt sie weiter das Innthal aufwärts. Schritt für Schritt aber setzen die Tyroler den wüthenden Kampf fort; aus Büschen und Schluchten treffen sicher gezielte Schüsse in die Kolonnen der Feinde, Felsenstücke rollen von den nahen Höhen in die geschlossenen Glieder und mit vielem und kostbarem Blute muß jeder Fuß breit Landes erkauft werden. Der Krieg drohte sich in ein wildes, Vernichtung indessen Werken zu verwandeln; vergeblich vermittelte Wrede am 17. Mai einen sechsunddreißigstündigen Waffenstillstand, um der Wuth Einhalt zu thun, da dieser aber keine Aenderung hervorbrachte, rückte er am linken, Deroi am rechten Jnnufer gegen Innsbruck vor, wo sie am Abend des 19. mit ihren Truppen anlangten und ihren Einzug hielten. Nach Unterwerfung des Jnnthals zog Wrede mit seiner Division wieder ab, und nur Deroi blieb in Innsbruck zurück. Die Gemüther waren aber keineswegs beruhigt, in den Bergen sammelten sich neue Haufen entschlossener Kämpfer; da erscholl die Kunde von dem glorreichen Siege der Oesterreicher bei Aspern (21. und 26. Mai) und wie mit einem elektrischen Schlage war Tyrol abermals in ein ungeheures Feldlager verwandelt; der Aufstand wogte mit erneuerter Wuth im ganzen Lande und machte dasselbe abermals zum Schauplatze wilden Kampfes und Blutvergießens. — Die Bewohner des Pusterthales und die an den Eisacksaum waren die ersten, welche über den Brenner eilten um Deroi anzugreifen, der sich nur mühsam in Innsbruck behauptete. Stündlich wuchs das zerstückte Heer und zählte am 1. Juni bereits 18,000 Mann. Nur unter furchtbaren Verlusten und, da alle Brücken über den Inn abgebrochen waren, nur unter tausend

Mühen und Beschwerden, konnte Deroi seinen Rückzug längs dem unwegsamen linken Ufer, nach der bayerischen Grenze ausführen. Am 2. Juni hielt Andreas Hofer unter dem Jauchzen der Bevölkerung seinen Einzug in Innsbruck: alle Glocken läuteten, in der Kathedrale ward ein Hochamt gehalten und allenthalben wurden zur Feier der Landesbefreiung Freudenfeste veranstaltet. Von nun an nahm der Aufstand eine geregeltere Gestalt an: Hofer leitete in Tyrol alle Vertheidigungsanstalten; von seinem Hauptquartier Innsbruck aus erließ er seine Befehle an die Landschützen-Bataillone, setzte ein Kriegsgericht ein und ergriff alle nöthigen Maßregeln, um das Land in wehrhaften Zustand zu setzen. Hofer wohnte in Innsbruck in kaiserlichen Schlosse, übte mit Billigung des Hofes volle Regierungsgewalt, ließ Münzen schlagen, Alles unter dem bescheidenen Titel des Sandwirths Hofer. Seine Regierungshandlungen zeugen von klarem Verstande, standhaftem Willen und einer unerschütterlichen Rechtlichkeit: dabei bildete seine eigene einfache Lebensart und Sitteneinheit einen auffallenden Kontrast gegen das Benehmen der verhaßten, vorher durch Napoleons Alliirte eingesetzten Regierungsbeamte. Er änderte auch in der neuen Lage, in der er war, Nichts an seiner bisherigen Weise zu leben; er ließ sich seine Mittagskost aus einer benachbarten Schenke holen und empfing an seinem Tische nur Leute seiner Klasse. Er ging nie in's Theater, verbot jedoch seinen Offizieren den Besuch desselben nicht. In seiner wohlmeinenden Einfalt glaubte er sich berufen, die Sitten zu reformiren und namentlich in die damalige Kleidertracht mehr Decenz zu bringen. So sagte er zu einer Dame, welche ihm eine Bittschrift überreichte und nach der Mode der Zeit ein Kleid trug, das seinen Begriffen von Anstand nicht entsprach: "Gehe und kleide Dich erst sauber, dann komm und ich will Dich hören." Er hatte eine Wache kräftiger Schützen aus dem Passeierthal um sich, und diese verwendete er zu Boten in den schwierigsten Angelegenheiten; dieselben waren auch allgemein sehr geachtet und Niemand hätte gewagt, ihren Befehlen Widerstand entgegenzuziehen. Hofer war ein frommer, andächtiger Katholik: an seinem Gürtel trug er beständig ein Muttergottesbild als Amulett, zu welchem man es in Augenblicken der Gefahr mit Inbrunst beten sah. — Als der erste Aufstand einen so unglücklichen Ausgang zu nehmen drohte, zog sich Hofer nach Sterzing zurück, wo er längere Zeit verweilte: immer glaubte er, die Oesterreicher müßten jeden Augenblick wieder in's Land kommen, oder der baldige Friede würde sie von den verhaßten Feinden befreien, er nicht anders dachte, als Oesterreich werde um keinen Preis das Land Tyrol und dessen treues Volk aufgeben. Auch nachdem er durch seinen Aufruf vom 8. November seinen Landsleuten befohlen hatte, die Waffen niederzulegen, und so lange er mit noch ein Schimmer von Hoffnung zu bemerken war, selbst wieder der Erste, der das muthige Volk den Passeyern zu neuem Kampfe führte und bis zum 21. November

dem Feinde entschiedenen Widerstand leistete. Nachdem auch sein heimathliches Thal kapitulirt hatte, von
Oesterreich keine Hülfe kam, mußte auch er fliehen
und verbarg sich in einer abgelegenen Hütte ganz
oben in den Bergen, wohin ihm die aufgestellten
Lauerposten seiner Landsleute, die Alle ihren Führer
schwärmerisch liebten, von jeder nahenden Gefahr
schnelle Kunde brachten. Hier verweilte er bis gegen

Ende des Monats Januar 1810; seine Frau und
eines seiner Kinder waren beständig bei ihm: da erreichte ihn die unheilvolle Katastrophe. Man hat
fälschlicherweise den Prediger Donay als den Verräther genannt, der Hofers Schlupfwinkel den Franzosen entdeckt: einer solchen niedrigen Handlung wäre
aber kein Eingeborner Tyrols fähig gewesen, und es
hat sich auch später erwiesen, daß es einer der Feinde

Andreas Hofer.

war, der die Zufluchtsstätte des Geflüchteten ausge-
späht und die feindlichen Häscher dahin geleitete.
Hofer wurde von italienischen Soldaten mit seiner
Gattin gefangen genommen und nach Italien abge-
geführt. Auf die Nachricht seiner Verhaftung eilten
seine Verwandten herbei, um das geliebte Haupt
der Familie noch einmal zu umarmen: mit Würde
und Festigkeit nahm er von seinen vier Töchtern Abschied und schickte sie zurück in die Heimath nach St.
Martin. Nur seine Frau und sein einziger Sohn
durften ihn begleiten; zu Bozen wurden auch diese
von ihm getrennt: Hofer gab ihnen seinen letzten

Segen und entließ sie mit den Worten: „Betet zu
Gott, meine Lieben, traget mit Geduld, so wird uns
der Herr unsre Schuld vergeben." Nur Dönninger,
sein Schreiber, begleitete ihn auf der weiten Reise
und in den ersten Tagen des Februar langten Beide
in Mantua an, wo ihre Erscheinung große Theilnahme erregte: man erzählt sogar, die Stadt habe
5000 Thaler angeboten, wenn ihnen das Leben geschenkt würde. In dem Tagebuche des Schreibers
liest man, der französische Kommandant habe Hofern
volle Freilassung versprochen, wenn derselbe in die
Dienste seines Kaisers treten wolle; er aber habe

dieses standhaft verweigert. Zu Mantua wurde auch der Schreiber von dem Gefangenen getrennt und das Kriegsgericht hielt über denselben seine Sitzung im Gefängnisse selbst. Den 20. Februar, mit Anbruch des Tages traten Priester in seine Zelle, um ihn auf den bevorstehenden Tod vorzubereiten; von Hofer gingen sie zu Döninger und brachten diesem das schriftliche Lebewohl des Sandwirths nebst dem Geld, das er noch übrig hatte. Um 11 Uhr in der Frühe wurde das Urtheil auf offenem Platze vollstreckt und Hofer, der Freund Oesterreichs und seines Vaterlandes, als Hochverräther mit drei Kugeln erschossen. Der Verurtheilte verlor keinen Augenblick die ruhige Fassung und die edle Haltung, die ihm in seinem Leben eigen gewesen. Wenige Stunden vor seinem Tode schrieb er noch einen Brief an Hrn. v. Puhler zu Neumarkt, den man im Ferdinandeum zu Innsbruck aufbewahrt. Er empfiehlt darin dem Freunde seine verlassene Familie, und schließt mit den Worten: „Um neun Uhr werde ich heute mit aller Heiligen Hülfe in Gottes Arme eilen.“ — Dieß war das Ende eines Mannes, der, edel und tapfer wie Wenige seiner Zeitgenossen, vom Hause Habsburg einen andern Lohn verdient hätte; auch sein Mörder, der große Napoleon, würde sich vier Jahre später glücklich geschätzt haben, hätte er Männer wie Andreas Hofer um sich gehabt, die den heimathlichen Boden Frankreichs so tapfer und heldenkühn gegen die Feinde vertheidigt hätten, wie dieser ächte Sohn Tirols gegen ihn gethan. — Die Wittwe des Helden, die stille Anna Ladurner, die nach dessen Tode nebst der ganzen Familie von der österreichischen Regierung in den Adelstand erhoben wurde, verließ bis an ihr Ende ihr Besitzthum nicht und besorgte nach wie vor ihre Wirthschaft selbst, welche unter ihr der Gatte einer ihrer Töchter leitete. Das Wirthshaus am Sand ist seit jener Zeit nur wenig ver-

schönert, dagegen mit Büsten und mancherlei Erinnerungszeichen geschmückt worden, und ein Wallfahrtsplatz von Tausenden, die mit aller Kraft der Seele Teutschland unabhängig von fränkischem Einfluß sehen wollen. —

Hofer's Geist lebt nicht nur in Meran und dem Passeyerthale, nein, in ganz Tirol fort. und noch immer wiederhallt das Echo jener aufgeregten Zeit in Aller Herzen; doch nicht allein hier in Tirol, überall im deutschen Vaterlande herrscht die Stimmung, welche J. G. Seidl in folgenden Strophen ausspricht:

„Seit kurzem ist im Lande nun wieder aufgeregt;
Die Freiheit hat's gegoren und sie ist nicht erregt;
Doch wie wenn summend rauschen dem wilden Chor bedacht,
So klingt in Aller Herzen die Kampfbeschwerde nach.

Wenn Nachts nun satt der Landmann, der erst im Kampf gelebt,
Und mit dem Heldenschwerte die frische Furche gräbt,
Und mit dem Heim bewahret sein Feld, das Feld der Schlacht,
Da fehl's ihm nie beim Werke, wie Spuk der Mitternacht.

Er hört's die Nacht durchklirren wie Speer, gewetzt an Speer,
Er sieht's wie Sterne kackern vom Bergesplatz her,
Er schaut beim Raude Nebel, wie grauen Pulverdampf,
Er hört ein dumpfes Pottern, wie Kriegesgeräuschgewampf;

Ein Stöbern, wie wogelnd, ein Jubeln, wie stöhnen,
Aaufzern, Trommelwirbel, Ziegrufen, Sturmgebräu,
Hornstoß Heergeschwader, vom Jahrmarkt unrauicht, —
Das Kampfentzündung fasset den Landmann, wie er lauscht.

Ausschweis der heil'ge Werden zu ließt in seine Brust
Und bracgt, wie jüngst, ihn aufwärts, von wannen schallt die Lust;
Sein solcher Rast wird weber zum Schwert in seiner Hand,
Die Kampfgeier ihr Antlitz, sein Ruf: „Für's Vaterland!“

Da steht er doch am Plahe, — ob's ihn und Kill, wie wer;
Mit kerren Kampfgebärden betrog der Geist ihn vor:
Er glaubt zu leb'n, zu hören, was er sich träumend schafft;
Nicht werken kann im Leben, denn wirkt im Wahn die Kraft!“

Frauenleben in Japan.

Vor sechs Jahren wurden die seit langer Zeit dem großen Weltverkehre verschlossenen Thore des Kaiserreiches Japan wieder eröffnet. Ueber den großen Ocean kamen die nordamerikanischen Dampfer und begehrten Einlaß, der ihnen, wenn auch unwillig, gestattet wurde. Den Yankees folgten die seefahrenden Völker Europas, schlossen Verträge ab und jetzt flattern auch die Wimpel deutscher Fahrzeuge in der Bucht, an welcher sich die kaiserliche Hauptstadt Jeddo ausdehnt.

Bis zum Jahre 1854 war in Japan allein den Holländern Zugang gewährt. Aber sie boten vielen lästigen Beschränkungen unterworfen, sahen sich lediglich auf eine kleine Insel bei der Hafenstadt Nangasaki verwiesen, und mußten alle vier Jahre eine Gesandtschaft an den kaiserlichen Hof senden. Was wir

über Japan erfuhren, wurde uns durch niederländische Beamte vermittelt. Zu ihnen gehörten unsere deutschen Landsleute Engelbert Kämpfer und Franz v. Siebold, und diesen verdanken wir die besten und ausführlichsten Nachrichten über das wunderbare Reich des Sonnenaufgangs, dessen Gebiet aus mehr als dreitausend Inseln besteht.

Gelehrte und Kaufleute haben von jeher sehnsüchtig nach Japan geblickt, das gleichsam am Ende der Welt lag, und doch für Wissenschaft und Handel so reiche Schätze darbot. Zwei Kaiser thronen in Pracht und Pomp; das Land hat eine reiche, eigenartige Geschichte, das Volk eine weit höhere Gesittung als alle andern Asiaten. Es ist voll Mark und Kraft, tapfer, erfinderisch, und geistig ungemein reich begabt. Ganz Japan gleicht einem wohlgepflegten

10

Garten und ist allezeit im Stande gewesen, sich selbst
zu genügen; durch das Abschließen vom Verkehr mit
andern Völkern ist es aber nicht etwa verknöchert,
sondern es hat alle hochgesteigerten Bedürfnisse eines
gebildeten Volkes durchaus zu befriedigen vermocht.
Schon das allein gibt Zeugniß für die ungemeine
Tüchtigkeit der japanischen Volksanlage.

Ueber diese sind denn auch alle Europäer, deren
uns jährlich tausende Japan besuchen, in hohem
Grad erstaunt. Sie finden in Japan Alles ganz
anders als im übrigen Asien, und vieles von dem
was sie sehen, zwingt ihnen Hochachtung und Bewunderung ab. Am meisten sind sie überrascht, eine
Gesellschaft und Geselligkeit in europäischem
Sinne zu finden; es berührt sie angenehm, die Frauen
in einer würdigen Stellung zu erblicken. Gleich der
erste Eindruck ist ungemein günstig. Ein Seemann
schildert die Umgegend der Hafenstadt Hakodati mit
glänzender, aber wie er versichert, nicht mit zu stark
aufgetragener Farbe. „Ich lebe mich,“ schreibt er, „in
einem mit Blumen übersäeten Paradiese; es duftet
nach Veilchen und Lilien, ich finde Waldwinden,
Päonien, Hagedorn und wilde Rosen. Und wie geschmackvoll und lieblich finde ich die Gärten! Wir
traten in einen Cypressenhain und gelangten jenseits
desselben in einen Wiesenpark mit geschlängelten Wegen und mit Gretten; ein künstlich angelegtes Wasserbecken war mit Teichrosen förmlich übersäet. — Unter Weiden und Eskamoren stehen hübsche Häuschen,
in welchen Gäste Thee tranken; das Hauptgebäude
lag im Hintergrunde. Wir traten ein. Die Wirthin
begrüßte uns mit einem freundlichen Ohaio! und lud
uns zum Sitzen ein. Dann reichte sie Thee. Bald
fühlte ich mich behaglich und das Gespräch begann.
Die japanischen Wörter, welche ich auswendig gelernt
hatte, sagte ich her; jedes einzelne wurde von der
Wirthin wiederholt, und ich mußte es dann der richtigen Aussprache wegen noch einmal nachsprechen.
Sie ihrerseits bemühte sich nicht ohne guten Erfolg englische Wörter herzusagen. In der Küche
fand ich Alles musterhaft sauber; in einem Troge,
durch welchen fließendes Wasser rann, wurden eben
Fische gereinigt.

„Während eines Wandelganges durch den Park
standen wir plötzlich vor einem beschatteten Sommer-
häuschen, vor welchem eine Gesellschaft von Herren
und Damen beim Thee in heiterem Gespräche saßen.
Wir verneigten uns und wollten weiter gehen, aber
ein junger Herr erhob sich, und ersuchte uns höflich,
die Gesellschaft zu beehren, eine Tasse Thee nicht
auszuschlagen. Mit Vergnügen folgten wir diesem
so freundlich ausgesprochenen Wunsche und standen
mit unsern neuen Bekannten bald auf dem besten
Fuße.

An der einen Seite saßen vier verheirathete
Frauen, neben denen ein bejahrter Herr Platz genommen hatte; gegenüber zwei Töchter des einen
Dame und ein Offizier. Das eine Fräulein mochte
siebenzehn, das andere gegen zwanzig Jahre alt sein,
und in dem letztern bewunderte ich ein in der That

ganz reizendes Geschöpf. Wie hätte ich vorher ahnen
können, in diesem Garten so bildhübsche Japanesinnen
zu finden! Ihre Haut war nicht etwa olivengelb
sondern weiß wie bei einer Circassierin, auf den
Wangen lag eine frische, gesunde Röthe, unter den
feinen gewölbten Brauen glänzten schwarze Augen
mit langen Wimpern. Die Nase war klein, aber
gerade, bei der jüngern hatte sie einen leisen Ansatz
zur Adlerkrümmung. Das schöne Bild wurde vollendet durch feingeschnittene Lippen und Zähne von
blendender Weiße. Jede Bewegung dieser jungen
Damen war in hohem Grad anmuthig, und ihre
liebliche Sittsamkeit fern von allem steifen Zwange.
Der Offizier war Bräutigam der ältern Schwester.
Diese griff zur Zither und sang einige Lieder; die
jüngere stimmte mit ein und begann einen Tanz, bei
welchem sie in einer Art von Walzertritt sich drehte, die
Hände bewegte und, wenn sie an uns vorüberkam,
sich zierlich verneigte. Die Damen waren reich in
weißseidene Gewänder mit langen weiten Aermeln
gekleidet; im Gürtel steckte der Fächer. Die Frauen
trugen ein kaschmirartiges Gewebe von blauer Farbe. —“

So weit der Seemann. Das ganze Leben und
Treiben in Japan steht zu jenem in den übrigen
asiatischen Ländern in scharfem Gegensatze. Der
Sohn des Sonnenaufgangsreiches begt mild, wie der
Sohn des chinesischen Blumenreiches der Mitte, in
selbstgefälligem Dünkel eine übertrieben hohe Meinung von sich selbst, sondern er nähert sich den
Fremden und sucht sich mit großem Eifer und Scharfsinn Alles anzueignen, was ihm der Aneignung würdig erscheint. Er ist lebhaft, vorurtheilsfrei, verstän-
dig und anstellig; sein Staatswesen wohlgeordnet
und auf strenge Beobachtung der Gesetze begründet.
Und Europäern erscheint darin allerdings Manches
recht seltsam und unsern Begriffen widerstrebend,
aber auch das entspricht den Anschauungen und Bedürfnissen der Japaner und man darf ja ohnehin
nicht alle Völker nach Einer Elle messen.

Wie sehr sticht das Leben auch der japanischen
Frauen von jenem der Mohamedaner oder Chinesen
ab! Die ersteren werden nur als Sklavinnen höheren
Ranges betrachtet, und in einen Harem eingesperrt,
wenn der Mann reich ist; in China gilt das Weib
so wenig, daß das Gesetz weiter keine Kunde von ihm
nimmt, außer um drückende Vorschriften einzuschärfen. Es hindert den Mann nicht, seine Frau zu
schlagen, sie Hungers sterben zu lassen, sie zu verkaufen oder auf Zeit zu vermiethen. Es gilt beinahe als Schimpf für eine Familie, wenn ein Mädchen geboren wird, man sieht darin ein Zeichen der
Ungnade des Himmels. Es kümmert sich Niemand
darum, wenn die Eltern ein Mädchen erwürgen,
nachdem es das Licht der Welt erblickt hat. Zum
Glück ist die Elternliebe in vielen Fällen mächtiger
als das hergebrachte Vorurtheil, und das Loos der
Weiber immerhin erträglich; eine würdige Anschauung vom Weibe, eine achtbare Stellung desselben,
kennt China nicht.

Eine berühmte Dichterin im Blumenreiche der

Mitte, Frau Pan-huli-pan, hat es sich in einem bei den Chinesen vielgelesenen und weit verbreiteten Werke recht eigentlich zur Aufgabe gemacht, ihr eigenes Geschlecht tief zu erniedrigen. Sie schärft bei jeder Gelegenheit den Satz ein, daß die Weiber eine sehr niedrige Stufe in der Schöpfung einnehmen. „Ein neu geborener Knabe," sagt sie, „wird auf ein Bett gelegt, in Röcke gekleidet und erhält Perlen als Spielzeug; man eilt zu ihm, wie zu einem Prinzen, wenn er schreit; aber ein Mädchen muß auf der platten Erde schlafen und wird nur mit einem Tuche bedeckt, es spielt mit einem Stein und ist unfähig zum Guten wie zum Bösen."

In der That ist die niedrige Stellung der Chinesinnen im öffentlichen Leben wie im Hause dreifach besiegelt durch die öffentliche Meinung, die Sitten und die Gesetzgebung. Man beschränkt die Tochter auf Dienstverrichtungen und sie wird selbst von den Brüdern nur als Magd behandelt. Sie wird unterrichtet, damit sie sich nützlich machen könne, und bei der Verheirathung gilt sie als Handelswaare. Man hat sie nicht um ihre Einwilligung gefragt. Bei der Hochzeit wird sie so stattlich herausgeputzt wie die Umstände erlauben, aber in der Ehe ist sie, nach dem Ausspruche der Frau Pan-huli-pan, lediglich „ein Schatten, ein Wiederhall": Mann und Söhne dulden sie nicht am Speisetische, sie muß bedienen, die Pfeifen anzünden und darf erst essen, wenn die Männer gesättigt aufstehen.

Das Alles ist in dem nahe liegenden Japan grundverschieden. Das Weib ist in vollem Sinne des Wortes Lebensgefährtin des Mannes, und wird als Hausfrau und Mutter mit Achtung behandelt. Die freie Beweglichkeit bleibt ihr unverkümmert, sie bildet einen wesentlichen Bestandtheil der Gesellschaft und übt auf dieselbe nicht geringen Einfluß. Die alte Behauptung der Holländer, daß die japanischen Frauen in geselliger Beziehung auf gleicher Stufe mit den Europäerinnen sich befinden, wird von allen bestätigt, welche während der letztverflossenen Jahre das wunderbare Inselreich in Ostasien besuchten. Sie fanden ein allerdings eigenartiges Familienleben, denn Japan kennt bei den wohlhabenden Ständen die Polygamie, während im Mittelstande und bei den ärmeren Klassen die Einweiberei Regel ist. Der Mann kann „Nebenfrauen" nehmen, und auf die Einrürie der Europäerinnen entgegnet man in Japan, daß die Anzahl des weiblichen Geschlechtes überwiege so sehr das männliche, daß schon die gewöhnliche Rücksicht erfordere, die überschüssigen Fräulein gut zu versorgen. Uebrigens gilt die Einweiberei bekanntlich kaum bei einem Drittheile der Erdbewohner und die Polygamie hat seit den ältesten Zeiten das Uebergewicht gehabt. Die Monogamie ist vorzugsweise durch uns, das deutsche Culturvolk, zur Geltung gekommen, die Welt verdankt sie uns Germanen.

Die Japaner gehören zu dem großen Völkerstamme oder vielmehr der Menschenart, welche gewöhnlich als mongolisch bezeichnet wird und sich, reichlich vierhundert Millionen Seelen zählend, breit über das ganze östliche Asien hinlagert. Aber sie sind die nach unseren Begriffen hübschesten Leute dieser Rasse. Die Japanerin ist nicht hochgewachsen, nicht schlank, braun oder blond, aber sie hat nicht selten feine Formen, große Lebhaftigkeit bei richtigem Takt, sicheres Auftreten und dabei eine liebenswürdige Gemüthsart. Und bei der Anmuth im Verkehr setzt sich wohl auch ein Europäer darüber weg, daß die Japanerin, sobald sie sich verheirathet hat, die Zähne schwarz färbt. Durchschnittlich ist sie klein; das starke Einbinden des Leibes durch breite Gürtel wirkt nachtheilig und befördert einen Gang nach einwärts. Die weiten Gewänder verhüllen den Körper und verhindern ein Hervortreten der Formen. Aber trotzdem sind viele Japanerinnen hübsch; durch die Haut der Wangen schimmert das Roth und bei den höheren Ständen ist die Haut nicht dunkler, oft nicht einmal so gebräunt wie bei den Sicilianerinnen oder den Frauen in Andalusien.

Die Sorgfalt, welche man auf die Erziehung der Mädchen in den höhern und mittlern Ständen verwendet, wird allgemein gerühmt. Die Tochter ist mit dem Sohne gleichberechtigt, man schickt sie zur Schule, sie lernt die Literatur des Landes kennen, und wird in weiblichen Arbeiten unterrichtet. Es ist strenge Regel, daß sie, gleichviel welchen Standes, der Mutter bei den häuslichen Arbeiten behülflich ist. Man denkt in Japan anders als die Vorsteherin einer gewissen deutschen Pension für Mädchen aus dem Mittelstande. Als einige derselben sich in die Küche verloren hatten, um zu sehen, wie man einen Braten zubereite, schalt die Vorsteherin: „Schämt Euch, in die Küche zu gehen, Ihr werdet das künftig wohl nicht nöthig haben. Es hat doch Niemand von Euch Schwarzes an den Händen?"

Gewöhnlich verliebt sich ein Mädchen, wie bei uns, aus Neigung; doch steht dem Vater das Recht zu, den Gemahl zu bestimmen. In den Schulbüchern findet man den Satz: „Sei brav als Frau; Untreue wird mit dem Tode bestraft. Sei heiter in Erfüllung deiner Pflichten."

In Bezug auf die Nebenfrauen ist der Mann an seine Zahl gebunden, doch kommt es selten vor, daß er deren mehr als zwei nähme. Diese eigenthümlich japanische Einrichtung weicht von der Polygamie anderer Länder wesentlich ab. Die Berichterstatter sind nämlich einstimmig darin, daß Hauptfrau und Nebenfrau im besten Einvernehmen stehen. Der Hausherr hält streng darauf, daß diese letzteren jener mit Ehrerbietung begegnen und ihr dienstbeflissen sind; auch erfordert der gute Ton, und es gilt für Ehrensache, daß der Mann allen sichtbaren Anlaß zur Erregung von Eifersucht vermeide. Die Nebenfrau muß eine gute Haushälterin sein, sich artig benehmen und den Gästen mit Gewandtheit aufzuwarten verstehen. Sie wird von der Hauptfrau, falls ihr Benehmen ganz unbescholten ist, als ein nützliches und berechtigtes Mitglied der Familie angesehen. Die Stufe der Achtung, welche die Gesellschaft einer Hauptfrau zuerkennt, ist wesentlich dadurch bedingt, daß sie eine gute Mutter für alle Kinder ihres Mannes sei. Für uns hat das ganze Verhältniß, welches den abendländischen Anschauungen zuwider ist, etwas Anstößiges, aber in Japan hat man über gar viele Dinge andere Begriffe als wir. Es gehorcht auch die Frau ganz unbedingt dem Manne, der unbeschränkter Herr in Haus und Familie ist; schrankenloser Gehorsam gilt zugleich für Pflicht und Ehre, ist religiöses Gebot und mit den Japanern von der frühesten Jugend auf verwachsen. So bleibt Friede im Hause. Die Nebenfrau fügt sich sogar willig darein, die Augenbrauen nicht abzuscheeren, denn das bleibt Vorrecht der Hauptfrau; aber sie darf die Zähne schwärzen, was überhaupt allen Japanerinnen gestattet ist, wenn sie das achtzehnte Jahr zurückgelegt haben. Holländische Berichterstatter schildern uns die japanischen Frauen als Muster von Hingebung und Sparsamkeit.

Die Hauptfrau muß gleichen Standes mit ihrem Manne sein. Noch im elterlichen Hause und als Braut legt sie ein weißes Gewand an, zum Zeichen der Trauer, daß sie nun für ihre Familie abgestorben sei und lediglich dem Manne angehöre. Sie übernimmt neue Pflichten. Der Tag verläuft ihr in folgender Weise. Sie steht früh auf und begrüßt den Kami, das Bild des Handgebes, indem sie betet und dabei das Gesicht gen Sonnenaufgang richtet. Bei jeder Mahlzeit werden einige Worte an den höchsten Geber gerichtet. Der erste Gang führt in die stets saubere Küche, wo die Anordnungen für den Tag getroffen werden. Die Speisen sind einfach, Reis ist ein Lieblingsgericht, das täglich verkommt, er wird aber niemals mit Zucker oder Milch genossen. Von den Holländern wird die japanische Küche ungemein gelobt und ganz besonders lassen sie der Zubereitung der Fische große Gerechtigkeit widerfahren. Namentlich rühmen sie die japanischen Stockfische und Sardinen; daß sie aber an dem mit Senf und Soya gewürzten Walfischfleische keinen Gefallen finden, wollen wir gern glauben, doch ziehen sie ihn den in Fett schwimmenden Häusflostessen und gebratenen Ratten, welche in China auf die Tafel kommen, immer noch vor. Bei den Chinesen besteht das Tafelgeschirr aus Porzellan, das bei den Japanern nur die Ausnahme bildet. Bei ihnen sind Teller und Schüsseln von lackirtem Holze, und sie verstehen bekanntlich den Lack so wunderbar schön und dauerhaft aufzutragen, daß die Siedhitze ihm nicht schadet. In der Bereitung der Lackservice stehen sie einzig da; die Formen der Gefäße sind geschmackvoll, für die einzelnen Gänge verschiedene Farben und Gestalten gewählt und die Schüsseln für Obst und Backwerk sind ganz besonders hübsch. Alles trägt den Charakter der Leichten und Gefälligen, Alles ist weit zierlicher als selbst beim meißner oder französischen Porzellan. Die japanische Frau legt großen Werth darauf, daß man die Tafelgeschirr lobe.

Nach dem Frühmahle, bei welchem der Thee niemals fehlt, stellen die Kinder sich der Hausfrau vor, werden gemustert und gehen zur Schule.

Schon oben ist der Kleidung der Japanerinnen erwähnt. Im Sommer tragen sie Unterkleider von einem batistartigen Gewebe, selten eigentliche Leinwand. Alle Röcke sind weit, werden über einander geschlagen und verdecken die Füße, die man nicht sehen darf, weil das gegen den Anstand verstieße. Der Gürtel ist handbreit, die weiten Aermeln dienen als Taschen oder Beutel, welche man nicht kennt. Statt unserer Sacktücher hat man feines Papier in zierlich geschnittenen Formen. Vor allen Dingen dürfen der Frau Tabakspfeife und Tabaksbehälter nicht fehlen, eben so wenig zwei Lackdöschen, in welchem magenstärkende Arzneimittel und das Siegel verwahrt werden. Die Siegeldose wird an einer seidenen Schnur am Gürtelknopfe getragen. Handschuhe hat man nicht, aber der Fächer spielt eine große Rolle. In den höhern Ständen herrscht der schlechte Brauch, weiße Schminke auf Brust und Hals zu legen und die Lippen purpurroth zu färben. Schnürleiber, Hauben und Hüte sind unbekannt, Sonnenschirme tragen allgemein. Auch Spangen, Ohrringe, Armbänder und Fingerreife verschmäht die Japanerin, aber auf den Haarputz verwendet sie große Sorgfalt. Sie kämmt einen Theil des Haares nach vorne und befestigt ihn als Chignon, während der andere Theil in Flechten auf den Rücken hinabhängt. Nadeln und Kämme sind von Schildpat; sie dürfen nur gelb sein und keine dunkeln Flecken haben.

Die Mitgift der Braut ist auch bei Wohlhabenden nur gering. Die Mutter sagt: „Die beste Mitgift besteht in Gesundheit und Liebenswürdigkeit, in freundlichem Sinn und Gehorsam gegen den Mann.“ Wie viele civilisirte europäische Bewerber würden sich mit einer solchen moralischen Mitgift zufrieden stellen lassen?“

Die Wohnungen sind schmuck aber einfach, nie überladen, aber man hält auf geschmackvolle Matten und Fußteppiche, auf entsprechende Verzierung der Decke und des Getäfels. Alles ist sauber und lecker im Hause. Auch die von daselbst führenden Gallerien sind mit Matten belegt. Von diesen Gängen führen Thüren in die Zimmer, welche mit farbigem Papier behangen sind. Unsere Papiertapeten, welche ohnehin nur erst seit etwa sechzig Jahren bei uns allgemein geworden sind, stammen aus dem östlichen Asien.

Wenn wir nur den Japanern auch noch etwas Anderes entlehnen wollten, ich meine ihre Thüren! Die unsrigen, diese lächerlichen Klapp- oder Flügelthüren mit Drückern, Schlössern und Angeln sind so widerwärtig und widersinnig als nur möglich. Die Japaner sind praktischer, sie haben nur Schiebethüren, die gewöhnlich lackirt und mit Gemälden versehen sind. Was bei uns die Zimmer im höchsten Grade unharmonisch und oft in unangenehmer Weise verunziert, das vermeidet man in Japan mit richtigem Takt und feinem Geschmacke.

In keinem Schauspielhause, das Schiebethüren hätte, könnten Menschen verbrennen, weil keine auf-

Kreuzweiherin

geklappten Thüren da wären und eine Anstauung der Leute vermieden würde.

Die Hauptzierde im Zimmer ist ein geschütztes Sims oder Wandschrank, Toko genannt, auf welchem Gemälde, Blumengefäße und Schreibzeug stehn. Weiche, gepolsterte Sitze verschmäht man, selbst das Kopfkissen besteht nur aus einem mit Watte überzogenen Blöckchen Holz, das Bett aus harten Matratzen und Steppdecken. Das Kopfkissen ist hohl und dient auch als Toilettekästchen für Kämme und Haarnadeln, Schlüssel, Papier, Briefe und dergleichen mehr.

Doch folgen wir der Japanerin in eine Gesellschaft. Sie geht zu einer Freundin auf Besuch, läßt sich dabei von einer Dienerin begleiten oder in einem Norimon, Sänfte, tragen. Gleich nachdem sie eingetreten ist, reicht man ihr die Tabakspfeife, welche, der feinen Sitte gemäß, die Frau vom Hause anraucht und der Freundin mit ein Paar verbindlichen Worten übergibt. Unmittelbar nachher trägt man den Thee auf. Man nimmt die Frühlingsknöspchen, die feinste Sorte erster Pflückung, welche zu Pulver zerrieben wird. Von diesem reicht ein Theelöffel voll für eine Kanne hin. Man gießt siebendes Wasser auf und schlägt die Mischung mit einem mehrfach gespaltenen Bambusstäbchen bis der Schaum oben auf kommt. Dieser japanische Thee ist duftig und wohlschmeckend, viel mehr als der beste chinesische, aber ein sehr erhitzendes Getränk. Mit Kannen, Tassen, schweren silbernen Löffeln, seidenen Theetüchern und kleinen Tischchen wird viel Prunk getrieben.

In den Gesellschaften finden Herren, welche in der Familie eingeführt sind, ungezwungen Zutritt; sie rauchen, trinken Reisbier (Saki), aber immer nur warm; denn gegen kaltes Getränk herrscht in Japan allgemeine Abneigung. Die jüngeren Damen spielen Zither und singen; man hat Liebhabertheater, in den Wintermonaten drängt eine Gesellschaft die andere, aber Karten spielt man nicht. Man tanzt, hat Pfänderspiele und kennt sogar, gleich unsern Studenten, das Straftrinken. Die Musik kann Europäern allerdings nur als harmonisches Getöse erscheinen, weil ihr Alles Zarte abgeht; auch ist der Tanz eigentlich nur ein lebhaftes Gebärdenspiel; man kennt kein Balletspringen oder rasendes Wirbeln, beim Shawltanz stellt man sich in gefälligen Gruppen auf und führt eine beiweilige lebender Bilder vor.

Bei den Schauspielen wird vor Allem auf naturwahre Mimik und seine ungezwungene Bewegung gesehen; Coulissenreißer duldet man nicht, und Frauenrollen werden von Männern gespielt, da keine Japanerin sich dazu hergäbe für Geld vor Männern auf der Bühne zu erscheinen. Auch gehört es nicht zum guten Ton in anständiger Gesellschaft über Schauspieler zu sprechen; die „Künstler" werden dafür nicht gut genug gehalten; denn das japanische Vorurtheil meint, es sei herabwürdigend, zu Anderer Belustigung sich für Geld in ganz verschiedenartigen Rollen zu zeigen und gewissermaßen sein eigenes Selbst zu verlengnen.

Frauen von Stand kleiden sich, während sie als Zuschauerinnen im Theater sitzen, während der Vorstellung zwei oder drei Mal um, damit die Welt sehe, wie schöne Kleider sie habe. Hinter dem Sitze der Herrin fehlt die Zofe nicht; sie hält das Textbuch in der Hand. Die Vorstellungen finden bei hellem Tage statt.

Die Japanerin ist schreibselig. Im Museum zu Leyden in Holland befinden sich Damenbriefe von fünf Ellen Länge und sie enthalten vermutlich nichts als Neuigkeiten oder Tagesgespräche! Statt unserer Oblaten oder des Siegellacks nimmt man Stärke von Reismehl, drückt ein Siegel und den Namenszug auf oder malt Schriftzeichen mit dem Pinsel auf den Umschlag.

Die Japanerin ist unendlich besser daran als alle übrigen Asiatinnen, sie kann mit ihrem Loose zufrieden sein.

X.

Aus der Fremde.

Nachstehender Brief ist von einem jungen Deutschen aus einer Hafenstadt Chile's nach der Heimat geschrieben. Fügen wir hinzu, daß der jetzt neunzehnjährige Seemann es sich mit 15 Jahren ertrotzt hatte, seinem unwiderstehlichen Hange zum Seeleben folgen zu dürfen, so wird der frische, muthige Sinn, wie er sich in Brief und Gedicht ausspricht, um so wohlthuender wirken.

Valparaiso, den 28. October 1860.

Lieber Bruder!

Deine beiden Briefe vom 15ten Juli und 12ten August haben mich unendlich gefreut und hoffe ich, daß du beim Empfange des meinen noch eben so gesund bist. Meinen herzlichsten Dank für deine Empfehlungen, die zwar noch unbenutzt in meiner Kiste liegen, von denen ich aber am 1sten Gebrauch zu machen gedenke. — Ueber mein Wohlsein sei beruhigt. Gesund bin ich Gott sei Dank und auch ziemlich zufrieden mit meiner Stellung; sie ist zwar keineswegs eine glänzende zu nennen und nicht mit den Kosten in Anschlag zu bringen, die sie verursacht hat. Ich bin am Bord des „Georg Raynes" ein Mittelding zwischen Steuermann und Matrosen. Kann mich weder Steuermann nennen, und zu den Matrosen zählen darf ich mich auch nicht, da der erste

Steuermann, ein perfect gentleman, mir die Aufsicht über ihre Arbeit anvertraut hat. Meine Gage
ist nicht sehr bedeutend, 14 Doll. per month. Wenn
ich nun auch auf dieser Reise noch nicht so viel verdienen kann, um die Schule in London und Liverpool
besuchen und dort mein Examen machen zu können,
so werde ich doch dazu sparen und zurücklegen, damit
es nach Verlauf einer zweiten nöthig ist. Bis dahin
also Geduld. „Kommen wird der Tag," rufe ich
mir mit Vater Homer zu, und dann ohne die Hülfe
eines trojanischen Pferdes mit fremden Empfehlungen
gefüllt, sondern mit meiner Hände Arbeit. Doch das
wird dir langweilen. Ich sehe dich gähnen und
höre dich sagen: „Weiter nichts aus Chile, als ab-
gedroschene Gleichnisse, älter als Weidinger, weiß er
zu berichten!" — Du verlangst eine Reisebeschreibung,
wenigstens eine Schilderung vollgepfropft mit Löwen,
Wilden, gebratnen Weißen, haarbreitem Entwischen
aus Lebensgefahren. — Die kann ich dir nicht geben,
aber einen simpeln Reisebericht von Herzen gern!
Am 1sten Juli, wie du aus meinem letzten Brief
ersehen, verließen wir Philadelphia und kamen ohne
weiteren Unfall, als daß einer der Jungen beim
Passiren der Bahamas am Fieber starb, hier an.
Sein Name war Charles Bacher, er machte seine
erste Reise und hatte Anlage ein tüchtiger Seemann
zu werden. In seine Hängmatte eingenäht, schläft
er nun im weiten atlantischen Ocean. Ich war bis
zum letzten Augenblick bei ihm. Er starb ohne Besinnung im Fieber, kannte Keinen, phantasirte und
dachte sich in der Heimath, und in diesem glücklichen
Gedanken ist. er dann auch gestorben. Seine letzten
Worte, die er mit Besinnung sprach, waren: „Gebt
mir Wasser, Wasser, ich verdurste." Dann machte er,
was wir ein Seemanns-Testament nennen, gab jedem
von uns eine Kleinigkeit, seine Papiere dem Kapitän,
machte es diesem zur Pflicht seine Eltern aufzusuchen
und zu trösten und verfiel darauf in einen unruhigen
Schlaf, aus dem er nur erwachte, um nach 16stün-
digem Fieber für immer zu entschlafen. Unsrer schönen
poetischen Sage nach schwebt er nun über die weite gleich-
des atlantischen Oceans als Mutter M'Carty's Küch-
lein, und, seinen lebenden Gefährten, ein zeitiges Anzeichen sicher nahenden Sturmes. — Ich mußte bei
ihm wachen 5 Nächte lang, es war meine schwerste
Reise. In einer dieser langen, trostlosen Nächte verfertigte ich die nachstehenden Verödeln. Lies sie mit
Nachsicht.

Seemannsleben, wildes Leben,
Ach wie arm, und doch so reich!
Möcht's doch für kein and'res geben,
Ist doch kein's dem Leben gleich!

Ringend bald mit ries'gen Wogen,
Bald mit mächtigem Orkan,
Rollt zu unsern Füßen grollend
Der bezwung'ne Ocean.

Bald im Norden, bald im Süden
Schlagen wir das lust'ge Zelt,

Mars, Merkur sind uns Penaten,
So beherrschen wir die Welt. —

Ladungen aus beiden Indien
Bringen heim wir unverlehrt,
Und für unsre harten Mühen
Sind wir arm und ungeehrt.

Können in dem Kreis der Lieben
Nicht genießen heim'sches Glück;
Fremd selbst für das Mutterauge
Kehrt der Knab' als Mann zurück.

Ach und oftmals nimmerwieder
Kann er seh'n der Heimath Bord;
Manchen, den die See gesparet,
Rafft das grause Fieber fort.

In die Matte eingenähet,
Schläft er dann bis zu dem Tag,
Wo die Stimme des Allmächt'gen
Rufet uns zur letzten Wach'! —

Schlaft so lang ihr Kameraden,
Die zerschellet an dem Riff!
Schlaft so lang ihr Myriaden,
Die gesunken mit dem Schiff!

Euer Tod kann uns nicht schrecken,
Fest wird ihm in's Aug geschaut,
Unsre Hoffnung und Vertrauen
Sind auf starken Fels gebaut.

Und so hoffend, kämpfend, glaubend
Gleiten wir auf unsrer Bahn,
Wir die Herren und Gebieter
Eines Welten-Ocean.

Seemannsleben, wildes Leben,
Ach wie arm und doch so reich!
Möcht' doch für kein and'res geben,
Ist doch kein's dem Leben gleich!

Unsre Reise um's Cap Hoorn war überaus
beschwerlich. Drei Mal versuchten wir die Le Maire-
Straße zu durchsegeln, aber es war unmöglich:
widrige Winde, unendliche Massen flutenden Eises
hinderten uns daran, und jedes Mal hatten wir
nach dem Nordost zusteuern müssen. Und doch bei
allem Schnee, aller Kälte, allem Eis ist Cap Hoorn
schön, groß, erhaben! Sieh die Sonne, wie glühend-
roth sie am Himmel ansteigt, alles Eis ist golden,
auch der kleinste Crystall. Der Sturm saust durch
die Takelage; die brausende See, noch halbdunkel, rollt
zu deinen Füßen, und nur die silbernen Häupter der
riesigen Wellen. — Wellen, wie sie es eben nur am
Cap Hoorn gibt, sind sichtbar. Seevögel in Massen,
von der zierlichen Captaube bis zu den häßlichen Cap-
hennen, Möven, Schwalben, umkreisen das Schiff,
manchmal grell schreiend, um so lauter, je wilder der
Sturm. Aber doch oben in den Lüften, mit mächtigen Augen auf das niedrige Getümmel, auf den

unter ihm tobenden Orkan, auf die schwimmenden Krostall-Gebirge herabsehend, schwebt der Adler des Cap Hoorn, der schneeige Albatros. — Und über das Alles, Alles sind wir die Herren, die Herren und Meister, über das flutende Eis, den brausenden Orkan, die wogende See. Und das weiß der alte graue Seemann, das weiß der kräftige, junge Matrose, das macht den Kapitän stolz, und nicht nur ihn, uns Alle, ja Alle, die von Herzen Seeleute sind, und nicht nur einzig des Erwerbes wegen. Dies ist die wenige Poesie, die unsrem Stande gelassen ist, und dies Wenige ist dem Landmann unverständlich, unbegreiflich. Doch wieder sehe ich dich gähnen, höre dich wieder sagen: „Eine Reisebeschreibung will er geben, und ergeht sich in albernen Reflexionen!" Also zur Sache! — Nach 115 Tagen langten wir in der Valparaiso-Bay an, und waren am 17ten in Sicht auf Stadt. Die Wasserseite derselben ist gerade nicht so sehr schön. Die Rhede ist geräumig, aber mit wenig Schutz gegen Wind und 9—10 Faden Wasser. Die angesehensten Häuser von der Wasserseite aus sind: die Costumhouseoffices und Stores, die Villa mare und der Bahnhof der nach Santiago gehenden Eisenbahn, die über die Anden leitet. — In der Stadt ist es nun ganz anders, als man von der Wasserseite aus glaubt. Ein buntes, bewegtes Leben, echt spanisch, oft bis zum Erdrücken beengt, und von der äußersten Öffentlichkeit! — Du, der du mir mit Begeisterung das Leben und Treiben der Pariser Boulevards schilderst, du solltest La plaza Curtaoca oder les Calles del Reyes sehen! — Da liegt an der Straße, in die malerisch umgeworfene Serapa, Manta oder Poncho (das untrennbare Attribut des Peruaners oder Chileniers) gehüllt, der Lazarone. Das ist wohl der bezeichnendste Name für den Eckensteher von Valparaiso. Die rothblauwollne Mütze tief in die Augen gezogen, bald auf dem Rücken liegend in seligem dolce far niente, bald lässig eine Hand voll Oliven essend, besonders aber das geistreiche Spiel der Spanier und aller Völker des Südens spielend, Kopf und Schrift, um kleine Kupfermünzen! — Und hierin zeigt sich der ganze Character des Chileniers; wenn du ihn beobachtest, wie er mit der größten Aufregung das Fallen des Geldstückes beobachtet, daß nicht ein betrügerischer Stoß dem Gegner die besagte Seite zuwende, wie er jede Handbewegung bewacht und mit den Augen verfolgt, so kannst du dich nicht wundern, daß ein tödtlicher Messerstich in den Straßen Valparaiso's, Santiago's, Concepcions und andrer Städte hier, nichts seltenes ist. — Doch wende dich weg von hier, sieh hinüber nach jener Seite von woher das Glockengeklingel tönt. Ein Zug Maulesel schwerbeladen kommt heran. Er bringt Güter über die Anden. Bis an die Zähne bewaffnet sitzt der Guiterone in die grellfarbige Manta gehüllt auf dem ersten Thiere, der nächstfolgende trägt sein Weib und seine Kinder in Tragkörben, an jeder Seite eines. — Du hast oftmals gewiß vor einem Bild aus der spanischen Schule im Louvre gestanden, hast in das sonverbrannte, wilde Antlitz eines Joseph's, in die glänzenden, dunklen Augen, auf die lebensfrischen Formen der Madonna, in das Gesicht und auf den Körper des pausbackigen Jesuskindes geleben und die Trefflichkeit oder Naturwahrheit des Bildes bewundert. Ja, der spanische Maler kann naturgetreu schildern, wiedergeben, seine Originale bietet ihm jede Plaza in Fülle dar, und seine Hauptkunst besteht nur darin die passendsten zu wählen! — Die chilenischen Damen aber, die in ihrer kurzen Jugend (vom 14ten bis 25ten, höchstens 27ten Jahre) zu den schönsten aller Staaten Nord- und Südamerikas gezählt werden, können sich getrost mit jeder europäischen Schönheit messen. Kein köstlicher Kopfputz, keine Haube, Kantenmantille oder sonstiger Putzkram der Mode kann so kleidsam sein als die Mantilla. — Mit der Mantilla wird coquettirt, geneckt, sich geschmückt! — Das rosige Gesicht, die rabenschwarzen Haare, die dunklen, strahlenden Augen, die im Zorn (und erzürnt sind die Schönen leicht und oft genug) einen wunderbaren Glanz haben, sind gleichsam eingerahmt von der aus schwarzer Seide oder Crêpe de Chine bestehenden Mantilla, die leicht und anmuthig über Kopf und Nacken geworfen wird. — Doch genug davon; wahrscheinlich vermuthest du schon, daß ich mich etwas mehr als nothwendig unter die Mantillas umgesehen habe; doch wahrlich ganz ohne Grund. Ich muß meinen Brief jetzt schließen, denn es ist 7 Uhr und ich muß sofort mein Licht ausblasen, bei Strafe von 5 Thlr., da der Man of war seinen Wachtschuß abgefeuert hat und wir hier in der Nähe der Pulvermagazine liegen. — Bis jetzt ist es noch unbestimmt wohin wir gehen. Ich denke und hoffe von hier nach Callao und von dort mit Guano nach den Staaten, oder aud besser wäre, nach England oder Antwerpen; letzteres ist das denkbarste, weil die Fracht für Guano derthin sehr gut ist.

Doch nun leb' wohl. Gott schütze und erhalte dich. In herzlicher brüderlicher Liebe

Dein

Felix.

Lied der Schwalben.

Sobald im Norden, lenzbeglückt,
Mit frischem Grün die Flur sich schmückt,
Zieh'n wir vom fernen heißen Strand
Hinweg in's liebe deutsche Land;
Und weiter, auch noch über'n Belt,
Wo neu erwacht die starre Welt;
Von Land zu Land, von Ort zu Ort,
Im raschen Fluge geht es fort.

Wir wissen nicht, was uns so drängt,
Auch nicht, wer unsre Reise lenkt —
Wir ziehen weiter, unbewußt;
Wir folgen nur der innern Lust,
Dem Triebe, den uns Gott gelegt
In's Herz, und der sich mächtig regt,
Wenn, Jahr um Jahr, sich stets erneut
Die schöne, lust'ge Wanderzeit.

Ein schmuckes Häuschen bauen wir
An Mauern, Balten, Fenster, Thür;
Wir brauchen weder Holz noch Stein,
Ein Klümpchen Erde thut's allein;
Das tragen wir im Schnabel zu
Und stiegen, stiegen ohne Ruh,
Bis wir gebauet, mühsam fest,
Das kleine, braune Schwalbennest.

Wenn man die erste Schwalbe sieht,
So ruft man schon: der Winter flieht!
Jedoch der launenhafte Greis
Färbt oft die Erd' noch silberweiß
Und denkt: den Boten jag' ich gleich,
Noch nicht beendet ist mein Reich;
Denn eine Schwalbe, lieben Leut',
Die macht noch keine Sommerzeit.

Die Menschen haben uns so gern;
Sie wähnen, Unheil bleibe fern,
Nie werde Streit und Zwietracht laut,
Wo sich die Schwalbe Nester baut! —
Wir suchen wohl ein friedlich Dach;
Allein daß alles Ungemach
Verschwinde — ist nur frommer Traum,
Das glauben selbst wir Schwalben kaum.

Die Luft ist unser Element!
Wir fliegen munter und behend'
Herum im blauen Himmelszelt,
Bald hoch, bald tief, wie's uns gefällt.
Wir schnäbeln, küssen auch genug;
Wir essen, trinken, fast im Flug;
Und haben wir die Jungen groß,
So geht das Wandern wieder los.

O schöne, gold'ne Wanderlust,
Du lebest wohl in jeder Brust!
Denn mit dem warmen Sonnenschein,
Da dringst du tief in's Herz hinein,
Bis einst das Herz dann nicht mehr schlägt,
Kein Pochen mehr das Blut bewegt,
Kein Sehnen mehr die Brust erfüllt —
Dann ist die Wanderlust gestillt.

August Beutel.

Das räthselhafte Portrait.

(Chinesische Novelle.)

Vor Zeiten lebte in der Provinz Chunlien-feu ein Gouverneur, Namens Ni. Derselbe besaß große Kapitalien, fruchtbare Felder und ein prächtiges Haus. Seine Gattin, Tchindi, hatte ihm nur Einen Sohn geboren, den er Chenki nannte. Der Sohn verheirathete sich, kaum herangewachsen, und verlor bald darauf seine Mutter. Der Gouverneur gab sein Amt auf und blieb Wittwer. Obgleich hoch betagt, war er doch noch kräftig an Leib und Seele, heiter und gesund. Die Verwaltung seines Vermögens machte ihm hinreichend zu schaffen. Thätigkeit war sein Element, und er hätte sich geschämt, den Rest seiner Tage in trägem Genusse zu verbringen.

Als Ni seinen neunundsiebzigsten Geburtstag feierte, ließ es sich Chenki der Sohn beikommen, seinen Vater folgendermaßen anzureden:

„In Kurzem, Vater, seid Ihr achtzigjährig — ein wahrhaft seltenes Alter! Wäre es nun nicht Zeit, Euch lediglich zu pflegen und alle Geschäfte an mich abzutreten? Laßt Euch an der Tafel und auf dem Ruhbett um so wohler sein!"

Der Greis schüttelte sein weißes Haupt: „Habe ich nur noch Einen Tag zu leben, so verwalte ich noch Einen Tag mein Vermögen. Damit enthebe ich dich mancher Anstrengungen und erspare dir ungleich manche Summe. So lange mir noch die Kräfte bleiben, sehe ich gar nicht ein, warum ich die Verwaltung aus der Hand geben sollte."

Alle Jahre ging der Gouverneur im zehnten Monat auf seine Güter, um die Pachtgelder selbst einzuziehen. Die Pächter suchten dem alten Herrn den Aufenthalt so angenehm als möglich zu machen; sie wetteiferten in Beweisen der Anhänglichkeit und Verehrung. Jeder tischte sein Bestes auf, Hühner und Fasanen, feine Weine und köstliche Confituren. So pflegten die letzten zwei Monate des Jahres rasch zu verstreichen.

Auch dieses Jahr bekam dem Gouverneur der Landaufenthalt aufs Beste. Er ging Nachmittags viel umher und vergnügte sich an der lieblichen Gegend. Eines Tages bemerkte er in einiger Entfernung eine alte Frau und ein junges Mädchen. Sie lenkten ihre Schritte nach einem Teiche, stiegen hinab und wuschen Gewänder. Obgleich das Mädchen bäurisch angekleidet war, war ihr Gesicht so fein und ihre Haltung so edel, daß der niedrige Stand sich vergessen machte.

> Gleich der Bambusbäume Harz
> War ihr Haar so glänzend schwarz;
> Wie der See zu ihrem Fuß
> Tief und klar der Augen Gruß;
> Ihre Finger zart und weiß,
> Wie ein junger Blattenreis;
> Ihre Zähne wölbten sich
> Nach dem feinsten Perlenstrich;
> Um die Hüften leicht und licht
> Ein gelöstes Mädchen kriecht;
> Röthlicher als Verlangung
> Kränzt ihr Haupt ein Blumenkranz.

Der Gouverneur wußte kaum, wie ihm bei diesem Anblick geschah. Seine Sinne verwirrten sich, seine Augen hätten sich gerne geschlossen und mußten sich doch öffnen, er blieb in stummer Verzückung stehen.

Das Mädchen wand die Wäsche aus, stieg aus dem Teich herauf und folgte der alten Frau. Sie gingen an mehreren Häusern des Dorfes vorüber, wandten sich nach einer kleinen, weißen Hütte, um welche sich eine Bambushecke bezog, und verschwanden, indem sie deren Thür öffneten.

Der Gouverneur ging rasch zu seinem Pächter und erzählte ihm die Begegnung. „Sucht mir die Eltern dieses Mädchens auf und erkundigt Euch genau nach ihren Verhältnissen. Fragt insonderheit, ob sie schon verheirathet sei. Wo nicht, so bin ich entschlossen, um sie als meine zweite Frau zu werben. Wüßte ich nur, ob sie einwilligt!"

Der Pächter sputete sich nicht wenig, dem Auftrag seines Herrn nachzukommen. Er hatte bald erfahren, daß der Familienname des Mädchens Weichi hieß. Ihr Vater, ein ausgezeichneter Gelehrter, war früh gestorben; bald darauf hatte sie auch ihre Mutter verloren, und hielt sich seitdem bei ihrer hochbetagten Großmutter auf. Sie zählte jetzt achtzehn Jahre, und ihr Herz war noch frei.

Zufrieden mit diesen Nachrichten suchte der Pächter alsbald die Frau in grauen Haaren auf.

„Mein Herr," hub er an, „hat Eure Enkeltochter bemerkt, und ist von ihrer Schönheit so bezaubert, daß er sie als zweite Frau heirathen möchte. Wohl ist dies ein bescheidener Rang, aber ich kann Euch versichern, daß ihr ein ausgezeichnetes Loos zufallen wird. Mein Herr hat, seitdem seine Ehefrau gestorben, sich nach keiner andern Hausverwalterin umgesehen. Wie er Eure Enkeltochter gewiß mit den reichsten Stoffen ausstatten würde, bekämet auch Ihr von ihm bis an den Schluß Eures Lebens Thee und Reis im Ueberfluß, dazu schöne Kleider; und wird Eure letzte Stunde geschlagen haben, könnt Ihr darauf rechnen, daß er Euch das ehrenvollste Leichenbegängniß abhalten wird."

Diese Worte räudten der alten Frau schön wie ein goldurchwirkter Seitenstoff. Sie nickte mit dem Haupte wohlgefällig und sagte, sie erkenne diesen Antrag für eine sichtliche Wunderfügung des Himmels, der sie sich scheuen müßte etwas in den Weg zu legen.

Mit dieser Antwort eilte der Pächter zurück. Der Gouverneur war beglückt. Er sann sogleich auf kostbare Hochzeitsgeschenke und suchte im Kalender einen glücklichen Tag für die Trauung aus. Nur von seinem Sohn fürchtete er noch Einreden und Schwierigkeiten. Aber er entschloß sich, alsbald vollendete Thatsache zu machen. „So gut als die Verlobung," sagte er zu sich, „kann auch die Verheirathung auf dem Landgut der sich geben." Es geschah. Der Hochzeitabend bot ein rührendes Schauspiel dar.

Ja fürwahr ein seltsam Paar!
Hier ein Greis im Silberhaar.
Hier in Goldenschein gehüllt.
Dort, mit Rosen überfüllt.
Seine Braut, ein Engelskind.
Schwarzgelockt und rosenlind.
Wie am alten Baum hinauf
Ehen sanft in lust'gem Lauf.
Haucht beim Frühlingslust.
Mädchen, in der Greisen Brust!

Erst am vierten Tag nach der Hochzeit kehrte der Gouverneur ins eigene Haus und zu seiner Frau zurück. Hier hielt er ein neues Fest, zu dem er seinen Sohn und dessen Gattin herzlichst einlud. Große Geschenke durfte die neue Gebieterin an die Hausgenossen vertheilen, und Alles war von der Wahl des Herrn entzückt. Nur Chenti, der Sohn, leistete es Uebereinkunft, den Fröhlichen zu freien. Kaum hatte er sich mit seiner Gattin zurückgezogen, so ging sein Mund über.

„Ist's nicht eine Schande, daß dieser alte Graubart noch einmal heirathet? Und dazu ein so junges Mädchen! Ich sehe die Folgen: die schöne Frau wird bald des Greisen müde sein und einen Hof junger Männer um sich sammeln. Aber nicht allein die Schmach für unsere Familie, es kommt noch ein anderer Schaden. Der alte Narr wird sich alles Mögliche von seinem Lumpenweibchen abbetteln lassen, und uns wird das Nachsehen bleiben. Ist der Baum umgehauen, sagt das Sprüchwort, fliegen die Vögel davon. Und noch nicht genug: um ihren Mangel an Bildung und Familie zu ersehen, wird sich ihre Person recht übermüthig in die Brust werfen und wir werden demüthigst ihre Unverschämtheiten zu tragen haben."

In dieser Weise murrten Sohn und Schwiegertochter. Die Bedienung hatte die behorcht und behielt es natürlich nicht für sich. Auch der Gouverneur bekam Kunde davon. So tief es ihn kränkte, bezwang er sich doch und ließ sich nichts merken. Seine Frau erwarb sich durch ihre Bescheidenheit und Leutseligkeit schnell die aufrichtige Zuneigung und Achtung von Allen, welche mit dem Hause in Verkehr standen. Ihren Mann aber beglückte sie mit der Hoffnung, womit sie sich vom Himmel gesegnet fühlte. Kein Mensch hatte eine Ahnung, als plötzlich die Nachricht erscholl: die Frau des Gouverneurs hat ein Knäblein geboren!

Alles freute sich über dieses Ereigniß, nur Chenti's Herz war voll Bitterkeit darüber. Er wollte das Knäblein nicht als seinen rechtmäßigen Bruder anerkennen. Auch hiervon hörte der Greis, auch hiervon ließ er nichts merken.

Doch mit der Alte
Jüngender Seele
Betrauret die Zeit.
Seid heut, weit, weit!

Zwölf Monate waren seit der Geburt des Knäbleins hinab. Das große Jahresfest wurde zu dessen Ehren gefeiert. Viele Gäste von nah und fern stellten sich ein. Chenti war anderswohin verreist. Der alte Vater durchschaute des Sohnes Grollen. Er saß bei seinen Gästen und trank mit ihnen den langen Tag. Aber der Gram fraß an seiner Seele so peinlich, daß er nicht ein Wort über die Lippen brachte. Welches Schicksal wird noch die Habgier Chenti's meinem Söhnlein bereiten? Bedankte ich ihn aber mit der Strenge, die er verdiente, werde ich nicht das Uebel schlimmer machen? Denn er wird eine lange Zeit ohne mich haben, darin er an Witwe und Waislein sich rächen kann. Alle lieber schweigen und tragen! Solche Gedanken bewegten den Gouverneur, und oftmals preßten sie ihm noch später seinem Auge im Hinblick auf seine Frau und ihr Kind heiße Thränen aus.

Wiederum flogen vier Frühlinge dahin. Der Knabe hatte das fünfte Jahr erreicht. Da er einen sehr aufgeweckten Geist zeigte und gerne weit umherging, glaubte der Vater, ihn jetzt in die Schule schicken zu sollen. Im Zusammenhang hiermit war's auch an der Zeit ihm einen Namen zu geben. Da der ältere Sohn Chenti hieß, d. h. Fortpflanzer der väterlichen Ehre, so nannte er den jüngern Chencha, d. h. würdiger Nachfolger. Auch hierüber ärgerte sich Chenti: diese Gleichstellung durch die Namen empfand er als eine Erniedrigung.

Der Gouverneur brachte Chencha zur Schule. In derselben befand sich auch Chenti's Knabe. Unter allerlei Ausreden blieb dieser von nun an weg, und bald erfuhr man, daß Chenti einen andern Lehrer für seinen Sohn ausgesucht habe. Der Greis erkannte das gehässige Motiv, und ergrimmte diesmal furchtbar. Er wollte sich anfangs aufmachen, und seinen unnatürlichen Sohn tüchtig auszanken. Aber er kam abermals darauf zurück, sich lieber nichts anmerken zu lassen.

Indessen trug diese neueste Kränkung üble Früchte. Der Gouverneur verfiel in ein heftiges Fieber und verlor schnell das Bewußtsein. Voll Angst holte Meichi, seine Frau, einen Arzt herbei. Dieser öffnete eine Ader. Das Blut floß, und das Bewußtsein kehrte zurück, aber sämmtliche Glieder waren gelähmt. Meichi verließ den Kranken nicht einen Augenblick und pflegte ihn mit der zärtlichsten Sorgfalt. Auch der Arzt verwendete alle erdenklichen Mittel, erklärte jedoch bald, der Gouverneur werde kaum noch zwei Tage zu leben haben. Als doch Chenti vernahm, warf er je und je einen Blick in's Krankenzimmer, um sich von der Sachlage zu überzeugen. Kaum war er sicher, daß das Leben seines Vaters wirklich zu Ende neige, so geberdete er sich außer roheste im Haus, schimpfte die Mägde, schlug die Knechte und warf das Geräthe untereinander. Der Sterbende hörte von Allem wohl,

11*

und der Schmerz darüber half seine letzten Kräfte noch rascher verzehren.

Er beschied Chenki zu sich. „Hier, mein Sohn, nimm diese Urkunde, worin mein letzter Wille genau verzeichnet steht. Meine Frau ist noch zu jung, als daß ich ihr eine Vermögensverwaltung übergeben wollte. Ich zog es daher vor, dich zum Universalerben einzusetzen. Vertritt Vaterstelle an Chencha. Suche ihm dereinst eine Frau und gib ihm ein kleines Haus mit fünf oder sechs Morgen guten Landes, damit seine nothwendigsten Bedürfnisse gedeckt sind. Ob ihr zusammen oder getrennt leben wollt, überlasse ich deinem Beschluß. Will sich Meichi wieder binden, so laß ihr freien Lauf. Will sie Wittwe bleiben, übe ebensowenig Zwang auf sie. Zeige deine kindliche Liebe durch buchstäblich strenge Ausführung dieses Testaments. Nun kann ich ruhig ins düstere Todtenreich gehen."

Chenki warf einen Blick in die Urkunde und gelobte feierlich, ihren Bestimmungen strengste Folge zu leisten. Er nahm das Aktenstück unter den Arm und hüpfte, außer sich vor Freude, davon.

Umsonst weinte und schluchzte Meichi. Sie hob ihren Sohn auf das Bett des Sterbenden: „Ist dieser nicht Euer Blut? ein Stück von Euch selbst? Und Ihr wollt ihn und mich dem Elende preisgeben? Steht doch in altem Rechte: der Sohn einer zweiten Frau ist auch ein Sohn! Und Ihr wolltet mit der Ungereimtheit scheiden, dem älteren Sohn Alles, dem jüngern Nichts zu vermachen?"

Der Gouverneur erwiederte: „Vertraue mir, Meichi! Ich habe Alles gewissenhaft überdacht. Theile ich gleich zwischen euch, so sehe ich dich und Chencha den Verfolgungen Chenki's aus. Lieber wollte ich seine Habgier sättigen. Suche du dich wieder mit einem wackern Manne zu verheirathen!"

„Wo denkt Ihr hin?" rief Meichi aus. „Ich gehöre einer Gelehrtenfamilie an und müßte mich solcher Absichten schämen. Ich bleibe Wittwe und widme mich einzig meinem Sohne." —

„Ach, es könnte dir doch noch ein anderer Kopf wachsen, du bist ein junges Weib!"

Da schwur Meichi einen Eid, sich nie mehr verheirathen zu wollen.

„Wohlan, weil du dich so fest entschlossen zeigst, so sei unbekümmert um eure Zukunft: ich habe gesorgt!" Er zog eine Rolle unter dem Kopfkissen hervor und händigte sie seiner Frau ein.

„Diese Rolle birgt ein Portrait von geheimnißvollem, bedeutendem Werthe. Verheimlichst du so gut wie möglich. Ist aber Chencha herangewachsen und sein Bruder thut nichts für ihn, so trachtet ein weisen und rechtschaffenen Beamten zu finden. Ihm berichtet meine letzten Bestimmungen und zeigt ihm diese Rolle, mit der Bitte, das Räthsel des Portraits zu lösen. Er wird die Lösung finden, und ihr erhaltet damit ein schönes Vermögen."

Meichi nahm und verbarg die Rolle. Der Gouverneur verhauchte Tags darauf in den Armen seiner Frau. Er war 84 Jahre alt geworden.

Der Himmel hat des Daseins Maß
Jedwedem zugetheilt:
So treibt ein Jeder dies und Das,
Bis ihn der Tod ereilt.

Als Chenki die Kunde vernahm, eilte er mit seiner Frau herbei, bezeugte mit etlichen Worten sein Bedauern, und kehrte dann wieder um, ohne sich mit der Wittwe in die Wache bei der Leiche zu theilen. Meichi bereitete Alles zu, was die heiligen Gebräuche erforderten. Sie zog ihrem Gatten die letzten Kleider an, und legte ihn in den Sarg. Darauf legte sie selbst Wittwentracht an und blieb mit ihrem Söhnlein im Todtenzimmer. Vom Morgen bis zum Abend weinte sie und umarmte oftmals unter Schluchzen den Leichnam. Chenki blieb der Trauer fremd, er that nichts, als Besuche machen und empfangen. An einem Tage derselben Woche machte er das Leichenbegängniß ab.

Gleich nach der Ceremonie verfügte er sich in Meichi's Zimmer, ließ sich alle Koffer, Schränke und Kisten öffnen, durchmusterte jedes Eckchen, ohne Zweifel in der Hoffnung etwas zu finden, was etwa auf die Seite geschafft worden wäre. Die Rolle mit dem Portrait war jedoch so gut verwahrt, daß er nicht darauf stieß. Er verließ die väterlichen Gelasse in der wirrsten Unordnung.

Am folgenden Tage kam er wieder und erklärte der Wittwe, sie habe mit ihrem Sohne auszuziehen. Das Haus, das ihr angewiesen wurde, stand weit hinter dem Garten, und war in kläglichem Verfall. Eine alte Bettstelle auf 3 Füßen, ein ungehobelter Tisch und einige wurmstichige Schemel bildeten die Ausstattung. Von Küchengeräthe oder gar Lebensmitteln war gar keine Rede.

Von ihrer Dienerschaft behielt Meichi nur ein zwölfjähriges Mädchen. Dieses ging von Haus zu Haus und bettelte für seine Frau Reis und Gemüse. Am Ende überwand sich auch Meichi selbst zu betteln, als die Nahrungsnoth aufs Aeußerste stieg. Daneben arbeitete sie Tag und Nacht mit der Nadel, um mit dem Erlöse das Schulgeld für ihren Knaben bestreiten zu können.

Zu wiederholten Malen ließ Chenki die Wittwe zu einer Wiederverheirathung auffordern, er schickte ihr sogar Mittelspersonen mit bestimmten Anträgen zu. Endlich aber, als er sah, daß alle Versuche an ihrem entschiedenen Widerwillen scheiterten, ließ er sie in Ruhe. Ueberhaupt brachte es Meichi durch die unerschütterliche Geduld und Zurückhaltung, welche sie sich abzwang, dazu, daß ihr Chenki gar keine Aufmerksamkeit mehr schenkte.

Doch mit der Eile
Fliegender Pfeile
Verrauschet die Zeit.
Weit fort, weit, weit!

Chencha wuchs inzwischen heran, und war 14 Jahre alt geworden. Obgleich ihm seine Mutter mit allem Fleiß auch nie eine Silbe von den Vorgängen mit Chenki mitgetheilt hatte, verhehlte sich doch die Wahrheit seinem lebhaften Gefühle nicht länger. Ei-

Mühle im Gebirg.

nes Tags bat er seine Mutter, ihm ein seidenes Gewand zu kaufen. Sie erwiederte ihm, daß sie kein Geld habe. Darauf äußerte der Junge: „War doch mein Vater ein Gouverneur und hinterließ nur zwei Söhne, und mein älterer Bruder lebt reich und herrlich, während ich nicht einmal ein seidenes Gewand haben soll? Woher diese Ungleichheit? Wohlan, Mutter, weil Ihr kein Geld habt, will ich bei meinem Bruder welches holen."

Er wollte schon fortlaufen, und seine Mutter hatte Allem aufzubieten, um ihn mit guten und strengen Worten zurückzuhalten. Immerhin arbeitete der Gedanke in ihm fort, und nach einiger Zeit machte er ihn ohne Wissen Meichi's zur That.

Chenki war betroffen, als er den Jungen kel auf sich zugehen sah.

„Was willst du?" fragte er barsch.

„Alle Welt weiß," antwortete Chencha, „daß ich der Sohn eines Gouverneurs bin, und doch gehe ich in Lumpen einher. Ich bitte Euch um ein seidenes Gewand."

„Wenn du Kleider willst, so wende dich an deine Mutter!"

„Nicht meine Mutter, sondern Ihr besitzt den ganzen Reichthum unsres Vaters Ri."

„Wer erlaubt dir diese Sprache? Wer ermuthigte dich ein Gewand von mir zu erbitten?"

„Früher oder später müßt Ihr doch mit mir theilen. Aber für den Augenblick verlange ich nichts als Kleider, welche meinem Rang und Herkommen entsprechen."

„Bursche, rede mir nicht von deinem Rang und Herkommen: beide sind höchst zweifelhaft. Nimm dich in Acht, daß ich nicht meine Gutmüthigkeit verleugne. Ich kann deine Mutter und dich jeden Tag aus der Zufluchtsstätte verjagen, die ich euch bisher gegönnt habe."

„Ich bin so gut als Ihr der Sohn des Gouverneurs. Statt uns zu verjagen oder lieber vollends umbringen, dann habt Ihr die Erbschaftsfrage nicht mehr zu fürchten."

Nach diesen Worten packte ihn Chenki, schüttelte ihn und schlug mächtig auf ihn los.

Der arme Knabe machte sich allmählig frei, floh mit Beulen am Kopf und kam jämmerlich weinend zu seiner Mutter. Diese aber zankte ihn noch tüchtig aus, daß er so ungehorsam und unklug gehandelt habe. Darauf wusch sie ihm die Wunden aus und konnte sich eines Thränenstroms nicht erwehren.

> Junge Wittwe, in den Armen
> Hältst du dein verwaistes Kind:
> Fleh den Himmel um Erbarmen
> Gegen Hunger, Frost und Wind.
>
> Ud. den Einen Freund auf Erden
> Dachte Dir die Erde zu:
> Arme Wittwe, voll Beschwerden,
> Such beim Himmel Trost und Ruh!

Meichi ahnte wohl die etwaigen Folgen des Vorfalls. Sie schickte daher sogleich, um wenigstens das Ihrige zu thun, das Dienstmädchen zu Chenki, um ihn für die Unart ihres Sohnes um Verzeihung zu bitten. Aber die Wuth Chenki's wollte sich gar nicht beschwichtigen lassen. Er berief am andern Tage die Glieder seiner Familie, Meichi und ihren Sohn einbegriffen, um sie mit den letzten Bestimmungen seines Vaters bekannt zu machen. Ueberdem stellte er den gestrigen Vorfall ins grellste Licht, rühmte seine bisherige Großmuth, und erklärte seinen Entschluß, gemäß der Bestimmung seines Vaters, der Wittwe und ihrem Sohn statt des bisherigen Aufenthaltes ein Gut von 7 oder 8 Morgen anzuweisen. Die Verwandten wagten keine Einrede, und Meichi wollte nicht widersprechen. Sie nahm ihren Sohn bei der Hand, grüßte ihre Verwandten und verabschiedete sich, nachdem sie sich noch vor einem Standbild ihres Gemahls niedergeworfen hatte.

Die Wittwe entlehnte ein Saumthier, legte ihm ihre wenigen Habseligkeiten auf, und kam nach einer Reise von etlichen Tagen an ihren neuen Bestimmungsort. Was sie antraf, war eine Hütte, deren Dach so schadhaft war, daß es überall durchregnete, und deren Fußboden von der Feuchtigkeit ganz verfault war. Die Felder umher schienen längst nicht mehr angebaut worden zu sein, denn sie waren von Unkraut wild überwuchert. Meichi kehrte eine Stube aus und stellte darin ihr Bett auf. Dann ging sie zu einem benachbarten Pächter und erkundigte sich nach dem Gütchen. Dieser erklärte ihr aber, der Grund sei so schlecht, daß es die Mühe des Anbaues nicht lohne: sie könne ihr Leben unmöglich aus den Einkünften fristen. Darauf ging sie heim und überließ sich den ganzen Abend ihren Thränen.

Chencha kam aus diesem Anlaß auf seine alten Gedanken mit verstärkter Macht zurück. Er könne sich noch gut erinnern, mit welcher Güte ihn sein Vater stets behandelt. Hiemit stehe das Testament in zu grellem Widerspruch, und er fange an, eine Fälschung irgend welcher Art durch seinen Bruder anzunehmen. Die Mutter solle ihm erlauben, bei irgend einem Gerichte die Untersuchung der Sache anhängig zu machen.

Meichi glaubte nunmehr die Zeit gekommen, ihren Sohn in den ganzen Sachverhalt, soweit sie ihn selber kannte, unverhohlen einzuweihen zu sollen. Alsbald wünschte Chencha das Portrait anzusehen. Die Mutter holte es aus einem Kistchen und warf sich davor auf die Kniee nieder, desgleichen ihr Sohn. Darauf erhob sich dieser und betrachtete das Bild mit der größten Aufmerksamkeit. Ein Mann saß da, in einen dunkeln Wollenstoff gehüllt, sein Haar weiß wie Schnee, die Gesichtszüge voll lebendigen Ausdrucks. Mit der einen Hand hielt er einen Knaben und drückte ihn an sein Herz, die andere Hand war gesenkt und wies nach der Erde.

Mutter und Sohn zerbrachen sich den Kopf und schlossen am Ende rathlos das Portrait wieder in's Kistchen. Einige Tage darauf machte sich Chencha auf, ob er in der benachbarten Stadt nicht jenen weisen und rechtschaffenen Beamten finden möchte, von dem der Vater prophezeit hatte, daß er das Räthsel lösen werde. Auf der Straße zog ein Haufe Landleute vorüber, welche ein Schwein und ein Schaf mit sich schleppten. Sichtlich sollten diese Thiere dem Tempel für die Gottheit abgeben, die in jener Gegend verehrt wurde. Chendha folgte dem Haufen aus Neugierde bis vor einen hohen, schönen Tempel. Hier gab es einen längeren Aufenthalt. Während dessen näherte sich ein Greis, auf einen Bambusstab gestützt, und fragte, aus welchem Grunde dies Thier dem Tempel dargebracht werden solle? Einer aus dem Haufen gab Auskunft: „Wir waren fälschlicher Weise eines Verbrechens angeklagt und sollten die Todesstrafe erleiden. Da thaten wir bei der Gottheit dieses Tempels ein Gelübde, wenn sie uns befreie. Sie erhörte unser Flehen, indem sie uns zu guter Stunde in die Hand eines Richters fallen ließ, der unsre Unschuld erkannte und den wahren Schuldigen ausfindig machte. So wollen wir jetzt unsre Dankesschuld abtragen.“

„Erzähle uns den Hergang,“ bat der Greis.

„Wir hatten von der Regierung das Geschäft übernommen, eine Anzahl Küraffe zu liefern. Ich verband mich mit etlichen Zunftgenossen zur Ausführung. Darunter war ein Schneider, Namens Tchae, ein besonders geschickter Arbeiter. Er verließ seit auf mehrere Tage das Dorf, um in der Stadt sich einen Verdienst zu suchen. Eines Tags vermißte man ihn. Vergeblich ließ seine Frau, Licouchi, überall nach ihm suchen. Dagegen warf der gelbe Fluß einige Zeit hernach einen Leichnam aus, dem der Schädel eingeschlagen war. Man machte bei der Behörde Anzeige und erkannte den Schneider Tchae.

„Den Abend vor dem Tage, da er sein Haus verlassen, hatten wir beim Wein einen kleinen Streit bekommen. Ich war ihm in der Hitze des Augenblicks nachgegangen und zerschlug in seiner Wohnung einige Möbel ohne Werth. Auf diese Thatsache stützte die Frau eine Anklage, ich hätte ihren Mann umgebracht. Der vorige Richter, Namens Tü, schenkte dem Verdacht Glauben und verurtheilte mich zum Tode. Unter dem Vorwande, daß meine Kameraden mich nicht angezeigt hätten, wurden diese gleichfalls für schuldig angenommen und mit demselben Urtheil belegt. Außer Stande, unsre Unschuld nachzuweisen, verseufzten wir drei Jahre im Kerker.

„Zum Glück ersetzte der Himmel diesen grausamen Richter durch einen andern von ausgezeichnetem Charakter und Scharfsinn. Er besuchte nach Antritt seines Amtes die Gefängnisse und kam auf diese Weise auch zu uns. Wir hatten Gelegenheit ihm Alles vorzustellen, er fing bald an, unsre Schuld zu bezweifeln und leitete ein neues Progreßverfahren ein.

„Der neue Richter, Namens Teng, forderte zuerst die Frau des Ermordeten vor und fragte sie, ob sie sich wieder verehlicht hätte? Nachdem er vernommen, daß sie abermals einen Schneider geheirathet, wurde dieser sogleich geholt.

„Seit wann seid Ihr mit dieser Frau verehlicht? — Ich heirathete sie einen Monat oder etwas später, nachdem sie Wittwe geworden war. — Wer machte die Mittelsperson? Welches Hochzeitsgeschenk gabt Ihr derselben? — Tchae hatte zu Lebzeiten ungefähr fünfzig Gulden von mir entlehnt. Bei der Nachricht von seinem Tode begab ich mich zur Wittwe und forderte die Summe zurück. Aber Licouchi erklärte sich zahlungsunfähig und bot sich mir als Gattin an, um durch dies Opfer die Schuld ihres Mannes zu tilgen. Eine Mittelsperson, muß ich bekennen, war nicht dabei thätig. — Wie konnte ein gewöhnlicher Arbeiter, wie Ihr, fünfzig Gulden zusammenraffen und verleihen? — Es war dies mein Erspartes von langer Zeit. —

„Hierauf verlangte der Richter, Paban, der zweite Mann Licouchi's, möge die einzelnen Summen, die er nach und nach an Tchae geliehen, spezifiziren und auf einem Papier verzeichnen. Dies that Paban schnell und die Rechnung belief sich auf nahezu fünfzig Gulden.

„Kaum hatte Teng einen Blick auf diese Schrift geworfen, rief er aus: Du bist der Mörder von Tchae! Die Gerichtsdiener ergriffen Paban, legten ihn auf den Boden und maßen ihm eine Tracht Schläge auf.

„Als Paban immer noch leugnete, fuhr der Richter fort: ich habe deinen Trug entdeckt. Du wußtest, warum du dein erübrigtes Capital nicht in kleinen Portionen an mehrere Personen ausliehest, sondern Alles an Tchae hingabst. Du hattest ein Verhältniß mit seiner Frau. Die arme Tchae saß, gedrückt von seiner Armuth, durch die Finger. Aber dies genügte dir nicht. Du wolltest ganz ungehindert mit dem Weibe zusammenleben und sannst auf den Tod des Manns. Nachdem er dir gelungen, bewegst du ferner die Wittwe, den Verdacht auf einen Unschuldigen zu werfen. Die Handschrift der Rechnung, welche du eben ausgetheilt, ist ganz dieselbe, wie die der falschen Anklage. Diese Thatsache versichert mich, daß Niemand als du der Mörder von Tchae ist.

„Sogleich wurde auch die Frau herbeigeführt. Man spannte ihr die Finger in eine Kelter, um das Geständniß des Verbrechens zu beschleunigen. Licouchi erblaßte, rief den Wächter des Todtenreichs, und gestand unter gräßlichem Schreien. Paban konnte nicht anders mehr als ihr folgen. Er hatte in der That, ohne daß Jemand es ahnte, längst ein Verhältniß mit Licouchi gehabt. Diese war jedoch auf seine Zumuthungen Tchae aus dem Weg zu schaffen, niemals eingegangen. So übernahm Paban die Ausführung auf eigene Faust. Als Tchae einst in die Stadt zum Arbeiten kam, lockte ihn Paban in eine Schenke und berauschte ihn. Sodann schleppte er ihn an's Ufer des Flusses, schlug ihm mit einem Steine den Schädel ein und warf den Leichnam in die Fluth. Als diese den Leichnam ausgeworfen hatte und die Sache vor das Gericht gekommen war, gab Paban der Wittwe ein, auf jenen Streit im Wirthshaus eine Anklage zu gründen. Daß er selbst der Mörder sei, gestand er ihr einige Zeit nach der Heirath, und sie tragte nicht mehr ihren neuen Ehemann zu entlarven.

„Alsbald wurden wir nach diesen Entdeckungen freigelassen und die Strafe ist an den beiden Ehe-leuten bereits vollzogen. Kann man ein gleiches Exempel von Verworfenheit aufzählen?"

Der Greis erwiderte: noch schwerer möchte es sein, einen zweiten so tüchtigen Richter namhaft zu machen. Unsre Stadt darf sich zu einem solchen Mann Glück wünschen. —

Chencha hatte dieser Geschichte mit gespannter Aufmerksamkeit zugehört und eilte mit ihr zur Mutter zurück. „Ich habe den rechten Beamten gefunden, den der Vater gewiß meinte!"

Auch Meidi schöpfte nach Anhörung jenes Pro-zesses die beste Hoffnung. Sie stand in der Frühe des kommenden Morgens auf, hieß ihren Sohn das Portrait zur Hand nehmen und begab sich nach der Stadt. Hier angelangt, leutte sie die Schritte so-gleich auf den Gerichtshof zu, bat um Vorlaß und warf sich zu Füßen des Richters nieder. Sofort berichtete sie haarklein Alles von Anfang bis Ende.

Teng befahl ihr abzutreten und sich zu gedulden, bis er das Bildniß allein ausgeforscht hätte und sie wieder verladen würde.

Ein tiefes Räthsel birgt dies Bild,
Wer's löst, hat großen Schmerz gestillt.

Der Richter zog sich in sein Privatzimmer zu-rück und besann sich einen halben Tag unausgesetzt. „Klar ist, daß diese Person den Gouverneur ver-stellt, sowie das Kind auf seinem Schoß Chencha sein soll. Weist er zur Erde hinab, um anzuzeigen, daß ihn dort unter dem Boden das Schicksal dieses Waisen beschäftige? Aber was soll ich mit diesem Wink machen? Es liegt einmal ein unanfechtbares Testament vor!"

Mehrere Tage vergingen, ohne daß ihm irgend ein Licht über dieses Dunkel aufging. Kaum glaubte er, einen Strahl zu bekommen, so verflüchtigte er sich wieder. Der Richter wollte schon verzweifeln.

Aber der Himmel wollte nun einmal die Lösung und spielte sie gleichsam dem Suchenden in die Hand. Teng hatte sich an einem schönen Nachmittag auf die Terrasse vor seinem Haus gesetzt, um das Por-trait von Neuem zu überdeuten, und ließ sich dazu eine Tasse Thee auftragen. Wie er die Tasse zur Hand nehmen wollte, stieß er mit dem Fuß an das Tischchen, so daß etwas Thee verschüttet wurde und auf das Bild floß. Plötzlich erleuchtet ein Sonnenstrahl das nasse Bild, das Papier scheint durch und zwischen zwei zusammen-geklebten Blättern lesen sich etliche Zeilen von der-selben Hand, welche den Spruch auf die Oberfläche geschrieben. Sogleich legt Teng das Papier ausein-ander und findet unter dem Bildniß folgende Worte:

„Ich Endesunterzeichneter habe fünf höhere Staatsämter bekleidet. Ich bin 84 Jahre alt und erwarte täglich mein Abscheiden, ich erwarte es gerne. Es bekümmert mich nur noch Chencha, das Söhnlein meiner zweiten Frau. Er hat an meinem älteren Sohne Chenti einen Bru-

der, dem ich das Schlimmste zutrauen muß. Ich überlasse diesem daher alle meine Besitzun-gen, mit Ausnahme einer kleinen Hütte zur Linken meines Wohnhauses. Diese Hütte ist werthvoller, als sie aussieht. Ich habe unter die Mauer zur Linken des Eingangs 50,000 Gulden in fünf irdenen Vasen eingegraben, zur Rechten unter die Mauer dieselbe Summe mit einer Beilage von 1000 Dukaten. Der Ge-sammtwerth entspricht dem der sämmtlichen Be-sitzungen, welche ich Chenti vermacht habe. Findet sich einst ein Richter, welcher diesen mei-nen Willen genau zur Geltung bringt, so soll ihm Chencha jene tausend Dukaten zum Danke schenken.

Ri, Gouverneur."

Denkt man sich, welche Freude der wackere Teng empfand! Er überlegte nun sorgsam, welche weitere Wege er einschlagen sollte. Wir erfahren sogleich seinen Plan.

Der Richter sandte an Chenti eine Vorladung, da er ihm etwas Wichtiges mitzutheilen habe. Chenti blieb dem öffentlichen Leben ganz ferne, er dachte le-diglich auf Genuß, wie ein rechter Lebemann oder Tagdieb: daher war ihm die Berührung mit dem ersten Beamten der Stadt ganz neu. Er fuhr hin und stellte sich vor.

Teng hub an: „Seid Ihr der ältere Sohn des Gouverneurs Ri?" — Zu dienen. „Meichi, Eure Stiefmutter, hat sich bei mir beschwert, sie sei von Euch sammt ihrem Sohne ausgetrieben worden und Ihr hättet Euch aller Besitzungen des Gouver-neurs allein bemächtigt. Wie verhält es sich?" —

„Mein Bruder Chencha, von einer zweiten Frau stammend, war viele Jahre bei mir. Von seiner frühe-sten Kindheit auf habe ich auf's treulichste Vaterstelle an ihm vertreten. In den letzten Tagen verlangten Mutter und Sohn ein getrenntes, eigenes Besitzthum und ich wies ihnen ein solches an. Was die Thei-lung anbelangt, so beruht sie buchstäblich auf einem eigenhändigen Testament meines Vaters, das er mir die Nacht vor seinem Abscheiden überreichte." —

„Wo ist dies Testament?"

„Es ist bei mir und steht jeden Augenblick zur Einsicht zu Dienst."

„Die Rechtheit desselben muß untersucht werden. Ich werde morgen selbst zu Euch kommen und Meichi mit ihrem Sohne ebenfalls bescheiden. Für die Thei-lung widerrechtlich, werde ich die Gerechtigkeit rück-sichtslos walten lassen." — Hierauf hieß er Chenti mit strenger Miene abtreten. Diese Art der Ver-abschiedung stimmte Chenti sehr unruhig. Er dachte auf möglichste Beschönigung seines rohen Verfahrens. Es schien ihm passend, seine Verwandten wie neulich zusammenzurufen. Er lad sie auf den andern Tag ein und ließ sie ersuchen, ihn betreffs der Testaments-frage kräftigst unterstützen zu wollen, da er zur Ver-antwortung gezogen werde. Um dieser Bitte Nach-druck zu verleihen, legte er jedem Schreiben eine hübsche Geldsumme bei.

Den Verwandten war diese Freigebigkeit äußerst auffallend, weil sie sich zum allererstenmal kundgab. Lachend erinnerten sie sich an den Spruch:

> Scheint die Sonne warm und helle,
> Denkt der Mensch der Götter nie;
> Aber naht der Trübsal Welle,
> Sinkt er zum Gebet auf's Knie.

Als der Gerichtsbote zu Meichi kam, um sie auf den folgenden Tag zu bestellen, merkte sie sogleich, daß Herr Teng sich ihrer annehmen wolle. Sie stand frühe auf und ging zur Stadt, um ihm zu danken. Er empfing sie freundlichst. „Es rührt mich Euer Loos und ich werde mein Möglichstes thun. Aber sagt mir: ist wohl das Testament, auf das sich Chenki beruft, wirklich ächt?"

„Ja, gnädiger Herr, das Testament ist unantastbar. Mein Mann wußte kein anderes Mittel, uns vor den Verfolgungen Chenki's zu schützen."

„Nun gut: ich kann Euch wenigstens so viel zum Voraus sagen, daß für Euer Fortkommen hinreichend gesorgt ist. Verfügt Euch jetzt in Chenki's Haus und erwartet mich daselbst." —

Seelenvergnügt wanderte Meichi mit ihrem Sohne dem Hause zu. Da traf sie Alles prachtvoll angeordnet. Im Salon stand ein Lehnsessel, über den ein Tigerfell herabhing, auch eine Räucherpfanne war aufgestellt, welche die feinsten Düfte ausströmte. Die Verwandten, auch sie beide, wurden auf's Verbindlichste bewillkommt. Man stellte sich in feierlicher Erwartung des Richters auf. Endlich langte dieser auf einem Tragstuhle an. Vor demselben gingen zwei Gerichtsdiener und beschatteten den hohen Herrn mit zwei großen Sonnenschirmen von blauer Seide. An der Hausthüre ließen sie sich auf die Kniee nieder und stießen einen lauten Schrei aus. In demselben Augenblick warf sich die ganze Gesellschaft im Haus auf den Boden und blieb in dieser Haltung, während der Richter ernsten Schrittes und mit eigenthümlichen Begrüßungen eintrat. Vor dem Lehnstuhl mit dem Tigerfell verbeugte er sich tief, wie wenn Jemand darauf säße. Alsdann nahm er einen andern Stuhl und stellte denselben an den Ort, wo der Hausherr zu sitzen pflegte.

Auf die Versammlung machten diese Vorkehrungen den Eindruck, als wollte er einem Gott oder abgeschiedenen Seele eine Ehre erweisen: alle waren von Staunen ergriffen.

Auf einmal beugte sich Teng über seinen Stuhl, kreuzte die Arme auf der Brust und verneigte sich abermals auf's tiefste. „Eure Wittwe," rief er mit dumpfer Stimme, als spräche er mit einem abgeschiedenen Geist, „eure Wittwe hat in meine Hand eine Klage niedergelegt. Sind die Thatsachen, welche sie angibt, wahr?"

Sofort nahm er eine horchende Stellung an und fuhr kopfschüttelnd fort: „Wie? Euer älterer Sohn könnte so nichtswürdig sein?"

Er horchte wieder. „Woher soll Euer jüngerer Sohn sein Dasein fristen?"

Er hält inne und fragt dann: „Wie soll das kleine Haus, wovon Ihr mir sprecht, ihn ernähren?"

Nach einer Pause ruft er: „Ich folge, ich folge." Und wieder nach einer Pause. „Gewiß: Euer Sohn soll dies Erbe bekommen. Ich werde Euern Willen auf's Gewissenhafteste ausführen."

Bei diesen Worten verneigt er sich mehrmals und scheint ein Anerbieten abzuweisen: „Das Geschenk ist allzugroß für mich."

Er lauscht wieder. „Nun denn, weil Ihr es verlangt, gehorche ich."

Er erhebt sich, macht einen Schritt vorwärts „Ich folge Euch, ich folge Euch."

Er schreitet gravitätisch durch den Saal, beugt bald zur Rechten aus, bald zur Linken, bleibt tiefbewegt stehen: „Wohin geht Ihr, Gouvernor Ki?"

„Ich sehe Herrn Ki nicht," rief der Hausmeister.

„Es ist doch so," erwiderte der Richter. So dann heißt er Chenki näher treten: „Euer erlauchter Vater hat mich selbst empfangen, sich zu mir gezeigt und die ganze Zeit mit mir gesprochen. Ihr Alle müßt unsre Unterhaltung gehört haben?"

„Kein Wort," stotterte Chenki.

„Ich meine ihn noch zu sehen: die hagere Gestalt, die blassen, eingefallenen Wangen, darunter die vorspringenden Knochen, die durchdringenden Augen, die langen Wimpern, die breiten Ohren, der silberne Bart, sein schwarzes Käppchen, sein rother Mantel, sein goldner Gurt — sah er nicht so aus?"

Alle Umstehenden befiel ein Grauen, sie sanken auf die Kniee und riefen: „Er ist's, er ist's!"

„Wie könnte ich Ihn beschreiben, wenn ich ihn nicht in Persien gesehen hätte? Der Gouverneur theilte mir auch mit, er habe zwei große Häuser hinterlassen und zur Linken davon eine kleine Hütte. Verhält es sich so?"

Chenki konnte nicht leugnen.

„Wohlan, laßt uns hingehen. Ich habe Euch daselbst noch zwei Worte zu sagen."

Die Gesellschaft war vom Schrecken so gelähmt, daß sie sich kaum erheben konnte. Chenki wagte nicht mehr aufzusehen.

> Eines Weisen einfach Wort
> Ist ein Blatt, der Wind weht's fort:
> Geübt muß man herbeischwören,
> Soll der Schwache endlich hören.

Man verfügte sich zur bewußten kleinen Hütte. Teng besah sie von oben bis unten, blieb im mittleren Raum stehen und setzte sich.

„Chenki, Euer Vater ist mir persönlich erschienen, beschrieb mir auf's kleinste hinaus die Gegenstände, welche diese Hütte enthält, und befahl mir, sie Chencha zu übergeben. Was sagt Ihr dazu?"

„Ich füge mich ja Eurem Entscheide," sagte Chenki mit einer ehrerbietigen Verbeugung.

„Sei's denn, weil das Testament schwarz auf weiß dieselbe Bestimmung enthält, so gehöre diese Hütte mit Allem, was darin, Eurem jüngern Bruder Chencha!"

Chenki athmete froh auf und rief: „Weiser Richter, ich stimme von ganzem Herzen bei und werde diesen endgiltigen Beschluß aufs pünktlichste nachkommen!"

„Besinnt Euch nochmals wohl. Einen Neukauf nehme ich nicht mehr an. Sämmtliche Verwandte, welche hier zugegen, rufe ich zu Zeugen auf." — Die sämmtlichen Gäste erhoben die rechte Hand, Chenki beschwur seine volle Einwilligung.

Der Richter fuhr mit feierlicher Stimme fort: „So eben hat mir Herr Ni, den ich von Angesicht zu Angesicht geschaut, Folgendes eröffnet: am Fuße der Mauer zur Linken des Eingangs habe ich 50,000 Gulden in 5 Basen versteckt: diese schenke ich meinem zweiten Sohn!" —

Chenki maß dem Worte keinen Glauben bei und versicherte, den Fund seinem Bruder zu gönnen.

Teng befahl dem Hausmeister, Spaten und Schaufel beizuschaffen. Man grub — da kamen fünf Basen zum Vorschein, man nahm sie heraus und öffnete sie: lauter schönes Silbergeld; man zählte die Stücke: genau 50,000 Gulden!

Die Umstehenden schrieen vor Erstaunen auf. Jetzt glaubte Chenki, daß seines Vaters Geist in der That erschienen sei. Der Richter ergriff abermals das Wort und wandte sich an Meichi:

„Am Fuße der Mauer zur Rechten sind gleichfalls 50,000 Gulden in 5 Basen versteckt. In einer sechsten Vase liegen 1000 Dukaten, welche letztere Herr Ni mir so dringlich angeboten hat, daß ich die Annahme versprach."

Man grub abermals und fand die Sache abermals genau so.

Als Chenki diese Masse Silber und Gold sah, wurde er bald feuerroth bald feuerblaß. Allein er hatte vor so vielen Zeugen einen Eid geschworen, der ihm den Mund mit eiserner Klammer verschloß.

Meichi und Chencha wußten sich nicht zu fassen, warfen sich zu Boden und dankten Herrn Teng unter Thränen. Auch Chenki bezwang sich, einige Worte der Anerkennung zu stammeln. Die Vase mit den

Dukaten ließ Herr Teng in seinen Tragstuhl bringen. Jedermann fand es natürlich, daß er diesen Lohn seiner Mühe davontrug.

Ist der Fisch in's Garn gelockt,
Fischer's Herz für Freude hüpft.

Der merkwürdige Vorgang verbreitete sich rasch in der Umgegend. Einstimmig war das Urtheil, Herrn Chenki sei Recht geschehen. Hätte er sich kindlicher und brüderlicher benommen, wäre ihm all der Verdruß erspart geblieben. Auch würden die tausend Dukaten nicht in die Tasche eines Dritten gewandert sein.

Wer Anderer Gut mit Listen an sich reißt,
Wird selbst von einem Dritten oft verspeist.

Meichi machte mit ihrem Sohn am folgenden Morgen noch einen förmlichen Dankbesuch beim Richter in der Stadt. Dieser wünschte ihnen Glück und stellte das Porträt in ihre Hand zurück. Klar war nun die Bedeutung. Die Hand des Gouverneurs wies nach der Erde, die darin vergrabenen Schätze anzeigend.

Die Wittwe und der Waise waren wie mit einem Zauberschlag aus Armuth in Wohlstand versetzt. Sie kauften sich ein stattliches Anwesen. Chencha heirathete und hatte sich dreier Söhne zu erfreuen, welche nach Leib und Seele gediehen. Die beiden Söhne Chenki's machten sich nur durch ein verschwenderisches, üppiges Treiben bemerklich. Sie brachten es so weit, daß sie die beiden großen Häuser nebst umliegenden Gütern an die Söhne Chencha's verkaufen mußten. Meichi erlebte es noch, daß die gesammte Hinterlassenschaft des Gouverneurs in die Hände ihrer Enkel zurückgewandert war. Und oft wiederholte sie als Greisin den Spruch:

Je länger eines Menschen Tage,
Je mehr wird ihm in's Herz geprägt,
Daß auf gerechter, heiter Wage
Der Himmel unter Schicksal wägt.

Der Aetna.

Im östlichen Theile des an erloschenen Vulkanen so reichen Siciliens erhebt sich ein kegelförmiger Berg-Koloß, dessen Riesenschatten über die ganze Insel reicht. Es ist der Aetna oder Monte Gibello im Val di Demona, nordwestlich von Catania. Die Bergmasse bedeckt einen Flächenraum von nahezu 20 Quadratmeilen und bildet einen Feuerherd, auf welchem gegen 200,000 Menschen leben. Nach der Vegetation theilt man das Gebiet des majestätischen Berges, der lange Zeit für den höchsten Europa's gehalten wurde, der jedoch dem Mont Blanc um 4,000 Fuß nachsteht, in drei Regionen. Die untere

Region, der Fuß des Kegelgebirges, ist ein wahres Paradies, das nur hie und da von starrenden Lavaströmen unterbrochen wird: in tausendfachem Farbenschmelz prangen die Matten, wechseln üppige Getreidefelder, Weingärten und Haine köstlicher Südfrüchte mit einander ab. Die mittlere Region ist der Bezirk der Waldbäume; hier hört der Weinbau und die Kultur der Südfrüchte auf, und ein Kranz von Eichen und Kastanien, von magern Weiden durchschnitten, zieht um den ganzen Berg. Die oberste Region ist von aller Vegetation entblößt, nur Asche und Lava bedecken den Boden, der den größten Theil

12

des Jahres über in Schnee und Eis gehüllt ist.
Auf einer weiten Fläche dieser obersten Region erhebt
sich fast senkrecht der Aschenkegel des großen Kraters,
der eine halbe Stunde im Umkreis hat, und aus dem
eine graue Felsenspitze aufragt. Aus dem ungeheuren
Kessel, dessen Gestalt durch jeden heftigen Ausbruch
verändert wird, wirbeln ununterbrochen Rauchsäulen,
zuweilen steigen auch Feuersäulen empor. Die innern
Wände des Kraters sind mit gelbfarbigen Streifen
von Salmiak und Schwefel überzogen, und Schaudern
erregt der Blick in diesen Höllenschlund, in welchem
es fortwährend kocht und brodelt. Wer dieses Bild
gesehen hat, sagt ein Reisender, sah einen Theil von
Dante's Hölle. Es läßt sich nichts denken, was
die Wohnung des Entsetzens anschaulicher versinn-
lichte, als dieser Abgrund, der die tiefliegende, uner-
forschte Werkstatt des zerstörendsten aller Elemente
ankündigt. Unbeschreiblich ist das Gefühl, von dem
man hier ergriffen wird; unermeßlich die Aussicht,
die man vom Bicorn, dem ausgezackten obern Rande
des Kraters aus genießt; bezaubernd das Naturspiel,
das sich vor dem Auge des Beschauers entwickelt,
der in einer Höhe von 10,000 Fuß ganz Sicilien,
die Liparischen Inseln, das Mittelmeer, die Straße
von Messina, ganz Calabrien und einen Theil des
Adria durch leichte, goldumsäumte Wellen hindurch zu
seinen Füßen erblickt.

Die Besteigung des Aetna erfordert fast zwei
volle Tage. Der Weg ist steil doch nirgends gefährlich. In den Monaten Juli, August und September geschieht die Reise am häufigsten, und zwar gewöhnlich auf Maulthieren, von Catania aus, wo
man sich auch mit Führern versieht. Der Feuerberg
erhebt sich unmittelbar vom Meeresspiegel, und der
Blick kann ihn von tausend Punkten der Küste aus
gänzlich erfassen. Ueberdieß sind die nächstliegenden
Berge klein, und geben ihm hierdurch ein höheres
Ansehen. Nichts Schöneres, Großartigeres als der
Riesenberg in seiner regelmäßigen Gestalt, kühnen
Bau, unten mit dem reizendsten Pflanzen-
wuchs bedeckt, in der Mitte von zwei Gürteln umgeben — dem Wald- und dem Schneegürtel — und
darüber endlich die ewig rauchende Spitze! Nichts
interessanter als den angebornen Berge, denen er den
Ursprung gegeben, als die breiten Bahnen schwarzer
Lava, welche er nach allen Seiten auf die Umgegend
geworfen hat! Der Vesuv ist nur ein Zwerg neben
dem Aetna, und kann zu seiner Vorstellung von
demselben führen. Auch geht die ganze vulkanische
Feuerarbeit dort meist nur in dem einen Kegel vor
sich, gleichsam einem Gefäß, das, wenn es einmal
durch einen Ausbruch geleert werden, sich unaufhörlich wieder füllt, bis ein neuer Ausbruch dasselbe abermals leert; nicht so aber beim Aetna, der
seinen obern Kegel selten zerreißt. Auf dem Gipfel
deutet nur stärkerer Rauch und größeres Geräusch
einen nahenden Ausbruch an; plötzlich öffnet sich
dann irgend wo an der Seite des Berges, oft zíem-
lich weit vom obern Kegel entfernt, der Boden und
verschlingt Alles, was auf ihm ist: Häuser, ganze

Dörfer verschwinden, und Ströme von Feuer, Asche
und Gestein brechen gewaltsam herwer. Sie häufen
sich an, steigen empor, und ein neuer Bergkegel steht
da, welcher nun selbst einige Tage lang Flammen
und Trümmer auswirft. Endlich scheint der Vulkan
zur Ruhe zu kommen, und bänstigt sich auch wirklich; aber eben dieß ist der gefährlichste Augenblick
für die ganze Gegend. Die nöthigen Kraft beraubt
bis zur bisherigen Kratermündung anzusteigen, schaffen sich die brennenden Stoffe jetzt einen Durchbruch
nach unten, und ein dicker rother Strom glühender
Lava fließt langsam vom Fuß des Berges. Für
den Menschen ist dabei wenig Gefahr, denn kälter
werdend, je weiter er vordringt, legt der Strom
kaum eine halbe Stunde des Tages zurück; aber
wehe den Feldern, Städten und Dörfern, welche auf
seinem Wege liegen! Kein Hinderniß widersteht ihm,
seine Gewalt hält ihn auf. In der Regel nimmt
er den Lauf nach dem Meere, wo dann seine Wuth
erlischt; aber bis er dahin gelangt, macht er eine
Menge Krümmungen, und hält sich allenthalben auf.
Trifft er einen Hügel, den er nicht übersteigen kann,
so theilt er sich; kommt er zu einer Vertiefung, so
dehnt er sich dort seewärts aus, ehe er seine Bahn
weiter fortsetzt. Man kann hieraus schließen, welch'
grauenhafte Spur die Ausbrüche des Aetna zurücklassen müssen. Während der Vesuv allein steht,
schaart sich um den Aetna eine Menge von Söhnen,
Zeugen seiner furchtbaren Macht. Während die Lava
des Vesuvs selten weiter, als bis in einige hoch liegende Thäler sich ausdehnt, rieselt die Aetna-Lava
durch die niedrigsten Gegenden und nimmt ihren
Schlangenzug über die fruchtbarsten Felder. Es gibt
Lavaschiebungen von stundenweiter Breite und dreihundert Fuß Höhe. Sieht man dieselben von einem
höheren Punkte aus, so möchte man sie einem plötzlich
erstarrten Tintenstrom vergleichen; wenn auf gleichem
Boden — unebenen, zerrissenen, verkalkten Mauern;
wenn man darüber hingeht — einem harten, schwarzen Feld, voll kleiner, scharfer Spitzen. Endlich er-
weicht und verwittert die Zeit den Felsen und bereitet ihn zum Pflanzenreich; bleiben auch einige
Theile noch öd und kahl, so lassen andere doch kräftige Gewächse aufkeimen. Sofort greift die Hand
des Menschen ein, es werden Bäume auf die Lava
gepflanzt, Felder und Gärten angelegt, Häuser erbaut. Dann gibt es keinen fruchtbareren Boden,
keine herrlichere Vegetation. Auch sind schon von
Anfang an nicht alle Laven gleich hart und fest.
Während die Lava von 1669 noch schwarz und nackt
erscheint, als wäre sie eben erst ausgeworfen worden,
fangen jüngere Schichten bereits an, urbar zu werden. Die Lava von 1548 ist noch härter, als die
von 1669; wogegen diejenige, welche vor sieben bis
acht Jahrhunderten den Hafen des Ossens ausfüllte, und das Meer drei Meilen weit zurückdrängte,
jetzt der üppigste, ergiebigste Garten des Landes ist;
wie überhaupt der ewig drohende Berg in wunder-
barem Gegensatz nur von lachenden Fluren umgeben
wird. Allenthalben Wälder von Bäumen und Sträu-

chern mit glänzendem, scharf gezeichnetem Laub; dicke Teppiche von Pflanzen und Blumen, die selbst die elenden Lavamauern bedecken, durch welche Gärten und Felder sich von einander abscheiden; Häuser, halb versteckt unter dem dunkeln Laub der Olive oder zwischen Orangenbäumen voll Früchten und Blüthen hervorschimmernd; eine würzhafte Luft; schöne, kräftige, glückliche Menschen, und all' das auf einem Boden von Schlacken, über Asche und Lava, all' das neben noch schwarzen, kahlen Ablagerungen.

Vor Anfang unserer Zeitrechnung zählte man 17, nach derselben bis jetzt 66 bedeutendere Ausbrüche des Aetna. Zu den fürchterlichsten gehörte der Ausbruch von 1169, welcher in Catania, Lentini und Syrafus alle Häuser zerstörte; der Ausbruch von 1329, der auf einmal aus vier ungeheuern Kratern vier Lavaströme ergoß; der Ausbruch von 1381, welcher den Hafen von Catania anfüllte; derjenige von 1537, der auf einmal aus vier Kratern, ganz Sicilien und selbst einen Theil Calabriens erschütterte; die Ausbrüche von 1634 und 1636, welche eigentlich nur Eine Eruption bilden, da von ersten bis zum zweiten, 18 Monate lang, fortwährend die Lava floß; der Ausbruch von 1669, welcher einen Theil von Catania verschlang; derjenige von 1693, wodurch fast ganz Catania in Trümmer gelegt wurde; derjenige von 1766, wo sich auf einmal vierzehn neue Feuerbecher öffneten; der Ausbruch von 1780, welcher das große Erdbeben von 1785 vorbereitete, und die Ausbrüche von 1787, 1792, 1797, 1798, 1799 und 1800, welche wegen ihrer schnellen Aufeinanderfolge eine Zerstörung des ganzen Landes fürchten ließen; und endlich die Ausbrüche von 1805, 1811, 1819 und 1832. — Von all diesen Ausbrüchen war der von 1669 der schrecklichste. In Nicolesi, einem reichen, wohlbevölkerten Dorfe, öffnete sich damals, nachdem zwei Tage lang vollkommene Finsterniß geherrscht, nach furchtbarem Donnern und mehrfachen Erdstößen der Schlund, aus welchem der jetzt unter dem Namen Monterossi bekannte Berg emporstieg. Dieser Schlund, der Stelle und Form mehrmals änderte, war einmal volle vier Stunden breit und fünf bis sechs Stunden lang, und mehrere Tage lang quellen ungeheuer Aschen- und Sandwogen aus demselben hervor. Endlich bildete sich am Fuße des neuen Berges eine noch bent zu Tage sichtbare Oeffnung, aus welcher die flammende Lava gegen Catania strömte. Die Catanier wollten nicht kampflos erliegen; sie gingen dem Strom mit Schaufel und Hacke bewaffnet entgegen, und suchten mit Aufwurf eines künstlichen Hügels der Lava eine andere Richtung zu geben. In solchem Falle hätte jedoch dieselbe eine andere Gegend verwüsten müssen, weshalb deren Bewohner sich ihrerseits ebenfalls versammelten und dem Geschäfte der Catanier sich mit bewaffneter Hand widersetzten. Man schlug sich neben dem Feuerstrom, der langsam und unwiderstehlich neben den erbitterten, verzweiflungsvollen Kämpfern dahinzog. Die Catanier wurden geschlagen und ungehindert floß nun die Lava weiter. Nach vielen

Tagen erst langte sie vor den Mauern der Stadt an. Diese jedoch waren hoch und fest, so daß die erkaltete Lava nicht mehr Kraft genug besaß, sie niederzuwerfen. Sie häufte sich daher an, stieg empor, erreichte endlich den Gipfel und stürzte sich von da in Feuerbächen in die Stadt. — Im 16. Jahrhundert gab ein Ausbruch, der weit in's Meer hinein eine Lavaschicht drängte, Catania einen Uferdamm, zu welchem die Bewohner vorher durch Kunst aufzuführen fruchtlose Versuche gemacht hatten. Der Ausbruch im 17. Jahrhundert begrub einen Theil der Stadt und verschlang den Fluß, der sie ehemals durchströmte; aber jedesmal erhob sich Catania schöner und regelmäßiger wieder aus seinen Trümmern.

Der Ausbruch von 1819 währte nur sechs Wochen und war, wie die Landesbewohner sich ausdrücken, ein wohlthätiger. Auf der Fläche, über welcher sich der große Kegel erhebt, nahe bei dem sogenannten Thurme des Empedokles, öffnete sich ein Feuerbecher, aus welchem die Lava nach einem öden Orte hinströmte. Sie machte dort allerhand Wendungen, bildete Hügel und Thäler, schritt aber, die bewohnte Gegend respektirend, nicht weiter. Ein englischer Gelehrter, der 1821 den Aetna bestieg, sah nichts als einen ungeheuren Schlund von etwa einer Stunde im Umfange mit ungleichen, zerrissenen Rändern, in welche das Auge wegen des vielen Rauches nicht hinabzudringen vermochte. Auf dem nicht tiefen Grunde zeg sich, nach zuverlässigen Berichten, als Boden eine Art Kruste hin, welche die unter ihr kochenden Stoffe an manchen Stellen erhoben, an andern zerrissen hatten. Daburd waren auf diesem Boden zwei Kegel und ein Loch von der Form eines unregelmäßigen Vierecks entstanden. Durch diese drei Oeffnungen strömten schon seit 1816 unaufhörlich Materien aus, so daß die Kruste Zeit hatte sich zu härten, und man bei ruhiger Luft auf dieselbe hinabsteigen konnte.

Den Ausbruch von 1832 schildert C. Gemmellaro in Catania folgendermaßen. Den 31. Oktober 1832, etwa 2½ Stunden vor Sonnenuntergang (um 21 Uhr) ließ sich, nach einigen merklichen Erschütterungen der ganzen waldigen Gegend des Berges, ein dumpfes Getöse vernehmen, der gewöhnliche Verbote eines Ausbruchs. Als es Nacht geworden war, bemerkte man, daß am Fuße seines untersten Kegels der Vulkan sich gegen Südost in einer Reihe von kleinen Löchern, aus welchen glühende Schlacken und Sand ausgeworfen wurden, geöffnet hatte, und daß ein kleiner Bach von Lava aus dem untersten derselben hervorströmte, welcher sich nach Osten in das Thal del Bue wendete; aber nachdem er es erreicht, und kein neuer Zufluß erfolgte, nach 24 Stunden wieder erlosch. Eine andere Ausmündung eröffnete sich am 1. November auf der Serra del Rasejo, oberhalb des Gehölzes (Vosco) von Ranbazzo; aber auch dieser floß nur wenig Lava, die bald still stand, und diese Oeffnung war während mehrerer Tage die einzige rauchende Schlund. Dieß waren aber nur unbedeutende Vorspiele des großen Ausbruchs vom 3. November, welcher aus fünf Oeffnungen strömte, die sich im Nordwesten des Aetna oberhalb des Gehölzes von Bronte, beim Monte Lepre, und in der Gegend, die man Mantra di pitulanti nennt, gebildet hatten, gerade auf der Stelle des alten erloschenen Kraters, des Ausbruchs von 1651, dessen Lava Bronte erreicht hatte. — Eine lange Spalte in dem Rücken des Berges, von dem untersten Kegel an bis zu der besagten Stelle, stieß einen dicken Rauch aus, und legte den unterirdischen Weg dieses Lavastroms offen. Aus diesen fünf Oeffnungen auf dem Monte Lepre wurden nun unaufhörlich und in ungeheuren Massen Sand, Schlacken und glühende Steine in die Lüfte geschleudert, inmitten von riesenmäßigen Säulen von Dampf, feiner Asche und Sand, welche die Winde in alle Welt-

Krater des Aetna.

gegenden hintrieben, und die überall auf den Abhängen des Berges, und bis in Maskali, in Catania und in den Simethus niederfielen. Der Donner war ununterbrochen und die Erderschütterungen häufig, durch welche alle Landhäuser auf fast drei Stunden in der Runde beschädigt wurden. — Indessen strömte die Lava, welche aus der untersten Oeffnung herankam, zuerst gegen das Gehölz von Aderne; aber bald ihre Richtung ändernd, schritt sie gegen Norden durch einen Theil des Bosco di Marietta vor, von welchem sie einen großen Theil vernichtete. Nach drei Tagen aber wandte sie sich gegen Westen und gerade auf Bronte zu. Die Verheerung, die sie auf diesem ihrem Laufe anrichtete, ist unbeschreiblich, denn in einer Breite von einer halben Stunde lief sie zwei und eine halbe Stunde weit, und zerstörte nicht nur das Gehölz, sondern auch die so fruchtbare Gegend della Musa, welche den größten Theil der Besitzungen der Einwohner von Bronte ausmacht.

Immer in dieser Richtung bleibend, und bis zum 15. November mit derselben Kraft verschreitend, war die Furcht außerordentlich groß, daß sie am Ende diese Stadt von 13,000 Einwohnern begraben würde. — Aber Dank der Vorsehung, ein so großes Unglück sollte nicht in Erfüllung gehen. Der Ausbruch ließ an seiner Quelle an Heftigkeit nach, und auch vorn auf seiner Fronte wurde die fortschreitende Bewegung langsamer, so daß am 22. November jede Besorgniß gänzlich geschwunden war. Doch kaum war der Ausbruch erloschen, als in der Nacht des 24. Novembers ein schreckliches Erdbeben den Flecken Nicolosi heimsuchte, wodurch 5 Häuser gänzlich einstürzten, und alle andern, so wie die Kirchen, sehr beschädigt wurden. Mehrere Menschen wurden erschlagen, viele schwer verwundet. Alle Mauern der Weinberge und andere Umfriedigungen stürzten ein. Der Regen floß dabei in Strömen und vermehrte die Noth der armen Einwohner, welche vierzehn Tage

lang in dichten Nebel eingehüllt von diesen Regen-
güssen gequält wurden. Zwei Tage darauf stürzte
der Glockenthurm der Kathedrale des Fleckens St.
Giovanni la Punta auf diese Kirche nieder, und zerstörte sie größtentheils durch seinen Fall. Ueber-
schwemmungen wurden durch den Regen hervorgerufen, und in Folge des Erdbebens fast der Lauf
aller Quellbäche von ihrer Richtung abgelenkt. Die
von der Lava auf ihrem Wege angerichteten Verheerungen waren entsetzlich, und kein, wenn auch noch
so großer Gegenstand entging ihrer Wuth; die stärksten Bäume, von der Hitze des herannahenden Feuer-
stroms ausgedörrt, loderten gleich Schwefelhölzchen
auf und verschwanden in wenig Minuten. Die Flam-
mensäulen der höchsten Kratermündung stiegen bis
150 Fuß empor, und Steine und Schlacken, Sand
und Asche wurden bis zu 300 Fuß Höhe getrieben.
In gewisser Entfernung sich senkend, bildete die Flam-
mensäule einen feurigen Bogen. Ein dunkelblau ge-
färbter Streifen erhob sich senkrecht zu unermeßlicher Höhe und blieb als ein herrliches Phänomen
mehrere Tage über dem offenen Schlunde stehen.

Englische Reisende, die den Aetna am 28. Aug.
1857 bestiegen, fanden in zehntausend Fuß Höhe die
Schwefeldämpfe, die ihnen Erstickung drohten, aus

zahllosen kleinen Löchern emporsteigen, auch aus jedem Eindruck den ihre Füße in den mit Sand und
Asche bedeckten Boden machten, entwickelten sich diese
Dämpfe. Den Umfang des Kraters schätzten sie auf
drei Viertel bis eine Stunde, und fanden ihn von
steil abfallenden Klippen eingeschlossen, die 200 bis
300 Fuß sich erheben, und nur auf der Seite, an
welcher sie sich befanden, in einem Winkel von 30
Grad abfielen. Eine durchbrochene Höhlung im Innern des Kraters bemerkten sie nicht, dagegen Wolken weißen Dampfes, die von dem Boden des Kessels
aufqualmten, der mit großen Steinen und röthlicher
Erde bedeckt war, die von den Randklippen herab-
gerollt zu sein schienen. — Die Form und Erscheinung des Kraters ist fortwährend wechselnd, und bald
nachdem die Besucher den Gipfel des Vulkans verlassen hatten, stürzte ein Erdstoß einen großen Theil
des Kegels in den Krater hinab. —

Von den Schriftstellern und Dichtern des Alterthums wurde der Aetna, die Werkstätte Vulkans
und seiner Cyklopen, vielfach geschildert und besungen,
auch häufig zum Gegenstande genauerer Untersuchungen gemacht, und wir schließen diesen Aufsatz am
schicklichsten mit den Versen Virgils, welche sich im
dritten Gesang der Aeneis finden:

Aber es donnern mit Schreck und Verderben der Aetna,
Und bisweilen verströmt er das schwarze Gewölk zum Aether,
Welches mit pechigem Qualm aufwirbelt und glühender Asche,
Ballt auch Flammen empor und beleckt sogar die Gestirne.
Manchmal speit er Gestein und dem Berg entrissnes Gewölbe
Aus dem geborstenen Schlund und schleudert geschmolzene Felsen
Stöhnend hinaus in die Luft und kocht aus der untersten Tiefe.

Die Pflanzenthiere.

Von Dr. Gustav Jäger.

Lange bevor das Mikroskop mit der Entdeckung
der Zelle die Gleichheit der letzten Formtheile der
Thiere und Pflanzen nachwies, lange bevor die Hoffnung, eine scharfe Grenze zwischen Thier- und Pflanzenreich zu finden, durch die Entdeckung von Wesen
vereitelt wurde, die in dem einen Abschnitt ihres
Lebens festsitzen, vegetiren und sich vermehren wie
Pflanzen, in andern sich frei bewegen und fortpflanzen wie Thiere, beweisen zwei Erscheinungen,
daß unsere Vorfahren die enge Verwandtschaft zwischen
Thier und Pflanze erkannt haben. Für's Erste
hielt man lange Zeit hindurch eine ganze
Reihe wirklicher Thiere für Pflanzen und
für's Zweite stellten die Begründer der systemati-
schen Zoologie (Thierkunde) eine Gruppe von
organischen Wesen unter dem Namen Pflanzenthiere (Phytozoen) oder Thierpflanzen
(Zoophyten) in die Kluft, welche die höheren
Thiere und Pflanzen von einander scheidet.

Was das Erstere betrifft, so gilt dies natürlich
vies von denjenigen Thieren, welche man mit freiem
Auge wahrnehmen kann, namentlich von den Korallen und den weiter unten zu beschreibenden Hydroiden. Bis zum Beginn des 18. Jahrhunderts zogen
die Botaniker die Steinkorallen unter dem Namen
Steinpflanzen (Lithophyta), die Hornkorallen als
Hornpflanzen (Ceratophyta) in ihren Bereich. Die
Hydroiden stellten sie zu den Moosen, die Alcyonien
und Seefedern zu den Tangen. Diese Ansicht schien
ihre vollkommene Bestätigung zu erhalten durch die
Schrift des Grafen Marsigli, die im Jahre 1706
erschien. Dieser stellte nämlich die bisher übersehenen
Thierindividuen an dem Stockkorall entdeckt und sie
für Blüthen erklärt. Trotzdem, daß schon vor Mar-
sigli der Italiener Imperati und der Holländer
Rumph erhebliche Zweifel an der Pflanzennatur der
Korallen geäußert hatten und kurz nach ihm dem
berühmten Réaumur der thierische Geruch der Koral-

len aufgefallen war, so war der Erfolg von Marsigli's Schrift doch so groß, daß der französische
Arzt Peyssonell von seinen Zeitgenossen verlacht
wurde, als er im Jahre 1727 vor der Pariser
Akademie die sog. Blüthen der Korallen für wahre
Thiere erklärte. Erst als im Jahre 1739 Trem-
bley den Süßwasser-Polypen entdeckte und Jussieu
die Normannische Küste nach Polypen durchsuchte,
fand Peyssonell's Entdeckung die verdiente Anerkennung, und man erklärte nun die Korallenstöcke für
Kunstprodukte entschieden thierischer
Wesen.

Diese Ansicht fand jedoch bald eine wesentliche
Einschränkung, besonders durch Linné und Pallas.
Der letztere zeigte, daß die Korallenstöcke nicht Kunstprodukte, sondern wahre Stelette oder Bälge
von pflanzenförmigen Thieren seien. So entstand
die Lehre von den Thierpflanzen.

Pallas sagt: „Die Thierpflanzen sind wahrhaftig vegetirende und mit Pflanzengestalt in die Höhe
wachsende Thiere, die aber auch andere Eigenschaften
der Pflanzen zu haben sich bestreben; es sind beseelte
Pflanzen und zur Nahrung, zum Wachsthum und
zur Zeugung dienende künstliche Einrichtungen, welche
bei ihrer bewundernswürdigen Uebereinkunft der thierischen und Pflanzengestalt es erfordern, daß man
sie wegen ihrer Theilnahmung so wie an dem Pöbel
im Pflanzenreiche, also auch an den letzten Thierklassen,
als Geschöpfe von mittlerer und zweideutiger Natur
betrachte."

Cuvier nahm die Bezeichnung Zoophyten zwar
an, aber nicht mehr in dem Pallas'schen Sinne, er
sagt nämlich: „diese Benennung, welche das Festsitzen
und die blumenartige Gestalt bezeichnet, darf nicht im
absoluten Sinne genommen werden, denn sonst paßt
sie bloß auf die Klasse der Polypen. Nichtsdestoweniger bezeichnen aber dergleichen Benennungen sehr
gut, daß man auf diesen untersten Stufen des Thierreiches und bei Geschöpfen angelangt ist, wovon die
meisten, selbst in ihrer äußeren Gestalt, mehr oder
minder an das Pflanzenreich erinnern. In diesem
Sinne wollte ich sie gebrauchen." Ihm sind es alle
nicht mehr zweideutige Wesen, sondern entschie-
dene Thiere, ihm fällt der sogenannte strahlige Bau
mehr in's Gesicht als die Pflanzengestalt; er vereinigt deßhalb unter dem Namen Strahlthiere oder
Zoophyten eine Reihe von Wesen, z. B. die Seeigel,
mit den Pallas'schen Zoophyten, welche ihnen ana-
tomisch viel ferner stehen, als z. B. die Schlange
dem Menschen, und wie Cuvier selbst zugibt, durchaus nichts Pflanzenähnliches mehr an sich haben.
Auf diese Weise ging die ursprüngliche Bedeutung des
Namens verloren und mit ihr erleiden die Untersuchungen über die Verwandtschaft von Thier- und
Pflanzenreich.

Heutzutage drängt sich die Frage nach der Verwandtschaft der organischen Wesen, die schon in dem
Linné'schen Zeitalter der Thierlehre von Pallas, Herder, Lamark und Anderen angeregt worden war,
auf's Neue in den Vordergrund. Die Paläen-

tologie — die Lehre von den Vorfahren unserer
heutigen organischen Welt — ist die Veranlassung
dazu: „Andere Thierformen", so lehrt sie uns,
„bewohnten vor den Jetztlebenden unsern
Planeten". Da uns nun kein Beispiel bekannt
ist, daß ein Thier, das heutzutage von Eltern geboren wird, einem gährenden Sumpfe entsprang, und
da es dem gesunden Menschenverstand mehr einleuch-
tet, die heutigen Elephanten für die Nachkommen des
ehemaligen Mammuth zu halten, als sie durch die
sogenannte Generatio aequivoca aus Urschlamm
entstehen zu lassen, so rechnen wir die Thierformen
nicht mehr als eine unwandelbare Thatsache ruhig
hin, sondern wir forschen nach den Ursachen, denen
sie ihre Entstehung verdanken, d. h. wir suchen unter
den ausgestorbenen Thierformen ihre Ahnen und
fragen nach den Einflüssen, welche im Laufe von
Generationen eine Form in die andere umwandelten.

Unter diesen Umständen gewinnt die Untersuchung
über das Verhalten des Thierreiches zum Pflanzenreiche neue Bedeutung.

Das Erste, was dem unbefangenen Beobachter
in dieser Beziehung in die Augen springt, ist die
absolute Unmöglichkeit, eine Grenzlinie
zwischen beiden Reichen zu ziehen.

Man hat gesagt: die Pflanzen athmen Sauer-
stoffe aus, die Thiere Kohlensäure — allein dann
müßte man die Pilze zu den Thieren rechnen. Noch
weniger stichhaltig sind die Unterscheidungsmerkmale,
welche man aus der chemischen Zusammensetzung der
Gewebe, aus dem Vorhandensein eines Mundes und
einer Verdauungshöhle nahm.

Der Unterschied zwischen Thier und Pflanze ist
etwas Traditionelles, ist älter als alle Naturwissenschaften. Will man deßhalb die Ursache finden, die
den Menschen veranlaßte, diesen Unterschied zu machen,
so darf man weder die Chemie, noch die Anatomie,
noch die Physiologie um Rath fragen, sondern man
wendet sich am einfachsten an eine Eidechse, einen
Laubfrosch oder an irgend ein von lebenden Thieren
sich nährendes Geschöpf, und dann erfährt man, daß
das Hauptmerkmal das willkürliche Bewegung oder besser gesagt das Kontraktionsvermögen ist.

Die Bewegungen, welche durch das Kontraktionsvermögen erzeugt werden, unterscheiden sich von den
Wachsthumsbewegungen durch ihren mehr oder weniger
raschen Wechsel von Ausdehnung und Zusammenziehung, während die Wachsthumsbewe-
gung entweder eine anhaltende Ausdehnung oder eine
anhaltende Zusammenziehung ist.

Ein organisches Wesen, das Kontraktionsvermögen
besitzt, nennen wir ein Thier, ein solches, dem es
fehlt, eine Pflanze.

Wendet man dieses Merkmal vorurtheilsfrei an,
so bekommt man eine Eintheilung der organischen
Wesen — nicht in zwei, sondern in drei Gruppen.

Man stößt nämlich auf eine Anzahl von Wesen,
welche in dem einen Stadium ihres Lebens Kontrak-

tionsvermögen besitzen, in dem andern nicht. Es sind dies die Schleimpilze, deren bekanntestes Mitglied die „Lohblüthe (Aethalium)" ist, dann die Familie von Wesen, zu denen unser Badeschwamm gehört, ferner die Gregarinen und die geiseltragenden Infusorien.

Z. B. die Lohblüthe schlüpft als Wesen mit sehr ausgesprochenem Kontraktionsvermögen aus dem Ei (hier Spore genannt), wächst sehr rasch heran und kriecht bis zum erwachsenen Zustand auf den Lohhausen umher, in dem sie ihren Leib in ein beständig wechselndes Netzwerk von Fäden auszieht. Endlich werden alle diese Fäden eingezogen, der Leib wird kuglig, bekommt eine derbe Hülle und verliert alles Kontraktionsvermögen. Dabei ist er aber nicht todt, sondern er entwickelt in seinem Innern die Sporen für eine neue Generation.

Die Lohblüthe ist also im ersten Abschnitt ihres Lebens Thier, im zweiten Pflanze und ebenso verhält es sich bei den anderen oben genannten Wesen. Sie sind somit die wahren Pflanzenthiere im Pallas'schen Sinn des Wortes, Mittelglieder zwischen Thier und Pflanzenreich, halb Thier halb Pflanze.

Außer dem Vorhandensein der Mittelglieder zwischen Thier und Pflanze belehrt uns ein zweiter Umstand über den Zusammenhang der zwei Reiche: Eine Anzahl entschieden thierischer Wesen stimmt in der äußeren Form und Lebensgeschichte mit den Pflanzen überein.

Es würde zu weit führen, die Parallelität der einzelligen Thiere (Wurzelfüßer und Wimperinfusorien) mit den einzelligen Pflanzen und der Anthozoen (Korallenthiere) mit den verkehrt blühenden Pflanzen (den sog. Kryptogamen) nachzuweisen. Es soll hier bloß die vollständige Uebereinstimmung in Form und Lebensgeschichte hervorgehoben werden, welche zwischen den Hydroiden und den offenblüthigen Pflanzen (den sog. Phanerogamen) besteht.

Die Form der phanerogamen Pflanzen ist die des Individuenstocks. Mit diesem Namen belegt man eine Gesellschaft gleichartiger organischer Wesen (sog. Individuen), die durch ein allen gemeinschaftliches organisches Gebilde, den Stamm, mit einander verbunden sind. Das Individuum nennt man im Pflanzenreich „Blatt" und an dem Stammgebilde

unterscheidet man den Stamm im engeren Sinn, der entweder einfach oder verzweigt ist, und die Basis oder Wurzel.

Die Individuen eines Stockes sind entweder alle einander gleich oder man unterscheidet mehrere Formen von Individuen an demselben. Das Letztere ist bei den phanerogamen Pflanzen der Fall; man findet an ihnen Laubblätter, Deckblätter, Kelchblätter, Blumenblätter, Staubfäden, Fruchtblätter ꝛc. Solche Individuenstöcke nennt man polymorph (vielgestaltig). Durch das Zusammentreten mehrerer Individuen entstehen an dem Stock Individuengruppen, die man bei den Pflanzen „Blüthen" nennt.

Eine solche Blüthe besteht gewöhnlich aus 1—3 Kreisen von Individuen, welche zusammen die Blüthenhülle, Perigon, genannt werden (sind es zwei Kreise, so bezeichnet man den äußeren als Kelch den inneren als Blumenkrone) und aus 1 oder 2 Kreisen von Individuen, welche von der Blüthenhülle umschlossen sind und in ihrem Inneren die zur Fortpflanzung dienenden Gebilde, die Pollenkörner und Samen entwickeln; man nennt sie deshalb geschlechtliche Individuen (Staubfäden, Fruchtblätter).

Variationen der Blüthen sind einerseits solche, bei denen die Blüthenhülle fehlt (Blüthen mancher Wolfsmilcharten), und die geschlechtlosen Blüthen, bei denen bloß eine Blüthenhülle vorhanden ist.

Formell betrachtet sind somit die Phanerogamen-Pflanzen polymorphe Individuenstöcke mit Individuengruppen.

Betrachtet man die Lebensgeschichte einer Phanerogamen-Pflanze, so zeigt sich Folgendes:

In dem Ei entwickelt sich ein Embryo, der zu einem aus Wurzel, Stamm und Laubblättern bestehenden Stock aufwächst und unter fortwährender Größenzunahme neue Individuen sowohl am Stamme als den Wurzeln (Wurzelsprößlinge) hervorknospen läßt. Hat er eine gewisse Größe erreicht, so tritt ein Stillstand im Wachsthume ein und jetzt knospen die Individuengruppen, d. h. die Blüthen, in deren Innerem die Keime einer neuen Generation entstehen. Nun stirbt der Individuenstock entweder total ab oder wirft bloß die Individuen ab. Im letzten Falle überwintert der Stamm und treibt im Frühjahre neue Individuen und Individuengruppen.

(Schluß folgt.)

Zwei Dichter.

Es lacht der Frühling mit blühendem Schein
Zwei jungen Gesellen in's Fenster hinein:
„Frisch auf, ihr Jungen! die Bücher bei Seit',
Die Lerche ruft und der Kukuk s'freit!"

Die Burschen drücken die Mützen auf's Ohr
Und schreiten freudig hinaus zum Thor,
Und wie es da draußen lebt und blüht,
So lebt und rauscht's in der Beiden Gemüth.

„Hör' Bruderherz," nun der Eine spricht,
„Heut' mach' ich ein herrliches Sinngedicht,
„Und weil ich nun eben begeistert bin,
„Magst du nur allein deine Straße zieh'n!"

Er setzt' sich im Schatten auf eine Bank
Und schrieb und strich bis die Sonne sank,
Dann hat er bei Hause in später Nacht
Die Arbeit glücklich zum Schlusse gebracht.

Nun wallt in freudigem Stolze sein Blut:
„Auch ich bin ein Dichter! das Werk ist gut,
„Kein falscher Reim, keine Sylbe zu viel,
„Die Gedanken neu und natürlich der Styl!"

Da tönte von drüben Gesang so hell,
Ihm war es, als rauschten Bach und Quell',
Als hört' er der Bäume, der Gräser Weh'n,
Als säh' er lachende Mädchen geh'n.

Das war der Bruder, er wußt' es schon;
„Der trägt doch wieder den Sieg davon,
„Und sind seine Verse gleich ziemlich schlecht,
„Doch ist er ein Dichter, tief und ächt!

„Er hat nun fröhlich herumgeschwärmt,
„Geschaut, bewundert, gescherzt, gelärmt,
„Und was ich hier mühsam herausgebracht,
„Das hat er so singend herausgelacht." —

So seufzt er, aber nach kurzer Frist
War er ein gefeierter Belletrist;
Ihm waren ästhetische Seelen hold,
Er erntete Ehre und Ruhm und Gold.

Des Andern Name ward nie genannt —
Doch manches Lied, mir so wohl bekannt,
Ertönte im Munde von Alt und Jung
Und weckte das Herz zur Begeisterung.

Blieb Ruhm und Gold auch dem Sänger aus,
Ihm war es ein köstlicher Seelenschmaus,
Wenn, was er einst fühlte, ihm anmuthsvoll
Von rosigen Lippen entgegenquoll.

Und könnt' ich Einer der Beiden sein,
So wär' ich der Letzte von diesen Zwei'n;
Doch ach! für jeden zu arm und zu klein
Sing' ich nur so still in mich selbst hinein.

Wahre Geschichte.

Auf einer Dame Putztisch stand
Mit Etiquett' von gold'nem Rand
Ein Fläschchen Schönheitswasser da,
Das ganz entzückt die Zofe sah.

Sie nimmt das Glas und buchstabirt,
Und hat es endlich ausstudirt:
Das Wasser hier enthält die Kraft,
Die adelige Schönheit schafft.

Wie sie noch starr die Flasche hält,
Ihr Blick in einen Spiegel fällt;
Und ach ihr blühend roth Gesicht
Paßt nun zu ihren Träumen nicht.

Die Hände weder weiß noch fein,
Der Wuchs zu voll, der Fuß nicht klein.
Sie stampft: „Ich trink' das Ding da leer,
So schön zu sein ist ja nicht schwer."

Weg fliegt mit einem raschen Druck
Das Siegel, und ein guter Schluck,
Wie etwa eine Zof' ihn thut,
Wird rasch gethan und munter gut.

Da hört sie Tritte schnell und leicht;
Wie sie erschrickt und d'rob erbleicht,
Blickt sie sich noch im Spiegel an:
„Das Ding hat Wunder schon gethan!"

„Rasch, eh' die Herrin wieder kehrt,
„Sei noch das ganze Glas geleert;
„Werd' ich nur schlank und kernzart,
„Ist keine Strafe mir zu hart."

„Doch weh! Ach weh! was soll das sein,
„Wie schrumpfen meine Glieder ein!
„Schon hängt der Spiegel mir zu hoch,
„Kaum reich' an's Tabouret ich noch."

Und sieh', die Dame kehrt zurück,
Auf's leere Glas ihr erster Blick,
Der zweite auf die Zofe fällt,
Die sie am Saum des Kleides hält.

Um Hülfe ruft ihr Stimmchen fein;
Man hebt sie auf, giebt Tropfen ein.
Umsonst; zu spät! Das Fräulein spricht:
„Mein Kind, das war zum Trinken nicht."

Die Lehre, die heraus ich fand:
Ein jedes Glück will auch Verstand;
Das feinste Gut gedeihet nicht,
Wo zum Gebrauch der Takt gebricht.

Das „nicht zu wenig," „nicht zu viel,"
Das lernt sich nicht im Kinderspiel,
Es erbt sich an, und übt sich stumm,
Bleibt stets ein Privilegium.

R. S.

SCHLUMMERLIED

von

BECK.

IN MUSIK GESETZT

von

OTTO SCHERZER.

Verlag von Kralz und Hoffmann in Stuttgart.

Schlummerlied
von Sch.

Comp. von Otto Scherzer.

1. Gu - te Nacht, gu - te Nacht,
2. Schla - fe wohl, schla - fe wohl,

mü-de hast du dich ge - wacht!
o der Schlaf ist tro - stes-voll!

Ist auch lang der
Wenn das Aug' sich

Sor - gen Ket - te,
krank ge - wei - net,

Ru - he winkt im stil - len
wenn kein Hoff - nungsstern mehr

Bet - te, wenn das Tag - werk ist voll-bracht,
schei - net, weiss ja Gott wie's wer - den soll.

gu - te Nacht, gu - te Nacht!
schla - fe wohl, schlafe wohl! 3. Träu - me süss,

träu - me süss, was dein Herz dich hoffen liess, was das

Glück dir nicht be-scheer-te, was die Welt dir

nicht ge-währ-te, was das Schick - sal dir ent-

riss, träu - me süss, träu - ue süss i

pp

Druck von Breitkopf und Härtel in Leipzig.

Piloty's

Nero auf der Brandstätte von Rom.

Eine kritische Skizze

von

Adolf Stahr.

Zu den bedeutendsten historischen Bildern neuerer Zeit gehört das große Bild von Carl Piloty, dessen Gegenstand die Ueberschrift dieses Aufsatzes bezeichnet, in welchem ich versuchen will von dem Eindrucke Rechenschaft zu geben, den dasselbe auf mich gemacht hat. Ich sah das Bild im Oktober vorigen Jahrs in der Werkstatt des Künstlers zu München, nachdem ich Tags zuvor seinen „Seni bei der Leiche Wallensteins" in der neuen Pinakothek bewundert hatte — bewundert als ein Meisterstück der Technik, nicht als einen glücklichen Wurf historischer Auffassung. Denn nach dieser Seite hin erhebt sich das letztere Bild nicht über den Bereich der gewöhnlichen Illustration eines praktisch-theatralischen Moments, der selbst als solcher nicht einmal durch eine zu Grund liegende großartige dramatische Originalscene der Dichtung getragen wird. Darum erscheint auch die Ueberlebensgröße der Figuren auf diesem Bilde als ein ästhetischer Fehler. Sie erweckt historische Ansprüche, welchen das dargestellte Sujet in keiner Weise genügt.

Ganz anders verhält es sich mit dem neuen Werk Piloty's, mit seinem „Nero". Auch dieses Bild zeigt lebensgroße, und zum Theil überlebensgroße Gestalten. Aber hier ist diese äußere Größe der Darstellung nothwendig gefordert durch die Größe des dargestellten Moments, durch die weltgeschichtliche Bedeutung, die dieselbe in sich enthält. Denn hier sieht vor uns die räthselhafteste Gestalt des römischen Imperatorenthums, der Herrscher, dessen Name zum Begriff des grausamsten Tyrannenthums geworden ist, und zwar steht er vor uns in einem der furchtbarsten Momente seines gräuelvollen Daseins, auf den Trümmern der zum Theil durch seine Schuld in Schutt und Asche verwandelten Hauptstadt des römischen Weltreichs, umgeben von den hingeschlachteten Bekennern jener neuen Weltreligion, die da bestimmt war, auf den Trümmern der alten Herrscherherrlichkeit des heidnischen Roms das Marterholz des Kreuzes als siegreiches Symbol ihrer neuen Weltherrschaft aufzupflanzen. Ein solches Sujet trägt die Berechtigung zur Kolossalität äußerer Erscheinung nothwendig in sich. Es wäre ein ästhetischer Fehlgriff gewesen, hier geringere Dimensionen anzuwenden, wo eine Aufgabe von solcher historischen Größe zu lösen war.

Historisch aber ist die Auffassung des Künstlers, welche bei diesem Bilde gewaltet hat, in der vollen Bedeutung des Worts, und eben darin liegt ein großer, wo nicht der größte Theil der mächtigen Wirkung begründet, welche dasselbe auf den Beschauer ausübt. Es wird interessant und lehrreich sein, in dieser Beziehung mit dem Werke Piloty's später einmal den Entwurf zu vergleichen, den Kaulbach zu seiner Darstellung desselben Gegenstandes so eben vollendet hat.

Ehe ich jedoch zur Beschreibung des Piloty'schen Bildes übergehe, ist es nothwendig, über das Historische des Gegenstandes selbst und über die Erzählungen der alten Schriftsteller von dem Brande

Roms unter Nero etwas ausführlicher zu handeln, da über diesen Brand und über Nero's Schuld an demselben mancherlei Irrthümer kursiren. In den meisten Geschichtsdarstellungen nämlich erscheint Nero als der eigentliche Brandstifter, der, um einen wahnsinnigen Einfall zu befriedigen, ganz Rom der Flamme Preis gegeben, und vom Thurme seines Palastes auf das Flammenmeer niederschauend, als Apollo Citharödes gekleidet, das Lied von Ilions Zerstörung gesungen habe. Und doch läßt sich erweisen, daß der furchtbare Thrann wenigstens von dieser Schuld theilweise freizusprechen ist.

Hören wir die Zeugen, die darüber berichten. Zuerst den bekannten Kaiserbiographen Sueton, den Kabinetssekretär und gelehrten Archivar des kaiserlichen Hauses unter Hadrian. Sein Bericht sieht in dem ungeheuren Brande, dem furchtbarsten, der jemals Rom betroffen, ein verdachtetes und beabsichtigtes Werk Nero's. Das berüchtigte »Après moi le déluge« ist ein Paar tausend Jahre älter als man anzunehmen pflegt. Schon Euripides ließ in einem seiner verlorenen Trauerspiele diesen Gedanken mit dem Verse:

„Bin ich erst todt, so mische Erd' und Feuer sich!"

von einer der handelnden Personen aussprechen, und der greise Tiberius pflegte in seinen letzten Lebensjahren diesen Ausspruch gern im Munde zu führen. Aber Nero wollte selbst den Tiberius überbieten. Als Jemand einmal bei einem General-Gelage jenen Vers citirte, da rief er, so erzählt Sueton: „Nein! es muß heißen:

„Noch weil ich lebe" —

„Und vollkommen also that er", fährt der Biograph fort. „Denn unter dem Vorwande, daß ihm die Häßlichkeit der alten Gebäude und die engen und krummen Straßen zuwider seien, zündete er die Stadt an, und zwar so offenbar, daß viele Konsularen seine Hofdiener, welche sie mit Pechkränzen und Fackeln in ihren Häusern betraten, nicht anzurühren wagten, und daß einige Fruchtspeicher in der Gegend seines goldenen Hauses, nach deren Grund und Boden er hauptsächlich Verlangen trug, mit Kriegsmaschinen eingerissen und angezündet wurden, weil sie aus Bruchsteinen aufgemauert waren. Sechs Tage und sechs Nächte währte dieses Unheil. Das Volk war genöthigt in Monumenten und Grabmälern Zuflucht und Obdach zu suchen. Dieser Feuersbrunst schaute Nero vom Mäcenasthurme herab zu, und in der Freude über die erhabene Schönheit der Flammengluth, wie er sich ausdrückte, rezitirte er in seinem theatralischen Kostüme den ganzen Gesang von Ilions Zerstörung. Um aber selbst aus diesem Unglück so viel Gewinn und Beute als möglich zu ziehen, kündigte er an, daß er die kostenfreie Wegschaffung des Schuttes und der Leichname selbst übernehme, und gestattete deshalb Niemanden, sich den Trümmern seines Eigenthums zu nahen, während er zugleich durch die Hülfsbeiträge, — nicht nur durch die freiwillig einlaufenden, sondern weit mehr noch durch die geforderten, — die Provinzen und das Vermögen der Privaten völlig erschöpfte."

Das schrieb Sueton etwa hundert Jahre nach dem Neronischen Brande. Sein Bericht, soweit er den Nero betrifft, findet sich mit einigen Veränderungen wiederholt in der Erzählung des römischen Historikers Diocassius, die weit über ein halbes Jahrhundert später niedergeschrieben und uns nur in einem noch weit späteren Auszuge erhalten ist. In dieser Darstellung, die zum größeren Theil nur ein rhetorisches Gemälde des Brandes giebt, erscheint ebenfalls Nero als der absichtliche Anstifter des ungeheuren Unheils. "Nero," heißt es dort, "habe unverholen den Wunsch ausgesprochen, Rom und das römische Reich noch bei seinen Lebzeiten zu Grunde zu richten. Wenigstens habe er den Priamus glücklich gepriesen, daß er den Untergang seiner Vaterstadt und seines Reichs mitansehen durfte. Und so habe er denn durch Leute, die sich betrunken stellten, an den verschiedensten Theilen der Stadt Feuer anlegen lassen." Danebem wird man gleichfalls erzählt, daß als die Flammen überhand nahmen, Nero als Citherspieler gekleidet, von der Zinne seines Palastes herab, das Lied von der Zerstörung Ilions gesungen habe.

Ein alter Spruch lautet: man soll gerecht sein auch gegen den Teufel! Nach diesem Spruche verfährt der dritte und bei weitem gewichtigste Berichterstatter, Tacitus. Er ist zudem der älteste und also der Zeit, um die es sich handelt, der am nächsten stehende historische Zeuge, und sein Zeugniß, welches den Nero von dieser ungeheuren Schuld frei- oder doch zum größten Theile freispricht, verdient um so mehr gehört zu werden, je geneigter sonst dieser mit den düstersten Farben malende Historiker ist, das Bild des gekrönten Ungeheuers, des Mutter- und Brudermörders, mit den schwärzesten Zügen auszustatten. Seine Schilderung, die einzige ausführliche, ist auf genauestes Quellenstudium und zum Theil selbst auf Mittheilungen von Augenzeugen gegründet. Denn Tacitus war schon ein Knabe von etwa zehn Jahren als das Unglück geschah. Diese Erzählung lautet im fünfzehnten Buche der Annalen (Kap. 38—44) wie folgt:

"Ich komme jetzt bei der Darstellung der Ereignisse dieses Jahres (64 nach Christi Geburt) auf ein Brandunglück, von dem es ungewiß bleibt, ob der Zufall oder die böse Absicht des Kaisers es herbeigeführt hat, denn beide Ansichten haben ihre Gewährsmänner unter den früheren Schriftstellern. So viel aber steht fest, daß dies Unglück verderblicher und furchtbarer war, als Alles was diese Stadt jemals durch die Wuth von Feuersbrünsten gelitten hat. Der Ausbruch erfolgte in demjenigen Theile des Circus, welcher an den Palatinischen und Cälischen Berg grenzt. Hier, wo in einer Reihe von Krambuden, welche mit feuergefährlichen Waaren angefüllt waren, der Brand entstand, fand er sofort beim Ausbruche zugleich starke Nahrung, während das Feuer vom Winde getrieben, die ganze Längen-

ausdehnung des Circus ergreift, weil keine mit starken Einfriedigungen abgesperrte Privatwohnhäuser oder mit Mauern umgebene Tempel oder sonst etwas was den Brand hätte aufhalten können, dazwischen lag. Die mit so gewaltigem Ungestüm verbreitete Feuersbrunst, welche zuerst die niedrig gelegenen Stadttheile verheerte, und dann zu den höhern aufstieg, von denen sie wieder in die tieferen hinabraste, überflügelte durch ihre Sturmeseile alle Löschanstalten, wozu noch der Umstand kam, daß die Stadt mit ihren engen, im Zickzack laufenden Straßen und den zwischen ihnen regellos zusammengebauten Häusermassen, wie eben das alte Rom gebaut war, denselben schwere Hindernisse bot. Dazu noch das Jammergeschrei der verzweifelnden Weiber, die hülflosen Greise und Kinder, die Masse von Leuten, die in dem Bestreben sich selbst oder andere zu retten, hier Unbehülfliche eilig fortschleppend, dort das Nachkommen derselben abwartend, theils durch ihr Stehenbleiben, theils durch ihre Hast das stockende Gedränge vermehrten, und sammt und sonders die Löschmaßregeln behinderten. Ja oft geschah es, daß die Menschen, während sie nach rückwärts umschauten, auf den Seiten oder von vorn durch das Feuer abgeschnitten wurden; oder auch wenn sie glücklich in benachbarte Stadttheile entkommen waren, dieselben, welche sie noch fernab vom Feuer geglaubt hatten, bereits von demselben Unheile ergriffen fanden. Endlich kam noch, wissend, wo sie oder wohin sie fliehen sollten, blieben sie dichtgedrängt auf den breiten Wegen stehen, und warfen sich auf den freien Feldern nieder. Manche hatten all' ihr Hab und Gut, ja selbst die Mittel zur Fristung des täglichen Lebens eingebüßt (und gingen so zu Grunde), andere, die sich hätten erretten können, fanden als Opfer der Liebe zu den Ihrigen, in dem vergeblichen Bestreben dieselben dem Feuer zu entreißen, ihren Untergang. Auch wagte Niemand ernstlich dem Feuer Einhalt zu thun, da zahlreiche Stimmen wiederholt unter Drohungen zu löschen verboten, während andere Individuen offen Feuerbrände in die Häuser warfen, wobei sie laut äußerten: sie hätten dies auf höhere Anweisung", sei es nun, daß sie ihre Räubereien ungehindert versuchen könnten, oder daß sie wirklich Befehl haben möchten.

"Nero residirte zu der Zeit in Antium. Er begab sich erst in die Hauptstadt zurück, als er erfuhr, daß das Feuer sich seinem Residenzbaue nähere, durch welchen er eine Verbindung zwischen dem Palatium und den Parkgärten des Mäcenas hergestellt hatte. Allein trotzdem daß er jetzt selbst die Löschanstalten beeuerte, war es unmöglich, Einhalt zu thun, und es wurden trotz allen Anstrengungen Palatium, Residenzbau und alles was dazu gehörte, von den Feuer verschlungen. Indessen that er das Mögliche, um die Niedergeschlagenheit des Volkes aufzurichten. Er öffnete den obdachlosen und flüchtigen Theile desselben das Marsfeld und die großartigen Bauwerke Agrippa's, ja sogar seine eigenen Parkgärten, und ließ, um der hülfsbedürftigen Menge

Obdach zu verschaffen, zahlreiche Blockhäuser für die erste Noth bauen. Er ließ von Ostia und von den Landstädten der nächsten Umgebung Lebensmittel herbeiführen und setzte den Preis des in den Staatsmagazinen befindlichen Getraides auf drei Sesterzien herab. Alle diese unläugbar menschenfreundlichen Maßregeln verfehlten jedoch ihres Eindrucks, weil sich das Gerücht verbreitet hatte, daß er mitten in den Tagen, wo die Stadt in Flammen stand, seine Palastbühne betreten und das Lied vom Untergange Troja's gesungen habe, indem er in den Scenen des gegenwärtigen Unheils eine Abspiegelung jenes alten Unglücks sah."

„Erst am sechsten Tage wurde zu unterst in den Esquilien dem Feuer ein Ziel gesetzt durch Niederreißung von Gebäuden in großartigem Umfange, damit der Zug der Verheerung durch freies Feld und so zu sagen durch den leeren Luftraum aufgehalten würde. Allein noch hörte die Furcht nicht auf, und in der That brach das Feuer noch einmal mit kaum geringerer Wuth wieder aus, diesmal in den weniger dicht bebauten Stadttheilen, wodurch zwar der Verlust an Menschenleben geringer war, dafür aber Göttertempel und Säulengänge zum Lustwandeln in weit größerem Umfange zum Einsturz kamen. Und dieser zweite Brand hatte noch eine Verschlimmerung zur Folge, weil er in Tigellinus'*) Aemilianischen Besitzungen ausgebrochen war, und es in den Augen der Menschen den Anschein gewann, als strebe Nero nach dem Ruhme, der Erbauer einer neuen nach seinem Namen zu benennenden Welthauptstadt zu werden." — Soweit Tacitus' Erzählung; was er sonst noch über Umfang und Folgen des Brandes berichtet, wird weiterhin seine Stelle finden.

Vergleichen wir jetzt diese ausführliche, Gerücht und Thatsachen streng sondernde Darstellung des größten römischen Geschichtschreibers, so springt der Unterschied in die Augen. Bei ihm hat Alles Zusammenhang, Verständlichkeit, Möglichkeit; bei jenen findet das baare Gegentheil statt. Ihr gedankenloses Nachsprechen und kritikloses Fürwahrhalten stellt als tolle Thatsache dar, was Jener nur als traditionelles Gerücht zu erwähnen sich gestattet. Bei ihnen erscheint Nero als ein Sinnloser, der in jedem Betracht keiner mehr ist; bei Tacitus sehen wir selbst in dem mit Mutter- und Bruderblute befleckten Tyrannen, die bis zur scheinbesten Höhe gesteigerten Romantiker der römischen Welt doch noch den Herrscher und Regenten. Die Beschuldigung der Brandstiftung, die Sage, daß er während des Brandes das Lied vom Untergange Troja's auf der Bühne gesungen, der Glaube der Zeitgenossen, daß er ganz Rom vernichten wollte, — das Alles wird zwar von Tacitus erwähnt, aber es wird erwähnt als Gerücht, entstanden in den wild erregten Gemüthern der damaligen Menschen, und selbst die von ihnen dem Kaiser Schuld

*) Tigellinus war Nero's Buhlenfreund.

gegebene Absicht der gänzlichen Zerstörung Rom's erscheint bei Tacitus wenigstens minder wahnsinnig als in Sueton's und Dio's Erzählung, motivirt durch Nero's Streben nach der Ehre, Erbauer eines neuen, nach ihm zu benennenden Rom's zu werden.

Tacitus läßt es zunächst unentschieden, ob der Brand zufällig oder durch Nero's Verruchtheit herbeigeführt worden sei. Er fand beide Ansichten in seinen Quellen. Aber die Klage muß zu Gunsten der ersteren gestanden haben, denn es ist sonst seine Art nicht, den Nero irgendwo zu schonen. Die zugespitzten Anekdoten von dem Nero, der das Schicksal des Priamus beneidet und das Euripideïsche après moi le déluge! verbessern will, übergeht Tacitus ganz mit Stillschweigen, weil er sie für das hielt was sie waren, d. h. entweder für Neronische Rodomontaden, ausgesprochen im Kreise der verruchten Gesellschaft seines Hofes, in welcher einer den andern mit solchen Frivolitäten zu überbieten suchte, oder für Erfindungen im Geiste Nero's und seiner Genossen. Es kann wohl sein, daß sie von Nero selber stammen, und in diesem Falle hat die kaiserliche Frivolität ihre furchtbare Strafe dafür empfangen. Denn gerade solche Reden waren es, welche bei Zeitgenossen und Nachwelt die gräßliche Schuld an dem Brande Rom's auf seinen Namen gewälzt haben. Das Aehnliche gilt von der Beschuldigung, daß er während des Brandes der Stadt auf seinem Privattheater, wie Tacitus sagt, oder vom Mäcenasthurme herab, wie es bei den andern Schriftstellern heißt, das Lied von der Zerstörung Troja's declamirt habe. Tacitus bezeichnet auch dies nur als ein „Gerücht", welches sich später im Volke verbreitet habe. Auch dies Gerücht wird seinen Grund gehabt haben. Es liegt nahe genug anzunehmen, daß der ungeheure Anblick der von unterirdischen Flammengluthen durchrasten Hauptstadt der Welt in Nero, dem poetischen Kunstenthusiasten, das Andenken an das brennende Troja auftrieb, und daß dieser Anblick ihm die poetische Schilderung der Zerstörung Ilien's und eine Vergleichung seiner eigenen Situation mit dem Geschicke des alten Priamus auf die Zunge legte. Es ist dies Alles eben so natürlich, als daß aus solchen Aeußerungen des Kaisers, die schnell von Mund zu Mund liefen, alsbald jenes Gerücht von seiner schauspielerischen Declamirung des furchtbaren Unglücks entstehen mußte, zumal da es mit seiner weltbekannten theatralischen Liebhaberei so ganz in Einklang zu stehen schien.

Sehen wir nun aber die weitere Darstellung des Tacitus genauer an, so ergiebt sich, daß Nero, weit entfernt den Gedanken oder die Absicht eines solchen Zerstörungswahnsinnes zu verfolgen, vielmehr Alles aufbot, dem Verderben Einhalt zu thun. Als das Feuer ausbrach, war er selbst, wie schon bemerkt, nicht in Rom anwesend, sondern in Antium, seinem Geburtsorte und Lieblingssitze, unter dessen Trümmern anderthalb Jahrtausende später die Statue des Belvederischen Apollon gefunden ward, die vielleicht als Bild des „Verderbenabwendenden Gottes", der einst die

Furien von dem Muttermörder Orestes zurückscheuchte, den Vorhof des kaiserlichen Muttermörders schmückte*). Dorthin, nach Antium, brachten ihm seine Schnellläufer die Kunde, daß Feuersbrunst in Rom ausgebrochen sei. Sie mochte ihn Anfangs wenig bewegen; denn Feuersbrünste waren nichts Seltenes in Rom. Er mochte obendrein denken, daß dieser Brand den kolossalen Bauplänen, mit denen er sich schon lange trug, gar wohl zu Statten komme. Vielleicht hatte er sogar bei dem Entstehen desselben die Hände im Spiel gehabt. Es ist sehr möglich, daß ein Kaiser wie Nero vor dem Gedanken nicht zurückschreckte, gewisse Partieen der Stadt, die seinen Bauplänen Hindernisse boten, heimlich durch Feuer aus dem Wege zu schaffen. Dem ästhetischen Sinne des Tyrannen waren ebendhin die engen und krummen Straßen, die winklichen Plätze, die Häßlichkeit vieler alten, von der Tradition geheiligten Bauwerke, die der fromme Glaube und Aberglaube als ehrwürdige Reliquien aus Rom's ältester Zeit verehrte und konservirte, längst zuwider gewesen; und so war es ihm jedenfalls gar nicht unlieb, daß ein tüchtiger Brand ihm endlich die Gelegenheit eröffnete, das Augustische Rom theilweise in ein Neronisches zu verwandeln. Fast alle innerlich schwachen und unkriegerischen Herrscher sind baulustig, ganz besonders wenn sie Kunstliebhaber, oder gar wie Nero, Annnitenthusiasten sind. Dazu kam, daß Nero schon seit Jahren das Verlangen hegte, sich einen Kaiserpalast herzustellen, wie die Welt noch keinen gesehen. Zu diesem Zwecke aber bedurfte er vor allen Dingen, was in der übervölkerten, dichtgedrängten Stadt selbst für einen Kaiser am schwierigsten zu erlangen war, Raum und Platz in einem Umfange, wie ihn nur der Brand verschaffen konnte. Es ist also sehr denkbar, daß ihm jene Nachricht höchst willkommen war, ja es ist sogar sehr möglich, daß er geheime Befehle geben mochte, dafür Sorge zu tragen, daß gewisse Gebäudemassen, die seinem Palastbauplane am meisten im Wege standen, ein Raub der Flammen würden. Eine Andeutung hievon ist auch in dem Berichte Sueton's von dem „Niederreißen gewisser Kornspeicher, nach deren Grund und Boden er hauptsächlich Verlangen trug," erhalten; wiewohl auch hierfür noch eine andere Erklärung möglich ist. Aber gerade diese geheimen Befehle trugen dazu bei, das Unheil zu vergrößern und es in einem Maße auszudehnen, woran selbst Nero nicht zu denken gewagt hatte. Vor Allem hatte er sicher nicht gefürchtet, daß das Feuer der Kaiserburg und seiner Vergrößerung derselben, durch den kolossalen Verbindungsbau, der den Palast auf dem Palatinischen Hügel mit dem Parke Mäcen's verband, gefährlich werden könne. Auf die Nachricht, daß die Flammengluth auch diese Bauten bedrohe, eilte er von Antium nach der Stadt, um durch seine Anwesenheit die Anstrengungen zur Rettung zu befeuern. Und in der That geschah jetzt, wie Tacitus

andeutet, das Menschenmögliche, um des Feuers Herr zu werden. Vielleicht war es in diesem Momente, daß auf Nero's Befehl jene gewaltige Reihe von Fruchtspeichern in der Nähe des Palatinischen Berges durch die Kriegsmaschinen der kaiserlichen Artillerie niedergelegt wurden, um dem Feuer die Nahrung zu nehmen, und die kaiserlichen Palastgebäude zu isoliren. Aber Alles war vergeblich. Die Kraftanstrengungen der Menschen zeigten sich ohnmächtig gegen die rasende Wuth des entfesselten Elements; der kaiserliche Palast mit allen Neubauten desselben ging in Flammen auf. Vergebens hatte Nero zur Verstärkung der Rettungs- und Löschanstalten die Schaaren seines in und um Rom garnisonirenden Heeres aufgeboten. Sie halfen nur die Verwirrung und das Unheil vergrößern. Was wir in unsern Tagen bei dem großen Hamburger Brande erlebten, mußte in unendlich größerem Maaßstabe bei einer Feuersbrunst vorkommen, welche eine von nahezu zwei Millionen Menschen bevölkerte, eng und schlecht gebaute, mit unzureichenden Löschanstalten versehene, und von dem Auswurfe der damaligen Welt, von hungernden Proletariern, von Räuber- und Diebsbanden, von verbrecherischen Abenteurern aller Art, und von Tausenden und Abertausenden zügellos gewordener Soldaten und Sklaven erfüllte Stadt in der heißesten Jahreszeit — es war am 19. Juli, als der Brand ausbrach — und unter den ungünstigsten Umständen betraf. Während dieses neuntägigen*) Brandes, der über drei Viertheile der ungebauten Stadt vernichtete, waren alle diese furchtbaren Elemente entfesselt und auf die dem Verderben geweihte Stadt losgelassen, welche die Schätze der Welt in sich schloß. Raubende Banden, zum Theil unter der Maske von Rettenden und Löschenden, fanden es in ihrem Interesse, das Feuer in Gebänden und Stadttheilen zu verbreiten, deren Schätze der Plünderung reiche Beute versprachen; und es konnte nicht fehlen, daß in der allgemeinen Verwirrung, wo ohnedies schon Befehle und Anordnungen sich widersprechend durchkreuzten, von den Führern solcher Banden als Gebot des Kaisers ausgegeben ward, was sie für eigene Rechnung thaten. Es ist aber vielmehr mit Gewißheit anzunehmen, und Tacitus selbst hat es angedeutet, daß Nero alle Mittel aufbot, um dem Unheil Schranken zu setzen, und daß es nicht seine Schuld war, wenn dasselbe einen Umfang erreichte, wie ihn die römische Welt bisher nimmer gesehen hatte. Den Anstalten, welche er traf, um den abgebrannten Hunderttausenden nach der endlichen Bewältigung des Feuers Obdach und Nahrung zu verschaffen, kann selbst Tacitus nicht umhin, das Lob der Menschenfreundlichkeit zu ertheilen. Und was den Wiederaufbau der Stadt betrifft, so sehen wir, daß Nero denselben in einer Weise angriff, welcher man den entschiedensten Beifall zollen muß, wenn auch keineswegs geläugnet werden soll, daß dabei die Finanzen des Reichs und

---

*) S. Dorso von Kr. Ziahr. Th. II., S. 321. 322 ff.

*) Neun Tage des Brandes nennt eine alte Inschrift. Sie zählt die drei Tage der zweiten Feuersbrunst mit.

der Privaten auf das Aeußerste erschöpft und zerrüttet wurden.

Denn allerdings war die Aufgabe der Wiederherstellung eine ungeheure. Von den vierzehn Quar-
tieren der Riesenstadt, die an Umfang heute nur
etwa mit London zu vergleichen ist, standen nur noch
vier aufrecht. Drei waren völlig dem Erdboden
gleich gemacht, von den sieben übrigen sah man nur
noch vereinzelte, vom Feuer mehr oder weniger be-
schädigte Häuserreste. Schon Tacitus fand es unmöglich, die vernichteten Paläste der Reichen und
Großen, Familienwohnungen und Tempel der Zahl
nach zu berechnen; und der Verlust an Werthen und
Kostbarkeiten aller Art, an reichen Kunstsammlungen
und Bibliotheken entzog sich vollends in einer Stadt,
in welche seit Jahrhunderten alle Schätze des Erd-
kreises zusammengeschleppt worden waren, jeder auch
nur annähernden Schätzung. Selbst zu Tacitus'
Zeit vermißten ältere Männer, die sich des Rom
vor dem Brande noch erinnern konnten, bei aller
Herrlichkeit der aus der Asche wieder erstandenen
Stadt, gar Vieles, was unersetzlich verloren blieb.
Aber ungeheuer, wie das Unglück und die Verluste,
waren auch die Mittel, welche dem Herrn der Welt
zu Gebote standen, und die Anstrengungen, welche
er machte, um seine Hauptstadt wieder in erneutem
Glanze erstehen zu lassen. Er nahm zunächst den
ganzen Restaurationsplan in seine Hand und gab
dadurch der Stadt einen ganz neuen Charakter. Das
bisherige Rom, mit seinen engen und krummen
Gassen, seinen unregelmäßigen Plätzen, seinen ver-
worrenen ineinander gestützten Häuserknäueln, zeigte
in seiner Physiognomie noch immer die Planlosigkeit
und Zufälligkeit, welche bei dem Wiederaufbau nach
dem Gallischen Brande gewaltet hatten. Das Alles
ward jetzt anders. Nach dem neuen von Nero mit
seinen genialen Baumeistern Celer und Severus be-
rathenen Plane ward auf Schönheit und Regelmäßigkeit, wie auf Sicherheit und Gesundheit zugleich
Bedacht genommen. In regelmäßigen Linien und
breiten geraden Straßen erhoben sich die Neubauten.
Die Höhe der Häuser, zumal der Familien- und
Miethswohnungen, welche die Habsucht der Besitzer
bis zu neun Stockwerken aufgethürmt hatte, war
bei dem Brande dem Leben von Tausenden verderblich geworden. Nero beschränkte dieselbe auf ein
festes Maaß. Diese Gebäude waren fast durchgängig
von Holz, ohne eigne Brandmauern dicht aneinander
gereiht gewesen. Nero befahl, daß alle Gebäude bis
zu einer gewissen Höhe ohne alles Holzgebälk, von
Stein, und zwar von dem soliden, dem Feuer am
besten widerstehenden Gabiner- und Albanerbruchstein
aufgeführt werden und jedes von dem andern getrennt und mit seiner eigenen starken Brandmauer
versehen sein sollte. Ferner sollte jedes von vier
Straßen eingeschlossene Häuserquadrat, jede „Insel",
wie man dergleichen Häuserkomplexe nannte, zum
Schutze bei Feuersgefahr, sowie zur Ermöglichung
der Rettung der Bewohner und zur Erleichterung
der Löschanstalten, von steinernen Säulenhallen um-

geben sein, und jedes Haus einen freien Vorplatz,
eine sogenannte „Area" haben. Den Bau dieser
Säulengänge, sowie die Abräumung der Vorplätze
übernahm der Kaiser auf eigene Kosten. Aber noch
mehr! Um den Eifer der Privaten zu spornen, sette
er für diejenigen, welche innerhalb einer bestimmten
Zeitfrist den Neubau von Privatwohnhäusern und
Miethswohnungen vollenden würden, Prämien aus,
welche je nach der verschiedenen Lebensstellung und
den Vermögensverhältnissen verschieden abgestuft waren.
Zunächst aber galt es, die ungeheure Masse des
Brandschuttes möglichst schnell wegzuschaffen. Nero
bestimmte zur Aufnahme desselben die Sümpfe bei
der Hafenstadt Ostia, der dadurch zugleich ein Vortheil erwuchs, und verordnete, daß alle Schiffe,
welche Getraide den Tiberstrom aufwärts herbeigeführt
hatten, immer als Rückfracht Schuttladungen abwärts
führen sollten. Das Brandunglück hatte die Mangelhaftigkeit der Löschanstalten zu Tage gebracht. Auch
hierauf wandte sich die Sorgfalt des Kaisers. In
den Straßen und auf den Plätzen der mit Wasser-
leitungen so überreich versehenen Stadt hatte bei
dem Brande das Wasser gemangelt, weil die Reichen
und Vornehmen seit lange die Ströme der Aquädukte
für ihre Villa's und Parke unbefugter Weise abgeleitet und verwendet hatten. Nero sorgte dafür, daß
diesem Uebelstande abgeholfen wurde, indem er eigene
Aufsichtsbehörden bestellte, die darüber zu wachen
hatten, daß auf Straßen und Plätzen in Fontänen
und großartigen Bassins reichlich Wasser vorhanden
sei. Er verordnete endlich, daß in keinem Hause
die nothwendigen Löschgeräthschaften und genügende
Wasservorräthe fehlen durften. — Alle diese Anordnungen waren, wie Tacitus hinzufügt, so wegen
ihrer Nützlichkeit willkommen, als sie zur Schönheit
und Zierde der neu erstehenden Stadt beitrugen, wenn
es gleich Leute gab, welche meinten, die alte Bauart sei doch gesünder gewesen, weil die engen Gassen
und die hohen Häuser besseren Schuß gegen die
Sonnengluth gewährt hätten, als die neuen breiten
schattenlosen Straßen, in denen die Hitze sich jetzt
zum Unerträglichen steigerte.

Man wird zugeben, daß der historische Nero bei
dem Brande Rom's, wie wir ihn hier, genau nach
den von Tacitus gegebenen Andeutungen, gezeichnet
haben, in einem andern Lichte erscheint, als der
traditionell gewordene zynische Brandstifter, bei die
Hauptstadt der Welt in wahnsinniger Laune den
Flammen überliefert, während er von den Zinnen
seiner Kaiserburg herab im theatralischen Kostüme
die Zerstörung Ilions singt. Es ist überhaupt dem
gewaltigen Gestalten dieser Kaiser des Augustischen
Hauses gar manches Unrecht von der Ueberlieferung
geschehen. Man sollte das Wort des Tacitus nie
vergessen: „daß die Geschichte des Tiber und Caligula, des Claudius und Nero von ihren Zeitgenossen
mit furchtsamer Unwahrhaftigkeit, und nach ihrem
Untergange von Schriftstellern geschrieben wurde,
deren Schreibgriffel in die Gluth des frischen Hasses
getaucht war", und daß die dämonisch-räthselhaften

Naturen eines Tiberius und Nero, deren Stamm gleichsam zu mythischen Trägern unerhörter Frevelhaftigkeit und wahnsinniger Unmenschlichkeit gemacht wurde, ihren historischen und psychologischen Darsteller und Erklärer noch heute erwarten.

Es ist daher kein geringes Verdienst Piloty's, zu dessen Bilde wir jetzt zurückkehren, daß er in demselben die graue Gestalt Nero's vor allen Dingen historisch aufgefaßt und vor unsere Augen gestellt hat. „So mag es gewesen sein! so mag er ausgeschaut haben, als er über das ungeheure noch rauchende Trümmerfeld vom Palatium hernieder schritt!" — Das war die erste deutliche Empfindung, die sich in mir bei dem Anblick von Piloty's Nero regte. Und dieser Eindruck war ein bleibender. Diesen Nero können wir verstehen und begreifen. Piloty hat seinen Nero gemalt, wie Tacitus' Schreibgriffel ihn gezeichnet hat. Sein Nero ist noch immer ein Tyrann, ein furchtbares Wesen, dessen Anblick das Blut in unsern Adern gerinnen macht. Aber wir können ihn begreifen, wir können lesen, was auf diesem marmornen Angesichte sich spiegelt, was in seinem Innern vorgeht. Wir können die Eigenschaften begreifen, welche es möglich machten, daß die Welt die Herrschaft dieses fürchterlichen Wesens so viele Jahre lang ertrug; wir können uns eine Vorstellung davon machen, wie es zugegangen, daß eine ursprünglich wohl angelegte, reich begabte, mit glänzenden Talenten ausgestattete Natur, auf einen Boden gepflanzt zum riesigen Giftbaume emporwuchs, daß Neigungen, Gaben und Anlagen, welche am Privatmanne die Welt hätten erstaunen mögen, in dem Beherrscher der Welt zum Verderben der Menschheit wurden.

Der Schauplatz ist am Fuße des Palatinischen Berges in der Nähe des Forums, das durch die heute noch aufrecht stehenden beiden Säulen des Konkordientempels sofort kenntlich gemacht ist. Die ungeheure Stadt ist ein rauchendes Trümmermeer, aus dem hier und da in weiter Ferne noch einzelne schwache Lederglutflen emporzucken. Es ist Abend, die Sonne eben im Untergange. Der Kaiser ist wie Mahle aus irgend einer entfernten Villa herbei gekommen, um die Brandstätte zu besichtigen. Er hat zunächst die Stätte betreten, wo auf den Höhen des altgeheiligten Palatinischen Berges die riesigen Bauten der Kaiserburg und ihrer Umgebungen noch vor wenigen Tagen stolz zum Himmel emporragten, und der glänzende Neubau jenes Schlosses, dessen Gallerien sich vom Palatium zu den Gärten Mäcen's hinüberstreckten, so oft von der ausgelassenen Lust und Herrlichkeit seiner Feste erscholl. Das Alles liegt nun in rauchenden Trümmern zu seinen Füßen, und soweit sein Auge von der Höhe blickt, sieht es überall nichts als den Grauß ähnlicher furchtbarster Zerstörung, das Bild des Unterganges einer Welt von Pracht und Herrlichkeit. Er schreitet allein einher über niedergestürzte Architraven, welche die Hand der Meister plastischer Kunst bildnerisch geschmückt hat, vorbei an einzelnen aufrecht gebliebenen

marmornen Riesensäulen, welche den Prunkbau des Tempels schmückten, in dessen Deckengewölbe, das zur Hälfte eingestürzt ist, wir hineinblicken. Mühsam hat die Anstrengung Tausender von Arbeitern eine Art von Weg durch die Trümmerwüste gebahnt für den Beherrscher der Welt, der fast in der Mitte des Bildes im langen, weißen schleppenden Festgewande, den rechten Arm müde herabhängend, mit dem linken, dessen Hand einen scepterähnlichen Stab hält, das über den Arm hin aufgenommene Gewand tragend, die imprevisirten Trümmerstufen hinabschreitet. Hinter ihm, in einiger Entfernung sein Gefolge. Zunächst die drei Mächtigsten seines Hofes und Reichs, der entsetzliche Tigellinus, der finstre Burrus, der Leibliebhaber seiner Präterianer, in voller Kriegsrüstung, den Helm auf dem Haupte, das Schwert in den zusammengelegten Händen vor der gepanzerten Brust haltend, und ein Dritter, ihnen gleich an Rang und Gunst. Zwei andere Begleiter und ein bewaffneter Leibwächter umschließen den Zug, welchen tiefer hinabwärts drei mit Fackeln verleuchtende Pagen, unter ihnen ein Mohrenknabe, und die riesigen Gestalten von zwei gebarnischten Veteranen der deutschen Leibgarde eröffnen. Diese letzteren sind die Einzigen, auf deren wie in Stein gehauenen Zügen sich kaum eine Spur der Empfindung ausdrückt, welche der grause Anblick der allgemeinen Zerstörung und die in nächster Nähe sich darbietende Scene des Entsetzens mehr oder weniger bei allen andern hervorruft. Denn fast unmittelbar zu Füßen des langsam und wie bewegungslos dahin wandelnden Kaisers erblicken seine Begleiter plötzlich an ein Marterholz geschnürt die Leichen einer erwürgten Christenfamilie, Mann, Weib und Kind, die mit zahllosen andern ihrer Glaubensgenossen von dem Tyrannen als Anstifter des Brandes bezeichnet und von ihm der Volkswuth zum Opfer hingeworfen sind. Herabgestürztes, noch glimmendes Gebälk, von dem ein Teil Rauch zu dem Mörder und seinem Gefolge wie ein Trauerflor emporzieht, bedeckt den Unterkörper des Mannes, dessen an den Pfahl gebundene Rechte noch das kleine Kreuz in Todeskrampfe umschlossen hält. Selbst der grausame Tigellinus beugt das Haupt einen Augenblick hinabwärts zu dieser Gruppe, deren edle an den Orient erinnernde Züge einen schönen Gegensatz bilden zu den von Leichensaft und Ausschweifung verwüsteten und verzerrten Physiognomien der römischen Hofherren und ihres Gebieters, zu der rohen Starrheit der Kriegsknechte und zu dem slavischen Ausdrucke grausender Ehrfurcht, mit dem eine Gruppe römischer Senatoren sich gegen den zu ihnen herniederschreitenden Kaiser zur Erde beugt.

Aber Alles dieses verschwindet gegen die Gestalt, in welcher uns der Künstler den Mann darzustellen gewußt hat, der den Mittelpunkt aller dieser Gruppen und all' dieses Grauens bildet. So ist Nero, der vergötterte und sich selbst vergötternde Beherrscher des Römerreichs, der gekrönte Schauspieler, der Virtuose der Grausamkeit, der mit der Last des Mutter-

und Brudermordes beladene schuldbewußte Verbrecher, der alle Leidenschaften und alle Lüste zur Betäubung seiner selbst erschöpfende Wüstling, der halb dem Wahnsinn verfallene Weltthrann noch nie gemalt worden. Dieses Bild Nero's allein sichert dem Künstler, der es geschaffen, seinen Platz unter den Meistern historischer Kunst. Wer diesen Nero einmal gesehen, wird von ihm kein anderes Bild mehr in sich aufzunehmen vermögend sein. Der kaiserliche Schauspieler ist auch in dieser fürchterlichen Stunde sich bewußt, daß er Schau zu spielen, daß er den Kaiser, den Halbgott, den Apollon Citharoedus, dessen Gewand er trägt, darzustellen hat; und er zeigt sich seiner Aufgabe gewachsen. Das freche Witzwort, von Priamus' beneidenswerthem Glücke, der frevelnde Wunsch des genialen Romantikers, ein gleiches Zerstörungsschicksal mit Augen zu schauen, das Wort des Dichters: „Nach mir der Untergang!" überboten zu sehen — sie haben jetzt eine fürchterliche Erfüllung gefunden, und seine innerste Seele erlahmt unter der Wucht des unermeßlichen Unheils, erlahmt unter der Last des Bewußtseins: daß er, der Schuldige, Tausende von Unschuldigen gemordet, um die Fluche Rom's und der Welt von sich abzuwälzen. Denn dieser Nero weiß, daß Er es gewesen, der getrieben von der Begier sich Raum zu schaffen für das zu errichtende Weltwunder seines geplanten Kaiserschlosses, den Brand geschürt, wenn nicht angestiftet, der so weit über sein Wollen, über seine frevelnde Zuversicht, dem entfesselten Elemente nach Belieben Schranken setzen zu können, hinausgegangen ist! Das verräth uns eben die Maske dieses marmornen Gesichts, die es uns verbergen soll; verrathen uns die halbgeschlossenen, in trotzigem Hohne doch scheu seitwärts niederblickenden Augen, der weltverachtende Stolz der aufgezogenen Lippen des zusammengepreßten Mundes, die mühsam aufgesteifte Schlafheit aller Züge dieses entsetzlichen Angesichts, dessen dämonisch unheimlicher Ausdruck noch verstärkt wird durch den Kranz von blaßrothen Rosen, der tief auf die Stirn des müden Schwelgers hinabfällt. Alles ist müde und überlästig an diesem Dämon der Zerstörung — denn dieser Dämon ist ein Mensch! — müde der Arm, der das Scepter trägt, müde vom Morden der Rechte, die für so viel Tausende das Wort des Todesurtheils niedergeschrieben hat, müde und erschöpft die ganze von Schwelgerei aufgedunsene Gestalt. Es ist Alles hohl und leer in dieser Brust, alles Schein und Täuschung: die Würde der Majestät, die verächtliche Gleichgültigkeit, die über alle Schrecknis erhabene göttliche Hoheit, sogar die Maske der Ruhe und Selbstbeherrschung, mit der er rechts und links, über und neben Leichen und Trümmern schreitet, die Ehrfurcht, die ihm begegnet, Schein die Treue, die ihn umgiebt. Denn diese in sklavischer Demuth vor ihm sich beugenden Römer verwünschen ihn im Herzen, und sein Geist hört die ungesprochenen Flüche, die sich hinter dem ehrfurchtsvollen Stammeln des Kaisergrußes verbergen. Und diese treuen Prätorianer, die un-

erschütterlichen Säulen seiner Thrannenherrschaft, berechnen vielleicht schon, in welchem Umfange dieser Brand ihrem Herrn die Mittel genommen hat, ihre Treue durch Gold immer neu zu erkaufen, und sind bereit, ihn zu verrathen, wenn ein Feldherr im fernen Osten und Westen ihnen mehr Schätze bieten sollte, als jetzt dem Verderber der Hauptstadt zu Gebote stehen.

So ist denn dieses, auch von Seiten der Technik in hohem Grad vollendete Kunstwerk ein von acht historischem Geiste erfülltes Bild des römischen Thrannenthums, wie meines Wissens die Malerei der neueren Zeiten kein zweites besitzt. Soll ich an demselben einen Mangel hervorheben, so würde dieser nur etwa die Gruppe der gemordeten Christen im Vordergrunde treffen, die, allerdings in der Composition gefordert, doch in der Ausführung etwas hat, was ich als künstlich „arrangirt" bezeichnen möchte, und was um so mehr anstößt, je schärfer es gegen die in der ganzen übrigen Composition herrschende Natürlichkeit der Anordnung und Sparsamkeit der Mittel absticht. Denn auch das ist ein Verdienst der Darstellung, daß sie ihre Wirkung mit einer verhältnißmäßig geringen Zahl von Figuren erreicht, während sonst auf historischen Bildern so oft die Massenhaftigkeit der Gestalten den Beschauer verwirrt und die Wirkung beeinträchtigt.

Es ist das Eigenthümliche des wahrhaften Kunstwerks, daß seine Betrachtung immer aufs Neue einen unerschöpflichen Reichthum von Gedanken und Empfindungen erschließt, und daß jeder Versuch in das Wesen desselben, in die bewußten Intentionen des Künstlers wie in die unbewußten Kundgebungen seines Genius einzudringen, so durch neue Aufschlüsse und Entdeckungen belehrt. Solcher Betrachtung dieses Kunstwerk zu empfehlen, war der Zweck dieser Mittheilungen, deren Ausführlichkeit ihre entschuldigende Erklärung in dem Bestreben finden mag, den Betrachter durch Vorlegung des historischen Materials der dargestellten Scene von vorn herein auf den richtigen Standpunkt zu stellen.

In dieser Hinsicht bedarf es aber schließlich noch einiger Worte über die an den Neronischen Brand sich knüpfende grausame Verfolgung der Christen, von welchen uns Tacitus Kunde giebt, und deren Andeutung Piloty mit vollem Rechte seinem Bilde hinzugesellt hat.

Nero war, wie geschildert, schuldig und unschuldig zugleich an dem unerhörten Unglück der Feuersbrunst. Aber er war ein Thrann, so dem sich die Mitwelt einer solchen Frevelthat versehen mochte, und die öffentliche Meinung von Rom und Italien bezeichnete ihn sofort als den abscheulichen Urheber derselben. Alle jene frevelhaften Genialitäten, die er früher im Kreise seiner Lastergesellen und Theilnehmer seiner geistigen und leiblichen Orgien ausgestoßen, kamen jetzt den Menschen in Erinnerung, und standen wider ihn auf als eben so viele berechte, unwidersprechliche Zeugen seiner ungeheuren Schuld. „Alle menschliche Hülfleistung, alle Beweise großartigster Freigebiglest, alle Bemühungen durch religiöse Weihen und Bußfeste die Götter zu versöhnen," kurz Alles was er that, um die Meinung von dieser seiner Schuld aus dem öffentlichen Bewußtsein auszutilgen, war, wie Tacitus sagt, vergebens. Das Brandmal blieb haften auf seiner Stirn in den Augen des Volkes von Rom; und dies Volk von Rom war das Einzige, was Nero auf Erden zu fürchten hatte. Dem Adel und die Senatoren, die Großen und Reichen mochte er umbringen nach Lust, um seine Launen zu befriedigen und Schätze zu rauben; — aber dem Volke seine Stadt und seine armselige Habe in Feuer aufgehen lassen, und es selbst zu Tausenden dem Flammentode, dem Elende und dem Verhungern überliefern, — das war eine That, die wenn die öffentliche Meinung nicht erfolgreich umgestimmt ward, eine Empörung hervorrufen konnte, die ihm Thron und Leben kostete. Das begriff Nero, und als alle andern Mittel erschöpft waren, griff er zu dem letzten und fürchterlichsten. Das Volk von Rom wollte und mußte ein Opfer haben, und er gab es ihm. Er selbst bezeichnete ihm Unschuldige als die Schuldigen, und brachte sie, zur eigenen Sicherung, dem Volke zum Opfer dar. Hören wir auch darüber Tacitus' Bericht. „Rom war damals, sagt er, voll von Tausenden jener Sektirer, welche das Volk mit dem Spottnamen der „Christianer" bezeichnete. „Dieser Name" fügt Tacitus hinzu, „rührte her von Christus, welcher unter Kaiser Tibers Regierung durch den Prokurator Pontius Pilatus hingerichtet war. Aber die für den Moment unterdrückte verdammungswürdige Schwärmerei war wieder ausgebrochen, und hatte sich nicht nur über Judäa, wo dieses Unheil seinen Ursprung genommen hatte, sondern auch über die Hauptstadt verbreitet, wohin ja bekanntlich alle und jede Gräuel und Scheuel aus der ganzen Welt zusammenströmen und ihren Anhang finden." Diese „Christianer" galten für Feinde der gesammten Menschheit, weil sie alle und jede bestehende Gottesverehrung und somit alle Götter aller Völker auf Erden leugneten und als Ausgeburten des Aberglaubens verwarfen und verhöhnten." Ein solcher Atheismus mußte selbst den sonst gegen alle Kultur so toleranten Römern als ein unerhörter Gräuel erscheinen, und in der That waren von allen lebenden Menschen diese „Atheisten", diese götterleugnerischen Christianer der Hauptgegenstand ihres Hasses und ihres Abscheus. Ihnen wälzte daher der Kaiser die Schuld an dem Brande zu. Man bemächtigte sich, wie Tacitus weiter erzählt, zuerst einer Anzahl von Personen, welche Geständnisse ablegten, und auf deren Denunciation dann eine ungeheure Anzahl solcher Sektirer verhaftet und verurtheilt wurde. Tacitus selbst gesteht, daß ihre Verurtheilung nicht sowohl Folge der Ueberführung von der ihnen zur Last gelegten Brandstiftung als vielmehr des allgemeinen Hasses war. Nero hatte so seine Absicht erreicht, aber seine Grausamkeit, hervorgehend aus dem eigenen schlechten Bewußtsein, ließ ihn das Ziel überspringen. Denn die Unmenschlichkeit, mit welcher er gegen die Unglücklichen wüthete — er ließ sie theils kreuzigen, theils in Thierhäute eingenäht von Fleischerhunden zerreißen, theils mit Pech bestrichen an Pfählen als lebendige Fackeln verbrennen, wozu er das Volk eigends in seine Gärten, wie zu einem Schauspiele, einlud — diese Unmenschlichkeit rief selbst in den an grausame Schauspiele so gewöhnten Römern das Mitleid wach, und das Volk fing an zu ahnen, daß hinter dieser Grausamkeit sich des Kaisers eigenes böses Gewissen zu verbergen suche.

Piloto's Nero ist die leibhafte Verkörperung dieses bösen Gewissens, und der unheimlich düstere, scheue Blick mit dem wir das gekrönte Ungeheuer auf die Leichen der gemordeten Christen zu seinen Füßen niederschauen sehen, ist eine historische Erklärung des Tyrannen, wie sie zu geben nur der Kunst verliehen ist.

Eine Vermuthung.

Erzählt von **Moritz Hartmann**.

Im Jahre 1852 wandelte in Paris jeder auf politischem Felde irgendwie bekannte Mensch, selbst der unbedeutendste, auf Fallthüren. War schon der Einheimische vogelfrei, um wie viel mehr mußte es der Fremde und erst der Flüchtling sein. Wer nicht in die Heimath zurückkehren oder in einen andern fremden Staat übersiedeln konnte, that sehr klug, wenn er wenigstens aufs Land ging. Die Zweckmäßigkeit einer solchen Reise erkennend, begab ich mich in's mittlere Frankreich, den eigentlichen Schauplatz der französischen Geschichte, bevor Frankreich zu jener Centralisation durchdrang, die es so stark und so öde macht. Das Orleanais, das Blaisais, die Touraine und wie all die inneren Landschaften heißen, sind in vieler Beziehung viel interessanter, theils die Provinzen, die meist von Fremden besucht werden und sich deshalb eines weiteren Rufes erfreuen. In diesen findet man die Sprache Rabelais', jene von den Klassikern und der Akademie im Lande exotirte Sprache so sehr an Reichthum, Kraft, Mannigfaltigkeit und Bildungsfähigkeit übertrifft, und lernt man jene Städte, Schlösser und

Flüsse kennen, welche auf jedem Blatt der Geschichte bis auf Richelieu genannt werden. Die Natur, wenn auch milde und fruchtbar, ist zwar etwas eintönig, dafür aber bietet die Architektur einen Reichthum und oft solche Anmuth der Formen, wie man sie in dieser Fülle nur in Italien wiederfindet. Ich darf wohl bloß die Schlösser von Blois, Chambord, Amboise, Plessis-La-Tour nennen, um an eine Reihe anderer zu erinnern, und die Städte Orleans, Blois, Tours, Anjou ꝛc., um das Andenken an tausend entscheidende Thaten, Verbrechen, Trauerspiele, hie und da auch Lust- und Schäferspiele zu erwecken.

Ich war im Schlosse von Blois eben aus dem Zimmer, in welchem Heinrich III. den gewaltigen Herzog von Guise durch Meuchelmörder fällen ließ, getreten, um die noch berühmtere Salle des Etats zu betrachten, wo eben eine Ausstellung von Provinzialkunstwerken Statt fand, als ich in der Thür zu meiner größten und freudigsten Ueberraschung Herrn v. S...y begegnete. Herr v. S...y war mir nur ein guter Bekannter, aber der intime Freund mehrerer meiner Freunde. Er freute sich einen Bekannten aus Paris zu finden und sich in dieser kritischen Zeit nach diesem und jenem erkundigen zu können, und nachdem er durch Schloß und Stadt meinen Cicerone gemacht, betrachtete er es als selbstverständlich, ohne mir weiter davon zu sprechen, daß ich nun mit ihm seinen Wagen besteigen und auf einige Tage sein, oder vielmehr seiner Mutter Gast sein solle. Das Gut seiner Mutter lag nur drei Stunden von Blois entfernt; von der Höhe des Schlosses aus konnte man Haus und Garten ganz gut sehen. Es zog mich magnetisch an, als es mir längst nicht mehr fremd war, da ich viel davon hatte erzählen hören und es im Schicksale meiner Freunde eine bedeutende Rolle spielte. Madame de S...v, die Mutter, hatte ich immer als eine merkwürdige und bedeutende, dabei sehr gaitvolle und liebenswürdige Greisin rühmen hören. Der Sohn brauchte also nicht lange in mich zu dringen; wir holten mein kleines Reisegepäck, stiegen in den Wagen, fuhren über die Loire und durch eine lange Pappelallee beinahe schnurgerade dem Schlößchen zu.

Ich fand das Gut so schön als man es mir geschildert hatte; ein behaglich eingerichtetes Haus mit Möbeln aus der Zeit Louis XV., Kunstwerke aus derselben und aus früheren Zeiten, eine reiche Bibliothek und einen weitläufigen Park, in dessen altfranzösischen Stil sich hie und da besserer, moderner Geschmack eingedrängt hatte — und über all das freundlich und gastlich waltend eine alte französische Dame voll Jugendlichkeit, Güte, Geist und unzähligen Geschichten aus der Kaiser- und Restaurationszeit -- aus der Epoche der Loire-Armee, der Invasion und Paul Louis Couriers, des großen Publizisten, ihres Nachbars, den sie persönlich und genau gekannt hatte. Das ehemalige Gedränge von Künstlern und Gelehrten, von denen ich mir das Landhaus nach den Erzählungen meiner Freunde immer bevölkert dachte, war freilich zerstoben, vom Sturme des Schicksals und der Revolution auseinander geweht, aber man fühlte sich in der Gesellschaft der Dame und ihres sehr gebildeten Sohnes behaglich genug. Am zweiten Abend kam noch der Pfarrer des benachbarten Dorfes, eine unschuldige Seele, die sich nur nach einem guten Nachtessen sehnte, hinzu und endlich ein ehemaliger Präfekt Carls X., der viele schnurrige Anekdoten, selbst vom sogenannten „weißen Schrecken" la terreur blanche, der Zeit der Prevotalgerichtshöfe zu erzählen wußte.

Wir hatten gut gespeist und saßen noch beim Leirewein, propro cru, unserer Wirthin, die sehr lobten, als sich diese plötzlich zu mir wandte und ausrief: „Ah ça, wissen Sie, Monsieur H.., daß es nicht angenehm ist, von einer fünfzigjährigen Gewohnheit zu trennen?"

Ich war etwas verdutzt, denn ich verstand Mad. de S... nicht. — „Pardon, Madame, was wollen Sie sagen?"

„Ich will sagen", antwortete sie, „daß Sie mir meine ganze Vorstellung von den Deutschen, wie ich sie seit fünfzig Jahren mit mir herumtrage, von unten bis oben über den Haufen werfen. Sie widersprechen mit ihrem ganzen Wesen allen Ideen, die ich mir bis auf den heutigen Tag von Ihren Landsleuten machte. Sind Sie eine Ausnahme? oder hat Sie schon Paris so sehr verändert?"

„Ja, Madame, ich muß erst wissen, wie Sie sich denn eigentlich einen Deutschen verstellten?"

„Ein Deutscher", antwortete Madame de S...v gutmüthig lächelnd, „war für mich immer etwas ganz Außerordentliches, Sonderbares, — wie soll ich sagen? — etwas Phantastisches, das anderen Menschen nicht gleicht."

„Ah, Madame", rief ich lachend, „ich begreife! Hoffmann, les contes de Hoffmann! Sie haben Loeve-Weimars Uebersetzung der Hoffmannischen Geschichten gelesen und finden ist Ihnen, wie jeder Franzose, jeder Deutsche ein Kapellmeister Kreisler, wenn nicht ein Nußknacker oder ein Mausekönig. Die Franzosen kennen ja Deutschland aus diesem vortrefflichen ethnographischen Werke! — Nicht wahr, Madame, sagt man Deutscher, so sagt man Rebel, Traum, Wollen — das ist ja jeden Tag in französischen Zeitungen und Büchern zu lesen."

„Allons donc, nicht so bösig", sagte Madame beschwichtigend. — ich habe meine Vorstellung von den Deutschen nicht aus Hoffmann und den Zeitungen, die ich nicht lese, sondern aus der Erfahrung — oder wenn Sie wollen, von einem einzigen Eindruck her, der freilich ein Eindruck der Kindheit war und deshalb desto tiefer gedrungen ist. Ich habe einmal einen merkwürdigen Deutschen kennen gelernt...

Nach einigem Hin- und Herreden, das mich neugierig machte, erzählte Mad. de S...y auf meine Bitte, wie folgt:

Es war zu Anfang dieses Jahrhunderts, also vor ungefähr fünfzig Jahren. Ich bewohnte dieses selbe Haus mit meinem Vater und war ein Kind von vierzehn oder fünfzehn Jahren. Eines Tages bemerkte ich von der Höhe unseres Balconed aus einen Mann, der, wie es schien, zwecklos auf der Ebene umherirrte, oft querfeldein ging, ohne doch etwas zu suchen oder einem gewissen Ziele entgegen zu gehen. Zu wiederholten Malen kam er auf dieselben Stellen zurück, ohne es zu bemerken. An selbem Nachmittage, auf einem Spaziergange, begegnete ich ihm; aber er ging in Gedanken vertieft an mir vorüber, ohne mich zu sehen und als er mir einige Minuten später, bei einer Biegung, wieder im Wege stand, sah er unverwandten Blickes und mit einer unaussprechlichen Sehnsucht in die Ferne. Jede andere Erscheinung, die mir in dieser Weise begegnet wäre, hätte mich damals, in meiner mädchenhaften Albernheit außerordentlich erschreckt; ich wäre vor ihr nach Hause geflohen, um mich hinter meinem Vater zu verstecken. Dieser Fremde hingegen erfüllte mich mit einer Art von Mitleiden, die ich mir nicht erklären konnte. Es war nicht das Mitleid, das man mit einem Armen, Hülfsbedürftigen empfindet, obwohl er hülfsbedürftig genug aussah, denn seine Kleider waren in arger Unordnung, ungeputzt und hie und da sogar zerrissen. Es war ein gewisser edler Ausdruck des Schmerzes und dabei ein Aussehen, als wäre er mit seinem Geiste abwesend, irgendwo bei geliebten Personen in weiter Ferne, die bei seinem Anblick das Herz, wenigstens ein mädchenhaftes Herz mit Mitleid und Sympathie erfüllten. Abends erzählte ich meinem Vater von dem Fremden. Er meinte, es werde wohl einer der zahlreichen Kriegs- oder politischen Gefangenen sein, die man bald und halb auf freiem Fuß und auf Ehrenwort in den innern Provinzen Frankreichs leben ließ.

„Tags darauf sah ich den sonderbaren Fremden wieder wie am ersten Tage durch die Felder irren und endlich sogar in unsern Park eintreten, welcher der Straße zu offen war. Er sah sich verwundert um und schien sich in dieser Umgebung bald zu behagen. Der große Rasenplatz in der Mitte, den Sie kennen, war damals nicht da; an seiner Stelle befand sich ein großes, mit einer hohen Ballustrade eingefaßtes Wasserbecken und auf dieser Ballustrade rings um das Wasserbecken stand eine Gesellschaft von vierundzwanzig großen und kleinen griechischen Gottheiten, meist Kopien antiker Statuen oder anderer aus dem sechzehnten Jahrhundert. In der Mitte des Beckens, auf einem künstlichen Felsen stand der Neptun des Giovanni de Bologna. Als der Fremde diese Göttergesellschaft erblickte, eilte er ihr mit großen Schritten, in freudigster Begeisterung entgegen. Er hob die Arme in die Höhe, wie anbetend, und rom Himmel aus schien es uns, als ob er in der That zu seinen enthusiastischen Bewegungen entsprechende Worte ausrief. Dann ging er rings um das Becken von einer Statue zur andern, immer mit dem Ausdrucke eines Kenners oder wenigstens eines Kunstliebhabers und mein Vater

wollte bemerken, daß er sich vor der schönsten am längsten aufhielt. Mir machte es das größte Vergnügen, dieses Schauspiel zu belauschen und auch meinen Vater schien es zu unterhalten. ‚C'est quelque original!‘ wiederholte er mehrere Male, während wir den Fremden beobachteten.

„Sehr ärgerlich wurde ich, als ich in meinem Vergnügen durch den garde champêtre gestört wurde. Dieser, der auch den Park meines Vaters zu bewachen hatte, stürzte plötzlich herein und auf den Fremden los, den er, wie wir aus der Geberden erkennen konnten, bedeutete, daß dies Privateigenthum sei und daß er sich zu entfernen habe. Der Fremde aber lächelte, kehrte ihm den Rücken und ging zu einer andern Statue. Der Flurschütz folgte ihm und bestürmte ihn mit Reden, die immer heftiger wurden, je weniger er darauf achtete. Endlich faßte ihn der Mann in seinem polizeilichen Eifer am Arme, um ihn mit Gewalt aus dem Parke zu zerren. Mein Vater war ein einflußreicher Mann im Departement, ein Freund des Präfekten und hätte selbst Präfekt sein können, daher der Eifer des untergeordneten Beamten, sich ihm dienstfertig zu zeigen. Aber mit solcher Dienstfertigkeit war ihm nicht gedient. Beim Anblick seiner Gewaltsamkeit eilte er sogleich hinaus und ich folgte ihm. Er verwies dem Wächter seine Art, schickte ihn fort und sagte zum Fremden, daß er sich nur nach Muße im Parke umsehen solle.

„Dieser, der die Derbheit des garde champêtre kaum bemerkt hatte, wandte sich sogleich zu meinem Vater und sagte lächelnd: ‚Die Götter sind keines Menschen Eigenthum, sie gehören der Welt, und wenn sie uns lächeln, gehören wir ihnen. Sehen Sie diese Aglaja, wie sie mich anlächelt und mich gefangen nimmt; sie lächelt nicht ihrem Besitzer allein.‘

„‚Es ist eine Pomona‘, berichtigte mein Vater.

„‚Nein, es ist eine Aglaja‘, erwiederte der Fremde mit Bestimmtheit und fuhr gleich fort: ‚Das Wasser hier sollte klarer sein, wie das Wasser des Cephissus oder die Fluth des Erechtheus auf der Akropolis. Es ist der klaren Götter nicht würdig, sich in dunklerem Spiegel zu sehen — aber‘, sagte er seufzend hinzu — ‚wir sind nicht in Griechenland.‘

„‚Sind Sie vielleicht ein Grieche?‘ fragte mein Vater halb im Ernst, halb im Scherz.

„‚Nein! — im Gegentheil, ich bin ein Teutscher!‘ lenkte der Fremde.

„‚Im Gegentheil?‘ wiederholte mein Vater — ‚ist der Teutsche das Gegentheil des Griechen?‘

„‚Ja!‘ antwortete der Teutsche kurz und setzte nach einiger Zeit hinzu — ‚wir sind es Alle! Sie, ein Franzose, sind es auch, der Engländer, Ihr Freund, ist es auch — wir sind es Alle!‘

„Dann ganz meinem Vater zugewandt, sprach er noch viel, das ich mich nicht erinnere, und des Andern, das ich eben mitgetheilt habe, würde ich mich wohl nicht so deutlich erinnern, wenn es nicht später in unserem Hause oft wiederholt worden wäre. So oft mein Vater nach dieser Zeit das Wasserbecken zu reinigen befahl, pflegte er scherzend hinzuzufügen: das Wasser muß klar sein, wie das Wasser des Cephissus oder die Fluth des Erechtheus auf der Akropolis u. s. w. Auch verstand ich nicht Alles, was der Fremde sagte, abgesehen vom Sinne seiner Worte, denn er sprach ein sehr schlechtes Französisch, mit einem höchst entstellenden Accent, der mir viele Worte ganz unkenntlich machte. Meine Tante, die mich erzog, kam hinzu und ich erinnere mich, wie ihr, die bei den Reden des Fremden große Augen machte, mein Vater zuflüsterte: ,Es ist ein Deutscher, ein Original.'

,Aber das Original gefiel uns allen sehr. Er war nicht schön und sah früh gealtert aus, obwohl er nicht mehr als dreißig Jahre gehabt haben mochte, aber er hatte ein glühendes und doch sanftes Auge, eben so einen energischen, doch milden Mund; auch sah man ihm an, daß seine sehr herabgekommene Kleidung zu seinem Stande oder seiner Bildung nicht im Verhältnisse stehe. Ich freute mich sehr, als ihn mein Vater einlud, uns in's Haus zu folgen. Er nahm die Einladung ohne Ceremonie an und ging mit uns, immer sprechend, und legte im Gehen von Zeit zu Zeit die Hand auf meinen Kopf, was mich etwas erschreckte und mir doch sehr gefiel. Mein Vater interessirte sich offenbar für den Fremden und hatte Lust, seine eigenthümlichen Reden noch lange anzuhören, aber im Salon angekommen, war er sehr enttäuscht. Der Fremde ging geraden Weges auf ein Sopha los, sagte: ,Ich bin müde', murmelte noch einige unverständliche Worte, streckte sich aus, schloß die Augen und entschlief sogleich.

,Wir standen da und sahen einander erstaunt an. ,Er ist verrückt', lispelte meine Tante, aber mein Vater schüttelte den Kopf und sagte: ,Es ist ein Original; er gefällt mir; er ist ein Deutscher.'

,Der Papa schickte den Bedienten mit dem bestellten Weine wieder zurück und wir verließen den Salon, um den Fremden, der in der That sehr müde schien, allein und seiner Ruhe zu lassen. Ich sah von Zeit zu Zeit durch's Fenster; er schlief ununterbrochen, bis gegen Abend. Als er erwachte, ließ ihn mein Vater an Tische. Er freute sich sehr an unserm Weine und wurde sehr heiter. Er erzählte vielerlei aus Deutschland und aus dem südlichen Frankreich und ich erinnere mich, daß er uns, trotz der Unbehülflichkeit seiner französischen Sprache, eine pompöse und höchst poetische Beschreibung des Meeres machte, das er bei Bordeaux gesehen hatte. Manchmal brach er mitten in seinen Erzählungen ab, als ob er fürchtete, daß er, fortsträubend, an unangenehme Punkte in seiner eigenen Lebensgeschichte gelangen könnte. Meine Tante, wie sie ihn so sprechen hörte, bekehrte sich zu der Ansicht meines Vaters, daß wir hier nicht einen Verrückten, sondern ein ,Original' zu Gaste hatten und horchte ihm mit immer wachsender Theilnahme. Sie fand, daß Alles, was er sagte, sehr viel Wahres enthalte und manchmal sogar

gar eine große Tiefe des Geistes verrathe. Das Unverständliche setzte sie auf Rechnung seiner schlechten Aussprache und der Mangelhaftigkeit seiner Kenntniß des Französischen. Meine Tante war fromm und liebte es, über metaphysische Gegenstände zu philosophiren, was sie ,philosophiren' nannte, und so lenkte sie das Gespräch auch auf solche Texte. Da sagte er sonderbare Sachen, ohne sich auf ihre Bibelstellen weiter einzulassen. Ich erinnere mich des Inhalts einer langen Rede, da sich die Tante dieselbe am folgenden Tage in ihr Album schrieb und sie sie später öfter lesen konnte. Der Inhalt war ungefähr folgender: ,Dies ist die Unsterblichkeit. Alles Gute, was wir hier denken, wird zu einem Genius, der uns nicht mehr verläßt und uns unsichtbar, aber in schönster Gestalt durch's ganze Leben begleitet, bis an's Grab. Von unserm Grabhügel aus nimmt er seinen Flug und gesellt sich zu den Heeren der Genien, die schon die Welt erfüllen und an ihrer Vollendung und Verklärung weiter bauen. Diese Genien sind Geburten, oder, wenn Sie wollen, Theile unserer Seele und in diesen Theilen ist sie allein unsterblich. Die großen Künstler haben uns in ihren Werken die Abbilder ihrer Genien hinterlassen, aber es sind nicht die Genien selbst. Es ist nur ihre Abspiegelung im Kunstkreis unserer Erde, wie sich die Sonne im See, nein, im Nebel, wiederspiegelt. Die schönen Götter Griechenlands sind solche Abbilder der schönsten Gedanken eines ganzen Volkes. — So ist es mit der Unsterblichkeit beschaffen.'

,Meine Tante, die gern etwas über ihn selbst erfahren hätte und immer das Gespräch auf ihn zurückzuleiten suchte, fragte, vielleicht auch nur, um etwas zu sagen: ,Glauben Sie, daß Sie auf diese Weise unsterblich sind?'

,,Ich?' sagte er barsch, ,ich, der vor Ihnen sitzt? Nein! Ich denke nicht mehr schön. Das Ich, das vor zehn Jahren mein war, das ist unsterblich — allerdings!' — Und sich besinnend, fügte er bestätigend hinzu: ,Ja, allerdings, jenes Ich ist es.'

,Wir all' hier wußten wir nichts von ihm, von seinem Schicksal — wir wußten nicht einmal seinen Namen. Mein Vater fragte ihn einmal nach seinem Namen, da legte er den Kopf in beide Hände und antwortete: ,Ich werde ihn Ihnen morgen sagen. Glauben Sie mir, es ist mir manchmal schwer, mich meines Namens zu erinnern.'

,Das war nun wieder seltsam, aber wir hatten uns wunderbar rasch an die Eigenthümlichkeit dieses Mannes gewöhnt, daß wir das Alles so hinnahmen, als müßte es so sein. Es fiel selbst, in diesem Unbekannten, Geheimnißvollen gegenüber irgend ein Mißtrauen zu äußern und trotz Allem verging uns der Abend in einer gehobenen Stimmung.

,Allerdings', sagte Papa zu der Tante, ,glaube ich, daß dieser Mann im Geiste gestört ist, aber dieser gestörte Geist ist edel und von Natur groß und tief.'

,Was mich betrifft, ich betrachte ihn wie einen

Propheten, wie einen wohlthätigen Zauberer und ich war sehr glücklich, daß ihn mein Vater, da es schon spät war und er nicht die geringste Miene machte, das Haus zu verlassen, einlud, bei uns zu übernachten. Meine Tante beeilte sich, ihm ein Zimmer zurecht zu machen, denn sie freute sich, noch mit ihm philosophiren zu können, und mein Vater nahm sich vor, ihn morgen geradeheraus nach seinem Schicksal zu fragen, das ein sehr unglückliches schien, und dann etwas für ihn zu thun — ihm auch, wie er meinte, in mancher Beziehung den Kopf zurecht zu setzen. Der Mann, sagte er, habe ein ungeheures Wissen, das man vielleicht noch nützlich verwenden könne.

„Aber die Nacht sollte alle Pläne zunichte machen.

„Ungefähr eine Stunde nach Mitternacht weckte die hülferufende Stimme eines Bedienten, der eben von einem geheimen Ausflug zurückkehrte und sich in seine Mansarde begeben wollte, das ganze Haus. Ich stürzte mit der Tante auf den Corridor, in demselben Augenblicke, da auch mein Vater seine Thür öffnete. Nach dem ersten Ueberblick über den Corridor eilte der Vater auf uns zu und drängte uns wieder in die Schlafstube zurück; doch hatte ich in einer halben Minute genug gesehen. Der Bediente lag auf der obersten Treppe, von seiner Furcht niedergeworfen, vor ihm stand der Fremde im sonderbarsten Anzuge. Er hatte das weiße Bettuch um den Leib geschlagen und da dies sein einziges Gewand war, hatte er etwas von einer griechischen Statue; in der linken Hand hielt er ein Licht, in der Rechten einen alten Degen, ein schönes Kunstwerk der Waffenschmiederei des 16. Jahrhunderts, das meinem Vater gehörte und gewöhnlich in der Stube des Fremden hing. Mein Vater nahm ihm die Waffe ab und führte ihn in das Zimmer zurück, wo er sich, auf seinen Wunsch wieder in's Bett legte.

„Ich saß zitternd in meiner Stube neben der Tante, die Thränen vergoß. ,Der arme Mensch!‘ seufzte sie fortwährend, ,er ist wirklich wahnsinnig. Ach, wie Schade, wie Schade, um so viel Geist, so viel Wissen und so viel Güte. So gewiß, er ist auch sehr gut; selbst sein wahnsinniges Auge ist noch voll Güte.‘ — So saßen wir da, bis der Papa eintrat und uns befahl, wieder zu Bette zu gehen; der Fremde liege im tiefsten Schlafe und es sei für diese Nacht gewiß nichts mehr zu befürchten. — ,Welch sonderbares Abenteuer,‘ sagte mein Vater achselzuckend, um sein Mitleid mit dem Fremden, der ihm nicht minder gefiel als der Tante, zu verbergen.

„Als wir des Morgens erwachten, ging der Fremde ruhig, aber mit traurig gesenktem Kopfe im Parke umher. Die Tante wollte ihm folgen, aber mein Vater hielt sie zurück. ,Es ist besser,‘ sagte er, ,man läßt ihn allein. Wenn er wieder kommt, will ich sehen, was zu thun ist.‘ — Er befahl uns auch, die Fenster zu verlassen. Wenn der Fremde eine Erinnerung an den Anfall dieser Nacht habe, müsse es ihm nur unangenehm sein, wenn er sich beobachtet wisse.

„So ließen wir ihn allein. Er hielt sich diesmal nicht bei den griechischen Göttern auf, sondern ging langsamen Schrittes und offenbar sehr niedergeschlagen in's Dickicht. Ein Arbeiter berichtete, daß er sich dort auf eine Bank gelegt habe. Da er aber durch Stunden nicht zum Vorschein kam, ging mein Vater, um ihn aufzusuchen. Er war nicht mehr im Parke. Vom Balkon und von den Fenstern aus durchspähten wir die Ebene — er war nirgends zu sehen. Mein Vater stieg zu Pferde und durchkreuzte die ganze Gegend. Er war und blieb verschwunden; wir haben ihn nie wieder gesehen.

„Dies ist die Geschichte meines ersten Zusammentreffens mit einem Deutschen.

„Aber“, fügte die liebenswürdige alte Dame ihrer Geschichte hinzu, indem sie mich ansah — „aber Sie sind ja sehr nachdenklich geworden. Was ist Ihnen?“

„Ich habe alle Ursache nachdenklich zu sein, Madame — ich combinire, ich vergleiche die Daten und ich glaube Ihnen sagen zu können, wen Sie vor einem halben Jahrhundert hier empfangen haben.“

„Nicht möglich“, rief Madame de S...y, „reden Sie — das wäre ja sehr merkwürdig, daß ich das noch erfahren sollte.“

„Ich kann nur vermuthen“, sagte ich, „aber wie gesagt, wenn ich die Daten vergleiche — leider habe ich kein Buch hier, in dem ich nachschlagen könnte — in welchem Jahre sagen Sie, war es, daß Sie den sonderbaren Gast beherbergten?“

„Das kann ich nicht so genau bestimmen; es war in den ersten Anfängen des Jahrhunderts — es wird in den Jahren zwei oder drei gewesen sein.“

„Das trifft wohl zu, so viel ich mich erinnere, ganz richtig. Sie nannten auch Bordeaux? Nicht wahr?“

„Ja wohl“, rief Madame de S...y ungeduldig, „Sie spannen mich auf die Folter.“

„Ich vermuthe, daß Sie damals einen vortrefflichen, edlen deutschen Dichter bei sich beherbergten, Namens Friedrich Hölderlin.“

„Wie sagen Sie, Friedrich —?“

„Friedrich Hölderlin, der allerdings wahnsinnig war und halb wahnsinnig aus Bordeaux nach Deutschland zurückkehrte. Doch kann ein Zufall um jene Zeit auch Jemand Anderen —“

„Nein, nein“, rief Madame de S...y, „ich will nun nichts Anderes glauben, gewiß, es ist ein edler Dichter gewesen. Erzählen Sie mir von ihm.“

Und ich erzählte die Geschichte Friedrich Hölderlins, in demselben Speisesaal, in dem er vor fünfzig Jahren — vielleicht zu Gaste gewesen.

Sollte er es wirklich gewesen sein?

Schillers Maria Stuart.

Ein Anblick ohne Gleichen: diese beiden Königinnen
von Albion, beiden Holz und wunderbare Geschöpfe
der Natur und der Umstände.

Leopold Ranke.

Es ist ein wesentliches Moment in Schillers
Persönlichkeit, daß er die vollendete Menschheit, aus
welcher ihm die Idee der Schönheit emporwuchs, in
der weiblichen Natur fand. Dieser Zug seines Charakters verleiht seinem Leben und seinen schriftstellerischen Schöpfungen einen eigenthümlichen Anflug
von ätherischer Reinheit und Würde. Auch haben
die Frauen ihrem Freund und Verehrer eine
gerechte Dankbarkeit bewiesen: ihm war ein häusliches Glück beschieden, wie es sich nur selten darbietet; den ihm von seiner Natur auferlegten, durch
drückende Körperleiden und mannigfache Unbill des
Geschickes erschwerten, gewaltigen Geisteskampf half
die aufopfernde Sorge einer hingebenden, mitfühlen-
den Gattin überstehen: und seinen unvergänglichen
Werken erkennen Teutschlands Frauen ohne Wider-
rede den ersten Preis zu. Wohl unserem Volke,
welches einem Dichter den seinigen nennt, der nicht
nur durch die Größe seines Genies und durch seine
Macht, alle Affekte der menschlichen Seele zu erregen
und zu besänftigen, unsere Bewunderung reizt,
sondern der auch durch die Hoheit seines sittlichen
Ernstes und seine Humanität, die saniteren Gefühle
der Zuneigung und Liebe erweckt, und allen kommenden Geschlechtern ein leuchtendes, erhebendes Vorbild in dem Ringen nach dem Wahren und Schönen
bleibt. Weil man aber das Genie am besten dadurch ehrt und ihm den Tribut der schuldigen Er-
kenntlichkeit abträgt, daß man sich der Arbeit unter-
zieht, in seine Schöpfungen einzudringen und auf
diese Weise den Genuß seiner Produktionen sich zu
ermöglichen, so soll uns die in mehrfacher Beziehung
lehrreiche Untersuchung beschäftigen, wie sich das
Verhältniß der Personen in einigen Hauptdramen
Schillers zur Geschichte gestaltet, wie Wallenstein,
Elisabeth u. A. auf der Bühne der Wirklichkeit
erscheinen und in welchem Charakter sie der Dichter
auftreten läßt. Bei dieser Vergleichung werden wir
finden, daß die Unterschiede theilweise sehr wesentlich sind, daß Schiller in einigen Stücken nur wenige Züge der historischen Ueberlieferung beibehält
und seine Personen beinahe als freie Gebilde der
Phantasie behandelt; dabei wird es unsere Pflicht
sein, auf die Motive hinzudeuten, die ihn zu diesem
Verfahren bestimmten.

Wenden wir unsere Blicke zunächst auf das
Trauerspiel Maria Stuart.

Eine lange Reihe von Jahren (schon seit seinem
Aufenthalte in dem idyllischen Bauerbach 1783) und
während verschiedener Phasen seiner Entwickelung
hatte sich Schiller mit dem Gedanken getragen, das
unglückliche Schicksal der Königin von Schottland

dramatisch zu bearbeiten. In der Unruhe, die er
nach Vollendung des Wallenstein empfand und in
der Sehnsucht nach einer neuen Thätigkeit kehrte er
wieder zu diesem Stoffe zurück, den er in einer freien
Weise zu behandeln beschloß: wie ihn im Wallenstein
die Schilderung wirklicher Personen und Verhältnisse
angeregt hatte, so sehnte er sich jetzt, den Leben
der Geschichte entgegen, nach einer von den Fesseln
der Wirklichkeit entbundenen Zeichnung des menschlichen Herzens und seiner Leidenschaften. „Neigung
und Bedürfniß", schreibt er an Göthe, „ziehen mich
zu einem frei phantasirten, nicht historischen, und
zu einem bloß leidenschaftlichen und menschlichen Stoff,
denn Soldaten, Helden und Herrscher habe ich für
jetzt herzlich satt." Zur richtigen Würdigung der
Tragödie ist es wesentlich, diese Worte im Gedächtniß zu behalten.

Zuvörderst wollen wir nun eine kurze historische
Skizze von dem Leben und dem Verhältniß der beiden
Königinnen geben, um uns auf diese Weise die Auf-
fassung Schillers klar zu machen.

Elisabeth war die Tochter Heinrichs des Achten
und Anna Boleyn's. Heinrich hatte auf Grund
einer Parlamentsakte die Successionsordnung in der
Weise festgesetzt, daß ihm zuerst sein Sohn Eduard
(nachmals Eduard VI.), den ihm Johanna Seymour
geboren, dann seine Tochter Maria von seiner spanischen Gemahlin und endlich Elisabeth folgen sollte.
Unter der Regierung Maria Tudors, die sich mit
Philipp dem Zweiten von Spanien vermählt hatte
und die katholische Religion mit rücksichtsloser
Strenge zur Geltung zu bringen suchte, war Elisabeth angeklagt worden, sich an der Verschwörung
Wyatts betheiligt zu haben. Die katholisch-spanische
Partei hoffte sie die gefürchtete Gegnerin auf immer
los zu werden; so eifrig man aber auch nach Beweisen gegen sie suchte, so war es doch unmöglich,
dieselben herbeizuschaffen. Elisabeth war nicht so unklug, in eine Verschwörung einzulassen, deren
ungünstiges Resultat nicht schwer vorherzusehen war
und sich dadurch ihrer katholischen Ansprüche auf den Thron verlustig zu machen. In einem feurigen Schreiben betheuerte sie ihrer Schwester ihre Unschuld, versicherte
sie ihrer ergebenen Anhänglichkeit und beschwor sie,
den Anklagen der Bosheit kein Gehör zu geben.
Maria, die nicht mehr ihre Freundin war, ließ sie
nach dem Tower bringen und einem strengen Verhör
unterwerfen. Da dieses keine Beweise ergab und
man ohne solche sie nicht anzutasten wagte, so erhielt sie ihre Freiheit wieder, und als sie durch die
Straßen Londons zog, erweckte in dem dicht gedrängten Volke der bleiche Ausdruck ihres edlen Antlitzes,

auf dem jugendliche Schüchternheit und gekränkter Stolz mit einander kämpften, so lebhafte Bethätigungen der Sympathie und der Zuneigung, daß die Königin auf ihren Thron eifersüchtig wurde.

Als endlich die Tage Maria Tudors sich ihrem Ende näherten, waren die Augen Aller auf Elisabeth gerichtet. Abgesehen davon, daß ihre Ansprüche auf den Thron durch Parlamentsbeschluß anerkannt waren, schloß sich auch die ganze, Rom feindlich gesinnte Partei an sie an; sie war die Fürstin der populären Opposition gegen das Regiment ihrer Schwester. Gleich bei ihrem Regierungsantritt stieß sie aber auch noch auf eine andere Gegnerin, die auf die Geschicke ihres Lebens einen entscheidenden Einfluß ausüben sollte. Heinrich VIII. hatte in seinem Testamente die Ansprüche seiner nach Schottland vermählten Schwester, deren Rechte jetzt an ihre Enkelin Maria Stuart gekommen waren, mit Stillschweigen übergangen, um so eifriger wurden dieselben aber jetzt bei dem Tode Maria Tudors von der katholischen Partei hervorgehoben, da nicht allein Elisabeths Ansprüche auf den englischen Thron, sondern ihr ganzes Dasein im Widerspruch mit der dem Pabste gezollten Verehrung stand. Zu diesen religiösen Gründen trat noch ein politisches Motiv: die Vereinigung Schottlands und Englands, nach der Heinrich VIII. und der Protektor Sommerset so eifrig gestrebt hatten, würde sich von selbst gemacht haben, wenn die Ansprüche Maria Stuarts den Vorzug bekommen hätten. Doch fiel hiebei der Umstand entscheidend in die Wagschale, daß Maria Stuart, die man im August 1548 nach Frankreich gebracht hatte, mit dem Dauphin Franz vermählt war; auf diese Weise wäre England zu einer überseeischen Provinz Frankreichs herabgewürdigt worden und Frankreich hätte ein unwiderstehliches Uebergewicht in den Angelegenheiten Europa's erlangt. Aus dieser Besorgniß unterstützten die spanischen Staatsmänner die Succession Elisabeths. Philipp II. ließ sie persönlich versichern, er sei ihr Freund und werde sie nicht verlassen. Er wies seinen Gesandten Feria an, im englischen geheimen Rath für Elisabeth zu sprechen, ja die sterbende Königin wurde noch bewogen, sich in demselben Sinne zu erklären. Man befürchtete Bewegungen im Innern und einen Angriff von Frankreich; der geheime Rath, obwohl in seiner Mehrheit katholisch, schwankte nur; wenige Stunden nach dem Tode Maria Tudors wurden die Gemeinen in das Oberhaus beschieden, um die Mittheilung zu vernehmen, daß Maria gestorben sei und Gott ihnen eine neue Königin gegeben habe, Mylady Elisabeth. Das Parlament löste sich auf, die neue Königin ward in Westminster und Leuden ausgerufen. Einige Tage später hielt Elisabeth ihren feierlichen Einzug in die Hauptstadt, unter dem unbeschreiblichen Jubel des Volkes, welches sie als Erretterin von dem schrecklichen religiösen Drucke und mit günstigen Vorbedeutungen für die Zukunft begrüßte.

Es liegt unserm Plane fern, näher darauf einzugehen, wie Elisabeth durch die feste Begründung einer anglikanischen Kirche ihre Stellung im Innern sicherte und welchen Einfluß ihre antirömische Stellung auf ihre auswärtige Politik und die Weltangelegenheiten überhaupt ausübte; der ganze Inhalt ihres Lebens liegt in dem Kampfe gegen das Pabstthum und die dasselbe vertretende spanische Monarchie. Wir gehen sogleich zu ihrem Verhältniß zu Schottland und den daraus entspringenden Verwicklungen über.

Die reformatorische Bewegung in Schottland, deren Vorkämpfer der wortesmächtige Johann Knox war, hatte zu heftigen Kämpfen zwischen der Krone und den Lords Anlaß gegeben. Die Regierung leitete, im Namen ihrer nach Frankreich vermählten Tochter Maria Stuart, die Wittwe Jakobs V. Maria Guise. Als die Lords von der durch französische Streitkräfte unterstützten Regentin hart bedrängt wurden, wandten sie sich an ihre mächtige Nachbarn Elisabeth um Hülfe. Diese entschloß sich einzuschreiten, trotz ihrer Antipathie gegen Knox und die Form der Bewegung überhaupt; zu Berwick wurde zwischen ihr und den schottischen Lords stipulirt, die Franzosen mit gemeinschaftlichen Kräften aus dem Lande zu jagen. Die Lords willigten ein, ihrer Königin Maria Stuart Gehorsam zu leisten, wogegen Elisabeth ihnen das Zugeständniß machte, daß ihre alten Gerechtsame nicht angetastet werden sollten. Als die Regentin inmitten dieser Vorgänge gestorben war, und die Belagerung Leith's, der Hauptposition der Franzosen, begonnen hatte, erschienen Kommissäre der Königin Maria Stuart und ihres Gemahls, um ein Abkommen zu vereinbaren. Zwischen den Abgesandten Maria's, Monluc, von Valence, und dem Bevollmächtigten Elisabeth's, William Cecil (nachmals Lord Burleigh) wurde der seg. Edinburger Vertrag geschlossen, nach dem die französischen Truppen das Land räumen und die Befestigungen von Leith geschleift werden sollten, und König und Königin von Frankreich und Schottland nicht mehr Titel und Wappen von England und Irland führen dürften. Auch wurde den Ständen eine entscheidende Stimme über Krieg und Frieden gewährleistet. Die Religion wurde in dem Vertrage zwar nicht erwähnt, doch das nächste Parlament, dem die Bestätigung oblag, genehmigte das protestantische Bekenntniß fast ohne Widerspruch. Für die Interessen beider Länder, wie für die persönlichen Angelegenheiten der Königin Elisabeth war es ein Akt von solchschwerer Wichtigkeit, daß die protestantische Bewegung in Schottland unter ihren Schutz gestellt wurde.

Doch Franz II. und seine Gemahlin schienen vergessen zu haben, daß sie sich verpflichtet hatten, die Stipulationen ihres Gesandten zu bestätigen; beide verweigerten entschieden die Ratifikation des Edinburger Vertrages. Es war die Zeit, in der die Regierung Frankreichs von den Oheimen der Königin und dem Kardinal von Lothringen geleitet wurde und die protestantischen Bewegungen niedergeworfen waren; dasselbe wollte die Königin auch in Schottland versuchen. Nun starb aber König Franz II. plötzlich im Dezember 1559 ohne Leibeserben, die Guisen konnten ihre Macht nicht behaupten und Katharina von Medici trat an das Ruder.

Da Maria durch den Tod ihres Gemahls dem französischen Interesse entfremdet war, so hätte eine Verständigung zwischen ihr und Elisabeth sich wohl denken lassen. Die erste Bedingung hiezu wäre die Bestätigung des Edinburger Vertrages gewesen; Eli-

Maria Stuart.

sabeth forderte dieselbe unbedingt. Als Maria nicht nachgab, so verweigerte Elisabeth ihr Gesuch, über England nach Schottland zurückkehren zu dürfen. Maria sah darin eine empfindliche Beleidigung und es verlohnt sich ihre charakteristischen Worte zu vernehmen, die den Keim zu dem später immer greller werdenden Zwiespalt enthalten. „Wider den Willen ihres Bruders (Eduard) bin ich einst nach Frankreich gebracht worden, so will ich auch gegen ihren Willen wieder nach Schottland zurückkehren. Sie hat sich mit meinen rebellischen Unterthanen in Verbindung gesetzt, aber auch in England giebt es Mißvergnügte, die meinen Anträgen willige Folge leisten werden; ich bin so gut Königin wie sie, ich habe so viel herzhaften Muth wie sie, und so viele Freunde in der Welt wie sie.“

Zunächst jedoch konnte Maria diesen Gefühlen nicht nachleben. Zwar erboten sich die katholischen Lords, sie mit Gewalt der Waffen in ihre Hauptstadt zurückzuführen, hierdurch wäre aber die protestantische Partei unbedingt auf die Seite ihrer Gegnerin gedrängt worden. Das Haupt derselben, ihr Halbbruder Jakob Graf Moray, erschien bei ihr in Frankreich und zeigte ihr, daß es möglich sei auch unter den dermaligen Verhältnissen Schottland zu

regieren und ein leidliches Verhältniß mit Elisabeth zu erhalten. Seinen Rathschlägen folgend, langte Maria ohne Hülfe Elisabeths, doch auch nicht von ihr gehindert, im August 1561 zu Holyrood an. Moray trat an die Spitze der Geschäfte und das protestantische Interesse gewann die Oberhand; nur mit Mühe konnte der Minister bewirken, daß der Königin verstattet wurde, die Messe in ihrer Kapelle zu hören. —

(Fortsetzung folgt.)

Das Stereoskop.
Von Carl Kunstmüller.

Noch selten hat sich ein physikalisches Instrument so schnell und in so großer Zahl in's Publikum verbreitet, als das durch die Anwendung photographischer Bilder zu zauberhafter Wirkung gebrachte Stereoskop. Die Grundprincipien desselben sind schon sehr alt[*]) und auch das Instrument ist schon im Jahre 1838 von dem englischen Physiker Wheatstone erfunden worden, aber erst seit Moser in Königsberg den glücklichen Gedanken hatte, die beiden stereoskopischen Bilder photographisch darzustellen, ist dasselbe zu dem Apparat geworden, der jetzt die ganze Welt in Erstaunen setzt. Das Stereoskop ist allgemein bekannt und findet sich so häufig in den Schaufenstern von Kunsthandlungen und selbst in vielen Familien, daß ich wohl voraussetzen darf, viele meiner Leserinnen werden es kennen und sich schon manchmal an dessen wunderbarer Wirkung erfreut haben. Ich habe aber oft erfahren, daß die ihm zu Grund liegenden Naturgesetze, obgleich sie viel älter sind als das Instrument, doch weit weniger zur allgemeinen Kenntniß gelangt sind. Bin ich doch Leuten begegnet, welche behaupteten, die beiden Bilder im Stereoskop seien ganz gleich, und welche den Unterschied, den ich ihnen an den Bildern zeigte, nur gewissen Zufälligkeiten zuschreiben oder gar als Mängel der photographischen Aufnahme ansehen konnten. Es thut mir immer leid, wenn ich dergleichen aus dem Munde sonst gebildeter Leute höre, denn es entgeht denselben ein geistiger Genuß und ein Blick in unser wunderbares Sinnenleben, welchen sie sich durch geringes Studium verschaffen könnten.

Zwei gleiche Bilder geben niemals eine körperliche Erscheinung: mag man sie drehen und wenden,

wie man will, mag man sie durch das beste Instrument betrachten, sie werden immer den Eindruck eines ebenen Bildes machen. Wohl mögen sie, im Stereoskop gesehen, klarer erscheinen, da zwei Bildflächen zusammen mehr Licht in die Augen bringen als eine allein, und das Instrument sammelnd wirkt, wie die glaslosen Perspektive, die man in Museen zum besseren Betrachten der Gemälde anwendet und welche blos den Zweck haben, die Augenthätigkeit auf einen Gegenstand zu concentriren und alles fremde störende Licht abzuhalten; aber niemals werden sie körperlich wirken wie zwei ungleiche Bilder eines Stereoskop.

Im Folgenden habe ich mir die Aufgabe gestellt, die Prinzipien zu entwickeln, auf denen die Anfertigung der Bilder und die ganze Wirkungsweise des Apparates beruht und hoffe damit vielen meiner lieben Leserinnen einen angenehmen Dienst zu erweisen und ihr Interesse an dem Gegenstande zu erhöhen.

Das Stereoskop hat die unbescheidene, aber oft aufgestellte Frage, wozu die Thiere und vorzugsweise die Menschen zwei Augen haben, auf eine wunderschöne Weise beantwortet. Mit einem Auge allein würde der Mensch, wenn er sich nicht bewegte, weder Körper sehen, noch Größenverhältnisse und Entfernungen schätzen können. Dazu gehören zwei Augen, welche denselben Gegenstand von zwei verschiedenen Standpunkten, die eine bestimmte Entfernung von einander haben, betrachten und diese beiden verschiedenen Ansichten gleichzeitig dem menschlichen Geiste zuführen. Wohl könnten wir in bekannten Gegenden auch mit einem Auge richtig über Größenverhältnisse urtheilen, da viele Gegenstände uns theils durch Ansehen, theils durch Umgehen derselben sowohl ihrer Größe als Entfernung nach bekannt sind. Dabei würden Gedächtniß und Ueberlegung dem Auge zu Hülfe kommen. In unbekannten Gegenden jedoch wäre uns diese Erfahrung von wenig Nutzen. Wie sehr zur genauen Beurtheilung der Entfernung eines

*) David Brewster, Vorsitzender der Photographic Society of Scotland, weist in einer ausführlichen Abhandlung nach, daß die Grundprinzipien der sogenannten Stereoskope schon dem Euklid bekannt waren, daß Galen derselben vor 1500 Jahren genau beschrieb und der Maler Baptista Porta schon 1500 vollständige Stereoskope und der florentinische Maler Jacopo Chimenti von Empoli († 1640) ebenfalls schon 1584 in solchen übereinanderen Zeichnungen verfaßt hat, wovon das Museum Wicar in Lille die Proben bewahrt.

Preuß. 1861.

Ortes zwei Augen nöthig sind, kann jeder Mensch am besten an sich selbst erfahren, wenn er sich ein Auge zubindet und dann versucht einen Faden von der Seite in eine Nähnadel einzulassen. Der Faden wird entweder vor oder hinter der Nadel vorbei-gehen und nur nach vielfachem Probiren in's Oehr treffen.

Sieht man einen Körper mit zwei Augen an, so erhält man gleichzeitig zwei etwas von einander verschiedene Ansichten dieses Körpers, denn jedes Auge betrachtet ihn von einer anderen Stelle aus. Daß wirklich das rechte Auge nicht den gleichen Ein-druck empfängt, wie das linke, kann man sehr leicht erproben, indem man denselben Körper einmal nur mit dem linken, ein andermal nur mit dem rechten Auge ansieht. Ein Dominostein z. B. mit der schwar-zen Seite gegen das Gesicht gehalten wird dem einen Auge nur die weiße Seitenfläche mit den Punkten, dem andern nur die schwarze Seitenfläche zeigen. Beide Bilder zusammen bringen den Eindruck und das Bewußtsein hervor, daß der Dominostein kör-perlich ist und wir nicht etwa nur eine Abbildung desselben sehen. Der Unterschied beider Bilder ist um so stärker, je kleiner der betrachtete Gegenstand ist und je näher er sich den Augen befindet. Die Linien, welche man sich aus den beiden Augen gegen irgend einen Punkt des Körpers gezogen denken kann, machen einen Winkel mit einander, den wir den Sehwinkel nennen wollen. Dieser ist um so spitzer, je weiter der betrachtete Körper entfernt ist. Die Größe des Sehwinkels, unter welchem wir auch unsere Augenachsen richten müssen, wenn wir mit beiden Augen denselben Punkt sehen wollen, gibt uns ein sicheres Urtheil, ob der Punkt nahe oder fern ist. Betrachtet man zwei gleiche in gerader Linie hinter einander gehaltene, also in verschiedenen Entfernungen von den Augen sich befindliche Gegen-stände z. B. zwei Ringe, wovon man den einen ungefähr einen Fuß, den andern ungefähr zwei Fuß von den Augen entfernt hält: so sieht jedes Auge nicht nur die zwei Ringe verschieden, sondern auch deren gegenseitige Lage. Das rechte Auge wird den hinteren Ring rechts und das linke wird ihn links von dem vorderen Ringe sehen und dies wird um so auffallender sein, je entfernter die Ringe von einander sind.

Man erkennt hieraus leicht den Unterschied zwi-schen dem Sehen von Körpern und dem Sehen von Abbildungen. Während wir von den ersteren immer zwei etwas verschiedene Bilder erhalten, so empfangen wir bei Betrachtung einer Abbildung mit beiden Augen stets ein und dasselbe Bild. Will man da-her bildlichen Darstellungen die Eigenschaft verleihen, sie körperlich sehen zu können, so müssen von jedem Gegenstande zwei Abbildungen gemacht werden, für jedes Auge eine. Diese Abbildungen dürfen nicht gleich sein, sondern müssen von zwei verschiedenen Standpunkten aufgenommen werden, die mit dem darzustellenden Gegenstand einen Winkel bilden, der gleich dem Sehwinkel ist, unter dem wir gewöhnt sind, ähnliche Dinge zu betrachten. Fertigt man deshalb von einem durchsichtigen Würfel zwei Zeichnungen an, die genau den zwei verschiedenen perspektivischen Bildern ent-sprechen, welche unsere Augen von den Würfel sehen, und bietet man den Augen ihre betreffenden Zeich-nungen so dar, daß sie dieselben an ein und der-selben Stelle zu sehen glauben, so bemerkt man wirk-lich nur noch ein Bild, aber kein ebenes mehr, son-dern ein körperlich hervortretendes Bild des Würfels. Man glaubt den Würfel selbst mit Augen zu sehen. Die Augen erhalten in der That dieselben Eindrücke als ob sie wirklich den Würfel selbst ansehen würden, und gleiche Eindrücke bringen auf unsern Geist gleiche Wirkung hervor. Unsere Figur 1 giebt zwei solche perspektivische Zeichnungen eines durchsichtigen Wür-fels. Die linke ist das Bild desselben vom linken Auge gesehen, die rechte das Bild des Würfels vom rechten Auge gesehen. Man bemerkt, daß die Zeich-nungen nicht gleich sind; z. B. erscheint auf der einen die vordere Ecke des Würfels rechts, auf der anderen links von der hinteren Ecke.

Figur 1

 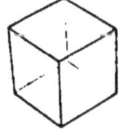

Zeichnet man diese Figuren genau auf ein Stück Carton und betrachtet sie in dem Stereoskop, so sieht man das täuschende körperliche Bild eines Würfels. Ebenso wird die Vereinigung der Zeichnungen in Figur 2 im Stereoskop ein im Raum freistehendes Kartenhaus zeigen, da die eine Ansicht das Haus darstellt, wie es das linke Auge sehen würde, und die andere Zeichnung das Bild des Hauses für das rechte Auge gibt. Auch hier kann man wieder leicht den Unterschied der beiden Zeichnungen sehen. Der perspektivische Augenpunkt hat seine Stelle verändert und alle Seitenflächen sind auf der rechten Zeich-nung breiter, als auf der linken. Betrachten wir überhaupt zwei zusammen gehörende Bilder eines Stereoskops mit Aufmerksamkeit, so finden wir immer, daß dieselben etwas von einander abweichen. Und

zwar sind die einzelnen Gegenstände um so verschieden-
artiger, je mehr sie im Vordergrunde, d. h. je näher
sie den Augen sich befinden, und wir sehen ihre
gegenseitige Lage um so veränderter, je ungleicher ihre
Entfernungen von den Augen sind oder je weiter

sie hintereinander liegen. Eine Kirchthurmspitze im
Hintergrund wird auf dem linken Bilde mehr oder
weniger nahe an einem im Vordergrunde stehenden
Baume sein, als auf dem rechten Bilde. Beide sind
verhältnißmäßig gerade so verschieden von einander,

Figur 2.

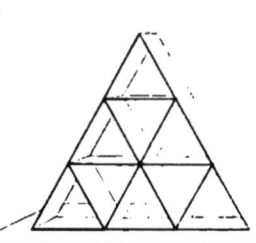

wie die beiden Eindrücke, welche unsere Augen empfangen, wenn sie den Gegenstand selbst anjehen.
Es ist nun die Aufgabe des optischen Instrumentes, und die Vereinigung der beiden Bilder zu
erleichtern. Das linke Auge darf dabei nur das
linke Bild zu sehen bekommen und ebenso das rechte
Auge nur das rechte Bild. Beide sollen so gesehen
werden, als ob sie einem Körper angehörten, sie
müssen daher an einer und derselben Stelle erscheinen.

Wheatstone hat diese Wirkung durch zwei recht-
winklig an einander gestellte Spiegel hervorgebracht,
welche er in einem Kästchen so befestigte, daß ihre
Schneide gegen die Mitte einer Kastenwand gerichtet
war, in welcher sich vor jedem Spiegel eine Oeffnung zum Hineinsehen befand. Seitlich von den
Spiegeln waren die beiden Zeichnungen aufgestellt,
welche durch die hintere durchbrochene Kastenwand
Licht erhielten. Näherte man das Gesicht den beiden
Oeffnungen, so empfing jedes Auge das Spiegelbild
der für dasselbe bestimmten Zeichnung und zwar in
einer Richtung, als ob beide Spiegelbilder von einer
Stelle ausgingen. Dieses Instrument war aber trotz
seiner sinnreichen Einrichtung noch unvollkommen,
und es war schwer, die beiden Bilder zusammen-
zubringen, daß sie körperlich wirkten.

Brewster gab aus diesem Grunde im Jahr 1843
eine andere sehr einfache Construktion an, welche das
Richten der Augenachsen bedeutend erleichtert. Diese
besteht aus zwei, meistens viereckig geschnittenen Hälften eines gewöhnlichen linsenförmigen Vergrößerungs-
glases von 15 Centimeter Brennweite, welche in
zwei 4½ Centimeter von einander entfernten Oeffnungen eines Brettchens derart zusammengesetzt sind,
daß die dicken Durchschnittsflächen nach außen und
die Schneiden gegeneinander liegen. Dieses Brettchen

(von 5 Centimeter Breite und 10 Centimeter Länge)
paßt als Deckel auf ein nach unten sich erweitertes
Kästchen von 15 Centimeter Höhe, dessen Boden so
groß ist, daß er die Cartons (von 9 Centimeter
Breite und 18 Centimeter Länge), auf welche je
zwei zusammengehörige Bilder in einer Entfernung
von 7 Centimeter von einander aufgeklebt sind, aufnehmen kann. Die Cartons erhalten ihr Licht von
einer auf der vorderen Seite gemachten Oeffnung
und können durch einen seitlichen Spalt am Boden
herausgenommen und durch andere ersetzt werden.
In der Mitte des Kästchens zwischen den Gläsern
steht eine schwarze Scheidewand, welche verhindert,
daß ein Auge beide Bilder zugleich sehen kann. Die
auf den Boden eingeschobenen Cartons befinden sich
nach Obigem genau in der Brennweite der Linsenhälften und die Wirkung des Apparates besteht nun,
außer seiner Vergrößerungskraft, darin, daß die Lichtstrahlen, welche von den Bildern auf die Rückseiten
der verkehrt zusammen gelegten Linsenhälften treffen,
von diesen aus ihrer Richtung so abgelenkt werden,
daß das linke Auge sein Bild 3½ Centimeter nach
der rechten Seite und das rechte Auge das seinige um
3½ Centimeter nach der linken Seite verschoben sieht,
beide also nach ein und derselben Stelle gerichtet sind.
Die Wirkung ist außerordentlich schnell und täuschend,
und dieser Apparat liefert die schönsten Raumbilder.

Da jedoch nicht alle Menschen gleiche Sehweite,
noch gleiche Augendistanz haben, so gibt es Instrumente, bei denen man sowohl die Entfernung der
Gläser von einander, als auch ihren Abstand von
den anzusehenden Bildern verändern und nach dem
Bedürfniß der Augen reguliren kann. Es ist klar,
daß so lange die Photographie nicht zur gleichzeitigen
Darstellung der stereoskopischen Bilder benutzt wurde,

15*

das Anfertigen derselben großen Schwierigkeiten unterworfen und nur bei einfachen Körpern möglich war, die sich nach den Regeln der Perspektive und der darstellenden Geometrie aufzeichnen ließen. Von Landschaften oder gar Portraits konnte nicht die Rede sein, denn welcher Zeichner oder Maler wäre im Stande das Gezweige eines Baumes von zwei wenig von einander verschiedenen Gesichtspunkten aus, in Größe, Perspektive und Beleuchtung, richtig darzustellen? Erst dadurch, daß Moser versuchte, gleichzeitig mit zwei unter dem Sehwinkel gegeneinander gestellten gleichen Photographirapparaten einen Gegenstand aufzunehmen und die beiden so entstandenen Bilder durch das Stereoskop zu betrachten, erst dadurch kam dieses Instrument zu dem wunderbaren Effekt und zu der umfangreichen Anwendung, die es jetzt erlangt hat. Die photographischen Aufnahmen geben mit mathematischer Genauigkeit nicht bloß die feinsten, complicirtesten äußeren Formen wieder, sondern auch die ganze Stimmung der Natur, den Glanz und die Eigenthümlichkeiten der Materialien, woraus die Körper bestehen. Es ist z. B. leicht, im Stereoskop die verschiedenen Kleiderstoffe von einander zu unterscheiden, und dies hat schon vor mehreren Jahren in Paris ein Modejournal „le stéréoscope" in's Leben gerufen, das seine Modebilder in stereoskopischen Photographien nach der Natur liefert.

Am schönsten und schärfsten wirken aber die transparenten Bilder auf Glas. Diese müssen von der Rückseite beleuchtet werden und es ist daher nöthig, daß man beim Betrachten solcher Bilder im Stereoskop die gewöhnliche Lichtöffnung rein durch eine Klappe schließt und die Rückwand des Instrumentes, welche gewöhnlich aus einer etwas matten Glasplatte besteht, gegen das Licht hält.

Es ist eine eigenthümliche Erscheinung, daß für viele Menschen das Stereoskop schlecht oder gar nicht wirkt, welche jedoch leicht zu erklären ist. Wir haben schon darauf aufmerksam gemacht, daß sowohl die Augendistanz als auch die Sehweite bei verschiedenen Menschen sehr verschieden ist. Ein kurzsichtiger Mensch mit weit auseinander stehenden Augen sieht, da er alle Gegenstände in der Nähe betrachten muß, unter einem großen Sehwinkel. Die beiden Bilder der Gegenstände, welche ihm seine Augen liefern, sind sehr verschieden von einander. Betrachtet nun ein solcher Mensch Stereoskopbilder, die für mittlere gute Augen angefertigt sind, so erhält er weniger verschiedene Bilder, als seine Augen sie ihm bei direkter Betrachtung des dargestellten Gegenstandes geliefert hätten. Das körperliche Bild im Stereoskop scheint ihm deßhalb weniger tief, weniger erhaben, als die Natur. Umgekehrt ist es bei einem fernsichtigen engäugigen Menschen, der alle Gegenstände unter sehr kleinem Sehwinkel zu betrachten gewohnt ist. Diesem erscheinen die Stereoskopreliefs zu tief, zu sehr hervortretend.

Gute Augen können einen Körper aus sehr verschiedenen Entfernungen oder was dasselbe ist, unter sehr verschiedenen Sehwinkeln klar und deutlich erkennen. Für solche Augen wird daher auch der Winkel, unter dem die beiden stereoskopischen Bilder aufgenommen werden müssen, sehr verschieden sein können. In der That hat der französische Physiker Claudet gefunden, daß z. B. bei einer Büste dieser Winkel bei der Aufnahme von 4° bis 12° schwanken kann. Uebrigens sind dabei noch verschiedene Dinge von Einfluß. Da wir im Stereoskop größtentheils verkleinerte Natur, so zu sagen Modelle sehen und diese uns in sehr geringer Entfernung von den Augen richtig erscheinen müssen, so muß der Grad der Verkleinerung offenbar von Einfluß auf den Winkel sein, unter dem die Aufnahmeapparate gegeneinander zu stellen sind. Außerdem hängt dieser Winkel auch von dem Gegenstande und von unserer Gewohnheit ab. Landschaften betrachten wir aus größerer Entfernung als Statuen und diese wieder unter kleinerem Sehwinkel als Bücher.

Bei vielen Menschen ist die Weite des deutlichen Sehens an beiden Augen verschieden und diese sehen dann stets nur mit einem Auge — entferntere Gegenstände mit dem fernsichtigen Auge, nahe Dinge mit dem kurzsichtigen. Für solche wirkt das Stereoskop gar nicht, da ein Auge wirkungslos bleibt und also auch nur eines der beiden stereoskopischen Bilder gesehen wird. Nur durch Benützung einer mit ungleichen Gläsern versehenen Brille können derartige Augen zum Genuß des Körpersehens gelangen.

Meine wißbegierigen Leserinnen werden durch das Vorstehende von selbst einsehen, wie thöricht es ist, zu behaupten, die Bilder im Stereoskop seien einander gleich, und wie wirkungslos und unverständig die Ausführung des Vorschlags wäre, den man hie und da aussprechen hört, zwei Photographien eines Oelgemäldes im Stereoskop zu körperlicher Erscheinung zu bringen. Sie werden zur Ueberzeugung gekommen sein, daß nur zwei, nach der Natur selbst, von verschiedenen aber bestimmten Standpunkten aufgenommene Bilder den täuschenden Schein der Körperlichkeit hervorbringen können.

Gleiche Dienste, wenn verhältnißmäßig nicht noch höhere, leisten die beiden Augen den Thieren. Für viele derselben, insbesondere für die Raubthiere, ist der Besitz zweier Augen zu ihrer Existenz absolut nothwendig. Der Verlust eines Auges ist für sie eine Lebensfrage. Was wollte eine Schwalbe anfangen, die ihre beste Nahrung im Fluge erhaschen muß, wenn sie ihre Entfernung von den kleinen Insekten, die sie sich zur Beute gewählt hat, nicht in jedem Augenblick genau und sicher ausmessen könnte und immer daneben schnappte. Wie wenige Mäuse würde eine einäugige Katze und wie selten der Fuchs einen Hasen fangen. Manches Raubthier, das tagelang nach Beute gelauert, muß in dem ersten, einzigen Sprung, von dem es abhängt, ob sein Feind tödtlich packt oder sich selbst in's Verderben stürzt. Nur die vereinte Macht seiner beiden Augen sichert ihm den Erfolg.

Schillers Maria Stuart.

(Fortſehung von S. 113.)

Leiceſter.

Noch vorhandene Dokumente beweiſen, daß beide Königinnen eine hohe Geiſtesbildung beſaßen; Maria war leidenſchaftlich, ſtets mit weitausſehenden Plänen beſchäftigt und oft von den Stimmungen des Augenblicks bewegt, Eliſabeth tiefer und mehr kalt berechnend. Maria flößte leidenſchaftliche Liebe ein, von der ſie ſelbſt mitergriffen wird: Eliſabeth, die ihren höchſten Stolz darein ſetzte, die jungfräuliche Königin zu heißen, ſuchte durch ihr Benehmen ein Gemiſch von Ehrfurcht und chevaleresker Huldigung zu erzeugen. Beide Königinnen arbeiten fleißig. in ihrem Staatsrath, die Beschlüsse gehen immer von ihnen aus, beide sind auch persönlich muthig; einst sah man in den schottischen Fehden Maria gegen die Feinde ansprengen, die Pistolen am Sattel.

Wenn sich auch Maria im Gegensatz zu Elisabeth, die in die Fußstapfen ihres Vaters tretend, die Autorität der Krone in ihrem Reiche sicher befestigt hatte, den Verhältnissen anbequemen und dem protestantischen Bekenntnisse unfreiwillige Zugeständnisse machen mußte, so verschaffte ihr doch ihre Religion sowohl auf der Insel als in dem übrigen Europa viele Anhänger und eine Bedeutung, die sie in den Stand setzte, ihrer weit mächtigeren Gegnerin das Gegengewicht zu halten. Zwar hatte sie dem Titel einer Königin von England entsagt, doch gingen alle ihre Bestrebungen darauf aus, ihr Successionsrecht anerkannt zu sehen. Hiezu standen ihr zwei Wege offen, entweder sich mit Elisabeth zu verständigen oder durch dynastische Verbindungen sich den Beistand einer auswärtigen Macht zu sichern. Zu diesem letzteren Behuf wurden Verhandlungen über ihre Vermählung mit Philipps des Zweiten Sohn Don Carlos angeknüpft; da dieser aber schwach und kränklich war, so empfahl Philipp seinen Neffen, den Erzherzog Karl von Oesterreich. Inmitten dieser fruchtlosen Verhandlungen, denen auch Elisabeth entschieden entgegen war, verabsäumte Maria nichts, um Elisabeth günstig zu stimmen. Sie unterdrückte die katholischen Bewegungen im Norden ihres Landes, sie trank bei festlichen Gelagen auf das Wohl ihrer lieben Schwester von England; sie suchte eine Zusammenkunft mit ihr herbeizuführen, in der Hoffnung, sie zur Anerkennung ihrer Rechte zu bewegen. Um der Besorgniß zu begegnen, daß die Landeskirche gefährdet werden könnte, wenn Maria den englischen Thron bestiege, gerieth man auf den Gedanken, daß sie sich mit einem Protestanten, Robert Dudley, Grafen von Leicester, der für Elisabeths Günstling galt, vermählen sollte. Elisabeth selbst empfahl ihn, und Maria, obwohl anfangs unangenehm davon berührt, daß man ihr zumuthe, einem Unterthan Elisabeths ihre Hand zu reichen, willigte endlich doch ein, falls Elisabeth ihre Rechte anerkennen wollte. Als aber Elisabeth auch unter diesen Bedingungen nicht zu einer bindenden Erklärung zu bewegen war, brach endlich Maria's Unwille los und sie betrat jetzt den Weg einer entschieden feindseligen Politik.

Unter den Söhnen des schottischen Adels empfahl sich der junge Henry Lord Darnley, mütterlicherseits mit der Tochter Heinrichs VIII. verwandt und durch seinen Vater Graf Lennox der Familie der Stuart angehörig, durch hohen Wuchs und eine glückliche Gesichtsbildung aus. Dieser hatte auf die Königin, als sie ihn zum ersten Mal sah, einen tiefen Eindruck gemacht. Jetzt entschloß sie sich, weil ihre Rechte auf den englischen Thron und ihre Autorität im Lande durch diese Verbindung einen bedeutenden Zuwachs erhielten, ihm ihre Hand zu reichen. Im Juli 1565 fand die Vermählung statt.

Darnley wurde zum König ausgerufen und obwohl Protestant, trat er bald zum Katholicismus über. Nun glaubte sich Maria stark genug, ihre Pläne zur Ausführung bringen zu können; von Philipp II. und dem Papste unterstützt, hoffte sie die katholische Religion wieder in Schottland herzustellen, die widerspenstigen Lords in ihrem Lande zu demüthigen und Elisabeth zur Anerkennung ihrer Rechte auf den englischen Thron zu zwingen.

Inzwischen erlangte Maria's Geheimsekretär, der Italiener David Riccio, einen bedeutenden Einfluß. Riccio war kein blühend schöner Mann, wußte sich aber französisch und italienisch gut auszudrücken, spielte die Laute geschickt und empfahl sich der Königin durch seine geschäftliche Brauchbarkeit so sehr, daß diese ihm eine Vertraulichkeit des Umgangs gestattete, die zu allerlei widerwärtigen Gerüchten Anlaß gab. Nicht nur die Lords waren über diese einflußreiche Stellung eines Fremdlings aufgebracht, auch König Darnley selbst, der von seiner Gemahlin die Uebertragung der matrimonialen Rechte der Krone verlangt und nicht erhalten hatte, argwöhnte, daß Riccio an dieser Weigerung schuld sei und nährte einen tödtlichen Haß gegen ihn. Er verabredete mit einigen der angesehensten Lords die Wegräumung des Italieners.

Im März des Jahres 1566 war gerade das Parlament versammelt und waren demselben wichtige Propositionen zur Wiederherstellung des Katholicismus vorgelegt worden; da saß eines Abends die Königin in einem der engen, düstern Räume von Holyroodhouse, wohin sie sich zurückzuziehen pflegte, wenn sie ungestört zu sein wünschte, mit ihren Damen und einigen Personen ihres Haushaltes, unter denen sich auch Riccio befand, bei der Tafel; spät erschien der König, den man erwartete, und nahm neben seiner Gemahlin Platz. Bald folgte ihm Lord Ruthven, der die Ausführung des Anschlags übernommen hatte, in voller Bewaffnung. Erschrocken fragte die Königin, was ihn um diese Stunde herbeiführe. Ruthven antwortete: „Ich sehe hier einen Menschen an einem Platze, der ihm nicht gebührt; von einem Dienstbolen wie dieser wollen wir Schotten uns nicht regieren lassen." Mit diesen Worten machte er sich fertig, an Riccio Hand anzulegen; die Königin suchte diesen vergebens zu schützen, in ihrer Gegenwart entblößt die Schwerter, man schleppte Riccio auf den Hausflur, wo er mit vielen Stichen getötet wurde. Nach vollbrachter That kehrte Ruthven zurück und erklärte der Königin, Riccio's Einfluß und seine Rathschläge seien den Schotten unerträglich gewesen, auch trage er ihr die Rückkehr der verbannten protestantischen Lords an. In dem Getümmel gelang es den katholischen Rathgebern der Königin zu entkommen, sie selber wurde als Gefangene behandelt. Weil sie aber als die angestammte Fürstin noch Popularität im Lande besaß und weil sie sich mit ihrem Gemahl aussöhnte, so wurde der Sturm für den Augenblick beschwichtigt. Auch ließ sich die Königin nicht so leicht einschüchtern. Zwar stellte sie ihre offenbare Begünstigung des Katholicismus ein, doch mußten die Urheber des Attentats von Holyrood fliehen.

Allein ihre Aussöhnung mit ihrem Gemahl war nur scheinbar, wußte sie doch, daß Darnley bei der Ermordung Riccio's die Hand im Spiele gehabt habe. Diesen Angriff auf ihre Ehre verzieh sie ihm nie. Darnley war von dem Ziel seiner Wünsche, der matrimonialen Krone, jetzt weiter entfernt als je: bei der Taufe seines Sohnes, den ihm die Kö-

nigin eben geboren hatte, vermied er aus Furcht vor Mißachtung, anwesend zu sein. Wie weit die Zwietracht gediehen war, geht daraus hervor, daß Darnley und sein Vater Lennor den Plan faßten, die Königin zu entthronen und im Namen des Kindes die Regierung zu führen, wogegen die Lords sich das Wort gaben, nur sie anzuerkennen. Durch den Hinzutritt einer andern Persönlichkeit wurden aber Darnley's und Maria's Geschicke schnell zur Entscheidung gebracht.

(Schluß folgt.)

Die Pflanzenthiere.

Von Dr. Gustav Jäger.

(Schluß von S. 95.)

Vergleicht man hiemit die Form und Lebensgeschichte der Hydroiden, so findet man eine wirklich überraschende Aehnlichkeit.

Die Hydroiden sind sämmtlich Meeresbewohner. Die eine Abtheilung derselben sitzt fest und überzieht Steine, Felsen, Muschelschalen ꝛc. in ähnlicher Weise, wie das Moos den Boden unserer Wälder, ist überhaupt den Laubmoosen im äußeren Aussehen so ähnlich, daß sie die Naturforscher vor Linné geradezu unter sie einreihten. Die andere Abtheilung schwimmt frei im Meere und ist den Zoologen seit langer Zeit unter dem Namen Siphonophoren oder Röhrenquallen bekannt.

Man unterscheidet an diesen Thieren einmal einen meist verästelten Stamm, dessen Basis entweder an einen fremden Körper angeheftet ist und kriechende Wurzeln, Stolonen genannt, ausschickt oder in einen hydrostatischen lufthaltigen Apparat umgewandelt ist, mit Hilfe dessen der ganze Stock frei im Meere flottirt.

An dem Stamme und seinen Zweigen sitzen bald seitlich bald endständig Individuen und Individuengruppen. Bei den festsitzenden Hydroiden findet man außer den Individuengruppen meist bloß eine Art von Individuen, die man Polypenleiber nennt und die sich am besten mit einem Champagnerkelch vergleichen lassen, dessen Rand mit einem Kranz von Fäden besetzt ist. Bei einer Abtheilung derselben findet man noch eine zweite Form von Individuen, denen die Randfäden und die Oeffnung an der Spitze fehlt. Bei den freischwimmenden Hydroiden kommen außer den Polypenleibern und den geschlossenen Individuen noch andere Formen vor, welche man den Ranken und den Deckblättern der phanerogamen Pflanzen vergleichen kann.

An den Individuengruppen, welche an den Hydroidenstöcken sitzen, unterscheidet man einmal einen Kreis von Individuen, welche eben so mit einander zu einer Glocke verbunden sind, wie z. B. die ein-

zelnen Blumenblätter einer Glockenblume. Dieser Kreis entspricht der Blüthenhülle der Pflanzen. Im Innern der Glocke befindet sich ein zweiter Kreis von Individuen (oder ein einziges Individuum) das in seinem Innern die Geschlechtsprodukte, Eier oder Samenläden, entwickelt.

Bei einigen Hydroiden, z. B. Hydractinia, fehlt den Individuengruppen der äußere Individuenkreis (das Perigon), bei anderen, z. B. den freischwimmenden Hydroidenstöcken, kommen an dem der Basis zunächst liegenden Theil des Stammes Individuengruppen vor, denen die centralen geschlechtlichen Individuen fehlen.

Die Hydroiden sind somit wie die Phanerogamen polymorphe Individuenstöcke mit Individuengruppen. Ihre Lebensgeschichte ist folgende: Aus dem Ei schlüpft ein Embryo, der zu einem Stamm mit Basis und Wurzeln (Stolonen) auswächst. An ihm knospen (sowohl am Stamm wie an den Wurzeln) anfangs bloß Polypenleiber und bei den freischwimmenden nebenher noch ranken- und deckblattähnliche Individuen. Erst im erwachsenen Zustand knospen die Individuengruppen, in deren Innerem die Keime einer neuen Generation sich bilden. Diese Individuengruppen gehen entweder nach Entleerung der Geschlechtsprodukte zu Grunde, wie die Blüthen der meisten Phanerogamen, oder sie lösen sich noch vor der Reife vom Stock los, das centrale Individuum bekommt eine Oeffnung zur Aufnahme fester Nahrung, und so schwimmen diese Thierblüthen, die man längst unter dem Namen Hutquallen, Scheibenquallen oder Medusen kannte, ohne um ihre Abstammung zu wissen, durch längere oder kürzere Zeit als selbständige Wesen umher, bis ein Gewitterregen oder die herannahende Winterzeit ihrem zarten Leben ein Ende setzt.

Der Stock, an dem die Meduse knospte, stirbt im Herbst entweder ganz ab, wie die einjährigen Pflanzen (dies ist der Fall bei den freischwimmenden

Hydroiden), oder er wirft seine Individuen ab, wie der Baum seine Blätter. Im letzten Fall, der bei den festsitzenden Hydroiden eintritt, überwintern Stamm und Wurzeln, um im kommenden Frühjahr neue Individuen und Blüthen aus sich hervorknospen zu lassen.

Die Hydroiden stimmen somit nicht blos in der Form, sondern auch in der Lebensgeschichte vollkommen mit den phanerogamen Pflanzen überein, sind somit ebenfalls Pflanzenthiere, aber in anderem Sinn, als wie die Schleimpilze x., d. h. es sind nicht Wesen, die in einem Stadium ihres Lebens Thier, im anderen Pflanze sind, sondern es sind Thiere, d. h. zeitlebend mit Kontraktionsvermögen versehene Wesen, welche in Form und Lebensgeschichte einer Abtheilung der Pflanzen gleichen.

Ist es erlaubt, aus dem bisher Angeführten einen Schluß auf den verwandtschaftlichen Zusammenhang von Thier- und Pflanzenreich zu machen, so ergibt sich Folgendes:

Wahrscheinlich waren die ersten Wesen, welche durch Generatio aequivoca auf unserer Erdoberfläche entstanden, Pflanzenthiere im Pallas'schen Sinne des Wortes, nämlich Mittelglieder zwischen Thier und Pflanze, Wesen, welche den geißeltragenden Infusorien, den Schleimpilzen, Schwämmen x. ähnlich waren.

Aus ihnen entwickelten sich auf dem Wege der geschlechtlichen und ungeschlechtlichen Fortpflanzung,

gleich den zwei Aesten aus einem Stamme, einerseits wahre Pflanzen andererseits wahre Thiere, die einander noch in Form und Lebensgeschichte glichen. Während dann die Pflanzen aufhörten in die Höhe zu wachsen, d. h. zu einer höheren Organisationsstufe zu erheben, überflügelte sie das Thierreich, indem es in fortschreitender Entwicklung eine Höhe der Organisation erreichte, von deren Spitze wir Menschen die ganze organische Welt überschauen.

Daß heutzutage gleichzeitig alle Organisationsstufen der organischen Welt neben einander leben, berechtigt uns zu der Annahme, daß der Prozeß, dem die ersten Wesen ihre Entstehung verdanken, seit jener Zeit ununterbrochen fortdauert und Wesen schafft, welche den ersten organischen Wesen ähnlich sind, und daß die heute nebeneinander lebenden organischen Wesen die jeweiligen Repräsentanten einer Unzahl verschiedenaltriger Stammbäume sind.

Mögen diese kurzen Andeutungen genügen um zu zeigen, daß die Lehre von dem Thier- und Pflanzenreich noch höhere Aufgaben hat als die Erkenntniß des Einzelwesens und seiner Existenzverhältnisse, und daß, so unvollkommen auch unser Wissen auf diesem Gebiete ist, doch die Zeit nicht mehr fern sein mag, in der auch diese Zweige der Naturwissenschaften den Satz anerkennen: Ewig unwandelbar ist nur das Gesetz, aber wandelbar sind die Formen, welche es schafft.

Carl Grunert.

(Mit Stahlstich.)

Auf Seite 14 haben wir das Bild eines Mimen vorgeführt, welcher heute noch, obwohl er vor einem Jahrhundert glänzte, in ungeschwächtem Andenken fortlebt. Er gehört zu den großen Namen, die über ihre Zeit hinausgewirkt haben, in welcher sie ihres Gleichen nicht hatten — Namen, auf welche Schillers schmerzlich schöne Worte im Prolog zum Wallenstein keine Anwendung zu finden scheinen. Wenn es erlaubt ist, Aehnliches von einem noch Lebenden auszusagen, wie es denn auch zu Garricks Lebzeiten von seinem Landsmann Pope und unsrem Landsmann Lichtenberg über ihn ausgesprochen worden ist, so ist hier wohl in erster Linie Carl Grunert zu nennen. Er ist darum von so hervorragender Bedeutung, weil er in genialer Weise die markirteste Individualisirung der Charaktere vereinigt mit einer Verklärung oder Durchleuchtung derselben durch die tief und klar erkannte Idee des Kunstwerks. So konnte es kommen, daß er von den einen als Realist, von andern gleich gewichtigen Autoritäten als Idealist bezeichnet wurde. Er ist beides, und das ist seine Größe. Nicht eine bloße Porträtirkunst, und ein

verstandesmäßiges Ausfeilen und Zuspitzen pikanter Züge, was hie und da das Urtheil des Publikums zu bestechen sucht, sondern die Darstellung eines Lebensbildes aus einem einheitlich aufgefaßten, psychologisch erkannten und gefühlten Charakter heraus, das Werk des Verstandes, des tiefsten Gefühls und der Phantasie zugleich, das ist das Geheimniß des großen und wahren Künstlers. Und Grunert besitzt dieses Geheimniß. Er schafft seine Gebilde von innen heraus, und sie werden lebensvolle, mit aller Wahrheit der Wirklichkeit uns entgegentretende Gestalten; kein auf augenblicklichen Effekt berechnetes, manierirtes Wesen entstellt sie. Nach jenem höchsten Ideal seiner Kunst sehen wir ihn vom Anfang seiner Laufbahn ringen, er hatte sich diese Aufgabe früh schon mit dem vollen Bewußtsein ihrer Bedeutung gestellt, und ist jetzt auf dem Höhepunkt seines reichen Künstlerlebens angelangt.

Schon zum lebendigen Erfassen dieser Aufgabe gehört eine ungewöhnliche geistige Begabung und eine tüchtige Bildung, welche fähig macht, die Klassiker nicht bloß zu lesen, sondern zu durchdringen

und in Mark und Blut zu verwandeln. Zur schönen Darstellung derselben gehören aber auch die glänzenden äußern Mittel, wie die Natur sie ihrem Auserwählten schenkt, wie die Kunst sie vervollkommnen und verwenden lehrt. —

Carl Grunert, im Jahre 1814 in Leipzig geboren, erhielt auf der berühmten Themasschule daselbst eine gründliche klassische Bildung. Als Frucht derselben erkennen wir die klare wissenschaftliche Auffassung seiner Kunst, welche er unter anderm in einer erst vor einigen Jahren verfaßten psychologisch-ästhetischen Abhandlung über den Macbethcharakter bewährt hat. In der Anerkennung auch dieses Verdienstes hat ihn die philosophische Facultät der Universität Tübingen zum Doctor der Philosophie und Magister der freien Künste ordnungsmäßig graduirt. Aus Neigung hatte er sich dem Studium der Theologie gewidmet. Allein der unabweisbare Drang seiner Natur führte ihn auf die Bühne; nicht herab sollte er zum Volke sprechen, nicht von der Kanzel. Er hat es bis auf die neueste Zeit als seine Mission angesehen, in jeder Weise, auch in kleineren Orten (und wo ihm keine Schaubühne und keine Kunstgenossen zur Seite standen, durch Vorlesungen) dem Volke in den weitesten Kreisen ein Dolmetscher der großen nationalen Kunstwerke zu werden.

Grunerts erste Leistungen haben wir bei einer kleinen reisenden Gesellschaft in dem sächsischen Städtchen Waldenburg zu suchen. Man muß ihn in vertrautem Kreise über seinen durchaus nur seiner Begeisterung erträgliche Wirklichkeit referiren hören: sein Talent zu erzählen, umsäumt z. B. folgende Geschichte mit schönem Humor. Das besagte Theater hatte keine Garderobe, die Schauspieler machten ihre Toilette auf der Bühne. Grunerts erste Rolle war ein Räuber; er repetirte eben noch während der Vorbereitungen, die er an seinem äußeren Menschen vornahm, einige Kraftstellen. Noch aus bekannt mit dem Terrain, macht er pathetisch deklamirend einen Schritt rückwärts, da fehlt der Boden, und er stürzt durch ein Loch im Podium in den Raum unter der Bühne. Wunderbarerweise unbeschädigt stand er eben auf, als ein ehrwürdiger Greis mit langem weißem Bart auf ihn zutrat, ihn mit einem Lämpchen beleuchtete, und feierlich im reinsten sächsischen Dialekt in die Worte ausbrach: „So haben Sie also och die Schwelle Talichens (Thaliens) überträten, junger Gunstanfänger?" Es war der Souffleur der Truppe, welcher für eine kleine Rolle, in der er aus der unterirdischen Welt hervorzutreten hatte, bereits costümirt war und mit dieser Antrittsrede den Jüngling unter seine Protection nahm.

In dieser naturalistischen Sphäre blieb übrigens Grunert nicht lange. Nach wenigen Monaten finden wir ihn in Augsburg, wo er, noch nicht volle zwanzig Jahre alt, mit entschiedenem Glück und Erfolg Charakterrollen und Heldenväter spielte, wie Belisar in Schenk's Trauerspiel, Wallenstein, Franz Moor, Philipp II., den Oberförster in Iffland's Jägern u. s. f. Ein noch größerer Wirkungskreis eröffnete sich ihm in Freiburg im Breisgau, wo er zugleich die Regie des Schauspiels übernahm. Der Umgang mit Professoren an der Universität und mit andern bedeutenden Persönlichkeiten, so namentlich auch die Beziehungen, übten den wohlthätigsten und nachhaltigsten Einfluß auf die Entwicklung seines Talents. Hier war es auch, wo sein Name im Vorlesungskataloge der Universität stand: er hielt nämlich mit Erlaubniß des akademischen Senats Vorlesungen „über die Kunst des schönen Vortrags."

Indessen löste sich das Freiburger Verhältniß, und Grunert ward wieder nach Augsburg gerufen, als Darsteller und Regisseur, wo er blieb, bis der Magistrat der Stadt Freiburg die Direction des dortigen Theaters anbot. Der jugendliche, aber selbstständige Lenker der Bühne steht dort in gutem Andenken, er entwickelte eine umfassende Thätigkeit, welche namentlich auch die Werke lebender Dichter, Grabbe's, Immermann's u. a. zur Geltung zu bringen beflissen war. Auch brachte er in einer von ihm selbst bearbeiteten neuen Gestalt Zacharias Werner's Luther auf die Bühne. Er war durch all' diese in persönliche Beziehungen zu den Dichtern selbst gekommen. Immermann wünschte nichts sehnlicher, als den ausgezeichneten Künstler für das damals blühende Düsseldorfer Theater zu gewinnen. Allein die Berufung Grunerts an das Hoftheater zu Hannover stellte diese Hoffnungen ab; Grunert trat, dreiundzwanzig Jahre alt, seine Anstellung als Regisseur und Schauspieler dort im Frühling 1836 an, und blieb Mitglied dieser Bühne bis zu Ende des Jahres 1842. Er selbst bezeichnet die Zeit seines Aufenthalts in Hannover als die Durchgangsperiode, in welcher er eine strenge Kritik an sich selbst übend, Anfangs viel schüchterner spielte, als in der Zeit des unbefangenen, freudig vertrauenden Ausländerthums. In vielseitigem, anregendem Umgang bildete sich hier seine Anlage und sein Streben zu der Vollendung, die wir an ihm bewundern. Deshalb schied er auch mit schwerem Herzen von Hannover, wo er sich den Beifall und Gunst des Publikums und des Hofes im höchsten Grade erworben hatte, als ihn ein ehrenvoller Antrag zur Uebernahme der Oberregie und des Faches der ersten Charakterrollen nach Mannheim führte. Uebrigens war in Mannheim seines Bleibens nicht lange. Er verzichtete, obgleich ihm Mitgliedschaft des Comité's sammt Directorialgewalt in Aussicht gestellt wurde, freiwillig auf ein zehnjähriges Engagement und eine ansehnliche Pension, um ganz frei und unabhängig seiner Kunst leben zu können. Zu diesem Ende siedelte er nach Hamburg über, und war nun vier Jahre eine Zierde des dortigen Stadttheaters, wo Eßhof's, Schröder's und Fied's Sterne gestrahlt hatten. Schon damals war er allen Bühnen einer der Willkommensten, und während seiner jährlichen Gastrollen-Reisen erschien er auf fast allen großen

Theatern Teutschlands, so in Wien, Berlin, Stutt=
gart, München, Leipzig u. s. w. Ueberall vereinigten
sich die Stimmen der Besten zu seinem Lobe.

Während des Wechsels der Direktion in Ham=
burg erhielt Grunert unter sehr vortheilhaften Be=
dingungen einen Ruf an das k. Hoftheater in Stutt=
gart. Obwohl er gerade zu derselben Zeit wohlbe=
gründete Aussicht zu Anstellungen an den Hofthea=
tern von Wien und Berlin hatte, nahm er doch
nach kurzem Bedenken die Einladung vorläufig auf
fünf Jahre an; aber schon nach fünf Monaten,
am 20. Dezember 1846, wurde ihm lebenslängliche
Anstellung und das Amt eines Regisseurs zu Theil.
Seitdem gehört er der trefflichen Stuttgarter Bühne
an, welche ihn mit einer gewissen Eifersucht die
ihrigen nennt, und erst kürzlich, als die Gefahr eines
Verlustes an das Münchner Hoftheater drohte, ihn
durch neue Bewilligungen noch sicherer an sich zu
fesseln wußte.

Von Grunerts vielseitigen Leistungen im Ein=
zelnen zu reden, dazu ist in dieser Skizze seines
Künstlerlebens nicht Raum. Auch wäre es schwer
zu sagen, nach welcher Seite hin der Schwerpunkt
seiner Größe fällt. Man ist versucht, ihn in den
tragischen Charaktergestalten zu finden, die auf dem
innersten Grunde des Gemüthes wurzeln: in seinen
Nachtstücken der Seelenmalerei, wie sie in seinem
Macbeth, König Lear, in Richard III., Shy=
lok, auch in Franz Moor sich entfalten, daß sein
Genius die höchsten Triumphe gefeiert. Gleicher=
weise ist sein Mephisto ohne alle gesuchte Figura=
tion, ohne gekünsteltes Bewirken von teuflischen Tönen
und Attributen ein dämonisches Wesen aus einem
Guß, Grauen und geheimnißvollen Reiz zauberhaft
erweckend. Seydelmann hatte bekanntlich in dieser
Rolle den incarnirten Teufel äußerlich gezeigt, indem
er sich (wenigstens während seiner Stuttgarter Pe=
riode) unter anderem das Innere der Hände blut=
roth färbte, und kleine Krallen an die Fingerspitzen
befestigte. Grunert gibt einfach den Bösen, den dä=
monischen Schalk, der mit den Menschen umzugehen
weiß. Gretchen fürchtet ihn, sein widrig Gesicht hat
ihr einen Stich in's Herz gegeben: sie ahnt, daß er
keine Seele lieben kann. Aber sie ahnt es nur, —
er spricht wie ein cultivirter Mensch, trinkt und singt
sogar; erst hinterdrein pflegt den Menschen das Be=
wußtsein aufzudämmern, wer es gewesen. Mephisto
muß also der Ausdruck des geistig Bösen sein, Faust's
schlimmer Geselle: so führt ihn Grunert durch alle
Situationen.

Grunerts Naturell an sich scheint die Anlage
eines tiefen Denkers mit einem höchst nervösen
Temperament zu verbinden, welches ihn reizbar
und sein empfindliches stimmt; darin mag eine der
Quellen seiner tragischen Gewalt zu finden sein.
Von der größten Wirkung sind demgemäß auch seine
Monologe (im Wallenstein z. B.); wir verlieren
uns mit ihm in das Getriebe der Gedanken, der
Pläne, sehen das Bewußtsein sich abklären, das Er=
kennen der Sachlage zum starken Wollen sich steigern

und den Entschluß gewappnet hervortreten aus den
geheimen Werkstätten des Geistes. Andere Kritiker
haben seinen Nathan eben darum unübertrefflich
genannt, weil in dieser Rolle der Weise, der die
höchsten Fragen in sich bewegt und zur ruhevollen,
glückseligen Harmonie gebracht hat, durch die voll=
endetste Charakterisirung und Individualisi=
rung hindurchleuchtet.

Ueber Grunerts Darstellung des Carlos in
Göthe's Clavigo und des Franz Moor in Schil=
lers Räubern hat sich jüngst Adolf Stahr in
einem an den Künstler gerichteten Briefe, der sich
in einem Dresdner Blatte abgedruckt findet, folgen=
dermaßen ausgesprochen: „Gestatten Sie mir, Ihnen
geehrter Herr Dokter, meinen aufrichtigen Dank dar=
zubringen für die hohen Kunstgenüsse, welche Ihre
Meisterdarstellungen des „Carlos" und des „Franz
Moor" mir und meiner Frau gewährt haben, wie
sie in unseren Tagen den Freunden der wahren und
ächten Kunst großen Stolz nur selten zu Theil wird.
Ich darf es wohl aussprechen, daß eine Verkörpe=
rung des dämonischen Bösen, wie sie uns in Ihrem
„Franz Moor" vor die leiblichen und geistigen Augen
geführt werden ist, in der Gegenwart einzig da=
steht. Wenigstens habe ich seit einem Menschenalter,
in welchem ich die Leistungen der deutschen Schau=
spielkunst mit Bewußtsein verfolgte, Nichts gesehen,
was an die Größe und Erhabenheit, wie an die
maßvolle Feinheit und den charakteristisch-individua=
lisirenden Ausdruck Ihrer Darstellung des „Franz"
auch nur heranreichte. Ich hatte mich schon ge=
wöhnt, diese Gestalt als überhaupt für uns undar=
stellbar und unertragbar anzusehen; Sie haben, ge=
ehrter Herr Dokter, mich eines Besseren belehrt,
indem Sie mir das Gegentheil in einer Leistung
bewiesen haben, welche ich den höchsten anreihe,
was mir an spärlichen Silberblicken im Bereiche groß=
artiger tragischer Schauspielkunst jemals in meinem
Leben geworden ist. Nehmen Sie meinen Dank,
und die Versicherung hochachtenster Verehrung, wie
sie dem großen Künstler darzubringen ein Ge=
nuß ist."

Aber nicht bloß in einigen großen Rollen zeigt
sich Grunert als Meister, sondern er weiß auch in
Partien von weniger umgänglicher Geltung, die nicht
zu eigentlichen Glanzrollen geschaffen sind, durch die
Schärfe und Deutlichkeit der Zeichnung zu glänzen.
Gestalten wie Talbot in der Jungfrau von Orleans,
der König im Hamlet, Herzog Alba im Egmont
haben bei ihm den Hintergrund einer Gemüthstiefe,
die ihnen das rechte Colorit und die wirksamste Be=
deutung gibt. Sie legen zugleich Zeugniß ab von dem
innigen Verständniß des Dichters. Der wissenschaft=
lich gediegene Kenner der Geschichte gibt hier Hand
in Hand mit dem Interpreten der Poesie.

Solche Verlebendigung historischer und zugleich
poetisch durchgeistigter Gestalten zeigt sich noch be=
sonders in der ganzen Stärke, wo der Künstler ein
schwächeres Dichterwerk durch seine schauspielerische
Schöpfung ergänzt. Wir nennen z. B. den Crom=

well in Raupach's Trilogie. Auch Delavigne's Ludwig XI. gehört hieher, der bei weitem königlicher erscheint, als der Dichter ihn angelegt hat. Grunerts Darstellung zeigt in der gebrechlichen Hülle des kranken Monarchen die siegende Macht des Gedankens, des gewaltigen Willens dieses großen Politikers. In der Sterbescene dieser Rolle erneuert sich, was ein geistreicher Kritiker über seinen Talbot sagt: „Als ich Grunert als Talbot sterben sah, wußte ich wie Talbot gelebt hatte."

Wer dagegen seinen Harpagon in Molière's Geizigem, seinen Zettel im Sommernachtstraum, Riccaud in Minna von Barnhelm, den steifgetrunkenen Grübler in Jurist und Bauer, den Vetter, den Magister Lassenius, den Rector Lange, Till u. s. w. gesehen hat, der bekommt einen Begriff von der Vielseitigkeit dieses Künstlers, von der schöpferischen Freiheit, mit welcher er sich auch im Gebiet des Komischen bewegt. Auch sein Brennecke, sein beißender Pfeffer, der gutherzige Benjamin in Freitags Valentine, der sächsische Amandus Hasenfuß, und besonders auch sein Falstaff bewähren ihn in diesem Genre so gut wie in andern als ächten, vielgewandten Realisten.

Zwischen den beiden Extremen des Hochtragischen und Hochkomischen bewegen sich nun aber noch einestheils die gemüthlichen Rollen des Essighändlers, den Grunert für sich nach Mercier in einem Act bearbeitet hat, Wellenbergers in den Advocaten, des Iffland'schen Oberförsters und des Shakespeare'schen Pater Lorenzo; und andererseits die feinen Weltmänner, die man von einem und demselben Künstler kaum so vollendet aristokratisch dargestellt erwarten sollte, wenn man eben die derb bürgerliche Herzlichkeit seines Essighändlers bewundert hat. Hieher gehört z. B. sein vornehm schlaffer, etwas pedagogischer, aber geistig allen überlegener, vor nichts erschreckender und alles schlau leitender Graf Ranzau (in Scribe's Bertrand et Raton), eine Schöpfung Grunerts, von der ein Diplomat gesagt hat, daß nur ein Diplomat diese Rolle ihm nachspielen könnte, wenn derselbe nämlich ein eben so großer Schauspieler wäre als Grunert. Dann der Kammerdiener des Emigranten, von welchem ein französischer Tourist in Pariser Blättern erzählt, er habe aus dem fremden Idiome seine Muttersprache herauszuhören geglaubt, so sehr habe die wunderbare Kunst der Darstellung des alten Franzosen ihn getäuscht und in die eigene Heimath versetzt. — Auch Carlos im Clavigo und Marinelli müssen wir gerade hieher rechnen; beide sind bis in die feinsten Züge ausgearbeitet und entwickeln sich gleichwohl leicht und scheinbar ganz anspruchslos, ohne ihre schlagende Wirkung zu verfehlen.

Wir haben oben einige Worte über Grunerts natürliche Mittel gesagt, und hier ist der Ort, darauf zurückzukommen. Seine Gestalt ist wunderbar beweglich, man möchte sagen verschiebbar. Von dem schlanken und hohen Kavalier, dem dürren, sperr-

beinigen Mephisto, welch' ein Unterschied bis zu dem untersetzten stämmigen Cromwell! Der letztere wird auch im Gesicht ganz viereckig, Mephisto's Antlitz ist ein Rhombus, und als Graf Ranzau hat Grunert eine auffallende Aehnlichkeit mit dem bekannten von der Gaggiotti Richard gemalten Porträt Alexanders v. Humboldt. — Von Grunerts Organ ist zu sagen, daß es allen Abstufungen, vom lieblichen, schmeichelnden Flüstern bis zum gewaltigen Donner gerecht ist. Er läßt uns erleben, sagt ein Berichterstatter, was man von Eckhof erzählt, der ohne äußere Zuthat, an einen Stuhl gelehnt, durch die Macht der Rede und den Ton der Stimme seine Hörer zu Thränen rührte! Und wie viel schwerer, als in jener gläubig empfänglichen Zeit, ist es für einen Künstler unserer Tage die Gemüther zu erschüttern!

Diese Begabung macht Grunert zum hinreißenden Deklamator. Das Vollendetste was man in der Kunst des schönen Vortrags hören kann, ist ohne Zweifel seine Vorlesung von Schillers Glocke und sein schwungvoller Vortrag des Chorführers in der Braut von Messina: eine Darstellung, die zugleich durch Innerlichkeit und Würde zu einem Charakterbilde wird.

Der Stahlstich, welcher dieser Skizze beigegeben ist, zeigt uns den Künstler als König Lear, im zweiten Act, wie er den entarteten Töchtern drohend zuruft: „Ich thue solche Dinge, — was, weiß ich selbst noch nicht!" — Es ist für den Zeichner wohl sehr schwer, den Gesammtcharakter in einer einzigen Stellung wiederzugeben. Das Königliche in Grunerts Darstellung würde vielleicht bei mancher andern Stelle energischer zum Ausdruck gekommen sein. So etwa bei dem: „Wer regt sich?" — „Hör' mich, Natur!" — „Wer stockte meinen Diener?" oder: „Jeder Zoll ein König!" Und nun erst die Sterbescene des alten Löwen mit dem beißen Vaterherzen! —

In Tübingen, wo sich eine Bühne befindet, ist Grunert seit Jahren ein liebgewordener Gast und ein Freund der studirenden Jugend. Alljährlich wurde er bisher gebeten, in der Musenstadt dramatische Vorlesungen zu halten. So übernahm er auch den Vortrag des Oedipus auf Kolonos bei der Tübinger Aufführung der Mendelssohn'schen Composition dieser Tragödie. „Hier zeigte sich abermals deutlich", urtheilt unser Aesthetiker Vischer, „wie das insbesondere bei der Darstellung von Werken des klassischen Alterthums höchst wesentlich ist, daß der Vortrag von dem Verständniß des Ideenkreises und der Motive einer vergangenen, aber in ihrem Inhalt und Kunststyl unsterblichen und ewig mustergültigen Lebensform durchdrungen wird. Die Energie der Charaktergebung vereinigt Grunert hier mit der idealen Würde und Größe, wie sie der monumentale Styl der Antike fordert.

Grunerts ausführliche Abhandlung über Macbeth soll noch in diesem Jahre gedruckt werden. Seine lyrischen Gedichte, von denen einige noch aus der Freiburger Zeit stammen, hat er leider nie gesammelt.

und wir können uns nicht versagen, eine Probe zu
geben, in welcher der Künstler seine eigene Gesinnung einigermaßen beleuchtet, ein einfaches Gelegen-
heitsgedicht, welches rasch entstand als Antwort auf
einen Festgruß bei einer Feier in befreundetem Kreise.
Es lautet:

Zu dem reichen Freudenkranze,
Den die lichtumfloss'ne Hand
Froher Götter in den Glanze
Dieser Stunde lieblich wand,
Leg' ich keine Blüthenkrone,
Die in Farben glühend brennt,
Die an unsres Dichters Throne
Was wir fühlen, neu bekennt.

Nein, die blauen Blüthensprossen
Eines Reises nur allein,
Das am Walde aufgeschossen,
Werf' ich in den Freudenwein.
Blätter, die die Eiche spendet,
Wind' ich um des Bechers Fuß:
Und mein Selam ist vollendet,
Fertig meiner Liebe Gruß.

Kennet Ihr die Blüthentraube
Jenes Blümchens „Ehrenpreis"?
Zu der Eiche heil'gem Laube
Flüstert es die Worte leis:
„Was ich biete, Dir gefall' es,
„Ehre sei es Dir zu blüh'n."
— Deutschland, Deutschland über Alles!
Rauscht der Eiche köstlich Grün.

Und an unsre unsichtbare
Kirche betend hingewandt,
Träuf' ich vor dem Festaltare
Diesen Wein zum Opferbrand.
Flehe nur um ein Gelingen,
Nur um Kraft des Schicksals Gunst,
Jedes Opfer gern zu bringen
Der geliebten deutschen Kunst.

Noch umfassender spricht sich des Künstlers Gesinnung in einer gereimten Tischrede aus, die er bei
einer festlichen Versammlung ehemaliger Thomas-
schüler in Leipzig hielt und die auf den Wunsch der
alten Commilitonen gedruckt wurde.

Grunert erzählt da in humoristischer Weise, wie
er besonders mit zwei kleinen Gymnasiasten schon
früh treue Freundschaft geschlossen, mit einem „Bunten" (einem externus, der sich nach Belieben klei-
det) und einem „Schwarzen" (alumnus, der auf
der Schule wohnt und schwarz gekleidet sein muß).
— Lang war er unschlüssig, ob er bei den Bunten
bleiben, ob sich „dem Schwarzen verschreiben"
sollte. — Weiter unten fährt er nun fort:

„Der Eine jener kleinen Freunde
Streut längst nun schon im Gotteshaus
Des Guten stillen Samen aus;

Der andere Genosse schwur
Der Themis alter Herrlichkeit,
Und in der Erdenkinder Streit
Sucht emsig er der Wahrheit Spur:
Und ich — der einmal schon bedacht,
Ob schwarz, ob bunt die rechte Tracht. —
Ich sprach: — was gut ist und was wahr
Stellt sich zugleich im Schönen dar!
So selg' ich jetzo nicht dem Einen
Der Freunde und dem Andern nicht,
(Sich selbst bestimmen ist hier Pflicht)
— Ich werde sie in mir vereinen!
Der hohen Schönheit reines Licht,
Ich will versuchen, es zu pflegen,
Die Kunst sei meines Daseins Segen,
Mein Leben werde zum Gedicht!
Bescheiden mög' es seitwärts blühen,
Sieht Einer d'rin nur Spiel und Tand;
Sucht Einer nach der Arbeit Mühen
Erheiterung an seiner Hand,
Den lad' es freundlich lächelnd ein;
Doch wer in seinem bunten Schein
Den Ernst erkennt, der es belebt,
Und wen es rühret und erhebt,
Dem zeig' es in des Bildes Hülle,
Des Fühlens und des Denkens Fülle,
Dem leucht' es in die dunkeln Tiefen
Des Lebens, die dem Auge schliefen, —
Den heb' es mit dem mächt'gen Schwung
Der glühenden Begeisterung
Zu jenen lichten Regionen,
Wo aller Andacht Kinder wohnen,
Der reinen Freude Hochgenuß,
Das Mitgefühl und der Entschluß!"
— — So ahnt' ich dunkel ungefähr;
Das Denken — das kam hinterher. —
Ich trug zur Bühne hin den Drang,
Zu ringen dieses Leben lang,
In meiner Scheinwelt auch nach Wahrheit,
Aus der Gebundenheit zur Klarheit,
Um den, den sicher Jeder preist,
Zu huldigen — dem deutschen Geist,
Dem tiefen, treuen und gewalt'gen,
Dem edlen, freien, zukunfthalt'gen.
Und war gering nur, was ich that,
Es gab doch wohl ein Korn zur Saat;
Es gab den Muth, heut bin zu geb'n
In der geliebten alten Stelle,
Zu meiner Prima hoher Schwelle,
Und froh in's Auge Euch zu seh'n!

Der Redner trat in dieser Versammlung von
300 Männern, wenigstens 150 Theologen; er fühlte
wohl mit richtigem Takte heraus, daß es ihm hier
geboten war, auf den hohen Beruf der Bühne
hinzuweisen, die nach Schiller mit Lehrstuhl und
Kanzel die Erziehung des Menschengeschlechts vollendet.

Von den Reverenzen.

(Aus der „Wunderlichen und wahrhaftigen Geschichte Philanders von Sittewald")

von J. M. Moscherosch.

Kem herumb zu mir: waß? bistu ein Teütscher? Ey was hastu dann für ein närrischen Wälschen Gang, Sitten und Geberden an dir? waß wiltu? wo wiltu hin? bistu närrisch werden? wie gebestu daher? alß woltestu danßen oder springen, und fechtelst mit den Händen als ein Gaudler.

Was ist daß für ein wunderliches Bücken und Ritschen, mit dem Kopff, mit Händen und Füßen, mit dem ganßen Leib? Du schnappst mit dem Kopff zu den Füßen wie ein Taschen Messer, daß man auff und zu thut. Meynstu, daß solches einen Teütschen Mann zierte? weistu was die Wälschen selbst von ihren Gramanßen halten, welches du jhnen doch so närrisch nachäffest? meynstu nicht, daß sie deiner Einfalt und doppelen Thorheit lachen? was meinstu, daß wir solches Buckens und Burßlens alhie achten? die wir gewohnt sind, drein zu schmeissen und zu schlagen als die Blinde, und mehr auff unser Pferd und Vieh achten, als auff solche lumpenbossen.

Meynstu unsere Vorfahren, die redliche Helden, wan sie dich also sehen selten, würden darvor halten, daß du ein Teütscher wärest? O weh mein, sie würden glauben, du wärest allererst von Babel kommen, und woltest noch einmahl eine Zerrüttung mit den Gebehrden anfahen in der Welt. Was soll das Fingerlecken? das Händ- und Armtraßen? das von und zu dir zucken und trucken? das Ritschen und Bucken?

Ihr Teütschlinge! Ihr ungerathene Nachkömmlinge! was hülfft euch solch newe Unarth? Altes Wesen her! Alte Gebehrden her! In Hiß und Frost übet euch, nicht in Schminden und Schmucken. Alte Herßen her! Alt Gelt her!

Wo ist ewer Alt Gelt hinkommen; alß daß jhr solche newe Trachten und bessen darumb erkaufft? und den Außländischen all ewre Mittel zu führet, ohn welche sonst sie euch nimmermehr alle würden bekriegen, undertrucken und beßwingen können.

All solch Bucken und Ritschen, solch Hännd- und Füß küssen ist erßwungen werd; wer sich so gar zimperlich stellet, der ist ein Heuchler: entwedern förcht er sich, oder will etwas betteln, oder hat ein böß stuck im sinn. Unter diesen dreyen ist allzeit eines gewiß. Wer Auffrecht und von Herßen durchgehet, waß darff er allererst sich alle verstellen? Die reverenzen sind ein farb deß Herßens, ein anstrich; alles was angestrichen ist, das ist falsch und nichts werth: was offen ist, das gehet schlecht zu, darff betrugs gar nicht.

Schillers Maria Stuart.

(Schluß von S. 119.)

Unter den schottischen Magnaten glänzte James Hepburn, Earl von Bothwell, durch schöne Gestalt, männliche Kraft und einen in tausend Gefahren bewiesenen Muth. Schon als Maria noch in Frankreich war, hatte er ihr seinen Beistand zugesichert. Auf diesen Mann richtete Maria in ihrer Bedrängniß ihre Augen, aus Bewunderung seiner persönlichen Eigenschaften ließ sie sich aber auch — ihre Briefe gestatten darüber keinen Zweifel — in ein leidenschaftliches Verhältniß mit ihm fortreißen. Bothwell erwiderte ihre Liebe schlecht, ihm war es nur um die Macht zu thun. Er beschloß, den König zu ermorden und sich an seine Stelle zu seßen. Welchen Antheil Maria an der That hatte, läßt sich nicht entscheiden, aber zum Grausen ihres Landes und ganz Europa's reichte sie troß der Beschwörungen ihrer Freunde dem Mörder ihres Gatten nach kurzer Zeit ihre Hand. Die Lords, die Riccio's Einfluß

nicht ertragen hatten, erhoben sich auch gegen Bothwell; nach einem unglücklichen Kampfe rettete er sich durch die Flucht und lebte nachher als Abenteurer auf den Inseln im Norden Schottlands. Die schottische Krone wurde dem Kinde Maria's unter dem Namen Jakob VI. übertragen und Maria selbst eilte ohne weibliche Begleitung, Tage lang ohne eine andere Nahrung als schottisches Haferbrod, in der ärmlichsten Verfassung nach England, um bei Elisabeth Beistand gegen ihre rebellischen Unterthanen zu suchen, nach deren Demüthigung ihre Seele verlangte.

Elisabeth gewährte ihr nur diesen Beistand nicht, sondern hinderte sie auch nach Frankreich zu gehen, und ließ sie sogar als Gefangene behandeln. (Eine Erklärung dieses krassen Mißbrauchs des Vertrauens, der durch keine Rücksichten der höheren Politik zu entschuldigen ist, bieten die damaligen Weltverhältnisse. So sehr auch Elisabeth das

Betragen der schottischen Lords gegen ihre Königin persönlich mißbilligen mochte, so waren diese doch in den großen Gegensätzen der Welt ihre Verbündeten. Es war die Zeit, in der die Waffen Philipps in den Niederlanden die Oberhand gewonnen, die protestantische Bewegung in Frankreich beinahe unterdrückt war: die Restitutirung Maria's wäre jedem Interesse Elisabeths entgegen gewesen.

Maria übte in ihrer Kerkerhaft einen höchst bedeutenden Einfluß auf die Angelegenheiten Englands und Europas aus. Ihr rastloser Geist war in ewiger Thätigkeit, stets finden wir sie in schneidendem Gegensatz zu ihrer wirklichen Lage mit weit aussehenden Plänen beschäftigt. Sehr viele Engländer auch protestantischen Bekenntnisses, sahen in ihr die rechtmäßige Erbin des Thrones; das ganze katholische Europa knüpfte an ihren Namen die Hoffnung auf die Wiederherstellung der Glorie der Kirche. Maria gehörte mit ihrem ganzen Wesen dem alten System des Teufels und Glaubens an, Elisabeth vertrat die neue Ordnung der Dinge.

Maria's Aufenthalt in England veranlaßte eine große Anzahl Verschwörungen gegen das Leben Elisabeths. Beinahe in allen gesellt sich das religiöse Motiv zu dem politischen und wir finden, daß bei den meisten Philipp, der Vorkämpfer des katholischen Princips, seine Hand im Spiel hatte. Schon im Jahre 1569 erhob die katholische Partei unter Führung der Neville's, Percy's und Clifford's im offenen Aufstande, Elisabeths Regierung war aber gut begründet und der Feldherr Ratcliff, Carl von Sussex, errang einen vollständigen Sieg. Die religiöse Gährung erhielt bald darauf neue Nahrung durch die Excommunikationsbulle, die der Pabst Pius V. gegen Elisabeth erließ; das Parlament von 1571, das die Königin in neuer Person, den goldenen Reif im Haar, mit allem Schaugepränge der Macht eröffnete, gab ihr die überschwenglichsten Versicherungen loyaler Ergebenheit und ergriff die strengsten Maßregeln für ihre Sicherheit. Durch große Schaaren religiöser Flüchtlinge, die aus Frankreich und den Niederlanden nach England kamen, wurde die Bewegung auf das Aeußerste gesteigert, die in dem Aufstande des Thomas Mowbray, Herzogs von Norfolk, ihren Ausdruck fand. Norfolk, einer der vornehmsten Magnaten Englands, faßte den Plan, sich mit Maria zu vermählen und den Thron Englands zu besteigen. Die Seele des Unternehmens war Ridolphi, ein italienischer Wechsler, den der Pabst mit Vollmacht an Maria geschickt hatte. Doch die wachsamen Minister entdeckten das Komplott, bevor es zur Reise gediehen war. Norfolk mußte seinen Ehrgeiz mit dem Tode büßen; der Königin Maria wurde von dem Grafen Shrewsbury, in dessen Gewahrsam sie sich damals zu Sheffield befand, eine strengere Haft angekündigt.

Durch den Sieg von Lepanto, den Don Johann von Oesterreich erfocht, wurden die Hoffnungen der katholischen Welt von neuem belebt. Zwischen dem Pabst und Philipp ist über den Plan unterhandelt

werden, daß Don Johann das westliche Europa mit Gewalt der Waffen der Kirche wiedergewinnen und als Gemahl Maria Stuarts sich des Thrones von England bemächtigen solle.

Alle Ansprüche Maria's auf den englischen Thron wären übrigens erledigt gewesen, hätte Elisabeth Leibeserben gehabt, deshalb war um diese Zeit sehr ernstlich im englischen Staatsrath von einer Vermählung Elisabeths mit dem jüngsten Sohn Katharina's von Medici, der schon nach England hinübergekommen war, die Rede; aus andern politischen Erwägungen erklärte sich jedoch der Staatsrath gegen die Verbindung.

Die folgenden in Maria's Interesse gegen Elisabeth unternommenen Attentate gehen von dem Orden der Jesuiten aus; im Jahre 1584 mußte Francis Throkmerten sterben, im nächstfolgenden Jahre Parry. Schon 1579 war im Parlament ein Gesetz in Anregung gebracht, welches Personen, die sich an Komplotten gegen das Leben der Königin betheiligten, ihrer Successionsrechte für verlustig erklären sollte. Nach Parry's Attentat, als die Stimmung der Nation sich in einer großen feierlichen Affeciation zur Sicherung des Lebens der Königin Elisabeth offenbarte, trat dieses Gesetz durch Parlamentsbeschluß wirklich in Kraft; ersichtlich gegen Maria Stuart gegeben, ertheilte es der Königin die Befugniß, eine Kommission von mindestens 24 Mitgliedern zur Prüfung des vorliegenden Falles zu ernennen. Als das Komplott von Savage und Babington entdeckt und Maria's Verbindung mit dem letztern unzweifelhaft bewiesen war, glaubte der Staatssekretär Walsingham, vor dessen Ressort die Untersuchung der Verschwörungen gehörte, daß der im Gesetz vorgesehene Fall eingetreten sei. Die Kommission wurde ernannt und trat in Fotheringhay, dem alten Schlosse der Prinzen des Hauses York, wohin Maria gebracht war, zusammen; unter Vorbehalt ihrer Rechte unterwarf sich Maria dem Verhör, sie gestand alle ihr zur Last gelegten Vergehen nach und nach zu, nur läugnete sie jede Theilnahme an einem Attentate gegen Elisabeths Leben. Die Kommission entschied, daß dies in der Sache nichts ändere und verurtheilte sie zum Tode. Doch Elisabeth zögerte mit der Bestätigung des Urtheils, obwohl es vom Parlament gebilligt war; sie schloß sich derjenigen Partei ihres geheimen Rathes an, die meinte, daß eine strengere Haft eine genügende Strafe sein würde. Erst als man noch einem neuen, von dem französischen Gesandten Anbespine angezettelten Komplott auf die Spur gekommen war, gewann bei ihr die Sorge für die eigene Sicherheit die Oberhand und sie unterzeichnete das Urtheil mit raschem Federzug.

Damit waren ihre widerstrebenden Gefühle jedoch keineswegs zum Schweigen gebracht. Sie gerieth auf den Gedanken, daß ihr nach gefälltem Urtheil eine geheime Hand die Vollstreckung ersparen könne; dem Hüter Maria's, Paulet, ist ein dahin gehender Antrag gemacht, aber von dem rechtschaffenen Puritaner mit Unwillen zurückgewiesen worden. Auch nach der Unterzeichnung glaubte sie die Sache noch in der Hand zu behalten, da es Sitte war, bei ihr noch einmal anzufragen. Das hielt aber ihr Secretär Davison, der ihr Schwanken bemerkte, nicht für gerathen, er übergab das unterzeichnete Urtheil Burleigh, dieser setzte den geheimen Rath davon in Kenntniß, und dieses Kollegium nahm es auf sich, dasselbe nach Fotheringhay abgehen zu lassen.

Am 8. Februar 1587 wurde Maria in der Halle von Fotheringhay hingerichtet. Die Seelenruhe, mit der sie sich in ihr Schicksal fügte, macht der Unschlüssigkeit Elisabeths gegenüber einen großartigen Eindruck; sie starb einer Königin würdig. Das Unglück ihres Lebens war ihr Anspruch auf den englischen Thron; dieser, gepaart mit ihrer glühenden Leidenschaftlichkeit und ihren religiösen Ideen, hat sie zu allen ihr mit mehr oder weniger Grund zur Last gelegten Vergehen getrieben.

Elisabeth wurde von der Nachricht ihres Todes wahrhaft überrascht, sie gab sich einem ungeheuchelten Schmerze hin. Davison hat seine Abweichung von der hergebrachten Form in langer Kerkerhaft büßen müssen, und sogar der unentbehrliche Burleigh erlangte nur mit Mühe Verzeihung.

Elisabeth überlebte ihre Gegnerin um sechszehn Jahre. Trotz mannigfacher Schwächen ist ihr Name unauslöschlich mit dem Ruhme Englands verknüpft; sie ist eine entschieden große Gestalt in der Geschichte; sie liebte und pflegte Poesie und Wissenschaft: Spencer, Shakespeare und Bacon gehören zu ihren Bewunderern.

Unter den andern Personen in Schillers Drama sind noch Leicester und Burleigh zu erwähnen. Leicester ist weder als Staatsmann noch als Feldherr ausgezeichnet, aber zu Niemanden hatte die Königin ein größeres Vertrauen, ja persönliche Neigung leitete sie an ihn. Elisabeth mußte wohl, daß ihr Verhältniß zu ihm Anlaß zu manchen bösen Gerüchten gäbe; sie liebte es, die Gesandten der fremden Mächte in ihrem Zimmer zu sehen, zum Beweise, wie unmöglich es ihr sei, irgend Jemand ohne Zeugen zu sehen, und es kann tein Zweifel sein, daß die Standalgeschichten jeglichen Grundes entbehren.

Burleigh war tein staatsmännisches Genie ersten Ranges, aber ein Mann von unglaublicher Arbeitskraft und klarem politischem Blick. Englands Stellung Spanien gegenüber hat Niemand so richtig erkannt als er.

Nach diesem Abriß des historischen Charakters der beiden Königinnen wenden wir uns zu einer gedrängten Zusammenstellung der Abweichungen von der Geschichte in dem Schiller'schen Drama. Schillers Maria ist als ein schönes, liebenswürdiges Weib gezeichnet, welches die Verirrungen der Jugend in langer, schwerer Kerkerhaft abbüßt und über dieselben tiefe Reue empfindet. Alle politischen Motive liegen ihr fern; nur um ihre persönliche Rettung ist es ihr zu thun. Während die historische Maria neunzehn Jahre im Kerker schmachtete und das fünfundvierzigste Jahr erreicht hatte, als sie jeder Schönheit beraubt, gezwungen wurde, vom Krankenlager sich zu erheben und das Schaffot zu besteigen, übt die Schiller'sche Maria, die sich der Dichter im Alter von einigen dreißig Jahren denkt, durch ihre Reize einen unwiderstehlichen Eindruck auf jeden Beschauer aus. Mit großer poetischer Kunst bringt Schiller den Zauber ihrer Schönheit durch die Schilderung ihrer Wirkungen zur Anschauung; nicht nur die Schaaren jener, die für sie in den Tod gingen, sondern auch Mortimer und Leicester werden von ihr hingerissen. Um diese Vorstellung nicht zu schwächen, wird auch Maria's Sohn, der bei ihrem Tode zwanzig Jahre alt war und unter dem Namen Jakob VI. den Thron von Schottland inne hatte, nur einmal im Vorbeigehen erwähnt. Die Größe ihrer Vergehen weiß der Dichter dadurch in der Seele des Lesers zu mildern, daß er sie in eine längst vergangene Zeit zurückwirkt. Unser Mitleid wird erregt, da wir Maria unschuldig leiden sehen; denn sie leidet nur wegen der Verschwörung Babington's, an der die Schiller'sche Maria durchaus keinen Theil hat; sie büßt nur die Sünden ihrer Jugend. Die Schiller'sche Maria ist blos Weib, ein Ideal von Anmuth und religiösem Sinne, dessen Reiz durch menschliche Schwächen nur gesteigert wird, nicht Königin; die königliche Würde dient dem Dichter nur zur Erhöhung seiner Heldin und als Kontrast. Auch darin ist Schiller von der Wirklichkeit abgewichen, daß er seine Maria mit einer zahlreichen Begleitung und großen Schätzen nach England zurückkehren läßt.

Maria's Gegensatz in jeder Beziehung ist Elisabeth, „die königliche Heuchlerin". Nicht politische Nothwendigkeit, nicht das ungestüme Drängen ihres Volkes, nicht Maria's rastloses Intriguiren bestimmten sie, ihre Gegnerin zu vernichten, sondern verletzte Eitelkeit und Eifersucht. Elisabeth erscheint klein und verächtlich, nur ihr Glück und Macht der Maria voraus, in allem andern steht sie ihr nach. Weder war Maria so schön, als Schiller sie zeichnet, noch Elisabeth so häßlich; jene war eine reizende, feurige Brünette, mit lieblichen, obwohl minder bedeutenden Zügen; diese war größer, hochblond und durch die überall hervortretende Ueberlegenheit ihres Geistes für gewöhnliche Männer weniger anziehend. Daß von einem eigentlichen Unrecht, welches Maria durch ihre Verurtheilung erfuhr, kaum die Rede sein könne, ist bereits angedeutet; ihr Tod war der entscheidende Wille der Nation, nicht Elisabeths freier Entschluß; in dem letzten Momente überschritt Davison seine Befugniß.

Als Maria beschloß, sich zum zweiten Mal zu vermählen, schlug ihr Elisabeth selbst Leicester zum Gemahl vor; von einem späteren Verhältniß Leicesters zu Maria weiß die Geschichte nichts. Mortimer ist eine rein fingirte Persönlichkeit; die Zusammenkunft der beiden Königinnen ist desgleichen unhistorisch und beinahe alle Umstände des fünften Aktes sind frei erfunden. Dem historischen Burleigh lag auch jeder persönliche Groll gegen Maria fern; er forderte ihr Haupt nur im Interesse der Ruhe Englands und Europa's.

Läßt man die Geschichte unberücksichtigt und betrachtet man die Schiller'sche Tragödie nur als aus sich selbst zu begreifendes Kunstwerk, so erscheint sie als eine der gelungensten Schöpfungen Schiller's. Die Organisation ist bei der großen Einfachheit des Sujets mit bewundernswürdiger Kunst angelegt; trotzdem daß Maria's Schicksal schon im ersten Akt entschieden ist, steigert der Dichter unsere Aufmerksamkeit doch von Akt zu Akt. Maria Stuart ist kein Weltdrama wie Wallenstein, sondern ein leidenschaftliches Personenstück und in dieser Beziehung mit Recht von Frau von Staël die pathetischste

Elisabeth.

der deutschen Tragödien genannt. Wenn auch das persönliche Element die Basis des ganzen Stückes ist, so zeigt uns doch der Dichter in meisterhafter Weise die großen Gegensätze der Weltkämpfe, in denen seine Individuen wurzeln, gleichsam in Hintergrunde und als treibendes Princip. Die Hauptfigur, um die sich alle andern wie Trabanten bewegen, ist die Königin von Schottland; die Geschichte vermag es nicht, sie von schweren Vergehen loszusprechen, dem Dichter aber stand es frei, aus ihr ein leidendes Weib zu gestalten, welches uns durch sein Schicksal Thränen theilnehmender Liebe abnöthigt.

Biberach.

(Mit einer Scene in Horbenband.)

Hier auf der Eisenbahn von Ulm nach Friedrichshafen am Bodensee reisen will, der gelangt bei dem stattlichen Schlosse Erbach über die Donau und befindet sich auf der sechs Stunden langen, in schnurgerader Richtung sich hinziehenden Bahnstrecke, an deren Ende die alte ehemalige Reichsstadt Biberach liegt. Die Stadt mit ihrer Umgebung bietet vom Bahnhof aus gesehen einen hübschen Anblick dar. Sie ist an eine Anhöhe des freundlichen Rißthales, den Gigelberg angelehnt, der mit zwei durch eine Mauer verbundenen Thürmen gekrönt ist, so daß man zuerst meint, die Stadt sei durch eine Burg beschützt. Allein dem ist nicht so; hinter der Mauer befindet sich ein tiefer Graben und jenseits desselben ein schöner Spaziergang mit reizenden Anlagen, wie sie nicht leicht eine Stadt

Rißlinger Thor in Biberach.

von gleichem Umfang aufzuweisen hat. Wann Biberach erbaut worden ist, liegt in tiefem Dunkel. So viel scheint gewiß, daß die Römer hier keine Niederlassung hatten; denn es findet sich keine Spur einer solchen weder hier noch in der nächsten Nähe. Dagegen stand der Sage nach unfern der Stadt an der Wartbauser Halde die Meßelburg, von der man noch den Graben sieht. Diese Burg wurde aber im 10. Jahrhundert von den Ungarn zerstört, deren Andenken sich auch noch in dem Plankentbale bei Buchau (vallis planeta, Thal der Klage) erhalten hat, wo die Mannschaft von Oberschwaben ihrem Anfall in einer schweren Schlacht erlegen sein soll. Die erste sichere Nachricht über Biberach hat man im 13. Jahrhundert aus Anlaß der Stiftung des Biberacher Heilspitals durch die Edeln Hulkrich und

Hellwig von Essendorf (1239). Wahrscheinlich war Grund und Boden der Stadt ursprünglich Reichsgut oder ein Theil der ausgebreiteten Welfischen Besitzungen, und ging später an das Hohenstaufische Kaiserhaus über. Hier entstand wohl unter dem Schutz einer Burg, vielleicht gleich nach den Einfällen der Ungarn, ein ummauerter Ort, in welchem sich eine Anzahl edler Geschlechter mit ihren Hörigen niederließ; in der Folge, ohne Zweifel unter den Hohenstaufen, erhielt der Ort Stadtrechte, welche 1271 durch Rudolf von Habsburg bestätigt wurden, und die kaiserliche Stadt wurde allmählig, da diese Rechte sich mehrten, zur freien Reichsstadt. Einen entscheidenden Schritt hiezu that sie unter Ludwig dem Bayer, der ihr 1331 das Recht ertheilte, städtische Leute zu richten, wie auch all in der

17

Stadtobrigkeit liegenden Güter zu besteuern. Dagegen erhoben die Geschlechter Beschwerde, allein vergeblich, und hieraus erhellt, daß die Stadt in dieser Zeit, wie andere Städte, z. B. Ulm, nicht blos zur Reichsfreiheit sich erhob, sondern daß neben den Geschlechtern bereits auch die Zünfte Theil am Stadtregiment errungen hatten. Denn im Anfang waren blos die adeligen Geschlechter, als ursprünglich schöffenbar freie Leute, Vollbürger und zur Theilnahme an der Stadtregierung berechtigt. Allein Gewerbe und Handel bereicherten das Volk; Handwerker und Kaufleute lösten ihre Lasten bei den Geschlechtern ab und verlangten nun auch Theil an der Leitung der öffentlichen Angelegenheiten. Dieses Streben begünstigte am meisten von allen Kaisern Ludwig der Bayer. Denn der Adel auf dem Lande und die Geschlechter in den Städten hielten es mit seinem Gegner Friedrich von Oesterreich; das Volk in den Städten aber stand auf seiner Seite. Mit dem Siege der Zünfte entstand nun in den Städten eine eigenthümliche Veränderung. Viele Geschlechter, die sich in die neue Wirthschaft nicht finden konnten, verließen die Städte, zogen auf ihre Güter auf dem Lande und trieben dem Landadel sich wieder an, so wie dem sie ursprünglich gehörten, so z. B. in Ulm die Umgelder, welche nach Oberstetzingen zogen, die Herren von Ulm, die in dem ihnen gehörigen Erbach ihren Sitz nahmen u. a. Es gab aber auch Geschlechter, welche an der Bewegung sich anschlossen und in der Stadt blieben. Diese, obschon von dem Adel schief angesehen und kaum mehr für turnierfähig erkannt, standen dafür bei dem Volk in beste größeren Ehren, als Zunftmeister, Rathsherren, Stadtschreiber, Bürgermeister, Kriegshauptleute, wie z. B. in Ulm die Besserer, Schad, Kraft, Baldinger, Ehinger u. a. Als Kriegshauptleute zeichneten sich in Ulm vorzüglich aus Heinrich und Konrad von Besserer, von denen ersterer bei Altheim (1372), der andere drei Zeit im Kampfe gegen Eberhard II. von Württemberg in den Städtekriegen ihr Leben ließen. In diesen Kriegen handelte es sich hauptsächlich darum, ob hinfüro auch in Schwaben, wie in der Schweiz eine freie Eidgenossenschaft sich bilden und die Fürstenmacht abbrechen, oder ob die Macht der Fürsten sich behaupten und auf Kosten der Städte wachsen sollte. An diesen Kriegen, in denen der Sieg auf Seite der Fürsten blieb, nahm auch Biberach eifrigen Antheil, und seine Mannschaft blutete mit der von Ulm auf dem Schlachtfelde zu Döffingen, zwei Jahre, nachdem Oesterreichs Banner dem Gewalthaufen der schweizer Eidgenossen bei Sempach unterlegen war. Standen aber die Städte im Kampfe dem Adel und den Fürsten entgegen, dem Kaiser und Reich waren sie allezeit treu. Dieß bewies Biberach insbesondere im 15. Jahrhundert. Denn als Maximilian von Oesterreich, der Sohn Kaiser Friedrichs III., im Jahr 1488 von den stolzen Bürgern von Brügge gefangen gesetzt wurde, sammelte der Kaiser zur Befreiung seines Sohnes ein Reichsaufgebot zu Köln am Rhein. Bei

der Musterung fiel ihm ein Fähnlein auf in schwarzer Kleidung und Rüstung. Auf die Frage, was das zu bedeuten habe, antwortete Gottschalk von Gleich, Hauptmann gemeiner Stadt Biberach, daß selbige Stadt „aus tragender Condolenz wegen königlicher Verhaftung" dieses Fähnlein gerüstet habe. Der Kaiser erfreut über „solche Compassion" befahl dem Hauptmann, sich eine Gnade für die Stadt auszubitten, und Herr Gleich wünschte, daß Biberach die rothe Krone des blauen Bibers in seinem Wappen nebst dessen blauen vergelden dürfe. Friedrich gestattete einen ganz goldenen aufrechtstehenden Biber im blauen Felde, den noch heute die Stadt im Wappen führt. Annalist Ernst v. Pflummern, dem wir diese Nachricht verdanken, fügt aber bei: „es soll diese als des Biberacher Hauptmanns begehrte und impetrirte Bitte einen Rath nit sonderlich erfreut haben, wollten lieber auf nützliche Weise, als mit Begnadigung ein Felds oder Legels ihrer Kriegszulage halber ein memorium gehabt haben." — Eine bleibende Spaltung brachte das 16. Jahrhundert die Reformation in die Stadt. Denn bald fand die neue Lehre in derselben starken Anhang. Wie es in Biberach in dieser Zeit gährte, das sehen wir schon beim Ausbruch des Bauernkrieges. Denn als am 9. Februar 1525 zwei Stunden von der Stadt im Ried bei Baltringen der sogenannte Baltringer Haufe sich sammelte und die ersten Gewaltschritte that, führten den Biberacher Bürger der Bauern selbst Lebensmittel zu. Namentlich wird von zwei Bäckern aus Biberach, Veit Trogelin und Alexander Steffen, erzählt, daß sie mit Brod und Wein in Ried gewesen seien und geschürt haben. „Die Bauern", sprachen sie, „sollen nur fortfahren in ihrem Vorhaben und sich nicht trennen. Ehe 3 Tage vergehen, werde die Gemeinde in der Stadt die Obrigkeit über die Mauer hinauswerfen und mit den Bauern gemeine Sache machen." Allein der Rath hatte das Heft seit in der Hand. Biberach öffnete den Bauern seine Thore nicht, wie Memmingen und andere Städte, und ließ den Sturm an sich vorüberrauschen. Bald zog auch der Truchseß Georg von Waldburg, nachdem er den Unterhaufen bei Leipheim und Erbach bei über die Donau das Rißthal herauf, und die Bauern büßten schwer ihre Auflehnung. Man nahm ihnen ihre Wehren und Harnisch und schickte sie mit weißen Stäben in der Hand heim: 684 Bauern der Biberacher Hospitalorte wurden je um 8 Gulden bestraft; die Baltringer je um 16 Gulden. Den Hauptmann Hans Wanner von Warthausen fing der von Stadion und „weg ihn fast seer, so daß ihm die Arme glänkerten", und strafte ihn um 200 Gulden dazu. Während die Stadt eine strenge Reaction handhabte, schloß sie sich im Jahre 1529 dem Fortschritte entschieden an. Denn als wegen des der Sache der Evangelischen so nachtheiligen Reichstagsbeschlusses zu Speyer in Biberach Mann für Mann abgestimmt wurde, erklärten sich blos 70 (darunter 13 Geistliche und 14 von den Geschlechtern) für den Ab-

schied. Die ganze übrige Bürgerschaft schloß sich der Protestation der Evangelischen an. Wie Ulm und die andern oberländischen Städte neigte sich auch Biberach von Anfang an mehr der zwinglischen als der lutherischen Lehre zu, was aber die beklagenswerthe Folge hatte, daß mit der Reformation durch Oekolampadius von Basel, Bucerus von Straßburg und Ambrosius Blaurer von Konstanz eine greuliche Bilderstürmerei sich verband (1531). Wie in Ulm eine schandbare Verwüstung über das Münster erging, so wurden auch in Biberach die Pfarrkirche und die verschiedenen Kapellen ihres Schmuckes beraubt und zahlreiche unschätzbare Denkmale der Malerei und Bildschnitzerei auf die schnödeste Weise vernichtet. In der obern Kapelle, welche im jetzigen katholischen Meßnerhause[*], sich befand, wurden allein 30 Gemälde, das Leiden Christi vorstellend, abgethan. Einige Kapellen wurden gänzlich zerstört, darunter die St. Wolfgangskapelle, in welcher die ganze Wand mit der Legende des Heiligen bemalt war. Es stand diese Kapelle auf dem Berge, wo jetzt die Linde steht, von wo aus man bei klarem Horizonte südlich die ganze Alpenkette vom Glärnisch bis zur Zugspitze im Prospekt hat. Erst 1546 unterzeichnete Biberach mit Ulm die Wittenberger Concordie und trat definitiv dem Bunde der Evangelischen bei, hatte aber sofort auch Theil an der Demüthigung, welche Kaiser Karl V. nach der unglücklichen Beendung des schmalkaldischen Kriegs über die oberländischen Städte verhängte. Biberach mußte dem Kaiser 30,000 fl., dem König Ferdinand 15,000 fl. bezahlen, eine spanische Besatzung einnehmen und die Wiedereinführung der katholischen Religion sich gefallen lassen. Auch wurde die Zunftregierung abgeschafft und das Stadtregiment auserwählten Geschlechtern übergeben. Noch härtere Trangsale ergingen über Biberach im 30jährigen Kriege, in welchem die Stadt abwechselnd in den Händen der Kaiserlichen und der Schweden war. Sie hielt in diesem Kriege mehrere Belagerungen aus, und noch sind die Spuren der schwedischen Kugeln am weißen Thurme zu sehen, welcher übrigens dem Angriff trotzte, während eine Bresche am Vigelthurme hinab bis zum heutigen Gymnasium den Angreifenden den Eingang in die Stadt eröffnete. Einmal wehrten die evangelischen Bürger im Verein mit einer schwedischen Besatzung einen gewaltigen Angriff eines kaiserlichen Streifcorps von 4000 Mann unter dem Kriegscommissär Ossa ab, bei welchem Ossa mit einem Verlust von 400 Mann abziehen mußte. Nach diesen Kriegsstürmen kam die Pest. 1635 wurden in der Stadt täglich 20—30 Personen begraben, in der Umgebung wurden ganze Dörfer verödet. Unter dem fortdauernden Elend verstummte sogar die Uneinigkeit der Parteien, welche früher abwechselnd Bedrücker und Unterdrückte gewesen waren. Gegen

das Ende des Kriegs litt Biberach insbesondere auch noch durch die Franzosen und noch nach dem westphälischen Frieden, welcher die Stadt in die Reihe der paritätischen Reichsstädte setzte, hatte sie eine Besatzung von Schweden unter dem Obristen Jordan so lange, bis sie ihren Antheil an den schwedischen Entschädigungsgeldern mit 25,000 fl. abgetragen hatte. Nun folgte eine Zeit fortdauernden confessionellen Haders, Processe auf Processe, Commissionen auf Commissionen, bis im Anfang des 18. Jahrhunderts der spanische Successionskrieg ausbrach, in welchem vorzüglich in den Jahren 1702—1704 Schwaben der Kriegsschauplatz war. In diesen zwei Jahren allein hatte Biberach einen Schaden von 719,994 fl. an Contributionen und Naturallieferungen. Aber auch noch das Jahr 1707 brachte der Stadt schwere französische Einquartierung und drückende Brandschatzungen. Ungleich größer waren aber die Opfer, welche die Revolutionskriege am Ende des 18. Jahrhunderts der Stadt und Umgegend auferlegten. Der Schaden, der die Stadt und Landschaft Biberach in den Jahren 1796 bis 1800 traf, wird auf 2,017,302 fl. berechnet. Im Jahre 1796 wurden bei Biberach die schwäbischen Kreistruppen von den Kaiserlichen entwaffnet. Die Offiziere waren in der Stadt, plötzlich sahen sich die Kreistruppen in ihrem Lager auf der Burkhardter Höhe von östreichischen Truppen mit imponirender Artillerie umringt, und es blieb ihnen nichts übrig, als die Waffen zu strecken. In der nämlichen Zeit wurde das berühmte Zeughaus in Ulm auf Befehl des Erzherzogs Karl geleert, damit die Franzosen die Geschütze und Vorräthe nicht bekommen sollten. Am 2. Okt. 1796 erreichte General Latour den General Moreau auf seinem Rückzug bei Biberach; aber dieser brachte ihm in der Nähe der Stadt eine tüchtige Schlappe bei und setzte seinen Rückmarsch nach Frankreich fort. Am 9. Mai 1800 drängte Moreau den kaiserlichen General Kray durch die Stadt über das Rißthal. In der Stadt selbst wurde an diesem Tage gefochten und theilweise geplündert. Der Sturm auf die Höhen beim evangelischen Gottesacker und Mettenberg zu kostete die Franzosen anfangs viele Leute. Allein von Ummendorf her, wo noch seit jener Zeit der ein Hügel den Namen „Kanonenberg" trägt, umgangen und das Treffen entschieden. Augenzeugen dieser Ereignisse sind in Biberach noch am Leben; unter diesen der heitere, alte, rühmlichst bekannte Genremaler Pflug, welcher gar viel von diesen Geschichten zu erzählen weiß. Er hat mehrfach Scenen aus diesen Kriegen zum Gegenstand seiner Gemälde genommen, die zum Theil in einem Humor gehalten sind, der an den wackern tiroler Maler Koch erinnert. Sonst hat Pflug vorzüglich das oberschwäbische Volksleben zu seinen Sujets gewählt, und die Scene, welche hier in Farbendruck beigegeben ist, hat ein ehemaliger Schüler Pflugs ausgeführt, welcher auf der Stuttgarter Kunstschule seine Studien fortsetzte. Überhaupt

*) Dieses Meßnerhaus war die alte Pfarrkirche; die obere Kapelle war die alte Kirche; unter ihr befand sich die untere Kapelle, eine Krypta.

hat Pflug vielen jüngern Künstlern Anregung gegeben. Unter diese gehört auch der sehr tüchtige Lithograph Emminger, früher in Biberach, jetzt in München, dessen Städte- und Landschaftsbilder allgemein geschätzt sind. Aber auch sonst hat Biberach Meister in der Malerei aufzuweisen, die einen Namen haben, z. B. den Conservator Keller am Museum in Berlin, den leider zu früh vollendeten Professor Dieterich an der Kunstschule in Stuttgart, und den Professor Neher an eben dieser Anstalt. Von Dieterich befindet sich ein nachgelassenes Gemälde (Jesus im Sturm) in der Pfarrkirche in Biberach, ein heiliger Martin in eigenthümlicher Auffassung*) in der Pfarrkirche in Schemmerberg (an der Eisenbahn zwischen Laupheim und Biberach). Neher hat sich einen bleibenden Namen gemacht durch den Einzug Kaisers Ludwig von Bayern am Isarthor in München und durch seine Gemälde in Weimar. Zu den bildenden Künstlern, welche Biberach aufzuweisen hat, gehören auch die beiden Edelsteinschneider Schaupp († den 20. Nov. 1757) und Natter († in St. Petersburg 1763). Von ersterem rührt eine kostbare Sammlung von 200 in Carneol geschnittenen Bildnissen der römischen Kaiser her; die Arbeiten des letztern werden denen der Alten gleichgestellt. Als Componist für Kirchenmusik und Kirchengesang glänzt unter den berühmten Biberachern Justin Heinrich Knecht (geb. 1752 † 1817). Der berühmteste Biberacher aber ist unstreitig der Dichter Christoph Martin Wieland (geb. 1733 in dem Biberacher Hospitalorte Oberholzheim bei Laupheim, † 1813 in Weimar). Später kam sein Vater als Geistlicher nach seiner Vaterstadt Biberach, wo Wieland den größern Theil seiner Jugend zubrachte. Von 1760—1769 war Wieland Senator und Kanzleiverwalter in Biberach, und noch zeigt man ein Gartenhäuschen, in welchem Wieland gedichtet haben soll. Doch gefiel er sich besser am Hofe des Grafen von Station in Warthausen als in seiner Kanzlei, und in eigenthümlicher Weise hat er später seinen Erinnerungen an seinen Aufenthalt in Biberach den Ausdruck gegeben in seinen Abderiten, begreiflich zu nicht großer Erbauung seiner Mitbürger. Allerdings mag dem Schwunge des Dichters das Leben in der kleinen beschränkten Reichsstadt, verbunden mit der Trockenheit der Amtsgeschäfte, oft allzukleinlich und prosaisch vorgekommen sein. Dabei liefen es in damaliger Zeit in Biberach, auch abgesehen von den paritätischen Verhältnissen, nicht an Intriguen, unter denen dem Dichter in einem später indiscreter Weise gedruckten Privatschreiben im Unmuth das Wort entfiel, das man ihm nachgeredete: er komme sich vor, wie Adam im Paradiese, „allein unter lauter Bestien!‟ ein Wort, welches an den Philosophen Johann Jakob Wagner von Ulm erinnern, der in einer gewissen Zeit in Würzburg sich mit dem Taucher von Schiller verglich, „unter Larven die einzige fühlende Brust!‟ Während Wielands Aufenthalt in Biberach (1760—1769) wurde, um nur Ein Beispiel anzuführen, der junge talentvolle bereits zum Prediger daselbst designirte Brechter vom Predigtamte durch eine erbitterte Gegenpartei verdrängt, weil ein berumziehender Quacksalber beim Heimgehen von Brechters Probepredigt ausgesagt hatte, der habe einmal bei ihm den Handwerkst gemacht, was wirklich auch während Brechters Studienzeit in heiterer akademischer Laune geschehen sein soll. Wieland nahm lebhaften Antheil am Schicksal Brechters, und vermittelte es durch den Grafen Stadion, daß Brechter von dem Grafen v. Reißperg auf dessen Patronat Schweigern angestellt, der dortige Geistliche aber nach Augsburg versetzt wurde. Später kam Brechter nach Augsburg als Geistlicher, wo er in hohen Ehren starb. Auch durch Heirathsanmuthungen scheint Wieland in Biberach mißstimmt worden zu sein.

Im Jahre 1802 verlor Biberach seine Reichsfreiheit durch den Lüneviller Frieden. Es kam mit dem Gebiete seines Hospitals an Chur-Baden, wurde aber unter dem gütigen Churfürsten Karl Friedrich so milde gehalten, daß es den Verlust seiner Unabhängigkeit wenig empfand, im Gegensatz zu dem strengen Regimente des Königs Friedrich von Württemberg, unter dessen Scepter es durch den Frieden von Preßburg im Jahre 1806 gestellt wurde. Biberach gehörte nicht unter die sogenannten guten Städte, wie Ulm; es mußten daher die Bürger sogar bei Jagden Frohndienste leisten. Im Jahre 1813 war bei der Erhebung Preußens ein Aufruf an den 4 Stadtthoren angeschlagen. Das gab eine schwere Untersuchung. Zur Strafe wurde den Biberachern auf längere Zeit alles Tanzvergnügen verboten und die Mauer um den bedeckten Gang erniedrigt, auf welcher man damals um die ganze Stadt herumgehen konnte; auch wurden verschiedene Thürme, welche die Mauer krönten, gebrochen*). Von diesen Thürmen sind glücklicher Weise noch einige übrig geblieben, und noch zwei derselben, der Ulmer-Thor-Thurm und der des Riedlinger-Thores sind hier als Illustrationen beigegeben. In der Zeit von 1805—1815 hatte die Stadt einen Kriegsschaden von 734,068 fl. Die Steuern waren fast unerschwinglich, da die Stadt ihre Einkünfte verloren hatte und neben den Abgaben an den Staat auch noch die Zinsen für ihre aus den Kriegszeiten herrührenden Schulden umlegen mußte. Doch traten unter König Wilhelm von 1816 an bessere Zeiten ein. Denn jetzt wich die absolute Gewaltherrschaft verfassungsmäßigen Zuständen. Im Jahre 18 20/21 wurden die Schulden der Stadt von

---

*) Jesus wird der heil. Martin dargestellt, wie er seinen Mantel mit dem Schwerte theilt, und die eine Hälfte dem Bettler giebt. Hier erscheint ihm der Bettler im Traumgesichte. Umgeben von einem herrlichen Engelchor und mit dem Mantel angethan, und der heilige Kriegsmann erkennt ihn als den Herrn, der sprechen bei: „wie ihr gethan habt einem unter den geringsten von meinen Brüdern, das habt ihr mir gethan.‟ So geistreich diese Auffassung ist, so wollte doch dieses Martinus den Bauern anfangs nicht recht einleuchten, weil auf dem Gemälde der Schimmel fehlte, ohne den der Heilige sonst in der Regel nicht auftritt!

*) Freilich suchte man damit auch einen ignitopolizeilichen Zweck zu erfüllen, aber der eigentliche Zweck war Demüthigung und Demüthigung.

Staate übernommen, und bei der geordneten Ge-
meindeverwaltung erholten sich Stadt und Stiftungen
von Jahr zu Jahr mehr, und auch die Gemeinde
erfreute sich der neuen Ordnung und des Friedens.
Denn Biberach ist sehr gewerbsam und in der wohlhabenden Landschaft bringen Handel und Gewerb-
reiche Nahrung in die Stadt. Namentlich sind die
jeden Mittwoch stattfindenden Wochenmärkte bedeutend,
und es hat sich ihre Bedeutsamkeit durch die Eisenbahn nicht vermindert, sondern vielmehr vermehrt,
da Biberach ein sehr gelegener Ort für den Vieh-
handel und für den Fruchtmarkt ist. Die hauptsächlichsten Gewerbe, die in der Stadt betrieben werden, sind die immer noch in manchen Geschäften
einträgliche Verlegwirlerei, die Gerberei, die Bierbrauerei. Auch befinden sich 2 Tevilenfabriken und

Ulmer Thor in Biberach.

eine Blechwaarenfabrik in der Stadt, welche weithin
ansehnliche Geschäfte machen. Die Bierbrauerei ist
begünstigt vorzüglich durch Terrainverhältnisse der
Umgegend. Alle Hügel des Rißthales bestehen aus
Kiesanschwemmungen, welche vielfach als Nagelfluhe-
conglomerat zu Tage geben, das sich trefflich zum
Graben von Bierkellern eignet. Es ist daher auch
die Stadt ringsum mit Bierkellern, wie mit Burgen
umkränzt, wo sich im Sommer ein heiteres Leben
entfaltet. Doch stoße sich an unserem Biberach auch
der Wassertrinker nicht! Denn von unseren Brunnen-
quellen im Welienthale fließt ein Wasser herein, das
zahlreiche Brunnen speist und um dessen Qualität
uns andere Städte beneiden dürfen. So wäre es
denn hier gut sein, wenn nur nicht in neuerer Zeit
die Wohnungsnoth so groß wäre und wenn — ein

anderes Wenn nicht wäre. — nämlich die Gefahr, die uns von Westen her droht. Denn würde das Kriegsgewitter, das immer bedenklicher über dem Rhein sich sammelt, hereinbrechen: die Bundesfestung Rastatt würde es von uns nicht abhalten, und die Bundesfestung Ulm würde die Kriegsfluthen gerade bei uns aufstauen. Wie gelegen aber wäre gerade unser Oberschwaben für eine feindliche Invasion besonders auch in Anbetracht der Sustentation der Heere. Die Landschaft ist in sichtbarem Wohlstand vorzüglich durch die Ablösung, wie auch durch die hohen Preise, mit welchen die Landleute ihre Produkte absetzen können. Die Stadt hebt sich je mehr und mehr durch Handel und Gewerbe und das Vermögen der Stiftungen beruht nach der Ablösung nicht mehr in Grund und Boden, sondern es ist capitalisirt. Da darf der Feind blos kommen und alles wie einen Schwamm ausdrücken und es gibt für ihn eine reiche Ernte; der Wohlstand aber in Stadt und Land in unserem Oberschwaben ist auf Jahrzehnte hinaus, und jener der Stiftungen auf immer vernichtet.

Unser heißester Wunsch ist daher: Friede, soweit er irgend mit Ehren möglich ist; sonst aber Einigkeit im deutschen Vaterlande, damit an diesem Bollwerke jedweder Anprall der Feinde wie des Meereswogen an einem Felsen zerschelle! — — —

Berliner Kinder.

Erzählung von **Fanny Lewald**.

1. Kapitel.

Wer von Berlin spricht, der denkt sich immer die große Residenzstadt mit dem Brandenburger Thore, auf dem die Victoria steht, mit den Linden und dem Zeughaus, das Schlüter, der preußische Michel Angelo, erbaute, der denkt an die fünf Statuen der Generale Blücher, York, Gneisenau, Bülow und Scharnhorst, der denkt an das kolossale Standbild des alten Fritz, an die Schloßbrücke mit ihren acht Marmorgruppen, an das schöne alte Schloß, an die Palläste der Prinzen, an Museen, Theater, an Kunstschätze und Ballet, an königliche Equipagen, an Luxus, an Müßiggang und vor Allem an Soldaten; an sehr viel Soldaten!

Aber eine Stadt, die Nichts weiter enthielte als einen Hofstaat mit seinen Umgebungen und Luxusbedingnissen, eine Stadt, die Nichts wäre als der Mittelpunkt einer Gesellschaft von Hofleuten, Lebemännern, Weltleuten, Kunstliebhabern und Soldaten, hätte gar keine Fähigkeit zu natürlichem Leben und also auch keine Möglichkeit selbständiger schneller Entwicklung in sich. Es wäre unbegreiflich, wie Berlin in einem Zeitraum von fünfzig Jahren von einer Stadt von hunderttausend Einwohnern zu einer Einwohnerzahl von mehr als einer halben Million heranwachsen konnte, wenn es nichts Anderes wäre als das Berlin, welches die Fremden bei ihren flüchtigen Besuchen kennen lernen, und das eben nur den kleinen Raum vom Brandenburger Thore bis zur Kurfürstenbrücke, mit den, diesen Stadttheilen zunächstgelegenen Straßen, und den neuen, von den Reichen und Vornehmen bewohnten Straßen zwischen dem Kanal und dem Thiergarten umschließt.

Ganz abgesehen davon, daß zwischen den Pallästen unter den Linden sich die Universität erhebt, deren Einfluß sich in dem Berliner Leben überall fühlbar macht, so beginnt jenseits der Stadtviertel, in denen der Hof, der Adel, das Militär, die Gelehrten und die reichen Banquiers sich niedergelassen haben und ihre Wohnungen haben, erst das eigentliche Berlin, das Berlin, dessen fortschreitendes Wachsthum in ihm selbst verbürgt liegt, und das sogar die Mißregierung der Reaktion, welche während zehn Jahren auf Preußen lastet, nicht zu unterdrücken vermocht hat.

Berlin ist eine Residenzstadt, aber es ist noch vielmehr eine gewerbtreibende, eine arbeitsame Stadt. Denn neben der großen Anzahl Derjenigen, welche in seinen Mauern nur Erheiterung und Genuß suchen, lebt diejenige große Menschenmenge, die mit ernster Arbeit sich täglich Brod oder ihre Selbständigkeit und Unabhängigkeit zu gewinnen strebt. Es ist als ob der Zuruf des alten Blücher, als ob das „Vorwärts", mit welchem er in der Stunde des Kampfes seine Preußen anzufeuern pflegte, noch immer in der Luft zu hören sei und jeden Einzelnen in seinem Kampfe mit dem Leben zum Muth anfeure. Denn vorwärts will hier Jeder, geistig sowohl als in seinen Vermögensverhältnissen, und es möchte nicht zu viel gesagt sein, wenn man die Berliner Gewerbtreibenden und Arbeiter als zu den rührigsten Deutschen gehörend, bezeichnet.

Man braucht nur die Kinder der Arbeiter auf den Straßen Berlin's zu beobachten, um sich zu überzeugen, weß Geistes sie sind. Selten, daß man sie in jenem müßigen Hinträumen findet, das man an andern Orten so vielfach beobachten kann. Sie sind immer thätig. Sie ahmen die Arbeit der Erwachsenen nach, bis sie selbst früh genug zu arbeiten beginnen, und haben sie irgend ein Spiel vor, so sind auch bei diesem ihre Achtsamkeit und ihre Lebhaftigkeit unvermeidlich. Die Berliner Kinder haben den Kopf auf dem rechten Flecke. Sie denken schnell, sind nie um eine Antwort verlegen und immer zum Scherze, aber auch zu einem Angriff auf Dasjenige geneigt, was ihnen komisch oder mißfällig erscheint. Sie möchten von der ganzen Jugend Deutschlands dem Pariser Gamin am nächsten verwandt sein, und wie bei diesem zeigt sich in der unvermeidlichen Lebhaftigkeit des Kindes die große Kraft und Ausdauer vorgebildet, deren der Jüngling und der Mann einst fähig sein werden.

Eine ganze Gruppe solcher Berliner Burschen stand vor etwa fünfundzwanzig Jahren an einem hellen Herbstnachmittage mitten auf dem Fahrweg der Klosterstraße und sah dem Handel und Wandel zu, welcher dort rund um die Bauernwagen stattfand, die bereits am Freitag am Markt des Sonnabends eröffneten. Es sind meist Gänse, die im Herbste auf diesen Freitagsmärkten in der Klosterstraße feil geboten werden, und da im Herbst und Winter der Gänsebraten der eigentliche Sonntagsbraten des wohlhäbigen Bürgers ist, so war es hübsch anzusehen, wie die Bürgerfrauen zwischen den Wagen hin und her gingen und prüfend und wählend und feilschend und einander mit Rath beistehend, die Gänse untersuchten, welche ihnen von den Bauern zugereicht wurden, oder in ihrer Fleisches Fülle schimmernd, an den der Straße zugekehrten Seiten der Wagen in Reih und Glied niederhingen.

Manche der Meisterfrauen hatte ihres Mannes Lehrjungen mitgebracht, um den Einkauf nach Hause tragen zu lassen, Andere riefen zu dem Zwecke den ersten besten Buben herbei, um einem armen Jungen auch einen Groschen zuzuwenden, wenn man für die eigene Familie etwas daran verdient hatte. Die Zahl der auf einen solchen Glücksfall wartenden Knaben hatte sich auf solche Weise schon bedeutend vermindert, als einer der noch übrig gebliebenen, plötzlich einen Anlauf nahm, sich zwischen die beiden nächsten Wagen durchdrängte und so schnell er konnte an das andere Ende der Straße lief, wo eben noch ein neuer Wagen vorfuhr.

Der Bursche mochte zwölf oder dreizehn Jahre alt sein, aber er war groß und kräftig über sein Alter und man kennte es an seinen Kleidern sehen, daß er schnell gewachsen oder auch seit sehr langer Zeit nicht neu bekleidet sein mochte. Er hatte eine blaue Tuchjacke an, die ihm viel zu eng war und aus welcher seine rothen Arme mit den starken Händen ungebührlich weit hervorsahen; eine Tuchhose, die unten wie überall, wo es irgend thunlich war, mit altem Leder besetzt war, daß sie sich wie die Hose eines Kavalleristen ausnahm, und auf dem Kopfe trug er eine elende Pelzmütze ohne Schirm. Alles hatte zu dürftig als möglich, Alles das entsprach aus Dürftigkeit seinem eigentlichen Zwecke nicht vollkommen. Die Jacke schloß und wärmte nicht, ihre Taschen waren so kurz und so knapp zugenäht, daß sie sich immer nach außen wendeten, die Hose hielt nur aus Mitleid noch zusammen, die Kappe war viel zu klein, um die Masse des schwarzen Haares zu fassen; aber all' das war reinlich bis auf's Aeußerste; der Junge hatte feste Stiefel an und er hatte sein Haar so glatt gekämmt und mit solchem Schwunge von der rechten nach der linken Seite hinübergeworfen, daß man über seine offene Stirne mit seinen großen schwarzen Augen die Armseligkeit seiner Kleidung vergessen haben würde, hätte er auch weniger frisch ausgesehen und weniger zufrieden und vergnügt um sich her geschaut.

»Wo rennt denn der hin?« fragte einer seiner Genossen, als er den Schwarzkopf plötzlich davon eilen sah.

»Da ist ein Wagen angekommen«, meinte ein Anderer, »nun hat er keine Ruh. Er kann's nicht lassen, er muß wieder mit! Sie schirren schon ab, er wird gleich da sein!«

»Da kommt Er!« rief der Eine. »Da ist Er!« rief der Andere. »Hurrah!« rief ein Dritter. »Da sitzt Er, der General mit der gestickten Hose! — Kesselflicker!« jubelte ein kleiner Kerl, der noch nicht acht Jahre zählte und doch auch mitmachen wollte, wie die Großen. Aber gerade weil der Zuruf des Kleinen so ganz unvernünftig war, gefiel er allen Uebrigen, und einander überbietend, so gut es immer gehen wollte, rief man von hier und von dort, von hinten und von vorn, von rechts und links: »Hurrah, der Kesselflicker, der reitende Kesselflicker! Hurrah!« — und Alle schwenkten die Mützen und liefen hinterher, denn Hermann hatte seinem alten Gelüste auch heute nicht widerstehen können und ritt wieder einmal mit unaussprechlichem Entzücken die abgeschirrten Pferde des eben angekommenen Bauernwagens in die nächste Ausspannung.

Eine Kunstreitertruppe, die plötzlich in der Straße erschienen wäre, hätte keinen größern Zulauf von Knaben, kein größeres Vergnügen und keinen größeren Lärm hervorrufen können; aber der Held der Kunstreitergesellschaft konnte auch nicht mit größerer Ruhe und Selbstzufriedenheit von seinem schöngeschmückten Rosse auf die Schaar von Bewunderern niederschauen, als Hermann auf den Trupp seiner Verfolger.

Ohne eine Miene zu verziehen, ohne den Spottnamen irgend welche Achtsamkeit zu gönnen, saß er ernsthaft auf dem Gaule da, ganz erfüllt von der Wonne reiten zu dürfen, und sehr durchdrungen von der Wichtigkeit des von ihm übernommenen Amtes. Alles machte ihm Vergnügen: die schaukelnde Bewegung, die warme Ausdünstung des Pferdes, das Hinabschauen von der Höhe, und vor Allem das Zutrauen, das der Bauer ihm geschenkt. Er zählte ordentlich die Häuser, die ihn noch von der Ausspannung trennten, er suchte den ohnehin milden Schritt des Thieres noch zurückzuhalten, um die Lust des Reitens, wenn auch nur um wenige Sekunden zu verlängern, denn inmitten der volkreichen Stadt, bei den allmählig aufleuchtenden Flammen der Gaslaternen, überließ der Knabe sich Vorstellungen und Wünschen, die kein Traum ihm hätte phantastischer vor die Seele zaubern können. Es war in seinen Augen

kein Pferd auf dem er ritt, sondern ein großes, lang-
beiniges Kameel, mit dem er durch die Wüste trabte.
Und er sah die Wüste deutlich vor sich, die unermeßliche lange Sandfläche, und dann dachte er an
die Tempel und Bauten, von denen in der Bibel
geschrieben steht, und an die Juden und Kananiter
und an das rothe Meer, in welchem die Egypter
umgekommen sind, und das noch immer seine Fluthen
gegen die Küsten anspielen läßt. Und an den Nil
dachte er, in dessen Schilf die Königstochter den
Knaben Moses gefunden hatte, und er nahm sich fest
vor, das Alles einmal zu sehen, wenn er groß sein
und auf die Wanderschaft gehen werde.

Es störte ihn gar nicht, als er von seinem
Pferde absteigen mußte. Der Stallknecht wurde ihm
zum Patriarchen, der den Wanderer unter seinem
Dache empfängt, und hätte man ihm den Tränk-
eimer hingesetzt, so würde er darin das Fußbad erblickt haben, das man dem Gaste unter dem Zelte
bereitete. Steckt doch in jedem Kinde, das lebhaften
Geistes ist, ein gut Theil von der Einbildungskraft
des Ritters von La Mancha verborgen, und die
Kindheit würde weit weniger glücklich sein, wenn
sie dieser gestaltenden und verschönernden Gabe ermangelte.

2. Kapitel.

Noch ganz mit seinem Kameele und seiner Wüstenwanderung beschäftigt, trat der Knabe im Dämmer-
lichte in die Wohnung seiner Eltern ein, und er
würde bei den vier Treppen, die er hinaufsteigen
hatte, wahrscheinlich auch noch an die Besteigung
der Pharaonischen Bauten gedacht haben, hätte nicht
unten im Hofe am Brunnen der Eimer gestanden,
den die Mutter um diese Zeit dort hinzustellen pflegte,
damit der heimkehrende Knabe ihr das Wasser hin-
aufbringen und ihr somit einen Gang und das Tragen des Eimers ersparen sollte.

Mit der Wüste hatte der Hof, auf welchen die
Wohnung seiner Eltern in der schmalsten Straße
des ganzen eng gebauten Stadtviertels gelegen war,
freilich keine Art von Aehnlichkeit. Er war dicht
von Häusern umschlossen, Licht und Luft wurden

ihm nur spärlich zu Theil, dafür aber war er mit
Kindern um so reichlicher versorgt und auch oben in
der Dachwohnung des Meister Brückner fehlte dieser
Segen Gottes keineswegs. Kinder waren außer
guter Laune so ziemlich das Einzige, das dort eben
im Ueberfluß zu finden war, und das alte Gebet:
„bescheer' uns Gott viel Kinder, so bescheer' er uns
auch Haus, Geld und Schaf und Kinder", war für
den Meister Brückner offenbar noch nicht in Erfüllung
gegangen.

Meister aber, und zwar Schuhmachermeister, war
Herr Brückner wirklich, obschon er nur unter dem
Dache wohnte, keinen offenen Laden hatte, keinen
Gesellen hielt, und obschon es der alten zerrissenen
Stiefel in seiner Werkstatt immer eine ungleich grö-
ßere Anzahl als der neuen blanken gab. Das focht
jedoch Alles den Meister gar nicht an, denn er war
ein Philosoph auf seine Weise und wußte sich zum
Guten auszulegen, was eben nicht nach seinem
Wunsche gehen wollte.

„Hätte ich einen großen Laden und müßte ich
viel Gesellen halten, so hätte ich auch mehr Aerger!"
sagte er. „Heute würde mir der Berliner Verdruß
machen und morgen der Breslauer, denn wir Schuster
sind ein aparter Menschenschlag und bauen leicht über
die Schnur, so lange wir noch jung und ledig sind.
Jetzt ärgert mich Niemand als bisweilen Frau und
Kinder, und was die Letztern anbetrifft" — er hob
bei dieser Stelle seinen Kleinsten regelmäßig den
Knieriem in die Höhe und schwang ihn in der Luft
— „so schafft der Rath und Ordnung. Satt geworden sind wir ja noch alle Tage, es ist auch
meisthin noch Etwas übrig geblieben für Einen, der
es nicht so hat wie wir. Und in einem andern Viertel
wohnen, wo in den breiten Straßen im Sommer die
Sonne und im Winter der Wind zu hausen, als
wären die Straßen bloß dazu angelegt, daß man
Hitze und Kälte darin aussieht, das möchte ich erst
recht nicht. Wenn wir und unsern Kandidaten gar
nicht hätten und all' die Nachbarn hier herum und
wenn das Bier hier beim Wagner nicht besser wäre
als in der ganzen Stadt. Es soll 'mal Einer kommen und mir sagen, was uns fehlt!"

(Fortsetzung folgt.)

Zum Verständniß der antiken Plastik.

3. Die Karyatide.

Auf der Akropolis, der uralthheiligen Stadtburg
von Athen, stand außer dem weltberühmten Par-
thenon noch ein anderer Tempel, welcher dem
eigentlichen Hauptkultus der Stadtgöttin Athene geweiht war und das Erechtheion, d. h. das Heiligthum des Erechtheus, des von der Athene auferzo-
genen ältesten attischen Heros genannt wurde. Eine
Abtheilung dieses Tempels bildete an der südwestlichen
Seite einen kleinen Verbau, welcher den Erechtheischen
Salzquell und den uralten heiligen Oelbaum der
Athene umschloß. Die Halle dieses Verbaus heißt
die Karyatidenhalle, weil ihr Gebälk nicht von
Säulen oder Pfeilern, sondern von sogenannten
Karyatiden, attische Jungfrauen im Festschmucke

darstellend, getragen wurde. Die hier gegebene Ab- bildung zeigt eine dieser sechs Karyatiden des Pandroseions zu Athen.

Die Anwendung der mensch- lichen Gestalt zur Vertretung von stützenden und tragenden Pfeilern und Säulen bei Werken der Archi- tektur ist selten bei den griechi- schen Bauten. Während mensch- liche Gestalten als Stützen und Träger von Dreifüßen und an- dern Gefäßen, Thronsesseln u. s. w. häufig sind, und Jünglingsbild- säulen von vergoldetem Metall als Fackelhalter im großen Festsaale des Königs der Phäaken schon bei Homer (Odyssee VII. Vers 100) vorkommen, sind die Karyatiden des Pandroseions und die Riesen- gestalten der sogenannten Atlan- ten, welche die Deckenbalken des Tempels von Agrigent auf Si- zilien mit den hinter dem Kopfe zusammengelegten Armen tragen, die einzigen älteren Beispiele sol- cher Anwendung der menschlichen Gestalt zu rein architektonischen Zwecken in der griechischen Kunst. In beiden Fällen aber erscheint ihre Anwendung symbolisch ver- bunden mit der Bedeutung des Gebäudes selbst. Bei dem Zeus- tempel von Agrigent sind es die von Zeus besiegten, seiner Macht widerstrebenden Giganten, welche jetzt die Tempeldecke über dem Haupte ihres Besiegers in dessen Tempelheiligthume aufrecht zu hal- ten verurtheilt sind. Bei dem Pandroseion auf der Akropolis dagegen sind es die Jungfrauen der Stadt, die als priesterliche Dienerinnen bei dem Kultus der Stadtgöttin beschäftigt sind, welche in einer Vorhalle des ihr geweih- ten Heiligthums die Stelle der tragenden Säulen vertreten.

Die Idealgestalt dieser Karya- tiden hat der griechische Bildhauer Polyklet, der Zeitgenosse des Phidias, erschaffen*), derselbe Künstler, der den Hellenen das Ideal ihrer obersten Göttin, der Here erschuf, und der schon zu Sokrates' Zeit von Vielen ebenso als der erste Meister der Bildkunst angesehen wurde, wie Zeuxis als der erste Meister der Malerei. Der Name aber dieser Figuren ist

Karyatide.

römischen Ursprungs. Die römische Kunstsage, wie wir sie bei dem römischen Architekturschriftsteller Vi- truvius lesen, erzählte: Die Einwohner einer kleinen Stadt Karya im Peloponnes hät- ten im Perserkriege zu den Per- sern gehalten. Für diesen Verrath sei später die Stadt von den Grie- chen zerstört, die Männer getödtet, die Weiber zu Sklavinnen gemacht worden, und zwar hätten die letz- teren, um ihre Schande zu er- höhen, in ihrem Sklavenstande die Tracht freier Frauen beibe- halten müssen. Die damaligen Künstler und Architekten aber, hätten, um solche Schmach zu ver- ewigen, diese Gestalten dazu be- nutzt, sie als Gebälkträgerinnen darzustellen und so die Strafe der Knechtschaft für die Nachwelt an- zudeuten. Aber schon Lessing*) und nach ihm andere Gelehrte haben das Unhaltbare dieser Sage erwiesen. Diese attischen soge- nannten Karyatiden, deren spä- terer Name wahrscheinlich mit dem Namen der Festjungfrauen der Artemis Karyatis zusammen- hängt, hießen in Athen selbst Korai, d. h. „Mädchen", und sind nichts mehr und nichts we- niger als eine Darstellung der athenischen Jungfrauen, wie sie im vollen Festschmucke des großen Festes der Stadtgöttin Athene, die Körbe mit den Opfergaben auf dem Haupte tragend, im feier- lichen Zuge als Kanephoren, d. h. Korbträgerinnen von der Stadt hinauf zum Heiligthume der Göttin zogen (s. Stahr: Torso Th. I. S. 191 ff.). Es war eben nur der freie Sinn der grie- chischen Künstler, welche in der anmuthig kräftigen Gestalt der attischen Festjungfrau mit der Tragelast des Korbes auf dem Haupte das Motiv fand für den architektonischen Schmuck, in wel- chem die Bildkunst die schlanke Trägerin Säule gleichsam zur Per- son belebte. Denn wie die Riesen- gestalt der schwerbelasteten, das Gebälk des Jupitertempels zu Agri- gent stützenden Atlanten (von den Römern Telamonen genannt) der bezeichnende Ausdruck ist für den massigen Trage- pfeiler, so ist die Karyatide, die heilige Tempel-

*) S. Ad. Stahr Torso Th. I. S. 200; II. S. 215. Berlin 1881.

*) Werke Bd. XI. S. 203 und Lachmann.

und Festjungfrau der Stadtgöttin von Athen, das menschgewordene Bild der schlanken, zierlich kräftigen Säule, welche gleichsam Wache hält am Heiligthume der Göttin, welcher der Dienst der athenischen Jungfrau geweiht ist.

Nachdem diese architektonische Ersatzgestalt der Säule, die Karyatide, von der es außer den mehrgenannten Figuren des Pandroseions noch andere Beispiele in unsern Antikensammlungen gibt*), einmal gefunden war, wurde dieselbe später, besonders in der römischen Kunst auch ohne allen und jeden religiös-symbolischen Bezug als rein decoratives Bauglied benutzt. So z. B. findet man noch in der Sammlung der Villa Albani eine Karyatide aus römischer Zeit, als deren Verfertiger eine Inschrift die Bildhauer Kriton und Nikolaos von Athen nennt. Sie wurde an der mit Laubhäusern, Prachtgräbern und Villen eingefaßten Appischen Straße südlich von Rom gefunden, wo sie mit einer Reihe anderer vielleicht als Säulenschmuck einer Vorhalle diente.

Betrachten wir jetzt unsere Karyatide des Pandroseions, die ein unzweifelhaftes Werk griechischer Plastik der besten Zeit ist, etwas genauer, um uns die künstlerische Weisheit klar zu machen, welche sich in dieser Behandlung der menschlichen Gestalt als architektonisch dienendes Bauglied ausspricht. Das erste Gesetz, welches hier zu beobachten war, mußte sein: völlige Ruhe der Haltung wie des Ausdrucks, und wir sehen es in vollem Maaße erfüllt. Hochschlank und kräftig zugleich in der Fülle jugendlicher Reize trägt diese herrliche Mädchengestalt, die die schlanke jonische Säule vertretende „Maid Athens" mit ihren Schwestern das Gebäll der lichten Halle des Götterheiligthums. Sie trägt es wie die Säule, die sich in ihr verkörpert hat, fest und sicher, ohne daß doch in Haltung und Ausdruck sich irgendwie ein Zeichen der Belästigung gewahren ließe. Das kleine, nach unten gerundete Kapitäl auf ihrem Haupte, welches dem letzteren die Last vermittelnd erleichtert, ist eine Nachbildung der Form des Korbes, welchen die Kanephoren, die attischen Jungfrauen im Festzuge der Panathenäen, auf dem Haupte trugen. Die herrlich disponierte Traperie der Gewandung besteht aus einem sehr langen, bis auf die Füße herabfließenden, vom Gürtel nur wenig aufgeschürzten Schleppgewande, Peplos genannt, dessen hintere Partie auf dem Rücken, sowie ein Theil der vorderen, weite stark ausgeprägte Falten bildet. Diese Art der Gewandbekleidung verstärkt einerseits den Ausdruck tragischer Kraft, indem sie die Körpergestalt durch gleichmäßige Rundung der Säulenform annähert, während der mächtige grablinige Faltenwurf andrerseits an die Canellirung der wirklichen Säule erinnert. Ebenso ruhig fluthet die größere Fülle des Haupthaares in zwei gleichgetheilten Strömen hinter dem Halse nieder, während ein anderer Theil in zierlich geordneten Flechten vorn über beide Schultern fällt. An der Stirn ist das Haar zu

der schmückenden Haarschleife in die Höhe gewallt. Taille und Formen der Gestalten sind wie die kräftige Breite der gerundeten Schultern ganz dem Geschäfte entsprechend, zu dem der Künstler sie bildete, und die reiche Traperie vollendet den ruhigen Eindruck des Mächtigen, Kraftstrotzenden, Tüchtigen und Wandellosen, welcher der architektonischen Bestimmung charaktervoll entspricht. Aber diese Festigkeit des in sich Beruhens ist doch nicht ohne den wohlthuenden Gegensatz einer gewissen Bewegtheit. Die menschliche Figur kann nicht ganz, nicht bloß tragende Säule sein. Nur der eine Fuß der Karyatide steht daher säulengleich gerade und festgewurzelt auf der als Boden dienenden Unterlage; das andere Bein dagegen, im Knie leicht gebogen, entzieht sich gleichsam der Last, und bewahrt so der Gestalt neben dem Dienste des Tragens eine gewisse Freiheit der Haltung, neben der Anstrengung der Kraft eine gewisse bequeme Lässigkeit. Dieser Gegensatz wiederholt sich auch, die Einheit durch Mannigfaltigkeit unterbrechend, in der Gewandung der unteren Körperhälfte, wo nur auf der Seite der tragenden Kraft die kräftigen Falten erscheinen, während der Gewandtheil, welcher das ruhende Bein umhüllt, von der Hüfte an fast faltenlos niederfließt. Bei alledem bleibt aber in diesem sanften Wechsel von Starrheit und Bewegung, von Kraftanspannung und Lässlichkeit in der Haltung ein ruhig feierlicher Ernst der Hauptcharakter der Karyatide. Dieser ruhig feierliche Ernst, der es ausdrückt, daß die ganze Gestalt in einem heiligen Dienste begriffen ist, daß sie als dienende Tempeljungfrau am Heiligthume der Gottheit, diese leidenschaftslose Ruhe spricht sich auch aus in den sanften, von keinem menschlichen Regung belebten Zügen des stillen Jungfrauenantlitzes, das ganz versunken in sein heiliges Geschäft, theilnahmslos für alles Andere von seiner Höhe in die Welt hinein schaut. —

Bekanntlich wird die Karyatide noch heute als architektonisch decoratives Bauglied angewendet. Der erste plastische Künstler der neueren Zeit, welcher die antiken Gestalten dieser menschgewordenen Säulen in die moderne Architektur einzuführen unternahm, war der berühmte französische Bildhauer Jean Goujon, der in der blutigen Bartholomäusnacht des Jahres 1572 als Opfer eines Mordes fiel. Seine vier marmornen Karyatiden, welche in dem großen, nach ihnen benannten Parterresaal des Louvre, wo einst Katharina von Medicis ihre Feste feierte, die Tribüne tragen, sind das Meisterwerk dieses Künstlers und vielleicht das vollendetste Werk der französischen Plastik jenes Jahrhunderts. Es sind kolossale, zwölf Fuß hohe Frauengestalten in der ganzen Frische und Fülle des Weibes, Kraft und Anmuth im vollkommensten Vereine. Die Behandlung der Traperie ist von edelster Einfachheit und läßt in echt griechischer Weise durch den Faltenwurf des Linnenstoffs die ganze Schönheit und Pracht des Gliederbaues ahnend gewahren. Aber diese wundervollen Karyatiden haben eine entstellende

---

*) So z. B. die schöne von Thorwaldsen restaurirte Karyatide im Braccio nuovo des Vatikan zu Rom. S. Ad. Stahr: Ein Jahr in Italien Th. II. S. 370.

Eigenthümlichkeit. Es fehlten ihnen nämlich die Arme, die nicht wie bei unserer antiken Karyatide durch Barbarenhände abgebrochen, sondern absichtlich vom Meister selbst dicht an der Schulter abgelöst sind. Französische Kunstrichter haben gemeint, daß der Künstler geglaubt habe, die schlanke Schönheit der Leiber dadurch um so freier zeigen zu können. Andere halten dafür, daß er auf diese Art habe anzeigen wollen, wie die menschliche Gestalt hier nur symbolisch dekorativ sei. Indeß sei dem, wie ihm wolle, jedenfalls hat er damit einen Fehler begangen, und das ganze Alterthum, dem er doch die Erfindung dieser Gestalten verdankte, zeigt kein einziges Beispiel einer solchen Behandlungsweise.

Wenden wir noch einmal den Blick auf unsere Karyatide, und sagen wir uns: wie glücklich waren die Zeiten, wo der bildende Künstler, wie hier geschehen, im Leben selbst die kunstschöne Frauentracht finden und für die Kunst benutzen konnte! Stellen wir uns nur einen Augenblick einen Bildhauer vor, der eine heutige jugendliche Schöne im Feststaate der Crinoline, die edle Menschengestalt zu einer Butterglocke vermodelt, als Motiv für eine moderne Karyatide benützen wollte! Das ist eine Vorstellung, die schon beim bloßen Darandenken mit Lachen und Widerwillen erfüllen mag.

Adolf Stahr.

Der Pfau.

Zu den schon seit den ältesten Zeiten bekannten Thieren aus der Klasse der Vögel gehören vornehmlich die Taube, der Rabe, der Adler, die Eule, der Pfau. Die Erstgenannten kommen schon bei Moses in der ehrwürdigen, sich in den Grundzügen bei allen alten Völkern findenden Sage von jener großen Wasserfluth vor. Der mit den Seinigen so lange auf den Wassern treibende Patriarch Noah läßt einen Raben und eine Taube fliegen. Ein Blatt zu Reste tragend, kehrt diese, das gewohnte Futter vermissend, wieder zurück, nicht aber der Rabe; für ihn findet sich Nahrung die Fülle und er fühlt sich von dem Umgange mit Menschen weniger angezogen. — Mehrere der genannten Thiere kommen auch als Attribute der Götter vor, und durch vorherrschende Eigenschaften als symbolische oder sprüchwörtliche Bezeichnung. Sie finden sich in ganz Europa und Kleinasien, der Pfau ist aus den ferneren Osten gekommen. Schon die Herrschfüße Salomos brachten aus Ophir edle Metalle, Elfenbein, Affen und Pfauen. Als Alexander der Große auf seinem Eroberungszuge in Indien diese schönen Vögel erblickte, erstaunte er über ihre Farbenpracht und entzückt über den Anblick, den sie fliegend gewähren, setzte er eine schwere Strafe darauf, wenn Jemand einen Pfauen tödten würde. Er führte dem Westen eine Anzahl dieser prachtvollen Vögel zu, die sich jedoch nur langsam über Griechenland verbreiteten und noch lange Zeit so selten waren, daß man sie zu Athen nur an den Neumonden sehen ließ. Indessen gab es nach Tiodor auch schon in Babylon Pfauen, die vielleicht von Jerusalem dahin gekommen waren.

Später hatte man auch in Italien viele Pfauen; die Zucht derselben wurde eifrig betrieben und man baute ihnen besondere Ställe, welche Columella umständlich beschrieben hat. Es war aber weniger die Pracht des herrlichen Vogels, als vielmehr der Wohlgeschmack seines Fleisches, was die üppigen Römer bewunderten, die auf ihren Villen den Vogel der Juno mästen und bei ihren Schwelgereien in Menge auftragen ließen. Vitellius setzte seinen Gästen große Schüsseln vor mit Meerpapageien, Flamingozungen und den Gehirne ganzer Fasanen- und Pfauenheerden. M. Aufidius Lurco war als der beste Pfauenzüchter berühmt und seine Kunst verschaffte ihm ein Einkommen von 60,000 Seiterzien oder 3000 Thalern Geld. Schon im vierzehnten Jahrhundert wurden auch in Teutschland auf den Höfen der Vornehmen Pfauen gehalten und der Braten mit der abgezogenen Haut bedeckt, also in vollem Federschmuck aufgetragen. Gegenwärtig ist der Pfau über die ganze Erde verbreitet. Seine schönen Spiegelfedern sind vielfach zum Putze verwendet und oft zu hohen Preisen bezahlt worden. In China ist eine Pfauenfeder das Abzeichen einer Würde. Selbst ornamentale Bedeutung hat der Pfau. Das bewundertste und kostbarste Kunstwerk Indiens war der berühmte Pfauenthron zu Delhi, der sich zwischen zwei Pfauen mit ausgebreiteten Edelsteinschweifen erhob.

Sämmtliche, unsere Geflügelhöfe bevölkernde Hühnervögel, die durch ihr Fleisch und, wie die Haushühner, durch ihre unentbehrlichen Eier so vielen Nutzen gewähren, sind Ausländer und fast alle in den Wäldern Asiens zu Hause. Diese Familie charakterisirt sich durch den großentheils oder doch an den Wangen nackten Kopf mit Hautlappen oder einem Federbusche, durch den langen aufrichtbaren Schwanz und die Sporen der Männchen. Zu den Hühnern gehören drei Geschlechter: 1) die Pfauen, deren Gefieder mit Augenflecken geschmückt ist, wie das des gemeinen Pfauen, des Spiegelpfauen und des Argusfasanen; 2) die Fasanen, deren Gefieder ohne Augenflecken und deren Kopf ohne fleischige Auswüchse ist, wie der gemeine Fasan, der Goldfasan, der Silberfasan und der Hornfasan, und 3) die eigentlichen, mit fleischigen Kopfauswüchsen versehenen Hühner, wie der jähzische, aus Nordamerika stammende Puter, das afrikanische, in Amerika verwilderte Perlhuhn, das schwanzlose Klubhuhn, endlich der Haushahn und die Haushenne in vielen Spielarten. Unser Haushahn ist ein schöner und stolzer Vogel, doch mit dem Pfauen kann nur der aus China stammende Goldfasan, den Plinius unter dem Namen Phönix beschreibt, und der Pfauargus aus Sumatra, dessen düsteres Gefieder einen zauberhaften Farbenschmelz zeigt, um den Preis der Schönheit werben, aber der Pfau, dessen Gefieder ein wahres Meisterstück der Natur ist, übertrifft sie alle.

Der Name Pfau wird von dem keineswegs lieblichen Geschrei desselben, Fasan (Phasianus) aber von dem Flusse Phasis im alten Colchis abgeleitet, woher schon die Argonauten Fasanen gebracht haben sollen.

Der Pfau trägt auf seinem befiederten Kopfe einen aufrichtbaren, gelbgrünen, aus vierundzwanzig nur eben bewimperten Federchen bestehenden Federbusch. Seine prächtigen, vier Fuß langen Oberdeckfedern des Schwanzes, die bekannten Pfauenfedern, haben eine prächtige, von Haarspitzen eingefaßte Fläche, deren dunkelblaue Mitte von blauschillerndem Grün umgeben ist. Kopf, Hals und Brust sind indigoblau mit gelbgrünem, die Rückenfedern schuppenförmig gelbgrün mit schwarzem Saume. Dem Pfauenweibchen hat die Natur die Farbenpracht des Männchens und den langen Schwanzfederbesen versagt. Es ist fast ganz aschgraubraun, am Halse und an der Brust grünlich. Schon im dritten Monat wird die Färbung beider Geschlechter verschieden und die Männchen tragen einen gelben Fleck an der Spitze der Flügel, bekommen aber erst im Frühling des dritten Jahres ihr prächtiges Gefieder. Man muß es sehen, wenn der Pfau daselbst im klaren Sonnenscheine vor einem Weibchen entfaltet, um dessen Gunst er wirbt, oder wenn er vor den Augen bewundernder Menschen sich selbstgefällig dreht und wendet, um sich auch von allen Seiten zu zeigen. Wir lächeln bei einer, sich bei diesem Anblick aufdrängenden Vergleichung, die noch näher liegt, bei rauschenden, in bunten Farben schillernden Seidenkleidern in rad- oder gliederförmiger Ausbreitung getragen werden.

So prächtig das Aeußere unseres Pfauen ist, so wenig Rühmliches ist von seiner Stimme zu sagen, denn wer durch das Erstere nicht für ihn eingenommen wäre, würde es schwerlich durch die letztere werden, die bei einem so schönen Geschöpf doppelt widrig klingt. So zerstreun oft wenige Worte den günstigen Eindruck, den ein schönes Gesicht oder eine geschmackvolle Toilette hervorgerufen, wenn auch die Ausbildung des Innern nicht dieselbe Sorgfalt verwendet wurde. Wenige Vögel sind auch so arm an Tönen, wie der Pfau, der außer seinem gellenden Pao, das ihm den Namen gab, nur noch ein leises, unartikulirtes Knirschen und Knurren vernehmen läßt. Wie

wir aber aus der Wortarmuth eines Menschen auf ein wenig entwickeltes inneres Leben schließen, so sind wir auch geneigt, die höhere oder geringere Intelligenz der befiederten Geschöpfe nach der Mannigfaltigkeit und der Modulation der Töne zu bemessen, die sie hervorzubringen vermögen.

Noch schlimmer steht es mit den übrigen Eigenschaften des prächtigen Vogels, der unbestritten der schönste des Hühnerhofes ist, was aber auch fast alles ist, was zu seinem Lobe gesagt werden kann. Die einzigen rühmlichen Prädikate, die ihm zukommen, sind Reinlichkeit und ein gewisser Anstand in seinen Bewegungen, was bei dem langen Schweife, den er sorgfältig horizontal tragend, vor Verletzung und allem Unreinen hütet, auch der Schwierigkeit wegen Anerkennung verdient. Wie sonderbar und lächerlich sind die Bewegungen des Fasanen, gegen den stolzen Anstand des Pfauen! Nicht ohne tieferen Sinn ist der Pfau der Lieblingsvogel der Juno, während die kosende, nur bisweilen aus Eifersucht zankende Taube der Venus geheiligt ist. Wie Juno nicht nur ein erhabenes Ideal der Weiblichkeit, sondern auch Trägerin unedler Leidenschaften und Schwächen, starrsinniger Streitsucht, niedern Stolzes und wüthender Eifersucht ist, so zeigt auch ihr Vogel, neben seiner für den Pinsel des Malers unerreichbaren Schönheit, Herrschsucht, Neid, hämische Bosheit und andere schlimme Eigenschaften. Der Pfau will den Herren spielen auf dem Hühnerhofe, aber das Herrschertalent des Hahnen fehlt ihm gänzlich und die Aufopferungsfähigkeit dieses edlen Thieres, das jeden Bissen mit den Regierten theilt und nicht nur zu herrschen, sondern auch zu schützen weiß, ist ihm fremd. Der Pfau fällt über alles junge Federvieh her, es bewußt zu Tode hackend. Mit grenzenloser Wuth aber verfolgt er andere Pfauenmännchen und selbst die nächsten Verwandten. Die Pfauenhenne ist nicht einmal eine gute Mutter, denn dann fehlt ihr die erste und wichtigste Eigenschaft, die Geduld, und sie läuft weg, ehe die zum Ausbrüten ihrer 4 bis 5 Eier, die sie im Freien gewöhnlich in Buschwerk legt, erforderlichen 30 Tage verstrichen sind, oder sie verläßt ihre noch zarten Kleinen und setzt sie selbst auf einen Baum, wie wenn sie noch ganz ohne Familie wäre. Man nimmt deßhalb auch in der Regel der Pfauenhenne das Brütegeschäft ab und legt ihre Eier einer Haushenne oder Truthenne unter, was der leichtsinnigen Mutter ganz lieb ist. Der Pfau tyrannisirt den ganzen Hühnerhof und Alles läßt man ihm hingehen, weil er schön ist. Mit Vergnügen aber sieht man den Kampf des Pfauen mit den Truthähnen zu, die dem Zänker öfters die derbe Zurechtweisung ertheilen, die ihm gebührt. Wie bei andern Geschöpfen ist der Hochmuth die gewöhnliche Ursache solcher Zwistigkeiten. Wenn der Pfau selbst schon satt ist, will er doch Andern das Fressen wehren und baut nach den Truthähnen. Diese aber sind meistens in Mehrzahl auf dem Hofe; sie halten als Landsleute zusammen und fallen mit vereinten Kräften über den hochmüthigen Burschen her.

Dieſer wehrt ſich, flieht vor der Uebermacht, kehrt wüthend zurück, bis der Friedensſtörer endlich übel zugerichtet definitiv ſeinen Rückzug nimmt und froh ſein muß, wenn er nur mit dem Leben davonkommt.

Man hält die Pfauen bei uns faſt nur zum Luxus, da man nur ausnahmsweiſe einen jungen Pfauen verſpeiſt, die alten aber ungenießbar ſind. Sie können ein Alter von 15 bis 20 Jahren erreichen, und ſie ertragen, obgleich urſprünglich in Oſtindien und vorzugsweiſe in den Niederungen des Ganges heimiſch, doch unſer Klima ſehr gut. Ja das Männchen, das enge Ställe meidet, zieht auch

im Winter vor, auf einem Baume oder dem Dachfirſte zu übernachten, von welchem es des Morgens oft ganz mit Schnee oder Reif bedeckt herabkommt, ohne Schaden durch die Kälte zu nehmen. Weichlicher iſt die weiße Spielart, bei welcher ſich die Farben des gewöhnlichen Pfauen nur durch das verſchiedene Weiß bemerklich machen.

Die Thiere nehmen ſich am beſten in der Freiheit aus, und dieß gilt vorzugsweiſe auch vom Pfauen.

Reiſende in Oſtindien oder Java können nicht genug rühmen, welch' prächtigen Anblick ein Flug Pfauen gewähre, beſonders wenn ſie von einem Hügel in's Thal hinabſtreichen. In den dichten Wäldern am Ganges ſieht man zuweilen hundert Stücke beiſammen auf den Baumgipfeln ſitzen. Sie ſteigen hoch und laſſen ſich, wenn ſie vom Jäger aufgeſcheucht werden, bisweilen erſt in einem entfernten Thale wieder herab. Dabei ſind ſie ſehr vorſichtig und laſſen den Jäger ſchwer zum Schuſſe kommen, können aber: auch mit Leimruthen auf den Feigen= blumen gefangen werden. In Indien ſetzt man an die Bäume Abends mit Laternen Pfauenweibchen oder auch nur gemalte Pfauen, in welche ſich die herbeikommenden wilden Pfauen ſo vergaffen, daß ihnen ganz bequem eine Schlinge um den Hals ge=

worfen werden kann. — Auf Java pflegt man bei der Pfauenjagd beſondere Vorſicht zu beobachten, da ſich das dort übliche Sprüchwort: „Wo ſich Pfauen zeigen, da iſt auch der Tiger nicht weit‟, häufig genug bewahrheiten ſoll. Die ſcheuen Vögel locken dort ihren Verfolger durch öfteres Auffliegen und Niederſitzen leicht an gefährliche Stellen des Waldes.

C. F. A. Kolb.

Die deutſchen Frauennamen.

Von Adolf Bacmeiſter.

Wenn Jemand unſern Namen falſch ausſpricht, falſch ſchreibt, ſo berührt es uns unangenehm; ver= ſtümmelt oder verſpottet er ihn gar wiſſentlich und vorſätzlich, ſo kränkt und empört es uns, als hätte man unſern eigenen Leib verwundend berührt; ein dunkles Bewußtſein ſagt uns, daß mit dem Namen unſer eigenes Weſen gemeint und ergriffen wird. In einer Fülle von Redensarten ſpricht ſich dieſes Be= wußtſein als ein wahres und allgemein menſchliches aus; „ein guter Name, ein ehrlicher Name‟ ſind Güter, die jeder gern von ſeinen Eltern und Ver= eltern auf ſich bekommen, die Niemand ſich antaſten noch verunglimpfen läßt, die wir alle auch unſern Nachkommen hinterlaſſen möchten. Namenlos in das Grab zu geben, erſchien den Alten ein Loos, des rechten Mannes unwürdig, und wollen wir auf= richtig ſein, ſo wünſchen wir alle, daß mit dem letzten Athemzuge nicht unſer ganzes Andenken ver= ſchwinde; iſt es doch eine tröſtende und erhebende Vorſtellung, daß auch nach Jahren vielleicht noch in dem Munde der Nachlebenden der Klang wiederhalle, der uns durch das Leben geleitet hat; auch der ein= fachſte Grabſtein ſoll wenigſtens den Namen des Dahingeſchiedenen verkünden.

Sehen wir die Sache näher an, ſo finden wir, daß zu dem Vielen, was den Menſchen vom Thiere ſcheidet und ihn über die ſprach= und vernunftloſe Creatur erhebt, auch das Vorrecht des Namens ge= hört. So alltäglich die Bemerkung klingen mag, ſie iſt es nicht: das Thier hat keinen Namen. Wohl ruft der Herr ſeinen Hund, der Reiter ſein Roß, der Hirte dies oder jenes bevorzugte Stück ſeiner Heerde mit Namen, und der Hund, das Roß, das Rind ſind des Rufes verſtändig; aber im Allgemeinen unterſcheidet der Menſch nicht Hund von Hund oder Schaf von Schaf, ſondern jedes einzelne Stück iſt ihm gleichgültig, iſt nichts als ein Theil der Heerde, der Gattung. Das heißt mit andern Worten, das Thier iſt keine Perſon, kein freies, von jedem ſeiner Gattung ſelbſtändig geſchiedenes, unabhängiges In= dividuum; der Menſch aber iſt Perſon, iſt freies, für ſich beſtehendes und berechtigtes, ſeines einzelnen Daſeins bewußtes Weſen. Er iſt Menſch wie an=

dere Menſchen, und doch wieder ein von allen an= deren Menſchen durchaus geſondertes, grundverſchie= denes Ich. Und dieſe Freiheit, dieſe vollſtändige Verſchiedenheit und Selbſtberechtigung drückt er am kürzeſten und ſchlagendſten aus, indem er ſeinen Namen trägt und nennt. Dieſer Name gehört nur ihm allein, er iſt das Eigenſte, was er hat, das was auch dem Aermſte und Verlaſſenſte ſein Eigen= thum nennen darf. Gewiß iſt auf Erden kein Volk ſo roh und gleichgültig gegen ſich ſelbſt, daß es nicht jedes einzelne ſeiner Mitglieder durch einen beſonderen Namen, einen Eigennamen, wie unſere Sprache trefflich ſagt, kennzeichnete. Wir leben im Gegen= theil, daß die älteren Völker ſich von Urzeiten her nicht genügen ließen, die einzelne Perſon durch irgend einen ſinnloſen gleichgültigen Laut von den anderen abzuſcheiden, ſondern daß ſie mit anmuthiger Sorg= falt aus den Schätzen ihrer Sprache heraus ſchöne bedeutungsſchwere Worte wählten, die ſie dem jungen Ankömmling ihrer Hütte als Angebinde für das Leben mitgaben. Und in unvordenklichen Zeiten ſchon war die Namengebung eine feierlich heilige Handlung in dem Kreiſe der Familie. Wir erinnern nur an jene ſchöne Stelle bei Homer, wo der Großvater Autolykos den neugeborenen Enkel ſich von der Amme Eurykleia auf das Knie ſetzen läßt und ihn bedeutungsvollen Worten für das Leben weiht als „Odyſſeus‟, das Kind des Zorns oder den Schmerzensſohn. Das Kind des Schmerzens „Be= noni‟ hatte auch die ſterbende Rahel ihren Letzt= geborenen noch genannt; Jakob aber nannte ihn Benjamin „das Kind der Freude‟.

Das Chriſtenthum hat die Namengebung in engſte Verbindung geſetzt mit der Taufe. Wie dieſe den Säugling, noch umhüllt von dem erſten Traum= dunkel des Lebens, in die Gemeinſchaft der Kirche einführt, ſo ertheilt ihm der Name das Bürgerrecht in der Geſellſchaft ſeines Volkes und der Zeuge dieſer Feierlichkeit bleibt fortan dem Kindlein zweiter Vater, der Gevatter, der Mitvater (compère), wie ihn die franzöſiſche Sprache nennt.

Auch das Wort „Name‟ ſelbſt deutet auf die nahe tiefe Verbindung hin, welche den Namen und die Perſon des Menſchen zuſammenknüpft. Beinahe gleichlautend findet es ſich bei der ganzen langen Reihe mit uns verwandter Völker von der Südſpitze von Oſtindien bis zu den Küſten von Island. Nicht aber, wie man glauben möchte, kommt es der von dem Worte „nehmen", Name iſt nicht das, was der Menſch annimmt, ſondern es heißt Kennzeichen, Merkmal, das was den Menſchen vor jedem Andern ſeiner Gattung als Perſon hervorhebt. Und wiederum iſt jene weite Verbreitung des Wortes ein Beweis, daß es ſammt den oben bezeichneten Gebräuchen verſtammt aus jenen von der Geſchichte nicht mehr erreichbaren Jahrtauſenden, wo jetzt längſt geſchiedene Völker von Europa und Aſien noch als nahverwandte Stämme in Gleichheit des Sinnes und der Sprache zuſammenlebten. Es ſind aber beſonders zwei Glieder dieſer großen, ſogenannten indogermaniſchen, Völkerfamilie, welche bei der Wahl ihrer Eigennamen eine Fülle von dichteriſcher Kraft und von tiefem Gemüthe kundthun — das griechiſche und das deutſche Volk. Von beiden ſollen hier aber nur zunächſt die weiblichen Namen betrachtet werden.

Man braucht kein Kenner des Griechiſchen zu ſein, um ſich an dem vollen ſchönen Klange der griechiſchen Namen zu erfreuen. Schon die bloßen Worte Iphigenia, Antigone, Andromache, Diotima, Arethuſa, Ariadne, Berenike, Kaſſiopëa, Elektra, Hippodamïa, Klytämneſtra, Nauſikäa, Olympia, Euphroſyne, Penelope, Sophroſyne und tauſend ähnliche laſſen ahnen, daß ſolch herrlichen Lauten auch ein entſprechender Sinn innewohnen müſſe, und wenn wir nun erfahren, daß Iphigenia die Kraftgeborene, Andromache die Männerbekämpfende, Diotima die Gottgeehrte, Berenike die Siegbringerin, Hippodamïa die Roſſebändigerin, Klytämneſtra die Ruhmesbraut, Nauſikäa die Schiffeskundige, Olympia die Himmliſche, Euphroſyne und Sophroſyne die Weisheit, Ariadne die Heilheilige heißt — in welche Welt von Lebenskraft und Dichteranmuth thut ſich uns hier ein Einblick auf durch dieſe dreitauſendjährigen Namen hindurch. Mag immerhin ein Theil jener Namen den Frauen unſerer Zeit allzu kühn und kriegeriſch klingen, ſo wenigſtens werden wir rühmend anerkennen müſſen, daß die Griechen einen Sinn und Gehalt, eine lebendige Bedeutung in ſeine Namen legte, eine Bedeutung die auch in den ſpäteren Zeiten der Sprache noch klar und deutlich aus dem Worte hervorleuchtete.

Wie nun? wenn auch unſere deutſchen Eigennamen nicht ſeelenlos Klanggebilde wären? wenn vielleicht auch in dieſen uralten Trümmern aus vergangenen Jahrtauſenden noch kühnes freudiges Leben athmete? noch urwüchſige Kraft im Bunde mit dichteriſcher Schönheit? Und ſo iſt es. Gar ſchön ſagt unſer unlängſt verſtorbener Landsmann, der Geſchichtſchreiber Otto Abel, von den deutſchen Perſonennamen, „ſie gleichen den Verſteinerungen urweltlicher Thiere, dieſe Namen: aus den Umwälzungen von Jahrtauſenden ſind ſie übrig geblieben als Zeugen ſo dem, was längſt geweſen, Denkmäler von dem älteſten Leben unſeres Volkes, wie jene von dem Sein der älteſten lebendigen Erdenweſen." Man könnte die Vergleichung fortſetzen und ſagen: Wie der Naturkundige aus einer leichten Fußſpur, aus einem Zahn oder Knochen die ganze untergegangene Thiergeſtalt wieder neu herausbildet und zuſammenſetzt, alſo vermögen wir uns aus dieſen einſam daſtehenden Namensbilden ein treues Geſammtbild vom Leben, Denken und Dichten unſer Altvordern zu geſtalten; „ihren Glauben und Aberglauben, ihre ganze Lebensanſchauung legen urſprüngliche Völker in ihre Namen."

Freilich, wenn wir unſere heutigen Kalender durchblättern, da finden wir von dem einſtigen Reichthum deutſcher Frauennamen kaum noch einige wenige traurige Trümmer, überwuchert vom fremden Unkraut aus aller Herren Länder. Um ſo nöthiger wird es ſein, aus all' dieſem Wirrſal unſer urſprüngliches ſprachliches und nationales Eigenthum auszuſchälen und ſeinem innern Gehalte nach kennen zu lernen. Und da finden wir denn als noch heute fortlebende weibliche Vornamen etwa die folgenden: Adelgunde, Adelheid, Amalie, Bertha, Friderike, Gertrud, Hedwig, Chlothilde, Kunigunde, Mathilde, Ottilie, Roſamunde, Thusnelde, Walburg, zuſammen vierzehn Namen, die ſich faſt unverfälſcht in ihrer deutſchen Geſtalt erhalten haben.

Ungleich vertheilt die Natur die Gaben des Körpers und des Geiſtes an ihre Kinder und es liegt im innerſten Weſen des Menſchen begründet, daß ſchon bei der erſten Bildung bürgerlicher Geſellſchaft die Begabteren und Stärkeren ſich über die Maſſe des Volkes erhoben und auf den Vorzug der Natur den rechtlichen Anſpruch gründeten, über die Anderen zu herrſchen als die Edlergeborenen, als Edelinge, als Adel. Denn Adel und Edel iſt ein und daſſelbe Wort in unſerer Sprache. In Freie und Unfreie, in Edle und Unedle getheilt war auch das deutſche Volk in der älteſten Zeit ſchon, und dieſe Scheidung, dieſer Stolz auf ſeine Geburt ergoß ſich auch in Hunderte von Namen. Neben Adelgunde, Adelheid hatte die alte Zeit noch eine Adela, die wir erſt wieder aus dem Franzöſiſchen als Adele geholt haben; eine Adeltrud, Adelinde, Adalfrida u. ſ. w. Eines der fürſtlichen Geſchlechter des alten oſtgothiſchen Stammes nannte ſich die Amaler, und noch blüht es fort in dem prachtvollen Klange Amalia, das wir neuerdings leider auch von dem franzöſiſchen Amelie verdrängen laſſen.

Der edelſte der Edlen war der König, der „Kuning", von dem Worte Kuni, d. h. das Geſchlecht. Kunigunde iſt die Königliche.

(Schluß folgt.)

Funchal auf Madeira.

Im atlantischen Ozean, an der Nordwestküste von Afrika, zwischen den Azoren und Canarischen Inseln liegt die Madeira-Gruppe, welche aus der Hauptinsel Madeira, der Nebeninsel Porto Santo und einigen kleineren Eilanden besteht. Madeira wurde 1419 durch die Portugiesen Zargo und Tereira entdeckt und nach den Waldungen benannt, mit denen es damals überwachsen war, denn Madeira bedeutet Bauholz. Die Insel, die vom Meere aus einen herrlichen Anblick bietet, gehört zum Königreich Por-

Funchal.

tugal, ist 16 Quadratmeilen groß und hat 100,000 Einwohner, zum größten Theil Weiße, dann Neger, Mulatten und einige Hundert Engländer. Die Gebirge haben bisweilen Erdbeben, aber keine Krater und Lava, der höchste Berg heißt Pico Ruivo (5 bis 6000 Fuß hoch). Außer dem berühmten Wein und herrlichen Obst gedeihen Südfrüchte und namentlich ein vorzüglicher Kaffee in dem milden Klima der Insel. An ihrer Südseite liegt die Hauptstadt Funchal mit 18,000 Einwohnern. In der Mitte zwischen zwei hervortretenden Landspitzen breitet sich die Stadt mit ihren netten hellen Häusern malerisch an einer Bucht hin, umgeben und überragt von rebenbewachsenen Hügeln. Links erhebt sich die Citadelle, unter ihr in geringer Entfernung von der Küste ein kleines Fort auf einem isolirten Felsen, Leorozed genannt, und noch etwas weiter links, dicht an der Küste, ein zweites Fort: Poutimeha. Uebrigens sind diese Befestigungen mehr pittoresk als zur Vertheidigung geeignet.

Die männliche Bevölkerung von Madeira ist von gutem Aeußern, dagegen zeigt sich bei den Frauen in Gesicht und Haltung wenig edler Ausdruck, wahrscheinlich in Folge der harten Arbeit, an die sie gebunden sind. Unablässig mühen sie sich ab, indem sie zumeist große Bündel Brennholz auf dem Kopfe von den Bergen in die Stadt tragen. — Die Kleidung der Männer besteht in leinenen Hosen und einer farbigen Weste; die Frauen haben über den Schultern eine Art von Mantilla, beide Geschlechter tragen Halbstiefel von braunem Leder und auf dem Kopf ein rundes Käppchen mit langer, bequaster Spitze.

Das Pflaster in Funchal ist, besonders bei Regenwetter, sehr schwierig zu begehen, weßhalb man sich bei Geschäftsgängen, Besuchen, Promenaden

Kathedrale in Funchal.

Pony's zu miethen pflegt, die in Menge zu diesem Zweck bereit stehen. Der Führer folgt dann dem Pferd und hält sich, wenn es rascher geht, an dessen Schweif.

Sehenswürdigkeiten finden sich in Funchal wenige. Die Kathedrale ist in gothisch-byzantinischem Styl erbaut, dem in der Folge noch Verzierungen im Rococo-Geschmack beigemischt wurden.

Der Handel Funchals ist bedeutend, liegt aber ganz in den Händen der dort ansässigen Engländer. Die bedeutendsten Handelsgegenstände sind Wein, Holz, Orseille, Mastir und Drachenblut. Der Wein der Insel wird übrigens vielfach in Europa nachgebildet; die süße Sorte heißt Malvasier, die herbere Dry-Madeira (herber Madeira). — Des gelinden Klima's und der gesunden Seewinde halber wird Madeira in neuerer Zeit als Aufenthaltsort für Brustkranke empfohlen, und jährlich ziehen Hunderte von Leidenden aus allen Theilen Europa's dorthin, um, wenn auch nicht vollständige Genesung, doch wenigstens Linderung zu finden.

Die deutschen Frauennamen.

Von Adolf Bacmeister.

(Schluß von S. 143.)

Der alte gesunde Abel der Völker beruhte nicht auf einem „von" vor dem Namen oder auf einem Bändchen im Knopfloch, sondern, so artig diese Dinge sein mögen, auf einem schöneren und nützlicheren Grunde, auf einem gesicherten, unabhängigen Grundbesitz, auf dem, was unsere Sprache das Aud, Uedal, Ot genannt hat, und gerne bezeichnete man auch im Namen diese Gabe des irdischen Glücks. Otte hieß der Begüterte, Otila war seine Namensschwester, unser Ottilie.

Aber nicht allein edle Geburt und das Glück des Besitzes galt für Schmuck und Glanz auch im Namen des Weibes. Es sind noch andere Wörter die uns in eine wildere Welt hineinführen. „In Deutschland, so schrieb vor 1800 Jahren der Römer Tacitus in seine Pergamentrollen, in Deutschland bringt nicht das Weib dem Manne, sondern dem Weibe der Mann die Mitgift; und zwar keinen weiblichen Schmuck und Putz, sondern ein Joch Rinder, ein Roß gesattelt und gezäumt, und einen Schild mit Schwert und Speer. Das, meinen sie, sei das festeste Band, der geheime Zauber und die göttliche Weihe der Ehe; das Weib solle nicht wähnen, daß sie außerhalb des Kreises männlicher Kraftübung und außerhalb der Geschicke des Krieges stehe, vielmehr daß sie komme als eine Genossin der Gefahr und Mühsale, mit dem Manne, sei's im Frieden sei's in der Schlacht, zu dulden und zu wagen. Und so halten sie's auch; hinter den Schlachtreihen der Männer stehen die Angehörigen; sie hören den Ruf ihrer Weiber, das Weinen ihrer Kinder. Das sind ihre heiligsten Zeugen, ihre höchsten Lobredner; dorthin, zu ihren Müttern und Frauen tragen sie ihre Wunden und diese scheuen sich nicht, sie zu zählen und zu suchen, und tragen den Kämpfern Trank und Speise und ermunternde Worte zu. Mehr als einmal, erzählt man, sei eine wankende, schon halb gebrochene Schlachtordnung von den Frauen, die sich hineinwarfen, wieder zum Stehen gebracht worden."

Darf es uns da wundern, wenn Schlacht und Kampf auch aus den weiblichen Namen heraußklingt? Ja die ursprünglich deutschen Worte für Schlacht und Kampf sind uns fast nur durch unsere Namen erhalten. Gund, Hild, Hadu, Wig — das sind die alten Ausdrücke für jene Begriffe, und Hand in Hand mit ihnen gehen die Namen der Waffen. Gisel und Ger hieß die Lanze, Grima der Helm, Ort das Schwert, Brunja der Harnisch. Gertrud heißt die dem Speere Getraute, die Lanzenbraut, Gisela „die Lanze" hieß die Gemahlin Kaiser Konrads II.; Kunigunde, Adelgunde — die Edle der Schlacht, Hedwig — Haduwig — die Kämpferin, Mathilde — Machthilde — die Kriegsmächtige. So noch Hildegunde, Hilde, Guntbild, Ortila — die Schwertjungfrau, und andere. Wohlbekannt ist Brunhild — die Kämpferin im Harnisch, die zaubermächtige Jungfrau des Nibelungenliedes, und ihre Nebenbuhlerin Grimhild — die Kämpferin im Helm, das Weib des herrlichen Siegfried der Niederlande. Aber, wenn die Männerschlacht über das Feld hintobt, dann führt die Göttin Frewa auf donnerndem Wagen zur Walstatt hinunter, als Walfrewa, d. h. Wahl-Frewa und sammelt, wählt die Erschlagenen und führt sie hinauf in die selige Wohnung der Helden; und neben ihr brausen, vom Gotte Wodan gesendet, die neun halbgöttlichen Jungfrauen, die Walküren, mit leuchtenden Lanzen und Helmen über das Blachfeld, ihre Rosse schütteln den Thau von den wallenden Mähnen und ihr Raben entscheidet den Sieg und sie sammeln, sie erküren die Todten der Walstatt und tragen sie hinauf in Wodans Halle, in die Walhalla und reichen den Neuerwachten das gefüllte Trinkhorn. Daher Walburg — die Bergerin, die Sammlerin der Gefallenen; ja als in späterer Jahrhunderten eine heilige Walburgis erstand, auch da vergaß das Volk nicht den alten Sinn des Namens und deute noch sehen in der „Walburgisnacht", zwar nicht mehr die Walküren auf leuchtenden Rossen zu Wodan hinauf, aber die Töchter der Finsterniß, die Hexen, auf Böcken und Besenstielen zum Blocksberg, ihrem Herrn und Meister zu huldigen.

Noch eine Reihe anderer Wörter deutet es durch ihre häufige Verwendung in Frauennamen an, daß die germanischen Männer vor Allem, was ihnen schön und edel dünkte in Sprache und Leben, auch dem Weibe seinen Antheil ließen. Eine Menge Namen haben wir zusammengesetzt mit den Ausdrücken für Sieg und Tapferkeit, für Muth und Ruhm und Stärke: Sigburg, Siglinde, Theudenauda (maud und bald, d. h. kühn), Baldhilde oder Balthilde (im französischen Baudour), Fastrata, die Gemahlin Karls des Großen, d. h. die Feste, die Kühne im Rathe; Richlinde, Richhilde, von rich, d. h. mächtig.

Das Volk heißt in der ältesten deutschen Sprache thiuda, theod, diot, diet, deut, in verschiedenen Formen, je nach Zeit und Gegend; daher unser Wort Deutsch, d. h. volksmäßig, und daher die alten Namen Theutelinde oder Dietlinde, Theoderada, Dietbild, Dietburg. Die alten Worte für Ruhm und Ehre sind chlut, hlut, chlot, lot, luter, „laut"; chruod, ruod, rot, rot, und hruom, rum, rom. Daher Chlothilde, die Kriegsberühmte, die deutsche Namensschwester der französischen Louise; denn diese selbst ist die Schwester von Louis und dieser ist nichts anderes als das französirte Ludwig, Chlodwig, der Kriegsberühmte. Eine der ältesten deutschen Dichterinnen, im zehnten Jahrhundert, hieß Chrnotswitha, gewöhnlich Roswitha gesprochen. Hierher endlich gehören noch Rumetrud, Romilde, Rodelinde und Retrud, d. h. Chruottrut, die Ruhmesbraut — jetzt Rothtraut.

Neben dem Kriege war es die Jagd, welche das Herz der Germanen erfreute, als sie noch auf den Weidetriften von Asien umherirrten. Jäger- und Weideleben stehen in innigster Verbindung; noch jetzt ist in unserer Sprache Jäger und Weidmann, Jagd und Weidwerk ein und dasselbe.

Daß auch von diesem Gebiete des Lebens die Frauen nicht ausgeschlossen waren, darf uns nicht wundern; noch im späteren Mittelalter gehörte wenigstens die Falkenjagd, die "Beize", zu den edlen Beschäftigungen der ritterlichen und fürstlichen Frauenwelt und noch heute ist es keine schlechte Sitte, wenn die Frau auf flüchtigem Renner durch Wald und Haide dem Wilde folgt. Freilich von der Innigkeit und tiefen Bedeutung des Verhältnisses, in welchem die alten Menschen zur Thierwelt standen, können wir Bewohner einer durch die Cultur glattgelegten Welt uns kaum noch ein Verständniß bilden. Es mochte wohl von Anfang an weniger der Unterschied sein, als die geheimnißvolle Aehnlichkeit, welche der Mensch zwischen sich und dem Thiere sah und mit Staunen beobachtete. Ihre freie, kraftvoll schöne Bewegung, ihr kluges beobachtendes Auge, ihr verstandesartiges Treiben in der ewigen Stille des Waldes mußte den Menschen mächtig anziehen. Er lauschte ihrem Kommen und Gehen, dem Klang ihrer Stimme, er fand wohl bald einen Zusammenhang zwischen ihrem Thun und dem Wechsel von Tag und Jahr und andern Naturerscheinungen; er lernte sie als Wetterpropheten kennen; die einen nährten sich ihm und er wußte sie allmählig selbst an sich heranzuziehen, aber gerade die stärksten und schönsten blieben ihm in scheuer Ferne stehen, ja sie traten ihm als grimmige Feinde gegenüber und er mußte mit ihnen kämpfen um den Besitz seiner Erde. Diese Beziehungen zur Thierwelt bildeten sich nun nach verschiedenen Richtungen aus. Man anerkannte im Thiere das Beseelte, Menschenähnliche, sogar eine Art Sprache, auch wieder das Scheue, Geheimnißvolle, und vom Geheimnißvollen zum Heiligen ist nur ein Schritt. Das eine Volk ließ die menschliche Seele durch Thierleiber wandern, ein anderes machte das Thier zum Träger geheimer Weisheit, sah eine Bedeutung im Auge des Vogels, in den Gebilden des geöffneten Thierleibs, alle aber stellten gewisse Thiere in irgend eine Beziehung zu ihren Göttern, machten sie zu Boten und Vermittlern zwischen Gottheit und Menschheit und eröffneten damit ihrer Phantasie einen unerschöpflichen Born von Sagen und Geschichten. Aber von allen Völkern hat keines seine Anschauungen von der Thierwelt in so reiner und einfach treuer Weise ausgebildet, als

das germanische; keines hat sich neben der uralt asiatischen Heilighaltung der Thiere so vertraulich auf Du und Du mit ihnen gestellt und dieses Verhältniß in so eigenthümlichen Dichtungen ausgesprochen. Die Könige und Adeligen der Thierwelt aber waren der Bär und der Wolf, der Adler und der Rabe oder "Ram", und aus diesen Worten sind viele Hunderte von Namen gebildet; von den weiblichen seien nur genannt Wolfhilde, Wolfgund, Eberhild, Eberswind (gleich dem männlichen Eberhard, stark und schnell wie der Eber), Ebba, Berbtramna, d. h. Glaurabe.

Doch treten wir aus diesen wilden Wortgestalten, die uns fast unheimlich bedünken wollen, in die friedlicheren Kreise des Frauenlebens hinein, die am schönsten und kürzesten der Dichter der Glocke in den Worten schildert:

> "Und drinnen waltet
> Die züchtige Hausfrau,
> Die Mutter der Kinder,
> Und herrschet weise
> Im häuslichen Kreise u. s. w."

Den weiteren Kreis von Stadt und Land nicht nur, sondern auch den engeren häuslichen Kreis nennt die alte Sprache mit Einem Worte Gart oder Garten, und die friedlichen Beherrscherinnen desselben mochten wohl Frida, Friderike, Friderun, Friedburg, Friedgunde heißen, wie ja das Weib überhaupt die Friedeweberin genannt wurde. Hildegard, Irmengard sind aus Sage und Dichtung wohlbekannte Namen. Das Schützende, Ordnende und Berathende liegt in den Worten birg, burg, mund (welcher unter "Vormund, unmündig", rat, und also in dem Namen Friedeburg, Adelberga, Rathburg, Hildeburg; Rosamunde ist nicht etwa die Rosenmundige, sondern "die rühmliche Schirmerin", die, welche im Griechischen Kleobule hieß; Faurada, Bertrada. Ein anderes Wort für Rath, Klugheit ist ragin, regin, rein; daher Reginhart, Reginhild oder Reinbild (wie Reinbold und Reginbold) und Regina. Letzteres Wort stimmt zufällig mit dem lateinischen regina, die Königin, ist aber vielmehr uralt deutsch und heißt die Beratherin, die Kluge. Nur weiblichen Namen angehörig ist das Wort trut, trud, d. h. traut, die Traute, wie in Gertrud, Rottrud Rothtraut. — An diese Namen sanftern Klanges fügen sich einige andere an, welche ihren Glanz von den Erscheinungen der Natur entlehnen. Hierher vor Allem Blanca oder vielmehr Blanka; denn auch diesen schönen Klang haben wir zwar aus dem Französischen oder Italienischen genommen, aber diese beiden Sprachen haben ihn, wie so vieles andere, vor Alters dem Teutschen entlehnt; Blanka heißt die Blinkende, Glänzende. Wer kennt nicht ihre Namensschwester aus dem Märchen? Das Sneewittchen, die Schneeweiße? und ebenso Swanwit, die Schwanenweiße? Der häufigste und beliebteste Name aber in dieser Art ist Bertha oder eigentlich Berchta, die Weiße, Glänzende; ein

Lieblingslaut unserer ältesten Sprache, und derselbe der in vielen männlichen Eigennamen auftaucht, wie in Albert oder Albrecht. Diese Berta ist ursprünglich keine Geringere als die oberste Göttin selbst, die freundliche, liebreizende, schimmernde Freva. Berta hieß die Mutter Karls des Großen und „die weiße Frau", die durch die Sagen der fürstlichen Häuser wandelt, ist wieder keine Andere als Berta Freva, die Schutzgöttin der Ehen und Familien. Auch die Sagen des Volkes kennen sie unter verschiedenen Namen. Die Frau Hulda oder Frau Holle, Frau Gode oder Gaue oder Erke und Herke sind nur verschiedene Titel der uralten Göttin, der segenspendenden Freva, die von den immergrünen Blüthenranken der Volkssage tausendfach umrebt noch heute inmitten des christlichen Volkes wohnt.

Aber noch fehlt uns eine wichtige Seite des germanischen Frauenthums, welche in den Namen ihren Ausdruck gefunden hat. Jener obenerwähnte Tacitus berichtet weiter: „Ja sogar etwas Heiliges und Prophetisches glauben die Germanen, wohne dem Weib inne und sie verschmähen weder ihren Rath, noch mißachten sie ihre Entscheidung." Es ist kein Zufall, daß die Namen des Schwans und der Schlange, zweier geheimnißvoll heiligen Thiere, nur in weiblichen Namen sich finden. Es war vor Allem die Gabe des inneren Schauens und der Weissagung, welche den Frauen zugeschrieben wurde. Auch bei griechischen Gottheiten, welche die Zukunft des Menschen vom Reden abspinnen, die drei Parzen, sind weiblichen Geschlechts und Namens. Die Schlange aber ist von jeher in den Mythologien der Völker ein Symbol des Unbeirrlichen und damit auch des Heimlichen, der geheimnißvollen Wissenschaft gewesen; ihr altdeutscher Name war lint, Lindwurm, daher die Namen Theodelinde oder Dietlinde, Sieglinde, Gotelint, Gerlint u. s. w., Volks-, Sieges-, Gottes-, Speerschlange. So war auch der Schwan ein heiliger Vogel. Auch der deutsche Glaube hatte seine drei Schicksalsschwestern, die Nornen. Diese erscheinen den Sirenen gleich in Menschengestalt als Wald- und Wasserfrauen, als Niren und Meerweiber und weissagen dem Wanderer, der sie trifft, seine Zukunft. Sie verwandeln sich endlich in Schträume und singen dem Menschen sein Schicksalslied; vielleicht sagen wir deswegen heute noch — „es schwant mir". So finden wir denn eine Schwanbilde, Schwanburg, Schwanwittchen u. s. w. als Ehrennamen des Weibes.

In Wirklichkeit geschah das Weissagen bei unseren Vorfahren durch das Hinwerfen von Buchenreisern, in welche geheimnißvolle Zeichen, die Runen, geschnitten waren. Wie diese Runenstäbe gefallen waren, so wurden sie aufgelesen und gedeutet, und dies war vornehmlich das Geschäft von Frauen; daher treffen wir so viele Namen, und nur weibliche — mit dem Wort Rune gebildet, z. B. Gudrun, die Kriegsprophetin, Sigirun, die Siegeskündende, Friderun, die Friedenszauberin u. s. w. — Sind es ja doch bis auf den heutigen Tag fast ausschließlich Frauen, welche die modernen Ueberreste der Runenkunst im Kartenschlagen und sonstigen Zigeunerkünsten üben. Zu einer traurigen Ehre aber wurde dieser Glaube an die zauberische Begabung des Weibes, als die finstere Anschauung des christlichen oder vielmehr unchristlichen Mittelalters anfing, dieselbe als Teufelswerk zu betrachten, als die sogenannten „weißen Frauen" des Heidenthums zu Hexen wurden und in jenen furchtbaren Prozessen der heidnische Glaube, so muß man hier leider beinahe sagen, dem christlichen Aberglauben Red und Antwort stehen mußte.

Eine lange Reihe von sinnvollen, klangschönen Namen ließe sich anführen aus jener Zeit; aber wie wir oben sagten, die meisten sind ja lange, lange schon erloschen. Von den noch lebenden sei nur noch erwähnt Thusnelda, d. h. Thushilda, Thusintilta von dem Worte thurs, der Riese. Mancherlei Gründe ließen für dieses langsame, aber sicher fortschreitende Aussterben eines edlen Erbtheils der Nation anführen. Der weibliche Name war an sich schon dem Untergange mehr ausgesetzt, als der des Mannes. Der männliche Name ist der Träger der Familie, der von Geschlecht zu Geschlecht sich erbt, während der des Weibes in dem des Mannes aufgeht. Die Namen von einzelnen geschichtlich ausgezeichneten Männern wurden eine Art Devise, ein stehender Tauf- und glückverkündender Ehrenname für ganze Länder. So sind vor allem Friedrich, Karl, Wilhelm das unveränderliche Erbtheil von ganzen Fürsten- und Adelsgeschlechtern geblieben und ihnen nach ließ auch der Bürger seine Söhne taufen.

Das Weib aber stand abhängiger und unbedeutender in dem stillen Kreise des Hauses und kein geschichtlicher Werth knüpfte sich an seine Namen; als daher vom Auslande her die neuen verlockenden Klänge hereindrangen, da fanden sie wenig Widerstand bei dem weiblichen Geschlechte. Ferner mochte in späteren milderen Jahrhunderten, als man noch den Sinn aus dem Namen heraushörte, gar mancher derselben absichtlich entfernt werden, als nicht mehr stimmend zu der Sitte und Anschauung der Zeit. Besonders war es das Christenthum, das viele Namen wegen ihres Zusammenhanges mit dem alten Heidenthume verbannen mußte; wie denn z. B. von den schönen mit Anna gebildeten Namen (Gudrun, Sigirun u. s. w.) ist einzig einiger geblieben; natürlich — denn dieses Wort war ja der Inbegriff aller Zauberei geworden, ein Symbol von Spuk und Teufelswerk. Aber das Christenthum drängte nicht nur alte Namen hinaus, es brachte auch neue herein, die Namen des alten und neuen Testaments und eine Legion von Heiligen; also, sprachlich betrachtet, hebräische, griechische und lateinische Namen. So finden wir schon im 8. Jahrhundert die Worte Beata, Elisabeth, Eugenia, Juliana, Sibylla; im 9. folgt ihnen eine neue Schaar: Anna, Judith, Christina, Susanna; im 10. Leonora; im 12. Agnes, Johanna, Margaretha, Sophia und — auffallenderweise erst jetzt Maria, der Name der „Himmelskönigin". Erst damals nämlich fing die Verehrung der Jungfrau Maria an sich auszubilden; manche Erinnerung der heidnischen Zeit, besonders die Gestalten der Bertha oder Freya, retteten sich in den Mariendienst herein und Maria wurde mehr und mehr der Mittelpunkt einer religiösen Verehrung, von welcher auch die Beliebtheit ihres Namens als Taufname ein lebendiges Zeugniß ist. Im dreizehnten Jahrhundert finden wir schon als gewöhnliche Namen Brigitta, Catharina, Clara, Elise, Helene, Lucia, Salome, Stephanie, Ursula (d. h. die Bärin!); dann folgen Cäcilia und der barbarische Klang Barbara u. s. w.

Zum förmlichen Unfug aber wurde die fremde Namenflut erst im 15. und 16. Jahrhundert, wo der Hang des Auslandes, besonders des Westens und Südens her, überhaupt vergiftend über deutsche Sprache und Sitte hinzustreichen begann. Doch was will all das heißen gegen die babylonische Verwirrung, die vom 18. Jahrhundert in diesem Gebiet hereinbrach, und die heute noch herrscht. Es wird jetzt kaum eine Sprache in Europa geben, die nicht beigesteuert hätte zu dem unendlichen Wirrsal deutscher Frauennamen.

Ein besonderer, für den Sprachkenner äußerst lächerlicher Mißbrauch aber sind die allgemein üblichen Minen, Linen, Tinen, Netten, Lotten u. s. w., klang- und sinnlose Endungen von ursprünglichen Namen, von einer Wilhelmine, Caroline, Henriette, Charlotte, Antoinette, und was dergleichen ursprünglich gut deutsche, mit lateinischen und französischen Endsilben jämmerlich aufgeputzte Unnamen mehr sind.

Freilich, es ist ja nicht mit den Eigennamen allein in solcher Weise ergangen; sind ja doch die Worte Frau und Weib selbst, und mit ihnen noch andere Ehrennamen des weiblichen Geschlechtes um ihren guten alten Klang und Sinn gekommen und haben zum Theil sogar fremden Gästen den weiblichen Ehrensitz im deutschen Hause räumen müssen.

Es ist gewiß ein wahrer Satz: In der Sprache eines Volkes liegt seine Geschichte. „Deine Sprache verräth dich" — dieses Wort gilt in einem weiteren, tieferen Sinne. Wenn wir vernehmen, daß in der ältesten griechischen Sprache, in Homer's Gedichten, ein gewöhnlicher Name für das Weib, für die Gattin „damar" ist, d. h. die Gebändigte, die im Kriege Bezwungene, die Kriegsgefangene, so ist mit diesem einen Worte die ganze Stellung bezeichnet, welche in den langen Jahrhunderten des hellenischen Volkslebens die Frau eingenommen hat; es war die unterthänige, demüthige Stellung einer Bezwungenen, einer Sklavin, die dem Manne sich zu beugen hatte; die fünf Buchstaben damar sind die Geschichte des Weibes im griechischen Volke.

In den alten deutschen Benennungen für den Begriff Weib ist das erste was auffällt, ihre Menge. Nicht weniger als sechs verschiedene Worte sind es, und wohl, schon darin sehen wir mit Recht die hohe Bedeutung, welche im germanischen Gesellschaftsleben das Weib einnimmt. Von jenen sechs uralten Worten ist in unserer heutigen Sprache nur noch die Hälfte unzertrümmert erhalten, — die Worte Weib, Frau, Braut. Von den drei übrigen schon ist eines vollständig erloschen, das Wort sowen die Frau, das hier nur genannt sein möge. Geschichtlich viel älter ist quino, in der fünfzehn Jahrhunderte alten gothischen Bibel das Wort für Weib überhaupt, noch heute erhalten in dem englischen queen, die Königin, d. h. eigentlich das Weib schlechtweg, die Erste unter den Weibern. Der dritte, längst verkümmerte Ehrenname des Weibes ist idis. In ältester Zeit für jedes irdische weibliche Wesen gebraucht, bleibt es später als geheimnißvoller Name für die drei göttlichen Jungfrauen, welche, den griechischen Parzen gleich, dem Sterblichen den Faden seines Geschickes spinnen. Auch die Göttin der ewigen Jugend hieß den Germanen Iduna, und wer von den holden Leserinnen sich etwa des Namens Ida erfreut, der bewahre ihn getrost als ein ehrendes Erbe aus unvordenklicher Zeit unseres Volkes.

Von den noch lebenden Namen hat Braut schon seit Jahrhunderten die beschränkte Bedeutung, in der es jetzt noch gilt; in ältester Zeit aber hieß es überhaupt die Frau, besonders die neuvermählte. Eine beschränkte Bedeutung hat auch ein anderer Name sich gefallen lassen müssen, der Name Weib. Im alten edlen Sinne braucht es der Deutsche bekanntlich fast nur noch im höheren Sprachstil; nur der Engländer nennt auch jetzt noch seine Gattin einfach sein „wife", sie mag Herzogin oder Bettlerin sein. Allerdings tritt diese Nebenbedeutung des Geringeren schon im Mittelalter hervor, das „wip" bezeichnete die Frau des niederen Standes, dem Adel gegenüber. Doch streiten sich noch das ganze dreizehnte Jahrhundert durch die Dichter, was das schönere, ehrendere sei, Weib oder Frau, und Walther von der Vogelweide, der trefflichste Lyriker jener Zeiten, entscheidet sich für das Weib mit den berühmten Worten: „Weib muß immer sein des Weibes höchster Name."

Unser sechstes und letztes Wort also ist Frau, vor tausend Jahren frouwa und freya gesprochen und geschrieben.

Daß es ein Ehrenname sei, geht schon daraus hervor, daß die Erste der Frauen, die oberste germanische Göttin mit ihm benannt wurde, die Freya. Auch seine Abstammung und Bedeutung ist klar und gesichert. Wir alle kennen das Wort „Fronleichnam", d. h. der Leichnam, der Leib des Herrn; wir kennen das Wort „fronen, fröhnen", d. h. einem Herrn dienen, Herrendienst leisten; denn frô hieß im Altdeutschen der Herr; nicht der Herr, der über Sklaven gegenübersteht als finsterer Gebieter, sondern frô ist und heißt nichts anderes als der Frohe, Erfreuende, Milde; frô, frouwa, also heißt die Herrin, die herzerfreuende Gebieterin in Haus und Hof. Noch lange nachdem der Name ein bloßer Titel geworden war, erkannten die Dichter des Mittelalters noch seine sprachliche Bedeutung und einer derselben sagt:

> Die Freude wird aus durch die Frau'n bekannt,
> Und darum sind sie Frauen auch genannt.

Eben aber weil Frau eigentlich Herrin hieß, war es der Name für die Weiber des edleren Standes, sie mochten vermählt sein oder nicht. Die Unvermählte hieß einfach maget, magd, woraus unser Maid und endlich das Mägdlein oder Mädchen geworden ist. Auch die Königstochter war eben „Magd" und die heilige Maria selbst wird als „die himmlische Magd" gepriesen. Allmählig stieg diese Magd aus den höheren Ständen in die unteren hinab und dafür wurde in den ersteren die „Jungfrau" herrschend, die sich dann im Laufe der Jahrhunderte zur „Jungfer" abschliff. Die Jungfer wurde bald als zu leicht erfunden und da die vornehmen Damen schon gewohnt waren, alles Abgetragene und aus der Mode Gekommene an ihre Bedienung wegzugeben, so verschenkten sie schließlich auch ihren eigenen Titel wie einen alten Hut an ihre Kammermädchen und kauften sich einen neuen, den „Fräulein" Titel, der denn auch ehrlich und dauerhaft gehalten hat bis auf diesen Tag und hoffentlich niemals wieder einem fremdländischen weichen muß, wie am Ende des 16. Jahrhunderts die ehrliche deutsche Frau vor der französischen madame hat weichen müssen, was doch auch nichts anderes heißt, als „meine Herrin."

Es war eine gerechte Strafe für den sprachlichen Götzendienst jener Zeit, daß die im Gefolge der madame eingewanderte mademoiselle von dem dreisten deutschen Volksmunde zu einer abscheulichen „Mamsell" zusammengequetscht wurde, die wohl aus Entsetzen vor ihrem eigenen Mißklang jetzt endlich aus der vernünftigen Gesellschaft entwichen ist. Einer künftigen Generation gelingt es dann vielleicht auch, den letzten Rest dieses entlehnten Flimmers, das madame von sich abzuschütteln. Es ist gewiß wahr, daß jedes unnöthige Fremdwort einen langsam zerstörenden Einfluß auf die Sache oder Person selbst übt, welche sich in dasselbe hüllt. Unsere Sprache ist reich genug und hat gewiß nicht noth, für die edelsten Grundbegriffe des Lebens, zu welchen, denke ich, auch der der Frau gehört, die Brocken von fremden Tischen aufzulesen.

Und dieses Wort führt uns zurück auf das, wovon wir ausgegangen; es ist gewiß auch nicht gleichgültig, was für ein Name dem neugeborenen Kinde in das Leben mitgegeben wird; »nomen et omen« sagt ein römisches Sprichwort — wie der Name, so der Mann. Wir wollen das Wort des alten trefflichen Fischart „schöne Namen reizen auch zu schönen Thaten" nicht weiter verfolgen; aber des Menschen würdig ist es jedenfalls, wo möglich in jede Erscheinung des Lebens einen tieferen Sinn zu legen, das scheinbar Aeußerliche und Niedrige durch einen Inhalt zu erfüllen und zu erheben; und auch ist es Pflicht, die alten Erbgüter seines Volkes wenigstens nicht zu mißachten, nicht zu mißbrauchen, sie in Ehren zu halten oder, wo es geschehen kann, wieder zu Ehren zu bringen; der Segen eines solchen Bestrebens wird nicht ausbleiben.

Berliner Kinder.

Erzählung von Fanny Lewald.

(Fortsetzung von S. 136.)

In solchen Stunden fehlte auch Niemanden Etwas, von Allen denen, welche in der Stube und in der Kammer, die des Meisters Wohnung und Werkstatt bildeten, ihr Wesen trieben, und ihrer Zahl war nicht klein, denn der Meister hatte seine Frau und hatte fünf Kinder und hatte keinen Burschen. Aber er gehörte zu den liebevollen Herzen, die nicht genug fröhliche Menschengesichter um sich sehen und nicht leben können, ohne zu sprechen und sprechen zu hören; denn das war eine ausgemachte Sache bei dem Meister: ein gutes Wort beim Essen salzt und schmalzt die Suppe.

Als Hermann seinen Eimer voll Wasser in der Küche auf die Bank gestellt hatte und in die Stube eintrat, merkte er augenblicklich, daß der Vater heute ganz besonders gut aufgelegt sein müsse. Er saß nicht auf dem Schemel in der Werkstatt, sondern an dem Tische in der Stube und die Kinder waren alle vier rund um ihn her, während die Mutter am Ofen in der Stube Kasse kochte. Solche Arbeitspausen gönnte der Meister sich an Wochentagen selten und nur wenn eben einmal ein ungewöhnlicher Verdienst in Aussicht stand, ein Verdienst, bei dem die Mutter und die Kinder, so weit diese letztern dazu fähig waren, sich in Plänen und Wünschen und Hoffnungen ergingen und mit welchem der Vater zu sagen pflegte: wenn solche Einnahmen öfter kommen wollten, so möchte er auch noch einmal Etwas aus sich wenden und sich einen neuen Mantel machen lassen, wenn er nicht doch noch lieber einmal zu seinem Bruder nach Pritzwalk reisen thäte, der dort Bäcker war und dem Nichts abging in seinem eigenen Hause, das er vor ein paar Jahren sich neu ausgebaut.

„Na! wo hat Er sich denn wieder den ganzen ausgeschlagenen Nachmittag herumgetrieben?" fragte der Meister, und der Knabe wußte, daß es gute Zeiten waren, wenn er auf solche Weise mit einem Er angeredet wurde.

„Herumgetrieben hab' ich mich nicht, Vater! ich war in der Klosterstraße bei den Gänsen."

„Und was hat Er denn da gethan?" fuhr der Vater fort. Indeß Hermann ließ es länger keine Ruhe, und ohne seinem Vater darauf zu antworten, fragte er: „Wie lange muß man wandern, bis man an die Wüste kommt?"

„Was?" fragte der Meister, der seinen Ohren nicht traute.

Hermann glaubte sich nicht deutlich genug ausgedrückt zu haben, und sagte mit großer Bestimmtheit: „Aus welchem Thore muß man gehen, wenn man nach der großen Sandwüste will und wie lange muß man wandern, bis man hinkommt?"

Der Meister lachte hell auf. „Und das weiß der dumme Junge nicht?" rief er.

In dem Augenblicke setzte die Mutter das Talglicht auf den Tisch, und der Vater gewahrte, mit welchen verwunderten Augen sein Aeltester ihn ansah. Das aber machte ihm gerade Vergnügen und er wiederholte: „Das weißt du also wirklich nicht?"

„Nein! Das weiß ich nicht!" verletzte der Knabe, dem es ernst war mit seinen Gedanken und der sich also in des Vaters spottende Weise, die ihm irgend eine Enttäuschung ahnte, nicht zu finden wußte.

„Na!" sagte der Meister, „dann warte bis der Winter vorbei ist und der Schnee zerschmolzen. Dann mach' dich jeden Sonntag um elf Uhr Morgens auf den Weg —

Der Knabe blickte mit seinen großen Augen unverwandt den Vater an, den die Achtsamkeit des Sohnes nur noch in seiner schalkischen Laune bestärkte, so daß er eine ernsthafte Miene annahm und ernst und feierlich sagte: „Mach' Dich Sonntag um elf Uhr Morgens auf den Weg — aber der Tag muß recht hell und es muß mitten im Sommer, Ende Juli oder Anfangs August sein — und dann geh' die Friedrichstraße hinab, durch das Halle'sche Thor, immer weiter vorwärts, durch die ganze Hasenheide und wenn Du da hindurch bist, dann marschire nur noch ein Endchen vorwärts, und dann sieh' Dich um — und bleibe eine Weile stehen —

Hermann hörte mit der höchsten Spannung zu.

„Dann sieh' Dich um — dann bleibe eine Weile stehen wenn Dir dann die Sonne auf den Kopf brennt und der Schweiß über den Rücken herunterläuft, und bist Du in der großen Sandwüste und wirst Dein Theil Hitze ausgestanden haben. Danach brauchst Du nicht erst lange zu laufen, dummer Junge!"

Der Vater lachte hell auf, die Mutter stimmte mit ein, weil sie den Vater so vergnügt sah und die andern Kinder lachten, weil sie die Eltern lachen

hörten und weil vom Sommer und von dem Kiefernwalde die Rede war, der die Hasenheide genannt wird und nach welchem man im Laufe des Sommers wohl einmal einen Spaziergang zu machen pflegte. Hermann aber lachte nicht, sondern schlich beschämt davon, um draußen in der Küche, wie es seines Amtes war, das Holz und den Torf für die Feuerung des nächsten Morgens zu schlagen.

8. Kapitel.

Nichts wirkt schmerzlicher auf das Gemüth eines Kindes als Spott; grade zu diesem war aber der Meister immer aufgelegt, wenn er sich guter Laune fühlte und das stille, ernste Wesen seines Aeltesten bei ihm dann meist die Zielscheibe für seine Einfälle bar. So kam es, daß Hermann, obschon er den Vater lieb hatte, doch eigentlich eine Scheu vor ihm hegte und selten einmal sich das Herz faßte, frei heraus mit ihm zu reden und zu verkehren. Lag ihm etwas im Sinne, trug er einen Gedanken mit sich herum, so brachte er ihn wohl gelegentlich bei der Mutter zum Vorschein, wenn er diese gerade einmal bei einer ruhigen Arbeit in der Küche ganz allein fand, seine eigentliche Zuflucht war aber doch der Kandidat und auf dessen Ankunft vertröstete der Knabe sich auch an diesem Abende.

Indeß es schien, als wolle dieser heute nicht kommen. Sechs Uhr war lange vorüber, es war nahezu sieben und die Mutter hatte schon in der Küche die Wurstsuppe aufgesetzt, die sie Freitags Abend vom Schlächter holen zu lassen pflegte, um sie nach Bedürfniß verdünnt, der Familie als Leckerbissen zu den Kartoffeln aufzutischen, und der Kandidat wollte noch immer nicht kommen.

Er hat die Tage viel zu thun gehabt, dachte Hermann, nun wird's ihm auch nicht fehlen. Er wird gewiß noch einmal bei sich beizen lassen und bleibt zu Hause, oder er ist am Ende gar zum Wagner zu Bier gegangen — Er seufzt bei den Vorstellungen. Zwar gönnte er dem Kandidaten seine warme Stube und auch sein Glas Bier beim Wagner von ganzem Herzen, aber er hätte das ja Beides auch an einem andern Tage genießen können, nicht gerade heute, wo der Knabe ihn so nothwendig zu sprechen hatte. Je weiter der Zeiger an der Schwarzwälder Kukuksuhr über die römische Sieben hinausschritt, je lebhafter wurde der Kampf in Hermanns Seele. Freiheit zu kommen und zu geben hatte er so viel er wollte. Er konnte einmal zum Wagner hinlaufen und nachsehen, ob sein Freund nicht dort wäre; aber er wußte nicht, was er ihm sagen sollte, wenn er ihn dort träfe, oder unter welchem Vorwande er in das Bierhaus eintreten sollte, in welchem er jetzt nichts zu holen und zu thun hatte. Nach der Wohnung des Kandidaten zu gehen, das wäre viel leichter gewesen, nur daß dieser es nicht leiden mochte, wenn man ohne seine Erlaubniß zu ihm kam, und ärgern und erzürnen mochte er Herrn Plattner von allen Menschen gewiß am wenigsten.

Während er noch mit sich zu Rathe ging, kam Etwas langsam die Treppe herauf und das scharf gespannte Ohr des lauschenden Knaben erkannte den Tritt seines Freundes. Nun stieg derselbe die letzten Stufen hinan, nun stand er an der Thür und holte Athem, denn das Treppensteigen fiel ihm schwer, und er liebte es nicht, athemlos in ein Zimmer einzutreten, weil das gegen den Anstand war.

Anständig aber war Alles an dem Kandidaten, ja mehr als das, es war etwas Feierliches in seiner ganzen Art und Weise, in seiner Haltung, wie in seiner Stimme. Er machte die niedrige Thüre leise auf, trat vorsichtig ein, denn weil er sehr groß war, mußte er sich bücken, um nicht mit dem Kopfe anzustoßen und sagte mit klangvollem und freundlichem Tone: „Guten Abend, Meister Brückner! ich wollte doch einmal sehen, wie es Ihnen geht."

Die Meisterin stand augenblicklich von ihrem Stuhle auf, der eine alte ausgesessene Politerung hatte und deshalb für sehr bequem galt, und rückte ihn mit einer höflichen Einladung, sich niederzulassen, dem Kandidaten hin. Der aber bediente sich des Sessels nicht eher, bis der Vater ihm aus der Kammer von seinem Schemel her, seinen guten Abend zurückgab und mit seiner tiefen kräftigen Stimme hinzufügte: „Es ist gut, daß Sie wieder einmal da sind, Herr Plattner! nehmen Sie gefälligst Platz!"

Das war der Willkomm, der sich regelmäßig wiederholte, wenn der Kandidat am Mittag oder Abend vorsprach und es gab nicht eben viele Tage, an denen das nie der Fall gewesen wäre. Aber wie er nie vergaß, sein Kommen in gewissem Sinne zu entschuldigen, so schien der Meister es immer völlig zu vergessen, daß an einem erst da gewesen sei, denn Beide hatten jenes Zartgefühl, dem man nirgends häufiger begegnet, als in den Klassen der Bedürftigen, die es gelernt haben, was Entbehrung und was Beistand sei. Hatte man diese Einladung in ihrer hergebrachten Form gegeben, so gewann die Unterhaltung einen freieren Fluß und auch heute rief der Meister dem Kandidaten zu, was er denn Neues bringe?

„Arbeit! Meister Brückner! Nichts als Arbeit!" versetzte dieser mit gemessenem Tone, „und zwar so viel Arbeit, daß ich glaube, Ihr werdet mich lange nicht zu sehen bekommen!"

„Nun, nun! so schlimm wirds wohl nicht werden," meinte der Meister, der es wußte, daß der Kandidat kein großer Freund der Arbeit war, und daß er sie daher immer überschätzte, wenn er sie einmal vor sich hatte. „Die Arbeit ist wie ein Kerl," rief er dem Gaste zu, „wie ein Kerl, der es da gar einem breit macht; rückt man ihr ordentlich auf den Leib, so duckt sie sich zusammen und man kriegt sie unter!"

Er lachte herzlich über seinen Witz, der Kandidat nickte ruhig mit dem Kopfe und da inzwischen die älteste Tochter die Teller hingestellt und die Mutter das Brod und die Suppe mit den Kartoffeln aufgetragen hatte, so stand der Vater von der Arbeit auf. Alle setzten sich an den Tisch, und an seinen letzten Ausspruch anknüpfend, sagte der Meister: „Einen unter zu kriegen, das werden Sie doch nicht verlernt haben, Herr Plattner, das haben Sie Ihrer Zeit doch gar zu gut verstanden."

Er lachte wieder, und die ganze Familie ließ es sich nicht nehmen, in seine Fröhlichkeit einzustimmen, und Jeder blickte dabei den Kandidaten freundlich an, denn Alle, selbst der Lehrjunge, der am untern Ende des Tisches seine Mahlzeit, wie es der Brauch war, stehend einzunehmen hatte, wußte, worauf es mit der Bemerkung des Meisters abgesehen war, und Alle warteten darauf, die Erzählung noch einmal zu hören, wie der Kandidat und der Meister Freunde geworden waren. Aber der Kandidat ließ für diesmal ausnahmsweise die alte Erinnerung nicht aufkommen, er schien einmal in der Gegenwart etwas zu haben, was ihm Freude machte, denn sein blasses Antlitz hatte einen Anflug von Röthe und mit seinen tiefliegenden Augen freundlich umherblickend, sagte er, des Meisters Anspielung nicht beachtend: „Wie die Zeit doch vergeht! Wenn ich den Burschen, den Hermann so vor mir sitzen sehe, kommt es mir oft ganz unglaublich vor, daß es morgen schon zwölf Jahre die sind, seit ich ihn aus der Taufe gehoben habe!"

Man wußte nicht recht, was ihm auf diese Bemerkung brachte oder wie es zuging, daß er sich des Tauftages so genau erinnerte. Die Eltern hatten seitdem schon viermal taufen lassen und waren froh, wenn sie nur die Geburtstage der Kinder im Kopfe behielten.

„Weber wissen Sie denn, Herr Kandidat", fragte der Vater erstaunt, „daß gerade Morgen des jungen Tauftag ist?"

„Ich bin ihm sein Pathengeschenk schuldig geblieben!" antwortete Plattner, mit der Verlegenheit, die etwas Charakteristisches an ihm gewesen war, „aber vergessen habe ich es nicht."

„O!" rief die Mutter, „deswegen machen Sie sich keine Sorgen, wir sind ja auch ohne das durchgekommen und daß Sie den Hermann nicht vergessen werden, wenn Sie's einmal übrig haben, darauf kennen wir Sie ja, Herr Plattner."

„Das hoffe ich Ihnen zu beweisen, Madame Brückner, und zwar recht bald!" erwiderte der Kandidat. „Hermann! wünsche Dir einmal, was Du am allerliebsten haben möchtest."

Der Knabe sah verwundert empor, es war der gleichen Freiheit nicht gewohnt. „Nun, mein Sohn," wiederholte Herr Plattner, der immer freundlicher aussah, „wünsche Dir Etwas; Etwas wonach Dein Herz begehrt."

Es war dem Knaben, als sei er in eine Märchenwelt versetzt. Er blickte zu Vater und Mutter hinüber, er sah die Geschwister, sah den Lehrling an, ob sie sich nicht verändert hätten, er betrachtete den Kandidaten, ob mit diesem seine Verwandlung vor sich gehe, ob dessen grauer Rock sich nicht in einen Königsmantel, seine Gabel sich nicht in ein goldenes

Scepter verwandle, und da von dem Allem Nichts
geschah, faßte er sich ein Herz und sagte: „Ich
möchte ein Buch haben, in welchem von der Wüste
zu lesen steht". — Er wollte abbrechen, aber es
mochte ihm einfallen, daß es ihm sobald nicht wieder
so gut geboten werden dürfte, und daß er lieber
gleich ordentlich wünschen müsse, wenn es ihm einmal vergönnt würde es zu thun, er setzte also schnell
hinzu: „Und von den Kameelen und von den Arabern, und wie man dorthin kommt." —

„Ist denn der dumme Junge verrückt?" rief der
Vater, und: „Weiß sich der dumme Junge denn
gar nichts Vernünftiges zu wünschen, wenn der Herr
Pathe denn nun doch einmal so gut sein will!"
schalt die Mutter.

Indeß Herr Plattner sagte: „Das sollst Du
haben, lieber Sohn! sobald ich meine Arbeit an den
Herrn Geheimrath abgeliefert habe und ich verspreche
Dir, es soll nicht lange währen bis dahin.

„Aber Herr Kandidat!" fiel die Mutter ihm in
die Rede. „Haben Sie denn ein Einsehen. Der
Winter ist vor der Thür. Der Junge hat kein
ordentliches Stück auf dem Leibe, und Holz und
Torf haben den letzten Heller hingenommen. Bücher
sind ja doch zu gar nichts nütze. Bücher sind ja
doch nur für Denjenigen, der alles andere hat der
der studiren will. Aber wer nicht Rock, nicht Hose
hat" —

„Soll Dir der Herr Kandidat nicht vielleicht
alle Fünfe gleich bekleiden und Dir auch noch einen
Pelzrock machen lassen!" wendete der Meister mit
schneller Abwehr ein. Die Meisterin, der im Herbste
die Sorgen gar zu schwer anlagen, wollte erst über
die Zurechtweisung verdrießlich werden, sie besann
sich indessen eines Besseren, und wie Kinder, wenn
sie sich eines Unrechts bewußt sind, in der Regel
von einem Gegenstande zu sprechen anfangen, der
mit der Ursache ihres bösen Gewissens möglichst
wenig Zusammenhang hat, fragte sie: „Was haben
Sie denn zu arbeiten, Herr Kandidat?"

Sie rechnete dabei im Grunde auf keine Antwort, denn Plattner pflegte alle Fragen, die sich
auf seine persönlichen Verhältnisse bezogen, regelmäßig auszuweichen. Diesmal jedoch wich er von
seiner Gewohnheit ab. „Ich habe für den Geheimrath — er nannte den Namen desselben — ein
großes Werk zu excerpiren."

Die Meisterin hatte keine Vorstellung, was das
sagen wolle. Sie begnügte sich also mit der Er-
kundigung, ob Herr Plattner den Herrn Geheimrath
schon lange kenne.

„Er ist mein Universitätsfreund!" versetzte
Plattner.

„Und der ist schon Geheimrath?" rief die Mutter
aus, die heute einmal, wie der Meister das nannte,
ihren Unglückstag hatte und nicht eine Fliege fort-
jagen konnte, ohne einen Menschen dabei an den
Kopf zu schlagen.

Der Meister machte ihr ein Gesicht, vor dem sie
sich abwendete. „Was ist denn da zu verwundern?"

fragte er. „Wenn der Herr Kandidat nicht nach
Rußland gegangen wäre, so würde er ja auch schon
lange Consistorialrath und wer weiß was noch sein;
und darum sage ich ja eben, daß der Hermann,
der Junge, nicht immer von dem Wandern reden
soll" —

„Er will ja aber nicht nach Rußland wandern,
sondern in die Wüste!" wendete die Mutter ein, die
nun anfing, ihren Kopf aufzusetzen, weil der Mann
ihr stets das Wort abschnitt, „er will ja auch nicht
Hauslehrer werden, wie der Herr Kandidat es gewesen ist. Er kann ja in Gottes Namen Schuster
werden, so gut wie Du, wenn er dann durchaus in die Wüste wandern will" —

„Soll er da vielleicht den Kameelen und Strau-
ßen die Stiefel versohlen?" rief der Meister lachend
dazwischen, offenbar erfreut, dem ganzen Gespräche
ein Ende zu machen, und seine Kenntniß von den
Zuständen der Wüste, und damit seine große Ueberlegenheit über seine Frau darzuthun, die mit dem
Worte Wüste nicht die geringste Vorstellung verband.

Während dieses Wortwechsels hatte der Kandidat
seine Suppe ruhig aufgegessen, und dann mit einem
Wink Hermann veranlaßt, ihm seine schriftliche Lektion
vorzulegen. Das war für die Mutter das Zeichen,
den Tisch abzuräumen und für die andern Kinder
der Augenblick, ihre Bücher und Hefte ebenfalls herbei
zu holen.

Der Vater hatte eine gesegnete Mahlzeit und ging
in die Werkstatt zurück, denn es galt kein Feiern,
wenn er einmal neue Arbeit hatte, die Mutter aber
noch ihr Nähzeug vor und der Kandidat berichtigte
und erklärte den Kindern, was sie eben bedurften.

Als man damit fertig war, zog Hermann aus
der engen Tasche seiner geflickten Hose ein vergilbtes
beschriebenes Stück Papier hervor. „Herr Kandidat",
sagte er, „überhören Sie mich doch einmal!" und
mit lauter deutlicher Stimme deklamirte er:

> Nehmt hin die Welt! rief Zeus von seinen Höhen
> Den Menschen zu; nehmt, sie soll Euer sein.
> Euch schenk' ich sie zum Erb' und ew'gen Lehen;
> Doch theilt Euch brüderlich darein.
>
> Da eilt, was Hände hat, sich einzurichten;
> Es regte sich geschäftig jung und alt.
> Der Ackermann griff nach des Feldes Früchten,
> Der Junker birschte durch den Wald.
>
> Der Kaufmann nimmt, was seine Speicher halten,
> Der Abt wählt sich den edeln Firnewein,
> Der König sperrt die Brücken und die Straßen,
> Und sprach, der Zehnte ist mein.
>
> Ganz spät, nachdem die Theilung längst geschehen,
> Naht der Poet, er kam aus weiter Fern';
> Ach! da war überall nichts mehr zu sehen,
> Und Alles hatte seinen Herrn.
>
> Weh mir! So soll denn ich von allen
> Vergessen sein, ich, dein getreuster Sohn?
> So ließ er laut den Klageruf erschallen, —

damit endete die Deklamation, denn die in großer
und ungelenker Handschrift beschriebenen zwei Seiten
gingen damit zu Ende und die Meisterin und die

20

jüngeren Kinder waren mit diesem Abschluß auch vollständig zufrieden, nur der Vater rief aus der Kammer ein: „Na! nur weiter!" heraus, und war mit der Erklärung, daß Hermann das Gedicht nur bis zu diesem Punkte könne, nicht wenig unzufrieden. Er sollte sich rechtfertigen, warum er nicht weiter gelernt, denn zu Ende sei ja das Gedicht ganz offenbar noch nicht, und da der Meister selten eine Gelegenheit vorüber gehen ließ, bei welcher er einen Verweis und eine gute Lehre geben konnte, sagte er augenblicklich hinzu, daß man es zu nichts bringt, wenn man zu spät kommt: das ist übrigens nichts Neues; und wer Etwas anfängt und führt's wie Du nicht einmal zu Ende, der ist erst gar nichts nütze!

„Ich habe nur das Eine Blatt gefunden!" entschuldigte sich der Knabe. „Die Wolle, die ich heute früh für Madame Weber holen mußte, war darin eingewickelt."

(Fortsetzung folgt.)

„Ach, Unsinn!" schalt der Meister, der keinen Widerspruch ertrug; wenn Du das Eine gefunden hast, so hättest Du Dir das andere Blatt auch suchen können, wenn's Dir Ernst damit gewesen wäre, etwas Ordentliches zu lernen. Aber der Junge hat keine Ausdauer, gar keine Ausdauer! Na! warte Du nur! wenn ich Dich erst hier auf dem Schemel und vor dem Knierien haben werde!"

Hermann stand schweigend da. Er hatte sich ein Lob und eine Freude mit seiner Deklamation zu bereiten gehofft, und erntete einen Tadel, den er nicht zu verdienen glaubte. Dem Kandidaten that der Knabe leid.

„Lassen Sie's gut sein, Meister Brückner!" sagte er, „der Hermann soll den Rest morgen nachliefern. Es ist ein Gedicht von Schiller, das er da gelernt hat, und das Blatt, welches er gefunden, stammt offenbar aus einem Schulheft her. Ich will es ihm diktiren, und dann kann er's zu Ende lernen."

Ueber Gesundheitslehre.
Von Dr. Hellmuth Strudel.

Wisset Ihr nicht, daß Euer Leib ist ein Tempel des heiligen Geistes, der in Euch wohnet? Darum so preiset Gott an Eurem Leibe!
1 Corinth. 6, 19, 20.

1. Das verlorne Paradies.

Unter allen Völkern, unter allen Ständen, ja in der ganzen Gesellschaft klagt und murmelt eine Unbehaglichkeit und eine Unzufriedenheit mit der Gegenwart, welche gewiß nicht allein in politischen und socialen Anschauungen ihren Grund hat. Jeder sucht die Ursache anderswo; dem Einen ist die Welt zu frei, dem Andern zu sklavisch, dem die Menschen zu materiell, dem zu phantastisch, diesem zu fromm, jenem zu ungläubig; aber darin thun sie es Alle einander gleich, daß sie diese Ursache ihrer Unzufriedenheit und ihrer Klagen in den höheren Anderer, statt in den eigenen suchen, daß sie nach den Quellen der Freude außer sich spähen und graben, statt in der eigenen Brust. Die äußeren Verhältnisse machen uns selten allein unglücklich, und ist nur Körper und Geist gesund, so ist das Schicksal nicht so gar grausam; allein eben daran liegt es: der kranke Körper läßt uns alle Verhältnisse schwärzer sehen, als sie wirklich sind, und schwächt unsern Muth und unsere Widerstandskraft. Wir sprechen hier natürlich nicht von Krankheit, die an das Bett oder in's Zimmer fesselt, sondern von jenem Zustand chronischen Siechthums, den man gewöhnlich noch für Gesundheit zu halten gewohnt ist, der sich meist in einem Nichtvertragenkönnen von allen möglichen an sich nicht schädlichen Dingen ausspricht, in einer steten Besorgniß vor jedem über die richtige Mitte hinausgehenden Verhältniß, welcher in jedem Luftzug, in jeder bedeutenderen Anstrengung, in den natürlichen Entwicklungsprozessen unseres Körpers, in Liebe und Haß, in der Kälte des Winters, den Nebeln des Frühlings, der Hitze des Sommers und den Stürmen des Herbstes ein Heer von Krankheiten lauern sieht, die nur den günstigen Augenblick erwarten, um Raubthieren gleich über uns arme Menschen herzufallen. Diese Abhängigkeit von allen möglichen an sich unschädlichen Verhältnissen, die aber den meisten Menschen zu feindseligen Einflüssen geworden sind, obgleich sie sich vor denselben doch nie zurückziehen können, ist die Hauptkrankheit unserer Zeit und hauptsächlich die Folge der frühzeitigen unnatürlichen Anstrengung und Anregung des Geistes, welche man für nöthig hält, um in dem allgemeinen Wettrennen nach Reichthum, Ruhm, Aemtern und sogenannter feiner Bildung sich geltend zu machen, und welche nahezu alle Stände und Altersklassen gleichermaßen erfaßt hat, wozu noch die fehlende, unzureichende oder einseitige Uebung der körperlichen Kräfte und Funktionen kommt. „Allenthalben", sagt Prof. Richter in Dresden, „leben wir in unsern civilisirten Ländern die Sensibilität und Intelligenz auf Kosten der Muskel- und Willenskraft gesteigert. Allenthalben sehen wir eine Unzahl überfein empfindender, aber schwächlicher Persönlichkeiten, von denen jede Berührung der Außenwelt in körperlicher und geistiger Beziehung als ein feindseliger krankmachender Reiz empfunden wird. Allenthalben stoßen wir auf hypochondrische Männer, die mit Krankheitsgefühlen wie eine Leydner Flasche geladen sind und fortwährend

in Sterbegedanken auf jede einzelne nach ihren inneren
Organen verlaufende sensible Nervenfaser lauschen.
Allenthalben treffen wir auf hysterische Frauen, in
welchen jeder einigermaßen ungewöhnliche geistige
oder körperliche Reiz in Krämpfen umschlägt." So
viele unserer jungen Herren sind, ehe sie noch einen
rechten Bart haben, schon zu alt zum Tanzen und
wissen ihre scheinbare Gleichgültigkeit gegen das schöne
Geschlecht mit allen möglichen Fehlern desselben zu
entschuldigen. Dieses hinwiederum senkt über den
kalten Egoismus und Materialismus der Männer.
Freilich sind auch die natürlichsten Regungen bei so
vielen schon in der Jugend auf falsche Bahnen gerathen und haben das Gleichgewicht zwischen Geist
und Körper noch mehr verrückt. Die Einen können
es nicht erwarten, bis sie schon in der Jugend im
Galopp alle Sinnenfreuden genossen haben, die Andern verfallen nur zu bald in der schwärmerisch
blasse Resignation, die in oberglaubischer Verhöhnung
Menschenfreuden und Menschennatur an das Kreuz
nagelt, oder in jene poetische Melancholie, deren
düsterschöner Rebellkönig der Dichter des Manfred ist.
Alle aber stimmen darin überein, daß sie die Welt
anders haben wollen, als sie ist. Aber o Mensch,
was kann dir die Freiheit frommen, wenn das Siechthum durch deine Adern kriecht? Ihr Reichen der
Erde, was helfen Euch Schätze und Einfluß, wenn
die Krankheit an Eurem Herzen nagt? Ihr Philosophen und Dichter, wen nützt Euch die Verwunderung der Welt, wenn Ihr mit Tasse klagen müßt:
„Unglückliche Dichter! wen lüstet nach der Tortenkrone,
die die Stirne derjenigen drückt, welche man die Könige des
Gedankens nennt?" Freilich ein hartes Schicksal, in seinem
eigenen Innern den Wurm zu nähren, der nicht stirbt,
mitten in der schönen Welt unter Tantalusqualen dem
Glück nachzujagen und es nie zu können! Allen
diesen Glücksjägern, die ihr Ziel doch nicht
erreichen, trotz Geld und Gut, möchten wir zurufen:
Werdet erst gesund und ihr werdet Wunder von
Glück erleben! Denn Gesundheit ist Freiheit, Siechthum ist Knechtschaft; die Gesundheit ist schön, das
Siechthum häßlich. Aber nicht sowohl das Siechthum, das uns an die Krankenstube fesselt, als das
eben geschilderte, das man noch so häufig für Ge-
sundheit hält. Seht Euch einmal um unter den
Menschen! Was ist aus dem Tempel des heiligen
Geistes, unserem Körper, in der zweiten Hälfte des
Lebens geworden? Hinter 30 Jahren verlieren fast
Alle den schlankkräftigen Wuchs der Jugend und
Schönheit, nämlich diejenigen, die je etwas davon
gehabt haben; entweder kommt die Fettsucht und
macht den Menschen zum watschelnden Faß, oder die
Dürrsucht und macht ihn zum Sinnbild des Hungers.
Bei alle dem halten wir das für schmuckde
Leute. Warum nicht? Im schlimmsten Fall kann
ja der Schneider nachhelfen! Meint doch auch der
Grönländer, daß er nichts ganz ohne Anmuth sei! Die
Lappländerin ihrerseits salbt sich zur Förderung ihrer
Schönheit mit Thran; aber die Menschenäuerin lacht
alle Andern aus, weil sie nicht wissen, daß ein

Knüppel durch die Nase der größte Reiz des Weibes ist!

Gesundheit, Schönheit, Freiheit! Ach ja! Aber
wo ist, werdet Ihr fragen, wo ist die Arznei, welche
den Wurm tödtet, der an unserer Schönheit nagt,
wo die wunderthätige Quelle, die uns reinwaschen
soll? Ist es Riza oder Ostende, Madeira oder
Kairo, Biarritz oder Karlsbad? Oder sollen wir
etwa in die Wälder gehen und wieder wild werden,
wie unsere Uräbern? Ach nein! Das Gute liegt
viel näher: es giebt kein Land, wo man nicht gesund werden und bleiben könnte; wir können zu den
Gesetzen der Natur zurückkehren, ohne einen einzigen
der wahren Vortheile und Comforts der ächten Civilisation aufzugeben. Das ganze Geheimniß liegt
in dem Grundsatz, daß der Körper so gut seine
sorgfältige Erziehung verlangt, wie der Geist, aber
nicht jene einseitige Dressur zu irgend einem, diese
oder jene körperliche Fertigkeit hauptsächlich in Anspruch nehmenden Beruf, sondern eine Erziehung des
menschlichen Körpers zu allgemeiner Harmonie aller Kräfte
und Funktionen. Schon Plutarch sagte: Sollte der
Körper den Geist vor Gericht fordern um Schaden-
ersatz, so würde sich ergeben, daß der Geist ein
schlechter Verwalter für seinen Schutzherrn war.

Man wird ohne Zweifel einwenden, daß wenn
dieß auch wahr wäre, doch den Meisten die Zeit
fehlen würde, um dem Körper besondere Sorgfalt
zu widmen; dies ist durchaus falsch; wenn man nur
einen Theil jener Zeit, in der der Geist mit un-
nöthigem und unbrauchbarem Ballast beschwert wird,
auf eine vernünftige Körpererziehung verwenden wollte,
so wäre das schon genug. Dann aber ist der Körper das Instrument für den Geist, und je vollkommener das Instrument ist, desto leichter läßt sich
damit arbeiten. Ein Geistreicher aus alter Zeit redete
einmal seine Mitbürger an: „Ihr gebt Euch so viele
Mühe, die Racen der Thiere zu veredeln und zu
verbessern, und die Ausbildung des menschlichen
Körpers überlaßt Ihr dem Zufall!" „Auf unsern
Universitäten und landwirthschaftlichen Anstalten werden die wissenschaftlichen Ergebnisse für Förderung
und Veredlung aller Gattungen von Nutzpflanzen
und Nutzthieren gesammelt und weiter verbreitet, wie
aber das physische Gedeihen und die Veredlung der
Menschennatur zu fördern sei, wird dem Privatgut-
denken und dem Spiel des Zufalls überlassen," klagt
Schreber in einer Abhandlung über Volkserziehung.
Man hat nun doch in neuerer Zeit angefangen, sich
um die körperliche Erziehung der Menschen näher zu
bekümmern und dieses Studium ist ein Theil jener
Wissenschaft, die man Hygieine oder Gesundheitslehre
genannt hat. So sagt ein bekannter Arzt, der aber
seine Bestrebungen für das körperliche Gedeihen, statt
sie als leitenden Grundsatz für das Leben aufzustellen,
als eine Art Kur vereint in besonderen Anstalten
durchführen will, in Frerichs Notizen (1858 Nr. 51)
„Solche Anstalten, verbunden mit der allgemeinen
Regel der Mäßigkeit, würden die Lösung der Aufgabe enthalten, die man sonst im Stein der Weisen

suchte, sie würden hohes Alter mit Jugend gepaart sichern, und dadurch der höheren Lebensdauer auch höheren Werth verschaffen." Man glaube jedoch nicht, daß wir nur die von jeher gepredigten Lehren der Mäßigkeit wiederholen, daß wir mit grämlicher Miene das alte Entsagungslied singen wollen, mit dem man seit Jahrhunderten die Menschheit vergeblich gelangweilt hat; eben so wenig handelt es sich um jene einförmige Pedanterie des weiland Sanctorius, der sein halbes Leben auf der Wage zubrachte, nach dessen Vorschriften wir uns unsere Freuden und Lebensgenüsse Unzen- und Skrupelweise vertragen lassen müßten; eben so wenig gehören wir zu Denen, die

Auch lehren wollen manchen Tag,
Daß, was ihr sonst auf Einen Schlag
Getrunken, wie Essen und Trinken frei,
Eins, Zwei, Drei dazu nöthig sei.

Wir sind keine Moralisten und Sittenrichter, aber wir wollen gesunde, lebensfrohe und kräftige Menschen, welche weder das Glück noch das Unglück so leicht aus der Fassung bringt, auf daß das Existenzgefühl, das so vielen zum Schmerz geworden ist, wieder zu Lust und Freude werde. Man vergesse nie das Gesetz, daß sich die Größe und Vollkommenheit der Genüsse nicht nach der Quantität und Qualität des Genossenen richtet, sondern nach der Empfänglichkeit dafür. Diese Empfänglichkeit für wahre Genüsse zu erhöhen und bis in's späte Alter zu erhalten, ist eine der Aufgaben der Gesundheitslehre. Wer sich und wahrhaft großartig genießen will, dessen Sinne müssen scharf

geschliffen, dessen Körper muß unverdorben, gesund und kräftig sein. Dann werden aber auch die Abwege leichter vermieden und der Körper das willige und geschickte Instrument des Geistes werden. Wer eine Wiedergeburt erlebt am Körper, der erlebt sie wohl auch an der Seele und streift ab die alten Nöthen und Schmerzen, so daß das alte Leben so dunkel versinkt, wie die Kindermärchen verhallen und verschwimmen aus dem Gedächtniß des Mannes, und ein neues Leben erblüht, nicht ohne Mühe und Anstrengung, aber ohne den Stachel des Siechthums und ohne den nagenden Gram der im Hinterhalt lauernden Krankheit. Allein der Weg dazu ist nicht die bequeme Straße der Alltäglichkeit, sondern der steile Pfad der Selbsterkenntniß, des Muths, der vertrauensvollen nimmer wankenden Ausdauer und Consequenz! Wer aber glaubt, daß er selbst zu alt sei zu einer solchen Wiedergeburt oder zu jetzt eingelebt in die alten Verhältnisse, um sich herauszureißen aus den liebgewordenen Fehlern und Gewohnheiten, der sorge wenigstens dafür, daß seinen Kindern ein anderes Leben erblühe, und er wird sich doch noch verjüngen an den blühenden Wangen, den blitzenden Augen, der schwellenden elastischen Gestalt und dem durch keine frühzeitigen Sorgen und Nöthen gedrückten fröhlichen Geist seiner heranwachsenden Lieblinge! Und mögen auch Manche lächeln über unsere Reden und Prophezeiungen, und sie für visionäre Träume eines Enthusiasten halten, — wir hoffen in der Folge zu zeigen, daß die treueste und nüchternste Naturbeobachtung der einzige Weg ist, auf dem wir das verlorene Paradies wieder erobern können.

Wodurch wirkt die Musik?

Wer hat noch nicht die mächtige Wirkung der Musik empfunden, wer ist durch sie noch nicht in eine feierliche, wer noch nicht in die heiterste Stimmung versetzt worden? Gewiß wird kaum Einem der Genuß der Musik unbekannt sein. Aber dem Menschen geziemt es nicht nur zu genießen, es geziemt ihm auch darüber nachzudenken, was er bei dem Genusse und wodurch er es empfindet. Und so viele Menschen es gibt, die eine neue Melodie sinnen, so viele gibt es auch, die über die Ursachen der Wirkung derselben nachdenken. Und auch diese Thätigkeit ist eine Freude; es ist zwar nicht die Lust des Anhörens der Musik — diese schwebt dabei nur als Gegenstand der Beobachtung und des Nachdenkens vor dem Geiste —, es ist vielmehr die Freude an der Erkenntniß, die Lust des Forschens. Zu einem solchen Freudenmahle, zur psychologischen Untersuchung der Wirkung der Musik lade ich den Leser freundlich ein.

Wirkung des Schönen im Allgemeinen.

Wenn man von einem Kunsterzeugnisse oder von irgend etwas Schönem die Wirkung auf den Men-

schen in's Auge faßt, so findet man, daß sie auf zwei wesentlich verschiedene Arten stattfinden kann. Ein Regenbogen ist schön durch die Pracht der Farben und die Regelmäßigkeit der Form; das Gesicht eines Mannes ist aber nicht am schönsten, wenn darin die Farben am prächtigsten und die Formen am stetigsten sind. An ihm ist nicht eine glänzend rothe Farbe schön, sondern diejenige, welche die größte Gesundheit und Tüchtigkeit andeutet, ein Weißroth oder auch ein Wetterbraun mit dem matten Rothe vermischt, welches die Frische des Körpers bezeichnet. Nicht die geometrische Stetigkeit der Formen an der Stirne ist schön, sondern die Knitte und Buckeln, welche der Ausdruck einer geistigen Tüchtigkeit sind. Eine Linie, welche an der Wange schön erscheint, ist an der Nase häßlich und umgekehrt, während die Regenbogen auch schön wäre, wenn er statt der Form eines Kreises die eines Sternes hätte. — Diese beiden Arten von Schönem an einem Regenbogen und an einem Gesichte müssen wir durch Namen unterscheiden. Wir können die erste das sinnlich Schöne oder unmittelbar wirkende Schöne nennen, weil es durch den unmittelbaren Eindruck auf unsere Sinne wirkt. Die zweite Art ist mittelbar wirkendes Schönes; um es zu empfinden, muß erst eine Erfahrung gemacht sein, und zwar in unserem Beispiele die Erfahrung, welche Gesichtsfarbe mit der Gesundheit, welche Gesichtsformen mit der geistigen und körperlichen Tüchtigkeit verbunden sind, und diese Erfahrung muß, wenn auch unbewußt, die Wirkung des Schönen vermitteln. Man könnte dieser zweiten Art auch die Benennung bezeichnend Schönes, kennzeichnend oder charakteristisch Schönes geben. Die Gegensätze unmittelbar und mittelbar wirkendes Schönes scheinen mir die allgemeinsten und die allein scharfen zu sein; denn Gegensatz sinnliches und nicht sinnliches oder geistiges Schönes kann man nicht mit vollem Rechte machen, weil auch das geistig Schöne sinnlicher Natur sein kann, und weil auch die Wirkung des sinnlich Schönen eine Erregung des Geistes also eine geistige ist.

Wirkung der Musik.

Wie bei allem Schönen, so ist es auch bei der Musik; auch bei ihr muß zur klaren Erkenntniß das unmittelbar und das mittelbar Wirkende von einander geschieden werden. Daß die Musik auf die erste Art wohlthätig wirkt, wird nie bezweifelt werden; wohl aber wurde schon in Abrede gestellt, daß sie auch durch Bezeichnung und Charakteristik wirke, und es gibt wirklich Opern, in welchen die lustigsten Triller zu den traurigsten Worten gesungen werden. So gewiß aber trotz dieses vereinzelten Widerspruches die mittelbare Wirkung der Musik ist, so liegt es doch gerade bei ihr weniger wie bei den übrigen Künsten auf offener Hand, worin denn die Ursache bestehe und woher es denn eigentlich komme, daß die eine Musik heiter, die andere traurig stimmt. Ehe wir aber diese Frage zu beantworten suchen, müssen wir die unmittelbare, sinnliche Wirkung der Musik überblicken, welche bei dieser Kunst eine größere Rolle als bei irgend einer andern spielt.

Das unmittelbar wirkende Schöne: Takt und Wohlklang.

Das unmittelbar wirkende Schöne liegt in dem Zeit- oder Taktmaße und in dem Wohlklange. Das Taktmaß wirkt auf einen besonderen geistigen Sinn des Menschen, den Sinn für Zeitverhältnisse und bereitet diesem einen Genuß. Es ist dieß ein eigenthümliches Geistesvermögen, welches bei den verschiedenen Menschen in sehr verschiedenem Grade entwickelt ist. Der Wohlklang wirkt auf ein anderes Geistesvermögen, den Sinn für Töne, den Tonsinn. Auch dieses ist bei verschiedenen Menschen sehr verschieden stark entwickelt; während Manche gar nicht fühlen und unterscheiden können, ob zwei Töne zusammenstimmen oder nicht, weiß man von Mozart, daß ihm als Knaben eine Dissonanz einen wahren Schmerz verursachte, so daß sein Vater Mühe hatte, sie ihm durch Gewöhnung wenigstens erträglich zu machen.

Das reine Zeitverhältniß einer Reihenfolge

von Tönen, die auch von gleicher Art wie bei der Trommel sein dürfen, bringt nur eine schwache Wirkung hervor; erst wenn die Betonung einzelner Töne durch Verstärkung hinzukommt, entsteht der s. g. Rhythmus und wird die Wirkung wahrhaft wohlthätig. Damit aber eine Melodie gebildet werde, ist außerdem die Wiederkehr einzelner kleiner Tonfolgen, sogenannter Figuren nothwendig, deren Uebereinstimmendes und Abwechselndes zu empfinden, die Zuhörer in hohem Grade befriedigt. Die volle Wirkung einer Melodie wird jedoch erst durch die hinzukommende verschiedene Höhe der Töne erreicht. Ein einzelner Ton für sich kann schon durch seine Beschaffenheit, insbesondere durch seine Reinheit und das Maß seiner Stärke einen wohlthätigen Eindruck hervorbringen. Ungemein steigern aber die Töne, selbst wenn jeder für sich klingt, die Wirkung einer Melodie, wenn sie in abwechselnder Höhe auftreten. Kommt hierzu noch die Vereinigung mehrerer oder vieler gleichzeitiger Töne, so ist hierdurch die Gelegenheit zu den mannichfachsten ergreifendsten Arten von Zusammenklang oder Harmonie gegeben.

Das mittelbar wirkende Schöne.

Die mittelbare, geistige, innere Wirkung der Musik besteht im Hervorrufen einer gewissen Stimmung; und hier handelt es sich darum, anzugeben, wie dieß möglich ist, woher es also kommt, daß die eine Musik z. B. das Gefühl der Ehrfurcht, die andere das der Kraft, oder das der Heiterkeit u. s. w. hervorbringt. Am einfachsten kommt man zum Schlüssel dieser Wirkungen, wenn man sich einen Menschen vorstellt, welcher Worte mit Gefühl singend vorträgt und im Augenblicke die Melodie dazu erfindet. Ist er ganz in der Stimmung seines Liedes, oder bildet er vielleicht sogar auch die Worte als Ausdruck seiner gegenwärtigen Empfindungen, so werden alle seine Geberden und seine Sprech- und Singweise die der Stimmung unveränderlich zugehörige Eigenthümlichkeit annehmen.

Gehen wir auf einzelne Beispiele ein und denken uns die Stimmung jenes Menschen sei würdevoll. Wir müssen zuerst fragen, wie die ganze Haltung in dieser Stimmung beschaffen ist. Ein Mensch von Würde und im Gefühle derselben ist ruhig und gemessen. Er ist nicht schlaff, aber auch nicht zur That gespannt. Nur eine mäßige Muskelspannung geht durch den ganzen Körper, welche ihn aufrecht stellt und dem Antlitz feste, unveränderliche und geglättete, nicht von stärkeren Muskelspannungen gezuckte Züge gibt. Seine Bewegungen sind fest und langsam, seine Sprache ebenso. Er hat das Bewußtsein, daß der Wille zu seiner Absicht genügt und eine eigene Anstrengung unnöthig ist, daß es ihm mit Nichts eilt; Nichts kann ihn beschleunigen, denn er beherrscht Alles. Dieselbe Haltung wie sein ganzer Körper und wie seine Sprache nimmt aber auch sein Gesang an. Die Töne behaupten eine gewisse Tiefe, sie folgen langsam und in mäßigem Wechsel der Höhe und der Betonung auf ein-

anber. Ebenso aber, wie der Anblick und das Spre-
chenhören von einem Menschen, der im Gefühle seiner
Würde ist, auch den Eindruck der Würde in dem
Beobachter hervorbringt, wie er also in demselben
entweder das gleiche Gefühl der eigenen Würde oder
das entgegengesetzte der Demuth jenem Würdigen
gegenüber erweckt, so auch die Singweise. Daher
hat ganz mit Recht die Kirchenmusik die oben bezeichnete Eigenthümlichkeit; und ganz besonders entsprechend ist der Choral, mit seinen fast gleich langen,
nicht sehr verschieden betonten und nicht sehr verschieden hohen Tönen. Ganz vorzüglich angemessen
ist der Kirchenmusik die Orgel mit ihren tiefen und
mächtigen Tönen, die sie aber nicht schreiend und
angestrengt, sondern, wie man fühlt, vermöge der
großen Gewalt der inneren Kraft mit Leichtigkeit
entfaltet. Dieß ist der innere, in der Art dieser
Musik gelegene Grund ihrer Wirkung auf uns. Dieselbe wird aber noch dadurch verstärkt, besonders wenn
man sie außerhalb der Kirche hört, daß man gewohnt
ist, sie in der Kirche zu hören, daß also gewöhnlich
mit ihr auch aus allen anderen an der heiligen
Stätte zusammenwirkenden Gründen das Gefühl der
Ehrfurcht verbunden ist.

Bei der Empfindung der Kraft, der heftig erregten Leidenschaft, des Zornes sind alle Muskeln
des Körpers gespannt, die Bewegungen sind rasch
und gewaltig, die Sprache ist heftig hervorgestoßen,
und einzelne Worte oder Silben sind besonders stark
betont. Ebenso gestaltet sich der Gesang bei diesem
Gefühle; und durch einen solchen Gesang und ohne
Verständniß der Worte, oder durch eine solche Musik
auch ohne menschliche Stimme, empfängt der Hörende
dieselbe Stimmung, wie aus den Geberden und der
Sprechweise eines kräftig Aufgeregten. — Ganz anders ist der Ausdruck des Wehmüthigen und Traurigen. Die Geberden und die Sprache in dieser
Stimmung sind schwach, langsam, gleichförmig, die
Muskelspannung gering, die Stimme tief und dumpf.
Ebenso ist der musikalische Ausdruck dieser Stimmung.
Es ist in der Langsamkeit und Gleichförmigkeit eine
Aehnlichkeit mit dem Würdevollen; aber ebenso wie
in dieser Stimmung eine Muskelspannung und allgemeine Kraftäußerung stattfindet, wenn auch eine
gemäßigte, in der Wehmuth aber eine äußerst geringe, so ist die erstere Musik auch kräftiger, lauter,
die letztere schwächer, leiser.

In der heiteren Stimmung sind alle Bewegungen leicht, rasch, wechselnd; die Stimme ist höher,
hell klingend. Ebenso ist in der Musik der Takt
ein rascher, die einzelnen Töne von geringer Dauer,
die Tonhöhe rasch wechselnd und im Allgemeinen
bedeutender. Hierher gehört insbesondere die heitere
Tanzmusik. Gerade bei dieser tritt die unmittelbare Wirkung vor der mittelbaren in den Vordergrund. Durch den deutlich hervortretenden Takt
und Abtheilung, durch stark ausgedrückte und
regelmäßig wiederkehrende Betonung auffallend gemacht ist, wird bei dieser Musik die Befriedigung des
Zeitsinnes ganz besonders groß. Und dieses ist auch

der eine und der Hauptgrund, welchen der Tanz
selbst gewährt, während der andere der Reiz ist,
der durch das Zusammentanzen verschiedener Geschlechter hervorgebracht wird. Was das Zeitmaß
betrifft, so gibt sich in dem Tanze der ganze Körper
der taktmäßigen Bewegung nach der Musik hin, wodurch die Befriedigung des Zeit- oder Taktsinnes auf
das höchste gesteigert wird. Dem entsprechend wirkt
aber auch die Tanzmusik ohne wirklichen Tanz. Zunächst versetzt sie durch ihre vorhin bezeichnete leichte,
wechselvolle und rasche Bewegung in eine heitere
Stimmung. Ferner erregt sie den Zeitsinn auf angenehme Weise und zwar in so hohem Grade, daß
schon bei dem bloßen Anhören einer Tanzmusik einzelne Körpertheile sich nach ihr zu bewegen anfangen,
und daß mit jenen paar ersten Takten, fast plötzlich,
eine wohlthätige Bewegung in dem Menschen, dessen
Zeitsinn nur einigermaßen entwickelt ist, eintritt.
Ich spreche dabei nur von den allgemein üblichen
Tänzen, nicht von der höheren Tanzkunst, die mit
ausdrucksvollen Geberden und Mienen verbunden
ist. — Das Scherzhafte, Neckische ist eine Verbindung des Heiteren mit dem Herausfordern-
den, Kampflustigen oder Spöttischen. Die Geberden
und die Sprechweise sind rasch und leicht, erhalten
aber noch etwas Kräftiges, Abbrechendes. Bei der
Sprache und bei dem Gesange tritt dieß durch eine
plötzliche, abstechende Betonung einzelner Laute hervor. Spricht man z. B. den Satz: „Lacht ihn aus,"
oder den anderen: „So sang ihn doch" in spöttischer
Weise oft nach einander aus, so werden die Worte
„aus" und „sang" besonders abbrechend betont.
Dieselbe Eigenthümlichkeit hat die Musik, wie jedes
bezeichnende sogenannte Scherzo zeigt.

Tonmalerei.

Man sieht, daß die Musik für sich nur allgemeine Stimmungen oder Gefühle, aber außer der
sinnlichen Vorstellung durch sich selbst keine sinnlichen Vorstellungen geben kann. Nur wenn
Worte mit ihr in Verbindung treten, also bei dem
Gesange, geben ihr Worte auch bestimmte andere
Vorstellungen, und diese sind wieder von Gefühlen
begleitet. Es ist natürlich, daß diese und die durch
die Musik hervorgebrachten Gefühle sich nicht widersprechen, sondern sich unterstützen müssen, um die
Gesammtwirkung über die Einzelwirkung der Worte
oder der Musik zu erhöhen. In dem Falle, daß
Worte zu Grunde liegen, ist auch die Tonmalerei
an ihrem rechten Platze. Wenn Haydn in seiner
unsterblichen Dichtung „die Schöpfung" die Laute
der unbelebten und der belebten Natur nachahmt, so
fühlt jeder unbefangene Zuhörer, der auch den Worten folgt, sich nur befriedigt. Durch die Worte ist
es ihm kein Zweifel, was die Laute bedeuten; im
Gegentheil, diese verstärken und verdeutlichen das Bild
und die Vorstellung, welche die Worte geben. Das
Gleiche gilt, wenn die Musik mit einem für die
Augen sichtbaren Vorgange auf der Bühne in Verbindung steht. Etwas Anderes ist es, wenn die

Musik allein, ohne Worte, wirkt, dann kann nur Stimmung und keine Vorstellung — außer der der Musik selbst — dem Zuhörer gegeben, und deßwegen auch nur nach dem Ausdrucke einer Stimmung oder eines Gefühles gestrebt werden. Die nachgeahmten Naturlaute, insofern sie nicht zugleich an und für sich, d. h. auch ohne Naturlaute zu sein, ein Ausdruck des beabsichtigten Gefühls sind, verwirren, lassen uns klar und unterstützen deßwegen die ganze Wirkung nicht. Wenn Tondichter allein durch Tonwerkzeuge, ohne Gesang, nicht nur eine Stimmung, sondern auch eine Vorstellung geben wollen, z. B. Gewitterschwüle, Ausbruch des Gewitters und Erfrischung, und dabei Naturlaute nachahmen, so sind zum Verständnisse immer Worte nöthig, welche der Zuhörer nachlesen muß.

Vortrag und Fertigkeit.

Damit ein Musikstück zur vollen Wirksamkeit komme, muß nicht nur die Dichtung, sondern auch der Vortrag dem auszudrückenden Gefühle ganz entsprechen. Dazu ist nöthig, daß sich der Vortragende ganz in jene Stimmung hineinversetzt, so wie sich der Dichter hineinversetzen mußte. Denn nur dann nimmt jeder Ton, jedes Zeitmaß unwillkürlich und vollkommen den Ausdruck dieses Gefühles an. Dabei ist aber immer eine unerläßliche Bedingung der Wirkung, der reine und richtige Ton und das richtige Zeitmaß; denn es ist auf beides die geistige Wirkung der Musik gegründet. Durch eine Beeinträchtigung des Ton- und Zeitsinnes kann auch jedes andere Wohlgefühl leicht und plötzlich abgebrochen werden. Diese Bedingungen muß daher der Vortragende vor Allem erfüllen. Da aber hierzu eine große, nur durch Anlage und Fleiß zu erlangende Fertigkeit gehört, so liegt in dieser Fertigkeit schon ein Verdienst des Künstlers. Aber jene Fertigkeit erhält, ebenso wie in der Malerei, erst ihren wahren Werth dadurch, daß sie die Bausteine bildet, aus welchen ein wirkungsvoller und ergreifender Vortrag ausgeführt werden kann; und sie ist deßwegen nur diese Benutzung nicht mehr werth, als schön behauene Quader, die — in einem Prachtbau zugerichtet — nur in Mosaik gelegt sind.

Große Wirkungsfähigkeit der Musik.

Wenn nun ein Tonwerk in Dichtung und Vortrag Alles vereinigt, wenn es durch Melodie, Wohlklang und schönen Zusammenklang angenehm auf den Zeit- und Tonsinn wirkt, und durch seine innere, mittelbar wirkende Schönheit noch andere wohlthätige

Gefühle hervorruft, so ist seine augenblickliche Wirkungsfähigkeit von außerordentlicher Stärke, wie sie nur von der Dichtkunst vermöge ihrer reichen geistigen Mittel, und in noch höherem Grade von der Schauspielkunst übertroffen wird. Die große Wirkung der Musik rührt von der großen sinnlichen Erregbarkeit des Ton- und Zeitsinnes her. Diejenigen Künste, welche auf das Auge wirken, haben ihre Hauptstärke in der inneren oder mittelbar wirkenden Schönheit, welche verhältnißmäßig nur schwach durch sinnliche Form- und Farbenschönheit unterstützt wird. Der Form- und der Farbensinn können zwar eine gewisse Befriedigung gewähren, aber zu einem so hohen Genuße steigt dieselbe doch nicht, wie der ist, dessen der Zeit- und Tonsinn fähig sind. Die Musik enthält also viel stärker wirkende Mittel, als die bildenden Künste. Die größere unmittelbare und sinnliche Befriedigung führt aber zugleich eine größere mittelbare oder geistige nach sich. Denn nach einem Gesetze der Geistesthätigkeiten, das man das Gesetz der Stimmung nennen kann, macht jede wohlthätige Erregung irgend eines Geistesvermögens auch alle übrigen für eine wohlthätige Erregung empfänglicher. Wenn jedoch die ursprüngliche Erregung jenes Vermögens zu einer außerordentlichen Stärke ansteigt, so hören nach einem anderen Gesetze der Geistesthätigkeiten, nach welchem die Gesammtstärke der gleichzeitig erregten Gefühle eine begrenzte ist, die anderen Gefühle wieder auf, merklich zu sein. Soweit geht aber die sinnliche Wirkung der Töne nicht; während die des Geschmacks und der anderen Sinne leicht so weit kommen würden, aus welchem Grunde allein schon dieselben als vermittelnd von der Kunst ausgeschlossen werden müssen. Die sinnliche Wirkung der Töne also vermag die geistige Wirkung der Musik nur zu steigern. Das Gefühl der Oberheit kann in viel höherem Grade durch eine schöne Kirchenmusik, als durch das beste Bild hervorgebracht werden; das der Heiterkeit in höherem Grade durch eine heitere, etwa durch eine Tanzmusik, oder gar durch ein heiteres Lied — welches freilich dann Worte zur Hülle nimmt —, als durch ein Bild von gleicher Stimmung.

Diese große Wirksamkeit der Musik ward vor den Alten in den Sagen von Orpheus, von Arion und in vielen anderen ausgedrückt. Und sie ist es auch, welche dieser Kunst, wenn sie richtig geleitet wird, einen unvergänglichen Werth zur Beglückung des Menschen, zu seiner Erheiterung und Veredlung verleiht.

Abraham Lincoln.

Am 4. März d. J. wurde Abraham Lincoln auf dem Capitol zu Washington als Präsident der Vereinigten Staaten von Nordamerika bereidigt. Welche politische Erbschaft ihm sein Vorgänger Buchanan hinterlassen hat, und mit welchen Vorsätzen, Gesinnungen und Kräften für das neue Oberhaupt angetreten, ist in den politischen Blättern überall zu lesen. Wir beschränken uns deshalb auf einige Mittheilungen über die Persönlichkeit des Präsidenten. — Abraham Lincoln wurde in der Provinz Hardin in Kentucky am 12. Februar 1809 geboren. Sein Großvater, welcher im Jahr 1781 aus Virginien in Kentucky einwanderte, wurde von Indianern umgebracht, während er sein Land urbar machte. Sein Vater starb frühzeitig und in Armuth, worauf sich seine Mutter in Süd-Indiana niederließ. Viel Erziehung konnte sie ihren Kindern nicht geben und Abrahams Schulbesuch war mit 8 Monaten abgethan. Als er herangewachsen war, ernährte er sich als Feldarbeiter und Holzhauer, später als Bootsmann auf dem Wabash und Mississippi. Im Jahre 1830 ging er nach dem Staat Illinois. Dort arbeitete er anfangs auf dem Acker, dann bekam er eine Stelle in einem Kramladen, und späterhin trat er als Freiwilliger in eine Kompagnie ein, die in Florida gegen die Indianer zu Felde zog. Er diente mit Erfolg und wurde zum Kapitän befördert. Bei seiner Rückkehr nach Illinois ließ er sich in

der Nähe der Hauptstadt Springfield nieder, wo er auch in der ganzen Folgezeit wohnen blieb. Er studirte nun die Rechte, praktizirte als Advokat und verfolgte mit Geschick und Anerkennung die politische Laufbahn.

Lincoln hat markirte Gesichtszüge, einen hohen Wuchs und proportionirten Gliederbau. Sein Gang ist langsam und nachdenklich, dabei hat er den Kopf meist vorwärts gesenkt und die Hände auf dem Rücken. Seine Kleidung ist nicht eben modisch oder besonders sorgfältig, aber immer sauber und wohlbeschaffen. In Manieren ist er einfach und herzlich. Mit kräftigem Händedruck und gewinnendem

Abraham Lincoln.

Lächeln begleitet er seinen Gruß. Für einen schönen Mann kann er nicht gelten, aber wenn sein großes, dunkelgraues Auge aufleuchtet und sein Geberdenspiel in Bewegung geräth, so hebt er sich als ein Bedeutender aus der Menge und läßt leicht das edle Metall erkennen, aus dem er geprägt ist. Als ein Beispiel seines oratorischen Ausdrucks mag der Schluß der Rede hier stehen, mit welcher er seine Präsidentschaft angetreten hat:

— „In Euren Händen denn, unzufriedene Landsleute, und nicht in den meinigen, liegt die folgenschwere Möglichkeit des Bürgerkriegs. Die Regierung wird Euch nicht angreifen, Ihr könnt in keinen Kampf gerathen, wenn Ihr nicht selbst die Angreifenden seid. Ihr habt keinen

Eid vor dem Himmel geschworen, die Regierung zu vernichten, während ich den feierlichsten Eid abgelegt habe, sie zu schützen und zu vertheidigen. Ungern schließe ich so. Wir sind nicht Feinde, sondern Freunde, und dürfen nicht Feinde werden. Die Leidenschaft mag die Bande unserer Liebe angegriffen haben, darf sie aber nimmer zerreißen. Die geheimnißvollen Saiten der Erinnerung, die von jedem Schlachtfeld und jedem Patriotengrab in allen lebenden Herzen und auf jedem Heerde in diesen weiten Landen widerhallen, werden noch als Saiten der Union ertönen, wenn sie dereinst von den Händen der Schutzengel unserer Nation werden angeschlagen werden."

Alpenwanderungen in Piemont.

Von Ludwig Gantter.

Simplonstraße. — Anzascathal. — Luckmanier; Maggiathal; Orlasee. — Das Sesiathal und die deutschen Kolonien an der Südseite des Monte Rosa. — Das Aostathal und der kleine St. Bernhard.

Monte Rosa, vom Col di Campello aus.

1. Simplonstraße.

> Auf! den Bergstock in die Hand,
> Lustig auf in's Alpenland!
> Nicht geschont die Nagelschuh',
> Frisch auf Berg und Felsen zu!
> Fahre wohl, du schöne Stadt!
> Die von Herzen deiner satt,
> Treibst mir eben gar zu viel
> Zänkerei und Possenspiel.
> O dort oben, welche Lust
> Sind sich regen in der Brust!
> Alpensteigen ist von Art
> Eine halbe Himmelfahrt!

Mit diesem Aufrufe des jüngeren Rüß wenden allsommerlich Tausende deutscher Reisender dem künstlich gespannten unfreien Städteleben den Rücken, um in der Anschauung der erhabenen Alpenwelt sich dem Ameisengewühl des irdischen Treibens und Jagens auf einige Zeit zu entziehen, und in der stählenden Luft des Hochlandes oder in der balsamischen Würze der Gebirgsthäler Stärkung und Verlängerung der Lebenskräfte zu gewinnen. Nament-

lich lockt es den Süddeutschen hin zu dem Gebirgskranze, der theils so einladend in sein Land herüberschaut, theils Deutschland selbst angehörig ist, zumal da in unseren Tagen des Schwalbenfluglebens, welches die Dampfkraft und der elektrische Funke ermöglicht hat, wenige Stunden hinreichen, um von den Rebhügeln des Mains und Neckars oder von den fruchtbaren Strecken der bayrischen Hochebene in das innerste Herz der Hochalpen einzudringen.

Wohl ladet den deutschen Wanderer zunächst die deutsche Schweiz, das Tyrol und das Salzkammergut zu seinen Alpenwanderungen ein, auch lockt ihn die unvergleichliche Pracht des Genfersee's und der Wunsch, den höchsten Berg Europa's zu bewundern, bis in's Chamounithal, wie auch in neuester Zeit die Nordseite des Monte Rosa einen frischen Zug von Wanderern nach Zermatt heranzieht. Allein noch liegt jenseits der das deutsche Flußsystem scheidenden Alpenzacken eine eben so großartige Alpenwelt, in welcher der Montblanc und der Monterosa sogar noch kolossaler von der Thalsohle aufsteigen als es in Chamouni oder Zermatt der Fall ist, in welcher sich die italienische Vegetation bis an den Fuß der Gletscher verschiebt, in welcher ein ausgedehntes Netz pittoresker Alpenthäler durch wegsame Cols verbunden ist, und wo der Reisende statt der theuren Hotels bescheidene, für den provinziellen Verkehr berechnete Gasthäuser findet. Dazu kommt, daß im Hochsommer — welcher gerade die Ferienzeit der meisten Touristen ist — die nördliche Abdachung der Alpen durch häufige Gewitter und dichte Wolkenzüge einer großen Unbeständigkeit der Witterung ausgesetzt ist, während auf der Südseite vom Mai bis zum Oktober die gute Witterung einen so hohen Grad von Beständigkeit erreicht, daß selbst der regnerische, unwirthliche Sommer des vorigen Jahres dieselbe nicht störte, so daß man wochenlang ohne Regen oder Nebel das italienische Gebirg durchwandern konnte.

Zwar sind die jenseits der Alpen gelegenen großen Seen, wie der Lago maggiore, der Comer-, der Gardasee weltberühmt, und werden nicht nur von denjenigen besucht, die über den Gotthard, den Splügen oder den Brenner ihren Römerzug antreten, sondern sie sind aus das weiter gestellte Ziel von vielen Schweizer- und Tyrolerfahrten; allein noch giebt es eine unendlich mannigfaltige südliche Gebirgswelt, die sich vom Montblanc bis zum Monte Maggiore in den Julischen Alpen hinzieht, und die südlichen Abfälle der Penninischen, Lepontischen, Rhätischen, Carnischen und Julischen Alpen umfaßt; noch gibt es Seen, die, wenn auch in kleinere Rahmen gefaßt, doch die herrlichsten Landschaftsbilder voll der interessantesten Staffage bilden — so der Orta-, der Luganer-, der Isée- und der Idrosee. — Ebenso giebt es außer diesem südlichen Abhang der Penninischen, Lepontischen, Rhätischen, Carnischen und Julischen Alpen noch festzeschlossene, dem Berner Oberlande oder Engadin an Großartigkeit ebenbürtige Hochalpenwelt, welche gleichfalls der Touristenmenge noch unbekannt ist, nämlich die Gebirgsstöcke der grajischen, cottischen und Seealpen, die vom Montblanc bis nach Nizza sich ziehen, den Spitzen, wie der Iseran, das Grand Paradis, der Rupter, der Grivola, der Valaisan und Monte Viso, der Höhe des Finsteraarhorns wie der Jungfrau gleichkommen, und von denen sich die französischen Alpen über das Departement der Hautes Alpes und das Dauphiné mit dem über 12,000 Fuß hohen Mont Pelvoux und dem Pic des Arsines westlich bis zum Mont Venteur in der Provence und südlich bis zum Narbonnesischen Litoral, also bis vor die Thore von Marseille absenken. Im Schoße dieser Gebirge liegen die herrlichsten Seen, wie der Lac d'Annecy und Lac de Bourget, die gewaltigste Gletscherwelt, die höchsten und reichsten Wasserfälle, wie z. B. im Romanchethal, die prachtvollsten Gebirgsstraßen, wie die Militärstraße von Grenoble nach Briançon, kurz eine Steigerung von Alpenbildern, wie sie die Schweiz nicht reicher, nicht großartiger darbietet. Nimmt man dazu noch den Zauber der Meeresküste, wie auf dem Cornicepaß bei Nizza, wo der Blick rückwärts auf die Alpenwelt und vorwärts bis nach Corsika hinüberschweift, so wird man zugeben, daß eine Beschreibung dieser noch so selten von Deutschen durchwanderten Gebirgsgegenden nicht nur hohes Interesse darbieten, sondern auch als eine Forderung der forschenden Neuzeit erscheinen müsse.

Schon breiten die Engländer, der nun sattsam von ihnen durchforschten Schweiz überdrüssig, ihre Entdeckungsreisen auf dieses Alpengebiet aus, und steigen herab in die Thäler der Dora und der Sesia, der Tosa und der Anza, des Drac und der oberen Isère, der Romanche und der Durance, und erforschen dabei mit besonderer Vorliebe die auch historisch so merkwürdigen Waldenserthäler im Val Pelice und Clusone, im Val Cuepras und den grausenerregendsten aller Alpenthäler — dem Val Fressinière, gegen dessen fünf Stunden lange Felsenkluft die Via Mala und selbst die Gondoschlucht zurückstehen müssen. Schon zeugt eine ziemlich reichhaltige Literatur von ihren Forschungen und Erlebnissen, und schon bringen die neuen Ausgaben des Murray'schen Handbuches ebenso ausführliche Routen über diese Gegenden, wie über die Schweiz. Gewiß wird auch bald die Zeit kommen, in welcher der deutsche Tourist diese durch den Genf-Lyoner Schienenweg leicht zu erreichenden Alpen Savoyens und des Dauphiné mit Vorliebe aufsuchen wird.

Wohl schreckt manchen Touristen die Schwierigkeit der Gebirgsdialekte, die in diesen Gegenden vorkommen, vom Besuche ab. Das reine Französisch wird aber überall verstanden. Weshalb lernt man das Französische in unseren Schulen? Gewiß nicht, um dem Franzosen zu verstehen, wenn er Rheingelüste bekäme, denn da würden wir hoffentlich deutsch mit ihm reden — sondern um auf Reisen gehen zu können, da man mit der französischen Sprache in ganz Europa durchkommt.

Auf diese herrlichen Alpengegenden den deutschen Reiselustigen aufmerksam zu machen, ist der Zweck der folgenden Blätter, welche sich — hinsichtlich des beschränkten Raumes einer Zeitschrift — nur auf die durch ihre charakteristischen Schönheiten ausgezeichnetsten Alpenthäler beschränken werden.

Wir beginnen bei Piemont, dem Lande, auf welches gegenwärtig die Augen Europa's gerichtet sind, welches A. v. Humboldt schon im Jahr 1851 seinem „jungen Freunde" zum Besuche anempfohlen hat, indem er mit dem Blicke eines Sehers sagte: „Piemont ist gegenwärtig das Land geistigen Lebens in Italien. Die Zustände sind dort wie einst in Deutschland zu Doctor Luthers Zeit. Man kämpft innerhalb des Katholicismus um politische und religiöse Freiheit, und große Umwandlungen sind zu erwarten, falls die Regierung in der Bahn liberaler Reformen beharrt." Bietet nun dieses Land schon vom social-politischen Standpunkt aus so viel Interessantes und Lehrreiches, so ist es auch zugleich eines der pittorestesten Länder auf Gottes Erdboden, in welchem die Natur von den

Alpen bis zum Meer, von den arktischen Regionen des Montblanc und Monterosa bis zu den Palmenhainen von Bordighera und den Armidagärten der Villa Pallavicini zu Pegli ihren ganzen Zonengürtel ablöst.

Verschiedene Alpenpässe führen von der Schweiz aus in dieses herrliche Land. Vom Westen beginnend, treffen wir zuerst den beschwerlichen Gebirgspaß des Col de Ferret, der bei Orsières, oberhalb Martigny von der großen St. Bernhardstraße abzweigt, und am Rand des Montblancstockes sich hinwindend nach Courmayeur in's obere Aostathal führt, in welches man bequemer und belohnender über den großen St. Bernhard selbst gelangt. Nicht weit vom großen St. Bernhard führt der Col de Meneuve aus dem Val d'Entremont am Mont Velan vorbei, gleichfalls nach Aosta herab. Dann kommt eine lange Unterbrechung, indem die von ewigem Schnee und Eis bedeckten Gebirgsstöcke des Mont Combin, Mont Jaroma, der Tent Blanche, des großen und kleinen Mont Cervin, des ganzen Monterosastockes vom Lyskamm bis zum Monte Moro den Weg verrammeln, und nur geübten Gletschersteigern und kühnen Gemsjägern erlauben von Zermatt aus über den Theodulpaß in's Val Tournanche, oder über das Weißthor in's Anzascathal zu steigen. Selbst der Morepaß der vom Saasthal aus in's Anzascathal führt, ist beschwerlich und nicht immer gefahrlos, noch viel steiler und gefährlicher ist der Jazzgestaig, der vom Saasthal in's Antronathal führt. Nach diesem Felsenpfad kommt die Simplonstraße — die einzige Kunststraße, die von der westlichen Schweiz aus direkt nach Piemont führt. Zwischen ihr und der Gotthardstraße, die an dem das eigentliche Piemont von der Lombardei abgrenzenden Lago maggiore ausmündet, liegt es, abgesehen von den halsbrecherischen Ritterpaß, der von dem obern Wallis zwischen dem Brethel- und Breithorn hindurch in's Vegerenzthal führt, nur noch zwei Pässe, auf denen man nach Piemont gelangen kann — den unheimlichen Griespaß, vom obern Wallis in's Formazzathal führend, und den gefahrlosen, höchst interessanten San Giacomopaß, der vom obersten Tessinthal aus an den Tosafällen vorbei den Wanderer gleichfalls nach Domo d'Ossola bringt.

Wir schlagen nun zuerst den einladendsten und bequemsten unter allen diesen nach Piemont führenden Alpenpässen ein — die Simplonstraße — die wohl noch lange Zeit die einzige Kunststraße von der Schweiz nach Piemont bleiben wird, da man von der den großen Bernhardstraße, die nicht blos projectirt, sondern schon tracirt war, wieder abgekommen ist. Die Simplonstraße wird von der Schweiz aus auf folgenden Routen erreicht: 1) Vom Genfer See aus auf der Walliser Eisenbahn, die jetzt bis Sion fahrbar ist, und bis Brieg, am Fuße des Simplonpasses, fortgesetzt werden wird. 2) Von Bern aus entweder über den Rawylpaß durch das Obersimmenthal nach Sitten,

oder durchs Kanderthal über die Gemmi nach Leuk, oder auch durchs Haslithal über die Grimsel in's Oberwallis. 3) Von Luzern aus entweder über den Brünig in's Hasli zur Grimselroute, oder auf der Gotthardstraße in's Urserenthal und über die Furka in's Oberwallis. Endlich von Chur aus das Vorderrheinthal hinauf und über die Oberalp in's Urserenthal zur Furkaroute. Da dieser letztere Weg ohne allen Zweifel zu einer Militärstraße umgewandelt werden wird, so wird der Fuß des Simplon in einigen Jahren auch von der östlichen Schweiz aus bequem und schnell erreicht werden können — ein Vortheil der Zeiterparniß, der mir sehr erwünscht gewesen wäre, als ich vor einigen Jahren von Stuttgart aus auf Kreuz- und Querwegen über den Egel, den Hacken, den Gotthard (Urserenthal) und die Furka, Brieg erst am Nachmittag des sechsten Tages erreichte, um, in Begleitung eines Freundes, meine piemontesischen Wanderungen zu beginnen, welche den Inhalt der folgenden Reiseblätter bilden.

Wir stiegen in der Post zu Brieg ab. Kellner in weißen Halsbinden und en frac stürzten heraus, als sie unser Wägelchen anfahren hörten. Es verschwand aber bald einer nach dem andern, wie die Musikanten in Haydn's Lichtersinfonie, denn sie sahen bald, daß wir keine Herrschaft, d. h. keine Lordships waren. Wir traten in den Saale à manger ein, es ließ sich aber lange Niemand blicken, erst als wir Thee bestellten, bekamen die Kellner eine bessere Meinung von uns, und bedienten uns herrschaftlich mit Silberservice, teacuddy, teapot, kurz quite English. Unser Gaultreiber — Kutscher kann man ihn nicht nennen — der uns von Viesch aus hieher geführt hatte, war mit seinem Trinkgelde nicht zufrieden, weil eine Frau unterwegs einen widerspenstigen Cretinen wie ein Kalb hinten aufgeladen und Trinkgeld dafür zu zahlen vergessen hatte, und es gab eine jener leidigen Zänkereien, die einem so oft den herrlichsten Naturgenuß vergällen. Fort! fort! und ohne uns lange im Städtchen umzuschauen, unbekümmert um das vierfach umthürmte Schloß der Herren von Stockalper, mit seinen flimmernden Eisenblechkugelaufsätzen, brachen wir um fünf Uhr auf, um noch nach Berisal zu wandern, und die Nacht in einer kühlen Gebirgsschlucht zuzubringen.

Folgt man der ersten Umbiegung der Fahrstraße einige Minuten lang, so trifft man einen Fußweg, der einen bedeutenden Ellbogen abzuschneiden verspricht. Wir folgten ihm und stiegen immer höher bis wir einen Wald erreichten, wo wir aber oben die Straße vermutheten. Statt aber auf die Straße zu gelangen, von der keine Spur zu sehen war, kamen wir auf den alten Saumpfad, der sich in die Saltinenschlucht hineinwindet. Da wir wußten, daß dieser Pfad sich bis zur Paßhöhe gerade durch die Schlucht hinaufzieht und erst in der Nähe des Hospizes die Kunststraße erreicht, und daß er arg zerrissen und auch sonst höchst beschwerlich ist, so wurde An-

21*

gesichts des sinkenden Tages uns etwas bange. Doch war die Scenerie ringsum so großartig, daß wir uns muthig gehoben fühlten. Manchmal war es aber rathsamer uns für- als umzusehen, denn der Pfad zog sich an einigen Stellen gemmhaft an bewisternden Abgründen hin, und aus der Saltinenschlucht brachen starke Windstöße hervor, die uns begreifen ließen, warum die Stalden den Wind mit dem Namen Hund, Wolf oder Eber bezeichneten, und warum man in einigen Landschaften Bayerns heutzutage bei heftigen Windstößen einen Mehlsack zum Fenster hinauswirft, und dabei spricht:

> Nimm das Ueber Wind;
> Noch ein Maß für dein Kind;

und warum auch Schiller den sich in einer Kluft verfangenden Sturmwind mit einem Raubthiere vergleicht, das

> an des Gitters Eisenstäbe schlägt.
> Die Pforte sucht er brüllend sich vergebens,
> Trm ringsum schrecken ihn die Felsen ein,
> Die himmelhoch den engen Hof vermauern.

Ueber eine Stunde mochten wir gestiegen sein, als wir endlich die granitenen Ecksteine der Kunststraße doch über unserem Scheitel erblickten. Aber wie sollten wir hinaufgelangen? Der Saumpfad führt immer noch rechts der Schlucht entlang und die Straße liegt auf der Krönung einer struppigen Felswand. In der Hoffnung, daß sich bald irgend eine Rinne oder Felsenklinze links auf ziehen werde, schwankten wir auf dem Wolfschluchtpfade weiter hinauf, der immer mehr von der Straßenrichtung ablenkte, und plötzlich an einer Wasserdohle aufzuhören schien. Als wir aber rathlos umschauten, entdeckten wir einen überqueren Gaißtrich an der steilen Böschung, zu dem wir auf allen Vieren hinauffletterten, und der uns in kurzer Zeit auf die Fahrstraße brachte, gerade bei ihrer Einbiegung in's Ganterthal, und wir standen nun wohlbehalten auf dem Vorsprung, an dessen kantigem Fuße der Ganter-

(Schluß auf S. 167.)

bach in die Saltinenschlucht abstürzt. Wären wir abergläubisch, so hätten wir es für ein schlimmes Omen unserer Piemonteserfahrt gehalten, daß wir wie Protesilaus an der Schwelle stolpern sollten.

Die lange Straßenzeile hinauf wandernd erreichten wir endlich das freundliche Gehöfte von Berisal oder Persal, zu dem man von der auf mächtige Pfeiler sich stützenden, achtzig Schritt langen Ganterbrücke auf einem unfehlbaren Fußpfade gelangt.

Ehe wir das Posthaus erreicht hatten, liefen vier muntere St. Bernhardhündchen auf uns zu, wie Liliputerbären aussehend, und höchst taumlich und drollig an unsern Beinen herumschnüffelnd. Weniger zuthulich war der Herr Posthalter, der unter der Thüre stand, ohne uns eines Grußes zu würdigen. Wir erhielten übrigens freundliche Zimmer mit Aussicht in eine Gebirgswelt, die ich nicht geahnt hatte. Vor uns erhoben sich drei gewaltige Schneedörner, die in dieser Abendstunde in ganz eigenthümlichen Schattirungen anstagten — links das bleiche Brothelhorn, in der Mitte die hohe Pyramide des Junggenbannhorns, unten tintenschwarz nach oben bleißabl, und rechts, mit hoher abgerundeter Kuppe das Wasenhorn, das den letzten Tagesrest einsaugte. Diese Scenerie schildert Ischotte mit den granitenen Worten: „Es ist in dieser Gegend weitum ein wunderbares Aufwallen der Berge, als hätte sie der lochende Erdengrund, wie Schaumblasen über Schaumblasen aufgeworfen, bis die weiße Gischt sich über alle in Gletschern, Firnen und Schneefeldern ausbreitet.“

Von der Galerie des Gasthauses aus genießt man auch thalabwärts einen großartigen Anblick — das Glyshorn, das sich über Brieg erhebt, schwebt wie eine Gewitterwolke am Himmel, und im Hintergrunde verschwimmen das Torrenthorn, der gespaltene Lämmern und der Wildstrubel mit dem Horizonte — über uns die scharfe Mondsichel, unter uns die tosende Bach, und zur Betrachtung eine porenöffnende Abendluft von 4600 Fuß Höhe!

Merkwürdigkeiten aus der guten alten Zeit.

Wie viel in unserer Zeit noch zu thun ist, um das Leben zu verschönern und nur ein wenig wieder das zu erreichen, was frühere Zeiten leisteten und genossen, das lehrt immer auf's Neue jeder Blick in unsere alten Städte. Welchen Eingang und Einfluß hat doch die bildende Kunst vor drei- und vierhundert Jahren auch auf unser deutsches Städteleben gehabt, da sie nicht bloß eine künstliche Treibhauspflanze, nicht bloß ein Luxus der Großen und Reichen, auch keineswegs bloß eine Zierde der Kirchen, sondern auch des einfachen Bürgerhauses war. Wie hoch muß es haben kommen, wenn sich in die Wohnung des gemeinen Mannes ein schaubares Porträt an die weißgetünchte oder roh bemalte oder modern tapezirte Wand verirrt! Und wie ist heute im besten Falle Alles nur Fahne und Firniß, Abfall und Abklatsch vornehmen Prunkes ohne innere Einheit und tiefere Schönheit, ohne Kern und Grund, ohne Wachsthümlichkeit und Ursprünglichkeit. Da schaue man in ein Gefäß aus früherer Zeit und erstaune und erfreue sich ob ihrer Kunstsinnigkeit und Kunstfer-tigkeit. Ein Beispiel hievon hat sich vor ettlichen Jahren in einem ganz gewöhnlichen Hause, an ziem-lich abgelegener Straße eines von den nur von der armen Bevölkerung bewohnten Theiles der alten Reichsstadt Schwäbisch-Hall gefunden. Da war das Wohnzimmer, wie früher allgewöhnlich, mit Holz getäfelt und die Balken der Decke kunstreich geschnitzt. Beim Abbruch und Neubau des Gebäudes hat ein verständiger Meister diese alten Balken wieder so be-nützt, daß sie ihre Schmuckseiten nach Außen an die Straße kehren. Hier sehen wir nun in ganz flachem Relief die anziehendsten Figuren von Hunden, Affen, Eulen, Katzen und phantastischen Drachen, Menschen-köpfe und Blumenranken ausgeschnitten mit einer Meisterschaft, welche jeden Kenner entzückt. Nament-lich ist ein aufwärts pickender Storch und eine Reihe von Glockenblumen auf's zierlichste und graziöseste gezeichnet. Die ebenfalls in einen Balken geschnitzte gothische Inschrift zeigt das Jahr 1443 als die glück-liche Zeit an, wo solch ein Aufwand ächtester Kunst im einfachsten Bürgerhause möglich war. Eine Zeit, welche es so ernst mit dem Schönen nahm, durfte dann auch den Humor frisch und frei walten lassen, wie er sich in der Inschrift eines andern jener Balken auf eine, vor dem schönen Geschlecht zu allen Zeiten unwidersprechbare Weise kund gibt mit dem heitern Spruche: „Man soll Frewen loben, es sei wor oder verlogen. Amen."

Hausornament in Schwäbisch-Hall.

Es gehört zu der sogenannten guten alten Zeit, daß sie das Gedächtniß ihrer Denkwürdigkeiten auf nicht selten sonderbare Weise der Nachwelt auf-bewahrte. Insbesondere wurde die Kirche, als Ver-sammlungsstätte der Gemeinde, auch zum Sammel-platz für Dinge gemacht, welche wir heute allent-halben, nur nicht dort niederlegen oder suchen möchten. Aber der alte religiöse Sinn, welcher überall ein Wunder oder doch Zeichen der göttlichen Allmacht und Weisheit sah, wußte nichts Besseres, als allem Außerordentlichen dort einen bleibenden Ort zu geben, wo „die Ehre Gottes" ihre besondere Stätte und Verkündigung hat. So wurde die Kirche zu einem Museum der Kunst und Natur, in welchem das Volk und die Jugend durch allsonntägliche Be-trachtung die tiefsten und nachhaltigsten Eindrücke bekam — auch bei weniger Inhalt tiefer Eindrücke als durch flüchtiges Durcheilen unserer heutigen Museen, in welchen die Menge und Fülle des von allwärts zusammengetragenen Stoffes den Geist mehr verwirrt, lähmt und abstumpft, als wahrhaft bildet und bereichert.

So ist eine naturgeschichtliche Merkwürdigkeit in der großen St. Michaeliskirche zu Schwäbisch-Hall aufbewahrt. Diese Kirche selbst gehört zu den interessantesten in Schwaben durch ihre Lage und ihren Bau und ihre Denkmäler. Ueber der sehr malerisch gelegenen, amphitheatralisch am Kocheruler aufgebauten, noch heute ziemlich alterthümlich erscheinenden ehemaligen Reichsstadt und reichen Salzstadt, die nun bald durch die Eisenbahn mit der großen Welt in Verbindung stehen wird, erhebt sich das große Gotteshaus der Art, daß vom Marktplatze aus 53 steinerne Treppen in großem weitem Halbkreise zu dem Portale emporführen. Unter der Halle eines alten Thurmes von noch romanischer Bauart führt der Haupteingang, bewacht von einer schönen St. Michaelsstatue, in das breite, dreischiffige, durchweg gleich hohe, von schlanken Rundsäulen getragene, gothisch gewölbte Langhaus. Auf zwei Stufenreihen steigt man zu dem höheren, auch dreischiffigen Chor, der sowohl durch seine Größe, als durch die außerordentliche Schlankheit seiner, die reichen, kühnen Netz- und Steingewölbe in luftiger Höhe tragenden Säulen die Verwunderung erweckt. An einem kunstreichen heiligen Grabe, an der gothischen Kanzel, auf welcher Joh. Brenz, der Reformator von Hall und Württemberg ein Vierteljahrhundert lang predigte, an dem alten Taufstein und dem reichsten gothischen Sakramentshäuse, endlich an dem prächtigen, reich geschnitzten und gemalten, von einem gewaltigen Crucifix aus dem Jahre 1494 überragten Hochaltare vorbei schreiten wir zum Ende des Chores. Da hieng bis vor einem Jahre von dem Spitzbogengewölbe der mittelsten der neun Kapellen, in denen der Chor umkränzt ist, an starker Kette ein gewaltiger Mammutbzahn herab; jetzt lehnt er unten in der Kapellenecke leicht beschaubar, aber auch verderbbar und wartet auf seine Wiedererhöhung an passenderem Orte.

Der Zahn ist am breiten Ende sechs Zoll dick und hat eine Höhlung von vier Zoll Weite. In seiner Krümmung mißt er 10 Schuh. Nach seiner ganzen Längenbiegung ist er mit drei eisernen Schienen beschlagen und von zehn Querbändern umfaßt, deren Nietnägel auf eisernen Rosetten aufsitzen. Am breiten Ende, wie in der Mitte kräuseln sich eiserne blumenartige Verzierungen. Die Spitze geht in eine sehr reiche, phantastisch geschwungene und geringelte eiserne Blume aus. Ebenso ist die eiserne Stange verziert, welche aus der Mitte des Bugs aufsteigt und oben zwei Seitenschenkel von Eisen aufnimmt, woran die Kette zum Aufhängen eingehackt ist. Das dreieckige Feld innerhalb dieser beiden Schenkel ist von einem eisernen Geranke ausgefüllt, das sich in schönen Biegungen zu kleinern und größern Kreisen verästet. Es entwächst unten dem Rachen zweier, in starkem Blech ausgehauenen Drachenköpfe, nimmt in der Mitte zwei ebenso gearbeitete auffspringende Einhörner auf und geht oben in zwei geringelte Blumen aus. Von dieser hübsch gearbeiteten, trefflich ausgeführten, theilweise goldbroncirten Schlosserarbeit mag unser Holzschnitt eine ungefähre Anschauung geben. Sie ist ein Zeugniß der Schmiedekunst, wie sie im sechszehnten und siebenzehnten Jahrhundert unsere alten Reichsstädte zumal geschmückt hat, und woven das Gitterwerk an dem nördlich au die Kirche gebauten „Oelberg", sowie an dem höchst interessanten gothischen Marktbrunnen fernere Denkmäler sind.

Wann und wo der wundersame Stoßzahn, der — doch wohl mit der eisernen Fassung — nach einer Angabe fünf Centner wiegt, gefunden worden ist, das hat er früher in einer jetzt übertünchten Inschrift an der Mauerwand selber gesagt:

„Tausend, sechshundert und fünf Jahr
den dreizehnten Februar ich gefunden war,
bei Neunbronn in dem hällischen Land,
am Köhlersluß zur linken Hand,
samt großen Knochen und lang Gebein;
sag lieber, was bist ich mag sein?"

Wir können uns denken, welches Aufsehen dieser bei dem Weiler Hohenstatt geschehene Fund im Jahre des Herrn 1605 und in der guten Salz- und Reichsstadt gemacht haben mag. Mit welchen Sündfluthsgedanken und Urweltsahnungen wird der Anblick des Wunderhorns die großen Geister und kleinen Gelehrten der Republik erfüllt haben, bis endlich Anno 1734 ein junger Haller Buffon, Namens J. F. Benschlag, in einer zur Erlangung der Licentiatenwürde zu Halle in Sachsen verfaßten gelehrten Abhandlung «de Ebore fossili Suevico Hallensi» über -Natur und Beschaffenheit dieses Jahres und anderer in hiesiger Umgegend zu verschiedenen Zeiten ausgegrabener ähnlicher Fossilien» einige erste Erleuchtung gegeben hat.

Unweit dieses vorweltlichen Wunderzahnes hängt in einer andern Chorkapelle der St. Michaeliskirche Bild und Schrift eines Haller Wunderkindes, das nur drei Jahre früher in die Erde gelegt wurde, als das -Ebur fossile» aus dem Sündfluthschlamme des Kochergebietes ausgegraben wurde. Das Wunderkind war Thomas Schweicker, geboren 1541 als der Sohn eines wohlhabenden Bürgers und Rathsherren der Stadt Hall. Als seine Mutter ihn unter dem Herzen trug, geschah es, daß ein armer Landsfahrer an ihrer Behausung ein Almosen forderte. Indem sie selbes ihm reichte, wurde sie gewahr, daß derselbige keine Arme hatte, erschrak zwar darob, bekam aber ein Verlangen, diesen seltsamen Menschen genauer zu sehen. Sie schlich ihm in die Gasse nach, wurde aber unversehens von den Nachbarn gewarnt, erschrak darüber, gieng nach Hause und gebar später einen Sohn ohne Arme. Dieser zeigte schon in den ersten Jahren, wie der alte Bericht über ihn sagt, „ein fähiges Ingenium und erlangte in wenig Jahren einen seinen Anfang und

Kenntniß in der lateinischen Sprache. Er wurde auch als Schüler der lateinischen Schule von seinen Eltern fleißig zu aller Zucht und Ehrbarkeit und zur wahren Gottseligkeit angehalten. Insonderheit aber übte er sich im Schreiben und brachte es in der Zierlichkeit von allerhand Zügen und Schriften so weit, daß sich Jedermann nicht wenig über seine Fertigkeit verwunderte. Ob er gleich keine Arme hatte, so konnte er doch durch Hilfe der Füße alle Geschäfte mit solcher Fertigkeit verrichten, daß er mit denselben Brod schneiden, einschenken, Federn schneiden, zierlich schreiben, Bücher binden, Brettspielen und seine Kleider selbst anziehen kannte. Er starb, nachdem er stets gesund gewesen, sanft und selig im 61. Jahr seines Alters und liegt bei St. Michael im Chor begraben.

Mit eigenem Fuße hat er sich zuvor seine Grabschrift geschrieben. Diese ist in einem Schreine über seinem Grabe aufgehalten und lautet in schöner rother Frakturschrift mit zierlichen Zügen und Schnörkeln: „Anno Dom. 1602 den 7. Tag Ottobris, meines Alters 61 Jahr (Diese Zahlen wurden nach seinem Tod in den leergelassenen Raum eingetragen) starbe ich Thomas Schweicker, Burger allhie, welcher ohne Arm und Händ also von Mutterleib in diese Welt geboren, und hab diese Schrift vor meinem Ende mit meinen Füßen geschrieben, den 29. Jun. Anno 1592, meines Alters im 51 Jahr. Der

allmächtig Gott wolle mir und allen Auserwählten hie seinen Frieden und dorten ewiges Leben mit einer fröhlichen Auferstehung gnädiglich verleihen. Amen." Inmitten der Schrift hat der kunstfertige Mann sich selbst gemalt, wie er — in schwarzer Kleidung und besonders weiten Beinkleidern auf der Erde sitzt und mit der Feder zwischen den rechten Fußzehen schreibt. Außen auf der Thür des Schranks steht er mit dem schwarzen Mäntelchen der damaligen Zeit und mit ernst-mildem, sinnigem Antlitz. — Als Kaiser Maximilian II. im Jahr 1570 durch Hall nach Speier reiste, hat ihm Th. Schweicker zu Tisch gedient und eingeschenkt.

Zur selbigen Zeit waren drei Schreiber in Hall, die miteinander nur 2 Hände gehabt. Ein einarmiger deutscher Schulmeister — „hält deutsche Schul, wie sich's gebührt. Die Bauern suchen bei ihm Rath, Sein Schreiben ihnen oft Hülfe that." Dann Lorenz Binter, der einarmige Thürmer: „Der ist sehr wohl betagt, Schriftlich zu dienen kein versagt. Wie solche die Advokaten thun, darum sie nehmen ihren Lohn. Wann ihm kein Schreiben ist im Lauu, bläst er zur Kurzweil die Posaun." Und Thomas Schweicker: „Der Tritt ein merklich Wunder ist, Und auch dabei ein frommer Christ. Der ist ohn Arm von Mutterleib Geboren, mit den Füßen schreib. Wie solche Kaiserlich Majestät Und mancher Fürst gesehen hat."

Alpenwanderungen in Piemont.

Von Ludwig Gantter.

(Schluß von S. 164.)

Um fünf Uhr marschirten wir am nächsten Morgen von Berisal ab, ohne Frühstück, das wir uns auf das Hospiz aufsparten. Die Straße zieht sich lange lange hin bis man das Hospiz erreicht, was um so langwieriger erscheint, da man die Paßhöhe schon vom Fuß der Straße — von Brieg aus erblickt, was auf keiner andern Alpenstraße der Fall ist. Hat man den Rothwald und die Galerie von Schalbet passirt, so drängt sich der starre Kaltwassergletscher vor, an dessen Fuß sich die Straße mühsam herumwindet. Die Moräne, welche die Straße unmittelbar bestreicht, zeigt, daß der Gletscher, wenn er stark wachsen würde, die Straße überfirnen könnte. Er hat sich gegenwärtig ziemlich hoch hinaufgezogen, sendet aber vier Bäche herab, die in jähen Stürzen theils über die straßenschützende Wölbung der Galerie des Glaciers, theils unterhalb der Straße in die Saltine fallen. Ueber der letzten Felsengrotte erhebt sich die majestätische Schneepyramide des Schönhorns, deren Fußschemel von purpurnen Rhododendrums glüht. Nach dem sechsten

Zufluchtshause gelangt man zum steinernen Kreuze, das die Paßhöhe (6174 Fuß) bezeichnet. Das Hospiz selbst erblickt man noch nicht, was übrigens gut ist, denn leicht könnte der Wanderer von dem wirklichen Gebäude angelockt werden, und es versäumen, seine Blicke von den, zwar in einem engen Rahmen eingezwängten, aber um so großartiger emporragenden Berner Alpen bannen zu lassen. Zwar strahlten sie heute nicht in ihrer vollen Reinheit und abblendeten Profilirung, aber sie gaben sich unzweideutig als jenes gewaltige Vorgebirge zu erkennen, das sich vom Aletschhorn gegen das Wallis herabsenkt und durch das Lötschenthal (von Leuk aufwärts) von der Hauptkette — Jungfrau, Mittaghorn, Tschingelhorn, Schilthorn — getrennt wird. Es wären also von hier aus sichtbar das Aletschhorn, Schienhorn, Große Neßhorn, Breithorn, Bietschhorn, welche ihre Gletscherwasser in den Walliethalabschnitt von Mörel bis Leut absenken. Es ist daher unrichtig, wenn man in Reisehandbüchern liest, daß von hier aus das Finsteraarhorn, die

Jungfrau und das Schilthorn zu sehen seien. Es ist diese ganze Hauptkette durch den erwähnten Alpenriegel den Blicken verschlossen.

Nach einer schnellen Wendung der Straße standen wir vor dem großen, aus Stein erbauten Hospiz, das mit einer kolossalen Schauseite von drei Stockwerken mit je fünfzehn, durch breite Wandungen getrennten Fenstern, wie die Breitseite eines Kriegsschiffes dem Wanderer entgegenstarrt, und das wie eine feste Burg gegen die Sturmkolonnen der Tourmentes und Lawinen sich aufstemmt, an der alle Wurfgeschosse der Elemente abprallen, oder um ein seiner Hauptbestimmung besser zuträgliches Bild zu gebrauchen, das wie ein Palast der werkthätigen christlichen Liebe erscheint — ein Gleichniß, das J. J. Pestalozzi in die schönen Worte gekleidet hat:

> Ich hab von Palästen viel gelesen,
> Ich bin gewandelt durch die weiten Hallen,
> Es hat mir aber keiner so gefallen.
> Als den ich heute sah auf Bergeshöhn.
> Das ist ein wahrhaft königliches Haus,
> Die Liebe gehet ein und aus.

Mit klopfendem Herzen stieg ich die breite Freitreppe hinauf, denn mich überkommt jedesmal beim Besuch der Alpenhospize ein beschämendes Gefühl — weil der Tourist dieses königliche Haus der Liebe meistens nur aus Neugierde besucht oder es als ein comfortables und billiges Hotel benützt und selten in den Opferstock mehr legt, als er dem Bruttowerth des Genossenen entsprechend findet, und weil die im Winter sich als priesterliche Märtyrer aufopfernden Patres, im Sommer Kellnerdienste zu verrichten bemüßigt sind.

Wir traten ein in den weiten Corridor, sahen aber kein menschliches Wesen. Endlich wagten wir es, eine Thür zu öffnen — wir standen an der Schwelle der Küche. Der Prior, der sich gerade am Feuer wärmte, stand auf und hieß uns freundlich willkommen. Es war Chanoine Barras, der bekannte Diener Gottes, der 25 Jahre lang auf dem eisigen großen St. Bernhard lebte und jetzt schon 18 Jahre hier wirkt. Er führte uns die Treppe hinauf in's Refectorium, dessen gehörte Temperatur uns wohl that, weil der Thermometer außen am Fenster auf + 3° gesunken war, und wirre Schneeflocken vom Winde herumgewirbelt wurden. Er ließ uns eine nahrhafte Collation reichen, setzte sich zu uns an den Tisch, gesprächig und neugierig über unsere Mittheilungen aus „unserem Welttheile." Auf meine Bitte schrieb er seinen Namen in mein Notizbuch, welchen Autographen ich stets werthschätzen werde. Dann führte er uns im Hospiz herum, zeigte uns die Baupläne der Straße und die Bauten, welche der Sohn des Ingenieur Céard über dieselbe herausgab. Wir besichtigten die Salons und Schlafzimmer, welche alle wohnlich eingerichtet und voll mit Kupferstichen behängt sind. Mit sichtlichem Behagen zeigte er uns die weiblichen Portraits aus der niederländischen Schule. Auch eine Münz-

sammlung ist vorhanden, aber — wie verschieden vom großen St. Bernhard — keine Bibliothek! In der Kapelle spielte ich die Orgel, sie hat aber keine schönen Register, keine Tiefe, lauter hohe spitzige Octavpfeifen. Wir trafen nur vier Patres, da das Simplonhospiz nicht auch zugleich Priesterseminar ist, wie der große St. Bernhard. Es waren zwei herrliche Exemplare von St. Bernhardhunden da, die sich uns recht fühlbar anschmiegten, und die gewiß auch schon von den zarten Töchtern Albions geküßt und umarmt worden sind, wie ich es auf dem St. Bernhard mit angesehen hatte.

Wir schieden um 11 Uhr von dem wackern Prior, obgleich er uns einlud, über Nacht zu bleiben. Wir legten einiges Geld in den Opferstock und ich fühlte beim Scheiden, daß hier wirklich die Liebe ein- und ausgeht, denn mein Herz schlug wärmer, erfüllt von dem heiligen Eindrucke, den mir ein edler, unselbstischer, opfergeprüfter, gottseliger Mann als Almosen mitgegeben hatte. Wie konnte nur Lord Byron die Patres solcher Hospize „the miserable drones of an execrable superstition — die elenden Drohnen eines abscheulichen Aberglaubens" — nennen? Ob sich wohl die Deans und Canons von Westminsterabbey, von St. Pauls, Oxford, Ely oder Yorkkathedralen zu einer solchen Resignation entschließen könnten? Was bieten die stolzen Kathedralsitze Englands mit ihren enormen Einkünften dem hungrigen oder frierenden Wanderer an? Nichts! Nur bei der Kathedrale von Winchester steht noch ein Hospiz, in welchem jeder eintretende Wanderer einen Krug Bier nebst bread and cheese erhält. Mich erinnern diese Alpenasyle vielmehr an das schöne Gleichniß im Propheten Jesaja (I, 7. 8.), welches in Bunsens geschmeidiger Uebersetzung also lautet:

> Euer Land ist eine Wüste
> wie nach einem zerstörenden Wolkenbruch;
> die Tochter Zion aber ist übrig geblieben
> wie eine Hütte im Weinberge,
> wie eine Nachthütte im Gurkenfelde,
> wie eine umlagerte Stadt.

So sollten die frömmelnden Anglikaner diese Nachthütten christlicher Liebe auffassen, dann würden sie sich des religiösen Gewissensscrupels schämen, der ihnen verbietet für die genossene Gastfreundschaft ein Aequivalent in den Opferstock zu legen — wie es auf dem von neugierigen englischen Touristen oft ganz überfüllten großen St. Bernhard so häufig vorkommt.

Als wir uns dem Alten Hospize — einem hohen thurmartigen, in einer Mattenwanne seitab liegenden Gebäude — näherten, das jetzt von Ziegenhirten bewohnt wird, umschwirrten uns mehrere muntere Vögel, denen es in dieser rauhen Gegend recht wohlig war, so lustig und zirrend hüpften sie mit kurzen abgebrochenen Pfeiftönen auf dem Boden herum; es waren Schneefinken (Fringilla nivalis), deren Heimathsort die eigentliche Schneeregion ist, doch nisten sie gerne in den Hospizgebäuden, wo sie frei in den Gängen aus- und einfliegen und von

Schankende Knaben.

Verlag von Kurd J. Hofmann in Stuttgart.

den Patres mit Reis gefüttert werden. Auch gehen sie gerne den Saum- und Fahrwegen nach und suchen sich aus dem Miste der Rosse und Maulthiere die unverdauten Haferkörner oder den aus den Säcken gefallenen Reis, wie es in Tschudi's Thierleben der Alpenwelt ausführlicher zu lesen steht.

Bald erhebt sich nun das breite Fletschhorn, von welchem der Roßbodengletscher gegen das Dorf Simpeln herabsteigt. Wie treffend ist oft die volksthümliche Bezeichnung der deutschen Gebirgsnamen! Dieses Horn fletscht in der That den Wanderer an, nicht gerade in dem gewöhnlichen Sinne des gierig oder zornig fletschenden Mundes, sondern in der ursprünglichen Bedeutung des Wortes: sich breitmachend irgendwo eindrängen; wie es bei Matthesius heißt: „Münch und Chorherrn so sich in die Schule fletschten“. Ebenso wuchtig drängt sich dieses Horn mit seinem Gletscherwanste in das Hochthal von Simpeln ein.

Die Straße fällt bis zum Dorfe unmerklich, das Thal verengt sich und ist von kahlen Bergen umschlossen, in denen einige vereinsamte, Petrefacten ähnliche alte Lärchenstämme den Faden der Vegetation abspulen. Das Dorf Simpeln mit seinen ungefügen steinernen Häusern, von denen häufig nur die Umfassungsmauern noch stehen, sieht keineswegs so freundlich aus, wie auf den bekannten Ansichten der Genfer oder Zürcher Coloristen. Es ist gänzlich in Verfall gerathen, denn nicht steckt der Handel und Wandel über diese Napoleonische Siegesstraße, seitdem ihr Schlußstein, der marmorne Arco di Trionfo zu Mailand, in den Arco della Pace umgewandelt ist. Sie wurde von der piemontesischen Regierung buchstäblich in Frieden gelassen, da die Hauptverkehrsader des subalpinischen Königreiches mit der westlichen Schweiz und Frankreich die Montcenisstraße ist; denn Oestreich bekümmerte sich nichts um dieselbe, da es sich für seine Lombardei selbst zwei vortreffliche Straßen baute — den Splügen und das Stilfserjoch. Erst in neuester Zeit stellt Piemont die von den Elementen stark zerrissene Straße wieder her und baut die steinernen Brücken wieder auf, welche durch hölzerne Nothbrücken so lange Zeit ersetzt blieben. Kein Wunder, daß die Einwohner von Simpeln, die vom Säumen der Waaren, von Hülfsleistungen im Winter, von dem Lohn für die Straßenunterhaltung und von der Einkehr der Fremden ihren Lebensunterhalt beziehen, uns so unheimlich düster und verdrossen anschauten, als wir, ohne Halt zu machen, durch ihr rauhes Dorf wanderten.

Die Straße macht bald außerhalb des Dorfes eine scharfe Wendung und führt ziemlich steil um eine Schlucht herum in das enge Thal des Krummbaches hinunter, dessen Bett mit Felsbrocken hoch aufgeschichtet ist. Mitten durch dieses Felsgeschiebe drängt sich der Quirnabach, der aus dem Laquigletscher hoch oben entspringt und ergießt sich in den Krummbach, der nun den wohlklingenderen Namen Doveria — auch Daverio — annimmt. Hier unten beginnt nun auch die zwei Stunden lange Gondoschlucht, deren klaffender Gebirgseinriß hier in seiner ganzen überhangenden Schulternhöhe sichtbar ist, während hinter der Schlucht sich himmelhohe Felsenmauern aufthürmen — eine Großartigkeit der Alpenscenerie, die sich im Maßstabe nur selten wiederholt. Die plötzliche Wendung über eine Brücke und an den ausgehauenen Felsen muß für den abwärts rollenden Postwagenpassagier schauererregend sein, dazu die wildbrausende Doveria, in welche von allen Seiten Wasserstürze fallen, von denen einige durch den stürmisch hereinströmenden Wind in Dunst zerstieben, so daß die Felswände triefendnaß und schieferschwarz aussahen. Mit pochendem Herzen durchwanderten wir diese Felsenschlucht, vorwärts getrieben von der Windsbraut, die als wahrhafter whipper-in einer englischen Hetzjagd uns vorwärts peitschte. Gott weiß, wie die Dichter dem Sturmwind, der doch wie ein Raubthier brüllt und wüthet, den linden Namen einer „Braut“ geben möchten — oder stammt der Ausdruck davon her, daß der Sturmwind aus der Wolkenwürze Gewitter braut, oder ist das Wort verketzert aus Windsbrausch? Die zwei Stunden bis in's Dorf Gondo ließen uns keine Zeit über den Namen Windsbraut nachzugrübeln, denn sie lösten sich in einen einzigen Gedanken auf — den der Zerknirschung, deren sich auch der stolzeste Mann Angesichts solcher Erhabenheit nicht erwehren kann. Den höchsten Grad erreicht die Scenerie am Ponte Alto. Hier ist die letzte, längste, zweimal durchbrochene Felsengalerie mit dem Wasserfall des Frassinone, über dessen leckigen, sprützigen Dunstkreis die Brücke sich spannt. Dies Alles ist oft beschrieben worden, und ebenso ist es bekannt, daß hier die triumphirende Inschrift: Aere Italo, MDCCCV. Nap. Imp. in den Felsen eingeplattet ist. Weniger bekannt ist aber, daß außer dem Wasserfall des Fraissinone (auch Alpienbach genannt) die Doveria selbst gleich unterhalb der Brücke mit einem mächtigen Wassersturz sich aus der engen tiefen Schlucht erlöst, und daß Gondo gegenüber ein anderer prachtvoller Wasserfall die Wunder dieser Straße vermehrt.

Gondo mit seinem vierstöckigen, holländisch gegiebelten, thurmartigen Gasthaus und seiner kleinen Häusergruppe ist das letzte schweizerische Dorf, und wir begrüßten die schöne, runde, granitene Grenzsäule mit der, Piemonts Hintergedanken längst verkündenden, annexionsschwangeren Inschrift:

Italia. Stato Sardo.

Und bald darauf, bei Isella, wehte die grün-weißrothe Fahne — Italiens Tricoler mit dem weißen Kreuz im rothen Feld.

Isella besteht nur aus ein Paar Häusern mit der Dogana, dem Posthalthof, und einer Kapelle. Die Bergwände sind auf beiden Seiten sehr steil, aber saftig bewachsen. Der abgerissene Faden der Vegetation ist nun wieder frisch aufgekpült. Breite Kastaniengruppen überwipfeln den Weiler. Die Toveria und die Straßen füllen die Thalsohle aus. Hart neben der Dogana steht das einladende Posthaus, blendend weiß mit großen Fensterläden, einem langen Balcone voll Blumentöpfen und mit niedrig gewalmten Dache. Eine freundliche Wirthin fragt uns, ob wir ein vollständiges Diner zu 3 Francs per Kopf wünschen? Das war doch offenherzig! Wir waren eben so offenherzig, und verlangten eines zu 2 Francs per Kopf. Wir wurden reichlich mit Gemsenfleisch und Salami bewirthet. Unter der Einfahrt des Posthofes sonnte sich in malerischen, ungezwungenen Attitüden ein Häuflein zerlumpter Buben, deren sommerliches Kostüm auf der durch die losen Fetzen sich entblößenden braunhäutigen Carnation sie als leibhafte Murilles erscheinen ließ.

Wir warteten auf den Lausanner Eilwagen, der um 7 Uhr in Isella ganz leer ankam und in dessen Coupé wir die Landschaft bequem genießen konnten. Als wir bald darauf wieder in eine nackte und in massige Würfel zerklüftete Felsenschlucht hineinfuhren, in der die über Felsblöcke herabschäumende Deveria sich tüchtig zerschellte, erschien uns das warme Isella wie eine Oase inmitten dieser wirren Felsenwüste — was auch sein Name bezeichnend ausdrückt.

Von Isella abwärts heißt die Thalschlucht Val Dovedro, auch Val di Bedro, und wird bei der Brücke über die Cherasca, die links aus einem engen Bergthal strömt, wieder freundlicher; allmählig erwärmt sich die Brust wieder an den lachenden Bildern, die jetzt vorüberschweben, man athmet freier auf, selbst in einem Coupé. Aber noch einmal verengt sich das Thal zu einer Schlucht, die Felsen verrammeln den Weg, eine 170' lange Galerie — die Galerie von Crevola — führt uns hindurch in die weite üppige Thalebene von Domo d'Ossola. Noch liegt aber tief unter uns die berühmte Brücke von Crevola, zu der blitzschnell hinabgefahren wird. Eine scharfe Ecke um einen schönen Kirchhof herum brachte uns auf die Brücke selbst. Wir stiegen aus, denn hier ist der Standpunkt, von welchem aus ein Stanfield, ein Turner, ein Brockedon und ein Azeglio ihre vielbewunderten Veduten der Simplonstraße aufnahmen. Auch ich nahm mit geistigem Augenmaße diese prachtvolle Scenerie in mich auf, und dieses Domo d'Ossola, das an einem kleinen, in die Thalebene eingelenkten Hügel liegt, um welches sich ein Halbkreis mannigfaltigster Gebirgsconturen aufthürmt, von der montanen Region des Monte Larone, Trivello und Mazzarecco bis hinauf zu den Eislagern des Cistella, Albruns, der Hochsand- und Roßahörner, mit der von den üppigsten Gärten und reizendsten Villeggiaturen umschmückten Tosa, — wird mir stets ein Wallfahrtsort der Erinnerung bleiben.

Eine schnurgerade Straße führt vom Ponte di Crevola in die Stadt. Das Zusammenmünden mehrerer Gebirgsströme füllt das ohnehin breite Bett der Tosa mit Geröllschlachten, durch die die Straße sich unmacadamisirt durchwindet. Besonders stark ist der Bogna, der aus dem Bugnancothal kommt, und über den wir auf einer halb zerrissenen hölzernen Brücke nur mit großer Mühe fahren konnten.

In Domo d'Ossola stiegen wir am Albergo della Posta ab. Der Wagen fährt erst Nachts 10 Uhr nach Bogogna, wir setzten uns daher an ein lauschiges Plätzchen vor dem Caffee des Gasthofes und tranken Chocolade. Die Frau des Caffetiere war frech genug, uns einen Franken per Tasse abzufordern. Ich remonstrirte und spiegirte, und als ich sie schnizernd Signora Caffettiera nannte, ward sie grob, sie sei keine Caffettiera, d. h. keine Kaffeekanne, und doch siedete und brummte es in ihr wie in einer Kaffeemaschine über einer Spirituslampe. Sie brummte, selbst noch, nachdem wir die exorbitante Forderung bezahlt hatten, das Schimpfwort balordi todeschi in ihren Bart — was hier ohne Metapher zu nehmen ist, indem ihre Oberlippe mit einem starken Flaum gebräunt war, was sie zu einem interessanten Exemplare jener androgynen Abart des weiblichen Geschlechtes machte, die in Italien, namentlich in Rom häufig zu finden, mit der andern Abart — den Emancipationsfrauen aber nicht zu verwechseln ist.

No mistake! wir waren in Italien, dem Lande des „Prellens und Brüllens." Geprellt sind wir schon werden, zum Brüllen gab es zwar in diesem Landstädtchen heute Abend keine Veranlassung, es war weder Jahrmarkt, noch Processionsnachfeier, auch sind die Ufer der Tosa keine ligurische Marina, keine neapolitanische Chiaja. Dennoch herrschte reges Leben in der zur Kommunalwohnstube verwandelten Straße — blitzende Blicke, rasches Gerberdenspiel, agirendes Sprechen der Finger, Hände, Arme und Füße.

Jeder Reisende, der in Domo d'Ossola Halt gemacht hat, schildert den Eindruck des Zauberschlages, mit dem er von den winkkalten Höhen des Kaltwassergletschers, aus dem dumpfen Tunnels der Gondoschlucht in diese lachende Gegend versetzt wurde, in der ein lauer Himmel sich über Rebengelände und die Wipfel der Maulbeer-, Feigen-, Lorbeer- und Mandelbäume ausbreitet, schon an der Schwelle verkündend, daß der sehnsuchtsvolle Name Italien kein bloßer Schulbanktraum, kein erdichtetes Jenseits der Phantasie ist. Schon hier bewahrheitet sich der Ausspruch Shakspeare's: Seeing is believing — Sehet, so werdet ihr glauben! Selbst der Bücherwurm Valéry, dessen Amtssiegel als Bibliothekar von Versailles und Trianon jeder Seite seiner vielgelesenen Voyages historiques et littéraires en Italie aufgedrückt ist, bekommt eine „Feigenlust" beim Anblick der Gegend von Domo d'Ossola, und vergleicht dieses „neue Land" mit einer Geschönen, die dem Reisenden zulächelt, ihn einladet über die Schwelle zu schreiten, sich schmückt ihn festlich zu empfangen, und ruft begeistert aus: c'est donc l'Italie! „Denkt an mich als einen Glücklichen!" schrieb Göthe aus Italien den Freunden in der Heimath — das wird ihm Jeder nachschreiben, der seinen ersten Brief vom Jenseits der Alpen datirt. Hier fühlt aber auch Jeder, der sich auf's Schriftstellern versteht, die Versuchung sein Glück nicht blos egoistisch in sein Herz einzubrücken, sondern es auch philanthropisch schwarz auf weiß einzudrucken. Gelingt ihm dieß nicht, so muß er eben die Hand an's Herz drücken, und mit Béranger ausrufen:

> Amis, c'est cela
> Qu'il faut qu'on imprime —
> Qu'on imprime là!
>
> (La Main sur le Coeur.)

Aber auch großartige historische Erinnerungen erweckt in uns diese Schwelle Italiens. Ohne lange über den Ursprung des Wortes Oscella oder Ossola nachzuforschen, ob es von den alten Osci durch Einwanderung entstanden, oder ob in dem deutschen Namen des Ortes — „Eschern" — die Wurzel des italienischen zu suchen sei, gedachten wir nur der deutschen Kaiserzeit, eines Heinrich II., der einst Herr dieses Landes war, der hier den Afterkönig Arduin von Ivrea beugte, und der, der Legende nach, in Domo d'Ossola aus der Hand seiner Gemahlin Kunigunde das Reichsschwert und die Dalmatia empfing, ehe er mit ihr zur Krönung nach Rom zog, wie solches in Zacharias Werner's „Kunigunde die Heilige, Römisch-deutsche Kaiserin, romantisches Schauspiel in fünf Akten" höchst ergößlich zu lesen ist, allwo auch manch erbaulicher Spruch steht, z. B.:

> Baiern, Sachsen, Franken und Schwaben
> Die giebt's noch — Teutsche sind noch zu haben!

Ja! dies war einst Boden deutscher Geschichte. Von den Alpenzacken herab, die auf Oberitalien herunterschauen, sprach einst der große Alboin:

> Du Götterzgarten
> Heißen sollt du mir Lombarden,
> Biß fortan ein deutsches Land.
> Deutsch da mir nicht willig zeichen.
> Will ich mir als Krone schmieden
> Um die Stirn ein eisern Band.
>
> (W. Rinkel.)

Und das Alles jetzt verloren für Teutschland! Wie derjenige gebildete Teutsche nur halb lebt, der nicht auch in Italien gelebt hat, so ist auch Deutschland nur eine Kammer des Herzens Europa's, zu dessen voller Pulsation noch die Herzkammer Oberitaliens gehört!

Doch die Geschichte Domo d'Ossola's führt uns plötzlich vom Modergeruch des Römisch-deutschen Reiches hinweg zum südduftenden Toilettentisch unserer Damen! Wenige von den Hunderttausenden, die von Farina's Eau de Cologne duften, vermuthen wohl,

daß der erste Fabrikant dieses Riechwassers aus der Nähe von Domo d'Ossola stammt. Paolo Feminis, aus dem nahen Vigezzo gebürtig, durchreiste Deutschland als Hausirer, und als er in Köln eines Tages seine Parfümerien einem englischen Obristen anbot, unterrichtete ihn dieser in der Zubereitung des Goaswassers, das in Ostindien häufig gegen die Dysenterie (rothe Ruhr) angewendet wird. Dieses Rezept des Obristen verstand Feminis auszubeuten, er vervollkommete die aromatischen Ingredienzien, und fabrizirte in großer Menge das „Kölnische Wasser", welches nach seinem Tode Farina zu einem weltverbreiteten Artikel der Kosmetik machte. —

Punkt zehn Uhr sollte abgefahren werden. Der Posthof war voll von Passagieren, indem eine Hochzeit gefeiert wurde. Als es endlich an's Einsteigen ging, wurden die Abreisenden so inbrünstig, so lange und so fest von ihren zurückbleibenden Freunden umarmt, und es entstand ein so lautes, feuriges Küssen auf Wangen, Lippen und Hände, daß die Abfahrt bedeutend verzögert wurde. Ein englischer Tourist entsetzte sich gräulich darob, besonders als Männer sich küßten, was bekanntlich in England als widernatürlich erscheint. C'est donc l'Italie! hätte hier Valéry wieder ausgerufen.

Die Luft war kühl geworden, wir fuhren in einem fensterlosen Beiwagen. Die Cicaden, welche aus dem Thale ihren scharfen schrillen Ton myriadenweise ertönen ließen, hatten mich schon in Schlummer gelullt, als ich durch einen starken Stoß des Wagens erwachte, und auf einmal sah, daß wir von der Straße ab jählings in die Tosa hineinfuhren. Ich wußte nicht, daß die steinerne Brücke bei Porto Mazzone zerrissen war, und daß wir in einer Fähre über den Fluß gebracht wurden. Da die Tosa aber eine reißende Strömung hatte, und das Sail, welches die fliegende Brücke hielt, im Schatten der gespensterhaft emportragenden Brückenpfeiler zu einem Bindfaden zusammengeschrumpft schien, so blieb das Herz doch beklommen, bis wir wieder auf trockenem Lande waren.

Der Postwagen setzte uns außerhalb Vogogna ab, wir hatten eine gute Strecke in's Städtchen zu wandern. Wir pochten, zuerst ganz mezzoforte, dann immer stärker bis zum Fortissimo eines Londoner Briefträgers. Da öffnete sich die Thür — statt des Fachino erschien die Tochter des Hauses, und leuchtete uns hinauf in die Sala, und in der anstoßenden Saletta zwei vortreffliche Betten, mit blendend weißen Cortinen, und wünschte uns felicissima notte. C'est donc l'Italie!

Der Schlaf des Menschen und der Thiere.

Ein Vortrag von Dr. Otto Köstlin.

Das Alltägliche erscheint dem Menschen meist als besonders einleuchtend und verständlich; denn was ihm stets aufs Neue vor Augen tritt, das glaubt er auch mit seinen Sinnen und mit seinem Denken am besten durchdrungen und erschöpft zu haben. Aber gerade das Gewöhnliche betrachten wir in der Regel weniger scharf, als das Neue und Ungewohnte, was den alltäglichen Verlauf unserer Zustände und Thätigkeiten auffallend unterbricht und störend oder erregend in unsere Lebenskreise hereintritt. Daher kommt es, daß sehr oft in Wissenschaft und Leben das Gewohnte bei Seite gelassen und dem Neuen, Seltenen nachgejagt wird, daß gerade Jenes, welches sich täglich der Beobachtung darbietet, unbeobachtet und unergründet bleibt.

Zu den alltäglichsten Begebenheiten unseres Lebens gehört der Wechsel zwischen Schlafen und Wachen. Daher halten es Manche kaum für der Mühe werth, der inneren Natur dieser Zustände weiter nachzuforschen. Aber die Dunkelheit, welche in Bezug auf den Gegensatz von Schlafen und Wachen jetzt noch herrscht, hat ihren Grund weniger in der geringen Aufmerksamkeit, welche man jenen Vorgängen zuwendete, als in der Schwierigkeit der Untersuchung selbst, in der Unzugänglichkeit des Schlafes für die gewöhnlichen Werkzeuge der Beobachtung, nämlich für unsere inneren und äußeren Sinne. Mit dem Eintritte des Schlafes verlieren wir nicht nur die Fähigkeit, uns selbst zu beobachten, und auch andere Schlafende bieten, wenigstens im gesunden Zustande, sehr wenig Gelegenheit dar, um über die inneren Vorgänge, welche den Zustand des Schlafes bedingen, etwas Näheres zu erfahren. Gerade aber das Geheimnißvolle, welches den Schlaf umgibt, erregt immer aufs Neue wieder das Verlangen, in sein Wesen tiefer einzudringen, und wenn es auch bis jetzt unmöglich ist, über die inneren Bedingungen und Verhältnisse des Schlafes etwas Sicheres und Umfassendes auszusagen, so ist es doch der Mühe werth, die hauptsächlichen Züge, welche die Naturbeobachtung an die Hand gibt, zu einem möglichst vollständigen und klaren Bilde des Schlafes zusammenzufassen.

Es gibt vorzüglich zwei Wege, auf welchen die Natur des Schlafes durch Beobachtung näher ergründet werden kann; nämlich die Untersuchung desselben in der Thierreihe, und die Vergleichung jener verschiedenen Formen, welche der menschliche Schlaf selbst darbietet, in der Ekstase und der Somnambulismus, der magnetische Schlaf und der Hypnotismus als besonders eigenthümlich hervorgehoben werden müssen.

Im Allgemeinen bildet der Schlaf Anfang und Ende der Existenz beim Menschen wie bei den Thieren. Wir fangen an selbständig zu leben, indem wir zum ersten Male aus tiefem Schlafe zum Anblick des Tageslichtes erwachen, und unser Leben schließt sich wieder in dem Augenblicke, wo wir in jenen zweiten Schlaf versinken, der als Tod kein neues leibliches Erwachen zuläßt. Aber auch zwischen diesen zwei großen Endpunkten unserer Existenz wechselt Schlafen und Wachen in ununterbrochener Folge mit einander ab; jedes Wachen geht aus dem Schlaf hervor und kehrt in ihn regelmäßig wieder zurück. So erscheint also der Schlaf nicht nur als eine Unterbrechung des Wachens, sondern als ein nothwendiges Glied in der fest gefügten Kette unserer organischen Vorgänge.

Die Uebergangspunkte zwischen Schlafen und Wachen gewähren noch am ehesten Gelegenheit, durch die Beobachtung seiner selbst oder Anderer über die Natur des Schlafes etwas Sicheres zu erkunden. Denn während des Einschlafens und während des Erwachens sind unsere Sinne so weit thätig, daß wir bis auf einen gewissen Grad die inneren Vorgänge verfolgen können, welche das Erwachen und Einschlafen begleiten. Aus diesen Uebergängen lassen sich daher auch am leichtesten die wesentlichen Charaktere der beiden, einander entgegengesetzten Zustände in ihren einfachsten Zügen erkennen und bestimmen.

Dem Eintritte des Schlafes geht immer eine Ermüdung des Sinnes- und Bewegungswerkzeuge voraus. An dieser Ermüdung nehmen alle Sinne Theil; aber sie ergreift doch die verschiedenen Sinne in sehr verschiedenem Grade. Vor allen anderen ermüdet das Auge, und das Schließen dieses Organes, die Ruhe des Gesichtsinnes kann als das Signal für den Eintritt des Schlafes selbst betrachtet werden. Am spätesten ermüdet der Gehörsinn; seine Thätigkeit dauert auch nach dem Schließen der Augen noch eine Zeitlang in schwächerm Grade fort. Die verminderte Thätigkeit der Sinnes- und Bewegungswerkzeuge hat aber ihren Grund zunächst nicht in diesen Organen selbst, sondern in dem Apparate des Nervensystems, welche als Mittelpunkte sowohl die Sinneseindrücke aufnehmen, als den Antrieb zu willkührlichen Bewegungen nach außen abgeben, nämlich in dem Gehirn, welches beim Menschen über alle anderen Theile des Nervensystems das unbedingte Uebergewicht behauptet. Von der Ermüdung des Gehirns hängt die Ermüdung der Sinnes- und Bewegungsorgane ab; und wenn mit dem Eintritte des Schlafes die letzteren aufhören thätig zu sein, so ist diese Ruhe der Unterbrechung der nach außen gerichteten Thätigkeit des Gehirns bedingt. Unsere Beziehung zur Außenwelt wird jetzt nicht mehr durch die Sinne vermittelt, und die Organe, welche der äußeren, willkührlichen Bewegung dienen, versinken in einen Zustand von Unthätigkeit und Erschlaffung. Die Ruhe des Gehirns bewirkt aber nicht blos die

Unthätigkeit jener äußeren, dem Nervenleben dienenden Organe; sondern sie unterbricht zugleich die Beziehungen, welche zwischen der Seele und der Außenwelt bestehen. Das Bewußtsein, welches den eigentlichen Mittelpunkt unseres Seelenlebens darstellt, nimmt in sich die äußeren Sinneseindrücke auf und gibt den Anstoß zu den äußeren, willkührlichen Bewegungen; aber beides geschieht nicht geradezu, sondern durch die Vermittlung des Gehirns. Sobald nun dieses während des Schlafes in Unthätigkeit versinkt, werden für die bewußte Seelenthätigkeit die Fäden unterbrochen, durch welche sie mit der Außenwelt zusammenhängt; das Bewußtsein wendet sich von außen ab, und es erscheint daher der Schlaf nicht nur als der Ruhezustand der Sinnes- und Bewegungsorgane, sowie des beide regierenden Gehirns, sondern auch in Bezug auf die Seele als der Zustand der Bewußtlosigkeit.

Das Erwachen wird öfters durch äußere, erweckende Einflüsse bewirkt. Aber auch ohne diese erfolgt es aus inneren, in unserer Organisation selbst liegenden Gründen. Nach einer Ruhe von bestimmter Dauer fängt das Gehirn wieder an, nach außen thätig zu sein, und mit ihm erwachen wieder die Sinnes- und Bewegungsorgane. Vor Allem öffnet sich das Auge und bekundet damit die erneuerte Thätigkeit des Gesichtsinnes. Das Erwachen des Gehirns aber läßt die bewußte Seele wieder in lebendige Beziehung zur Außenwelt treten, indem sie die neuen Eindrücke der Sinne aufnimmt und die äußeren Glieder zu neuen Bewegungen antreibt. Sinne und äußere Glieder, Gehirn und Bewußtsein treten mit dem Erwachen wieder in volle Thätigkeit.

Die ungebundene Thätigkeit des Nervensystems und der von ihm abhängigen Bewegungsorgane treibt auch andere organische Vorgänge zu größerer Energie an. Das Athmen wird lebhaftiger, die Herzbewegung beschleunigter, die eigene Wärmebildung stärker, die Verdauung rascher. Im Schlafe treten diese Processe etwas zurück; der schlafende Mensch bedarf wegen geringerer Wärmebildung eine bessere Bedeckung und empfindet wegen langsamerer Verdauung erst später das Bedürfniß neuer Nahrung.

So scheint für die Gegensätze von Schlafen und Wachen der eigentliche Mittelpunkt in der verschiedenen Thätigkeit des Gehirnes zu liegen. Ein großer Theil unserer Körperorgane, und vorzüglich diejenigen, welche unter der Herrschaft des Nervensystemes stehen, können nicht ununterbrochen thätig sein, sondern bedürfen gewisser Pausen, um sich ruhend zu erholen und zu neuer Arbeit zu kräftigen. So erträgt das Auge nicht ohne Unterbrechung den Reiz des Lichtes, das Ohr nicht den Reiz des Schalles. Die Muskel, welche die Bewegungen vermitteln, werden in andauernder Thätigkeit bald erschöpft. Das Herz, das muskulöse Organ, welches den Kreislauf des Blutes vornehmlich bewirkt, ermattet sehr rasch, und es wiederholt sich in ihm der Wechsel von Bewegung und Ruhe, von Zusammenziehung und Erschlaffung 70—80 mal in Einer Minute beim erwachsenen

Menschen. So erliegt auch das Gehirn als das bedeutsamste Glied unseres Nervensystems einer ununterbrochen fortgesetzten Thätigkeit. Nur die regelmäßige Wiederkehr der Ruhe gewährt dem Gehirn den nöthigen Ersatz an Stoff und Kraft, welche durch die vorherige Thätigkeit verbraucht worden sind. Hierauf beruht die Nothwendigkeit des Schlafes. Längeres Wachen führt zu tieferen Erkrankungen des Gehirns. Nur der regelmäßig eintretende Schlaf erhält das Gehirn gesund und gibt ihm stets aufs Neue die Kraft, den Sinnen und Bewegungen vorzustehen und der bewußten Seele als rüstiges Werkzeug zu dienen.

Diese nothwendige Pause der Hirnthätigkeit tritt beim Menschen regelmäßig Einmal in vierundzwanzig Stunden ein und dauert im Durchschnitt sechs bis acht Stunden; der Wechsel von Schlafen und Wachen fällt daher im Allgemeinen mit der Aufeinanderfolge von Nacht und Tag zusammen. Die Gewohnheiten der Menschen haben zwar diese Ordnung vielfach so verkehrt, daß bei Tag geschlafen, bei Nacht gewacht wird; aber unter allen Verhältnissen ist die Regel bestehen geblieben, daß Schlafen und Wachen, wie Nacht und Tag, sich in vierundzwanzig Stunden, also während Einer Erdumdrehung, Einmal ablösen. Keinen geselligen Einflüssen und keiner Kraft des Willens dürfte es gelingen, ohne große Gefahr für Gesundheit und Leben diese natürliche Ordnung dauernd zu verändern.

Auch der Schlaf der Thiere entspringt im Allgemeinen aus einem zeitweise auftretenden Bedürfniß der Ruhe. Aber schen wir auf den höchsten Stufen des Thierreiches weicht der thierische Schlaf vom menschlichen in einigen wichtigen Merkmalen ab. Allerdings sind schlafende Thiere in der Freiheit schwer zu beobachten, und die Thatsachen, aus welchen hier Schlüsse gezogen werden können, sind vielfach von Hausthieren oder gefangenen Thieren hergenommen, welche in mancher Hinsicht ihre Veränderung ihrer ursprünglichen Gewohnheiten erlitten haben mögen.

Es gelingt in der Gefangenschaft, die höchsten Affen, z. B. den Orang, so zu gewöhnen, daß sie ihren Schlaf nach der Art des Menschen in Betten halten. Aber es ist doch wohl von diesen, dem Menschen zunächst stehenden Affen, sowie von der ganzen Klasse der Säugethiere anzunehmen, daß ihr Schlaf nicht die regelmäßigen Zeiträume, wie der Schlaf des Menschen, einhält. Der Hund schläft zu verschiedenen Zeiten, sowohl bei Tag als bei Nacht; und dasselbe gilt von allen Säugethieren, welche wir als Hausthiere oder in der Gefangenschaft näher kennen gelernt haben. Dazu kommt aber, daß viele von den größeren Säugethieren, wie z. B. das Pferd, im Schlafe nicht liegen, sondern stehen, also in einer Stellung schlafen, welche zum völligen Ausruhen nicht am besten geeignet ist. Es läßt sich hieraus schließen, daß der Schlaf im Allgemeinen bei den Säugethieren weniger regelmäßig ist, als beim Menschen; und dasselbe gilt auch von der Klasse der Vögel, von welchen gleichfalls sehr viele stehend schlafen. Steigt man aber weiter herunter zu den Reptilien und Fischen, so läßt sich bei diesen kaltblütigen Wirbelthieren von einem eigentlichen, zu gewissen Stunden des Tages oder der Nacht eintretenden Schlafe nicht mehr reden. Noch mehr scheinen die wirbellosen Thiere, nämlich die Insekten, die Würmer, die Weichthiere und die Strahlthiere, ihr Leben in einem Zustande hinzubringen, welcher die Mitte zwischen Schlafen und Wachen hält, und weder die Ruhe und Bewußtlosigkeit des ersteren, noch die Bewegung und Klarheit des letzteren Zustandes erreicht.

Offenbar tritt in den verschiedenen Gruppen der Thiere der Gegensatz von Schlafen und Wachen um so mehr zurück, je weniger ausgebildet das Gehirn, das wichtigste und centralste Organ des ganzen Nervensystemes, sich darstellt. Die Säugethiere, welche in ihrer Hirnbildung, wie in ihrer ganzen Organisation sich am meisten dem Menschen nähern, stehen ihm auch in dem Verhalten von Schlafen und Wachen noch am nächsten. Auch hierin zeigt es sich aufs Neue, daß der Wechsel dieser beiden Zustände vor Allem von dem Leben des Gehirns, und zwar von der nothwendigen Abwechslung zwischen Thätigkeit und Ruhe dieses Organes bedingt ist. Die höchste Entwicklung des Gehirns bringt beim Menschen auch den tiefsten Schlaf und das klarste Wachen in regelmäßiger täglicher Aufeinanderfolge mit sich.

An die Stelle dieser täglich sich wiederholenden Ordnung tritt nun bei vielen Thieren eine andere, welche nicht durch den kurzen Abschnitt der Erdumdrehung, sondern durch einen längeren Zeitraum, nämlich durch die jährliche Bewegung der Erde um die Sonne bestimmt wird. Hier zerfällt das ganze Jahr in eine Hälfte des überwiegenden Wachens und eine andere des überwiegenden Schlafes. Man hat den letzteren als Winter- und Sommerschlaf bezeichnet.

Der Winterschlaf erscheint bei kleinen Säugethieren der gemäßigten und kalten Zone, so bei Fledermaus, Igel, Siebenschläfer, Hamster, Murmelthier. Er fehlt ganz bei den Vögeln, und es ist daher unrichtig, was früher von dem Überwintern der Schwalben in unserem Klima geglaubt wurde. Unter den Reptilien ist er sehr verbreitet, und er fehlt auch nicht bei den Fischen, wie bei Aal, Schleihe, Karpfen. Vorzüglich aber tritt er in den niederen Thierklassen auf, so bei den Insekten, Schnecken, Würmern. Er hat die Charaktere des tiefsten Schlafes. Sinnesthätigkeit und Bewegung ruhen vollständig. Hier, welche sich im völligen Winterschlafe befinden, ertragen die schwersten Verletzungen ohne alle Zeichen von Schmerz. Ihre Glieder sind starr und werden bei den Insekten eher zerbrochen als gebogen. Zu dieser Ruhe des Nervensystems kommt aber insbesondere noch ein tiefes Sinken derjenigen Thätigkeiten, welche den Stoffwechsel des Thieres vermitteln. Die Herzbewegung wird sehr verlangsamt. Bei Insekten schlägt das Rückengefäß in der Minute statt 60mal nur 2 bis 3mal; die Herzthätigkeit sinkt bei der Fledermaus von 200 auf 50, beim Murmelthier von 90 auf 8 bis 10 Schläge in der Minute. Auf entsprechende Weise nimmt das Athmen ab; im tiefen Winterschlafe wird es fast unmerklich. Dadurch wird die Eigenwärme der Thiere tief herabgesetzt; sie beträgt bei Säugethieren statt 25 bis 30° nur 4°. Das Nahrungsbedürfniß fehlt im tiefen Winterschlafe ganz; einzelne Winterschläfer, wie der Hamster, erwachen aber an milderen Tagen und nehmen dann vorübergehend wieder Nahrung zu sich.

Der Sommerschlaf ist in seinen Erscheinungen viel weniger genau beobachtet. Er fällt in der heißen Zone auf die trockene Zeit der größten Wärme und scheint besonders bei Landreptilien vorzukommen. An ihn schließt sich das Vertrocknen niederer Thiere, wie der Räderthiere und Infusorien, an; neue Befeuchtung läßt diese niederen Organismen zu neuem Leben erwachen.

Es ist bis jetzt nicht gelungen, in der Organisation der winterschlafenden Säugethiere Eigenthümlichkeiten zu entdecken, welche sie von anderen Säugethieren unterscheiden und ihr Versinken in den Winterschlaf erklären könnten. Der Winter- und der Sommerschlaf der Thiere schließen sich offenbar an jene Unterbrechungen an, welche das pflanzliche Leben zu gewissen Jahreszeiten, während des Winters in der gemäßigten Zone, während des Sommers in der heißen Zone erleidet. Die Extreme der Kälte und der Hitze hemmen den organischen Stoffwechsel, indem sie theils die Zufuhr von äußerer Nahrung hindern, theils die Thätigkeiten des Organismus selbst verlangsamen und unterbrechen. Kälte und Hitze befördern das Eintreten des gewöhnlichen Schlafes. Aber der Winter- und Sommerschlaf entspringen nicht, wie der gewöhnliche Schlaf, zunächst aus der Ermüdung und dem Ruhebedürfniß des thierischen Nervensystems, sondern aus einer Hemmung des Stoffwechsels, welche erst in zweiter Linie auf das Nervensystem wirkt und tiefen Schlaf hervorruft. Der Schlaf des Menschen und der höheren Thiere setzt auch Kreislauf, Athmung, Wärme, Nahrungsbedürfniß etwas herab; aber hier ist das Erste die Ruhe und Unthätigkeit des Gehirns, und erst in zweiter Linie werden die Thätigkeiten verändert, welche den Stoffwechsel vermitteln.

Je weiter also die Thiere in ihrer ganzen Organisation und vorzüglich in der Ausbildung ihres Nervensystemes vom Menschen entfernt sind, desto mehr weicht ihr Schlaf vom menschlichen Schlafe ab. Zuerst verliert er an Tiefe und Regelmäßigkeit; und dann tritt an die Stelle des täglichen Ablaufes der jährliche Wechsel zwischen Schlafen und Wachen.

Wenn hieraus die Eigenthümlichkeit und die höhere Stufe des menschlichen Schlafes klar hervorgeht, so ist jetzt zur näheren Untersuchung des letzteren wieder auf den Begriff zurückzugehen, welcher verbindet von Schlafen und Wachen gegeben werden ist. Hat man wirklich Recht, allgemein zu behaupten, daß das Wachen der Zustand der klaren Bewußtseins, der Schlaf der Zustand der Bewußtlosigkeit sei? In der That ist während des Schlafes das Bewußtsein nicht ganz aufgegeben, und während des Wachens fehlt es nicht an dem Hereinwirken unbewußter Seelenzustände in die bewußte Thätigkeit der Seele. Die Beweise für Beides liegen in zahlreichen Erfahrungen des täglichen Lebens.

Das innere Feld, auf welchem sich aus den verschiedenen Sinneseindrücken während des Wachens die Vorstellungen der bewußten Seele gebildet hatten, bleibt während des Schlafens nicht ganz leer. Statt der klaren, umschriebenen Bilder der äußeren Gegenstände, wie sie vorzüglich aus den Eindrücken des Gesichts, des Gehörs und des Tastens sich entwickeln, treten jetzt auf dunklem Hintergrunde wechselnde, phantastische Gestalten, die Träume, auf. Die niedere Phantasie, welche nicht schöpferisch neue Stoffe hervorbringt, sondern sich nur in Erzeugung neuer Combinationen von gegebenen Vorstellungen thätig erweist, entwickelt aus sich die Traumbilder. Sie steht hiebei nicht unter der Herrschaft des Bewußtseins; aber die Bilder, welche sie erzeugt, bringen im Bewußtsein bestimmte Eindrücke hervor und werden eben dadurch zu Träumen des Menschen. Während das Bewußtsein im Wachen die von außen kommenden Sinneseindrücke aufschaut, nimmt es im Traume die Bilder auf, welche in der Seele selbst auf dem Wege der phantastischen Combination gebildet worden sind.

Der Stoff für die Träume wird der Phantasie auf verschiedenen Wegen zugeführt. Vor Allem kommt er aus dem Gedächtnisse, aus der Erinnerung an früher Erlebtes. Vorstellungen und Gefühle, Gedanken und Stimmungen haften in der Seele mit größerer oder geringerer Stärke und tauchen während des nächtlichen Wirkens der Phantasie in mannigfachen Verbindungen, als Träume wieder auf. Eine zweite Quelle der Traumbilder sind körperliche Gefühle, welche während des Schlafes in dunkler Weise mitwirken. Sie kommen oft aus wichtigen inneren Organen, aus Herz, Magen. Krankhafte Zustände des Herzens, Beengungen, welche vom Herze oder von den Lungen ausgehen, erzeugen Träume von schweren Körpern, welche auf die Brust drücken und den Athem hemmen. Magenstörungen sind nicht selten mit Träumen von üppigen Mahlzeiten verbunden. Andere Gefühlseindrücke entspringen aus äußeren Körpertheilen, vorzüglich aus Tastnerven. So bringt das Einschlafen äußerer Glieder das Bild eines neben dem Träumenden befindlichen Menschen hervor. Endlich wirkt bisweilen eine Gedankenreihe, welche im Wachen streng verfolgt worden war, auch während des Schlafes noch fort, und man erzählt von Mathematikern, daß ihnen die Lösung von Aufgaben, welche sie im Wachen vergebens versucht hatten, im Schlafe gelungen sei.

Das Bewußtsein schaut zwar die Träume an; aber da es im Schlafe nicht ungebunden wirkt, so übt es über die träumende Phantasie nicht die Herrschaft aus, durch welche es im Wachen die Erzeugnisse der Phantasie bald zurückhält, bald fördert, bald ordnet. Daher sind die Träume immer wechselnd, willkührlich, regellos. Ueberdieß aber fehlt ihnen die Controle durch die äußeren Sinneswerkzeuge. Sie drängen sich im Bewußtsein an die Stelle der Sinneseindrücke und erscheinen daher dem Träumenden als wirklich, als äußerlich Erlebtes und Angeschautes. Sie spiegeln ihm die Eindrücke aller Sinne, vorzüglich aber des Gesichtes und Gehörs vor.

Ob der Schlaf immer von Träumen belebt ist, oder ob es auch traumlosen Schlaf gibt, läßt sich durch die Beobachtung nicht bestimmen. Jedenfalls beweisen die Träume, daß im Schlafe das Bewußtsein nicht vollständig ruht. Aber das Bewußtsein nimmt im Schlafe nicht nur die Bilder wahr, welche in der Seele von der combinirenden Phantasie gebildet werden; sondern es ist während dieser Zeit bis auf einen gewissen Grad und in dunkler Weise auch wirklichen, äußeren Sinneseindrücken zugänglich. Der Müller, der in der klappernden Mühle schläft, erwacht beim Stillstehen des Werkes; das Erlöschen des Lichtes erweckt Leute, die gewohnt sind, neben einem brennenden Nachtlichte zu schlafen. Diese Erscheinungen lassen sich nur durch die Annahme erklären, daß Gehör und Gesicht auch während des Schlafes nicht völlig ruhen, daß daher vom Schlafenden sowohl der äußere Sinneseindruck, als das plötzliche Aufhören desselben wahrgenommen wird. Diese Wahrnehmungen entbehren freilich aller Klarheit und beziehen sich mehr auf das Vorhandensein und Fehlen, als auf die einzelnen Qualitäten des äußeren Eindruckes.

Offenbar ist also das Bewußtsein auch während des tiefen Schlafes nicht der Aufnahme von Eindrücken verschlossen, welche vorzüglich in der Seele selbst, öfters aber auch in den umgebenden Dingen ihren Ursprung haben. Andererseits hört auch der bewußte Wille im Schlafe nicht ganz auf, nach außen zu wirken und besonders die Organe der Bewegung zur Thätigkeit anzutreiben oder in ihrer Thätigkeit zu regeln. Hieher muß das Erwachen zu vorgesetzter Zeit gerechnet werden, wenn es auch unmöglich ist zu erklären, wie in diesem Falle das Bewußtsein gerade in dem bestimmten Momente sich nach außen wendet und dadurch das Erwachen des ganzen Körpers und seiner ruhenden Sinnes- und Bewegungsorgane bewirkt. Deutlicher ist der Wille thätig, wenn er den schlafenden Körper in gewissen Stellungen erhält, welche von der gewöhnlichen Lage der Schlafenden abweichen, so den Soldaten gehend, reitend, den Fuhrmann fahrend. Hier besteht ein dunkler Willenseinfluß auch im Schlafe auf und erhält den schreitenden, sitzenden Körper bei scheinbar aufgehobenem Bewußtsein im Gleichgewichte.

Diesen Zeichen von der Fortdauer des Bewußtseins während des Schlafes stehen andere gegenüber, welche beweisen, daß auch im Wachen viel Unbewußtes der bewußten Thätigkeit der Seele sich beimischt. Es gibt Sinneseindrücke, welche wir annehmen, ohne daß wir uns derselben bewußt werden. Die Abwendung der Aufmerksamkeit läßt sie nicht zum Bewußtsein gelangen; aber oft wird der Mensch nachher inne, daß er etwas gesehen oder gehört hat, und er ist auch nach dem Vorübergehen des äußeren Eindruckes nicht selten im Stande, sich diesen nachträglich klarer vor die Seele zu rufen. Der Eindruck hat also auf die Seele gewirkt, ohne das Bewußtsein selbst zu berühren, und er haftet in der Erinnerung bisweilen so fest, daß er nachher noch zum bewußten Sinneseindruck erhoben werden kann.

Hier schon erscheint das Gedächtniß als die Region der Seele, in welcher äußere Eindrücke ohne Mitwirkung des Bewußtseins festgehalten werden. Was im Gedächtnisse haftet, kann durch die bewußte Thätigkeit der Seele aus dem Schatze der Erinnerung hervorgeholt werden; aber in vielen Fällen verhindert gerade die Richtung der Aufmerksamkeit auf das Gedächtniß die Erinnerung an Einzelnes, was früher erlebt, vorgestellt, gedacht worden war, und erst die Ablenkung des Bewußtseins gewährt dem Gedächtniß eine freiere, innere Bewegung, so daß ohne Mitwirken des Willens die Schätze der Erinnerung, einzelne Thatsachen oder Namen, aus ihrem dunklen Grunde an den klaren Tag des Bewußtseins hervortreten. Was auf solche Weise in der Seele festgehalten ist, wird durch die niedere Phantasie unter sich in neue Beziehungen gesetzt und zu neuen Bildern und Gedanken verbunden. Diese combinirende Thätigkeit erzeugt nicht blos die Träume, sondern sie ist auch im Wachen fortwährend thätig. Nach den Gesetzen der Aehnlichkeit und des Contrastes läßt sie die Vorstellungen auf einander wirken und fördert dadurch sowohl das Schaffen der höheren Einbildungskraft als die Processe des Denkens, indem sie diesen Thätigkeitsweisen der bewußten Seele den Stoff zu ihrer Arbeit in mannigfach wechselnden Combinationen zuführt. So steigt der Witz ungerufen auf, und dem Redenden oder Schreibenden bieten sich die Worte für seine Gedanken wie unwillkührlich dar. Gedächtniß und Phantasie sind also im Schlafen und Wachen wesentlich unbewußte Seelenthätigkeiten, aber ihre Aeußerungen gewinnen im Wachen eine andere Gestalt, weil sie hier unter die ordnende Herrschaft des Bewußtseins und unter die Controle der äußeren Sinneswerkzeuge gestellt sind.

Wenn demnach während des Wachens bei den inneren und äußeren Wahrnehmungen der Seele Bewußtes und Unbewußtes mannigfach gemischt wird, so erscheint auch die willkührliche Bewegung als ein Vorgang, bei welchem der Wille keineswegs allein und mit vollem, klarem Bewußtsein die einzelnen Werkzeuge der Bewegung in Thätigkeit setzt. Wir glauben durch unseren Willen geradezu einzelne Glieder zu bewegen; aber wir werden uns dabei keineswegs der Bewegungsorgane selbst, d. h. der

Muskel bewußt, welche die Lageveränderung der äußeren Glieder bewirken. So bewegen, beugen oder strecken wir unsere Finger, ohne zu wissen, daß die Muskel, welche hiebei in Thätigkeit gesetzt werden, zum größten Theile nicht an der Hand, sondern am Vorderarme liegen. Gäbe unser Wille nicht blos den ersten Anstoß zur Bewegung, sondern verfolgte er auch die einzelnen Wege ihrer Ausführung, so müßten wir uns bewußt werden, daß wir die Bewegung der Finger durch Muskel bewirken, welche sich am Vorderarm befestigen. Aehnlich verhält es sich mit der Bewegung der Zunge, welche in der Sprache die mannigfaltigsten und feinsten Effekte durch eine große Zahl von dünnen, vielfach verwebten Muskelbündeln hervorbringt. Vom ersten Momente des Sprechens an werden wir uns bewußt, welche dieser Bündel, und auf welche Weise wir dieselben bewegen. Unser Wille gibt nur den Anstoß zur Bildung eines Lautes, eines Wortes und überläßt es anderen Organen unseres Körpers, diesen Anstoß auf die einzelnen, zu bewegenden Muskelpartieen wirksam zu übertragen.

Was der bewußte Wille vollführt, ist also nur der Antrieb zur Bewegung irgend eines Theiles unseres Körpers. Aber zwischen diesem ersten Anstoß und der besonderen Ausführung des von oben kommenden Befehles durch die Muskel liegt in der Mitte noch ein höchst wichtiger Vorgang, nämlich die Austheilung der einzelnen Momente des Befehles an die einzelnen, nothwendigen Muskelgruppen. Der Wille gleicht hiebei der Hand, welche die Tasten des Claviers in Bewegung setzt, aber die richtige Uebertragung dieses Anstoßes auf die Saiten dem Mechanismus des Instrumentes überläßt. So muß auch zwischen dem bewußten Willen und den einzelnen Muskeln ein Mechanismus gedacht werden, welcher wirkt, ohne daß wir uns des Vorganges selbst anders, als in seinen Effekten, bewußt werden. Diese unbewußte Thätigkeit wird durch einzelne Partieen unseres Nervensystems, vorzüglich aber durch das Rückenmark vermittelt.

So ist im Wachen des Menschen weder die Wahrnehmung noch die willkührliche Bewegung frei von unbewußter Thätigkeit. Im Schlafen und Wachen ist also gleicherweise Bewußtes und Unbewußtes gemischt; in beiden Zuständen kommt kein Vorgang des Seelenlebens zu Stande, ohne daß bewußte und unbewußte Seelenthätigkeiten zusammenwirkten. Aber im Wachen ist das Bewußtsein frei und klar, während es im Schlafen durch die Ruhe des ihm dienenden Organes, nämlich des Gehirns, gehemmt und mehr nach innen gekehrt wird; daher überwiegt dort die bewußte, hier die unbewußte Thätigkeit der Seele.

(Schluß auf S. 181.)

Josef Garibaldi und die Frauen beider Hemisphären.

Von Hermann Reuchlin.

Jedes Volk und jedes Zeitalter kennzeichnet sich besonders durch die Art, wie dieselben das Verhältniß des Mannes zur Frau auffassen und gestalten. So bliebe auch die Charakteristik eines Mannes unvollkommen, wenn durch sie nicht auch diese wesentliche Seite seiner Lebensanschauung hervorgehoben würde. Wir glauben daher einen Hauptzug im Charakter Garibaldi's zu beleuchten, indem wir diese Seite desselben eingehender behandeln, um so mehr, als auf sein Innerstes Frauen tief bestimmenden Einfluß übten.

Zuerst seine Mutter, die eine Nachkommin

23

jenes räthselhaften, abentheuerlichen Baron Theodor von Neuhof zu sein scheint, welcher aus der niederrheinischen Grafschaft Mark stammend, mit einer Freischaar auf dem gegen seine genuesischen Bedränger ringenden Corsika landete und im Jahre 1736 als König der Insel gekrönt wurde. Daher erklären sich wohl nicht bloß Garibaldi's nordisch längliches Gesicht, seine röthlichen Haare, seine helleren Augen, sondern vielleicht auch der romantische Zug, welcher durch sein ganzes Wesen geht, und die Gabe der doch der Glaube an Ahnungen, welche er mit Theodor gemein hat.

Josef Garibaldi ist den 4. Juli 1807 in Nizza geboren. —

Die Absichten und Lehren seines Vaters gingen vor Allem darauf aus, dem Sohne Gelderwinn und ein behagliches Leben im Berufe des Priesters oder des Advokaten als das einzige Ziel alles Lernens vorzustellen. Offenbar war Josef ein gelehriger Schüler des Vaters. Dagegen bekennt er, daß seine Mutter tiefen Einfluß auf ihn übte. In den Denkwürdigkeiten, welche er vor etwa sechs Jahren auf Caprera niederschrieb und vor seinem Abgange nach Sicilien seinem Freunde Carrano einhändigte, sagt Garibaldi: „Meine Mutter, ich behaupte es mit Stolz, könnte als Muster der Mütter gelten und ich glaube kaum Alles gesagt zu haben. Es wird mir eine der schwersten Bekümmernisse bleiben, daß ich die letzten Tage meiner Mutter nicht zu glücklichen machen kann, nachdem ich ihr das Leben durch mein abentheuerliches Treiben so sehr verbittert habe. Ihre Zärtlichkeit für mich war vielleicht übergroß; aber schulde ich das wenige Gute was in mir ist nicht ihrer Liebe, ihrem engelgleichen Charakter? Ist es nicht die Frömmigkeit meiner Mutter, ist es nicht ihr wohlthätiges, liebevolles Wesen, ihr Mitleiden mit dem Unglücklichen, mit dem Leidenden, ist dieses Alles es nicht, dem ich die wenige Liebe zum Vaterlande verdanke, welche mir die Sympathie und die Zuneigung meiner guten, unglücklichen Mitbürger erworb? Ja, ob ich gleich gewiß nicht abergläubisch bin, — nicht selten auf den allerrauhesten Bahnen meines geräuschvollen Lebens, wenn ich unversehrt aus den größten Gefahren des Oceans, aus dem Hagel der Schlacht selber hervorging, schaute ich meine liebevolle Mutter auf den Knieen, niedergebildt vor dem Angesichte des Höchsten, im Gebet für das Leben desjenigen, welches sie unter dem Herzen getragen, — und ich glaubte an die Wirksamkeit des Gebetes.“

Kaum ist Garibaldi den Knabenjahren entwachsen, so beschreibt er uns mit Begeisterung die schöne Constanza; dies war aber das Schiff, mit welchem der junge Seemann erstmals das Meer durchfurchen sollte, und mit dem die gewölbte Brust, wovon dasselbe den Namen führte. „Wie schön warst du, Constanza,“ schreibt er als alter Seemann; „immer wird dein schöner Bau meiner Phantasie eingeprägt bleiben! Wie graziös schaukelten sich (como dondolavanai graziosamente) deine santenesischen Schiffsleute, dieser wahre Typus unserer unerschrockenen Ligurer! Mit welcher Lust schlich ich mich auf den Balkon, um ihre Volkslieder, ihre harmonischen Chöre zu hören! Sie sangen Liebe; Anderes lehrte man damals nicht; sie machten mich weich, sie machten mich trunken für eine an sich unbedeutende Reigung, welche ich eben hegte. Sie würden mich damals eraltirt haben, hätten sie vom Vaterlande, von Italien gesungen. Aber wer hätte ihnen damals gesagt, daß es ein Italien gebe? ein Vaterland, welches zu rächen, zu befreien sei! Man wies uns nur wie heimathlose Juden auf das Geld, als auf die Hälfte des Lebens hin. — Indeß rüstete mir meine Mutter unter Thränen meinen Reisebündel zu.“

Die erste und noch mehrere Reisen gingen nach Odessa. Auf einer derselben sah der Jüngling Rom. Einmal mußte er längere Zeit krank, mittelst in Constantinopel zurückbleiben. „In allen möglichen Nöthen,“ schreibt er, „habe ich mitwenig Kummer gemacht; auch begegnete ich immer Personen, welche mir Theilnahme für mein Loos bezeugten. Unter ihnen werde ich Frau Luigia Sauvaigo aus Nizza (in Constantinopel) nie vergessen, eines von den Geschöpfen Gottes, welche mir stets den Glauben einflößten, das Weib sei, was sich die Männer auch denken mögen, — die vollkommenste unter den Kreaturen. Als Mutter ein Muster der Mütter machte sie das Glück ihres trefflichen Gatten.“ — Während Garibaldi immer mehr kennen und schätzen lernte, was die Elite italienischer Damen, besonders in der Lombardei, in Piemont und Toscana, für Hebung des Volkes und für Erweckung des nationalen Geistes bei Männern wie bei der Jugend that, so blieb er fest bei seiner Ueberzeugung, daß die Verziehung der meisten Mädchen die Herzwurzel der geistigen und der politischen Unterjochung Italiens sei.

In eine politische Verschwörung verwickelt wurde er einige Tage von einer Genueserin verborgen gehalten und trat nun im Februar 1834 mit seiner Flucht nach Frankreich ein noch wechselvolleres Leben an. Er versocht auf schwachem Kiel als Korsar die Sache der vom Kaiserreich Brasilien abgefallenen Südprovinz Rio Grande, welche sich als Republik unabhängig zu machen suchte. Wir glauben ihm gerne, daß er ein großmüthiger Korsar war. Der Tod umrang ihn nun in allen Gestalten, im Sturm, in Meeresströmungen, im Geschützfeuer und mit den Enterwaffen. Eine zwischen Schlund und Wirbelsäule stecken gebliebene Kugel hielt ihn lange am Rand des Grabes. Kaum genesen unterlag er der grausamsten Tortur, ohne daß man damit ihm die Angabe der Gehilfen eines unglücklichen Fluchtversuchs abzupressen vermocht hätte.

Ein seinem poetisch angeregten Gemüthe entsprechendes Leben führte er als Anführer einiger Kanonischaluppen von Rio Grande. Die Tochter einer der ersten Familien derselben, Manuela, welche dem Sohne des Präsidenten verlobt war, für welche Garibaldi eine aussichtslose Neigung hegte, hob seine Stimmung in den Gefahren dieses Lebens, welches mit dem der homerischen Helden viel Aehnlichkeit hat.

Diese Töchter der spanischen Eroberer, mit ihrem feurigen, kräftigen Naturell ließen in ihm nie den Gedanken aufkommen, daß sie „das schwächere Geschlecht" seien. Glaubte er doch, daß selbst die Farbigen hier etwas von ihrer Anmuth angenommen hätten, ob er sie gleich „keines so göttlichen Kultus würdig fand".

Mit Stolz erzählt er von dem Muth, von dem Geschick vieler italienischer Landsleute, welche durch die Reaktion vertrieben, in der neuen Welt dem Namen Italiens Ehre machten. Auf einer Expedition der Meeresküste entlang, wurde das Kanonenboot Garibaldi's von einem Orkan überfallen und scheiterte. Alle seine sechs Landsleute, meist gute Schwimmer, ertranken; er fand sich beinahe allein unter Negern am Strande; es war ihm als wäre für ihn die Freundschaft im Ocean versenkt, die Welt erschien ihm als eine Wüste. „Ich bedurfte jetzt und zwar alsbald eines Wesens das ich liebte," schreibt er, „eines Weibes, welches als tröstender Engel mir in den Bitterkeiten des Lebens zur Seite stünde. Ein Weib wird, insbesondere von einem Unglücklichen, wenn es von ganzem Herzen geschieht, nicht umsonst angefleht." Kurz, von Bord des Kriegsschiffes Itaparika aus sah er eine Jungfrau spanischer Abstammung am Ufer stehen; er rudert an's Land, tritt in ein nahes Haus, findet sie dort und bittet um ihre Hand. Diese war nicht mehr ganz frei, allein seine Persönlichkeit siegt ohne langen Widerstand, sie folgt ihm als seine Frau an Bord. Sie war von Stund an auch seine tapfere Waffengefährtin in den tausend Gefahren des Seekriegs und des Reiterkriegs.

Garibaldi mochte damals 32 Jahre alt sein; sein ritterlich kühnes Naturell entwickelte sich im Wetteifer mit dem seiner jungen Frau. — Als aber zehn Jahre später nach der heldenmüthigen Vertheidigung Roms und nach dem verzweifelt kühnen Marsche mitten durch feindliche Schaaren gegen Venedig Anita an Erschöpfung bei Ravenna starb und Garibaldi, welcher ihren Leichnam unberdigt zurücklassen mußte, nur durch die Todesverachtung einer Kette von Männern und Frauen als Volksheld quer durch Italien, bis Spezia gerettet wurde, fühlte er sich durch Gewissensbisse gequält, weil er in Amerika solch ein Weib einem Anderen, welcher ein früheres Recht auf sie gehabt habe, entführt hatte.

Den 16. September 1840 wurde ihm der erste Sohn Menotti geboren, welcher eine Narbe auf der Stirne als Andenken eines Sturzes vom Pferde mit auf die Welt brachte. Nur in der letzten Zeit war die Mutter auf einem Hofe, nach dem flüchtigen Besitzer St. Simon genannt, abseits der Schlacht selber geblieben. Ein Mann, welcher alle die Gefahren bestanden, Anita nur in diesem Jahre überwand, würde mit Recht als kühner Reitersmann bewundert.

Garibaldi erzählt selbst über diese Zeit, wie die Sachen der kleinen Republik bereits schlimmer und schlimmer gingen, und überall bitterer Mangel herrschte: „In Wahrheit, ich war nicht im Stande meine liebe Wöchnerin auch nur mit einem Halstüchlein zu beschenken. Man rieth mir, um meinen Lieben auch nur einige Leinwand zu verschaffen, sollte ich eine Reise nach Settembrina wagen, wo mir einige Freunde gewiß dazu verhelfen würden. Ich machte mich also auf, durch die überschwemmten Flächen dieses Alluviallandes; ganze Tage ritt ich fort, während das Wasser dem Pferde beständig bis an den Bauch reichte. Ich kam nach Rossarella, einen guten Winteraufenthalt für ein großes Gestüte; der Vorsteher, Hauptmann Massimo von den freiwilligen Lanciers, nahm mich als rechtschaffener Kamerade gut auf. Ich war am Abende bei einem starken Regen angekommen; da am andern Morgen das Unwetter schlimmer war, versuchte der gute Hauptmann mich auf jede Weise zum Bleiben zu bewegen. Aber der Gegenstand meiner Reise drängte mich zu sehr und ich wagte mich, trotz aller Warnungen des Freundes, in Steppen welche einem Meere glichen."

„In der Entfernung von einigen Meilen (à 30 Minuten) hörte ich Gewehrfeuer von der Richtung her, woher ich eben kam; ich faßte Verdacht, konnte aber nichts anderes thun, als meinen Weg weiter fortsetzen. So kam ich in Settembrina an, kaufte mir einige Stückchen Leinwand und machte mich auf den Rückweg nach St. Simon. Als ich wieder nach Rossarella kam, sah ich die Ursache des Gewehrfeuers vor mir. Hauptmann Massimo war von dem feindlichen Parteigänger Moringue, welcher mit seinen deutschen Söldnern, Infanteristen, auf Nachen herbeigekommen war, überfallen und mit beinahe allen seinen Leuten getödtet worden. Die besseren Pferde waren zu Schiffe weiter gebracht, die geringeren niedergehauen. — Durch dasselbe Streifcorps waren auch andere kleine Posten der Republikaner überfallen oder alarmirt. Anita fand der rasch St. Simon zurückkehrende Garibaldi nicht, der Hof war verlassen; in einem nahen Walde traf er sie mit dem Kinde, welches sie am zwölften Tage nach der Geburt vor sich auf den Sattel gesetzt und geflüchtet hatte.

Wenige Monate später mußte das geschlagene republikanische Kriegsvolk mehrere Tage bei rauhem Regenwetter durch einen Urwald, wo die anwohnenden Indianer zum Feinde hielten, hungernd fort zurückliefen. Die andern Kinder beim Zuge mußten zurückgelassen werden; Garibaldi band sich sein Kind mit einem Tuche unter dem Arm fest, daß es durch seinen Hauch erwärmt wurde. — So wenig die Entbehrungen ihn für seine Person drückten, so glaubte er seiner kleinen Familie ein so hartes Loos nicht in die Länge zumuthen zu dürfen. Es bemächtigte sich seiner jetzt auch eine Sehnsucht nach Nachrichten aus Italien, von seiner Mutter, welche so nahe seinem Herzen nahe geblieben war. So nahm er denn seinen Abschied von der dahinsinkenden kleinen Republik und begab sich nach der ungleich civilisirteren republikanischen Handelsstadt Montevideo. Er hatte mit dem Abschiede als Belohnung einige hundert Ochsen auf den Weg bekommen; die meisten starben aber auf dem Marsche oder wurden ihm bei den

23 *

Flußübergängen gestohlen, so daß er kaum einige hundert Thaler aus den erübrigten Zöllen erklösen und damit eine einfache Haushaltung gründen konnte.

So lebte er denn in Montevideo einige Jahre, indem er als Lehrer der Mathematik und als Makler sein karges, aber ehrliches Brod verdiente, bis die Stadt mit ihrer Handelsrivalin Buenos Ayres und deren Tyrannen Rosas in Krieg verwickelt wurde. Während der Belagerung Montevideo's von der Landseite, welche der von Troja an Dauer nahe kam, führte Garibaldi bald die republikanische Flottille die Riesenströme hinauf, weit in's Innere der Laplatastaaten, bald stand er an der Spitze eines Freicorps von 700 Italienern, welche Montevideo vertheidigen halfen. Sein Stolz war, daß durch sie der italienische Name in Südamerika zu Ehren gebracht wurde. Trotz seines Widerstrebens wurde er zum General ernannt, ja er war einige Zeit Commandant der reichen Handelsstadt. Dennoch begnügte er sich mit seiner Soldatenration, welche Anita für die Familie bestens zu verwerthen wußte. Ein benachbarter Kaufmann theilte dem Präsidenten mit, man sehe in Garibaldi's Wohnung Abends nie Licht. Der Präsident nahm daraus Veranlassung, eines Abends seinen Adjutanten zu Garibaldi zu schicken, um für seine Mitwirkung im Kriege siegreichen Gefechte ihm zu danken und ihm 500 Francs zu überbringen. Als Garibaldi, in der Finsterniß sitzend, fremde unsichere Tritte vernahm, hieß er Anita Licht anzünden, worauf sie ihn lachend wegen Prahlerei zurecht wies, da er wohl wisse, daß sie weder Licht noch Geld hätten, welches zu kaufen. Garibaldi erwiederte dann, es sei auch ganz unnöthig, da man sich mit einem Bekannten, auch ohne ihn zu sehen, unterhalten könne. Von der unverhofften Summme legte er die eine Hälfte in Anita's Hände, die andere vertheilte er unter Wittwen und Waisen der Legion.

Dafür war denn auch ein großer Beweis der Dankbarkeit unter den Kaufleuten in Montevideo, als Garibaldi im April 1848 mit 54 Waffengenossen nach seinem Vaterlande segelte, in der Hoffnung, unter der Führung Pius IX. die östreichische Fremdherrschaft zu brechen. Sie wurden durch freiwillige Beiträge überschifft. In Nizza umarmte er seine Mutter, seine auf einem anderen Schiffe vor ihm angelangte Frau und drei Kinder und eilte dann unter die Fahne Karl Alberts. Auch als dieser unterlegen war, versuchte Garibaldi den Kampf als Volkskrieg mit dem Muthe der Verzweiflung fortzuführen. Aber es waren hier keine amerikanischen Urzustände; im August 1848 sank die rothweißgrüne Nationalfahne am Lago maggiore, im Juni 1849 von den Mauern Roms, dort vor dem östreichischen, hier vor dem französischen Adler.

Garibaldi, welchen nicht einmal das besiegte Piemont öffentlich zu schützen vermochte, dem die Oestreicher und die Franzosen als Revolutionär auf den Fährte folgten, geächtet und verbannt, ließ seine Frau in italienischer Erde begraben, seine Kinder in den Händen von Freunden zurück und verbarg sich ein

Jahr im Marokkanischen. Sobald er die Mittel erhielt, begab er sich nach dem Nordamerikanischen, von wo aus er als Schiffscapitän bis Canton in China fuhr, auf welcher Reise er zum erstenmal von Gichtbeschwerden hart heimgesucht wurde. Um so mehr fühlte er das Bedürfniß eines eigenen Daches; daher kehrte er im Jahre 1854 in's Mittelmeer zurück und wurde durch zufällige Ereignisse bestimmt, sich auf dem Felseninselchen Caprera anzukaufen. Er nahm hieher seine Tochter und seinen ältesten Sohn zu sich; sie lebten unter Zelten, bis ein Wohnhaus in einfachen südamerikanischen Styl gebaut war. Als sein Handelskutter, mit welchem er Frachtfahrten machte, durch Selbstentzündung des Kalks abgebrannt war, lebte er ganz dem Landbau, bis Cavour ihn zu Anfang des Jahres 1859 als General an die Spitze der Alpenjäger berief, eines 3300 Mann starken Freicorps, mit welchem er bis Varese und Como im Rücken Giulay's vordringend, seinen europäischen Namen befestigte.

Er hatte es sich gelobt, den Tod Anita's den Italienern nicht zu verzeihen, bis sie die Herrschaft Oestreichs abgeschüttelt hätten. Als er im Spätsommer 1859 nach Ravenna kam, besuchte er mit seiner Tochter das Grab Anita's unweit des herrlichen Pinienwaldes; Elpis Melena erzählt als Augenzeugin diese rührende Feier am Schluß ihrer verdeutschten Denkwürdigkeiten Garibaldi's. Für Garibaldi hatte dieselbe noch eine besondere Bedeutung; er glaubte nach zehnjährigem Wittwerstande eine zweite Anita gefunden zu haben.

Der einzige Augenzeuge des seltsamen Begegnisses erzählt uns dasselbe folgendermaßen: „Die letzten Tage des Mai 1859 hatten die Lage Garibaldi's in dem Hügellande zwischen dem von den östreichischen Kriegsdampfern beherrschten Lago maggiore und dem Comersee immer schwieriger gemacht; während das östreichische Heer noch auf dem rechten, piemontesischen Ufer im Tessin stand, rückte „der östreichische Garibaldi" Feldmarschalllieutenant Urban mit dreifacher Uebermacht gegen ihn vor; er drohte sein Freicorps zu zersprengen und, wie 1848, über die Schweizergrenze zu werfen. Garibaldi war in diesen Tagen ungewöhnlich reizbar. — Es war am Nachmittage des ersten Juni; Urban lagerte auf der Südseite von Varese, welches er für seinen Anschluß an die italienische Sache hart, um Millionen, brandschatzte; der größere Theil der Einwohner war aus dem nördlich, kaum eine Meile davon liegenden herrlichen Wallfahrtsberg Monte de' fiori geflüchtet; zwischen dem Berge und der Stadt lagerten hungernd aber schlagfertig die Alpenjäger; Garibaldi ging nur von einem Offizier seines kleinen Generalstabs begleitet, recognoscirend gegen die Stadt vor: „Ei, was für schöne Kundschafter der Feind uns entgegenschickt!" rief der Offizier. Es war eine Kalesche, worin eine junge Dame und ein Priester saßen, fürwahr eine sehr hübsche, wenn auch etwas sonnverbrannte junge Dame, die eine Hand verbunden, in Folge eines Sturzes mit dem Pferde. Sie stieg aus, sprach insgeheim mit dem General; auch er stieg jetzt vom Pferde und trat mit ihr in die nahe Osterie, wo er einen Brief schrieb. Er übergab ihr denselben mit den Worten: „Sagen Sie den Comastern — denn auch diese waren in großer Noth und Angst vor der Rückkehr Urbans — sie sollen nur bis morgen Widerstand leisten, die Berge und Camerlata besetzt halten; morgen Abend werde ich mit den Alpenjägern in Como sein." Und damit fuhr das phantastische Fräulein wieder ab.

Es ist bekannt und es gab Leute, welche es mit Jubel verbreiteten, daß Garibaldi, schon vor Schließung dieser Ehe gewarnt, unmittelbar nachher sich überzeugen mußte, wie sehr er sich getäuscht hatte. Je höher er die Frauen und mit Recht insbesondere die lombardischen hielt, desto bitterer mußte diese Wunde ihn brennen. Es war, als ob ein Gift in seine Adern geworfen, seine Ruhe verzehrte. Halb widerwillig ließ er sich nach geschlossenem Frieden durch Victor Emmanuel, welchem er als einem derben Kriegsmanne mehr Vertrauen schenkt als allen seinen Staatsmännern, noch bewegen, auf einen großen Freischaareneinfall in den eigentlichen Kirchenstaat zu verzichten. Sobald er sich aber überzeugt hatte, daß seine Vaterstadt Nizza unwiderruflich Frankreich verfallen sei, trat er aus dem Parlamente und ging zu seinen Schiffen.

In dieser Stimmung, um seinen Herzensgroll an einem großen Gegenstande auszulassen, stürzte er sich in den Krater der sicilianischen Expedition, welche mit den kühnsten Normannenfahrten wetteifert. Eine dämonische Macht, griff er mit zerschmetternder Wucht in unsere zahlenkluge Zeit ein; das böse Gewissen seiner Gegner floh vor ihm, das hochaufgethürmte Verderben brach unter seinem Mannesschritte zusammen. Aber die Wirbel des Taumels drohten jetzt ihn selbst zu erfassen und niederzuziehen; er sah sich in einem Schlamm von Schlechtigkeit geschleudert, schlimmer, weit schlimmer als ihn Südamerika bezg. Neben einigen Freunden, welche in den Kämpfen um Montevideo, andere in den Kerkern von Spielberg geprüft worden waren, neben diesen seinen Getreuen boten auch einige durch viele Opfer für ihr Vaterland erprobte Damen, unter ihnen eine in Deutschland geborne, Garibaldi die Hand; so blieb er immer wieder seiner selbst Herr, er blieb es selbst, bis er dem in Neapel einziehenden Könige die Rechte zum Abschiede reichte, um ihn nicht durch seine Gegenwart zu verdunkeln.

Sein Verhältniß zu den Frauen, die Gewalt, welche sie auf die Bildung seines Charakters und Schicksals übten, die Macht, welche sein Wesen auf sie und zwar auf die besten unter ihnen besaß, beruht auf demselben, Einen Grunde, aus welchem seine Thaten, sein Ruhm und seine Irrthümer erwuchsen, darauf, daß er ein ganzer Mann und ein ächtes Kind des Volkes ist.

Der Schlaf des Menschen und der Thiere.

Ein Vortrag von Dr. Otto Köstlin.

(Schluß von S. 176.)

Ich komme endlich noch zu der Beantwortung der Frage, ob im Schlaf einzelne Seelenthätigkeiten erhöht, vielleicht sogar neue Thätigkeiten zur Aeußerung gebracht werden.

Man spricht sehr häufig von vorbedeutenden Träumen. Wenn wirklich die Seele im Schlafe über die Entfernungen der Zeit und des Raumes hinausgriffe und dasjenige wahrnähme, was durch die gewöhnlichen Sinnesorgane nicht erreichbar ist, so stünde der Schlaf hierin dem Wachen nicht gegenüber. Denn auch von Wachenden werden Visionen berichtet, welche ihnen Entferntes und Zukünftiges verkündigen und im Allgemeinen als zweites Gesicht bezeichnet werden müssen. Beide Erscheinungen setzten voraus, daß der Mensch mit seiner näheren oder weiteren Umgebung nicht bloß durch die Sinne verknüpft ist, sondern daß außerdem noch ein geheimnißvolleres Band besteht, welches unmittelbar die Seelen berührt und vorzüglich Geister mit Geistern vereinigt. Es fehlt bis jetzt auf dem Felde der Beobachtung ganz an Mitteln, um das Vorhandensein oder Nichtvorhandensein dieses Bandes zu beweisen. Auf dem Standpunkte der Erfahrungswissenschaften läßt sich also eine solche unkörperliche Verknüpfung der Dinge weder beweisen noch widerlegen; es kann von ihr überhaupt empirisch noch nichts Weiteres ausgesagt werden.

Sicherer und besser beobachtet sind gewisse Schlafformen, welche sich durch Steigerung einzelner Seelenthätigkeiten auszeichnen. Man kann sie im Allgemeinen unter dem Begriff des Somnambulismus zusammenfassen.

Lebhafte Träume geben, besonders bei reizbaren Menschen, nicht selten den Anstoß zu äußeren Bewegungen, zu Rufen, Sprechen, Aufstehen aus dem Bette. Diese Erscheinungen gehören noch in das Gebiet des Gewöhnlichen; aber sie bilden den Anfang zu den zusammengesetzteren Zuständen des eigentlichen Schlafwandelns. Hier sind die Bewegungen längere Zeit dauernd, allgemeiner und geordneter. Der Schlafwandelnde geht, arbeitet, wie er es im Wachen gewöhnt war, oder er führt Bewegungen von ungewöhnlicher Art und an ungewöhnlichen Orten aus. Sicher wird er hiebei von Traumvorstellungen getrieben, sei es daß diese die Erfahrungen des alltäglichen Lebens wiederholen, sei es daß sie neue phantastische Combinationen darstellen. Auch hier ist es eine erhöhte Lebhaftigkeit der Traumbilder oder eine gesteigerte Reizbarkeit des Nervensystems, was die Bewegungsorgane zu einer Thätigkeit antreibt, welche weit über das Maaß der gewöhnlichen Schlafzustände hinausgeht. Die Sicherheit dieser Bewegungen erklärt sich theils aus dem inneren Mechanismus der Bewegungen, von welchem vorhin die Rede war, theils aus einer Thätigkeit der Sinnesorgane, welche von der gewöhnlichen Ruhe dieser Organe im Schlafe sehr abweicht. Tastsinn und Gehör empfinden beim Schlafwandler sehr fein, und geben ihm Kunde von seiner Umgebung, von dem Orte welchem er sich nähert, von der Stelle, auf welche er tritt. Dazu kommt in einzelnen Fällen auch noch die Thätigkeit des Gesichtssinnes, obwohl das Auge meist nur unvollkommen geöffnet ist.

Auf einer höheren Stufe des Somnambulismus sind es nicht einfache Traumbilder, welche den Schlafenden zu äußeren Bewegungen antreiben; sondern eine bedeutende Steigerung der inneren Gefühle bringt hier die wunderbarsten Effekte hervor. Die Phantasie, welche schon in den gewöhnlichen Träumen die wechselndsten Gestalten bildet, erreicht hier eine ungewöhnliche Lebendigkeit und Vielseitigkeit; Combinationen von Vorstellungen und Gedanken wechseln in rascher Folge mit einander ab. Die inneren Vorgänge werden nicht nur durch gewöhnliche äußere Bewegungen, sondern vorzüglich auch durch eine gewandte Sprache ausgedrückt. Von den Sinnesorganen erreicht das Gehör eine bedeutende Schärfe; aber auch Tastsinn und Gesicht sind in vielen Fällen thätig. Dieser höhere Somnambulismus äußert sich in zwei Formen, als Ekstase und als Hellsehen.

Als am Ende des siebzehnten und am Anfange des achtzehnten Jahrhunderts die protestantischen Bewohner der Sevennen durch die Dragoner Ludwig's des Vierzehnten auf's Gräulichste verfolgt, aus ihren Wohnsitzen getrieben und in großer Zahl getödtet wurden, da erhoben sich unter dem Volk zahlreiche Propheten, welche von Dorf zu Dorf zogen, und überall Buße und Festhalten am protestantischen Glauben predigten. Diese Propheten fanden sich unter allen Altersklassen und Geschlechtern. Sie redeten aber nicht im wachen Zustande, sondern in Ekstase. Diese trat am häufigsten mit Convulsionen, mit Niederstürzen und Erschütterungen des ganzen Körpers, und nun begann die Bußpredigt in gebildeter, rein französischer Sprache, die von dem provenzalischen Dialekte der Camisard's bedeutend abwich. Allmählig erwachten die Prediger aus diesem ekstatischen Zustande ohne Erinnerung an das Vorgegangene. Das körperliche Befinden litt unter diesen Zufällen nicht noth; denn gerade die kräftigsten Heerführer

der Camisard's, wie der jugendliche Cavalier, waren ihre eifrigsten Propheten. Aehnliche Zustände haben sich an anderen Orten zu verschiedenen Zeiten wiederholt; dahin gehören aus der neueren Zeit die Rästard in Schweden und die Revivals in Irland. Es war theils große, allgemeine Noth, theils tiefe religiöse Erregung, was diese Ekstasen hervorrief und nach Art der Epidemien, durch Ansteckung über eine größere Zahl von Personen sich ausbreiten ließ.

Wenn diese Verzückung beide Geschlechter, und besonders auch das männliche ergreift, so wird das Hellsehen überwiegend beim weiblichen Geschlechte beobachtet.

Man hat den Hellsehenden, seit man anfing sich mit ihnen näher zu beschäftigen, Gaben zugeschrieben, welche über das gewöhnliche Maaß der geistigen und leiblichen Fähigkeiten des Menschen weit hinausgehen. Sie sollten mit ihren Sinnen nicht bloß das Umher wahrnehmen, sondern auch auf größere Entfernungen sehen, hören und fühlen; sie sollten fremde Körperzustände, fremde Gedanken durchschauen; endlich sollten ihre Sinnesthätigkeiten nicht an besondere Organe gebunden, sondern die Sinne von einer Stelle des Körpers zur andern versetzbar sein, so daß z. B. die Herzgrube als der Ort des Sehens diente.

Alle diese Angaben leiden an innerer Unwahrscheinlichkeit, und es fehlt ihnen zugleich die Stütze der sicheren Beobachtung. Seit dem Jahre 1837 ist in Paris ein Preis von 3000 Fr. für diejenige Hellsehende ausgesetzt, welche an sich die Versehung der Sinne unzweifelhaft nachweisen würde; es hat sich indeß noch keine gefunden, die den Preis wirklich verdient hätte. Das Wunderbare der Erscheinungen erklärt sich theils aus einem natürlichen, jeder Hellsehenden eigenen Hang zur Täuschung, theils aus der Steigerung gewisser Thätigkeiten, welche den hellsehenden Schlaf auszeichnet. Der Gehörsinn stellt unter allen Sinnen schon im gewöhnlichen Schlaf seine Thätigkeit zuletzt ein; aber im Hellsehen erreicht er eine ungewöhnliche Schärfe. Ebenso nimmt der Tastsinn an Feinheit zu, und das Gesicht ruht nicht immer, wie man gewöhnlich glaubt, sondern ist öfters, selbst bei wenig geöffneten Augen, scharf und thätig. So wird es den Hellsehenden leicht, Geräusche schon aus der Ferne zu unterscheiden, mit den tastenden Fingerspitzen die Oberfläche der Gegenstände scharf zu untersuchen und mit Hilfe des Auges zu sehn, zu schreiben, während scheinbar das geschlossene Auge keine Gesichtseindrücke zuläßt. Dazu kommt eine bedeutende Erhöhung des Gemeingefühls. Die Zustände der inneren Organe, welche sonst gar nicht oder nur höchst undeutlich empfunden werden, bringen hier im Bewußtsein bestimmte, wenn auch nicht ganz klare Eindrücke hervor. Die Hellsehende fühlt daher ihre eigenen inneren Zustände, und versteht sich eben damit auch leichter in die Zustände anderer Personen, welche für Beschwerden oder Krankheiten von ihr Rath und Hülfe verlangen. Nimmt man dazu noch die gesteigerte Fähigkeit des Ausdruckes der Gedanken durch Worte, welche die Hellsehenden mit den Efstatischen theilen, so erklären sich die Erzäh-lungen von wunderbaren Erkenntnissen, Reden und Thaten der Hellsehenden auf natürliche Weise.

Die höheren Formen des Somnambulismus er-regten die allgemeine Aufmerksamkeit noch in beson-derem Maaße, als es gelang, den Somnambulen oder hellsehenden Schlaf auf künstliche Weise hervorzurufen. Die Entdeckung des künstlichen Somnambulismus gelang dem Marquis von Puysegur im Jahre 1785.

Dieser Entdeckung war seit 1775 die Verkündi-gung des thierischen Magnetismus durch Mesmer vorhergegangen. Nach Mesmer's Theorie wäre das ganze Universum von dem sogenannten magnetischen Fluidum durchdrungen. Wie man bis auf die neueste Zeit die Erscheinungen des mineralischen Magnetis-mus und der Elektricität aus einem Fluidum er-klärte, welches von einem Körper auf den andern überströmen und diesem die magnetischen und elek-trischen Eigenschaften mittheilen sollte, wie man früher den Erscheinungen des Lichtes und der Wärme ein eigenes Fluidum unterlegt hatte, so dachte sich Mes-mer die Naturreiche und besonders die ganze Men-schenwelt von einem Fluidum durchdrungen, welches eine Verbindung besonderer Art herstellen, und die Erscheinungen des thierischen Magnetismus be-dingen sollte. Dieses Fluidum hafte an Menschen, wie an leblosen Körpern, und es bewirke, auf den Menschen übertragen, Krämpfe, Somnambulismus, Heilung von Krankheiten, besonders von Leiden des Nervensystemes. Mit ihm sollten überdieß von dem einen Menschen auf den andern sowohl Vorstellungen als Willensantriebe übertragen werden; der Magne-tiseur glaubte die Phantasie, die Gedanken und den Willen der Person leiten zu können, welche mit ihm in magnetischen Rapport gesetzt war. Mesmer ließ dieses Fluidum wirken, indem er andere Menschen mit der Hand berührte oder strich. Er benützte zur Uebertragung auch Metallstäbe, und endlich lud er mit magnetischem Fluidum sein seltsam zusammenge-setztes Baquet, um auf eine größere Zahl von In-dividuen zugleich einwirken zu können. Der Kreis, welcher sich um diese hölzerne Tonne vereinigte und mit ihr durch Metallstäbe verbunden war, verfiel allmählig in Krämpfe, Schlaf, Verzückungen, in die sogenannten Krisen, durch welche mancherlei Krank-heiten geheilt werden sollten. Ganze Schiffe wurden von ihren Kapitänen magnetisirt und dienten während längerer Ueberfahrten als unerschöpfliche Quellen des heilenden Fluidums.

Puysegur war der erste, der den magnetischen Schlaf durch Streichen oder andere Manipulationen systematisch hervorrief. Er brachte dadurch alle jene wunderbaren Erscheinungen hervor, welche den Schlaf der Hellsehenden auszeichnen, und es schien jetzt kein Zweifel mehr zu sein, daß der thierische Magnetis-mus den Blick der Seele in zeitliche und räumliche Fernen, in die Gefühle und Gedanken Anderer öffne, daß er den eigenen Willen fremdem Willen unter-werfe, daß er endlich die Versetzung der Sinne be-wirke. Neuere Untersuchungen haben indeß auch für

den künstlichen Somnambulismus zu einer sehr ein-fachen Erklärung geführt.

Schon im Jahre 1841 hatte der englische Arzt Braid nachgewiesen, daß viele Personen in somnam-bülen Schlaf verfallen, wenn sie einige Zeit hin-durch einen Gegenstand firiren, der sich in geringer Entfernung vom Auge befindet. Man beachtete diese Mittheilung im Anfange wenig. Aber als in neuerer Zeit die Anwendung des Chloroforms bei chirur-gischen Operationen wiederholt Todesfälle herbeigeführt hatte, suchte man nach neuen Mitteln, um den Men-schen in einen Zustand zu versetzen, in welchem er schmerzlos, aber ohne Lebensgefahr operirt werden könnte. Die Versuche Braid's wurden in Frankreich vielfach wiederholt, und wenn sie auch nicht zur Begründung einer das Chloroformiren ersetzenden Methode führten, so gewährte doch dieser künstliche Schlaf, der sog. Hypnotismus einen tiefen Blick in die Natur des magnetischen Schlafes, des künst-lichen Somnambulismus.

Um den hypnotischen Zustand herbeizuführen, genügt es, den Blick auf irgend einen Punkt zu firiren, und es ist durchaus nicht nöthig, daß dieser ein glänzender Gegenstand sei. Nach einiger Zeit tritt ein Schlaf ein, welcher dem hellsehenden Schlafe völlig gleicht, bisweilen folgen aber auch Krämpfe, ähnlich den magnetischen Krisen. Wie das Hellsehen und der magnetische Schlaf, so erscheint auch der Hypnotismus fast nur bei sehr sensiblen Personen des weiblichen Geschlechtes. Er bringt, ähnlich dem magnetischen Schlafe, Erleichterung für manche Be-schwerden des Nervensystems.

Das Firiren eines Gegenstandes durch die Augen ge-nügt, um den Hypnotismus hervorzurufen, und sicher kommt der künstliche Somnambulismus auf dieselbe Weise zu Stande, nämlich durch Firiren des Magnetiseurs, des Baquets oder irgend eines anderen, magnetisirten Kör-pers. Der magnetische Schlaf also zu seiner Entstehung nicht des Einströmens eines räthselhaften, von außen kommenden Fluidums; sondern er beruht auf Veränderungen des Nervensystemes selbst, welche durch eine bestimmte Thätigkeitsweise des Sehorgans bewirkt werden. Hiermit fällt alles Wunderbare weg, und der magnetische Schlaf tritt in Eine Reihe mit jenen Schlafformen, welche die Zauberer verschiedener Völker durch Festhalten des Blickes an einem be-stimmten Punkt hervorzurufen pflegten. So ver-fahren jetzt noch die Zauberer in Nordafrika und Aegypten; so versetzen sich die indischen Fakir in einen ekstatischen Zustand, indem sie längere Zeit ihre eigene Nasenspitze firiren.

Die Versenkung in den somnambulen Schlaf geht hier von dem Auge aus, welches auch in ge-wöhnlichem Schlafe zuerst in Ruhe versinkt. Sie wird eingeleitet durch die längere Dauer eines und desselben Gesichtseindrucks. Dieß erinnert an das bekannte und oft angewendete Einschläfern durch mo-notone Eindrücke auf das Bewußtsein, so durch monotonen Gesang, durch Streicheln oder Wiegen.

durch willkührlich hervorgerufene, monotone Vorstellungen von Bildern oder Zahlen.

Faßt man diese höhern Formen des somnambulen Schlafes, die Ekstase, das Hellsehen und den verwandten Hypnotismus gemeinsam in's Auge, so erscheinen sie alle nicht als Formen des gesunden Schlafes. Sie haben ihren Grund in einer krankhaften Reizung des Gehirns und überhaupt der Mittelpunkte des Nervensystems. Sie nehmen also ihren Ausgangspunkt von demselben Organe wie der gesunde Schlaf; aber je schärfer sie hervortreten, desto mehr entwickelt sich ihr krankhafter Charakter, und in vielen Fällen sind sie durch unmerkliche Ueber-gänge mit den eigentlichen Geisteskrankheiten verbunden. Daher ist es durchaus unstatthaft, diese Zustände auf künstliche Weise hervorzurufen oder zu befördern; sie müssen vielmehr, wenn sie von selbst entstehen, möglichst bald gehoben werden.

So führt denn auch diese Untersuchung zu dem Schlusse, daß der tiefe, regelmäßig eintretende Schlaf, welcher den Menschen vor allen Thieren auszeichnet, als der allein gesunde betrachtet werden muß. Dieser allein bringt dem Nervensystem an jedem Tag neue Ruhe und Erholung und stärkt das Gehirn immer auf's Neue zum Dienste der höheren menschlichen Seelenthätigkeiten.

Die Telegraphie in alter und neuer Zeit.

Von Ph. Huber.

(Fortsetzung von S. 44.)

Galvani, ein Italiener, machte im Jahr 1790 die Entdeckung, daß — für seine medizinischen Vorlesungen präparirte — Froschschenkel in eigenthümliche Zuckungen geriethen, wenn sie einerseits mit Kupfer, andererseits mit Eisen oder Zink in Berührung standen, sobald diese Metalle unter sich selbst in Verbindung gesetzt wurden. Er selber, sowie noch mehr sein Landsmann Volta, der der Sache weiter nachforschte, schrieb diese Erregung einer elektrischen Thätigkeit zu. Der letztere entdeckte namentlich, daß sobald zwei Körper, insbesondere Metalle, durch einen feuchten Leiter von einander getrennt, andererseits aber durch einen Metall- also leitenden Draht miteinander verbunden sink, eine beständige Elektricitätserregung und fortwährende Vertheilung, d. i. ein andauerndes Ueberströmen der Elektricitäten von einem Metall zum andern stattfindet. Bei der Berührung beider Metalle mit dem feuchten Leiter tritt nämlich der Umstand ein, daß das Ende des einen Metalls positiv und das zunächst befindliche Ende des andern negativ elektrisch wird. Verbindet man dann diese beiden Enden durch einen guten Leiter, d. i. durch einen Metalldraht, so findet eine beständige Ausgleichung der immer wieder auf's neue erregten Elektricitäten statt.

Fig. 5.

Fig. 5 zeigt ein sogen. einfaches Volta'sches Element. K ist eine Kupferplatte, Z eine Zinkplatte und A ein feuchter Leiter, z. B. eine in Salzwasser oder mit Schwefelsäure angesäuertem Wasser getränkte Pappscheibe. Das hervorragende Ende der Kupferplatte wird hiebei positiv (+) und das zunächst befindliche Ende der Zinkplatte negativ (—) elektrisch. Verbindet man die beiden Metalle durch den Kupferdraht B, so findet die elektrische Vertheilung in der Art statt, daß in der Richtung des Pfeiles vom Kupfer zum Zink die positive Elektricität überströmt und dann vom andern Ende des Zinkes durch den feuchten Leiter hindurch zum Kupfer zurückkehrt. Ebenso aber strömt auch in umgekehrter Richtung vom Zinkende durch den Draht B nach dem Kupfer die negative Elektricität und geht durch den feuchten Leiter zu dem Zinke zurück. Man nennt dies die elektrische Strömung, da, wie schon bemerkt wurde, hier die Erzeugung und Ausgleichung der beiden Elektricitäten fortwährend stattfindet, wenn die beiden Metalle an ihren Enden in leitender Verbindung stehen.

In der Folge werden wir sehr oft in den Fall kommen, von einem sogen. elektrischen oder galvanischen Strom zu sprechen. Hiebei ist man aber allgemein überein gekommen, nur den positiven Strom darunter zu verstehen und sagt also: Vom Kupferende oder dem sogen. positiven (+) Pol geht der elektrische Strom durch den geschlossenen Draht an das hervorragende Zinkende, den negativen (—) Pol, und dann vom andern Ende des Zinks durch den feuchten Leiter zurück an das Kupfer.

Eine solche Verbindung nennt man auch eine galvanische oder Volta'sche Kette. Die Kette selbst nennt man geschlossen oder offen, je nachdem

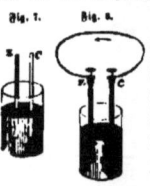

Fig. 6.

die beiden hervorragenden Metall=
ende durch einen Draht verbunden
sind oder nicht.

Um einen verstärkten elektrischen
Strom zu erzeugen, d. h. einen
solchen, dessen Wirkungen sehr kräf=
tig sind, construirte Volta die nach
ihm benannte Volta'sche Säule.
Es ist diese so eingerichtet, daß wie
Fig. 6 zeigt, eine größere Anzahl
zusammengelötheter Zink= und Kup=
ferplatten zwischen Glassäulen so
aufeinander geschichtet ist, daß im=
mer zwischen ein Plattenpaar eine,
auf die oben genannte Weise ge=
tränkte Papp=, Filz= oder Tuch=
scheibe gelegt wird. Dabei wechseln
die beiden Metalle so, daß wenn
im obersten Paar das Zink oben
zu liegen kommt, dies bei jedem
folgenden Paare auch der Fall sein
muß. Das obere Ende der Säule
ist dann der Zink= oder — Pol und
das untere Ende der Kupfer= oder + Pol. Ver=
bindet man beide Pole durch Leitungsdrähte, so
erhält man einen sehr kräftigen galvanischen Strom.

Gegenwärtig erzeugt man die Berührungs= oder
galvanische Elektricität, um dabei eine beständige
Elektricitätsquelle zu haben, meistens auf eine andere
Weise, als durch die eben beschriebene Volta'sche
Säule. Bringt man nämlich zwei verschiedene Me=
talle in eine leitende Flüssigkeit, z. B. in eine ver=
dünnte Säure, so daß die beiden Metalle sich ein=
ander nahe stehen, aber einander nicht berühren, so
wird das eine an seinem hervorragenden Ende po=
sitiv, das andere negativ

elektrisch*). Nimmt man
z. B. auf die Weise, wie
Fig. 7 und 8 darstellen,
wieder Kupfer und Zink,
welche in einem mit ver=
dünnter Schwefelsäure ge=
füllten Gefäße stehen, so
bildet das obere Kupferende
c wieder den positiven und
das Zinkende z den nega=
tiven Pol. Werden solche
durch einen Leitungsdraht, wie in Fig. 8, verbun=
den, so findet in demselben, nach der durch den
Pfeil angedeuteten Richtung, in der Flüssigkeit selbst
aber umgekehrt vom Zink zum Kupfer die elektrische
Strömung statt.

Eine solche Verrichtung heißt ein galvanisches
Element. Stellt man mehrere derartige einfache
Elemente so zusammen, daß immer das Zinkende
eines Gefäßes mit dem Kupferende des folgenden

*) Ueberhaupt, wenn zwei Körper miteinander in Berührung
gebracht und dann getrennt werden, wird ihre Elektricität erregt.
Es läßt sich dies z. B. mit zwei Metallplatten zeigen, die isolirte,
gläserne Handgriffe haben. Bringt man sie in Berührung und trennt
sie nachher, so ist die eine positiv, die andere negativ elektrisch.

Breslau. 1861.

Gefäßes verbunden ist und bringt man dann die
erste Kupferplatte bei A, Fig. 9 mit der letzten
Zinkplatte bei B durch den Schließungsdraht in
Verbindung, so erhält man eine zusammengesetzte

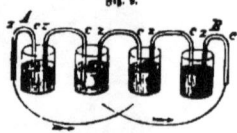

Fig. 9.

Kette oder eine sogen. galvanische Batterie.
Und hiedurch wurde hauptsächlich das Mittel zu den
in der neuesten Zeit so vielfachen und in ihren Re=
sultaten staunenswerthen Anwendungen der Elektri=
cität in der Industrie sowohl, als für den öffent=
lichen Verkehr, von dem hier namentlich die Rede
sein soll, geboten.

Verweilen wir übrigens, ehe wir zur speziellen
Anwendung der Wirkungen des galvanischen Stromes
und insbesondere zum Endziele unserer Abhandlung
übergehen, noch bei einzelnen Daten; das Verständ=
niß derselben dient dazu, das Spätere, sowie über=
haupt Manches, was dem verehrten Leser allenfalls
sonst noch über elektrische Erzeugung und Wirkung
vorkommen mag, besser einzusehen und zu begreifen.

Sowohl bei der Volta'schen Säule, als eben
bei der galvanischen Batterie, wo von der Anwen=
dung zweier verschiedener Metalle die Rede war,
waren immer Zink und Kupfer als Elektricitätserreger
genannt. Der Grund ist folgender: Allerdings könnte
man auch zwei andere Metalle oder selbst noch andere
Körper wählen, um einen elektrischen Strom zu erzeugen;
allein entweder ist ihre elektrische Wirkung nicht kräftig
genug, oder die Anschaffung und Unterhaltung der
bezüglichen Apparate wäre zu kostspielig. Was den
ersteren Punkt betrifft, nämlich die Fähigkeit, durch Be=
rührung mit einem feuchten oder flüssigen Leiter in
einem hohen Grade elektrisch zu werden, so hat man
nun gefunden, daß unter allen Metallen und sonst
hier anwendbaren Körpern Zink obenan steht. Zink
wird unter allen Körpern am stärksten elek=
trisch, besitzt, wie der Physiker sich ausdrückt, die
stärkste elektromotorische, d. i. elektricitäts=
erregende Kraft, oder ist der stärkste Elektro=
motor. Und zwar wird Zink in Berührung mit
jedem andern Metall immer positiv und das letztere
dann negativ elektrisch. Die bei der Berührung
zur Thätigkeit gelangte elektromotorische Kraft bewirkt
nämlich, daß die im gewöhnlichen Zustande der Kör=
per ungetrennten, sich also so zu sagen aufhebenden
beiderlei Elektricitäten vertheilt werden; die positive
Elektricität sammelt sich dann in dem einen und die
negative Elektricität in dem andern Metall.

Diesen Zustand nennt man den der elektrischen
Spannung; es ist der gleiche, wie der früher er=
klärte, bei einer geladenen Leydner Flasche vor=
kommende.

24

Da ferner alle Metalle in Berührung mit Säuren, wenn sie einzeln eingetaucht werden, an ihren hervorragenden Enden negativ und die Flüssigkeit positiv elektrisch wird, und aber — wie bemerkt — Zink der stärkste Elektromotor ist, so wird in dem Fall, daß z. B. Zink und Kupfer zugleich eingetaucht werden, die vom Zink bewirkte elektrische Vertheilung, die vom Kupfer erstrebte übertreffen; es wird also Zink an seinem obern Ende negativ, die Flüssigkeit aber und damit auch das Kupfer positiv elektrisch werden. Darum auch bildet das obere Kupferende den positiven und das Zinkende den negativen Pol. Aus dem nämlichen Grunde ist aber auch nicht nur in dem genannten Falle, sondern wenn man statt Kupfer andere Metalle oder sonstige Körper anwendet, das hervorragende Zinkende immer der negative Pol.

Wie die Metalle re. nach dem Grade ihrer elektromotorischen Kraft aufeinander folgen, zeigt folgendes Schema:

Zink, Zinn, Blei, Eisen, Wismuth, Kupfer, Silber, Gold, Platina, Kohle.

Dieses Schema oder die sogen. elektrische Spannungsreihe sagt uns auch, daß jedes vorhergegangene Metall in Berührung mit einem der nachstehenden positiv, und das letztere dann negativ elektrisch wird; hingegen, wenn beide in eine Flüssigkeit eingetaucht werden, z. B. in verdünnte Schwefelsäure, so bildet das voranstehende Metall den negativen und jedes nachfolgende, in Verbindung mit jenem, den positiven Pol. Bei Anwendung von Zink und Kupfer ist also Zink der negative und Kupfer der positive Pol; bei Anwendung von Kupfer und Platina re. aber würde das Kupfer den negativen und Platina den positiven Pol bilden. Auch ist die Elektricitätserregung bei Anwendung von zwei Metallen re. um so kräftiger, je weiter sie in der Spannungsreihe von einander abstehen. Zink mit Platina oder mit Kohle gibt darum einen besser wirkenden Elektromotor, als Zink mit Kupfer. Nach den neuesten Forschungen kommt es hiebei aber auf die Wahl der Flüssigkeit an; doch sei hier nochmals bemerkt, daß bei den verschiedenen, sogleich zu beschreibenden galvanischen Batterien das bei allen angewendete Zink den negativen Pol der Batterie bildet.

Die gewöhnlich angewendeten galvanischen Batterien, von denen wir oben sprachen, sind nun:

1) Die Wollaston'sche Zink-Kupferbatterie.

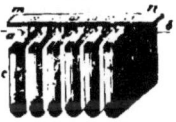

Fig. 10.

Diese besteht je aus einer umgebogenen Kupferplatte c, die eine Zinkplatte z einschließt. Sämmtliche Platten werden an einer Holzleiste mm aufgehängt und in einen mit verdünnter Schwefelsäure gefüllten Trog T, Fig. 11, eingetaucht. Von je einem Plattenpaare ist dann das Zink mit dem Kupfer des fol-

Fig. 11.

genden Paares durch einen Metallstreifen verbunden; von der ersten Kupferplatte links und der letzten Zinkplatte auf der rechten Seite aber gehen dann die Leitungsdrähte a und b aus. Das verwendete Zink wird auf seiner Oberfläche immer amalgamirt, d. h. mit Quecksilber überzogen, weil sonst die elektrische Wirkung bald aufhört.

Aehnlich ist der Oerstedt'sche Trogapparat.

2) Die Daniell'sche constante Batterie besteht aus

Fig. 12.

einem Cylinder mm von Kupferblech, Fig. 12; ferner aus einem Cylinder nn aus poröser Thonerde und einem Zinkstreifen z, welcher sich innerhalb des Thoncylinders befindet. Beide Metalle stehen bei a und c mit den Leitungsdrähten in Verbindung. Der Thoncylinder wird mit verdünnter Schwefelsäure, der Kupfercylinder aber mit einer gesättigten Lösung von Kupfervitriol angefüllt.

3) Bei der Grove'schen Batterie wird Zink und Platina angewendet. Die meistens cylindrisch gebogene Zinkplatte steht in einem Glase, das mit verdünnter Schwefelsäure angefüllt ist. In dem nämlichen Glase befindet sich innerhalb der gebogenen Zinkplatte ein Cylinder oder aus einem Trog von Thon, der das Platinblech enthält. Der Thoncylinder wird mit concentrirter Salpetersäure gefüllt.

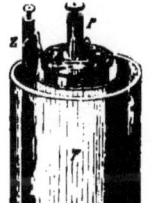 

Fig. 13.   Fig. 14.

Fig. 13 und 14 zeigen die einzelnen Elemente. Z ist die cylindrisch gekrümmte Zinkplatte, T ist der Thoncylinder und Fig. 14 zeigt den Platinastreifen, der

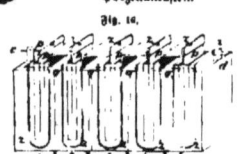

Fig. 13.

behufs einer großen Oberfläche eine besondere Krümmung erhält.

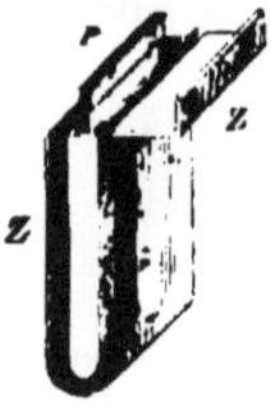

Fig. 15 und Fig. 16 — in letzterer zu einer Batterie verbunden — zeigen eine andere Anordnung. Hier befindet sich das Platina P in thönernen Trögen und das Ganze in einem Holz- oder Porzellankasten.

Fig. 16.

4) Die Bunsen'sche Zink-Kohlenbatterie ist so construirt, daß statt Kupfer oder Platina hohle Cylinder von Kohle angewendet werden. Die Kohlscylinder dd, Fig. 17, stehen in einem Glase a; in dem Kohlscylinder befindet sich ein poröser Thoncylinder cc mit dem Zinke. Das Glas wird mit concentrirter Salpetersäure, der das Zink enthaltende Thoncylinder mit verdünnter Schwefelsäure angefüllt. Auf die Kohlencylinder wird ein Metallring aufgesetzt, von dem eine leitende Verbindung an das Zink Z des nächsten Elements geht.

Fig. 17.

Fig. 18 zeigt die Zusammenstellung von vier

Fig. 18.

Bunsen'schen Elementen zu einer Batterie. — Hiebei befolgt man oft auch die umgekehrte Anordnung, nämlich so, daß der Thoncylinder ein rundes oder viereckiges Kohlstück enthält, während in dem mit Schwefelsäure angefüllten Glase sich der Zinkcylinder befindet.

Bei jeder Batterie — sei es eine Zink-Kupfer-, Zink-Platina- oder Zink-Kohlen-Batterie — wechselt immer die Verbindung der einzelnen Elemente so, daß das Zink des einen Elements mit dem Kupfer (Platina, Kohle) des andern Elements durch Drähte, Metallstreifen zc. vermittelst angebrachter Schrauben zc. in Verbindung steht. Von dem + Pol des ersteren Elements zu dem — Pol des letzteren gehen dann die Verbindungs- oder Schließungsdrähte aus; und es geht dann immer der elektrische (positive) Strom vom Kupfer (Platina, Kohle) zum Zink*).

Die Wirkungen einer solchen galvanischen Batterie, die Wochen und Monate lang ohne Unterbrechung im Gang sein kann, sind die nämlichen, wie sie früher über die Reibungselektricität genannt wurden; nur finden solche hier meistens in noch höherem Grade statt. Es sind dies also: Sehr kräftige Licht- und Wärmeentwicklungen, physiologische, chemische und magnetische Wirkungen.

Als Beispiele der vorzüglichsten Wirkungen mögen angeführt werden:

Nähert man die beiden Polardrähte einander, so sieht man einen kräftigen Funken überspringen; weit stärker ist aber die Lichtentwicklung noch, wenn man den einen Draht mit einer Feile verbindet und mit dem andern über die gerippte Fläche hingleitet. Verbindet man die beiden Drahtenden mit Kohlen, namentlich Kohlspitzen; so erhält man bei Anwendung von vielen Elementen bei gegenseitiger Annähe-

Fig. 19.

rung der Kohlenspitzen ein solch blendendes Licht, daß es zum Theil geeignet ist, das Tageslicht zu ersetzen. Es giebt dies die sogen. elektrische Sonne, vergl. Fig. 19, die man schon vielfach behufs beschleunigter Bauten z. B. beim Bau der Rivolistraße in Paris, der Eisenbahnbrücke über den Rhein bei Straßburg-Kehl zc. zur Nachtzeit anwendete. — Werden die beiden Schließungsdrähte durch einen dünnen Eisendraht verbunden, so verbrennt dieser unter lebhaftem Funkensprühen. — Wenn man zwischen die Enden der Schließungsdrähte leicht brennbare Gegenstände bringt, so werden solche beim Ueberspringen des Funkens entzündet. Hierauf gründet sich die Sprengung

*) Man verbindet aber oft auch, behufs besonders zu errichtender Wirkungen alle Zinkplatten untereinander und ebenso alle Kupfer- (Platina-, Kohlen-) Platten unter sich und erhält damit eigentlich nur ein einfaches, aber sehr großes Element.

24 *

von Felsen unter Wasser und das Entzünden von
Minen mittelst des elektrischen Funkens.

Die **physiologischen Wirkungen** einer galvanischen Batterie, sowie auch anderer die Elektricität erregenden Maschinen, lassen sich insbesondere
kräftig zeigen, wenn man die Leitungsdrähte in metallene Handgriffe endigen läßt, die man mit den
angefeuchteten Händen angreift. Wird dann durch
eine besondere Vorrichtung der Strom auf kurze
Zeit mehrmals nach einander unterbrochen, so erhält
man bei jeder Unterbrechung so heftige Erschütterungen,
daß bei kräftig wirkenden Maschinen dieselben nicht
lange ausgehalten werden können.

Von den **chemischen Wirkungen** des galvanischen Stroms sei hier zunächst der Zersetzung des
Wassers, als eines der
glänzend gelösten Pro-
bleme der neuern Wissen-
schaft erwähnt. Leitet man
auf die in Fig. 20 dar-
gestellte Weise die in Pla-
tinbleche endigenden Lei-
tungsdrähte in zwei cylin-
drische Gläschen, die mit
Wasser gefüllt sind (das
der bessern Leitung wegen
etwas angesäuert werden
kann), und stellt die Gläs-
chen nebeneinander, so sieht man alsbald, wenn nur
zwei bis drei galvanische Elemente angewendet werden, an den Platinblechen so feine Gläschen in
die Höhe steigen. Nach kurzer Zeit ist kein Wasser
mehr in den Gläschen, sondern in jedem ein Gas.
Untersucht man, so findet man in den Gläschen,
in welches der vom positiven Pol herkommende Draht
endigt, den einen Bestandtheil des Wassers, nämlich
Sauerstoff, in dem andern Gläschen aber, das mit
dem negativen Pol in Verbindung steht, den zweiten, ebenfalls gasförmigen Bestandtheil, nämlich
Wasserstoff. Und zwar, wenn man eine bestimmte
Zeit lang beobachtet, so findet man, daß gerade
doppelt soviel Raumtheile Wasserstoff als Sauerstoff
entwickelt wurden. Damit ist der unumstößliche Beweis geliefert, daß reines Wasser, das man sonst
als den Typus eines einfachen Körpers ansah, aus
zwei Enstarten — Sauerstoff und Wasserstoff —
die in ihren Eigenschaften aber sehr verschieden sind,
derart zusammengesetzt ist, daß auf einen Raum-
theil Sauerstoff immer zwei Raumtheile Wasserstoff
kommen. — Daß sich der Sauerstoff gerade nur
am positiven und der Wasserstoff dagegen immer am
negativen Pol ausscheidet, hat seinen Grund darin,
daß nach den Forschungen der Wissenschaft die verschiedenen Naturstoffe ein verschiedenes elektrisches
Verhalten zeigen. Sauerstoff zeigt sich andern Elektro-
motoren gegenüber immer als negativ elektrisch; darum erscheint er am positiven Pol, da entgegengesetzte
Elektricitäten sich anziehen. Wasserstoff aber ist positiv elektrisch und erscheint daher am negativen Pol.

Nachdem der Deutsche Jakobi in St. Petersburg im Jahr 1838 die glänzende Erfindung gemacht hatte, daß der galvanische Strom es vermag,
eine Metalllösung so zu zersetzen, daß das ausge-
schiedene Metall sich auf einen leitend gemachten,
am negativen Pol befestigten und in die Lösung befindlichen Körper niederschlägt, hat nun die galvanische Vergoldung, Versilberung ꝛc. Eingang in die
Werkstätte des geringsten Gold- und Silberarbeiters
gefunden. Statt der umständlichen, zeitraubenden
und zum Theil auch der Gesundheit nachtheiligen
ältern Verfahrungsweisen ist man nun im Stande,
in wenigen Minuten nicht nur einen vollständigen
Ueberzug mit einem edlen Metalle herzustellen, sondern es ist diese Vergoldung und Versilberung gleichartiger, meistens auch viel schöner und jedenfalls
außerordentlich billig gegen die frühere und dabei
leicht ausführbar.

Und dann, welche Vortheile schafft uns nicht
die Galvanoplastik!

Vom kleinsten Ornament oder irgend einer sel-
tenen Medaille an bis zu den großen Standbildern
unserer berühmten Männer, — von den mühsamen
Gebilden des Kupferstechers, sowie des die edlen
Metalle verarbeitenden Künstlers — ist man im
Stande, Nachbildungen und Vervielfältigungen her-
zustellen, die an Correctheit und Sauberkeit den
Originalen in nichts nachstehen.

Und wie einfach geht diese Nachbildung vor sich!

Zur galvanischen Vergoldung und Versilberung
bedarf man nur einer Lösung des betreffenden Metalls, die man behufs der leichtern Ausscheidung
noch mit einigen Zusätzen behandelt, und für die
Galvanoplastik, die immer in Kupfer ausgeführt
wird, hat man nur eine Auflösung von Kupfervitriol nöthig. Ist der Gegenstand, der vergoldet ꝛc.
werden soll, ein Metall, so braucht es nur gehörig gereinigt zu sein und wird dann mit dem negativen oder Zinkpol einer in Thätigkeit gesetzten einfachen
Batterie ausgehenden Leitungsdraht befestigt und in
die Lösung eingehängt. Mit dem von dem positiven
Pol herkommenden Draht verbindet man gewöhnlich ein Plättchen des betreffenden Metalls, d. h.
beim Vergolden ein Goldblättchen ꝛc. Bringt man
die Gegenstände und das Goldblättchen in der Lösung
einander nahe gegenüber, so ist nach einigen Sekunden schon ein Ueberzug von dem ausgeschiedenen
Metall hergestellt, der dann natürlich um so dicker
wird, je länger man den Gegenstand in der Lösung
eingetaucht läßt.

Ist der Gegenstand kein Metall, also kein guter
Elektricitätsleiter, wie es meistens bei der Galvanoplastik der Fall ist, wo die Form des nachzu-
bildenden Gegenstandes von Wachs, Stearin, Gyps,
Guttapercha ꝛc. hergestellt wird, so macht man sie
so leitend, daß man die Bildfläche mit feinem Silber-
pulver oder Graphit überzieht.

(Fortsetzung folgt.)

Am Fenster

Großvater stehet am Fenster,
Sein Enkelchen hält er im Arm,
Er blickt auf die Kleine hernieder
So zärtlich, so liebewarm.

Im Auge der Mutter daneben
Glänzt freudiger Hoffnungsstrahl,
O ihr zufriedenen Menschen,
Gott segne euch tausendmal!

Vergangenheit, Gegenwart, Zukunft
Zu schauen in Einem Blick —
So enger Rahmen umschließet
Das heiligste Erdenglück.

Eduard

Der erste Zahn.

(Nach dem Holländischen von Tollens.)

Triumph, Triumph! mein Lied heb an!
Die Mutter sagt: da ist der Zahn!
Singt, daß das Haus erdröhne!
Erst schenkte Gott dem kleinen Wicht
Den Athem und das Lebenslicht,
Nun gibt er ihm die Zähne.

Triumph! gelobt sei Gott der Herr!
Die Mutter sagt: hindurch ist er!
Laßt uns ein Lied erheben!
Glück auf, mein Kind, mit Spiel und Sang,
Gebrauch es gut, bewahr es lang,
Was Gottes Gunst gegeben.

Bewahr es lang, gebrauch es wohl,
Wie Gottes Gunst man brauchen soll,
Er möge stets dich leiten!
Den Segen dir und Ihm den Dank,
Das Herze rein, die Zähne blank,
Dann brechen nie die beiden.

Wachs auf und werde groß und gut,
Nimm herrlich zu an Kraft und Muth,
Um Lieb und Leid zu tragen!
Will Schlechtes vor dem Guten geh'n,
Dann, Junge, laß die Zähne seh'n,
Wie Ehr' und Pflicht es sagen.

Wachs auf, mach was ich wünsche wahr,
Daß Herz und Seele immerdar
Für Recht und Wahrheit brenne!
Verlach der Bösen Haß und Neid,
Des Braven Sach nimm allezeit
Mannhaftig auf die Zähne.

Wachs auf mit Gott! Die Augen die
Mir Freude füllt, o füll sie mir
Mit einer Kummerthräne!
Und geb' dir Gott bis in den Tod
Ein ehrlich Stücklein täglich Brod
Zu beißen für die Zähne!

Adolf Baarmeister.

Der Gefangene.

Eine Erzählung.

An einem heitern Frühlingsmorgen rollte eine mit zwei edlen Pferden bespannte Karosse aus einem der schönsten Hôtels von Berlin, bog aus der Stadt heraus und schlug den Weg ein, der nach der Festung Spandau führt. In dem Wagen saßen zwei Personen. Die eine war ein außerordentlich hagerer, etwas gebeugter Greis mit beweglichen Zügen, durchbohrenden und geistvollem Blick, dünnen, ironischen und bleichen Lippen. Sein gesticktes Kleid und der goldene Schlüssel ließen in ihm einen Kammerherrn Friedrichs II. erkennen, während seine hohe, breite und von tiefen Furchen durchzogene Stirn einen Mann ankündigte, der das Talent des Beobachters besaß und mit den Combinationen des Denkens vertraut war.

Die zweite Person war eine junge Dame, deren Kleidung und Manieren durch ihre Eleganz und Vornehmheit fesselten, und selbst der anspruchsvollste Künstler hätte ihrer Schönheit keinen Vorwurf machen können, welche noch durch den sanften, melancholischen Ausdruck ihrer Augen einen besonderen Reiz erhielt.

"Immer mit sorgenvoller Stirn, Frau Baronin?" fragte der Kammerherr, sie aufmerksam betrachtend.

"Was wollen Sie?" erwiderte die Dame. "Ich bin kein Dichter, kein berühmter Schriftsteller, kein großer Mann, wie Sie. Ich habe keine Könige, die mir den Hof machen, keine Kaiserin, die meine Schülerin ist, keine Welt, die mich bewundert! ... Inmitten aller Freuden, welche ich genieße, bleibt mein Herz doch mit Trauer erfüllt! ..."

"Bedarf man denn aber so viel, um glücklich zu sein? Ihr Vermögen ist unerschöpflich, Ihr Gemahl betet Sie an."

"Und meine Liebe zu ihm ist nicht minder groß."

"Alle Huldigungen werden Ihnen dargebracht, Sie sind die Königin aller Feste ... Geist, Jugend, Schönheit, Alles besitzen Sie, was Bewunderung erzeugt, Alles was den Neid rege macht, Alles was Macht und Glück schafft... Sind so viele köstliche Vorzüge, so viele Gaben des Himmels verbunden mit einer solchen Trauer? ... Bekehren Sie mich, Madame, mit einem Vertrauen, nach welchem ich mich seit langer Zeit sehne; enthüllen Sie mir dies interessante Räthsel."

Die junge Baronin verharrte einige Zeit im Schweigen, sei es, daß sie zögerte den Schleier von ihrem Geheimniß zu ziehen, sei es, daß sie ihre Erinnerungen zu sammeln suchte. Endlich begann sie folgendermaßen:

"Hören Sie mich, mein Herr, und Sie werden finden, daß nicht alle Leiden in dieses Gefängniß von Spandau eingeschlossen sind, welches Sie besuchen, um Ihren bewunderungswürdigen Werken einige interessante Blätter hinzuzufügen, und ich, um vielleicht einem der unglücklichen Gefangenen Trost und Hilfe zu bringen. Doch zu meiner Geschichte... Vor mehr als zwölf Jahren lebte in einer der fruchtbarsten Provinzen Frankreichs, in dem lieblichen Dorfe Saint Luce, eine Familie, welche aus einem ehrbaren Pächter, dessen Tochter und Schwägerin bestand. Der Pächter war nicht allein wohlhabend, sondern erfreute sich auch einer inneren Ruhe und Zufriedenheit, welche mehr werth ist als aller Reichthum ... Seine Tochter Louise war ihm mit inniger Liebe zugethan, hatte sie doch zugleich die Mutter in ihm zu lieben, die ihr der Tod entrissen hatte, als sie schon erwachsen genug war, um den großen Verlust zu empfinden. Aber sie sollte in reiferem Alter noch ein herberes Unglück erfahren. Ein Bruder des Pächters, welcher sich in einer deutschen Stadt niedergelassen und dort ein blühendes Handlungshaus gegründet hatte, starb plötzlich, und ernannte den Letzteren zu seinem Universalerben. François Aubert — dies ist der Name des Pächters — war nun genöthigt, nach jener Stadt zu reisen, um die ihm so unerwartet zugefallene Erbschaft anzutreten. Die Trennung kostete dem armen Mädchen viele Thränen. Sie umarmte ihren zärtlichen Vater immer und immer wieder, begleitete ihn eine weite Strecke und kehrte dann tiefbetrübten Herzens nach dem Pachtgute zurück. Sechs Wochen — eine unendlich lange Zeit für ihre Sehnsucht — gingen vorüber, und als der Tag gekommen war, welchen François zu seiner Rückkehr bestimmt hatte, erstieg Louise eine Anhöhe, welche die Gegend beherrschte, sah lange erwartungsvoll in die Ferne, so weit ihre Augen reichten und verließ erst den Ort, als tiefe Dunkelheit sich auf das Thal herniedersenkte. Aber der Vater kam nicht heute, nicht morgen, eine ganze Woche verging und er blieb aus. Man suchte nach ihm, schrieb, sandte Boten, alle erdenklichen Nachforschungen wurden angestellt, ohne daß irgend eine Spur des Vermißten zu finden gewesen wäre. So schwanden Monate und Jahre dahin, ohne daß eine Nachricht, wenn auch die bitterste, der Angst, dem Kummer des jungen Mädchens Linderung brachte. Was sie litt ist unaussprechlich! Die Rosen ihrer Wangen erbleichten, auf ihren Lippen zeigte sich kein Lächeln mehr und ihre müden Augen erquickte kein Schlummer ... Inzwischen verweilte ein reicher Ausländer von hohem Stande, welcher Frankreich zu seinem Vergnügen bereiste, auf einer der benachbarten Besitzungen. Aus seinen Zügen strahlte eine edle, großherzige Seele. Er sah Louise zufällig, interessirte sich für ihre Betrübniß und verliebte sich zu trösten. Ein leidendes Herz öffnet sich leicht der Angst, Louise überließ sich der sanften Neigung, welche sie zu ihrem Freunde fühlte. „Verzeih mir," sagte eines Tages der Fremde zu ihr, „wenn ich betheure, daß ich Dich liebe. Meine Blicke haben Dir dieses Geheimniß enthüllt, bevor noch meine Worte es zu sagen brauchten ... Ein schicksalhaftes Ereigniß hat Dir den Vater geraubt ... Du bist unglücklich, einsam, ohne Deiner einen Zauber, die nicht im Stande sein wird, Dich vor den Verführungen der Welt zu wahren ... Willst Du diesen kleinen Meierhof gegen einen Palast vertauschen? Willst Du reich und mächtig werden? Willst Du mein, willst Du meinen Namen tragen? — Sie errathen es, mein Herr, das junge Mädchen wurde geblendet — weniger durch die Aussicht auf Luxus, Vergnügungen und Reichthum — als durch die Hoffnung, es könne diese Stellung ihr behülflich sein, den Schleier zu lüften, der das Geschick ihres geliebten Vaters deckte. Aber ach! dies war ein eitler Wahn; alle Bemühungen blieben fruchtlos; mochte sie Gold mit vollen Händen spenden, ohne die geringste Spur war zu entdecken, die auf dies unerklärliche Verschwinden auch nur einiges Licht geworfen hätte. Brauche ich es Ihnen zu sagen: Louise ist heute außer als die Baronin von Seulendorf ... Mitten im Geräusch der Welt, in dem Wirbel der Feste, in dem Glück, das ich genieße und dem Glanz, der mich umgibt, ist mein Herz unruhig und bekümmert, da ich für meine Leiden keinen Trost finde. — Jetzt wissen Sie, mein Herr, warum ich traure!"

In diesem Augenblick hielt der Wagen, er war in die Mauern von Spandau eingefahren.

Der Kammerherr und die Baronin durchwanderten das berühmte Staatsgefängniß, jener mit der gespannten Aufmerksamkeit eines scharfen Beobachters, diese mit dem Sympathien einer zartfühlenden Seele. Und in der That war das Schauspiel, welches der von den verschiedensten Verbrechern angefüllte Ort bot, wohl geeignet, das Herz

anzuregen und die Einbildungskraft zu beschäftigen. Wenn man so manche edle und stolze Züge neben verworfenen und entwürdigten Gestalten erblickte, tauchte unwillkürlich der Gedanke auf, daß nicht alle Urtheile eine strenge Justiz gesprochen, und daß es in diesem Gefängniß fast eben so viele Opfer als Verbrecher geben dürfte.

Einer der Gefangenen erregte ganz besonders das Interesse der Besucher; sein verkümmerter, gebeugter Körper, seine leidende, düstere Miene fesselten unwiderstehlich, und der Kammerherr einige Schritte näher tretend, fragte ihn mit liebreicher Stimme, in welchem Land er geboren sei. „In Frankreich," antwortete der Unglückliche, indem er seine erblindeten Augen dem Frager zuwandte. „Seit langen Jahren beweinte ich hier meine Freiheit, mein Vaterland, meine Familie!"

„Und durch welches Verbrechen habt Ihr diese Güter verwirkt?"

„Durch welches Verbrechen!" wiederholte der Gefangene mit Würde und Bitterkeit. „Nein, mein Herr, nein. Mein Gewissen ist rein und mein Schlaf ruhig. Ich bin ein Märtyrer und kein Verbrecher!" — Die Wahrheit hat einen Ton, der weder nachzuahmen, noch zu verleumen ist. Der Kammerherr und die Baronin ließen sich nieder, dem greisen Gefangenen nieder, der ihre Neugierde errieth und nach einer kleinen Pause zu seiner Mittheilung verfuhr:

„Sie haben gewiß von Friedrich Wilhelm I. gehört, von seinem seltsamen Charakter, seinen gehässigen Launen, seiner empörenden Grausamkeit. — Dieser Fürst setzte seinen Ehrgeiz darein, eine Armee zu bilden, die aus den schönsten, kräftigsten Menschen, den besten Soldaten Europa's bestand. Durch Verführung, List, bisweilen selbst durch Gewalt zogen seine Häscher alle Ausländer, deren Leichtgläubigkeit sie hintergehen konnten, unter die preußische Fahne ... Ich lebte einst in Burgund, mit häuslichen Geschäften beschäftigt. Aber lassen Sie mich von dem Glücke schweigen, dessen ich mich dort erfreute, denn für den Unglücklichen ist selbst eine vergangene Freude ein Schmerz! ... Eine wichtige Angelegenheit nöthigte mich Frankreich zu verlassen. Ich reiste ungern ab, weil eine Ahnung, gegen welche meine Vernunft sich zwar aufstemmte, mir sagte, ich werde Kummer und Verdruß finden, wo man mir Glück gezeigt; und kaum hatte ich den Fuß auf preußisches Gebiet gelegt, so wurde ich verhaftet, nach Potsdam geführt, und trotz meiner Protestation, meiner Drohungen und meines Flehens als gemeiner Soldat in ein Regiment gesteckt. Einen Monat nachher desertirte ich. Ich wurde aber sogleich wieder eingebracht und vor den König geführt; zu Ehren der Disciplin und zur Erbauung meiner Kameraden ließ er mich Spießruthen laufen, und dies dreimal bedeckt, führte man mich in's Gefängniß ... Was soll ich hinzufügen? Meine Lieben befanden sich in Frankreich! ... Dort beweinte man ohne Zweifel mein Verschwinden, meinen Verlust, meinen Tod... Es gelang mir noch einmal zu entschlüpfen, ich wurde abermals eingebracht und nun in die Hände des Henkers geliefert. Um die Strafe dem Verbrechen anzupassen, schleppte man mich verstümmelt nach Spandau... Viele Jahre sind verflossen, seit ich dieses Gefängniß bewohne, der Luft, der Sonne, und was noch entsetzlicher ist, aller Hoffnung beraubt... Trockener Wuth und Verzweiflung den Tod, so wären meine Leiden längst schon beendet... Aber das Weinen nützt die Augen ab — ich, ich bin blind!"

„Abscheulich! Entsetzlich!" rief die Baronin, welche bei den ersten Worten des Unglücklichen erblaßt war und der Erzählung mit wachsender Spannung zugehört hatte. Ein Gefühl energischer Verachtung las man in den ausdrucksvollen Gesichtszügen des Kammerherrn.

„Das ist also die Gerechtigkeit der Könige!" murmelte er. „Ist es aber möglich, daß Friedrich II. die Strenge seines Vaters nicht gut gemacht, daß er Euch nicht in Freiheit gesetzt hat?"

„Ach, mein Herr! vergebens haben mich die verwittwete Königin und der französische Gesandte seiner Milde empfohlen."

„Wie viel habt Ihr in diesen langen Jahren leiden müssen! ... Welch bitterer Haß, welch verzehrende Thränen, welch unendliche Qual! ... Aber Geduld! Der Himmel ist Euch eine glänzende Genugthuung schuldig und Ihr werdet sie nicht lange mehr erwarten dürfen, denn es gibt einen Gott im Himmel!"

Diese von der sanften Stimme der Baronin von Brenlendorf gesprochenen Worte klangen in den Ohren des alten Gefangenen wie himmlische Musik.

„Wenn ich Sie höre, Madame, so glaube ich an das Dasein der Engel, aber ich kann, ich will nicht an Gott glauben. Gäbe es einen Gott und würde er die Martern zugelassen haben, deren Opfer ich geworden, so wäre er die Vorsehung des Bösen, der Genius der Verderbniß!"

Der Kammerherr war seit einigen Augenblicken nachdenklich und schien einen Entschluß zu fassen.

„Hört," sagte er endlich, „Friedrich II. kann Euch ohne Unehre nicht länger halten. Der Fürst, der den Machiavel widerlegt hat, der sich auf seine Tugend etwas zu Gute thut, der ein Gedicht über die Humanität geschrieben, der Rachesserer, der Schüler, der Freund der Philosophen, wird sich nicht selbst so furchtbar widersprechen ... Ich werde zum Könige gehen."

„O ja, nicht wahr?" flüsterte die Baronin in bitterem Tone.

„Ich werde ihm um Eure Begnadigung bitten ..."

„Sie werden sie nicht erhalten ... Was würde sie mir auch nützen? ... Kann man mir das Augenlicht wiedergeben, welches ich verloren? ... Wird man die unermeßliche Leere ausfüllen, welche die Jahre um mich gemacht? ... Sehen Sie mich an ... Betrachten Sie diesen kahlen Kopf, dieses Gesicht, das nichts Menschliches mehr hat, diesen gebrechlichen, erschöpften Körper, der bereit ist in Trümmer zu fallen, wie ein in Ruinen zerfallenes erschüttertes Gebäude, welches keine Stütze mehr hält! Jetzt wäre meine Begnadigung nichts als das Recht, obdachlos am Rande eines Grabnes, im Winkel einer Gasse zu sterben, statt in diesem Gefängniß mein jammervolles Leben zu enden ... Entlagen Sie Ihrem edelmüthigen Entschluß, Sie werden nur Ihr fruchtloses Ziehen zu bedauern haben ..."

„Ich glaube indeß, daß ich zum Ziel gelange."

„Nach einem Botschafter und einer Königin? .. Aber wer sind Sie denn, im Namen des Himmels?"

„Ich heiße Voltaire."

„Voltaire?" wiederholte der Greis und richtete sich auf: — denn dieser Name, den in Frankreich so viel Ruhm und verdientes Ansehen umgab, war in Spandau bekannt, wie er in Potsdam, in Berlin, in ganz Deutschland und in ganz Europa bekannt war.

„Und ich," sagte gerührt die junge Frau, „ich bin die Baronin Louise von Benkendorf."

Der Gefangene öffnete die Augenlider weit, als wolle er die Dunkelheit durchdringen, welche sie für immer umhüllte.

„Louise," murmelte er mit zitternder Stimme. „Sie heißen Louise, Madame?"

Einige Stunden nachher finden wir Voltaire im königlichen Palaste zu Sans-Souci. Der Dichter schritt durch mehrere mit ausnehmender Einfachheit möblirte Gemächer, welche von Pagen, Heiducken und alten Dienern in eben so alten Kleidern gefüllt waren, und gelangte in ein abgelegenes Zimmer, am äußersten Ende des Palastes. Dort stand er einem kleinen, hageren Manne gegenüber, der die Uniform mit rothen Aufschlägen und das Band des Schwarzen Adler-Ordens trug und einen kleinen Jagdhund liebkoste, während ein Windspiel friedlich auf den Brettern einer reichen Bibliothek schlummerte. Die Büsten zweier Stoiker, Julians und Mark-Aurels, standen auf einem Kamin neben Kupferstichen von Père.

Eine Flöte, mathematische Instrumente, mehrere Bücher auf welchen man in goldenen Buchstaben die Namen Riembert und Montesquieu las, lagen durcheinander auf einem Gueridon, zwischen den Oden des Horaz und den Commentarien Cäsars.

„Ei, da sind Sie, Herr Arouet," rief Friedrich II. und erhob sich in seinem Sessel ... „Was wünschen Sie?"

Voltaire benutzte die Gelegenheit sogleich, für den Gefangenen von Spandau zu sprechen. Er erzählte dem Könige den Besuch, welchen er mit der Baronin von Benkendorf in dieser Festung abgestattet; er wandte die ganze Gluth seiner Phantasie, die ganze Wärme seiner Beredsamkeit auf, um Friedrich für das traurige Schicksal des unglücklichen Gefangenen zu interessiren.

„Das alles klingt vortrefflich," antwortete Friedrich mit großer Ruhe, „aber es vermag Nichts gegen die Gesetze."

Obgleich von dem eisigen Ton des Königs etwas bewirkt, schickte sich Voltaire doch an, seine Bitten zu erneuern, als sich die Thür öffnete und die Baronin von Benkendorf eintrat, den alten Gefangenen unterstützend, dessen Freiheit sie auf einige Stunden von dem Gouverneur von Spandau, Dank dem hohen Range ihres Gemahls, gegen Bürgschaft ausgewirkt hatte, um ihren Schützling auch nicht einen Augenblick verlassen zu müssen. Friedrich blickte staunend auf die junge und mildherzige Baronin; bevor er jedoch Zeit fand, eine Erklärung zu verlangen, war sie vor dem Monarchen niedergekniet.

„Und auch ich," rief sie, „vereinige meine Bitten mit jenen Herrn von Voltaire ... Auch ich, Sire, flehe um die Begnadigung dieses Gefangenen. Im Namen der Gerechtigkeit! Im Namen Ihres Ruhmes! seien Sie menschlich, seien Sie barmherzig! ... Und diese Worte, ich werde sie täglich, im Hofe des Palastes, inmitten Ihrer Soldaten wiederholen ... im Thronsaale, inmitten Ihrer Hofleute ... denn dieser Gefangene, Sire, welcher unwürdig verstümmelt, welcher in Ihren Gefängnissen alt geworden, in Ihren Kerkern erblindet ist ... dieser Gefangene ist mein Vater!"

„Ich begreife von dem Allem nichts," sagte der König, dessen Erstaunen den höchsten Gipfel erreicht hatte.

„Ja, es ist mein Vater ... mein Vater, den ich so weiß geliebt, so lange erwartet, so viel beweint. Die ich Baronin von Benkendorf wurde, war ich ein einfaches Landmädchen ... Ich hieß Louise Aubert."

„O! Großer Gott! Großer Gott!" rief der Greis, die Arme nach ihr ausstreckend, die er nicht sehen konnte. „Du! Ja! Du bist es, Louise; Du bist es ... Schon als ich den ersten Ton Deiner Stimme hörte, sagte ich mir: es ist die Sprache meiner Tochter ... Ich habe Dich an dem heftigen Pochen meines Herzens erkannt!"

Friedrich stand mehrere Minuten nachdenklich; dann wandte er sich zu dem Gefangenen und sprach:

„Eure Gefangenschaft ist zu Ende ... Ich gebe Euch die Freiheit wieder, doch unter der Bedingung, daß Ihr Preußen niemals verlaßt ... Bedient aber nicht, daß unglück ist mit die Art, daß man es geheim halten muß; denn in den Augen der Welt gilt das geringste Unrecht des Königs für ein Verbrechen ... Die Baronin von Benkendorf wird den ehren, Euch Eure Leiden vergessen zu machen."

Der greise Gefangene sank dankend auf die Knie; eine unermeßliche Freude strahlte auf seinem Gesicht, das kaum noch von keinem Lächeln mehr verklärt war; dann erhob er sich, drückte die Baronin an sein Herz und sprach:

„Ja! Du hattest Recht, mein Kind ... Es gibt einen Gott im Himmel!"

P.

NOTTURNO

FÜR DAS PIANOFORTE

VON

AUG. WALTER.

Verlag von Kraic und Hoffmann in Stuttgart.

Notturno für das Pianoforte.

Schubart in Ulm.

Von Dr. Friedrich Pressel.

In dem Dorfe Oberfontheim bei Gaildorf in Württemberg hängt am Schulhause eine Tafel, welche die Aufschrift trägt: In diesem Hause wurde den 26. März 1739 Christian Friedrich Daniel Schubart geboren. Er selbst, der unglückliche Dichter, nannte sich einen Heimatlosen, eine vom Sturm gejagte Wolke, die in der Wüste zerfließt, einen verschossenen Vogel, der rings um sich her Fluth und

Schubart.

nirgends eine Arche hat. „Ich bin", schreibt er, „in Deutschland geboren, und bin doch in Deutschland ein Fremdbling — ich bin in Schwaben erzogen und bin doch in Schwaben ein Fremdbling — ich bin ein Reichsstädtler, und keine einzige Reichsstadt erkennt mich für ihren Bürger, können Sie dieß Räthsel errathen?" Du selbst trägst die Schuld! — tönte es später in der Nacht seines Kerkers aus ihm hervor — wer hieß dich die friedlichen Cirkel der Menschen durch dein Ungestüm stören? Warum warst du der Thor, der sich dem Sturm der Leidenschaften überließ, bis er, vom rasenden Flug ermüdet, stürzte und mit gebrochenem Flügel am Rande des Abgrunds lag? Doch nicht blos von der Kunst

im engeren Sinne, auch von der Geschichte gilt das
Dichterwort:

„Die sieht den Menschen in des Lebens Drang
Und wählt die größ're Hälfte seiner Schuld
Den unglückseligen Gestirnen zu."

Der unstäte und flüchtige Mann, er hat, was
er suchte, in erhöhtem Maße gefunden, eine Heimath im Herzen seines Volkes, und eifersüchtig muß
der Ulmer seine Rechte auf ihn wahren, denn auch
Aalen, Ludwigsburg, Augsburg und Stuttgart nennen
ihn mit Stolz den ihrigen.

Der erste Aufenthalt Schubarts in Ulm, genauer
im Ulmischen, fällt in die Jahre 1763—69. In
dem Städtchen Geißlingen, damals einer Ulmischen
Obervogtei, war die Stelle eines Präceptors ausgeschrieben. Der Glückliche, der sie erhielt, hatte
120 bis 150 Schüler zu unterrichten, täglich zwölf
Stunden zu geben, sollte auch den Organisten ersparen helfen, darum gut Orgel spielen und geigen
können, und, um die Leichen hinauszusingen, eine
sehr gute Stimme haben. Dafür erhielt er gegen
hundert Gulden an Geld, freie Wohnung, freie
Eichelmast, eine Tanzstätte vor sein Haus, und den
Buben sollte nicht erlaubt sein, ihm mit Erbsen zu
schießen. Und so erschien vor den Wollenperrücken
der Republik Ulm, ihnen seine Talente devotest, demüthigst und unterthänigst zu entdecken, sie möchten
die hohe Gnade haben und ihm das huldreichste
Privilegium ertheilen, mit Ehren Hunger sterben zu
dürfen, ein Jüngling von vierundzwanzig Jahren,
etwas über mittlere Statur, sehr blaß und schmächtig,
aber breit von Schultern und Brust, mit einem
auffallend großen Kopf, kirschrothen Lippen und
hellen, feuerwerfenden Augen, der Sohn des Dia-
konus von Aalen, Schubart, erstand die Prüfung
und erhielt das Patent. „Geht mit, Katharine?"
sprach er zu einem blühenden Kind seiner Vaterstadt.
„Bis an's Ende der Welt!" lautete die Antwort,
„aber frag' den Vater." Der Vater war reich
und wollte seine Tochter nicht aus Aalen weggeben
und sagte Nein. Ein Donnerschlag für den Neuling in Recht und Brauch der Welt! Umsonst also
war es gewesen, daß er seinen wilden Studenten-
jahren den Rücken zugekehrt hatte und ein gelehrter
Magister geworden war? Die kaum beruhigte See
schäumte wieder in allen ihren Tiefen. Sie wollte
ein Opfer haben und ergriff seinen Strebhalm, den
der Zufall hereintraf — ein flüchtig hingehauchtes
Wort.

Es war — so lautet eine uns von Freundes-
hand mitgetheilte Familienüberlieferung — Flachs-
markt in Gmünd. Die Weißgerwirthin Allgöwer
von Geißlingen besuchte ihn mit ihrer Schwester
Helene Bühler. Auf dem Tanzboden spielten
Musiker von Aalen. Und das fröhliche Mädchen sagte zu Einem: „Grüßet mir auch Euren
Landsmann, unsern neuen Präceptor Schubart!"
und hüpfte ahnungslos weiter. Etliche Zeit war
seitdem verstrichen, da traf der neue Präceptor in
Geißlingen ein und sein erster Gang war zu dem

Oberzoller Bühler. Er blieb den ganzen Nachmittag,
den ganzen Abend, und als es Nacht wurde, war
er noch da. Ein Theil der Familie gieng zu Bett,
der alte Bühler nickte verschiedene Male ein, aber
Schubart war immer noch da, ja saß zuletzt wie eine
Bildsäule da, stumm und regungslos. Man glaubte,
er schlafe. Was war zu thun? Sollte man ihn
wecken? Aber mußte ihn dieß nicht beleidigen? Und
wieder verstrich eine gute Weile. Da schlug es zwölf
Uhr. Und mit dem Schlag richtete sich Schubart auf
und sprach wie in dem Tone eines Sehers: „Herr
Oberzoller, ich bekomme heute noch eine Frau. Die
ist es, welche mir den Gruß aus Gmünd geschickt
hat, Ihre Helene." „Wo denken Sie hin, Herr
Schubart? Ich bin ein Mann ohne Vermögen — —".
Doch Schubart gab sich nicht zufrieden, bis ihm
versprochen wurde, daß er bis zum Morgen eine
Antwort haben solle. Und so gieng er endlich.
Der Oberzoller aber sprach mit dem Frühesten bei
seinem Gevatter, dem Visirer, ein. „Gevatter",
sagte der, „wenn der Schubart zu mir käme, er
hätte die Wahl unter meinen drei Töchtern!" Dieß
wirkte. Der Oberzoller gieng und gab Schubart
das Jawort. An diesem Tage wurde im Bühler'schen
Hause zum ersten Male Kaffee getrunken, aus Tassen,
die von dem Visirer entlehnt werden waren.

Das Benehmen Schubart's wäre räthselhaft,
wenn es vereinzelt in seinem Leben dastünde. Aber
auch sonst stoßen wir bei ihm auf leidende Zustände
seiner Seele, Zustände, in denen es seiner Einbildungskraft gelang, den Zügel abzureißen und die
Alleinherrschaft an sich zu ziehen. Bis in sein achtes
Jahr gieng er wie im Traume, war seine Schul-
bücher in den Bach und wurde für einen dummen
Knaben angesehen. Plötzlich sprang die Rinde, und
er zeigte eine Aufgewecktheit, die Alt und Jung
entzückte. Aber wenn er kaum den bunten Reihen
seiner Gespielen durch drollige Märchen ergötzt hatte,
konnte er schauerliche Anwandlungen bekommen, schlich
sich fort und besuchte den Kirchhof, um den schwülen
Empfindungen seines Herzens unter schwarzen Kreuzen, Todtenkränzen und morschen Gebeinen Luft zu
machen. Bekannt ist der prophetische Traum, den
er in der Neujahrsnacht 1769 in Geißlingen hatte,
worin er sein ganzes späteres Schicksal schaute, die
Wüste, in der er, von Scheusalen umtanzt, bis zu
einer gähnenden Kluft fortschwindelte, den Aschen-
berg mit dem Thurme, wo ihn ein Herr von Männern in schwarzen Kutten hohnneckend bewillkommte,
endlich die Wiese, wo er nach langen Qualen Ruhe
fand. Desgleichen warnten ihn in Ludwigsburg
innere Stimmen vor dem Herzog und seinen Donner-
teilen. Und noch in seinen spätern Jahren, wo
seine Pulse doch um Vieles ruhiger schlugen, hatte
er Zustände, die an Raserei gränzten, mußte einmal
von seinen Freunden gewaltsam an die Luft fortgerissen werden, sprang ein anderes Mal plötzlich
von einem Gastmahl auf, rannte mit rasender Geschwindigkeit in's Freie und kam blaß und sprachlos
zu Hause an. Der Herzog sah in Schubart einen

Freigeist, einen deutschen Voltaire. Nichts konnte irriger sein. Man kann weit eher sagen, daß Schubart zum Aberglauben hinüberneigte als zum Unglauben, und zwar ursprünglich, von Hause aus, nicht erst nachdem ihm die Sehnen seines Geistes gewaltsam abgedreht worden waren.

Indessen war auch Schubart wie im Schlafe in den Besitz seines Weibes gekommen, in diesem Falle wenigstens hatte er es nicht zu bereuen, daß er sich dem Helldunkel seiner Einbildungskraft blindlings anvertraut hatte. Denn obgleich seine Verbindung zumal in den ersten Jahren einer Verbindung des Sturms mit der Stille, der Zügellosigkeit mit der Ordnung gleichen mochte und sich beide Theile erst allmählig nach ihrem richtigen Werthe schätzen lernten, — wer vermöchte ungerührt zu bleiben bei dem Schauspiele, das uns namentlich die Briefe in dem klassischen Werke von Strauß enthüllen, wie diese Gegensätze zuerst nur äußerlich verbunden und innerlich geschieden, dann äußerlich geschieden und innerlich verbunden, zuletzt noch die äußeren und die inneren Bedingungen einer wahrhaften Verbindung erlangen? „Und stöße er in die Hölle", sagte sie einst, als man ihr drang, sich von dem Herumschwärmer zu trennen, „so stieb' ich ihm nach. Leben muß ich mit ihm und sterben bei ihm!" Und er schreibt an sie: Reise, wohin Du willst. Ein Engel verirrt sich nie. Ach Weib! mit Dir zu leben, mit Dir in Himmel zu fliegen, ist Schubart's brennender Wunsch!

Doch wir kehren zu dem neuen Präzeptor zurück. Unter einer Perrücke, in einem braunen, schwarzausgemachten Rock, kurzen Beinkleidern und Schnallenschuhen finden wir ihn, wie er — — um seine eigenen Worte anzuführen — bald unter hundertundzwanzig Tartaren mit der Knute in der Hand zwölf Stunden des Tags umherwandelt; bald vor dem Sarge einer alten Spitalfrau mit acht gestickten Mänteln wie unsinnig ein Todtenlied schreit, bald an des Herrn Ruhetag mit feder zer (?), die anstatt brennender Fackeln Fidelbögen tragen, sich abmattet, bald an den heiligen Christfeiertagen mit zweiundvierzig Eseln und einem Maultiere, das auf lateinisch Kantor heißt, von Haus zu Haus betteln geht. Gewiß ein Joch, das peinlich genug war, um auch einen minder feurigen Geist, als der seinige war, zur Empörung zu lecken! Aber was die Helene in den Arbeiten seines Herakles, der Hebräer in dem leitenden Knecht Jehovah's im Bilde schaute, war es nicht von jeher der Präfixten für die Größten unseres Geschlechts, die Gluth, in der ihr Genius gehärtet zu werden? Diese Probe hat Schubart leider nicht bestanden; denn ihm fehlte, was auch dem Genie erst die ewige Weihe gibt, die sittliche Würde, die innere Freiheit. Schubart und Schiller, Zeitgenossen, Heimathsgenossen, Schicksalsgenossen, Geistesgenossen, und doch — welch' ein Unterschied! „Schubart, Du hast keine Grundsätze!" konnte sein liebster

Freund, der in Ulm verstorbene Dekan Miller, zu ihm sagen, wenn sie unter traulichen Gesprächen mit einander an der Donau hinab wandelten. „O Mann, ich bitte Dich, werd' ein Christ!" flehte zu ihm auf den Knieen sein treues Weib an dem Tage, da ihn sein Verhängniß nach Ludwigsburg riß. Vergebliches Flehen! Schubart fühlte, erkannte — denn er war so redlich und herzensgut, daß er weder sich noch Andere zu täuschen fähig war, — was die höchste Bestimmung des Menschen ist, und er hat sie doch niemals erreicht. Gibt es denn also wirklich nicht blos eine intellektuelle, sondern auch eine sittliche Begabung? Und ist eine so mannigfaltige Begabung, wie die Schubart besaß — zum Dichter, zum Musiker, zum Redner, zum Rhapsoden, zum Schriftsteller, zum Gesellschafter, — ein Glück oder ein Unglück zu nennen?

Es liegt ein altes Heft vor mir, welches Schubart'sche Schuldiktate enthält, moralische Vorschriften und Erzählungen voll des köstlichsten Humors, in der Form von Briefen, welche die Schüler Gutherz, Schreibgern, Gassenfeind, Michel Faul, Hans Punktum, Franz Tagdieb, Nickel Dumm und ihr getreuer Lehrer Bockshornius sich schreiben. Der derbe Ton, in dem sie fast durchgängig gehalten sind, gab, mitunter nicht ganz mit Unrecht, Anstoß. Auch stellte man Vergleichungen an zwischen dem aufgestellten Lehren und dem Beispiel, das er selbst gab, daß er in der Gesellschaft eines sittlich verkommenen jungen Malers dem Weine über Gebühr zusprach, oder eines schönen Morgens statt in die Schule zum Thore hinaus wanderte, um mehrere Tage als Anachoret in Feld und Wald herumzustreifen, oder vor einer lustigen Badegesellschaft in Ueberlingen das bekannte Kunststück auf der Kanzel producirte: „Hier ist nichts und da ist nichts und aus nichts hat Gott die Welt geschaffen." Die Geißlinger Ortsgeistlichkeit wurde schwierig, das Ulmische Hüttenamt schickte Verweise, und die Hilfe von Freunden und Gönnern, wie des edeln Obervogts von Baldinger, des Stadtammanns Häckel, war um so erwünschter, als auch die Familie seiner Frau längst von dem Respekte abgekommen war, mit dem sie ihm Anfangs entgegengekommen war. Schubart selbst war der Unzufriedenste. Er meldete sich wiederholt weg*), und meinte zuletzt, als eine Aussicht um die andere zerstäubte, „eine Vokation in Mond oder Saturn wären vor ihn das Beste", als er am 1. September 1769 vom Herzog Carl von Württemberg als Organist und Musikdirektor in Ludwigsburg angestellt wurde. Unter tausend Thränen, durch den langen Reihen seiner lieben Schüler hindurch, von vielen beschenkt und von allen gesegnet, fuhr er von Geißlingen ab; sein Herz war schwer, er ahnte, auf welch' schlüpfrigen Boden er sich zu stellen im Begriff war, und seine Reisegefährten konnten kaum

*) Aus einer Bemerkung in den Schulakten des Ulmischen Gymnasiums geht hervor, daß die Schubart im J. 1767 um die dritte Klasse des Gymnasiums in Ulm beworben hatte. Hierauf bezieht sich wohl Brief 30 in der Straußischen Sammlung.

13*

ein Paar trockene Worte aus dem sonst so redseligen und witzigen Manne herauspressen.

Die poetischen Erzeugnisse Schubart's aus dieser Zeit sind etliche Oden, von denen eine ihm das Diplom eines kaiserlich gekrönten Dichters eintrug, seine Zaubereien, worin unter Anderem der auf's Rad geflochtene Irion, von Jupiter begnadigt, und, weil er die Geduld studirt, zum Schulmeister gemacht, schon nach wenigen Tagen kommt und flehentlich bittet, ihn wieder auf's Rad zu flechten; endlich seine Todesgesänge, in denen ebenso der Einfluß Klopstocks, als in den Zaubereien der Einfluß Wielands, zu bemerken ist. Schubart hat früher und später Bedeutendes hervorgebracht: in seinem sechszehnten Jahre das Volkslied „Als einst ein Schneider reisen sollt'", in der Reife seines Geistes, um nur kurz an das Beste zu erinnern, das Mondlied, die Fürstengruft, Urquell aller Seligkeiten, das Caplied, Schwäbisches Bauernlied, der kalte Michel und vor Allem jene Strophe:

> Doch herab von meinem Thränenberge
> Seh' ich dort den Ruheplatz der Särge,
> — Hinter einer Rieche streckt er sich,
> Wärmer als die andern Plätze alle —;
> Ach! herab von meinem hohen Walle
> Seh' ich keinen schönern Platz für mich! —

Er sagt selbst, daß er nie fleißiger studirt habe, als in Geißlingen. Aber es war ein tumultuarisches Studiren, das Künstelei und Uebertreibung zur Folge hatte. Größere Befriedigung gewährte ihm der briefliche Verkehr mit Freunden, „mit denen er im Gebiete der Literatur herumschweifen oder die Empfindungen seines Herzens tauschen konnte." Den von Strauß gesammelten Briefen an seinen Schwager Böckh, an den Dichter Haug, an Wieland und etliche Andere läßt sich ein Briefwechsel mit einem talentvollen jungen Ulmer, Andreas Welbach, anreihen. Er ist der Neben, nach welchem eines der Schubart'schen Gedichte betitelt ist, die in der von der Familie aufbewahrten Briefe beweisen. Wie liebenswürdig stellt sich Schubart in diesen Briefen an den strebsamen jungen Freund dar! Wie bereitwillig geht er in seinen Studien- und Ideenkreis ein! Jetzt kommt Virgil an die Reihe — der, meint Schubart, müsse nicht in Alexandrinern übersetzt werden, er würde dazu die poetische Prosa erwählen —, jetzt Horaz — bei dem, rath er, solle man doch nicht zu ängstlich auf den historischen Plan sehen, anstatt auf den poetischen, auf die Fiktion, die wie ein Schatten durch das Gedicht schlüpfe —, jetzt Klopstock — er schreitet über die Welt, wie ein Koloß —, jetzt Lessing. Minna von Barnhelm ist ein unverbesserliches Meisterstück; jetzt Wieland — ich habe Ihnen den Agathon mit Fleiß noch geschickt, was wollen Sie den Epikurer Hippias so närrisches Zeug plaudern hören und den schlummernden Adam aus seiner frommen Ruhe stören?" —, jetzt Jakobi — das verhüte Gott, daß wir Deutsche das nicht thun, wozu wir am wenigsten aufgelegt sind: tändeln" —, jetzt die Geißlinger Standes-

personen — „sie haben die Gewohnheit, es vor eine Flegelei zu halten, wenn man Ihnen die Bücher vor ein Paar Jahren absordert, und man habe ich die Ehre, sie mit Schnupftabak hübsch illuminirt abholen zu dürfen" —, jetzt endlich und immer Schubart selbst, unter Anderem, wie er fast an einer Krankheit gestorben wäre, und man hätte ihm die Grabschrift nachgerichtet:

> Hier liegt Herr Schubart begraben,
> Ach Gott! das war ein guter Mann,
> Er lebte die Oden des ABC,
> Drum ruht er hier in pace,
> Noch auch macht schwer Carmen,
> Gott wird sich seiner Seel' erbarmen.

Ein Zeitraum von nur fünf Jahren, aber reich an inneren und äußeren Erlebnissen, liegt zwischen dem ersten und dem zweiten Aufenthalte Schubarts in Ulm. Der Taumelbecher des Ludwigsburger Hof- und Theaterlebens ist geleert bis auf die Hefe. Die Freudentage in der Pfalz bei dem Churfürsten Carl Theodor sind verrauscht. Aermer als je an Leib und Seele wandert er von München in die weite Welt hinaus, bleibt in der Weberherberge in Augsburg hängen, und die ehrsamen, biederen Meister weiden sich an seinem Hellauf, ein Buchhändler macht ihm Anträge und es entsteht seine „Deutsche Chronik". Aber schon nach den ersten Blättern wurde ihm die Erlaubniß zum Druck entzogen. Denn da er am Schluß seiner Anzeige sagte: „Und nun werde ich mit jenem Deutschen, als er London verließ, meinen Hut in die Höhe und spreche: O England, von deiner Laune nur diesen Hut voll!" so stand der Bürgermeister von Kuhn im Senat auf und sagte: „Sehe hat sich ein Vagabund hereingeschlichen, der begehrt für sein heilloses Blatt einen Hut voll englischer Freiheit: Nicht eine Nußschale voll soll er haben!" und Schubart war genöthigt, das Blatt in Ulm drucken zu lassen, wo die altangesehene Wagner'sche Druckerei blühte und die Censur mit rühmlicher Milde geübt wurde. Hierauf bezieht sich nachstehender Brief, der sich in einer Ulmischen Handschriftensammlung befindet:

„Augsburg am Himmelfahrtsfeste 1774.

Meine Geliebte!

Meine deutsche Chronik hat hier Verfolger gefunden, die Zeitungsschreiber beschwerten sich über Eingriff in ihre Rechte. Es wurde also verboten, sie hier drucken zu lassen. Nun druckt sie Wagner in Ulm. Hoffentlich wirst Du Deine Stütze richtig erhalten. Glaube mir, liebe Frau, es ist ein elend, jämmerlich Ding um das Leben eines blosen Schriftstellers, ein immer Furcht, Hofnung und zuletzt — Hunger oder Tod.

Den Ludwig hat man unter ABCSchützen in die letzte Klasse setzen wollen. Ich habe ihn demnach zu Hause selbst instruirt und instruiren lassen. Künftigen Montag rükt er um eine Klasse höher. Der Einstand kostet mich 1 Konventionsthaler vor den

Retter und 1 halben vor seinen Präceptor. Mir ist es lieb, daß ich Jemand bei mir habe, dem ich Gutes thun kann. Ich hab ihm einen silbernen Hosenschnaller geschenkt und laß ihm nun Schuh-schnallen dazu machen. Strümpfe, Schuh, Hosen, Huth, ein Sommerkleidlein und weise Kappen hat er schon, nun bin ich daran, ihn kleiden zu lassen. Er ist gewaltig nachläßig und schont die Kleider so wenig, als — sein Papa.

Der Ueberbringer dieses Briefs wird Dir mehr sagen. Er ist ein vortrefflicher Bursch und hat bei Stage den Buchhandel gelernt. —

Zwei Gedanken gehen mir im Kopf herum. Der Herr von La Roche (Du kennst ihn und seine Frau) hat mich nach Neuwied empfohlen, 53 Meilen von hier. Hier ist eine Gräfin voll Geschmak, die mich zu ihrem Bibliothekar und Klavierinstrukter machen will. Ich erwarte nur noch die Bestimmung der Beseldung, dann will ich mich gleich erklären. Nach Wallerstein könnte ich auch kommen, wenn ich wollte.

Wie steht's mit Deiner Kur? Schlägt sie wohl an? — Bei meinen gegenwärtigen Umständen kann ich Dir noch nicht rathen, zu mir zu kommen. Du mußt eine bessere Gelegenheit abwarten.

Ulm.

Schicke mir doch das Maaß zu Schuhen vor dich und das Jule. Man macht hier gar schöne Schuh."

Nur kurze Zeit erhielt Frau Helene Schubart Briefe aus Augsburg. Denn als der kecke Chronik-schreiber den gefallenen Jesuitenorden angriff und das Treiben des Teufelbeschwörers Gaßner mit den Worten geißelte: „Heiliger Sokrates, erbarme dich meiner! wann hören wir doch einmal auf, Schwaben-streiche zu machen?" so sündigte man ihm von Sei-ten einer hohen Obrigkeit an, daß er unverzüglich die Stadt zu verlassen habe. — „Und mein Ver-brechen, Ihr Gnaden?" „Wir handeln nicht ohne Ursache, und das mag Ihnen genug sein." Und so hatte er abermals seinen Laufpaß. Nur daß er diesmal nicht völlig auf die Straße gesetzt war. Denn schon warteten seiner die Ulmer Freunde. Glücklich

passirte er — es war im Januar 1775 — Günz-burg, ohne von einem fanatischen Haufen erkannt zu werden, der, als Schubart in die Gaststube trat, eben aus den dicken Braunbierkehlen lästerlich über den Ketzer und sein vermaledeites Blatt schimpfte; seine Geistesgegenwart rettete ihn, er setzte sich mitten unter sie hinein und schimpfte noch zehnmal ärger als sie auf den Galgenterl Schubart, also daß sie seine Suada bald mit Lobsprüchen überhäuften. Mit dem grauenden Morgen zog er in Begleitung seines getreuen Pudels weiter. Sein Herz schlug höher, als sich der ehrwürdige Münsterthurm aus blauen Düften enthüllte, und in der Krone zu Ulm freute er sich bei einer Flasche Burgunder des bestandenen Abenteuers.

Anfänglich wohnte Schubart in der Krone, die damals zugleich Museum war, während „die obere

Stube" das Gesellschaftshaus der Patrizier bildete; später in der Engelapotheke, zwei Treppen hoch. Seine Chronik trug ihm monatlich dreißig Gulden ein. Hiezu kamen noch mancherlei Nebenverdienste, besonders durch Leichen- und Hochzeitsgedichte. So erlebte er bald die Freude, daß auch seine Familie nach Ulm übersiedeln konnte. Der biderbe Ton der Ulmer stimmte mit seiner Natur vortrefflich überein. So frei und darum auch so glücklich hatte er sich noch nirgends gefühlt.

Sein Hauptgeschäft war die Chronik. Sie erschien wöchentlich zweimal, je einen halben Bogen stark. Voran standen politische Nachrichten, regelmäßig mit einer anderen Ueberschrift versehen, als: Politisches Nichts, Raritätenkasten, Stimmen eines Predigers in der Wüste, Hitz und Frost, Fidibus, Unterhaltung beim Kaffee, Gewölle, Ein Spaziergang, Brocken, Aus dem Reiche der Möglichkeit, Politisches Sehrohr, Widersprüche, Schattenspiel. Man sagt, Windsloß, Kreuzzüge, Sonst nichts?, Zauberlaterne, Winterlügen u. s. w. "Der Winter ist die Zeit, wo sich's beim Ofen gar herrlich reflektiren, betrachten, beherzigen, phantasiren und lügen läßt. Fast sollte man glauben, daß Ofenhitze die Phantasie mehr reize, als Sonnenhitze. — In den Kinder- und Kunkelstuben beschäftigen sich die Ammen und alten Weiber mit Mährchen und schrecklichen Heren- und Gespenstergeschichten. — Auch der Zeitungschreiber setzt sich im Lehnsessel breit, fühlt seine ströherne Phantasie, und sieht — sieht furchtbare Bündnisse: Rußland, England, Dänemark gegen Preußen und Schweden; sieht Polen im Feuer! Italien im Feuer! Ungarn im Feuer! — sieht Innten sprühen da und dort ein deutsches Strebbach entzünden u. s. w." War das Politische möglichst rasch "herausgeschaudert", so folgte der "Ausritt auf meinem Steckenpferd", ein Streifzug in die Gebiete der Literatur und der Musik, mit eingestreuten Anekdoten für den Bürger oder größeren und kleineren Gedichten, und der Chronikschreiber ließ sich geduldig von seinem Leser zurufen: "Hol der Henker den Chronikschreiber! Wenn der Kerl auf seine Musik, Poesie und Künstler kommt, so vergißt er's, daß er eine Zeitung zu schreiben hat! macht's just wie der Aff, der's Gewehr fallen läßt, wenn man ihm Nüsse vorwirft." Denn geistig auf seine lieben Teutschen, auf sein noch spärlich erleuchtetes Schwaben zu wirken, war der Zweck, den er sich gesetzt hatte. Und wie könne er für diesen Zweck, glaubte er, stärker und allgemeiner wirken, als durch die Gründung eines Volksblatts deutscher Nation? Von Unten herauf, von Oben herab! war sein Wahlspruch, und mag man im Uebrigen noch so streng über ihn urtheilen, in dieser Leistung wenigstens wird man ihm Gerechtigkeit widerfahren lassen müssen. Wie gewaltig — wenn auch nicht immer fehlerfrei, namentlich was das Kapitel der Rechtschreibung betrifft — handhabt er die Sprache, ein geborener Redner voll feuriger Einbildungskraft und volksthümlicher Derbheit, ein treuer Haushalter des heimischen Wortschatzes! Und wie durchweg edel und groß sind die Gedanken, die er im Drange seines Herzens rauh und glühend hinwirft, Anderen die Arbeit überlassend, die feurige Masse zu kühlen und zu feilen! Fort mit der Nachäffung Frankreichs, — lautet sein politisches Glaubensbekenntniß — des Volks, bei dem Witz mehr gilt, als Verstand, das in Allem etwas und im Ganzen nichts weiß, das an Wissenschaften und Künsten nur schnitzelt, um sie als Porzellanfiguren auf den Putztisch zu stellen, das seine leichtfertigen Grundsätze noch verzuckert und dem Teufel die Hörner vergoldet, daß man sich nicht vor ihm fürchten soll! In Einem nur, Teutsche, ahmt ihm nach, — in der Liebe zum Vaterlande! Wo ist der lebendige Geist, der uns allgewaltig und zu Einem Endzweck ergreifen, der uns an Einer Kette halten sollte, wie Jupiter die Schicksale hält? Wo ist Leidenschaft, ein Opfer zu werden für's Vaterland? Ha, Vaterland, du bist die Goldgrube des Auslands, und du trittst nicht mit hohem Haupt, im Riesengange einher und fühlst deine Urkraft? Du schläfst, aber den Schlaf der Dummheit kannst du nie schnarchen; du schläfst, aber du wirst erwachen, wie der Riese Hurlut in der Edda, und schüttelst Städte und feste Schlösser wie Erdstaub von dir! — Weiter, wenn er auf Religion zu reden kommt, so ist seine Meinung: Ewig gewiß ist's, daß die christliche Religion der Freiheit des Menschen nicht das Mindeste benimmt und als Regierungsformen die vortrefflichste Religion ist. Und ein Mensch, die herzerhebende Simplizität und das göttliche Pathos der Bibel nicht fühlt, — welch' ein verstocktes Herz muß der haben! Aber wenn wir die Religion bloß als eine Gedächtnißsache und nicht als eine Sache des Verstandes und Herzens betreiben, ist's dann ein Wunder, wenn sich das Volk in zwo Parteien theilt, in die Partei der Dummgläubigen, die Allem, was man ihnen mit andächtiger Miene vorsagt, wie Pagodentölpel Beifall zunicken, und in die Partei der Krittler, die mit ein Paar aufgebaschten Modezweiseln sich über Katechismus, Bibel, Himmel und Hölle wegzusetzen glauben? Da steht das arme Rohr in der Wüste und schwankt bei jedem Windstoße! Schrecklich ist's, unter Menschen zu leben, welche die Wahrheit für gefährlich halten. Aber Ein Seraphsgedanke ist größer als unser Kopf und nur Gott ist größer als unser Herz. — Endlich über Poesie und Musik läßt er sich also vernehmen: O Vaterland, was denkt du? Weißt's denn nicht: wer den Geschmack am Schönen verliert, verliert auch den Geschmack an der Tugend? Unter die ersten Mittel gegen unsere Entkräftung zähl' ich: Bekanntschaft mit den Alten. Weg mit den entmannenden französischen Romanen, die aus dem verdorbensten Teig ihre Helden kneten und Alles gethan zu haben glauben, wenn sie Rosenwasser dazu nehmen. Bürger, nimm den Plutarch in die Hand, lies Cato's Tags deinen Kindern draus vor und du wirst nicht Gecken, sondern Männer ziehen! Weg mit den Sentimentalmännchen, die nackend im Schnee sitzen, mit

den Zähnen klappern und stotternd sprechen: mir ist's
heiß! Teutsche, seid nicht ein Herkules am Spinn-
rocken! Versieret nicht Eure deutsche Masse! Laßt
die Geschichte auftreten, sie wird Euch sagen, daß
übertriebene Delikatesse allemal ein sicheres Kennzeichen vom Verfalle des wahren guten Geschmacks
war. Warum sind viele Eurer Schriftsteller so langweilig? weil sie ihre Charaktere mehr aus den vornehmen Ständen als aus den niedrigen heben. Blitz,
ist denn die Kirchweih schon vorüber, daß Alles so
geschäftig ist, Brocken zu sammeln und Anthologien
zu schreiben? Vater Klopstock, Prometheus Göthe,
rettet uns von der Ueberschwemmung des Leipziger
Meßkatalogs! Ich habe einen Hund, der Viclipulji
heißt und heult, so oft ich ihm eine französische Chan-
sonette vorsinge. Haben wir nicht Bach? nicht Gluck?
Was soll der Tonkunst noch länger das Hanswurst-
kleid? Ich habe — sagt er fast prophetisch — eine
Opera Buffa gehört von dem wunderbaren Genie
Mozart; sie heißt La sinta Gardiniera. Genie-
flammen zückten da und dort; aber 's ist noch nicht
das stille ruhige Altarfeuer, das in Weihrauchs-
wolken zum Himmel steigt — den Göttern ein lieblicher Geruch. Wenn Mozart nicht eine im Gewächs-
haus getriebene Pflanze ist, so muß er einer der
größten Komponisten werden, die jemals gelebt haben.
„Nebst meiner Chronik“, erzählt Schubart in
seinem Leben, „habe ich in Ulm Vorreden zu verschiedenen Büchern, Einleitungen, Nachschriften, Auf-
sätze in's Ulmer Intelligenzblatt und in auswärtige
Journale, verschiedene Gedichte, Klavierstücke u. f. w.
verfertigt.“ Unter diesen Aufsätzen verdient besonders
einer unsere Aufmerksamkeit. Er ist betitelt: „Zur
Geschichte des menschlichen Herzens“ und steht im
Schwäbischen Magazin auf das Jahr 1775, S. 30 ff.
Der Hauptinhalt ist folgender: Ein Edelmann hatte
zwei Söhne von sehr ungleichem Charakter. Wilhelm war fromm, wenigstens betete er, so oft man
es haben wollte. Carl hingegen war völlig das
Gegentheil, offen, ohne Verstellung, aber lustig und
leichtsinnig. Beide Brüder bezogen zugleich die Universität. Wilhelms strenge Sitten erlitten keine Aenderung. Aber Carls heftiges Temperament wurde
vom Strome ergriffen. Wilhelm schrieb's dem Vater
und zog dem Bruder Verweise und Drohungen zu.
Schulden und ein unglückliches Duell nöthigten Letzteren, bei Nacht und Nebel zu fliehen. Er folgte
der Fahne des Mars, wurde Preuße, that immer
brav, kam in's Lazareth und entschloß sich tugend-
haft zu werden. Er schrieb den zärtlichsten Brief
an seinen Vater. Wilhelm unterschlug ihn, und
Carl erhielt keine Antwort. Da vertauschte dieser
seine Montur mit dem Kittel und wohnte anderthalb
Stunden von dem Rittersitze seines Vaters Knecht
eines Bauern. Bald nannte man ihn im ganzen
Dorf nur den guten Hans und oftmals sprach er
unerkannt mit seinem Vater. Einst war er mit
Holzfällen im Walde beschäftigt. Da hört er ein
dumpfes Geräusch, schleicht hinzu und sieht seinen
Vater von verlarvten Räubern überfallen. Wüthend

stürzt er unter die Rotte und befreit seinen Vater.
„Wer ist mein Engel?“ sagte dieser, als er die
Augen wieder aufschlug. „Kein Engel, sondern ein
Mensch hat gethan, was er als Mensch seinen Brüdern schuldig ist.“ Einer von den Räubern war
gefangen genommen worden. Er gestand, als er
verhört wurde, daß der Rädelsführer kein Anderer
als der Junker Wilhelm gewesen sei, den der Vater
zu lange geliebt habe. Da schrie der Vater: Keinen
Sohn mehr? Keinen Sohn mehr? Ha, jene scheuß-
liche Furie ist mein Sohn — und jener Jüngling
mit Rosenwangen und dem fühlenden Herzen ist
mein Sohn Carl, ein Opfer seiner Leidenschaften —
dem Elend preisgegeben! Lebt vielleicht nicht mehr!
— — Ja, er lebt noch, rief hier Hans, und krümmte
sich Verzeihung suchend vor den Füßen des besten
Vaters, Verzeihung nicht blos für sich, auch für
den Bruder. — — „Wann wird einmal“, schließt
die Erzählung, „der Philosoph auftreten, der sich
in die Tiefen des menschlichen Herzens hinabläßt,
jeder Handlung bis zur Empfängniß nachspürt, jeden
Winkelzug bemerkt, und alsdann eine Geschichte des
menschlichen Herzens schreibt, worin er das Inkarnat
vom Antlitze des Heuchlers hinwegwischt und gegen
ihn die Rechte des offenen Herzens behauptet?“ Der
citirte Philosoph trat auf, schon zwei Jahre, nachdem dieß von Schubart geschrieben worden war. Im
J. 1777 entwarf Schiller den ersten Plan zu seinen
Räubern. Im J. 1781 erschienen sie im Druck
und erfreuten als einer der ersten Lichtblicke das
umnachtete Gemüth des gefangenen Schubart. Er
ahnte nicht, was man mit ihm vorhatte, als ihm
der General Rieger den Befehl ertheilte, eine Recension des neuen Schauspiels zu verfassen. Er
that's, und bald darauf stellte ihm der General einen
Herrn Dr. Fischer vor. Das Gespräch kam auf die
Räuber. Schubart mußte seine Recension vorlesen,
und in seiner Begeisterung äußerte er den Wunsch,
den großen Dichter persönlich kennen zu lernen.
„Ihr Wunsch ist erfüllt“, sagte Rieger, und wies
auf den angeblichen Dr. Fischer hin. „Ist's möglich?“ rief Schubart frohlockend, „das also ist der
Verfasser der Räuber?“ Und mit diesen Worten fiel
er Schiller um den Hals, küßte ihn und Freudenthränen glänzten in seinen Augen.
Mit der im Bisherigen geschilderten schriftstellerischen Thätigkeit verband sich bei Schubart auf geniale Weise das gesellige Element. Denn wo verfaßte
er seine Chronik? Im Wirthshaus am Liebsten, beim
Biertrug und einer Pfeife Tabak, ohne irgend anderes
Material, nur mit Hilfe seiner Belesenheit, seiner
Erfahrung und seines Mutterwitzes. Um ihn her
saßen dann seine lieben Ulmer Bürger, und es war
ihm ein Leichtes, sich zwischen das Diktiren hinein
mit ihnen zu unterhalten. Eine derartige Scene hat
Hermann Kurz in Schiller's Heimathjahren verewigt.
Desgleichen findet sich diese Seite schön beleuchtet in
Adolf Weißer's Schubart's Wanderjahren. Was
alles stand nicht Schubart zu Gebot, um einen geselligen Kreis zu erschüttern! Eine staunenswerthe

Fertigkeit im Stegreifdichten, ein voluminöses Anek=
dotengedächtniß gepaart mit drastischer Erzählungs=
kunst, endlich seine Meisterschaft auf dem Klavier.
Eine Probe des groben — lange noch nicht des
größten — Geschützes, das er bei gutem Humer
in der Gesellschaft spielen ließ, ist folgende Ulmische
Ueberlieferung. Der Baumstartwirth Becker hatte
einen Saal bauen lassen, zu dessen Einweihung er
eine Abendgesellschaft einlud. Auch Schubart kam,
und bei seinem Eintreten wandten sich Aller Blicke
nach dem Ofen, auf dem eine vom Kunsthofner Rem=
mel verfertigte Büste stand, Schubart vorstellend,
wie er eben von einem ganzen Schinken, seiner Lieb=
lingsspeise, herunternagte. Doch Schubart brachte
schnell die Lacher auf seine Seite, indem er sagte:

Hier sht Schubart der Fresser
Und spricht ein Stück vom — Baumstartwirth Becker.

Ein Muster des edleren Tones, den er ebenso
leicht traf, ist die Wette, welche H. Kurz zwischen
Schubart und seinem Verräther am Abend vor der
Entführung spielen läßt. Scholl warf einen Ring
in's Glas als Gegenstand und Preis eines Impromptu.
Schubart, ohne sich zu besinnen, begann:

Zwei Götter haben sich zusammen nicht vertragen,
Drum Fluthe an die Hand und Bacchus in den Magen.

leerte das Glas auf einen Zug und steckte den Ring
an den Finger. Aber eben so schnell zog er ihn
wieder ab, gab ihn dem Amtmann und sagte:

Nicht das Metall, das glatt durch schmutzge Hände roll,
Dem Dichter ziemt des Weines, der Saiten reiner Gold.
Dich nur gewähre mir, Thon, und bleib mir hold!
Und dun, Herr Amtmann, hier! behalten Dir Ihr Gold.

Dieser lehteren Klasse von Einfällen mögen nech
seine Strophen angereiht werden, die er einst auf
dem Kranze des Münders — wo auch jener präch=
tige Neujahrsgruß von 1776 entstand — auf die
von der Arbeit heimkehrenden Taglöhner impre=
visirte:

Stärkt den Rüden, der des Lebens Plagen,
Ernse Lasten duldet — leidlos his,
Tonner sollen den Tyrannen schlagen,
Der des Schweißes Frucht ihm rauben will!

Gib dem Mangel Speise, Trunk und Hütte,
Gib dem Armen — ach mir bricht das Herz —
Gib dem Armen von der frühen Fälle,
Linder Du des müden Pilgers Schmerz!

Von seiner Art zu erzählen sind seine Chronik
und seine Selbstbiographie die beredtesten Zeugen.
Bald gab er eigene Erfindung, bald Geschichte, bald
Fremdes, bald Selbsterlebtes. So — um nur Eines
anzuführen —, wie er auf dem Weg nach Heidel=
berg nur noch fünf Kreuzer in der Tasche hatte.
Ein preußischer Soldat mit einem Stelzfuß bettelt
ihn an. Da, braver Preuße, sagt er, daß, was
ich habe! und zieht wohlgemuth weiter. Bei Kassell
überfällt ihn ein Regen. Er steht in einem Land=

haus unter. Man nöthigt ihn einzutreten. Eine
Baronessin spielte den Flügel. Als sie aufstand,
setze sich Schubart und fieng an zu phantasiren.
Alles lauscht, und wie er aufhört, steht der Herr
des Hauses hinter ihm und reicht ihm gerührt die
Hand. Und der zu Fuß ohne einen Kreuzer Geldes
gekommen war, suhr mit Empfehlungen in der Tasche
und von vier Schweißtuchsen gezogen nach Heidel=
berg. — Bei den Feierlichkeiten, die mit dem Schwörtage
verbunden waren, oder wenn Kreisversammlung ab=
gehalten wurde, pflegte Schubart im Baumstark Kon=
zerte zu geben. Denn in der Musik fand er stets das
höchste Labsal seines Lebens, und der berühmte Orgel=
spieler Vogler sagte: „wer nicht weiß, was Genie
ist, der komme und höre Schubart eine Fuge spielen
oder zum Abendmahl phantasiren." Gewöhnlich
fieng er ziemlich rubig an, allmählig aber gerieth er
in ein Feuer, worin er sich selbst und Alles um
ihn her völlig vergaß. Warm wie das Leben sting
es ihm dann aus dem Herzen empor, und er sagte
einst, wenn dieser Hauch des Himmels über ihn
komme, sei ihm so wohl, daß er wünschte, in einer
dieser Verzückungen einmal sterben zu dürfen. Nur
durfte man ihn nicht die Absicht merken lassen, daß man
ihn hören wolle, oder gar sprechen, während er spielte;
das mindeste Geflüster konnte machen, daß er plötzlich
abbrach und für die Gesellschaft den ganzen Abend
verloren war. Ein hierauf bezüglicher Vorfall soll
sein Unglück mitverursacht haben. Der kaiserliche
Minister, General Ried, glaubte ihn zum Spielen
kommandiren zu können. Schubart erklärte, der
Flügel tauge nichts, und blieb unerbittlich. Die
Folge davon, sagt Schubart, sei gewesen, daß sich
der General von seinen Religionsverwandten gegen
ihn habe gewinnen lassen. Strauß legt das Haupt=
gewicht auf den Haß der Jesuiten, die unter An=
drem auch seinen Enthusiasmus für Friedrich den
Großen in Wien ausgebeutet haben mögen, wozu
weiter Sticheleien kamen, die sich Schubart gegen
den Herzog Carl und Franziska erlaubte, z. B. das
Epigramm:

Als Tienst von Zwelus
Aufhören muß
Zwang zu sen,
So ward er ein Schulmeisterlein.

Doch ehe wir diese schwarze That sich vollziehen
sehen, möge noch in Kürze zweier Männer gedacht
werden, die einen bedeutungsvollen Einfluß auf
Schubart's Leben in Ulm ausgeübt haben.
Der Eine ist der schon genannte J. M. Miller,
Schubart's zweites Gewissen in den guten Tagen
und später im Unglück der engelgleiche Freund und
Berather der verlassenen Familie. Es war um die
Zeit, da Schubart nach Ulm übersiedelte, von Göt=
tingen in seine Vaterstadt zurückgekehrt und legte
bald darauf die Eindrücke, die er in dem schwärme=
rischen Freundschaftsbunde mit Voß, Hölty, Stol=
berg, Bürger empfangen hatte, in dem berühmt
gewordenen Roman „Siegwart" nieder. Wie sehr
Schubart den Umgang mit dieser geistigen Natur zu

Im Gewitter.

Verlag von Krais & Hoffmann in Stuttgart.

schätzen mußte, bezeugt das Denkmal, das er dem Freunde in seiner Lebensbeschreibung gesetzt hat. Mit ihm und einem kleinen Kreise Gleichgesinnter, in dem wir wieder dem oben genannten A. Wolbach als Agenten des Philanthropismus, ferner den Namen Kapoll, Bachmaier, Köhler begegnen, verbrachte er seine genußreichsten Stunden; da zog es ihn aus dem Wirthshausdampfe hinaus in Gottes Natur, und die Starkgeisterei wich den Dankgefühlen gegen Gott und gute Menschen.

Der Andere ist ein fast verschollener Name, der grauenvolle Erinnerungen heraufbeschwört. Joseph Rickel, geboren in Derenstein unweit Ulm, war von den Jesuiten erzogen und zum Studium der Theologie bestimmt worden, als ihn die Schriften Voltaire's in eine andere Bahn warfen. Schon als die Gaßner'schen Geschichten in der Gegend von Ulm spukten, ließ er seiner Entrüstung freien Lauf und erregte durch seine kecke Sprache großen Anstoß. Als er in der Folge mit Schubart bekannt wurde und offen für ihn Partei nahm, kam er in den Geruch eines Ketzers. Eine ungerechte Verhaftung goß bei ihm Oel in's Feuer. Er schalt laut auf die Beamten als Volksbetrüger und Glaubensdespoten und ergoß sich in Spott über religiöse Dinge. Am 27. April 1776 gieng er mit einem Bekannten nach Wiblingen in's Klosterbräuhaus. Als er Abends nach Ulm zurückkehren wollte, wurde er festgenommen und in's Gefängniß abgeführt. Man hielt ihm gotteslästerliche Aeußerungen vor. Er bat, man möchte ihn sich vertheidigen lassen. Es wurde ihm nicht gestattet. Nach sechswöchentlicher Gefangenschaft erhielt er eine Vorladung vor den Klosterkonvent. Das Urtheil lautete auf den Tod. Am 1. Juni, Morgens 8 Uhr, wurde er auf die Richtstätte, die Anhöhe an der Iller eine halbe Stunde von Wiblingen, unter dem hölzernen Crucifix in den Händen und von zwei Kapuzinern begleitet, nachdem ihm vor dem Amthaus in Wiblingen eine Schrift verlesen worden war, wonach er als veritabler Gotteslästerer, der sich gegen die göttliche Majestät, die heilige Mutter Gottes, den heiligen Joseph und besonders gegen die heilige Magdalena versündigt habe, die gerechte Todesstrafe verdiene. Das Stäbchen wurde gebrochen, und der Scharfrichter versah sein Amt. Am Fuß der Richtstätte war ein Scheiterhaufen errichtet, auf ihn wurde die Leiche gelegt und die Asche in die Iller gestreut.

Welch eine That! Und doch durfte die deutsche Chronik es nicht wagen, sie auch nur mit einem Wort zu berühren. Der Nächste, der daran muß, hieß es, ist der Schubart! Er erhielt Warnungen von Freunden, Drohungen von Feinden. Auch die Ahnungen seiner Seele klangen immer düster an. Er war auffallend ernst und stand meist schon um 10 Uhr Abends vom Wirthstisch auf. "Was ist dir?" fragte ihn sein Freund Kapoll. "Ich sehe wieder im Traum die schwarzen Kutten", antwortete er, "sie martern mich mit ihren Nägeln,

und wenn ich sie um den Tod bitte, so antworten sie: wir tödten nicht plötzlich, wir martern unsere Feinde langsam zu tod!" Kapoll wollte ihm den Traum weglachen, aber Schubart blieb dabei.

Den 22. Januar 1777 kam der Klosteramtmann Scholl von Blaubeuren zu Schubart und lud ihn zum Mittagessen in den Baumstark. Schubart nahm die Einladung an, ging mit seinem Todesengel in den Gasthof, und achtete nicht auf den furchtsamen Ton, in welchem derselbe ihn aufforderte, am andern Morgen mit ihm nach Blaubeuren zu fahren, sein Schwager sei da und wünsche ihn kennen zu lernen. Abends gab Schubart noch ein Konzert. Nach demselben holte ihn seine Frau ab, und als er sie fragte, warum sie so schwermüthig neben ihm hergehe, antwortete sie: "Ich weiß nicht, wie mir ist!" und weinte. Er beruhigte sie, und schlief so sanft als schon lange nicht mehr. Der Tag brach an, und bald klimperte auch schon der Schlitten vor dem Haus, der ihn in den Baumstark führen sollte. "Leb wohl, Weib!" Sie erblaßte, und ihr letztes Wort war: "Kann denn dieser Fremde nicht zu Dir kommen?" Er eilte die Treppe hinunter und bestieg den Schlitten. Sein Sohn, dem das Listergesicht des Amtmanns wie Wurmsamen zuwider war, schrie ihm aus dem Fenster nach: "Papa, kommen Sie bald!" Etliche Augenblicke hielt er sich noch im Baumstark auf, dann flog er an der Seite seines Verräthers über die beschneiten Gefilde hinweg. Als sie eine Stunde von Ulm entfernt waren, veränderte der Amtmann so sehr seine Miene und Sprache, daß Schubart anfing, Argwohn zu schöpfen. Er war ein starker Mann, der Amtmann ein ledernes, ausgetrocknetes Männlein: was wäre leichter gewesen, als den Buben auf's Pflaster zu setzen und dem Ulmischen Kutscher Rechtsum zu kommandiren. "Warum thaten Sie es nicht?" kennte man ihn später fragen. "Ich schämte mich", war die Antwort, "und hielt meine Ahnungen für hypochondrische Grillen." Die Burgtrümmer bei Blaubeuren beschäftigten seine Phantasie, als der Schlitten vor dem Hause des Amtmanns hielt. Schon der Eintritt in's Zimmer verkündete nichts Gutes. Kein Willkomm, Alles still wie in einem Leichenhaus. Ein Mädchen saß an der Kunkel und sah mitleidig den Ankömmling an. Er nahm ein Buch vom Gesimse — da öffnete sich die Thüre, und herein trat der Major von Varenbühler mit dem Oberforstmeister, dem Oberamtmann und dem Klosteramtmann, und kündigte ihm im Namen des Herzogs Arrest an. Schubart hielt's für Scherz — denn er war mit Varenbühler von Ludwigsburg genau bekannt —, aber er erfuhr bald, daß es bitterer Ernst sei. "Ich hoffe", sagte er mit Festigkeit, "der Herzog werde mich nicht ungehört verdammen, noch weniger mich im Kerker verfaulen lassen". Varenbühler antwortete nichts, aber der Oberförster blieb kalt, ihm war ein Fang nichts Neues. Der Oberamtmann drückte ihm brüderlich die Hand, sprach ihm Muth ein und gab ihm seine Handschuhe auf die Reise*). Schell aber gieng im Zimmer herum und wimmerte: „Mir ist's leid, ach Gott, mir ist's leid!" Vor dem Hause hatte sich inzwischen neugieriges Volk geschaart, das der Abführung des Missethäters zusehen wollte. Der Wagen donnerte über das Pflaster. „O mein Weib, o meine Kinder!" seufzte Schubart. Er sollte sie lange, bange Jahre nimmer sehen.

Zehn Jahre später, im November 1787, hatte sich wieder eine Volksmenge um einen Wagen geschaart, der vor dem Gasthof des Greisenwirths Schuler in Ulm gehalten hatte. „Der Schubart ist wieder da!" tönte es von den Lippen, und die Freudennachricht durchflog mit Windeseile die Stadt. Noch lebt in Ulm ein ehrwürdiger Greis, Herr Schulmeister Trestel, der als zehnjähriger Knabe ein Zeuge dieses Jubels mit seinem Vater unter dem Volke stand, das den Greisen umlagerte und nach

*) Schubart nennt den wackern Mann in seinem Leben Oettinger. Ein Augenzeuge des Vorgangs hat in seinem Exemplar diesen Verstoß berichtigt: er hieß Greßgi.

dem Fenster hinaufschaute, an dem sich hie und da ein beleibter Mann mit einer langen kölnischen Pfeife zeigte — Schubart. Der Dichter selbst hat diese Reise in einem von Strauß mitgetheilten Briefe unnachahmlich schön beschrieben, seine Einkehr in Luzhausen bei dem Amtmann Kiberlen, den Empfang, den ihm seine Freunde bereiteten, den Jubel bei dem Konzert, das er gab, die Bewirthung bei dem Oberbürgermeister von Besserer, den Besuch bei dem philosophischen Pflugwirth, der unter dem Strudel von Metzgern und Leinewebern Mendelsohns Morgenstunden zu lesen gewohnt war, den schweren Abschied von dieser traulichen Stadt, in der sich die Grenzlinien der verschiedenen Stände im herzigen Du wie Epheu und Rebenranken zusammenschlingen. Lebe wohl, tönte es aus der Tiefe seines Herzens hervor, du liebes deutsches Ulm, und gedenke meiner! — Werden die Enkel dieses Abschiedswort des Lieblings ihrer Väter unbeantwortet lassen? Wird Ulm in der Pflege des Andenkens Schubarts hinter Oberfontheim zurückbleiben?

Alpenwanderungen in Piemont.

Von Ludwig Gantter.

(Fortsetzung von Seite 171.)

2. Das Anzascathal.

Vogogna hat eine entzückende Lage in einer üppigen Thalmulde, umschließen von Bergen, an deren unterem Saume Waldgruppen von Kulturbäumen weißschimmernde Ortschaften durchblicken lassen. Saftige Triften wölben sich darüber und hohe Felsenbänder kuppen die Vorberge von den hintern Bergreihen ab, die heute vom Sonnenglanz zu einer einzigen Gebirgswand zusammengeflossen sind und nicht ahnen lassen, daß wenn ihr harmonischer Duft von Regenschauern oder von Wolkenschleiern weggespült wird, sich die stark profilirten Berghäupter in absterbenden Parallelen hintereinander verschieben. Aeußerst malerisch erhebt sich das alte Schloß, welches das Städtchen überragt, mit seinem schwermassiven viereckigen Thurm und seinen hanzzähnigen Zinnen und abgeschrägten Mächecoulis — stummen Zeugen der heißen Kämpfe, in welche die Bewohner dieses Thales wegen der blutigen Fehden zwischen der mailändischen Herrschaft und der Schweiz im 15. Jahrhundert hineingerissen wurden. Die Geschichte hat die Heldenthaten des Petermann Rhsig aus Schwyz in ihre ehernen Tafeln eingegraben, welcher mit einer Handvoll Freiwilliger die Mailändische Besatzung aus Domo d'Ossola vertrieb und sich Monate lang gegen die

zur Belagerung herangezogene Heeresmacht hielt, bis mitten im Winter 15,000 Schweizer über den Gotthard, die Grimsel und den Gries ihm zu Hülfe eilten und er das ganze Eschenthal und die sieben Schweizerkantone unterwarf.

Die linde elastische Luft bewog uns, unser Frühstück auf der Altanengalerie zu nehmen, die den Hof im Viereck umzieht. Ein herrlicher Feigenbaum überwipfelt unsern Imbiß. Ein wucherndes Rebengeländer, in dessen Festonen sich die Hofhühner wiegen, lehnt sich an ihn an. Die Tochter des Hauses, die gerade darunter unsere Schuhe einschmiert, ist ein wahres Factotum; sie vereinigt das Amt eines Garçon, eines Fachino, eines Stubenmädchens, einer Köchin — sie hatte uns den vortrefflichen Surrogatlosen Kaffee gemacht — mit der Würde einer Albergistentochter und dem Anstande eines gebildeten Frauenzimmers. Als wir ihr unser Kompliment über ihre Geschäftigkeit machten, sagte sie: „Già, è una bagatella per me. Bei uns kehren wenige Forestieri ein. Alles fährt an unserem Vogogna vorbei, da die Simplonstraße nicht durch die Stadt selbst führt, und wer von Domo d'Ossola nach Macugnaga reist, führt über die fliegende Brücke zuerst zu uns herein, um nachher wieder über den Fluß nach Pie di Mulera zu setzen, und wer von Macugnaga zurück kommt, läßt uns auch beiseite und nimmt den Weg über die Fährte bei Migiandone nach Ornavasso."

Und doch verdient Bogogna diese Vernachlässigung nicht. Denn schon hier überzeugt man sich von der Wahrheit des Ausspruches eines geistreichen Reisenden: Italien beginne da, wo seine Landstraßen aufhören. Ein Gang durch das freundliche, reinliche Städtchen brachte uns zu der Kirche, deren romanischer Styl ihr hohes Alter verkündet. Außen am Portal befinden sich zwei interessante Steinbilder, von welchen eines den heil. Christophorus darstellt. Die Friesen der Kirche sind stark hohlkehlig geriffelt. Auch das alte Schloß verdient einen Besuch. Noch wohnbar dem äußeren Anscheine nach, ist es doch unbewohnt. Die Leute fürchten sich, darin zu wohnen, nicht etwa wegen spukender Gespenster, von denen ja der nachtirohe Italiener nichts weiß, sondern wegen der einsturzdrohenden Baufälligkeit. Die Einwohner zeigten durch ihr freundliches Benehmen, wie willkommen ihnen Fremde sind. Gewiß könnte man hier ein paar Tage recht glücklich verträumen, denn die Luft ist so balsamisch, die Berge sind so malerisch aufgeworfen, die Spaziergänge in die benachbarten Ortschaften und auf die Bergtriften sind so lockend, und Signorina Carletta in der Corona ist so dienstgefällig und verdirbt das Aroma des Kaffee's durch kein Surrogat, daß man nach dem Ueberschreiten des Moro- oder Turlopasses, nach den Beschwerden der Monterosaerforschung sich hier wohl einige Ruhe gönnen darf, ehe man dem embarras de richesse entgegeneilt, mit dem die Lago maggiore und der Comersee den allzuflüchtigen Wanderer erdrücken.

Da wir nicht gewiß waren, ob wir nach unserer Wanderung durch Anzascathal wieder hieher zurückkommen würden, indem ein rearsamer Bergpfad von Ponte Grande aus über den Col di Campella in's Stronathal und die Ortasee führt, beschlossen wir unser Gepäck nach Omegna voraus — Carletta hatte es eigenhändig gepackt, in einen großen Sack gesteckt und an den Signore Cerutti, Besiter des Alberge Mustini daselbst adressirt — und nahmen Abschied, verlegen, ob wir der Tochter des Hauses eine buona mano, zu deutsch ein Trinkgeld reichen dürften. Aber treu ihrer Factotumrolle nahm sie die dargebotene gute Hand an, und rief uns dankbar ein glückliches a rivederei nach.

Als ich zum Städtlein hinauswanderte, war es mir so leicht, daß mich alle die lieben Wanderlieder der Heimat umschwirrten, von Joseph Gersbachs jugendliederseligem Wandervögleinhefte, mit Uhlands Apfelbaumstimmung bis zu Stephen Hellers umstülten, hastig ungestümen, mannesschmerzlichen Wanderstunden am Klavier. Nur die Studentenlieder kamen mir nicht in den Sinn, sie passen nicht für die Modulation einer italienischen Alpenwelt, ebensowenig Schuberts Wanderer, der in der Fremde so starkes Heimweh fühlt.

Wir hatten eine gute Strecke rückwärts, Domo d'Offela entgegen, zu wandern, bis wir an die Tosasähre kamen. Die halb eingestürzten Brücken-

pfeiler ragten heute nicht mehr gespensterhaft, sondern wie die Aquäductruinen der Campagna von Rom, harmonisch mit der sonnigen Landschaft verwoben, aus der pfeilschnell hinabströmenden Tosa hervor. Vor der Erbauung der Simplonstraße befand sich der Ueberfahrtsplatz ganz nahe bei Bogogna, welches auch ohne Zweifel seinen Namen von vogare (rudern) erhielt. Unser Ferge, der in einem freundlichen Häuschen am Ufer wohnt, war ein heiterer Geselle, dem der Einsturz der Brücke höchst willkommen war. Er hofft, daß die Brücke nie wieder hergestellt werde; es sei ja doch unnütz, der Strom werde sie wieder einreißen. Bei ihm hieß es demnach nicht: après nous le déluge, sondern vorher!

Vom Fluß aus hatten wir eine gute warme Strecke quer über die Thalsohle zu wandern, bis wir das an der Mündung der Anzaschlucht hoch aufsteigende Dorf Pie di Mulera erreichten. Mit lautem Getöse eilt die Anza aus der Schlucht heraus der Tosa entgegen, früher auch hier noch ein unbändiger, wilder Gebirgsfluß, die Thalsohle bis zur Mündung mit Steingraupeln und Bergschlücht überschüttend, jetzt aber durch zwei hohe, lange Dämme eingezwängt, zwischen die mißmuthig über die verlorene Freiheit, aber unschädlich dahinrollt. Auch der Wanderer wird mißmuthig über den langgestreckten, schattenlosen Dammweg, zumal wenn er zur Mittagsstunde darauf zu wandern hat. Eine neue zweibögige Brücke führt in's freundliche Dorf und zu der neuen Fahrstraße, die durch das ganze Anzascathal gebaut werden wird, bei unserem Besuche aber erst bis Ponte Grande vollendet war. Der alte Saumpfad konnte dem abschüssigen Ufer der Anza nicht folgen, weil schroffe Felsenbrauen hier vorsprangen, man mußte bis zu Cima di Mulera steil hinaufsteigen und ebenso beschwerlich wieder herab nach Castiglione. Die neue Straße durchbricht die Felsencoutüre in zwei hochgewölbten Galerieen und umgängelt scharflactig sich einkreifend noch lange die steile Bergwange, welche jedoch nicht immer kahl ist, sondern herrliche Einmillungen von Kastanien-, Feigen- und Nußbäumen in ihren runzligen Falten birgt, in deren Schatten wir einigemal rasteten, besonders an Stellen, wo die Anza tief unten pocht und kocht, und der Blick durch die Thalschlucht noch hinüberschweifen kann auf das malerische Schloß von Bogogna und auf die kräftigen Umrisse der Gebirgsstöcke, welche das Tosathal vom Langensee trennen und zu deren enggeschnürten Thalgründen sich selten der Luftwanderer verabwegt.

Trotz des bezaubernden Rückblickes konnten wir bei einer solchen Rast das pedantische Wortklittern nicht lassen, denn in dem Reisebuch des Reverend Mr. King steht, der Namen Mulera stamme von dem Wort Muller her, welches im deutschen Dialette von Macugnage so viel bedeute als steiler, schroffer Fels, während es uns dünken wollte, das Wort komme von mulo, Maulthier her, weil hier der Saumpfad in's Anzascathal aufstieg. Auch stand

Mulera gewiß schon lange, ehe die deutschen Einwanderer sich im obersten Theile des Thales niederließen. Schon zu den Zeiten der Römer wurden die Goldbergwerke im Anzascathal betrieben, und hier, am Eingang war gewiß schon damals ein Wohnort. Aus diesem Grunde bringt Brockeden in seinem Passes of the Alps den Ort Mulera mit den Jctimuli in Verbindung, von denen Plinius erzählt, ihre Goldminen seien so übermäßig ausgebeutet worden, daß der römische Senat ein Gesetz erlassen habe, nach welchem nicht mehr als 5000 Menschen dazu verwendet werden durften, damit nicht die Zöllner zu reich werden und der Preis des Goldes zu sehr sinke. Diese Jctimuli sind aber nach der Meinung d'Anville's im oberen Sesiathale zu suchen. Gräffe bringt in seinem Orbis latinus den piemontesischen Marktflecken Victimolo als heutigen Namen Jctimuli und so wird Mulera zu deutsch wohl Maulstaig heißen dürfen.

Hat man auf der im Vergleich zur Simplonstraße zwar etwas schmalen, aber doch mit umsichtiger Ingenieurkunst angelegten Paßstraße sich über die Anzaschlucht erhoben, so dehnt sich eine sohlige Thalstrecke bis gegen Castiglione hin, das weithschößig in den saftgrünen Teppich einer baumbuschigen Hügellandschaft eingewirkt ist und dessen hoher Kirchthurm mit seiner zinnblechernen zwiebelförmigen Kuppel wie eine eingeflochtene Glasperle herüberglitzert.

Kurz ehe wir Castiglione selbst erreichten, schien eine hohe Cumuluswolke im Hintergrunde des Thales sich aufzuballen. Da wir in einigen Reisebüchern gelesen hatten, daß der Monterosa erst bei Ponte Grande sichtbar werde, so erregte dieses Wolkenbild unsere Phantasie nur zu der Frage, ob wohl der Monterosa bei Ponte auch so hoch aufgethürmt und so schneeglänzend uns überraschen werde. Die Wolke bannte aber unsere Blicke dergestalt, daß wir für nichts Anderes mehr Augen hatten. Da schien plötzlich das Dunstbild sich wie eine Pyode zu entpuppen. Vier weichanschwellende Spitzen glänzten im sonnigen Licht, das durch die braunen Felsenwände des Intro und Egua zum Krystallgebilde gespannt war. Es war die Königin der Alpen selbst, welche zur Strafe unserer Bücherweisheit dies neckende Gaukelspiel mit uns getrieben hatte. So hochthronend, als Hintergrundbild, sahen wir sie nie wieder, selbst nicht in Ponte Grande, bis wir ihrem Thronstolobate so nahe gerückt waren, daß uns der Aufblick schwindelnd machte. Wohl darf man den Monterosa die Königin der Alpen nennen. Der Montblanc ist und bleibt der Monarch of the Alps, auch wenn die Geister in Byrons Manfred ihn nicht dazu erkoren hätten. Selbst das Volk sagt nie Il Monte Rosa, sondern stets La Montagna, und zwar par excellence. Die Gründe für das Genus feminini des Berges können jedoch erst erwogen werden, wenn er unserer Betrachtung näher gerückt sein wird.

Daß dieser erste Blick auf den Monterosa — den jedoch Otto Roquette schon vom Tosathale aus gesehen zu haben behauptet! — selbst in einem Bädeker nur mit den dürren Worten „im Hintergrunde der Monterosa" erwähnt wird, ist auffallend, denn so überraschend himmelansteigend, so wahrhaft majestätisch erscheint der Montblanc kaum, wenn er im Aroethal auf dem Pont St. Martin zum erstenmal sich dem Wanderer enthüllt — und doch mit welchen glühenden Farben schildern und pinseln Impressionisten und Maler den so berühmten Anblick. Nur auf dem italienischen Seite, wenn man auf dem Wege von Aosta nach Courmayeur zu dem scharfeckigen Felseneinschnitt bei Jvrogne gelangt, erscheint der Montblanc noch großartiger.

In Castiglione hielten wir uns nicht auf, die Luft war ja leib- und seelschärfend. Außerhalb des Fleckens Calasca steht eine Osteria, daneben ein kleines Café, das einem Maler in dem Augenblick als wir daran vorbeikamen, den Stoff zu einem reizenden Stillebenbilde hätte geben können. Eine Mutter ließ ihren Bambino an der Stange des Zeltdaches, das vor dem Café ausgespannt ist, hinaufklettern. Das Kindlein, halb vor Freude jauchzend, halb erschrocken vor Angst, wenn die Mutter Miene machte, ihre Hand von ihm loszulassen, versuchte doch mit Händchen und Beinchen sich anzuschmiegen und anzuklammern. Mit der strahlenden Freude auf dem Antlitz der Mutter kontrastirte die Spannung einer Bäurin, die mit einem lebensgroßen Quartkorbe auf dem Rücken dabeistand, und in deren Angesicht die Mienen des Kindes sich abspiegelten, bis sie selbst Angst bekam und aufrief: basta cosi! Wäre ich Maler, so hätte ich jetzt schon zwei Genrebilder in meinem Portfolio — die lumpigen Murillos zu Isella, Nr. 1, und dieser Bambino, dessen Mutter von einem Fra Bartolomeo oder Luini gewiß in eine Madonna verwandelt worden wäre, zumal ganz nahe bei Calasca die Kapelle der Madonna dell' Assunta steht; der vielmehr scheint sie gegen einen ungeheuren Felsblock sich anlehnend in der Luft zu schweben, indem tief unter ihrem simsartigen Grundpfeiler sich die schäumende Anza in den Felsen eingewühlt hat. Kein Wunder, daß dieser Kapelle eine Mirakelsegende anliegt.

Gleich darauf wieder Ueberraschung! Aus dem Bal Bianca stürzt ein herrlicher Wasserfall hart der Straße herab, zwar nicht in vielen Absätzen, aber wasserreich und über einen von Kastanienwipfeln und sammtenen Rasen eingerahmten Felsen herunterschießend. Unten wird so eben an einer Brücke über das Gießwasser gebaut. Es lohnt sich der Mühe, einige Schritte von der Straße abzulenken und von dem nassen Wiesenhang aus die Pfeilzacken des milchweißen Sturzes an der Felswand abprallen zu sehen. Otto Roquette schildert mehr phantasiereich als naturgemäß, wie „diese ungebändigte Tochter der Alpen mit ihrem Tanze vom Fels zu Fels ihrer brausenden Schwester entgegenstürzt. Mit schneeweißen Titanenarmen umfassen sich die unbändigen Kinder des Gebirges, ringen im tobenden Willkommen miteinander und nachdem sie ihre Kräfte gemessen, stürmen sie mit dämonischem Ungestüm gemeinsam durch die dunkle beschattete Tiefe." Mit der Anza, welche hier so breit ist, wie der Mittelrhein bei Medels kann sich die rinnenschmale Bianca so wenig messen, als der Reichenbach mit der Kare oder die Vissevache mit dem Rhodan.

Es zeigen sich nun bald mehrere Paßberge. Zuerst die Berginne des Val Serpiana, durch die ein Pfad nach Campello im Val Strona führt, sodann die Thalfurche hinter Banio, zum Col Recchetta ansteigend, über welchen man nach Rimella in's Val Mastalone hinabsteigt, sodann das schon bei Castiglione herunterschauende Col d'Egna nach Carcoforo und Val Sermenta führend und endlich der Turlopaß, einer der ödesten Gebirgspässe der vom oberen Anzascathal den von dem langwierigsten Tagmarsche ermüdeten Wanderer in's Sessiathal nach Alagna bringt. Lauter Cols, die in neuester Zeit von englischen Lustreisenden häufig überschritten werden.

Schön ist auch der letzte Rückblick auf die Schultern der Gebirge, die in's Tosathal abfallen, namentlich auf die zerflatterten Marmorberge von Canboglia, über denen sich ein mattblauer oberitalischer Nachmittagshimmel wölbte.

Bei Ponte Grande hat die Anza ein fast spiegelebenes Bett, sie scheint hier ihre Kräfte sammeln zu wollen, sich gleichsam zusammenzunehmen, ehe sie ihre abschüssige Bahn gegen das Tosathal hinab antritt. Zwischen hohen Docht- und Knotenbinsen spannt sich ihr Wasser. Fröhliche Najaden raschelten im Binsengesäusel — keine mythologischen Strandläuferinnen, sondern muntere Binsenmädchen, die scheinbar aus dem Wasser tauchend mit wackelnden Köpfchen und halmigen, von Arbeit rothen Aermchen selbst das metamorphosirte Binsenkolben erschienen — eine hübsche Staffage zu der großartigen Natur dieses Thalabsatzes bildend. Hunger und Müdigkeit gönnten uns diese Zeit, der Arbeit dieser Kinder zuzusehen — wir stiegen die steinernen Stufen des Albergo hinauf, die ohne Namen über der Thüre, ohne Schild an der Eckwand sich dennoch durch die ihm entströmenden Wohlgerüche saftiger Speisen unverkennbar offenbarte. Er ist wie die meisten Häuser dieses Ortes massiv gebaut und hat jenes, durch hervortretende Anbauten, offene Gänge, bedeckte Galerien und hohe Arkaden hervorgebrachte Gemisch von Zimmer- und freier Luft-Leben, das der Engländer so bezeichnend a charming in and outness nennt — ein reizendes halb drinnen, halb draußen. In unserem Albergo war übrigens das Draußen reizender als das Drinnen; denn auf dem Boden des Speisesaales lag ein Schmutz, hoch genug, um darüber stolpern zu können; die Tische theils unbedeckt und mit schmierigen Verlängerungsbrettern ausgedehnt, theils mit Tischtüchern bedeckt, die mit Senf und Oel besudelt, von verschüttetem Weine geröthet und mit Fischgräten und Wurstbäuchlein bestreut waren, an die Worte des Propheten Jesaias erinnernd:

Denn alle Tische sind voll Speisens und Unflats an allen Orten.

Um in diesen Saal zu gelangen, muß man zuerst durch die Küche, in welcher die Küstern des hungrigen Wegfahrers durch fleischige Dämpfe zur schärfsten Sinnesthätigkeit sich aufblasen, dann durch das Schenkzimmer, in welchem eine lärmende Gesellschaft von Anzaskern die Güte des Kellers verräth, und nachdem der Magensaft so stimulirt worden ist, stößt man auf diesen Schmutz, bei dem sich der Magen umwenden muß. Selbst dem friedfertigen, fromm resignirten J. G. von Wessenberg ließ bei solch italienischem Schmutze die Galle über und er brach in die unbischöflichen Worte aus:

> Bei deines Himmels reiner Aetherbläue,
> Jtalia! beschenke' ich dich:
> Anklage deinem Schmutz! er ziemt ihr Säue,
> Doch nicht für deine Söhne sich.
> Empfinden diese denn nicht Scham und Scheue,
> So sorum erröthen Himmelszelt
> Zu sein wie Hottentotten, als entweihe
> Der Schmutz die Gottesgabe nicht?

Da das jetzige italienische Parlament so manche Herkulesarbeit zu überwinden im Stande sein wird, so dürfte es auch die Reinigung dieses Augiasstalles unternehmen und Sanitätspolizeiverordnungen treffen, denn es ist wahrhaft grauenerregend, wie oft in den schönsten Gasthöfen großer Städte nicht einmal die Latrinen benützt werden können, wegen des darin aufgespeicherten Unflats.

Auf unsere dringende Bitte brachte uns die reinlich gekleidete Wirthin ein frisches Tischtuch und setzte uns trefflich Salami, cotti e crudi, sodann ein Pollastro con risotto alla milanese und eine bottiglia di vino piemontese, wirklich di prima qualità vor.

In neuester Zeit ist der Albergo bedeutend erweitert und in ein großes Hotel umgewandelt worden. Aber auch Mr. King nennt ihn (1858) a combination of filth with protension and discomfort of every kind, und empfiehlt die kleine Osteria zu Calasca. Auch Mr. Hinchcliff schimpft über den Wirth, der ihm glauben machte, es gäbe keine Pferde im Orte, um ihn zum Uebernachten zu zwingen. Nur die Lady, die ihre Tour um den Monterosa anonym, also sub rosa (1859) hat erscheinen lassen, vertheidigt das Haus, und meint, da Victor Emanuel darin geschlafen habe, könnten auch bescheidenere Leute es wagen. Die Betten seien reinlich, nur sei ihr Schlafzimmer über dem Stalle gewesen und da habe ein widerlicher Geruch ihre Nachtruhe gestört. So wäre ja dieser Gasthof schwindsüchtigen Reisenden bestens zu empfehlen.

Und nun schnell auf die hochgewölbte Brücke — zu der wundervollen Thalansicht, die selbst Sanssouci über die berühmte Aussicht auf den Montblanc zu Sallenches stellt.

Wie es Gesetze gibt, denen sich die Schönheitslinie der Plastik und der Perspektive anzumessen hat, so bildet sich der ästhetische Sinn auch Gesetze, nach denen er die Umrisse der Gebirgserhebungen in sich aufzunehmen sucht. Wie die pyramidale Construction als eine mit der Höhen- und Fernperspektive zusammenfallende und in sich abgeschlossene Form von vielen Künstlern zu Grunde gelegt wird, so sind wir gewohnt, diese Form auch in den Naturansichten der Alpenwelt als die schönste anzuerkennen. In dieser Hinsicht entspricht der Montblanc bei Sallenches unserm Begriffen der Schönheitslinie vollkommen.

Hoch erhebt sich sein schieferales Haupt aus dem Grand Plateau und in ächter Pyramidenform senkt sich links der Tacul, die Aiguilles du Midi, de Blaitère und de Charmoz und rechts die Aiguilles du Gouté, de Bionassay, Miage und Trelatête in der Perspektive an seinen Seiten ab. Eine ganz andere Form hat der Monterosa vom Anzaschthal aus. Er erscheint eher wie ein Wölbungsbogen, aus dem sich die höchste Spitze mit der Zumsteinspitze links und dem Nordend rechts nicht als hervorragendes Haupt, sondern als eine weiche zitzenartige Anschwellung erhebt. Aber auch der Bogen selbst ist so feinplastisch geschwungen, daß das Auge trunken wird ob seiner entzückenden Modellirung. Dieser Bogen bildet keineswegs einen einzelstehenden Dom, sondern ist nur die größere Schlagwelle, von welcher sich die kürzeren, aber ebenso gewölbten Stoßwellen der Signalkuppe (links) und der Cima di Jazzi (rechts) abtippen, so daß die ganze Krümmung des Gebirgstockes eine Wellenlinie von wunderbarer Schönheit bildet. Ja, der pyramidale, hochwacht sich absondernde Montblanc ist der Monarch der Alpen, Monterosa mit dem Wellenbusen ist die mitregierende Königin.

Aber auch das von der Brücke aus sich im Berder- und Mittelgrund aufschließende Landschaftsbild ist überraschend schön. Während das Gebirg am linken Anzaufer sich hinter steißigen Wipfelmassen mit prallichen Felswänden unmittelbar aus der Thalsohle austhürmt, schwingt sich Ponte gegenüber ein in üppigen Modulationen anschwellender, saftgrüner Bühl gegen das zurücktretende Gebirg auf. Diese Mamelons sind mit stämmigen Nuß- und Kastanienbäumen, hie und da auch mit breitästigen Eichen bestanden, über deren bohlige und knorrige Wurzelstnung ein breiter Saumweg sich zu dem Dorfe Banio hinaufwindet, dessen weiße platte Häuser sommerfrischlich im Schooße des kräftigsten Baumschlages den Wanderer hinaufzulocken scheinen. Banio ist aber nicht nur eine der köstlichsten Freseuren, sondern es steht auch im Rufe den schönsten weiblichen Menschenschlag der Sonnenseite der Alpen unter seinem herrlichen Baumschlag zu bergen. Unter den Herolden dieser Fama befinden sich selbstforschende Gelehrte wie Georg v. Martens und Albert Schott. Ja im Reisebericht im Morgenblatte hebt sogar hervor, daß sich die Banierinnen durch ihr altgriechisch profilirtes Antlitz auszeichnen, und der Reverend Mr. King war excessively struck von der universal and remarkable beauty of the women.

Unser eigener Forschungstrieb veranlaßte uns zu genauen ethnographischen Studien über eine solche Ausnahme von der gewiß unbestreitbaren Thatsache,

daß feinprofilirte Gesichter und charakteristische Formenschönheit des weiblichen Geschlechtes keineswegs unter den arbeitgedrückten, mit Klimawechseln kämpfenden, schlecht genährten, überdies aus Racenmengung entstandenen Gebirgsvölkern Oberitaliens zu finden sind. Wir stellten daher unsere Beobachtungen zuerst an den Banierinnen an, welche auf der hohen aber schmalen Brücke und uns vorbei ihren Dorfe zuwandelten. Allerdings waren es meist Weiber von jenem gereisten Alter, das Byron das ungewisse nennt, aber sie zeigten auch nicht die geringsten Spuren von einem bestimmt ausgeprägten Typus oder auch nur von gewöhnlicher Schönheit. Ueber diesen zusammengekniffenen Augen hat sich nie eine Juno Ludovisi-Braue gewölbt, dieser kaum 45grädige Rasenwinkel paßt schlecht zu der Norm der hellenischen Plastik, diese zusammengedrückten Achseltuppen und plumpen Hüftknochen erinnern nicht im Mindesten an den klassischen Büstenaufschwung einer Venus von Melos.

Wir sahen wohl ein, daß diese Brückenbeobachtung kein fair play biete und wir stiegen hinauf ins Dorf selbst – dieselbe Enttäuschung, vom Lasttragen gebückte Weiber, auffallend nichtsjagende Gesichter der Mädchen und rumpige Kinder! Jene Reisenden sahen vielleicht die Leute an Festtagen, wenn sie ihre Kirchgänge hielten – dann wallt allerdings ein weißer Schleier, noch dichter als der genuesische Crespo über das Antlitz der Weiber herab, der seines malerischen Faltenwurfes wegen da Schönheit zu verbürgen scheint, wo er oft nur das alltäglichste Gesicht verbirgt.

Und doch ist Banio einer der wohligsten Orte in den südlichen Alpenthälern und wir schauten noch lange auf ihn zurück, als wir von Ponte Grande nach San Carlo marschirten, wo ein großer Erzhammer sich befindet. Der Aufseher war sehr gefällig, zeigte uns das ganze Verfahren, wie das Goltterz zerstampft und durch Mühlen gewaschen wird. Die Erzgruben liegen gegenüber, hoch oben im Gebirge, noch weit über der weißen Kapelle, die von der Höhe herunterschaut. Weiber tragen das Erz in Hangkörben auf dem Rücken die steilen, drei Stunden langen Gebirgspfade herab. Ihre Lasten werden gewogen und nach Befund bezahlt, freilich kärglich genug für die beschwerliche Arbeit, indem die Kiese stehen bis achttausend Fuß in Serbohe streichen.

Bald darauf gelangten wir nach Banzone, dem Hauptorte des Thales, mit einer einzigen wahrhaft venetianisch engen Gasse, deren einspuriges granitenes Plattengeleise den Fußsohlen höchst willkommen war. Banzone ist eines der saubersten, lauschigsten und rubigsten Städtchen, die ich je durchwandert habe. Wahrhaftig man könnte es das Broek der Südalpen nennen, wenn die vom Baumwuchs strotzende Landschaft und der von 6000' ansteigenden Berggruppen abgeschlossene Horizont den Vergleich mit dem durch seine tüpfelige Reinlichkeit weltberühmten, aber in der langweiligsten, plattesten

Sandebene gelegenen Amsterdamer Dorfe rechtfertigen ließe. Noch einen andern Contrast bieten die beiden Ortschaften. Während in Broek keine Seele sich an den breit bevorhängten Fenstern erblicken läßt und die reichgewordenen, zurückgezogenen Mynheers sich im innersten Heiligthum ihres Hauses einpuppen und nicht einmal durch ihre Fagadenhausthüre aus- und eingehen, sondern verstohlen durch das Hinterpförtchen schleichen, tritt bei dem spitzen Aufstoßen unserer Alpstöcke auf dem Granitgeleise eine vornehm gekleidete Familie — Mutter, Tochter, Vater und Bruder — auf den Balkon eines schmucken Hauses, dessen Säulenportice die für den Nordländer nicht als Ariem geltende lateinische Inschrift trägt: Vita dulcedo — das Leben ist schön! Unser neidisch hinaufgeworfener Blick wurde von den glücklichen Bewohnern dieser Stätte der Zurückgezogenheit mit einem so freundlich heraufwinkenden Gruße erwiedert, daß wir traurigen Muthes weiter zogen. Eine andere sinnige lateinische Aufschrift steht bei einer Sonnenuhr: Solis et artis opus — das Werk der Sonne und der Kunst.

Am Ende des Städtchens grinste uns aber eine Inschrift anderer Natur entgegen, ein Memento mori nicht in zierlichen Buchstaben geschrieben, wie ihr Pendant: Vita dulcedo, sondern als argumentum ad hominem in der Gestalt einer mit offenem Gitterwerk versehenen Schädelkapelle — eines Ossaire, in welchem Hunderte von Todtenschädeln theils pyramidal aufgelegt, theils auf horizontalen Schichten von Knochenschlegeln aufgesteckt oder kreuzweise an die Wand genagelt die von der Süßigkeit des Lebens überfließenden Lippen zum Erstarren steifen, und in die harmonische Stimmung italienischen Genusses eine Dissonanz werfen, so barsch und unauslöschbar als es eben nur die Zukunftsmusik vermag! Da ist Stoff für Hamletsbetrachtungen. »Haben diese Knochen nicht mehr zu unterhalten gekostet, als daß man Kegel mit ihnen spielt? Meine thun mir weh, wenn ich daran denke.« Welchen Kontrast zum alas, poor Yorik! gäbe jener Priesterschädel in seinem besondern Glaskästchen, dem eine schwarze Berretta aufgesetzt und um dessen klaffenden Kinnbaden ein schwarzes Cingulum geschlungen ist. Wie elowwish würde Hamlets Gehirn gezuckt haben, wenn ihn dieser Priesterschädel in der Kirchhofscene plötzlich angegrinst hätte! Welche dautesde Qual muß dieser Anblick für den Ortsgeistlichen sein, dem auch einmal der Schädel vom Rumpfe geschnitten werden wird. Ueberhaupt hat das Lostrennen des Hauptes vom Skelettrumpfe etwas Empörendes. Haydn hat sich gewiß im Grabe umgekehrt, als der esterhasy'sche Gärtner ihm heimlich den Kopf abschnitt, den er als werthvolles Vermächtniß testamentirte. Da war jener jetzt vertilgte Indianerstamm am Orinoco rechtsühlender, von dem Humboldt erzählt, daß er seine Leichname vollständig, ohne daß eine Rippe, eine Phalange fehlte, in aus Palmenlaub geflochtenen Körben in der Höhle von Ataruipe neben einander zur Ruhe gelegt hatte. Freilich, noch empörender als diese Ossarii sind die Grüfte unter den Kirchen der City von London, wo an den Wänden und in langen Gangreihen Sarg auf Sarg aufgehäuft wird und der edle Moder Jahre lang aufbewahrt bleibt.

Während wir in unserer kräftigen Muttersprache unseren Unwillen über diese segelfeuerliche Schautragung der Religion Luft machten, trat ein freundlicher Priester, der mit einigen jungen Männern hart am Ossario gekegelt hatte, zu uns, und fragte uns verwundert um die Ursache unseres hitzköpfigen Zwiegespräches. Wir theilten ihm offenherzig unsere protestantischen Ansichten von der Aesthetik des Todes mit und bedeuteten ihm, wie dieser Anblick uns anwidere. »Già, già, è il costume,« meinte er — ein Ausdruck, aus dem Hamlet flugs ein dreifaches Wortspiel gemacht haben würde — als rabenfeinmäßiges Todtenkostüm, als religiöse Sitte und drittens als gleichgültige Gewohnheit. Die neben den aufgelegten Schädeln eingerichtete Kegelbahn könnte einen deutschen Wortspielkrämer in ihrer noch zu Luthers Zeiten gebräuchlichen Benennung „Besselleich" zu dem Begriff „Besselarbeit mit Leichen" verleiten.

Der freundliche Geistliche brachte aber bald die schnarrenden Saiten unseres Innern in harmonische Stimmung, indem er uns auf die Terrasse führte, auf welcher der Ossario steht und uns die friedliche, aus allen Poren lichtausathmende Landschaft zeigte, deren gesunder, kräftiger Pulsschlag aus der rauschenden Anza aufquoll. Abwärts flimmerten die besonnten Höhen des Tosathales in's enge Thal herüber — aufwärts zeigte sich der Monterosa im reinsten Silberglanze, und diese beiden Enden trugen den blauen Himmelsbogen, dessen urkräftig angezogene Thalsehne den Pfeilflug unserer Phantasie weit über das Irdische hinaufschnellte.

Es war der Curato von Banzone selbst der sich mit uns so schnell befreundete. Er ist nicht nur ein sein gebildeter Mann, sondern auch ein weit und breit bekannter Bienenzüchter. Er führte uns in sein Apiarium, welches etwa 80 Bienenstöcke zählt. Sein Verfahren ist höchst einfach und dennoch erfolgreich. Herr King erklärt seinen amberfiaren Honig ebenbürtig dem Hybla- und Hymettushonige unserer Zeit, und da jeder Bienenstock im Durchschnitt 10 bis 12 Pfund Honig liefert, so findet sich Padre Albesini reichlich belohnt für seine Liebhaberei. In seiner Bibliothek befindet sich die vollständige Literatur über Bienenzucht von Aristoteles bis zu Zauetti, also von A bis Z.

Wir nahmen herzlichen Abschied von dem liebenswürdigen Padre und den untergebenen Banzone und marschirten einer mit jeder Miglia an Großartigkeit wachsenden Scecerie entgegen. Aeußerst malerisch steht die Kapelle der Madonna del Greppo, von den Silvern (so nennt A. Schott die deutschen Colonisten am Monterosa [Mons Silvius]) Ulm-grupp genannt, auf einem Felsenvorsprung hoch über der Anza, mit einem stark ausbreitenden Säulenportico und einer herrlichen Linde.

Dieser uns Teutsche so mächtig anheimelnde Baum findet sich in Italien höchst selten neben Gotteshäusern, auf Almanden oder auf Dorfversammlungsplätzen; diese Linde hat daher zuverlässig einen deutschen Ursprung. Denn sie ist der geweihte Nationalbaum der Teutschen, mehr noch als die Eiche, die mehr bei den keltischen Völkern als geheiligter Baum erscheint. Unter der Linde wurde Gericht gehalten, unter einer Linde tödtete Sigfrid den Trachen und unter einer Linde wurde er von Hagen ermordet. Selbst das Blatt wurde wegen seiner Herzform und seines innigen Grüns zum Symbol der Liebe. Aesthetiker der Pflanzenwelt, wie Masius, Bratranek und Friedreich erklären sie für den schönsten aller Bäume, indem sie wie Apollo männliche Würde und weibliche Anmuth, Stärke und Zartheit in sich vereine und wahrhaftig selbst in diesem wundervollen Thale, in welchem die Kastanien- und Nußbäume eine seltene Pracht und Stämmigkeit zeigen, erschien uns diese Linde als der schönste Baum, den wir auf dem ganzen Wege gesehen.

Von Campo Finello, in dessen Nähe die Kapelle Uff'm-grupp steht, steigt der Pfad stets unter Nußbaumwipfeln und zwischen moosbewachsenen und farruumzackten Felsblöcken hindurch, nach Ceppo Morelli, wo sich eine reinlich aussehende Osteria befindet, aber auch wieder ein Ossario voll gebleichter Schädel, bei dem wir übrigens schon die Wahrheit von Padre Albesinis Ausspruch: è il costume, spürten, indem wir jetzt ziemlich gleichgültig daran vorbeigingen.

Bei Prequartero, das schon 2480' hoch liegt, eröffnet sich eine neue Scene. Ein mächtiger steiler Bergriegel, der Morghen genannt, hat sich überquer in's Thal hereingelegt und nur mit Mühe bricht sich die Anza durch eine enge Felsenspalte hervor. Dieser Riegel erscheint als ein kolossaler Schutthaufen, der sich entweder von dem Gebirge selbst abgelöst hat, oder aber vielleicht die Moräne eines gigantischen Gletschers ist, der, wie Forbes annimmt, das ganze obere Anzathal einst ausfüllte. Ueber diesem Bergriegel erhebt sich der Pizzo Blanco 9500' hoch, während die Gebirgswandung am linken Anzaufer sich gegen die Abfälle des Monte Preia und Monte Moro hin verliert. Gerade bei Prequartero hatte sich am Ende der Vierziger Jahre ein Bergschlipf abgelöst, dessen kolossale Trümmer den Fluß hinabfielen. Die wohlthätige Natur singt schon an, zwischen dichten Felsblöcken junge Bäume aufschießen zu lassen und der Pfad hat sich selbst seinen Schlangenweg durchzüngelt, um die Brücke zu erreichen, die über die Anza an den Fuß des Morghen führt.

Von unten an gesehen erscheint der Morghen allerdings wie eine steile Moräne, so hoch und abschüssig wie die des Glacier du Miage in der Allee Blanche und ist vielleicht der Name Morghen nicht selbst nur ein Dialektswort für Moräne? Wofern man der Theorie derjenigen Geologen huldigt, welche das Vorkommen erratischer Blöcke vom Jura bis an den Ural der Wirkung jener ungeheuren antediluvianischen Gletscher zuschreiben, welche von den Alpen herab über das nördliche Mitteleuropa sich hinzogen, und den vom Skandinaviens Fjelds herabsteigenden Glaciern und Eisbrechern die Hand reichten: so kann man auch berechtigt sein, den Morghen als Gusterrest des Gletschers anzunehmen, der sich jetzt bis hinter Macugnaga zurückgezogen hat, wo er eine ebenso hohe Moräne, das sogenannte Belvedere als Keil in's Thal hereinschiebt. Bringt man damit noch die Sage vom verlorenen Thale (die ich weiter unten erzählen will) in Verbindung, so könnte der Fortschritt oder Rücktritt des Gletschers gleich der sagenhaften Vergletscherung des Blümlisalp und des Rosenlauithales noch in die historische Zeit hereinspielen. Herr King, der mit freilich dilettantisch geognostischem Auge den Morghen untersuchte, sah in den zerstreut eingepflockten Feldstücken wahrhaftige Gletschertische und sogenannte roches moutonnées, in dem durchsinterten und vielfach durchfurchten Boden klaffende Beweise von Gletscherschründen und Gletschertrichtern, an einigen glattpolirten Wänden untrügliche Spuren von Gletscherschliffen.

Wir fühlten wenig Lust, die Urgeschichte des Morghen zu erforschen, denn wir hatten mit seiner Gegenwart genug zu schaffen. Es ging verzweifelt steil und holprig aufwärts, und das Aufwärtshüpfen über Feldstrümmer, zwischen denen wir, da es zu dunkeln anfing, den Weg ganz verloren, ist eine höchst beschwerliche Sache, auch wenn man noch nicht von Begogna hieher marschirt ist. In einer halben Stunde war jedoch der Riegel erstiegen, aber, statt, wie wir geglaubt hatten, das Dorf Pestarena, wo wir Dach und Fach suchen wollten, sogleich zu erreichen — wir hielten nämlich ein recht freundlich nach Prequartero hinabwinkendes Dorf an der Montepelrasseite für unser Nachtquartier — mußten wir noch eine ganze Stunde auf einem spitzsteinigen Weg bald um trichterförmige Matteneinsenkungen herum, bald an glatten Abhängen hin marschiren, wobei die Dunkelheit in der sich unheimlich verengenden Schlucht uns nicht mehr erlaubte, sehr weitsichtig im Auftreten zu sein. Wir trafen endlich einige schwarz aussehende hölzerne Häuser, es war aber noch nicht Pestarena. Ein Steg, der Ponte del Bald, führte über einen Gebirgsbach. Nahe daran stehen zwei hölzerne Kreuze zur Erinnerung an zwei Männer, welche in einem Bergschacht durch eindringendes Wasser allmählig umkamen, während Weib und Kind mehrere Tage lang ihr Geschrei hörten, ohne ihnen helfen zu können. Schöne Leuchtkäfer umschwirrten die Todesstätte. Jenseits winkte bald darauf ein weißes Haus uns entgegen, wir traten ein, es war der ersehnte Albergo de' Minieri zu Pestarena.

(Fortsetzung folgt.)

Memento mori.

Von Carl Grunert.

Es gräbt im Hofe, schattig und feucht,
Ein junger Mönch sein Grab;
Vom nahen Kirchenfenster leucht
Eintönig „memento" herab.
　Der Spaten klingt,
　Der Priester singt
　Memento mori!

Im Kreuzgang schwatzt mit dem Zwielichtschein
Die Abendluft von der Nacht;
Doch draußen lacht noch der Tag herein,
Erzählt von des Lebens Pracht.
　Horch, wie er spricht:
　Begrab Dich nicht,
　Freu Dich der Erde!

Still, durch das Schweigen rings herum
Schlürft matt herbei ein Fuß;
Ein alter Mönch naht ernst und stumm,
Memento ist sein Gruß.
　Der Spaten klingt,
　Der Priester singt
　Memento mori!

Der lachenden Welle des Sees reicht
Der Zweig seine Frucht hinab;
Die Thräne, die Herzenskünderin, schleicht
Des Jünglings Wange herab.
　Lausch, wie sie spricht,
　Begrab Dich nicht,
　Freu Dich der Erde!

„Die Sprache hat er abgethan,
„Der Alte — die Hoffnung ab.
„Kalt sieht er die Mailust draußen an,
„Und kalt sieht er sein Grab."
　Der Spaten klingt,
　Der Priester singt
　Memento mori!

„Hier aber glüht es — Lieb ist mein Gebet,
„Ich liebte, ach, liebe noch!
„Hinweg die Kutte, fort Grabgeräth,
„Hinaus und zerbrochen das Joch!
　„Das Herze spricht,
　„Begrab Dich nicht,
　„Freu Dich der Erde!"

Er fliehet? Nein, er fliehet nicht.
Wär's Mauer und Thor, was ihn hält?
— — Vom Hochaltare blinkt ein Licht,
Dort schwur er — Entsagung der Welt. —
　Der Spaten klingt,
　Der Priester singt
　Memento mori!

Briefe über Gedächtnißkunst.

Von Dr. Ed. Eyth.

Erster Brief.

Es ist endlich Zeit, verehrte Freundin, ein Versprechen zu erfüllen, das ich Ihnen, durch Ihren eigenen Wunsch veranlaßt, vor etwa zwei Monaten gegeben habe. Was ich seitdem durch eine unfreiwillige Zögerung gefehlt habe, werde ich vielleicht im Stande sein, durch größere Genauigkeit und tieferes Eingehen in den Gegenstand wieder gut zu machen.

Sie erinnern sich des heitern Abends im R.'schen Hause, wo unsere gemischte Gesellschaft ungefähr aus zehn Personen bestand und der seltsame Hagestolz K. eine allgemeine Heiterkeit erregte, indem er mit bedächtlicher Miene sein Taschentuch herauszog, an demselben eine Schlinge, oder wie man's in Schwaben heißt, einen „Knopf" betrachtete, den er vor etlichen Tagen gemacht haben konnte, und sodann sich lange, sehr lange, unter dem Gelächter der anwesenden Damen, bemühte, den geheimen Sinn, der in diesen „Knopf" gebannt war, wieder zu entziffern. Aber alle Mühe war vergeblich und vermehrte nur den Spott, den der gute Mann nicht neben dem Schaden zu ertragen hatte.

Bald dehnte sich die Sache noch weiter aus, und wie denn überhaupt das schöne Geschlecht es liebt, vom Einzelnen in einem Salto mortale Schlüsse auf das Ganze zu ziehen: so hörte man nun da und dort schalkhafte Bemerkungen über die „vergeßlichen Männer" überhaupt. Vielleicht hätte man, einfach aus der Erfahrung sprechend, mit „vergeßlichen Frauen und Fräulein" erwiedern können, ohne eine gründliche Widerlegung befürchten zu müssen. Und theilweise geschah dieß auch. Indessen schien mir doch eine solche Rache zu leicht, zu philisterlös, zu wenig ritterlich. Ich schlug also, um die Ehre meines Geschlechts zu retten, einen Gedächtnißzweikampf vor, der in dem Behalten einer von Jedermann selbst beliebig zu dictirenden, möglichst großen Reihe von Zahlen bestehen sollte, weil dieß die einfachste Waffe war, die man bei der Hand hatte, um sich zu schlagen. Die Gesellschaft gieng auf den Vorschlag ein. Frau L. trieb im Verlauf der Sache ihre Fertigkeit bis auf die von ihren Vorgängerinnen noch nicht erreichte Menge von zwölf oder dreizehn Ziffern und auch unter den Herren war nur ein Einziger, der sich in diese Höhe emporschwang. Ich allein war noch übrig im Behalten einer von mir ungläubigen Lächeln empfangen, als ich ankündigte: „daß ich das anwesende Publikum vermöge meiner Zauberkunst, die ich besitze, auf die anständigste und ehrlichste Weise hinter's Licht zu führen beabsichtige und mir deßwegen erlaube, jedem Anwesenden in Vergleich mit der höchsten bisherigen Leistung eine

doppelte, oder wenn man es wünsche, dreifache, vierfache Anzahl von Ziffern zu dictiren, worauf ich mich verpflichte, dieselben entweder ganz in der gleichen Ordnung wieder herzusagen, oder den Einzelnen, die es wünschten, Ihnen jetzt, nach beliebiger Zahl wieder zu nennen!" Allgemeines Kopfschütteln erfolgte und Diese oder Jene hielten mich wohl gar in Gedanken für einen rechten „Bramarbas und Eisenfresser", was ich aber, wie Sie wissen, in der That nicht bin. Kurz gesagt: ich begann das Vorsagen und die Anderen notirten sich, wie die fleißigsten Studenten, Alles schwarz auf weiß. Damit aber Sie, verehrte Freundin, noch größere Achtung vor meiner besagten „Zauberkunst" bekommen, so müssen Sie mir gestatten, Ihnen jetzt, nach sechs oder acht Wochen, die ganze damals gebrachte Reihe, deren ich mich, ohne Feder und Papier, auf's Genaueste entsinne, nochmals aufzusuchen. Hören Sie also:

I.	1262986441430096980867464982	29 Ziff.
II.	2223340421322130131002842598102	32 „
III.	357413982983221529865132844064859	35 „
IV.	481380842112622145100225391	27 „
V.	509660511402221558071491189635551	32 „
VI.	110961343440211095134352522	25 „
VII.	2239042342119842380241	22 „
VIII.	8229822902334219803769081t	25 „
IX.	4951102016792801443981551444129081	34 „
X.	51896272514431142981525371474223981	35 „

Zusammen: 296 Ziff.

Ja, diese waren es; — summa summarum 296 Ziffern! und ich machte noch anheischig, noch beliebig lange fertzudictiren; aber die Geduld der Schreibenden fand sich kleiner, als die Kraft des (wie es schien, aber auch nur schien! —) so stark gemarterten Gedächtnisses; denn dasselbe befand sich in der That im frischesten Zustande und mein ganzer Mensch überhaupt in der heitersten Stimmung.

Ob man mir nun meinen Triumph von allen Seiten aufrichtig gönnte, weiß ich nicht; genug, ich hatte ihn errungen. Indessen war ich so ehrlich, alsbald einzugestehen, daß mein Talent hiebei nicht die mindesten Glückwünsche anzusprechen habe, indem wirklich Alles auf einer kleinen Schlauheit beruht, die freilich ohne Mnemonik, d. i. Gedächtnißkunst unmöglich wäre, die jedoch auch einer schwächeren Natur gewiß in weniger als einer Viertelstunde beigebracht werden könnte, und also bei einer so begabten Schülerin, wie Sie, verehrte Freundin, beinahe gar keine Zeit erforderi. Allein demungeachtet würden Sie sich täuschen, wenn Sie hoffen wollten, daß ich Ihnen die Lösung des Räthsels jetzt schon, gleichsam auf dem Präsentirteller, entgegen tragen werde. Sie haben durch einige kleine Bosheiten und abgeschossene Wippleile den ganzen Krieg vorzugsweise herbeigeführt und müssen mir durch eine verlängerte Geduldsprobe

14 *

dafür nun Buße thun. Damit Sie aber meine Gesinnungen nicht gar zu feindselig finden — und sie sind es gewiß nicht — so macht es mir ein wahres Vergnügen, Ihrem geäußerten Wunsche zu entsprechen, indem ich Ihnen im Verlaufe einiger zwanglosen Briefe weitere Mittheilungen über das fragliche Zauberwerk der Mnemonik machen werde. Diese ersten Zeilen sollten nur den Zweck haben, Ihnen den ganzen Anlaß der Sache wieder zurückzurufen. Bis auf weiteres aber hoffe ich, daß Sie auch ohne Mnemonik freundlichst gedenken

Ihres

ergebensten

Ed. E.

Zweiter Brief.

Kennen Sie, meine liebe Freundin, die Anekdote von einem Sonderling, der seinen Bedienten mit einem Knopfe zum Meister Schneider schickte, damit dieser ihm an den Knopf — eine Weste annähen sollte? Aehnliches werden wir heute auch thun. Der „Knopf" unseres Hagestolzen wird sein Anhängsel reichlich bekommen und der Ausgangspunkt alles Weiteren für uns werden.

Die vielverbreitete Gewohnheit nämlich, welcher er sein Dasein verdankt, beweist Ihnen vorerst, (was freilich keines weiteren Beweises bedarf) — daß man allgemein ein Bedürfniß empfindet, das natürliche Gedächtniß auf künstliche Weise zu unterstützen. Zugleich beweist sie aber auch, daß diese Kunstmethode oft noch eine überaus rohe und unvollkommene ist. Denn woran erinnert der „Knopf" mit Nothwendigkeit? Nicht an den Gegenstand, den man sich zurückrufen möchte, sondern nur ganz allgemein an einen Gegenstand überhaupt — den man sodann, und zwar häufig genug, dennoch vergessen hat.

Erlauben Sie mir nun, aus diesem Anlaß, verehrte Freundin, Ihnen heute zunächst mit der Hinweisung auf eine größere Reihe von solchen unwillkommenen, rohen Methoden der Mnemonik eine kurze, zum Theil ganz heitere Unterhaltung anzubieten.

An die Geschichte mit dem „Knopfe" am Taschentuch schließt sich vor Allem und am natürlichsten, wenn Sie mir davon zu reden erlauben, eine ähnliche Praxis der leidenschaftlichen Schnupfer an. Diese belieben etwa ein Stückchen Papier in ihre Dose zu legen, das ihnen sodann gleichfalls ein Daß, aber nicht ein Was wieder nahezubringen vermag.

Auch der Uebergang von Dose und Schnupfer zum Tabak selbst ist ein sehr einfacher. Und wer wüßte nicht, daß wenigstens früher Tausende von kleinen Schächtelchen des sog. „Schneebergers" gekauft wurden, um damit alle möglichen Schäden Leibes und der Seele zu bekämpfen, und daß auf der Etiquette besonders die Phrase: „stärkt das Gedächtniß" von dem Publikum sehr günstig aufgenommen men wurde? Ein Fünklein Wahrheit ist freilich, wenn man sucht, allenthalben noch zu finden und billige Menschen werden sich auch des kleinsten Fünkleins lieber freuen, anstatt dasselbe auszulöschen. Und worin besteht in unserem Falle das Fünklein? Ich denke darin, daß auch das Gedächtniß nicht frisch und fröhlich wirken kann, wenn man nicht möglichst Sorge trägt, das leibliche Organ desselben, das Gehirn und dessen Nerven, rein und munter zu erhalten, wozu allerdings bei Einzelnen eine anständige Prise beitragen mag. Es ist aber dieß, wie Sie mir gewiß zugeben, nicht allgemein zu empfehlen, da andere Mittel die gleichen Dienste thun, ohne den gleichen Herrteur mit sich zu führen.

Verlassen wir also die Regionen der Nase, um sogleich in der Nachbarschaft, bei Mund und Gaumen, wieder Halt zu machen. Werden Sie es glauben, daß man das Gebäude großartiger Gedächtnißkunst auch auf diesem Fundamente schon zu errichten gesucht hat? Aber „wahrlich so ist's; es ist wirklich so!" — sagt unser Schiller. Schon der alte Römer Quintilian dringt im Interesse des Gedächtnisses ernstlich auf eine angemessene Diät, weil freilich nach dem bekannten Sprüchwort „der volle Magen nicht gern studirt." Allein spätere Mnemoniker z. B. ein Straßburger, Laurenz Fries, um das Jahr 1525, der über „der natürlichen Gedächtniß Besserung", wodurch „die Weli" von einem „Esel geschoren" werde, ein kleines Buch geschrieben hat, bestimmt die Diät noch viel genauer. Er entwirft sogar einen Küchenzettel, dessen sich kein Gourmand zu schämen hätte. — Hennen, Kapaunen, kleine Vögel, junge gebratene Hasen, item Quitten und Nüsse als Nachtisch" sind nach seiner Meinung für das Gedächtniß ganz besonders wohlthuend. Namentlich aber sei guter rother Wein zu empfehlen. Und hier ist doch immerhin noch in gewisser Weise Maß und Mäßigung zu finden. Aber ein Späterer, Dietrich von Hamburg, 1606, räth geradezu seinen Schülern „sich häufig zu betrinken und daneben Vomitive zu nehmen, um alles Schädliche also aus dem Magen zu entfernen!"

Vielleicht befällt Sie ein Lächeln, oder ein Aerger, v. Fr., über diese Dinge, die einem früheren Jahrhundert angehören. Allein sie gehören auch zum unsrigen an. Zum Beweise hiefür nenne ich Ihnen nur ein Buch, das — ich weiß nicht in der wie vielten Ausgabe! vielleicht der zehnten! — noch allenthalben angekündigt und angepriesen wird. Es ist „Hartenbach's Kunst, ein vorzügliches Gedächtniß zu erlangen; — nicht Marktschreierei, sondern auf Wahrheit, Erfahrung und Vernunft begründet." Quedlinburg und Leipzig. — In diesem Buche — NB. über Gedächtnißkunst! — finden sich z. B. Vorschriften, wie folgt: „Vom Reisen": man reise zu Fuße oder zu Pferde. Wer lange im sitzenden Leben führte, begebe sich nicht plötzlich zu einer anstrengenden Reise. In der Wahl der Speisen und Getränke hüte man sich. Wer sehr empfindlich ist, trage ein Hemd von dünnem Flanell x. — Ferner: „Von der Erhaltung des Magens": man

effe langsam und laue Alles wohl klein. Man sorge für gute Zähne. Starke Bewegung unmittelbar nach dem Essen schadet. Man esse nie soviel, daß man den Magen fühlt. Man esse nicht unaufhörlich." — Vermeidung der Leidenschaften: Wer etwas verlegt hat und suchen will, der laufe nicht wie wahnsinnig umher, sondern setze sich ruhig hin und denke nach. — Am meisten zu empfehlende Spiele sind Billard und Kegel" ꝛc. — Trauen Sie Ihren Augen, v. Fr., wenn Sie diese — an sich sehr wahren — Dinge als Recept zur Stärkung des Gedächtnisses aufgezeichnet finden?

Aber die Menschen sind wunderliche Geschöpfe! Und wenn Sie in den bisherigen Vorschriften das philisteriöse System, oder das epikuräische eines Bonvivants finden mußten, so will ich Ihnen zum Schluß meiner heutigen Zeilen auch das Rationalitätsprincip an zwei auffallenden Beispielen nachweisen.

Ein Pariser Künstler vom Jahre 1520, Namens Leporeus, hatte die Ansicht, daß man Dinge, die zu behalten wären, am besten an bewegliche, lebende Wesen in Gedanken anknüpfe. Am allerleichtesten aber, glaubt er, erreiche man den Zweck durch die Vorstellung von — schönen Damen, durch welche das Gedächtniß merkwürdig rege gemacht werde. Man hätte sich somit eine „Münchner „Gallerie der Schönheiten" anzulegen, nur eben bloß geistreiche. Ist dieser Rath nicht ächt französisch und so galant, als man nur jenseit des Rheines zu sein vermag?

Und nun hören Sie noch beispielshalber ein plumpes germanisches Gegenstück. In älteren Zeiten, als man auf dem Lande noch seinen Namen meistens mit drei Kreuzen bezeichnen mußte und die Schulmeister noch nicht in so hohem Sinne die Volksbildner waren, daß Jedermann rechnen und schreiben konnte, mußte man, statt des todten Buchstabens der Urkunden, auf andere Mittel denken, um für praktische Zwecke das Richtige nicht zu vergessen. Markungsstreitigkeiten im Kleinen waren aber so häufig, als Gränzstreitigkeiten im Großen. Was that man? Ich habe es in meiner Jugend selbst noch mit angesehen: man veranstaltete einen sog. „Flurgang", d. h. die ganze Bevölkerung, vor Allem die liebe Schuljugend, hielt einen feierlichen Umzug um das ganze lilliputische Gebiet; von Zeit zu Zeit aber that man einen kühnen Griff in die dichte Masse der Knabenschaar und holte ein Schlachtopfer heraus, das dann am Kopf und Füßen von etlichen Magistratspersonen gepackt und mehreremale kräftig auf den Markstein aufgestoßen, auch sonst noch mit etlichen Ohrfeigen und ähnlichem Confekt — natürlich unter allgemeinem Gelächter — regalirt wurde. Und glauben Sie mir, der Bube hat sein Lebenlang den Markstein nicht mehr vergessen und kannte von dort an in allen streitigen Fällen die sicherste Auskunft geben. Denn Schlagen ist nun einmal in allen Stücken das praktische Schlagwort der Deutschen; — zuweilen auch geschlagen werden. Leben Sie wohl.

(Fortsetzung folgt.)

Das Märchen vom Spielhansl.

(Mit Abbildung in Farbendruck.)

Wir machen auf die Aehnlichkeit aufmerksam, welche dieses aus Weitra in Deutschböhmen stammende Märchen mit der altgriechischen Sage von Sisyphus, dem mythischen Gründer von Korinth, in manchen Zügen hat. Sisyphus tritt als das Symbol der größten Verschlagenheit und verschmitzten Gewandtheit auf, wobei immer der Grundzug eines unsittlichen Mißbrauches des Verstandes durchblingt; namentlich handelt es sich auch um seine Kämpfe mit dem Tode, welchen er auf verschiedene Weise zu überlisten sucht; so z. B. fesselte er den Tod, so daß eine Zeit lang Niemand sterben konnte, und nachdem Hades den Tod befreit hatte und den Sisyphus selbst als Gefangenen abliefern mußte, findet letzterer noch Gelegenheit, seiner Frau zu sagen, sie solle die üblichen Todesopfer unterlassen: nach einiger Zeit dann bittet er den Hades, zur Bestrafung seines Weibes für jene Unterlassung wieder auf die Oberwelt zurückkehren zu dürfen; Hades läßt sich täuschen und hat nun große Noth, den Flüchtling wieder in seine Gewalt zu bekommen, bis Hermes denselben ergreift und in die Unterwelt führt, wo ihn dann die bekannte Strafe trifft, einen Felsblock stets bergauf wälzen zu müssen.

Is is einohl e Mon g'wön, der hot niar nö (als) g'spielt, und so hebend'n d'Leut niar in Spielhansl g'hoaßen, und wall (weil) e gor nit ag'hört zen spieln, se hot e san (sein) Haus und ulles (alles) verspielt. Hiezt (jetzt), nette (eben) in lößten Tog, eb's iahm (ihm) d' Schuldne schon 's Haus hobend wögnehme willn, is unse Herrgout un de halli Pedrus temme und hebend g'fogt, er soll's übe d'Nacht g'holte (bei sich behalten). Oft (da) hot de Spielhansl g'fogt 'wögn meine Kind do bleibn döi Nacht'; ober i long eng kaan Bött und niar z'össn (zu essen) gebn.' Oit hot unse Herrgout g'fogt, er sulls ne (nur) g'holten, und söi wulletn lau (ihnen) selbe wos z'öffn lassen; dös is in Spielhansl recht g'wön. Oft hot iahm de halli Pedrus drei Greuschn gebn, und er sull zen Böck (Becker) gehn und e Brod hubln. Hiezt is hult (halt) de Spielhansl gonge; wie er aber ze den Haus temme is, wou die oarmen Spiellumpn drin g'wön sand, döi iahm ulles egwunge hobend, do hob'ns 'n g'rueft und hebend g'schrien 'Hansl, geh ahne (herein).' 'Jo, hot e g'fogt, 'wüllt's me die drei Greuschn a non ogwinge?'

Döi hobnd'n obe (aber) nit außg'loffn. Hiezt is e hullt anhi (hinein) und oft hot e die drei Groschn a non vespielt. De halli Pedrus und unse Herr- gout hobnd ollewoil (immer) g'wort't, und wie er ian z'long nit kemme is, sands iahm intgögn genge. De Spielhansl obe, wie e kemme is, hot thon, uß wenn iahm'd Geld in ue Leckern (Lache) g'foiln war, und hot ollewoil drin herumtrobbeltz obe unse Herr- gout hots schon g'wißt, daß e's vespielt hot. Oft hot iahm de halli Pedrus non mohl drei Groschn gebn. Hiezt hot e si obe nimme veführn lessa und hot ian s' Brod brocht. Oft hot'n unse Herrgout g'fregt wou (ob) e koa'n Wein nit het? do hot e g'sogt 'n, Herr, b'Fasse sand alli laar.' Oft hot unse Herrgout g'sogt, er sull ner in Költe (Keller) ehi (hinab) gehn, 'is is non de böst Wein int.' Er hots leng nit glaubn wulln, obe af b'lößt hot e g'sogt: 'i will ehi gehn, obe i woaß's, daß koane int is.' Wie er obe's Fassl onzapft hot, se is de böst Wein auffe g'runne. Hiezt het e ian in Wein brocht, und döi zwoa sand übe b'Nocht do blieb'n. In ennen Tog, in de Früe, hot unse Herrgout zen Spielhansl g'sogt, er sull si (sich) drei Gnodn außbittn. Er het g'moant, er wied si 'n Himmel außbittn, obe de Spielhansl hot betn um e Kertn, mit der er ullß g'wingt, um Würfl, mit den er a ullß g'wingt, und um en Bam (Baum), won ullß Onbst draf wechßt, und wonn oane (einer) alfi steigt, daß e nimme ehe kou (herab kann), bis er iahm's schofft (befiehlt). Hiezt hot iahm unse Herrgout ullß gebn, wos e velangt het, un is mit'n halln Pedrus wiede suert (fort).

Hiezt hot huilt de Spielhansl erst recht zen spieln ongfangt, und hätt bold b' halbeti Welt zomg'wonge. Oft het de halli Pedrus zen unse Herrgoutn g'sogt 'Herr, dos Ding thuet koan guet, er g'winget af b'lößt non (noch) b'gonzi Welt; me müßn iahm in (den) Toid schickn.' Hiezt hobend's iahm in Toid g'schickt. Wie de Toid kemme is, is de Spielhansl nette be'n Spieltisch g'sössn; oft hot de Toid g'sogt 'Hansl, kimm e Bißl auffe!' De Spielhansl obe hot g'sogt 'wert nur e Bißl, bis dos G'spiel auß is, und steig derwoil e weng af'n Bam do affi und brouck auß e wengerl wos o, daß me af'n Wög wos z'noschn hobn.' Hiezt is huilt de Toid affi g'stiegn, und wie e wiede hot ohi wille, hot e nit kinne, und

de Spielhansl hot'n sieben Johr dreubn loffn, und derwoil is koan Mensch nit g'storbn.

Oft hot de halli Pedrus zen unse Herrgoutn g'sogt 'Herr, dos Ding thuet koan guet, is sterbet jo koan Mensch mehr; mir müßn schon selbe kemme.' Hiezt sand's huilt selbe kemme, und do hot iahm unse Herrgout g'schofft, daß er in Toid obe lessn sull. Oft is er obe glei gonge und hot zen Toid g'sogt 'geh obe!' und der hot'n glei g'numme und hot'n otragelt (erwürgt). Oft sands mit enonnte suert und sand in b' onneri Welt kemme; do is huilt man (mein) Spielhansl zen Himmeltheir genge und hot onkloupft. 'Wer is daußt?' 'De Spielhansl.' 'Ach, den brauche me nit, geh me wiede suert.' Oft is e zen Feghuirtheir genge und hot wiede kloupft. 'Wer is daußt?' 'De Spielhansl.' 'Ach is lö e so (ohne das) komme und Reith g'nue ben uns, mir wulln nit spieln; geh me wiede suert.' Oft is e zen Hülln- their gonge, und do hobn's 'n anhi loßn; is is obe niomb dehoambt g'wön, us de olli Luzifar und trumpn Tuifln — die g'rodn hobn af de Welt z' thoan g'het — und oft hot e si glei ine (nieder) g'sötzt und het wiede zen spieln ongfongt. Hiezt hot obe de Luzifar ninr g'het, uß sani trumpn Tuifln: döi hot iahm de Spielhansl oz'rounge, woil e mit sann Kertn ullß hot g'wrínge müßsn. Hiezt is e mit sann trumpn Tuifln suert, und oft sand's af Heihefuert (nach Hohenfurt), und hobnd b' Heuphstangn auß- g'rißn und san demit zen Himmel affi und hobnkn zen wägn (zu bewegen) ong'fongt; und hiezt hot de Him- mel schon krocht (gekracht).' Hiezt hobnd's 'n huilt anhi loßn.

Obe de Spielhansl hot glei wiede zen spieln ong'- fongt, und do is glei e Lärm und e Getöß won (worden), daß san eagenß Wort nit verstondn hot. Oft het de halli Pedrus wiede g'sogt 'Herr, dos Ding thuet koan guet, mir müeßn ne anhe (herein) loßn, sunst kerriet er uns in Himmel ehi (hinab).' Hiezt hobnd's 'n huilt anhi loßn.

Obe de Spielhansl hot glei wiede zen spieln ong'- fongt, und do is glei e Lärm und e Getöß won (worden), daß san eagenß Wort nit verstondn hot. Oft het de halli Pedrus wiede g'sogt 'Herr, dos Ding thuet koan guet, mir müeßn ne anhe (herein) loßn, sunst kerriet er uns in gonzn Himmel rewellisch.' Hiezt sands huilt her und hobnd'n obe g'worfn, und do hot sie san Seel z'thoan (hot sich seine Seele zertheilt) und is in d'ennen Spiellumpen g'fohrn, döi non (noch) bis date lebnd.

Aus Grimm's Märchen.

Berliner Kinder.

Erzählung von Fanny Lewald.

(Fortsetzung von S. 154.)

Der Meister fragte, ob Herr Plattner das Buch besitze. Das verneinte dieser; er könne das Gedicht auswendig, sagte er.

„Ja, Herr Kandidat", meinte der Meister, „da könnten Sie's wohl einmal an uns wenden, wie's

doch der Kanter und der Pfarrer mit der Gemeinde machen; Sie könnten's wohl vorsprechen, daß wir's hörten und es doch zu Ende wüßten."

Plattner erklärte sich dazu bereit. Mit seiner weichen Stimme begann er das Gedicht von Neuem

und deklamirte es mit unverkennbarer Befriedigung
von Anfang bis zu Ende. Die ganze Familie hörte
lautlos zu, und durch das Halbdunkel und die Stille
der engen Schusterwohnung klangen die mit großer
Weihe gesprochenen Worte Schillers wie Glocken-
klang und Lichterglanz in die Herzen ein.

Als er die letzten Worte gesprochen hatte, erhob
sich Herr Plattner. Er war selbst gerührt. Es
mochte lange her sein, daß diese Verse nicht über
seine Lippen gekommen waren. Er sagte, es sei spät,
und er wolle gehen.

Hermann drängte sich an ihn heran. Er wollte
ihm hinunter leuchten, um ihm den gehabten Genuß
nach Kräften zu lohnen. Der Meister jedoch wendete sich von seinem Schemel zu dem Kandidaten,
und rief: „Vergessen Sie uns nicht, Herr Plattner!
es heißt bei uns, wie bei dem Schiller: so oft Du
kommst, es soll Dir essen sein!"

Auch die Meisterin nöthigte zum Wiederkommen
freundlicher als es sonst bisweilen von ihrer Seite
geschah. Und als der Kandidat das Zimmer verlassen hatte, machte sie die Bemerkung: „So viel
als der ißt, bleibt auch noch übrig, wenn's recht eingetheilt wird, und man spart's am Schulgeld!"

Es war mit dem Gedichte Schillers noch ein
ganz besonderer Geist der Freundschaft und der Liebe
in die enge Wohnung eingekehrt.

4. Kapitel.

Der Meister und der Herr Kandidat kannten
sich schon lange. Sie waren beide junge Leute und
noch nicht lange aus dem Felde zurückgekehrt, als
sie im Jahre achtzehnhundertsechszehn in Halle zum
erstenmale auseinander trafen.

Brückner wanderte dazumal noch, weil er gleich
nachdem er Gesell geworden, in's Feld gezogen war
und sich nach dem Frieden in der Welt noch umsehen und Etwas lernen wollte, ganz abgesehen davon, daß er sich nach dem rührigen Soldatenleben
nicht gleich entschließen konnte, sich in der engen
Werkstatt festzusetzen. Es kam er denn nach Halle
an der Saale, wo es zu jener Zeit sehr viel Studenten und also auch sehr viel Arbeit für den Handwerker gab. Die Mehrzahl der Studenten hatte
ebenfalls die Feldzüge mitgemacht, und die Meisten
waren deshalb älter, als man sonst auf den Hochschulen gewohnt war. Der Ernst der vorhergegangenen Jahre und die Erfahrungen des eigenen
Lebens hatten die Bessern unter ihnen gereift, und
der Sinn der Studirenden war also in jenen Tagen
überhaupt auf große Dinge und Zwecke, nicht auf
thörichte Aeußerlichkeiten und wüsten Genuß gerichtet.

Um so unruhiger waren aber die Handwerks-
gesellen geworden. Sie konnten sich nicht darein
finden, daß sie nun im Arbeitsrock nicht mehr von
den Soldaten als ihresgleichen behandelt wurden,
daß die Soldaten nun vor dem Civilisten, der in
Reih und Glied mit ihnen im Kugelregen gestanden,
Etwas voraus haben und etwas Besonderes sein

sollten, und wo Soldaten und Gesellen an einander
geriethen, fehlten Händel selten, und waren Schlägereien meist ihr Ausgang.

Zu einer solchen Schlägerei war es denn auch
einmal in Halle auf einem Tanzboden vor den
Thoren gekommen. Die Soldaten hatten als Soldaten ihr prae haben wollen, die Gesellen verweigerten es ihnen, und Brückner, der Berliner, der
sich mit seiner Suada eben so viel wußte, als mit
seinem stämmigen Körper und mit seinen derben
Fäusten, war der Erste und der Vorderste, als es
daran ging, die Soldaten aus dem Tanzsaal zu vertreiben, das heißt, sie hinaus zu werfen. Die Soldaten konnten und durften es nicht ertragen, daß man
Hand an sie legte, denn sie trugen ihres Königs
Rock; sie zogen also vom Leder und schlugen darauf
los, die Gesellen griffen zu den Stöcken, Stuhlbeine
waren bald auch zur Hand, und in dem wilden
Durcheinander, daß dem ersten Angriff folgte, kehrte
der Ingrimm der Soldaten sich besonders gegen den
Berliner, der wie toll und blind um sich schlug und
die Gesellen anfeuerte, nicht vom Plaße zu weichen.

Aus der Stube waren die Streitenden und
Kämpfenden bereits in den Garten hinausgekommen,
und ein Füsilier-Gefreiter holte eben mit aufgehobenem
Arme gegen Brückner aus, als vorübergehende Studenten zwischen die Ergrimmten traten. Ein langer
Burschenschafter fiel dem Gefreiten in den Arm, als
er gewahrte, daß derselbe die blanke Waffe gegen
einen Waffenlosen brauchte. „Kamerad!" rief er,
„ehrlich Spiel! Was machst Du da? Das sind ja
nicht die Franzosen, das sind ja Landsleute! nimm
Vernunft an!"

Ein Mensch, den man mitten im Laufe fest hält
und zum Stillstehen nöthigt, kommt nicht so schnell
wieder in den Zug, und wenn man sich plötzlich in
dem Ergusse seines Zornes gehemmt findet, ist es
gar nicht leicht, gleich wieder von vorne anzufangen,
wenn man es auch wollte. Der Füsilier hielt inne,
aber Brückner riß dem Gefreiten die Epauletten herunter und schlug gerade in dem Augenblick mit solcher Gewalt auf ihn los, daß der Soldat zu Boden
stürzte und man glaubte, es sei aus mit ihm.

Das war Brückners Unglück. Die herbeigeholte
Wache trug den Gefreiten fort, die übrigen bei der
Schlägerei betheiligten Soldaten und Gesellen suchten
sich aus der Sache zu ziehen und machten sich aus
dem Staube. Nur Brückner wurde als der eigentliche Händelstifter und Rädelsführer, und weil er
des Königs Uniform beleidigt, festgenommen. Wenn
der lange Studiosius Plattner bei der Untersuchung
auch bezeugte, daß der Gefreite blanke Waffe gegen
ihn geführt, so mußte er doch zugeben, daß der Gesell
jenem die Epauletten abgerissen und ihm die schwere Verwun-
dung beigebracht, als er sich zurückzuhalten angefangen. Das brach dem Gesellen den Stab und
mit dem Wandern war es nun ein für allemal
vorbei.

Zwei Jahre mußte er in Stralsund auf der
Festung sitzen, und als er dann freigelassen wurde,

arbeitete er noch Jahre und Jahre, bald bei diesem, bald bei jenem Meister, bis er sich endlich in Berlin niederließ und seine Braut zur Frau nahm, die lange auf ihn gewartet hatte.

Ganz jung waren sie nun Beide nicht mehr, aber er verstand zu arbeiten und sie zu sparen, und sie hatten schon über ein volles Jahr in aller Zufriedenheit mit einander gelebt, als der Meister einmal an einem Sonntag Nachmittag mit seiner Frau im besten Aufputz durch die Königsstraße spazierte. Es war ein heißer Tag und die Straße war sehr leer. Wer nicht eben zu Hause bleiben mußte, hatte sich bei dem schönen, hellen Wetter zum Thore hinausgemacht und der Meister hätte das auch sehr gerne gethan, nur daß die Frau damals nicht recht fort konnte, weil sie bald niederkommen sollte. Sie gingen Straße auf und ab und wollten sehen, wie weit sie gelangen würden, und der Meister, der sich doch am behaglich nicht behaglich fühlte, wenn er nicht ein Extravergnügen hatte, fing an, von seiner Festungszeit zu erzählen, weil er sich heute an der Seite seiner Frau wieder einmal wie eingesperrt erschien. Er sprach von Stralsund und von dem Festungskommandanten und dann sprach er auch von Halle und wie er dort ohne seine Schuld in das Unglück gerathen und nur durch einen Zufall dem Tode entronnen sei. „Denn“, sagte er, „wäre der Student nicht auf dem Platz gewesen, wie einen Kürbis hätte der Kerl, der Füsilier, mir den Schädel gespalten. Ohne den Studenten lebte ich nicht mehr und ich habe mir oft gewünscht, ihn noch einmal zu sehen, um ihm danken zu können, was er an mir gethan hat.“

Die Frau meinte darauf, ob Brückner denn den Studenten auch wieder erkennen würde, weil er ihn doch nur in dem Streite und nachher zum andern Male vor Gericht gesehen habe. Das nahm der Meister aber übel. „Ich sollte ihn nicht wieder erkennen!“ rief er, „den Menschen, der mir das Leben gerettet hat. So und so oft habe ich von ihm geträumt; unter einer Million Menschen wollte ich ihn heraußerkennen!“

Kaum aber hatte er diese Worte ausgesprochen, so blieb er plötzlich stehen, sah starr zu einem Manne hinüber, der auf der andern Seite der Straße ging und rief erschreckend aus: „Wie ist mir denn!“ — Dann lief er über den Fahrweg, hielt den Fremden an und sagte: „Herr Studiosus! Aber Herr Studiosus, wie kommen Sie denn jetzt hierher? Eben habe ich von Ihnen gesprochen! Sehen Sie mich doch an, ich bin ja der Brückner, sehen Sie mich nur an! Kennen Sie mich denn nicht mehr? Ich habe ja eben erst von Ihnen gesprochen!“

Der Angeredete hielt in seinem Gange inne. Es war ein Mann von Dreißig, groß und mager, aber von festem Bau. Das verriethen schon seine starke Nase und die feste Stirn und ein starkes Kinn, welche dem Gesichte etwas Charaktervolles gaben. Dennoch sah es nicht hart und nicht strenge, sondern recht eigentlich melancholisch aus, und nun der Meister

dicht vor ihm stand und dem Fremden in das bleiche Antlitz sah, wurde er doch zweifelhaft, ob er sich in der Person nicht geirrt. Er nahm daher den Hut ab und sagte mit beginnender Verlegenheit: „Nichts für ungut, wenn Sie's vielleicht nicht sind, Herr Studiosus! aber erinnern Sie sich denn nicht mehr, wie die Füsiliere gegen uns blank zogen und wie sie den Gefreiten Menzel in den Arm fielen? — Ih! Sie sind's ja aber, da haben Sie ja die Schmarre auf der Backe! Na, versteht sich's, daß Sie's sind, ich bin ja der Brückner, der Berliner, Herr Studiosus!“

Der Angeredete hatte sich während dessen offenbar nicht nur des Vorganges, sondern auch des Menschen erinnert, aber er hatte keinen Anlaß gehabt zu einer so ausgiebigen Freude als der Meister sie bewiesen, und er möchte die Fähigkeit für eine solche auch verloren haben. Er gab dem Meister indessen freundlich die Hand, erkundigte sich nach seinem Ergehen und wollte sich danach entfernen. Das ließ der Meister jedoch nicht zu. Denn es war ihm während ihrer Unterhaltung inne geworden, daß ein großer Wechsel in dem Aussehen seines einstigen Beschützers vor sich gegangen war. Er hatte nichts mehr von der rüstigen Frische des ehemaligen Studenten, er sah, so sauber sein Rock und seine ganze Kleidung auch gehalten waren, doch heruntergekommen und dürftig, er sah sorgenvoll und niedergeschlagen aus, und der Meister, obschon er ein Gewissen daraus machte, hatte einen Augenblick, in dem er sich darüber freute, denn er fühlte sich ihm dadurch mit einem Male merklich näher gebracht.

„Nein!“ rief er, „so kommen Sie mir nicht fort, Herr Studiosus! Sie müssen sehen, wo ich wohne. Meine Frau läßt sich's nicht nehmen, Sonntags einen ganz aparten Kaffee zu kochen, und wenn Sie sich nicht zu vernehm halten mit unter Einem eine Tasse zu trinken, so könnte ich dabei doch gleich erfahren, wie Sie hieher gekommen sind und wie lange Sie hier zu verbleiben gedenken.“

Es lag so viel Herzlichkeit in der Bitte des Meisters, die Frau fing auch an zu nöthigen an, und der ersehnte Gast gab endlich, wenn auch nur widerstrebend, nach.

Erst als sie sich oben in des Meisters Wohnung befanden und der Gast den Platz am Tische eingenommen hatte, wagte der Meister zu fragen, welchen Titel er dem Herrn Plattner denn jetzt zu geben habe, denn den Studiosus, wie er ihn in seines Herzens Freude genannt habe, werde er ihn wohl nicht mehr sein.

„Ich bin Kandidat, lieber Meister!“ versetzte Plattner, aber er seufzte dabei, und je länger Brückner ihn betrachtete, um so mehr sah er, daß die erste Voraussetzung ihn nicht getäuscht habe und daß der Kandidat sich nicht in den besten Verhältnissen befinden müsse. Auch der Frau fiel es auf, mit wie ungewöhnlichem Behagen ihr Gast den Kaffee und die zu seiner Bewirthung eigens herbeigeschafften Zwieback verzehrte. Sie dachte in ihrem Sinne, er müsse lange nicht so etwas Gutes genossen haben. Wem eine gutmüthige Frau aber eine Erquickung bereiten kann, zu dem faßt sie ein Herz, und sie war es denn auch, welche es an jenem Abende herausbrachte, daß es mit Herrn Plattner nicht wohl bestellt sei. Er erzählte, daß er nach seinem Examen Hauslehrer in Rußland gewesen, daß er nun schon einige Jahre in Berlin sei und wohl auch in Berlin verbleiben werde. Auf die Frage, warum er denn noch keine Pfarre habe, gab er keine Antwort. Der Meister und die Frau merkten, daß ihrem Gaste ihre neugierige Theilnahme nicht gelegen kam. Sie brachen also von dem Gegenstande ab und erfuhren auf diese Weise niemals, was sie an jenem ersten Tage zu erfahren vergebens gestrebt hatten, ja sie hörten bald auf, sich darum zu kümmern. So viel war sicher, Herr Plattner mußte schwere Schicksale gehabt haben, denn er wurde still und traurig, wenn einmal Andere von ihren Schicksalen zu reden begannen, und kam man gar auf Rußland zu sprechen, so hatte die Meisterin gesehen, daß ihrem Gaste gelegentlich die Thränen in die Augen gekommen waren. Sie wußten damit, daß er ein Unglücklicher sei und das genüge ihnen. Er war eben da, wohnte in der Nachbarschaft, kam in der ersten Zeit gelegentlich einmal hinauf, wenn sein Weg ihn vorüber führte und sprach dann öfter vor, nachdem er der Pathe von Brückners ältestem Sohne geworden war, dem man aus Dankbarkeit seinen Namen gegeben hatte.

Alles was der Meister und seine Frau herausgebracht hatten, bestand darin, daß Herr Plattner für eine Druckerei die Correcturen besorge. Es hieß bisweilen auch, daß er Unterricht ertheile und oftmals hatte er Papiere bei sich, die ihm zum Abschreiben übergeben worden waren. Das mußte jedoch Alles nicht viel einbringen, denn Herr Plattner kam nicht vorwärts. Wer ihn kannte, mußte es bemerken, wie in Jahren und Jahren kein neues Kleidungsstück auf seinen Leib kam, und daß er oft nicht einen Heller in der Tasche hatte. Er aß nur selten einmal bei einem Speisewirth. Er sagte bisweilen, daß er es nicht liebe, unter Fremden zu sein und daß er es vorziehe, seine Mahlzeit bei sich zu Hause zu genießen. Die Meisterin sah dann aber ihren Mann ganz verstohlen von der Seite an, denn der Kandidat ging Abends, wenn er es dazu hatte, recht gern einmal unter Leute und in das nahe Bierhaus, und seine Freunde wußten daher, was sie von dem zu Hause speisen des Herrn Plattner zu halten hatten.

So war es denn gekommen, daß man den Kandidaten bald zum Mittag und bald zum Kaffee und bald zum Abendbrode nöthigte, bis er einmal den Vorschlag that, die Meisterin solle ihn ganz in Speis und Trank nehmen und er wolle beisteuern, so viel auf seinen Antheil käme. Davon hatte sie jedoch nichts hören mögen, denn damit ging ihr ihre Freiheit verloren, in ihrem Hause zu schalten und zu walten, wie's ihr gut schien, und der Meister

hatte noch weniger davon wissen mögen. Er dachte, für seinen Lebensretter werde wohl immer noch ein Rundvoll Essen übrig sein, und so hatten denn Mann und Frau es Herrn Plattner abgeschlagen, ihn zum Kostgänger zu nehmen. Er aber hatte sich danach lange Zeit nicht mehr bewegen lassen, einen Bissen Brod oder einen Trunk Wasser in dem Hause zu verzehren, und erst als Hermann größer geworden war, hatte sich das alte gute Vernehmen zwischen der Familie und dem Kandidaten wieder hergestellt.

Der Kandidat nämlich, der keinen lebenden Verwandten hatte und ganz einsam und verlassen in der Welt stand, hatte den Knaben in sein Herz geschlossen und auch dieser hing an ihm, wie an Vater und an Mutter, ja es bildete sich allmählig ein ganz apartes Einvernehmen zwischen dem Kandidaten und dem Knaben aus. Hermann war lernbegierig und Herr Plattner lehrte gern. Dem Meister und seiner Frau, die ihren Stolz darein setzten, daß ihr Aeltester in der Schule so gut angeschrieben war, gefiel es wohl, wenn Herr Plattner sich um ihn bekümmerte, und da Hermann für seine Jahre ein großer, starker Bursche war, so kam man zu dem Entschluße, ihn bei Zeiten aus der Schule zu nehmen und ihn einem vermögenden Nachbar und Gevatter zu mancherlei häuslichen Verrichtungen zu verdingen, weil ja Herr Plattner sich immer mit ihm zu schaffen machte und man also das Schulgeld sparen konnte.

Von einem regelmäßigen Unterrichte war dabei freilich keine Rede. Der Kandidat beschäftigte sich mit seinem Pathen, wenn er eben kam und er kam wieder öfter, er kam endlich alle Tage, seit er auch den jüngeren Kindern des Meisters bei ihren Schularbeiten nachhalf. Er ließ sich allmählig auch wieder bereit finden, mit der Familie zu essen, wenn man ihm dies anbot, und die Meisterin sah dies, wenn die Zeiten nicht gar zu knapp waren, ordentlich gern, weil es ihm immer so gut schmeckte und er meistens etwas zu erzählen wußte. Sie meinte, er verdiene sich an den Kindern nicht nur das Bißchen Essen, sondern einen Gotteslohn und wenn sie, wie an diesem Freitage, etwas Besonderes in der Schüssel hatte, kam der Kandidat ihr ganz besonders wie gerufen.

Den Kindern, und vor Allen dem Hermann, war er der erwünschteste Gast von der Welt. Sie hingen von ganzem Herzen an ihm, und wenn der Vater dann obendrein erzählte, welch' ein prächtiger Studiosus der Herr Kandidat seiner Zeit gewesen sei und wie ihm die Mütze auf einem Ohr gesessen und was er für eine Faust geführt habe, dann dünkte er den Kindern ein wahrer Held, ja der Inbegriff aller Vollkommenheiten zu sein, und sie trauten sich kaum an ihn heran vor Bewunderung und vor Ehrfurcht. Der Vater erschien ihnen sogar an solchen Tagen in einem ganz besonderen Lichte der Vornehmheit und sie selber fühlten sich ganz anders, weil der Herr Kandidat ihres Vaters Freund und ihres

Bruders Gevatter war und weil bei all' den Nachbarn im Hofe kein Kandidat zu Gaste kam.

Was der Kandidat an dem Abende empfunden hatte, als er der Familie das Gedicht von Schiller vorgesprochen, das erfuhr Niemand. Herr Plattner ließ sich über solche Dinge niemals aus. Die Meisterin aber sagte, als in ihrer Stube wieder Alles in Ordnung war und die Jüngsten schon in ihren Betten schnarchten: „Und wenn die Wernerin auch Alles so vollauf hat, daß sie nicht weiß, wohin damit, so etwas bekommt sie doch nicht zu hören, das ist was ganz Aparties und der Hermann könnte es wohl einmal erzählen, wie der Herr Kandidat hier ein= und ausgeht und daß wir auch was abzugeben haben."

„Ja!" meinte der Meister, „ich habe schon oft daran gedacht, der Werner könnte dem Kandidaten was zu verdienen geben, wenn das Kind heranwächst."

„Deswegen, nein deswegen sagte ich es nicht, das ist gar nicht nöthig. Unser Einer kann auch einmal etwas für sich selber haben. Die Werners haben ohnehin genug. So war's nicht gemeint! Werners werden sich schon selbst zu helfen wissen!"

Der Meister antwortete nicht, und die Sache hatte damit ihr Bewenden.

5. Kapitel.

Werners lagen der Mutter stets im Sinne, es mochte ihr wohl oder übel gehen; denn Werners Wohlstand und Lebensweise waren der Höhenpunkt, nach welchem sie ihre eigenen Verhältnisse bemaß und schätzte.

Nicht weit von dem Hause, in welchem der Meister Brückner seine Wohnung hatte, besaß nämlich ein ehemaliger Kamerad von ihm, der Zeugschmied Werner, ein eigenes Haus. Der Zeugschmied war freilich seine zehn Jahre älter als der Schuhmacher, aber da sie Beide aus derselben Straße zu Hause waren und achtzehnhundertundzwölf Beide an demselben Tage in dasselbe Regiment eingetreten waren, so hatte der Zeugschmiedmeister, der sein Weib und seine Kinder und seine Werkstatt und sein blühendes Gewerbe verlassen, um den Fahnen seines Königs wider den Landesfeind Napoleon zu folgen, seine Freude daran gehabt, daß er einmal mit dem jungen Schuhmachergesellen zusammen in Quartier gekommen war und es sich im Gespräch herausgestellt hatte, daß der Gesell die Frau des Meisters und sein Söhnchen und selbst die kleine Tochter kenne; und als dann im Feldzuge von achtzehnhundertundfünfzehn der Meister Werner nicht mehr mitgegangen war, weil er meinte, nun das Seinige gethan zu haben, da hatte er seiner Frau einzigen Bruder statt seiner in das Regiment geschickt und der siebenzehnjährige junge Mensch war nicht wieder zurückgekommen und hatte seiner Schwester durch den Brückner, dem sie den Fritz auf die Seele gebunden, seinen letzten Gruß und sein Taschenbuch und seine Uhr und das schöne Petschaft nach Hause geschickt, das sie ihm noch am letzten Morgen gekauft hatte, ehe er ausmarschirt war.

Seitdem hatte die Wernerin den Brückner unter ihren Schutz genommen. So oft sie ihm begegnete, war es ihr eingefallen, daß ihr Bruder ihn in seinen Briefen einen guten Kameraden genannt und daß Brückner demselben die Augen zugedrückt, als es mit der Kameradschaft zu Ende gewesen war. Sie hatte auch beigesteuert, als der Brückner Meister geworden, und Gevatter bei dem Aeltesten gestanden, auf den sie ihr Auge behalten von dessen Kindesbeinen an.

Verkehr hielt der Zeugschmied mit Brückner nicht eben viel. Werner war ein reicher Mann geworden, saß im Magistrate, war überall zu finden, wo Ehrenämter von einem Ehrenmanne gratis zu verwalten waren, und Brückner war eben ein armer Flickschuster geblieben. Sie kamen also nicht leicht zufällig zusammen, wenn sie sich nicht Sonntags in der Kirche oder einmal im Bierhause beim Wagner trafen, und die Frauen sahen einander noch weniger, denn die Wernerin, so nannte man sie in der ganzen Nachbarschaft, kam selten einmal aus dem Hause.

Man konnte ihr das auch nicht verdenken. Wer es so gut bei sich zu Hause hatte, was sollte der auswärts suchen. Das Haus hatte vier Fenster Breite und war mit dem Erdgeschoß vier Stockwerk hoch. Hinten hatte es einen langen Hof, in dem ein Wallnußbaum stand, und unten an dem linken Seitenflügel einen offenen Gang, auf dem die oberen Seitenflügel ruhten, und der also wohl überdacht und wohl gestützt war und die schönste Gallerie bildete. Es waren ein Hof und Galerien, wie sie in dem ganzen Viertel nicht zu finden waren.

Oben war das Haus vermiethet, aber die Einwohner hatten es nicht halb so gut und so schön als die Wernerin. Denn ihr Mann hielt viel auf sie und wollte, daß die Leute dies auch wüßten. Er ließ ihr in jedem Sommer die ganze Gallerie mit Bohnen und mit Kresse beziehen, daß sie wie in einem Garten blühte, und dazu war geradeüber der Gallerie noch eine Kürbislaube, neben dem Wallnußbaume, die auch im Sommer blühte und große Kürbis trug. Damit aber gar nichts fehle, gingen ein Rabe und ein Storch in dem Hofe spazieren und im Sommer, wenn es ganz warm und schön war, hingen in großen Messingkäfigen, die alle Sonnabende geputzt werden mußten, auf dem offenen Gange die beiden Kanarienvögel der Wernerin und der Papagel, den der Mann ihr zur silbernen Hochzeit geschenkt hatte, zwischen den Bohnenblüthen und Kreßblumen in freier Luft, weil die kleine Lisette ihre Freude daran hatte. Die kleine Lisette war der Großeltern Augapfel, wie man so zu sagen pflegte und das einzige Kind des Hauses. Mit Allen hatte Werner Glück gehabt, nur mit seinen Kindern nicht. Der Fritz war im Felde geblieben, die Tochter war ihm im ersten Wochenbett gestorben und der Schwiegersohn, von dem er sich nach dem Tode seiner Kinder einen Trost und eine Stütze versprochen hatte, war auch jung hinweggerafft worden. Alles was den unglücklichen Eltern übrig blieb, war das Enkelkind, und wenn die Wernerin sich einmal nicht recht bei Laune befand, so hielt sie es ihrem Mann vor, daß er nicht für sie die Kürbislaube und die Bohnenkasten und die Vögel angeschafft habe, sondern nur für die Lisette, die er aufziehe, als wenn sie eine Prinzessin wäre und einmal den türkischen Sultan heirathen sollte.

Ein Glück war's dabei nur, daß die üble Laune der Wernerin nicht lange anhielt. Die ganze Nachbarschaft wußte es, daß sie rasch aufflackerte wie Strohfeuer, aber daß es mit ihrem Zorne auch wie mit einem Strohfeuer bald vorüber war. Sah man, daß mit ihr nichts anzufangen war, so gingen der Meister und alle Andern ihr aus dem Wege. Nur Einer war da, der in solchen Augenblicken ihren ganzen Unwillen auszubaden hatte und dieser Eine war ihr Pathe und ihr Schützling Hermann, den sie sich als Laufjunge hielt, wenn sie Morgens die Thüre von der Hinterstube aufmachte und in die Gallerie hinaustrat.

Es war sieben Uhr Morgens, als die Wernerin in ihrer Stube die Riegel oben und unten an der Thüre öffnete und den schweren Schlüssel in dem Schlosse aufdrehte. Im Innern ihres Hauses war um diese Stunde alles bereits in Ordnung; sie konnte ihre Blicke nun mit gewohnter Regelmäßigkeit nach außen wenden und sie war stattlich anzusehen, wenn sie am Morgen zum Vorschein kam.

Sie war eine große, dicke Frau in den ersten Fünfzigen, und da sie nach Niemand zu fragen brauchte, war sie der Kleidung treu geblieben, die ihr bequem war, ohne sich dadurch beirren zu lassen, daß die Mode sich geändert hatte. Sie trug ein dunkles Kattunkleid mit ganz kurzer Taille und eine schwarz wollene Schürze, die dicht unter ihrer starken Brust fest gebunden war und die sie gelegentlich zurückschlug, um die Tasche von bunten, dreieckig zusammengesetzten Flicken zu zeigen, in welcher sie unten das Silbergeld und ihren Fingerhut und Nähring, oben in einem besondern Schlitz das Kupfergeld bei sich führte. Ihr graues, stramm nach hinten gekämmtes Haar saß glatt und blank unter der weißen Piquemütze hervor, und da sie von ihrem Wochenbette einen Schaden an dem linken Fuß behalten hatte, in dessen Folge sie viel an Rheumatismen in demselben litt, so hatte sie diesen, sobald die kältere Jahreszeit eintrat, der Vorsicht wegen immer dick in Hede eingewickelt, weshalb sie den andern Fuß nur um so sorgfältiger mit einem saubern weißen Strumpfe und mit einem glänzenden schwarz ledernen Pantoffel bekleidete; damit Jedermann es gleich gewahr würde, daß sie wisse, was ihr zukomme.

Gegenüber der Thüre ihrer Hinterstube, an der Stelle, auf die ihr Auge bei dem Heraustreten aus ihrer Stube zuerst fiel, mußte, weil Alles bei ihr seine Ordnung hatte, Hermann sie erwarten, und der Platz war ihm auch der erwünschteste. Denn da hinten in der Gallerie lagen die Steine, welche der Meister zum Glühen und Stählen seiner Fabrikate brauchte. Sie wurden nach der Arbeit auf gut Glück in diese Ecke geworfen und es war Hermanns tägliches Amt, sie in der Frühe ihrer Größe nach aufzuschichten, so daß man die nöthigen Stücke immer leicht herausfinden konnte, und hinter diesen Steinen verbarg er seinen kostbarsten Besitz. Unter ihrem Schutz sammelte er Alles, was er an bedrucktem Papiere erbeuten konnte, um es in jedem freien Augenblicke zu lesen und wieder zu lesen. Alte Zeitungen, alte „Lieder gedruckt in diesem Jahr", einzelne Blätter aus Büchern, wie sie von den Krämern als Umschläge benutzt werden, Alles hatte Werth für ihn, Alles regte ihn zum Denken an, und eben das ganz Abgerissene, Zusammenhanglose dieser Blätter spornte seine Wißbegier und reizte sein Verlangen sich zu unterrichten.

Daran aber hatte die Wernerin gerade ihren schweren Aerger. Sie hielt, wie Hermanns Mutter, von dem Lesen und von dem Lernen für den Armen nichts, es gewöhne ihn bloß an Müssiggang und mache ihn unbrauchbar und unzuverlässig. Denn wer sich auf Schreiben und Lesen verlasse, der halte seine Gedanken nicht zusammen, und daß das wahr sei, davon habe sie in ihrem Hause das leibhaftige Exempel. Ihr Mann, der das alles gelernt, müsse sich jede Kleinigkeit aufschreiben, woran er denken wolle, und vergesse doch bald dieses, bald jenes; sie, die keinen Buchstaben schreiben könne, vergesse nicht das Geringste, habe den Kopf immer auf dem rechten Fleck und wundre sich über nichts mehr, als daß der Junge, der Hermann, bei all dem Lesen noch so brauchbar sei.

Trotz des Zugeständnisses, welches diese letzte Aeußerung enthielt, bekam der Knabe aber nur selten ein gutes Wort von der Meistersfrau zu hören. Sie sagte, die Eichen schlügen im kalten Wetter am allerbesten aus, und aus wem einmal im Leben etwas werden solle, mit dem dürfe man in der Kindheit nicht viel spassen. Spaß zu machen war auch gar nicht ihre Art, und kaum hatte sie an dem Morgen den Burschen auf seinem gewohnten Platze neben den Glühsteinen bemerkt, als sie ihm kurz und befehlend zurief: „Trag Wasser in die Küche!"

„Ich hab's schon getragen, Frau Wernerin!" gab er zur Antwort.

„Dann lauf zum Schlächter!" — sie ließ abwechselnd an jedem Tage in der Woche eine bestimmte Fleischsorte und ein bestimmtes Quantum von derselben holen.

„Das Fleisch steht schon da im Korbe!" entgegnete Hermann.

Die Meisterin wurde verdrießlich. Wer Lust am Herrschen und Befehlen hat, verliert sein Vergnügen, wenn er das Nothwendige ohne sein Zuthun geleistet findet, und herrschsüchtige Menschen haben deshalb immer schlechte Diener, können keine guten Diener ertragen.

„Da hättest Du auch wohl schon das Holz klein machen können!" sagte sie im Tone des Vorwurfs.

„Es ist Gott weiß wie spät."

„Es ist ja fertig, Frau Wernerin," sagte der Knabe schüchtern und wies in banger Ahnung irgend eines nahen Sturmes auf das klein geschlagene Holz hin, das er an dem bestimmten Platze sauber aufgeschichtet hatte.

So schnell ihr schwacher Fuß es zuließ, humpelte die Hausfrau nach dem Ende der Gallerie hin, um sich zu überzeugen, ob der Knabe seine Schuldigkeit gethan und um ihm wo möglich zu seiner besseren Erziehung und zu ihrem eigenen Vergnügen ein Versehen nachweisen zu können. Aber diese letzte Hoffnung schlug ihr fehl. Mit unverkennbarem Aerger befahl sie ihm daher, den Hof zu kehren, als sie bemerkte, daß auch diese Arbeit schon vollbracht sei. Das war ihr zu viel und in heftigem Zorn ausbrechend, rief sie: „Es wird aber auch von Tag zu Tag toller mit dem dummen Jungen! Es ist gerade, als ob man eine Uhr hätte, die alle acht Tage einmal aufgezogen wird und dann ohne Sinn und Verstand die ganze Woche weiter läuft. Wie eine Maschine ist der einfältige Junge! Kommt vor Tagesanbruch in das Haus, schanzewerkt hier im Sackfinstern herum und nachher wird er hier wieder den ganzen ausgeschlagenen Morgen dasitzen und nichts thun, als sich unnütz machen mit den dummen Papierwischen und Büchern, daß man das Kind herauskommen und draußen spielen lassen muß, damit der Junge nur zu etwas da ist auf der Welt!"

Sie wendete sich ab, denn der Meister war durch den lauten, schallenden Ton ihrer Stimme von dem Werktisch an das Fenster gezogen worden, und an dem Meister fand der Knabe darum seinen Beschützer.

„Ruhig Blut, Mutter!" rief er ihr zu. „Laß den Jungen gehen! Wenn er das Seinige gemacht hat, so ist's ja kein Schaden, daß er nachher mit der Lisette spielt. Er paßt gut auf sie auf und sie ist gern bei ihm. Was thut Dir denn der Junge? Schick' ihn nach Hause, wenn er Dir im Wege ist."

„Im Wege! Im Wege ist er mir nicht! Ich kann nur das dumme Lesen nicht an ihm leiden, und —"

„Das wird ein Ende haben, wenn er in die Lehre kommt, und wenn ein Junge Lust hat mehr zu lernen, als sein bloßes Handwerk, das ist auch kein Unglück. Wenn Du ihn missen kannst, schick ihn herein, er kann für mich ein paar Gänge in die Stadt thun."

Die Meisterin antwortete nicht, es war ihr, wenn sie sich unnöthig ereifert hatte, recht lieb, daß man ihr dies Handwerk legte, und während sie in das Haus zurückkehrte, gab sie Hermann mit dem Kopfe ein Zeichen, durch die Küche nach der Werkstatt zu gehen, wo er die Aufträge des Meisters empfangen sollte.

Hermann gehorchte, aber nicht mit der Lust, mit welcher er sich sonst jedem Dienste unterzog. Es war Sonnabend, dann hatte die Meisterin im Hause doppelt viel zu schaffen, und Sonnabends mußte er deshalb gewöhnlich den ganzen Morgen mit dem Kinde spielen, das nie fröhlicher war, als in des Knaben Aufsicht und Gesellschaft.

(Fortsetzung folgt.)

Römischer Frauenschmuck.

Von H. Runge.

Wohin wir auch blicken mögen, bei den civilisirtesten Nationen wie bei jenen von der Kultur kaum berührten Stämmen, welche wir Wilde zu nennen pflegen, in der Gegenwart wie in der fernsten Vergangenheit: überall finden wir das gleiche Bestreben, den Körper zu zieren, entdecken wir jene Lust an Putz und Schmuck, welche hier sich leicht befriedigt, dort fast ungeheuren Aufwand an menschlicher Thätigkeit, an Erfindungsgabe und an Kunstfertigkeit in Anspruch nimmt. Noch so oft mag man es aussprechen, daß es die Kräfte des Menschen verschwenden heiße, wenn wir sie zur Befriedigung unserer Eitelkeit mißbrauchen, daß der Flitterstaat, mit welchem wir uns umhängen, nicht den geringsten Theil des Kapitals, den wir darauf verwenden, werth sei: selbst diejenigen, die ihn zu verrachten scheinen, vermögen sich nicht ganz dem Zauber zu entziehen, welchen er auf alle Menschen ausübt. Hunderte von Luxusgesetzen sind deshalb bereits spurlos und ohne Wirkung vorübergegangen und mit vollem Rechte tritt die Gegenwart nur dem Uebermaaß durch Belehrung und Spott entgegen.

Namentlich die Frauen werden sich den Schmuck nie entziehen lassen, auch nicht brauchen so weit, als die Männer es gestattet haben. Bei allen uncivilisirten Völkern bemerken wir an den Männern fast dieselben Schmuckgegenstände, wie bei ihren Weibern; wir finden z. B. sowohl Halsbänder als Ohrgehänge, Armringe u. s. w., denn noch spielt bei ihnen der Körper die Hauptrolle. Erst wenn ein Volk auf die höheren Stufen der Kultur tritt, fängt das männliche Geschlecht an, den Schmuck zu verschmähen und als unmännlich, weiblich zu bezeichnen. Körperliche Schönheit und Kraft verlieren mehr und mehr ihre hervorragende Bedeutung und geistige Eigenschaften treten an deren Stelle. Die Frauen dagegen werden zu jeder Zeit und in jedem Stadium der Civilisation das schöne Geschlecht genannt und als die rechten und allein befugten Priesterinnen im Kult der Schönheit betrachtet. Deshalb halten sie auch so fest an Putz und Schmuck und schwerlich darf man ihnen Unrecht geben. Mag ein Weib noch so schön sein: ungeschmückt und in derbe, feste Kleider gehüllt, steht es dem Manne zu nah und erinnert zu stark an Arbeit und an die kalte Praxis des Lebens, als daß es auf den ersten Blick entzücken und bezaubern könnte.

Auch die Römerinnen wußten Putz und Schmuck hoch zu schätzen und wenn sie gleich anfänglich in ziemlich bescheidener Weise verfuhren: die spätere Periode ging desto weiter und bot auch in dieser Hinsicht Beispiele eines Luxus, der denjenigen unserer Zeit weit übertrifft. Je mehr die Tiberstadt zur Weltherrschaft ausdehnte, desto größere Reichthümer floßen in ihr zusammen. Als von ihren Kriegern unterjochten Länder lieferten Tribute ihrer besten Naturprodukte und gewerblichen Erzeugnisse, und was sich davon durch Schönheit, Kostbarkeit und glänzende Eigenschaften geltend machte, fiel vorzugsweise den Frauen zu. Schon in der letzten Zeit der Republik besaßen diese die herrlichsten Schmucksachen aus edlen Metallen, werthvolle Edelsteine aller Art, Perlen von jeder Form und Größe und was dergleichen Dinge mehr waren. Selbst die ärmere Klasse wußte sich davon wenigstens einen Theil anzueignen. Jedenfalls in einer Hinsicht gingen dabei die reichen Römerinnen in ihren Ansprüchen über unsere Damen hinaus; ihre Schmucksachen mußten sich nämlich nicht nur durch Pracht, sondern ebensosehr durch schöne, reine Formen auszeichnen. Für die vornehmen Frauen Roms arbeiteten die tüchtigsten Künstler nach den besten Vorbildern, und noch heute bewundern wir die mit ungeheurem Aufwand von Zeit, Mühe und Geschicklichkeit hergestellten Gemmen und Kameen, die mit Bildwerk verzierten Nadeln, die zierlichen Armringe und Ohrgehänge, die schönen Colliers und Agraffen.

Werfen wir einige Blicke auf den Schmuck der edlen Römerinnen, betrachten wir aber zuerst das Gehältniß, in welchem man ihn aufzubewahren pflegte. Ursprünglich war es nicht mehr und nicht weniger als ein einfaches hölzernes Kästchen von länglich viereckiger Form, und sein Deckel endigte sich in Randleisten mit hervortretenden Lippen, welche, wenn man ihn herabdrückte, in die Wände hineintraten. Weil es gewöhnlich aus dem Holz des Buchsbaumes, der griechisch Pyxos hieß, gearbeitet war, wurde es Pyxis genannt. Auch unser „Büchse" hängt mit Buchs zusammen. In der späteren Zeit behielt es zwar seinen Namen bei, aber man fertigte es aus kostbareren Hölzern, aus Elfenbein und Metallen, und die vornehmsten Frauen besaßen Schmuckkästchen aus massivem Silber und Gold, welche entweder ciselirt oder mit Basreliefs verziert waren. Nach Sueton's Bericht schenkte Nero dem Tempel der Venus Genitrix eine mit kostbaren Steinen eingelegte Pyxis. Ohne Zweifel sollte sie für den Schmuck der Göttin verwendet werden, denn die Statuen der göttlichen Frauen waren nicht selten mit Ohrgehängen, Halsbändern und Armzierden von Gold, Perlen und Edelsteinen versehen, und noch heute bemerkt man an Standbildern und Büsten die Löcher, in denen die Ohrringe befestigt wurden. Die Form der Schmuckkästchen veränderte sich mit der Zeit ebenfalls und es scheint deren von allen Arten gegeben zu haben. Manche von ihnen waren außerordentlich groß, und eine zu Rom gefundene Pyxis, wahrscheinlich ein Hochzeitsgeschenk, hatte 2 Fuß Länge, 1½ Fuß Breite und 1 Fuß Höhe. Freilich mußten oft sehr viele Gegenstände aufbewahrt werden, und manche hochgestellte elegante Dame mag nicht einmal mit einem solchen Ecrin auskommen sein.

Unter den Schmucksachen waren die zahlreichsten die Ringe; sie umschlingen die Finger, den Arm, den Fuß, den Hals und das Haupt, und kamen bald als einfache Reife, bald verziert und in Schlangengestalt vor. Unzweifelhaft ist die Form uralt, denn abgesehen davon, daß sie durch den Zweck selbst geboten wurde, findet sie sich auch in allen Perioden der Menschheit bis hinauf zur ältesten. So kärgliche Mittel der fernsten Vergangenheit zur Verfügung standen: ihre Frauen traten, sobald sie sich Gegenstände des Schmuckes wählten, instinktmäßig in Form und Stoff stets das Richtige und sie waren es, welche alle bis jetzt noch gebrauchten Schmucksachen erfanden. Ihnen

verdanken die heutigen Damen das Collier, das Armband, den Kranz, das Diadem und die Haarnadel; sie schufen zuerst den Gürtel, das Bouquet und die Ohrgehänge und auch in ihrem Haar welkte die Blume und glänzte die Perle. So erfindungsreich die heutige Zeit ist, selbst die stolzeste Kaiserin kann sich nicht schmücken, ohne ihre Muster von jenen halbwilden und halbnackten Weibern zu entlehnen, welche vor Tausenden von Jahren die Bewunderung ihrer männlichen Stammgenossen und den Neid ihrer Mitschwestern auf sich zu ziehen suchten.

Unter den Ringen wieder spielten die Armringe, wie bei den hellenischen, so auch bei den italischen Frauen die erste Rolle, und ihre Namen waren zahlreich und verschieden, je nachdem sie diese oder jene Stelle umschlangen. In der Regel saß der Armring, die Armilla der Römerinnen, unmittelbar über dem Handgelenk und zwar, wenn nur einer vorhanden war, am rechten Arm. Auch heut pflegen wir noch in einem vollständigen Damenschmuck gewöhnlich nur ein Bracelet zu rechnen und weisen dies dem rechten Arm zu. Indessen scheinen bald zwei Armbänder von gleicher Form mehr in Gebrauch gewesen zu sein, und auf Gemälden finden wir sie sogar noch verdoppelt. War der Arm entblößt, so zierte man wohl mit einem zweiten Schmuck den fleischigeren Theil in der Mitte zwischen Handgelenk und Ellbogen, aber auch hier hatte stets die rechte Seite den Vorzug. Ringe um den höchsten Theil des Oberarms, der von den ehrbaren und anständigen Frauen Roms verhüllt wurde, zeigten sich nur bei Koketten, welche die Sitte höhn boten und den Spott nicht scheuten, denn sie gehörten eigentlich jener im Ruf der größten Leichtfertigkeit stehenden Klasse solcher Weiber zu, welche als Tänzerinnen, Sängerinnen, Zither- und Cymbelspielerinnen bei Schmausen und andern Festlichkeiten in luftiger fliegender Kleidung auftraten. An diesen Personen bemerken wir nicht selten drei oder vier Ringe an jedem Arm. Der Form nach waren ursprünglich glatte oder verzierte Reife von Bronze, Elfenbein, Silber, Gold und Bernstein in Gebrauch, und auch die Göttin war mit Armbändern geschmückt. Aber bald scheinen so bescheidene Formen nicht mehr genügend und man schuf die Schlangenringe, sei es, daß man eine vollständige Schlange darstellte oder zwei Schlangenhäupter mit einander verband. Des Kontrastes wegen machte man wohl die Augen von Silber und Gold. Fast alle Reife waren ohne Charnier und mußten über die Hand geschoben werden; da sie bestimmungsgerecht fest anschlossen, so mögen sie oft den jungen Mädchen frühzeitig angelegt und nachher nicht wieder entfernt worden sein. Weitere Ringe, welche sich hin und her bewegen sollten, sieht man ausschließlich bei Tänzerinnen. Neben den Reifen kommen indeß nicht selten Schnüre runder und länglicher Perlen vor, und auch Kameen und Perlen, durch goldene Kettenglieder verbunden, scheint man häufig als Armzierden angewendet zu haben.

Eigenthümlich waren drei verschiedene Formen des Bracelets. Das Spinther bestand aus einem harten elastischen Draht oder einem mehrere Linien breiten Bande, deren Enden übereinander lagen. Bei leichtem Druck erweiterte es sich so, daß es bequem umgelegt werden konnte, und wieder losgelassen, schloß es sich federartig an den Arm an. Gewöhnlich aus Gold und ausnahmsweise für den linken Arm bestimmt, stellt es mitunter eine Schlange vor. Eine ganz ähnliche Form brieß das Epathalimm, nur wurden demselben noch kleine Glöckchen oder birnförmige Zierrathen angehängt. Endlich gab es noch einen größern Armschmuck, der eine Spirale von vier und mehr Windungen bildete, aus feilförmig gedrehtem Golddraht angefertigt war und zum Theil des Unterarms bis der Mitte zwischen Handgelenk und Ellbogen zu umschlingen pflegte. Weniger allgemein als die Armringe waren die Fußringe, gewöhnlich ebenfalls Armilla oder auch Periscelis genannt. Ehrbare Frauen bedeckten den Fuß durch ihre langen schleppenden Gewänder und konnten diesen Schmuck nicht verwenden. Gewöhnlich sah man ihn nur bei Frauen der ärmeren Klasse, welche ohne Schuhe durch die Straßen

wandelten, und bei den schon erwähnten Sängerinnen und
Tänzerinnen. Wenn ihn ausnahmsweise vornehmere Frauen
benutzten, so zogen sie zogend ihren Spott auf sich. So macht
z. B. Petronius in einer Satyre Fortunata, die Gattin
des Parvenü Trimalcion lächerlich, weil sie unter der
Tunica über ihren Schuhen einen prächtigen Schmuck
trug. Auch die Periscelis bestand in der Regel aus Reifen
und Bändern von Erz, Silber und Gold, aber man wählte
auch goldene Spangen, verzierte Kettchen und Perlenschnüre.
Zu den beliebtesten und ihrer Form nach mannigfaltigsten Schmucksachen gehörten die Ohrgehänge, und weniger
Frauen scheinen sie entbehrt zu haben. Die einfachsten
derselben waren glatte oder doch wenig ornamentirte Ringe
von Metall, und zwar meist von Gold, welche sich durch
ihre beträchtliche Größe auszeichneten und oft mehr als
einen Zoll im Durchmesser hatten. Ganz ähnliche Ohrringe tragen noch heut jenseits der Alpen die Landmädchen.
Die vornehmeren Frauen, die Matronen, wählten dagegen
am liebsten einzelne Perlen, die sie durch ein Hölzchen von
Silber- oder Golddraht im Ohr befestigten und Einzige
(Uniones) nannten, angeblich weil sich nie zwei ganz gleiche
auffinden lassen. Besonders beliebt waren diejenigen von
der Form einer Birne oder einer Tropfens und manche
hatten einen wirklich fabelhaften Werth. Julius Cäsar,
der der britischen Perlen wegen nach Britanien gegangen
sein soll, kaufte z. B. für die schöne Mutter des Brutus
eine Perle für sechs Millionen Sesterzien (etwa 300,000
Thaler Gold). Noch kostbarere Einige trug bekanntlich
Cleopatra, die schöne Königin Aegyptens, und eine derselben, welche nach ihrem Tode in Agrippa's Hände fiel,
ließ dieser in zwei Hälften zertheilen und als dem köstlichen
Ohrenschmuck der Venus im Pantheon zu Rom
anhängen, wo sie die Bewunderung aller Damen erregte.
Perlen, welche den Werth eines Landguts hatten, wurden
gar nicht selten gesehen. Wer nicht reich genug war, ließ
sich kugel- oder tropfen-förmige Gehänge aus Gold anfertigen, Plinius aber klagt darüber, daß zu seiner Zeit
selbst die Armen nach ächten Perlen strebten, weil sie behaupteten, diese gäben ihren Trägerinnen auf der Straße
das Ansehen von vornehmen Frauen. Oft ließen die Matronen mehrere Perlen zu einem Ohrgehänge vereinigen
und in der Art aufhängen, daß sie bei jeder Bewegung
des Kopfes aneinanderschlugen und ein Geräusch verursachten. Solche Gehänge nannte man Klappern (Crotalium)
und über sie klagt Seneca, wenn er sagt: „Perlen kommen
wir vor Augen, nicht etwa eine für jedes Ohr, nein, die
Ohrläppchen unserer Damen haben durch Uebung eine
eigene Fertigkeit erhalten, sich recht viel anhängen zu lassen.
Zwei Perlen neben einander und eine dritte oben machen
jetzt ein einziges Ohrgehänge aus. Die rasenden Thörin-
nen glauben, ihre Männer wären noch nicht geplagt genug,
wenn sie nicht in jedem Ohr zwei oder drei Erbschafts-
massen hängen hätten." Auch Edelsteine wurden, wenn
sie schön und kostbar waren, gewählt und geringere, aber
nicht weniger geschmackvolle Gehänge aus Gold hatten die
Form einer Raute, eines Kleeblatts, einer Pfrilspitze u. s. w.
Wichtiger noch war bei den römischen Damen der
Halsschmuck, Monile genannt. Auch er bestand anfänglich aus einem feineren oder stärkeren Ringe von Metall
oder aus einer Schnur von Glaskorallen, nahm aber
später die verschiedenartigsten Formen an. Aus dem Ringe
entstanden goldene Bänder mit Zacken, Bogen, Strahlen,
Rauten, aus der einfachen Schnur reiche Schnüre von
rothen Korallen und Perlen. Zwischen den Perlen pflegte
man auch andere Zierrathen, z. B. goldene Sternchen
oder Kügelchen, sowie Edelsteine, Gemmen und Kameen
einzuschieben, oder man ließ runde Perlen mit länglichen
abwechseln. Tertullian erwähnt Perlenschnüre von einer
Million Sesterzien an Werth und an einer andern Stelle
kommt ein Geschmeide von 34 großen, tellerförmigen und
eben so viel cylindrischen Perlen vor. Denn oft genügte
eine Schnur nicht und man verband mit der ersten an
den Hals anschließenden eine zweite weitere und dritte,
welche auf den Busen herabsank. Waren derartige Geschmeide mit gefaßten Edelsteinen geziert, so wurden diese

durch goldene Kettenglieder verbunden. Einfache Ketten
von edlem Metall zeigten sich dagegen als Halsschmuck
selten, während die Tänzerinnen sie auf dem bloßen Körper
so anzulegen pflegten, wie man gegenwärtig die Ordens-
bänder trägt. Außerordentlich kunstreiche Monilia bestanden
aus breiten Bändern, welche aus dem feinsten Golddraht
zusammengeflochten, im Nacken durch prachtvolle Schnallen
geschlossen wurden, und an denen vorn sechzig bis siebenzig
aus Gold und Perlen zusammengesetzte gleichartige Klei-
nodien aufgehängt waren. Faßt man die zeitgenössischen
Aufzeichnungen zusammen und wirft man einen Blick auf
die uns erhaltenen oder in Bildern dargestellten Halszierden,
so muß man in der That über die Verschwendung, die
sich an denselben geltend macht, eben so sehr erstaunen,
als über die Kunst und den Geschmack, welche bei ihnen
aufgewendet wurden.
Andere Gegenstände des weiblichen Schmuckes, deren
wir nur kurz gedenken können, waren die Nadeln und die
Diademe. Jene, meist 6 bis 8 Zoll lang, hatten den
Zweck, das am Hinterhaupt aufgenommene Haar, mochte
es nun in einem Knoten zusammengedreht oder geflochten
sein, festzuhalten. Solche Nadeln bestanden bei den Armen
aus Holz, Elfenbein oder Erz, bei den Reichen aus Silber
und Gold und waren am Kopfende fast immer reich geziert, sei es nun, daß man eine Hand, ein Kapital, eine
Thiergestalt u. s. w. aufstellte, sei es, daß man Büsten
und kleine Statuetten von Göttern und Heroen oder selbst
Gruppen anbrachte. Manche Römerinnen brauchten, beiläufig bemerkt, ihre Nadeln, um in ihnen Gift zu verbergen. Die Diademe bestanden meist aus breiten, aus
Haupt umschlossenen Bändern aus gewebtem Stoff oder
Metall oder aber aus Halbmonden, welche über der Stirn
saßen und theilweise durch das Haar bedeckt wurden. In
der Regel von Silber oder Gold und mit Perlen und
Edelsteinen mehr oder weniger reich besetzt, nahmen sie
wohl auch die Form von Kronen an, indeß scheint diese
Mode erst in der späteren Zeit aufgekommen zu sein. Auch
goldene Bänder mit Schleifen kommen vor, und daß man
das Haar mit Perlenschnüren, welche auf die Schultern
herabhingen, durchflocht, ließe sich bei der großen und
allgemeinen Vorliebe für den Perlenschmuck leicht errathen,
würde es auch nicht durch Bilder erwiesen.
Rechnen wir zu den aufgezählten zahlreichen Schmuck-
gegenständen noch der herrliche Gürtel- und andere Schnallen, die schönen Agraffen und die zahlreichen durch die kunst-
vollsten geschnittenen Steinen gezierten Fingerringe, so bekommt man einen ungefähren Begriff von der großen
Masse dieser Dinge, welche die reichsten Römerinnen besessen haben müssen. Dabei muß man aber noch in Betracht ziehen, daß die Damen so oft als möglich wechselten
und, wo es anging, auch häufiger. Lucian schildert einen
reichen Römer, der zu gleicher Zeit 16 Fingerringe trug;
manche Damen standen diesem Stutzer nicht nur nicht
nach, sondern übertrafen ihn noch, indem sie für jede
Jahreszeit bestimmte Garnituren von Ringen besaßen,
welche z. B. immer feiner und leichter als im Winter
während der schweren Ringkleidern, Dactyliotheken genannt,
aufbewahrt wurden. Außerordentlich reiche Damen setzten
großen Werth darein, sich einen ganz gleichartigen Schmuck
anzulegen. So sah einmal der ältere Plinius die gewe-
sene Gemahlin des Kaisers Caligula, Lollia Paullina, bei
einem einfachen Verlobungsschmause nur mit Smaragden
und Perlen geschmückt, welche abwechselnd aneinanderge-
reihet am ganzen Körper, in den Haaren, am Kopfge-
winde, in den Ohren, am Halse, an den Halsbändern
und an den Fingern glänzten und einen Gesammtwerth
von 40 Millionen Sesterzien (3,570,000 Gulden) hatten.
Derselbe Schriftsteller erzählt uns zu gleicher Zeit von
den römischen Damen, daß sie ihre kostbarsten Perlen, mit denen sie übrigens selbst ihre
Schuhe zierten, in einem Schätzen am Halse trugen, so-
bald sie sich in ihre Zimmer zurückgezogen hatten oder wenn
sie schliefen; konnten sie sich ihrer dann nicht freuen, so
wollten sie sich beim Einschlafen wie beim Erwachen
wenigstens an ihrem Geräusch ergötzen. So weit haben

es nur freilich unsere eleganten Damen, trotzdem sie oft auch ihre beste Zeit auf Schmückung ihres lieben Ich verwenden, nicht gebracht; da wir aber auf das Cäsarenthum mit vollen Segeln lossteuern, so sind wir vielleicht schon in der nächsten Zeit berusen, die Sitten der Periode des Augustus und seiner nächsten Nachfolger auch in dieser Hinsicht wieder im vollsten Maße in's Leben zu rufen.

Venetianische Gondeln und Gondoliere.

Das in den letzten Jahren so oft von unseren Tagblättern genannte Italien haben in derselben Zeit mehrere ausgezeichnete Reisebeschreiber geschildert. So, um nur einige zu nennen, Rom, Neapel und Sicilien Gregorovius, das alte und das neue Rom Herrn. Lessing. Oberitalien Ad. Stahr in seinen „Herbstmonaten in Oberitalien", und Gußl. Rasch in seinem „Italienischen Wanderbuch". Wir erlauben uns, das eine oder das andere dieser eben so anziehenden als lehrreichen Werke unseren verehrten Leserinnen zur Lektüre zu empfehlen, gedenken aber auch, ihnen aus einzelnen derselben in späteren Heften dieser Zeitschrift Auszüge vorzulegen und wollen sofort die Reihe mit Proben aus dem zuletzt genannten Wanderbuche eröffnen. Da sein Verfasser durch wiederholte Besuche in den von ihm geschilderten Landschaften heimisch ist und eine treffliche Beobachtungs- und Auffassungsgabe besitzt, so betrachtet man die von ihm gezeichneten Bilder mit lebhaftem Interesse. Wir denken, das von uns ausgewählte, hier unten folgende Bild aus der Lagunenstadt wird auch auf unsere Leserinnen diesen Eindruck machen.

Die Gondel erzählt die Geschichte Venedigs und die Geschichte jeder Gondel würde ein interessanter Roman sein. Sie ist die verschwiegene Bewohnerin der Candie und der Lagune; in ihrer verhangenen Cabine fuhren Lucretia Borgia*) zu ihren schwelgerischen Festen im Palazzo Grimani, die Mitglieder des Rathes der Zehn**) in den Dogenpalast „um Nichte zu vergessen", Marino Falieri***) um auf der obersten Stufe der Riesentreppe sein weißes Haupt dem Schwerte des Henkers zu überliefern, und die Dogen, um auf derselben Stelle gekrönt zu werden. Die Gondel hat allen Leidenschaften gedient, dem Schrecken und der Liebe, der Eifersucht und dem Verrath, der Herrschsucht und der flavischen Unterwersung. Hinter ihrer herabgelassenen Jalousien flüchtete sich der von dem Spionen der argwohnvollsten Regierung der Erde überwachte Bürger; sie verbarg Liebende in ihrem Glücke und den Leichnam des an der rothen Porphyrsäule des Dogenpalastes Erdrosselten, der im Dunkel der Nacht im stillen Friedhofe von Giovanni und Paolo bestattet wurde. Die Gondel gibt Venedig seinen Charakter und einen Charakter, welcher der Lagunenstadt vor allen andern Städten Europa's eigenthümlich ist; sie hat eine geschichtliche und physiologische Vergangenheit, welche leider bis jetzt keinen Historiographen gefunden hat. „Gondola" ist das erste Wort, das der Fremde hört, wenn er Morgens aus der Thüre seines Gasthofe tritt, das letzte, wenn er um Mitternacht am Molo steht und noch einen dämmernden Blick auf die mondhelluntuchtete Lagune wirft; „Gondola" ertönt es an jeder Brücke, an der Ecke jeder Wasserstraße, kein Wort der italienischen Sprache wird in Venedig so gut gesprochen, wie das Wort „Gondola". Die Gondel ist die Equipage und der fiaker Venedigs. Die schwimmende Meerstadt besitzt weder einen Wagen, noch ein Pferd, und mancher Venetianer hat außer der Equipage Tulcamaros auf dem Theater der Fenice in seinem ganzen Leben eben so wenig Wagen und Pferde gesehen, als Elephanten eines indischen Fürsten, oder als das Kranzhintergebaust eines Teppen. An die Stelle des Räbergeroßelt und des Peitschengeknalles tritt in Venedig das Rauschen des Wassers an den schwarzen Wänden der Gondel und das Anschlagen der Ruder, der Zuruf der Kutscher reset das „Sta la" (halt dort!) der Gondoliere. Die Gondel trägt das neugeborene Kind zur Taufe, und den Todten zur Bestattung nach der Lagune; in der Gondel fährt der Arzt zu seinem Kranken, der Officier, den Wachtposten zu besichtigen, der Briefträger, um seine Packete auszutragen, und der Douanier, um die Schmuggler einzusangen. Die Gondel ist die Equipage des Reichen und das Transportmittel des Facchino; in der Gondel fährt man zum Frühstück, zum Diner, zur Visite, zum Rendezvous, zur Hochzeit, zum Schlasengehen und zum Sterben. Der Fremde, welcher auf der prächtigen Lagunenbrücke, der längsten Brücke Europa's, den Meeresarm überschritten hat, der Venedig von der Küste trennt, steigt in die Gondel, und sie trägt ihn durch die marmornen Paläste des Canale grande zu den Säulen der Piazetta. — Die Gondel wiegt sich auf der blauen Welle, fast ohne sie zu durchschneiden; sie bedarf keiner Tiefe, um zu schwimmen, und keiner Breite, um sich zu wenden; denn die Wasserstraßen Venedigs sind oft eben so schmal wie seicht. Die Spitzen ihrer eisernen Schnäbel sind die umgekehrte Schneide eines Messers. Sie hat die Form des Blattes einer Palme, und nur die Mitte dieses Palmblattes ruht auf der glänzenden Welle, und trägt eine schmale Cabine, in der nur zwei Menschen Raum haben. Die Cabine hat zwei weiche Sitze neben einander, ein Teppich bedeckt ihren Boden, und wenn die Jalousien herabgriffen sind und die Thüre geschlossen ist, so bildet sie einen abgeschlossenen und verschwiegenen Raum, in den das Auge seines Vorübersahrenden bliden kann, und aus dem kein Wort kein Geräusch, nicht einmal an das Ohr des lauschenden Gondoliers bringt. Von dem

---

*) Eine Tochter des Papstes Alexander VI. und der Vanozza. Dreimal, zuletzt mit Alfons von Este, nachmaligem Herzog von Ferrara, vermählt, hatte sie Verbrechen auf Verbrechen. Daher beschäftigt sie besonders die Kunst und Wissenschaften. Der französische Dichter Victor Hugo hat bekanntlich diesen Stoff zu einem Trauerspiele benutzt.

**) In Folge einer gegen die Wohlmacht und Regierung ausgezeichneten Verschwörung wurde diese Behörde im 14. Jahrhundert eingerichtet, um die Erhaltung jener, namentlich gegen Fremde unter dem Rath selbst, die ausgezeichnete Gewalt anvertraut, welche je mehr und mehr in ein gerailtes System sich verwandt, des Spottens, des geheimen primären Verraths, der Verhaftungen und Hinrichtungen im Gefängniß der berüchtigten Bleidächer anvertraute.

***) Doge von Venedig im der Mitte der 14. Jahrhunderts. Durch seine Befehlshaber der venetianischen Truppen bei der Belagerung von Zara in Dalmatien, wo er einen glänzenden Sieg über die Ungarn erfocht, seine Gelombten der Republik in Genua und Rom. Ein Weltiger, Michael Steno, mit seiner Neigung zu einer Verehrten und dem Gefolge der Herzogin verschmäht, nahm er einen anderen Medung mit der Herzogin selbst in geheimem Einverständniß, suchte sich dafür durch einige für letztere verächtende Zettel zu rächen, weshalb, ober auch nur Eifersucht, der Doge, ein Greis von achtzig, fürchtete aufbrausenden Temperaments, strenge Bestrafung jener Uebelmannte verlangte. Weil aber dessen Standesgenossen ihn bloß kurze Gesängnißstrafe zuerkannten, so beschloß Falieri, ohnedieß ein Feind der Patrize, die Macht der Dogen sich wiederherzustellen. Heimlich, fürchtete Rache zu nehmen, und durch eine mit Bürgerthum eingeleitete Verschwörung an einem bestimmten Tage die Ernannten zu ermorden und die Macht des Senats zu vernichten. Allein wenige Augenblicke vor Ausführung dieser blutigen Vorhabens wurde halbliche verrathen, der Doge mit den Verschworenen verhaftet und hingerichtet. Dieß geschah 1355. Falieri's Charakter ist historisch treu gezeichnet in Lord Byron's Trauerspiel „Falieri".

eisernen Schnabel bis zu dem abgeplatteten Raum, wo der Gondolier steht, ist die ganze Gondel schwarz. Die weichen Kissen der Cabine, das Tuch ihrer Wände, ihre äußere Bekleidung, die Thür und die Jalousien, Alles ist schwarz. Der Rath der Zehn erließ einst ein Gesetz, um der Verschwendung der Reichen zu steuern, welche sich in der Pracht ihrer Gondeln zu überbieten suchten, die Farbe jeder Gondel nur schwarz sein durfte, und die Tradition hat das Gesetz um Jahrhunderte überdauert. Das schwarze Palmblatt, die leuchtenden Tinten des italienischen Himmels und seine strahlenden Reflexe in den dunkelblauen Wellen bilden einen wunderbar schönen, wahrhaft poetischen Contrast. Der wettergebräunte Kopf des Gondoliers ist im Sommer mit einem breitrandigen Strohhut mit farbigem Bande und im Winter mit einem Filzhute bedeckt; sein Anzug ist sehr einfach und besteht oft nur aus einem

leinenen Hemde und Beinkleidern desselben Stoffes, welche oft von einem bunten Gürtel gehalten werden; der Winter verwandelt die leichten und farbigen Stoffe in farbloses, dunkles Tuch. — Der Gondolier steht weit über dem neapolitanischen Lazzaroni, dem venetianischen Facchino und dem deutschen Flaterkutscher. Er ist arbeitsam, thätig, mäßig und discret, während der Lazzaroni und der Facchino nur dann arbeiten, wenn er es satt hat, in der Sonne zu liegen und sich auszuruhen. Der Gondolier ist unermüdlich, seine Dienste anzubieten, und diese mit dem ganzen Phrasenreichthum der italienischen Sprache so verschwenderisch wie möglich zu schildern. Die heißesten Sonnenstrahlen des italienischen Sommers, die strömenden Regengüsse des Winters, die Sturmfluth des adriatischen Meeres, welche die Lagunen aufwühlt, Nichts hindert ihn im Anbieten seiner Gondel; Kürbis, Polenta, Käse und der Rauch seiner

Venedig.

Pfeife befriedigen seinen Magen und seinen Gaumen, und sein Kopfkissen ist Nachts der Teppich seiner Gondel, oder seine Tuchjacke, wenn der Vorsprung eines Brückenbogens oder die Säulenhalle des Palazzo Ducale auf der Piazzetta sein Schlafgemach ist. Die Verschwiegenheit und die Discretion sind gewissermaßen ein Erbtheil des venetianischen Volkes, welches ihm aus den Zeiten der Republik überkommen ist, sie blieben auch einem Hauptzug im Charakter der Gondoliere. Damit verbindet sich eine gewisse Intelligenz und eine leichte Auffassungsgabe, welche überhaupt dem italienischen Volke eigen ist. In seinem Wesen liegt eine gewisse Noblesse, welche ihn weit über den Facchino erhebt, und deren Grund in seinem Tagewerke zu suchen ist. Er ist stolz auf die Geschichte, auf die Kunstdenkmäler und auf die, wenn auch vergangene Pracht seiner Stadt. Er kennt jede Kirche, jeden Palast, seine Geschichte und seine Besitzer, und ist erfreut, wenn er durch den Canale grande fährt, davon zu erzählen. Durch Anschauung und Betrachtung hat er sich sogar einen gewissen Geschmack und ein meistentheils richtiges Urtheil angewöhnt

und zeigt verdrießlich auf eine moderne Palastfronte, deren Anstrich und Bauart zu den dunkeln Marmorquadern und Marmorsäulen der Paläste seiner Dogengeschlechter nicht paßt. Der Gondolier ist weich und gutmüthig, wie überhaupt das venetianische Volk, freundlich und zuvorkommend, und bietet mit derselben Artigkeit seinen Arm beim Einsteigen in seine Gondel, wenn man ihn auch kurz vorher mit harten Worten wegen seiner industriellen Versuche, die Tage mit seinem unvermeidlichen „poco" — das ist wenig — einem in Venedig eben so häufig wie „Gondola" gehörten Worte, über den Tarif zu steigern, zurecht gewiesen hat. Niemals ist er brutal und regelhaft, wie der Flaterkutscher; er ist auch nicht nachtragend und hat mit dem ersten Ruderschlage, womit er sein leichtes Fahrzeug in Bewegung setzt, die harte Behandlung vergessen, welche ihm wenige Minuten vorher zu Theil geworden ist. Ein Fünfcentimestück beschwichtigt seine Nachforderung und freundlich nimmt er beim Abschied seinen Strohhut vom Kopf und empfiehlt seine Dienste für eine andere Fahrt.

—ſ—

Schillers Tell.

Nachdem Schiller durch seine Jugenddramen, die Räuber, Don Carlos, Fiesko, Kabale und Liebe, der Welt die Erstlinge eines gewaltigen, aber ungezügelten und noch formlosen Genius geboten hatte, finden wir ihn eine Reihe von Jahren hindurch auf einem andern Felde beschäftigt. Seine meiste Zeit nimmt die Geschichte und das Studium der Kant'schen Philosophie in Anspruch. Die Organisation seines Geistes machte ihm diesen Weg zur Nothwendigkeit. Während Göthe durch die Beschäftigung

Tell zu Gehler:

Mit diesem zweiten Pfeil durchschoß ich — euch,
Wenn ich mein liebes Kind getroffen hätte,
Und euer — wahrlich, hätt' ich nicht gefehlt.

mit den verschiedenen Zweigen der Naturwissenschaft und die fortwährende Berührung mit den mannigfachen Kreisen des thätigen Lebens sein geistiges Wesen zu immer größerer Klarheit abschloß, bestimmten seinen großen Freund und Nebenbuhler äußere Umstände und natürlicher Hang, an der Hand des Königsberger Philosophen demselben Ziele entgegenzustreben. Als Schiller an der Seite dieses Führers, aber in durchaus selbständiger und origineller Weise, diese Durchgangsperiode vollendet hatte, kehrte er

29

mit dem Jahre 1795 wieder ausschließlich zur Poesie zurück; er hatte die Spekulation satt, sie hatte bei ihm ihre Zwecke erfüllt, es war ihm zum Bewußt-sein gekommen, daß er den Beruf habe als Dichter für die Kultur seines Volkes und der Welt zu wir-ken. Erstaunenswerth ist seine Produktivität in den letzten Jahren des vorigen Jahrhunderts; besonders müssen hier die Balladen erwähnt werden, denen die meisten, und unter ihnen Meisterstücke der deut-schen Poesie, im Jahr 1797 verfaßt wurden. Nach diesen Vorbereitungen wendet er sich wieder der dra-matischen Poesie zu und dichtet den Wallenstein; nun folgen schnell auseinander Maria Stuart, die Jung-frau von Orleans, die Braut von Messina, bis ihn endlich nach Vollendung des Wilhelm Tell ein siecher Körper nach mehrwöchentlicher Krankheit in's Grab bringt.

Im Jahre 1797, als Göthe zum dritten Male die Urkantone der Schweiz besuchte, machte die Großartigkeit der klassischen Oertlichkeit einen solchen Eindruck auf ihn, daß er die Fabel von Tell in einem epischen Gedichte zu behandeln beschloß. Schiller erklärte die Wahl für eine sehr glückliche, namentlich hob er die bedeutsame Enge des gege-benen historischen Stoffes hervor, aus der sich alles geistreiche Leben in fröhlicher Eigenthümlichkeit ent-wickeln würde. Als Göthe in Folge anderer Arbei-ten oder weil, wie er sagte, es ihm bedenklich vorkam, in deutschen Hexametern zu dichten, den Plan fallen ließ, da erfaßte ihn Schiller. Göthe selbst äußerte hierüber: „Ich hatte mit Schiller diese Angelegenheit oft be-sprochen und ihn mit meiner lebhaften Schilderung jener Felswände und gedrängten Zustände oft genug unterhalten, dergestalt, daß er ihm dieses Thema nach seiner Weise zurechtstellen und formen mußte. Auch er machte mich mit seinen Ansichten bekannt und ich entdeckte nichts an einem Stoff, der bei mir den Reiz der Neuheit und des unmittel-baren Anschauens verloren hatte, und überließ ihn daher denselben gerne und förmlich, wie ich ihm schon früher mit den Kranichen des Ibykus und manchem andern Thema gethan hatte, da sich aus meinem Entwurf, verglichen mit dem Schiller'schen Drama, deutlich ergibt, daß ihm alles vollkommen angehört, und daß er mir nichts als die Anregung und eine lebendigere Anschauung schuldig sein mag, als ihm die einfache Legende hätte gewähren können." Für Schiller war dieser Stoff ein höchst geeigneter Fund. Eben hatte er seine Braut von Messina voll-endet, die ganz auf poetischem Boden ruht und eine ganze Welt vertritt, nun fand er im Tell, was er suchte, einen sich von selbst isolirenden Stoff, der eine abgeschlossene Welt für sich bildet.

Zu allen seinen Kompositionen machte Schiller mit dem gewissenhaftesten Fleiße die umfangreichsten und sorgfältigsten Vorstudien; bei dieser Arbeit ge-nügte es ihm nicht, sich in die berühmten Werke des Chronisten Tschudi und Johannes von Müller's, des Verfassers der Schweizergeschichten, zu vertiefen, son-dern außer mehreren andern, theilweise sehr umfang-

reichen historischen Büchern, studierte er mit muster-hafter Genauigkeit die Geographie und die Natur-geschichte des Schweizerlandes. Daß es ihm, der nie die Schweiz gesehen hat, gelungen ist, von der Natur und den Menschen ein Bild zu liefern, dessen Wahrheit und Treue nicht genug bewundert werden kann, das ist Sache des Genius; wie wenig aber Schiller im Vertrauen auf sein Genie es sich leicht machte, dafür liefern seine Vorarbeiten zu diesem Drama den schlagendsten Beweis. In den ersten Monaten des Jahres 1804 war das Werk beendigt. Als Göthe, dem schon der erste Akt und die Scene auf dem Rütli mitgetheilt und von ihm mit großem Bei-fall aufgenommen worden, das ganze Drama zuge-sandt erhielt, antwortete er: „Das Werk ist vor-trefflich gerathen und hat mir einen schönen Abend verschafft." Interessant ist es, diesem lakonischen Ausspruch des gefeierten Meisters die begeisterte Lob-rede eines so feinen Kunstkenners wie Iffland gegen-überzustellen. Iffland, damals Theaterdirektor in Berlin, erhielt, wie vom Wallenstein, so auch vom Tell die einzelnen Akte, wie sie fertig geworden waren. Bei dem Empfang der ersten Sendung schreibt er: „Ich habe gelesen, verschlungen, mein Knie gebogen, und mein Herz, meine Thränen, mein jagendes Blut Ihrem Geiste, Ihrem Herzen mit Entzücken gehuldigt! O bald, bald, bald mehr! Weber, der seltne Genialität und hohes Gefühl hat, hat schon die Musik begonnen. Nur bald mehr! Blätter, Zettel — was Sie geben können! Ich reiche Hand mit Herz Ihrem Genius entgegen. Welch' ein Werk! Welche Fülle, Kraft, Blüthe und Allgewalt! Gott erhalte Sie, Amen."

Die Hauptzüge seines Sujets entlehnte Schiller, wie sich später ausführlicher zeigen wird, aus Tschudi. Die neuere Geschichtswissenschaft aber sieht nicht nur die Tell-Sage, sondern auch die alten Chro-niken, auf denen sie beruht, von einem andern Standpunkte an, als es zur Zeit Schillers üblich war. In der Antwort auf einen Brief von Göthe, worin dieser um Auskunft über die Geschichte des Tell im Namen oder zu Gunsten Schillers gebeten hatte, sagt Johannes von Müller: „Als Geschichts-forscher stehe ich für Tell's Leben und Theilnahme an denselben Geschichten (den Bemühungen der Schweizer, das Joch Oesterreich's abzuschütteln), doch nicht für den Apfel, der aus einer ältern Stammsage ihnen angeeignet worden sein mag. Wie ganz anders die urkundliche Forschung unserer Tage über die Persönlichkeit Tells denkt, werden wir so-gleich sehen, dann wollen wir die Abweichungen Schillers von Tschudi hervorheben, um zum Schlusse uns noch einige Andeutungen über das Stück selbst zu erlauben.

Seit etwa zwanzig Jahren hat die Ergründung der Geschichte der Schweiz in der Periode von 1212 bis 1315 theils einige deutsche Gelehrte, besonders aber die tüchtigsten einheimischen Forscher anhaltend beschäftigt. Es ist namentlich von Kopp (in seinem Buche: Geschichte der eidgenössischen Bünde) bewiesen worden, daß die Erzählungen der schweizerischen Chroniken, die Tschudi zuerst verarbeitete und die durch Johannes von Müller Eigenthum der ganzen gebildeten Welt geworden sind, in Bezug auf diese gefeierte Periode der Kämpfe der Schweizer mit dem Hause Habsburg nicht ächte historische Wahrheit enthalten, sondern daß ihnen ein großes Quantum Sage beigemischt sei, daß es aber für diese Zeit Urkunden gebe, die jenen Chroniken um mehrere Jahrhunderte an Alter überlegen, den Forscher in den Stand setzen, wirkliche Begebenheiten und wirkliche Verhältnisse zu ermitteln. Es ist unmöglich, die Geschichte der Schweiz in dieser Zeit zu verstehen, ohne die Geschichte des deutschen Reiches zu berücksichtigen. Die Landstriche zwischen dem Bodensee, dem Rhein und den Alpen gehörten damals zum deutschen Reiche, und dieselben Kämpfe und Bestrebungen, die damals das Reich bewegten, wirkten auch in diesen Gegenden. Um den Gegensatz fürstlicher Macht und städtischer Freiheit dreht sich die Geschichte des deutschen Reichs durch das ganze dreizehnte und den größten Theil des vierzehnten Jahrhunderts; über beiden stand die königliche Gewalt. Ihre Aufgabe war es, in dem immer ernsteren Gegensatze beider die Wagschale zu halten und dadurch die Entwicklung der öffentlichen Zustände zu sichern. Dieselben Kräfte sind auch in der Schweiz thätig: in dem mehr als hundertjährigen Kampfe beabsichtigten die Waldstädte nichts weiter, als einander der Hoheit des Reiches zu stehen, nicht Privatbesitz des Hauses Habsburg zu sein. Von der Zeit an, da das Haus Habsburg zuerst am Vierwaldstättersee Fuß gefaßt, war es sein Bestreben, rings um denselben sich volle Landesherrschaft zu erwerben; die Länder aber widerstanden. Uri hat sich jener Herrschaft fortdauernd und mit Erfolg erwehrt, nur unter dem alten Grafen Rudolf (dem Großvater des großen Königs) und unter seinem Urenkel, König Albrecht, war es vorübergehend in bestimmter Gefahr, bleibend unter Habsburg zu gerathen. Schwyz, dasselbe Ziel anstrebend, erreichte in Kaiser Friedrichs II. letzter Zeit die Unabhängigkeit von Habsburg, ward aber unter den Königen Rudolf und Albrecht dem Habsburgischen Hause bestimmt unterworfen. Unterwalden, an innerer Einheit hinter Schwyz zurückstehend und darum minder kräftig und entschieden, theilte dessen Bestrebungen, gelangte aber erst nach König Albrechts Tode zu gleicher freier Stellung wie Schwyz.

Ein näheres Eingehen auf die Spezialitäten und die wiederholentlichen Erneuerungen des Bundes unter den Waldstädten, namentlich bei dem Tode König Rudolfs (im Juli 1291) und nach dem Ableben König Albrechts (Mai 1308) unterlassend, wenden wir uns sogleich zu einer kurzen Betrachtung der Chroniken. Weder im dreizehnten noch im vierzehnten Jahrhundert giebt es Schriftsteller, die uns Kunde über gleichzeitige Personen oder Ereignisse geben. Zwar ist die Schlacht am Morgarten (durch welche die Freiheit der Eidgenossen entschieden wurde, 15. Nov. 1315) von einigen Zeitgenossen aufge-

zeichnet worden, doch nur kurz und oberflächlich und ohne Rücksicht auf frühere Begebenheiten. Auch in den noch erhaltenen Liedern aus dem vierzehnten Jahrhundert über damalige Ereignisse — wie die Schlacht von Sempach — finden sich keine Beziehungen auf die frühere Geschichte der Länder. Die älteste ausführliche Aufzeichnung über die Geschichte der Länder ist das Stadtchronik von Bern, welche der Rath 1430 anfertigen ließ und die unter des Stadtschreibers Justinger Namen bekannt ist. Sie erzählt also:

„Im Jahr 1260 erhoben sich Schwyz und Unterwalden wider ihre Herrschaft Habsburg, unterstützt von Uri, das an die Abtei Zürich gehörte. Der Herrschaft Vögte und Amtleute hatten neue Rechte gesucht, mit den Landleute Frauen und Töchtern Muthwillen getrieben. Ein großer Krieg entstand. Die Länder riefen das Reich um Hülfe an, an das Schwyz vor hundert Jahren gehörte, wie es mit Briefen bewies. Nach langem Krieg, wobei die Herrschaft Habsburg verarmte, suchte diese Hülfe bei der Herrschaft Oestreich. Letztere kaufte jener ihre Rechte um eine Summe Geldes ab und als sie hiervon die Thäler benachrichtigte, unterwarfen sich diese und thaten ihr Gehorsam nach Weisung ihrer alten Rechte. Das währte manches Jahr. Als aber der Herrschaft Oestreich Amtleute neue Rechte suchten, erhob sich ein neuer Streit und Krieg, der bis zum Jahr 1315 dauerte, da Herzog Leopold mit Heeresmacht gegen Schwyz zu Felde zog" u. s. f. Sodann wird die Schlacht am Morgarten geschildert. Weit später als Justinger sind die Chroniken aus dem Zürich und Aargau, ihre Verfasser haben alle die Berner Stadtchronik gekannt und sie benutzt, sie alle enthalten in Betreff des von Justinger nur so kurz berührten Aufstandes der Länder wider das Haus Oestreich die Erzählungen von dem Bundesschwur im Rütli, von Tell, von der Vertreibung der Vögte und Schilderung dieser Ereignisse und ihrer Folgen wie die Berner Stadtchronik mit der Schlacht am Morgarten. Vergleicht man die Erzählungen, so findet man, daß sie von einander sehr abweichen; Jahreszahlen, Namen, Thatsachen sind mit einander verwechselt oder verschieden, Zustände verschiedener Jahrhunderte mit einander vermengt. Daß ein Aufstand der Länder unter „König Rudolfs Erben" stattfand, d. h. unter den Herzögen von Oestreich, daß ein Stauffacher von Schwyz als Haupturheber des vorbereitenden Einverständnisses, ein Mann von Uri, des (Zu-) Namens Tall oder Tell durch Tödtung eines habsburgischen Beamten sich auszeichnete, daß der Aufstand gerade wie der von 1260 ebensosehr gegen die tyrannischen Amtleute und den Dienstadel der Herrschaft als gegen diese selbst gerichtet war, und daß es endlich zum Theil dieselben adeligen Geschlechter waren, denen es beide Male galt, das ist das einzige allen Chroniken Gemeinsame. Wir haben es in diesen Berichten also nicht mit dem Wissen, sondern mit dem Hörensagen zu thun; die Sage hat hier gewaltet, hat die Ereignisse eines Kampfes von fünfzig Jahren zu einem bestimmten Vorgange gestaltet, so daß es unmöglich ist, festzustellen, was geschichtliche Wahrheit und was dichterische Ergänzung ist. Das Ganze ist seinem Wesen nach der wirklichen Geschichte der Länder gemäß, alle Einzelheiten sind aber ein Gemisch von wirklicher Erinnerung und Erfindung, das sich weder versichern, noch als Unwahrheit verwerfen läßt.

Vornämlich ist dies mit der Erzählung von Tell der Fall. Hier ist eine uralte, bei ganz verschiedenen germanischen Stämmen vorkommende, in Volksliedern gefeierte Sage mit der Erinnerung an ein lokales Ereigniß auf so innige Weise verbunden und verschmolzen worden, daß es unmöglich fällt, beide Bestandtheile zu sondern und die Thatsache auszuscheiden. Es gibt keinen genügenden Grund, an dem Dasein eines historischen Ereignisses zu zweifeln, an welches hier die Sage angeknüpft hat, aber noch viel weniger läßt sich verkennen, daß der letztern der größte Antheil an der Erzählung gebührt. Denn nicht allein trägt die Erzählung, wie so manches Andere, in den Chroniken selbst deutlich den Charakter der Sage, sondern Kopp hat auch die völlige Nichtigkeit aller anderswo als aus den Chroniken hergenommenen Beweise für die geschichtliche Wahrheit der Erzählung bewiesen. Wie eine dänische Chronik des zwölften Jahrhunderts, von der wir nicht wissen, wann sie zuerst abschriftlich in die Schweiz gekommen, dieselben Dinge, bis in die einzelnsten Züge aus dem hohen Norden erzählt, wie englische Balladen des XV. Jahrhunderts den Apfelschuß des Wilhelm von Cloudeslay besingen, wie ganz Aehnliches aus den Rheingegenden erzählt wird, so feierten die Lieder, aus denen die Chronisten schöpften, den urnerischen Tell. Eine ihrer wahren Gestalt, Zeit und Namen nach unbekannte Person und That sind hier mit dem Glanze umgeben worden, mit dem eine weit ältere Volkssage überall den geschicktesten Schützen umgeben hat, der zuerst die Bewunderung seiner Zeitgenossen erregte. Das sechszehnte Jahrhundert hat diese Geschichte in Wort und Bild, sogar in Anfängen dramatischer Kunst verherrlicht, ihr in den Ländern selbst, gemäß dem Volkscharakter durch Verbindung von Tells Namen mit Kapellen und Bittgängen religiöse Weihe ertheilt und in Tschudi's großem Werke die erste wissenschaftliche Gestalt gegeben.

Bemerkenswerth bleiben in der schweizerischen Ausbildung der allgemeinern Volkssage hauptsächlich die Umstände, daß dieselbe in der nämlichen Zeit des fünfzehnten Jahrhunderts zuerst nachweisbar auftritt, welche dasselbe Thema in den englischen Balladen und den schwäbischen Chroniken behandelt und überhaupt überall so viel sagenhafte Dinge in zahlreichen Chroniken des In- und Auslandes aufgezeichnet hat, und daß diese glänzendste Befreiungsthat von Habsburgischer Unterdrückung gerade dem im Range ersten unter den drei Ländern, dem Reichslande Uri, zugeschrieben wird, das niemals oder nur ganz kurze Zeit unter Habsburg gestanden, wohl aber den Stützpunkt für Schwyz und Unterwalden in ihren Freiheitsbestrebungen gebildet hat. Am merkwürdigsten ist der Name des vom Liede gefeierten Schützen: Wilhelm Tell. Daß Tell oder Tall ein persönlicher Zuname oder Spitzname ist, der den vorschnellen, einfältig und furchtlos zufahrenden Charakter der Schützen bezeichnet, geht aus der Erzählung selbst hervor; Kopp hat überdies nachgewiesen, daß von einer Familie Tell gar keine Rede sein kann. Wie alten Ursprungs dieser Name Tell aber sei, ist unmöglich zu entscheiden; er kann einer wirklichen Person des dreizehnten oder vierzehnten Jahrhunderts, vielleicht aber den Schützen, den die Sage in weit älteren Zeiten schon kannte, bereits von dieser gegeben sein. Noch bemerkenswerther ist der Vorname Wilhelm. Unter hunderten von urkundlichen Namen der alemanischen Schweiz aus dem dreizehnten und vierzehnten Jahrhundert, kommt dieser Name höchst selten, in den Urkunden der Länder vielleicht ein einziges Mal vor, ist auch daselbst noch jetzt kein gewöhnlicher, volksthümlicher Taufname. Da ist es nun auffallend, daß auch das angelsächsische Volkslied des fünfzehnten Jahrhunderts als geschicktesten Schützen, der seinem Sohne den Apfel vom Haupte schießt, einen Wilhelm feiert. Nicht mit Unrecht wird dies als eine Andeutung angesehen, daß in uralten Zeiten Einwanderungen aus Norddeutschland in die Thäler der Schweiz stattfanden.

Zu diesen Ansichten sind in unserer Zeit die gewichtigsten einheimischen Forscher über die denkwürdige Periode der erfolgreichen Erhebung der Schweiz gegen fremdländische Bedrückung und über die Sage von den Schützen Tell gelangt. Bei der lebhaften Sympathie, welche dieser Abschnitt der Schweizergeschichte stets erregt hat, — einer Sympathie, die durch Schiller's Meisterwerk eine so weite Verbreitung gefunden hat, haben die Bemühungen der Historiker, Dichtung und Wahrheit in dieser Epoche zu sondern, ein allgemeineres Interesse, als sonst für geschichtliche Detailuntersuchungen in Anspruch genommen werden darf. Wer mit der Methode der geschichtlichen Forschung und den Gründen, die sie zu ihrem Verfahren hat, weniger vertraut ist, dem erscheinen derartige Untersuchungen, ob denn nun auch der Tell, für dessen Existenz Kapellen und andere Denkmäler ein unwiderstehliches Zeugniß überhaupt je existirt hat, ziemlich wunderlich. Nicht allein von Laien, sondern auch häufig noch von Männern von Fach kann man Gemeinplätze, wie „wo viel Rauch ist, muß auch viel Feuer sein" u. dgl. zum Beweise anführen hören, daß es reine Thorheit sei, das Dasein solcher Personen in Frage zu stellen, die seit Jahrhunderten oder Tausenden in aller Welt Munde leben. Diese Art des Räsonnements ist aber unwissenschaftlich und unwahr. Unwissenschaftlich, weil der Hauptzweck aller Geschichte Feststellung des wirklich Geschehenen, nicht des nur Möglichen ist; deshalb ist es der Grundkanon aller ächten Geschichte kein Ereigniß anzuerkennen, welches nicht von gleichzeitigen und unverdächtigen oder mit den gehörigen Informationsmitteln versehenen Gewährsmännern beglaubigt wird; wo diese fehlen, da giebt es keine Geschichte, sondern nur Sage oder Mythenprodu- zirende Phantasie, mit welcher der Kulturhistoriker, aber nicht der Historiker im engern Verstande es zu thun hat. Die Phantasie kann mitunter an etwas wirklich Geschehenes anknüpfen, allein sie vermischt das Thatsächliche so mit ihren Gebilden, daß jede Sonderung unmöglich ist; eine derartige Amalgami-

Schillers Denkmal am Vierwaldstädtersee.
(Rothenstein.)

rung von Faktischem und Erdichtetem hat aber für den Historiker als solchen kein Interesse, ihn berühren nur die Personen und Ereignisse, deren Existenz er durch Zeugenaussagen beweisen kann. Das Räsonnement ist aber auch erweislich unwahr und trügerisch. Die Geschäftigkeit der Phantasie oder die Energie des Volksglaubens und der Ueberlieferung ist absolut kein Beweis für die Wirklichkeit eines Ereignisses. Zahllose Belege für diese Behauptung bietet jede beliebige Periode der Geschichte: neben einer Hinweisung auf die christlichen Heiligenlegenden oder einen großen Theil der Geschichte Karls des Großen genüge es hier den trojanischen Krieg und seinen Gewährsmann, den alten hohen Homer zu erwähnen. An die Existenz des Ares und der holdlächelnden Aphrodite, der männergleichen Amazonen oder der silberfüßigen

Thetis will unser prosaisches Zeitalter nicht glauben; weil aber eine Expedition der Hellenen gegen Ilium scheinbar nicht außer den Gränzen der Möglichkeit liegt, weil Homer den Abschied Hektors von seiner Gemahlin Andromache so wunderbar schön schildert, deshalb glauben wir an die Existenz der menschlichen Personen und Ereignisse, während wir die göttlichen verwerfen, ohne zu bedenken, daß für beide derselbe Homer unsere einzige Quelle ist. Ganz dieselbe Bewandtniß hat es auch mit Tell und mehreren Mythen aus der Schweizergeschichte; weil sie sich der Phantasie so sehr empfehlen, weil sie so getreu aus dem Schweizerleben gezogen sind, deshalb sträubt sich das unwissenschaftliche Bewußtsein, sie als Sage anzusehen. Dem Geschichtskundigen ist dieser Tausch leicht; gewöhnt, zwischen Sage und Geschichte eine breit markirte Scheidegrenze zu ziehen, hütet er sich, beide Felder mit einander zu vermischen, er weiß, daß eine entschieden und scharf durchgeführte Trennung beiden, der Poesie und der Geschichte, gleich heilsam ist; den Tell und seinesgleichen überläßt er dem dichterischen Genius, um an ihm seine Ideen zu verkörpern, er selber begnügt sich da das Wirken von einer Masse von Kräften zu erkennen, wo die Sage einen Riesen hingestellt hat.

Bevor wir auf den Tell unseres Dichters näher eingehen, müssen wir noch Tschudi's mit einigen Worten gedenken. Wir nannten ihn einen Chronisten, aber streng genommen ist diese Bezeichnung nicht richtig, denn er giebt uns keineswegs schlichte Ueberlieferung oder einen bloßen Auszug aus früheren Quellen, sondern eine durchdachte, in bestimmter Absicht geschriebene Geschichte, wenn auch in chronikalischer Form. Tschudi verbindet, ergänzt, erklärt, erweitert — bewußtermaßen und nach selbstständiger Anschauung, aber er thut dies alles meist ohne den Leser zu benachrichtigen, daß nur er spricht. Man kann ihm damit keinen Vorwurf machen, denn er ist darin der Sitte seiner Zeit gefolgt, aber freilich darf sein Name auch nie ohne Weiteres als Begründung irgend einer Angabe gelten. Denn so gewiß sein Werk im Ganzen von eidgenössischem Geiste durchweht ist, ebenso gewiß ermangelt es nicht zahlreicher Irrthümer, die urkundlich widerlegt sind, und vieler Behauptungen, die gänzlich in der Luft stehen. An diesen Mann, der als historische Quelle manche Berichtigung erfordert, der aber in seinen Schilderungen der schweizerischen Persönlichkeiten und Zustände als unübertroffenes Muster dasteht, schloß sich Schiller enge an und erkannte es offen und rühmend an, wie viel er in Bezug auf Lebendigkeit der Darstellung ihm verdanken habe.

Wir geben nun eine kurze Uebersicht, welche Veränderungen Schiller mit der Erzählung Tschudi's in seinem Stücke vorgenommen hat und wie weit er überhaupt von der Ueberlieferung abgewichen ist.

Nach dem einleitenden Gesang, der so charakteristisch für die Gegend ist, tritt Baumgarten auf, von Reitern verfolgt, weil er den Burgvogt von Roßberg, Wolfenschießen erschlagen hat. Die Begebenheit ist aus Tschudi (dem die Redensarten: „einem ein Bad rüsten, das Bad segnen" wörtlich entlehnt sind). Vergebens verlangt der Landmann nach Schwyz übergesetzt zu werden: Tschudi sagt nur, er sei augenblicklich nach Uri geflüchtet, wo er sich verborgen gehalten habe. Da erscheint Tell, in dessen erstem Auftreten (sein Charakter sich so kunstvoll zeigt: „Wer ist der Mann, der hier um Hilfe fleht?" — Die zweite Scene versetzt uns nach Steinen in Schwyz und enthält das Gespräch zwischen Werner Stauffacher und seiner „treuen, sinnreichen" Gertrud, dessen Anfang nach Schiller's eigener Aussage beinahe wörtlich aus Tschudi ist, von den Worten aber: „Frau, welchen Sturm gefährlicher Gedanken weckst du mir in der stillen Brust!" gehört es Schiller eigenthümlich an. Schiller beschäftigte sich damals gerade viel mit Shakespeare's Julius Cäsar und es ist nicht zu verkennen, daß in dem Charakter von Stauffachers und seiner Gattin Margaretha Herlobig; um aber die Hoheit und Größe ihrer Gesinnung zu motiviren, macht der Dichter sie zu einer Tochter des edlen Konrad von Iberg, der im Jahr 1311 Landammann zu Schwyz war. Aus dem alten Homer entlehnt ist die Redensart „des edlen Iberg Tochter rühm' ich mich." Fingirt ist die Person des Luzerner Pfeifer; durch diesen wollte Schiller an den General Ludwig Pfyfer erinnern, der im Jahr 1802 als Mitglied des großen Rathes zu Luzern starb und durch seine in Relief gearbeiteten Abbildungen des Schweizerlandes bekannt ist. — In der dritten Scene sehen wir Zwing Uri entstehen, das nach Tschudi auf der Anhöhe Solaturn bei Altdorf erbaut wurde; der Fluch, der auf diesem Bauwerk lastet, stellt sich in dem Fall des Schieferdeckers symbolisch dar. Der Hut wird auch von den Ausrufer gebracht und seine Verehrung anbefohlen, in ergreifender Weise wird die Ohnmacht der Hülfsmittel der Tyrannei dem ewigen Bergen, diesem von Gott gegründeten Hause der Freiheit, gegenüber gestellt. Unterdessen kommen Stauffacher und Tell von Steinen auf diesem Platz bei Altdorf an. Wie Tell sich in der ersten Scene handelnd gezeigt hat, so entfaltet er hier im Gespräch mit Stauffacher die diesem entgegengesetzte eigenthümliche Gesinnung, welche ihm Schiller, abweichend von seiner Chronik, leiht. Dem einzelnen Bedrängten steht er bei, für das Wohl des Ganzen läßt er den Himmel sorgen. — In der vierten Scene sind wir in der Wohnung Walther Fürst's, die der Dichter nicht mit Johannes Müller in Attinghausen annimmt, sondern nach Altdorf verlegt. In Arnold's von Melchthal Erzählung über die Wegnahme der Ochsen, seine Selbstrache an dem Boten des Vogtes und die Blendung seines Vaters ist alles aus der Chronik genommen; nur hat Schiller, um den Haß gegen die rücksichtslose Tyrannei zu steigern, den Zusatz gemacht, daß dem alten Heinrich von Melchthal nichts als sein Stab übrig gelassen wurde. Nach Tschudi wurden ihm nur die Ochsen genommen und außer dem daß er geblendet wurde, hatte er noch an den Diener des Vogts große Kosten für die Lähmung des Fingers zu zahlen. Mit Recht haben die Kritiker auf den glücklichen Kunstgriff des Dichters hingewiesen, daß er den Stauffacher die Nachricht von der Blendung des Vaters bringen und den Sohn sie im Verborgenen hören läßt, während nach der Chronik der junge Melchthal, der jene Trauerpost schon früher erfahren hat, von Walther Fürst, als ihn Stauffacher besucht, erst in das Haus gerufen wird. — In der letzten Scene reichen sich die drei Männer die Hand zum Bunde und man kann nicht unterlassen, hervorzuheben, welchen Fortschritt es bei dem Dichter bekundet, daß er sich von allem rhetorischen und sententiösen Fütterwerk ferngehalten hat.

Der zweite Akt führt uns in die Wohnung des alten Freiherrn von Attinghausen und auf das Rütli. Nach Tschudi theilte der Adel mit alleiniger Ausnahme des Burgvogts Wolfenschießen die Gesinnung des Volkes, Schiller dagegen nimmt bei einem Theil desselben Hinneigung zu Oestreich an; diese Partei personificirt er in der fingirten Figur Ulrich von Rudenz. Auch darin weicht er von der Geschichte ab, daß er den alten Attinghausen zum letzten seines Geschlechtes macht; der letzte wurde erst im Jahr 1377 mit Helm und Schild begraben. Nun folgt die berühmte Scene auf dem Rütli, die durch die vortreffliche Charakteristik dieser einfachen Schweizer und durch die Naturtreue der Schilderung so ausgezeichnet ist. Die ganze Lokalität bis auf den Mondregenbogen, die Gebräuche und Formeln der Landesgemeinde, alle eingeflochtenen Züge über Verfassung und die Geschichte, die in den Ostfriesenlied aufbewahrte Volkssage von der Einwanderung der Schweizer aus Schweden und Ostfriesland und alles andere gründet sich auf historische Zeugnisse. Da Melchthal der einzige, namhaft gemachte Jüngling in der Versammlung ist, so ist ihm abweichend von der Geschichte das Ersteigen der Roßburg zugeschrieben. Die meisten der vorkommenden Personen sind historisch oder lehnen sich an historische Persönlichkeiten; so stammt Itel Reding aus einer schon damals berühmten und um das Gemeinwohl verdienten Familie. Durch das hochbejahrten Rudolph Reding Rath wurde 1315 der Sieg bei Morgarten erkämpft und dessen Urenkel Itel war im Anfang des fünfzehnten Jahrhunderts Landammann zu Schwyz. Konrad Hunn, dem die Botschaft an den Kaiser Albrecht im Gedicht übertragen ist, hatte sich bereits unter dessen Vater in Krieg und Geschäften ausgezeichnet. Seinen Struth von Winkelried nahm der Dichter aus jenem Heldengeschlechte von Stanz, welches den höchsten Ruhm durch den Opfertod des Arnold von Winkelried in der Schlacht bei Sempach 1383 erlangte. Das historische Vorbild des Klaus von der Flüe ist jener hochverehrte Einsiedler, der im Jahr 1487 die Einigung der Tagsatzung in Stanz bewirkte, als sie, wegen der in den Siegen über Karl den kühnen gemachten Beute in Zwie-

spalt, zu wildem Bürgerkriege auseinanderzustürmen im Begriff war. Für die Namen Rösselmann und Petermann lassen sich zwar in der Geschichte keine Vorbilder finden, aber sie sind ächt schweizerisch, und der „fromme Diener Gottes" giebt wie der Erzbischof in der Johanna dem Unternehmen die religiöse Weihe. Den Meier von Sarnen, welcher mit Itel Reding in einen Rechtshandel verwickelt ist, hat Schiller dem Namen nach aus Tschudi genommen, und es ist vortrefflich, daß gerade dieser Prozeßführende durch heftigen Widerspruch gegen die Männer von Uri und Schwyz die Eintracht auf dem Rütli für einen Augenblick stört. Sehr weise läßt auch der Dichter den Tell gerade von dem ihm so verpflichteten Baumgarten vermißt werden Aus jedem Kanton sind sieben Personen anwesend, aus Uri allein sechs, weil Tell fehlt.

Ausschließlich sind dem Tell der dritte und vierte Akt gewidmet, mit Ausnahme zweier Scenen, in denen Personen des Schweizeradels auftreten. Die erste Scene des dritten Aktes läßt uns einen Blick in Tells häusliches Leben thun; nur seine Gattin Hedwig und seine Söhne Walther und Wilhelm sind den Chroniken entnommen, alles Andere ist des Dichters freie Erfindung. Dem starken Mann ist wie im Wallenstein ein schwächliches Weib beigegeben. Tells Erzählung, wie er mit der Armbrust dem Landvogt Geßler in dem Schächenthal begegnet sei, ist erfunden, um Geßlers Haß und Furcht und sein Betragen in der zweitfolgenden Scene zu erklären. In der zweiten, ganz frei erfundenen Scene erklärt Rudenz der Bertha seine Liebe und wird von ihr für die Sache des Vaterlandes gewonnen; in der dritten Scene, in welcher Tell den Apfel von dem Haupte seines Sohnes schießt, kehrt der Dichter wieder zur Chronik zurück; der Name des einen der Wächter am Hute, Frießhardt, und der Rudolfs des Harras sind aus Müller's Beschreibung der Schlacht von Sempach entlehnt; der erfundene Name des andern Wächters Leuthold bezeichnet dessen Charakter. Ausgezeichnet motivirt ist das Auftreten und Benehmen Geßlers, des gefährlichsten Tyrannen unter allen Vögten, und Schillers Kunst erscheint um so bewundernswürdiger, wenn man sie mit der trockenen Schilderung der Chronik vergleicht, nach welcher Geßler den Tell am andern Tage rufen läßt, dann auch nach Küßnach schicken schickt u. s. f. Auch bei Tschudi weigert sich Tell anfangs den Schuß zu thun, endlich wagt er die That im Vertrauen auf Gott; Schiller dagegen läßt ihn sich dazu durch den Vorsatz bestimmen, den Unmenschen zu tödten, wenn er seinem geliebten Kinde ein Leid zufügen sollte. Das Gefühl der eventuellen Rache giebt dem Landmann die Herrschaft über sich selbst; als er aber seine Gedanken an den Schuß verrathen hat, mußte dieser, der schon früher im Schächenthal vor seinen Pfeilen gebebt, sich seiner Person versichern. Um aber der Verdacht der Furcht zu vermeiden und Tells Gefangennehmung zu einer Demüthigung des ganzen Volks zu stempeln, sagt Geßler:

Rebellen seid ihr nur gegen Kaisers
Gericht und näher vermessene Empörung.

In dem vierten Akt, der den Tod Geßlers enthält, ist für unsern Zweck nur Folgendes zu bemerken. Kunz von Gersau ist eine nicht historische Person, die nur erfunden ist, um die Einmischung Tells und den herannahenden Tod des alten Attinghausen, von dem die zweite Scene in meisterhafter Weise und mit tief durchdachter Symbolik handelt, dem Volke zu verkünden. Die näheren Umstände der Rettung Tells aus dem Herrenschiff von Uri sind genau aus Tschudi entlehnt, aber die wunderbare Exposition der Momente, die dem Tode Geßlers vorhergehen, die Armgart, die sich dem Tyrannen zu Füßen wirft, der furchtbare Kontrast, der durch den Hochzeitszug in unserer Seele erregt wird, gehören ganz der Kunst des Dichters an. Von den beiden vorbedeutenden Ereignissen, die der Flurschütz Stüssi, ein Vertreter des niederen Volkes, erzählt, ist der Bergfall des Glärnisch im Kanton Glarus erfunden, die Tödtung des Ritterpferdes durch einen Schwarm von Horniffen ist aus Tschudi. Um die durch die vielen ergreifenden Ereignisse erschütterte Seele des Zuschauers zu besänftigen und den Uebergang zu den freudigen Scenen des fünften Altes anzubahnen, tritt im Sinne des griechischen Chors eine Schaar barmherziger Brüder auf, eines Ordens, der im Jahr 1540 von dem Spanier Jean de Tieu gestiftet wurde und neben andern Werken der Mildthätigkeit die Verpflichtung hatte, die Leichen der Hingerichteten und der auf der Straße Ermordeten zu bestatten.

Es ist nicht zu läugnen, daß nach dem Tode Geßlers die Spannung des Zuschauers eine schwächere ist, dieselbe ist aber nothwendig, um das Schicksal der entführten Bertha und die Vertreibung der Vögte zu erklären und nachzuweisen, daß das Ringen der Schweizer nach Freiheit und die blutige That Tells von einem glücklichen Erfolge gekrönt wird. König Albrechts Herrschsucht war an allem Uebel schuld getreten, deshalb wird seine Ermordung durch seinen Neffen Johann von Schwaben ausführlich erzählt und die That des letztern der des Tell gegenübergestellt. Um diese Zwecke zu erreichen, mußte der Dichter die nach den Chroniken weiter auseinanderliegenden Ereignisse näher zusammenrücken; Geßler wurde am 18. November 1907 erschossen, die Burg Sarnen und der Roßberg wurden nach Tschudi an Neujahrstage 1308, nach Etterlin am Tage des Herrn (Christfest) 1307 eingenommen, und nach diesem Schriftsteller läßt Schiller die Schweizer auf dem Rütli ihren Beschluß fassen; in dem Schauspiel zieht er die Befreiung der Kantone in einen Monat zusammen. Ebenso läßt er die Ermordung Albrechts, die am 1. Mai 1308 vorfiel, gleichzeitig mit der Handlung des Stückes vor sich gehen.

Tschudi sagt ausdrücklich, daß Tell an den Berathungen auf dem Rütli Theil genommen habe. Göthe hatte den Entschluß gefaßt, in seinem Epos den Tell als selbstständig und von den übrigen Verschworenen unabhängig darzustellen und Schiller ist ihm darin gefolgt. Unter mehreren Versuchen die Intention des Dichters zu erklären, erscheint folgender als der plausibelste. Die dem Schiller'schen Stück zu Grunde liegende Idee ist Schilderung einer ursprünglichen Hirtenwelt, welche einerseits durch den stammverwandten Adel abgeschlossen, andererseits durch einen Undersüchtigen Fürsten beunruhigt wird. Aus diesem Konflikt erwachsen die tragischen Momente, überall ist die Unschuld des Naturzustandes mit den Uebeln der Civilisation und moderner Revolutionssucht in Kontrast gestellt. Ein politisches Stück im Sinne des Fiesko und Carlos ist Tell nicht. Die Dichtung will nur zeigen, wie ein gesundes Naturvolk durch die Kraft eines Einzelnen und durch das Zusammenwirken günstiger Umstände zu seinem früheren Zustande zurückkehrt. Um Tells blutige That zu rechtfertigen, stellt sie der Dichter als einen Akt der Nothwehr dar; das war aber nur dann möglich, wenn dem Tell alle politischen Motive fehlten, wenn er also außerhalb des auf dem Rütli geschlossenen Bundes stand. Weitaussehende Berechnung aus hieraus gegründete Beschlüsse sind nicht Sache eines Naturvolkes, und deshalb hat Schiller mit großer Wahrheit den Repräsentanten desselben eine geniale Thatkraft verliehen.

Obwohl man an dem Gedichte oft und, wie es scheint, mit Grund getadelt hat, daß die Figuren Attinghausen, Rudenz und Bertha einer fremden, nicht der Schweizer-Welt angehören, daß sich Schiller in einzelnen Partien nicht habe enthalten können, seiner Liebe zum Sentimentalen und Idealen die historische Treue zu opfern, endlich daß er in dem letzten Akte durch den Kontrast, in den er seinen Helden mit Johannes Parricida stellt, den Zuschauer zu moralischen Reflexionen genöthigt habe: so werden doch in Anbetracht des Eindrucks, den das Ganze hervorbringt, die Meisten der Ansicht Schlegels beipflichten, daß Wilhelm Tell das vortrefflichste der Werke des großen Dichters sei.

Der Kiosk.
Orientalische Erzählungen
aus dem Englischen des Richard Monckton Milnes
von
Moritz Hartmann.

Im Schatten einer breitbelaubten Palme,
Am Ufer eines kleinen Bachs, zur Seite
Des stillen Friedhofs, des cypressenreichen,
Im schönbemalten und gestreiften Kiosk
Saß die Gesellschaft heitrer Moslemilnen
Und kostete das Maß ruhvoller Freuden,
Das Gott dem Gläubigen schon hier gestattet.
Sehr schmackhaft munden herbe Beeren, welche
Der breitgeaugte Knabe reicht mit Anmuth;
Sehr duftig ist gefüllt der lange Tschibuk
Und neu gefüllt, bevor er ganz geleert ist.
Auch zieht, wohlthuend und von Mund zu Munde
Des kühlen Nargileh gewund'ne Schlange.
So sitzen sie nur selten unterbrechend,
Und leise nur, das schweigende Behagen,
Indeß sich auf dem nahen Steg unendlich,
Langsam der Zug der Karavane windet.
Kameel folgt auf Kameel mit hochgehob'nem
Genick, als witterten sie Luft der Wüste.
Da sprach ein heitrer Türkengreis, dem schneeweiß
Und breit der Bart bis zum Pistolengriffe
Herabfloß: Uns gehört der Rest des Tages!
Benützen wir den Vortheil klugen Zufalls,
Der uns zusammenführt. Der Schnitt des Kleides,
Die spitze Kappe dieses Freundes nennen
Sein Vaterland; er kommt aus fernster Weite,
Drum mög' er auch beginnen mit Erzählen.
So aufgefordert fing denn an der Perser,
Versenkt in Sinnen, ohne breites Vorwort,
Ein schlichtes Faktum seines eignen Lebens,
Das weder abenteuerlich, noch grau'nhaft,
Nur, wie er sagt, ein einfaches Ereigniß,
Das Manchem in dem Kreis gefallen dürfte.

Die Erzählung des Persers.

Wakedi und der Haschemit und ich,
Wir nannten „Freunde" uns, und welchen Sinn
Bei uns das vielgebrauchte Wort gehabt,
Mag euch ein Faktum unter hunderten
Beweisen und zugleich ein Beispiel sein.
Es gleichet einer Perle, die entfiel
Der Kette täglicher Ereignisse
Und in des Dichters Hand gerieth — es ist
Gleich einer besten Frucht des Baumes auch,
Des übervollen, die man kaum bemerkt.

Des Ramadans so lange Tage (die
In jeder Jahreszeit uns allzulang
Erscheinen würden) waren fast vorbei;

Die sonst lebend'gen Straßen waren leer,
Als hätte sie die Seuche ausgelegt,
Denn im Bazar zusammen drängt sich
Die ganze Stadt, um, wie's die Zeit erheischt,
Gewänder einzukaufen, festlich,
Zur Ehre des Propheten, sich zur Zier.
Nur ich saß noch mit meinem Weib daheim,
Und Eines sah das And're traurig an —
Nicht unserthalb — uns konnte wohl das Kleid,
Das alte, dienen noch, und mit Geduld
Ertragen mochten wir des Nachbars Spott —
Doch um die Kinder drückt uns Scham und Leid.
Verstecken sollen sie ihr hold Gesicht,
Und ausgeschlossen sein vom Fest der Lust,
Vielleicht mit ihrem abgetrag'nen Kleid
Nur dienen den Gespielen zum Kontrast!
Da sprach mein Weib: Wo bleibt die Freundschaft?
[sprich!]
Wo bleibt Wakedi? — wo der Haschemit?
Daß dich Geldmangel drückt und plagt, weil sie
Vielleicht ihr Gold verschwenden, und für Tand,
Da sie kein ernsteres Bedürfniß drückt!
— Mein Herz sprang auf bei diesem Wort, und ich,
Belächelnd als verwunden meinen Gram,
Schick' einen Boten aus zum Haschemiten
In kurzen Worten klagend meine Noth.
Und eine Stunde kaum verstrich und ich
Hielt goldgespickt den Beutel in der Hand,
Der sorglich seines Namens Petschaft trug.
Und in der Straße war ich im Moment
Und kaufte schon im Geist der Kinder Kleid.
Doch Will' und That, einander ja so nah,
Trennt eines Abgrunds weites Klaffen oft.
Denn eh' ich noch des Bazars Thor erreicht,
Hält mich Wakedi's Sklave auf — vor Hast
Stockt ihm der Athem — stotternd, nach und nach
Bringt er die Botschaft seines Herrn hervor.
Sie lautet kurz: Ein harter Gläubiger
Benutzt den Vortheil dieser Zeit und drängt
Wakedi sehr, und schwer, daß wenn er nicht
Vor Abend noch bezahlt, soll die Gewalt
Des Richters ihm verhelfen zu der Schuld.
Wakedi hat nicht Geld im Haus und fleht
Mich an bei meiner Pflicht als Freund, daß ich
Ihm helf' aus drängender Verlegenheit.
Kurzum ich nahm den Beutel aus der Brust,
Er war gesiegelt noch, und gab ihn hin.
Doch sag ich's frei, ich Thor war bang, daß mich
Mein Weib mit Thränen, Vorwürfen vielleicht
Empfängt, wenn so entblößt ich wieder kam,

Und saß die Nacht hindurch in der Moskee
Halb schlafend bei der Lampe Glanz und Pracht,
Und erst am Morgen faßt' ich mir ein Herz
Und sagt' es ihr, wie unser Stolz getäuscht.
Doch sie, da ich Entschuld'gung stammelte,
Beschämte mich durch milde Anerkennung
Und sprach: „Der Eltern Ehre ziert das Kind!"
So machte ihre Fröhlichkeit mich froh.
Wir sah'n die Kindergarderobe durch
Und fanden sie am Ende nicht so schlecht.
„Dies kann gewendet werden — dies geflickt —
Und das geputzt" — So waren wir gar sehr
Beruhigt als mit Eins wir nahen seh'n
Den Haschemiten, der mit schnellem Schritt
In's Haus tritt und den vollen Beutel zeigt,
Denselben, noch von ihm gesiegelten,
Den ich dahingab für Waledi's Noth.
Ausrief er, mengend Lächeln mit dem Wort:
„Welch' ein Geheimniß! Gestern willst Du Geld
Von mir, ich schicke gleich den Beutel Dir,
Der alle meine' Hab' enthält. Doch da
Will ich zu Ehren auch dem Feiertag
Wir eine Schärpe kaufen geh'n, und wie
Ich zu Waledi sende, bringt der Eslav
Den Beutel, den ich eben dir geschickt
Und ungeöffnet!" — „Leichtes Räthsel! und
Nicht wunderbar!" erwiedert ich darauf —
„Das, was Du mir zu leichten Zwecken gabst,
Sollte Waledi aus der Noth befrei'n."
Dann sagt' ich ihm Waledi's Mißgeschick
Und beide waren wir voll Angst, ob nicht
Der Freund aus Freundschaft seine theure Freiheit
Gefährdet oder irgend and're Art
Grausamen Richterspruches auf sich lud.
Doch uns zur freudigsten Beruhigung
Stand bald Waledi lachend hinter uns,
Berichtend, wie ihm seine Zuversicht,
Mit welcher er des Freundes Bitt' erfüllt,
Nicht achtend auf die eigne Gefahr,
Allah belohnt, indem des Gläub'gers Herz
Er wendete zu besserem Gefühl.
Daß noch Waledi neue Frist erbielt.
— So schlang sich unser drei Geschick in Eins,
Wie ich's erzähle — und der Beutel ward
Geöffnet dann in Aller Gegenwart.
Jedwedes Kind bekam ein schlichtes Kleid,
Waledi's Schuldblatt ward zum Theil getilgt,
Die reichste Schärpe fand der Haschemit
Beim besten Seidenbändler des Bazars.

Sobald er schwieg, entstand ein freudig Murmeln.
Nicht Beifall blos, auch kluge Worte fielen,
Verweilend bei dem Stoffe der Erzählung.
Ein jeder sprach zu seinem Nachbarn leise
Von Freundschaft, ihrem Segen und von Gott,
Daß Gnade nicht allein die Menschen lasse
Im ew'gen Kampf mit einer harten Welt.

Der Nächste in der Reih', ein sorb'scher Kaufmann
Nach Kleid und Blick, bat um Entschuldigung,

Daß von sich selbst er nichts zu sagen wisse,
Doch wenn gefällig sei ein Abenteuer
Von Einem seines Stands, den Tausch und Handel
Durch alle Länder trieb, und der Natur
Und Menschen sehr verschied'ner Art gesehen,
So steh' es der Gesellschaft gern zu Dienst.

Die Erzählung des Syriers.

Ein Kaufmann aus Damaskus, dem zumeist
Der frech erworb'ne Vortheil mundete,
Durchzog die Wüste und Arabiens Golf
Und kam mit Gütern in das ferne Land
Das Abissinien heißt den Franken, und
Ward dort des Königs Günstling und Genoß.
Kein Wunder, denn dem wilden Häuptling sprach
Er von so schönen Dingen vor, von Pracht
Und Lust, die ein erfunden Paradies
Kaum fassen könnte, und von Künsten, die
Jedwede Jahreszeit in Lenz verwandeln.
Bei heißem Wind, in glüh'ndem Sonnenstich
Sprach er von Lauben süßen Schattens voll,
Von buntem Glas, das grelle Lichter dämpft,
Von Quellen, die durch Blumenbüsche murmeln,
Von Knab und Mädchen, die Zephyre fächeln.
In kalter Schneezeit, wenn der Wind durchpfiff
Die schlechtgebaute Halle, mahlt er ihm
Des sorb'schen Winters labevolle Kühle,
Die sanften Winde, die voll Heilung sind.
Zuletzt vermochte nicht zu zähmen mehr
Der König seine Sehnsucht und er sprach:
Was gilt mir nun, o Freund, mein Königthum?
Was meine Kraft, die dieses Volk beherrscht?
Was meine Macht hier über Tod und Leben?
Was meine neidenswerth gewöhnte Pracht?
Wenn ich mein Leben lang in dieser Oede
Von all der Wonne ausgeschlossen bin,
Die göttlich schön als Schilderung entzückt,
Wenn zu den Vätern ich in's Grab gesenkt,
All' diese Lust versäumt, und allen Glanz
Der Welt im dunkeln Winkel hier verlor?
Was sollt' ich nicht, für kurze Frist befreit
Von meines Zepters Last, mit voller Hand,
Und Dich als Leucht' und Führer meines Pfads,
Nach jenen gottgeliebten Auen zieh'n,
Um dann voll glücklicher Erinnerung
Zurückzukehren auf des Vaters Thron,
Und mit Geschichten, welche angenehm
Auf Jagden und an warmen Abenden?
— — Der Kaufmann, müde seines Aufenthalts
In dieser Fremde, fürchtend, daß Gewalt,
Wenn auch wohlmeinend, hier zurück ihn halte,
Nahm gern den Vorschlag an und pries den Plan
Als weise und gerecht und wohl bedacht,
Besprach den Nutzen, den dem Land gewiß
Aus seines Herrn Erfahrung einst erwächst,
Und schloß damit, daß er den Tag bestimmt,
Da beide sich begeben auf den Weg,
Gut ausgerüstet mit gemünztem Gold
Und unterm Kleid versteckten Edelsteinen.

Der Tag erwachte, der ein neu Geschick
Des braven Königes im Schooße trug.
Geputzt umstanden ihn des Reiches Fürsten,
Die ganze Männerblüthe seines Staates,
Und die Vasallen Aethiopiens.
Mit Schrecken und Bewunderung zugleich
Erfuhren sie, daß fort ihr König zieht
Zu fremden Völkern, eh' die Sonne sinkt.
Zwei Jahre werden sie sein Antlitz missen,
Doch dann, mit Gottes Schutz, kehrt er zurück,
An Weisheit reich und würd'ger seiner Macht,
Und fähig vieles Gute zu begründen.
Den Treusten dann der ehrenwerthen Schaar
Vertraut er Städte und Provinzen an.
Und über alle setzt als Stellvertreter
Mit Vollmacht den er liebsten Bruder ein.
Und unter Beifall, Thränen, Lärm, Gebet
Schlägt er den Weg ein zum arab'schen Golf.
Es harrt ein gut bemanntes Boot am Strand,
Ein günst'ger Wind bestrich den See, und nach
Nur wen'gen Tagen angenehmer Fahrt
Zieh'n sie allein, der Kaufmann und der Fürst,
Von Tjedda's Bucht nach Mecca's heil'gem Wall.

Bei jedem Schritt in dieser neuen Welt,
Bei jeder Stadt, wo sie verweilten, auf
Der langen Reise, war von frischer Lust
Des Königs Aug' und Herz gleich sehr erfüllt,
Und als zuletzt das heilige Damast
Auftaucht mit seinen Strömen und Moscheen
— Ein grüner Edelstein in goldnem Sand —
Umarmt er seinen Freund und danket Gott,
Daß er sein Paradies ihn sehen ließ,
Denkt mit Verachtung an sein Königreich,
Und schwört, daß besser hier ein Unterthan
Als Herr zu sein der Quellen all des Nils.
Bald hausten sie gemüthlich in Damast,
Und da des Kaufmanns Hand verschwenderisch
Gold ströunen ließ, kam auch der Freunde Schwarm,
Die glaubten, all das sei die reiche Frucht
Kaufmänn'scher Kühnheit — denn er sagte nie,
Daß jener ein verkappter König war,
Der nur sein armer Freund schien, den er mit
Aus jenem dunklen, goldnen Land gebracht.
O welch ein Freudenleben jetzt begann!
Divans von Sammt, gestickte Seidenzelte,
Und Teppiche, so schön wie das Gewebe
Aus Persien, das Mecca's Kaba schmückt,
Die längsten Pfeifen, die der Osten sah,
Mit Ambra-Mundstücken, so klar wie Lust;
Scherbet-Geschäume, wie der Frank es liebt,
Und Mädchen, die mit ihrem Reiz den Sultan
Im eig'nen Harem noch verblenden könnten:
So rollten hin in ungeschwächter Kraft
Die Monate; ja, einer übertraf
Den andern stets an Lust, und lustberauscht
Verlor der Kaufmann allen Sinn und Maaß
Für das Vermögen, welches beides sie
Aus jenen fernen Zonen mitgebracht.
Das Gold war bald erschöpft, allein es blieb

Ein fürstlicher Juwelenschatz, der lang
Dies Schwelgerzauberleben unterhielt.
Doch allgemach schwand dieser auch dahin.
Da fing man heimlich mit Verkauf der Pracht an,
Dann wurde Geld geborgt, erst ohne Müh',
Doch kam es immer schwerer aus den Klau'n,
Den krampfhaft fassenden, der Wucherei.
Indeß, unwissend, wie die Sachen steh'n,
Und ohne leisen Schatten von Verdacht
In seines Freundes Redlichkeit und Klugheit,
Nimmt Abissiniens König jede Lust,
Die Jener beut, mit Dank an und mit Ruh,
Vertrauend und so arglos wie ein Kind.

— Da kam der lang verschobne Zeitpunkt an,
Wo nackt die Einsicht vor dem Kaufmann stand,
Daß er zu Grund gerichtet, hoffnungslos.
Was war zu thun? Zu thun für ihn, auch für
Den armen König, den betrognen Freund
Der eine unfruchtbare Last ihm ward?
Er wußte wohl: das Thor von Gästen sonst
Gefüllt, wird bald von Gläubigern gestopft,
Und er, da es an Gelde fehlt, wird selbst
Mit seinem Leib genugthun dem Gesetz.
Er muß entwischen diesem Loos. Doch wie?
Ohn' ehrlichen Piaster nur im Sack
Durchlief er Gaß' und Straßen und bestach
Die Pförtner, daß sie seine Gläubiger
Auf eine falsche Fährte sehen mögen.
Da tauchte ein Gedanke auf in ihm
Und wurde, zwar mit Ueberraschung erst,
Doch endlich froh begrüßt, mit einem Lächeln,
Das grausam halb und halb mitleidig war.
So eilt er hin zum König, den am Quell
Er mit den goldnen Fischen tändelnd fand,
Die leuchtend schlüpften durch die klare Fluth.
Er führt den immer Leitsamen hinab
Durch Straßen und in einen dunklen Hof,
Wo viele und rauhbrau'ge Männer saßen.
Zu denen sprach er: „Freund', ich brauche Geld!
Hier ist ein Sklave, den ich letztes Jahr
Mir heimgebracht; er ist gesund und stark,
Und außer ein'gen Sparren im Gehirn
Von seinem Werth und mancher Träumerei,
Aus der er leichtlich wird zu wecken sein
Mit der Behandlung, die ihr wohl versteht,
Ein treuer Diener und geschickter Mensch.
Macht selbst den Preis — ich hab nicht lange Zeit
Zum Feilschen." — „Gut, so viel!" rief Einer
                                           aus.
„So viel!" ein Andrer. — „Gebt die Beutel her,
Ihr bietet gut — laßt zahlen mich das Geld."
— Unfähig zu begreifen den Verrath,
Starr wie ein Fels steht Habesch's König da;
Dann stürzt er wuthentbrannt auf den Betrüger.
Der aber weichet seinen Armen aus,
Und rafft das Geld zusammen und entflieht.
Der Sklavenhändler, als ein Mann, dem wohl
Ausbrüche der Verzweiflung jeder Art
So sehr gewöhnlich wie sein täglich Brod,

Schreit auf, und bald wie ein Verbrecher liegt
Im Eisenkäfig Abiffiniens Fürst.

— Was später aus ihm ward, ist unbekannt.
Wir hoffen ihm zum Heile, daß er starb.
Trotzdem der Kaufmann, stolz auf seine Schmach,
Oft diese That erzählt als gute List
Und komischen Beweis für seinen Witz,
Blieb des betrognen Königs Mißgeschick
Doch ein Geheimniß — und es kannten nicht
Die Unterthanen seines fernen Reichs,
Die noch vielleicht erwarten ihren Herrn
Beladen mit des Ostens Kostbarkeiten.

— Ganz eigenthümlich war's, wie die Erzählung
Verschieden wirkte auf verschiedne Hörer.
Moralisirend dachte Der des Wechsels
Menschlicher Größe, daß das Spinngewebe
Vor Schaden und Gewalt so sicher sei
Grad wie ein glanzdurchwirktes Königskleid;
Ein Andrer fluchte auf des Kaufmanns That;
Ein Dritter lachte laut und lachte wieder,
Verweilend beim Kontraste, den der Pomp
Des Abschieds von dem Königsthrone bot
Und die Vertheilung so gewalt'ger Macht,
Mit jenem Zustand des gebundnen Sklaven.
Denn wahr ist's: Nichts bewegt so sehr zum
    Lachen,
Als wenn das Glück zuweilen wo ein Loch bohrt
Und einen armen Menschen nach sich schleift.

Ein sonnverbrannter Krieger aus Egypten,
Der jetzt erzählen sollte, sprach also:
Soldatische Geschichten sind nicht recht
Am Ort in stiller abendlicher Ruh,
Wo der Kanone zweite Stimme fehlt.
Ihr Alle wißt, was Ost und Westen weiß —
Von Mehmed Ali und von Ibrahim.
Der große Pascha war wohl groß — vielleicht!
Den Kaufmannsschacher liebt er gar zu sehr;
Das dünkt dem Kriegerherzen wie Verrath.
Der Krieger Hoffnung war, daß Ibrahim,
Wenn er dem Vater folgt, das ganze Pack
Von Griechen, Juden, Franken von sich jagt.
Denn Ibrahim besaß ein großes Herz.
Jedwedem Widerspruche folgte schnell
Furchtbarste Rache; — kennt ihr diese That?

Die Erzählung des Egypters.

Als Ibrahim in Syrien gekriegt
Und Drusen, Christen, wie den Gläubigen
Den Nacken unters schwere Joch gebeugt,
Vernahm er, daß sein armes Kind, das Kind
Der liebsten seiner Frau'n, die Märterin,
Ein achtlos nubisch Mädchen, fallen ließ,
Und daß es nun ein Krüppel lebenslang.
Des Kriegers Lippe sprach kein Wort des Zorns,
Der Fall schien nicht minutenlang den Geist
Ihm zu beschäft'gen. — Endlich kam die Zeit
Der frohen Heimkehr. — Er betrat das Schloß,
Darin die Marmorstufen schön hinauf
Und lang sich winden bis zum breiten Gang,
Dran rechts und links die Frau'ngemächer sind.
Dort oben stand der Harem, um ihn froh
Mit Ruf zu grüßen, mit Musik und Lied.
Allein nicht Eine Stufe nur bestieg sein Fuß.
Er schrie: „Das Mädchen her aus Nubien,
Das auf die Steine fallen ließ mein Kind!"
Sie zagte, bebte, und man schob hinab
Die Marmortreppen sie bis auf den Flur.
Da faßt sie Ibrahim gewalt'gen Griffs,
Reißt sie an sich, und während eine Hand
Sich in das lange, krause Haar verschlingt,
Zückt mit der andern er das scharfe Schwert,
Das Schwert von Koniah und von Nizib war's,
Haut von den Schultern ihr das junge Haupt,
Wirft's hinter sich, springt dann mit einem Sprung
Hinan die Treppe und er drückt an's Herz
Das theure Weib, das seine That gerächt!
O göttlich ist er im Moment der Wuth!
Sein Zorn ist wie die Pest, die auch im Grimm
Nicht unterscheidet, und darum ist auch
Sein Name weit geehrt im Morgenland,
Wo Alles, was gewaltig, Ruhm gewinnt.

Der Krieger schwieg. — Es hätte wohl ein Andrer
Die Pflichten des Erzählers übernommen,
Doch jetzund fiel durch die Cypressenstämme
Der Sonne letztes und ersterbend Roth
In's Antlitz jener wandernden Gesellschaft.
In tiefes Schweigen sanken sie, betrachtend
Den letzten Saum des Purpurs, der dahin schwand,
Und nicht bedurften sie der Stimme, die sie einlud
Vom nahen Minaret, der Erde Trachten
Still zu versenken, wie die Sonne sank.
In frommer Eintracht senkten sie die Häupter,
Die Gläub'gen Eines Gotts und des Propheten.

Zum Verständniß der antiken Plastik.

Von Adolf Stahr.

4. Niobe.

Ich möchte denen, welche sich durch diese Andeutungen zu einer sinnigen Betrachtung der höchsten Werke alter Bildkunst anzuregen wünschen, beim Eingange dieses Aufsatzes ein Wort des unsterblichen Winckelmann, des Vaters der Kunstgeschichte zurufen, dessen Befolgung vor Allem geeignet ist, dem der das Schöne in diesen Werken erkennen lernen will, das richtige Verständniß derselben zu erschließen.

Dieses Wort lautet: „Nähere dich den Werken des Alterthums in der Hoffnung viel zu finden, so wirst du viel suchen. Aber du mußt dieselben mit großer Ruhe betrachten. Denn das Viele im

Kopf der Niobe.

Wenigen und die stille Einfalt wird dich sonst unerbaut lassen."

Kaum ein anderes Werk der alten Plastik ist geeigneter, die Wahrheit dieses Zurufs zu erproben, als die Figur der Niobe, die den Mittelpunkt jener hochberühmten, jetzt in Florenz befindlichen Statuengruppe bildet, welche unter dem Namen der Niobidengruppe bekannt ist. Niobe, den Untergang aller ihrer Kinder schauend, ist der erschütternde Gegenstand dieses großartigen Kunstwerks.

Niobe, die Tochter des Tantalos und Schwester des Pelops, die Gemahlin des thebanischen Königs

Amphion stammte aus einem Geschlechte, das vor allen andern griechischen Heroengeschlechtern den Zorn und die Gewalt der den Uebermuth der Sterblichen strafenden Götter erfahren sollte. Es klingt durch die alte, schon bei Homer erwähnte Sage von ihrem tragischen Geschicke jenes unheimlich düstere Wort von dem Neide der Götter über allzugroßes Glück der Sterblichen, wenn deren Demuth nicht den Sinn der Himmlischen wendet. Niobe aber, die Glückliche, ermangelte solcher Demuth. Sie, die Gemahlin eines Sohnes des Zeus, die dem Gatten sechs herrliche Söhne und sechs blühende Töchter geboren hatte, vermaß sich in ihrem Glücke, erhaben zu sein über ihre früheren Genossin Leto (Latona), die Gemahlin des obersten der Götter, die ja dem Zeus nur zwei Kinder, Apollon und Artemis, geboren habe. Darob ergrimmten Latona und ihre Kinder, und dieser Zorn kostete den zwölf Kindern der Niobe allen das Leben:

> Sechs liebreizende Töchter und sechs aufblühende Söhne —
> Zürnend erlegte die Söhne mit silbernem Bogen Apollon,
> Artemis aber die Töchter, die pfeilausstreuende Göttin,
> Weil sich Niobe prahlend verglich mit der reizenden Leto:
> „Zwei nur habe die Göttin, und sie so viele geboren!"
> Aber obwohl nur zwei, doch tödteten jene sie alle.

Also singt Homer im letzten Gesange der Ilias, und weiter erzählt er, daß Zeus, um das Strafgericht zu vollenden, alle übrigen bei demselben anwesenden Thebaner versteinert habe. Darum lagen die Leichen der zwölf Kinder der Niobe neun Tage unbegraben, bis die Götter selbst am zehnten herabstiegen, sie zu bestatten. Niobe selbst aber ward gleichfalls zu Stein. Sie war nach Sipylos in Phrygien, ihrer väterlichen Heimath zurückgegangen, nachdem ihr Gemahl sich verzweifelnd über das Schicksal der Kinder selbst getödtet hatte. Dort in der Einsamkeit des Sipylosgebirgs erbarmte sich der Schmerzbeladenen Dulderin ein Gott und verwandelte sie in Stein; und noch in später Zeit glaubte man in den Umrissen eines Felsvorsprunges die Gestalt der im tiefsten Schmerze gebeugten weinenden Niobe zu erkennen.

Die Poesie der Griechen hatte den hochtragischen Stoff dieser Sage vielfach behandelt. Wir besitzen noch jetzt Bruchstücke von Niobetragödien der beiden großen Tragiker Aeschylos und Sophokles, und unter den römischen Dichtern ist es Ovid, der im sechsten Buche seiner „Metamorphosen" den Untergang der Niobiden mit dem ihm eigenthümlichen Aufwande von glänzenden Farben geschildert hat. Es ist das eine Schilderung, die ich alle meine Leser in einer guten Uebersetzung*) nachzulesen bitte. Aber auch die bildende Kunst der Griechen hatte sich frühzeitig dieses Stoffes bemächtigt. Der größte aller griechischen Bildhauer, Phidias, war soviel wir wissen der erste, welcher mit einer Reliefdarstellung dieses strengen Götterstrafgerichtes den Fußschemel seines Olympischen Jupiters schmückte, und dieses Relief wurde Muster

*) Z. B. in der von Dr. Reinhart Suchier. Stuttgart 1854.

und Vorbild für viele unter den überaus zahlreichen Darstellungen desselben Gegenstandes, denen wir noch heute auf antiken Grabdenkmälern und Sarkophagen begegnen. Zumal in der römischen Zeit waren diese Darstellungen des Schicksals der Niobiden ein beliebter Gegenstand für solche Sarkophage, welche die Gebeine mehrerer Glieder einer Familie umschlossen.

Aber erst dem Praxiteles — nach andern dem Skopas — war es aufbehalten, dieses grause Todesgeschick der Schönheit und Jugend neben dem erhabenen Schmerze der Mutter in einer großen Statuengruppe hinzustellen als ewige, nie verstummende Todtenklage. Seine Niobe war es, von der ein griechischer Dichter sang:

> Götter verkehrten in Stein mich Lebende, aber aus Stein hat
> Wieder Praxiteles mir Leben und Seele verlieh'n!

Sie war eines der schönsten Schöpfungen dieses „Dichters in Marmor und Erz", der mit seinen Werken die ganze Götterwelt des Olymps umfaßt hatte. Es ist eine wundervolle Bestätigung jenes Platonischen Ausspruchs, daß nur auf dem Boden des heiteren Geistes die höchste Tragik erblühen könne, daß derselbe Hellene, der den Hellenen die lieblichsten Ideale der Schönheit und Lebensfülle in seinem Eros und seiner Aphrodite, der die Verkörperung heiterster Lebenslust in seinen Faunen und Satyrn geschaffen hatte, auch zugleich die Kraft besaß, das tiefste Leid des Lebens in dieser Niobe, der griechischen «Mater dolorosa» verklärend darzustellen; daß gerade der es vermochte, dem erhabensten Schmerze, wie ihn ein ungeheures tragisches Geschick hervorruft, einen Ausdruck zu verleihen, der noch heute nach Jahrtausenden die Herzen der Menschen zu tiefem Mitgefühl bewegt.

Im ersten Jahrhundert unserer Zeitrechnung schmückte die Gruppe der Niobe und ihrer sterbenden Kinder einen Apollotempel zu Rom, den der Unterselbherr des Triumvir Antonius erbaut, und für den er aus irgend einer griechischen Stadt Kleinasiens diese Statuengruppe geraubt und nach Rom entführt hatte. Lange Zeit glaubte man in der im Jahre 1583, dem Geburtsjahre Rafaels, bei Ponte di San Giovanni zu Rom gefundenen Statuengruppe das Original des Praxiteles selbst zu besitzen. Dieser Glaube war sehr verzeihlich, denn diese Gruppe, zumal die Figur der Niobe war fraglos das Herrlichste, was die neuere Welt von Denkmälern antiker Plastik bis auf die erst in unseren Tagen bekannt gewordenen Reste der Kunst des Phidias kannte und besaß; und auch jetzt ist die erhabene Schönheit dieser Niobe durch diese neuesten Entdeckungen nicht verdunkelt worden. Und doch ist die heutige Gruppe sehr wahrscheinlich — mit Ausnahme der Niobe selbst — nur eine zur römischen Zeit gemachte Kopie des Praxitelischen Originals, über welches wir keinerlei nähere Nachrichten von der ursprünglichen Gruppirung und Zahl der Personen besitzen. Ja es läßt sich nicht einmal mit Bestimmtheit angeben, ob diese Originalgruppe ursprünglich das Giebelfeld eines Tempels oder den inneren Raum eines Tempels zu schmücken bestimmt war. Wer Näheres darüber und über die Anordnung der uns erhaltenen Ueberreste wissen will, der möge das von mir in meinem Torso Th. I, S. 376—385 Gesagte nachlesen.

Hier haben wir es nur mit der Hauptfigur allein, mit Niobe zu thun, welche mit der zu ihr hingeflüchteten und in ihren Schooß hinsinkenden jüngsten Tochter den Mittelpunkt der ganzen Komposition bildet. Sie ist an der Schwelle ihres Palastes stehend zu denken. Von hier aus übersieht ihr Blick das grause Schauspiel. Das Rächerwerk der strafenden Gottheiten, der Untergang eines ganzen blühenden Geschlechts als Strafe der mütterlichen Vermessenheit, hat begonnen. Schon sieht sie einige derselben von den Pfeilen der unsichtbaren Rächer entseelt zu Boden gestreckt. Die andern fliehen von beiden Seiten her dem schützenden Dache zu, theils entsetzenvoll sich umschauend nach den schwirrenden Todesgeschossen, theils in nächster Nähe des väterlichen Hauses von denselben getroffen. Noch zwar scheint für den Betrachter Hoffnung vorhanden, daß eins oder das andere ihrer Geliebten sich rette, noch scheint wenigstens die jüngste der Töchter gesichert im Schooße der über sie hinab sich bengenden Mutter. Aber ein Blick auf das Angesicht dieser Mutter läßt uns empfinden, daß hier ein Unerhörtes sich vollständig vollziehen, daß nichts die Tragik eines unerbittlich zermalmenden Schicksals aufhalten wird.

Es ist merkwürdig, wie verschieden der Ausdruck in Gesicht und Haltung der Niobe von den verschiedenen Kunstrichtern aufgefaßt worden ist. Während Ramdohr „starre Furcht, entseelte Angst, den Uebergang zu ohnmächtig starrer Verzweiflung" darin wahrzunehmen meinte, andere, wie Schlegel, ihr Gesicht als „in Thränen schwimmend voll Angst und Betrübniß" bezeichneten, sah Feuerbach in diesem zum Himmel emporgerichteten Haupte nur noch „die ruhige kalte Maske, die schweigende versteinerte Niobe des Aeschylos, die durchgeführte tragische Maske." Keiner von diesen Eindrücken scheint mir der richtige zu sein. Vergegenwärtigen wir uns die Situation, die Persönlichkeit der Dulderin und den dieser Katastrophe vorhergehenden Zustand der stolzen Königin, stolz auf ihr göttliches Geschlecht, auf ihres Hauses Kinderpracht, in deren Glanze sie sich der göttlichen Latona mehr als gleich zu sein dünkte, so sind es zwei Elemente der Empfindung, die sich in diesem Haupte mit einander untrennbar verbunden zeigen. Diese Empfindungen sind der hoffnungslose, verzweifelnd zum Himmel klagende Schmerz der Mutter, und der Stolz und die selbstbewußte Hoheit der Heroin, der selbst göttlichem Geschlechte entsprossenen Fürstin, die sich selbst im Unterliegen gegen die mächtigen von ihr beleidigten Götter behaupten. Wohl liegt Ergebung in das Verhängniß in ihrem zum Himmel aufwärts gerichteten Blicke, aber ihre Hoheit rechtet selbst wider ihren Willen mit den erzürnten Olympiern. Wir sehen in dieser erhabenen Gestalt, in diesem Haupte von göttlicher Majestät der Schönheit, neben und mit dem vom Schicksal gebeugten noch die Herrlichkeit der glücklichen Niobe, und der Adel ihres Schmerzes die Würde und Anmuth ihres Leidens läßt uns Partei nehmen für sie gegen die erbarmungslos strafenden Götter. Wir sehen in dieser Gestalt, in diesem Haupte die wahre und ächte Verkörperung des gigantischen tragischen Schicksals,

„welches den Menschen erhebt, wenn es den Menschen zermalmt!"

Vor dieser Niobe verstehen wir die griechische Tragödie, verstehen wir das tiefsinnige Wort des alten hellenischen Denkers Aristoteles, von der Katharsis, d. h. der Reinigung und Verklärung der Leidenschaftseindrücke der Furcht und des Mitleids, welche nach ihm das Ziel und den Abschluß der Tragödie bildet. In dieser Niobe hat die alte hellenische Plastik die Aufgabe gelöst: die tragisch erschütternde Strafe menschlichen Fehls in einem Werke darzustellen, dessen gleichen nicht wieder hervorgebracht worden ist, seit Praxiteles den Meißel aus der Hand legte, mit dem er diese marmorne Tragödie geschaffen. Das erhabenste Schauspiel selbst für Götter, hat ein Alter gesagt, sei ein Mensch, der ein schweres Schicksal mit erhabener Würde trage. Ein solches „Schauspiel" bietet diese Niobe dar. Kein Zug des Trotzes aber auch kein Zug erniedrigenden Gnadeflehens trübt den Adel dieser erhabenen Schönheit, und selbst der Schmerz ist noch nicht dahin gelangt, wo er in Jammerschrei und Thränenströme ausbrechend, diese edelschönen Züge verändern wird. Aber wir sehen, daß dieser Moment nahe ist, und daß diese Jammerklage eine endlose, dieser Thränenstrom ein ewiger sein wird, — bis die Götter selbst Erbarmen fühlend mit der Tiefgebeugten sie in Stein verwandeln werden:

Dort auf Sipylos' Höh'n, wo göttliche Nymphen gelagert,
Wie man erzählt, ausruhen vom Tanz um den Strom Achelous.

Aber auch dort noch wird sie, das versteinerte Bild der Klage, wie Homer singt,

nähren mit Thränen das Leid, das die hohen Götter gesendet.

Ich wünsche allen meinen Leserinnen und Lesern, daß es ihnen beschieden sein möge, in der Halle des schönen Palastes Pitti zu Florenz das Glück zu genießen, welches ich beim Anschauen der dort aufgestellten Gruppe der Niobe und ihrer Kinder vor Jahren empfunden (s. Ein Jahr in Italien, Th. I, S. 107—111). Diejenigen aber, denen dies nicht vergönnt ist, mögen sich wenigstens, wenn sie Berlin besuchen, es nicht entgehen lassen, in den Räumen des Neuen Museums an den trefflichen Abgüssen der Originale fortan sich ein Bild von den letzteren und namentlich von dieser Niobe zu machen, die der große Winckelmann die Verkörperung der höchsten Idee der Schönheit im Schmerze genannt hat.

Alpenwanderungen in Piemont.

Von Ludwig Gantter.

(Fortsetzung und Schluß von Seite 208.)

Die Bewohner des Hauses und mehrere Berg-
leute mit bronzenen Gesichtern hatten sich in der
Küche um den Herd herumgelagert. Auch wir
wärmten uns gerne am Feuer, denn der Morghen
hat nicht nur einen geologischen Riegel in's Anzascathal hineingeschoben, sondern auch einen klimatischen,
denn hier oben hört die italienische Temperatur auf
und statt Nuß- und Kastanienbäumen bekleiden Nadel-
hölzer die steilen Bergwände. Wir befanden uns bei
sehr gemüthlichen, wenn auch etwas schweigsamen Menschen; es sind lauter deutsche Kolonisten oder „verschlagene und verjagte Lüt", wie sie sich selbst bezeichnend
nennen. Sie waren erfreut, die Heimatsprache ihrer
Urältern aus unserm Munde zu vernehmen, und
wir waren keineswegs so bewildert — die Gräfin
Ida Hahn hat dieses Wort dem Englischen abge-
lauscht — wie Alfred Meisner, der keine Idee von
diesen „verjagten Lüt" hatte und kaum seinen Ohren
traute, als ihm in diesem Thale auf seine italienische
Frage eine deutsche Antwort gegeben wurde.

Während wir unser frugales Nachtessen, das
aus rahmreicher Milch und albesinischem Honig bestand, in der etwas rauchigen, rußgeschwärzten Küche
einnahmen, fragten wir die Minieri über den Zustand
der hier herüber führenden Alpenpfade aus. Kein
Grenzschutzwächter kann begieriger und skrupulöser
das Signalement eines Reisepasses von verdächtigen
Personen studiren, als wir den Signalement des
Turlo oder des nicht minder verdächtigen Moropasses
folgten, das uns die Minieri gaben. Das große
Thürle — so heißt der ursprüngliche Name des
Turlo — sei dieses Jahr noch von Niemanden
überschritten worden, es sei zwar nicht ein gefährlicher, aber äußerst beschwerlicher, steiler, langweiliger,
obdachloser Pfad, den selbst die Führer sehr ungern
gehen. Vom Monte Moro erzählten sie uns die
Geschichte einer interessanten Entführung, welche
ein von Gensdarmes verfolgtes, zartes blutjunges
Ehepaar aus Turin unter den größten Beschwerden
über den stark tourmentirten Moropaß zur kalten
Aprilzeit glücklich bewerkstelligte, von welchem auch
Alfred Meisner in seinem Ausflug zum Monterosa
erzählt.

Der Albergo de' Minieri steht in keinem guten
Rufe bei den englischen Reiseberichten. Zur Ehren-
rettung der verschrieenen Wirthin sei es aber gesagt, daß sie uns nicht nur äußerst reinliche, bequeme,
warme Betten in schlechtverheerten Schlafzimmer anwies, sondern auch am andern Morgen,
als wir uns ihren unverfälschten Kaffee und herrliche frische Erdbeeren hatten schmecken lassen, für
die ganze Zeche nur 2 Francs 25 Cent. verlangte
und noch ganz schüchtern fragte: Non è troppo?

Pestarena war schon zu der Römer Zeiten ein
durch seine Goldbergwerke berühmter Ort und erhielt
seinen Namen von dem lateinischen Worte pistrina,
welches eine Stampfmühle bedeutet. Das Gold
kommt in festem Gneis in Verbindung mit Eisen-
kies vor. Der größte Stollen ist sieben Fuß hoch
und geht mehrere hundert Meter weit in den harten
festkörnigen Gneis. Die Goldkiese selbst, die sehr
zerbröcklich sind, finden sich entweder in reinen
Klümpchen von unregelmäßiger cubischer Krystallen
oder dünn geblättert oder auch gesprenkelt im Quarz,
aber höchst selten in ächter Gediegenheit. Das Erz
wird, wenn es ausgelesen und gewaschen ist, bis
zur Feinheit von grobem Gries gemahlen, dann
wird es in einer Lade mit ungelöschtem Kalk gemischt, um die Wirkung des Antimoniums (Spieß-
glanzes) auf das zum Verquickungsproceß erforder-
liche Quecksilber zu neutralisiren, indem es das
Schwefelantimonium in Schwefelsalz verwandelt. Die
hauptsächlichsten Stollen heißen Minerone und Pozzone am rechten Ufer der Anza, Peschiera und
Aquarita am linken. Pozzone hat seinen Namen
von den fünf Filoni, die unter der Anza hindurch getrieben worden, welche, gleich der Themse beim
Tunnelbau, mehrmals hereingebrochen ist. Zusammen
liefern diese Minen etwa 2700 Unzen Gold jährlich, wobei 2—300 Arbeiter beschäftigt und etwa
200 Molinelli, d. h. Stampf- und Verquickungs-
mühlen im Gange sind.

Sagenhaft klingt die Art und Weise, wie die
Goldadern entdeckt werden. In dunkeln und stürmischen Nächten, wenn der elektrische Zustand der
Atmosphäre gestört ist, stellen sich die Minieri an
einem freien Orte auf und beobachten etwaiges
Zucken von Flämmchen oder Funken am gegenüberliegenden Berge. Nachten sie sich die Stelle
genau gemerkt, suchen sie am folgenden Tage Spuren
von zerseßten Kiesen, und wenn sie solche finden, beginnen sie die Ausgrabung ohne Verzug. Trotz
alledem ist Pestarena kein Californien und
lohnt weder den Unternehmer noch den Arbeiter,
am meisten noch die Regierung, die 10 Prozent des
Ertrages beansprucht.

Es war ein herrlicher Sonntagsmorgen, als
wir von Pestarena nach Macugnaga wanderten. Das
Thal wird nun enger und wilder. Man hat mehrere Gebirgsbäche zu überschreiten, die gerade bedeutend angeschwollen waren, so daß kurzstimmiges,

dickes Holz auf ihnen heruntergestößt werden konnte. Manchmal staute sich das Holz auf, weshalb die Minieri mit langen Stammärten die hemmenden Stücke bachabwärts ziehen mußten, was sie mit großer Geschicklichkeit vollbrachten.

Die Häuser von Borca kommen nun zu Gesicht; ihnen gegenüber klafft das Val Quarazza oder Kratzerthälchen wie eine vernarbte Wunde in der Felsenwange, unten jedoch eine malerisch bewaldete Schlucht bildend, über welcher die Sennhütten von Plana sich erheben. Durch diese Schlucht zieht sich der Weg über den Großen Turlo nach Magna im obern Sesiathal. Der Paßweg des Kleinen Turlo zweigt sich oberhalb der Senn-

hütten links ab und führt nach Rima im Val Sermenta und aus diesem nach Varallo im untern Sesiathal. Der Turlo, die Ballerspitzen, der Monte delle Loccie und der Pizzo Bianco saugten die Strahlen der Morgensonne mit himmelreiner Lust ein, und im Thalgrunde floß der Thau, der, wie ein englischer Dichter so schön sich ausdrückt, die ganze Nacht die Abwesenheit der Sonne beweint hatte, aufwärts zu ihrer warmen Umarmung. In Borca ist das von den Engländern so viel besuchte Gasthaus l'Albergo de' Cacciatori, den Gebrüdern Albesini angehörig, welche als die kühnsten Gemsenjäger des ganzen Thales berühmt sind. Sie scheinen auch auf Menschenjagd auszugehen, denn sie standen

Tuchmanier.

längst auf der Lauer, als wir uns ihrem Hause näherten. Sie redeten uns wie Bekannte an, sagten das Frühstück sei schon bereit und schickten sich an, und das Geleite in das Haus zu geben. Wir dankten und bedeuteten ihnen, daß wir beim alten Caspar Perra in Macugnaga selbst unser Standquartier nehmen wollen, da wir dort dem Monterosa näher seien. „Der ist längst gestorben, er hat die Inglesi lange genug trapellirt (zu deutsch: geprellt). Der bucklige blinde Mann machte stets ein X für ein V. Entrate Signori!" Aber wie ein Demantberg zog uns der gerade aufglühende Monterosa an sich heran, so einladend auch der Albergo mit seiner häßlichähnlichen Gadenbühne unter dem Dache und seinem neumodischen Anbau aussah.

Mit nimrodischem Ingrimm und unterdrückter Perserwuth schossen die Herrn Cacciatori ihre

scharfbolzigen Blicke auf uns ab, als wir uns einer Schaar Kirchgänger anschloßen, die der Parochialkirche zu Macugnaga zuwanderten. Wir erfuhren von diesen, daß Macugnaga nicht der Name für ein einzelnes Dorf sei, sondern der Inbegriff der verschiedenen Weiler und Gehöfte des zwei Stunden langen oberen Thalgrundes. Der Hauptort, in welchem die Kirche und der Albergo sich befinde, heiße: In der Stapfe, italienisch La Staffa. Ich fragte, ob der Geistliche reindeutsch oder in ihrer Mundart predige, und erhielt zur Antwort, daß er italienisch predige, doch werde die Kinderlehre deutsch gehalten. Auch haben sie zwei Schulen, eine deutsche und eine italienische.

In Macugnaga oder vielmehr in La Staffa angekommen, fanden wir den Albergo zum Monterosa verschlossen. Die Leute sagten, die Wirthin werde schon in die Kirche gegangen sein und der

Wirth werde noch jägdeln. So traten wir in die auffallend geräumige, lichte und geschmackvoll deko-rirte neue Kirche ein. Dieser Tempel des Herrn, inmitten einer Natur, wo jeder Stein von der Macht und Herrlichkeit des Schöpfers predigt und das Gemüth zur Andacht zwingt, machte auf mich einen so überwältigenden Eindruck, daß mein Herz krampf-haft zuckte — denn die ganze Gemeinde lag auf den Knieen, in der tiefsten Zerknirschung zusammen-gekauert, fast lauter Weiber und Kinder, in weiße, über Kopf und Schultern herunterwallende Tücher gehüllt. Diese fast orientalische Kniebeugung dauerte während der ganzen Messe, die ohne Orgel, ohne Responsorien und mit nur eintöniger Intonation vom Geistlichen gehalten wurde. Nur am Schluß des Gloria, des Credo und der Litanei rollte ein dumpfes Amen über die Halleuböden hin. So zu-sammengekauert muß sich Beethoven die Gemeinde gedacht haben, da er im Credo seiner Missa Solem-nis nach dem Fortissimo des descendit de coelis, das Incarnatus vom Chore im gedämpftesten Pianis-simo unisoniren läßt, so zerknirscht seufzt das Mi-serere in Palestrinas Improperien durch die Sir-tinische Kapelle am Passionsabend. Nach vollendeter Messe erhob sich die Gemeinde zu einer Umgebung der inneren und äußeren Räume ihres Gottes-hauses — stillschweigend und noch immer verhüllt. In die Kirche zurückgekehrt berathen sie lautlos der italienischen Predigt ihres Walliser Geistlichen, der zwar in lauter alltäglichen Wahrheitssätzen sprach, ohne alle dogmatische Färbung, aber durch rasch auf einander folgende Antithesen rhetorisch zu wirken verstand, wie z. B. als er mit gehobener Stimme ausrief: „Es spricht die Welt zu euch, aber es spricht auch Gott zu euch — ihr fürchtet die Welt, aber ihr müßt Gott noch mehr fürchten — die Tugend ist schwer, die Sünde ist leicht!" Während dieser einschneidenden und behältlichen Predigt hatte der weibliche Theil der Gemeinde die Schleiertücher ab-genommen — mit richtigem Gefühle unterscheidend zwischen dem Akte des unmittelbaren Tretens vor Gott und dem bloßen Anhören des göttlichen Wortes. Ich ging heiliger gestimmt aus diesem stillen Gebirgsgotteshause, als aus den kalten Kathe-dralen Englands oder aus den vom pomphaften Ge-pränge umflatterten Messen der katholischen Haupt-städt Europa's.

Nach der Predigt zerstreute sich die Gemeinde nach ihren Filialen. Den Schleier ließen die Weiber in der Sakristei zurück und wir konnten ihre Körper-bildung und ihre Kleidung mit Muße betrachten. Im Allgemeinen hatten sie einen etwas gedrückten mitt-leren Wuchs, das Antlitz zwar freundlich und regel-mäßig, aber ohne ausgeprägten Charakter, die Jung-frauen sahen ernst und züchtig aus. Noch ist diese Bevölkerung unbeleckt von der in die Thäler der Schweiz und des Tyrols eingeschleppten modernen Verbildung, noch ist die einfache Tracht nicht in ein Theatercostüm ausgeartet wie im Lauterbrunner- oder Zillerthale. Diese Tracht hat die sachkundige

Frau des bekannten Alpenwanderers Engelhardt mit einer Genauigkeit geschildert, als wäre ihr Bericht für ein Pariser Modejournal bestimmt. Ihrgemäß „besteht der Kopfputz aus breiten nicht zu großen Stroh-hüten, am Rand etwas herabgebogen. Die Hemden sind wie bei Mannshemden bis an den Hals ge-schlossen, sauber gefältelt und bei jungen Weibern oder Mädchen mit einer Krause besetzt. Die Aermel haben hübsche Preischen am Handgelenk. Das Mieder ist meist blau mit rothem Band eingefaßt. Dazu kommen kleine, blaue Schürzen, so schmal zusammen-gefältelt, daß der daran befestigte Busenvorsteck breiter ist. Alle haben die Strümpfe am Knöchel abge-schnitten, so daß sie nur das Bein bedecken und die Füße bloß lassen. Das rothe Schnupftuch ist an der Seite angebunden."

Unser Albergo in der „Stapie" erinnerte an den deutschen Ursprung des italienischen albergo, es war eine elende Herberge. Das Gastzimmer war abschreckend unbehaglich; ein steinkalter Fliesenboden, unausgewaschen seit Erbauung des Hauses, die Wände ungegipst, geschweige denn tapezirt, bloße Lettenmauern, die Fensterlucken mit Glasscherben, sogenannten Ochsenaugen verstopft, darunter meh-rere eingeschlagene, so daß der Wind — wie wir es Abends hart empfinden mußten — recht eindringlich unbequem wurde, kurz Fenster, für die der englische Name window (ursprünglich wind-lore) also Windther der bezeichnendste Ausdruck wäre. Nicht einmal eine Feuerstätte befand sich in diesem oberirdischen Kellerraum — denn weder Stube noch Zimmer kann man ihn nennen, da Stube ur-sprünglich einen Ofen bedeutet (wie jetzt noch das englische stove) und von etwas Gezimmertem keine Spur zu finden war. Einen solchen Raum muß Pope im Auge gehabt haben, als er sang:

In the worst inn's worst room with mat half-hung,
The floors of plaster and the walls of dung.

Da mag es bei den Gebrüder Nimrod in Borca doch appetitlicher aussehen, obgleich Herr King, der das Haus so angelegentlich empfiehlt, gesteht, es sei kein stove, keine fire-side im dortigen Gastzimmer, und er habe sich mit seiner Frau — welche wie Frau Engelhardt eine beherzte rüstige Bergsteigerin ist — in die Küche an den Herd setzen müssen, so kalt sei es Abends gewesen.

Unser Plan war uns heute ohne Führer, also ohne Störung, in dieser wunderbaren Gebirgswelt zu ergehen und uns auf dem Belvedere, das ja leicht erreichbar von uns stand, stundenlang am An-blick des Monterosa zu weiden, und dann auf der kräuterreichen Hubel, der Pedriolaup den durch die Sonne destillirten und mit Aether gewürzten Kräuter-geist als Lebenselixir mit voller Muße einzuschlürfen. Aber Dios no quino, wie der Spanier sagt, Gott wollte es nicht, denn als wir kaum die Schwelle überschritten hatten, kam Herr Lochmatter, der Herbergsvater, mit der Büchse auf der Schulter und einer an den Gürtel gebundenen Marmotte von der Gemsjagd nach Hause. Er ist der Rivale der Fratelli Albesini und noch jung genug, um es bis zur Berühmtheit eines Colani zu bringen, der nur von seinem zwanzigsten Jahre an 2700 Gemsen geschossen, ohne die dreißig Menschenleben zu rechnen, die er (siehe Tschudi) auf seiner „dem Teufel verschriebenen" Seele gehabt haben soll — was ich freilich nicht geahnt hatte, als er im Jahre 1836 mein treuer, aufopfernder Führer bei meinen Pigjahrten im Engadin war. Daß Lochmatter jetzt schon seinen Kollegen in Borca überlegen war, bewies er dadurch, daß er uns zu fangen vermochte, was jenen nicht gelang. Da half keine Vorstellung aber, daß wir, aus freiem Willen von unserer Seite. „Er könne uns nicht allein herumsteigen lassen; um auf die Hubel- oder Pedriosalp zu kommen, müsse man über den Gletscher, da könnten wir jämmerlich verguffert werden." Wir mußten uns fügen, stipulirten aber, daß wir, bis er seine Collation genommen, die alte Kirche besuchen dürften und erst dort zu uns stoßen sollte.

So wanderten wir die Matten hinauf zu der alten Kirche und zu der noch älteren prächtigen Linde, in deren Nähe der Quell rauscht, an den die Sage vom verlorenen Thale sich knüpft — ein schönes Symbol des verlorenen Sagenquelles, aus dem ein Saussure, ein Welden, ein A. Schott, ein Engelhardt vergeblich geschöpft haben, um das Geheimniß zu enträthseln, das über die Entstehung der deutschen Kolonien am Monterosa bis auf die heutige Stunde noch herrscht.

Saussure, der erste Beschreiber des Macugnagathals, hat über den Ursprung der deutschen Einwanderung die Ansicht: »Que ce sont des habitants du Haut Valais, qui en traversant les Alpes, ont vu que les sommités de ces vallées étaient inhabitées, et n'y sont établis au temps où les habitants de l'Italie, accoutumés à un climat plus doux n'osaient pas conduire leurs troupeaux, ni se fixer eux-mêmes, dans ces paturages entourés de neiges et de glaces.« Daß religiöse Verfolgung im Spiel war, wie A. Schott meint, läßt sich kaum annehmen, da in der Schweizergeschichte nichts davon verlautet, daß Protestanten die katholischen Oberwalliser — die bekanntlich deutsch reden — vertrieben hätten. Im Gegentheil wurden 1603 die Protestanten von den Wallisern vertrieben. Wenn aber diese über den Merozpaß hieher geflüchtet haben, wie kommt es dann, daß die Bevölkerung sämmtlicher sylvischer Kolonien durchweg katholisch ist? Gewiß hätten sie mit ihrer Sprache auch ihre Religion beibehalten oder wenigstens so blutig um dieselbe gerungen, daß sie wie die Waldenserkämpfe zu historischer Kunde gelangt wären, was nicht der Fall ist.

Ich möchte eher die Ansicht geltend machen, daß die berühmten Goldminen von Pestarena die angrenzenden Oberwalliser verlockten, ihre Heimat zu verlassen und sich als Squatters hier anzusiedeln. Dagegen könnte man einwenden, daß sich ja auch im obersten Sesiathal, im Lys- und im Apasthale deutsche Kolonien befinden, wo kein Gold zu suchen war. A. Schott vermuthet, die Einwanderung in jene Thäler sei über das Matterjoch (oder St. Theodulpaß) von Zermatt aus geschehen. Allein ist es nicht wahrscheinlicher, daß theils durch der getäuschte Hoffnung, die Nuggets in ebenso großen Mengen auflesen zu können, wie Sinbad die Edelsteine im Diamantenthal, theils durch Uebervölkerung und neue Zuströmung von Einwanderern sich die Ansiedler von Macugnaga aus nach und nach über das kleine Thürle nach Rima im Sermentathal und über den großen Turlo nach Alagna im Sesiathal verschlagen haben und von Alagna über den Col di Baldobbia nach Gressoney und von dort aus über die Bettafurka nach Ayas sich ausdehnten? Dafür spricht auch die von A. Schott selbst bestätigte Thatsache, daß die kirchlichen Urkunden keiner von allen diesen Gemeinden so hoch hinaufreichen, als bis zu Macugnaga; dafür spricht gewiß auch die Thatsache, daß die alte Kirche in Macugnaga die einzige Kirche der vom Monterosaund nach Oberitalien sich absenkenden Thäler ist, welche gothische, dem Styl des 15. Jahrhunderts entsprechende Fenster und Thüren hat. Die Kennzeichen dieses spätgothischen Styles sind hauptsächlich die Einführung von Fischblasen und die Vorliebe in allen Fensteröffnungen verschiedene Muster des Maßwerkes anzubringen. So sehen wir an dieser Kirche ein Fenster mit dem ringgothischen Maßwerk des Dreipaß und Vierpaß bei halbirendem Pfeilerstab, ein zweites ohne Pfeilerstab, mit nach Innen eingekippten Schenkeln des Bogens und mit kreisförmigem Maßwerk, ein drittes mit flauenaugartigem Flamboyant, ein viertes mit verschlungenem Fischblasen. Auch die Südthüre ist ein Spitzbogen mit Transsesimsräudung. Zwar trägt der Campanile die Jahrszahl 1580, allein dieser ist, wie die meisten italienischen Glockenthürme, ein selbstständiger, später angebauter Thurm, der mit der Grundanlage der Kirche nichts zu thun hat. Man darf also als ausgemacht annehmen, daß die Kirche vor der Reformation erbaut wurde und daß es nicht der Religionskrieg war, der die Walliser über den Merozpaß nach Macugnaga trieb.

Vielleicht ist meine Ansicht nur eine neue Cadenz zu dem uralten Liede, uralt wie die vielstämmige Linde, unter deren dichtem Laubdache wir auf der steinernen Bank ausruhten. Die Sage geht, eine alte Frau habe diese Linde als spannenlanges Reis aus der Heimat herübergebracht und hier gepflanzt. Es ist ein Wunder, wie dieser Baum der Brandung des Wolkenmeeres und der eisigen Gletscherluft so lange widerstehen konnte. Jetzt ist freilich sein Stamm hohl und mehrere Aeste sehen so kahl aus, wie die der Herneseiche zu Windsor, unter deren Obdach der hirschgeweihte Sir John Fallstaff dem Kartoffelregen, dem Grünenärmelmeledebeuner, dem Gewürznelken- und Muskatkuchenschnergestöber und dem Prüfungsfeuer der Queen Mab Trotz bot.

Unsere Rast war von kurzer Dauer, denn wir

21 *

saßen Herrn Lochmatter herauskommen, und wir brachen schnell auf, um noch aus der gran fun-tana zu trinken, ehe er uns zum Gletscher hinauf-führte. So heißt die prächtige Quelle, die am Fuß einer Mattenwarze mit der Stärke eines Mühlbachs hervorquillt. Nie versiegt sie im Winter und nie wechselt ihre Temperatur. Der Boden ist rings an einzelnen Stellen eingesunken, auch glaubt das Auge durch eine schmale Lichtung im Erlengebüsch den Lauf des unterirdischen Baches verfolgen zu können. An diese Erscheinung knüpft sich ohne Zweifel die Sage vom verlorenen Thal, welche auf alten Urkunden des wallisischen Ortes Saas beruht und welche A. Schott folgendermaßen mittheilt:

„Das Volk erzählt, der große Brunnen komme aus dem verlorenen Thal herab, das jenseits des Filarherns zwischen Schneefeldern und Gletschern verborgen liegt, abgeschlossen von aller Welt, so daß selbst die kühnsten Gemsjäger sich begnügen müssen, es von der Zinne irgend einer jähen Feldwand herab zu betrachten. Es ist reich an Wäldern und Wiesen, ein Wohnsitz wilder Thiere; früher war es bewohnt, wie noch aus den Mauern verlassener Hofstätten er-hellt; aber die Menschen sind fortgewandert, weil die Gletscher allmählig jeden Ausgang geschlossen haben. Auch dem Wasser wurde derselbe zuletzt ge-sperrt und es mußte sich die unterirdische Bahn suchen, bis in's Thal von Macugnaga, dem es nun als großer Brunnen seine Segnungen spendet."

Die Wissenschaft hat diese anmuthige Sage nicht unbeachtet gelassen. Saussure und Zumstein stellten eifrige Nachforschungen über das Thal von Hohen-Lauben, wie es in der Urkunde genannt wird, an. Auf Zureden eines alten Geistlichen entschlossen sich sieben junge Gressoneyer, an ihrer Spitze der Monte-rosabesteiger Nicolaus Vincent, die Wiederentdeckung von Hohen-Lauben zu versuchen und machten sich auf den Weg nach dem Lyskamm. So heißt jener beeiste Bergrücken, der sich in östlicher Richtung vom Mont Cervin (oder Matterhorn) über das Eismeer des Monterosa hinzieht und Piemont von Wallis scheidet. Die erste Nacht verbrachten die Jünglinge unter den obersten Felsen, am Rande des ewigen Schnee's; am folgenden Tage kamen sie nach sechsstündigem Marsch über diesen Schnee auf die Höhe des Lyskamms. Von einem Felszahn, der hier aus dem Firn hervorragt und den die späteren Besteiger den Entdeckungszellen benannt haben, ent-deckten sie zu ihren Füßen nordwärts ein Thal, das von Gletschern und furchtbaren Feldwänden umgeben, zum Theil mit Trümmern bedeckt war. Ein Bach durchströmte bis auf bewässerte herrliche Walden im Hintergrunde zur Rechten zeigte sich Wald, nirgends aber war eine Spur von menschlichen Wohnungen oder von Haustieren zu sehen. Mit der Ueber-zeugung, daß sie das verlorene Thal gefunden, kehrten sie höchst vergnügt nach Gressoney zurück. Es ward viel von der Sache gesprochen und sogar an den Hof zu Turin darüber berichtet. In's Thal selbst ist aber noch kein Mensch hinab gestiegen, alle spätere Versuche mit Haken, Stricken, Leitern hin-unterzugelangen, blieben fruchtlos wegen der uner-hört steilen Abhänge. Die Sage selbst wird aber noch so lange fortdauern, als der große Brunnen sein geheimnißvolles Wasser den Einwohnern spen-det; denn

Was sich nie und nirgends hat begeben,
Das allein veraltet nie.

So erscheint denn dieser Quell nicht nur als Symbol der Sage selbst, sondern, da die Sage den Lichtblick der Poesie in die vereinsamten Hütten dieses zur Winterszeit selbst verlorenen Thales wirft, er-scheint er auch als Symbol der Mildthätigkeit im Stillen, und ich erinnere ihm dankbar die Inschrift, die ich einst an einem Brunnen in England getroffen habe und die ganz für seine Trostspende paßt:

Thirsty traveller, see in me
An emblem of true charity,
Who, while my bounties I bestow
Am neither seen nor heard to flow,
But I have fresh supplies from Heaven
For every cup of water given.

Herr Lochmatter riß uns unsanft aus dem Land der Träume, denn mit rauher Stimme rief er uns sein Avanti! zu. Er hatte seine Jagdbüchse und Tasche bei sich, ohne welche er nie „führt". Sein Plan war mit uns heute über das Belvedere und die Gletscherfuhrt zur Hubelalp zu gehen und von dort aus die Fadenspitz (von Schlagintweit Faber-horn genannt) zu besteigen, von welcher aus man die schönste Aussicht auf diese ganze Kehrseite des Monterosa habe. Voller Erwartung durchschnitten wir die halmwogende Wiesenfläche von Pecetto oder Zertannen mit ihren zerstreuten hölzernen Hütten, auf deren Fenstersimsen und Gaben eine preiswürdige Ausstellung von Nelken und Geranien prangte. Früher war dieses Wiesenthal von einem herrlichen Silberföhrenwalde besäumt. Jetzt ist der Wald aus-gestockt und ungeheure Runsen von Wasser, Stein und Schlamm stürzen über die nackten Berghalden herunter und überschütten den fruchtbaren Wiesen-grund immer mehr. Erst vor Kurzem hatte ein Wolkenbruch eine große Verheerung verursacht und den Steg über den Gletscherbach mit fortgerissen, so daß wir das Belvedere nicht auf dem bequemen Fuß-pfade rechts, sondern links an einem steilen locker-steinigen Abhang hinaufsteigen mußten.

Das Belvedere ist ein ovaler Bergteil, der sich wie ein Cap in das ungeheure Gletschermeer vorgürtel, welches die breite Mulde des Monterosa-schoßes von der einen Hüfte, dem Pizzo Bianco bis zur andern, dem Rothhorn ausfüllt. Er ist augenscheinlich ein Gufferdamm, der jetzt mit ein-zelnen Lärchengruppen und sonnigen Haidekrautstrecken überschmückt ist. Oben, wo die hohe Stange steht, hat er eine Grotteneinfassung, in deren Auge man vor den kalten Luftstrichen der Gletscherschründe ge-schützt, in eine der großartigsten Naturscenen der Alpenwelt hineingebannt wie in Zauberbanden liegt. Von hier aus ziehen sich die Radien des Auges wie

Stuttgart Verlag v. Krais & Hoffmann

vom Mittelpunkt einer Halbkreisachse nach den verschiedenen Gebirgshäuptern hin, welche die Kelchblätter des siebengestirnten Diadems der Königin der Alpen einkerben. Hat vielleicht diese Kelchform dem Monterosa seinen Namen gegeben? Wenn dem so ist, so rufe ich mit neuem Rechte La Montagna zur Königin aus, ist ja doch die Rose die Königin der Blumen!

Einen solchen Kelch erschließt die Alpenwelt nirgend sonst. Deßwegen gilt der Anblick des Monterosa von der concaven Macugnagaseite aus für noch viel fesselnder und schöner, als von der Zermatteite aus, wo zwar der Görner- und Findelen-Gletscher viel längere Eiszungen um das Riffel- und Gugglihorn herumstrecken, aber der Monterosa selbst zu convex erscheint, um alle seine Zacken mit einem Blick umfassen zu lassen. Hier aber bilden der Pizzo Bianco (9564 Pariser Fuß), der Monte delle Loccie (noch ungemessen), die Signalkuppe (14,044'), die Zumsteinspitze (14,064'), die Höchste Spitze (14,284'), das Nordende (14,133'), das Weißthor (11,138'), die Cima di Jazzi (13,240') bis zum Rothhorn am Morepaß ein einheitliches Ganzes. Es fehlen zwar hier die Parrotspitze (13,663') und die Vincent-Pyramide (13,003'), welche auch noch zu den Gipfeln des Rosastockes gehören, sowie der Lyskamm (13,074'), aber diese können nur isolirt von den Hörnern und Furken zwischen dem Lys, Anas und Tourmanchethale in ihrer vollen Größe erschaut werden.

O daß die Gebrüder Albesini oder Herr Lochmatter hier ein gastliches Haus errichteten, wie es auf dem Riffelhorn, dem Mentawert, der Furka, dem Faulhorn geschehen ist. Aber die Gemsen liegen ihnen mehr am Herzen, als die Wirthschaftsspeculation.

Nachdem wir die trübgelbe, dicke zwanzige Gletschermilch gekostet hatten, welche in einem Felsentrege am Rand des Belvedere sich sammelt, galt es über den Gletscher zu wandern, um zur Hubelalp zu gelangen. Dies schien ein den ersten Anblick ein abschreckendes Unternehmen zu sein, denn der Gletscher lag da wie eine plötzlich erstarrte, sturmgepeitschte, bald spitzwogende, bald hohlgähnende See, mit Zacken und Zinnen, mit weitklaffenden Schründen und schmelzenden Rinnsalen, mit gigantischen Feldblöcken und hohen Gussrändern, die uns die Frage an-sprengten: „Da sollen wir hinüber?"

Nein, hier geradeaus kann keine Gemse hinüber. Wir müssen den Kuhweg einschlagen, der sich rechts schief über den Gletscherarm zieht, aus dem die Anza fließt.

Hier waren nun allerdings einige Durchgangsstellen bezeichnet mit kleinen Steinpyramiden und Tannenreisern, indem das Vieh bereits zur Alp gefahren war. Immerhin mußte man sehr behutsam vorwärts gehen, denn der Gletscher ist gerade im Wachsen und schafft große Felsbrocken und sandigen Unrath heraus, auch verrieth er sein Schaffen da-

durch, daß man das verkrümelnde Eis deutlich knistern hörte. Ueber einigen Schründen lagen dünne ponts de neige, deren Tragkraft zuvor mit dem Alpenstock untersucht werden mußte. Mitten im Gletscher lagen mehrere Courtils, d. h. einsam aus dem Eiswegen hervorragende, von Moosblüthen umwundene Granitblöcke. Dann kamen wir zu einer frisch aufgeworfenen steilen Seitenmoräne, die wir mit großer Mühe erkletterten. Hier hielten wir einige Minuten und bewunderten die ungeheure Eismasse, die dem Auge so leblos, so erstarrt erscheint, in welcher aber die ewig fortwirkende Natur nicht nur in dem Anwachsen und Zurückziehen des Gletscherstromes und seinen Flußsprüngen sich verkündet, sondern selbst die haarfeinsten Eisröhren mit animalischem Leben — mit Teserien und Podurellen bevölkert und die starrsten Granitblöcke mit einer Flechten- und Moosschichte schmückt.

Dieser Halt auf der Moräne kam uns aber theuer zu stehen, denn während wir uns dem Eindruck dieser Gletscherwelt überließen, spähte Herr Lochmatter mit seinem Fernrohr nach Büchsenfutter, und mit dem Ausruf: „dort drüben seh' ich Gemsen weiden, halten Sie sich nur immer rechts, Sie können die Hubelalp nicht verfehlen, dort treffe ich Sie wieder!" verließ er uns und zog die Moräne aufwärts, um weiter oben zu den Felsen zu gelangen, die den Sockel der Cima di Jazzi bilden. Unser Nachrufen half nichts und da wir ihn nicht als Führer anerpflichtet hatten, waren wir gänzlich machtlos gegen ein solches Vergehen und mußten den Weg über den Gletscher vollends allein suchen. Aber:

Das ist eine harte Reif,
Wenn man den rechten Weg nicht weiß.
Frag' die drei heiligen Leut'
Die zeigen Dir den Weg — zu die Ewigkeit.

Nachdem wir von der Moräne wieder auf das Eis gelangt waren, fanden wir dasselbe ziemlich platt geschichtet, mußten aber wegen der breiten Crevassen manchen Umweg machen, bis wir die Randmoräne erreicht, die schon alt und verwachsen war. Von ihr aus sahen wir Lochmatter noch auf dem Gletscher bahnsuchend über Eisgeröll, an dem er zu einer menschlichen Teserie (Gletscherfloh) zusammengeschrumpft erschien, so sehr verliert das Auge den Maßstab an den 10,000' hohen Schneewänden und so wenig bewahrheitet sich hier der Ausspruch eines Philosophen: „Der Mensch ist das Maß der Dinge."

Noch aber hatten wir ein saures Stück Arbeit vor uns, denn gegen die Randmoräne war eine massige Lawine im Frühjahre von den Bergwänden herabgerutscht, welche jetzt von der Sonne stark aufgelaut war, so daß der obere Gletscherbach nicht mehr von ihr überwölbt wurde, sondern beide zusammen einen wilden Strudelpfuhl bildeten, über welchen die stark durchlöcherte, wankend untertäubte Schneedecke kein Mannsgewicht zu tragen vermochte. Wir sahen wohl die Spuren des Kuhweges, aber das Schneegewölbe war auch dort eingesunken und wir mußten auf der alten Moräne fast eine halbe Stunde aufwärts gehen, bis wir den Platz erreichten, wo das Abflußrinnsal offen dalag. Aber es war so reißend, daß wir es weder überspringen noch durchwaten konnten. Wir rollten daher mächtige Steine in den Gletscherbach, die zuerst größtentheils von der Strömung fortgerissen wurden. Mit vieler Anstrengung wälzten wir einige Felsblöcke von der Moräne herunter, bis wir drei bis vier sichere Schrittsteine gebildet hatten.

In einer halben Stunde erreichten wir sodann die Sennhütten der Hubelalp. Der aus ihnen hervorquellende nüsternempörende Geruch — die idyllischen Chalets sind häufig eine Herberge für Mann und Schwein — nöthigte uns, außen auf die Bank zu sitzen, und als die garstigen Rüsselthiere uns hier höchst widerlich beschnüffelten, retteten wir uns auf das Dach der einen Sennhütte. Der Senne, Meister Franz Borghese, brachte uns einen Stotzen, d. h. einen flachen Kübel voll Niedeln (Rahm), da die Sennmagd keine Miene machte, uns zu grüßen oder zu bewirthen. Mit „rinternem Verstand und kälbernem Geberden" saß sie da und spindelte ihre Lämmerwolle ab. Neu und interessant war mir die Mittheilung des Meisters Franz, daß es zwei Weißthorpässe gebe, einen alten zwischen Nordend und Cima di Jazzi, und einen neuen zwischen letzterer und dem Rothhorn. Es sei vor nicht langer Zeit auf dem Weg zum ersteren der Stiel von einer Art gefunden worden und man hoffe den alten Gletscherpaß wieder ausfindig zu machen, der dann direkt zum Riffelhorn führen würde.

Die Aussicht auf dieser Alp ist noch großartiger, als auf dem Belvedere, weil man das Eismeer in seiner ganzen Ausdehnung von der beträchtlichen Erhöhung aus überschaut, während man dort nur an seinem Ufer steht. Auch der Blick in das tiefliegende Macugnagathal, das man von dem Vorcagrunde überblickt, ist herrlich. Wir rasteten eine volle Stunde auf unserem 5000' hohen Dachlager, bis uns die scharfe Luft so unbequem wurde, wie dem Gulliver auf dem 500 Ellen hohen Dachfirste zu Brobdingnag. Es war jetzt vier Uhr, folglich viel zu spät, um die Jadenspitz zu besteigen, selbst wenn Lochmatter zurückgekehrt wäre. Wir schickten uns daher an, in's Thal hinabzusteigen und zwar auf diesseitigem Grunde, um die Eisgrotte zu besichtigen, aus der die Anza entspringt. Der obere Gletscherbach wühlt sich unterhalb der Lawine einen unterirdischen Abfluß in die Gletscherschründe ein, wie es auch beim Arveyron der Fall ist, nur daß dort das Oberwasser mit einem prachtvollen Wassersturz sich in den Gletscher einhöhlt, wogegen die Anza aus einer viel höher und weiter gesprengten Eiskrystallgrotte heraus das Tageslicht sucht, als die Arve aus der Arveyronhöhle, welche ich im Jahr 1857 fast ganz eingestürzt und mit sich selber verfallen fand. Die Anzagrotte zeigt eine ungeheure Tiefe einwärts. Einsturzdrohende Eisplatten über-

hängen sie. Es wäre der „Weg in die Ewigkeit", wenn man hier eindringen oder gar ein Pistol abfeuern wollte, wie es jener verwegene Engländer in der Source de l'Arveyron so theuer büßen mußte. Das zauberhaft transparente Azur des innern Krystallgewölbes, das Jean Paul ein glimmendes unterirdisches Himmelsgewölbe genannt haben würde und an dessen Seiten Eis-Stalaktiten und Stalagmiten in einander gepelzt sind (auch Jean Paulisch), ist zum Schweigen schön — die beiden Heinriche (nämlich Heine und der arme v. Kleist) hätten gesagt, zum Erschießen schön. Selbst zu nahe an der Seite zu stehen ist gefährlich, denn wie die Eisberge in den Polargegenden sich vom Muttergletscher mit entsetzlichem Gekrache ablösen — des Eises Kalbung nennen die Grönländer — so droht auch dieser Gletscher mit jedem Augenblicke zu kalben, indem zackige, zerschlißne Eispyramiden, die wie Midasohren auf beiden Seiten der Höhlenkappung sich aufspitzen, von der Anza schon so unterwühlt sind, daß sie bald einstürzen werden. Da hatte jener französische Naturforscher mit vollem Rechte das Macugnagathal un pays fortement accidenté genannt.

Eine volle Stunde verweilten wir vor dieser prachtvollen Anzagrotte, von der so wenig gesprochen und geschrieben wird, während die Source de l'Arveyron von Dichtern und Gelichtern, von Impressionen und Pensionen weltgepriesen worden ist.

Es war sieben Uhr, als wir Lochmatters unwirthliche Gastherberge erreichten. Wir waren erhitzt und fanden die Inglöcher im Erdgeschoß unausstehlich. Wir hatten einen noch rabenmäßigeren Appetit von unserm Hubelalpdache mitgebracht, als Gulliver auf seinem eignen Knochen gehört hatte, und es dauerte zum Verhungern lange, bis Frau Lochmatter das Essen gar bereitet hatte, denn sie gehörte zu jenen langsamen Schaffnerinnen, die die Kelle an der Pfanne kleben lassen.

So fiel unsere Mahlzeit in die fashionabelste Dinnerstunde eines englischen Lords. Wollte Gott, sie wäre eben so substantial und eben so einfach gewesen. Wie wahr nennt doch ein französischer Schriftsteller das Table d'hôte-Essen in den Berneralpenhotels l'ignoble fatalité du diner! Wie gerne ißt man lieber eine einzige Platte Braten mit Kartoffeln, als die dutzenderlei Brocken, die das zoologisch-botanische Register einer tabula rotunda — so nennen die Italiener die Table d'hôte — liefert, aus der man schnell eine tabula rasa gemacht haben würde. Wenn nun vollends dieses moderne Ritterthum der Gasthofsindustrie sich in die entlegensten Winkel der Alpenwelt verirrt, so überkommt uns bei solcher Don Quijoterie ein cervantisch bitterer Humor, am Ende in den Worten Sancho Pansa's Lust macht: er wolle lieber ein Ei hinter der Thüre essen, als einem öffentlichen Schmause anwohnen, obgleich sein Name — zu deutsch Sanctius Sanst — und Grandville's Illustrationen zeigen, daß er es nicht im Ernste meinte.

Folgendes ist der Speisezettel unserer Tafel-
runde in der Stapfe, den ich als Nachtrag zu den
Kochbüchern einer Marianne Strüff oder einer Frau
Löfflerin liefere.

Erster Gang. Zuppa scozzese, ein ganz neues
Gericht in den italienischen Alpenthälern, welches
der Reverend Mr. King oder hoffentlich vielmehr
seine Lebens- und Reisegefährtin Mrs. C. King dort
eingeführt und dessen Recept er auch zu Gunsten
der Alpenwanderer seinem Reisewerk einverleibt hat,
weil, wie er sagt, „das Essen eine Hauptrolle in
Gebirgswanderungen spielt und einige Kenntniß der
Kochkunst dem Wanderer zu empfehlen ist". Zu
gleichem Frommen übersetze ich es hier.

„Recept für eine schottische Suppe. Ham-
melsknochen (mit Fleisch daran?) werden in einen
Kochhafen gethan, deren es ja in jedem Wirthshause
und in jeder Sennhütte gibt, und etwas Wasser zu-
geschüttet. Diesem werden sein geschnittene Rüben
(gelbe, weiße oder rothe?) oder auch Hülsenfrüchte,
wie Bohnen, Erbsen, Bergwicken, nebst Lauch und
Zwiebelschreiben beigegeben und Salz und Pfeffer
daraufgestreut, aber nicht zu haushälterisch. Dann
wird der Kochhafen mit einem Deckel zugedeckt und das
Ganze wenigstens vier Stunden lang gekocht. Einige
Stücke Zucker geben einen guten Beigeschmack. Dies
giebt eine ungemein kräftige, leicht verdauliche Speise
und kann auch einige Tage lang aufbewahrt werden,
so daß sie bei Ankunft von Gästen at a moment's
notice aufgewärmt werden kann."

Recht schön, Euer Hochwürden! aber wie, wenn
man in den Alpenbergen und Sennhütten keine
Hammelskeulen findet, die dort, wie ich aus trauriger Erfahrung weiß, nur zu finden sind, im Falle
ein Schaf sich todtgefallen hat? wie, wenn in jenen
Hochthälern die Horticultur so gedeiht, daß sie
in der Chiswick Gardens-Ausstellung um den Preis
concurriren könnte?

Auf die erste Frage bleibt der gastronomische Mis-
sionär die Antwort schuldig, und auf die zweite erwidert er ganz ruhig — „man botanisire in den
Gärten, an denen man in den angebauten unteren
Thälern vorbeiwandert. Die Leute erlauben es schon!"
Allerdings sind die Italiener nie so grausam egoistisch
gewesen, daß sie einen wegen eines gestohlenen Käse-
laibes aufgehängt hätten, wie es in England noch
bis in's erste Viertel des neunzehnten Jahrhunderts
herein üblich war.

Unsere Wirthin wußte sich hinsichtlich der Ham-
melsknochen zu helfen, sie nahm Marmotten statt
mutton, was sich ja auch zusammenreimt, und da
wir weder in Bogogna noch in Banzone uns ein
Rutznießherbarium angelegt hatten, so nahm sie Bovist (Pusterschwämme, Lycoperdon bovistae), Berg-
lauch und Alpenkresse, würzte den Sud mit den
Beeren des gemeinen Seidelbast (Daphne Mezereum),
die im Gebirge häufig statt des Pfeffers gebraucht
werden, und stellte uns diese zuppa scozzese —
die übrigens eher einem Irish stew gleichsah, nur
daß Paddy's Pataten fehlten — als eine Delikatesse

vor, die von uns eine sehr delikate Behandlung er-
litt, da wir sie wegen des allzuwilden Geschmacks
kaum anrührten.

Zweiter Gang. Eine süße Omelette, weder ba-
veuse, noch aux fines herbes, ja selbst ohne Eier!
Derselbe Staubschwamm, der, wenn er in der Pfanne
einfach geschmoret wird, eine sehr schmackhafte und
gesunde Nahrung gewährt, schwamm, in dünne
Scheiben zerschnitten, in einem ranzigen Oel herum,
übersprengelt mit grob zerhackten Alpenampferblättern
und überseifert mit Parmesanmehl. Wiederum eine
Delikatesse!

Dritter Gang. Ein abgebrühtes Thier, so mager
wie Wäinämöinens Roß, von dem es in der 6. Rune
des Kalewala heißt:

**Rahm sein Roß, das strohhalmleichte,
Dieß sein erbsenstengelgleiches —**

ob Kaninchen, Kater, Marder oder Bergmaus konnten wir nicht errathen — mit Kopf und Schwanz,
mit Haut und Haar — letzteres als Hyperbel zu
nehmen, da durch das Abbrühen und Abschaben
doch ein gutes Theil Haare ausgefallen waren — in
einer dulcamaren Pilzsauce. Guardar ma non toccar!

Vierter Gang. Geräuchertes Camoscien- (sprich
Kamoschen-) Fleisch — zu deutsch Gamsfleisch mit
trockenem, hartkrausigem Berglattich, der von den
weichen, glatten lattuga romana so weit entfernt
war, als die Kochkunst der Frau Lochmatter von
der Küche eines Soyer oder Ude. Mein nagender
Hunger arbeitete mit allen meinen 32 Zähnen an
dem Fleische, aber es war zäh wie eine Kamasche,
und kein vierstündiger Indianerritt hätte es mürbe
können.

Fünfter Gang. Ein luxuriöser Nachtisch, kostbare Reliquien des Wintervorrathes — eingemachte
erbsengroße Zirbelnüsse, Felsenbirnen, Mehlbeeren,
Preißelbeeren und — die einzige Platte, mit der wir
undelikat umgingen — gedörrte Pflaumen in einer
durch ihren Zuckerhalt süß gemachten, mit fein-
geschnittenen Blättchen des Guten Heinrich (Cheno-
podium Bonus Henricus) vollgetränkten Brühe.

Für einen Magen, der den ganzen Tag über
nur aus einer Balge (ein anderes Wort für Stoßen)
Riedeln getrunken hatte — und man kennt das
Sprichwort: Milch balgt wohl, aber sie talgt nicht,
d. h. schwellt den Leib auf, aber setzt kein Fett —
war diese Tafelkunde wahrhaft tantalisirend. Wir
gedachten des erquickenden Abendessens in Pestarena,
wo Milch und Honig floß, und wären wir zum
Singen aufgelegt gewesen, so hätten wir aus dem
uralten Frankfurter Liederbüchlein (1582 gedruckt)
das Lied von dem Bauernsohne angestimmt, dem
nichts ging über

**Eine gute Buttermilch,
Eine außerwählte Milch.
Eine hochgelobte Milch,
Eine abgekernte Milch.
Man trug ihm her ein saures Kraut,
Die Buttermilch troff ihm bald in die Haut,**

Man trug ihm her einen schweren Braten,
Die Buttermilch war ihm das gerathen,
Man trug ihm her gut Aepfel und Birn,
Die Buttermilch lag ihm stets im Harn,
Man trug ihm her gut Fisch und Häring,
Die Buttermilch lag ihm stets im Sinn,
Man trug ihm her die Badwegstein,
Die Buttermilch däucht ihm besser sein.

Und dazu kam noch der quälende Gedanke, wie hoch die Zeche für diese Delikatessen angetreten sein werde, und ob Herr Lochmatter, der unseren Plan heute schon einmal durchkreuzt hatte, Morgen früh nicht auch noch in der Zeche ein Andreaskreuz, d. h. wie Caspar Perra aus X für ein V machen werde.

Noch glaubten wir aus der Ferie des Parmesan-käselaibes die harten Krumen heraus und schlürften von dem herbittern herübergeschmuggelten Walliser-weine, als Herr Lochmatter ganz verdrossen von seiner Jagd zurückkehrte, um die Küche wieder mit frischem Marmottenfleisch zu versehen. Kamelsfleisch gab es ja noch genug in der Rauchkammer!

Er: Morgen stehe ich ganz zu Ihrer Dispo-sition, die Gemsen haben sich alle verstiegen.

Ich: Ist denn in Macugnaga nicht auch, wie in der Schweiz, die Gemsenjagd vor dem 21. Sep-tember verboten?

Er: Blos in den Gegenden, in welchen Victor Emmanuel zu jagen pflegt, wie im Gognegebirg, bestehen Jagdgesetze und Jagdaufseher. Bei uns ist die Jagd frei und Gemsen können wir im Sommer und Winter jagen.

Mein Freund: Im Winter? Da ist ja das ganze Thal haushoch eingeschneit, wie kann man da auf die Gemsenjagd ziehen?

Er: Da schießen wir fürstenmäßig — so über-setze ich sein principalmente (denn er sprach in einem Sprachengemengsel wie Straßenger, sie, wenn man nach dem Austerlitzthore fragt, sagen: vous passez par là, Monsieur, et alors zur Thür 'raus!), da kommen die hungrigen Gemsen bis zu den Fichten am Dorf herab, um die Leberaugen der langbärtigen Flechten abzureißen, auch trähen die Birk- und Schneehühner auf den Fichten, deren Zapfen sie aus Hunger benagen. Da kann man sie oft vom Fen-ster aus schießen, nach Art der Fürstenjagd. —

Auch Lochmatter war hungrig. Während er sich anlegen ließ, was abgetragen worden war, klopfte es geheimnißvoll an's Fenster. Es war aber keine Undine, sondern ein wasserdichter Engländer, der Herrn Lochmatter durch ein offenes Ochsenauge zu sich hinausrief.

Auch wir traten hinaus und da ich fand, daß der Engländer große Mühe hatte, sich Lochmatter verständlich zu machen, trat ich hinzu, um ihm meine guten Dienste als Dolmetsch anzubieten. Er ward aber über meine Zudringlichkeit sehr ungehalten. Mit erhobenem Daumen, dessen langer, scharf zu-gespitzter Nagel an die giftigen Daumnägel der feind-wärgenden Indianer erinnerte, stellte er sich zwischen mich und Lochmatter und winkte ihn von uns weg. Sie blieben lange in babylonischem Zwiegespräche,

bis der Engländer sich jener objektiven Sprache be-diente, welche auf der Universität zu Lagado als Universalsprache gelehrt wurde und die ja auch dem Anschauungsunterricht unserer Kindergärten zu Grunde liegt — d. h. bis er einen Napoleon herauszog, ihn hemmend mit seinem Giftdaumen und ersten Finger (die Engländer haben bekanntlich nur vier Finger) in die Höhe hielt und auf Lochmatters Jamiden ihn wieder einsteckte, worauf er forttrollte.

Lochmatter: Der Signor Inglese wohnt bei den Albesini's und will morgen über das Weißthor nach Zermatt. Ich soll ihn führen und zwar ohne einen Träger mitzunehmen, was ein saures Stück Arbeit sein wird.

Wir: Und unsere Besteigung der Jadenhritz und des Monte Moro? Sie stellten sich ja uns zur Disposition.

Er: Mi rincresce, ich habe eher disposizione, einem Reisenden auf gefahrvollem Wege mich nützlich zu erweisen, als auf gewöhnlichem, zu denen jeder Gaisbube Sie bringen kann.

Unsere Stirne umdunkelte bei diesen Worten ein verbissener Ingrimm. Als wir uns aber von Loch-matter abwandten, stand der Monterosa ganz unbe-wölkt, aber schon stark umkämmert vor uns. Da die Himmelsgegend, in welcher er von hier aus sich zeigt, eine westliche ist, so bietet er nicht die ver-schiedenen Abstufungen der Abend- und Nachtfärbung dar, wie der Montblanc zu Chamouni, welcher von der untergehenden Sonne bestrahlt und nach und nach vom Erdschatten berührt wird, so daß alle jene wunderbaren Phänomene sich zeigen, die den Schneewangen der Alpengipfel eigen sind. Dahin gehört namentlich das sogenannte Alpenglühen, worunter viele Alpenwanderer jene wunderbare Pracht verstehen, in der bisweilen die Berge im Lichte der untergehenden Sonne erglänzen. Es ist dies aber eine ganz andere Erscheinung. Sobald der Erd-schatten die Schneemassen der Alpengipfel erreicht hat, verschwindet das Abendroth von denselben und sie heben sich jetzt entweder dunkel am Hintergrunde ab, oder sie scheinen, ungeachtet der an sich sehr hellen Farbe ihrer Oberfläche sich kaum vom Firma-mente zu unterscheiden. Wenige Minuten aber, nach-dem der Dämmerungsbogen — wie man die obere Grenze des Erdschattens nennt — ihnen sowohl ihre absolute als relative Helligkeit benommen hat, zeigt sich das wunderbare Phänomen, daß die Schnee-flächen wieder ihre relative Helligkeit bekommen, d. h. daß sie sich wieder hell vom Hintergrunde ab-heben, während die absolute, allgemeine Helligkeit rasch abnimmt. Dieses ist das wirkliche Alpenglühen, obgleich keine eigentlich glühende Farbe sich zeigt, sondern die Lebhaftigkeit des Farbenlichtes nur eher durch einen grauen Metallglanz vor dem tief vio-letten Hintergrunde sich äußert.

Die Gebrüder Schlagintweit haben in ihrem großen Werke „Untersuchungen über die physikalische Geographie der Alpen" die verschiedenen Abstufungen, wie sie in Chamouni wahrgenommen und benannt werden, aufgezeichnet. Dort unterscheidet man nämlich:

1) La Coloration de la Montagne, die brillante rothe Färbung von der untergehenden Sonne, welche man fälschlich das Alpenglühen nennt, die sich aber ebenso schön zu hohen, festgeballten Cumuluswolken oder an jeder andern Abendlandschaft zeigt, nur daß wegen des erweiterten Horizontes für hohe Gipfel, die direkte Sonnenbeleuchtung auf ihnen noch länger fortdauert, während die unteren Theile des Berges und die Thäler bereits im Schatten sind.

2) La Teinte cadavereuse, das Erbleichen, dessen Anfang mit dem Momente zusammenfällt, in welchem der Dämmerungsbogen mit dem Gipfel des Montblanc die gleiche Höhe erreicht hat. Jetzt hebt sich der Gipfel einige Zeit dunkel gegen den Hintergrund ab. Ist aber der Himmel etwas bewölkt, so tritt in der relativen Helligkeit keine weitere Veränderung ein.

3) La Resurrection, die Auferstehung, die zweite Färbung. Die Schneeflächen heben sich entschieden wieder hell vom Hintergrunde ab und nehmen eine metallisch glänzende, nicht immer in's Röthliche spielende Farbe an. Dieses Phänomen beschränkt sich übrigens nicht auf Schneemassen, sondern ist bei allen Bergen, die stark reflektirende Oberflächen haben, bemerkbar. Besonders schön habe ich diese Resurrection an den Dolomitbergen bei Botzen und den Porphyrkuppen des Pulchlavs gesehen.

4) Darauf folgt entweder die Extinction, das Erlöschen, wobei der Gipfel allmälig mit dem Hintergrunde gleiche Helligkeit annimmt und während der mondlosen Nacht kaum zu sehen ist, oder

5) La lueur nocturne, das nächtliche Glänzen, wobei der Gipfel während des größten Theils der Nacht hell vom Himmel sich abhebt. Dieses letztere ist von der Stellung der Sonne unabhängig. Es kann daher auch in den östlich gelegenen Thälern beobachtet werden.

Bot uns nun auch der Monterosa in der Abenddämmerung nicht jene abwechselnden Phänomene dar, so war doch seine teinte cadavereuse von ergreifendster Wirkung und höchst interessant war eine andere Beobachtung, die wir anstellen konnten. Es hatten sich nämlich die Parasitenwolken, die heute Nachmittag wie graue Bärte die mittleren Felsenknäuse umwallt hatten, in der Abendluftströmung hoch über die Spitzen des Bergstockes erhoben, wo sie in einer scheinbaren Höhe von etwa 2000 Fuß über dem Monterosa als seine, flache Cirri oder Federwolken vom jenseitigen Sonnenuntergang durchleuchtet wurden, und, als auch sie erblichen, zerfetzte sich ihr Umriß ganz gegen nach den Auszackungen der Kimmungslinie des Gebirges, ähnlich jener optischen Kimmung, den das sogenannte Fata Morgana in unteren Luftschichten manchmal abspiegelt.

Kälte und Mattigkeit trieben uns von dieser herrlichen Naturansicht hinauf in unsere enge Schlafkammer. Die Betten waren äußerst knapp; wohl

dem, der gelernt hatte, sich nach der Decke zu strecken! Um zwei Uhr Nachts wurde ich durch ein lautes Pochen an die Hausthüre aus meinem ersten Schlafe gerüttelt. Es war der giftige Engländer, der Herrn Lochmatter weckte — da leuchtete der Monterosa in seinem Nachtglanze zum Fenster herein, gerade auf mein Antlitz, denn mein Pfühl ruhte theilweise auf dem Fenstergesims, so knapp war das Bett auch in der Breite! Treppunter gingen laute Vorbereitungen zum Abmarsch vor sich, die mich verhinderten, wieder einzuschlafen. Erst nachdem es ruhig geworden war, schlossen sich meine Lider wieder, aber nicht auf lange, denn Queen Mab hauntet me, zu deutsch; hunzte mich aus meinem Schlummer, und ich war ihr am Ende dankbar dafür, denn ich sah Lichteffekte, die einen Landvik oder Rembrandt den ganzen Tag lang gehuzt haben würden, bis sie dieselben auf die Leinwand gebannt hätten. Die lueur nocturne hatte sich in eine Morgendämmerung umgewandelt, welche eine Zeitlang das so fein geschwungene Gebirg mit dem erblassenden Sternenhimmel verschwimmen ließ. Auch schienen die untern Schneewände und der mittlere, vom Belvedere getragene Gletscher sich wie Hausenwolken zusammenzuballen. Ich schlummerte wieder ein, aber der Vorhang der Augenlider erhob sich bald wieder und die erste Scene eines neuen Aktes begann. Die Sonne trug den ersten Probestrich ihres Farbenpinsels den Cirristreifen auf, die immer noch über dem Monterosa schwebten, aber in horizontaler Schichtung und noch um vieles höher als gestern Abend. Denn es dauerte geraume Zeit bis der Dämmerungsbogen von ihnen bis zur Bergkirne selbst herunterglitt und der Erdschatten der ganzen Gebirgssockels auf die Federstreifen schlug, welche bald nicht mehr eine Aureole bildeten, sondern sich allmälig senkten und zuerst ein goldenes Diadem um die Schläfe des Berges wanden, bis sie endlich als Gürtel den Gletscher umschlossen. Wieder schlossen sich meine Augen — neues Lüften des Vorhanges, neue Scene. Die Königin der Alpen hatte Gürtel und Schleier abgelöst — und strahlte in der gottvollsten Sonnenbeleuchtung, in ihrer unverhüllten Schönheit, in ihrer hehren Reinheit. Der eitle Wahn der nächtlichen Phänomene war auch damit entzwei gerissen. Ich schloß die Augen nicht mehr, legte auch mein Haupt nicht mehr auf den einschläfernden Pfühl, sondern auf's härteste Lager, auf das, wie Jean Paul so treffend sagt, das Haupt sich legen kann — auf meine vom Elbogen gestützte Hand, und schaute so lange auf diese wonnesame Morgenscene, bis mir die Augen wehthaten und zu thränen anfingen. Es waren aber nicht die Thränen des Kummers, die das harte Lager dem Unglücklichen auspreßt, es waren die Thränen eines wonneberauschten, bis in die feinsten Retinenmaschen überreizten Auges.

No mistake — der Sonnenaufgang gewährt ein erhabeneres, intensiveres Vergnügen als der Sonnenuntergang. Wohl lodern die Farben der untergehenden Sonne bunter, greller und sprühender

auf, wohl scheint oft der Horizont ein Flammen=
meer, in dem die Landschaft sich mit Rottmann'scher
oder Achenbach'scher Glut verzehrt, wohl ist es der
Verkünder eines neuen schönen Tages — allein es
ist eben doch das Scheiden des arbeitsmüden, aus=
gelebten Tages, es ist das letzte Aufflodern der Kräfte
eines Sterbenden, es ist ein flüchtiger Genuß, wie
Alles Prunkhafte auf Erden, und endet mit der
teinte cadavereuse, es ist wie das goldgefärbte
Herbstlaub, das, so malerisch es auch die Herbst=
landschaft belebt, doch weder die Blüthenzeit des
Lenzes, noch den saftigen Baumschlag des Hoch=
sommers aufwiegt. Der Sonnenaufgang hingegen
führt den lieblangen Tag herein, er erschließt sich
blendendweiß zuerst wie der Lenz, bis die rosen=
fingrige Eos, die jugendliche Schwester des Helios,
die Pforten dem Sonnengott öffnet. Sie streut
Rosen um den Himmelswagen, welche den Menschen
das hartgelagerte Haupt umdusten, sie prangt in
keuscheren, reunigeren Farben und wenn ja der
unreine Dunstkreis ihr jugendliches Auge zu trüben
wagt, so röthet sich ihre Wange mit der Glut des
Zornes und sie beschwört Regengüsse und die Winds=
braut herauf, denn Boreas und Notus sind ihre
Söhne, die sie dem Titanen Aström gebar, und
sind ihres Winkes stets gewärtig. Darum hat sie
die griechische Mythologie sie als Göttin verehrt, während
dem sinkenden Abend nur ein Stern — der Hes=
perus — geweiht ist.

Würde die Menschheit das goldene Sprüchlein:
Morgenstund hat Gold im Mund, nicht verlernt
haben, so würde die Bewunderung des Sonnen=
aufgangs nicht zu den seltensten Naturgenüssen ge=
zählt werden müssen, den man sich gewöhnlich nur
für den Himmelfahrtsmorgen aufspart, oder, wenn's
doch kommt, auf eine Brocken=, Hohenstaufen= oder
Rigifahrt. So bequem hat man es freilich dort
nicht, wie ich in meinem Bett am Fenster in der
Stapfe, kein Brockengespenst erschreckt mich wenn statt
unter der wollenen Bettdecke, die man auf der
Staffel oder auf dem Kulm als Plaid entlehnt, zu
frieren, befinde ich mich unter der meinigen behag=
warm und habe Muße, mein Herz zu einer so
langen Apostrophe an Aurora zu erwärmen.

Um vier Uhr weckte ich meinen Freund, der in
einer dunkeln Ecke schlief. Er war aber doch auch
selig gewesen, wenn auch nur schlaffelig. Wie schnell
schüttelten seine sich weit aufstehenden Augen die lä=
stigen Sandkörner ab, die noch die Augäpfel trübten,
als der Monterosa — so wie unser Farbenbild ihn
gibt — in strahlender Schönheit vor ihm stand.
Mit dem Entschlusse, solch einen herrlichen Tag zu
einer Bergbesteigung zu benützen, stiegen wir hin=
unter in die Küche, wo Frau Lochmatter für uns

schon den Kaffee aufwärmte, den sie in der Nacht
für den Engländer bereitet hatte. Wir baten sie,
uns unverzüglich für einen Führer auf den Mere
oder die Jadenspitz besorgt zu sein.

Das ist unmöglich, lautete die Antwort. Die Män=
ner unseres Thales treiben sich als Hausirer in andern
Ländern herum, die jungen Leute arbeiten als Minieri
und die Weiber haben genug für sich zu sorgen.

Ich hätte dies wohl wissen können, hatte ich ja
doch in Saussure's Voyages gelesen, daß er einst
seine Mineralienkiste von hier aus nach Banzene
tragen lassen wollte, daß er aber keinen einzigen
Mann auftreiben konnte, so daß eine Frau ihm die
schwere Last tragen mußte.

In der Hoffnung, unterwegs einen Führer zu
finden, tranken wir schnell unsern Kaffee, in welchem
keine Spur von einem Moltabohnenstäubchen heraus=
zuwittern war und der vielleicht aus gemahlenem
puff-ball, so nennen die Engländer den Bovist, be=
stand. Also lauter Puff in dieser Gastherberge! Aber
der Wirth und die Wirthin „uf der Stapf" sind ja
„verschlagene Lüt". Zur Ehre der verschlagenen Lüt
zu Pestarena sei es aber gesagt, daß Herr und Frau
Lochmatter erst vor ein paar Jahren aus Wallis
hieher verschlagen worden sind.

Und die Zeche? Sie betrug 18 Fr. 55 Cent für
uns Beide, überdies noch 5 Fr. für die Besteigung
des Belvedere. E troppo? fragte sie, als wir die
Stirne runzelten. Sie wälzte die ganze Schuld
auf ihren Mann. Hätten wir ihm auch nur die
halbe Schuld aufwälzen können!

Ich: Sicuro, ò troppo. Wir haben so vielerlei
Delikatessen nicht verlangt und der Patron hat uns
im Stich gelassen.

Sie: Nicht doch, er hat Sie auf's Belvedere
und auf's Eis geführt, die Taxe ist 5 Fr. Weitere
Ausflüge kosten mehr.

Ich: Aber ich schreibe ein Buch über euer Thal
und da werde ich vor eurem Haus nach bestem
Wissen und Gewissen warnen müssen.

Sie: O, Sie werden uns doch nicht schaden?
O, ziehen Sie doch ab, was Sie für troppo halten.

Mit verächtlicher Miene zahlten wir die ganze
Summe in harten Thalern, minus des Führerlohnes,
der uns ganz unverschämt erschien, in ihre geizzer=
knöcherte Hand — allerdings ein hartes Lager für
ein knöchiges Haupt — und wanderten thalabwärts.
Zu Bergsteigungen fand sich nirgends nur ein Führer
und so kam es, daß wir Abends uns wieder in der
Corona zu Begogna einfanden, herzlich milde, aber
auch herzlich erfreut über Carletta's herrliche Minestra
und fritture und die großen Betten, in denen wir
unsere Müdigkeit ausstrecken konnten.

─────────

*Franz Kerler
im zwölften Lebensjahre*

Isaak Newton.

(Mit Stahlstich.)

Das siebenzehnte Jahrhundert umfaßt die bedeutungsvollste Periode in der Geschichte der mathematischen und physikalischen Wissenschaften. Durch die Entdeckungen des vorhergehenden Zeitalters war der Nebel zerstreut, und Männer von hohen Geistesgaben, wie Kopernikus, Keppler, Tycho, Galilei u. A. hatten durch Erweiterung der Kenntniß des Universums jenem Genius die Bahn geebnet, der durch sein Weltsystem für alles Weiterbau den dauernden Grund legen sollte. Der Name Newtons ist mit allgemeiner Uebereinstimmung an die Spitze jener großen Männer gestellt worden, welche durch ihr Streben und Schaffen zu Wohlthätern und Zierden der Menschheit sich emporschwangen und einer der größten Forscher der Neuzeit, der Marquis de La Place, charakterisirt Newton's Hauptwerk „die Principien der Naturphilosophie" als das Hervorragendste unter allen Erzeugnissen des menschlichen Geistes.

Zieht sich auch die Laufbahn eines so gefeierten Mannes nur durch das beschränkte Thal eines einfachen Privatlebens hin, ist auch sein Auftreten nicht durch dramatische Erfolge ausgezeichnet, wie sie oft vergängliche Namen mit Glanz umgeben, so nimmt er doch ein außerordentliches Interesse in Anspruch; wir möchten den Boden kennen lernen, in welchem so reiche Gaben wurzeln, die Bedingungen, unter denen sie sich entfaltet, die Blüthen und Früchte, die sie getragen haben. Und suchen wir schon Belehrung aus dem Leben und den Meinungen gewöhnlicher Menschen zu schöpfen, um wie viel ergiebiger muß es für uns sein, dem erhabensten Genius in die Labyrinthe des täglichen Lebens nachzugehen, die Schritte zu verfolgen, durch welche er seinen hohen Standpunkt erreichte, zu beobachten, wie er seinen Pflichten im geselligen und häuslichen Leben nachkommt, wie er seine Erfindungskräfte übt, wie er sich auf der Arena wissenschaftlicher Kämpfe benimmt, und mit welchen Gefühlen und Wünschen er die Welt verläßt, die er mit unvergänglichen Schätzen bereichert hat.

Isaak Newton ward zu Woolsthorpe, einem Dörfchen im Kirchspiel Colsterworth in Lincolnshire, am 25. Dezember, alten Styls, 1642, gerade ein Jahr nach dem Tode Galilei's geboren. Sein Vater Isaak Newton starb in dem frühen Alter von sechsunddreißig Jahren, wenige Monate nach seiner Verehelichung mit Hanna Ayscough, einer Tochter von James Ayscough im Markt Overton in Rutlandshire. Das schwächliche, zu früh zur Welt gekommene Kind war so ungewöhnlich klein und von so zartem Bau, daß die beiden Weiber, die zu Lady Packerham nach North-Witham geschickt wurden, um für dasselbe einige Stärkungsmittel zu holen, nicht erwarteten, es bei ihrer Rückkehr noch am Leben zu finden. Die Vorsehung hatte es jedoch anders beschlossen, und der gebrechliche Körper, der kaum lebig zu sein schien, seinen unsterblichen Geist festzuhalten, war zu kräftiger Reise und ungewöhnlicher Lebensdauer bestimmt.

Das kleine Herrenhaus von Woolsthorpe war bereits seit mehr als hundert Jahren im Besitze der Familie, die ursprünglich von einem Sir John Newton zu Besitze in Lincolnshire abstammte. Das Landgut, Isaaks väterliches Besitzthum, welches von seinem Großvater 1623 käuflich erworben wurde, ertrug jährlich nur 30 Pfd. St., aber die Wittwe Newton besaß auch in Sewstern, an der Grenze von Leicestershire, ein kleines Grundstück, dessen Einkünfte sich auf 50 Pfd. St. beliefen, und es ist wahrscheinlich, daß durch die Bearbeitung des kleinen Landgutes, das sie selbst bewohnte, die spärlichen Einkünfte so weit vermehrt wurden, daß sie sich selbst erhalten und ihren Sohn erziehen konnte. Unter der Pflege seines Onkels und der zärtlichen Aengstlichkeit seiner Mutter entwickelte sich der schwächliche Knabe zusehends; noch vor Vollendung seines vierten Jahres aber wurde er, da seine Mutter sich mit dem Pfarrer Barnabas Smith zu North-Witham verehelichte, der Sorgfalt seiner Großmutter anvertraut, die zu diesem Zwecke ihren Aufenthalt zu Woolsthorpe nahm.

Den ersten regelmäßigen Unterricht erhielt Newton in der öffentlichen Schule zu Grantham, aber nach seinem eigenen Bekenntniß war er nichts weniger als aufmerksam in der Schule und fast verträbend einer der Untersten. Als er der Zweitletzte in der Klasse war und ihm der Knabe, der über ihm saß, eines Tages auf dem Weg zur Schule einen Stoß vor den Leib versetzte, der ihm arge Schmerzen verursachte, forderte er nach Schulschluß seinen Widersacher zum Gefecht auf den Kirchhof. Des Schulmeisters Sohn, welcher dazu kam und ein Freund solcher Schlägereien war, feuerte die Buben noch mehr an, ihren Kampf fortzusetzen, und Isaak, obwohl weniger robust als sein Gegner, diesem aber an Gewandtheit überlegen, bediente seinen Angreifer so, daß dieser um Frieden bitten mußte. Der andern Buben Zureden, den nun Frieden Bittenden als Feigling zu behandeln und dessen Nase gegen die Wand zu reiben, kam Isaak gewissenhaft nach, und dieser erste Erfolg der Ueberlegenheit seiner physischen Kraft ermunterte ihn, diese Kraft auch in einer besseren Sache zu prüfen. Obschon sein Gegner noch lange Zeit in der Schule über ihm blieb, begann er doch von da an größere Aufmerksamkeit auf seine Arbeiten zu verwenden, fing fleißig an zu lernen und unter vielen Mühen gelang es ihm endlich, den ersten Platz in der Schule zu erobern.

32*

Aus der Gewohnheit fleißig zu sein, wozu ihn dieser Vorgang bewog, entwickelte sich schnell der eigentliche Charakter seines Genies. Seine Seele war mit Gegenständen erfüllt, die tieferes Interesse für ihn hatten, und während seine Mitschüler sich in den Erholungsstunden mit ihren Spielen belustigten, war er mit mechanischen Versuchen beschäftigt, das was er gesehen, mit Hülfe kleiner Sägen, Beile, Hämmer und anderer Werkzeuge nachzumachen, oder das, was er erdacht hatte, auszuführen. Die ersten mechanischen Stücke, die er so verfertigte, waren eine Windmühle und ein Karren, der von der darin sitzenden Person in Bewegung gesetzt wurde. Als in der Nähe von Grantham eine Windmühle errichtet wurde, beachtete Isaak mit großer Aufmerksamkeit die Arbeiten der Werkleute und erlangte dadurch eine solche Kenntniß des Mechanismus, daß er ein Modell der Maschinerie verfertigte, welches die allgemeine Bewunderung erregte. Das Modell wurde sehr oft auf dem First des Hauses, in welchem er zu Grantham wohnte, gesetzt, und durch die Wirkung des Windes auf die Segel in Bewegung gebracht. Bei windstillem Wetter, wo eine andere mechanische Kraft erforderlich war, benutzte er zu diesem Zwecke eine Maus, die er seine „Müllerin" nannte. Es ist nicht ganz ersichtlich, auf welche Art das kleine Thier zur Ausführung seiner Pflicht genöthigt wurde: einigen Nachrichten zufolge wurde die bewegende Kraft durch die vergeblichen Versuche des kleinen Wesens hervorgebracht, ein über dem Tretrad befindliches Kornhäuschen zu erreichen, nach anderem Bericht dagegen wurde die Maus durch Zerren an einer Schnur, die an ihrem Schwanz befestigt war, zum Vorwärtsgehen im Rade veranlaßt.

Die Wasseruhr, welche Isaak konstruirte, war ein bei weitem nützlicherer Mechanismus als seine Windmühle. Sie war einigermassen einer Hausuhr ähnlich, gegen vier Fuß hoch und von verhältnißmäßiger Breite. Das Zifferblatt war auf der obern Seite angebracht und der Zeiger auf demselben wurde durch ein Stück Holz zum Treiben gebracht, welches durch die Wirkung des tropfenden Wassers fiel oder stieg. Die Uhr stand in Isaaks Schlafzimmer und wurde jeden Morgen von ihm mit der nöthigen Menge Wasser versehen. Sie wurde von den Hausbewohnern zur Bestimmung der Tageszeit benutzt und blieb noch im Gebrauch, nachdem unser Isaak längst nach Cambridge übergesiedelt war. — Der mechanische Karren, den Newton erfann, war ein vierräderiges Fuhrwerk, das vermittelst einer Handhabe oder Kurbel in Bewegung gesetzt wurde, die eine in demselben sitzende Person herumdrehte. Das Fuhrwerk war aber nur auf dem glatten Boden einer Flur zu gebrauchen und den Unebenheiten einer gewöhnlichen Straße nicht gewachsen.

Obgleich Newton zu dieser Zeit ein „gelehrter, stiller, nachdenklicher Bursche" war, der niemals Antheil an den Spielen und Belustigungen seiner Mitschüler nahm, sondern alle seine Stunden zum „Pochen und Hämmern" in seinem Zimmer benutzte, machte es ihm doch großes Vergnügen, Spiele von einem wissenschaftlichen Charakter für seine Kameraden zu ersinnen. Er führte bei ihnen steigende Drachen von Papier ein und gab sich große Mühe die beste Form und Proportion herauszubringen und die Zahl und Lage der Punkte zu bestimmen, wo die Schnur befestigt werden mußte. Ebenso konstruirte er Laternen aus gebrochenem Papier, deren er sich zur Winterszeit des Morgens beim Gang zur Schule bediente, und bei dunkeln Nächten befestigte er oftmals solche Laternen am Schweife seines Drachen, um die Landleute zu schrecken und sie glauben zu machen, daß es Kometen wären.

Bis zu dieser Zeit hatte sich Newtons Aufmerksamkeit noch nicht den Himmelserscheinungen zugewendet, und wenn er die tägliche Bewegung der Sonne beobachtete, geschah es, um die unvollkommene Zeitmessung seiner Wasseruhr zu berichtigen. In dem Hofraume des Hauses, wo er wohnte, beobachtete er die fortschreitende Bewegung der Sonne und trieb überall hölzerne Pflöcke in die Mauern und Dächer der Gebäude, um die Stunden und Halbstunden des Tages durch die Schatten derselben zu bezeichnen. Es scheint nicht, daß er damals schon befähigt war, die Linien seiner Sonnenuhren nach der Breite von Grantham zu reguliren, indeß gelang es ihm doch nach jahrelangen Beobachtungen, dieselben so genau zu ziehen, daß Jedermann sich nach Isaaks Sonnenzeiger, wie sein Gnomen allgemein genannt wurde, die Tageszeit bestimmen konnte. Wahrscheinlich entstanden zu jener Zeit auch die beiden Sonnenuhren an den Wänden seines eigenen Hauses zu Woolsthorpe.

Doch Hammer und Säge waren nicht die einzigen Werkzeuge, mit denen sich unser junger Philosoph und Mechaniker beschäftigte; eben so geläufig waren ihm Pinsel, Zeichenstift und Feder, und seine Liebe zum Zeichnen und Versemachen verdient bemerkt zu werden. Sein Zimmer war mit Gemälden versehen, die er selbst theils nach Stichen, theils nach dem Leben gezeichnet, in roher Art kolorirt und selbst eingerahmt hatte. Unter denselben befanden sich unter anderen die Portraits seiner Lehrer und des Königs Karl I. Außerdem zeichnete er Vögel, Säugethiere, Schiffe, mathematische Figuren ꝛc. mit Kohle an die Wände, und diese Bilder waren bis zum Niederreißen des Hauses im Jahre 1711 zu sehen. Unter dem Portrait Karls I. hatte er bei einigen Versen versucht, und beschäftigte sich sonst viel mit der Dichtkunst, während er in ernsteren Jahren, gleich Plato, der nicht einmal dem Homer einen Platz in seinem Freistaate gestatten wollte, geringschätzig von Dichtern sprach.

Während der sieben Jahre, die Newton in Grantham zubrachte, scheint er an der Gesellschaft einiger junger Mädchen, die mit ihm das Haus des Apothekers Clark bewohnten, viel Vergnügen gefunden zu haben. Eine derselben, Fräulein Storey, war nur zwei bis drei Jahre jünger als er selbst.

und hatte außer persönlichen Reizen einen mehr als gewöhnlichen Antheil weiblicher Talente; kein Wunder daher, daß er die Gesellschaft dieser jungen Dame und ihrer Gespielinnen dem Umgang seiner Mitschüler vorzog, und es eine seiner angenehmsten Beschäftigungen war, für sie kleine Toiletten und Schränke und andere für ihre Puppen und Flitterwerk nöthige Sachen zu machen. Die jugendliche Freundschaft steigerte sich allmählig zu einer höheren Leidenschaft, und Fräulein Storev, die später zweimal verheirathet war, und als Frau Vincent im

Jahr 1727 von Dr. Stukely in Grantham besucht wurde, der Notizen über Newton's Leben sammelte, bekannte diesem in ihrem zweiundachtzigsten Jahre, daß nur ihr kleines Erbtheil und die Unzulänglichkeit seines Vermögens die Vollendung ihres beiderseitigen Glücks verhindert hätte. Newton's Achtung für sie blieb während seines ganzen Lebens ungeschmälert. Er besuchte sie, so oft er nach Woolsthorpe ging, und unterließ niemals, ihr in kleinen Geldverlegenheiten, die hin und wieder ihre Familie berührten, Hülfe zu leisten.

Isaac Newton.

Nach dem Tode des Pfarrers Smith, 1656, verließ dessen Wittwe, Newtons Mutter, die Pfarre und zog mit ihren drei Kindern nach Woolsthorpe zurück. Isaak, der sein fünfzehntes Jahr erreicht und alle Kenntnisse errungen hatte, die eine Provinzialschule zu geben vermochte, wurde nun für fähig gehalten, in der Verwaltung der Meierei und bei den ländlichen Beschäftigungen zu Woolsthorpe nützlich zu sein und gleich seinen Vorfahren die Bewirthschaftung des kleinen Gutes zu erlernen. Die Mutter rief ihn zu diesem Zweck aus der Schule zu Grantham zurück, aber mit Widerwillen übernahm er die neuen Pflichten. Von jetzt an wurde er jeden Samstag nach Grantham zum Markt geschickt, um Getreide und andere Produkte des Lands-

gutes abzusetzen und das für die Familie Nöthige einzukaufen. Bei dieser Gelegenheit mußte ihn stets, bis er die nöthige Geschäftserfahrung erworben haben würde, ein alter treuer Diener des Hauses begleiten. Sie pflegten im Wirthshaus zum Türkenkopfe in Westgate einzukehren; kaum aber hatten sie ihre Pferde untergebracht, als unser Isaak seinen kaufmännischen Pflichten untreu wurde, den Handel seinem ländlichen Mentor überließ und sich in seine vorherige Wohnung in Herrn Clarks Dachstübchen fügte. Dort gewährte ihm ein Haufen alter Bücher sattsame Unterhaltung bis zu der Zeit, wo an die Rückkehr nach Woolsthorpe gedacht werden mußte. Als die Schätze der Dachkammer keine Ausbeute mehr gaben, hielt es unser Philosoph für weggeworsene Zeit bis Grantham zu geben, um dort nichts zu thun, und versäumte seine Pflichten schon auf einer früheren Station; meist versteckte er sich hinter einer Hecke am Wege zwischen Woolsthorpe und Grantham und überließ sich dort dem Studium eines Lieblingsautors, bis der von Grantham zurückkommende Diener ihn zur Heimkehr ermahnte. Die andern Geschäfte und Verrichtungen auf dem Gute wurden unter seiner Führung nicht besser besorgt. Das Durchlesen eines Buches, die Ausführung eines Modells, oder die leidenschaftliche Aufmerksamkeit, mit welcher er die Bewegungen eines unterschlächtigen Wasserrades beobachtete, nahmen alle seine Gedanken so in Anspruch, daß er nicht darauf achtete, ob die Schafe sich zerstreuten oder die Rinder in das Feld einbrachen und die junge Saat niedertraten. —

Solche Erfahrungen überzeugten die Mutter, daß ihr Sohn nicht zum Landmann bestimmt sei, und da seine leidenschaftliche Liebe zum Studium, sowie seine Abneigung vor jeder andern Beschäftigung mit seinen Jahren zunahm, beschloß sie, ihn alle Vortheile genießen zu lassen, welche die Erziehung zu geben vermag. Er wurde daher nach Grantham zurückgeschickt, wo er neun Monate verweilte, um sich auf seine akademischen Studien vorzubereiten. Sein Oheim, Pfarrer W. Ayscough, der ihn eines Tages in einem Gebüsche mit einem Buche in der Hand, über die Auflösung einer mathematischen Aufgabe nachdenkend fand, war so gerührt von diesem Anblick, daß er die Mutter veranlaßte, den hoffnungsvollen Sohn auf die hohe Schule nach Cambridge zu schicken.

Der Uebergang aus einer Provinzialschule zu einer Universität, aus der Einsamkeit des Nachdenkens in eine Gesellschaft von Männern, die auf der Bildungshöhe der Zeit standen, mußte für ein jugendliches, nach Kenntnissen strebendes Gemüth von größter Bedeutung sein. Die Geschichte der Wissenschaften hat uns viele Beispiele junger Aspiranten überliefert, die schon früh in die Mysterien des Wissens eingeweiht gewesen, und glänzende Proben ihres Geistes abgelegt hatten, ehe sie in die Hallen der Hochschulen aufgenommen wurden. — Newton aber, welcher bestimmt war, der Philosophie Gesetze vorzuschreiben, hatte kein so frühes Talent aufzuweisen! Kein freundlicher Rathgeber regelte seine jugendlichen Studien und kein Wert von wissenschaftlichem Werthe leitete ihn auf seiner Bahn. Seine Seele überließ sich dem Antriebe seines mechanischen Genies, gehorchte den Gesetzen des eigenen natürlichen Aufstrebens, und indem sie die Linie des geringsten Widerstandes folgte, wurde sie von den Hindernissen abgelenkt, die zu bekämpfen sie bestimmt war.

Als Newton nach dem Trinity-Collegium kam, brachte er einen geringeren Theil von Kenntnissen mit, als ein gewöhnlicher Schüler besitzt, gerade dieser Zustand seiner Erkenntnisse war vielleicht nicht ungünstig für die Entwicklung seiner Kräfte. Nicht durch frühzeitigen Bruch erschöpft, war seine Seele um so geschickter, jene lebensvollen Schößlinge hervorzutreiben, welche den Boden, in welchen sie verpflanzt worden waren, mit Blättern und Früchten bedecken sollten. Cambridge wurde der wirkliche Geburtsort von Newtons Genie. Die dortigen Lehrer nährten seine früheren Studien, die Einrichtungen daselbst unterstützten seine mächtigen Anstrengungen, und innerhalb der Grenzen der Hochschule wurden alle seine Entdeckungen gemacht und vervollkommnet; und als er zu höhern amtlichen Funktionen berufen wurde, hielten seine Schüler den hohen Einfluß der Philosophie ihres Meisters aufrecht, und ihre Nachfolger bewahrten diesen Sitz der Gelehrsamkeit in der ganzen Fülle seines Ruhmes und machten ihn zu einem der ausgezeichnetsten unter den Universitäten Europa's.

Am 5. Juni 1660 wurde Newton im Trinity-Kollegium in Cambridge aufgenommen, gerade in demselben Jahre, in welchem Dr. Barrow zum Professor des Griechischen und der Mathematik erwählt wurde. Durch die Begierde, die Wahrheit der Astrologie zu erforschen, wurde seine Aufmerksamkeit auf das Studium der Mathematik gerichtet. Den Euclid warf er bald bei Seite, da er die in demselben enthaltenen Proportionen als sich von selbst verstehende Wahrheiten erkannte, und machte sich ohne Vorstudien, bloß durch sein Genie und anhaltenden Fleiß, zum Herrn der Geometrie des Descartes. Diese Vernachlässigung der Elementargeometrie betrachtete er später als ein Versehen in seinen mathematischen Studien, und bedauerte es sehr, daß er sich über die Cartesischen Werke und andere algebraische Schriften hergemacht, bevor er noch die Elemente des Euclid mit jener Aufmerksamkeit studirt gehabt, welche ein so vortrefflicher Schriftsteller verdiene. Wallis' Arithmetik des Unendlichen, Saundersons Logik und Kepplers Optik waren die Werke, die er mit besonderem Fleiße studirte und kommentirte, seine Fortschritte waren so groß, daß er in mehreren Zweigen der Wissenschaft bald besser Bescheid wußte, als die Lehrer, die seine Studien leiteten. — Im Jahre 1666 ging Newton wegen des Ausbruches der Pest nach Woolsthorpe, und entdeckte dort im Garten seiner Mutter beim Anblick eines fallenden Apfels das große von ihm später ausgearbeitete Gesetz der Schwere.

Als im Jahr 1669 Dr. Barrow den Entschluß faßte, sich ganz der Theologie zu widmen, entsagte er der Professur der Mathematik zu Gunsten Newtons, der nun die glänzende Bahn der Entdeckungen betrat, die seinen Namen unsterblich machte. Zu dieser Zeit bewies er die verschiedene Brechbarkeit der Lichtstrahlen, stellte die Lehre von der allgemeinen Schwere auf, zu der er den Grund bereits 1666 in Woolsthorpe gelegt, und verbesserte die von Gregory erfundene Spiegeltelescope. Im Jahre 1676 trug er seine Erfindung der unendlichen Reihen vor und nach astronomischen Beobachtungen über den Kometen von

1680 erforschte er die Bewegungsgesetze der Planeten.

Bis zum Jahr 1687 war Newton selten mehr als drei bis vier Wochen im Jahre von Cambridge abwesend; in diesem Jahre aber trug sich eine Begebenheit zu, die ihn aus dem abgeschlossenen Leben des Studiums hinwegzog und auf den Schauplatz des öffentlichen Lebens brachte. König Jakob II., der das Uebergewicht des katholischen Glaubens wieder herstellen wollte und die Rechte und Privilegien seiner protestantischen Unterthanen anzugreifen begann, erließ an die Universität Cambridge den Befehl, den Pater Franciscus, einen unwissenden Benediktinermönch, als Magister aufzunehmen. Abgesehen von der Verletzung ihrer Rechte, die in einem solchen Befehl lag, sah die Universität sogleich die Folgen ein, die aus dieser Maßregel entstehen konnten, und da es augenscheinlich war, daß ihre höchsten Interessen in Gefahr standen, weigerte man sich einstimmig, dem königlichen Befehl zu gehorchen, und that dies mit einer Standhaftigkeit, die den despotischen Hof aufbrachte. Der König wiederholte seine Befehle mit den strengsten Drohungen im Fall des Ungehorsams, die Universität aber blieb fest bei ihrer ersten Entscheidung, und vor die geistliche Commission geladen, um wegen dieser Geringschätzung königlicher Befehle Rede zu stehen, wählte sie Newton zu einem der neun Abgeordneten, welche ihre Rechte vertheidigen sollten. Newtons Antheil bei dieser Sache und der hohe Rang, den er in der Gelehrtenwelt behauptete, veranlaßten seine Freunde, ihn zum Parlamentsmitgliede für die Universität in Vorschlag zu bringen; er wurde 1688 erwählt und saß in dem Konventionsparlament bis zu dessen Auflösung.

Im Anfang des Jahres 1692 versetzte der Verlust eines Manuscripts ihn in die größte Aufregung, daß, wie de la Pryme im „Tagebuch seines Lebens" bemerkt, „jeder dachte, er würde toll werden, und er selbst darüber so beunruhigt wurde, daß er einen Monat lang nicht mehr derselbe war." Er hatte, während er eines Morgens im Winter dem Gottesdienste beiwohnte, auf seiner Studirstube sein Lieblingshündchen „Diamant" zurückgelassen. Bei seiner Zurückkunft aus der Kapelle fand er, daß der Hund ein auf seinem Schreibpulte brennendes Licht umgeworfen hatte, und ein Manuscript über die Farben und das Licht, die Arbeit vieler Jahre, sowie verschiedene andere ihm wichtige Papiere in Brand gerathen und vernichtet worden waren. Als Newton die Größe seines Verlustes gewahrte, rief er schmerzlich aus: „O Diamant, Diamant, du kennst wenig das Unheil, das du mir verursacht hast!" Und wahrlich, groß war das Unheil, denn über zwei Jahre cirkulirte in der gelehrten Welt, wie Briefe von Huygens und Leibnitz beweisen, das irrthümliche Gerücht, daß Newton wahnsinnig geworden sei, und der Verlust seiner Papiere nachtheilig auf die Kräfte seines Verstandes gewirkt hätte. Der Sinn, der aus Pryme's Tagebuch citirten Stelle geht aber einfach dahin: daß

Newton über die Vernichtung seiner Papiere in einem hohen Grade beunruhigt wurde, und nicht eher als nach einem Monat seine Heiterkeit wieder erlangte und zu seinen gewohnten Beschäftigungen zurückkehrte. Denn gerade in der Zeit, die Biot in seiner „Biographie Newtons" als die Zeit seiner vermeintlichen Geisteskrankheit angiebt (3. Jan. 1692 bis Mai 1694), schrieb er an Dr. Bentley seine vier berühmten Briefe über die Existenz der Gottheit, schickte an Dr. Wallis den ersten Satz seines Buches über die Quadraturen und beschäftigte sich mit Untersuchungen über die Höfe um Sonne und Mond. Erwägen wir, daß Newton bald nach jener angeblichen Krankheitsperiode zu hohen Funktionen berufen wurde, die seinem Genie eine neue Richtung gaben, so darf es uns nicht wundern, daß er sich von jetzt an mehr mit praktischen Arbeiten, als mit abstrakten Wissenschaften befaßte. Durch seinen Freund Karl Montagua, nachherigen Grafen von Halifax, der 1694 zum Kanzler des Finanzkollegiums ernannt wurde, und im Umprägen der verschlechterten und verfälschten Münzen beschloß, wurde Newton 1695 zum Aufseher der Münze ernannt und 1699 zum Münzmeister. Im Jahre 1701 wurde er Präsident der königl. Societät und erhielt 1705, nachdem seine Schrift über Brechung, Beugung und Färbung des Lichts erschienen war, von der Königin Anna die Ehre der Ritterwürde.

Als Georg I. 1714 auf den Thron Großbritanniens gelangte, wurde Newton der Gegenstand des Interesses am Hofe. Seine hohe Stellung, sein glänzender Ruhm, sein fleckenloser Charakter, vor Allem aber seine ungeheuchelte Frömmigkeit, zogen die Aufmerksamkeit der Prinzessin von Wales auf ihn. Diese Dame, die einen hochgebildeten Geist besaß, fand das größte Vergnügen in der Unterhaltung mit Newton und in der Korrespondenz mit dem deutschen Philosophen Leibnitz, und oft hörte man sie öffentlich erklären, daß sie sich glücklich fühle zu einer Zeit zu leben, in welcher sie den Umgang eines so großen Genius, wie Newton zu genießen im Stande wäre. Leibnitz, sein größter Rival, der seinen Einfluß zu schwächen und zu untergraben suchte, stellte in seinem Briefwechsel mit der Prinzessin die Newton'sche Philosophie nicht nur als falsch dar, sondern auch als nachtheilig für die Interessen der Religion. Die Angriffe Leibnitzens erregten die Aufmerksamkeit des Hofes, die Korrespondenz, welche sich daraus entwickelte, wurde von der Prinzessin sorgfältig gelesen, aber die Achtung, welche Newton fortwährend genoß, läßt schließen, daß die Ansichten des englischen Philosophen nicht sehr entfernt von den Ansichten der Prinzessin waren.

Die Muße seiner abnehmenden Jahre widmete er den erhabenen Studien, bei welchen die Philosophie sich der Uebergewalt des Glaubens unterwirft und die Hoffnung zu den Bestrebungen des Geistes hinzufügt. Während der letzten Jahre seines Lebens körperlich sehr leidend, aber ungeschwächten Verstandes, reiste er am 28. Februar 1727 von

Kensington nach London, um in einer Sitzung der königl. Societät zu präsidiren. Die Sitzung selbst und die Annahme von Besuchen hatten ihn außerordentlich angegriffen; recht krank kehrte er am 4. März nach Kensington zurück und verschied am 20. März 1727, im 85. Lebensjahre. Sein Leichnam wurde von Kensington nach London gebracht und in der Westminsterabtei beigesetzt. Newtons Verwandte und Erben, stolz auf die hohe Ehre, die sie der Verbindung mit einem so berühmten Manne verdankten, setzten 500 Pfd. Sterling (6000 fl.) zur Errichtung eines Denkmals für ihn aus, und das Kapitel von Westminster bestimmte dazu eine Stelle im ansehnlichsten Theile der Abtei, welche oft den Vornehmsten des Adels verweigert worden war. Das Denkmal selbst wurde 1731 errichtet, und im gleichen Jahre ihm zu Ehren im Tower eine Denkmünze geschlagen. Dr. Robert Smith, Verfasser des „vollständigen Systems der Optik", ließ ihm auf seine Kosten in der Vorhalle des Trinity-Kollegiums, ein prächtiges Standbild in Lebensgröße aus weißem Marmor errichten, und setzte die Summe von 500 Pfd. Sterling zur Ausführung eines Glasgemäldes für das Fenster an der Südseite des Trinity-Kollegiums aus, auf welchem Newton von Georg I. mit einem Lorbeerkranz geschmückt wird.

Die Wichtigkeit von Newtons Entdeckungen wurde von Mit- und Nachwelt bewundert, der besondere Charakter seines Genie's und die Methode, die er in seinen Forschungen befolgte, kann aber nur aus dem Studium seiner Werke und aus der Geschichte seiner einzelnen Arbeiten erkannt werden. Die Blüthe seiner Jugend, die Kraft seines männlichen Alters waren gänzlich der Wissenschaft gewidmet; kein unverständiger Wächter beschränkte seine vorwaltende Neigung und keine geistlosen Studien oder Lohnarbeiten unterbrachen die Fortsetzung seiner Forschungen. Seine Entdeckungen waren die Früchte eines beharrlichen und ununterbrochenen Nachdenkens und er selbst erklärte, daß, was für Dienste er auch dem Publikum geleistet hätte, dieselben nicht von einem außerordentlichen Scharfsinn herrührten, sondern bloß von einem ausdauernden Studium. Neben den höchsten Erfindungskräften besaß er zugleich das Talent, seine tiefsinnigsten Spekulationen zu vereinfachen und mitzutheilen, und in allen seinen Werken befolgte er die Methode, die Wahrheit durch Beobachtung und Experimente zu erforschen.

Newtons Aeußeres war angenehm, seine Statur mittelgroß, sein Auge durchdringend. In Kleidung und Lebensweise war er einfach und mäßig, für seine Verwandten und besonders für mittellose Talente war seine Hand stets offen. Seinen Haushalt führte ihm eine verheirathete Nichte.

Der gesellige Charakter Newtons war so, wie man von seinen intellektuellen Eigenschaften erwarten konnte; bescheiden, aufrichtig und gesprächig, ohne Ueberspanntheit schickte er sich in jede Gesellschaft, und sprach von sich und andern auf eine solche Art, daß er niemals in den Verdacht der Eitelkeit kam. Seine Bescheidenheit in Bezug auf seine große Entdeckungen hatte ihren Grund nicht in einer Gleichgültigkeit für den Ruhm, den sie ihm verliehen oder in einer falschen Beurtheilung ihrer Wichtigkeit für die Wissenschaft, denn sein ganzes Leben beweist, daß er seine Stelle als Forscher kannte und entschlossen war seine Rechte zu behaupten und zu beweisen; sie entstand vielmehr aus der Tiefe und dem Umfange seiner Kenntnisse, welche ihm zeigten, welch einen kleinen Theil der Natur er zu untersuchen im Stande war und wie viel noch in dem von ihm bearbeiteten Felde zu erforschen übrig blieb. In der Größe der Vergleichung erkannte er seine Kleinheit und noch kurze Zeit vor seinem Tode äußerte er: „Ich weiß nicht, wie ich der Welt erscheine, aber mir selbst komme ich vor wie ein Knabe, der am Meeresufer spielend sich damit belustigt, dann und wann einen glatten Kiesel oder eine schönere Muschel als gewöhnlich zu finden, während der große Ozean der Wahrheit unerforscht vor ihm liegt."　　　P.

Tagesweihe.

Da stand ich heut in träumendem Entzücken;
Der junge Tag, mit flammenrothem Bande
Das Haupt geschmückt, stieg nieder in die Lande,
Die Welt an seine warme Brust zu drücken.

In's endlos Weite schien die Welt zu rücken
Und Berg an Berg stand auf an ihrem Rande,
Licht flog in wolkenwallendem Gewande
Von Höh'n zu Höh'n auf luftgewob'nen Brücken.

Mich riß es allgewaltig in die Ferne
Mit Wellen und mit Altern fortzuwandeln,
Fort in die Welt und fort und nie zu enden.

Dann aber stieg ich ruh'gen Muth's und gerne
Zum kleinen Haus hinab, zu neuem Handeln
Gestärkt in meinen einfach stillen Wänden.

　　　　　　　　　　　　　　　A. B.

Antonio Stradivario.

Less than a God there scarce could dwell
Within the hollow of that shell,
That spoke so sweetly and so well.
(Dryden.)

In sinnende Betrachtung versunken, das Kinn auf die Hand gestützt, prüft der Meister die so eben fertig gewordene Violine. Schon ist er vorgerückt in Jahren, schon ist sein Ruhm durch die Länder

Europa's geflogen, und doch will ihm seine Arbeit nicht genügen, doch sinnt er nach, wie er es zu noch größerer Vollkommenheit bringen, wie er sich selbst übertreffen könne. Da wird wohl mancher Beschauer des Bildes fragen, ob denn ein so einfach aussehendes, nur aus dünnem Holz und vier Saiten bestehendes Instrument so viel Nachdenken, so viel Kunstaufwand und so viel Erfindungsgeist verlange, um einen schönen, vollen und reinen Klang zu geben. Besonders wird er fragen, wie es komme, daß noch heutzutage, nach 200 Jahren, die Instrumente eines Guarnerio oder Stradivario, trotz aller Fortschritte der Kunst und der Wissenschaft doch nie übertroffen wurden, ja kaum erreicht wurden. Fast alle andern Instrumente haben es zu einer früher kaum geahnten, immer noch wachsenden Vollkommenheit gebracht, wie das Pianoforte, die Klappen-Blasinstrumente und die Harmoniums; nur die Streichinstrumente — die Violine, die Bratsche und das Violoncello — haben seit zwei Jahrhunderten keine Fortschritte gemacht, vielmehr sind sie in ihrer Güte merklich gesunken.

So einfach auch die Violine in ihrer Form und ihrem Material erscheinen mag, so schwierig ist ihr Bau, ja er setzt eine Meisterschaft voraus, die nicht bloß durch die Gesetze der Technik und durch Routine erreicht werden kann, sondern zu welchen sich noch das innere Kunstgefühl und der schärfste Tonsinn gesellen muß. Man glaube ja nicht, daß aus demselben Materiale auch dasselbe Kunstwerk hervorgehe. Wie gleichartig sehen z. B. die neueren Pianofortes aus — dieselbe Dicke der Saiten, dieselbe Beziehung der Hämmer, dieselbe bald einfache bald complizirtere Mechanik, dieselbe Tastatur, derselbe Resonanzboden, dasselbe Holz — und dennoch wie verschieden im Klange, in der Stärke und in der Ausklingung sind die Instrumente der Londoner, Pariser, Wiener, Leipziger oder Stuttgarter Fabriken! Ja demselben Meister wird es oft unmöglich, seinen Instrumenten die gleiche Art und Kraft des Tones zu geben. Wie viel mehr noch muß dies der Fall sein bei den Streichinstrumenten, wo sogar von der Beschaffenheit des Leimes und des Firnisses die Eigenschaft des Tones abzuhängen hat. Das sind die sogenannten Geheimnisse der Technik, die eine Zeit lang verloren gehen können, wie es u. A. auch bei der Glasmalerei der Fall war, weil sie sich nicht durch bloße Anschauung forterben, sondern von jedem genialen Meister gleichsam wieder neu erfunden werden müssen.

Hier werden nun unsern Lesern einige Notizen über den Bau und die Geschichte der Violine nicht unwillkommen sein, bevor wir das Wenige mittheilen, was von Stradivario's Lebensumständen bekannt ist.

Der Körper der Geige besteht aus einer in der Mitte ausgeschweiften Resonanzdecke, die als der obere Theil auch das Dach und sogar der Resonanzboden heißt, weil auf seine Beschaffenheit das Meiste für die Güte des Tones ankommt; dann aus dem eigentlichen Boden, der gleichfalls wie jener gewölbt und mit der Decke von gleicher Größe ist. Der Untertheil wird aus Ahornholz verfertigt und die Resonanzdecke von völlig ausgetrocknetem Fichtenholze.

Diese beiden Haupttheile werden vermittelst der Zarge verbunden. Es sind dies die ausgeschweiften Seitenholzspäne, von Ahorn verfertigt. Die Peri-

pherie der Decke und des Bodens ist mit einem schmalen Streifen schwarzen Holzes eingelegt, den man Flödel nennt. An schlecht gearbeiteten Instrumenten ist dieser Streifen oft nur gemalt. Solche Geigen heißen Schachtelgeigen.

In der Nähe der des Spieles wegen nothwendigen Ausschweife dieser Theile befinden sich in der Decke einander gegenüber die F-Löcher, schmale Ausschnitte, welche die Luft im Innern des Körpers mit der äußern Luft in Verbindung setzen und zum Ansehen und Richten der Stimme oder des Stimmstockes nothwendig sind. Ihren Namen haben sie von ihrer Form (f) erhalten, die keineswegs eine willkührliche, sondern durch den ersten Hauptzweck derselben genau bestimmt ist. Sie bedingen durch ihre Größe oder schmale Oeffnung, durch kürzere oder längere Ausdehnung den Klang, die Fülle und Dauer des Tones. Von ihrer Gestalt hängen die Hauptvorzüge der Amati oder Guarneri ab, sie geben ihren eigenthümlichen, glänzenden, schwellenden, fließenden, dauernden, gläsernen Geigenton.

Balken heißt die schmale Leiste, welche inwendig an die Decke oder den Resonanzboden angeleimt ist, und zwar gerade unter die tiefste Saite und parallel mit dieser. Hier dient er theils dazu, um dem durch die Spannung der Saiten gedrückten Resonanzboden mehr Festigkeit zu geben, theils aber auch, um die durch die Schwingungen der Saiten erregte Vibration des Resonanzbodens über dessen ganze Fläche zu verbreiten. Um des ersteren Zweckes willen ist er gerade unter dem Stege am dicksten und erhabensten, alsdann läuft er nach beiden Enden verjüngt zu. Man nennt den Balken auch manchmal Baßsteg, weil die tiefste Saite, auch Baßsaite genannt, gerade über ihm ruht. Die Befestigung des Balkens an der Decke muß gleichmäßig sein, so daß er sich der ganzen Länge nach gleich fest anschließt, aber mit wie vielem und wie beschaffenem Leime, das ist wieder ein Geheimniß der Kunst.

Die Stimme oder der Stimmstock ist ein der Höhe nach genau abgemessenes, aus Resonanzholz verfertigtes Hölzchen, auf dessen Beschaffenheit und Stellung viel ankommt, wenn auch nicht so viel als auf Wölbung und Dicke der Decke. Dieses Hölzchen verbindet die Decke und den Boden, setzt die Schwingungen fort und giebt dem Tone die eigentliche Kraft und Lebhaftigkeit, weshalb es auch die Franzosen l'ame (die Seele) nennen. Es wird gewöhnlich ½ Zoll hinter dem rechten Fuße des Steges in der Gegend des schwächsten Saite eingesetzt.

Nach oben wird zwischen Decke und Boden der Hals eingesetzt, ein nach unten zu halbovales Holz, auf dem nach oben das Griffbrett aufgeleimt ist. Dieser Hals reicht bis in die Gegend des Steges herab. Ueber das Griffbrett laufen die Saiten. Am Ende des Griffbrettes nach oben ist ein Stückchen

Holz angebracht mit Rinnen oder Einschnitten, in welchen die Saiten laufen, damit sie nicht auf dem Griffbrette aufliegen, sondern frei schwingen können.

Der obere Theil, der Kopf, der am Ende des Griffbrettes anfängt, ist etwas rückwärts gebogen, in der Mitte wie ein Kästchen ausgestochen und an den Seitenwänden durchlöchert. In diesen runden Löchern befinden sich die Stimmwirbel, an denen vermittelst eines kleinen Loches die Saiten befestigt und aufgezäunt werden. Dieser hohle Theil des Kopfes heißt der Lauf, der Wandel und der Wirbelkasten.

Am entgegengesetzten Theile des Instrumentes ist ein gewölbtes Brettchen mit Löchern angebracht, in welche die Saiten unten vermittelst eines Knotens befestigt werden. Das Brettchen heißt der Saitenhalter oder die Saitenfessel, zuweilen auch wohl der Sattel, was jedoch zweideutig ist. Denn der eigentliche Sattel ist das kleine Querholz oben am Griffbrette.

In der Mitte des Körpers auf der Decke steht der Steg, ein Brettchen mit 2 Füßen, ungefähr 1½ Zoll hoch, worauf die Saiten am höchsten liegen. Auf diesen Steg kommt gleichfalls viel an. Die Schwere desselben muß sorgfältig abgewogen werden, weil dieß auf die Schwingungen der Saiten bedeutenden Einfluß hat. Man soll sechsfach verschiedene schwere Stege auf der Goldwage abwiegen, und einen nach dem andern für jedes Instrument versuchen. Denn zu schwere Stege geben einen dumpfen und schwer ansprechenden, dagegen zu leichte einen scharfen und spitzen Ton.

Erst werden die Instrumente gebeizt und dann der Lack aufgestrichen, um sie vor dem Einflusse der Feuchtigkeit zu bewahren, welche der Elasticität hinderlich ist.

Wer sollte glauben, daß auch von der Art des Lacks der schöne Ton einer Violine abhängt, und daß die italienischen Geigenmacher auch hierin Geheimnisse besaßen? Der Firniß verschönert nicht bloß das Instrument, sondern sichert die Fortdauer des Tones. Ohne Firniß hätte eine Geige weder Kraft noch Mark. Dies sieht man an nicht gefirnißten Guitarren. Oel-Firniß gilt für besser als Weingeist-Firniß, weil er mehr bindend ist und deswegen dem Geigenkörper mehr Festigkeit gibt, besonders wenn der Deckel dünn ist. Für Geigen mit starken Decken und Böden ist der in 34 bis ¾grädigem Weingeist aufgelöste Gummilackfirniß der beste, er trocknet sehr schnell und schuppt sich nicht leicht ab. Doch für den allerbesten dauert der Bernsteinlack, weil er den Einflüssen der Luft am meisten widersteht.

Die besten Saiten sind die sogenannten romanischen, aus den Därmen 7 bis höchstens 8 Monate alter Lämmer verfertigt. Diese kommen aus Italien, wo verhältnißmäßig mehr Lämmer geschlachtet werden, als in andern Ländern. Die größten Darmsaitenfabriken waren von jeher in Neapel und Rom. Weltberühmt war in der Mitte des vorigen Jahr-hunderts die Saitenfabrik des Angelo Angelucci († 1765) in Neapel. Er beschäftigte viele hundert Menschen nur mit Sammeln der Gedärme. Die Verfertiger der Saiten selbst kamen größtentheils aus Sale, einem kleinen Orte in den Abruzzen, und wurden sehr gut bezahlt, so daß Angelucci als der größte Wohlthäter von dem ganzen Orte verehrt wurde.

Die Saiten sind übrigens nicht selbst der klingende Körper an dem Instrumente, sondern nur der tonerregende, obgleich ihre Beschaffenheit einen wesentlichen Einfluß auf die Natur des Klanges ausübt. Man hat auch Saiten aus Seide verfertigt, allein ohne mit einem feinen Messing-, Kupfer- oder Silberdraht übersponnen zu sein, geben sie keinen Klang, und auch so ist ihr Ton nur zu Lauteninstrumenten angewendet worden, die an und für sich einen weichen, schwachen Ton haben.

Alle Saiten eines Instrumentes zusammen genommen nennt man den Bezug, der in innigem Verhältniß zum Resonanzboden steht. Je stärker der letztere ist, desto stärker auch der Bezug sein, d. h. desto stärkere Saiten müssen angewendet werden.

Saitenfessel oder Saitenhalter ist das ein wenig gewölbte, aber mit dem Stege und dem Griffbrette gleiche Breite haltende, unten jedoch etwas schmalere Brettchen, an welchem oben in eigens dazu gebohrten oder geschnittenen Löchern oder Einschnitten die Saiten durch Knoten befestigt sind, um in gehöriger Lage festgehalten zu werden. Unten ist deshalb auch das Brett mit dem Instrumente solchergestalt fest verbunden, daß es mittelst einer geflochtenen Schlinge an einem in der untern Zargenwand befindlichen Haken oder Knopf gehängt ist.

Der Bogen, womit die Saiten gestrichen und dadurch zum Klange gebracht werden, besteht aus einem dünnen, etwas verjüngt zulaufenden Stabe von Holz, an dem ein kleiner, ungefähr ¾ Zoll hoher und ¼ Zoll breiter Zapfen, der Kopf genannt, hervorspringt, in welchem die Pferdehaare, womit die Saiten bestrichen werden, eingeleimt sind. Am andern Ende, wo der Bogen zur Regierung angefaßt wird, befindet sich in ähnlichem Zwecke der Frosch, der aus Holz oder Elfenbein gemacht ist. Er kann, je nachdem der Bogen stärker oder weniger gespannt werden soll, vermittelst einer am Ende des Bogens befindlichen Schraube auf und nieder geschoben werden.

Die Haare des Bogens werden mit Colophonium bestrichen, um sie rauher zu machen, so daß sie die Saiten besser anfassen und in Schwingung bringen können. Das Harz muß eine solche Härte haben, daß der Strich der Pferdehaare auf den Saiten gar nicht bemerkt wird. Selten bekommt man es in rohem Zustande ganz genug und man kocht es einige Zeit in Weinessig ab, auch wird gesottener und wieder kalt gewordener Terpentin als Colophonium verwendet.

Einer der wichtigsten Punkte beim Spiel der Streichinstrumente ist der Bogenstrich. Von ihm hängt die Güte und Klangschönheit des Tones zum größten Theile ab, er giebt dem ganzen Vortrag Leben und seelischen Ausdruck. Er ist wichtiger, als das Aufsetzen der Finger auf die Saiten; wenn diese nur recht fest an das Griffbrett andrücken und die Intervalle rein herausfühlen, so haben sie ihr ganzes Geschäft vollbracht. (Zwar in neuester Zeit sucht man durch Zittern und Beben der Fingerspitzen einen weltschmerzlichen Ton herauszubringen). Alles aber hängt davon ab, wie die rechte Hand den Bogen regiert, wo sie ihn faßt, wo und wie sie ihn auf die Saiten setzt, ihn führt. An der Kraft, Aushölung, dem Ansatz, breiten oder Seiten-Strich erkennt man das Charakteristische des Vortrags.

Der Angriff des Bogens geschieht fest mit den 4 ersten Fingern der rechten Hand unten in der Nähe des Frosches. Der Strich muß immer gerade auf- und gerade abwärts geschehen, daß die Haare des Bogens nicht zu nah, aber auch nicht zu weit entfernt von dem Stege die Saiten berühren. Der Arm muß so ruhig als möglich bleiben, seine Bewegung fast einzig nur vom Ellbogen ausgehen, und der Zeigefinger den Druck des Bogens hauptsächlich bewirken.

Man unterscheidet drei Arten von Strich: den gestoßenen, gezogenen und geschleiften. Bei dem gestoßenen Bogenstriche wird nicht die ganze Länge des Bogens, sondern nur ein kleiner Theil desselben mit einem gewissen Grade von Geschwindigkeit über die Saite geführt, entweder auf- oder abwärts. Bei dem gezogenen wird entweder der ganze Bogen oder doch wenigstens der größere Theil desselben mit einem gewissen Grade von Verweilen über die Saite gezogen. Dies ist der Vortrag des Cantabile. Bei dem geschleiften werden immer mehrere Noten zusammen mit einem Zuge des Bogens vorgetragen. Dies ist der Vortrag des Legato.

Forschen wir nun nach dem Ursprung der Geige,

Fig. 1.   Fig. 2.   Fig. 3.   Fig. 4   Fig. 5.   Fig. 6.   Fig. 7.
Nicol. Amati.   Jos. Guarnerius.   L. Guarnerius.   Ant. Strabinario.   Ant. Strabinario.   Carlo Bergonzi.   Jakob Stainer.
(Kinder.)   (Nuntempo.)   (C. de Grundwald.)   (Lipinski.)   (Böhm.)   (Comte Apraxine.)

so verliert er sich wie die aller Saiteninstrumente im sagenhaften Alterthum. Die Egypter, Hebräer, Griechen und Assyrer hatten schon Lyra's und Harfen. Layard fand zu Kujundschik assyrische Basreliefs, Truppen von Männern und Frauen darstellend, welche mit Gesang, Musik und Tanz die assyrischen Heerführer begrüßten; einige mit vielsaitigen Harfen, andere mit Doppelflöten und einer mit einem dem heutigen Santur des Orients und unähnlichen Tonwerkzeuge, das in einem hohlen Kasten oder einem Resonanzboden mit darüber gespannten Saiten besteht. Diese wurden mit den Fingern der linken Hand niedergedrückt und mit der Rechten vermittelst eines kleinen Stäbchens oder Hammers (Plectrum) geschlagen.

Daß die Geige erst später entstanden, erleidet keinen Zweifel, wann man aber angefangen, die Saiten mit einem Bogen von Pferdehaaren statt mit dem elfenbeinernen Stäbchen Plectrum oder Federkiel Poeten zu streichen, ist nie ermittelt worden.

Der römische Dichter Virgil sagt noch:

Auch der thracische Priester, gehüllt in den wallenden Mantel,
Läßt in Akkorden ertönen die siebenstimmige Leier,
Wechselsweise mit dem Elfenbein und mit Fingern sie schlagend.

und Juvenal:

— Jammer in Händen
Hält er das Tonwerkzeug; deckt bittern die Barbarischen Klänge
Ueber die Laut'; in die Saiten dahin führt zitternd den Kiel er,
Welchen der zarte Lehrmeister schmang; ihn hält sie, in ihm nur
Findet sie Trost und schweigt in den Küssen des theuersten Griffels.

Die Viola ist das erste Saiteninstrument, von dem man weiß, daß es mit einem Bogen gestrichen wurde. Man findet Abbildungen davon zuerst an Steinbildern, Kapitälen und Friesen des gothischen Baustiles, welche bis in's 14. Jahrhundert reichen. Bis in's 17. Jahrhundert war die Viola gebräuchlich, sie war mit 6 Saiten bezogen und hatte ein Fingerbrett, das, wie das der Guitarre, mit Rippen, sogenannten Bünden, versehen war, die zuerst aus Saiten gespannt waren, später aber als metallene Leistchen in das Griffbrett selbst eingelassen wurden. Diese Leistenscala gab den Spielenden Erleichterung und Sicherheit des Griffels, hat aber auch seine Mißstände hinsichtlich der reinen Stimmung, da die Saiten sich ziehen oder einschrumpfen und dann der Griff sich darnach richten sollte.

Es gab dreierlei Violen, die Diskant-, Tenor- und Baß-Viola.

Die Violine — der Name bedeutet schon verkleinerte Viola — entstand aus der Diskant-Viola, deren Umfang kleiner gemacht wurde; die Saiten wurden von 6 auf 4 beschränkt und das Griffbrett wurde entfernt, damit der Spielende nach seinem Gehör die Stellung der Finger reguliren konnte. Aus der Baß-Violine entstand ebenso das Violoncello und die große Baßgeige oder der Kontrabaß. Letzteres Instrument ist erst im Anfang des 18. Jahrhunderts aus Italien in's Pariser Orchester eingeführt worden, und es erregte diese Riesengeige damals so großes Erstaunen, daß sie nur Freitags in den Galavorstellungen probuzirt und dann eigens auf dem Theaterzettel angezeigt wurde.

Die Franzosen und Italiener streiten sich um die Erfindung der Violine. Daß die Viola aber früher in Frankreich in Gebrauch war als in Italien, erscheint aus dem Umstande, daß in der italienischen Musik am Ende des 16. Jahrhunderts die Violinen piccoli violini alla francese genannt werden. Doch dürfte der Ursprung im Orient zu suchen sein, da in Ostindien noch heutzutage ein der Violine ähnliches Instrument mit Bogen gestrichen wird. Es ist aus einem halben Kürbis oder hohlen Holzfläschen gemacht und mit einer Blase überzogen, hat 3 bis 4 Saiten und einen sehr langen Hals. Ohne Zweifel haben die Mauren das orientalische Instrument, das Rebab hieß, in Spanien eingeführt. Dort heißen noch heutzutage die kleinen dreisaitigen Geigen, die beim Hirtenvolke in Gebrauch sind, Rabel und Rabelille. — Solche dreisaitigen Geigen heißen auch jetzt noch bei den Franzosen Reber.

Zuerst wurde die Violine nur zur Begleitung des Gesanges gebraucht, hauptsächlich von den Jongleurs oder Troubadours. Außer den F-Löchern hatten sie unten auf dem Resonanzboden auch zwei zierlich ausgeschnitzte Schalllöcher. Damals hatten die Musiker, wie jede Zunft und Gesellschaft ihr Oberhaupt, König genannt, und die Würde eines Geigenkönigs erhielt sich neben dem Waffenkönig am längsten. Bekannt ist Jean Charmillon, der im Jahr 1235, unter Philipp dem Schönen zum Roi de Rebauds oder Geigenkönig der Stadt Troyes in der Champagne ernannt wurde. Man hält ihn auch für den ersten, der die Violine nicht bloß zur Begleitung, sondern als selbstständiges Instrument künstlerisch zu behandeln verstand. Der Letzte, der den Königstitel führte, war Constantin, welcher 1657 starb. Er war Violinist am Hofe Ludwigs XIII.

Ihre jetzige Gestalt erhielt die Violine von Testator (dem „Alten") zu Mailand. Doch wird schon vorher als Künstler auf der Violine der Italiener Baltazarini genannt, der von Katharina de Medici 1577 nach Frankreich gebracht wurde. Er war in Paris unter dem Namen Le Beaujoyeur bekannt und war der erste, der den Plan eines mit Musik und Tanz vermischten Schaufpiels faßte — er nannte es Ballet comique de la royne, rempli de diverses devises, mascarades, chansons de musique et autres gentilesses.

Als eigentlicher Vater des Violinspiels gilt aber Corelli, dessen Compositionen jetzt noch die Grundlage aller Technik und des Klangeffektes bilden, während trotz mehrerer Versuche, die Gestalt der Violine zu verändern, doch die von Testator gegebene bis heutzutage in Gebrauch geblieben ist.

Als „Schule" des Geigenbaues ist zuerst Brescia bekannt geworden, und von ihr aus ist die von Cremona entstanden; beide zusammen bilden die Lombardische Schule, aus welcher später die Römische, Florentinische, Neapolitanische, Tyroler und die neue französische und deutsche Schule hervorgegangen sind.

Unter den Cremonesern nennen wir Nicolaus Amati (1662—1692). Seine Instrumente (s. Fig. 1) zeichnen sich durch eine eigenthümliche Wölbung aus, indem sie am Rande flach sind und gegen die Mitte sich zollhoch wölben. Sie besitzen einen sehr weichen markigen Ton und eignen sich vorzüglich zum Vortrage klassischer Musik. Der Firniß ist gewöhnlich gelbröthlich, manchmal braun.

Großen Glanz verliehen der Cremoneser Schule ferner die Brüder Guarnerie und deren Söhne. Andrea, der älteste Bruder, Schüler des Nicola Amati, und Lehrer des Stradivario, baute seine Instrumente sehr groß (s. Fig. 3), sogar oft schwerfällig, mit engen und unregelmäßig geschnittenen Schalllöchern, sie besitzen aber einen ungemein kräftigen Ton und sind noch immer sehr gesucht. Die besten fallen in die Jahre 1662—1680.

Sein Neffe Joseph war Schüler des Stradivario, baute seine Geigen in Großformat (Fig. 2), mit getheilten Boden, übrigens Holz und rothbraunem Firniß.

Ihren höchsten Glanzpunkt aber erreicht die Cremoneser Schule mit unserem Antonio Stradivarie. Er wurde 1664 geboren, denn er schrieb sein 82. Lebensjahr in die Violine, welche er an den französischen Violinisten Pagin im Jahr 1746 verkaufte. Von seinen Lebensschicksalen wissen wir nur, daß er sich sehr jung verheirathete und mehrere Söhne hatte, die jedoch die Kunst ihres Vaters nicht zu erreichen vermochten. Die ungemein große Anzahl von Instrumenten — man rechnet dieselbe auf ein Tausend Violinen, Violas und Violoncelli — welche seinen Namen tragen, erklärt sich durch die Länge seiner stets thätigen künstlerischen Laufbahn, und weil die Instrumentenmacher seiner Zeit sich einzig und allein dem Baue neuer Instrumente, nicht aber der Wiederherstellung von beschädigten widmeten, was erst durch den Pariser Geigenbauer Namy in Gebrauch kam. Als Schüler der Amati arbeitete er lange nach ihren Modellen, aber um das Jahr 1700 trennte er sich von ihnen, und von diesem Augenblicke an änderte er die Formverhältnisse seiner Instrumente; er vergrößerte seinen Typus, machte die Wölbungen weniger hoch, und widmete ebenso viel Sorgfalt den feinsten Abstufungen der Dichtheit als der Gattung des von ihm verwendeten Holzes. Entgegengesetzt den Grundsätzen seiner Vorgänger läßt er das Holz vom Rande gegen die Mitte zu ausquellen, um das Gewicht des von der Saitenspannung gedrückten Steges leichter tragen zu können. Alles ist bei ihm mit bewunderungswürdigem Talente berechnet, einen schönen, vollen, schwunghaften und ausdrucksvollen Ton hervorzubringen. Seine vier Saiten besitzen stets eine vollkommene Egalität, seine Formen sind höchst elegant, die Details makellos ausgearbeitet, und sein Firniß besitzt einen harmonischen Glanz.

Man unterscheidet übrigens vier Perioden in seinem Schaffen. In den ersten gleichen seine Instrumente denen des Hieronymo Amati, sie haben eine große, stark gewölbte Form; in der zweiten behielt er noch ein großes Format bei, schwächte aber die Wölbung ab; in der dritten zeigt er sich als erfindender Geist, er führte das Format auf die kleinste Dimension zurück; und in seiner vierten Epoche schwächte er auch noch die Wölbung immer mehr ab, so daß sie vom Rande bis zur Mitte nur einen halben Zoll betrug, was vor ihm noch keiner gewagt hatte. Dazu war natürlich sehr starkes Holz erforderlich, damit das, was durch den verringerten Widerstand der flachen Wölbung dem Tone verloren ging, durch ihre Dichtheit wieder gewonnen würde. Die Ränder sind nicht zu scharf hervorstehend, aber auch nicht zu sehr abgestumpft; die Flödel (Randleisten) sind stark in das Holz eingelegt und befinden sich hart am Rande. Dieser Firniß ist dunkel amberbraun, an den Geigen aus seiner ersten Zeit röthlich. Man hat behauptet, daß in einem großen Konzertsaale ein ächter Josef Guarnerio brillanter und kräftiger töne, aber im Salon und hauptsächlich im Quartettspiel kommt nichts einem Stradivario gleich.

Seine besten Instrumente fallen in die Jahre 1709—1734. Er selbst verkaufte sie zu vier Louisdor, jetzt sind sie bis zum Preise von 6000 Francs gestiegen. Im Violoncellbau ist er unübertroffen. — Der berühmte Cellist Duport hinterließ einen Stradivario, für welchen ein Liebhaber 25,000 Francen bot.

Ueberhaupt ist kein einziger Meister von Geigenliebhabern so vergöttert worden, wie Stradivario. Einer von ihnen wird schon bei dem bloßen Anblick seiner Geige entzückt und nennt sie Tableaux, an deren Betrachtung man nimmer satt werde. Ein Engländer nennt sie gar »a heaven-holding pandora-box«, eine den Himmel einschließende Pandorabüchse. Eben deswegen wird auch viel Unfug getrieben, und mancher unächte Stradivario an den leichtgläubigen Mann gebracht.

Die schönsten Stradivari sind oder waren im Besitz des Großherzogs Leopold II. von Toscana; ob er sie in seinem Palazzo Pitti zurückgelassen oder gerettet hat, ist uns nicht bekannt.

Der Graf Archinto und der Marchese Castel Barco bewahren in ihren Museen zu Mailand eine prachtvolle Sammlung von Cremoneser Geigen, namentlich auch mehrere vorzügliche Stradivari. Der Graf San Grado von Benedig besitzt zwei prachtvolle Stradivari.

Das Violoncell des russischen Grafen Blieliehorsky ist in der ganzen musikalischen Welt berühmt, desgleichen die Violine des Fürsten Jusupoff's, die des Dresdener Violinisten Lipinski (s. Fig. 4) und das Violoncell des Wiener Cellisten Böhm. Auch Spohr besaß einen herrlichen Stradivario, der nach seinem Tode zum Verkaufe ausgesetzt war. In wessen Hände er gerieth, ist uns nicht bekannt.

Als der beste Schüler und Nachahmer Stradivario's gilt Carlo Bergonzo 1724 (Fig. 6).

Von Cremona aus verbreitete sich der Geigenbau nach Mailand, Rom, Florenz und anderen Städten der Halbinsel.

Aus der Tyroler Schule, welche gleichfalls von Cremona aus gestiftet wurde, machte sich Jacob Steiner berühmt. Er lebte zu Absam, einem kleinen Dorfe bei Hall in Tyrol, um die Mitte des 17. Jahrhunderts und soll mit seinem Instrument zuerst hausirt und das Stück zu 6 Gulden verkauft haben. Der berühmte Orgelmacher Daniel Herz zu Insbruck nahm ihn in sein Haus auf und machte ihn sogar zum Erben seines Vermögens. Steiner machte Reisen in Italien und ließ sich dann auf immer in Absam nieder. Im Jahr 1669 wurde er als Hofgeigenmacher des Erzherzogs Ferdinand Karl von Kaiser Leopold I. bestätigt. Seine Lebensgeschichte trägt einen romantischen Charakter, er wurde gegen das Ende seines Lebens wahnsinnig, was von den einen seiner leidenschaftlichen Liebe zu Clara Vimercati, von den Andern dem Kummer, seine Instrumente zu wohlfeil verkauft zu haben, zugeschrieben wurde. Seine Violinen kennzeichnen sich durch ihre elegante Form, durch ihre etwas kurzen, aber oben und unten weit ausgerundeten ff, durch sehr dichte Zargenwände und feine, hart am Rand eingelegte Flödel. Er hat dreierlei Fermate, ein ganz großes, ein mittleres und ein kleines angewendet. Sein Holz hatte eine beträchtliche Dicke, der obere Resonanzboden bestand aus dem besten Haselfichtenholz, das er sich aus Gleirsch, einer Gegend hinter dem Haller Salzberge selbst holte. Seine Instrumente haben daher einen äußerst schönen, vollen Ton, und die Kenner zahlt für einen ächten Steiner 3 bis 400 Dukaten, zumal die ächten sehr selten sind. Denn gerade in der Zeit, wo Steiner die schönste Arbeit lieferte, war er eben nicht der fleißigste Mann, und später verhinderte ihn seine Krankheit an der Arbeit.

Durch Steiner verbreitete sich die Tyroler Schule über Deutschland, wo namentlich sein Schüler Thomas Edlinger in Augsburg berühmt wurde.

Berliner Kinder.

Erzählung von **Fanny Lewald**.

(Fortsetzung von S. 220.)

Er steckte das alte Zeitungsblatt, mit dem er beschäftigt gewesen war, als die Wernerin herausgekommen, in den Winkel hinter den Glühsteinen und wollte sich, als er von dem Meister seine Befehle erhalten hatte, eben auf den Weg machen sie auszurichten, als er sich von einem Kinderstimmchen rufen hörte. Er wendete sich um, Lieschens blonder Kopf sah zum Fenster heraus und freundlicher bat die Kleine: „Ich will mitgehen, Hermann!"

Er sagte, es sei kalt. „Die Großmutter kann mir den Mantel anziehen," entgegnete das Kind, „ich habe auch die neue Pelzkappe und neue Handschuhe."

„Aber ich muß weit gehen," wendete er ein.

„Ich kann auch weit laufen," sagte die Kleine.

„Die Großmutter erlaubt's nicht," meinte Hermann und blieb doch stehen, weil Lieschen gar so freundlich aussah und ihre rothen Wangen und blauen Augen ihm noch schöner däuchten, als die Gesichter der vier Engel, oben neben der Orgel in der Kirche.

„Ich will aber mit," wiederholte das Kind und als der Knabe mit einer entschlossenen Bewegung sich zum Gehen wendete, stieg Lieschen, das nicht gewohnt war auf Widerspruch zu stoßen, plötzlich auf den Fensterkopf und sagte: „Wenn Du nicht gleich wartest, spring' ich herunter und lauf Dir nach!"

„Bleib da! Bleib da!" rief der Knabe und war im Augenblick an ihrer Seite. Er war ganz blaß geworden. Es fror ihn mit einem Male und dann wurde ihm heiß, daß ihm die Tropfen auf die Stirne traten. Die Kleine lachte.

„Aha!" sagte sie, „ich komme doch mit!" — Sie sprang von dem Stuhle herab, auf dem sie gestanden hatte, eilte in die Stube, der Großmutter ihr Verlangen kund zu thun und rief dem Knaben noch aus der Ferne zu, nicht fortzugehen, der gar nichts Besseres verlangte, als auf das Kind zu warten und es mitnehmen zu dürfen, denn sein ganzes Herz hing an dem schönen Kinde.

Seit er selbst auf den Beinen stehen konnte, hatte er seine jüngern Geschwister in Obacht nehmen müssen. Er hatte gelernt, Kinder zu beschäftigen, mit ihnen zu plaudern und zu spielen und er hatte seine Brüder und Schwestern auch recht lieb und hatte immer Geduld mit ihnen, wenn schon es ihm kein besonderes Vergnügen machte, sie um sich zu haben. Mit Lieschen war das aber etwas Anderes. Er sah sie so gerne, er hörte sie gerne sprechen. Sie war so weiß, war immer reinlich, und sah gerade so aus, wie ihre selige Mutter, die in der guten Stube der Meisterin in einem blaßblauen Kleide mit einer rothen Rose vor der Brust, gemalt

hing. Wenn die gute Stube einmal geöffnet wurde, was nur geschah, um die Fenster zu putzen und die Möbel auszuklopfen, so schlich er immer unvermerkt hinein und rechnete nach, wie lange es dauern würde, bis Lieschen einmal so groß und stark wäre, wie ihre Mutter, und er dachte, wenn er einmal von der Wanderschaft käme, so würde sie wohl ausgewachsen sein.

Er stand auf der Gallerie und wartete. Fragen gehen, ob man ihm die Kleine mitgeben würde, das wollte er nicht gern, und fortgehen, ehe er wußte, ob sie nicht noch käme, das wollte er noch viel weniger. Darüber verging die Zeit. Von der Klosterkirche schlug es neun, das Spielwerk der Uhr spielte sein sanftes Lied. Die Sonne war hoch heraufgekommen, der Storch im Hofe fing an die Stelle zu suchen, welche ihre Strahlen trafen, und sich im Warmen die Flügel zu dehnen und zu putzen. Das Licht fiel hell und heiß zu der Thüre, aber Hermann hatte keine Zeit zu verlieren, er fing an zu fürchten, daß er sich zu lange aufgehalten und wollte sich eben entfernen, als aus der sonnenbeleuchteten Thüre Lieschen hervortrat und hinter ihr die Großmutter.

„Nimm das Kind mit!" sagte sie, „aber paß gut auf Lieschen auf und mach, daß Du zurückkommst. Hast Du auch reine Hände?"

Die Frage that ihm weh, und wußte nicht weshalb. Er lief zum Brunnen, wusch sich in dem kalten Wasser und wischte die Hände, so gut er konnte, an seinen Kleidern ab. Dann nahm er das Kind an die Hand und ging mit ihm von dannen, aber er war nicht so vergnügt als sonst, wenn er die Kleine bei sich hatte.

Ein paar Straßen war er still neben ihr hergegangen und hatte nur nothdürftig ihr fröhliches Geplauder beantwortet, bis sie in die Klosterstraße kamen, in welcher er an dem vorhergehenden Abende seinen majestätischen Ritt gehalten hatte. Die Erinnerung daran heiterte ihn auf, er erzählte der Kleinen, daß er gestern wieder auf einem großen Pferde gesessen habe und war eben im besten Zuge, als ihm auf dem Neumarkt einer der Jungen begegnete, die ihm gestern zuerst den Spottnamen gegeben hatten. Kaum wurde dieser Hermann's ansichtig, als er ihm aus der Ferne zurief: „Reitender Kesselflicker! warum gehst Du heut zu Fuß?"

Es war in den Stunden des Wochenmarktes und wieder Leben genug auf dem Platze. Was einmal bei Kindern gewirkt und sie belustigt hat, belustigt sie zum zweitenmal noch mehr und weil die Jungen gestern ihren Spaß an dem Rufe „reitender Kesselflicker" gehabt hatten, so fanden sie heute ein doppeltes Vergnügen daran, ihn auszustoßen und von allen Ecken erscholl es: „Reitender Kesselflicker, wo hast Du Dein Pferd? Reitender Kesselflicker, warum gehst Du zu Fuß?" und „reitender Kesselflicker" hier und „reitender Kesselflicker" da.

Hermann war wüthend vor Zorn und Scham. Mit einem Satze wollte er auf den Urheber des ganzen Angriffs losspringen, aber als er es that, fühlte er, daß er die Hand des Kindes loslassen mußte, und mitten auf dem Markte konnte das Kind nicht allein stehen bleiben. Das Blut stieg ihm nach dem Kopfe, daß die Ohren ihm brannten. Er wollte schreien, schimpfen, es schnürte ihm den Hals zu und dazu hielt das Kind ihn fest angefaßt, und fragte halb belustigt, halb geängstigt zu ihm hinaufsehend: „Warum schreien sie so? Bist Du der Kesselflicker?"

„Komm fort, Lieschen! geh nicht so langsam," bat er und suchte sie vorwärts zu ziehen, als einer der größten Jungen dicht an seiner Seite ihm wieder den Spottnamen in das Ohr schrie. Seiner selbst nicht mächtig, versetzte Hermann ihm einen Schlag mit der Faust, der Junge erwiederte das, sein Kamerad warf aus der Ferne mit einem Murmelstein, den er in der Tasche gehabt, nach Hermann, und statt diesen zu treffen, flog der Stein Lieschen gegen die Wange, daß das Kind laut aufschrie vor Schmerz und bitterlich zu weinen anfing.

Im Nu sahen die Streitenden sich von einer Masse Menschen umringt. Ein Bürgersmann gab dem Burschen, der mit dem Steine geworfen hatte, einen Schlag, aber auch Hermann wurde festgehalten und hart angelaßt, während ein paar Bürgersfrauen, die Lieschen, das Enkelkind der Wernerin erkannt hatten, sich der Kleinen bemächtigten und sie nach Hause zur Großmutter zu führen versprachen. Indeß das Kind weinte und schrie und wollte nicht vom Platze gehen ohne Hermann. Erst als dieser wieder zu ihr kam, gelang es die Kleine zu beruhigen und sich mit beiden Armen an Hermann anklammernd, rief sie ein Mal um das andere: „Komm nach Hause! Sie sollen Dir nichts thun! Sie sollen Dir nichts thun!"

Er war froh, als er sich mit seinem Schützling in der stillen Bischofsstraße befand und neben Lieschen auf der Ecke niederkauernd, sie überzeugte, daß ihr nichts geschehen sei. Er trocknete ihr die Thränen, säuberte ihr am Brunnen die Stelle, welche der Stein getroffen hatte und vermochte die Kleine leicht dahin, seinen Weg weiter mit ihm fortzusetzen. Aber er konnte nicht wie sonst mit ihr plaudern und mit ihr Scherze treiben. Das langweilte sie bald und sie fing nun selbst zu plaudern an.

„Heißt Du Kesselflicker?" fragte sie nach einer Weile.

„Nein!" gab er ihr kurz zur Antwort. Sie war solche Abweisung nicht von ihm gewohnt. „Warum schreien sie Kesselflicker?" fragte sie noch einmal und fügte dann gleich hinzu: „Warum warfen sie mit dem Stein nach Dir?"

Dem Knaben schnitt es durch das Herz. „Weil ich schlechte Kleider habe," versetzte er bitter.

„Der Großvater hat viele Kleider, der kann Dir Kleider schenken," tröstete das Kind.

„Laß gut sein," sagte Hermann.

„Willst Du keine Kleider haben?" forschte Lieschen, die wie alle Kinder langsam von ihren einmal gefaßten Gedanken loskam.

„Ich werde mir schon Kleider schaffen, wenn ich groß bin," gab er ihr zur Antwort, „und Dir soll auch Niemand etwas thun, wenn ich nur erst groß bin," sprach er fest und seine Hand preßte dabei unwillkürlich das Händchen der Kleinen, daß sie zu ihm aufsah und zu lachen anfing.

Als Hermann mit dem Kinde nach Hause kam, klopfte ihm das Herz vor Angst. Er fürchtete, Lieschen werde erzählen, was auf dem Markte geschehen, werde klagen, daß ihr der Stein an die Wange geflogen sei und weil er sicher wußte, daß man ihm in diesem Falle die Kleine nie mehr anvertrauen und daß er einer schweren Strafe nicht entgehen würde, hatte er sich mehrmals versucht gefühlt, sie zu bitten, daß sie davon schweigen möge; aber ein unbestimmtes Gefühl hielt ihn davon zurück und nachdem er das kleine Mädchen der Großmutter abgeliefert und sich in die Werkstatt begeben hatte, um dem Meister über die gemachten Bestellungen Bericht zu erstatten, erwartete er von Minute zu Minute, daß er gerufen und zur Rechenschaft gezogen werden würde. Indeß es blieb Alles still, der Vormittag ging ruhig vorüber und als es zwölf Uhr schlug, als Lieschen, wie das alle Tage geschah, dem Großvater melden kam, daß das Essen fertig sei, wendete sie sich schnell zu Hermann hin und sprach leise und mit freundlichem und klugem Blick: „Ich hab' nichts gesagt."

Dann lief sie hinaus und Hermann — Hermann stand und sah ihr nach, und wischte sich mit der umgekehrten Hand die Thräne aus dem Auge, die ihm plötzlich hineingetreten war, er wußte nicht wie und weshalb. Aber er hätte für das Kind durchs Feuer laufen mögen und wieder dachte er: „wenn ich nur erst groß wäre!"

6. Kapitel.

Der Herr Kandidat hatte Wort gehalten. Hermann besaß seit dem Weihnachtsabende sein erstes großes eigenes Buch, denn seine Fibel und seiner Mutter Katechismus und Bibel hatten bis dahin die ganze Bibliothek der Familie ausgemacht, die nur gelegentlich einmal durch einen vorjährigen Volkskalender einen Zuwachs erhalten hatte.

Mit seinem Buche, voll merkwürdiger Reiseabenteuer und seltsamer Lebensschicksale, war dem Knaben aber eine neue Welt aufgegangen, und seitdem sein Blick von der Sagenwelt der biblischen Vorzeit in den Bereich der nächsten Vergangenheit und der Gegenwart gelenkt ward, wendeten alle seine Gedanken und Wünsche sich in die Zukunft und auf

seine eigene Zukunft hin. Mit wahrer Leidenschaft verlangte er danach, schnell heranzuwachsen, um, wie er es nannte, Etwas zu werden, aber trotz seiner Sehnsucht rückten die Tage doch nur in ihrem Gleichmaß vorwärts, langsam die Dinge und die Menschen und ihr Verhältniß zu einander umgestaltend, daß man die Wandlung kaum gewahr wird, bis irgend ein ungewöhnliches Ereigniß es bemerkbar macht, daß sie sich vollzogen hat.

Tage, Wochen, Monate und Jahre gingen hin und Meister Brückner saß noch immer auf seinem Schemel in der Werkstatt, und der Kandidat kam auch noch alle Tage zu dem Meister und sah nach den Kindern, und die Mutter schaffte und mühte sich wie immer, nur Hermann fehlte in der Wohnung, aber man vermißte ihn nicht, im Gegentheil! — Der zweite Sohn war so weit herangewachsen, daß er die Dienste versehen konnte, welche der Bruder bis dahin im Hause geleistet hatte, und die Eltern waren froh, den Aeltesten nun doch so weit zu haben, daß er in der Lehre und die Zeit zu ermessen war, in welcher er Geselle werden und ganz für sich selber zu sorgen im Stande sein würde.

Er kostete schon jetzt so gut wie gar nichts mehr; denn Herr Werner, der ihn in die Lehre genommen, hatte ihm das Einschreibegeld erlassen, Wohnung und Essen und Trinken hatte er bei seinem Meister, und seine Pathe, die Meisterin, that ab und zu ein Uebriges und half sie und da mit einem Rock des Meisters oder mit sonst einem nöthigen Stücke aus, daß Hermann weit besser als zuvor in Kleidern war, und sich wohl hätte auf die Straße sehen lassen können.

Er war kein Freund vom Ausgehen und hatte mit seinen Altersgenossen wenig Verkehr. Nicht daß er keine Freude daran gehabt hätte, umherzulaufen und sich umzusehen, aber wie die Andern, es fehlte ihm dazu nur die Zeit, denn wenn er abkommen konnte, gab es für ihn nur einen Weg, und der führte ihn zu dem Kandidaten. Je größer Hermann geworden war, um so mehr war seine Liebe für denselben gewachsen, und wie der Kandidat es Anfangs nur mit Widerstreben geduldet hatte, daß der Knabe ihm mit seinem Buche in seine Wohnung folgte, um von ihm die Aufschlüsse und Erklärungen zu erhalten, deren er bedurfte, so hatte er sich allmäßlig doch daran gewöhnt, und Hermanns Wißbegier und Lebhaftigkeit regte Herrn Plattner an, daß er sich erheitert fühlte, wenn der Knabe bei ihm war, der immer Etwas zu erzählen, der immer Gutes zu berichten hatte, weil er achtsam und fröhlich von Natur, an jedem Tage irgend etwas fand, das ihm Vergnügen machte.

Bald hatte er neue Arbeit bei dem Meister gehabt, zu der man ihn bald nicht zugelassen, bald hatte er fertige Arbeit zu einem Kunden bringen müssen, von dem er ein Trinkgeld erhalten, bald hatte er der Mutter seine paar Spargroschen nach Hause bringen können, die eben jetzt das Geld gut brauchen können und es ihm wieder zu geben versprochen hatte, wenn für ihn eine Anschaffung nöthig sein würde. Heute hatte der Meister große Bestellungen erhalten, ein andermal hatte Hermann viel Geld für den Meister in die königliche Bank zu tragen bekommen, dann ließ die Weberin ein Schwein schlachten und Hermann bekam davon für seine Eltern etwas geschenkt, und vor Allem gingen die Tage hin und er wurde größer und die Lehrzeit verstrich und die Gesellenzeit mußte doch auch herstreichen, und wenn er arbeitete und immer arbeitete, so mußte er zuletzt auch Meister werden. Und daß er ein reicher Meister werden wollte, reich wie Herr Werner, und ein Mann bei der Stadt, wie Herr Werner, das stand bei ihm eben so unumstößlich fest, als daß er weit umher wandern und alle die Länder sehen wollte, von denen in den Büchern zu lesen stand, die er sich nach und nach herbeizuschaffen wußte.

„Was der Mensch will, das kann er!" sagte Herr Werner, und diese Worte wurden Hermanns Wahlspruch. Er schrieb sie mit seinen schönsten Lettern in das Schreibebuch, das er bei dem Herrn Kandidaten hatte, er schrieb sie sich noch fester in das Herz, und weil er gar nicht daran zweifelte erreichen zu können, was er anstrebte, so glich er beständig dem Wanderer, der sein Ziel vor Augen, der Mühen des Weges nicht mehr achtet.

Da er fleißig und geschickt bei seiner Arbeit, vom Morgen bis zum Abend unverdrossen war und der Wernerin mit jener maschinenmäßigen Regelmäßigkeit, die ihr einst so ärgerlich an ihm gewesen, die häuslichen Hülfsleistungen besorgte, so gab man es zu, daß er Abends, wenn die Werkstatt geschlossen und das Abendbrod gegessen war, eine Stunde fortging, und diese Stunde brachte er meist bei seinem Pathen und Lehrer zu.

Die Begegnung mit dem Geheimrath, welche Hermann einst die Reisebeschreibung eingetragen hatte, war für Herrn Plattner von dauernder und guter Folge gewesen. Er hatte regelmäßige Arbeit und sie schien ihm besser bezahlt zu werden als früher, denn das Feuer fehlte seit Jahren in den Winterabenden seinem Stübchen nicht mehr, und Sommers und Winters hatte Hermann seinen Unterricht von ihm, d. h. er durfte in des Kandidaten Stube lesen und schreiben, was er mochte, und der Kandidat, der jetzt Bücher geborgt bekommen konnte, so viel er immer mochte, ließ seinen Schützling an immer neuer Anregung und Belehrung nicht Mangel leiden.

Herr Plattner las und schrieb, und Hermann las und schrieb sich aus den Büchern ab, was er für sich zu behalten wünschte, und außer den kurzen Antworten, welche den Fragen des Schülers folgten, hörte man keinen Laut in dem engen Erkerstübchen. Ein Bett, eine Commode, ein Paar Stühle und der große Tisch von weißem Tannenholz, an dem die Beiden saßen, machte das ganze Mobiliar aus. Und doch enthielt das Zimmer Schätze, die zu betrachten Hermann nicht müde werden konnte, wenn er die Augen von seinen Büchern erhob, und die seinen

Gedanken eine Richtung gaben, welche ihn abzog von Allem was ihn sonst beschäftigte.

Es hingen zwei Bilder über dem Tische, an der sonst kahlen und verräucherten grauen Wand, Bilder, die nicht zu dieser Wohnung gehören konnten. Das eine war nur mit Oblaten angeklebt und mit Wasserfarben gemalt. Es stellte ein Schloß dar, mit vielen Thürmen und sonderbar geformten grünen Kuppeln auf denselben. Das andere war ein ganz kleines Bild, in einen schmalen gelbenen Reif gefaßt, und es schien Licht auszugehen von diesem kleinen Bilde durch das ganze Zimmer, so fremd es sich auch in demselben ausnahm. Es war eine wunderschöne Frau ganz blaß, ganz jung, mit langen schwarzen Locken und mit großen Augen. Hermann glaubte, daß sie immer nach dem Kandidaten hinblickten, wo dieser sich auch befand. Sie hatte ein weißes Kleid an und einen breiten gelbenen Gürtel mit Edelsteinen zum Schlosse. Um den Hals hatte sie Perlen, und Perlen um die Arme, daß man sie hätte für eine Königin halten mögen, wären ihre Augen nicht so traurig gewesen.

Der Kandidat hatte niemals von den Bildern gesprochen und Hermann hatte niemals gefragt, wo das Schloß gelegen oder wer die schöne Dame sei; denn er dachte, daß des Kandidaten Herz an diesen Bildern hing, und er glaubte, daß derselbe nur deshalb so melancholisch sei, weil er nicht in dem Schlosse und bei der Dame lebe.

Eines Abends hatte Hermann die Geschichte von dem englischen Knaben Richard Whittington gelesen, der sich aus Noth und Elend heraufgearbeitet, Würde und Ansehen erlangt hat und Bürgermeister von London geworden ist. Als er das Buch zuklappte und aufstand, um fortzugehen, sah er sich noch einmal in der kleinen Stube um, sein Blick fiel auf die Bilder, fiel dann auf das blasse Antlitz und das früh ergraute Haar seines Freundes, und ohne zu bedenken, was er that, rief er im Selbstgespräch: „Unglücklich möchte ich nicht sein!"

Herr Plattner sah verwundert in die Höhe. „Was fällt Dir ein?" sagte er im Tone des Tadels über die unbefugte Störung.

Hätte Hermann irgend ein gleichgültiges Wort ausgestoßen, so würde er nicht nöthig gehalten haben, sich zu entschuldigen. Er fürchtete jedoch, der Kandidat könnte in seiner Seele gelesen haben, und gleichsam als Erklärung fügte er hinzu: „Ich meine, das könnte ich nicht aushalten, ich hätte nicht die Geduld dazu."

„Wozu?" fragte Herr Plattner.

Die Sache wurde ärger und ärger; aber weil er eine unverzagte Natur war, sagte Hermann sich ein Herz und sagte: „Ich hätte keine Geduld, unglücklich zu sein."

Der Kandidat wurde immer aufmerksamer. Er legte die Feder aus der Hand. „Und was wolltest Du machen, wenn ein Unglück über Dich käme?"

Hermann schwieg eine Weile, er traute sich mit seiner Rede nicht heraus, denn er wollte nicht gern etwas sagen, was seinen Beschützer kränken konnte, und doch rief er endlich, als könne er es nicht verschweigen: „Ich ginge dagegen an!"

Herr Plattner nahm ihn bei der Hand. „Und wenn es stärker wäre als Du?"

„Dann liefe ich davon!" versetzte Hermann, „oder —"

„Oder?" wiederholte der Kandidat und blickte seinem jungen Gefährten forschend in das Auge. Der junge Mensch wurde bestürzt. Die Ahnung, daß Herr Plattner in diesem Augenblicke an sein eigenes Schicksal denke, bemächtigte sich seiner, und mit seinem Verstande und gutem Willen einlenkend, meinte er: „Wenn ich nichts dagegen machen und ihm nicht entfliehen könnte, dann — dann würde ich's mir aus dem Sinne schlagen und gar nicht weiter daran denken."

„So hätte Dich, daß Du frei bleibest von Schuld," versetzte der Kandidat, indem er die Hand seines jungen Gefährten losließ und sich von ihm zu seiner Arbeit wendete.

Hermann blieb auf demselben Flecke stehen. Er sah das Bild der schönen jungen Frau an, er sah den Kandidaten an, dessen Haar an den eingesunkenen Schläfen schon grau geworden war, und er fühlte tiefes Mitleid mit ihm. Er wollte an ihn herantreten, er hatte Lust ihn zu umarmen, aber dergleichen Liebesbezeugungen waren ihm nicht geläufig, weil sie unter den Menschen, unter denen er lebte, nicht vorkamen, und etwas Ungewöhnliches gegen den Herrn Kandidaten zu thun, hielt der Respekt ihn ab. So ging er endlich von dannen, ohne daß Herr Plattner es beachtete, aber das Erlebte beschäftigte den jungen Mann fort und fort, und immer wieder sagte er sich: „Ich will nicht unglücklich werden, ich will glücklich werden, wie der Meister Werner, und lernen und arbeiten, bis ich's werde."

7. Kapitel.

Und Hermann hielt sich mit der Ausführung dieser Vorsätze treulich Wort. Seine Lehrjahre fielen in die Zeit, in welcher die Entwicklung der Gewerbe und die Einführung des Maschinenbaues in Deutschland den großen Aufschwung nahmen. Die ersten bedeutenden Eisenbahnbauten waren eben ausgeführt worden, überall entstanden in Berlin neue Maschinenfabriken, junge, tüchtige Arbeiter fanden leicht ein Unterkommen, und wo Gewerbtreibende, wo Handwerker bei einander waren, drehte Arbeit irgend eine Weile mit dem Bedarf der neuen Unternehmungen zusammenhing, war von denselben und von den Aussichten die Rede, welche sie dem Handwerker für alle Zukunft eröffneten und sicherten. Der und Jener hatte Aufträge für Eisenbahnen erhalten, der Eine hatte eine Lieferung an Werkzeugen für die Werkstätten der Bahnhöfe übernommen, der Andere war auf der Eisenbahn in wenig Tagen große Strecken vorwärts gekommen, war in wenig Wochen bis nach England und nach Frankreich gereist, und mit jeder solchen Mittheilung, die gelegentlich vor den Ohren des strebsamen jungen Menschen gemacht wurde, eröffnete sich ihm der Blick in die Welt und die Hoffnung, sich einst in ihr festsetzen zu können.

Es ist aber dafür gesorgt, daß die Bäume nicht in den Himmel wachsen und gegen das zu rasche Vorwärtsstreben finden sich die Hemmschuhe überall bereit. Wie die Zeit sich auch entfalten und was so mancher von seinen Bekannten auch dadurch erwerben mochte, Meister Brückner konnte nicht vorwärts kommen. Die Kinder wurden immer größer, die Lebensmittel und das Leben in der sich ausbreitenden Stadt wurden immer theurer, satt werden wollten und mußten sie Alle, und mehr als arbeiten konnte der Meister doch nicht. Wenn auch die Kinder, so bald sich die Gelegenheit dazu ereignete, ein paar Groschen zu verdienen suchten, so verschlug das immer nicht viel, und es war gut, daß der Herr Kandidat nicht mehr alle Tage vorsprach, denn der Mensch wird sorglicher mit den Jahren, und die Meisterin, die doch nicht mehr so bei Kräften war als in ihren jungen Tagen, plagte sich viel mit dem Gedanken, wie es einmal mit ihr und mit ihrem Manne und mit ihren Kindern werden würde. Hätte sie das nur in ihrem Herzen behalten, so hätte es noch hingehen mögen, indeß sie konnte nicht verschweigen, was sie drückte, und ein Mann, der redlich seine Schuldigkeit thut, verdient nicht, immer daran erinnert zu werden, daß all' sein ernster Fleiß nicht die Kraft hat, die Sorgen von seiner Schwelle fern zu halten. Der Vater machte die Kammerthüre zu, wenn die Mutter ihre muthlosen Tage hatte, sie mochte denn nicht mehr so leiden, weil, wie sie sagte, die Spinne an der Wand ihr in solchen Zeiten zuwider sein konnte, und die Geschwister hielten sich dann an den ältesten Bruder, der immer etwas Gutes zu erzählen hatte, und wenn gar sonst nichts zu berichten oder kein Hoffnungslicht vorzuhalten war, doch ein schönes Gedicht vorzusagen oder ein Buch zu bergen hatte, das er selbst von einem Andern für ein paar Wochen geborgt hatte.

So erreichten Hermanns Lehrjahre ihr Ende, und er hatte bei seinem Meister schon ein Jahr als Geselle gearbeitet, da kam die Zeit heran, sich auf die Wanderschaft zu machen. Es war mitten im Sommer und das Wetter sehr schön und warm. Er hatte von Kindheit auf immer nur an's Wandern gedacht, und nun er endlich am Punkte stand es ausführen zu können, war all' seine Lust dazu verschwunden. Die Werkstatt war bereits geschlossen, die andern Gesellen waren ihrer Wege gegangen, der Meister war im Bürgerverein. Oben in Hermanns Bodenkammer lag der neue Anzug, den er bei der Freisprechung getragen hatte, sein Ränzel lag daneben, in dem Alles beisammen, was ihm nöthig war, und die Wernerin selber hatte ihm eine Beisteuer zu seiner Ausrüstung gegeben, weil er, wie sie eingestand, ein fleißiger Mensch sei und weil sie wußte, daß er in dem letzten Jahre jeden Heller, den er erübrigen konnte, nach Hause getragen hatte.

Die Wernerin saß auf ihrer Gallerie und hatte es sich bequem gemacht. Sie hatte die Piquémütze abgenommen und das Halstuch gelüftet, daß die schwere goldene Kette zu sehen war, die sie schon seit Jahren für alle Tage um den Hals trug. Beide Füße waren gleich sauber mit weißen Strümpfen und schwarzen Schuhen bekleidet, denn in den heißen Sommertagen hatte sie das böse Reißen nicht, und obschon sie einen großen Korb voll Salat neben sich hatte, den sie selber putzte, konnte man es ihren netten weißen Händen wohl anmerken, daß sie keine schwere Arbeit zu machen brauchte.

Man sah, daß es ihr recht wohl war, und Allem, was sie umgab, war derselbe Stempel des Behagens aufgedrückt. Der Papagei stieg gemächlich in seinem Bauer umher und knupperte an seinem Zucker, der Kanarienvogel hatte frische Salatblätter bekommen, die Bäume und die Blätter waren grün, und weil Lisette die Rosen so gern mochte, hatte der Meister einige schöne Rosenstöcke in dem Hofe einpflanzen lassen, die in voller Blüthe standen. Der Rabe und der Storch schritten so ernsthaft in dem Hofe umher wie sonst, und Hermann sollte nun fort auf die Wanderschaft.

Er saß, wie das Abends geschah, wenn er nicht zu dem Kandidaten ging, unten im Hofe und hatte ein Buch bei sich. Schon seit drei Jahren war ein anderer Lehrling dazugekommen, der die Hausarbeiten als Jüngster übernehmen mußte, und seit Hermann Gesell geworden, hatte er natürlich keine Hand mehr dabei angelegt. Heute aber, als die Sonne so hell auf die weiße Wand des Nachbarhauses schien und eben der blaue Himmel, so weit man ihn zwischen den Dächern sehen konnte, überall leichtes, blaues Gewölk zeigte, und die Rosen so dufteten, konnte er gar nicht lesen. Er sah die Wernerin an und dachte an all' das Gute, das sie ihm gethan, und ob sie denn auch noch so dasitzen würde, wenn er einmal von der Wanderschaft heimkäme. Es fiel ihm ein, wie klein er gewesen, als er zuerst als Laufjunge in ihren Dienst getreten, wie schwer die Arbeit ihm damals geworden und wie oft sie ihn gescholten und gepufft hatte, und er mußte darüber lachen, daß ihm also geschehen, denn er war jetzt ein großer, starker Mensch, der in seinem zwanzigsten Jahre stand, und er wußte, daß er sich sehen lassen konnte.

Der Storch und der Rabe und der Papagei und der Kanarienvogel waren nicht gewachsen, die waren gerade wie vor Jahren, nur er war gewachsen, nur Lisette war groß geworden, aber gerade heute war sie nicht da. Er hätte gewünscht, daß sie heute zu Hause geblieben wäre. Sie war beinahe vierzehn Jahre alt, und sie sah noch älter aus, weil sie so kräftig war. Den Engelsköpfen an der Orgel glich sie jetzt nicht mehr, auch ihrer Mutter ähnelte sie jetzt nicht. Sie hatte etwas ganz Besonderes in Miene und in Blick. Wenn sie einem in das Auge

34*

schaute, so meinte man, sie sähe durch und durch bis in's Herz, und wenn sie etwas sagte, mußte man es ihr auf's Wort glauben. Die Großeltern ließen ihr in Allem den Willen, weil sie so vernünftig war; und in der Schule hielten Lehrer und Kinder gleich viel auf sie. Es kamen auch oft ganz vornehme Mädchen zu ihr zum Besuche und die gute Stube wurde dann aufgemacht, die Wernerin zog sich wie eine reiche Frau an, und keiner von den Gesellen und Lehrlingen durfte sich dann blicken lassen. Selbst wenn Einer von ihnen Lisette Abends nach Hause holen ging, mußten sie sich anziehen wie am Sonntage, um ihr in dem fremden Hause keine Schande zu machen. Er hatte sie oftmals nach Hause geholt, aber er dachte heute zum ersten Male daran, daß er in seinen Arbeitskleidern nicht einmal für gut genug gehalten würde, den Bedienten Lisettens vorzustellen, und er hatte doch so oft mit ihr gespielt, er hatte sie doch so lieb gehabt. Er seufzte, wie er es noch nie getban. Es dünkte ihn, als sei er schon hundert Meilen von ihr entfernt, als lägen zwischen dem heutigen Mittage, an dem er sie bei Tische gesehen hatte, und zwischen diesem Abende, an dem er sie vermißte, viele lange Jahre.

Wo ist die Zeit hin, fragte er sich, in der mich so sehr danach verlangte, erwachsen zu sein? Nun bin ich erwachsen und ich wollte, ich wäre wieder der Junge in den elenden Kleidern, dem sie Spottnamen nachriefen, und der hier im Hofe die Steine schichtete und das Küchenholz klein schlug. Der Block stand dort auf der alten Stelle, das Beil lag daneben, die Thüre des Holzstalles stand offen, die Hühner gingen darin aus und ein. Hier werde ich auch kein Holz mehr schlagen, dachte er, und plötzlich stand er auf, legte nach dem Buch auf den Ständer der Gallerie, ging nach dem Holzstall, holte sich einen tüchtigen Korb voll Holz heraus und begann es zu spalten, mit einer Lust und mit einem Eifer, die ihm das Herz erfrischten, denn das Thun ist stets ein Mittel gegen das Erleiden.

Der Ton der Art machte die Wernerin aufmerksam auf ihn. Sie schüttelte den Kopf, als sie gewahrte, was er vorhatte.

„Was fällt Dir denn wieder ein, Hermann?" fragte sie.

Er sagte, er hätte gern noch einmal seine alte Arbeit machen wollen.

„Unsinn!" rief die Wernerin und rückte sich die weißgescheuerte Holzbank unter dem schwachen Fuß zurück. „Hat schon je Einer einen Menschen gesehen, der Holz hackt zum Vergnügen! Sitze still, wenn Du nichts Besseres zu thun hast, Du wirst noch Wegs genug unter die Beine bekommen, bis Du einmal wieder hier an Ort und Stelle bist."

Er konnte es aber nicht lassen, er mußte die Arbeit erst zu Ende machen, es kam ihm überhaupt vor, als würde hier Alles fehlen, wenn er nicht mehr dabei sei. Die Jugend hat das schöne Vorrecht, sich noch für unentbehrlich zu halten, weil sie noch nicht oft genug erfahren hat, wie leicht die Wellen des täglichen Lebens über der Stelle zusammenschlagen, auf der durch die Entfernung eines Menschen eine Lücke zu entstehen scheint.

Er hielt sich alle seine bisherigen Obliegenheiten vor, alle die kleinen Dienste, die er freiwillig geleistet hatte. Die Eltern, die Geschwister, der Kandidat fielen ihm der Reihe nach ein, und dazwischen dachte er an die Lilien des Meister Werner, die er immer noch rein gemacht, und an die Blumenstöcke, die er für Lisette geschnitzt, und an die Wallnüsse, die er in diesem Herbste nicht mehr abnehmen helfen konnte. Während dessen schlug es neun Uhr vom Kirchthurme. Die Wernerin hatte die Füße lang vor sich ausgestreckt und die Hände über den Leib gefaltet. Hermann wußte nicht, ob sie wache oder schlafe. Der Meister mußte nun auch bald nach Hause kommen und es war Zeit, Lisette abzuholen, die weit unten in der Stralauer Gasse auf Besuch geladen war.

„Frau Wernerin!" rief er, auf die Gefahr sie zu erwecken, „wer wird denn die Lisette abholen gehen?"

„Willst Du heute Alles thun?" fragte sie spottend, „da denkst, nun geht's in Einem hin und Du bist's los."

Er achtete auf diesen Spott nicht. „Soll ich gehen?" fragte er.

„Nein!" versetzte sie sehr bestimmt, und eine Weile blieb es still.

Wenn die Meisterin wollte, hörte sie das Gras wachsen, und sie wußte die Leute zu nehmen und zurecht zu sehen, wie wenig Andere es verstanden. Sie ließ Hermann ruhig sitzen, eine geraume Zeit, bis es ganz dunkel im Hofe wurde. Dann sagte sie mit einem Male: „Einer ist doch wie der Andere! Erst, wenn man sie in's Haus bekommt, da denken sie wunder wie schwer sie's haben, und denken, der Meister verlangt viel und mit der Meisterin ist nicht auszukommen, und wenn nachher die Zeit um ist, dann möchten sie Dies thun und Jenes thun, und das Herz ist ihnen schwer und sie denken, sie könnten's nicht vergessen und nicht wieder so gut. Aber so wie Du hat schon mancher hier gesessen, das geht und kommt, und ist Einer das Wandern und Wechseln erst gewohnt, da lacht er darüber, daß es einmal so schwer vom Flecke fortgekommt hat."

(Fortsetzung folgt.)

Der Wasserfall von Lodore.

Dem Englischen des Robert Southey nachgebildet

von

Ludwig Gantter.

«How does the Water
Come down at Lodore?»
    My little boy ask'd me
    Thus, once on a time;
And moreover he task'd me
    To tell him in rhyme.
        Anon at the word,
There first came one daughter
    And then came another,
        To second and third
The request of their brother,
And to hear how the water
Comes down at Lodore,
    With its rush and its roar.
        As many a time
They had seen it before.
So I told them in rhyme,

„Wie kommt denn das Wasser
Herab zu Lodore?"
    So fragte mein Bübchen
    Neugierig einmal;
Auch ließ mir mein Liebchen
    Zum Reim nur die Wahl.
        Kaum sprach es das Wort,
So kam auch die Schwester
Und rief: „o mein Bester,
    Gewähr ihm die Bitte!"
        Da kam auch die Dritte,
Und wünschte zu lauschen,
Wie das Wasser herunter
So stürzet mit Rauschen,
Und stürzet so munter,
Wie oft sie's geseh'n.
    So sagt ich's in Reimen

For of rhymes I had store:
And 'twas in my vocation
For their recreation
That so I should sing;
Because I was Laureate
To them and the King.

From its sources which well
In the Tarn on the fell;
From its fountains
In the mountains,
Its rills and its gills;
Through moss and through brake,
It runs and it creeps
For awhile, till it sleeps
In its own little Lake.
And thence at departing,
Awakening and starting,
It runs through the reeds
And away it proceeds,
Through meadow and glade
In sun and in shade,
And through the wood-shelter,
Among crags in its flurry,
Helter-skelter,
Hurry-scurry.
Here it comes sparkling,
And there it lies darkling;
Now smoaking and frothing
It's tumult and wrath in,
Till in this rapid race
On which it is bent,
It reaches the place
Of its steep descent.

The Cataract strong
Then plunges along,
Striking and raging,
As if a war waging
Its caverns and rocks among:
Rising and leaping,
Sinking and creeping,
Swelling and sweeping,
Showering and springing,
Flying and flinging,
Writhing and ringing,
Eddying and whisking,
Spouting and frisking,
Turning and twisting,
Around and around
With endless rebound!
Smiting and fighting
A sight to delight in;
Confounding, astounding,
Dizzying and deafening the ear with its sound.

Collecting, projecting,
Receding and speeding,
And shocking and rocking,
And darting and parting,

— War reich mit verseh'n,
Denn ich sollte wohl meinen,
Ich hätt' in der Brust
Amtshalber nicht wenig;
Bin ja Herrpeet zur Lust
Von Kindern und König. —

Von den Quell'n die im Meer
Leicht sprudeln empor,
Aus Wasserspiegeln
Auf sonnigen Hügeln
Aus Lachen und Bächen;
Durch Farn und durch's Moos
Rieselt's gemuth
Bis schlummernd es ruht
In Sees Schoos.
Von dort aus fließt's weiter,
Erwachend und heiter,
Das Röhricht durchstreichend,
Und bald d'rauf erreichend
Waldwiesen und Matten,
Im Sonnschein, im Schatten,
Durch schützende Wälder,
Durch Felsen und Felder,
Ueber Stock und Stein,
Ueber Hals und Bein.
Hier kommt es bald funkelnd,
Dort liegt es bald dunkelnd,
Jetzt rauchend und bauchend,
Jetzt zernig und stauchend,
So eilet es fort,
Bis ebne Verweil',
Es erreichet den Ort
Seines Falles so steil.

Der Katarakt kräftig,
Abstürzet dann heftig,
Mit zermalmendem Stoß
Wie mit Kriegesgetos',
Durch Höhlen und Felsen geschäftig,
Steigend und hüpfend,
Sinkend und schlüpfend,
Schwellend und schweilend,
Regnend und tränend,
Fliegend und springend,
Sich kränkend und schwingend,
In Strudeln und fegend,
In Wirbeln aufregend,
Dann drohend sich windend,
Und wieder verschwindend,
Und endlos herum,
Mit ew'gem Gesumm,
Die Wipfel benetzend,
Ein Anblick ergötzend,
Verwirrend das Ohr mit betäubendem Schall.

Verrammelnd sich sammelnd,
In Rast und in Hast,
Mit Eil wie ein Pfeil;
Bald schmal wie ein Aal,

And threading and spreading,
And whizzing and hissing,
And dripping and skipping,
And hitting and splitting,
And shining and twining,
And rattling and battling,
And shaking and quaking,
And pouring and roaring,
And waving and raving,
And tossing and crossing,
And flowing and going,
And running and stunning,
And foaming and roaming,
And dinning and spinning,
And dropping and hopping,
And working and jerking,
And guggling and struggling,
And heaving and cleaving,·
And moaning and groaning;

And glittering and frittering,
And gathering and feathering,
And whitening and brightening,
And quivering and shivering,
And hurrying and skurrying,
And thundering and floundering;

Dividing and gliding and sliding,
And falling and brawling and sprawling,
And driving and riving and striving,
And sprinkling and twinkling and wrinkling.
And sounding and bounding and rounding,
And bubbling and troubling and doubling,
And grumbling and rumbling and tumbling,
And clattering and battering and shattering;

Retreating and beating and meeting and sheeting,
Delaying and straying and playing and spraying,
Advancing and prancing and glancing and dancing.
Recoiling, turmoiling and toiling and boiling.
And gleaming and streaming and steaming and
    beaming,
And rushing and flushing and brushing and gushing,
And flapping and rapping and clapping and
    slapping,
And curling and whirling and purling and twirling,
And thumping and plumping and bumping and
    jumping,
And dashing and flashing and splashing and
    clashing;
And so never ending, but always descending,
Sounds and motions for ever and ever are blending,
All at once and all o'er, with a mighty uproar:
And this way the Water comes down at Lodore.

Bald sich weitend und spreitend,
Und zischend und gischend,
Und traufend und laufend,
Und reißend und schmeißend,
Und hapernd und klappernd,
Und rasselnd und prasselnd,
Und wetternd und schmetternd,
Und brausend und sausend,
Und schüttelnd und rüttelnd,
Und knüttelnd und büttelnd,
Und rieselnd und brüselnd,
Und stäubend, betäubend,
Und hätschelnd und pätschelnd,
Und rinnend und spinnend,
Und ringend und springend,
Sich mühend und sprühend,
Und gaukelnd und schaukelnd,
Und sich hebend und strebend,
Und dröhnend und stöhnend;

Und glitzend und blitzend,
Sich bäumend und schäumend,
Und glanzvoll und tanzvoll,
Und fippernd und schnippernd,
Und kurrig und schnurrig,
Und krabbelnd und zappelnd.

Sich theilend, nie weilend, forteilend,
Zerschellend und gellend und bellend,
Und treibend und reibend und stäubend,
Und munzelnd und schmunzelnd und runzelnd,
Und ächzend und krächzend und lechzend,
Und rumpelnd und pumpelnd und humpelnd,
Und knallend, anprallend, weitballend,
Und dampfend und stampfend und strampfend.

Und hitzig und spritzig und blitzig und schreitig,
Und lallend und schallend, jähfallend sich ballend,
Und pochend und kochend und grellend und schmollend,
Lautlachend und sachend, lärmmachend und krachend,
Und ranschig und banschig, und rüstig und listig,

Und schlagend und wagend, sich plagend zernagend,
Und strahlend und prahlend, und bahlend und mahlend,

Und schabend und trabend, und labend am Abend,
Und girrend und kirrend, und schwirrend und wirrend,

Und waschend und gaschend, und haschend und naschend,

Und so nimmer endend, sein Wasser absendend,
Bewegung und Lärmen alltäglich verschwendend,
Auf einmal und ewig ein mächtiger Prasser,
Stürzt so zu Lodore herunter das Wasser.

Hermippus.

An Karl Wolff,
Rektor des Katharinenstifts in Stuttgart.

Von Eduard Mörike.

Der gelehrte Reinesius gibt von der Inschrift eines vorgefundenen alten Monuments Nachricht, für dessen Aechtheit er übrigens nicht bürgt. Dieselbe lautet: Aesculapio et Sanitati L. Clodius Hermippus, qui vixit annos CXV dies V puellarum anhelitu, quod etiam post mortem ejus non parum mirantur physici. Jam posteri sic vitam ducite. (Dem Aeskulap und der Göttin der Gesundheit geweiht von L. Clodius Hermippus, welcher 115 Jahre und 5 Tage alt wurde im Athem seiner Schülerinnen, worüber sich auch nach seinem Tode die Naturkundigen sattsam verwundern. Ihr Nachlebenden thut's ihm gleich!)

Seltsames wird von Hermippus, dem römischen Weisen, dem Pfleger
    Weiblicher Jugend erzählt, Glaubliches doch, wie mir däucht;
Hundert und fünfzehn Jahre, so liest man, vom stärkenden Anhauch
    Kindlicher Lippen genährt, lebte der treffliche Greis.
Dort in geschlossener Halle, die er zur Schule den Mädchen
    Selber gegründet, auch wohl öfter im Gärtchen am Haus,
Sah man ihn Tag für Tag vom Morgen zum Abende thätig,
    Bei dem bescheidenen Brot seiner Minerva vergnügt.
Rundum zu Füßen ihm saß, in pergamentenen Rollen
    Lesend ein Theil, ein Theil still mit dem Griffel bemüht.
Aber der Kleineren eins hielt er in holder Umarmung
    Allzeit selbst auf dem Schooß (immer das ärmste zuerst).
Goldene Sprüche der Alten und liebliche Rhythmen der Dichter,
    Die es gelernt, hört' er, leis', ihm der Reihe nach ab;
Und vom Munde des Mädchens den Hauch, wie Frühlingsathem
    Herzerfrischend, empfing er in die welkende Brust.
Also fristet' Asklepios ihm die gesegneten Tage;
    Aber der Parce zuletzt weicht auch der Himmlischen Rath. —

Als er nun todt im Porticus saß, in dem steinernen Sessel,
    Noch vom Mantel, den er gestern getragen, umhüllt,
Kamen aus jedem Quartiere der Stadt unmündige Kinder,
    Jungfrau'n, Mütter, in Eil', edle Matronen herbei,
Ihren Hermippus noch einmal zu sehn, den Geweihten der Götter, —
    Kamen, und standen von fern, sonder Entsetzen um ihn,
Ehrend so heiligen Schlaf mit Schweigen. Und Einige kränzten
    Mit Hyacinthen sein Haupt, Veilchen auch deckten den Schooß.
Lieblicher war nicht Homerus geschmückt von den Fingern der Musen,
    Milderes „Have!" war Keinem hinunter gefolgt.

Aber wozu Dir das, mein Lykos? — Bester, versteh' mich:
    Lang ist die Kunst, und lang messe Dein Leben der Gott!
Zwar noch ist es nicht eben an dem gar, daß Du der Künste
    Unseres Römers bedarfst: aber sie kommt Dir, die Zeit —
Laß mich's hoffen! — gewiß. Dann, wenn die Locke Dir schneeweiß
    Hängt und der Bart, wer ist besser geborgen als Du?
Doch, ich seh' es im Geist, Du wirst, an Würden und Ehren
    Reich, vor den Neunzigen schon heiterer Ruhe Dich freu'n.
Still im eigenen Haus hast Du, im eigenen Gärtlein
    Sitzend ein blühendes, lern-lustiges Häufchen zur Hand.
Zwar längst nimmer den Enkel, doch Söhne und Töchter des Enkels
    Auf dem Knie' trinkst Du Fülle des Lebens in Dich!

Asklepios — Gott der Heilkunde.
Have — Römisches Grußwort an Todte.
Lykos — Griechischer Name für Wolf.

Sophie von La Roche.

Von Wilhelm Girschner.

Es gewährt eine besondere Befriedigung, aus unserer der Poesie entfremdeten Zeit des Materialismus und der Gewinnsucht sich hinüber zu versetzen in jene Epoche zu Anfang der zweiten Hälfte des vorigen Jahrhunderts, welche in der Literatur- und Kulturgeschichte die Periode der Empfindsamkeit ge-

nannt wird. In dem neuen Frühling, welcher damals über unserm wissenschaftlichen und socialen Leben aufging, begannen alle bis dahin durch die Enge und Blödigkeit unserer Verhältnisse so lange darniedergehaltenen Kräfte und Gefühle mit Macht zu keimen und zu blühen. Besonders steigerte sich das Gemüthsleben zu einer seltenen Höhe, und nicht nur die Werke der Poesie und Philosophie, sondern besonders auch die geselligen Kreise des Lebens athmeten eine überschwängliche Gefühlsseligkeit. Indem die Schranken hergebrachter Sitten und Vorurtheile allmählig zu sinken begannen, fühlten sich alle, die von der neuen Lebenslust gehoben und begeistert wurden, als zu einander gehörig und verbunden, und Herzen fanden sich zu Herzen in hingebender Freundschaft und Liebe. Mag uns das damalige Leben auch große Schattenseiten zeigen, mögen die neuerwachten Gefühle in dem sogenannten Wertherfieber ihren schlimmsten Paroxysmus erlebt haben, mögen auch noch bedeutend sichtbare Spuren von steifer Redesucht, Kleinmeisterei und französischer Frivolität zurückgeblieben sein, — wir übersehen dies so gut wie die Mängel und Fehler eines geliebten Verstorbenen und fühlen uns in unserer verstandesnüchternen Zeit um so wohlthuender angemuthet von jener jugendlichen Schwärmerei für alles Ideale, für Tugend und Freundschaft, von jener edeln Selbstverleugnung, von jener Romantik der Leidenschaft, wovon unser jetziges Zeitalter kaum noch eine Ahnung hat. Es ist, als umwehten uns in dieser jugendlichen Epoche unseres Völkerlebens, die sich noch Jedem in seiner eigenen Jugend als Uebergangsperiode wiederholt, milde, frische Frühlingslüfte, wie sie oft im Vorfrühling so reich und würzhaft niedergehen.

Wir wollen im Nachfolgenden eine deutsche Frau betrachten, welche als ein ächtes Kind jener Zeit durch ihre ungewöhnliche Lebensschicksale wie durch ihre Schriften wohl geeignet zu sein scheint, uns die Periode der Empfindsamkeit lebhaft zu vergegenwärtigen. Es ist die Verfasserin des vor dem „Werther" so epochemachenden Romanes „Fräulein von Sternheim" und einer langen Reihe von Frauengeschichten, deren geistige Ahnfrau sie geworden ist, — Frau Sophie von La Roche. Sie war die erste deutsche Frau, welche einen Roman geschrieben hat, wenn wir von früheren Versuchen aus dem siebzehnten Jahrhundert absehen dürfen, und zu ihrer Zeit eine der gefeiertsten Schriftstellerinnen Deutschlands. Lange Zeit hindurch hat sie den Ton in der Frauenwelt angegeben und ist vielfach als längst vergessen, würdig unsterblich zu heißen, „als die gute Mutter von Teutschlands Töchtern" gefeiert und besungen worden. Zwar ist ihr Ruhm verklungen, zwar sind ihre Schriften dem gegenwärtigen Geschmacke zuwider und längst vergessen, aber wohl sind dieselben, sowie Sophiens interessantes Leben als Spiegel der damaligen Zeit noch jetzt der Beachtung werth, wie auch ihr Name heute noch jedem Gebildeten bekannt ist. Besonders ist sie für uns interessant als die Jugendgeliebte und während ihres langen Lebens engverbundene Freundin Wielands, dessen Muse sie mit Recht genannt zu werden verdient.

Marie Sophie von La Roche wurde den 6. December 1731 in dem ehemaligen schwäbischen Reichsstädtchen Kaufbeuren geboren. Ihr Vater war der gelehrte Arzt Gutermann Edler von Gutershofen, welcher wie ihre Mutter aus Augsburger Patricierfamilie stammte und später, im Jahre 1741, als Stadtphysikus und Dekan der dortigen medicinischen Facultät nach Augsburg übersiedelte. Als der Erstgeborenen von elf Töchtern und einem Sohne wandte er auf ihre Erziehung alle mögliche Sorgfalt und hatte es bei ihr besonders auf eine literarische Bildung abgesehen. Um ihr Liebe zu den Büchern einzuflößen, trug er sie schon als zweijähriges Kind in seine Bibliothek, damit die goldverzierten Einbände und verschnörkelten Titelblätter

ihre Lust und Aufmerksamkeit erregen möchten. Deshalb ertheilte er dem Kinde auch einen frühzeitigen Unterricht, und die überraschenden geistigen Fähigkeiten entwickelten sich so früh, daß Sophie schon im dritten Jahre vollkommen lesen lernte und im fünften die Bibel ganz durchgelesen hatte. Ebenso unterrichtete sie der Vater frühzeitig in der Geschichte und französischen Sprache; später lernte sie auch Zeichnen, Sticken und Clavierspielen und wurde die beste Tänzerin. Aus der reichhaltigen und ausgesuchten Bibliothek ihres Vaters, in der sie bald Bescheid wußte, suchte sie sich zu ihrer Lectüre die Werke aus, welche sie am meisten anzogen, und wünschte oft wie ein Knabe erzogen zu werden, um sich eine recht große Gelehrsamkeit erwerben zu können. Auf alle Weise erhielt das frühreife Kind Befriedigung seiner regen Wißbegier. In lauen, sternklaren Sommernächten führte sie der Vater auf den Altan des oben am Berge gelegenen Hauses, lehrte sie die Sternbilder und das Allgemeine der Sternkunde kennen und bald wußte sie alle Sternbilder zu benennen, die über Augsburgs Horizont sichtbar waren. Doch geschah dies Alles keineswegs zum Nachtheile ihrer Weiblichkeit. Die Mutter, eine sanfte und milde Frauennatur voll der edelsten Gesinnung, beschäftigte sie viel in Haus und Küche und suchte des Kindes Empfänglichkeit für das Gute und Schöne auf alle Weise zu wecken und zu nähren. Der Vater, ein stattlicher Mann, von eigensinniger, heftiger Gemüthsart, hielt als eifriger Protestant viel auf Religion. Allsonntäglich mußte zur Kirche gegangen und jeden Tag neben der weiblichen Arbeit eine Betrachtung aus Arndts „wahrem Christenthum" gelesen werden. Eben so wenig wurde Sophie zur fränklichen Stubenpflanze erzogen. Ihr Elternhaus lag nahe am Iber, nicht weit von einer anmuthigen baumreichen Wiese, auf deren luftigem Rasen sich die kleine sinnige Naturfreundin des Tags über viel umhertummelte und Blumen pflückte, auch nahm sie die Mutter mit auf ihren Spaziergängen in Feld und Garten.

So wuchs sie zu einer siebzehnjährigen, reizend aufgeblühten Jungfrau heran, die nicht zu den gewöhnlichen Erscheinungen gehörte. Die zart und leicht aufgeschossene Gestalt, die schmelzenden braunen Augen, die Schönheit der langen lichtbraunen Haare, der eigene, wiewohl etwas affectirte Zug von Grazie, der um ihren Mund spielte — dies Alles mußte, wo sie nur erschien, alle Blicke auf sich ziehen. Zwar war die hohe Stirne für eine regelmäßige Schönheit zu groß und das Gesicht zu länglich; aber Geist und Gefühl belebte alle ihre Züge, Anstand und Grazie, die sie noch bis in's höhere Alter behielt, bestimmten alle ihre Geberden und Bewegungen. Aeußere und innere Reinheit, ein zarter Sinn für das Schickliche und wahre Herzensgüte vollendeten sie zu einer Perle weiblicher Jugend.

Da wahte sich ihrem weichen, hingebenden Herzen die erste Liebe. Ein junger Italiener, Namens Bianconi war als Leibarzt des Fürstbischofs nach

Augsburg gekommen, ein schöner und interessanter Mann von fast antiker Regelmäßigkeit der Formen, schwarzhaarig und dunkeläugig. Dazu besaß er einen lebhaften und glänzenden Geist, die feinste Weltbildung und war von der begeistertsten Liebe für Kunst und Wissenschaft erfüllt. Dieser, damals 32 Jahr alt, lernte Sophien kennen und lieben. Eltern und Tochter gewährten ihm geneigte Aufnahme. Bianconi betrachtete es als seinen Stolz und seine süßeste Freude, die ungewöhnlichen Fähigkeiten seiner Angebeteten selbst noch weiter auszubilden und ihren Wissensdurst zu befriedigen. Durch ihn wurde sie mit den italienischen Dichtern, mit dem griechischen und römischen Alterthume bekannt, und sie schwelgten gemeinschaftlich in diesem schönen, heitern Jugendleben; er brachte ihr einen Singmeister zur Ausbildung ihrer schönen Singstimme und wohnte ihren Singübungen selbst bei, ja er unterrichtete sie sogar in der Mathematik und manchen andern Wissenschaften. In wunderbarer Anregung und Begeisterung folgte Sophie mit Aufmerksamkeit der Leitung ihres Lehrers, dem bald ihr ganzes Herz, ihr ganzes Leben gehörte. Durch den Geliebten gewann ihr Wissen erst seine rechte Bedeutung für sie, für ihn nur lernte sie, nun seiner würdig zu werden, und ihr Geist entfaltete sich täglich schöner. Als ihr daher Bianconi seine glühende Neigung gestand, kam sie ihm mit vollem Herzen entgegen, und auch der Vater willigte, obgleich der Bräutigam katholisch war, in diese Verlobung. Da starb im August 1748 die Mutter, und die Heirath mußte um ein ganzes Jahr verschoben werden. Unterdessen reiste mit Bianconi, um dessen Familie kennen zu lernen, nach Italien, und blieb dort ein Jahr lang; Sophie zog unterdeß mit ihren jüngeren Geschwistern von dem Städtchen Biberach zu ihrem väterlichen Großvater, welcher Senator war. Hier verzeigten ihr die Tage in Sehnsucht nach ihrem Geliebten, hier träumte sie von nichts als dem Wunderlande Italien, wo ihre Zukunft blühte, mit seinem blauen Himmel und seinen Zaubergärten. Endlich kehrt der Geliebte mit dem Vater zurück. Die Verbindung soll stattfinden, als Bianconi bei dem Ehevertrage verlangt, daß alle seine Kinder katholisch werden sollen, obgleich er seiner künftigen Gattin selbst Religionsfreiheit zugesteht; der Vater hingegen besteht darauf, daß die Töchter in dem Glauben der Mutter erzogen werden. Die Hartnäckigkeit ist auf beiden Seiten gleich groß, und die beiden heftigen Männer kehren sich endlich nach langem Streit erbittert den Rücken. Bianconi dringt jetzt in die Geliebte, sich heimlich mit ihm zu verbinden und mit ihm zu fliehen; er wolle die Welt mehr als dreißig Briefe vorlegen, worin sie ihm als seine Braut angelobt, um endlich Schritt zu rechtfertigen. Doch vergebens. Die Kindespflicht trägt in der tugendhaften Seele den Sieg davon; sie mag den Vater nicht betrüben, sie mag wohl dem seinen Segen das Elternhaus nicht verlassen. Tief gekränkt und betrübt kehrt Bianconi allein nach seiner Heimat zurück,

und Sophie hat ihn niemals wieder gesehen. Später ist er noch zu hohen Stellen gelangt; er wurde Leibarzt des Kurfürsten von Sachsen und war zuletzt kursächsischer Resident in Rom. —

Das arme Kind drohte unter dem tiefsten Seelenschmerze, den sie nicht einmal ausweinen durfte, fast zu erliegen. Am andern Tage mußte sie sogar in das Zimmer ihres gestrengen Vaters kommen, ihrem Geliebten feierlich und förmlich entsagen, und von den Händen des Vaters unter wilden Zornesausbrüchen alle ihre von Bianconi erhaltenen Briefe, Verse und Arien sammt ihren mathematischen Heften zerreißen und im Ofen verbrennen sehen; Bianconi's Bild mußte sie selbst mit der Scheere in tausend Stücke zerschneiden und zuletzt brach noch der wüthende Vater Bianconi's Ring mit seinen verschlungenen Buchstaben in Brillanten mit zwei Eisenstäben gewaltsam entzwei, und streute die Steine auf dem Boden umher. Sophie duldete dies Alles schweigend; aber was in ihrem Innern vorging, als sie den Geliebten so geschmäht sah, hat sie uns noch als Gräfin in ihrer Selbstbiographie geschildert. Noch im Zimmer ihres Vaters that sie bei sich das Gelübde, daß Niemand mehr jemals ihre Stimme, ihr Klavierspiel, die italienische Sprache oder irgend Etwas, so ihr Bianconi gelehrt, von ihr weder hören noch vermuthen sollte. Und sie hat damit während ihres langen Lebens streng und buchstäblich Wort gehalten; auch kam Bianconi's Name nie wieder über ihre Lippen. —

Dieser Vorfall entschied für Sophiens künftiges inneres Leben, das sich nie ganz von einer leisen Melancholie und still-ernsten Entsagung hat befreien können. Ihr Leben schien ihr von jetzt an seiner schönsten Bestimmung beraubt. „Die Liebe ist das höchste Leben des Weibes, sie ist ihr Kerker und ihr Himmelreich", und wie schön und wahr sagt Schillers Thekla im Wallenstein:

> „Was ist das Leben ohne Liebesglanz?
> Ich werf' es hin, da sein Gehalt geschwunden!"

Sie glaubte für diese Welt nicht mehr da zu sein und wollte sich in ein Kloster aufnehmen lassen, aber der Bischof von Augsburg, der den Grund ihres Vorsatzes kannte, schlug es ihr ab. Im Frühjahr 1750, nachdem sie einen traurigen, trostlosen Winter verlebt, zog sie zu ihrer Erholung und Zerstreuung mit zwei Schwestern und einem Bruder nach Biberach zu ihrem Großvater. Allein dieser starb bald darauf; sie sollte nach Hause zurückkehren, wünschte aber, da der Vater an eine zweite Ehe dachte, in Biberach zu bleiben, und fand in dem Hause des Predigers Wieland, dessen Gattin mit ihrem Vater verwandt war, eine Zuflucht. Hier sollte ihrem einsamen und verwundeten Herzen wieder ein zweiter Liebesfrühling erblühen. Der siebenzehnjährige Sohn des Predigers, der kein Anderer als der später so berühmt gewordene Dichter Wieland war, lebte damals von Erfurt nach Hause zurück. Wie wir Sophien bereits geschildert haben,

war es kein Wunder, daß den schwärmerischen und
leicht erregbaren Jüngling für das schöne und interessante Mädchen,

„blühend wie himmlische Aura, wie junge Seraphim zärtlich."

wie sie der Dichter Bodmer in Zürich in einem
Briefe an Gleim bezeichnet, alsbald eine unwidersteh-
liche Leidenschaft ergriff. Wieland war eben nicht an-
sehnlich von Person, vielmehr klein, schmächtig und seine
Physiognomie nicht sehr bedeutend. Aber sein offenes
Wesen, seine frische, lebhafte Phantasie, sowie sein ganzes
dichterisches Naturell, verbunden mit einer gewissen
jugendlichen Schwärmerei und Schüchternheit, flößten
Sophien Zuneigung und Interesse ein. Besonders
gefielen ihr in ihrem damaligen Gemüthszustande,
der sie zur Natur und Einsamkeit zog, Wielands
Ernsthaftigkeit und Abneigung von den Eitelkeiten
der Welt. Ein näherer Umgang knüpfte zwischen
den jungen Seelen bald ein inniges Band, und
wenn auch Sophie jene glühende Leidenschaft wie
einst für Bianconi jetzt nicht zum zweitenmale empfinden konnte, so erschien ihr doch eine Verbindung
mit Wieland als das höchste Glück, das ihr das
Schicksal noch gewähren könne. So entspann sich
in dem stillen Pfarrhause zu Biberach die zarteste
Idylle. Anfangs vertrauten die Liebenden ihre
Empfindungen nur schüchtern den Briefen an, die
sie, obwohl unter einem Dache wohnend, mit einander wechselten, bis es zu mündlichen Erklärungen,
zur förmlichen Verlobung kam. —

Die neunzehnjährige Sophie hatte als Mädchen
durch ihr Alter an innerer Haltung, welche mancherlei Prüfungen und Erfahrungen noch mehr befestigt hatten, einen bedeutenden Vorsprung. Sie
übte daher auf den siebzehnjährigen Schwärmer,
welcher, in beschränkten Verhältnissen und in klöster-
lich strenger Zucht erzogen, mit der Welt noch unbekannt geblieben, und dessen unbeständiges Fühlen
und Streben noch nicht zur Klarheit und Reise gediehen war, eine gewisse Oberheit aus. Diese Würde,
in welcher Sophie vor ihm erschien, ruhte auf stiller
Tugendgröße, und wurde durch reizliche Anmuth
auf das lieblichste gemildert. Wieland fühlte durch
die angebetete Erscheinung sein ganzes Wesen gehoben
und veredelt, alle Blüthen seines Geistes erschließen
sich, und mit Wonnegefühl sah ihn Sophie unter
dem Einfluß ihrer Liebe zum Dichter werden. Seine
Muse gewann das Freie und Natürliche, das Heitere und Frische, welches sie besonders in seinen
Jugendwerken an den Tag gelegt hat. Die Geliebte erschien ihm als die verkörperte Idee der Vollkommenheit und brachte jene seltsam wunderbare
platonische Liebe hervor, wovon er und später im
„Agathon" und in vielen anderen seiner Werke ein
Bild entworfen. Sophie erwiderte seine Gefühle,
wie es ihrer geraden und edeln Seele würdig war.
Ein Liebhaber, der sie um ihrer Seele willen liebte,
war ihr etwas Neues. — Als edelsten Beweis seiner
Liebe betrachtete es Wieland, der Geliebten manche
Kenntnisse mitzutheilen, sie zu unterhalten und sie

zu „verschönern". Man schwärmte damals in der
Poesie noch für Tugend und Religion, und die englischen Romane Richardsons mit der heldenmüthigen
Tugend ihrer Frauencharaktere und Klopstocks Mes-
sias entzündeten alle Herzen. Die Liebenden lasen
daher hauptsächlich Klopstocks Dichtungen zusammen,
und Wieland war ganz entzückt, die liebliche Freundin, von des Dichters hohen Empfindungen bewegt,
einigemale so schön weinen zu sehen, wie „Cidli"
weinte. Eines Tages gab er ihr ein eigenes Manuscript, den Versuch einer Tugendlehre, zu lesen, und
erntete den vollen und warmen Beifall seiner Sophie
als die belohnendste Genugthuung. Oft warfen sie
sich auf die Kniee und schwuren in schwärmerischer
Freudigkeit der Tugend ewige Treue. An einem
schönen Sommertage machte Wieland, die lieblich-
zarte Gestalt am Arm, einen Spaziergang durch die
ländlichstillen Fluren von Biberach. Er hatte kurz
vorher in der Kirche die Predigt des Vaters über
den Text: „Gott ist die Liebe" mit angehört. Die
Predigt war ihm zu kalt erschienen, und er gedachte
jetzt besser und beredter über dieses Thema zu sprechen.
Nach eigener Versicherung ist er niemals beredter
gewesen. Der junge Dichter sprach von der Bestimmung der Geister und Menschen, von der Würde
der menschlichen Seele und von der Ewigkeit; er
vergaß nicht, in die himmlische Liebe einen großen
Theil des Glückes der Geister zu setzen. Sophie
ging in Zärtlichkeit auf, und weinte sanfte Thränen.
Sie bat den zärtlichen Schwärmer, diese seine Gedanken und Empfindungen niederzuschreiben. Dies
geschah, und so entstand Wielands platonifirendes
Lehrgedicht in 6 Büchern: „Die Natur der Dinge
oder die vollkommenste Welt", sein erstes Werk,
welches er später als Student vollendete, und worin
er auch Sophiens Verherrlichung auf geschickte Weise
eingeflochten hat. Diese seltsame Huldigung eines
siebenzehnjährigen Dichters an seine neunzehnjährige
Geliebte ist ein charakteristisches Zeichen jener Zeit,
in welcher die geistigen Elemente noch gährten und
sich dunkel durcheinander drängten. Wieland selbst
bezeichnete dieses Gedicht später als ein Zwittergefühl
von überschwänglicher Jugendschwärmerei und der
trockensten philosophischen Schulweisheit.

Vier schöne Sommermonate waren dem schwärmerischen Liebespaare so verflossen, der Herbst war
gekommen und die Blätter fielen, als Wieland die
Hochschule zu Tübingen beziehen mußte. Die schönsten Erinnerungen waren den Liebenden zurückgeblieben. Noch als Greis durfte Wieland an jene
paradiesischen Tage nur denken, um den Gram selbst
lächeln zu machen. Jenen „Götterstand der ersten
Liebe", jenen „schönen Irrthum schöner Seelen", wo
schon der bloße Anblick, der Ton der Stimme, das
leiseste Berühren der Hand des geliebten Gegenstandes eine stillentzückte, durch nichts zu ersehende
Empfindung gewährt, hat er im Andenken an jene
Stunden später in dem Gedichte „An Psyche"*)
besungen:

---

*) Aron Julie v. Bechtolsheim in Eisenach.

„O Fluche, auch für mich war einst so eine Zeit!
Was hätt' ich damals nicht vergessen,
Als ich in dem Bezauberungsstand,
Worin Du bist, mit Doris mich bekannt.

★ ★ ★ ★ ★ ★

O Wonnetage, gleich den Stunden,
In ihrem Reichau's zugebracht;
O Wochen, gleich dem Traum in einer Sommernacht!
Geliebter Traum! der, längst verschwunden,
Noch durch Erinn'rung glücklich macht!"

Sophie kehrte nach Augsburg in das elterliche
Haus zurück. Aber hier fand sie nicht Alles mehr
wie ehedem. Eine Stiefmutter war angekommen,
man begegnete ihr mit Kälte und urtheilte eben nicht
günstig über ihre Liaison mit einem jungen Studenten, ja der Vater nannte ihre Liebe Phanta-
sterei, weil man auf diese Weise ihrer nicht so bald
aus dem Hause los werden konnte, als durch eine
solidere, eine nahe Verbindung in Aussicht stel-
lende Verlobung. Sophie kehrte daher der fremd gewordenen Heimat alsbald den Rücken und wurde
wieder im Pfarrhause zu Biberach als Tochter angenommen. Ihr einziger Trost, ihre einzige Freude
waren Wielands Briefe. Dieser richtete auch in der
Ferne all' sein Sinnen und Denken auf die zurück-
gelassene Geliebte, deren Bild ihn begleitet hatte.
Tausend Leben, schrieb er dem Vater gekränkt, als
dieser einige Zweifel über die Beständigkeit seiner
Liebe ausgesprochen, wären nicht zu viel, sie für die
Geliebte hinzuopfern. Die ganze Welt sei ihm nichts
gegen seine englische und mehr als englische Sophie.
Und sollte er ihrer beraubt werden, so schwöre er
auf's heiligste, daß er sein Unglück partout nicht
überleben wolle. Ueberall ist er ihres Lobes und
Preises voll und doch zu hoch zu stellen, als
Klopstocks Fanny stand. Alle seine jetzt entstandenen
Dichtungen — die zehn moralischen Briefe, das
Lehrgedicht „An die Liebe", „Anti-Ovid", „Der
Frühling" —, in welchem er sie als seine „Doris"
feiert, bringt er der Anbetungswürdigen als Weihe-
geschenke und Huldigungen dar. Es war tiefgefühlte
Wahrheit, wenn er seiner Sophie in einer Ode
schrieb:

„Dich, Sophie, dich gab der Himmel mir,
Mich der Jugend lieberich hinanführen;
Ja, ich was bereit noch zu verlieren;
(Gott) Du lachst er, nun gehst für mich!
Jetzo dreng ich sicher durch verwachs'ne Hecken,
Trau ihr redlich Herz verläßt mich nie;
(Gott und Weisheit, Tugend und Sophie
Sind bei mir, welch Unfall kann mich schrecken?

O mein Engel, wenn mich einst ein Tag
Mich der, liebkes Herz, auf ewig anvertrauen,
Auf sein (Wink auf solche Zeiten bauen,
Die kein Orkan nicht zertrümmern mag!
Kann ihn ich beglückt der Noth entgangen,
Die des Weisen Auge oft benezt,
Kann mich auf ein Lenk von mir gekangt,
Denn die Tugend selbst hält mich In Sie umfangen!"

Auch Sophie strömte ihre Gedanken und Empfindungen in Briefen und Versen aus. Wieland findet
sie erhaben, zärtlich und englisch. „Sie haben eine

so liebenswürdige Seele, daß ich keine denken kann,
welche würdiger wäre, einen so annehmlichen und
schönen Leib, als der Ihrige ist, zu beleben. Und
die Uebung wird Sie so verschönern, daß Ihnen
alle Französinnen weichen werden. — Sie machen
mir unendlich viel Vergnügen, wenn Sie sich in der
Dichtkunst immer mehr üben, wie auch in der deutschen Sprache, welche viel schöner ist als die
französische. Ihre Prosa ist unvergleichlich, mein
Engel, und ich bin gewiß, daß es Ihre Verse auch
bald sein werden."

Im Juni 1752 kehrte Wieland in das Vater-
haus zurück. Aber er fand Sophien nicht mehr
vor. Ihr Vater hatte sie nach Augsburg zurückberufen, um sie diesem Wiedersehen zu entziehen.
Er wartete lange vergebens, obwohl er nach Zürich
zu dem Dichter Bodmer zu gehen sich bereit erklärt
hatte. Endlich im Oktober langt Sophie an, aber
ihre Zusammenkunft kann nur wenige Tage dauern,
da Wielands Abreise nach Zürich nun nicht länger
verschoben werden darf.

Drei Jahre hindurch hatte dieses Verhältniß gedauert, und es wurde überall als bestimmt angesehen,
daß Wieland und seine „Doris" einst Mann und
Frau werden sollten, obwohl das Ziel eines näh-
renden Amtes für diesen noch in weiter Ferne lag.
Da sollte ein Zusammentreffen der seltsamsten Widerwärtigkeiten das schöne Band zerreißen. Eines Tages
erhielt Sophie in Wielands Elternhause den Besuch
eines Verwandten, der Wieland in Zürich aufgesucht
hatte und viel von dem Glück erzählte, welches dieser
in Bodmers Hause genieße. Mit dem wärmsten
Antheil vernahm sie jede Einzelnheit, der Vetter
mußte öfter wiederkommen, um ihr von Wieland
zu erzählen, und sie blieb oft stundenlang mit ihm
allein. Die Mutter Wielands aber deutete diese
Besuche von der schlimmsten Seite, überhäufte Sophien mit den ungerechtesten Anklagen, und schien
die Eifersucht ihres Sohnes erregen zu wollen. Von
allen Seiten sah sich jetzt Sophie in ihrer Liebe bedrängt: der Vater mißbilligte das Verhältniß, der Geliebte kränkte sie durch Verdacht, und welche bestimmte
Aussichten hatte ihr der junge Student zu bieten,
da obenein ihr Vermögen durch die zweite Heirath
des Vaters beträchtlich geschmälert war? Es kam hinzu, daß Wieland ein nicht sehr energischer, ja krankel-
müthiger Charakter war, welcher wenig geeignet
schien, jetzt ihr Retter und Befreier aus diesen un-
seligen Verhältnissen zu werden, und an dessen Festigkeit und Ausdauer sie jetzt mehr als je Ursache hatte
zu zweifeln. Der Ruhm und die Anerkennung, die
er jetzt in Zürich genoß, wo man ihn als einen
zweiten Klopstock verehrte, sind sie nicht gefährliche
Nebenbuhler der Liebe? Seit Wochen wartete sie
vergebens auf einen Brief von ihm. In dieser
Herzensbedrängniß beschloß Sophie, zum zweitenmale ihren süßesten Lebenshoffnungen zu entsagen.
Ohne Bitterkeit, voll edler Resignation und stiller
Duldung, doch nicht ohne schmerzliche Klage, daß
er es sei, der das Band zerrissen habe, erklärte sie

Wieland in einem Briefe vom September 1752 ihr Verhältniß für aufgehoben, meldete dies auch in einem zweiten Briefe ihrer Stiefmutter und kündigte zugleich ihre Rückkehr in das väterliche Haus an. Hier bot sich nach kurzer Zeit für die Eltern eine willkommene Gelegenheit dar, ihrer mit guter Manier los werden zu können. In dem kurmainzischen Hofrath von La Roche hatte sich für sie ein Bewerber gefunden, Vater und Stiefmutter leisteten dieser annehmbaren Verbindung allen möglichen Vorschub, und Sophie gab mit vollem Herzen ihre Einwilligung, mehr um einen Beschützer und Erretter, als einen geliebten Gatten zu finden.

Wieland hatte unterdeß von allen diesen Vorgängen keine Ahnung. Sophiens vorletzter Brief war verloren gegangen und auch ihren Absagebrief hatte er noch nicht erhalten. Vom September an wartete er daher vergebens auf Nachricht von ihr. Da gieb ihm im Dezember der obige Brief Sophiens an die Stiefmutter zu, welchen ihm diese zugleich mit der Nachricht übersendet, daß Sophie in Herrn von La Roche bereits einen neuen Bräutigam gefunden. Acht Tage darauf gelangt Sophiens Brief an ihn selbst in seine Hände. In der ersten Wuth des Schmerzes über solche Untreue schleuderte er ihr Bild zu Boden, daß das Glas in tausend Stücke zersprang. Doch am andern Morgen, nachdem die Hitze sich verkühlt hatte, mußte er sich nach ruhiger Ueberlegung gestehen, daß seine Sophie unschuldig sei. Er weinte bittere Thränen und ließ das Bild wieder mit einem neuen Glase bedecken. Wieland, der so ganz in dieser Liebe gelebt hatte, litt unendlich und machte sich selbst die ihm unglücklichen, obwohl gleichfalls unschuldigen Ursache die bittersten Vorwürfe. Doch nach kurzer Zeit gewann er wieder Fassung und sandte Sophien ein Glückwunschschreiben zu ihrer Verbindung. Er erinnert sie an die Zusage, sie sie tausendmal im Angesichte Gottes wiederholt hätten, einander so lange zu lieben, als sie die Tugend lieben würden, und hält es für unmöglich, daß diese Zusage jetzt ungültig sein und die neue Verbindung das zarte Seelenband das bisher umschlungen, auflösen solle. Bald nach Sophiens Vermählung richtete er auch an ihren Gatten einen sehr verbindlichen Brief und sprach seine herzliche Freude darüber aus, daß seine Sophie, dieses außerordentliche theure Geschöpf, an einen so edelmüthigen und seinen Werth so gut empfindenden Besitzer gekommen sei. Sophien versichert er nochmals, daß er noch eben dieselbe Sophie in ihr sehe, die er einst bewundernd geliebt, und daß er ihre zärtlich erhabene Seele ewig lieben werde. Die Sympathie ihres Herzens mit dem seinigen sei kein Traum seiner Liebe gewesen, und er tröste sich mit der Hoffnung, daß eine andere Welt ihm Gerechtigkeit widerfahren lassen werde.

„Dort trennt kein Schicksal mehr die Seelen,
Die du einander, Natur, bestimmtest."

Am 27. Dezember 1753 war Sophie, erst 22 Jahre alt, mit ihrem Verlobten zum Traualtar getreten. Wenn sie auch ihrem Gatten nicht mit leidenschaftlicher Liebe anhing, so hatte sie ihm doch mit dem festen Entschlusse ihre Hand gegeben, ihm eine treue, hingebende Gattin zu sein, und sie hat bis zu seinem Tode Wort gehalten. Auf alles persönliche Glück hatte sie bereits verzichtet; Freundschaft, Ruhm und Mutterliebe sollten ihr fortan in reichlichem Maße zu Theil werden, aber geliebt hat sie nie wieder. La Roche, 33 Jahre alt, war ein heiterer Welt- und tüchtiger Geschäftsmann. Als ein eifriger Anhänger der französischen Freigeister war er ein abgesagter Feind aller Schwärmerei. Er hatte sich ganz jenen französischen Ton zu eigen gemacht, welcher Tugendbegeisterung und Empfindungsseligkeit mit leichtem, anmuthigem Witz verleugne. Dabei war er ein eifriger Verehrer von Kunst und Wissenschaft, und in der literarischen Welt hat er Bedeutung erlangt durch seine gegen die Klerisei gerichteten „Briefe über das Mönchswesen", die ungeheures Aufsehen erregten. Obwohl hier noch die beiden Gatten sehr ungleich waren, so wußten sie doch ihren Gefühlsweisen gegenseitig Rechnung zu tragen und lebten sehr glücklich zusammen. La Roche hieß eigentlich Frank. Als eines verwaisten fünfjährigen Knaben hatte sich der Graf Stadion, früher eine Zeit lang englischer Gesandter in Lenden, später kurmainzischer Minister, seiner väterlich angenommen und ihn erziehen lassen. Später war er kurmainzischer Hofrath und des Grafen rechte Hand geworden, auch brachte es dieser dahin, daß er unter dem französischen Namen La Roche vom Kaiser in den Adelstand erhoben wurde.

Am Hofe des Kurfürsten von Mainz sah sich Sophie in einen großweltlichen, höchst anregenden Kreis von Staatsmännern, Künstlern und Gelehrten versetzt, in welchem ihr frisch empfänglicher Geist an Weltkenntniß und Bildung gewann. Sie wohnten im Hause des Grafen und aßen mit an dessen Tafel, wo sich meist die glänzendste und geistreichste Gesellschaft zusammenfand. Obwohl hier von französischer Freigeisterei und Galanterie umgeben, blieb die junge Hofräthin doch ihren früheren Gesinnungen getreu und war noch eben dieselbe jugendliche sentimentale Tugendschwärmerin. Sie wurde mit dem englischen vertraut und benutzte fleißig des Grafen Bibliothek. Es lag ihr ob, den Grafen, einen siebzigjährigen, in der Schule der Franzosen gebildeten aristokratischen Herrn, der sich in seiner Jugend mannigfachen Liebesabenteuern hingegeben, während der Mahlzeit und bei seinen Spaziergängen zu unterhalten, wozu sie den Stoff aus englischen, französischen und deutschen Büchern nahm, die ihr La Roche jeden Morgen hinzulegen pflegte. Da der Graf ein herablassender, heiterer Wesen zeigte, so gewann die junge Frau mit der Zeit eine treue Anhänglichkeit an ihn, und ward seiner in ihren Schriften später oft gedacht. Bei den Kabinetsarbeiten ging sie ihrem Gatten mit an die Hand und führte z. B. statt seiner eine Correspondenz mit dem Abbé

La Chau in Paris über alles Neue, was dort erschien.

Als der Graf Stadion i. J. 1762 nach Niederlegung seiner Aemter sich auf sein schönes Schloß Warthausen unweit Biberach zurückzog, siedelte La Roche mit ihm über, da er auch die Oberleitung über seine bedeutenden Güter führte. In diesem anmuthigen, romantischen Landsitze sollte Sophie nach einer Trennung von zehn Jahren ihren Wieland zum erstenmal wieder sehen. Eines Tages erhielt sie einen Brief von ihm, und zwar aus Biberach, worin er anfragte, ob er zu ihr kommen dürfe. Sophie reichte den Brief schweigend ihrem Gatten, und dieser ließ an Wieland die freundlichste Einladung ergehen. —

Wieland hatte nicht lange um die verlorne Geliebte getrauert und war bei seiner Schmetterlingsnatur von einer Liebschaft zur andern geflattert. Besonders hatte ihn in Bern, wo er eine Zeit lang Hauslehrer war, die philosophische, gelehrte Julie Bondeli, die spätere Freundin Rousseau's, gefesselt. Sie war zwar so häßlich, daß sich Wieland an ihren Anblick erst gewöhnen mußte, aber eine der geistreichsten Frauen ihrer Zeit, mit der die größten Männer in Briefwechsel standen. Wieland hatte sich mit ihr zu verbinden gedacht, aber das Verhältniß ging auseinander; doch blieb er auch mit ihr bis zu ihrem Tode in innigem Freundschaftsverkehr. In einen solchen trat auch später durch Wielands Vermittlung Sophie mit ihr. — Seitdem er Sophiens Einfluß entbehrte, war in Wieland überhaupt eine wesentliche Veränderung vorgegangen. Er konnte jetzt die platonischen Liebe und aller Empfindsamkeit spotten und schlug allmählig in die Richtung der französischen Freidenker jener Zeit mit ihrer natürlichen Sittenlehre und heiterem Lebensgenuß ein. Scherzend beschreibt er von Zürich aus den Freunden seinen Serail, in welchem er sich als den Großtürken vorstellt, und rühmt von seinen zahlreichen Liebschaften, daß sie ihn über den Verlust seiner Göttin zu trösten fähig wären. Die er im Frühjahr 1760 eine Stadtschreiberstelle in Biberach übernahm, trat Sophiens Bild wieder lebhaft vor seine Seele, und alle Sirenengestalten, die ihn bisher umgaukelt hatten, mußten davor erbleichen.

Mit klopfendem Herzen ist er der Einladung von Sophiens Gatten gefolgt. Von tausend Erinnerungen überwältigt, steht er stumm und sprachlos vor seiner Jugendgeliebten, die ihm mit einem herzlichen Willkommen ihre Hand reicht. Als er ihren ältesten Sohn, einen biblischen Knaben, erblickt, küßt er ihn und benetzt ihn mit Thränen. Auch den Gatten umarmt er, und dieser schließt Sophien und Wieland gleichfalls gerührt in seine Arme. Die ehemalige Jugendgeliebte, jetzt eine 31 jährige Gattin und Mutter, ist an Herz und Sinn dieselbe geblieben, nur eine zarte Wehmuth ruht auf ihren lieblichen Zügen. Wieland fühlt wieder ihren wohlthuenden Einfluß, die alte Liebesneigung regt sich und er ist wieder wie ehemals selig in ihrer Nähe. Auch über Sophiens Tage kommt wieder ein heller Frühlingsschein, ein poetischer Glanz. In Gesprächen vertieft wandeln sie unter den schattigen Bäumen von Warthausen, Sophiens leise Klagen weiß Wieland in seiner heiteren Weise zu beschwichtigen, sie ist entzückt von seiner Leutseligkeit und Genialität und kann ihm alle seine Liebeleien vergeben, die ihr nicht unbekannt geblieben. Doch nie überschreiten sie die Schranken, welche Welt und Sitte ihnen gezogen hat. In Warthausen, wo er von Biberach aus öfters einspricht und das er mit den bezaubernden Schlössern des Ariost und Tasso vergleicht, nimmt Wielands Muse einen neuen Schwung. Hier liest er seinen Freunden die ersten Entwürfe des „neuen Amadis" vor, und in einem zwischen malerischen Bäumen versteckten Thurm des Gartens bildet er „die Grazien" und beendigt den „Musarion". Hier, in dem eleganten Kreise, wo ihn zuerst die Welt- und Hofluft anwehte, wurde aber auch jene schon berührte Umwandlung in ihm vollendet, die den Verfasser des „geprüften Abraham" und der „Empfindungen eines Christen" mit dem religiös begeisterten Dichtern zerfallen ließ und ihn als einen lüsternen Weltling auf schlüpfrigem Pfade zeigte.

Ein paar Jahre nachher verheirathete sich Wieland mit Dorothea Hildebrandt, der Tochter eines Augsburger Kaufmanns. Besaß sie auch nicht die interessante Schönheit, die idealistische Reize Sophiens, so war sie doch, nach Wielands eigenen Worten, neu und ungekünstelt wie Geßners „Melida" und eine angenehme Hausfrau, mit der er bis an ihr Ende ein bequemes und glückliches Dasein führte. Schiller sagte später von ihr, sie sei häßlich wie die Nacht, aber brav wie Gold. Auch durch diese Heirath wurde die Freundschaft Wielands mit Sophien in keiner Weise gestört. Ihr theilte er ferner noch seine innersten Empfindungen und dichterischen Entwürfe mit; „Musarion", „Agathon", „Idris", „Den Sylvio" u. a. m. wurden mündlich und schriftlich mit ihr besprochen.

Im Oktober 1768 starb der alte Graf und La Roche wurde Amtmann in Bönnigheim. Hier lebte Sophie in trauriger Einsamkeit und Verlassenheit. Ihre Töchter waren in Pension gegeben, und im nächsten Jahre ging Wieland als Professor an die Universität ab. Sie machte einsame Spaziergänge und hing dem Kummer und der Betrübniß ihrer Seele nach. In dieser Stimmung befolgte sie den Rath eines befreundeten Predigers, zu Trost und Beruhigung alle ihre Erlebnisse und Erfahrungen niederzuschreiben, zumal sie gegen Niemanden klagen mochte. So entstand der erste deutsche Frauenroman, die damals so ungemeinen Beifall findende „Geschichte des Fräuleins v. Sternheim". Der Roman ist in Briefen geschrieben, und erschien, von Wieland mit einem Begleitungsschreiben versehen, 1771 zu Leipzig in 2 Theilen unter dem Titel: „Geschichte des Fräuleins v. Sternheim, von einer Freundin derselben aus Originalpapieren und anderen zuverlässigen Quellen gezogen, herausgegeben von C. M. Wieland."

Sophie hat darin den eigentlichsten Inhalt ihres Lebens dargestellt. Von Wieland und ihrer Jugendliebe zu ihm, von dem Schlosse Warthausen und seiner Gesellschaft werden uns sehr bezeichnende Bilder entworfen, der Hauptheldin hat sie außer ihrem Namen auch ihre persönlichen Züge und viele ihrer Erlebnisse gelieben, den übrigen Personen legt sie ihre Lieblingsgedanken unter. Was z. B. von der Erziehung der Sternheim berichtet wird, die man zu einem wahren Tugendmuster heranbildet, erinnert an die eigene der Verfasserin; ferner ist sie ein gefühlvolles Herz, ein höchst empfindsamer Charakter. Nach dem Tode ihres Vaters kommt das Fräulein an einen kleinen Hof zu einem verwandten Grafen, wo ihr von allen Seiten Netze und Schlingen gelegt werden, um sie zu Fall zu bringen. Die treffende, gelungene Schilderung des Hoflebens und der großen Welt ist wieder von dem kurmainzischen Hofe und den Stadion'schen Kreisen genommen. Später geräth die Heldin in die abenteuerlichsten Bedrängnisse und wird von schweren Prüfungen heimgesucht; sie verliert Alles — Vermögen, Stellung, Ruf und Freiheit. Die Verfasserin wollte dadurch, wie sie selbst sagt, die Grundsätze ihrer eigenen Erziehung zeigen und beweisen, daß wenn das Schicksal uns Alles nimmt, was mit dem Gepräge des Glücks, der Vorzüge und des Vergnügens bezeichnet ist, so würden wir in dem mit nüßlicher Kenntniß angebauten Geist, in den tugendhaften Grundsätzen des Herzens und in der wohlwollenden Nächstenliebe die größten Hülfsquellen finden. Die Begebenheiten hängen nur locker zusammen, und treffend bemerkt der junge Göthe in einer Recension der „Frankfurter gelehrten Anzeigen" von 1772, daß sie den Plan des Romans wie das Gerüste zu einem Sentiment betrachtet habe, dessen Fugen nur grob in einander gepaßt seien.

In den höheren Kreisen von damals herrschte neben dem leidigen Franzosenthume auch das Britenthum, und von den englischen Romanen waren besonders die moralischen Familienromane Richardsons allgemein beliebt und hatten in Hermes, dem Verfasser von „Sophiens Reise von Memel nach Sachsen" den hervorragendsten und beliebtesten Nachahmer gefunden. So schließt sich auch dieser Roman ganz an das englische Vorbild an und kann als eine Nachahmung von Richardsons „Clarissa" bezeichnet werden, wobei jedoch auch einzelne Partien an die „neue Heloise" von Rousseau erinnern. Manche abenteuerliche Situationen und Thatsachen sind ganz in englischem Geschmack, die zweite Theil spielt in England und Schottland, die männlichen Figuren sind Engländer und die Heldin schwärmt für England. — Leidet auch das Ganze an einer übertriebenen, uns jetzt nicht mehr zusagenden Empfindsamkeit, an einer sich spreizenden Tugend, so strömt uns doch ein wohlthuendes warmes Gefühl daraus entgegen, und einzelne Partien machen durch ihre

Einfachheit und ungekünstelte Zartheit heute noch Eindruck. Besonders anerkennenswerth ist die sittliche Tendenz und die darin waltende Gesinnung. Die Sittenverderbniß und unterminirte Fäulniß der höheren Stände und Höfe wird gehörig an's Licht gezogen und menschliche Gesinnung und Gefühlskreise der gleißnerischen, conventionellen Unnatur des Franzosenthums entgegenstellt. Wieland nannte daher den Roman eine in Handlung gesetzte Satire über das Hofleben und die große Welt.

Weil es in der Zeit der siebziger Jahre des vorigen Jahrhunderts lag, daß man gegen dieses unnatürliche Treiben reagirte, und das Werk bei einer schönen Schreibart eine dem Herzen selbst entströmte Empfindung und durch die Schilderung eigener, persönlicher Erlebnisse die unmittelbare Gegenwart athmete, so konnte es nicht fehlen, daß es einen angemeinen Sturm des Beifalls und der Bewunderung erregte. Von allen Seiten ließen sich begeisterte Urtheile vernehmen, und darunter nicht wenige von gefeierten Namen. Der junge Göthe meinte, es wäre kein Buch, sondern eine Menschenseele. Sein kraftgenialischer Freund Lenz legt ihm in einer dramatischen Skizze die Worte in den Mund: „Seht, Plato's Tugend in menschlicher Gestalt! Sternheim! wenn du einen Werther hättest, tausend Leben müßten ihm nicht zu kostbar sein!" Herdern tönte „die Todtenstimme aus den Bleigebirgen" (ein Tagebuch der Sternheim aus der Zeit ihres tiefsten Elends) rührender als Hiob, und die Heldin selbst ist ihm ein Engel vom Himmel, der Glauben an die Tugend durch sich selbst predigt. Die Bemerkungen Wielands in dem Begleitungsschreiben, die Herder abscheulich fand, stellten den Roman freilich nicht sehr hoch und mußten manchen warmen Leser kalt und unangenehm berühren. Er wurde in's Holländische, zweimal in's Französische und zweimal in's Englische übersetzt. Obwohl Sophiens Name nicht genannt war, so wußte doch alle Welt, daß Wielands „Doris" die Verfasserin sei.

Als dieses ihr erstes und Hauptwerk in die Welt ging, lebte Sophie bereits an dem herrlichen Rheinufer, in Thal-Ehrenbreitstein, wo ihr Gatte als Geheimer Rath des Kurfürsten von Trier eine glänzende Stellung erhalten hatte. Hier beginnt die Periode ihres literarischen Glanzes. Ihr Name wurde von hier aus in alle Welt getragen, sie trat mit literarischen Größen in schriftlichen und persönlichen Verkehr, und der Kreis ihrer Bekanntschaften war in stetem Wachsthum begriffen. In ihrem Hause wurden jene literarisch-empfindsamen Congresse abgehalten, in welchen sich manche Stimmführer unserer in Aufschwunge begriffenen Literatur zusammenfanden. So langten im Maimonat 1772 die beiden Brüder Jakobi an, Georg der Dichter und Friedrich Heinrich der Philosoph, die „göttliche" Sophie zu sehen. Gleichzeitig mit ihnen traf auf vorherige

Verabredung auch Wieland von Erfurt ein. F. H.
Jakobi hat uns die rührende Scene dieses Wieder=
sehens zwischen Letzterem und seiner Sophie anschau=
lich erzählt.

Sie hörten einen Wagen rollen und sahen zum
Fenster hinaus — Wieland war es selbst. La Roche
lief die Treppe hinunter, Jakobi ihm nach; sie em=
pfingen den Freund unter der Hausthür. Während
sie ihn bewillkommten, kam Sophie die Stufen
herab. Wieland hatte eben mit einer gewissen Hast
sich nach ihr erkundigt und schien Jakobi ungeduldig,
sie zu sehen; auf einmal erblickt er sie — und
schaudert sichtbar zurück. Darauf kehrte er sich zur
Seite, warf mit einer zitternden und zugleich heftigen
Bewegung seinen Hut hinter sich auf die Erde und
schwankte zu Sophien hin. Sophie ging ihrem
Freunde mit ausgebreiteten Armen entgegen; er aber,
statt ihre Umarmung anzunehmen, ergriff ihre Hände
und bückte sich, um sein Gesicht darein zu verbergen.
Sophie neigte mit einer himmlischen Miene sich über
ihn und sagte mit einem Ton, den keine Clairon
und keine Dubois nachzuahmen fähig: „Wieland!
Wieland — O ja, Sie sind es — Sie sind noch
immer mein lieber Wieland!" Wieland, von
dieser rührenden Stimme geweckt, richtete sich etwas
in die Höhe, blickte in die weinenden Augen seiner
Freundin, und ließ dann sein Gesicht auf ihrem Arm
zurücksinken. Allen Umstehenden strömten die Thränen
von den Wangen herunter. Wieland drückte ver=
griffen Jakobi's Hand und sagte: „Die Mühe, ge=
lebt zu haben, lohnt sich doch, der trüben, schmerz=
haften Tage mögen noch so viel sein, wenn Sie nur
zu einer Stunde, wie diese ist, führen, die erlebt
Alles!" — Nach 14 tägigem Aufenthalte kehrte Wie=
land nach Erfurt zurück, von wo er im nächsten
Jahre als Prinzenerzieher an den Weimar'schen
Hof ging.

An einem zweiten Congresse im Spätherbst des=
selben Jahres nahm auch der junge Göthe mit Theil,
welcher von Wetzlar hergepilgert war. Der da=
mals 23 Jahre alt, stand noch im Glanze jugend=
licher Schönheit und glich dem belvedere'schen Apollo.
In „Wahrheit und Dichtung" hat er uns den Ein=
druck, den die nun 41jährige Frau auf ihn machte,
sehr bezeichnend geschildert. Er nennt sie die wunder=
barste Frau, der er keine andere zu vergleichen wüßte.
Das Eigenste ihres Wesens zu bezeichnen, hebt er
besonders die Gleichmäßigkeit ihres Betragens her=
vor, wodurch sie sich bei manchen kümmerlichen
Schicksalen eine gewisse Selbständigkeit bewahrt habe.
Sie war mild gegen Alles und duldete Alles, ohne
zu leiden; sie schien an Allem Theil zu nehmen,
aber Nichts wirkte auf sie, mit Nichts war ihr bei=
zukommen. Sie sprach gut, und wußte dem, was
sie sagte, durch Einführung innerer Bedeutung zu
geben. Wie er ihr Aeußeres beschreibt, war sie
schlank und zart gebaut, eher groß als klein, Gestalt
und Betragen hatten eine große Eleganz, die zwi=
schen dem Benehmen einer Edeldame und einer bür=
gerlichen Frau gar anmuthig schwebte. (Ein weites

Flügelhäubchen stand dem kleinen Köpfe und dem
feinen Gesichte gar wohl, die braune oder graue
Kleidung gab ihrer Gegenwart Ruhe und Würde.

Bei dem Aufenthalte von mehreren Tagen in
Ehrenbreitstein flößte Sophiens älteste Tochter, die
reizende und liebenswürdige Maximiliane dem leicht
entzündbaren Dichterjüngling die heftigste Neigung
ein, und auch sie war von ihm bezaubert. Aber
aus Rücksicht auf äußere Verhältnisse mußte sie bald
darauf die Gattin des reichen Kaufmanns und Witt=
wers Brentano in Frankfurt a/M. werden, eines
harten, geizigen und beschränkten Mannes, den sie
nicht lieben konnte. Göthe umschwärmte sie auch noch
jetzt, und als er damals seinen „Werther" schrieb,
hatte ihn dazu das unglückliche Liebesverhältniß zu
Charlotte Buff in Wetzlar nicht allein veranlaßt,
sondern auch das zu Frau Maximiliane Brentano,
die mit zu Lottens Bild gesessen.

Ein gleiches Schicksal mit ihrer Schwester hatte
die zweite Tochter Louise, welche noch schöner ge=
wesen sein soll und sich 1778, von der Mutter ge=
zwungen, mit dem kurtrier'schen Hofrath Möhn,
einem gemeinen, wüsten Menschen verheirathete, mit
dem sie in unglücklicher Ehe lebte. Man war dar=
über sehr ungehalten auf Sophien, besonders Göthe's
Mutter, da sie es absichtlich darauf anlege, ihre
Töchter unglücklich zu machen, und doch Frauen=
zimmerbriefe schreibe.

Alle ihre literarischen Bekanntschaften dieser Zeit
aufzuzählen, reicht der Raum nicht hin; es seien
nur Heinse, Jung=Stilling, Lavater, Basedow, Klop=
stock erwähnt, später wurde sie auch mit Matthisson
und Bensitten bekannt. Im Jahre 1778 war so=
gar die Herzogin Amalie von Weimar in dem lite=
rarischen Congresse von Ehrenbreitstein.

Schon wieder fiel ein trüber Schatten über den
Sonnenschein ihres Glückes. Ihr Gatte hatte sich
durch seine „Briefe über das Mönchswesen" den
Haß einer Partei zugezogen, welcher es gelang, ihn
zu stürzen. La Roche, welcher bis zum Staats=
kanzler und Regierungsrath gestiegen war, erhielt zu
Ende 1780 seine Entlassung. Sein Schicksalsgenosse,
der Minister v. Hohenfeld, stellte ihm sein Haus in
Speier zur Verfügung, wo er fortan mit seiner
Familie von einer kleinen ihm gebliebenen Pension
ein beschränktes Privatleben führte. Sophie ver=
tiefte sich mit verdoppeltem Eifer in ihre schrift=
stellerischen Arbeiten. Sie hatte inzwischen bereits
ein zweites Werk erscheinen lassen: „Rosaliens
Briefe an ihre Freundin Marianne v. St...
(3 Theile, Altenburg 1779—81)", nach=
dem verschiedene Briefe daran in der Jakobi'schen
„Iris" vorher mitgetheilt waren. Der vierte Theil
erschien erst 1791 unter dem Titel: „Rosalie
und Cleberg auf dem Lande". Dieses Werk
athmet noch eine größere Sentimentalität als die
„Sternheim" und ist trotz mancher gelungener und
ansprechender Partien mit viel schwächer und leerer als
dieses und wegen seiner didaktischen Breite und seines
Mangels an concreter Gestaltung ermüdend. Es

werden darin hauptsächlich jungen Mädchen Lehren
ertheilt, wie sie sich ihren künftigen Ehemännern
gegenüber zu benehmen haben; besonders wird ihnen
die Erhaltung ihrer äußeren Reize, Reinlichkeit und
eine feine Auswahl im Putz empfohlen. Eine ähnliche Tendenz hatte sie jetzt von ihr herausgegebene
Monatsschrift „Pomona, Album für Deutschlands Töchter" (1783—1784), wodurch sie,
unterstützt von zahlreichen Mitarbeiterinnen, gleichfalls im Gebiete der Erziehung zu wirken suchte.
Diese Zeitschrift griff dergestalt in das wirkliche Leben
ein, daß die Herausgeberin aus Nähe und Ferne
Briefe von Frauen und Mädchen zugingen, welche
ihr den begeistertsten Dank aussprachen und sie
häufig in den zartesten und wichtigsten Lebensver-
hältnissen um Rath fragten. Sie wurde jetzt häufig
Pomona oder die gute Mutter von Deutschlands
Töchtern genannt. Die Kaiserin Katharine von
Rußland ließ auf 500 Exemplare der „Pomona"
unterzeichnen. Ein junges Mädchen in Mannheim
verlangte auf ihrem Sterbebette die Herausgeberin
der Pomona zu sehen, Sophie kam ihrem Verlangen
nach und umarmte voll Rührung die Sterbende. —
Das Dezemberheft von 1784 brachte Sophiens
Bildniß, wovon wir hierbei eine treue Copie geben.

In Mannheim, wo sie ihren Winteraufenthalt
nahm, und welches damals als Pflegerin der Künste
und Wissenschaften in seiner schönsten Blüthe stand,
machte sie auch die Bekanntschaft des 24jährigen
Schiller, der sie hier und in Speier wiederholt
besuchte. Sie hatte schon lange mit Sehnsucht danach getrachtet, den Räuber-Dichter kennen zu lernen,
und eines Tages führte der Buchhändler Schwan,
in Begleitung seiner Tochter Margarethe, bekanntlich
einer Jugendliebe Schiller's, und deren Freundin,
Schillern bei ihr ein. Dieser, welcher Sophien die
angenehmste Erscheinung seines damaligen Lebens
nennt, gesteht, daß er mit einer wahren Bezaube-
rung von ihr gegangen sei, und war stolz auf ihre
Anerkennung. Er bezeichnet sie als eine sanfte,
gute, geistvolle Frau, die zwischen Fünfzig und
Sechszig sich das Herz eines neunzehnjährigen Mädchens bewahrt habe. — Auch der Herzog Karl August
von Weimar brachte auf einer Durchreise in Speier
einen Abend in ihrem Hause zu und lud sie dringend
nach Weimar ein.

In der Folgezeit von 1784—1791 unternahm
sie in Begleitung theils einer Freundin, theils ihres
Sohnes Fritz und dessen Gattin verschiedene Reisen
nach der Schweiz, nach Frankreich, Holland und
England. Ueberall wurden der berühmten Schriftstellerin Huldigungen und Anerkennungen zu Theil.
Man verwunderte sich in der damaligen eisenbahn-
losen Zeit allgemein, eine deutsche Frau so weite
Reisen unternehmen zu sehen, und zur Verwunderung auch der ältesten Führer bestieg sie als die
erste deutsche Frau den Montblanc. In London
wurde sie dem König und der Königin von England
vorgestellt. — Alle diese Reisen hat sie in beson-

deren Werken sehr anziehend beschrieben und ihren
Töchtern gewidmet.

Nach fünfjährigem Aufenthalte in Speier vertauschte La Roche i. J. 1786 seinen bisherigen
Wohnsitz mit dem ländlich stillen Offenbach. Hier
starb er nach zwei Jahren, von Sophien tief und
aufrichtig betrauert; ihm folgte 1790 sein jüngerer
23jähriger Sohn Franz, und 1793, erst 37 Jahre
alt, die liebliche Tochter Maximiliane, durch ihre
unglückliche Ehe in der schönsten Blüthe geknickt.
Sophie, die als edle Frauennatur diese Schicksalsschläge mit stiller weiblicher Ergebenheit trug, führte
fortan, nachdem sie von den erwähnten Reisen zurückgekehrt, ein stilles, eingezogenes Leben. Den größten
Theil des Tages brachte sie am Schreibtische in ihrem
auf der hinteren Seite des Hauses gelegenen Zimmer
zu, welches die Aussicht auf ihren eigenen schönen
Garten gewährte. Sie errichtete eine Art kleiner
Bildungsanstalt in ihrem Hause und nahm die drei
Töchter ihrer Maximiliane, wozu auch die bekannte
Bettina gehörte, später die Gattin des Dichters
Achim v. Arnim und die Verfasserin von „Göthe's
Briefwechsel mit einem Kinde", sowie die zweite
Tochter Louise zu sich, deren Gatte gestorben war.
Auch der Sohn Maximilianens, der später als
Dichter berühmte Clemens Brentano war oft bei
ihr und ergötzte sie durch seine phantastischen Wunder-
lichkeiten. Wie uns Bettine erzählt, hatte diese
Häuslichkeit einen eigenen poetischen Schimmer. In
ihrem schönen, sorgsam gepflegten Garten, in dessen
Mitte zwei große Teiche mit Blumeninseln waren,
wandelte sie des Abends sinnend umher und ergötzte
sich an dem Farbenglanz der Blumen und dem Schimmer des Abendsterns. Nach dem Tod ihres Gatten
ging sie beständig in Trauerkleidern, gebrauchte nur
schwarze Stecknadeln und heftete mit solchen selbst
die Beilagen ihrer zahlreichen Briefschaften aneinander
oder band sie mit schwarzen Bändchen zusammen.
Ihre einst so schönen braunen Haare waren weiß
geworden, aber ihre sprechenden dunkeln Augen, der
ruhige Ausdruck ihrer edlen Züge, der leichte Anstand zierten sie noch im Alter. Auch besaß sie
noch die jugendliche Wärme und Zartheit ihres ge-
fühlvollen Herzens. Bettine erzählt, in dem langen
schwarzen Grosdetourskleide mit langer Schleppe, noch
nach dem Schnitt, der in ihrer Jugend Mode war,
lange Taille mit einem breiten Gurt, in den silber-
weißen Locken, die unter dem Spitzenhäubchen, von
einem schwarzen Schleier beschattet, hervorquellen,
habe die Großmutter auf sie einen wunderbaren
Eindruck gemacht. „Ei, wie fein ist doch die Groß-
mama, alle Menschen sehen ihr gegenüber gemein
aus!" Außer ihrer schriftstellerischen Thätigkeit führte
sie einen ausgebreiteten Briefwechsel mit Friedrich
Jakobi, Gleim, Nicolai u. A. Auch erhielt sie
häufig Besuche; Göthe und Herder sprachen bei ihr
ein, und oft selten Reisende einen Umweg von
einigen Meilen gemacht haben, um bei sie zu sehen. —
Nach dem Eintritt ihrer Enkelinnen in die Welt
wurde es in ihrem Hause ziemlich still, auch der

Kreis ihrer Bekannten hatte sich verengert, und die alternde Frau sank immer tiefer von ihrer gesellschaftlichen Höhe herab. Ihr Umgang beschränkte sich fast gänzlich auf ihren begeisterten Freund, den jungen Dichter Wilhelm Buri aus Offenbach*), welcher ein beinahe täglicher Gast in ihrem Hause wurde und mit ihr in der schönen Jahreszeit im Garten auf und ab wandelte.

In Folge der durch die französische Revolution herbeigeführten großen Welterschütterungen gerieth sie in kümmerliche Verhältnisse. Durch den Einfall der Franzosen verlor sie die ihr vom trier'schen Hofe gebührenden Einkünfte. Um so mehr war sie auf den Ertrag ihrer Feder angewiesen, und von dieser Zeit an gingen eine Menge Bücher von ihr in die Welt. Im Ganzen hat sie 26 größere und kleinere Werke geschrieben, von welchen außer den schon erwähnten die bemerkenswerthesten sind:

Moralische Erzählungen im Geschmacke Marmontels (2 Thle. 1782—1784); — Briefe an Lina, ein Buch für Frauenzimmer, die ihr Herz und ihren Verstand bilden wollen (3 Thle. 1785—1797); — Baldone, eine moralische Erzählung (1785); — Briefe über Mannheim (1790); — Schönes Bild der Resignation (2 Thle. 1795—1796); — Erscheinungen am See Oneida (3 Thle. 1797—1798); — Mein Schreibtisch. An Herrn G. R. P. in D. (2 Thle. 1799). Ihre Charaktere sind meistentheils sehr gut gezeichnet, Ton und Styl einsach, edel und lebhaft. Ihr letztes Werk war: Melusinens Sommerabende (1806), welches wie vor 35 Jahren ihr erstes wiederum von Wieland herausgegeben und bevorwortet wurde. In der Vorrede dazu entwirft sie einen kurzen Lebensabriß von sich selbst.

Noch einmal verließ sie vor ihrem Tode ihre „Grillenhütte", wie sie ihr Haus zu nennen pflegte, um nach 28jähriger Trennung ihren Wieland wieder zu sehen. Mit diesem war sie trotz seiner Launen und Wunderlichkeiten, trotz seiner schlüpfrigen Dichtungen, gegen die sich ihr und der Besseren ihrer Zeitgenossen gerechter Unwille lehnen mußte, in fortgesetztem Briefwechsel geblieben. Wieland hatte ihr von seiner Häuslichkeit erzählt und ihr alle seine Kinder angemeldet. Es hatte sie schon längst gedrängt, ihren alten Freund einmal wieder zu sehen, sie hatte sich mehreremale bei ihm eingeladen, Wieland hatte sie immer abgelehnt, da er durch die Erscheinung der altgewordenen Frau ihr Jugendbild in seiner Erinnerung zu verdrängen fürchtete und die Aufrischung vergangener Zeiten scheute, denen er längst entwachsen war. Jetzt hatte er sie endlich selbst eingeladen, den Zug seines Herzens zu seiner Jugendgeliebten konnte er nicht länger verleugnen. Gelegentlich einer Reise nach Schönebeck zu ihrem Sohne Carl, der preußischer Oberbergrath war, traf sie in Begleitung ihrer Enkelin Sophie Brentano den 15. Juli 1799 in Oßmannstedt, Wielands reizenden Landsitze ein. Dieses letzte Wiedersehen hat sie selbst in den „Schattenrissen abgeschiedener Stunden in Offenbach, Weimar und Schönebeck 1799" beschrieben. „Ich war in seinem Hause! O, wer wollte diese Gefühle und Bilder der Erinnerung beschreiben, welche da meine Seele überwältigten! Was war seit 1750, da wir uns zum erstenmal sahen, in uns, in unserm Schicksal und auch bei unsern Freunden vorgegangen!... Ich schlief spät ein, denn meine Seele war zu sehr bewegt, und ich hörte noch Wielands ungekünsteltes, aber seelenvolles Clavierspiel, mit welchem er alle Abende seine Ideen und Gefühle, unter dem Einfluß seines sympathetischen Freundes Heraz in sanften Einklang bringt. Vor 49 Jahren belauschte ich ihn das erstemal bei der Aussicht nach dem weitch einsamen St. Martinskirchhof in Biberach!"...

Sie unterhielt sich mit Wieland von den vergangenen Tagen der Jugend und hatte ihm eine Zeichnung von Warthausen mitgebracht. Wieland las ihr den letzten Theil seines Agathodämons vor und freute sich noch über die Frische ihres Geistes, mit der sie Alles aufnahm. Sie machte mit ihm und ihrer Enkelin Ausflüge nach Weimar und verlebte schöne Stunden an dem dortigen Musenhofe, wo sie jenen glanzvollen Damenkranz, jenen berühmten Kreis literarischer Größen der Herzogin Amalie lernte; sie wurde auf der Letzteren Landsitz eingeladen, sie speiste mit Wieland bei Göthe und verbrachte einen Abend bei der Herzogin Louise. Der Maler Kraus malte ihr Bildniß für Wieland und für Gleims Freundschaftstempel.

Bis zum 15. August blieb sie in Oßmannstedt, diesem Schauplatz letzter schöner Träumereien am Abend ihres Lebens, wo sie auf der Rückreise von Schönebeck noch einmal vorsprach, um Wieland zum letztenmal zu sehen. Ihre liebreizende Enkelin Sophie hatte, obwohl sie einäugig war, Wielands ganzes Herz gewonnen, und ein Jahr darauf nahm er sie zu sich. Aber sie starb darauf in seinem Hause in schönster Jugendblüthe. Wieland ließ sie an einer Lieblingsstelle seines Gartens begraben.

Uebrigens trat Sophie in die Weimar'schen Kreise als eine anachronistische Erscheinung ein und machte daher wenig Glück. Sie lebte noch ganz in der längst abgelaufenen Periode der Empfindsamkeit, in welche ihre geistige Entwicklung fiel, die bei einer Frau mit dem Alter der Mündigkeit abgelaufen ist. Von den Geistern der Weimar'schen Genieperiode konnte daher Niemand mehr in ihren empfindsamen Ton mit einstimmen, selbst Wieland nicht, ja gerade dieser am allerwenigsten. Es ergingen daher manche nicht ganz gerechte Urtheile über sie, selbst von Göthe und Herder, auch die Herzogin Amalie hielt sich gelegentlich über ihre Sentiments auf.

---

*) Geboren 1754 zu Offenbach und gestorben 1820 als Regierungsdirektor zu Homburg v. d. Höhe. Bekannt durch seine „Sartmollung einer religiösen Muse" (1814 u. 1817).

Allerdings mochte trotz der durchschimmernden Sanft=
muth und Herzensgüte, ihre Sucht, durch Geist
und Sentimentalität zu brilliren, der moralisirende
Ton, den sie bei unpassenden Gelegenheiten an=
stimmte, oft störend bei ihr hervortreten, und Wie=
land konnte sich wohl nicht mit Unrecht gegen seine
Freunde über ihren Mangel an Takt äußern. Als
sie der Erbprinz in Weimar durch die zuggerundeten
Gänge des Parkes leitet, äußert sie gegen ihn den
Wunsch, „daß der Schutzgeist von Deutschland ihn
durch die verwickelten, oft mit täuschenden Blumen=
büschen besetzten Wege der großen Hofwelt immer
auf die Stelle der Wahrheit, des Ruhms und der
Fürstentugend führen möge." Doch müssen wir
auch hierin mit Wieland übereinstimmen, wenn er
seiner Sophie im August 1800 schreibt: „Ich er=
innere mich, daß ich Sie anno 1750 ein Liedchen
singen hörte, dessen Strophen sich immer mit dem
Refrain schlossen:

> „Daß ich so bin, bin ich froh,
> Liebe Leut', ich bin nun so!"

Sie, liebe Sophie, haben gewiß große Ursache, diesen
Refrain auf sich zu appliciren, und wehe dem, der
Sie kennt, und nicht froh ist, daß Sie so sind, und
der eines der liebenswürdigsten Werke Gottes mit
seinem wo nicht verschrobten, doch immer schwebenden
Flügelkopf und Engelsherzen anders haben
möchte."

Am 18. Februar 1807 schlummerte Sophie zu
Offenbach in 76. Lebensjahre sanft und schmerzlos
hinüber. Zahllose Nachrufe wurden ihr gewidmet.
Einer derselben von Buri im neuen deutschen Mer=
kur beginnt mit der Strophe:

> „Tritt, o Germania, zur Gruft und weine,
> Wo deiner Frakturreichsten Seelen eine,
> Groß an Verdienst, an Tugend groß,
> Des schönsten Lebens Laufbahn schloß."

Sie liegt auf dem Gottesacker des eine Viertel=
stunde von Offenbach entfernten Dörfchens Bürgel
begraben, neben ihrem Gatten und ihrem Sohne
Franz, welche als Angehörige der katholischen Kirche
hier ihre Ruhestätte fanden.

Wieland überlebte sie um 6 Jahre; er starb den
20. Januar 1813, und ruht in seinem Garten zu
Oßmannstedt neben seiner vor ihm dahingeschiedenen
Gattin und seinem Liebling Sophie Brentano. Das
Grabmal, in der Mitte der drei Gräber errichtet,
trägt folgende, von dem Dichter selbst an Sophiens
letztem Geburtstage zu diesem Zwecke verfaßte In=
schrift:

> „Liebe und Freundschaft umschlang die verwandten Seelen im Leben,
> Und ihr Sterbliches deckt dieser gemeinsame Stein."

Schweizerische Volkssagen.

Mitgetheilt von H. Runge.

Die Gießen-Nixe.

In Ober-Toggenburg (Kanton St. Gallen) liegt seit=
wärts vom Hauptthal der Thur im friedlichen Gelände
des Neckarbaches das ausgedehnte und gewerbfleißige Dorf
Brunnadern. Nahe bei demselben fließt der Gießen, ein
kleines Quellbächlein, das aus dem Walde von Ebersol
kommt. Ein sicherer Steg führt über das Bächlein. Einst
wohnte ein junges und heiteres Nixchen im Bach; das
hielt jeden Wanderer an, nahm ihm die Kappe, welche sein
Haupt bedeckte, und eilte frohlockend damit fort. Kehrte
aber später der Wanderer denselben Weg zurück, so fand
er die verloren geglaubte Kappe schön und rein gewaschen
im Grase neben dem Stege wieder.

Einmal machte ein Jüngling aus Brunnadern häufig
den Weg, wenn er des Abends zur Geliebten ging. Stets
gab er gern dem Nixchen die Kappe und stets empfing er
sie sauber zurück. Hatte er die schönen Blumen, welche
für die geliebte Braut bestimmt waren, geziert, so ließ
ihm die Nixe die Blumen, aber die Kappe nahm sie ihm
dennoch. Eines Abends kam er wieder über den Steg mit
prächtigen Rosen an der Kappe; doch diesmal nahm ihm
das ernst blickende Wasserfräulein Rosen und Kappe. Be=
troffen wanderte der Jüngling weiter und ein Unheil
ahnendes Herz betrog ihn nicht. Denn heut eilte ihm die
Geliebte nicht wie sonst liebevoll und freudig lächelnd ent=
gegen, und als er die Thür ihres Häuschens öffnete, fand
er die Ungetreue in den Armen eines Andern, den durch
seinen Reichthum die Gunst der Eltern und der Tochter zu
erwerben gewußt hatte. Schweigend kehrte der Verrathene
nun Steg zurück, nahm seine Kappe, drückte sie tief in's
Gesicht und wanderte weit fort in die Fremde. Was aus
ihm geworden ist, weiß Niemand, und nie ist er in die
Heimat zurückgekehrt.

Auch das Nixchen hat sich seit vielen, vielen Jahren
nicht mehr am Bach sehen lassen. Böse Menschen mögen
es verscheucht haben.

Die Quelle der heiligen Columba.

Bei Courfaivre, einem Pfarrdorf an der Sorne im
Bernischen Amte Delsberg, in dessen Nähe man schon, oft
keltische Alterthümer aus Bronze fand, erhebt sich links
vom Eingange in den Ort eine Anhöhe, auf welcher nicht
weit von der Kirche mehrere künstliche Erdhügel, sogenannte
Tumuli, sich befinden. Nachgrabungen haben gezeigt, daß
ein Kreis aus Steinen diese heidnischen Gräber nahe an
ihrem Rande umgiebt. Südlich von demselben Dorf auf
dem Hügel Ghertlei, einem von dem Mont losgerissenen
Felskluft, bemerkt man eine in drei Abschnitte getheilte Um=

wallung, welche durch trockene Gräben geschützt ist und wahrscheinlich in kritischer Zeit bei plötzlichen Ueberfällen als Zufluchtsort diente. Ein Tumulus auf dem Plateau scheint diese Annahme zu bestätigen. Dunkler Wald, wilde zerrissene Felsen und tiefe schauerliche Abgründe zeichnen die Stelle aus. Nach der Sage des Volkes diente dieses einsame Plätzchen in früherer Zeit als Versammlungsort der Herren, welche hier mit Tänzen und Schmausereien ihren Sabbath feierten und dabei schlimme Unwetter und Hagel verursachten. Die gegen sie geführten Prozesse erwähnen nicht selten des bronzenen Kessels, in welchem sie hier das Blut der Kinder mit dem der Reptilien mischten und der bekanntlich im Alterthum auch von den Priesterinnen bei den heidnischen Opfern gebraucht wurde. In der Nähe befinden sich auch sogenannte Feenkreise, welche durch das Tanzen der Geister und Zauberinnen für immer ihr Grün verloren haben sollen.

Eine Einsenkung des Gebirges in der sagenreichen Gegend von Courtavire trägt den Namen Choneau de Soulce (Eichhain der Quelle) und auch hier wieder haben nach den Prozeßacten die Hexen Tänze abgehalten. Rechts von diesem Sattel führt ein rauher Fußpfad zu der Grotte der heiligen Columba, einer tiefen geheimnißvollen Höhle, welche in den Fels eindringt. Halbtrichterförmig gewölbt wird sie nach hinten zu immer enger; wie Gewölbbogen stehen Felsenspitzen hervor und bilden der Tedenverzierungen dieser wilden Steinkirche, deren Pfeiler bereits unter der Last des Gebirges zusammengebrochen scheinen. Aus der Felswand bricht ein heller eiskalter Quell hervor und sprudelt in ein natürliches Becken hinab. Es ist dies der Quell der heiligen Columba, einer frommen Siedlerin, welche hoch oben im Gebirge eine einsame Höhle bewohnte und die wilde Sorne überschreitend, täglich hierher ihren Durst zu löschen kam. Die Kirche kennt die fromme Jungfrau nicht, aber dennoch wird sie vom Volke hochverehrt. Seit ihrem Besuch ist die Quelle reich gelegnet und trinken allen Leidenden Heil und Genesung. Häufig tragen hierher katholische wie protestantische Mütter ihre kranken, verkümmernden Kinder und tauchen sie, nachdem sie sich vor einem hölzernen Kreuze betend niedergeworfen haben, gläubig vertrauend in das Basin, um die schwachen Glieder in dem heilsamen der eiskalten Wasser zu erfrischen und zu stärken.

Eine andere Höhle der heiligen Columba befindet sich ebenfalls im Tetoberger Thal am Ufer der Sorne zwischen den Eisenschmelzen von Undervelier und dem Dorfe gleichen Namens. Ihre Höhe beträgt 12, ihre Breite 50, ihre Länge 60 Fuß. Auch hier ist wieder ein Quell, dessen kaltes, seifenartig erscheinendes Wasser in gleicher Weise gegen die Krankheiten der Unmündigen angewendet wird. Und selbst im französischen Jura tragen Felsen und Steine den Namen der unbekannten heiligen Jungfrau, welche besonders kranken Kindern ihre Fürbitte zuwenden soll.

Frau Ute.

Eine alte Sage des Landes Hasli, das hoch oben an den Quellen der Aare und ihrer ersten Nebenbäche liegt und zu den schönsten, romantischsten Theilen des berühmten Berner Oberlandes gehört, erzählt von einem steinalten, von der Last der Jahre niedergebeugten Mütterchen, das, so lange Menschen in jener Gegend lebten, viele Jahrhunderte hindurch in unverändertem Gestalt jedem Geschlecht einmal zu erscheinen pflegte. Wo es sich in der Zwischenzeit aufhielt, konnte Niemand ausfindig machen; stets kam es ganz unerwartet aus dem mit kahlen Steintrümmern und ewigem Schnee bedeckten Hochgebirg herab und verschwand spurlos, sobald es wieder Abschied genommen hatte. Frau Ute, die Gute — so nannte man das graue Mütterchen — war in seltenen Künsten erfahren und man wollte behaupten, sie sei eigentlich eine Zauberin, welche in der Zeit der Heiden im Thale gewohnt hatte und viel

mit den kleinen Bergzwergen umgegangen war, bevor diese durch böse Menschen geneckt und getränkt die Gegend für immer verlassen hatten. Namentlich verstand sie es, die Gesinnungen der Menschen auf den ersten Blick aus ihren Zügen zu errathen. Sobald sie zu den Wohnungen derselben gekommen war, ging sie von Hütte zu Hütte, ließ alle erwachsenen Mädchen vor die Thüre treten und schaute sie aufmerksam an. Fand sie endlich eines, das ihr ganz zusagte, so griff sie dem Mädchen an's Kinn und rief:

> Du, du, ja du!
> Tiefunud wieder Ruh!
> Hätt' ich keine sonden mehr,
> trüg' ich Acdermut so schwer.

Dann nahm sie das Mädchen bei der Hand und ging mit ihm thalauf oder thalab, ohne zu zaudern oder zu fragen, zu dem besten, schönsten und treusten Jüngling des Haslilandes und legte dem die Hand des Mädchens schweigend aber fröhlich lächelnd in die Rechte. Gleich darauf war Frau Ute spurlos verschwunden. Aber das Paar, das sie zusammengeführt hatte, liebte sich fortan innig, die Verwandten stimmten ohne Weigerung zu, und wenige Wochen später fand unter dem Jubel und unter der Theilnahme alles Volkes die Hochzeit statt. Nie hat man gehört, daß eine von Frau Ute gestiftete Ehe unglücklich wurde, denn Jüngling und Jungfrau waren stets die besten und treusten ihres Geschlechtes und noch nach vielen Jahren, wenn sie umgeben von braven Kindern und blühenden Enkeln ihre goldene Hochzeit feierten, segneten sie das gute Mütterchen des Gebirges.

Als Frau Ute aber einmal vor mehreren hundert Jahren auch wieder erschien, um das glückliche Paar zu wählen, beleidigte sie ein roher, ungezogener Bursche und mit heftigen Drohungen wollte er sie zwingen, ihm die schönste und beste Jungfrau als Gattin zuzuführen. Zwar trat das Volk für sie auf und schützte sie vor Mißhandlungen, aber dennoch war sie hoch erzürnt. Nachdem sie wie immer das Mädchen gewählt und dem schönsten und wackersten Jüngling vorgestellt hatte, rief sie:

> Du, du, du, ja du
> Gleich mir niemal Ruh!
> Aber nimmer — nimmer mehr
> komm' ich in das Land daher!

Und wirklich wurde seitdem Frau Ute, die Gute, nie wieder im Haslilande gesehen.

Die Freifrau von Jörgenberg.

In der Nähe des Dorfes Waltensburg im Vorderrheinthal liegen auf dem äußersten Rand der Berghalde am Fuß einer hohen und nackten Felswand die Trümmer der einst großen und starken Veste St. Georgenberg, gewöhnlich Jörgenberg genannt. Dort hauste vor vielen hundert Jahren ein roher Raubritter, Jörg von Jörgenberg, der alle Wanderer ausplünderte und seine eigenen Unterthanen schwer bedrückte. Deshalb war er in der ganzen Gegend so verhaßt, daß er sich nur in Begleitung seines treuen Gefolges wohlbewaffnet in das Thal hinabwagen durfte. Allein versieht er nie die Burg, und so er sich auch nicht einmal in ihr ganz sicher fühlte, so ließ er heimlich im Auslande eine lederne Brücke verfertigen, die von dem hohen Warttthurm bis an den Rand der gegenüberliegenden Felswand reichte. So selbst zog er, sobald er sie benutzt hatte, jedesmal eigenhändig in das Schloß zurück und verwahrte sie, wenn er auf Jörgenberg war, in seinem Zimmer. Endlich beschlossen aber eines Tages die durch eine neue Misethat aufgebrachten Landleute, dem Unwesen ein Ende zu machen. In hellen Haufen und so gut als möglich gerüstet zogen sie vor die Burg und bestürmten sie. Zu seinem Unglück hatte der Ritter gerade jetzt seinen Aufstand erwartet und es fehlte der Burg fast gänzlich an Vorräthen, so daß sie sich, so lieb auch ihre festen Mauern allen Angriffen Trotz boten, nicht lange zu halten vermochte. Jörg mußte sich daher, als seine Feinde durch Verrath von der Brücke Kenntniß erhalten und durch Brechung des Fallenkopfes jeden Fluchtversuch unmöglich gemacht hatten, auf Unterhandlungen mit ihnen einlassen. Endlich gelang es unter der Bedingung sofortiger Uebergabe für die junge und schöne Burgfrau freien Abzug mit ihren Schätzen zu erlangen, dagegen erklärten die Landleute, daß der Ritter selbst der gerechten Strafe verfallen müsse. Bald darauf öffnete sich das Burgthor und die edle Dame trat, fast zur Erde gebeugt, mit einem mächtigen hohen Korbe auf dem Rücken heraus. Die Sieger errietheten nun wohl, daß die schwere Last, welche sich im

fest verschlossenen Korbe befinde, der Burgherr selbst sei, und wollten deshalb im ersten Augenblick die Abziehende aufhalten. Aber ihre Führer erklärten mit Entschiedenheit, die einmal gegebene Zusage müsse unter allen Umständen gehalten werden. So entkam der Ritter glücklich in die Fremde, die Burg aber wurde verbrannt und fast bis auf den Grund zerstört. Ritter Jörg hatte indeß listig alle wichtigen Urkunden zu retten gewußt und so forderte er denn einige Jahre später von seinen früheren Unterthanen die schuldigen Steuern ein, welche sie ihm und seinen Erben auch willig und ohne Zögerung zahlten, unter der Bedingung jedoch, daß kein Jörgenberg je wieder in's Land komme und daß die Zwingburg nie hergestellt werden dürfe. So geschah es und die Wallenburger gehörten zu den ältesten und freiesten Gliedern der drei rhätischen Bünde.

Torquato Tasso.

Geboren zu Sorrent am 11. März 1544, gestorben im Kloster St. Onofrio zu Rom am 25. April 1595.

(Mit Portrait in Tondruck.)

Das Talent und die Schicksale des italienischen Dichters Torquato Tasso, der uns durch Göthe's Drama in so vertrauliche Nähe gerückt worden ist, haben unsere Leser gewiß aus einer oder der andern von den zahlreichen Schriften über diesen Gegenstand kennen gelernt. Wir wählen deshalb zum Rahmen unseres Bildes einen Brief, welchen des Dichters Vater, Bernardo Tasso, an seine Gattin Porzia von Augsburg geschrieben hat, an deren er den Fürsten von Salerno auf einer Gesandtschaftsreise zu Kaiser Karl V. im Jahre 1517 begleitete. Die schöne Porzia war in Salerno zurückgeblieben, und der Sohn Torquato, von dessen Erziehung in dem Briefe die Rede ist, war damals 3 Jahre alt. Bernardo Tasso wird von seinen Biographen als ein Mann von großen Kenntnissen, tüchtiger Bildung und festem Charakter, als ein gefälliger Freund, zärtlicher Gatte und Vater geschildert, — Eigenschaften, die sich zum Theil in dem nachfolgenden Briefe abspiegeln:

„Ich wünschte, mein süßes Herz mich mit dem Körper in diesen Brief eben so verwandeln zu können, als mit meinem Geiste; alsdann würde ich Dein und mein Sehnen zu gleicher Zeit stillen können. Nimm mit meinem Willen vorlieb, da Du es mit der That nicht kannst. Allein sei versichert, daß ich Dir auf den Schwingen meiner Neigung so oft meine Gedanken im Gewande der zierlichsten und unverletzlichsten Treue zusende, daß dieselben die meiste Zeit über bei Dir leben. Thu'st Du, wie ich hoffe und wünsche, ein Gleiches in Bezug auf mich, so bin ich gewiß, daß nicht nur häufig, sondern stets unsere Gedanken unterwegs einander begegnen. Ich weiß, meine Abwesenheit macht Dir Schmerz- und lange Weile und fühle in meinem eigenen Herzen das Nagende Deiner Grame; derselbe geht mir um so mehr durch die Seele, je weniger es Dir, denselben zu ertragen, stark weiß; nicht weil es Dir an Einsicht mangelt, sondern weil Du einen Ueberfluß an Liebe und Gefühl hast. Wenn aber der eigentliche Betohnung in der Gegenliebe bestehet, dann sei zufrieden und ruhig bei Deiner Liebe zu mir, denn ich liebe Dich in dem äußersten Maaße, womit man ein sterbliches Wesen lieben kann. Ich hoffe meine Rückkehr wird schneller, nicht als ich wünsche, sondern wie Du glaubst, erfolgen. Ich will und könnte Dir auch das warum? nicht schreiben, da solches weit mehr vom Willen Anderer, als

von meiner Entschließung abhängt; je weniger gehofft und geglaubt, um so angenehmer wird sie Dir sein. Allein für den Fall, daß es Gott (dessen Willen wir uns zu fügen haben) gefallen sollte, daß meine Abwesenheit länger als Noth thut, dauerte, will ich Dich hierdurch in Kenntniß setzen, wie Du Deine theuren Kinder zu erziehen magst, daß sie zu unserer Freude und ihrer Ehre und zum Nutzen der Welt von unserer Liebe noch Sorglak und ihrer Jugend Zeugniß geben. Dich hat Dein jugendliches Alter für ihre Erziehung und noch hinlängliche Erfahrungen machen lassen, ich will Dir daher theils von alten, theils aus neuern Philosophen einige Forschungen mittheilen, mit Hilfe deren Du unter Gottes Gnade sie zu erziehen wirst, daß Du Dein achtenswerthes Alter im Schooße ihrer tugendhaften Jugend wirst anruhen lassen können.

Das Wesen der Erziehung, oder wie Du mit einem mütterlichen Ausdruck sagst, der Pflege, hat zwei Rücksichten: sittliche und wissenschaftliche Bildung; die erstere ist gemeinsame Obliegenheit von Vater und Mutter; die zweite nur für den Vater. Ich will mit Dir deshalb nur von der sittlichen Bildung reden, und mir (wenn Gott dazu das Leben verleiht) die Sorge für unseren Torquato Studien vorbehalten, dessen kindliches Alter noch nicht erlaubt, ihn unter das Joch der Zucht zu nehmen. Ich sage also, daß wenn der Geber aller Güter für uns auch (falls die Kinder diese nicht nicht lassen), und so viel sich bei diesem zarten Alter erkennen läßt, schön an Leib und Seele geschenkt hat, es doch, um sie zur erwünschten Vollkommenheit zu bringen, eines bildenden Einflusses der bedarf. Gleichwie dein Erdreich so kart, rauh und unfruchtbar ist, welches durch Cultur nicht alsdann weich, fruchtbar und gut würde, und kein noch so gutes Korn, wenn man denselben nicht um liest und oculirt, wieder zu verwildern und unfruchtbar zu werden unterläßt: so gibt es keinen von Natur noch so roden Geist, welcher durch lange und gute Unterweisung und Zucht nicht angenehm und gelehrig werden sollte; noch andererseits einen trefflichen und glücklichen, der ohne sorgsame und gute Pflege nicht verderben und aus der anfänglichen guten Art schlagen sollte. Gewöhnung gestaltet sich leicht zur Natur; wir müssten daher auf alle Weise bemüht sein, so lange der Baum zart und biegsam ist, den Stamm ihrer Gedanken und die Zweige ihrer Handlungen nach der Seite der Schönheit und Tugend hinüber zu gewöhnen.

Gleichwie kleine, in die zarte Rinde eines jungen Baumes eingeschnittene Buchstaben mit dem größer werdenden Stamme selbst wachsen und mit ihm fortleben; so drücken auch die gegebenen Lehren und Beispiele von Tugenden im Gemüthe eines Kindes sich ein, und nehmen solches Leben, solche Kraft an, daß sie nimmer vergehen; läßt man sie aber verhärten und sich auf die schlimme Seite gewöhnen, so wird kein Studium, keine Sorgfalt, die man darauf verwendet, im Stande sein, sie auf die bessere Seite zurückzubringen, eben so wenig, als man das bereits umgedrehte Rad des Wagens zurückzuschieben vermag. Unsere Cornelia ist nun aus ihrer Kindheit herausgetreten und wird von Tag zu Tag größer an körperlichem Wachsthum; ihr Verstand wird schärfer und lebendiger; man kann auf ihn, wie auf ein fruchtreiches und in Stand gesetztes Land, bereits einen unserer würdigern Samen ausstreuen; keiner aber ist edler, keinem entsprießet köstlichere, erklicklichere, den Hunger und Durst nach weltlichen Freuden weiter entfernende Frucht als dem Samen der Liebe und des Namens Gottes. Mit allen Kräften, mit heißer Sorgfalt mußt Du ihrem kindlichen Gemüthe seinen Namen, seine Liebe und die Gedanken an ihn einprägen, damit die vereinigten Ehren und Lieben lerne, von dem er nicht allein das Leben, sondern alle Güter und Annehmlichkeiten empfänget, welche den Menschen in dieser Welt glücklich und in jener selig zu machen vermögen; in ihrem zarten Sinne suche selbst der Furcht Gottes Eingang zu verschaffen, der Furcht sage ich, doch nicht einer niedrigen, sclavischen, diese mißfällt seiner Majestät, sondern einer edlen, sanften, welche jederzeit so mit der Liebe vereinigt und verbunden sein muß, daß sie davon untertrennlich und unscheidbar ist; aus dieser geschwisterlichen Vereinigung entstehet die Religion. Wie der Schatten zwar unnütze und wilde Pflanzen im Keimen nicht hindert, sie aber nicht reifen und Frucht bringen läßt, so läßt die Religion keinen schädlichen Fehler oder kein Hauptlaster in ihrem Gemüthe wurzeln und keine Zeit heraufkommen, worin eine Frucht der Verworfenheit zur Reife gelangen könnte. — Damit du wissest, was das Wort Sitten bedeutet, muß ich Dir sagen, daß Gesittung nichts anderes ist, als bei allen Dingen, die man sagt, eine gewisse Bescheidenheit und Anstand zu zeigen, und bei dem, was man thut, eine gewisse Ordnung und angemessene Art zu beobachten, aus denen jene Würde, jene Wohlanständigkeit hervorleuchten und glänzen, bei der nicht nur Auge und Gemüth der Weisen, sondern auch der Thoren sich ergötzt und Bewunderung empfinden. Die Sitten sind nun verschieden nach der Zeit oder der Einsicht; einige werden den kindlichen Gemüthern durch die Vernunft und Sorgfalt Anderer gelehrt und eingeprägt; andere lernen sie nach selbstständigen Betrachtungen mittelst ihres eigenen Urtheils mit der Zeit. Denke also daran, sie diejenigen zu lehren, welche man von Dir am meisten fordert.

Es gibt zweierlei Arten zu unterweisen, eine durch Unterricht mit Gründen, die andere durch Beispiele. Weil der Sinn des Auges den des Ohres an Schnelligkeit übertrifft und von Natur eine größere Kraft hat, so ist es nöthig, daß Du, Frau Portia, wenn Du Deine Kinder so erziehen und sie so bilden willst, daß sie wegen ihrer Sitte und Tugend gelobt zu werden verdienen, Dich ihnen so zeigst, wie Du wünschest, daß sie selbst Andern erscheinen mögen. Die stille Zucht hat es weit mit Thatsachen und mit Worten zu thun, jene aber ist die erfolgreichste; denn, wolltest Du ihnen Regeln geben, welche Du selbst nicht befolgst, so würde es so sein, als wollte Jemand einem Freunde den Weg versichern und schlüge eine falsche Straße ein. Wenn Vater und Mutter wohl thätig auf ihre Kinder einwirken wollen, müssen sie gemäßigt und sanft sein und mit solcher Sorgfalt, solchem Eifer ihre Tugenden an den Tag legen, daß sie bemüht sind, dieselbe wie eine köstbare Flüssigkeit durch Aug' und Ohr in das Gemüth des Kindes einzugießen, daß sie sich selbst ganz in dasselbe verwandeln; denn sobald das Kind mit dem kindlichen Gedanken nachzusinnen, und wenn auch nicht in den innern, doch in den äußern und oberflächlichen Räumen des Verstandes umherzuschwärmen anfängt, so richtet und heftet es Aug' und Ohr auf Vater und Mutter, beobachtet und betrachtet Alles, was diese thun, mit äußerster Aufmerksamkeit. Die Bewunderung der Tugenden seines Vaters ist der empfindlichste Stachel, um den Geist des Sohnes in derselben Richtung zu treiben, welche der Vater eingeschlagen.

Vor allem aber habe Obacht auf die Zucht Deines Gesindes; kein häßliches, ruchloses, leichtfertiges Wort gelange zu dem Ohre Deiner Kinder, keine unanständige, schändliche Geberde lasse sich vor ihren Augen blicken; dies muß Deine eigene Sorge und Eifer sein. Die meiste Zeit aber habe sie um Dich, und weile bei ihnen; ihre Augen müssen auf Dein Gesicht gewendet sein; von Dir sollen sie sprechen, gehen lernen. Rühre sie in kein Haus, worin nicht eine sanfte und keusche Erziehung gehandhabt wird. So wie von Orten her, welche überall gesund sind, nur eine wohlthätige Lebensluft wehen kann, so kann aus der gewohnten Betrachtung eines guten und tugendhaften Betragens nur der Odem einer guten Zucht sich entwickeln. Wenn auch die Sitten, welche durch Studium Anderer dem Gemüthe sich einprägen, nicht wahre Tugenden, sondern Aehnlichkeit, Bild, Schatten derselben sind, so ereignet sich's gleichwohl im Laufe der Zeit (so groß ist die Macht der Gewohnheit!), daß sie, wie Pygmalions Statue, durch Gottes Gnade in den Geist und das Leben wahrer Tugenden sich umwandeln.

Hüte Dich in den Fehler der meisten andern Mütter zu verfallen, welche durch zu große Nachsicht, durch übermäßige Nachgiebigkeit in dem Willen und die Wünsche der Kinder, nicht allein ihnen zum Gefallen handeln und sprechen, sondern auch Andere nichts gegen ihren Willen reden und thun lassen wollen und so die Betragen verderben. Auf diese Weise lassen sie jene eine Beute der Vergnügungen werden und machen Vergnügungssucht und Sinnlichkeit zum Herrn, ja Tyrannen ihres jugendlichen Denkens. Ich will damit nicht gesagt haben, daß Du deswegen zur höchsten Furchterregung oder zu Schlägen Deine Zuflucht nehmen müssest, vielmehr tadele ich diejenigen, welche ihre Handlungen zu sehr empfindlichen Mittelstraße beobachtet werden. So wie man sich hüten muß, daß ein Uebermaß von Strenge und Härte die Liebe zum Vater nicht vergessen habe aus dem Herzen des Sohnes verdränge, daß alle dankbaren Regungen sich in Haß gegen denselben verwandeln, so muß man auf gleiche Weise darauf bedacht sein, daß durch zu große Nachsicht und Nachgiebigkeit die Furcht und Ehrerbietung und Ehrfurcht, welche zu erweisen man gewohnt und schuldig ist, sich nicht verlieren. Wenn aber zuweilen (was bei der Unvollkommenheit unserer Natur unvermeidlich ist) die Kinder einen Fehler begehen, so brüdle, wenn er gering ist, ein Auge zu; ist er mittelmäßiger Art, so mache mehr liebevolle, als harte Vorwürfe, worin man sich nach einem guten Arzte richten muß, welcher dem Kranken lieber durch Diät als durch Purgiren zu heilen sucht; ist es aber ein größer Gebrechen, dann verfahre auch die gewöhnliche Milde und Nachsicht; zürnig, streng und unbenglam zeige Dich alsdann. Sollte etwa ein Dienstbote auf der nämlichen Art sich vergehen, wie dos Kind, so muß man zwar sich auch der Meinung sein, daß bad Kind nicht geschlagen, und aus einem freien und ehrenbietigen Wesen zu einem sclavischen gemacht werde, meines Erachtens den Dienstboten nur durch Wort und That zurechtweisen, damit das Kind, wenn es an Anderen seine eigenen Fehler bestraft siehet, seine Vergehen erkenne und zugleich einsehe, wie es unsere Liebe verscherze, wenn es sich von der Stärke der Sinnlichkeit zu diesem Fehler hinreißen läßt.

Noch unzählige andere Unterweisungen lassen sich für eine gute Erziehung geben; allein ich fürchte durch eine zu starke Häufung derselben Dich zu verwirren, und ich glaube, alle Haupt- und allgemeinen Punkte berührt zu haben, unter welchen alle übrigen specielleren Vor-

„NUN DIE SCHATTEN DUNKELN!"

W. Speidel.

1. Nun die Schatten dun - keln,
2. Durch das Meer der Träu - me
3. Die sich dir er - ge - ben,

Stern an Stern er - wacht, welch ein Hauch der Sehn - sucht
steu - ert oh - ne Ruh', steu - ert mei - ne See - le
nimm sie ganz da - hin! Ach, du weisst, dass nim - mer

Druck von Breitkopf und Härtel in Leipzig.

Liebe am Eismeer.

Von H. Emmerich.

Die Professorin hatte Geburtstag. Am Abend hatte sich ein kleiner Freundeskreis bei ihr versammelt und die schöne, in Jugendblüthe prangende Frau war liebenswürdig und heiter, wie immer.

„Man muß es Deinem gelehrten Herrn Gemahl doch lassen, — er ist aufmerksam, galant und hat feinen Geschmack. Schenkt ein Ehemann seiner Frau einen Amor! Die Broche ist prächtig und ich habe niemals feinere Elfenbeinschnitzerei gesehen.“

Die muntere Freundin, welche diese Worte sprach, reichte das Kunstwerk ihrem Nachbar zur Rechten, dem Beherrscher der Erde, wie sie ihn scherzend nannte, weil Geographie und Völkerkunde die Lieblingswissenschaften des Docters waren. Er hatte

Sibirische Landschaft.

sich einmal gerühmt, daß die ganze Erde ihm gehöre und daß es dem Kundigen nicht gerade schwer falle, an jeden Gegenstand einen interessanten geographischen Vortrag zu knüpfen. Jetzt bewunderte er die prächtige Arbeit des Künstlers.

„Es würde Ihnen doch einige Mühe verursachen, über diesen Elfenbein-Amor sich mit Ihrer geographischen Gelehrtheit zu verbreiten“, sprach die Muntere. „Es müßte denn etwa sein, daß Sie uns die Neuigkeit mittheilten, in jedem Himmelsstrich gebe es Menschen, welche dem Gott der Liebe nicht abhold

sind, das wissen wir aber längst. Nun, Sie schweigen; haben Sie nichts zu entgegnen?“

Der Docter lächelte und warf die Worte hin: „Nichts ist leichter, als diesen Amor mit Aequator in die innigste Verbindung zu bringen, mit Völkern und Gegenden, von denen sich die alten griechischen Dichter und Bildner gewiß nichts träumen ließen, als sie den Eros darstellten. Auch Venus hat nichts vom Mammuth gewußt.“

„Amor, Eros, Mammuth, Venus! Docter,

was für Dinge bringen Sie da zusammen! Es
scheint hier nicht ganz richtig zu sein." — Sie weist
nach der Stirne hin. — „Was hat diese Brosche
mit dem Mammuth zu schaffen?"

„Sehr viel, denn sie ist aus einem Mammuths=
zahne geschnitzt."

„Aber das ist ja Elfenbein, und Elfenbein kommt
doch vom Elephanten!"

„Nicht immer. Der Kenner wird Ihnen, sehr
zuversichtliche Freundin, sagen können, daß zu diesem
Amor hier ein Stück vom Zahne eines vorweltlichen
Dickhäuters benützt wurde. Auch dieser Stoff ist
Elfenbein, denn in der Wissenschaft bezeichnet man
das Mammuth als einen urweltlichen Elephanten,
und wir kennen dieses Thier jetzt eben so genau,
wie seine noch lebenden Verwandten, welche Afrika
und das südliche Asien durchschwärmen."

„Du sprachst mir einmal davon", sagte die Pro=
fessorin und blickte nach ihrem Manne hin.

Der Doctor fuhr fort: „Sie sehen, wie sich
dieser Amor mit der Erdkunde in Verbindung bringen
läßt; ein Geolog könnte einen Vortrag daran knüpfen,
welchem Sie Ihre Aufmerksamkeit nicht versagen
würden, und ein Romanschriftsteller würde ihm
gleichfalls eine interessante Seite abgewinnen können;
er würde namentlich ihr empfindsames Herz rühren."

„Ach, Mammuth und Empfindsamkeit, wie
reimt sich das miteinander? Freilich, Ihrer Com=
binationsgabe wäre das am Ende wohl möglich.
Sie bringen ja auch Pol und Aequator, Sonne
und Eis zusammen. Daß Sie kein Romantiker sind,
wissen wir freilich, aber Mammuth und Sentimen=
talität in Einem Becher zu mischen, das sollten Sie
doch einmal versuchen."

Die Muntere sprach das mit, wenn man so
sagen darf, patzig=ironischer Liebenswürdigkeit und
nickte mit dem Kopfe, gleichsam um ihren letzten
Worten einen besondern Nachdruck zu geben, aber
der geographische Doctor ließ sich nicht aus seiner
Fassung bringen und entgegnete:

„Sie fordern mich auf die Mensur und ich will
sie betreten. Ich muß es, denn ich würde ja sonst
nie mehr sicher sein vor den Pfeilen des Spottes
meiner aufgeweckten Nachbarin, und diese Pfeile
würden schärfer sein, als jene welche Amor ab=
schießt."

„Nein, ist das ein geistreicher Vergleich! Da
wären wir ja bei der Mythologie für die liebe Ju=
gend angelangt."

„Jetzt wird es Zeit, daß Du Dich herauspaukst;
man will Dich in's Gedränge bringen."

„Du hast recht, Professor. Aber ich bitte nun
um ein freundliches Gehör."

„Ja, das soll Ihnen werden, wenn Sie Amor,
Liebe und Mammuth in Verbindung bringen. Wir
wollen doch sehen, wie Sie das anfangen."

„Das ist mein Geheimniß; ich sage jetzt nur,
daß ich die Aufgabe zu lösen hoffe, und daß ich
Sie nicht mit pedantischer Schwerfälligkeit behelligen
werde." — Nun begann der Doctor seine Erzählung.

„Hier ist die Erdkugel. Auf der ungeheuern
Strecke vom atlantischen Ocean bis zur Behrings=
straße, welche Asien von Amerika scheidet, findet man
im Norden des vierzigsten Breitengrades, bis in's
Eismeer hinein, eine ganz ungeheure Menge von
einzelnen Knochen oder auch von ganzen Gerippen
urweltlicher Elephanten. Namentlich Sibirien ist
vorzugsweise reich daran. Sie liegen auf dem Thon
und Kies der Tertiärgebilde und werden sehr häufig
vom Wasser der Ströme, des Meeres oder auch in
Folge heftiger Regengüsse zu Tage gespült. Vor
sechzig Jahren fand ein tungusischer Fischersmann
sogar ein völlig erhaltenes Mammuth vor der Mün=
dung des gewaltigen Lenastroms."

„Ja, die Lena fließt in Sibirien durch eine
furchtbar öde Gegend. Aber sind die Mammuthe
nur auf unsere alte Welt beschränkt oder kommen
sie auch in der neuen vor?"

„Auch Amerika hat seine urweltlichen Dickhäuter,
deren zahlreiche Arten Verwandtschaft mit dem Mam=
muth zeigen, man bezeichnet sie dort als Masto=
donten. Jener Fischer an der Lena hatte seit Jahren
Mammuthszähne aus den hohen Kieshügeln hervor=
gegraben. Eines Tages bemerkte er, etwa zwanzig
Ellen über dem Wasserstande des Flusses, eine dunkle
unförmige Masse, die auf einer dicken Eisbank fest=
lag. Ich will beiläufig bemerken, daß der Erdboden
in Nordsibirien schon wenige Fuß unter der Ober=
fläche niemals aufthaut und aus ewigem Eise be=
steht. Der Fischer gewahrte braunes zottiges Haar;
das Ganze ergab sich bei näherer Betrachtung als
ein Riesenthier, dessen eine Seite in Folge eines
Eis= und Kiessturzes bloß gelegt war. Nach zwei
Jahren, 1801, kam der Tunguse wieder in jene
Gegend; abermals hatten sich Erdmassen abgebröckelt,
und wieder zwei Jahre später war in Folge eines
milden Winters das ganze urweltliche Ungethüm vom
Hügel herabgestürzt. Der Fischer sägte ihm die
großen Stoßzähne ab, und verkaufte sie in Jakutsk
für etwa fünfzig Silberrubel. Dieser Fund machte
damals großes Aufsehen, und ein neugieriger Eng=
länder, ich glaube er hieß Adams, macht sich auf
den Weg, um ein ganzes Mammuth an Ort und
Stelle zu sehen. Ich erinnere mich an seiner Be=
schreibung, daß er allerdings dasselbe noch fand, aber
es war nun zerstückelt. Die Jägernomaden, welche
bis an's Eismeer den Pelzthieren nachstellen, hatten
das Fleisch herausgehauen und ihre Hunde damit
gefüttert, die weißen Bären, Füchse und Wölfe ließen
sich gleichfalls eine so leckere Beute nicht entgehen,
und so fand der Engländer nur das nackte Gerippe,
aber, bis auf ein Vorderbein, ganz vollständig. Auf
dem Schädel saß noch die dicke, vertrocknete Haut,
an dem einen, sehr wohl erhaltenen Ohre ein dicker
Haarbüschel. Die Augen waren unversehrt geblieben
und eine Pupille ist noch jetzt ganz deutlich zu er=
kennen. Schweif und Rüssel fand Adams nicht,
wohl aber eine lange Mähne. Das Thier war ein
Männchen; die Haut, von welcher noch etwa zwei
Drittel übrig sind, dunkelgrau, mit röthlicher Grund=

wolle und langen, schwarzen Haaren bestanden. Die Höhe des Gerippes beträgt mehr als neun Fuß, die Länge über sechszehn Fuß, ohne die Stoßzähne, welche, die Krümmung mitgerechnet, beinahe zehnthalb Fuß gemessen haben. Sie hatten ein Gewicht von vierthalb Centnern, der Kopf allein war fünfthalb Centner schwer, die Reste der Haut waren eine Bürde für zehn Männer; das umherliegende Haar, welches der Engländer sammelte, und das wahrscheinlich von den Bären ausgerissen worden war, hat ungefähr sechsunddreißig Pfund gewogen. Sie werden mir zugeben, daß man mit Recht von einem Riesenthiere reden kann."

„Sagen Sie von einem Ungeheuer. Aber was war denn die Nahrung dieser Thiere?"

„Ich werde es gleich sagen. Diese urweltlichen Elephanten waren also gigantischer als jene unserer Tage; sie trugen einen dichten Pelz von Grundwolle, die Haare über derselben sind fußlang, und daraus ergiebt sich klar, daß die Natur sie für ein strenges Klima geschaffen hatte. Im heißen Afrika bedürfen die Dickhäuter keiner wärmenden Hülle und sind deshalb kahl. Die Mammuthe nährten sich von Nadelholz und Birken."

„Wie können Sie das wissen, Doctor?"

„Man hat Nadelholzzweige, Tannenzapfen, Birkenzweige und andere nordische Pflanzen zwischen den Zähnen und im Magen gefunden. Da, wo die Mammuthe jetzt in größter Menge vorkommen, wachsen diese Pflanzen nicht mehr, sie waren aber vor unserer gegenwärtigen geologischen Epoche vorhanden. Wir können mit Bestimmtheit sagen, daß damals die nördliche Halbkugel eine gemäßigtere Luft hatte, und Wasser und Erde anders vertheilt waren, als heute. In dieser Region lebten die nun ausgestorbenen Dickhäuter; sie gingen unter bei einer gewaltigen Fluth, ihre mächtigen Leiber wurden mit Thon, Ries, Sand, überhaupt von alluvialen Ablagerungen überdeckt. Das Klima wurde strenger, die Mammuthe gefroren ein und sind in ewigem Eise unversehrt geblieben bis auf diesen Tag herab. Gerippe und auch andere Ueberbleibsel haben wir in manchen naturwissenschaftlichen Museen Europa's, (namentlich in St. Petersburg), und Nordamerika's."

„Das ist ja höchst interessant. Vom Mammuth müßten wir also Einiges. Aber wo bleibt Amor und was wird mit der Empfindsamkeit? Nun bin ich erst recht gespannt, wie Sie die Romantik anbringen wollen, Doctor."

„Zu diesem Zwecke müssen Sie mir in das Land der Zobelfänger und Fuchsjäger folgen. Ich fordere Sie zu einer Reise nach Sibirien auf."

„Sehr kalt in jener schönen Gegend."

„Allerdings etwas kalt. Aber unser Alexander von Humboldt scheute die Reise nicht, als er schon ein Greis war, und hier, wo der Ofen eine so behagliche Wärme ausstrahlt, können wir die weite Wanderung schon wagen. Also Sie folgen mir?"

„Bis zum Nordpol! Wo möglich noch darüber hinaus."

„So weit gehen wir nicht. Den Nordpol überlassen wir dem amerikanischen Doctor Hayes, der ihn eben jetzt aufsucht und nebenher ein kaltes glühendes Eisen, oder heißes Eis oder süße Bitterkeit und dergleichen."

„Was wollen Sie damit sagen?"

„Doctor Hayes sucht ein allzeit eisfreies Meer am Nordpol."

„Das wird er wohl schwerlich finden."

„So meinen Viele. Doch wenden wir uns nach Sibirien, einem Lande, dessen südlicher Theil einst für die Cultur von Bedeutung sein wird. Ich bitte Sie indessen, mir in eine weniger milde Gegend zu folgen, nach Jakutsk, einer Stadt in Ostsibirien, an die Lena, welche ihre trägen Fluthen durch eine wilde, wüste, eisige Einöde zum starren Polarmeere hinabwälzt. Dieses Jakutsk liegt auf einem Boden, der nur drei Fuß tief aufthaut und das auch nur in den drei Monaten, welche man als Sommer bezeichnet. Er ist lediglich ein Kampf zwischen Entstehen und Vernichtung, kurz, heftig, und neun Monate bleibt Boreas Herrscher."

„Es muß dort ein trostloses Leben sein."

„Doch nicht so ganz. Es wohnen manche gebildete Leute, auch deutsche Familien in Jakutsk, und Sie wissen ja, wo Deutsche leben, dort ist auch immer eine gewisse Culturströmung. Während der Jakute sein Vieh in geheizten Ställen durchwintern muß, spielt man in den Gesellschaftszimmern unserer Landsleute die herrlichsten Tonweisen Mozarts. Der Handel zieht auch gebildete Leute dorthin und giebt es ebenhin viele unter den russischen Beamten. Die jakutischen Jäger bringen die Ausbeute ihrer Jagden; gegen Pelzwerk und Mammuthelfenbein tauschen sie Getreide, Tabak, Mehl, Thee, Tuche, Eisenwaaren und sogar chinesische Seidenstoffe für ihre Frauen ein. Manche sind recht hübsch, denn diese Jakuten gehören zu unserm großen Menschenstamme, welchen wir gewöhnlich den kaukasischen bezeichnen. Es besteht deshalb zwischen Russen und Jakuten kein so großer Abstand, wie gegenüber den Völkern mongolischer Rasse, und sie wechseln ihre Kinder auf ein paar Jahre aus, damit der kleine Jakute in der russischen Familie die Sprache der Moskowiter, der Russe aber jene den Eingeborenen erlerne."

„In dieser Stadt Jakutsk lebte der Sohn eines russischen Bürgers. Dieser Iwan, ein kräftiger Bursch, war leidenschaftlich dem Jägerleben zugethan, begleitete seine jakutischen Altersgenossen auf ihren weiten Streifzügen, zielte sicher, brachte den Balg manches Luchses oder Zobels heim, glitt auf seinen langen Schneeschuhen rasch wie der Wind über die eisigen Flächen und war auch einmal bis an's Eismeer vorgedrungen. Er zählte einige zwanzig Jahre, hatte sich den Ruf eines ausgezeichneten Jägers erworben und war recht nicht geneigt, sich in eine Kaufmannsbude einzusperren. Aber sein Oheim drang darauf; die Eltern hatten dem Jüngling ein mäßiges Vermögen hinterlassen, und mit Fleiß und

37*

Ausdauer konnte er sich zum wohlhabenden Mann emporarbeiten. Auch gab er den Bitten seiner Verwandten nach, kaufte Landeserzeugnisse ein und machte gleich während des nächsten Jahrmarktes gute Geschäfte. Doch sein Sinn schweifte über den Ladentisch hinaus in die weite Ferne; er dachte an die steilen Berge und die mit Moos bewachsenen Flächen, die Tundras, welche im Sommer unter dem Fuße des Wanderers erbeben, an die klaren Seen und die dichten Wälder. Er wurde fast trübsinnig.

„Du lebst zu einsam, Iwan", sagten seine Freunde. „Nimm Dir ein Weib, dann hast Du Gesellschaft und Häuslichkeit und wirst die Marder und Eisbären bald vergessen."

„Ei, jetzt kommt wohl Amor?"

„Amor kommt, allerdings. Iwan glaubte seinen Freunden, hatte den besten Willen, eine Frau zu suchen und ging in Gesellschaften. Dort hinten in Sibirien spielen die Mahlzeiten eine noch größere Rolle als bei uns; man ißt sehr viel, trinkt sehr viel, spielt sehr viel, und wenn Abends das Wasser im Theekessel, im Samowar, siedet, knacken die jungen Leute Nüsse und wieder Nüsse. Nicht selten greift man zur Gusla, der russischen Cither, und der Tanz beginnt. Iwan lebte wie die anderen; er rauchte Tabak, trank Punsch und Thee, und tanzte lustig, am liebsten mit einer jungen Wittwe, deren freundliches Wesen ihm gefiel. Maschinka war wohlhabend, besaß ein wohnliches Haus, verstand sich ausgezeichnet auf den Pelzhandel und war außerdem sehr hübsch. Sie knackte Nüsse mit ihren wunderschönen Zähnen, reichte den Thee mit anmuthigem Lächeln und Iwan fing Feuer; er wollte diese Maschinka heirathen und bot ihr seine Hand an.

Die schöne Wittwe lächelte ganz anmuthig, war freundlich, zuckte aber die Achseln, schlug nicht ab und sagte auch nicht Ja, äußerte indessen, daß Iwan noch sehr jung, im Geschäfte noch nicht gewandt und auch nicht sehr vermögend sei. Dagegen wandte er ein, daß er ein Jäger sei, der es mit Jedem aufnehme; Geschäftserfahrung komme von selbst und blutarm sei er doch auch nicht. Die Wittwe meinte, daß der Selige ihr mindestens viermal mehr hinterlassen habe, als Iwan besitze, der seinerseits etwas unwillig ausrief, daß es nur an ihm liege, der reichste Kaufmann in ganz Sibirien zu werden. Auf die etwas spöttische Frage, wie er das anfangen wolle, entgegnete er: Ich habe lange unter den Jakuten gelebt, und wenn ich eine weite Reise machen will, kann ich so viel Elfenbein herbringen, daß ich mehr davon besitze, als alle unsere Kaufleute in zehn Jahren auf ihrem Lager gehabt haben. Ich kenne die große Elfenbeinstätte im Nordosten; sie ist noch nicht angegriffen worden. Dorthin wage ich mich, wenn Du mich nehmen willst. — Die berechnende Schöne deutete an, daß sie dem reichen Besitzer von Mammuthzähnen die Hand wohl nicht verweigern werde.

Von nun an hatte der Jüngling nur noch einen Gedanken, die Elfenbeinstätte, welche im fernen Eis-

meere lag. Sein alter jakutischer Freund Satalar war dort gewesen und hatte mit genauer Noth das Leben gerettet, denn er war von Tschuktschen überfallen worden; diese erschlugen seinen einzigen Gefährten. Jetzt drang Iwan in den alten Jakuten, die weite und gefährliche Reise noch einmal zu wagen. Er hatte sich in der Stadt mit dem nöthigen Reisebedarf versehen und seine Waffen waren vortrefflich.

Satalar wohnte in der Miure-Ebene, einer Wüstenei, in welcher Moräste mit sandigen Dünen abwechselten. Als Iwan dorthin aufbrach, war der Septembermonat gekommen. Seine fünf Pferde hatte er der Länge nach hintereinander gespannt und ritt auf dem ersten. Abends suchte er unter Bäumen oder hinter einem Felsen Schutz, zündete ein Feuer an, bereitete sein Mahl und hüllte sich in Bärenfelle. Am andern Morgen schüttelte er den Schnee ab, denn in jener Gegend fallen sogar im August zuweilen weiße Flocken, kochte Thee und zog weiter auf der pfadlosen Bahn. Am dritten Tage war er unschlüssig, welche Richtung er einschlagen mußte. Er befand sich zwischen steilen Hügeln und einem halbgefrorenen Morast; ein mit Eis belegter Bach mußte nothwendig überschritten werden. Iwan that, was in solchen Fällen landesüblich ist, er überließ den Pferden, sich selber den Weg zu suchen und ritt getrost weiter. Plötzlich kracht es unter ihm, er bricht ein und — bricht sich nur unter einem hohen Eisgewölbe. Das ist in Sibirien keine Seltenheit. Der Fluß war bei sehr hohem Wasserstande rasch mit Eis überzogen, als das Wasser klein wurde, blieb die Decke. Wir sehen dergleichen in kleinem Maßstabe auch bei uns in Deutschland. Der versunkene Reisende ritt eine Strecke weiter und hieb an einer passenden Stelle mit dem Handbeil ein Loch in die Decke. So kam er wieder zu Tage.

In der Einöde von Miure liegen manche flache Thalkessel, die einst Seeboden waren, aber von den Seen sind jetzt nur fischreiche Teiche übrig geblieben. Diese fruchtbaren Gründe bilden einen Lieblingsaufenthalt der Jakuten, welche dort ihre Jurten aufschlagen und ihre Heerden weiden. Hier wohnte Satalar in einer geräumigen Hütte, und seine in Jakutsk erzogene Tochter hielt die Wohnung sauber, das ist eine Seltenheit unter dem Nomadenvolke der Jakuten. Sie sind übrigens ungemein abgehärtet, können die strengste Kälte ertragen, wandern oft ohne Pelz oder Zelt, übernachten auf dem blanken Schnee, können fasten und haben ein wunderbar scharfes Auge. Solch ein Jakute erzählte einst einem russischen Gelehrten, er habe gesehen, wie ein größer blauer Stern eine Anzahl kleinerer Sterne verschlang und kann wieder ausspie. Das war ganz richtig. Mit unbewaffnetem Auge hatte der Wilde eine Verfinsterung der Jupitertrabanten wahrgenommen. Er kennt jeden Hügel oder Morast, jeden Beerenstrauch oder Feld, und verirrt sich niemals. Seine Nahrung besteht in Fleisch, in Kuh- oder Pferdsmilch, und ganz besonders liebt er, aus ganz richtigem Antriebe, rohes oder zerlassenes Fett, denn das erwärmt sein Blut und macht ihn fähig der Kälte Trotz zu bieten. Aus demselben Grunde bilden Seehundsthran und Speck vom Walfische die Hauptspeise der Eskimos. Im Sommer macht der Jakute Heu und wohnt unter einem Zelte, im Winter haust er in einer mit Rasen überdeckten Hütte, in welcher Eisschollen die Stelle der Glasfenster vertreten.

"Als Iwan der Sakalars Jurte ankam, war es schon ziemlich dunkel. Der Jakute ging dem Russen freundlich entgegen. Er war ein kräftiger Mann von mehr als fünfzig Jahren; ein achtzehnjähriges Mädchen setzte eben Speisen auf den Tisch. Als sie des Fremden ansichtig wurde, erschrak sie und sprach rasch vor sich hin: 'Geist der Wälder beschütze mich!'

(Fortsetzung auf S. 295.)

Wildbad.

Von Dr. Moritz

Die besten Weiber und die besten Staaten sind, nach Montesquieu, diejenigen, von denen am wenigsten gesprochen wird. Vielleicht gilt das auch von den Bädern. Unter den deutschen Bädern wird von dem heilungsvollen, dem schönen, lieblichen, gemüthlich-stillen Wildbad vielleicht am wenigsten gesprochen. Wiesbadens, Homburgs, Badens, Ems' Spielhöllen haben Geld genug, um alljährlich alle Rückseiten aller großen Zeitungen Europa's mit Annoncen und Anpreisungen zu füllen; wenn in einem dieser Schandflecken Deutschlands eine Bank gesprengt wird oder ein ruinirter Familienvater sich eine Kugel vor den Kopf schießt, läuft die Neuigkeit durch alle großen und kleinen Blätter und macht diese Spielhöllen so berühmt wie die Dante'sche Hölle. So wird auch der Eroberer, der an einem Tage Tausende hinschlachtet, berühmter als der Arzt und Helfer, der vom Tode rettet. Wenn jährlich die Genesenen und Genesenden aus Wildbad ziehen, lustig auf strammen Beinen, sie die auf Krücken herbeigekommen, welche Zeitung spricht davon? Große Dichter haben es zwar besungen, aber Dichten heißt, nach der Definition, die bei Gelegenheit eines Preßprozesses gegen einen Dichter ein österreichischer Hofrath abgab,

Dichten heißt Lügen und ein großer Theil des Publikums definirt wie der Hofrath. Mit einem Gedichte von Uhland oder Justinus Kerner lockt man keinen Kranken vom Ofen, obwohl Justinus ein graduirter Doktor ist und Uhland Schmerzen besprechen kann, wie ein Zauberer. Und jenes unglückselige Wildbad in seinem bescheidenen und — Gott verzeih mir's — ich möchte sagen, dummen Bewußtsein seines Werthes (das alle ehrlichen Leute auszeichnet und auf keinen grünen Zweig kommen läßt), hat noch nicht einmal eine rechte Beschreibung, einen eigentlichen „Führer nach und durch Wildbad" aufzuweisen. Hofrath Dr. Burckhardt giebt zwar jetzt eine vortreffliche Broschüre über das segensvolle Bad heraus*) — aber wer wird dem Badearzte von Wildbad glauben? Schreibt er nicht pro domo? Da ist es endlich an der Zeit, daß man sich empöre und daß ein ehemals Kranker, der erst in einem Rollstuhl über den Platz fuhr, sich jetzt ein Stündchen von seinen Wanderungen über Berg und Thal abmüßige und die Feder ergreife und es in die Welt hinrufe: Wildbad ist ein Schwabe, wie Schiller! und als ein Schwabe versteht es nicht, wie eben besagter Schiller, Reclame für sich zu machen und muß erst 40 Jahrhunderte alt werden, bis es klug wird und sich geltend zu machen versteht. Ich aber, der Genesene, ich bin kein Schwabe und alle die Aerzte des Orients und Occidents, die mir nicht helfen konnten und Wildbad in Schwaben, das mir ja geholfen, haben mich klug gemacht. Ich stehe, es ist in den Actis Apostolorum heißt, aufrichtig auf meinen Füßen und wandle, das mich Glück hat mich dankbar und menschenfreundlich gemacht und ich möchte mich mit meinen aufrichtigen Füßen und noch aufrichtigerem Herzen auf den Montblanc stellen, den ich heute besteigen kann, und nach Osten und Westen, Norden und Süden ausrufen: Nach Wildbad, ihr Kranken und Preßhaften! Herbei ihr Hiobe und Lazarusse! Wie die Erz die gefüllten Ströme in's Meer, so wird die dortige Welle eure Leiden fortschwemmen in das bekannte Meer der Vergessenheit!

In Wildbad angekommen, lasset euch durch das Hautrelief von Heidel über dem Brunnen nicht abschrecken; es stellt den Rauschebart dar, wie er, noch krank, auf seinen Führer gestützt, aus dem Wildbade flieht. Aber das ist es ja eben! Er hat seine Kur nicht vollenden können, die Feinde stürzen von allen Seiten herbei, um ihn an der Vollendung zu hindern, wohl wissend, daß, wenn er länger im Wildbade bliebe, sich alle seine Wunden schlössen, alle seine Leiden aufhörten und er ihnen dann kräftiger und mächtiger

als je gegenüber stünde. Das schöne Hautrelief ist im Gegentheil ein schönes Zeugniß für Wildbad; der dankbare Künstler hat es hierher gewidmet, wie ein Ex voto, wie fromme katholische Herzen silberne Gliedmaßen vor dem Heiligen aufhängen, der ihnen ein Leid abgenommen. Hätten sich von jeher alle Kranken so katholisch dankbar gegen die Nymphe dieser Quellen erwiesen, man hätte das prachtvolle Badehaus ohne ständische Geldbewilligung mit lauter silbernen Händen, Beinen, Rückenwirbeln, ja mit silbernen Gehirnen erbauen können. Hätten alle Genesenen ihre Krücken und Rollstühle in der Säulenhalle auf dem Platze oder unter den gewaltigen Wölbungen der Bäder aufgehängt, es gäbe ein Museum, ein Arsenal, wie es keine Residenz der Welt aufzuweisen hat.

Gewiß die Natur ist sehr gütig. Obwohl sie sich hier in ihren menschlichen Produktionen besonders von ihrer Nachtseite zeigt, liebt man es doch, sie umzukehren, um sie von ihrer Lichtseite zu betrachten; obwohl sie die Wunden schlägt, die sie heilt, denkt man hier doch am liebsten nur an die Heilung; man rechtet mit ihr, man ist ihr dankbar, man bestreitet ihre Güte nicht. Aber man wäre undankbar nur ihr, und speziell der Quelle alles und jedes Verdienst zuzuschreiben. Die Menschen haben auch das Ihrige gethan; guter Wille, Kunst und Wissen haben sich der Quelle angenommen, um sie in ihrem ärztlichen Berufe zu unterstützen. Was wäre Wildbad, wenn man es so gelassen hätte, wie es aus den Händen der Natur hervorgegangen!

„Rauschender Strom, brausender Wald,
Starrender Fels."

Heute ist es, was man ein „reizendes Nest" zu nennen pflegt, ein lächelnder „terrarum angulus", in den „ein wunderseliger Mann, welcher der Stadt entflohen", selbst mit gesunden Gliedern, selbst wenn — Gott bewahre — die Quellen versiegten, sich mit Vergnügen zurückziehen würde; ein kleines Städtchen, in welchem alle erlaubten Genüsse großer Städte gesetzt werden können. Es hat Gasthäuser, die sich mit den berühmtesten der ganzen Europia messen können: das vom Staate ausgestattete, zum Theil mit königlicher Pracht geschmückte Badehotel, das elegante Bellevue, das Hotel Klumpp, das größte von allen, die großartige Schöpfung eines unternehmenden Mannes, das allen Bedürfnissen angemessene Hotel Frey, zahlreiche andere kleinere Hotels und Privathäuser, in denen die gemüthvolle Aufnahme es vergessen läßt, daß die Gastlichkeit eine bezahlte ist. Gourmand und Nabob können sich in dieser civilisirten Wildniß behaglich fühlen.

*) Diese Schrift ist inzwischen bei Julius Weise in Stuttgart und Wildbad erschienen.

(Schluß auf S. 300.)

Liebe am Eismeer.

Von H. Emmerich.

(Fortsetzung von S. 293.)

„Sei willkommen, mein lieber Sohn Iwan", sprach Salalar. „Wie kommst denn Du jetzt hierher? Rasch, Kolina, einen Becher her. Bring vom besten Branntwein und vergiß mir die Pfeife mit dem rothen Meskauer Kopfe nicht."

Kolina war flink wie ein junges Rennthier, richtete in aller Eile den Tisch her wie an einem Festtage; man aß, trank, erzählte, und nach Verlauf einer Stunde rückte Iwan endlich damit heraus, daß er zur Mammuthstätte im Eismeer ziehen wolle.

Kolina schlug die Hände gegen einander, Salalar machte große Augen, sah den Jüngling fragend an und schien an dem Verstande des jungen Russen zu zweifeln. Aber dieser ließ Kisten und Koffer hereintragen und zeigte seine Ausrüstung. Er hatte Thee und Rum, Branntwein und Pulver, Gewehre und Tabak, Messer und Kessel, und spendete reichlich Geschenke. Darauf entwickelte er seine Absichten und verschwieg das Uebereinkommen mit Waschinka nicht. — „Und eines so hartherzigen Geschöpfes wegen willst Du an's Eismeer gehen, Iwan?" rief Kolina, und Salalar sprach: „Wenn er hingeht, wird er elend sterben wie ein Hund."

„Ich gehe, so gewiß ich bei Dir sitze", sagte der Russe mit großer Ruhe.

„Dann dürfen wir ihn nicht allein ziehen lassen, Vater", rief das Mädchen und warf einen mitleidigen Blick auf den Jüngling, „und Du, Vater, laße ich auch nicht allein gehen, ich begleite euch".

Salalar saß eine Weile in Gedanken versunken, blies dicke Tabakswolken von sich, setzte einige Male das Glas an den Mund, und brach dann sein Schweigen.

„Gut, wir werden an das Eismeer reisen. Die Pferde sollen sich fünf Tage lang ausruhen und Du gehst mit, Kolina. Wir bleiben zwei Jahre lang unterwegs. Ob Deine Wittwe, Iwan, bis dahin wartet, das mußt Du wissen. Meinetwegen, wir brechen auf. Zuerst reiten wir nach Nischni Kolymsk, denn nur dort finden wir Schlitten und Hunde in Menge. Darüber geht der Winter hin. Im Sommer können wir nichts anfangen. Sobald aber Schnee gefallen ist, dringen wir nach Nordosten vor, und es wird vier und sechs Wochen Zeit kosten, ehe wir zu dem Hunderte gelangen. Der zweite Sommer reicht eben hin zum Einernten des Elfenbeins, zum Einpacken, und zum Kräftigen der Hunde. Nachher warten wir Schnee und Frost ab und wenn das Glück will, können wir heim kommen. So ist es". —

„Während der nächsten Tage wurden die nöthigen Vorkehrungen getroffen. Der Jakute erzählte dem Russen alle Mühseligkeiten, Entbehrungen und Gefahren seiner frühern Reise; aber Iwan beharrte auf seinem Vorsatze. Die fünf Pferde aus Jakutsk blieben zurück, man nahm statt ihrer sieben andere; drei dienten zum Reiten, vier wurden mit Waaren beladen, für welche man Hunde und Schlitten eintauschen wollte. Die Reisenden waren wohl bewaffnet, Kolina nahm die Tracht jakutischer Männer an, und steckte in Fuchspelzen und Rennthierfellen. Man zog ab, ohne den andern Jakuten das Geheimniß der Reise zu verrathen.

„Der Oktober war nahe, und schon wurde die Kälte grimmig. Hundert Stunden und noch einmal hundert Stunden führte der Weg über eine wüste, mit Felsen übersäete Fläche und über Moräste, die schon eine starke Eisdecke hatten. Die Pferde brachen nicht ein. Im Albanaflusse, dessen rasche Strömung die Bildung von festem Eis noch nicht erlaubte, trieben Schollen, aber dort ist eine Fähre. Wenige Tage später begann ein langandauernder Schneefall, das Land war weit und breit mit einem Leichentuch überzogen, der Winter gekommen. Aber Salalar fand den Weg auch im Gebiete der Tschuktschen, vor welchen er auf der Hut sein mußte, denn sie sind den Jakuten feindselig und Rußland nur dem Namen nach unterworfen.

„Am Flusse Tulukan begegneten ihnen Tschuktschen auf Rennthierschlitten, doch zeigten sie sich friedlich, vielleicht weil sie keine Feuerwaffen trugen. Für unsere Reisende wurde aber von nun an der Weg doppelt schwierig, weil sie über das Gebirge von Werchno Janst reiten mußten, bald steil in die Höhe, dann durch jähe Schluchten am Rande von Abgründen hin, auf engen, glatten Pfaden, wo ein Fehltritt gleichbedeutend mit Tod ist. Aber das sibirische Roß geht sicher, hat Kraft und ist unermüdlich. Man gelangte zwar erschöpft, aber glücklich nach Nischni Kolymsk, an der Mündung der Kolyma und war nun, fast unter dem siebenzigsten Breitengrade, am Eismeere. Bis dorthin drang schon im siebenzehnten Jahrhundert ein Kosak vor. Er ließ sich in dieser unwirthlichen Eisenöde nieder, wo die Sonne zweiundfünfzig Tage lang nicht untergeht, die längste Nacht achtunddreißig Tage dauert, und wo höchstens einige verkrüppelte Zwergbirken wachsen. Aber dafür sind Bären, Rennthiere und Füchse in Menge vorhanden, Wölfe und Schwäne, Gänse, Enten und Hühner, je nach der Jahreszeit, und an Fischen ist kein Mangel. Die wenigen Hundert Russen, zumeist Abkömmlinge Verbannter, welche über Nordostsibirien zerstreut leben, bauen das Plankwerk ihrer Häuser aus Treibholz. Sie sind kräftige, betriebsame Menschen, tüchtige Fischer und Jäger, auch wohl Handelsleute, denn Verkehr und Auslauch fehlt auch in jenen Gegenden nicht. Als unsere drei Reisenden in Nischni Kolymsk eintraten, war lange Nacht und grimmige Kälte; die Bewohner fanden sich nicht wenig überrascht, daß unter solchen Umständen Fremde anlamen, aber die gastliche Aufnahme ließ nichts zu wünschen übrig.

„Der junge Kaufmann aus Jakutsk war bald in allen guten Häusern der kleinen Stadt am Eismeer ein gerngesehener Gast, und fehlte in keiner Abendgesellschaft. Es herrschte zwar damals immer Abend in Nischni Kolymsk, aber man hielt die Tagesstunden, als ob die Sonne am Himmel stehe, und feierte die Fastnachtszeit wie in Europa. Kelina war freilich als Jakutin nicht vornehm genug für diese russische Aristokratie von Kosaken und Pelzhändlern, aber von Iwan wurde sie keineswegs vernachlässigt. Er widmete ihr den meisten Theil seiner Zeit, damit sie nicht einsam sei. Denn Sakalar ritt inzwischen von einer Jurte zur andern, zog Erkundigungen ein und traf Verabredungen über die Lieferung von Schlitten und Hunden. Auch drei junge Männer zeigten sich bereit, mit ihm zu gehen.

„So verging der lange Winter. Während der Sommerzeit streiften die Fremden mit den Jägern umher und kamen auf diesen Zügen bis zum heiligen Vorgebirge, Swiatoi Nos, im Norden von den Mündungen des Janastromes. Dort wollten sie im Herbste das Eismeer betreten, und setzt legten sie einen beträchtlichen Vorrath von Fischen nieder. Als sie nach Nischni Kolymsk zurückkamen, waren die Schlitten bereit; jede dieser Nartas war mit acht Centnern Lebensmittel beladen. Man wollte nach Westen hin dem Rande des Meeres so nahe als möglich fahren, weil man dort Treibholz finden konnte. Für das Feuer im Zelte nahm man eine Eisenplatte zur Unterlage mit.

„Im November brachen die kühnen Abenteurer auf. Sakalar lenkte den vordersten Schlitten, dann folgten Kelina und Iwan, die drei Begleiter aus Nischni Kolymsk schlossen den Zug. Die Narten flogen anfangs wie Pfeile über den glatten Schnee, aber nach einigen Tagen rakete ein eiskalter Sturm, der ihnen unablässig Flocken in's Gesicht trieb. Man konnte nicht aus den Augen sehen und Kelina's Schlitten wurde umgeworfen. Doch auf solche Unfälle sind die Reisenden in jenen Gegenden gefaßt." —

„Aber wie verhält es sich denn mit dem Nachtlager?"

„Wenn Alles gut geht, sehr einfach. Die Reisenden lagern sich, wie man in Rußland sagt na Rjeduche, unter freiem Himmel, graben den Schnee bis zum Boden auf, machen Feuer und ein Lager aus Zweigen von Nadelholz, wenn sie dergleichen finden, und vierzig Grad Reaumur Kälte haben nicht viel zu bedeuten. Nach dem Abendessen kann man das frostige Vergnügen, sich umzukleiden, weil sonst der Anzug durchfriert und nicht wärmt; Morgens wechselt man die Kleider abermals. Das wissen wir

aus den Schriften des Herrn von Wrangell, der Alles mitgemacht hat. Die Hunde, ohne welche das Reisen in jenen Gegenden rein unmöglich wäre, kratzen Löcher in den Schnee und stecken nur die Nasenlöcher aus demselben hervor; damit ihnen aber die Nase nicht erfriere, bedecken sie dieselbe mit ihrem buschigen Schweife. Dabei befinden sie sich wohl und munter, wenn es ihnen nur nicht an hinreichender Nahrung fehlt.

„Dann und wann trifft man in jenen Polarwüsten eine von Jägern aufgeschlagene Hütte neben irgend einer Landmarke, welche der Schnee nicht verschütten kann. Man zündet ein Feuer an, läßt den Rauch abziehen und wärmt sich an dem Kohlenhaufen. Das gilt dann für einen seltenen Hochgenuß. Der Pfad ist nicht dunkel während der langen Nacht, weil der Schnee einen Dämmerschein verbreitet und Nordlicher, die gerade in diesen Regionen über alle Beschreibung prächtig sind, sehr oft eine blendende Tageshelle heraufzaubern. Hier bilden sie einen gewaltigen Lichtbogen, dort liebe die Säulen blauweißlichen Feuers, aus welchen Funken in unzähliger Menge nach allen Richtungen hin fahren. Dann steigen röthliche Feuergarben empor, im Nu verschwindet Alles und das wunderbare Schauspiel hat ein Ende, um sich vielleicht schon nach wenigen Stunden zu wiederholen."

„Aber solche Reisen müssen trotzdem unendlich langweilig sein. Was fangen die Menschen an — sie können doch nicht immer schlafen." —

„Sie vertreiben sich die Zeit in ihrer Weise ganz vortrefflich, besonders mit Jagdgeschichten, wofür das Garn ihnen nicht ausgeht und die noch ganz anders lauten, als jene wenigen Sonntagsjäger, welche ja höchstens von Schnepfen, Hasen, Dachsen, Füchsen, Hühnern und Hirschen erzählen und aufschneiden. Der sibirische Jäger schießt wenigstens zwanzig Rennthiere in zehn Minuten, jagt auf einen Schuß sechs Eisbären zumal die Kugel durch den Pelz und thut ein anderes halbes Dutzend damit ab, daß er ihnen mit dem Flintenkolben die Nase einschlägt. Er hat auf einen Zug hundert Centner Fische im Netze gefangen. Solche Jagdgeschichten sind noch der Mühe werth. Nachher hüllt er sich in seinen Pelz und schläft wie ein Gott.

„Beim sibirischen Polarmeere weiß man nicht, wo der Erdboden aufhört und der Ocean anfängt; beide gehen vermöge des Eises in einander über; die Schneefläche, die Hügel, die Stürme, die weiten Flächen durchsichtigen Eises, die man Polinas nennt, das finstere wilde Aussehen sind da wie dort ganz dieselben. Zum Schutz gegen Wind und Schneewehen schaufelt man Schneewände auf, an denen das aus Renntierhäuten verfertigte Zelt einen Rückhalt gewinnt. Aber manchmal fällt Schnee in solcher Menge, daß er binnen wenigen Stunden ein Zelt begräbt. In solchen Sturmnächten sind die Eisbären recht in ihrem Elemente, sie schnobern umher und werden den Hunden gefährlich. Die Hunde sind freilich auf der Hut, heulen und bellen in eigen-

thümlicher Weise und der erfahrene Jäger weiß wohl was diese Melodie bedeutet. Er greift zum Gewehr und erlegt den Feind, über welchen sich die Hunde mit unbeschreiblicher Wuth stürzen. Sie zerreißen ihn, lassen aber das Fleisch noch liegen, weil sie es nicht verzehren mögen, so lang es frisch ist; desto besser mundet es ihnen, nachdem eisiger Frost es durchdrungen hat. Uebrigens will ich bemerken, daß man den Hunden Pelzkiesel anzieht und sie überhaupt einwickelt, und daß der leitende Hund, welchen man ganz vorne anspannt, gut abgerichtet sein muß. Ohne das nimmt die Verwirrung kein Ende; denn sobald ein Bär oder Fuchs gewittert wird, bekommt der Instinkt die Oberhand; die Thiere sind nicht mehr zu halten oder zu bändigen, sobald auch der Vorderste diesem Naturtriebe folgt.

„Der Eisbär ist ein kluges Thier: Er findet zum Beispiel in dem Gewirr von Eisschollen einige, die sich derart übereinander geschoben haben, daß sie ein zeltartiges Dach oder eine Höhle bilden. Dort schlägt er seine Wohnung auf. Ein natürlicher Antrieb giebt ihm ein, daß er ganz in der Nähe einen Fleck vom Eise befreit und er thut es, indem er jede neue Schollenbildung verhindert; er zerschlägt sie täglich ein paar Mal und schiebt die Bruchstücke fort oder wirft sie mit den Tatzen heraus." —

„Ein seltsames Vergnügen, diese Mühe könnte er sich doch sparen." —

„Um Vergebung, er weiß sehr wohl, was er thut. Denn diese offenen Stellen sind gleichsam Luftlöcher für die Robben, welche dorthin kommen und entweder aus dem Wasser herausblicken oder auf den festen Eisboden gehen. Der Eisbär liegt auf der Lauer und allemal ist ihm seine Beute sicher.

„Salakar und Iwan hatten nun das Versteck am heiligen Vorgebirge erreicht und fanden nicht nur alle Vorräthe unversehrt, sondern auch Treibholz in großer Menge. Sie gönnten ihren Zugthieren und sich selber einige Erholung, besserten die Schlitten aus und waren vorbereitet über das Eismeer nach den neusibirischen Inseln zu fahren, wo die Fundstätten der Mammuthzähne liegen.

„Denken Sie sich eine Weihnachtsfeier in jenen Polargegenden auf dem Eismeere! Der Nordwind stürmte den Reisenden mit voller Wuth entgegen, die Kälte war schneidend und entsetzlich, trotz aller Pelze wollten die Glieder kaum warm bleiben. Aber die Hunde thaten ihre Schuldigkeit, zogen die Nartas über Flächen und unebenes Schollengewirr und Eishügel mit gleicher Unverdrossenheit. Das Eismeer hat auch seine landschaftlichen Reize; es bildet freilich eine öde Wüste, gewährt aber doch in ihr manche Abwechslungen. Da liegen zum Beispiel Eisberge fest, die so alt sind wie die Welt; aus den gewaltigen Massen auf dem Grundstocke ragen spitze Thürme empor, wölben sich Dome, stehen Mauern mit Zinnen, sind Blöcke wüßt zerstreut, schieben sich überhängende Wände vor. Die Einbildungskraft kann sich Städte mit Alabasterpalästen heraufzaubern, Säulengänge, die in Trümmer zerfallen sind, etwa

wie jene von Palmyra oder Persepolis, und Gallerien ohne Ende, Pyramiden, umgestürzte Kegel und Flächen und Thäler. Wunderbar und bewältigend sind diese Erscheinungen namentlich dann, wenn die Sonne auf sie herabstrahlt.

Weiter nach Norden hin wurde die Bahn immer beschwerlicher und gefährlicher; hin und wieder fand man offene Wasserstellen, oder das Meer war nur dünn mit Eis belegt und auf dieser Strecke handelte es sich um Leben und Tod. Das schienen selbst die Hunde zu ahnen und von ihnen hing Alles ab. Sie flogen wie ein Blitz über solche Flächen hin, die unter den Narten schwankten und krachten, und rutschten sofort aus, wenn sie wieder festeren Boden unter sich fühlten. Der unerschrockene Salakar hatte bisher seine volle Fassung behalten; jetzt erbebte er. Der Wind war umgeschlagen, ein warmer Sturm, der gefährlichste von allen, über das Eismeer hereingebrochen. Die Reisenden saßen in ihrem Zelte, hatten ihr Mahl genossen und rauchten. Da zitterte das Eis unter ihnen, sie vernahmen knirschendes Reiben, dumpfe Stöße und helles Krachen.

„Da bricht das Eis auf allen Seiten!" rief der Jakute.

„Und es brach in der That rings um. Das Zelt stand auf einem Hügel, der aus zusammengeschobenen Massen gebildet war, und für den Augenblick gewährte dieser Schollenberg noch einige Sicherheit. Aber weit und breit bot sich ein fürchterlicher Anblick dar; das Eismeer war in wildem Aufruhr. In diesem Ocean sind stets einige, aber allezeit wechselnde Stellen nicht ganz eingefroren; dort treiben einzelne Blöcke, Berge oder Felder umher. Wenn nun der Sturm sich erhebt, dann gerathen diese Räume gleichsam in elementare Zuckungen und schleudern ihre hochgehenden Wogen nebst ihren schwimmenden Bergen und Blöcken in fürchterlicher Brandung gegen die festen Eisufer und in diesem gigantischen Kampfe anprallender Mächte wird Alles zertrümmert.

„Die Lage der Reisenden erschien rettungslos. Es mochte Mitternacht sein, als ihr Zelthügel erst in allen Fugen krachte, dann schwankte, endlich in Bewegung gerieth und von den losen Massen nicht nur gestoßen und gerieben, sondern, aus dem Gleichgewicht gehoben, mehr als einmal sich zu überstürzen drohte. Nach den ersten Ausbrüchen der Verzweiflung wurden die Menschen ruhig; alle Hoffnung war geschwunden, sie ergaben sich in ihr Schicksal. Selbst die Hunde heulten nicht mehr.

„Der Schollenberg hielt zusammen. Nach grauenhaften Stunden legte sich der Sturm, die Wellenschlag wurde weniger heftig, dann fiel Schnee in dichten Flocken, nachher trat wieder Kälte ein und das Eis wurde fest. Jetzt drängten die drei Männer aus Nischni Kolimsk zur Rückreise, aber der Jakute mochte davon nichts hören. Man hatte die größten Gefahren überstanden, war dem Ziele schon nahe und mit noch einiger Ausdauer konnte dasselbe erreicht werden. So fuhr man denn weiter, erlegte

Bären und Polarfüchse und gelangte zu einer kleinen Insel, an welcher Sakalar Treibholz fand. Jetzt wußte er, daß er auf dem richtigen Pfade sich befand, denn dort hatte er vor dreißig Jahren eine Lagerstelle gehabt. Das Feuer loderte hoch empor, man rastete lange und hatte festen Boden näher sich, schlug Robben und erquickte die Hunde; Fische gaben leckere Mahlzeiten, der Bären wußte man sich zu erwehren, und in der Brust der Abenteurer, welche vor wenigen Tagen sich verloren glaubten, war nun Hoffnung, Muth und Zuversicht.

„Wohlgemuth zogen die Reisenden weiter. Sie mußten manchen weiten Umweg machen, um gefährliche Stellen zu vermeiden, tiefe Spalten und Risse zu umgehen, aber jetzt hatten sie doch schon während einiger Tagesstunden die Sonne am Horizonte und endlich, am einundzwanzigsten Tage, nachdem sie das Meer betreten, dämmerte ihr gelobtes Land in der Ferne. Man sah dasselbe zuerst von einem Eishügel herab. Dort lagen nun die Spitzberge von Neusibirien, und bald gewahrte man, daß in einem schmalen Streifen offenen Wassers die Strömung ununterbrochen große Massen von Schollen trieb. Iwan fragte, wie man hinüberkommen solle, aber Sakalar beruhigte ihn. Er fuhr gerade zu auf diesen Kanal und lenkte die Schlitten an dessen Rande hin, bis er eine Stelle fand, wo das Wasser mit zusammenhängenden Schollen gleichsam überbrückt war.

„Der entscheidende Augenblick war gekommen. Die Strömung ging nach der Küste der Insel hin und diese war von offenem Wasser umgeben. Auf dem Eilande lag der große Schatz. Sakalar brachte Schlitten und Hunde auf ein großes Eisfeld und ließ auf diesem Floße treiben, bis er in's offene Wasser kam. Es schwamm ruhig und trieb an's Land. Die Hunde waren nicht minder froh als die Menschen. Man stieg über niedrige Hügel und nach Verlauf von wenig mehr als einer Stunde lag ein Thal vor ihnen.

„Das ist die Jambgrube, wo die Mammuthe liegen', sprach der Jakute zu Iwan.

„Nun war er an Ort und Stelle. Er dachte an Maschinka, sah sich im Geiste als reicher Mann, hatte alle Gefahren vergessen und vergaß, daß auch die Heimreise gefährlich sein könne. Zunächst hatte er freilich noch manche Schwierigkeiten zu überwinden. Bei der starken Kälte war es unmöglich, nach Elfenbein zu graben; man mußte die mildere Jahreszeit abwarten und zunächst an eine Behausung denken. Treibholz fehlt in jenen Gegenden nicht, eine Hütte war bald hergerichtet und dicht mit Eisschollen und Schnee umlegt. Die inneren Wände bekleidete man doppelt und vierfach mit Bärenfellen; zwei große Lampen brannten Tag und Nacht und verbreiteten Wärme. Auch für die Hunde wurde eine Bedachung über dem Schnee aufgeschlagen. Bald begann die Jagd. Die drei Männer aus Nischni Kolomak gingen an die Küste, hieben Löcher in's Eis und lauerten den Seehunden auf; Iwan stellte Fallen für die Füchse; auch weiße Bären ließen sich bliden.

„So vergingen einige Wochen und die Abenteurer dachten an keine Gefahr mehr. Da gewahrte eines Tages Sakalar einen dunkeln Streifen, der sich auch weiter Ferne immer näher zog. Das Schicksal seines Gefährten, den er vor dreißig Jahren verloren hatte, trat ihm vor die Seele. Da waren nun die wilden Tschuktschen wieder, in Pelze gehüllt, mit langen Lanzen und ein Dutzend oder mehr an der Zahl. Die fünf Männer sahen wohl, daß nur Herzhaftigkeit sie retten könne. Als die Wilden nahe kamen, feuerten jene gleichzeitig ihre Gewehre in die Luft ab. Dieser Donner vertrieb die unwillkommenen Gäste. Doch Sakalar wußte, daß sie wieder kommen würden; auch während seiner frühern Reise waren sie abermals erschienen und hatten in der Nacht jenen Mord verübt.

„Also mußte man unablässig auf der Hut sein, Wacht halten und wohl auf jede Bewegung der Hunde merken. Rings um die Hütte warf man Verrammelungen auf, um gegen eine Ueberrumpelung gesichert zu sein. Mehrere Tage verflossen ohne jede Störung; Sakalar ging mit den drei Männern aus Nischni Kolymak wieder auf die Jagd; Kolina besorgte die Küche, Iwan stand Wache. Als er weit und breit nichts Verdächtiges gewahrte, ging er in die Hütte, wo die junge Jakutin beschäftigt war. Während der langen Reise hatte sie alle Mühen und Gefahren mit bewundernswürdiger Standhaftigkeit ertragen; Klagen und Murren kannte Kolina nicht; sie besaß ein prächtiges Gemüth. Jetzt sprach sie mit Iwan über dessen glänzende Zukunft; niemals hatte sie auch nur die leiseste Andeutung merken lassen, daß der schmucke Russe ihr nicht gleichgültig sei. Ihr schien völlige Entsagung geboten; die eigenen Gefühle mußte sie zurückdrängen, sie war nicht selbstsüchtig und wußte sich zu bezwingen. Iwan dagegen, nahe am Ziele des einen seiner Wünsche, versank doch zuweilen in Trübsinn, wenn er an Jakutsk dachte. (Denken sie wohl dort noch an ihn? Hat Maschinka vielleicht schon jetzt einen Andern genommen? Und wie wird es mit der Rückreise?'

„An jenem Tage entriß ihn Kolina seinen Träumereien, indem sie ihn aufforderte, nachzusehen, ob am Strande Robben seien. Sie begleitete ihn. Iwan fand keine Robben. Beide gingen nach der Wohnung zurück. Die Hunde bellten und heulten, aber Iwan sah weder von Thieren noch von Menschen eine Spur. Was wollten nur die Hunde? Er trat in die Hütte und fand die Lampen erloschen. In demselben Augenblicke fielen vier Männer über ihn her, banden ihm die Hände und zogen ihn fort; Widerstand war unmöglich.

„So befand er sich in der Gewalt der Tschuktschen, jener wilden Nordostsibiriens, welche weit und breit umherschreiten und in Kähnen aus Thierfellen auch über die Behringsstraße nach Amerika hinüberschiffen.

„Die Jakutin nahm rasch einige Hunde und folgte den Räubern, welche ihre Beute so schnell als möglich vor sich hertrieben und in eine Schlucht einlenkten, die weiter aufwärts sich theilte. In jener Gegend war ihre Lagerstelle in einer geschützten Höhle mit engem Eingange. Sie waren mit Weibern und Kindern dort und erfreuten sich der Wohlthat einer warmen schwefelhaltigen Quelle, deren Dämpfe aus den Felsenspalten hervorqualmten. Iwan wurde, gebunden wie er war, auf einen Haufen Felle geworfen, der zwischen dem Gestein und den an's Land gezogenen Kähnen lagen. Er konnte sich kaum regen. Anfangs war Alles dunkel um ihn in dieser Ecke der Höhle; allmählig bemerkte er jedoch, daß von oben etwas Tageslicht durch die Felsenspalten drang, namentlich wenn die Luft rasch den Dampf der Schwefelquelle bewegte. Doch was nützte ihm das? Er hielt sich für verloren, denn sehr wohl wußte er, daß die Tschuktschen Allen feind sind, welche auf ihre Jagdgebiete kommen. Da hörte er plötzlich seinen Namen rufen, —"

„Jetzt kommt wohl das Romantische?"

„Er hörte seinen Namen rufen. Aber war es nicht ein Traum? In der Höhle schrieen Männer und Frauen durcheinander, sie waren im Streit. Da vernahm er deutlich den Ruf: Iwan! Es war Kelina; sie ließ ein Messer hinabgleiten, und gleich nachher war sie selber hinuntergeklettert. Nun sah er sich der Banden entledigt, ein Beil gab ihm das Mädchen auch; wo Kelina hinabgeklettert war, dort konnte er auch hinauf. Aber als er sich eben dazu anschickte, kamen Tschuktschen mit einer Lampe in den Winkel. Der Gefangene war nicht mehr da; die Wilden, in vollem Grimm, untersuchten die Felsenspalte nicht, auch hatte ja der Russe Knebel an Händen und Füßen. Wo war er? Alle Männer stürmten aus der Hütte und als sie eine Zeit lang fort waren, bahnten sich die Beiden einen Weg.

„Aber die Wilden kamen zurück; man vernahm ihre Stimmen. Doch nein, es waren befreundete Laute. Sakalar war mit seinen Begleitern in die Schlucht eingedrungen. Jetzt trat ein Umschwung ein. Sakalar nahm Frauen und Kinder als Geiseln mit. Durch diese wollte er Sicherheit gewinnen, aber er wußte wohl, daß Friede vortheilhafter sei als Streit. Er verständigte sich so gut es anging mit einer von den Frauen, schickte sie zu den Männern heim und ließ ihnen Freundschaft antragen. Ein solches Angebot von Männern, welche den Donner in der Hand trugen, war der Ueberlegung werth und wurde angenommen. Sakalar gab die Frauen wieder frei, erhielt als Friedensbürgschaft vier Knaben als Geiseln, und so zogen Alle nach ihrer Wohnung. Den Knaben gab Sakalar zu verstehen, daß sie beim Versuche zur Flucht von den Hunden zerrissen werden sollten.

„Kelina erzählte, wie sie Iwans Kerker entdeckt habe; die Schwefeldämpfe hatten ihr gezeigt, daß

man in die Höhle hinabsteigen könne. Am nächsten Tage kamen die Mütter der vier Knaben und wurden mit kleinen Geschenken bedacht. Damit waren sie für die Fremden gewonnen. Bald nachher erschienen Männer ohne Waffen, brachten Fische und baten um Tabak. Das Bedürfniß des Austausches vermittelte einen Verkehr, und von da an waren beide Theile durchaus befreundet mit einander.

„Allmählig wurden die Tage länger, der Schnee verminderte sich, von allen Eis- und Steinbergen strömten Cascaden zu den nun lebendigen Bächen und zum Meer hinab; aber die Hütte blieb unversehrt, weil man ihre Eishülle mit Sand beworfen hatte. Ringsum war Regsamkeit, Enten und Gänse zogen von Süden her in unzähligen Schwärmen und bedeckten jede freie Wasserstelle. Und jetzt kamen an dem Bach in der Thalschlucht auch die Mammuthszähne zum Vorschein, welche in diese Mulde durch die von Höhen herabstürzenden Wasser zusammengeschwemmt worden sind. Die Ernte war mühelos, binnen wenigen Tagen hatte man mehr Elfenbein beisammen, als die Hunde fortziehen konnten, ja tausend Zugthiere hätten nicht hinzureicht, um eine so große Menge nach Jakutsk zu schaffen. Zum Glück erboten sich die neuen Freunde gegen eine Belohnung von Tabak und andern Waaren einen Theil der Zähne in ihren Kähnen nach der sibirischen Küste zu schaffen und an einer gewissen Stelle unsern von Swiatoi Nos niederzulegen. Auf solche Art wurden sie für den Bräutigam Maschinka's nutzbar gemacht.

„Die Nachen haben ein Gerippe aus Fischbein und Holz, das die Spannung hält und mit Thierhäuten bekleidet ist; sie halten recht gut die See und tragen sehr schwere Lasten. In freien Wasser rudert der wilde Schiffer; sobald er Gefahr kommen sieht, eilt er an den Rand einer Eisbank oder legt sich an einen schwimmenden Berg fest. In den Sommermonaten fingen die Tschuktschen viele Fische, warfen dieselben in ein tiefes Loch, das sie mit großer Mühe in den festen, durch und durch ausgefrorenen Boden gegraben hatten, schütteten dann eine große Menge zerhackter Robben darüber, und hatten sich damit für jede Zukunft einen Vorrath an Lebensmitteln gesichert. Denn das Ganze wurde mit dicken Eisstücken überworfen, die auch im Sommer nicht aufthauen. Bald nachher ruderten die Tschuktschen fort und unsere Abenteurer waren wieder auf sich allein angewiesen. Sie sammelten möglichst viele Vorräthe und sehnten die kalte Jahreszeit mit Ungeduld herbei. Der lange Tag mit der nie untergehenden Sonne hatte sie ermüdet; der erste weiße Fuchs, welchen man seit dem Winter wieder sah, wurde froh begrüßt, und der Abzug der Wasservögel deutete auf den nahen Winter. Er brach herein; das Meer wurde stiller und bekam eine zusammenhängende Decke.

(Schluß auf S. 302.)

Wildbad.

Von Dr. Moritz.

(Schluß von S. 294.)

Die ganze Umgegend, schon von der Natur mit Pückler-Muskau'schem Geschmacke angelegt, ist in einen großartigen Park verwandelt, in welchem Wildbad selbst nur wie eine seiner vielen Zierrathen liegt — sanft an die Berge geschmiegt, hier dem Sausen der Tannen, hier dem Rauschen und Murmeln der Enz lauschend. Stundenweit führen in den malerischsten Windungen unzählige Pfade dahin, über saftig grüne Wiesengründe oder durch die heiligen Hallen der Tannen und Fichten, aus deren Zweigen sanftes Sausen Ruhe und Hoffnung in die Gemüther schmeichelt und deren Wipfel sich andächtig bewegen,

„als ob ein Unsichtbarer drüber ginge."

Den lieblichen Mittelpunkt, das schöne Herz dieses weiten Parkes bilden die Anlagen, die sich unmittelbar an das Städtchen selbst anschmiegen und durch welche die Enz dahinmurmelt.

„Er hat das Bächlein angekittelt.
Noch zu sagen ein Hoffnungsliedlein."

Diese Anlagen stammen von Herzog Carl, oder besser gesagt, von Carl Herzog her, dem württembergischen Louis XIV., der sich hier aber glücklicher Weise vom Geschmacke seines Vorbildes entfernte und Etwas schuf, was das gerade Gegenstück des steifen Versailles ist. Er, der die Geister seiner

Badhotel.

Unterthanen und Carlsschüler zuschneiden wollte, als wären es Taxusstöcke in einem Roccocogarten, selbst wenn diese Geister Schubart und Schiller hießen, er ließ Bäumen, Sträuchern und Wassern ihre Freiheit, daß sie sich genial und poetisch entwickeln durften, wie man sich auf dem Asberg und in der Carlsschule nicht entwickeln durfte. Wir wissen nicht, ob ihm der Herr in Folge seiner berühmten, von allen Kanzeln des Landes verlesenen Beichte seine Sünden und Tyrannei vergeben — aber wir hoffen es um dieser Anlagen und um des Trostes willen, den sie allen den Kranken gewähren. Sonderbare Schicksale eines Tyrannen! Er hat Schiller mit Gewalt zum Arzte machen wollen und er war wüthend darüber, daß dieser Schiller ein Dichter wurde, und doch hätte dieser Schiller vielleicht Hunderte mit seinen Medizinflaschen vergiftet, während er mit seinem Tintenfasse gewiß Millionen getröstet und unzählige gebrechliche Herzen gestärkt und Wunden geheilt hat. Und hier wieder, wo er nur einen Park anlegen wollte, hat Herzog Carl eine große Medizin zusammengesetzt, die sich alljährlich erneuert und verbessert und mehr leistet, als der Feldscheer Schiller je hätte leisten können!

Indessen hat sich auch die jetzige Regierung große Verdienste um Wildbad und um die leidende Menschheit erworben und zwar mit Hülfe des Geldes, das sie auf ehrenwerthe Weise als durch Menschenhandel und Subsidien, wie Herzog Carl aufbrachte, mit Hülfe des vom Volke, d. i. den Ständen mit Freuden votirten Geldes. Sie hat da ein Badehaus aufführen lassen, das betreffs der Festigkeit, Zweckmäßigkeit und Schönheit vielleicht vergebens seines Gleichen suchen würde. Der prächtige Bau — arabischen Styles — ist ein Werk des verstorbenen Architekten Theuret aus Stuttgart. Im großen Ganzen, wie in den einzelnen Ornamentik bekundet er einen durch und durch reinen und edlen Geschmack; mit großer Kunst verbirgt sich in ihm die Kunst, daß das Ganze wie etwas Organisches, von selbst

Entstandenes erscheint; mit einem großen Aufwande von Talent wird vor Allem Einfachheit erzielt und wieder mit den einfachsten Mitteln der größte Effekt erreicht. Die gewaltigen, meist von monolithen Säulen getragenen Wölbungen, unter denen sich die Bäder befinden, haben etwas Hochfeierliches, Tempelhaftes, das der Gegenwart der unmittelbar wirkenden, gütig heilenden Allmutter Natur und dem Gedanken an diese entspricht. Haben die Griechen die Wasser des Erechtheus mit Tempeln überdeckt, warum nicht wir diese heilspendende Quelle? Der kleine Hof mit dem Springbrunnen in der Mitte und den von schlanken, anmuthsvollen, ebenfalls monolithen Säulen getragenen Arkaden ist ein wahres Kleinod. Schade, daß er, seiner unwürdig, nur zum Trocknen von Flanellen und Filzen benützt wird und so wenigen Fremden bekannt ist. Er erinnert sehr lebhaft an jene kostbaren Höfe, die wir in alten italienischen Palästen bewundern und von denen wir zu sagen pflegen, „so was kann man heute gar nicht mehr". Sehr zu rühmen ist auch noch die kleine Arkade über dem Brunnen, welche von einem schönen, großen Balken gekrönt ist und unter der sich das Votiv-Relief von Heidel befindet. Weniger zu loben ist

Graf Eberhards Flucht aus Wildbad.

die große Arkade mit den dorischen Säulen unter dem Badehotel; sie ist düster und gedrückt. Ziemlich öde ist auch der gut gemeinte, in seiner Weitläufigkeit etwas einförmige Cursaal ausgefallen, aber der Blick erquickt sich dafür wieder an dem anstoßenden grünen halbrunden Platze, der mit einem italienischen Brunnen, reichen Blumenbeeten und einem überaus zierlichen, von Schlingpflanzen überwucherten Laubgang geschmückt ist und von dem aus man auf vielfachen Pfaden in den Wald, zur Schillereiche und auf die schönsten Aussichtspunkte gelangen kann.

Dort, in dem Rundentempel der Anlagen, auf der blumenvollen Brücke Klumpps, oder vielmehr überall in Wildbad findet sich die Gesellschaft zu-

sammen und macht man seine Badebekanntschaften. Nirgends ist es so leicht wie hier, Bekanntschaften zu machen; der gesellige Ton ist der angenehmste. Natürlich! Man hat hier nicht, wie in Baden, Wiesbaden, Homburg u. s. w. zu fürchten, daß man mit Demimonde, mit Spielern, Abenteurern, mit elegantem Gesindel aus Paris und Petersburg in Berührung kommt; man weiß, man hat es hier mit soliden Kranken zu thun, mit geprüften Menschen, mit ehrbaren, immer ehrwürdigen Leidenden und solchen, die sie aus Liebe begleiten, mit guten Frauen, mit treuen Töchtern. Wer wird sich besinnen, nach Stand und Herkunft des Mannes oder der Frau zu fragen, die im Rollstuhl sitzen oder selbst einen Rollstubl schieben? Man kennt sich seit Wochen, ja man liebt sich schon, ohne daß einer den Namen des Andern kennt. Einmal die Krücke reichen, den Arm beim Niedersteigen von einer Treppe leihen, den Rollstuhl bei einer Höhe ein wenig mit hinanstoßen helfen: das macht rascher und intimer bekannt, als jede Vorstellung im Salon.

Gegrüßt und gesegnet seist du, mein Wildbad, in dessen Schooß man so viel des Traurigen durch Thränen sieht und an das man immer mit Freude und Liebe zurückdenkt!

Nun sollte ich noch die vielen Krankheiten nennen, die das gute Wildbad heilt; aber ich glaube besser zu thun, wenn ich nur auf das schon erwähnte Buch des Dr. C. Burckhardt hinweise. Besagter Doktor nennt nicht nur die in Wildbad heilbaren Krankzeiten, mit einer von einem Badearzt seltenen Aufrichtigkeit und Wahrheitsliebe zählt er auch jene Leiden auf, die sich vor Wildbad zu hüten haben. Dieser Dr. Burckhardt (nebenbei Hofrath und Ritter des Stanislausordens) und der liebenswürdige, vielerfahrene Dr. Haußmann sind die beiden gesuchtesten Aerzte Wildbads. Doch besitzt es noch andere treffliche Aerzte in der Person der HH. Schönleber, Fallati und Gruel.

Liebe am Eismeer.

Von H. Emmerich.

(Schluß von S. 201.)

„Längst waren die mit Elfenbein beladenen Schlitten in Bereitschaft, die wohlgenährten Hunde unruhig, alle Vorbereitungen getroffen. Als der Ocean fest war, setzte die Karawane sich in Bewegung, und Satalar wollte, wenn irgend thunlich, in gerader Richtung und so rasch als möglich das feste Land zu erreichen suchen. Auch war das Glück ihm nicht abhold, weil bei sehr scharfem Frost eine stärkere Eisdecke als im vorigen Jahre über dem Wasser lag. Aber das Brennholz war knapp geworden und die Lebensmittel gingen auf die Neige; denn jetzt hatte Iwan statt ihrer Elfenbein geladen und schon magerten die Hunde ab. Der Hungertod starrte Menschen und Thieren entgegen. Zu was waren nun die werthvollen Zähne gut? man konnte sie nicht essen und kein Feuer damit unterhalten. So trieb man die Hunde vorwärts; sie thaten ihre Schuldigkeit bis zum Aeußersten und hielten bis zum heiligen Vorgebirge aus. Als Satalar dort eine Rauchsäule emporsteigen sah, wußte er, daß die Rettung nahe sei, denn die Tschuktschen waren da, sie hatten ihr Versprechen gehalten und besaßen Lebensmittel in Menge. Seit vier Jahren waren sie auf ihrem großen Streifzuge; jetzt wollten sie zurück nach der Heimath, in das Land der Rennthiere, in die Umgegend der Behringstraße.

„Iwan ließ einen Theil seines Elfenbeins in einem Versteck am heiligen Vorgebirge; mit dem Uebrigen belud er die Schlitten. Dann wurde die Rückreise nach Nischni Kolymsk angetreten, aber jetzt auf einem andern Wege, den man für näher hielt. Denn bei dem geringen Vorrath an Lebensmitteln, hing Alles davon ab, daß man möglichst rasch an's Ziel gelange. Man gab deshalb den Hunden reichliches Futter, während die Menschen sich mit wenigem begnügten. Der Weg war entsetzlich, die Noth groß, die Ausbeute der Jagd spärlich, die Lebensmittel gingen auf die Neige und und Nischni Kolymsk war noch zehn Tagereisen weit entfernt. Die mehr als sechszig Hunde wären in ihrem Hunger gern über die Menschen hergefallen, und Diese beriethen, wie viele von den Thieren sie tödten müßten, um nicht selber zu erliegen. Doch auch jetzt wieder rettete ein Bär die Bedrängten aus der äußersten Noth; die innere zarte Rinde junger Tannen wurde zu Brei gekocht und half als Zusatz zur Beschwichtigung des Magens. Doch das war für einen Tag; dann hatte man nur noch Thee. Die Lage war verzweiflungsvoll.

„Am Abend saß Kelina vor dem Zelt auf dem Schnee und kochte Wasser; die Männer waren an einen Fluß gegangen, um Fische zu fangen. Sie fanden keine. Iwan kam allein zurück und sprach zu der Jakutin in ernstem Tone: ,Kannst Du mir vergeben? Wer weiß, wie nahe uns der Tod ist. Ich bin schuld, daß Du Dich in Gefahr begabest, und nun siehst Du vielleicht Deiner Mutter Jurte niemals wieder. Und doch habe ich Dir oft im Stillen ein langes, frohes Leben gewünscht; Dein Vater wäre der reichste Jakute auf der Miure-Steppe geworden, denn ich theile mit ihm.

„Das Mädchen entgegnete: ,Mich kann kein Reichthum glücklich machen!'

„Jetzt ging Iwan mit der Sprache heraus, nun war die junge Dolmetscherin der Gefühle, die ihn schon lange Zeit sein Herz bewegten. Falls sie noch so glücklich wären, dem Tode zu entrinnen, dann werde er seinen Freund Satalar um Kelina's Hand bitten, wenn sie ihm ihr Herz schenke. Maschinka sei längst vergessen.

„Sie sprach kein Wort, nickte mit dem Kopfe, drückte ihm die Hand und weinte. Sie wurde verstanden. Dann aber brach die Freude stürmisch hervor; sie lachte, sprang auf und erzählte von vielen Dingen. Als sie auf der Insel im Eismeer den Jüngling aus der Gewalt der Tschuktschen rettete, war sie sich zum ersten Male der Liebe zu ihm recht innig bewußt geworden." —

„Da hätten wir also den Amor im Eismeere," warf die Muntere ein. Der Doctor ließ diese Zwischenrede unbeachtet und fuhr fort:

„Die Noth wurde immer größer, und Rettung kam erst, als man den fischreichen Fluß Wschiwaya erreicht hatte. Er lieferte Beute genug für Menschen und Hunde. Nun sang Kolina, lachte und plauderte. Iwan zog seinen Freund Sakalar in's Geheimniß; er nannte ihn Vater. Der Jakute umarmte ihn.

„Nie sind frohere Leute in Nischni Kolymsk eingezogen, als damals der junge Russe und seine Braut. Die Bürger waren erstaunt, alle sechs Abenteurer wieder zu sehen, denn man hatte sie längst verloren gegeben. Nun folgte ein Fest dem andern, und der Pope segnete das junge Paar ein. Die drei Reisebegleiter gingen mit einigen Gefährten und zwölf Schlitten, wohlausgerüstet, nach dem heiligen Vorgebirge zurück und holten die dort niedergelegten Mammuthzähne. Damals war ein russischer Gelehrter in Nischni Kolymsk, um während des Winters meteorologische Beobachtungen anzustellen. Ihm erzählte Iwan seine Abenteuer und der Gelehrte erstattete darüber einen Bericht an den Weißen Czar in St. Petersburg.

„Als Iwan mit einer Karawane nach Jakutsk aufbrach, war er der reichste von allen Kaufleuten. Die Reise dauerte lange, wurde jedoch ohne Schwierigkeiten zurückgelegt. Im September war er zu Hause."

„Was mag wohl die Wittwe Maschinka gesagt haben?"

„Sie hatte sich verheirathet und war Mutter, benahm sich übrigens freundlich gegen Iwan und dessen junge Wilde; denn im Vertrauen äußerte sie sich in diesen Ausdrücken über die Jakutin; aber diese war so freundlich und liebenswürdig, daß Jeder sie gern hatte und ihr alles Glück gönnte.

„Im nächsten Jahre erhielt Iwan einen Brief aus St. Petersburg. Der weiße Czar ließ ihm für seinen Bericht danken, sandte ihm ein Geschenk und übertrug ihm ein Ehrenamt. Jetzt stand Kolina im Range über Maschinka, aber sie blieb stets bescheiden und überhob sich nicht. Sakalar wohnte bei seinen Kindern in Jakutsk; er ist nun todt, sie aber leben noch heute.

„Und damit ich", sagte der Doctor, „meinen Bericht wie eine Novelle schließe, in welcher ‚sie sich bekommen oder nicht bekommen', so füge ich bei, daß am 1. März des Jahres 1848 Maschinka's Tochter mit dem Sohne Iwan's und Kolina's verheirathet wurde. Eine Petersburger Zeitung brachte in jener Zeit darüber einen Bericht aus Jakutsk und erinnerte an Iwans abenteuerlichen Zug nach Neusibirien.

„Sie sehen, liebe Frau Professorin, wie Ihr Amor auf der Brosche von Elfenbein meine Gedanken auf das Mammuth und das Eismeer hinlenkte, und mich bewog, ihn mit ‚geographischer Gelahrtheit', wie unsere Freundin sich ausdrückte, in sehr natürlichen Zusammenhang zu bringen. Ich bitte deshalb um Entschuldigung und werde mich selber mit einem herzhaften Trunke stärken."

„Den hast Du redlich verdient", sagte der Professor. Die Gesellschaft erhob sich und ging in's andere Zimmer zur festlichen Tafel.

Gute Sprüche.

Jeder der in sich fühlt, daß er etwas Gutes wirken kann, muß ein Plaggeist sein. Er muß nicht warten, bis man ihn ruft; er muß nicht achten, wenn man ihn fortschickt. Er muß sein, was Homer an den Helden pries, er muß sein wie eine Fliege, die verscheucht, den Menschen immer wieder von einer andern Seite anfällt.

.

Die Mächtigen sollen nicht lügen, und die Gewaltigen sich nicht verstellen; aber die Götter geben auch den Ungerechten Gewalt und gut Glück den Heimtückischen.

.

Der Anblick eines wahrhaft Glücklichen macht glücklich.

.

Der Mensch hilft sich selbst am besten. Er muß wandeln, sein Glück zu suchen; er muß zugreifen, es zu fassen; günstige Götter können leiten, legena. Vergebens fordert der Bässige ein unbedingtes Glück. Ja, wird es ihm gewährt, so ist's zur Strafe.

.

Wer Hilfe begehrt, muß nicht auf seinem Sinn bleiben.

.

Der Unglückliche wird argwöhnisch; er kennt weder die gute Seite des Menschen, noch die günstigen Winke des Schicksals.

.

Zerstreuung ist wie eine goldene Wolke, die den Menschen, roher es auch nur auf kurze Zeit, seinem Elend entrückt.

Auflösung der Charade auf Seite 288:
Chercher.

Graf Camillo Benso di Cavour.

Von Hermann Reuchlin.

Unsere Erkenntniß, unser Urtheil entspringt aus Vergleichung. Wem sollen wir den Grafen Cavour vergleichen, an wem ihn messen? — An seinen deutschen Standesgenossen? — oder wollen wir seine Thaten und Schicksale mit denen seines „Jahrgängers", des nur sechs Monate vor dem Grafen geborenen Bourbon vergleichen, welcher vom Jahre 1830 an als Ferdinand II. achtundzwanzig Jahre lang das schöne Königreich beider Sicilien regierte und auf seinem langen, herben Krankenlager den hereinbrechenden Ruin seiner Dynastie verfühlen mußte? — Sehen wir, was Piemont war, als Cavour heranwuchs und was es größtentheils auch durch sein Streben und durch seine Arbeit jetzt ist.

Die Familie Benso ist eines von den burgundischen Adelsgeschlechtern, deren Mitglieder seit Jahrhunderten ihr Blut unter den Fahnen der „Eisenköpfe" aus dem Hause Savoyen auf den Schlachtfeldern Oberitaliens vergaßen, um von der Artischocke Lombardei ein Blättchen nach dem andern zu verspeisen, bis einmal ihr schmackhafter Boden den bisher nur gereizten Appetit befriedigte. Die Familie schrieb sich nach dem alten, durch ein wunderthätiges Madonnenbild berühmten Lehen Cavour, welches westlich von Turin an der Grenze der französischen und der italienischen Sprache liegt. Denn die Sprachgrenze steigt hier überall hin in die Thäler, z. B. in die nahen Waldenserthäler am Ostabhang der Alpen herab, während die politische auf dem Kamm des Gebirges fortläuft.

Camillo ist am 14. Juli 1810 in Turin geboren, welches damals, wie das ganze nordwestliche Drittheil Italiens bis an die neapolitanische Grenze herab dem französischen Kaiserreich unmittelbar einverleibt war. Sein Vater, unternehmend und hart in Geldsachen, wußte dem Kaiser und nach dessen Sturz der Reaktion in höheren Aemtern zu dienen, ja sich durch seine reaktionäre Härte einen Namen zu machen. Er wurde in den Grafenstand erhoben.

Der Sohn sollte, wie die Söhne des zahlreichen piemontesischen Adels, die militärische Laufbahn machen. Diese jungen Adeligen haben in Piemont wie in Frankreich den Ehrgeiz, durch ihre Studien die Stellung gerade in den intelligenteren Waffen sich selbst zu erringen. So lag denn jüngst auf dem Sarge des Grafen das Hütchen des Ingenieuroffiziers. Er hatte als solcher an den Rissen zur Befestigung des Montcenis mitgearbeitet, dessen Durchbohrung er als Ministerpräsident begann, um Piemont mit den civilisirtesten Staaten, Frankreich, England und Preußen in Verkehr, in Gemeinschaft der materiellen und der geistigen Güter zu setzen.

Das alte königliche Haus von Savoyen starb am 27. April 1831 aus, nachdem es von 1821 an das Land die schwere Hand der Reaktion hatte empfinden lassen. Aber auch Karl Albert, mit welchem die Linie Carignan ihr gefährdetes Recht auf die Krone antrat, war voll Haß gegen die junge Julidynastie in den Tuilerien und lebte noch in der Furcht der reaktionär-klerikalen Partei, durch welche Metternich über ein Jahrzehnt ihn zu zügeln wußte. Unser Genielieutenant raisonnirte, wurde in eine geringe Garnison verlegt, und nahm seinen Abschied. Zum Pagen hatte er sich auch ungeschickt gezeigt und als er aus dieser Stellung bei Hofe entlassen war, sich sogar gefreut, daß er jetzt kein „Maulesel" mehr sein müsse. Ueberhaupt betrübte er seine Familie durch bürgerlichen Geschmack, z. B. für nationalökonomische Studien. Sein Witz war scharf und schonte selbst bei Hof hochstehende Personen nicht, während doch dieser Hof in Muster streng spanischer Etikette war. Karl Albert wußte dieselbe und die Würde seiner Krone durch ein Cirkular an die Gesandten zu wahren, als die Gattin des russischen Gesandten bei einem Hoffeste mit einem Halsgeschmeide erschien, was die Etikette nur den Prinzessinnen von Geblüt erlaubte. Die diplomatischen Beziehungen zu Rußland, zum großen Czaren litten einige Zeit unter diesem Zusammenstoße.

Aber der skeptische junge Graf hatte einmal keinen Sinn für solche höhere Politik und es war noch ein Glück, daß er auf mehrere Jahre nach England ging, dessen liberalen Adel er sich zum Muster nahm. Palmerston, Russel und ihre Genossen wurden seine Gesellschaft. Dennoch und ob er gleich auf großem Fuß zu leben wußte, blieb seiner äußern Persönlichkeit immer etwas Bürgerliches oder Landadeliges und die Engländerinnen meinten, er sollte bei einer Illustration von Boz-Dickens Werken zum Bilde Pickwicks sitzen. Auch für die nobeln Passionen des englischen Adels zeigte er wenig Lust und Geschick, er beschränkte sich darauf, später Fuchsjagden auf dem diplomatischen Gebiet anzustellen und als Staatsmann Wettrennen mit Hindernissen zu halten. Kurz, wir müssen es gestehen, seine Gegner hatten Recht: es war in ihm nicht das rechte Vollblut. Auch ging er in England, um sich vom Handel eine tiefere Kenntniß zu verschaffen, nicht wenig mit Großhändlern um. In Einem Punkte wetteiferte er eifrig mit der englischen Gentry, in ihrem Interesse für Hebung des Betriebs ihrer Güter, für Veredlung ihres Viehstandes. Als er in sein Vaterland zurückkehrte, machte er eine seiner Hauptaufgaben, seine Nußlandgüter zu Musterwirthschaften zu erheben und das Landvolk durch Verbesserung seines Betriebs für die höheren menschlichen Interessen empfänglicher zu machen. Seit 1840 war er einer der Leiter der landwirthschaftlichen Vereine und als dieselben politischen Tendenzen zum Deckmantel zu dienen begannen, stand Cavour an der Spitze der einen, der Radikale Brofferio an der der andern Partei. Für Cavour blieb aber dabei sein ursprünglicher materieller und humanisirender Zweck der vorherrschende. In diesem Sinne und als guter Hauswirth hat er noch bis in seine letzten Monate nach wenigen Stunden Schlaf die erste Morgenstunde von 4½

Cavour.

bis 5½ der Vereinigung der Angelegenheiten seiner Güter und seines Haushaltes gewidmet. Einige seiner schönsten Rußlandgüter liegen unweit Vercelli, in der Richtung gegen die Alpen. Ihr Viehstand hat durch Ginlay's Requisitionen nicht wenig gelitten. Die Stadt Vercelli trifft eben jetzt Anstalten, ihm ein Denkmal zum Andenken an seine Verdienste um die Landwirthschaft der Provinz zu setzen.

Als eigentliche Nahrung für seinen Geist, aus Liebe zur Sache und als Mittel für seine letzten Zwecke, studirte er Mathematik und Geschichte. Die unerschöpfliche Fruchtbarkeit seines Geistes an realen Gedanken wie an geistreichen, pikanten Bemerkungen machten ihn zu einer Zierde und zu einem Mittelpunkte der wirklich besten Gesellschaft Turins. So körperlich gewandt wir ihn aber noch vor einem Jahre auch bei vermehrtem Embonpoint sahen, so fehlte ihm doch eine gewisse männliche Grazie. Doch war gewiß nicht dieser Mangel die Ursache davon, daß er im Cölibat starb. Der Ehrgeiz, sein Vaterland den andern civilisirten, starken, geachteten Nationen ebenbürtig zu machen, verlangte den ganzen Mann.

Ein um so härterer Schlag war für ihn der Tod seines einen Neffen, welcher am 30. Mai 1848 auf dem Schlachtfelde von Goito fiel. Camillo selbst stand wiederholt im Begriffe, wieder zu den Waffen zu greifen. Aber er hatte schon 1847, als die Vorzeichen des nationalen Frühlings sich regten, beschlossen, als Journalist seine Saat in's Volk auszustreuen. Etwas Standeswidrigeres hätte er nicht wohl erwählen können. War in dem halb militärischen, halb jesuitischen Piemont die Wissenschaft gering geachtet, so hatten Censur und Gleichgiltigkeit die Tagespresse als Helotenarbeit erscheinen lassen. Dieses hielt aber den Grafen nicht ab, mit dem ehrwürdigen Grafen Cäsar Balbo das Blatt Risorgimento, die Wiedererstehung, zu gründen. Die Wogen der Zeit gingen immer höher; binnen weniger Monate sah er ihn an fein Augenblick gekommen, um einer der Ersten das Wort Verfassung vor dem Throne auszusprechen.

Aber nicht sobald war diese im Februar 1848 gegeben, als die pariser Schalttagsrevolution, im März die Erhebung Mailands und Venedigs nebst dem Kampfe gegen die österreichische Herrschaft und den Kampf gegen die radikalen Elemente zur Nothwendigkeit machten. Diesen nahm Cavour mit unerschütterlicher Kühnheit auf; feststehend auf der Verfassung erschien er als Reaktionär. Aber kein Toben der radikalen Majoritäten und der Gallerien konnte ihn zum Schweigen bringen; er hielt die Freiheit des Worts im Sturm hoch, und strafte durch kalte Ironie die Terroristen der öffentlichen Meinung, welche seinen ehrlichen Namen hundertmal guillotinirten. Es blieb ihm so fein Ende die unwillkürliche Gewohnheit, während seine Gegner im Parlament ihre Angriffe gegen ihn herunterlasen- oder pathetisch deklamirten, an seinen Nachbar Witze darüber zu richten und sie mit sarkastischen Geberden zu begleiten. Denn ruhig zu bleiben, war für ihn eine Unmöglichkeit. Es war sehr unterhaltend anzusehen, wie er diese mimischen Randillustrationen machte. Er soll auch Satiren auf seine eben gegen ihn losstürmenden parlamentarischen Gegner auf der That skizzirt haben, z. B. Guerrazzi als Don Quixote, wie er gegen den ungestalteten Zwerg Camillo auf seiner langbeinigen Mähre anklappert.

Wir wüßten weder Anfang noch Ende zu finden, wenn wir von den über ihn veröffentlichten bildlichen Satiren und Karikaturen erzählen wollten; wir haben ihrer Hunderte gesehen. Als er vor zehn Jahren nach dem Siege der Reaktion auf dem ganzen europäischen Kontinent unerwartet sein Verhältniß zur Rechten des Parlaments für aufgelöst erklärte und mit dem Advokaten Ratazzi verbunden ein liberales Ministerium bildete, sprach man nur von seiner Heirath. Denn so stellte die Satire ihr Bündniß dar. Cavour hatte seinen Spaß an dem

Fleiß, welchen die Witzblätter entwickelten, um seine etwas drollige Figur in immer neuen Saucen dem Publikum vorzustellen. Ja es lief ein staatsmännischer Gedanke mitunter. Er wußte und es that ihm tief wehe, daß er dem Volke die schwersten Opfer aufbürden, daß er auch dessen letzte Arbeitskraft vermittelst des Handels- und Gewerbefreiheit auspressen mußte, um Italien von der österreichischen Fremdherrschaft zu befreien. Er hat wiederholt öffentlich seine Ueberzeugung ausgesprochen, er könne deßhalb bei Lebzeiten bei seinem Volke nicht populär werden. Aber um nicht gehaßt zu werden, war es gut, daß die Leute über ihn lachten, daß sie ihren Groll verauslachten. Daher begünstigte er diese Verlachung und lachte selbst mit.

Manchmal blieb es indeß nicht dabei. Zur Zeit der Abtretung Nizza's wurde er als Kain dargestellt. Doch war man nie so gemein, auf Bestechlichkeit anzuspielen. Sein letzter parlamentarischer Kampf mit Garibaldi läßt beide, den bärbeißigen General und den kugelrunden Camillo als zum Boxerkampf entblößt erscheinen. Während der Präsident den Kopf Garibaldi's unter seiner Signalglocke, wie unter einer Taucherglocke verschwinden läßt, wird Camillo's Hut von patrietischen Freunden ihm bis auf die Schultern angetrieben und so wird es Frieden. Ein ganz kurz vor seinem Tode erschienenes Blatt stellt ihn als Papa Camillo dar, wie die Hauseigenthümer von Turin ihn und die Regierung in der alten Hauptstadt festzuhalten, die ärmeren Leute ihn daraus nach Rom zu drängen suchen, um billigere Hauszinse zu erzielen.

So ist denn Papa Camillo doch noch bei Lebzeiten, zunächst von den Piemontesen, von den civilisirten Bevölkerungen Italiens als ein strenger, aber als ein das Beste der Seinigen mit Aufopferung anstrebender Vater geachtet, ja geliebt worden. Während er den gerne ungenirt in seinen Jäger- und Soldatengewohnheiten für sich lebenden König von Zeit zu Zeit bohmeistern und nöthigen mußte, auch außerhalb des Schlachtfeldes eine königliche Figur zu machen, hat Cavour Allem aufgeboten, um das italienische Volk aufzustacheln und doch im Zaum zu halten; wie er denn zu Friederike Bremer sagte: „Ich habe einen Wagen mit vier Pferden bergabwärts zu fahren. Habe ich mein Ziel erreicht und der Weg fängt an bergaufwärts zu gehen, dann werde ich langsam fahren."

Das sagte er vor 1859. Damals zielte er auf Befreiung ganz Oberitaliens von der österreichischen Herrschaft mit Frankreichs Hilfe. Das hat er nur halb erreicht; aber Mittelitalien größtentheils und Süditalien, welche er, als Schüler der altpiemontesischen Staatsmänner, nicht in den unmittelbaren Bereich seiner Pläne gezogen hatte, sind ihm zugefallen. Er hat, wie er selbst sagte, das früher vorsichtig an der Küste hinsteuernde piemontesische Staatsschiff kühn in den Ocean hinausgeführt; da wurde es von dem Golfstrom der Nationalität nach ungesuchten zauberischen Golfen getrieben; neue Sternbilder sind über ihm aufgestiegen. In diesem Moment ist der Steuermann gestorben und nun werden die Menschen über ihn richten, ihn preisen oder verdammen, je nachdem die Zurückgebliebenen das Schiff mit günstigem Winde in den Hafen einzuführen wissen oder Schiffbruch leiden.

So richten die Menschen — und mit Recht. Denn der Mann muß sich nach seinen Werten richten lassen. Die eigensten Werke des Menschen sind aber nicht sowohl materielle äußere Thaten, als wieder Menschen, Männer, welche er durch sein Beispiel, durch seine persönliche gemeinsame Arbeit, durch Kampf nach denselben Zielen gebildet und gewappnet hat.

Hier in seinem höchsten Berufe gleicht der Staatsmann der Hausfrau und ihrem stillen, edeln Berufe; Menschen zu bilden ist das Höchste in der Schöpfung.

Die Telegraphie in alter und neuer Zeit.

Von Ph. Huber.

(Fortsetzung von Seite 188.)

Doch wenden wir uns nach diesen Excursionen im Gebiete der Elektricität unserer eigentlichen Aufgabe, der Anwendung des galvanischen Stromes auf die Telegraphie zu.

Dies betrifft die letzte der oben genannten Wirkungen der galvanischen Elektricität, die wir die magnetische nannten.

Gleich bedeutsam mit Jakobi's Erfindung und in ihren Erfolgen noch unberechenbarer sind die Entdeckungen Oersted's, Arago's, Sturgeon's u. A. bezüglich des Einflusses der Elektricität auf den Magnetismus und insbesondere der Hervorrufung der letztern durch die erstere.

Oersted in Kopenhagen fand um's Jahr 1820, daß wenn man einen elektrischen Strom in der Richtung einer in ihrem Schwerpunkte aufgehängten Magnetnadel über oder unter derselben durchleitet, wie Fig. 21 darstellt, die Nadel dann immer aus ihrer natürlichen Lage abgelenkt wird, und dies um so stärker, je kräftiger der durchgehende elektrische Strom ist. Und zwar findet die Ablenkung nach verschiedenen Seiten statt, wenn man dem durchgehenden galvanischen Strom verschiedene Richtungen giebt. Wenn man sich also vorstellt, man schwimme in dem Strom und habe das Gesicht gegen die Magnetnadel gekehrt, so wird der Nordpol derselben stets links abgelenkt.

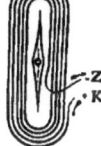

Fig. 21.

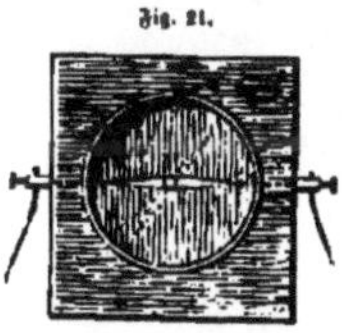

Fig. 22.

Führt man den Strom durch einen langen, isolirten, in vielen Windungen aufgewickelten Draht, wie Fig. 22 zeigt, um eine Magnetnadel herum, so zeigt sich die Ablenkung auch bei schwachen Strö-men sehr merklich. Man nennt eine solche Vorrichtung einen Multiplicator. Bei + K tritt hier der Strom ein, bei — Z tritt er aus.

Daß hierdurch nicht nur ein Erkennungszeichen gegeben sei, aus der Ablenkung der Magnetnadel einen galvanischen Strom und aus der Größe der Ablenkung selbst die Stärke dieses Stromes zu entdecken, sondern daß hiermit das Mittel zu einer elektrischen Telegraphie gefunden sei, mußte den Männern der Wissenschaft sogleich einleuchten. Denn es bedurfte ja nur der Festlegung, was für ein Zeichen durch eine Ablenkung der Nadel oder auch durch mehrere Ablenkungen derselben und zwar nach der einen oder der andern Seite ausgedrückt sei.

Darum geschah es auch bald, daß sich Mehrere der neuen Entdeckung bemächtigten und dieselbe im angedeuteten Sinne für die Zeichengebung zu benutzen suchten.

Die ersten hieher gehörigen Vorschläge waren die von den Franzosen Ampère und Ritchie, von unserm Landsmanne Fechner und den Engländern Davy und Alexander gemachten. Alle diese litten aber an dem Uebelstande, daß die zu verwendenden Apparate viel zu complicirt ausgefallen wären, weil man zu viele Leitungsdrähte und Nadeln brauchte. Nach dem Vorschlag der Franzosen brauchte man nämlich für jedes Zeichen oder jeden Buchstaben eine Nadel und zwei Leitungsdrähte, hin und zurück. Jede Nadel bezeichnete kann einen Buchstaben und jede Drahtleitung sollte abwechselnd für sich allein mit einer elektrischen Batterie in Verbindung gebracht werden können. Die beiden Letztern zwar vermochten schon die Zahl der Leitungsdrähte auf die Hälfte zu beschränken, da sie zur Rückleitung des Stromes einen und denselben Draht verwendeten.

Eigentlich praktische Vorschläge machte erst der russische Staatsrath Baron Schilling von Cannstadt im Jahr 1832, vermöge deren man nur eine Magnetnadel mit einer einfachen Drahtleitung, d. h. zwei Drähten, brauchte. Die verschiedenen

Ablenkungen der einen Nadel nach links, rechts, linksrechts ꝛc. sollten die nöthigen Zeichen geben.

Das Verdienst, die ersten brauchbaren Nadeltelegraphen ausgeführt zu haben, gebührt aber den Göttinger Profeſſoren Gauß und Weber, und es können darum dieſe auch als die eigentlichen Erfinder der elektriſchen Telegraphie angeſehen werden.

Die Genannten wendeten einen Magnetſtab an, der ſich in einem Gehäuſe befand, welches mit einem ſogen. Multiplicater (Fig. 22), d. i. einem mit Seide überſponnenen Draht in vielen Windungen ſo umwickelt war, daß die Drahtwindungen über und unter dem Magnete durchgingen. Je nachdem nun der eingeführte elektriſche Strom in der einen oder der andern Richtung durch die Drahtwindungen geleitet wurde, lenkte der Magnet nach der einen oder der andern Seite ab. Aus den verſchiedenen ſeitlichen Ablenkungen des Magnets und deren Combinationen ſetzten die beiden Gelehrten dann ein Alphabet zuſammen und waren ſo im Stande, mit einer Nadel alle Buchſtaben und ſonſtigen Zeichen anzugeben.

So bezeichnete eine Ablenkung des Nordpols nach rechts den Buchſtaben a, eine Ablenkung nach links den Buchſtaben e; rechtsrechts, d. h. zweimal nach rechts bedeutete i und die Ablenkung rechtslinks den Buchſtaben o u. ſ. w.

Ein derart conſtruirter Telegraph wurde von Gauß und Weber im Jahr 1833 zwiſchen der Sternwarte und dem phyſikaliſchen Cabinete der Univerſität Göttingen zur Zeichengebung eingerichtet.

Um die Verbeſſerung dieſes Telegraphen, ſowie überhaupt der geſammten elektriſchen Telegraphie machte ſich Steinheil in München ſo ſehr verdient, daß er mit Fug und Recht den erſten Erfindern der jetzigen Art der Telegraphie beigezählt wird. Er machte im Jahr 1838 die wichtige Entdeckung, daß man zu einer Telegraphenlinie nur einen einzigen Leitungsdraht brauche, da die Erde ſelbſt den Rückleitungsdraht erſetzt. — Geht z. B. an der

Station A, von der aus nach B telegraphirt werden will, vom poſitiven Pol einer galvaniſchen Batterie ein Draht nach der Station B, ſo folgt der Strom dieſem Draht nach dem letztern Orte. Wird nun hier ein Verbindungsdraht in die feuchte Erde, einen Waſſerbehälter ꝛc., ſo geleitet, daß der verſtärkte Draht in eine mehrere Quadratfuß große Metallplatte endigt, und iſt andererſeits in A die negative Pol der Batterie ebenſo durch einen Draht nebſt Metallplatte mit der Erde verbunden, ſo geht der elektriſche von A nach B gelangende Strom von B durch die Erde nach dem negativen Pol in A zurück. Dabei erſpart man nicht nur die Hälfte des Drahts, ſondern es wird der elektriſche Strom der Erfahrung gemäß ſelbſt noch bedeutend verſtärkt.

Die Verbeſſerung, die Steinheil außerdem dem Nadeltelegraphen von Gauß und Weber noch gab, iſt die, daß er dieſen zu einem Drucktelegraphen vervollkommnete. Dies erreichte er durch ein äußerſt ſinnreiches Verfahren. Er verſah nämlich zwei mit einer ſogen. Multiplicaterſpule umwickelte Magnetſtäbchen mit Näpfchen, die eine ſchwarze Flüſſigkeit enthielten und in hohle Spitzen endigten. Bei der Thätigkeit der elektricitätserregenden Maſchine wurden dann die Magnete abgelenkt und die genannten Geſtäßchen gegen einen durch ein Rädertriebwerk um eine Rolle bewegten Papierſtreifen angedrückt, ſo daß dann die aus den Spitzen der Gefäßchen austretende Flüſſigkeit auf dem Papiere einen ſchwarzen Punkt verurſachte. Durch die Combination der durch beide Näpfchen entſtandenen Punkte wurden die verſchiedenen Buchſtaben und Zeichen ausgedrückt.

Steinheil richtete auch die erſte größere elektromagnetiſche Telegraphenlinie zwiſchen der königlichen Akademie in München und der Sternwarte in Bogenhauſen, ſowie zwiſchen dem phyſikaliſchen Cabinete und ſeiner Wohnung in München ein.

Nachdem wir nun unſern Leſern das zum Verſtändniß Nöthige an die Hand gegeben haben, gehen wir zur Beſchreibung der jetzigen elektromagnetiſchen Telegraphen über.

(Fortſetzung folgt.)

Berliner Kinder.

Erzählung von **Fanny Lewald.**

(Fortſetzung von S. 268.)

Wenn man an einem Menſchen, der ein Beſonderes zu empfinden glaubt, plötzlich bemerkt, daß er nur ein ganz Gewöhnliches erlebe, ſo erſchüttert man ihn und demüthigt ihn zugleich, und Hermann hatte auf die Rede der Meiſterin nur die Antwort: „Ich denke heute nur immer, ob denn auch noch Alles hier ſo ſein wird, wenn ich wieder einmal hier vertommen ſollte.“

„Ih, Gott bewahre!“ rief die Meiſterin, die immer munterer zu werden ſchien. „Heute und morgen wirſt Du ja nicht wieder kommen und in vier oder fünf Jahren muß hier ein junger Meiſter ſein. Für Nichts und wieder Nichts hat der Meiſter das Grundſtück vor dem Thore nicht gekauft. Wir wollen uns auch einmal zur Ruhe ſetzen, und ein Mädchen, das nicht Vater, nicht Mutter hat, wie die Lisette, das muß je eher je lieber einen Mann bekommen, damit es nicht einsam und verlassen da stehe in der Welt, wenn wir Beide einmal die Augen zumachen."

Dagegen war nichts zu sagen. Es war Alles wahr und richtig. Hermann hatte sich oft genug vorgestellt, daß es so kommen werde, kommen müsse; zu Hause redeten sie immer in derselben Weise davon, aber es klang ihm heute, da die Meisterin es aussprach, widerwärtig und unglaublich zu gleicher Zeit. Er sagte nichts dazu — was hätte er auch sagen sollen. Er bot der Meisterin eine gute Nacht. Sie sagte, obschon so Etwas sonst gar nicht ihre Art war: „Schlaf Dich nur noch satt, so lange Du hier bist, unterwegs bekommst Du doch solche Betten wie bei uns gewiß nicht wieder." —

Sie war sehr zufrieden mit sich, als er schweigend nach seiner Kammer ging. Käme er nicht bald fort, dachte sie, so hätte ich ihm anders gedient. Aber das kommt von dem Lesen und Schreiben her; ohne das hätte er den großen Nagel nicht im Kopfe. Der wird ihm auf der Wanderschaft schon ausgetrieben werden.

8. Kapitel.

Am Montag sollte Hermann seine Wanderschaft beginnen, der Sonntag gehörte noch ganz ihm selbst. Früh am Vormittage ging er in die Wohnung seiner Eltern. Die Mutter war in die Kirche gegangen, die Schwestern nähten zu Hause, der Bruder war bei dem Vater in der Lehre und arbeitete trotz des Feiertags mit ihm, und Hermann sah gleich, daß es in den letzten Tagen nicht ganz friedlich zu Hause gewesen sein mußte, denn der Vater hatte sich verbarrikadirt und saß für sich allein, wie er das nannte.

Das hatte er sonst auch gethan, aber es war immer kein gutes Zeichen gewesen. Wenn ihm früher der Kinderlärm und die Unruhe einmal zu groß geworden waren, so hatte er eine alte Kiste aus der Kammer herbeigezogen und seinen Schemel darauf gesetzt, daß er höher saß und einem Schneidertische sich erhaben fühlte über all das kleine Treiben neben und um ihn her. Die Gewohnheit hatte er beibehalten, nur daß er sie jetzt nicht mehr der kleinen Kinder wegen zur Ausführung brachte, und da der Mensch von den Vorstellungen abhängig ist, die er selbst sich von den Ereignissen seines täglichen Lebens bildet, so fühlte Meister Brückner sich gleich befreit, wenn er den Gedanken faßte, sich durch Absonderung von den Seinen zu befreien. Er saß schon wieder ganz munter auch, als der Sohn mit der Frage: „Nun Vater, wie geht's?" an ihn heran trat.

„Gut geht's, Junge, gut geht's!" versetzte der Vater. „Wenn Du erst draußen auf der Wanderschaft sein wirst, so wirst Du erfahren, wie der Menschen gleich anders zu Muthe wird, wenn er auf die Berge kommt. Bin ich erst hier oben auf meinem Berg, dann frage ich nach nichts und schlage

mir alle Sorgen aus dem Sinn, die die Mutter sich Sonntags immer erst wegpredigen lassen muß. Mein Vater ist in die Siebenzig gekommen, und als er nicht weiter gekonnt hat, haben wir ihm geholfen, der Bruder Bäcker und ich, und unter siebenzig Jahren gehe ich auch nicht davon, und wenn ich nicht mehr arbeiten kann, so seid ihr ja da. Du hast's ja so von Klein an vorgehabt, ein reicher Mann zu werden, und der Kerl bist du danach, einer reichen Meisterstochter in die Augen zu stechen!"

„Es soll wohl auch ohne das gehen," meinte Hermann, während ihm doch das Blut zu Kopfe stieg. „Nun ich ein Jahr Gesell gewesen bin und besser Bescheid weiß mit den Dingen, weiß ich auch was ich zu thun habe. Mein Sinn ist auf die Mechanik und auf die feinen Maschinen gerichtet; die haben schon Manchen vorwärts gebracht und sollen mich auch vorwärts bringen. Ich geh' gerades Wegs nach Hamburg. Habe ich dort so viel zusammen gebracht, daß ich die Ueberfahrt bezahlen kann, so mache ich mich nach England auf. In Manchester geht es unserm frühern Werkführer sehr gut. Er bat mich neulich erst grüßen lassen, und bin ich einmal drüben, so brauchen sie dort Arbeiter so gut wie hier."

„Also," sagte der Vater, „mit den Geschichten von damals ist's nichts mehr. Zum Halle'schen Thor hinaus nach der Wüste wird nicht mehr gelaufen!" — (Er gefiel sich darin, den Sohn an die Tage zu erinnern, in welchen er noch ein Kind und von dem Vater abhängig und dieser ihm überlegen gewesen war, denn es mochte ihm wohl die Ahnung kommen, daß die Zeit für immer vorüber sei.)

„Ich sage nicht nein, wenn von der Wüste die Rede ist. Ich möchte die alten heißen Länder doch einmal sehen und von England kommt man wohl am ebesten dazu!" versetzte der Sohn.

Der Meister schlug mit kräftigem Schlage ein paar Zwecke ein und sah dann gegen das Fenster empor. „Wie die Kerle sich wundern!" rief er lachend; „wundert Euch aber nur immer darauf los!"

„Von wem sprechen Sie, Vater?" fragte der Sohn.

„Sieh Dir 'mal die Spatzen an! Die kommen Jahr ein Jahr aus hier an meine Fenster und kennen mich so gut, wie ich Sie, und die sind so flink, daß sie wissen, was es auf sich hat, wenn ich hier eben sitze. Sie haben dann einen ganz aparten Ton; es klingt immer, als riefen sie: ‚kumm 'rauf! komm 'rauf!' und dann fliegen sie in die Höhe, als wollten sie's zeigen, wie gut der's hat, dem Niemand nach kann. Ich glaub's ganz fest, daß alle Thiere Verstand und ihre Sprache haben und daß sie klüger sind als wir, denn sie lernen uns verstehen, wir die nicht! — Wie willst Du denn fertig werden mit dem Englischen in dem fremden Lande?"

Der Sohn kannte den Vater. Wenn er seinen Gedanken und Träumen in so abspringender Weise Worte gab, wenn er von dem Nächsten auf das Fernste und dann wieder zu dem eigentlichen Gegenstande seiner Sorge überging, war er immer sehr gerührt und deshalb bemüht, sich seine Bewegung fortzuscherzen, und Hermann selber blickte mit Wehmuth auf das treue graue Haupt, auf die arbeitsgefurchte unermüdliche Hand seines Vaters hin. Alle Tage seiner Kindheit gingen an ihm vorüber, alle Sorge, die der Vater für ihn getragen, erfüllte ihn mit Liebe und mit Dankbarkeit, und er hatte noch etwas auf dem Herzen, das er ihm zu sagen hatte und woran er dachte und dachte, während sie bald von Diesem bald von Jenem sprachen, und was er ihm doch nur sagen konnte, wenn Niemand sonst es hörte.

Endlich entfernten die Schwestern sich eine nach der andern und endlich wurde auch der Bruder fortgeschickt, ein Paar eben fertig gewordene, frisch eingewichste Stiefel noch rasch zu einem Kunden fortzutragen. Nun konnte es geschehen, nun mußte es geschehen, und Hermann ging und setzte sich auf den Schemel, auf welchem sein Bruder sonst saß, und sah zu dem Vater auf seinen Berg hinauf, wie er zu ihm hinaufgeblickt als kleiner Knabe, da der Vater ihm noch groß, sehr groß erschienen war, und das Gefühl knabenhafter Scheu und Ehrfurcht kam wieder über ihn. Er überlegte hin und her und sagte zuletzt: „Der Mutter ist's recht zu gönnen, daß sie sich guten Muth in der Kirche holt, sie ist von Jahr zu Jahr verzagter geworden. Sie vergißt immer, daß Eltern mehr als vier eigene Arme haben, wenn sie Kinder haben, und ich hab's ihr doch bewiesen, so gut ich konnte."

„Was?" fragte der Meister.

„Daß ich mehr erwerben kann, als ich brauche," entgegnete der Sohn. „Wenn sie sich gar zu viel Gedanken machte, bin ich eingesprungen, und dann war sie für eine Weile auch beruhigt, nur daß sie nicht lange vorzuhalten pflegten — das Bißchen Geld und das Bißchen Beruhigung.

Er war froh, daß er so weit gekommen war und es auszusprechen hatte, daß er der Mutter schon oftmals Geld gegeben und daß sie's angenommen. Nun konnte er, da der Vater nichts dagegen eingewendet, schon mit leichterm Herzen vorwärts gehen. „Vorigen Winter und im letzten Frühjahr, als wir auf Stück arbeiteten, weil's so sehr pressirte, haben wir guten Verdienst gehabt."

„Ja, das glaub' ich! die Meister sagten's ja selbst, daß es flott ging dazumal," meinte der Vater, „da hättest Du Dir nun was zurücklegen sollen für die Wanderschaft."

„Das hab' ich auch gethan," fiel der Sohn rasch ein. „Ich habe ein gut Ende Weges das Fortkommen bei mir in der Tasche; aber," sagte er lebhafter hinzu, „allzuviel muß man nicht bei sich haben, weil man's doch einbüßen kann auf eine oder die andere Art. Hier sind noch einundzwanzig Tha-

ler" — er griff in die Tasche, holte ein weißes, sauber zusammengefaltetes Papier heraus, in dem er das Geld eingewickelt hatte, und legte es vor den Vater auf den Tisch hin — „hier sind einundzwanzig Thaler, die möchte ich zu Hause lassen, Vater! Und wenn die Arbeit einmal nicht recht geht und die Mutter macht sich so viel Gedanken, so nehmen Sie davon und geben Sie's ihr, wie sie's gerade braucht. Bis es zu Ende ist, kann ich ja wohl wieder einmal was Neues schicken."

Hermann trocknete sich die Stirne, nun war's ihm leicht um's Herz, nun war's herunter. Der Vater hielt den alten Stiefel, an dem er den neuen Absatz aufschlug, zwischen den Knien fest und schlug die Arme über die Brust zusammen. So sah er den Sohn eine Weile an. Dann fragte er: „Warum giebst Du's ihr nicht selbst?"

Der Sohn zuckte die Schultern. „Ich dachte, wenn's so ab und zu käme, heute ein paar Groschen und nächstens wieder ein paar, so hielte die Freude länger vor und wenn Sie's ihr geben könnten, daß sie glaubte, es käme von Ihnen, Vater, so behielte sie bessern Muth und Sie brauchten sich nicht auf den Berg zu begeben, mit dem Sie noch einmal Unglück haben werden, denn die alte Kiste ist halbwegs auf einer der Fugen. Kommen Sie lieber herunter! Der Teufel hat oft sein Spiel. Wenn Sie heute ein Unglück hätten, könnten Sie mir morgen nicht einmal das Geleite geben."

Der Meister ließ den Stiefel und das Werkzeug fallen, der Sohn bückte sich, es aufzuheben, und als der Vater heruntergestiegen war, legte er dem Sohn die Hand auf die Schulter. „Wenn's Dir einmal nicht glückt in der Welt und nicht gut geht," sagte er, „so hat Gott im Himmel sein Einsehen mehr!" — Damit steckte er das Geld fort und war nicht mehr davon die Rede, aber sie sahen Beide hell aus, wie das Wetter draußen, der Vater und der Sohn; Hermann fing selber an zu glauben, daß die Vögel etwas von dem Thun und Sprechen der Menschen verstehen müßten, denn die Spatzen flogen in ihrer Lustigkeit mit Freude ihnen fast in das Zimmer herein. Und als die Mutter aus der Kirche kam, und sah, daß der Vater vom Berge herniedergestiegen, war sie dessen herzlich froh, und es war ein guter, friedensvoller Sonntag, den man in des Schusters Wohnung verlebte.

9. Kapitel.

Hermann hatte sich bei dem Herrn Kandidaten für den Nachmittag angesagt, sie wollten noch einmal zusammen spazieren gehen. Das war am Sonntag öfter vorgekommen, seit es dem Herrn Kandidaten besser ging und er sich einen neuen Anzug angeschafft hatte, mit dem er sich vor den Leuten sehen lassen konnte. Und doch hätte er zu seinen Spaziergängen den neuen Anzug gar nicht nöthig gehabt, denn er vermied die Orte, an denen er Menschen fand, und wenn sie sich zusammen auf den Weg machten, so gingen sie rasch durch die Stadt, schlugen dann den ersten besten Feldweg ein und suchten das Ufer der Spree oder sonst ein Wasser zu erreichen; denn wenn er am Wasser war, ging ihm das Herz auf, das Wasser war seine Sehnsucht und sein Element. In der Einsamkeit am Wasser da konnte er sprechen, in der Stadt und unter den Menschen in den Straßen versagte ihm das Wort.

Draußen vor der Stadt, wo die Spree sich zwischen grünem Wiesenlande hinzieht und wo da eine Weide am Wasser steht oder ein kleiner Erlenbusch die Fläche unterbricht, war Alles still. Die Schwalben schossen leicht über das Wasser hin, ein Paar Störche stiegen bedächtig in den Wiesen umher, mit ruhigem Auge ihre Beute suchend. An einer Stelle nicht fern vom Wasserrande lag ein gefällter Weidenstamm. Auf diesen setzte sich Herr Plattner nieder, Hermann nahm an seiner Seite Platz und der Kandidat schaute, wie das seine Art war, lange und unverwandten Auges in das Wasser, bis er sich aufrichtete und zu Hermann sagte: „Du hast mich oft darauf angeblickt, wenn ich so vor dem Wasser saß, hast Dir wohl auch Deine Gedanken darüber gemacht, was ich an dem Wasser habe, und nun Du sort gehst, kann ich es Dir sagen, das Wasser hat mich am Leben erhalten, und das war doch gut um Deinetwillen!"

„Ja, gewiß war's gut!" rief Hermann, „aber ich wußte nicht, daß Sie das Wasser für sich so heilsam glaubten."

„Heilsam?" wiederholte der Kandidat, „heilsam war es mir! ja, heilsam ganz und gar. Wenn ich mich einsam am Wasser befand, wenn ich hinabblieb in die dunkle Tiefe, die so viel verbergen kann, und so ruhig hinfließt über Alles, was sie verbergen hat, daß kein Auge es mehr sieht, dann sagte ich mir: Du brauchst nur zu wollen, und in einem Augenblicke ist Alles vorüber, in einem Augenblicke drückt dich nichts mehr, bist du frei! frei von Schmerz, frei von Rückerinnerung, frei von den bösen Träumen, die dich quälen, frei von Reue! Von Reue, die das Gift des Lebens ist! Und diese Möglichkeit der Freiheit ließ mich aushalten, ausharren um Deinetwillen! Merk Dir's wohl! Um Deinetwillen!"

Der Kandidat sprach das in einer Weise, wie Hermann noch nie einen Menschen reden gehört hatte. Es war feierlicher als des Predigers Wort, das von der Kanzel her zu der Gemeinde spricht, es war die Offenbarung einer Seele an die andere.

„Herr Kandidat!" rief Hermann, denn sich das Herz zusammenkrampfte bei der Vorstellung, auf welcher Grenzlinie das Leben seines Lehrers und Freundes geschwebt hatte, „Herr Kandidat! Sie werden doch nicht —"

„Nein!" versetzte Plattner, „ich werde mein Leben nicht enden, ehe es von selber endet, denn ich weiß jetzt, daß man noch zu Etwas nütze sein kann auf der Erde, wenn man lange die Lust ver

loren hat, auf ihr zu wandeln. Aber warum sollte ich Dir's verbergen, da Du Mann genug geworden es zu hören? Als ich Deinem Vater und Deiner Mutter zuerst begegnete vor jenen langen Jahren, da war ich auf dem Wege, auszuführen, was der Mensch nicht ausführen soll; denn er ist eine Kraft im Weltall und jede bewußte Kraft muß aufgebraucht werden bis an ihr Ende."

Hermann hatte unwillkürlich sein Gesicht in seine Hände verborgen, er wollte nicht sehen lassen, was in ihm vorging, aber es litt ihm nicht zu schweigen und mit der Freiheit, welche seine vorgeschrittene Bildung und sein vorgeschrittenes Alter ihm gewährten, seinen Arm um die Schulter des Kandidaten legend, sagte er: „Warum verzagten Sie denn so sehr am Leben? was drängte Sie zum Tode hin?"

Der Kandidat antwortete nicht gleich. Sein Blick hing schweigend und finster an dem Boden, dann schlug er plötzlich das Auge zu dem jungen Mann empor und sprach: „Du hast einmal gesagt: ich möchte nicht unglücklich sein. Dies Knabenwort ist mir damals tief in's Herz gedrungen und ich habe Dir geantwortet: so hüte dich vor Schuld! — Denn es hat eine Zeit gegeben, in der auch ich dachte, ich möchte nicht unglücklich sein, in der ich glaubte, ich könne es niemals werden, in der ich mich für den Glücklichsten der Menschen hielt und in der ich es beinahe vergessen hatte, daß kein Glück von Dauer ist, welches auf dem Boden der Sünde erwächst." — Er hielt wieder inne und sagte dann fast klanglos: „Sie brach auch schnell genug zusammen, die schöne Welt, und sie hat viel, viel begraben und verschüttet in ihrem Sturz."

Hermann bezwang sich nicht länger, er mußte mehr, er mußte Alles wissen. „Wo war das?" fragte er, „in dem Schlosse mit den grünen Kuppelthürmen?"

Der Kandidat sah ihn an, als habe Jener ein Zauberwort gesprochen, das ihm die Lippen löse. „Wer hat Dir das gesagt?" rief er, und sein Gesicht durchflogen die Schatten der widersprechendsten Empfindungen. „Wer hat Dir das gesagt?"

„Ich dachte mir, das müßte wohl das Schloß sein, in dem Sie einst gelebt in Rußland," versetzte Hermann.

„Ja! das ist das Schloß!" bedeutete der Kandidat, und halb zu seinem jungen Gefährten, halb zu sich selber redend, sagte er in Rückerinnerung versunken: „Zweiunddreißig Jahre ist alt, als ich es zuerst betrat. Die Sonne lag heiß über seinen Kuppeln, die goldenen Spitzen funkelten in ihrem Lichte. In dem großen Saale in ebener Erde empfing mich Fürst Michael. Er hatte seinen Sohn an der Hand, der schön nur war, wie ich kein Kind gesehen, denn er sah wie sie aus, wie die Mutter. Ich war fast dreiviertel Jahr in dem Schlosse, als sie zurückkehrte. Man hatte geglaubt, sie litte an der Brust, und man hatte Heilung für sie von einem deutschen Arzte gehofft, unter dessen Behandlung sie in Deutschland gelebt. Wie ihr Bild sie zeigt, so erblickte ich sie zum ersten Male. Es waren Gäste geladen aus der Gouvernementsstadt, ich hatte ihr den Knaben beim Nachtisch in den Saal zu führen. Man fand ihn fortgeschritten, körperlich und geistig gekräftigt und entwickelt, und sie sagte mir das. Sie sagte: ‚Er ist mein einziges Gut, und seit ich Ihre Briefe über meinen Alexander erhalten hatte, konnte ich es besser ertragen, allein und fern von ihm zu leben. Ich wußte ihn wohl aufgehoben in Ihrer Hut!'

„Ich sah sie alle Tage, ich kannte es bald bemerken, daß sie wahr gesprochen hatte. Sie lebte nur für ihren Sohn, der Fürst war ihr ein Fremder und er liebte sie nicht. Er hatte nur eine Leidenschaft, die Eitelkeit. Er lebte nicht für sich, er empfand, er erwarb, er existirte nur für und durch die Meinung und den Beifall seiner Umgebung. Er wollte die höchsten Orden, er wollte das schönste Schloß, die schönsten Pferde, die ersten Kunstwerke haben, er wollte auch das schönste Weib besitzen und Vera mußte die reichsten Kleider tragen und einen Schmuck, den die Frauen ihr beneideten. Was sie selber wünschte, was sie glücklich machen konnte, das bekümmerte ihn nicht. Er hatte, was er wollte, sie mochte sehen, wie sie mit sich fertig wurde."

Es flog ein bitteres Lächeln über die eingesunkenen Züge des Kandidaten und doch sah er in diesem Augenblicke anders, jünger, stolzer aus, als Hermann ihn gekannt hatte. Er hob den Kopf empor, sein Auge sank wie sonst gedrückt hernieder. Hermann hütete sich zu reden, da Jener schwieg; er mochte die Erinnerungen seines Freundes nicht unterbrechen, der nach einer Weile weiter zu erzählen anhub:

„Sie war ein halbes Kind gewesen, als man sie aus dem Kloster nahm, um sie dem Fürsten zu verbinden, und ohne Ahnung ihres Werthes, ohne Kenntniß ihres Herzens war sie in die Welt getreten; man hatte sie auch nicht so unterrichtet, daß es ihr leicht geworden wäre, sich fortzubilden, sich zu entwickeln. Ihr Aufenthalt in Deutschland, ihr Verkehr mit bedeutenden Menschen hatte ihre Wißbegier erregt. Sie hatte einsehen lernen, wie sehr sie lebte und was sie besaß, mehr noch als ihr Sohn wurde sie meine Schülerin. Sie lernte das Teutsche von mir, ich weihte sie ein in den Geist unserer Sprache, ich lehrte sie unsere Dichter, unsere Denker kennen und lieben. Jenes Gedicht von Schiller, dessen Bruchstück Du einst als Knabe gefunden, die Theilung der Erde, die ich Dir und den Deinen damals auf Deine Bitte vorgesprochen, das waren die ersten deutschen Verse, die sie gelernt. Von ihren Lippen hatte ich jenes Gedicht vernommen, die Verschiedenheit meiner Zustände war schlagend und ergriff mich gewaltig. Ihr fremtet Euch und kanntet nicht wissen, was in mir verging an dem Abende.

„Alles, was sich ihr nahte, hing ihr mit Liebe an, und ich liebte sie auch, ich liebte sie mit allen meinen Kräften. Jahre lang bewahrte ich dies Geheimniß in meiner Brust. Ein unbewachter Augenblick entriß es mir, und dieser Augenblick entschied

über meine Zukunft. Meine Liebe ward erwidert, alle meine Vorsätze, all' mein Pflichtgefühl sanken vor der Gewißheit in ein Nichts zusammen. Ich genoß Jahre eines berauschenden, sinnverwirrenden Glückes, wir vergaßen Alles, unsere Pflicht, das Gesetz und die Welt um uns her.

„Der junge Fürst war inzwischen sechszehn Jahre alt geworden, und hatte sich, wie es in jenen Regionen der Fall ist, schnell und früh entwickelt. Er hing an seiner Mutter und an mir mit großer Liebe, aber er war auch seinem Vater sehr ergeben, der ihn mehr und mehr an sich zu fesseln wußte. Fürst Michael war ein leidenschaftlicher Jäger, sein Sohn theilte diese Neigung. Eines Tages war der Fürst mit seinen Gästen auf die Jagd gefahren und hatte den Sohn mit sich genommen. Wir waren allein, die Fürstin und ich; das schöne Wetter lockte uns hinaus. Wir wußten, nach welcher Seite hin der Fürst gefahren war und machten uns nach der entgegengesetzten Seite auf den Weg. Die Fürstin liebte es, sich dem Gedanken hinzugeben, wie glücklich sie sein könnte, wenn sie mir einst, nachdem ich die Erziehung ihres Sohnes beendet haben würde, in meine Heimath folgen und dort in dem entlegensten Orte, unter fremdem Namen neben mir leben könnte. Oftmals hatte sie den Plan zur Flucht mit mir durchdacht und als wir so einsam selbander und weiter und weiter von dem Schlosse entfernten, als wir durch die Stille des Wiesenlandes dahinschritten, tauchten jene Träume und Wünsche, so unausführbar sie auch waren, doch wieder als Spiel der Phantasie in uns empor, daß wir uns darin versenkten, und uns darin gefielen, und als Wanderer oder Pilger zu betrachten, welche sich auf dem Wege zu jenem ersehnten Ziele befänden. Die Sonne stand hoch am Himmel, der scheidende Sommer hatte die schmalen Wiesengründe vor dem nahen Walde, dessen letzte einzelne Erlenpartien sich bis an das Ufer erstreckten, noch einmal mit zahllosen Blumen geschmückt, daß sie wie ein Teppich anzuziehen waren. Am Rande des Flusses blühte das Schilf, die braunen, glatthaarigen Kolben standen auf den grünen Stengeln hoch empor, die Weiden glänzten silbern, wo die Sonne ihre Blätter traf. Kein Laut war zu hören außer dem Sang der Lerche und dem Schwirren der Insekten. Hie und da sprang ein Fisch aus dem Wasser hervor, als wolle er auch sein Theil an Licht und Wärme haben, und wir standen am Wasser und schauten auf seinen schnellen Strom und ich sagte: ‚Der geht, wohin wir gerne gingen!'

„Sie hatte ihren Arm in den meinen gelegt, ich führte sie voll reiner Freude an meiner Seite. Plötzlich fiel an dem größten der Erlenbüsche ein Schuß, und in demselben Augenblicke stürzte sie lautlos neben mir zu Boden, daß ihr Antlitz in den Fluß hinabtaucht. Ich sprang empor, ich wollte sie erheben, der junge Fürst war schon an meiner Seite. ‚Flieh! flieh!' rief er außer sich und athemlos, und warf sich zwischen mich und seinen Vater, dessen

Rohr auf mich gerichtet war — aber der Tod, den ich ersehnte, er wurde mir nicht zu Theil."

Der Kandidat machte eine Pause, Hermann athmete kaum vor Spannung. „Und wie entkamen Sie?" fragte er endlich.

Der Kandidat sah empor und blickte ihn an, als habe er Hermanns Gegenwart ganz und gar vergessen. Dann fuhr er sich mit der Hand über die Augen und sagte: „Wie ich entkam?" — und noch einmal hielt er inne. „Wie ich entkam?" nahm er dann das Wort, „ich weiß es selber kaum. Die Gäste hatten den Fürsten umringt, man mußte ihn entwaffnet haben. Ich hörte die Ausbrüche seiner Verzweiflung, seiner Wuth, ich sah, wie der Bruder der Fürstin, wie ihr Sohn die Leiche emporhoben, und wie Alexander mit einem Schmerzensschrei, als man sie wieder zur Erde legte, auf sie niedersank. Ich wollte zu ihr, ich wollte mein Leben enden in dem Flusse, der mein letztes Glück zurückgespiegelt, man führte mich fort, um mich der Rache ihres Gatten, um ihm meinen Anblick zu entziehen. Man band mir die Hände. Auf einem der Jagdwagen, die inzwischen herbeigekommen waren, brachte man mich nach dem Schlosse des Grafen Stephan, des Bruders der Gemordeten. Spät am Abende kam der junge Fürst zu mir. Die letzten Stunden hatten ihn um Jahre gereift. Er war blaß wie ein Todter, er sah seiner Mutter ähnlicher denn je.

„Mein Vater will Ihren Tod!" sagte er tonlos, „aber es ist des Unglücks hier genug geschehen. Mein Onkel und ich wünschen Sie zu retten, um die Ehre unseres Hauses und den Namen meiner Mutter nicht Preis zu geben. Unsere Freunde haben uns ihr Wort verpfändet, unsere Leute müssen schweigen. Man wird sagen, daß das Gewehr meines Vaters habe sich zufällig entladen, meine Mutter sei dadurch getödtet worden. Mein Vater wird sich, ich hoffe es, bewegen lassen, mit mir in's Ausland zu gehen. Auf diese Weise wird Ihre Entfernung nicht bemerkt und das Geheimniß nicht verrathen werden. Unten steht ein Fuhrwerk bereit, es wird Sie noch in dieser Nacht zur Kreisstadt bringen. Suchen Sie die Grenze so schnell als möglich zu erreichen und hüten Sie sich, meinem Vater zu begegnen. Der Schuß, der mir die Mutter nahm, war Ihnen bestimmt. Leben Sie wohl!"

„Er entfernte sich, auf mir lastete es wie Verdammniß. Schwerer als Alles, was ich seit den letzten Stunden erlebt, so graulenhaft es auch gewesen, war mir das Gericht, das mein Zögling in diesem Augenblicke über mich hielt. Ich hatte ihn geliebt, wie einen Sohn, er hatte voll Vertrauen und voll Verehrung zu mir emporgesehen, und seine Liebe für seine Mutter war der reinste Cultus seines Herzens gewesen. Das Alles hatte ich vernichtet. Dem Jünglinge, dessen Seele ich zu bilden, zu erheben übernommen, den ich den Pfad der Sittlichkeit und Pflichterfüllung gehen lehren sollte, dem Jünglinge hatte ich mit einem Schlage den Glauben an die eigene Unschuld und an den Mann geraubt, der

ihm ein Vorbild sein sollte. Er war noch unglücklicher als ich, er mußte enttäuscht und ohne Glauben den Weg in's Leben gehen. Nein wie meine Liebe zu seiner Mutter auch gewesen, war sie ein Verbrechen vor Gott und vor den Menschen, denn die Fürstin war eines Andern Weib.

„Ich sah, daß der junge Fürst zaudernd an der Thüre stehen blieb und rief seinen Namen. Er flog auf mich zu, wir sanken einander weinend in die Arme und schieden werthlos für immerdar."

Der Kandidat seufzte tief. „Was nun noch folgt", sagte er mit ganz verändertem Tone, „ist kaum noch der Erwähnung werth. Am andern Morgen befand ich mich in der Kreisstadt, acht Tage später betrat ich die deutsche Erde wieder, ein armer, und was schlimmer ist, ein hoffnungsloser Mann. Die Baarschaft, welche ich bei mir getragen, hatte eben hingereicht, mich bis nach Deutschland zu bringen; ein Pack Banknoten, welche ich, von der Hand des jungen Fürsten an mich adressirt, in dem Fuhrwerk des Grafen gefunden, hatte ich an ihn zurückgesendet. Ich hatte nichts mit mir genommen, als ihr Bild, das ich auf meinem Herzen trug, und meine Erinnerungen, meine Schmerzen, meine Reue. Ich hatte keine Wünsche mehr und kaum weiß ich selber, was mich damals abhielt, mein Leben zu beenden, oder weshalb ich es zu fristen suchte. Ich hatte keine Blutsverwandten; meinen früheren Lebensgenossen mochte ich nicht begegnen; meine theologische Laufbahn zu verfolgen, hielt mein Bewußtsein mich ab. Ich hatte das Recht zu lehren für alle Zeit verscherzt, ich durfte die Kanzel, den Katheder nicht besteigen, ohne eine Sünde wider den heiligen Geist zu begehen. So kam ich zu dem Broderwerb, den ich jetzt übe, so fand Dein Vater mich, so fand ich Euch, und ahnte ich nicht, Du, der Knabe den ich mit hartem Urtheil wider mich, einst aus der Taufe hob, mir zum Befreier, zum Erhalter werden solltest."

„Ich?" rief Hermann, und die hellen Thränen traten ihm in die Augen, „ich? was habe ich denn je für Sie gethan?"

Der Kandidat sah ihn lange nachdenklich an. „Reue und Buße besänftigen die Qualen des Gewissens nicht. Sie sind Erleidnisse; die Sünde aber ist eine That, und sie bedarf der Thaten zu ihrer Sühne. Ich hatte Verzweiflung und Unglauben in das Herz des jungen Fürstensohnes gesät, ich wollte Liebe, Vertrauen und Lebensmuth in Dir entzünden. Es war viel Glück, es war ein Leben zerstört durch meine Schuld, ich wollte einem Menschen die Möglichkeit bereiten, sich sein Glück zu suchen — und ich werde leben bleiben, um zu leben, ob mein guter Wille seine Früchte an Dir trägt. Wenn Du Dich rein erhältst von Schuld, wenn Du ein Ziel erreichest, das zu erreichen Dir ohne mich vielleicht nicht möglich gewesen sein würde, dann ist's gut! Dann ist es gut! Dann bin ich erlöst!"

Er erhob sich, ehe Hermann ihm eine Entgegnung oder gar eine Zusage hätte machen können, und ohne ein Wort mehr zu sprechen, schlug er den Heimweg ein. In ihre Gedanken versunken erreichten sie die Stadt. Vor dem Hause, in welchem der Kandidat wohnte, blieben sie stehen. Herr Plattner hielt dem jungen Gesellen die Hand hin. „Lebe wohl und sei glücklich!" sagte er. „Bedenke, daß Du geweiht, daß Du in ein schweres Schicksal hinein verflochten bist, und hilf mir, mich aus seinem Banne zu befreien. Leb wohl!"

(Fortsetzung folgt.)

Briefe über Gedächtnißkunst.

Von Dr. Ed. Epth.

(Fortsetzung von S. 213.)

Dritter Brief.

Meine letzten Zeilen, v. Fr., erfordern noch einen kleinen Nachtrag. Sie haben doch auch in jüngern Jahren — also vor nicht allzulanger Zeit — wie andere Menschenkinder den Robinson von Campe je ungefähr ein Dutzend Mal gelesen? Dennoch müssen Sie wissen, wie Ferdinand und Lotte es angriffen, um sicher zu behalten, daß der Januar 31, der Februar ausnahmsweise 28 statt 30, März wieder 31, April 30 Tage zählt u. s. w. Sie wissen auch, warum Julius und August je mit 31 Tagen aneinandergrenzen. Das kommt Alles von den Knöchelchen und Grübchen der oberen Hand, die mit einander abwechseln bis zum letzten Knöchelchen, worauf man abermals mit einem solchen von vorne beginnt. Es ist unleugbar: die Sache ist praktisch, besonders bei Kindern, und es liegt uns in ihr gleichfalls ein Stückchen Mnemonik vor Augen, das freilich sich in seiner Anwendung nur auf einen einzigen Gegenstand beschränkt und insofern, wie die obigen, höchst unvollkommen ist.

Um einige Linien höher steht, dem Werthe nach, ein anderes Mittel, das man zuweilen einzelnen h rt und in einzelnen Fällen nicht ohne Erfolg anwendet. Hat man z. B. einen Namen vergessen, so wird das ABC in langsamer, gedankenvoller Weise hergesagt und richtig — wenn man bei dem betreffenden Anfangsbuchstaben angekommen ist, hüpft das verlorene Kindlein zuweilen herbei. Zuweilen aber auch nicht. Denn jener bloße Laut eines Buchstaben, der zudem in großer Gesellschaft daherkommt, ist eine so schwache Beziehung, daß man sie nur einem Strohhalme vergleichen kann.

Noch weit naiver, übrigens von der Jugendwelt vielfach gebraucht und aus Bequemlichkeit unüberlegt, ist endlich das Mittel, eine gelernte Sache, z. B. ein memorirtes Lied oder Spruches in Abschläfen. Man liest das Betreffende etliche Male durch, legt sich sodann zu Bette und, Wunder über Wunder! am andern Morgen bedarf es nur noch einer kurzen Wiederholung, um für das Aufsagen sattelfest zu sein. Jeder wird allerdings einige große Mnemoniker mit halber Verachtung von dieser Sache: allein die Sache ist eben Erfahrung, die sich nicht so barsch abfertigen läßt. Zudem ist sie ganz begreiflich. Wenn am Abend die herbeigeführten Eindrücke des Gedächtnisses durch keine folgenden nicht verdrängt oder abgeschwächt werden und am frühen Morgen die Seele noch keinen vorangebrachten, störenden, aufregenden und zerstreuenden Eindrücken unterlag, so sind dies zwei Umstände, die so günstig zusammenwirken, wie dieß ohne Zweifel im Verlaufe des ganzen übrigen Tages nicht mehr der Fall ist. Die Thatsache wird hierdurch erklärt, ohne daß man sich zu der Annahme flüchten müßte, daß die Seele während des Schlafes in unbewußter Weise von selbst fortarbeite, — jenem Elephanten ähnlich, der gleichfalls im Mondschein mutterseelenallein alle die Kunststücke einübte, die er im Sonnenschein nicht völlig begriffen hatte.

Ohne Zweifel hat Ihnen, v. Fr., das Bisherige die Ueberzeugung nahe gelegt, daß wir eigentlich insgesammt, jeder in seiner Art, so ein klein Bischen Mnemonik treiben, — Mancher, ohne es nur zu ahnen. Meine nächste Aufgabe wird nun sein, Ihnen zu zeigen, daß wir auch außer uns von fragmentarischer Mnemonik ganz umgeben sind.

Denken Sie sich einen Ausländer, der unsere Sprache zu erlernen hätte und nur eben nach der gewöhnlichen Manier seine Vocabeln sich einprägte. Viele Wörter werden ihm Mühe kosten: aber es giebt auch solche, die er sich leicht merken wird, wie etwa: Trommel, Donner, rauschen, brausen ꝛc. Ja selbst das zerstreute aller deutschen Wörter: „Liebe" könnte man verliebt sein, dahin zu rechnen). Viele Wörter — und jeder Sprache hat ähnliche — ahmen meistentheils die Natur selbst in ihrem Laute nach; somit ist zwischen der Sache und ihrer Bezeichnung eine einfache Beziehung gegeben, d. h. die Sprachen selbst enthalten ein mnemonisches Element.

Allein so etwas findet nicht nur vermittelst des Ohres statt, sondern noch viel mehr durch die Vermittlung des Auges und anderer Sinne. Alle Naturreiche legen hievon Zeugniß ab. Aus der Mineralogie, Botanik und Zoologie können Sie — nicht nur einem Kinde, sondern wohl auch einem Erwachsenen, hundert und aber hundert Gegenstände nennen, die alsbald wieder vergessen werden, weil dem Namen die Beziehung zur Sache fehlt. Zeigen Sie aber dem kleinsten Knaben in seinem Bilderbuch oder in der Natur — das Einhorn, den Todtenkopf, das Pfauenauge, die Kreuzspinne, den Goldkäfer, das Rothkehlchen, den Distelfink, — zeigen Sie ihm den Braunstein, die Steinkohle, — zeigen Sie ihm im Garten mit der geringsten Interpretation das Gänse- oder das Schmalzblümchen, den Rittersporn, den Eisenhut, den Pfeifenstrauch, das Schneeröschen, das Immergrün, — lassen Sie ihn in einem Holzapfel beißen u. dgl. — it wird:, daß er alle diese Namen spielend und freudig behält, — weil der Name eine wesentliche Beziehung zur Sache hat. Im Anfang aller Dinge und somit auch aller Sprachen standen gewiß durchgehends Sache und Wort in dieser innigen Verbrüderung; der Begriff lag schon im Anblick. Welche Erleichterung in allen Wissenschaften müßte es sein, wenn diese glückliche Harmonie noch jetzt vorhanden wäre! Sie ist aus aber größtentheils verloren gegangen, die ursprüngliche und zarteste Mnemonik der Natur; nur theilweise Spuren finden sich noch in unseren Sprachen der Neuzeit — Spuren, denen man daher ihre Ergänzung zu geben sucht durch die Kunst.

Dieß zeigt sich alsbald, wenn wir etwa die Naturreiche der Erde verlassen, um unsere Blick auf den gestirnten Himmel emporzurichten. Es ist gewiß eine schwierige Aufgabe des Astronomen, diese leuchtenden „Heere Gottes" auch nur in weiter Annäherung zu übersehen, ihre Standorte zu merken u. dgl. Wenn Sie aber einen Himmelsglobus vor sich stellen, so finden Sie auf demselben eine Menge nicht nur von Sternen, sondern auch noch von anderen Bildern und Figuren aller Art. Und das hat man sich theilweise schon zu Hiobs Zeiten nicht anders gedacht! (Vergleichen Sie nur dieses merkwürdige Buch Cap. 38.) Da treffen Sie also einen Wagen, eine Leier, eine Krone, einen Triangel, Zwillinge, einen großen und kleinen Löwen, großen und kleinen Bär, großen und kleinen Hund, Stier, Widder, Walfisch, eine Masse von mythologischen Figuren. Das Griechenthum hat seinen Herkules dort untergebracht und dem großen Jäger Orion ein Revier mit Tauben (Plejaden) und jungen Schweinen (Hyaden) angewiesen, daß er nach Herzenslust schießen kann. Später haben die Araber ein weiteres Bilderbuch dort oben angelegt. Aber abgesehen von dem Antheil, den etwa die Schmeichelei an dieser bunt gemischten Bevölkerung der höheren Regionen hat, kommt das Meiste und Hauptsächlichste auf Rechnung der — Mnemonik. Man hat es seit Jahrtausenden herausgefühlt, daß das Gedächtniß über solche Mengen nur dann einigermaßen Meister werden kann, wenn es, mit Hilfe der Phantasie, des Verstandes, des Witzes und anderer Seelenkräfte, das Zerstreute irgendwie in äußere oder innere Verbindungen bringt, durch Erfindung von Gestalten möglich das Gegebene veranschaulicht und das scheinbar Regellose organisirt.

Und mit diesem Gedanken können wir heute abschließen, v. Fr., um so mehr, als er in der That der Kern auch der höheren Kunstmnemonik ist, von welcher wir später zu reden haben werden. Bis dahin wird es Ihnen ein Leichtes sein, für das oben Gesagte aus eigner Erfahrung und durch eigenes Nachdenken noch weitere Belege aufzufinden. — Leben Sie wohl!

Vierter Brief.

Indem wir an das Letzte anknüpfen, stellen wir vor Allem nochmals die Regel auf, v. Fr.: verbinde, was zerstreut ist. Stoffe, Gedanken und Dinge, die von selbst auf's engste zusammenhängen, bringen auch im Gedächtniß einander mit; aber dem Zusammenhangslosen muß man eine künstliche Kette anlegen und sie wird hoffentlich nicht zerbrechen.

In den häufigen Fällen aber, wo unfreierig die Aufgabe, eine Reihe von Namen, Thatsachen u. dgl. zu behalten, die geläufigste Verbindung aber ist wohl irgend eine metrische Form. Schlagen Sie Ihre Bibel auf und Sie finden darin nicht bloß das dürre Verzeichniß der einzelnen Bücher, welche sie enthält, sondern auch als Anhang das altüberbrachte Sprüchlein:

„In des alten Bundes Schriften
Merke in der ersten Stell'
Mose, Josua und Richter,
Ruth und zwei von Samuel;
Zwei der König', Chronik, Esra,
Nehemia, Esther mit;
Hiob, Psalter, dann die Sprüche,
Prediger und hohes Lied 2c."

Doch ich brauche nicht fortzulahren; Sie haben ja das ganze Liedlein seit dem Schuljahren in Ihrer Gedächtnißschatzkammer niedergelegt und dürfen sich dessen nicht schämen; denn ich sage Ihnen im Vertrauen, daß es auch manchem Theologen und Pfarrherren gar ersprießliche Dienste thut. Die metrische Form somit eine als künstliches mnemonisches Mittel längst erkannt und anerkannt, wie man denn von jeher die Erfahrung machte, daß sich ein Gedicht leichter auswendig lernen läßt, als ein prosaischer Artikel. Das wissen gleichfalls schon die Schullinder und ziehen deswegen die Aufgabe eines Liedes der von Sprüchen entschieden vor.

Sie gestatten mir noch einige Beispiele. Billigerweise sollte doch Jedermann die Stammväter unseres menschlichen Geschlechtes mit Namen zu nennen vermögen. Ich habe sie mir schon vor einigen Jahrzehnten in den Rahmen einiger Hexameter gefaßt und behalte sie deswegen ganz sicher. Sie lauten:

Adam, Seth, Enos, Kenan, Mahalaleel, Jared,
Henoch, Methusalah, Lamech, Noah, Sem, Ham, Japhet;
Arphachsad, Salah, Eber, Peleg, Regu, Serug,
Nahor, sodann Tharah, dann Abraham, Nahor und
Haran.

Eben so leicht behalten sich z. B. die römischen Kaiser und vielleicht erweise ich Ihnen, v. Fr., einen kleinen Gefallen, wenn ich Ihnen die Reihe derselben bis zum Eintritt der schlechten Periode beiletze. Auch diesmal sind es Hexameter.

Augustus, Tiber, Caligula, Claudius, Nero,
Galba, Vitellius, Otto, die Flavier: Vespasianus,
Titus, Domitian; dann Nerva, Trajan, Adrianus,
Antonin, dann Marf Aurel sammt Lucius Verus.

Die Eintheilung des Thierreichs merken Sie leicht an einem sechsfüßigen Jamb, der statt der Gattung je eine Art nennt:

Hund, Vogel, Frosch, Fisch, Schnecke, Thurm und
Pflanzenthier.

So hat man den Thierkreis am Himmel in dem alten Verse:

sunt aries. taurus, gemini, cancer, leo, virgo,
libra que, scorpius, arcitenens, caper, amphora,
pisces.

Man könnte etwa verdeutlichen:

Widder, Stier, die Zwillingsbrüder,
Krebs, Leu, Jungfrau, schön und frisch,
Waage, Scorpion und Schütze,
Steinbock, Wassermann und Fisch.

Es sind jedoch der Beispiele genug. Die Methode der einfachen Memorialverse, wie sie in denselben vorliegt, läßt sich übrigens noch in zwei verschiedenen Richtungen abändern, — ich möchte sagen: durch größere Erweiterung und durch größere Verengerung.

Oder warum sollte es nicht zweckmäßig sein, über die bloße Aneinanderreihung von Namen hinauszuschreiten und z. B. für die Jugend, der bei der Verstockung der historischen Thatsachen so leicht wieder entschwindet, überhaupt eine gedrängte Darstellung der wichtigsten Weltbegebenheiten in ordentlichen Memorialversen abzufassen? Ich habe selbst in früheren Jahren als Lehrer von jüngeren Schülern einen derartigen Versuch gemacht und zwar in einem kleinen Buche, betitelt: Die alte Geschichte, systematisch geordnet und in lateinischen Memorialversen für Gelehrtenschulen bearbeitet von Dr. Ed. Enth. Basel bei C. F. Spittler 1841. Für Sie, v. Fr., ist nun freilich dieses Büchlein weder im Ganzen, noch im Einzelnen; denn die Zeiten einer Olympia Morata sind vorüber, da unsere jungen Damen sich durch ihre feine Latinität hervorthaten; allein zu Nutz und Frommen Ihrer heranwachsenden kleinen Brüders, der sich gegenwärtig den klassischen Studien zu widmen beginnt, gestatten Sie mir vielleicht einige Verse in diesem Briefe niederzulegen. Ich wähle gleich den Anfang, enthaltend die

Uebersicht der alten Geschichte.

Post factam terram, lapsum Noachique salutem
Ebraeos diuturna Dei clementia rexit.
Qui quum perpetuo meruissent crimine poenas,
Assyrius, Babylon, Persae, Macedonia, Roma
Imperium deinceps domitum tenuere per orbem,
Donec divini sparuit vaga semina regni
Christus, ab aeterno misaus mortalibus aegris
Patre, malos qui corrigeret ferretque salutem.
Caesaris ira quidem furibunda decemplice pressit
Clade genus Christi; tandem tamen horrida solvit
Roma graves poenas scelerum, quum barbarus hostis
Ex Asia procul effusus nova condidit aeva.

Durch das Mittel dieser lateinischen Memorialverse, die Ihnen Ihr kleiner Bruder ganz leicht wird überlesen können, verfolgte ich zunächst meine Nebenzwecke für eine klassische Sprache und für die Kenntniß metrischer Formen; aber auch der Hauptzweck für eine sichere Grundlage in der Geschichte wurde, wie ich glaube, in sehr erfreulicher Weise erreicht. Wenigstens erreg es noch jetzt nicht selten meine Heiterkeit, wenn so ein alter Schüler von 1840 zufällig mir in den Weg läuft und mir schon von ferne irgend einen der vielen allmählig auch alt gewordenen Hexametern entgegenruft, — beides: zum Gruß und zum scherzhaften Beweis, daß er nicht umsonst zu meinen Füßen gesessen.

Gehen wir aber weiter, v. Fr.! Ich habe oben auch von einer Verengerung und Abkürzung gesprochen. Was ich hiemit, besonders für eine Reihe von Namen, gemeint habe, ist eigentlich eine ganz alte Sache. Sie kennen ja in Ihrer Nachbarschaft den viel gelehrten jüdischen Rabbiner S.? Fragen Sie ihn einmal, wo Rambam sei? Er wird Ihnen antworten: „Das sei der alte Rabbi Moses, Ben (Sohn) Maimon". Hiemit haben Sie ein neues Mittelchen kennen gelernt, um Ihrem Gedächtniß einen kleinen Dienst zu leisten. Man nehme die Anfangsbuchstaben zusammen und bilde aus denselben ein neues Wort, das freilich einen zuerst befremdlichen Klang haben mag — aber im Grunde doch nicht befremdlicher, als jedes uns bis dahin noch unbekannte Wort einer ausländischen Sprache. Die gelehrten Juden haben seit Jahrhunderten diese Praxis ausgeübt; sie hat sich in der hebräischen Grammatik mehrfach eingebürgert; warum sollte sie nicht auch weitere Anwendung finden? Wissen Sie alle 9 Musen zu benennen? Merken Sie bloß das Wort: Cethamtupu! Dann haben Sie vereinigt: Clio, Euterpe, Thalia, Melpomene, Terpsichore, Erato, Polyhymnia, Urania, Calliope. — Oder wünschen Sie die Reihe der deutschen Dynastien? Merasafran Elavarbab enthält für Ihren Zweck: Merowinger, Carolinger, Sachsen, Franken, Staufen, Baiern, d. i. allerhand vermengte, dann zuletzt Habsburg. — Die sieben freien Künste des Mittelalters, die noch jetzt unserem Register im Diplome stehen, sind in Grabite gama vereinigt. Es sind Grammatik, Dialektik, Rhetorik, Geometrie, Arithmetik, Musik, Astronomie. — Ja, Sie glauben nicht, wie nützlich diese barbarischen Wörter uns sein können. So bin ich z. B. dem seltsamen Worte Blaheglabstob stets zum Danke verpflichtet. Dasselbe umfaßt für mich die Namen aller mittelalterischen Scholastiker von Berengar und Lanfrank an bis auf Occam und Biel — und kam mir bei einem wichtigen Examen, das vor 30 Jahren der gelehrte, kürzlich verstorbene Dr. Chr. F. v. Baur mit mir und anderen Leidensgefährten vorzunehmen hatte, ganz trefflich zu Statten. Indessen will ich Sie nicht mehr mit den Namen dieser den großen Publikum verschollenen Disputirgeister behelligen. Dagegen füge ich nur hinzu, daß die Anwendung der genannten Methode auf alle möglichen Dinge denkbar ist. So wäre es z. B. für Sie nun eine Kleinigkeit, nach Obigem die Ingredienzien irgend eines neuen Küchenkunststück's, das Sie in einem dritten Hause kennen lernen, sich ohne besondere Abschrift dauernd zu merken. Und in der That würde es mich freuen, wenn Sie mich einmal, zum Danke für meine Bemühung, bei einem Besuche in Ihrem gastlichen Hause mit einem solchen mnemonischen Braten bewirthen wollten.

Indessen schließe ich für heute unter tausend Grüßen, ohne jedoch völlig zu Ende zu sein. Weiteres mit Nächstem!

(Fortsetzung folgt.)

George Washington.

(Geb. 1783. — Oberfeldherr Nordamerika's 1775. — Präsident 1787 und 1791. — Gest. 1799.)

(Mit Porträtfigur in Farbendruck.)

Wie König Saul, da die Krone auf seinem Haupt wankte, den Geist Samuels als Retter heraufbeschwören wollte, so mögen heutzutage manche Vaterlandsfreunde in Nordamerika zum Grabe Washingtons wallfahrten. Es scheint, nicht weniger als ein solcher Geist und Charakter, welchen die Befreiung und Einigung der amerikanischen Colonien gelang, thäte jetzt wieder Noth, um der Zersetzung des Staatenbundes Einhalt zu thun.

Die Geschichtswerke, welche dem Leben Washingtons gewidmet wurden, bilden bereits eine kleine Bibliothek, und so weit ein menschliches Dasein dies auf den Grund erforscht werden kann, mag es hier gelesen sein: so wird sich kaum noch irgend eine dunkle Stelle bezeichnen lassen. Bekanntlich geschieht den meisten Helden der Neuzeit mit jener mikroskopischen Untersuchung, welche die Memoirenliteratur an ihnen anstellt, ein Liebesdienst: der Eindruck von ihrer Größe pflegt sich zu verkleinern. Diese Gestalt wächst aber um so höher vor unserem Auge, je tiefer wir in die Betrachtung ihres Wesens uns versenken. Das will Etwas besagen, es ist das Zeugniß wahrer Größe.

Sowohl die äußere, als die innere Entwicklung Washingtons zeichnet sich durch auffallend durch Normalität aus; wer das Sprungartige verlangt, um Interesse zu finden, dem kann dies Leben fast langweilig erscheinen. Liest man Washingtons Kindheit und Jugend, so fühlt man sich versucht, schon aus ihren Zügen den Mann der Weltgeschichte zusammenzusehen; so kart ähnelt sich Früheres und Spä-teres, als ob das Gepräge seiner Individualität nur immer bestimmter und ergiebiger hervortreten sollte.

Washington wuchs auf dem Boden Amerika's auf, wo sich seine Ahnen längst an den Ufern des Potowmac auf schönen Besitzungen angesiedelt hatten. Die in das elfte Jahr, wo er seinen Vater verlor, war sein Tagewerk lauter Spiel und Lust. Allein der Küster aus der Umgegend kam von Zeit zu Zeit angeredt, um ihm und seinen Geschwistern die Elemente nothdürftig beizubringen. Als ihn später seine Mutter, eine sehr verständige und willensträftige Frau, nach etlichen Stunden entfernten Schule schickte, gab er sich willig in's Lernen. Von seinen Schularbeiten sind noch manche aufbewahrt und geben frühe Zeugniß von jener Pünktlichkeit und Reinlichkeit, wodurch sich sein Geschäftsleben bleibend auszeichnete. Es wurden indeß nur Realien getrieben, von den alten Sprachen oder gar philosophischen Fächern war keine Rede — ein merkwürdiges Beispiel, daß ein Mann von so klassischer Haltung wie Washington aller klassischen Ausbildung entbehrte. Ueberhaupt scheint das Studiren nicht übertrieben worden zu sein; die jungen Leute durften sich reichlich tummeln und unter George das sich in Turnkünsten frühzeitig hervor. Bei Fredericksburg wird noch die Stelle gezeigt, wo er über den Rappahanot einen Hauptwurf that. Noch mehr imponirte er aber seinen Genossen durch den festen Sinn für Wahrheit und Gerechtigkeit; gab es irgendwelche Streitigkeiten, so mußte er immer den Schiedsrichter

machen; ebenso appellirten später an ihn die Armee, das Volk, die politischen Parteien. — Die Ferien pflegte er häufig bei seinem ältesten Bruder Lorenz hinzubringen, der auf einem Landgut am Potowmal, Mount Vernon, ein seineres, ebenmännisches Haus machte. Das gesellige Leben daselbst wurde Washingtons Vorschule für das Weltleben. Der Jüngling arbeitete sich auch in dieser Beziehung ganz verstandesmäßig ein. Wir besitzen noch das Heft, in welchem er sich 110 Regeln der Höflichkeit und des Anstandes in Gesellschaft und im Umgange niederschrieb, eine conventionelle Moral voll sinniger Bemerkungen. Und hatten wir diese Thatsache mit der weitern zusammen, daß George die Mathematik, namentlich die praktische, die Feldmeßkunst, weitaus als Lieblingsfach betrieb, so möchte uns eine solche Nüchternheit in so jungen Jahren fast erschrecken. Allein es ist zu gutem Glück noch ein anderes Manuscript aus derselben Zeit ausbewahrt — Gedichte! Sie preisen einestheils die Macht und Güte des Höchsten mit einer Innigkeit, welche dem unerschütterlichen, lebenslänglichen Gottvertrauen unseres Helden die Weihe gegeben haben mag; anderntheils beklagen sie „ein armes, ruheloses Herz, dem Amors Pfeil bereitet Schmerz". Eine köstliche Gymnasiastenliebe weint und lächelt uns an. Der Name der Geliebten wagt sich natürlich nie auf die Lippe, noch viel weniger wurde es gewagt, ihr gegenüber ein Wörtlein von Liebe zu stammeln. Er kann nur „sein Herz in der Stille verbluten lassen, weil das Mädchen für seine Leiden unbarmherzig bleibt". Da treibt es ihn plötzlich weit hinaus in die Ferne, auf die wogende See, in's Schlachtengetümmel. Eine Kreuzfahrt gegen die Piraten in Indien ist nun sein höchster Wunsch, und schon hatte man eines Tages sein Gepäck an Bord eines Schiffs auf dem Potowmal gebracht, als der Abschiedsschmerz der Mutter übermächtige und dem getreuen Sohn noch ein gebieterisches Halt zurief. Er ging wieder zur Schule und ergab sich mit verstärktem Eifer dem Studium. Diesmal erwarb er sich vollends die große Virtuosität im Feldmessen. Doch war er auf's Neue manchmal nicht im Stande, die Pfeile Amors mit der Meßstange zu pariren. Oft, wenn es ihm zu schwül um's Herz wurde, ging er mit dem alten Lord Fairfax, der in der Nähe residirte und George in besonderer Affection genommen hatte, auf die Fuchsjagd. Kein besseres Heilmittel, bezeugt er, gegen Liebesfieber! Später bewährte sich ihm dasselbe noch gegen ganz andere Sorgen und Anfechtungen.

Lord Fairfax wollte seinen jungen Freund nicht umsonst als einen kühnen Jäger und gewiegten Geometer kennen gelernt haben. Seine Herrschaft besaß große Ländereien jenseits der blauen Berge und wünschte längst deren Vermessung. Washington übernahm gerne dies Geschäft und trat in seinem siebzehnten Jahre den ersten Zug in die Wildniß voll tragischen Muthes an. Und Lord Fairfax war mit der Ausführung des Geschäftes so zufrieden, daß er dem jungen Geometer nach seiner Rückkehr alsbald eine öffentliche Anstellung verschaffte. Der Staat Virginien ließ jetzt durch Washington das ganz ungeheure Gebiet jenseits der blauen Berge vermessen. Drei Jahre lang bewegte sich Washington in diesem prüfungsvollen Dienste, in den Alleganygbirgen wollten die Mühen und Gefahren öfters über ihm zusammenschlagen. Aber sein Muth und Ehrgeiz trotzten immer siegreich und der Gewinn, welchen diese Ringkämpfe mit einer großartigen, wilden Natur für die Stählung seiner Kraft und die Schärfung seines Blicks abwarfen, kann nicht hoch genug angeschlagen werden. Zur Erholung kehrte der abgemattete Geometer hie und da in Herrnhaube ein, das Lord Fairfax inzwischen jenseits der blauen Berge gebaut und eingerichtet hatte. Seltsamer Weise lernte Washington hier, mitten im amerikanischen Urwald, aus den Büchern der Bibliothek von Fairfax die Geschichte Englands kennen. Dies kam zur gelegensten Stunde. Der junge Mann war hart daran, selbst seine Haud in geschichtliche Verwickelungen strecken zu sollen. Zwar dachte er an nichts Anderes als seine liebe Feldmesserei. Allein man dachte an ihn zu andern Dingen.

Alte Grenzstreitigkeiten zwischen England und Frankreich drängten auf eine endliche Entscheidung hin. Den Zankapfel bildete vornehmlich der prächtige Länderstrich im Westen des Alleganygbirges, der das Thal des Ohio mit seinen Nebenflüssen umlaßt. Von Canada aus streckten die Franzosen, von Virginien, aus die Engländer ihre Fangarme aus. Da die französischen Posten stets weiter vorrückten, dachte man in den britischen Colonien auf ernste Gegenmaßregeln. Virginien wurde in militärische Kreise eingetheilt und jedem derselben ein Major bestellt, der die Miliz organisiren und einüben sollte. Obgleich noch nicht 20 Jahre alt, erhielt Washington eine solche Stelle. Und hiemit eröffnete sich seine Kriegsschule.

Der junge Major ließ sich mit größtem Eifer durch etliche Veteranen aus den indischen Feldzügen vor Allem selbst einexerciren. Die Lehrmeister konnten sich nicht genug verwundern, wie leicht und rasch ihr Schüler voranschritt, er lernte alles Bezügliche, wie der flügge Vogel das Fliegen. Jedoch erlitten diese Uebungen eine Unterbrechung. Washingtons ältester Bruder Lorenz mußte wegen einer Lungenkrankheit in südlicheres Klima ausluchen, der Arzt rieth zu Westindien und George durfte das erwähnte Geleite nicht ausschlagen. Die Fahrt ging über das Weltmeer nach Barbados. Freilich kehrte Lorenz nicht geheilt, er starb und hinterließ Mount Vernon seinem Bruder als Erbe. Aber mehr als dies bedeutete der Eindruck, welchen diese Reise in der Seele des Begleiters hervorrief; die See und die Tropenwelt waren ihm neu, große Lichter darein, und jene Unterbrechung, welche anfangs als eine Störung erschien, stellte sich in Wahrheit als eine wesentliche Förderung heraus.

Washington erhielt unmittelbar nach seiner Heimkehr einen wichtigen Auftrag. Das Gouvernement Virginiens war von der englischen Regierung angewiesen worden, eine Gesandtschaft an den Ohio abzuordnen, um dem französischen Befehlshaber daselbst Vorstellungen zu machen. Eben war eine solche Gesandtschaft unverrichteter Dinge zurückgekommen. Jetzt sollte es Washington versuchen, sich durchzuschlagen. Er trat die Expedition mit 8 Begleitern an; es galt einen Marsch von 500 Meilen durch meistens uterdurchdrungene Wälder und mitten in den Winter hinein. Aus den Begegnissen dieses Zuge ließe sich eine Robinsonade zusammenschreiben; halsbrecherische Naturabenteuer, seltsame Berührungen mit freundlich oder feindlich gesinnten Indianern, wunderbare Rettungen wechseln unaufhörlich miteinander ab. Das Merkwürdigste ist, daß der Führer nicht nur niemals den Kopf verlor, sondern mitten im Gedränge stets noch ein offenes Auge für fernere Ziele behielt. Den Gabelpunkt, wo sich der Monangahela und der Allegany miteinander verbinden, um vereint den Ohio zu bilden, zeichnete er sogleich als die Stelle ein, an der Festungswerke aufgeführt werden müßten. Während er mit dem französischen Commandanten des Forts am French Creek parlamentirte, nahm er zugleich sämmtliche Umgebungen und Verhältnisse des Punktes genauestens auf. Noch auf dem Heimweg mußte er durch allerlei Artigkeiten Indianerhäuptinge für die englische Partei zu gewinnen. Der Gesandte wurde daher bei seiner Zurückkunft nach Williamsburg mit größter Auszeichnung empfangen, sein Reisetagebuch veröffentlicht und aller Welt zur Bewunderung übergeben. Das Resultat der Sendung war freilich nur die letzte Gewißheit, daß Frankreich nur der Gewalt weichen wolle. Der Krieg zeigte sich unvermeidlich und begann alsbald.

In einer Reihe von Feldzügen sehen wir Washingtons militärisches Talent sich üben und entfalten. Gleich anlange handelte es sich schon darum, daß er den Oberbefehl übernehmen sollte. Seine Uneferbarenheit gab ihm jedoch ein triftiges Recht, darauf zu verzichten: er konnte es ab lehnen, die einige englische Commandanten sich durch Mißgeschick oder Ungeschick abgenützt hatten und die öffentliche Stimme nun ihm verlangte. Waren denn seine Waffenthaten wirklich so glänzender Art gewesen? Er hatte sich freilich manchmal mit Auszeichnung geschlagen, Besonders war ihm gleich im ersten Feldzug ein kühner

Haubstreich gelungen. Nach dieser ersten Schlacht schrieb der junge Sieger an seinen Bruder: „ich hörte die Kugeln pfeifen, und glaube mir, der Schall hat etwas Reizendes". Ebenso erzählte man sich aus dem zweiten Feldzug fabelhafte Bravourproben, die er als Adjutant des unglücklichen Generals Braddok abgelegt habe. Allein es gab gewiß noch andere Offiziere, welche gleich tapfer waren und eben so glückliche Affairen von sich rühmen durften. Vielmehr wirkte schon hier mehr als das Detail seiner Leistungen der Zauber seiner Persönlichkeit im Allgemeinen. Unter den Indianern herrschte bereits der Glaube, Washington sei unverwundbar, weil er unter dem besondern Schutze des großen Geistes stehe, und sie gaben es auf, nach ihm zu zielen. Seine Landsleute flammerten sich fast mit demselben Aberglauben an ihn; die Niederlagen, welche auch er mitmachte, wurden immer so ausgelegt, man habe seinen Rathschlägen im Kriegsrath zuwider gehandelt. Freilich war dies etliche Male wirklich der Fall. Ein Prediger brachte einst dieses dunkle Gefühl zum Ausbrud: „Als Einen der Virginier, der sich besonders hervorgethan (in der unglücklichen Schlacht am Monongahela), muß ich noch einen heldenmüthigen Jüngling, den Obersten Washington nennen; und ich bin überzeugt, die Vorsehung hat ihn auf eine auffallende Weise beschirmt und erhalten, weil er seinem Vaterlande noch die bedeutendsten Dienste leisten soll". — Als die Versammlung Virginiens seinem Andern mehr ihre Truppen anvertrauen wollte, bat ihn seine Mutter, den Antrag nicht anzunehmen. Darauf schrieb der Sohn: „Verehrte Frau! Wenn es in meiner Macht steht, einer abermaligen Zug an den Ohio zu vermeiden, so werde ich dies thun. Wenn mir aber der Befehl durch die allgemeine Stimme des Landes angetragen und unter Bedingungen angeboten wird, gegen die ich keine Einwendung erheben kann, so würde es unehrenhaft von mir sein, ihn zurückzuweisen, und dies würde Ihnen größere Unruhe verursachen, als wenn ich, mit einem ehrenhaften Befehl bekleidet, hinauszöge." Washington hatte unter diesem Befehl, den er in mehreren Feldzügen führte, oft und schwer zu seufzen. Von allen Seiten sah er sich gehemmt und gebunden, so daß es unmöglich war, die Dinge in ordentlichen Schwung zu bringen. Er spricht sich selbst darüber in folgenden Worten aus: „Man gehorcht seinem Befehl, als dort ein Detachement von Soldaten einen jungen gezogenen Degen unterschlüpf. Ueber dieses kann man selbst in der ernstlichsten Noth kein einziges Pferd erhalten — auf einen solchen Gipfel ist die Unverschämtheit dieser Leute dadurch gestiegen, daß man ihnen bisher in der Hinsicht nachgegeben hat. Ich bin ihnen jedoch in keiner Hinsicht gewichen, wo der Dienst Seiner Majestät das Gegentheil verlangt und wo mein Verfahren durch meine Instruktionen gerechtfertigt ist. So werde ich's auch forthin unerschütterlich halten." — Fünf Jahre lang diente Washington in diesem wechsel- und prüfungsvollen Kriege, bis er endlich gelungen war, das französische Hauptquartier im Fort Duquesne (Pitt) einzunehmen, hiermit der Hauptzweck für erreicht, die südliche Grenze der britischen Colonien war gesichert und die Herrschaft der Franzosen am Ohio gebrochen. Der weitere Verlauf der Händel bis zum förmlichen Friedensschluß interessirte ihn nicht mehr viel. Kein Kriegsmann von Bedeutung gab sich je dem Soldatenleben im Felde voller hin und trieb ihn den Soldatenrock im Felde schneller und gerne aus, wenn der Kriegszweck erreicht war.

Der Herzog von Choiseul tröstete sich über den Verlust, welchen Frankreich erlitten, mit einem wahrhaft prophetischen Gedanken: „Die Colonien werden jetzt den Schutz Englands nicht mehr brauchen; es wird von ihnen verlangen, daß sie zu den Lasten beitragen sollen, worüber sie ihm aufbürden geholfen haben, und sie werden damit antworten, daß sie ihre Abhängigkeit abschütteln." Washington aber, weit entfernt von solchen Ahnungen, lebte fröhlich in der Landlust seines Mount Vernon, um so fröhlicher seit seiner Verheirathung, von der wir jetzt erzählen wollen.

Früher schon während des Kriegs hatte er auf einem Besuche in New-York ein Fräulein kennen gelernt, das ihn ernstlich interessirte. Allein er gönnte sich nicht die nöthige Zeit zur Eroberung ihres Herzens, der Belagerung des Forts Duquesne hinwegrief, und mittlerweile war ihm die Dame von einem andern Offizier weggeschnappt worden. Diese Erfahrung schrieb er sich hinter das Ohr. Es galt nun einen Ritt nach Williamsburg, um beim Senat neue Unterstützungen für die Armee auszuwirken. Etliche Meilen vor der Stadt mußte Washington über einen Fluß setzen und traf auf der Fähre mit einem Herrn Chamberlayne zusammen, der ihm seine Ruhe ließ, auf seinem ganz nahen Landgut, dem sogenannten weißen Haus, geschwind einzukehren. Mit Mühe ließ sich der General bewegen, ein schnell zugerichtetes Diner anzunehmen. Als er aber einmal saß, wollte er von der Tafel nicht mehr aufstehen. Der Adjutant winkte umsonst, die Pferde staupsten vergeblich vor der Thür. Der Nachmittag zerrann, der Abend senkte sich herab, bald wurde es zu finster, als daß man noch hätte reiten mögen. Die Pferde wurden in den Stall geführt und droben im Salon die Lichter zum Thee angesteckt. Washington war ein Gefangener. Aus dunkeln Augen hatte Amor einen Pfeil blitzschnell nach ihm abgedrückt, aus dunkeln Locken war das Netz geflochten, in das er sich verstrickte. Die Dame, bei welcher er saß, Martha Custis, hatte im Aeußern nichts Imposantes, im Gegentheil; aber ihre Anmuth nahm den Eroberer gänzlich ein und erschreckte ihn durchaus nicht, als er erfuhr, sie sei eine junge Wittwe mit zwei Kindern. Als er sich am folgenden Morgen in den Sattel schwang, um auf dem Wade seiner Pflicht davonzusprengen, war er innerlich gewiß und die förmliche Verlobung erfolgte wenige Tage darauf bei einem Besuche von Williamsburg aus. Die Brautleute kamen überein, daß sie nach dem Feldzuge gegen das Fort Duquesne ihren gemeinschaftlichen Heerd aufschlagen wollten, und so geschah es.

Etliche Zeit nach der Verheirathung schrieb Washington aus Mount Vernon: „Ich glaube, daß ich jetzt mit meiner liebenswürdigen Lebensgefährtin hier festsitze, und hoffe, in der Zurückgezogenen größeres Glück zu finden, als ich jemals in der großen, geschäftigen Welt erlebt habe." — Ueber sein Landgut bemerkt er: „In dem ganzen vereinigten Amerika giebt es kein angenehmer gelegenes Gut. In einer hochliegenden gesunden Gegend, in einem von den Extremen der Hitze und Kälte gleich weit entfernten Breitegrade, an einem der schönsten und fischreichsten Flüsse der Welt, mit solchen Wäldern und Wildnissen zu Jagdgründen rc." Da die junge Gattin eine ansehnliche Mitgift zubrachte, so war eine weitere Bedingung zu einem angenehmen Leben erfüllt und es scheint in der That in Mount Vernon recht comfortabel hergegangen zu sein. Der glückliche Ehemann hielt für seine Frau einen vierspännigen Wagen mit schwarzen Postillons. Er selbst zeigte sich stets zu Pferde und trieb Feldbau beherbergte lauter Vollblut. Seine Reitlaust übte er besonders gerne auf den Fuchsjagden. In Besuchen fehlte es bei der ausgebreiteten Bekanntschaft des Farmers natürlich selten, doch herrschte abgesehen von festlichen Anlässen die Einfachheit mitten in der Wohlhabenheit. Washington pflegte sehr früh aufzustehen, Winters oft vor Tag. Dann zündete er selbst Feuer an und las oder schrieb. Bei Frühlicht hatte zwischen sieben und acht Uhr statt und besand ein Theil aus Maisfladen. Sofort wurde ein Ritt auf die Felder gemacht. Das Mittagessen um zwei Uhr hatte gewöhnlich nur einige Platten, dabei trank die Herrschaft Aepfelwein und ein Glas Madeira. Abends beschied sich der Tisch zeigte mit einem einfachen Thee, und um nun ihn brach man zur Ruhe auf. Zwischen einen solchen Tag hinein fiel nun aber auch viel Arbeit, die war für Washington ein wahres Lebensbedürfniß. Und die Landwirthschaft betrieb er bis zu seinem Ende mit der anfallendsten Vorliebe, immer kehrte er zu ihr als zu seinem Eldorado zurück. Im Naterschoß von seinen andern Pflanzern Virginiens legte er überall persönlich Hand an. Bald treffen wir ihn Tage lang bei seinem Schmied Peter in der Werkstätte, bis endlich ein neuer, besserer Pflug erfunden und verfertigt

ist; bald zeigt er seinen Negern, wie sie das Bauholz zu-
hauen sollen; bald hilft er ihnen unter strömendem Regen
einen Wall gegen austretende Bäche aufwerfen. Dem
rationellen Bau der Felder, deren Hauptpflanze Tabak
bildete, wandte er alle Sorgfalt zu, wie wir noch später
sehen werden. Vornehmlich suchte er in alle Geschäfte Methode zu bringen: der Mann der Ordnung konnte recht
pedantisch walten. Die Rechnungen führte er selbst und
es mußte im Buche so genau als bei einem Kaufmann
stimmen. Wir haben sie noch, wie seine Briefbücher,
welche jede Tabakslieferung an den Londoner Agenten verzeichnen. Jedoch gab es für Washington auch einen Ruhetag. Er hatte mit eigenen Kosten eine evangelische Kirche
erbauen helfen und besuchte sie mit seiner Frau regelmäßig.
Desgleichen ging er je und je zum Abendmahl. Wir erfahren überdem, daß er in den beiden Kirchspielen, an
welche Mount Vernon grenzte, das Amt eines Kirchen-
ältesten bekleidete. Durch solche Züge werden wir auf den
Wurzelgrund des Baumes, der so edle Früchte trug, hingewiesen.

Gerne würden wir uns bei dieser idyllischen Episode
in Washingtons Leben länger aufhalten, wie auch er selbst
der Sonne dieser Tage am liebsten geboten hätte, stille zu
stehen. Aber Choiseuls Gedanke fing bald an, weiter-
leuchtend in die Colonien Amerika's herrinzuzuschren. Es
ist bekannt, wie unbegreiflich thöricht England nach dem
Sieg über Frankreich in Amerika wirthschaftete. Die Regierung folgte blindlings dem Hange, die reichen Tochter-
staaten auszubeuten. In jenen Wäldern war aber, wie
vordereinst in denen Teutschlands, der Instinkt für Gerechtigkeit und Freiheit zum kräftigsten Selbstgefühl herangereift.
Hierin förderte die Bevölkerung nicht nur der Kampf, auf
welchem sich ihre Existenz aufzuerbauen hatte, der Kampf
mit einer großen, rauhen Natur; sondern den Kern der zu
zusammengewürfelten Gesellschaft bildeten Flüchtlinge, welche
um religiöser Ueberzeugungen willen der alten Welt freiwillig oder gezwungen den Abschied gegeben hatten und
die Erinnerung an dies Märtyrerthum als die heilige
Reliquie im Busen bewahrten. Bei solchen Leuten war
die Verletzung des Rechtsgefühls doppelt ängstlich zu vermeiden. Aber im grellsten Widerspruch mit verbrieftem
Herkommen billigte das englische Parlament den Colonisten
Steuern und Zölle, ohne mit den Vertretungen
der betreffenden Staaten irgendwie Rücksprache zu pflegen.
Die Antwort auf diese Verordnungen einer habsüchtigen
und übermüthigen Regierung war zwar ein Protest, so einmüthig und entschlossen, als vertrauensvoll und ehrerbietig.
Daneben wurde ein großer Bet- und Bußtag abgehalten,
wobei Gott um Bewahrung vor einer Revolution und
einem Bürgerkrieg, aber auch um Kraft und Muth am
gerusten wurde, jeder Kränkung des Rechts mit festem
Widerstand entgegenzutreten. Washington bemerkt in seinem
Tagebuch, daß er an diesem Tage streng gefastet und dem
Gottesdienste andächtig beigewohnt habe. Wohl kamen
jenem Protest bereits Stimmen in den englischen Kammern
selbst zu Hilfe, allein das Ministerium wies demselben
trotzig zurück. Als hierauf die Agitation eines passiven
Widerstands in den Staaten Wurzel griff, als die Nordamerikaner sich das Wort gaben, der Industrie des Mutter-
landes keinen Artikel mehr abzunehmen, als diese Maßregel einem Sturm der Londoner Kaufmannschaft gegen ihre
eigene Regierung hervorrief, wurde zwar die straffe Bogen-
sehne heruntergespannt, die Stempelacte im Ganzen zurückgenommen, jedoch damit das Besteuerungsrecht nicht gar
zu Boden falle, wenigstens der Zoll auf Thee festgehalten.
Allerdings auch Letzteres in so freimüthiger Weise, daß es
sich ihnen nicht um eine Sache des Beutels, vielmehr
einzig des Rechtes handle: sie verweigerten beharrlich die
Annahme des Thees und ließen sich weder durch Drohungen
noch thätliche Gewaltverstoße aus ihrer oppositionellen
Ruhe forreißen. Wohl aber empfanden die verschiedenen
Staaten das Bedürfniß, ihrem vereinzelten Widerstande
durch gemeinsame Beschlüsse den Nachdruck zu verleihen.
Der Gedanke eines allgemeinen Congresses brach sich Bahn
und am 5. September 1771 tagten zum ersten Mal die

Vertreter der nordamerikanischen Provinzen (mit Ausnahme
Georgias) in Philadelphia. Die Versammlung schritt mit
dem tiefsten Ernst an ihr Werk und flehte vor Allem durch
den Mund eines Geistlichen den Segen von Oben auf sich
herab. Die Meisten, darunter Washington, warfen sich
dabei auf die Kniee. Die Berathungen waren vom würdigsten Geiste beherrscht. Von einer Idee, sich vom Mutter-
lande zu emancipiren, regte sich noch keine Spur. Vertheidigung der anererbten Gerechtsame hieß einzig die
Losung. Diesem Zwecke galten zwei Adressen, welche votirt
wurden: die eine an den König, die andere an das Volk
von Großbritannien. Keinem andern Zwecke galt auch der
Beschluß einer Nichteinsportationsacte, durch welche nur der
englische Handelsstand in's Interesse gezogen werden sollte.
In der That verfehlten auch diese Kundgebungen nicht alle
Wirkung, die bürgerlichen Elemente der Parlamente in
London rührten sich so kräftig als möglich für die Nordamerikaner. Aber sie vermochten nicht das aristokratische
Ministerium zu stürzen, und dieses war zu hochmüthig,
um nachzugeben, wie die Petition barsch zurück, erklärte
die Amerikaner für Rebellen, warf ihnen neue Zwangs-
gesetze auf den Hals und schiffte Exekutionstruppen ein.
Hierauf trat ein neuer, zweiter Congreß in Philadelphia
zusammen (10. Mai 1775). Noch war der Wunsch, sich
friedlich zu vergleichen, so mächtig, daß man es auch
hoffte. Aber klar war daneben allen Vertretern, daß bloße
Erklärungen nicht mehr genügten. Man beschloß, eine
Vertheidigungsarmee auf die Beine zu bringen und ihr einen
Oberbefehlshaber mit den nöthigen Vollmachten zu bestellen. Die Wahl fiel einstimmig auf George Washington.

Welchen Antheil nahm bis dahin Washington an dem
Gang der Bewegung? Es läßt sich aus seinen Correspondenzen und öffentlichen Handlungen in Comite's auf's Genaueste nachweisen, wie sehnlich er von Anfang an eine
friedliche Vergleichung mit England wünschte, von welchem
er stets den Ausdruck „daheim" gebraucht, wie entschieden
er aber auch von Anfang an auf die Erfüllung der geforderten Forderungen um jeden Preis drang. Die Nicht-
importationsacte war lange vor dem Congreß hauptsächlich
sein Gedanke und Werk. Er hatte weitverzweigte Vereine
gebildet, deren Mitglieder sich mit ihrem Wort verpflichteten, keine zollbaren Artikel aus England zu importiren
oder zu verbrauchen, und richtete sich in seinem eignen Haus
weise strengstens hiernach. „Teun", äußert er, „ich bin
so fest wie von meinem Dasein überzeugt, daß nur in
ihrer Noth uns Abhülfe für uns frimen kann, und so
rechne auf so viel Gemeingeist unter uns, daß wir diesem
Zwecke zu lieb keines der nothwendigsten Lebens-
bedürfnisse entsagen." Als zu gleicher Zeit der weitere
Plan sich regte, Geldsendungen nach England einzureichen,
wehrte er sich dagegen auf's Bestimmteste. „Während wir
Andere der Ungerechtigkeit anklagen, müssen wir selbst gerecht sein; und ich vermag mir nicht vorzustellen, wie dies
möglich ist, so lange noch Großbritannien eine bedeutende
Schuld bei uns ausstehen hat und wir die Zahlung derselben verweigern." – Die Debatten des Generalcongresses,
in welchen Washington selbstredend von Anfang an
gewählt worden war, wurden nicht veröffentlicht und wir
können deßhalb auch seine Reden von ihm aufführen: Reden
zu halten, war überhaupt nie seine besondere Gabe. Doch
lassen uns über seine Haltung auch Briefe aus dieser Zeit
nicht im Zweifel. Einem Freunde in der englischen
Armee, von der Bewegung in den Staaten der revolutio-
nären Strebens nach gänzlicher Unabhängigkeit beschuldigt,
versicherte er ausführlich das Gegentheil und sagte schließlich bei: „ich bin fest überzeugt, daß kein denkender Mann
in ganz Nordamerika etwas derart wünscht." Vielmehr ist
es der eifrige Wunsch aller Freunde der Freiheit, daß
Frieden und Ruhe auf constitutionellem Grundlagen wieder-
hergestellt und die Schrecken des Bürgerkriegs verhütet
werden mögen." – Vom zweiten Congreß aus, nachdem
England bereits gewaltsam vorgefahren war, lautete es
freilich in einem Schreiben an seinen Kanalisten,
schon sehr entschieden: „Es macht mich unglücklich, zu
denken, daß das Schwert des Bruders in die Brust des

Bruders einen Weg finden soll und daß die ehemals glücklichen und friedlichen Ahnen Amerika's entweder mit
Blut getränkt oder von Sklaven bewohnt werden müßten.
Unglückseliges Entweder — Oder! Kann aber ein tugendhafter Mann in seiner Wahl zögern?" Die Begeisterung für die Sache der Freiheit, des Rechtes und Vaterlandes, wie sie stetig die Brust Washingtons erfüllt und
in einzelnen Momenten sichtbarlich herausschlägt, muß ohne
Zweifel auch diejenigen verführen, welche seine sonstige
Figur abzuziehen in den faltenlosen Mantel der Prosa gehüllt finden möchten. Hätte auf dem Herde seines Innern
nicht jene Flamme gebrannt, so würde ihn gewiß auch
ein Volk in so fieberhafter Krisis nicht zu seinem Führer
erkoren haben. Auf der Oberfläche trat freilich eine andere
Kraft seines Wesens in den Vordergrund. Als Patrick
Henry, der glühende Redner, gefragt wurde, wer er für
den bedeutendsten Mann im Congresse halte, antwortete
er: „Sprechen Sie von Beredtsamkeit, so ist Rutledge aus
Südcarolina bei weitem der größt Redner; sprechen Sie
aber von soliden Kenntnissen und gesundem Urtheil, so ist
Oberst Washington unzweifelhaft der größte Mann jener
Versammlung." Die Zeit war dazu angethan, daß sie
den größten Mann verlangte. Es läßt sich denken, daß
bei der Wahl eines Oberbefehlshabers nicht mit einem
Schlage alle persönlichen und provinziellen Gelüste, Riva-
litäten und Intriguen verstummten. Um so sprechender
ist es, daß die Stimmkugeln zuletzt alle nur dem Einen
galten, der am wenigsten darnach strebte. John Adams, der
spätere Präsident der vereinigten Staaten, erzählt uns davon in seinem Tagebuch Einiges. — „Obgleich zur Unzeit,
nahm ich doch keinen Anstand, zu erklären, daß ich nur
einen Gentleman von Oberbefehl im Auge habe, und dieser
Eine sei aus Virginien, der sich unter uns befindet und
uns allen wohl bekannt wäre, in Ansehung seiner Geschicklichkeit und Erfahrung als Offizier, dessen unabhängiges Vermögen, großes Talent und allgemeines Ansehen
die Billigung von ganz Amerika erlangen und die herzlichsten Anstrengungen sämmtlicher Colonien besser vereinigen
würde, als irgend eine andere Person in der Union. Mr.
Washington, der zufällig in der Nähe saß, schoß, in Folge
seiner gewöhnlichen Bescheidenheit, in die Bibliothek, sobald er merkte, daß es auf ihn anspiele 2c." Nachdem
das Wahlresultat ausgerufen war, erhob sich Washington
und dankte kurz für das große Vertrauen. „Aber falls
irgend ein Mißgeschick meinem Rufe ungünstig werden
sollte, so bitte ich jeden hier der Anwesenden, sich zu erinnern, daß ich heute mit voller Aufrichtigkeit erkläre,
wie wenig ich mich zu dem Befehl, womit ich heute beehrt
werde, befähigt fühle. Was die ausgeworfene Besoldung
betrifft, so erlaube ich mir die Versicherung, daß mich
keine pekuniäre Rücksicht hätte veranlassen können, dieses
mühe- und verantwortungsvolle Amt auf Kosten meiner
häuslichen Ruhe und meines Familienglücks anzunehmen,
und daß ich keinen Gewinn für mich daraus zu ziehen
wünsche. Ich werde genaue Rechnung über meine Ausgaben führen und zweifle nicht, daß der Congreß mir
diese vergüten wird. Das ist das Einzige, was ich mir
ausbitte." Bei dieser Bestimmung ließ er es auch, und
es ist leicht abzunehmen, daß die Ehrenstelle einen solchen
Ehrenmann theuer genug zu stehen kam.

Im Gedanken an seine Frau wurde es ihm schwer
um's Herz. Sie hatte noch lange ihr Töchterlein aus
erster Ehe verloren, um dessen Erhaltung die zweite
Vater den Himmel auf den Knien angefleht hatte. Er
schrieb sogleich nach Mount Vernon. „Du darfst mir
glauben, und ich versichere es Dir auf das Feierlichste,"
daß ich, weit entfernt, diese Anstellung nachzusuchen, mich
auf jede mögliche Weise bemüht habe, ihr auszuweichen;
nicht nur aus Abneigung, mich von Dir und meiner Familie zu trennen, sondern auch in dem Bewußtsein, daß
meine Fähigkeiten dem Amte nicht gewachsen sind. Und
ich würde in einem Monat bei Dir zu Hause mehr wahres
Glück genießen, als ich die entferntesten Aussichten habe,
auswärts zu finden, wenn mein Ausbleiben auch siebenmal
sieben Jahre umfaßte. Da mich aber eine Art von
Schickung in diese Stellung weist, so laß uns hoffen, daß
ihre Uebernahme zur Erfüllung eines guten Zweckes bestimmt ist. Ich vertraue zuversichtlich der Vorsehung,
welche mich bisher so gütig bewahrt und gesegnet hat und
zweifle nicht, daß sie im Herbst wohlbehalten zu Dir heim-
kehren werde. Die Müßigkeiten und Gefahren eines
Feldzuges werden mir sein Leid verursachen. Meine wehmüthigen Gefühle werden nur aus der Unruhe entspringen,
die Du, wie ich weiß, fühlen wirst, wenn Du allein bist.
Ich bitte Dich daher, Deine ganze Standhaftigkeit aufzubieten und Deine Zeit so angenehm als möglich zu verbringen. Nichts wird mir eine herzlichere Befriedigung
gewähren, als wenn ich dies, und zwar aus Deiner eigenen
Feder vernehme." — In einem Schreiben an seinen
Bruder Augustin ließ er der Trauer im Gedanken an
Mount Vernon noch freieren Lauf und schloß: „Ich hoffe,
daß ihr Freunde auf meine Frau reichlich besuchen und
euch bemühen werdet, ihren Muth, so viel ihr könnt, aufrecht zu erhalten, den ich weiß, daß meine Abreise ein
schwerer Schlag für sie sein wird, und fühle mich schon
aus diesem Grunde schmerzlich angegriffen." —

Wohl durfte es Washington eine Schickung nennen,
daß der Oberbefehl in dem nun beginnenden und acht
Jahre währenden Unabhängigkeitskrieg in seine reine Hand
gelegt wurde. Der neueren Geschichte fehlte sonst eines ihrer
schimmerndsten Blätter. Wir beabsichtigen nicht, die einzelnen Feldzüge mit ihren Vor- und Rückmärschen,
Schlachten und Niederlagen zu verzeichnen; ein jedes Con-
versationslexikon kann diesen Dienst versehen. Uns interessirt es nur, den Menschen Washington auch in dieser
Zeit und Stellung weiter zu beobachten.

Unser Bild stellt den Helden in kriegerischer Umgebung
dar. Als er zu Anfang des Krieges gegen Boston an-
rückte, um den Feind in dieser Festung zu belagern und
aus ihr hinauszuwerfen, war eine unzählige Menge zu-
sammengeströmt, um die Hoffnung des schwer bedrängten
Vaterlandes von Angesicht zu schauen. Aus diesem Anlaß
besitzen wir auch über sein Aeußeres etliche Aufzeichnungen.
Ein Chronist meldet: „Ich bin heute durch den Anblick
des Generals Washington entzückt worden. Seine Excellenz war zu Pferde und in Gesellschaft mehrerer Militärs.
Es war nicht schwer, ihn von allen Andern zu unterscheiden: er ist groß und gut gebaut, und seine persönliche
Erscheinung ist wahrhaft edel und majestätisch." — Die
Taxenwelt zeigte sich von seiner Gestalt noch mächtiger
hingenommen. Die hochgebildete Frau von John Adams
schrieb an letzteren: „Würde, Ungezwungenheit, Freundlichkeit: der Gentleman und der Soldat zeigen sich in ihm
auf einnehmende Weise verschmolzen. Die Bescheidenheit
hebt jeden Zug seines Gesichts. Mir fielen augenblicklich
die Zeilen Drydens ein:

Seht seinen majestät'schen Bau! Er ist ein Tempel,
Durch die Geburt geweiht, von Gottes Hand erbaut;
Die Gottheit, die dort wohnt, ist seine Seele,
Und nicht unwürdig ist der Bau des Gottes." —

(Fortsetzung folgt.)

Ernst Rietschel.

Zu Anfang dieses Jahres hat ein frühzeitiger Tod dem Wirken und Schaffen eines der größten Künstler Deutschlands ein Ziel gesetzt. Ernst Rietschel, Professor der Bildhauerei an der Akademie der Künste zu Dresden, der berühmte Meister der Lessingstatue, der Schiller-Göthe-Gruppe und des Wormser Lutherdenkmals, starb am 21. Febr. d. J., noch in der Blüthe seines Ruhmes und ohne das

letztere Werk, das eines seiner größten und gelungensten zu werden versprach, vollenden zu können. Tief und allgemein, im engeren Vaterlande wie in der ganzen gebildeten Welt, mußte daher die Trauer um den Verlust eines Künstlers sein, von dem man noch so viel Schönes und Großes zu erwarten hatte, und der zugleich so volksthümlich, so gehegt im Herzen seiner Verehrer war wie Wenige vor und neben ihm.

Rietschels höchster Ruhm und größte Bedeutung ruhen darin, daß er als Vertreter und Vollender einer neuen Richtung in der plastischen Kunst gelten kann und hiedurch eine hohe Stelle in der Kunstgeschichte sich erworben hat. Die Zeit ist noch nicht lange vorüber, wo man in der Plastik, auch da, wo es galt, die Helden des Schwertes und des Geistes monumental darzustellen, die antike Anschauungs- und Darstellungsweise der Griechen und Römer beibehielt und die Männer der Zeit mit Darangabe alles individuell Bedeutsamen und Charakteristischen, aller Lebenswahrheit und Treue in eine künstliche Erhabenheit und verschönernde Verklärung hinaufrückte. Ihre Größe ging meist weit über das gewöhnliche Maß hinaus, ihre Gesichtszüge wurden leuchtender, ihre Haltung gebieterischer, und das Zeitkostüm vertauschte man mit dem Faltenwurf der antiken Toga — mit einem Worte, sie schauten wie unnahbare Götter oder wenigstens wie griechische Helden und römische Feldherren von ihren hohen Postamenten fremd auf ihre Zeitgenossen herab. Doch diese Anschauungsweise, die im Charakter der griechischen Kunst begründet und vom griechischen Standpunkte aus, wo man die höchste Menschlichkeit in den Götterphysiognomien verehrte, wo das Element der Schönheit und Harmonie über das Besondere und Charakteristische herrschte, gewissermaßen eine Nothwendigkeit war, ist für uns eine durchaus unwahre geworden und konnte sich vor den christlichen Begriffen, welche die höchste Menschlichkeit ganz wo anders suchen, vor dem germanischen Triebe, welcher nach Sonderung und eigenartiger Auffassung des Einzelnen drängt, nicht länger mehr halten. Auch fehlte es dieser Auffassungsweise überhaupt an innerer Wahrheit. Denn die Wirklichkeit verlangt auch in der Kunst ihr Recht und läßt sich nicht ungestraft verleugnen. Man erkannte daher, daß die lebensgetreue Darstellung unserer Helden und geistigen Größen gegenwärtig die einzig richtige und begründete sei, und begann sich von den Fesseln der manierirten antiken Darstellungsweise zu befreien und das Leben in seiner schlichten, unverfälschten Gestalt und nach seiner individuellen eigenartigen Erscheinung wiederzugeben, ohne jedoch das, was man von den Griechen gelernt hatte, den Sinn für ideale Schönheit bei Seite zu setzen; es galt vielmehr die ideale Auffassung, welche dem geschaffenen Werke erst den Stempel der Kunst verleiht, mit der ganzen Wahrheit der irdischen Erscheinung zu verschmelzen. Gottfried Schadow in Berlin (1764 daselbst geboren) war der Bahnbrecher dieser gefunden neuen Richtung, welcher die monumentale Plastik unserer Zeit ihre vollendetsten Werke verdanken sollte. Mit keckem Muth versuchte er es zuerst, seine Helden des siebenjährigen Krieges so wiederzugeben, wie sie leibten und lebten, in ihrer wirklichen Tracht und bis in's Einzelne der äußeren Erscheinung. Auch ein anderer Meister der Berliner Schule, der berühmte Rauch, indem er von der antiken Auffassung immer mehr zur Naturwahrheit und Porträttreue überging, bewegte sich in der neuen Richtung vorwärts. Aber was bei Schadow nur ein gewagter Versuch, eine einzeln stehende Neuerung und bei Rauch noch nicht zur Durchbildung und Vollendung gediehen war, indem er bei seinen monumentalen Standbildern sich von der idealen Gewandung noch nicht loslagen konnte und z. B. seinen Friedrich den Großen noch mit dem antiken Mantel drapirte — das hat Rietschel bis zur letzten Consequenz durchgeführt. Er ist es, der seine Stimme am kräftigsten und unbeirrtesten für das neue Evangelium erhob und insofern einen neuen Schritt vorwärts that, als er auch die Heroen des Geistes nach ihrem vollen leibhaftigen Dasein uns wieder geboren hat. Sein Lessing, sein Göthe und Schiller sind aus der Verhüllung der antiken Gewandung hervorgetreten und tragen den Rock, die Schnallenschuhe und die Perücke ihrer Zeit, und doch leuchtet aus dieser Hülle ihr genialer Geist und ihre schöpferische Größe hervor. — Rietschel's Name knüpft sich vorzugsweise an seine großen Monumentalstatuen, in denen er das vereinigt hat, womit die Nation das Gedächtniß des Höchsten und Besten verbindet, und so ist er ihr Liebling geworden. —

Rietschel ging wie viele Genie's aus dürftigen und ungünstigen Verhältnissen hervor. Sein Vater war ein armer Beutler und zugleich Küster in Pulsnitz, einem Städtchen in der sächsischen Lausitz, wo unser Künstler am 15. Februar 1804 das Licht der Welt erblickte. Schon im zartesten Knabenalter bekundete er lebhafte Lust am Zeichnen, und illustrirte oder colorirte auf Bestellung Geburtstags- und Neujahrswünsche. Doch die Dürftigkeit seiner Familie eröffnete ihm keine Aussicht auf eine künstlerische Laufbahn, und so wurde er, um der Schule entlassen, bei einem kleinen Kaufmann in die Lehre gegeben. Da ihm dieser aber nach kurzer Zeit alles geschäftliche Talent absprach, so suchte man es doch möglich zu machen, ihn auf die Kunstakademie in Dresden zu bringen, was in Folge der Bemühungen eines besonderen Gönners auch gelang. Im Jahre 1820 trat der sechszehnjährige Jüngling hier als Zögling ein, hatte aber viel mit Sorgen zu kämpfen. Doch bei seiner Begabung durchflog er schnell die unteren Classen und galt als einer der fähigsten Schüler, dessen Arbeiten die günstigsten Hoffnungen erweckten. Dies bestimmte den Grafen Einsiedel, welcher für seine Eisengießerei in Lauchhammer einen geschickten Modelleur suchte, ihn als solchen im Atelier des Bildhauers Pettrich in Dresden ausbilden zu lassen. Dieser lehrte ihn jedoch wenig lehren, und der junge Künstler mußte hier seine Anlagen selbständig entwickeln und Auge und Hand nach eigenen Gedanken üben. Was Rietschel geworden, ist größtentheils sein eigenes Werk. Schon im Jahre 1826 modellirte er auf eigene Hand eine in Lauchhammer in Eisenguß ausgeführte 8 Fuß hohe Neptunsstatue, welche den Marktbrunnen in Nordhausen zu zieren bestimmt war. Diese wohl ausgeführte Arbeit verschaffte ihm die Gunst des Ministers Einsiedel, durch welchen unterstützt er noch in demselben Jahre bei Rauch in Berlin in die Lehre trat. Rauch war der Entwicklung so viele Begabung verrathenden Schülers auf alle Weise förderlich, und von seinem Umgange empfing der junge

Rietschel die durchgreifendste Einwirkung. Sein Verhältniß zu diesem Meister wurde ein beglücktes und
vertrauensvolles und gestaltete sich in späteren Jahren
zur innigsten Freundschaft. Schon nach zwei Jahren
befand sich Rietschel unter denjenigen, welche sich um
das große akademische Stipendium zu einer Kunst-
reise nach Italien bewarben. Die Aufgabe bestand
darin, in einem Relief den Abschied des Ulysses von
der Penelope darzustellen. Rietschels Arbeit wurde
für die preiswürdigste erkannt. Da er aber als Ausländer den Preis nicht erhalten konnte, so bewilligte
ihm auf Empfehlung des Berliner Senats und
Rauchs die sächsische Regierung ihrerseits die zu seiner
Ausbildung in Italien nöthige Summe von 400 Thalern. Rietschel blieb inzwischen noch eine Zeit lang
bei Rauch und begleitete ihn nach München, um an
dem Monumente für König Maximilian Josef und
bei der Ausschmückung des Giebelfeldes der dortigen
Glyptothek seinem Meister thätige Hülfe zu leisten.
Das Modell des Vasenmalers im genannten Giebel-
felde ist von Rietschel. Auch war er mit Rauch bei
Göthe, um dessen Büste zu fertigen, und er erzählte
gerne davon, wie er den großen Dichterfürsten mit
eigenen Augen geschaut habe. „Als mich Göthe
zuerst ansah", äußerte er gegen Berthold Auerbach,
„da war's, als ob dessen ganzes Gesicht lauter
Augen wäre, solch ein Auge sieht man nicht mehr
auf der Welt." — Die italienische Reise trat Rietschel erst im August 1830 an, wurde aber schon
im folgenden Jahre nach Berlin in die Werkstatt
seines Meisters zurückberufen, um nach dem Ergebniß
eingereichter Skizzen das für den Dresdener Zwinger
bestimmte große Monument für den verstorbenen
König Friedrich August von Sachsen auszuführen.
Dem Berliner Aufenthalte gehörten übrigens nur die
Vorarbeiten zu diesem Denkmale an, Rietschel vollendete es in Dresden, wohin er 1832 als Professor
der Bildhauerei an der dortigen Kunstakademie berufen worden war und selbst als Meister an der
Spitze einer tüchtigen und rührigen Schule stand.
Aus Liebe zum Heimathlande ist er dieser Stadt
von da ab bis zu seinem Tode getreu geblieben,
selbst ein glänzender Ruf als Direktor der Akademie
in Berlin, der im vorigen Jahre vom Minister von
Bethmann-Hollweg an ihn erging, konnte ihn nicht
locken. —

Sein späteres Leben war, wenn ihn nicht ein
vorhandenes Brustleiden an der Arbeit hinderte, ein
unablässiges Schaffen. Fast jedes Jahr hat neue
Schöpfungen oder wenigstens neue Ideen und Entwürfe aufzuweisen. Leider wurden die trefflichen
Arbeiten des Künstlers, da sich schon vor längeren
Jahren die ersten bedeutenden Anzeichen des Schwind-
sucht einstellten, die ihn so frühzeitig dahinraffte.
durch jährlich wiederholte Badereisen und vor sechs
Jahren durch einen längeren Aufenthalt in Palermo
zur Kräftigung seiner Gesundheit unterbrechen. Auch
suchten ihn anderseitig schwere Schicksalsschläge heim.
Dreimal mußte ein Künstler von so feiner und zarter
Empfindung am Grabe der Lebensgefährtin stehen. —

In seinem Künstlerberufe war er gewissenhaft
und treu, und wiewohl er aus der Fülle seines
schöpferischen Geistes frei und leicht hervorzubringen
vermochte, so konnte er sich doch in Ausbesserung
und Vollendung des Geschaffenen nie genug thun.
Die Kunst war ihm ein heiliger Lebensberuf und
eine heilig-ernste Liebe für dieselbe durchwebte seine
ganze Persönlichkeit.

Rietschel war auch ein edler, liebenswürdiger
Mensch. Etwas wortkarg und zurückhaltend, aber
sonst freundlich, erfreute er Alle, die ihm persönlich
nahe standen, im engeren Verkehre durch sein mildes,
liebenswürdiges Wesen. Eine tiefe christliche Religiosität, ein edles, reines Herz bildete den Grundzug
seines Wesens. In kirchlichen und politischen Dingen
war er streng conservativ. Für alles Naturgesunde,
für alle markigen Erscheinungen in der Poesie hatte
er einen feinen Blick. Seine Persönlichkeit zeigte in
den letzten Jahren die Spuren einer schwächlichen,
den aufreibenden Anstrengungen erlegenen Constitution.

In seinen Kunstschöpfungen zeigt sich Rietschel
als einen Schüler und Geistesverwandten Rauchs.
Die Ruhe und Würde, das Gehaltene und Leidenschaftslose spricht sich in den Statuen des Einen wie
des Andern aus. Gleich jenen seines Lehrers tragen
Rietschels Werke das Gepräge ewiger Jugend und
Schönheit und damit das Siegel unvergänglicher
Gültigkeit. Waren seine ersten Gestalten auch träumerisch und in sich versunken, so hat er sich doch
zu einer kräftigeren Style emporgehoben, weil entfernt von aller empfindelnden Schwächlichkeit wie un-
plastischen Schärfe. Sein Genius war in einer
immer glänzenderen Entfaltung begriffen und das
Interesse der Nation an dem ausgezeichneten Künstler
war in fortwährendem Wachsen. Bei der inneren
Empfängniß seiner Ideen und Entwürfe erschien er
wie ein Seher. Eine schöne, innige Verklärung des
Gemüths kam in diesen weihevollen Stunden über
ihn, und die Augen schließend, empfing er seine
Gestalten gleichsam wie aus einer göttlichen Ein-
gebung.

Der Kreis seiner Thätigkeit schloß sich aber nicht
etwa mit Gegenständen der monumentalen Plastik
ab, sondern der äußerst fruchtbare Künstler hat auch
hervorragende Werke der idealen oder freigestaltenden
Plastik und vortreffliche lebenswahre Porträtstatuen
geschaffen.

In der Idealplastik sind seine Werke theils von
antikisirender, theils von christlich-mittel-
alterlicher Form. Zur ersteren Art gehören die
zwölf umfangreichen Reliefs für die Uni-
versitäts-Aula in Leipzig (1835—38), welche
die bedeutendsten Ereignisse und Zeitalter der menschlichen Culturgeschichte in fortschreitendem Zusammenhange darstellen. Sie sind durchbildet und gehalt-
voll von wahrhaft ergreifender Schönheit. In
jedem einzelnen Zeitabschnitte drückt sich im Style
der Charakter der jedesmaligen Epoche aus, und
trotzdem ist die Einheit des Ganzen gewahrt. Die
Gruppen auf den Giebelfeldern des neuen

41*

Dresdener Hoftheaters, 1839—40 in Gemeinschaft mit seinem Schüler Hähnel ausgeführt, besitzen zwar nicht die architektonische Strenge der Alten, auch sind sie etwas überladen, doch sind die einzelnen Gestalten untadelhaft. Ferner wollen wir hier noch erwähnen die Modelle für das Giebelfeld des neuen Opernhauses in Berlin (1844 bis 1845), die herrlichen Reliefdarstellungen der vier Tageszeiten (1850), zwei Reliefs von Amor auf dem Panther (1852), die Medaillons und Zwickelfiguren, welche er als trefflichen Schmuck dem neuen Dresdener Museum gegeben hat (1851 bis 54), und die kolossale Quadriga für das herzogliche Schloß in Braunschweig mit der klassisch-idealen Gestalt der Brunonia, einem Produkte der reifsten Meisterschaft. (1859). Die Werke des christlich-

religiösen Anschauungskreises, welche seinem frommen Sinne am nächsten lagen, bekunden eine warme und innige Auffassung, eine Schilderung der Seelenzustände, wie sie die Plastik nicht leicht aufzuweisen hat, und sind in der Form von individueller Charakteristik und ächt deutsch. — Das Vorbild Peter Vischers scheint in dieser Beziehung tief auf ihn eingewirkt zu haben. Welche Wärme und Innigkeit spricht sich in den Gesichtern der Engel aus, die in dem Relief des Christengels (1845) das Christuskind vom Himmel der Welt entgegentragen! welche Frömmigkeit und tiefinnerste Empfindung durchdringt das Ganze, und in welchem erhabenen und großartigen Style sind die Formen der Körper und Gewänder angelegt! Das vollendetste Werk dieser Gattung aber ist die von König Friedrich Wilhelm IV. von Preußen für die Friedenskirche in Pots-

Weber-Denkmal in Dresden.

dam bestellte und 1846 in Marmor ausgeführte Gruppe: Maria am Leichnam Christi knieend, welche das gleiche Werk Michel Angelo's noch weit übertrifft. Wie ergreifend und zugleich erhebend ist hier die Tiefe und Gewalt des Grames auf das Antlitz der schmerzensreichen, vor dem edelsten Sohne knieenden Mutter geprägt! Dem entspricht vollkommen die strenge, beinahe herbe Linienführung und Anordnung. Eine unendliche Wahrheit und Tiefe liegt in diesem Vorgange, der sich gleich weit entfernt hält von allem effektvollen Pathos wie von weichlicher Sentimentalität und in seiner ewig menschlichen Bedeutung aufgefaßt ist. Gypsabgüsse davon finden sich in den Museen zu Dresden und Leipzig.

An einer Menge ausgezeichneter Porträts, so an den Medaillonreliefs Berthold Auerbachs, Emil Devrients, Moritz Schwinds, an denen Rauchs, Felix Mendelssohns u. a. hat der Künstler bewiesen, wie trefflich er das charakteristisch-individuelle Leben zur Darstellung zu bringen vermochte. Hierher rechnen wir auch die ornamentalen Porträtstatuen rechnen, welche Rietschel für die Nischen des Dresdner Theaters und für die Attika des neuen Museums daselbst ausführte, die Statuen Göthes, Schillers, Glucks und Mozarts (1841—43) und die von Phidias, Perikles, Dürrer, Giotto, Holbein und Göthe (1852 bis 1854). Erstere sind in der Form noch zu starr und gezwungen und stehen hinter dem weimar'schen Jubeldenkmale weit zurück; letztere dagegen zeigen die höchste Schönheit und Vollendung.

Wie schon erwähnt, wurde Rietschels Ruhm und kulturgeschichtliche Bedeutung durch seine Monumentalstatuen begründet. Zu seinem Erstlingswerke dieser Art, der auf der Promenade Leipzigs stehenden Statue des Agronomen Albrecht Thaer hatte er die Meisterschaft noch nicht erreicht. Eine stille Beschaulichkeit war für Thaers praktische Natur wenig geeignet; auch hatte der Künstler hier die antike Manteldraperirung noch festgehalten. Erst in der 9 Fuß hohen Statue Lessings für Braunschweig (1839) hat er seinen Beruf bewiesen, die großen Männer unseres Geisteslebens nach ihrer wirklichen Erscheinung und geschichtlichen Bedeutung dem Volke in Erz und Marmor wieder zu schaffen. Das Zeitcostüm ist hier ohne Umschweif wieder gegeben, die volle Einheit von geschichtlicher wie individueller Wahrheit und idealer Verklärung vollzogen. Ganz wie er im Leben war, steht der kühn reformatorische Geistesheld, der die Bahn einer neuen Entwicklung gebrochen, wie zum Kampf und Angriff bereit. Dabei ist die Auffassung einfach und würdevoll und frei von allem theatralischen Wesen. — Mit der Lessingstatue begann eine neue Aera in Rietschels Laufbahn. Vom ängstlichen, befangenen Jünger, der das Material durch die Idee noch nicht vollständig zu bezwingen vermochte, hatte er sich zur Meisterschaft eines freien, den künstlerischen Schaffens erhoben. Die Lessingstatue begründete Rietschels Ruhm und wurde auf der großen Kunstausstellung in Paris als eines der bedeutendsten Werke moderner Plastik mit dem großen Preise gekrönt.

Als die Göthe-Schiller-Gruppe für Weimar ausgeführt werden sollte und König Ludwig von Bayern, welcher das Erz dazu hergab, das Zeitcostüm als Bedingung stellte, Rauch aber, welchem die Ausführung übertragen war, auf die antike Gewandung nicht verzichten wollte, wenn anders konnte man die schwere Aufgabe stellen, als dem Schöpfer der Lessingstatue? Wie Rietschel die Lösung dieser Aufgabe gelang, davon gab der Beifallsjubel und die Begeisterung der Septembertage in Weimar im Jahr 1857 das lauteste Zeugniß. Der Meister hat es vortrefflich verstanden, dem deutschen Volke die Gestalten seiner erklärten Lieblinge mit vollendeter Lebenswahrheit vor die Augen zu stellen, zugleich aber auch den Schönheitsgesetzen der Plastik vollkommen zu genügen. Ganz wie sie im Leben waren, so stehen sie wieder vor uns, zugleich die geistige Bedeutung ihres Strebens und Schaffens und ihren hohen neidlosen Freundschaftsbund vor die Seele rufend. Die straffe, markige Gestalt Göthe's steht in sicherer Haltung mit festen Füßen auf dem Boden, mit ruhigem, klarem Blicke und durchdringendem Verständniß schaut er in's Leben, während Schiller, die Erde vergessend, im Aufschwung der Gedanken halb schwebenden Fußes sein ideales Antlitz zum Himmel emporhebt, an die Worte erinnernd, die Göthe dem früh dahin geschiedenen Freunde nachrief:

„Und hinter ihm im wesenlosen Scheine
liegt, was uns alle bändigt, das Gemeine."

Die auf die Schulter Schillers gelegte Hand Göthes, den hohen Freundschaftsbund andeutend, sowie der Lorbeerkranz, das Symbol der ruhmgekrönten Poesie, den Göthe fest und sicher gefaßt hat, während ihn Schiller, dem eine kurze Lebensbahn beschieden war, nur leise streifend berührt, bilden das Band zwischen beiden Gestalten.

Die Septembertage 1857 waren der Glanzpunkt in Rietschels Leben. Es ist bekannt, welch endloses Hoch dem Meister entgegengebracht wurde, und wie ihn der Großherzog auf dem im Angesichte des Denkmals aufgerichteten Balkon rief und vor Aller Augen umarmte.

In das Jahr 1858 fällt das Denkmal Carl Maria von Webers, in der Nähe des Dresdner Theaters errichtet. Auch hier hat Rietschel in dem weichen und harmonischen Fluß der Linien, in dem milden, nach oben gewendeten Haupte, welches gleichsam den Tönen lauscht, den spezifischen Charakter des Musikers fein und treffend zur Erscheinung gebracht.

Im Jahre 1859 wurde Rietschel der ehrenvolle Auftrag, für Worms das Lutherdenkmal auszuführen. Mit Wärme und Eifer unterzog er sich der schönen Aufgabe, die seinem künstlerischen wie religiösen Sinne gleich verwandt war, aber der Tod trat der Vollendung dieses Werkes, welches das Hauptwerk seines Lebens werden sollte, entgegen. Doch ist die

Hauptstatue Luthers und die Postamentstatue Wiclefs fertig geworden. Noch an der Grenze seines Lebens legte Rietschel im Krankenzimmer an die Lutherstatue die letzte Hand. Und wie am Sarge Raphaels die eben vollendete Transfiguration stand, so hatten am Begräbnißtage die trauernden Schüler den Leichnam ihres Meisters in der Werkstatt zu den Füßen der Lutherstatue, zur Rechten Wiclef und zur Linken das Modell des gesammten Denkmals, ausgestellt. Tausende folgten in stummer Trauer dem Sarge des Verblichenen, an dem das projektirte Arndt-Denkmal für Bonn und das Carl August-Denkmal für Weimar den ihnen bestimmten Meister, an welchem Deutschland einen seiner edelsten Söhne verloren hat.

Die Telegraphie in alter und neuer Zeit.

Von Ph. Huber.

(Schluß von Seite 308.)

Der Wheatstone'sche Nadeltelegraph.

Als Gauß und Weber in Göttingen, sowie Steinheil in München bereits ihre einfachen Telegraphenapparate erfunden hatten, wobei, wie wir gehört haben, nur eine Magnetnadel erforderlich war, richtete der englische Physiker Wheatstone im Vereine mit seinem Landsmanne Cook einen, anfänglich mit fünf und dann mit zwei Nadeln nebst entsprechend vervielfachter Drahtleitung arbeitenden Telegraphen für den öffentlichen Verkehr ein. Erst geraume Zeit nachher construirten sie den nach ihnen benannten einfachen Nadeltelegraphen, der in England, wo er patentirt wurde, zum Theil heute noch in Anwendung ist.

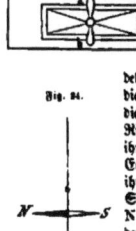

Fig. 23.

Fig. 24.

Fig. 23 stellt den Wheatstone'Cook'schen Nadeltelegraphen nach seiner vordern Ansicht dar. Das Besondere desselben ist, daß hiebei eine sogen. astatische Nadel angewendet wird. Es sind dies zwei Magnetnadeln, Fig. 24, die so miteinander in paralleler Richtung fest verbunden sind, daß ihre Pole die verkehrte Lage haben. Es lehrt nämlich die eine Nadel ihren Südpol S nach derjenigen Seite, nach welcher der Nordpol N der andern gerichtet ist. Dadurch erreicht man, daß der Erdmagnetismus auf die Nadeln keinerlei Einfluß hat, weil sich näm- lich das Bestreben der beiden Nadeln, nach entgegengesetzter Richtung abzulenken, gegenseitig aufhebt. Die also verbundenen Nadeln vermögen darum, der geringsten anderweitigen Einwirkung — hier der des galvanischen Stromes — zu folgen. Bei dem Telegraphen, Fig. 23, stehen nun die beiden Magnetnadeln so vertikal, daß die eine innerhalb eines Gehäuses in Mitte eines Multiplicatordrahtes (Fig. 22) sich befindet, während die andere, in Fig. 23 sichtbare Nadel vor dem Gehäuse die nämlichen Bewegungen macht, wie die innerhalb des Multiplicators befindliche Nadel.

Unten am Gehäuse sieht man einen Griff ab, den sogen. Schlüssel, Commutator oder Stromwender. Dieser hat den Zweck, daß bei dessen beliebiger Drehung nach links oder rechts der elektrische Strom bald in der einen, bald in der andern Richtung im Multiplicatordraht um die Magnetnadel geführt und dadurch eine Ablenkung der Nadel nach links oder rechts (vgl. oben Fig. 21 und 22) bewirkt werden kann.

Die verschiedenen Ablenkungen des obern Nadelendes nach links, rechts, linkslinks, linksrechts, rechtslinks ꝛc., wie solche in der Figur angedeutet sind, geben dann wie bei dem Gauß-Weber'schen Telegraphen die zu telegraphirenden Zeichen, Buchstaben und Ziffern an. Zwei seitlich angebrachte Stifte verhüten, daß die Nadel zu stark ausschlägt.

Wird nun mit dem genannten Apparat nicht telegraphirt, so steht der Griff oder Stromwender ab aufrecht. In diesem Falle ist die Drahtleitung zwischen der Batterie und dem Telegraphen unterbrochen, da die von dem Multiplicator herführenden beiden Drahtenden nicht in einer leitenden, d. h. Metallverbindung miteinander sind. Je nachdem aber der Griff seitlich nach links oder rechts gedreht wird, kommen durch angebrachte Stahlfedern, die dann gegen den metallischen Theil des Stromwenders drücken, beide Drahtenden in leitende Verbindung. In Folge dessen geht ein Strom durch den Multiplicator und bewirkt die Ablenkung der Magnetnadel.

Noch ist zu bemerken, daß vor dem Telegraphiren irgend ein Signal gegeben wird. So namentlich durch den sogen. Wecker, dessen Einrichtung wir weiter unten noch beschreiben werden. Auch geben gewisse Ablenkungen der Nadel die Worte „Verstanden" oder „Nichtverstanden", „Warte" x. an, welche Correspondenzen die Telegraphisten behufs der zu machenden Mittheilungen unter sich wechseln.

Da das Zeichengeben vermittelst nur einer Nadel, z. B. bei mehreren Ausschlägen ziemlich complicirt und zeitraubend wird, so ersetzen Wheatstone und Cook den beschriebenen Apparat später durch den Doppelnadel-Telegraphen. Durch diesen wird ein Theil der telegraphischen Zeichen durch eine Nadel und der andere Theil durch die Ablenkung beider Nadeln angegeben. Von noch andern zur theilweisen Einführung gelangten Nadeltelegraphen wäre noch der von Bain in Edinburg construirte und von Etling in Wien verbesserte Telegraph anzuführen. Da aber ihre wesentliche Einrichtung die gleiche ist wie beim Wheatstone'schen, und da alle diese Telegraphen in Deutschland längst durch die im Folgenden beschriebenen verdrängt wurden, so können wir füglich von einer nähern Erklärung derselben Umgang nehmen.

Diese neuern elektrischen Telegraphen sind die Zeiger- und Drucktelegraphen.

Ehe wir aber auf die Beschreibung dieser Telegraphen eingehen können, müssen wir noch vorher einer Wirkung des elektrischen Stromes gedenken, die in ihrer Art ebenso merkwürdig ist, als sie in der Anwendung äußerst wichtig für die elektrische Telegraphie wurde. Es ist dies die von Sturgeon im Jahr 1825 zuerst entdeckte Wirkung des galvanischen Stromes, daß ein Stück weiches Eisen, wenn es von dem Strome umkreist wird, magnetisch wird, aber nur für so lange, als die elektrische Strömung andauert.

Mit dieser Entdeckung trat die Entwickelung der elektrischen Telegraphie in eine neue und entscheidende Phase und es gebührt darum dem genannten Gelehrten nicht nur der Ruhm, der eigentliche Entdecker des überhaupt und in so mancherlei Beziehungen so Großartiges bewirkenden Elektromagnetismus zu sein, sondern, wenn zwar auch nur indirekt, sich für die elektrische Telegraphie besonders verdient gemacht zu haben.

Bei den meisten Anwendungen des genannten Elektromagnetismus und so namentlich in der Telegraphie ist die getroffene Vorrichtung und die dabei wahrgenommene Erscheinung eine mit der folgenden übereinstimmende:

Fig. 25.

Ein hufeisenförmig gebogener Stab von weichem Eisen wird mit einem mit Seide oder Baumwolle umsponnenen, also isolirten Draht, in vielen Windungen so umwickelt, wie Fig. 25 zeigt. Werden dann die beiden Draht-

enden in b und c mit den beiden Polen einer galvanischen Batterie in Verbindung gesetzt, so wird das hufeisenförmige Eisenstück augenblicklich zum Magneten und zieht einen entgegengehaltenen eisernen sogen. Anker a mit um so größerer Kraft an, je kräftiger die Batterie wirkt, und auch je mehr Drahtwindungen vorhanden sind. Dabei erscheint bei einem rechtsgewundenen Drahte, wie die Figur zeigt, an dem Ende des Hufeisens, wo der positive Strom eintritt, also in b, immer der magnetische Südpol und an dem Ende c, wo der Strom austritt, der Nordpol. Bei einer Drahtwindung, die von links nach rechts gienge, entstünde aber die umgekehrte Polarität. Der auf die genannte Weise hervorgerufene magnetische Zustand des Hufeisens dauert übrigens nur so lange, als der galvanische Strom dasselbe umkreist. Sobald der Strom unterbrochen und der Anker wieder entfernt wird, hört das weiche Eisen auf, ein Magnet zu sein.

In dem Umstande nun, daß das weiche Eisen für einen Augenblick, d. h. so lange, als es vom galvanischen Strom umkreist wird, vermöge des dabei erregten Magnetismus den Anker a anzieht und dieser aber durch eine angebrachte leicht wirkende Stahlfeder sogleich wieder abgezogen wird, wenn der Strom unterbrochen und dadurch der magnetische Zustand aufgehoben ist — liegt das bewegende Princip, das der neueren Telegraphie durchweg zu Grunde liegt. Denn es bedarf jetzt nur einer Vorrichtung, um die wechselnde Bewegung, d. h. das An- und Zurückziehen des Ankers auf irgend einen Mechanismus zu übertragen, durch welchen entweder ein Zeiger, auf einer Art Zifferblatt die dort verzeichneten Buchstaben und Ziffern angebend, bewegt wird, — oder vermittelst dessen selbst irgend welche Zeichen auf einen Papierstreifen eingedrückt werden.

Unter denjenigen, welche die genannte Entdeckung auf die Zusammensetzung zweckmäßiger telegraphischer Apparate anzuwenden verstanden, sind nun hauptsächlich der schon wiederholt genannte geniale Wheatstone, sodann der Amerikaner Morse und Siemens und Halske in Berlin zu nennen.

Der Erstere construirte zunächst den auf dem eben erwähnten Princip beruhenden sogen. Alarm, Wecker oder das elektromagnetische Geläute, sowie dann den ersten elektromagnetischen Zeigertelegraphen.

In dem Alarm oder Wecker, der auf den meisten Telegraphenstationen eingeführt wurde, sehen wir die Wirkung des Elektromagnetismus bezüglich einer Zeichengebung in die Ferne in der einfachsten Weise.

Es ist in Fig. 26 M der sogen. Elektromagnet, d. i. das hufeisenartig gebogene Stück Eisen, das mit einem isolirten Leitungsdraht umwickelt ist. Dem Magneten gegenüber befindet sich der Anker A, der mit einem Arme a verbunden ist, welcher sich um den Punkt c dreht und sich oben durch einen Haken bei b gegen die Zähne des Rades R stemmt. Eine elastische Feder f drückt den Arm a sammt dem Haken beständig gegen die Zähne des Rades R.

Das genannte Rad R gehört zu einem sogen. Wecker, von gewöhnlicher Einrichtung, dessen Räderwerk innerhalb des Gehäuses sich befindet und der oben eine Glocke g trägt.

Fig. 26.

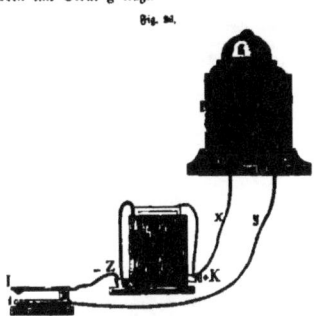

Ist nun der Wecker aufgezogen und sind auch Gewichte oder Federn an dem Räderwerke thätig, so kann das Rad R sich doch nicht drehen, da es der entgegenstehende Haken h verhindert. Leitet man nun aber durch die Drähte x und y einen galvanischen Strom um das Hufeisen, so wird dasselbe zu einem Magneten. Dieser zieht dann den Anker A an. Dabei dreht sich der Arm a so um den Punkt c, daß der Haken h oben ausgelöst wird und es kann das Rad R sich vermöge der wirksamen Gewichte rc. frei drehen. Es geräth also der Wecker in Thätigkeit und die Glocke g ertönt so lange, bis das Triebwerk abgelaufen oder das Rad wieder zum Stillstehen gebracht ist. Das Letztere tritt aber dann ein, wenn der elektrische Strom, also auch der Magnetismus des Hufeisens M aufhört und der Anker mit dem Arme a nicht mehr an-, sondern vielmehr durch die Wirkung der Feder f von dem Elektromagneten abgezogen wird.

Um nun aber das plötzliche Ertönen der Glocke g, sowie deren Stillschweigen zu bewirken, braucht es nur einer einfachen Vorrichtung, durch welche der galvanische Strom augenblicklich hergestellt oder unterbrochen wird.

Dies wird auf folgende Weise bewirkt: B ist eine einfache Batterie, bestehend z. B. aus einer Kupfer- und Zinkplatte, die in verdünnter Schwefelsäure eingetaucht sind. Diese Batterie denke man sich an dem Orte, wo man ein Signal in die Ferne geben will. Wir wollen diesen Ort die Abgangsstation, den andern Ort in der Ferne aber die Empfangsstation nennen.

Vom + oder Kupferpol K der Batterie geht nun der Leitungsdraht x nach dem Elektromagneten M des Alarms, der sich auf der Empfangsstation

befindet. Von dem Elektromagneten geht dann die Fortsetzung des Drahts zurück nach der Abgangsstation, wofür man zwar heutigen Tages keine zweite Drahtleitung mehr braucht, da die Rückleitung durch die Erde stattfindet. Auf der Abgangsstation steht der Rückleitungsdraht mit einem Metallstabe i in Verbindung. Diesem gegenüber befindet sich die elastische Metallfeder l, die rechts durch ein nichtleitendes Elfenbeinstück von dem unter ihr liegenden Metallstab i isolirt, aber damit doch fest verbunden ist. Die Feder l, der sogen. Drücker, endlich ist durch einen Draht mit dem — oder Zinkpol Z der Batterie verbunden.

Im gewöhnlichen Zustande berühren sich die Feder l und das Metallstück i nicht, und es ist dann die Verbindung zwischen dem positiven und negativen Pol der Batterie unterbrochen; — die galvanische Kette ist offen.

Sobald nun aber die Feder l abwärts gedrückt wird, so berühren sich diese und das Metallstück i an ihren sich gegenüberliegenden Ansätzen. Die Kette ist geschlossen; — der galvanische Strom geht vom Kupfer durch den Leitungsdraht x an den Elektromagneten und durch y und die Erde über i und l nach dem Zinkpol der Batterie zurück.

Der Anker A wird jetzt angezogen, also der Haken bei h ausgelöst, und der Wecker gelangt in Thätigkeit.

Hierdurch wird man auf der Empfangsstation aufmerksam gemacht und das eigentliche Telegraphiren beginnt dann, nachdem der Telegraphist auf der genannten Station seinen Collegen auf der Abgangsstation durch die ganz gleiche Vorrichtung zu erkennen gegeben hat, daß er bei der Hand und der zu machenden Mittheilung gewärtig sei.

Der Wheatstone'sche Zeigertelegraph

wird auf eine ähnliche Weise in Thätigkeit gesetzt, wie der beschriebene Alarm.

Fig. 27 versinnlicht den Zeigerapparat. MM' sind zwei Elektromagnete. Jeder derselben besteht aus zwei hintereinander stehenden Eisenkernen, deren obere Enden bei m und m' sichtbar sind. Die Eisenkerne stecken in hölzernen Spulen, auf welchen der Leitungsdraht aufgewickelt ist. Unten sind die beiden zusammengehörenden Eisenstücke oder Schenkel durch ein eisernes Querstück verbunden.

Den beiden Elektromagneten steht der Anker AA' gegenüber, mit welchem eine sogen. Hemmung oder das Echappement hh', ähnlich wie bei Uhrwerken, verbunden ist. Die Hemmung hh' greift abwechselnd in das Rad B ein. Der Anker selber bildet einen gleicharmigen, um c drehbaren Hebel.

Durch den Draht d wird nun der elektrische Strom nach dem oben am Apparate befindlichen Metallsäulchen a geleitet. Von dort gehen die Drähte x und y sowohl nach dem links, als nach dem rechts befindlichen Elektromagneten. Die von hier aus-

gehenden Drahtenden v und w und die damit verbundenen Drähte p und q werden abwechselnd mit

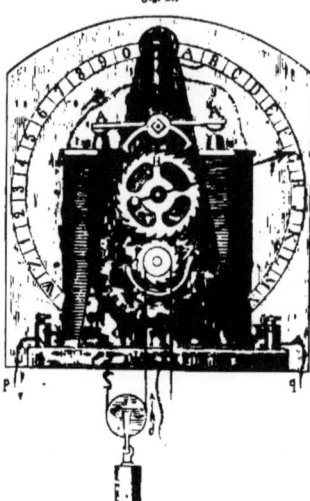

Fig. 27.

dem negativen Pol der Batterie in Verbindung gesetzt.

Geht nun z. B., während der Draht p
mit dem negativen Pol verbunden ist, der
Strom durch d und das Säulchen s vermittelst des Drahtes x nach dem links befindlichen Elektromagneten M, so wird das Ende
A des Ankers abwärts gezogen. Wird der
Strom aber so gewechselt, daß er von den
Säulchen s durch den Drath y nach dem Magneten M' gelangt, so wird das entgegengesetzte
Ende A' des Ankers nach unten gezogen.
Beim jedesmaligen Spiel des Ankers wird
nun die Hemmung hh' welche einen Zahn des
Sperrrades B ergriffen hat, frei gelassen und
es dreht sich das letztere dabei jedesmal um
einen Zahn vorwärts, da Gewichte und Räderwerk die Bewegung dann bewirken.

Mit dem Sperrrade ist ein Zeiger s verbunden, der auf einen eingetheilten Kreis hinweist,
auf welchem die einzelnen Buchstaben des Alphabets
und die Ziffern enthalten sind.

Wir unterlassen, auf das Weitere, namentlich
auch auf die besondere Art der Herstellung und
Unterbrechung des galvanischen Stromes einzugehen,
da dieser Telegraph außer Anwendung gekommen

ist, und werden uns nun zu den neuern in Deutschland eingeführten elektrischen Telegraphen.

Dieß ist zunächst der

Siemens-Halske'sche Zeigertelegraph.

Dieser von Siemens und Halske in Berlin
erfundene elektromagnetische Telegraph ist in seiner
Art ein wahres Meisterstück genialer Auffassung
und sinnreicher Ausführung.

Fig. 28 zeigt das Wesentlichste dieses Telegraphen. Eine vollständige Zusammensetzung des
ganzen Apparats zeigt dann die folgende Fig. 29.

M und M' sind die beiden Schenkel des Elektromagneten, bestehend aus zwei Eisenkernen, von denen
man aber nur den obern Theil sieht, da dieselben
senkrecht auf einer darunter befindlichen Platte befestigt sind. Das untere Ende der beiden Schenkel
ist durch ein eisernes Querstück verbunden. Oben
sind die beiden Pole mit eisernen sogen. Schuhen
versehen, gegen welche der um den Punkt a drehbare Anker AA' angezogen wird. In dem Punkte
a ist sowohl der rechts zeigende Arm IIII', als der
kürzere abwärts gehende Arm af mit dem Anker
verbunden. Von dem Ende II' des längern Armes
IIII' geht ein Haken aus, der oben in ein gezahntes
Rädchen R eingreift.

Sobald nun der Elektromagnet durch einen durch
p eingeleiteten galvanischen Strom magnetisch wird,
wird der Anker AA' angezogen. Dabei hebt sich
der in II' befestigte Haken und schiebt sich auf dem
Zahnrädchen R um einen Zahn vorwärts. Wird
der Strom unterbrochen, so wird, vermöge des von
der Stahlfeder F ausgeübten Zuges, der Arm af
nach links und der Anker von dem Elektromagneten
abgezogen. Alsdann aber geht der Punkt II' des

Fig. 29.

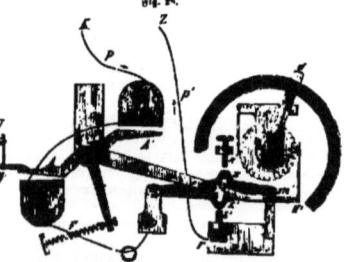

längern Armes IIII' abwärts und es wird das
Rädchen R in der Richtung des Zeigers einer Uhr,
also nach rechts gedreht. Dabei bewegt sich in
gleicher Richtung ein Zeiger LB und weist auf
einer Art Zifferblatt auf einen anzugebenden Buchstaben oder auf eine Ziffer.

Ein links bei a eingreifender sogen. Sperrhaken verhindert, daß das Rädchen R sich rückwärts drehe.

Das Telegraphiren wird nun auf folgende Weise ausgeführt:

Der eingetheilte Kreis oder das Zifferblatt enthält, wie beim Wheatstone'schen Zeigertelegraphen, die Buchstaben des Alphabets, sowie die nöthigsten Ziffern. Oft gebrauchte Buchstaben kommen wohl auch mehrmals vor. In der Ruhelage steht der Zeiger senkrecht aufwärts vor dem Buchstaben A. Beim Telegraphiren wird nun jedes einzelne Wort buchstabirt; d. h. soll z. B. das Wort „Herr" telegraphirt werden, so geht der Zeiger bis zum Buchstaben H; hier hält er einen Augenblick inne, geht dann auf dem ganzen Zifferblatt herum bis E; nach einem kurzen Stillstande bewegt sich derselbe wieder über die ganze Peripherie bis wieder zu E und dann bis R. Der Zeiger signalisirt also nacheinander H, E, E, R, d. i. = „Herr".

Da bei einem jedesmaligen Unterbrechen des den Elektromagneten MM' umkreisenden galvanischen Stromes das Rad R um einen Zahn vorrückt, so geht hiebei auch der Zeiger bR jedesmal um einen Buchstaben voran.

Sehr sinnreich ist nun, wie das Herstellen und Unterbrechen des Stromes durch den Apparat selbst bewirkt wird.

Hiezu dient der Theil, der durch mm' dargestellt ist. Es ist dies ein leichter kupferner Arm, das sogen. Schiffchen oder die Brücke. Das Schiffchen mm' ruht in m' leicht auf und ist dort isolirt. In der Mitte hat das Schiffchen und zwar an seiner Vorder- und Rückseite bei x und x' zwei vorspringende Metallansätze oder Backen (die folgende Fig. 29 zeigt dieses deutlicher), gegen welche ein an dem Arme HHH' befestigtes, quergestelltes und nichtleitendes Stäbchen n beim Heben oder Senken des Armed HH' anstößt. Bei dem Heben oder Senken des genannten Armes hebt und senkt sich auch das Schiffchen mm'. Damit diese Bewegung aber nur innerhalb bestimmter Grenzen nach jeder Seite erfolgen kann, dienen die Schrauben s und s', gegen welche die Ansätze x und x' bei eintretender Bewegung des Schiffchens anstoßen.

Nach irgend einer Unterbrechung des galvanischen Stromes steht nun wegen der Wirkung der Feder F das Schiffchen mittelst des Ansatzes x' mit der Schraube s' in Berührung. Ist nun K der Kupfer- und Z der Zinkpol einer Batterie, so wird im genannten Falle die galvanische Kette geschlossen. Denn es geht der Strom alsdann vom Kupfer K durch den Draht p nach dem Elektromagneten M'M, von da durch den untern Draht nach dem Metallstück R' und von hier durch das Schiffchen nach x', s' und dann durch den Draht p' nach dem Zinkpole Z zurück.

Sobald aber der elektrische Strom circulirt, wird der Anker AA' angezogen. Alsdann geht das rechtsliegende Ende H' des Hebelarmes HH' in die Höhe. Das Querstäbchen n drückt gegen den obern Backen x des Schiffchens und hebt dasselbe. Die Berührung mit s' hört also auf und damit ist der galvanische Strom unterbrochen, denn die Schraube s, gegen welche jetzt das Schiffchen stößt, ist isolirt.

Bei der Unterbrechung des Stromes bewirkt die Feder F aber wieder die Losreißung des Ankers und damit ein Herabziehen des Armes HH', sowie des Schiffchens mm'. x' und s' kommen nun wieder aufs Neue in Berührung und es wiederholt sich Alles wieder, wie oben gesagt wurde.

Es ist nun leicht einzusehen, daß bei der genannten Einrichtung der Arm HHH' beständig auf- und abbewegt wird. Da hiebei das Rad R sich immer um einen Zahn voranbewegt, so begreift man eben so leicht, daß der Zeiger sehr rasch nacheinander einen Buchstaben um den andern anzeigt.

Auf die genannte Weise würde aber der Zeiger beständig in Bewegung sein. Es ist darum noch zu erklären, wie man denselben bei einem einzelnen Buchstaben eine kurze Zeit anhält, um damit anzudeuten, welcher Buchstabe telegraphirt werden will. Dieses bewirkt man auf folgende Weise:

Zunächst merke man, daß auf der Abgangsstation sich ganz die gleiche Zeichenscheibe befindet, wie auf der Empfangsstation. Im Ruhestande weisen die Zeiger an beiden Stationen auf denselben Punkt, z. B. den Anfangspunkt der Eintheilung und auf einen mit „Ruhe" bezeichneten Ort. Nun befindet sich neben jedem Buchstaben außerhalb der Zeichenscheibe eine Taste, siehe d in der Figur. Unter der Zeichenscheibe ist ein zweiter Zeiger angebracht, der ganz die nämliche Lage wie der obere Zeiger bB hat und der auch ganz die nämliche Bewegung macht, wie dieser, da sie beide auf einer und derselben Are sitzen. Von der genannten Taste geht nun ein Stift nach unten, welcher indessen durch eine Feder in gewisser Höhe gehalten wird. Drückt man aber auf die Taste, so geht der Stift abwärts und hemmt den untern Zeiger, also auch den obern in seinem Lauf.

So lange die Taste nach unten gedrückt bleibt, bleiben die Zeiger stehen.

Das Auftreffen des untern Zeigers an dem fraglichen Stift tritt immer in dem Augenblicke ein, wo das Schiffchen mit einer der Schrauben s und s' in Berührung steht. Der Strom ist also bei x,s' für eine Zeitlang unterbrochen, und da die Fortpflanzung der Elektricität so zu sagen augenblicklich erfolgt, so bleiben auch auf allen folgenden Stationen die dortigen Elektromagnete im Momente unthätig und dabei die Zeiger in Ruhe.

Wird die Taste freigelassen und damit der untere Zeiger losgelöst, so geht das sich selbst regulirende Spiel des Telegraphen wieder von Neuem an, bis wieder ein Ruhepunkt eintreten soll.

Kommt der Fall vor, daß man auf der Empfangsstation während des Telegraphirens irgend eine Frage x, stellen will, so wird auf dieser Station eine Taste und zwar gewöhnlich die erste, vor A befindliche niedergedrückt. Auf der Abgangs-

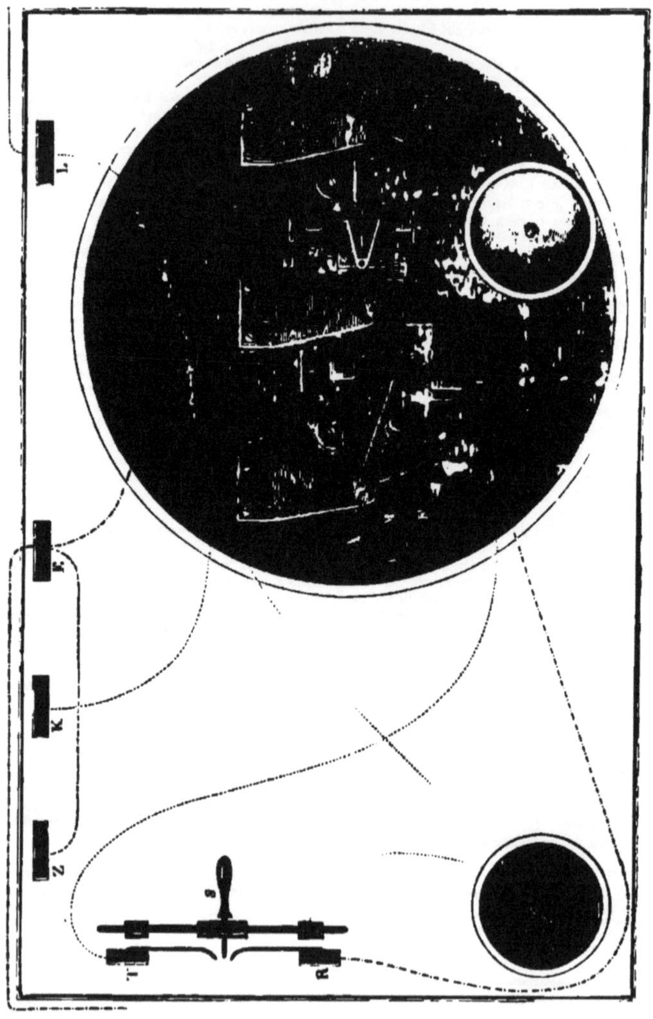

Fig. 5.

station erkennt man dann sogleich an dem Still=stehen des dortigen Zeigers, daß eine Anfrage ꝛc. gemacht werden will.

Sollte es vorkommen, daß die Zeiger auf den verschiedenen Stationen in Unordnung gerathen, d. h. nicht mehr auf dem gleichen Ort der Zeichenscheiben stehen, so können vermittelst des Drückers oder Knopfes U, der auf einen sogen. Winkelhebel U'q wirkt, der Anker A und der Arm HH' so hin= und her=bewegt werden, daß der Zeiger auf den gehörigen Ort, d. i. auf die Ruhelage hinreist.

Das Ende einer Depesche wird immer durch einen besondern Standert des Zeigers angegeben.

Zum Schlusse der Beschreibung des Siemens=Halske'schen Telegraphen geben wir in Fig. 29 eine Ansicht des ganzen Apparates, in welcher, außer dem schon erklärten eigentlichen zeichengebenden Apparat, noch die verschiedenen andern nöthigen Einrichtungen zu ersehen sind.

Wir erblicken hier auf der runden Grundplatte links den schon in Fig. 28 beschriebenen Elektromagneten MM' mit Anker und Hebeln, nebst dem Zeiger und allen dort vorkommenden, hier mit gleichen Buchstaben bezeichneten Einrichtungen. Außerdem aber ist rechts noch der Wecker oder Alarm, der durch einen besondern Elektromagneten NN' in Thätigkeit gesetzt wird, angegeben. Zur linken des eigentlichen Telegraphen sehen wir einen sogen. Galvanometer I, d. i. eine Magnetnadel (vgl. Fig. 21 am Seite 307), unter welcher der galvanische Strom durchgeleitet wird. Diese Vorrichtung dient dazu, um aus der Ablenkung der Nadel zu erkennen, ob ein elektrischer Strom stattfindet und also die Leitung hergestellt ist. Oberhalb des Galvanometers erblickt man den Schieber S, dessen Zweck ist, die Leitung zu unterbrechen oder herzustellen und damit den Telegraphen in den Ruhestand oder in Thätigkeit zu versehen.

Der Wecker, der das beginnende Telegraphiren anzeigen soll, besteht aus einer Glocke G, die von dem Klöppel k angeschlagen wird. Zu diesem Behufe ist in NN' ein zweiter Elektromagnet ganz so wie der zum Zeigerapparat gehörige Magnet MM' angebracht. Der Elektromagnet NN' zieht, wenn er von einem elektrischen Strom umkreist wird, den Anker CC' an. Ist der Strom aber unterbrochen, so wird der Anker durch eine Feder abgezogen, welche auf den mit demselben verbundenen Arm g einwirkt. Eine unten an dieser Feder befestigte Kugel k dient als Klöppel. Beim An= und Abziehen des Ankers CC' schlägt dieser Klöppel an die Glocke G und bringt dieselbe zum Tönen.

Aehnlich wie beim Zeigerapparat wirkt nun eine besondere Vorrichtung, um durch die besolgte Mechanismus den Strom selbst unterbricht und wieder herstellt. Dadurch erreicht man, daß an der Empfangsstation der Wecker fortwährend in Thätigkeit bleibt, bis daselbst der Zeigerapparat in die Leitung eingeschoben ist.

Diese Selbstregulirung des Weckers geschieht auf folgende Weise:

Die Drahtleitung vom Elektromagneten NN' geht von N' an eine Metallplatte D. Auf dieser ist eine metallene Gabel, die um einen links angebrachten Zapfen drehbar ist, befestigt. Zwischen die Gabel greift der Arm l, der eine Verlängerung des Ankers CC' bildet. Das eingreifende Ende dieses Armes steht aber durch Elfenbeinspitzen mit der Gabel in Berührung, damit keine Elektricität auf den Anker übergehen kann. Ober= und unterhalb der Gabel sind zwei Schrauben r und r', welche die Bewegung der Gabel begrenzen. Von der untern dieser Schraube, nämlich r', geht ein Leitungsdraht OPR bei P durch eine Oeffnung der Bodenplatte.

Im Ruhestande berührt nun die Gabel die untere Schraube r'. Sobald aber ein elektrischer Strom entsteht und um den Elektromagneten NN' geht, wird der Anker CC' angezogen. Alsdann wird durch den vom Anker ausgehenden Arm die Gabel gehoben, und es ist also, wenn diese die Schraube r' verläßt, der Strom unterbrochen. In diesem Falle zieht die Feder unten rechts den Arm g zurück; die Gabel kommt wieder in ihre frühere Lage, d. h. mit der Schraube r' in Berührung und der Strom kreist von Neuem. Bei der fortwährenden hin= und hergehenden Bewegung des Armes g schlägt der Klöppel an die Glocke.

Um aber den ganzen Vorgang beim Telegraphiren einzusehen, bemerken wir wiederholt, daß auf der Abgangs= und Empfangsstation ganz die gleichen Apparate sich befinden, wie Fig. 30 I und II übersichtlich zeigen; nur findet der Unterschied statt, daß die Polverbindungen der Batterien an beiden Stationen verschieden sind. Es ist z. B. hier auf der Station I der positive oder Kupferpol, auf der Station II aber der negative oder Zinkpol der dortigen Batterie mit dem Elektromagneten verbunden.

Es bedeutet nun in Fig. 30 (I) K den Kupfer= und Z den Zinkpol der Batterie. In E findet die Verbindung des nach der Erde gehenden Drahtes statt; von L aus geht der gewöhnliche Leitungsdraht nach der andern Station. K', Z', E', L' ꝛc. in Fig. II haben die nämliche Bedeutung, wie K, Z, E, L, u. s. w. in Fig. I. — Eine metallene Hülse S, die auf einem Metallstabe verschiebbar ist und darum der Schieber heißt, steht nun, wenn nicht telegraphirt wird, so, daß er mit seinem links vorragenden Ansatze die unten mit R (Ruhe) bezeichnete Metallfeder berührt. Es ist alsdann, wie man leicht sieht, bei T und T' der Strom unterbrochen, oder der Apparat ist in seinem Ruhestande. Will man nun auf der Station I nach II telegraphiren, so wird in I der Schieber aufwärts geschoben, wobei dann, wie die Figur zeigt, S mit T in leitende Verbindung kommt. Dabei ist in II der Schieber S' noch in Berührung mit R'.

Nun geht der galvanische Strom, wie die Pfeile angeben, von dem Kupferpol K der Batterie B in I nach dem Elektromagneten MM', da nach dem Schiffchen mm' und der Schraube a' und dann (durch die Oeffnung P der Platte Fig. 29) nach

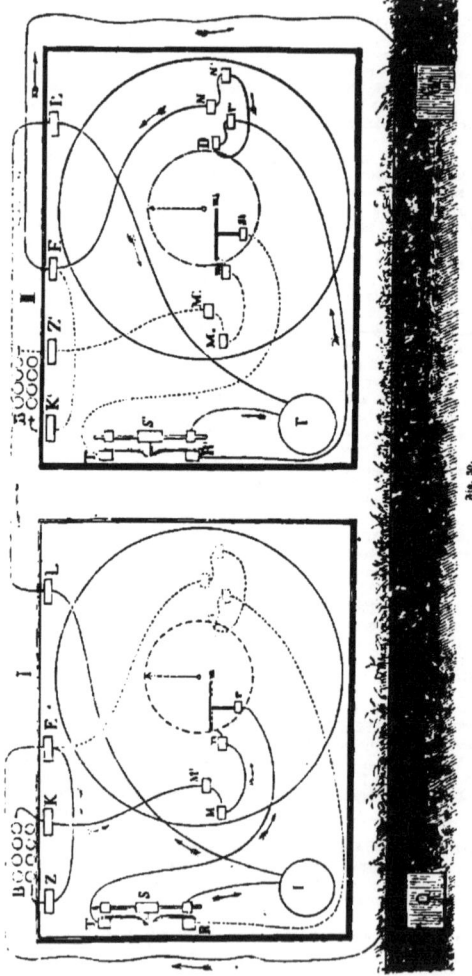

T, zum Schieber S und unter dem Galvanometer J hindurch nach L. Von hier aus gelangt der Strom durch den oberirdisch angebrachten oder auch in die Erde gelegten Leitungsdraht nach der Station II und zwar nach L′, J′, S′, R′, durch die Schraube r′ und die Platte D′ nach dem Elektromagneten NN′ und dann nach E′, von hier durch den Draht nach der Erdplatte Q′, durch die Erde zurück nach der Platte Q auf der Station I, und von dort endlich nach der Schraube E und dann an den Zinkpol Z in I.

Es ist also eine geschlossene Kette da vom Kupfer + K in I über MM′, mm′, s′, T, S, J, L, durch die Drahtleitung nach L′, J′, S′, R′, r′, D′, NN′, E′, Q′, Erde, Q, E, Zink — in I.

Hiebei wird nun, wie man durch Vergleichung mit Fig. 29 sieht, der Zeigerapparat in I und der Wecker in II in Thätigkeit gesetzt.

Nun bewirkt eine ganz sinnreiche Einrichtung, daß bloß der Weckerapparat auf der Station II arbeitet, ohne daß der Zeigerapparat in I in Thätigkeit gelangen kann. Es ist nämlich die in Fig. 29 sichtbare Feder des Weckermagneten viel schwächer angespannt, als die Feder des Zeigermagneten. Es vermag also der Weckermagnet NN′ seinen Anker schneller anzuziehen als der Magnet MM′ den seinigen. Wir wissen aber, daß sobald der Weckermagnet seinen Anker anzieht, der Strom durch den Arm l und durch die Gabelvorrichtung (Fig. 29) sogleich wieder unterbrochen wird. Hiebei ertönt der Wecker in II, ohne daß, wegen der schnellen Stromunterbrechung, der Zeigerapparat in I zur Wirksamkeit gelangt, da dort die elektrische Strömung zu kurz ist, als daß der Magnet MM′ einen Anker anzuziehen vermöchte.

Auf diese Weise wird der Telegraphist in II aufmerksam gemacht. Derselbe stellt alsdann den Schieber S' seines Apparates auf T'. In diesem Falle sind die beiderseitigen Zeigerapparate auch dem Einflusse beider Batterien ausgesetzt, und da die Anker, beziehungsweise die beiden zugehörigen Federn der beiden Zeigerapparate gleich stark gespannt sind, so werden solche auch zu gleicher Zeit von dem verstärkten Strom angezogen und losgelassen.

Der elektrische Strom geht nun — wenn man sich vorstellt, daß in Fig. 30 II S' auf T' geschoben ist — von der Batterie B in I über K nach MM', mm', s', T, S, J, L, Leitungsdraht nach L' in II, J', S' und von da an jetzt aber, der punktirten Linie folgend, über T', s,', m₀m₀', M₀M₀', Z', Batterie B', K', E'*), Q' und die Erde zurück nach Q, E, Z — in I.

Die beiden Zeigerapparate arbeiten nun gleichmäßig in der früher beschriebenen Weise.

Nach Beendigung der Depesche, die, wie schon gesagt wurde, durch ein Zeichen angegeben wird, stellen beide Stationen ihre Schieber S und S' wieder auf R und R' (Ruhe).

Sicherlich ist die Construktion des beschriebenen Zeigertelegraphen eine äußerst sinnreiche, ja in der That geniale. Dennoch wurde derselbe durch den Drucktelegraphen mehr und mehr verdrängt.

Der Grund ist einmal der, daß die Zeigertelegraphen in ihrer Construktion sehr complicirt sind. Sodann sind beim Telegraphiren vermittelst derselben leicht Störungen möglich, und endlich arbeiten die genannten Telegraphen viel langsamer, als die Drucktelegraphen, da, um einen Buchstaben anzugeben, der Zeiger jedesmal seinen Umlauf auf der Zeichenscheibe machen muß. Auch werden die gegebenen Zeichen nicht firirt, wie es bei dem Drucktelegraphen der Fall ist, und ist also dort viel eher ein Mißverständniß denkbar.

*) Die Leitung über NN' ist nun bei R' durch den Schieber S, unterbrochen.

Der nun fast allgemein eingeführte Telegraph ist der

Morse'sche Drucktelegraph.

Man versteht unter einem Drucktelegraphen einen solchen telegraphischen Apparat, der bei seiner Thätigkeit sichtbare und bleibende Zeichen auf einem Papierstreifen angiebt, so daß die mitgetheilte Depesche ꝛc. wie eine Druckschrift gelesen werden kann.

Den ersten Drucktelegraphen construirte Steinheil in München und brachte denselben auch in der früher besprochenen Weise zur Anwendung. Steinheil ist somit der Erfinder der Drucktelegraphen, wie ihm überhaupt wohl der größte Antheil an der Ehre der Erfindung und Vereinfachung der Telegraphie gehört.

Doch gebührt auf der andern Seite dem Nordamerikaner Morse die Anerkennung, nicht nur selbst auch zu den Ersten zu gehören, die sich um die elektrische Telegraphie verdient machten, sondern insbesondere noch einen Drucktelegraphen erfunden zu haben, der, was Einfachheit und leichte Handhabung anbelangt, bis jetzt von keinem andern telegraphischen Apparat erreicht wurde.

In Folge dieses Umstandes, und da die Raschheit der Mittheilung durch keinen der bisherigen Telegraphen in gleichem Verhältniß möglich ist, hat auch der Morse'sche Telegraph, der durch Steinheil, Siemens, Halste, Stöhrer in Leipzig u. A. noch vielfach verbessert wurde, überall und namentlich auch im deutsch-österreichischen Telegraphenverein schnell Eingang gefunden.

Fig. 31 stellt den Morse'schen Telegraphen dar. Das Besondere ist hier einerseits der sogen. Schlüssel S und andererseits der Schreibstift b. In P ist der Elektromagnet sichtbar, der — ähnlich wie beim Siemens-Halste'schen Telegraphen — aus zwei nebeneinanderstehenden Eisenstäben besteht, die unten durch ein eisernes Querstück verbunden sind.

Der metallene Schlüssel oder Drücker S steht

Fig. 31.

auf dem Messingsäulchen oder Träger A. Eine Feder f, die sich unten gegen ein Elfenbeinplättchen stemmt, verhindert die Berührung des Schlüssels mit dem Metallsäulchen p, in welchem der eine und zwar der positive Polbraht eingeschraubt ist. Dieses Säulchen ist durch die ebengenannte Elfenbeinplatte ebenfalls isolirt. Von dem Träger A aus geht der Leitungsdraht n zum Elektromagneten. Das andere Ende m des Drahtes aber führt zum negativen Pol der Batterie. Dem Elektromagneten P gegenüber befindet sich der um den Ständer B drehbare Hebel bv, an welchem in v der Anker angebracht ist. In b ist ein Stahlstift, der, wenn der Apparat arbeitet, gegen einen etwa einen Zoll breiten Papierstreifen andrückt. Dieser Papierstreifen läuft zwischen zwei Rollen ww, welche bloß soweit von einander abstehen, daß die Dicke des Papierstreifens noch Raum findet, und die durch ein Räderwerk, in umgekehrte Drehung versetzt werden. Gewöhnlich wird durch das Triebwerk nur die untere Rolle unmittelbar bewegt, während die obere durch Federn gegen die untere Rolle gedrückt wird und durch die entstehende Reibung den dazwischen liegenden Papierstreifen mitnimmt. In der obern Rolle befindet sich, gerade dem Schreibstifte b gegenüber, eine Rinne, in welche durch den angedrückten Stift das Papier gepreßt wird.

Im Ruhestande, in dem der Schlüssel nun steht, ist bei p der dort eingeführte elektrische Strom unterbrochen. Drückt man aber am Handgriffe C den Schlüssel S abwärts, so kommt derselbe vermittelst eines Vorsprunges mit dem Säulchen p in Berührung. In diesem Falle ist die galvanische Kette geschlossen, und es geht der vom positiven Pol kommende Strom durch p in den Schlüssel S, von dessen Träger A durch den Draht n an den Elektromagneten und durch den Draht n zurück an den negativen Pol.

Der Anker v wird nun abwärts gezogen und der Stift b dabei gegen den Papierstreifen t angedrückt.

Drückt man den Schlüssel S längere Zeit abwärts, so bleibt der Anker v auch längere Zeit angezogen und der Schreibstift b stemmt sich unterdessen gegen den sich abrollenden Papierstreifen. Wird aber der Schlüssel nur einen Augenblick abwärts gedrückt, so bleibt der Anker auch nur eben so kurze Zeit mit dem Magneten, also andrerseits der Stift mit dem Papier in Berührung.

Im ersteren Falle verursacht der Stift b in dem Papierstreifen einen **Strich**, im letzteren nur einen **Punkt**. Diese beiden Zeichen aber bilden nach ihren verschiedenen möglichen Combinationen die **telegraphische Schrift**. So z. B. bedeutet . den Buchstaben e, .. den Buchstaben i, ... den Buchstaben s, — den Buchstaben t, .— den Buchstaben a u. s. w.

Eine vollständige Uebersicht der hiebei vorkommenden Schriftzeichen giebt folgendes Schema:

a. Buchstaben.

a	b	c	ch	d	e
f	g	h	i	j	k
l	m	n	o	p	q
r	s	t	u	v	w	x
y	z	ae	oe	ue	

b. Ziffern.

1) .————		6) —....
2) ..———		7) ——...
3) ...——		8) ———..
4) ....—		9) ————.
5)		0) —————

c. Interpunktionszeichen.

.) ...... (Punkt),
;) .—.—.— (Strichpunkt),
,) .—.—.— (Komma),
:) —.—.—. (Doppelpunkt),
?) ..——.. (Fragezeichen),
!) ——..—— (Ausrufungszeichen),
=) .—...— (Gleichheitszeichen),
') .————. (Apostroph),
/) —...—.— (Bruchstrich).

Noch ist zu bemerken, daß die gewundene Stahlfeder g den Hebel bv mit dem Anker abzieht, wenn kein Strom um den Magneten kreist. Ein Schräubchen o hat ferner die Bestimmung, die eigentliche Berührung des Ankers mit dem Magneten zu verhindern. Ohne diese Vorkehrung würde nämlich der Anker zu stark anhaften und derselbe, da immer ein Rest von Magnetismus bleibt, bei der Unterbrechung des Stromes nur schwer oder oft gar nicht losgerissen werden können.

Beim Beginnen des Telegraphirens wird auf der Abgangsstation, wo man sich vorderhand bloß den Schlüssel S denken muß, dem Telegraphisten mehrmals rasch nacheinander auf den Drücker C mit dem Finger geklopft. Dadurch entsteht ein mehrmaliges kurz auf einander folgendes Herstellen und Unterbrechen des galvanischen Stromes und dabei ein ebenso wiederholtes An- und Abziehen des Ankers v des auf der Empfangsstation befindlichen Elektromagneten. Da hiebei der Anker jedesmal auf das Schräubchen o aufschlägt, so entsteht auf der Empfangsstation ein eigenthümliches Klappern oder Hämmern, das den dortigen Telegraphisten aufmerksam macht, in Folge dessen er dann das Räderwerk, welches die Rollen ww in Umdrehung versetzt, auslöst und in Thätigkeit bringt. Am Schlusse der Depesche wird das gleiche Zeichen, wie am Anfange des Telegraphirens, gegeben.

Nach dem Bisherigen wird aber nur klar, wie man z. B. von einer Station I nach II telegraphiren kann. Um umgekehrt auch vermittelst der nämlichen Drahtleitung von II nach I zu telegraphiren, bemerke man, daß der Schlüssel S, dem man nun gewöhnlich die Form Fig. 32 giebt (die vorkommenden Buchstaben haben die gleiche Bedeutung wie in Fig. 31), in seiner Ruhelage bei s in beständiger Berührung mit einem dort befindlichen isolirten Metallsäulchen steht. Von diesem Metallsäulchen s geht eine Drahtverbindung an eine Klemmschraube k, mit welcher sowohl der nach dem negativen Pol der an Ort und Stelle befindlichen Batterie als auch das eine Ende der Drahtwindung des dasigen Elektromagnets in Verbindung steht. Das andere Ende des um den Elektromagneten führenden Drahts aber geht zur Erdplatte.

Fig. 32.

Wie man nun vermittelst dieser Verrichtung von Station I nach II und umgekehrt telegraphiren kann, zeigt Fig. 33.

I und II sind zwei Stationen, die mit Morse'schen Telegraphenapparaten versehen sind. Haben beide Schlüssel S und S' die Ruhelage, wie in II zu sehen ist, so ist keine der beiderseitigen Batterien B und B' in Thätigkeit; denn es fehlt bei den Säulchen p und p' die Verbindung zwischen dem positiven (+) und negativen (—) Pol. Es arbeitet also der Telegraph nicht. Drückt man aber z. B. den Schlüssel S in Station I abwärts, so daß der betreffende Vorsprung, wie die Fig. zeigt, mit dem Säulchen p in Berührung kommt, während der Schlüssel in II noch in seiner Ruhelage ist, so geht von der Batterie B in I der positive Strom von x nach p, an den Schlüssel S und durch die Drahtleitung zur Station II. Dort gelangt der Strom zu dem Schlüssel S', und weil daselbst die Berührung in s' stattfindet, von da nach dem Elektromagneten M' und nach dessen Umkreisung zur Erd-

Fig. 33.

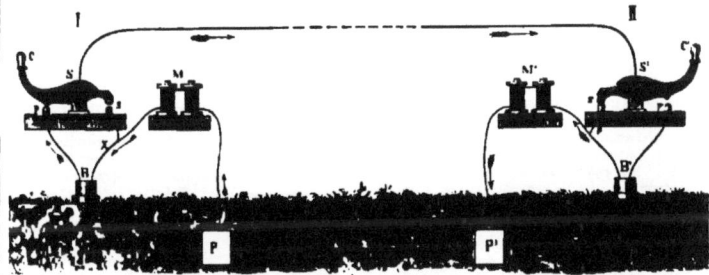

platte P', dann zurück durch die Erde nach der Platte P, um den Elektromagneten M in Station I und durch den Draht x zum negativen (—) Pol der Batterie B auf der Abgangsstation I.

Hiebei werden, wie man sieht, beide Elektromagnete in I und II umkreist. In I wird das Räderwerk aber nicht ausgelöst, hingegen wird auf der Station II auf das gegebene Alarmzeichen das betreffende Triebwerk in Thätigkeit gesetzt; der dort befindliche Papierstreifen rollt sich ab und empfängt die mitgetheilte Depesche.

Im umgekehrten Fall, wenn der Schlüssel in II durch den Drücker C' abwärts gedrückt würde, während S in I in der Ruhelage wäre, gienge der von B' austretende Strom nach p', zum Schlüssel S', durch die Leitung nach S und von da nach dem Magneten M, dann nach P und durch die Erde nach P' und dem Elektromagneten M' und endlich zurück nach dem negativen Pol in II. Alsdann würde auf Station I bei ausgelöstem Räderwerke der Schreibapparat seine Funktion verrichten und die von II kommenden Mittheilungen aufzeichnen.

Hiemit hätten wir, wie wir denken, ein ziemlich umfassendes Bild der jetzigen Art und Weise des Telegraphirens gegeben. Um uns den Vorgang noch einmal klar vor Augen zu stellen, bemerke man, daß sowohl bei den letzten, d. i. dem Drucktelegraphen, als den vorausgegangenen Nadel- und Zeigertelegraphen, immer an dem Orte, von dem aus eine Depesche abgehen soll, der galvanische Strom vom positiven (Kupfer-, Platina- oder Kohlen-) Pol der Batterie ausgeht und durch die Drahtleitung nach der andern Station, wohin telegraphirt werden will, zu dem dortigen zeichengebenden Apparate geleitet wird und dann von dort ursprünglich durch eine zweite Drahtleitung, jetzt aber durch die Erde wieder zurück zum negativen (Zink-) Pol der Batterie auf der Abgangsstation gelangt. Auf der wechselnden Herstellung und Unterbrechung des Stromes aber beruht die Zeichengebung selbst.

Es bleibt uns jetzt nur noch übrig, einige besondere Einrichtungen und Erfordernisse, die zu der jetzigen Art der Telegraphie gehören, zu erklären.

43

Vorher sollen aber doch noch die Namen aller Derer angeführt werden, die sich, außer den zum Theil schon wiederholt Genannten, um die Ausbildung und Vervollkommung der elektrischen Telegraphie noch verdient machten; sowie wir auch noch mit wenigen Worten der allerneuesten Fortschritte gedenken wollen, die im Gebiete der elektrischen Telegraphie gemacht wurden.

Unter Jenen ist insbesondere, wie schon einmal erwähnt, Stöhrer in Leipzig zu nennen, der für Verbesserung der telegraphischen Apparate Vieles gethan hat; dann Kramer in Nordhausen, Drescher in Kassel, Jardely in Mannheim, Hipp in Reutlingen, Gintl in Wien, der Franzose Breguet, die Engländer Bain, Barlow u. A.

Von der neuesten Fortbildung der elektrischen Telegraphie sind zu erwähnen: die elektro-chemischen Telegraphen von Bain, Bakwell, Stöhrer, Gintl u. A.

Die charakteristische Wirkung dieser Telegraphie ist die, daß auf einem mit einer besondern Substanz getränkten Papier durch die, vermittelst des durchgeleiteten elektrischen Stromes bewirkte Zersetzung dieser Substanz gewisse farbige Stellen erzeugt werden.

Solche Substanzen sind z. B. sogen. blausaures Eisenkali und Jodkalium mit Stärke. In beiden Fällen, wenn nämlich das Papier mit dem einen oder dem andern Körper behandelt wurde, findet durch Einwirkung des elektrischen Stromes eine tiefblaue Färbung der vom Strome getroffenen Stelle statt. Im erstern Fall wird nämlich Berlinerblau ausgeschieden, im letztern aber entsteht durch Einwirkung des frei gewordenen Jods auf die Stärke die, überall bei der Verbindung dieser beiden Stoffe vorkommende charakteristische Färbung.

Denkt man sich nun im einfachsten Falle, ein mit der elektrischen Leitung verbundener, dem Morse'schen ähnlicher, metallener Schreibstift sei in beständiger Berührung mit einem Papierstreifen, der in einer der genannten Lösungen getränkt wurde. Stellt man sich ferner vor, der Papierstreifen gehe über eine metallene, also leitende Walze, die selber wieder sich in der Leitung befindet, so wird dann, wenn ein elektrischer Strom von dem Schreibstift durch das feuchte, somit leitend gemachte Papier zu der Walze ec. übergeht, die eben ausgesprochene Ausscheidung und damit die blaue Färbung derjenigen Stelle vor sich gehen, die vom Stifte berührt wurde. Ist der Drücker oder Schlüssel (Fig. 32) nur einen Augenblick abwärts gedrückt, der Strom also nur auf eine eben so kurze Zeit geschlossen, so entsteht ein farbiger Punkt; ist aber die Berührung, also auch der Strom von längerer Dauer, so erfolgt hieraus eine gefärbte Linie.

Auf diese Weise würde man die nämlichen Zeichen, wie beim Morse'schen Telegraphen erhalten, nur wären dieselben gefärbt.

Bain's elektrochemischer Copirtelegraph dient dazu, mit gewöhnlicher Schrift geschriebene Depeschen, selbst Zeichnungen ec. auf eine andere Station auf telegraphischem Wege überzutragen:

Die betreffende Einrichtung ist folgende:

Auf jeder Station befinden sich zwei genau gleich große metallene Walzen, welche durch Rädertriebwerke eine vollkommen gleiche Drehung erhalten. Auf jeder Walze liegt ein Metallstift leicht drückend an. Dieser Stift, an welchen die Telegraphenleitung geht, rückt während der Drehung der Walzen langsam seitwärts und beschreibt auf diese Weise auf dem über die Walze gehenden Papier eine eng anliegende Schraubenlinie. Auf der Abgangsstation wird nun die betreffende Walze, auf welcher der leitende Stift anliegt, mit Zinnfolie oder Goldpapier, überhaupt mit einem leitenden Papier umwickelt, auf welches die Depesche mit Harzfirniß, d. i. einem nicht leitenden Stoffe, in gewöhnlicher Schrift geschrieben ist.

Läßt man nun den galvanischen Strom von der ersten Station ausgehen und erwägt dabei, daß derselbe durch die Stifte und das umwickelte Papier auf die Walzen an beiden Stationen übergehen muß, so begreift man leicht, daß auf der Abgangsstation allemal dann der Strom unterbrochen ist, wenn der Stift die mit Firniß geschriebene Schrift trifft. In diesem Falle findet auf der Empfangsstation, wegen der Unterbrechung des Stromes, keine Einwirkung auf das getränkte Papier, d. h. keine Färbung statt. Somit wird allemal das Papier auf der Empfangsstation weiß bleiben, wenn auf der Abgangsstation der Stift auf die Schrift der Depesche zusammentrifft, und man erhält auf diese Weise auf der Em-

Fig. 34.

pfangsstation die Depesche in weißer Schrift auf farbigem Grunde, wie Fig. 34 zeigt. — Es ist klar, daß Zeichnungen, Portraite ec. in ganz gleicher Weise übertragen werden können.

Auch begreift man, daß bei den auf die genannte Weise zusammengesetzten elektrochemischen Telegraphen ein Electromagnet nicht mehr nöthig ist.

Die allerneuesten Vervollkommnungen der elektrischen Telegraphie betreffen endlich die besondern Vorrichtungen, um mit dem nämlichen Draht zu gleicher Zeit eine Depesche von A nach B, sowie auch umgekehrt von B nach A abgeben zu lassen. Wir müssen aber bei dem uns vorgesteckten Ziele verzichten, die nähern Angaben über die hieher bezüglichen, äußerst scharfsinnig ausgeführten Combinationen zu machen und wollen nur bemerken, daß das größte Verdienst in dieser Hinsicht dem österreichischen Telegraphendirektor Gintl gebührt.

Endlich zum Schlusse kommend, wollen wir noch der zum Betriebe erforderlichen besondern Einrichtungen und Vorkehrungen erwähnen.

Das Erste, was hier zu bemerken ist, betrifft den Umstand, daß in Fällen, wo eine Depesche an einen sehr entfernten Ort telegraphirt werden soll, die galvanische Batterie der Abgangsstation für sich allein nicht mehr vermag, den zeichengebenden oder

Schreibapparat der Empfangsstation in Thätigkeit zu versehen.

Die Ursache liegt darin, daß in einer sehr langen Drahtleitung der sogen. Leitungswiderstand, der mit der Drahtlänge zunimmt, sehr groß ist. Der elektrische Strom wird darum bei einer bedeutenden Entfernung der Empfangsstation, bis er dort ankommt, so geschwächt, daß er nicht mehr vermag, den daselbst befindlichen Elektromagneten gehörig zu erregen und damit den Schreibapparat in Funktion zu bringen.

Bei dem Siemens-Halske'schen Zeigertelegraphen haben wir gesehen, wie die an der Empfangsstation befindliche Batterie ebenfalls in die Leitung und damit in Thätigkeit kommt. Es ist also dort der zeichengebende Apparat der Einwirkung beider Batterien unterworfen.

Bei dem Morse'schen Telegraphen ist dies aber, nach der obigen Erklärung, nicht der Fall, sondern es ist, wie wir sehen, nur die Batterie der Abgangsstation wirksam.

Da das Einschieben der sogen. Lokalbatterie, d. i. derjenigen, die sich an dem Orte befindet, wo die Depesche ankommen und geschrieben werden soll, nun aber, der genannten Schwächung des Stromes wegen, nothwendig ist, so bedarf es hiezu beim Gebrauche des Morse'schen Telegraphen eines besondern Mechanismus.

Diese Vorrichtung nennt man das Relais, zu deutsch Verspann, und es hat schon der oftgenannte scharfsinnige englische Physiker Wheatstone die ersten Andeutungen dazu gegeben.

Fig. 35 stellt ein solches Relais dar, welches aus einem besondern Elektromagneten A mit zugehörigem Anker a besteht. Der Letztere ist mit einem,

Fig. 35.

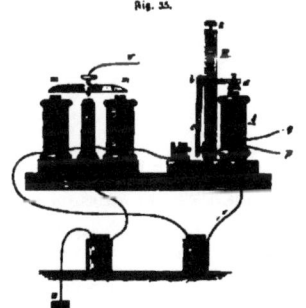

um b drehbaren Winkelhebel abc verbunden. Im Ruhezustande wird vermittelst einer durch das Schräubchen x gespannten Feder der Anker in die Höhe gezogen und steht dann an seinem unteren Ende c mit einem Glaskegel o in Berührung. Mit p ist

die von der vorhergehenden Station kommende Telegraphenleitung verbunden, während von q aus die Verbindung mit der Erde stattfindet.

Gelangt nun durch p ein Strom von jener Station an den Magneten A und von da durch q und die Erde wieder zurück, so wird der Anker a angezogen. Dabei dreht sich der Winkelhebel abc so, daß dessen unteres Ende c mit der Schraube x in Berührung kommt. Nun ist aber mit dem metallenen Gestelle Ro unten bei o der eine z. B. der positive Poldraht der sogen. Lokalbatterie B verbunden, während von der Schraube x aus die Drahtverbindung an den zum Schreibapparat gehörigen Elektromagneten EE und von diesem zurück zum andern Pol der Batterie B geht.

Es gelangt also der Strom der Lokalbatterie, der Richtung der Pfeile folgend, nach o, durch das Gestelle Ro, dann durch den Hebelarm bc nach x, zum Elektromagneten EE, und von da zurück nach dem negativen Pol der Batterie.

Der von der Abgangsstation kommende Strom, d. i. der von der sogen. Linienbatterie erzeugte hat also nur die Anziehung des sehr leicht beweglichen Ankers a zu bewirken, was einen nur schwachen Strom erfordert. So lange dann dieser Anker von dem Elektromagneten A angezogen ist, bleibt — wie man sieht — die Lokalbatterie B wirksam, da alsdann bei x die galvanische Kette geschlossen ist.

Die Lokalbatterie für jeden hat aber nur den an Ort und Stelle befindlichen Elektromagneten EE mit dem Schreibapparat in Thätigkeit zu setzen. Dieselbe kommt also der Linienbatterie zu Hülfe, wird gleichsam „vorgespannt" und daher die Benennung der bezüglichen Vorrichtung.

In Fig. 35 sehen wir in F und mm noch eine neue Vorrichtung, deren Bedeutung durch Folgendes klar wird:

Auf größere Entfernungen, z. B. gegen 100 Meilen und mehr, reicht auch die kräftigste Linienbatterie nicht mehr aus, nur das Relais der dortigen Station in Thätigkeit zu setzen, da Leitungswiderstände aller Art den Strom zu sehr schwächen. Früher verfuhr man nun so, daß man nur auf eine Entfernung von etwa 50 bis 70 Meilen direkt telegraphirte und wenn die Nachricht weiter gehen sollte, die Depesche dann an dieser Station in gleicher Weise nach der nächsten telegraphirte.

Da dieses Umtelegraphiren aber viel Zeit in Anspruch nahm und auch andere Unzuträglichkeiten im Gefolge hatte, so suchte man die Telegraphenapparate so einzurichten, daß an den Zwischenstationen eine neue Linienbatterie in Thätigkeit gesetzt wurde, deren Strom, den der ersten Linienbatterie verstärkend, auf das Relais der nächsten oder Empfangsstation einwirken sollte. Diese Vorrichtung ist der sogen. Translator oder Uebertrager, der vorzugsweise von Steinheil seine Vervollkommnung erhielt.

Es ist Fig. 35 EE der Elektromagnet des Schreibapparats eines Morse'schen Telegraphen und man der Anker desselben. In F ist eine metallene Säule, welche, wenn der Anker angezogen ist, von diesem durch eine Spitze z berührt wird. Von der Säule F geht eine Drahtverbindung zu der einge= schalteten neuen Linien= oder der sogen. Trans= latorbatterie T. Der andere Poldraht n der Batterie ist mit der Erdplatte verbunden. Von dem Anker mm aus geht aber ein Draht w nach dem Relais der nächsten Station und von da in die Erde, so daß der von der Translatorbatterie T kom= mende Strom wieder zurück nach T gelangen kann. Somit kreist der betreffende Strom nur zwischen der Translatorbatterie und dem Relais der zunächstfol= genden Station.

Bewegt sich nun der Anker mm durch Einwir= kung der Lokalbatterie abwärts und es steht die Spitze z mit F in Berührung, so geht der Strom der Batterie T durch F und w nach dem Relais der nächsten Station. Von hier aus kann dann, wenn die Depesche noch weiter gehen soll, durch die gleiche Vorrichtung eine neue Linienbatterie in Thä= tigkeit gesetzt werden u. s. f.

Bei einem solchen Uebertragen wird an jeder Uebertragungsstation der betreffende Schreibapparat in Funktion gesetzt und es wird daselbst auch, ohne weitern Aufenthalt, die Depesche auf dem sich ab= rollenden Papierstreifen verzeichnet. Es hat dieses Mitlesen der Depesche auf den Zwischenstationen seine Vortheile, da Irrungen und Störungen da= durch leicht verhütet werden können. Soll aber die Zwischenstation nicht mitlesen, so wird dies von der telegraphirenden Station angezeigt. Die Zwischen= station braucht dann nur einfach das Räderwerk ihres Schreibapparates auszulösen; oft werden aber auch für diesen Fall noch besondere Vorkehrungen getroffen.

Noch muß bemerkt werden, daß auf den Ueber= gangsstationen der ganze telegraphische Apparat doppelt vorhanden sein muß. Da nämlich durch die Zwischenstationen B und C zwischen zwei entfernten Stationen A und D eine längere Linie AD in klei= nere, von einander getrennte Linien AB, BC, CD getheilt wird, so erfordert es in B und C Apparate sowohl für die nach rechts, als auch für die nach links gehende Verbindung.

Von den übrigen zur elektrischen Telegraphie ge= hörigen Einrichtungen sei noch betreff der Draht= führung oder Telegraphenleitung bemerkt, daß diese sowohl eine ober= als unterirdische sein kann. Für die Rückführung des Stromes zur ar= beitenden Linienbatterie bedarf es — wir wiederholen — keiner Drahtverbindung, da die Rückleitung durch den Erdkörper geht.

Bei der oberirdischen Drahtleitung wird be= kanntlich der Draht auf hohen, hölzernen Stangen, die 100 bis 200 Fuß weit auseinander stehen, be= festigt und zwar so, daß derselbe isolirt, d. h. mit keinem die Elektricität leitenden Körper in Berührung ist. Es sind zu diesem Zwecke auf dem obern Ende der Stangen gläserne oder thönerne, glasirte Glocken

fest gemacht. Auf denselben wird in einer angebrachten Rinne der Leitungsdraht eingekittet oder durch einen dünnen Draht festgebunden. Zugleich schützt die Glocke die Stirnseite der Stange vor dem Eindringen des Regenwassers und also vor frühzeitiger Fäulniß.

Um das untere, in die Erde gesteckte Ende der Stange vor Fäulniß zu schützen, verkohlt man sie dort, oder bestreicht sie mit Steinkohlentheer und imprägnirt sie auch wohl, ähnlich wie die Eisenbahn= schwellen 2c. mit verschiedenen, der Fäulniß wider= stehenden Stoffen, z. B. mit Kupfervitriollösung, Quecksilbersublimat 2c. Letztere Art der Impräg= nirung nennt man Kyanisiren.

Da die unterirdischen Drahtleitungen der Gefahr des Zerstörens durch muthwillige Hände oder auch durch Witterungseinflüsse (z. B. Sturm, Schnee, Gewit= ter, Verkürzungen des Drahts bei niedriger Tempe= ratur 2c.) ausgesetzt sind, so hat man auch an manchen Orten die Drahtleitung unterirdisch angebracht, indem man den Leitungsdraht in die Erde legte. Die Schwierigkeiten, die hier zu über= winden sind, bestehen aber darin, daß der Draht von der umgebenden Erde schwer zu isoliren und auch vor der Oxydation (Rosten) schwer zu schützen ist. Man erreicht aber beides durch eine Umhüllung des Drahtes mit Guttapercha, einer bekannten, dem Kautschuk ähnlichen, aus dem Safte eines Baumes erhaltenen Substanz, die zu den besten Nichtleitern der Elektricität gehört. Oft wendet man auch an= dere Umhüllungen, z. B. Asphalt an.

Die unterirdischen Leitungen haben aber wieder so viel Nachtheiliges, namentlich was die schwierige Zugänglichkeit betrifft, daß sie selten mehr angewendet werden.

Die Leitungsdrähte sind von Kupfer oder Eisen; Kupferdraht leitet besser und hält sich in der Luft länger, d. h. oxydirt weniger. Er ist aber viel theurer als Eisendraht, und dieser ist stärker, erträgt also größere Spannweiten, so daß man nicht so viele Unterstützungsstangen braucht. Da nun ein Draht um so besser leitet, je größer seine Querschnittsfläche ist, da ferner Eisen eine un= gefähr sechsmal schlechtere Leitungsfähigkeit hat, als Kupfer, so folgt hieraus, daß eiserne Leitungsdrähte eine ebensovielmal größere Querschnittsfläche haben, also ungefähr 2½ mal so dick sein müssen, als kup= ferne Drähte. Auch werden eiserne Leitungsdrähte durch Verzinkung oder einen Firnißüberzug vor dem Rosten geschützt.

Noch sei der unterseeischen Telegraphenleitungen gedacht, die auf ziemlich ausgedehnte Strecken längst mit Erfolg z. B. zwischen Frankreich und England, dann von Sardinien durch's mittelländische Meer nach Algier 2c. ausgeführt sind.

Für solche Leitungen verwendet man sogen. Tele= graphentaue. Es bestehen diese aus einem oder mehreren kupfernen Leitungsdrähten, die mit Gutta= percha umhüllt, sodann mit getheertem Hanf über= sponnen und von außen noch mit Eisendraht um= wickelt sind.

Zum Schluſſe wollen wir noch einer beſondern Art der Elektricitätserregung erwähnen, die man in neuerer Zeit auch ſchon bei telegraphiſchen Apparaten in Anwendung gebracht hat.

Die Erzeugung eines elektriſchen Stromes iſt nämlich noch auf verſchiedene andere Arten möglich, als durch die galvaniſche Batterie. Wird doch durch die verſchiedenſten mechaniſchen und chemiſchen Veränderungen der Körper, durch Einwirkung der Wärme, des Lichts und des Magnetismus Elektricität erregt und ſelbſt durch einen bereits vorhandenen elektriſchen Strom ein neuer Strom (der ſogen. Induktionsſtrom) hervorgerufen. Ja ſelbſt im organiſchen Leben, d. h. im Leben der Pflanzen und Thiere finden elektriſche Strömungen und zwar in ſolcher Allgemeinheit ſtatt, daß die neuern Phyſiologen die geſammte Nerventhätigkeit darauf zurückführen wollen. Von welcher Bedeutung die auf dieſe Weiſe entwickelte Elektricität oft iſt, ſehen wir bei den elektriſchen Fiſchen. Und wie furchtbar großartig iſt erſt in der Art ihrer Erſcheinung und Wirkung die atmoſphäriſche Elektricität, die ſich durch Blitz und Donner zum Grauen nicht bloß der Abergläubiſchen unter den Erdbewohnern äußert!

Was wir hier aber noch anführen wollen, betrifft die Hervorrufung eines ſtarken elektriſchen Stromes durch die elektromagnetiſche Rotationsmaſchine. Die Wirkungsweiſe dieſer Maſchine wird durch Fig. 36 klar gemacht.

Fig. 36.

Einem kräftig wirkenden Hufeiſenmagnet ab gegenüber befindet ſich, ebenfalls in Form eines Hufeiſens ein Stück weiches Eiſen def, welches wie ein gewöhnlicher Elektromagnet mit einem Leitungsdraht umwickelt iſt.

Iſt nun das Eiſenſtück def ſo angebracht, daß ſeine Endflächen den Endflächen des Magnets ab gerade gegenüber liegen, ſo entſteht ſowohl bei der Annäherung des Magnets, als bei deſſen Entfernung in dem um das genannte Eiſenſtück gewundenen Draht ein elektriſcher Strom. Dieſer Strom treibt aber in umgekehrter Richtung, je nachdem die Stirnſeiten a und b des Magnets ſich den Flächen d und f des Eiſenſtückes nähern oder ſich davon entfernen.

Trifft man nun die Einrichtung, daß das Eiſenſtück um eine zwiſchen den Schenkeln des Magnets angebrachte Are AA' (Fig. 37) drehbar iſt, ſo tritt die nämliche Erſcheinung ein, wenn bei der Drehung die Endflächen des Eiſenſtückes ſich den Polen S und N des Magnets nähern oder ſich davon entfernen. Eine in FGC ſichtbare beſondere Vorrichtung, welche zwiſchen die Drahtenden p und

Fig. 37.

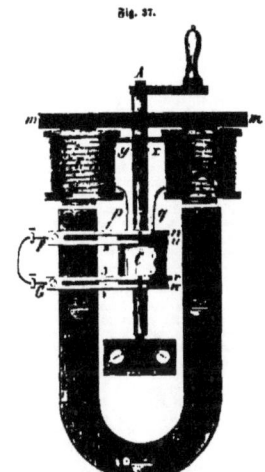

q eingeſchoben iſt, bewirkt dann, daß während der Drehung der Strom ein umgekehrter wird, in der Leitung ſelbſt ein Wechſel ſtattfindet, ſo daß der elektriſche Strom doch immer in gleicher Richtung durch einen angebrachten Leitungsdraht geht.

Mit ſolchen elektromagnetiſchen Rotationsmaſchinen, die namentlich von Stöhrer in Leipzig in großer Vollkommenheit hergeſtellt werden, erzeugt man alle elektriſchen Wirkungen in ſehr kräftigem Maßſtabe. Insbeſondere hat man auch dieſelben ſchon in der Telegraphie ſtatt der galvaniſchen Batterien, deren Unterhaltung koſtſpielig iſt, anzuwenden geſucht. Daß aber die Batterien dennoch im Gebrauche blieben, hat ſeinen Grund weniger in dem hohen Anſchaffungspreiſe der Rotationsmaſchinen, als darin, daß die Art der Ingangſetzung, d. i. die Drehung der Maſchine, der erforderlichen beſtimmten Geſchwindigkeit und Gleichförmigkeit wegen, ziemlich ſchwierig iſt.

Columbus im Kerker.

(Mit Abbildung in Tonbruck.)

Cristoforo Colombo (span. Colon, lat. Columbus), der berühmte Entdecker der neuen Welt, war der 1434 geborene älteste Sohn eines Tuchwebers zu Genua. Durch seine geographischen, mathematischen und nautischen Kenntnisse wurde er schon früh zu der Vermuthung geleitet, daß über das finstere gefürchtete Westmeer ein neuer Weg nach dem gewürz- und goldreichen Indien zu finden sei und bot, um denselben aufzusuchen, seine Dienste zuerst dem Vaterlande an. Von Genua zurückgewiesen, wendete er sich nach Portugal, als dem Lande aller großen Entdeckungen, fand aber auch hier nicht die gewünschte Unterstützung. Tief betrübt, aber mit ungebeugtem Muthe begab er sich 1484 nach Spanien, um dem königlichen Hofe seine Pläne vorzulegen, hatte aber auch hier das Schicksal aller Menschen, die über ihr Jahrhundert hinausleben, von seinen Zeitgenossen nicht verstanden zu werden. Sehnsuchtsvoll hoffte Colombo mit jeder Woche, mit jedem Monate auf eine befriedigende Antwort, aber immer umsonst. Endlich nach sieben Jahren vergeblichen Harrens schiffte er sich ein, seinen Bruder Bartholomäus in England aufzusuchen. Da gelang es noch seinem Freunde, die Königin Isabella, welche fußgebteut von Granada's Mauern heimgekehrt war, zu einer Entschließung zu bewegen. Man schickte ihm ein Boot in die See nach; er kam zurück und ein förmlicher Vergleich, in welchem die Königin von Spanien vierzigtausend Gulden zu dem ganzen Zuge hergab, setzte ein Werk in Erwägung, das dem Reiche Spaniens zu ihrer Ehre und der Besitz einer neuen Welt mit ungeheuren Schätzen verhalf. Durch Uebereinkommen vom 19. April 1492 wurde dem unermüdlichen Bittsteller im Falle des Gelingens der erbliche Titel eines spanischen Groß-Admirals und Vicekönigs aller Meere, Länder und Inseln zuerkannt, die er entdecken würde, und beschloss bestimmt, daß ihm der zehnte Theil alles Gewinnes aus den entdeckten Ländern gehören solle. Hierauf segelte Colombo am 3. August des Jahres 1492 mit drei elenden Fahrzeugen aus dem Hafen von Palos und steuerte dem unbekannten Oceane zu. Unter zahllichen Beschwerden, bei denen das Leben des Admirals öfters gefährdet war, ertönte nach fast dritthalbmonatlicher Reise der Freudenruf "Land", und am Morgen des 12. Oct. betraten, unter dem Banner der Krone und des Kreuzes, unter dem Schall der Geschütze und Heerpauken, Colombo und seine Gefährten den Boden Guanahani's, welches zur Ehre des rettenden Heilandes in St. Salvador umgetauft und für Spanien in Besitz genommen wurde. Auf die Weisung der Eingebornen, daß im Süden ein Goldland liege, steuerte er südwärts und entdeckte mehrere Inseln Westindiens, auch Cuba und Hispaniola (Haiti), wo er ein Fort baute und einige seiner Leute zurückließ. Um seine Entdeckung persönlich in Spanien zu verkündigen, trat er jetzt die Rückreise an, auf welcher seine kleine Flotte zerstreut wurde und das Schiff, worauf er sich befand, mit Noth der Wuth des Sturms entging. Endlich langte er glücklich in Lissabon an, wo die Nachricht seiner Entdeckung die Bewunderung der Portugiesen und den Aerger ihres Königs erregten. Am 15. März 1493 lief er in den Hafen von Palos wieder ein und begab sich nach Barcelona, wo sich damals der spanische Hof aufhielt. Der König und die Königin empfingen ihn mit öffentlichen Ehrenbezeugungen, bekräftigten seine Privilegien aufs neue, spendeten Gnade über Gnade, und schmückten sein Wappen, dem sie das von Castilien und Leon hinzufügten, mit den Emblemen seiner Würde und seiner Entdeckungen. Das Tafrin eines Westlandes war bewiesen, die Lucayen waren entdeckt und sogar die beiden größten der Antillen aufgefunden. Spanien sah sich im Besitz großer Länder,

welche einen Reichthum darboten, der kaum dem von Ostindien nachstand.

Colombo hatte indeß kaum die Betäubung dieser Triumphe und Schmeicheleien überwunden, als sein rastloser Geist schon weiter drängte auf einen zweiten Entdeckungszug. Mit einer Ausrüstung von siebzehn Segeln lichtete er am 25. September 1493 im Hafen von Cadiz die Anker. Auf dieser Reise, von welcher er am 11. Juni 1496 zurückkehrte, waren neue Entdeckungen sein Lohn (Jamaica, Portorico), aber erst auf einer dritten, die er am 30. Mai 1498 antrat, sah er das Festland von America, später als Sebastian Cabot und Amerigo Vespucci, welche 1497 von Europa abgesegelt waren. Während dieser beiden Reisen sollte Colombo die Undankbarkeit des spanischen Hofes erfahren. Der günstige Erfolg seiner Unternehmungen brachte eine feindselige Spannung zwischen ihm und der Regierung hervor, die nicht geneigt war, die geleisteten Versprechungen anzuerkennen und einem Einzelnen eine so ausgedehnte Macht zu übertragen; dazu kamen die neidischen Einflüsterungen und Verleumdungen von Seiten vieler Spanier, die mit Colombo und seinen Brüdern Bartholomäus und Diego nach Hispaniola gegangen waren, aber bald sehr verstimmt wurden, als Colombo nicht allen ihren Ansprüchen Genüge leisten konnte und wollte. Im Jahre 1496 erfolgte die erste Zurückberufung des Admirals nach Spanien durch J. Aguado. Zwar reinigte er sich schnell von allen Beschuldigungen, allein der mächtige Rodrigo von Fonseca, einer der einflußreichsten Männer Spaniens und beständig der heftige Feind der Familie der Colombo's, hinderte die bewilligte Ausrüstung zu einer dritten Reise bis zum Jahr 1498. Inzwischen hatten sich aber die inneren Streitigkeiten in der Kolonie so gehäuft, daß im Jahre 1500 eine zweite, gewaltthätigere Abberufung erfolgte. Die Feinde der Colombo's suchten den Gründer ihres Glücks zu stürzen. Ihre Klagen und Beschuldigungen fanden bei dem mißtrauischen Ferdinand ein nur zu williges Gehör und bestimmten ihn, den Franzisco de Bobadilla, einen rauhen, gewaltthätigen Menschen, als außerordentlichen Oberstatthalter nach St. Domingo zu senden, das Benehmen und die Amtsführung Colombo's zu untersuchen. Bobadilla, der am 24. August 1500 am Ort seiner Bestimmung anlangte, ließ alsbald das königliche Patent verlesen, welches ihn mit der Gouvernement der Inseln und des Festlandes bekleidete, und trat sogleich als zürnender Richter auf. Die Brüder des Admirals, Diego und Bartholomäus, wurden ergriffen, ihrer Güter und Papiere beraubt und an Bord einer Caravele gefangen gesetzt; als Colombo selbst, als er von Fort Conception nach San Domingo kam, um seine friedlichen Gesinnungen zu bezeugen, wurde in Ketten geworfen und gleich einem Verbrecher nach Spanien zurückgeliefert. Aber Colombo benahm sich bei den ihm gebotenen Beleidigungen und Kränkungen mit eigenthümlicher Seelengröße: stillschweigend blickte er über den erdärmlichen Agenten und seine ganze kleinliche Tyrannei hinüber nach den Herrschern, die ihn eingesetzt hatten. Ihre Ungerechtigkeit, ihr Undank allein konnten seine Seele verwunden; er behielt die innere Ueberzeugung, daß wenn die Wahrheit an den Tag käme, sie erröthen würden, ihm so großes Unrecht angethan zu haben.

Die Ankunft des Gefangenen in Cadix verursachte fast eben so großes Aufsehen, wie einst der Triumph seiner Rückkehr von der ersten Reise. Allgemein äußerte sich die Stimme des Unwillens zu Cadix, in Sevilla und halle durch ganz Spanien wider. Die Nachricht von der schimpflichsten Art, wie man ihn herübergebracht hatte, erreichte den Hof in Granada und füllte die Hallen der Alhambra mit dem

Columbus im Kerker.

Verlag von Klaus & Hoffmann in Stuttgart.

Gemurmel des Erstaunens. Ein langer Brief Colombo's an Donna Juana de la Torre, eine Dame bei Hofe, welche hoch in Ehren bei der Königin stand, wurde von letzterer gelesen und erregte ihr Gemüth zum Unwillen und Mitleid. Ferdinand selber, wie er auch insgeheim gegen Colombo eingenommen sein mochte, sprach, vereint mit der Königin, seinen Tadel über die Behandlung des Admirals aus, und beide Herrscher beeilten sich, der Welt zu beweisen, daß die Gefangennehmung desselben ohne ihren Auftrag geschehen und ihren Absichten ganz entgegen gewesen sei. Sie sandten den Befehl nach Cadiz, daß die Gefangnen sogleich auf freien Fuß gesetzt und mit aller Rücksicht behandelt werden sollten, schrieben einen Brief an Colombo in Ausdrücken des Dankes und Wohlwollens, worin sie ihm ihren Schmerz über alles Vorgefallene bezeugten und ihn an den Hof einluden, und wiesen ihm zu gleicher Zeit zweitausend Dukaten zur Bestreitung seiner Ausgaben an. — Das treue Gemüth Colombo's wurde durch diese Erklärung seiner Gebieter mit neuer Hoffnung belebt; seiner Redlichkeit sich bewußt, erwartete er sogleich Wiedereinsetzung in alle seine Rechte und Würden. Sein Erscheinen am Hofe zu Granada, am 17. Dezember, war nicht wie das eines in Ungnade gefallenen Mannes, er wurde von den Souverainen mit ungewöhnlicher Gunst und Auszeichnung empfangen. Als die Königin den ehrwürdigen Mann näher treten sah und an alles gedachte, was er erlitten hatte, ward sie zu Thränen bewegt. Colombo, der sich in den harten Kämpfen mit der Welt standhaft bewiesen, der mit stolzer Verachtung die Beleidigungen und Schmähungen unwürdiger Menschen ertragen, konnte den Thränen in dem liebreichen Auge Isabellens nicht widerstehen; das lange unterdrückte Gefühl machte sich gewaltsam Bahn: er warf sich auf die Kniee und vermochte lange Zeit vor heftigem Weinen und Schluchzen kein Wort hervorzubringen.

Ferdinand und Isabella haben ihn von der Erde auf und bemühten sich, ihn durch die huldvollsten Worte zu ermuthigen. Es bedurfte seiner Rechtfertigung von seiner Seite; die Leidenschaftlichkeit seiner Feinde war sein bester Anwalt. Er stand vor seinen Souverainen als ein tiefgekränkter Mann, und es war an ihnen, sich vor der Welt von den Flecken des Undanks gegen ihren treuesten Unterthanen zu reinigen. Auch erhielt er wiederholte Versicherungen, daß seinen Beschwerden abgeholfen, sein Eigenthum ihm zurückgegeben werden solle, aber seine Hoffnung, in seine Würden wieder eingesetzt zu werden und im Triumph nach San Domingo zurückkehren zu können, erwies sich als eine Täuschung, welche den Rest seiner Tage mit Düsterheit und Trauer umwölkte. Zwar unternahm er noch eine vierte Reise nach seiner neuen Welt (vom 9. Mai 1502 bis 7. Nov. 1503), auf welcher er Martinique und jenen Theil der Küste am Meerbusen von Mexico entdeckte, welcher zwischen Trujillo und dem Golf von Darien liegt, aber neue Widerwärtigkeiten, neue Untreue und körperliche Leiden zwangen ihn nach Spanien zurückzukehren, wo abermals Kämpfe und Sorgen seiner warteten und er sich umsonst bemühte, seine Rechte und Ehren wieder zu erlangen. Das Ableben Isabellens (26. Nov. 1504) war ein Todesstreich für das Glück Colombo's; an dem kalten Undank des egoistischen Ferdinand vergrämte sich das Herz des Helden und er starb am 20. Mai 1506 zu Valladolid. Auf dem Sterbelager hatte er noch besohlen, daß man die Ketten, womit ihn Bovadilla und Reiz einst gefesselt, und die er seit jener Katastrophe stets bei sich geführt, mit in seinen Sarg lege. Sein Leichnam ward, seinem Willen gemäß, nach San Domingo geführt, später von da nach Cuba gebracht. Das einzige Monument in Spanien bewahrt ihm die Karthäuserkirche zu Sevilla, ein größeres, unvergängliches hat sich sein Geist in den ewigen Lichträumen der Wissenschaft errichtet. 2.

Berliner Kinder.

Erzählung von Fanny Lewald.

(Fortsetzung von S. 314.)

10. Kapitel.

Meistner Brückner hatte darauf bestanden, daß Hermann am Montag auf die Wanderschaft gehen sollte, denn er wolle sich, sagte er, mit seiner Begleitung wieder einmal nach langer Zeit ein Extravergnügen, einen richtigen blauen Montag machen, damit die arme Seele dann wieder Ruhe und Lust zur Arbeit habe. Der Meister war immer der Meinung, daß man die Woche über weit besser still sitze, wenn man am Montag Kopf und Beinen etwas Ordentliches zugemuthet habe.

Um Mittag stand Hermann fix und fertig. Er hatte es etwas auf sich hielt, hatte er sich gut ausstaffirt für seine Reise. Er wollte, wo er immer hinkam, zeigen, daß er guter Leute Kind und ein Mensch sei, der Etwas vor sich gebracht habe. Er hatte einen guten Sommerrock an, eine hübsch ausgewählte Blouse darüber. An dem schönen Lederriemen hing ihm die lederne Feldflasche, das leichte Tuch unter dem zurückgeschlagenen Hemdkragen, der graue Filzhut waren neu gekauft. Neu gekauft war auch das lederne Ränzel, in dem er seinen Sonntagsanzug, die schwarze Hose, den schwarzen Frack und die Reservestiefel nebst seiner Wäsche und seinen Bürsten trug, und er legte sein Gepäck bei Seite, als er zum letzten Male an seines einstigen Lehrherrn Tisch ging.

Der Meister und die Meisterin saßen in der Mitte wie sonst, der Werkführer hatte seinen Platz neben dem Meister, Lisette den ihren neben der Großmutter, so war es immer gewesen, so war's auch heute. Das gewohnte Montagsgericht stand auf dem Tische, es hatte Hermann immer gut geschmeckt, nur heute wollte es ihm nicht munden. Er konnte es gar nicht hinunterbringen, er hatte keinen Hunger und auch Lisette mußte heute den gewohnten Appetit nicht mit zu Tische gebracht haben, denn sie berührte die gebotene Speise kaum und die Meisterin, die sonst immer mit ihr beschäftigt war und auf Alles Obacht gab, was sie that und machte, schien es heute gar nicht zu bemerken, wie still und wie verändert ihr Großkind sich betrug.

Es war Hermann ordentlich wohl, als man vom Tische aufstand und Lisette nicht mehr anzusehen brauchte. Sie sah blaß aus, als wenn sie krank werden müßte, den Mund hatte sie ganz fest zusammengezogen, ihre Augen waren so groß und mit den großen Augen sah sie ihn immer an, als hätte sie ihn noch nicht gesehen, oder als hätte sie ihn Etwas zu fragen.

Kaum gelaust war er vor seines Vaters Thüre sein, da wollten die Andern ihn abzuholen kommen. Um drei Viertel ging er hinaus in die Gallerie, wo sein Ränzel und sein Hut auf den alten Eichsteinen lag. Er hob das Ränzel auf die Schulter, es kam ihm mit einem Male so schwer vor, daß es ihm die Brust bedrückte, als er's sich zurecht rücken wollte, und er hatte doch sonst nie das Geringste auf der Brust gespürt. Er rückte an dem Ränzel hin und her, endlich saß es fest. Er nahm darauf den Stock mit der eisenbeschlagenen Spitze und der Hut in die Hand und trat vor den Meister hin, gab ihm die Hand und dankte ihm für all' das Gute, das er von ihm genossen hatte, und dankte auch der Meisterin; und er sprach das Alles kurz fest aus, denn er war ein Mann und wollte doch nicht weinen, wenn schon es ihn gewaltig im Halse schnürte. Der Meister schüttelte ihm die Hand und klopfte ihm auf die Schulter.

„Halte Dich brav und laß von Dir hören!" sagte er. „Du hast hier Deine Schuldigkeit gethan. Schreib bald einmal und wegen das Eltern mache Dir keine Sorgen, wir werden nach ihnen sehen, und nun mach' daß Du fortkommst!" — Frau Wernerin gab ihm auch die Hand, aber sie sagte nicht, daß er schreiben sollte, sie paßte auf Lisette auf, der plötzlich die hellen Thränen aus den Augenrannen. Ehe noch Hermann sich die nahen konnte, ging das Mädchen auf ihn zu und bot ihm Lebewohl. Sie konnte vor Schluchzen kaum sprechen. „Adieu!" sagte sie, „nimm das Buch mit, wenn Du nicht da bist, mag ich nicht darin lesen. Nimm's mit! Adieu!"

Sie lief fort, Hermann wendete sich ab, seine Thränen zu verbergen; er wollte still sein, wollte nichts sagen, aber er konnte es nicht lassen, und obschon die Großeltern auf der Gallerie standen, rief er den Enteilenden zu: „Vergiß mich nicht!"

„Du mich auch nicht!" erwiderte sie, und er ging von dannen, trauriger und glücklicher, als er sich je gefühlt.

Der Meister blickte seine Frau an. „Was war denn das?" fragte er.

„Ja, was war das?" wiederholte seine Frau; „nun is's zu spät zum Verwundern. Aber ihr Männer, ihr seht nichts mit euren sehenden Augen. Seit Jahr und Tag hab' ich's Dir gesagt, schoff der Hermann aus dem Hause, aber Du hast nicht hören und nicht glauben wollen—"

„Hättest Du Dich nur einmal vernünftig darüber aus gelassen, weshalb Du ihn forthaben wolltest, und daß es der Lisette wegen sei" — meinte der Meister, der, seit er im Magistrat saß und alle seine Ehrenämter neben seinem Geschäfte zu verwalten hatte, sich im Uebrigen auf seine Frau verließ.

„Hätte ich es Dir gesagt," versetzte die Meisterin, „Du wärest im Stande gewesen, Etwas daraus zu machen."

„Wandern und die Welt sehen muß er natürlich!" sprach der Meister, der, seit er in die Jahr gekommen, mit immer gütiger und ruhiger geworden war. „Wandern muß er," wiederholte er, als überlege er die Sache mit sich selbst und er hatte sich dazu rigens auf der Bank in der Gallerie niedergesetzt. Seine Frau schüttelte den Kopf, daß das rothe Unterkinn ihr wackelte; und die beringten Hände über den Leib faltend, rief sie: „Da haben wir's! Aber laß Du solche Redensarten nicht vor dem dummen Dinge, vor der Lisette hören, und dann paß auf was daraus werden wird."

„Was kann daraus werden, als ein Paar?" fragte der Meister gelassen.

„Und das wäre Dir recht? Das wäre Dir ganz recht und schön?" rief die Meisterin, die immer eifriger wurde.

„Was sollte mir daran nicht recht sein?" meinte Herr Werner. „Er ist ein schöner, braver, kerngesunder Junge, er versteht die Sache, wird sich mehr und mehr vervollkommnen, und wenn er Meister wird und die Lisette ihn nehmen mag, nun so hast Du ja, was Du willst, und wir können uns zur Ruhe setzen."

Die Meisterin schlug die Hände zusammen daß der Pantoffel flog ihr bei der ärgerlichen Bewegung von dem tranken Fuße ab, der ihr jetzt eben wieder geschwollen war, so daß der Schuh nicht fest saß. „Werner!" rief sie, „wenn ich Dich begreife! Nein! aber wenn ich das begreife! Also dazu sollen wir gearbeitet haben und gespart und uns geplagt, bis Du jetzt hoch in die Sechszig gekommen; darum bist Du Kirchenvorsteher geworden und Schützenkönig und stehst im Magistrat mit all' den reichen und angesehenen Leuten und hast Deine schönen Grundstücke und das schöne Kapital und die gute Kundschaft, damit unser einziges Enkel hier stecken bleiben soll, in der engen Gasse als Meistersfrau, und ganz von vorn anfangen soll wie wir —"

„Warum denn nicht?' aber nur nicht heftig!" begütigte Herr Werner, „und immer hübsch bei der Wahrheit geblieben! Von vorn anfangen, braucht ja Niemand, der eine reiche Frau bekommt; und da Vorrede seine Nachrede macht, so schlag Dir Deine Grillen mit der vornehmen Heirath für die Lisette, ein für allemal, aber auch ein für allemal aus dem Sinn. Wenn ich" — er faß sich nach allen Seiten um, ehe er weiter sprach — „wenn ich ein reicher Mann geworden bin, so will ich mein Vergnügen davon auf meine alten Tage haben, und nicht es einem Andern bereiten. Ich will das Kind meiner Tochter für mich haben und bei mir behalten, und Lisette und ich sollen in ihrem Manne einen Mann nach unserm Herzen haben. Sie soll keinen armseligen Beamten oder gar einen verhungerten adeligen Lieutenant heirathen. Das ist gut für die reichen Fabrikanten und für die Juden, die sich ihrer Arbeit und ihrer Herkunft schämen und sich am liebsten selber adeln lassen, als könnte der Bürger mit seinem ehrlichen Namen nicht eben so gut vor Gott und Menschen bestehen. Ich bin armer Leute Kind, so gut wie Du —"

„Mein Gott! Werner, wer streitet Dir das denn ab?" unterbrach ihn die Frau, die nicht wünschte, daß der Meister sich zu sehr in diese Gedanken vertiefte, von denen er dann nur um so schwerer abzubringen war. Wer streitet Dir das denn ab, daß Du Dich vor Niemanden zu bücken und zu biegen brauchst! Aber wenn man doch so weit vorwärts gekommen ist, für sein eigen Theil, so will man doch auch weiter fort und höher hinauf —"

„Ah, so!" rief Herr Werner, „nun versteh ich's! Höher hinauf! das heißt bis hier oben hinauf in das erste Stockwerk, die zu der Frau Stadtgerichtsräthin und ihrem Sohn aus erster Ehe, dem Juwelier mit dem blonden Schnurrbart, der nichts ist und nie was anderes werden wird, als eine Last für seinen Stiefvater und eine Plage für seine Mutter. Also darum die große Freundschaft mit der Frau Stadtgerichtsräthin und darum all' das Gethue mit der Lisette!"

Die Wernerin wollte ihm immer in die Rede fallen, er ließ sie aber nicht; denn wie er über seine Leute war, so war er es auch über seine Frau. Sie merkte, daß es für sie jetzt das Gerathenste sei, zu schweigen, und obschon ihr das Herz voll war und die Worte ihr bis auf Lippen gingen, ließ sie ihnen nicht den Lauf. Das Blut stiebte ihr, es war ihr heiß, daß sie die Haube vom Kopfe nahm und nach Luft schnappen mußte, wie ein Fisch auf dem Trockenen; aber sie rückte sich fest in dem Winkel auf der Bank zurecht, wickelte ihre rothen Arme in die Schürze ein und blieb so in sich abgeschlossen sitzen, nur leise mit dem kranken Fuß auf und wieder tretend, als müßten ihr Aerger und ihre Bewegung sich doch an irgend einem Punkte ihren Ausdruck suchen.

Der Meister betrachtete sie eine ganze Weile. Er schien sein Vergnügen an dem unterdrückten Zorn zu haben, aber je mehr sie sich diese gewaltige und sich von ihm abwendete, um so gutmüthiger wurden seine Mienen, bis er endlich einen doch freundlich zugleich, sich zu ihr wendend, ihr einen Schlag auf die Schulter gab.

„Christel," sprach er, „gieb Dir keine Mühe, Du richtest damit, daß Du könntest Du wohl wissen, bei mir nichts aus. Ob's der Hermann ist oder sonst ein Anderer, wird mir gleich sein. Aber ich bin achtundsechzig Jahre alt geworden als Berliner Bürger und Meister und als mein eigner Herr, und nur Einer, der wie ich ein ehrlicher Bürger und freier Mann ist, soll die Lisette haben. Das merk' Dir und das bringe ihr auch bei Zeiten bei, wenn sie's ja vergessen sollte, obschon sie mir nicht danach aussieht."

Er ging fort, ohne nach seinen Leuten zu sehen. Lisette ließ sich nicht blicken, und weil auf diese Weise keine Menschenseele da war, an der die Meisterin ihren Aerger hätte auslassen können, so jagte sie den alten dicken Kater von dem Platze fort, auf welchem er sich behaglich sonnte, und nahm ihrem Papagei den Zucker aus dem Bauer. „Will so ein Thier alles nach seinem Gusto haben," sagte sie, „will so ein Thier es besser haben als der Mensch!"

Sie trug ihn lieber mit seinem Bauer gleich in die Stube und sie ging auch selber hinein, um zu sehen, ob nicht irgend etwas anders war, als sie's erwartete und wollte; denn daß heute alles verkehrt gehen würde, das nahm sie zuversichtlich an.

Während dessen war Hermann schon längst zum Thore hinaus. Drei von seinen Kameraden waren mit ihm gegangen, und der Vater, der ebenfalls dabei war, schritt als der Munterste einher. Er hatte den langen blauen Rock angezogen und den runden Hut vor Vergnügen ganz schief auf's Ohr gesetzt. Es war ihm lange nicht so wohl geworden, auszugehen, ohne seine Frau und seine Töchter, ohne den Korb mit dem Weißbrod und dem gemahlenen Kaffee. Er hatte sich auch die alte Feldflasche vorgeschnallt und sie über die Schulter gehängt, sobald er zum Thore hinaus war, — denn in der Stadt würde es sich für ihn, der Meister und Bürger war, nicht gepaßt haben. Aber draußen ging ihm das Herz auf. Er faßte seinen Sohn unter dem Arm, er erzählte von seiner Wanderschaft, von dem Feldzug und von der Zeit, in welcher er in der Festung gesessen hatte, und er war es, der die lustigsten Wanderlieder sang, die muntersten Schnurren zum Besten gab. Er hatte sich's schon lange vorgenommen, wieder einmal eine andere Stadt zu sehen, als das alte Berlin und so wanderte er zu Fuße mit, bis sie nach Spandau kamen. Dort wollte er einen Bekannten besuchen, den er seit Jahren nicht gesprochen hatte, denn der Meister Schneider kam eben so wenig aus seiner Werkstatt heraus, als Meister Brückner, und in Spandau wollte er dann Etwas darauf geben lassen und die zwei Meilen mit einem der Stellwagen zurückfahren, welche zwischen der Hauptstadt und der Festung Spandau gehen.

Hermann hatte aber nicht vor, in Spandau einzukehren, sondern wollte gleich weiter sorgichen bis Nauen, und als sie daher in die Gegend kamen, wo die Chaussee abbiegt und links sich die weite, sandige Fläche nach den Pichelsbergen hinzieht, blieb Hermann plötzlich stehen. Er war den ganzen Nachmittag zu seiner rechten Lustigkeit gekommen, das hatten die Kameraden ihm angemerkt, wenn er sich auch munter gestellt hatte. Nun wurden seine Mienen völlig ernsthaft. Er gab dem Vater die Hand, und sagte: „Adieu, Vater! es muß doch einmal geschieden sein, und hier geht's nach der Stadt ab. Denn Sie weiter mitkommen, verspäten Sie sich am Ende, kommen nicht mehr mit dem Wagen fort und zu Hause machen sie sich darüber Gedanken."

Der Vater war betroffen. Er hatte in seinem Vergnügen an dem Wandern und an dem Singen mit den jungen Burschen es ganz und gar vergessen, daß er nur auf den Beinen war, um seinem Sohn das Geleit in die Fremde zu geben. Nun fiel ihm der Abschied schwer auf's Herz. Es zuckte in dem alten, runzligen Gesichte auf und nieder. Er wollte sprechen, aber was ihm zu sagen einfiel, hätte ihn erst recht zum Weinen gebracht, wenn er's ausgesprochen hätte, und es schickte sich doch nicht, daß ein gewanderter Mann und vollends ein gedienter Soldat, der die Feldzüge mitgemacht hatte, zu weinen anfing, weil sein Sohn, ein großer, starker Mensch, der sich auf seine Beine und auf seine Fäuste verlassen konnte, endlich auch einmal in die Welt ginge. Und doch ward ihm so weich und wunderlich um's Herz. Es ging ihm wie Tags zuvor, die Rührung kam über ihn. Er konnte sich's nicht verhehlen, der Sohn war ihm überlegen in diesem und jenem Punkte, und zumeist darin, daß er einen festern Sinn und einen ernstern Charakter hatte, wie das jetzt unter den jungen Leuten oftmals vorkam. Er dachte nicht an das Bierhaus, er machte sich keinen blauen Montag, er hatte auch mehr vor sich gebracht, als der Vater in jungen Jahren es gethan. Aber ein Vater muß doch immer Vater bleiben

und sein Kind nicht über sich stellen, dachte er, und weil er gestern seinen Spaß mit ihm gehabt und sich an der alten Geschichte von der Wüstenwanderung erheitert hatte, so dachte er auch jetzt daran, was der Hermann einmal für ein dummer Junge gewesen sei und wie er ihn so zum Besten gehabt und ihn einmal so schwer gekränkt und verspottet habe mit seiner Wanderschaft nach der Wüste. Mitten in seinem Herzeleid mußte er darüber noch heute lachen, und froh nur erst wieder lachen zu können, gab er dem Sohne einen tüchtigen Schlag auf die Schultern und rief: „Na, siehst Du, Hermann, da bist Du ja auch gerade davor; da hast Du gleich die blanke, baare Wüste mit dem knietiefen Sand! Na, nur wacker drauf los und nach, daß Du durchkommst. Hinter Hamburg kommst Du gleich an's Meer, ich bin auch einmal bis heran gewesen, aber zu Schiffe gehen — Gott bewahre! dazu hätte mich kein Mensch gebracht. Ich muß festen Boden unter den Füßen haben, und auf dem Wasser reißt auch Keiner seine Stiefel ab, da ist für den Schuster nichts zu holen."

Er hatte damit seine volle gute Laune wieder gewonnen, Sohn und Vater umarmten einander herzlich, die Kameraden schüttelten dem Scheidenden die Hand, und als Hermann von ihnen ging und sich nach einigen Schritten noch einmal grüßend nach ihnen umwendete, da stand der Vater, den er lustig schwenkend zwischen den drei jungen Leuten und war der Erste, der in der Freude an seines Sohnes rüstigem Schritt das Lied anstimmte, dessen muntere Klänge den Scheidenden noch eine ganze Strecke begleiteten:

Weiche Luft, aus enger Stadt
In die weite Welt hinaus marschiren!
Und zumal wer nichts daheime hat,
Kann gewinnen viel und nichts verlieren.
Darum, Bruder mein,
Laß uns lustig sein!
Auf die Wanderschaft laßt uns marschiren,
Unser Glück, unser Glück,
Unser Glücke draußen zu probiren!

11. Kapitel.

Nahezu zehn Jahre waren verflossen, seit Hermann von Berlin geschieden. Er war viel herumgekommen in der Welt, hatte in Hamburg und in England gearbeitet, war dann wieder in Deutschland gewesen, um seine Militärjahre abzumachen, und hatte die Eltern besucht und den Herrn Platzner wiedergesehen, ehe er nach Manchester zurückkehrte, wo er unter der Leitung seines alten Bekannten von seinem Handwerk abgegangen war und sich ganz auf die Mechanik und auf die Zusammensetzung von Agrikulturmaschinen verlegt hatte.

Herr Werner und die Seinen waren aber nicht zu Hause gewesen, als Hermann sich die acht Tage dort aufgehalten. Sie waren, die Großeltern und die Enkeltochter sammt und sonders nach Teplitz gereist, weil die Schmerzen in dem Bein der Wernerin mit den Jahren im Winter immer ärger wurden, und da Herr Werner schon lange nicht mehr selbst in seinem Geschäfte arbeitete, sondern es, seit er vor das Thor in sein Landhaus hinaus gezogen war, von seinem Werkführer auf seine Rechnung betreiben ließ, so hatte er gedacht, er könne seine Frau so gut wie jeder Andere eine Badekur gebrauchen lassen und sich nebenher die Welt einmal besehen und Lisetten die Welt zeigen, damit sie doch auch wisse, wie es draußen aussehe.

Hermann hatte damals viel zu hören bekommen von dem prachtvollen Garten, den Herr Werner sich angelegt, von den schönen Wagen mit den beiden starken Braunen, die er hielt, von der Wernerin mit der Hauskleidung nur noch des Morgens trug, und am Tage in den feinsten wollenen und seidenen Kleidern, in Hauben mit kostbaren weißen Bändern einherging, aber man hatte es den Werners auch nachgerühmt, daß sie ihre alten Nachbarn und Gevattern nicht vergessen hätten, daß sie gar nicht stolz

44

geworden wären und daß zu Weihnachten immer ein großer Gänsebraten und sonst auch dies und das für Brückners abgeliefert worden wäre.

Hermann hatte zu dem allem geschwiegen und war nicht vergnügter dadurch geworden. Er war auch eines Morgens hinausgegangen vor das Thor und hatte sich das Landhaus angesehen, das gar nicht mehr wiederzuerkennen war, so viel hatte der Meister daran verwendet; und war dann still nach Hause gegangen zu Herrn Plattner, bei dem er wohnte, und wenig Tage darauf wieder nach England abgereist. Kein Mensch hatte es von ihm erfahren, was ihm die ganze Zeit auf dem Herzen gelegen und wie schwer er mit sich gekämpft.

Er hatte etwas vor sich gebracht, er konnte, wenn er nur gesund blieb, auch darauf rechnen, einmal zur Selbstständigkeit und wenn das Glück ihm beistand, auch zu Vermögen zu kommen. Aber der Weg von der Besitzlosigkeit zum Wohlstand ist sehr mühevoll und weit. Er hatte ihn noch ganz und gar zurückzulegen, denn die Militärjahre hatten ihn aus aller seiner Arbeit und aus seinem Fortschritt herausgerissen, und Mutter und Schwester hatten ihm erzählt, wie schön die Lisette geworden sei und daß man sie bald mit diesem, bald mit jenem reichen jungen Manne verlobt nenne. Er konnte sich das Alles selber sagen und selber denken, er wunderte ihn nur, daß sie nicht schon verheirathet war, denn sie hatte mit vierzehn Jahren wie ein erwachsenes Frauenzimmer ausgesehen und nun mußte sie ihr achtzehntes Jahr beinahe vollendet haben.

Es blieb ihm alle die Tage weh um's Herz und der Ernst an ihm verdüstert. Er führte das kleine Buch immer mit sich, das Lisette ihm einst beim Scheiden gegeben. Es war der erste Band von Schillers Gedichten, in einer jener alten Nachdrucksausgaben, denen man vor Jahren noch häufig bei den Büchertrödlern begegnete. Bei einem Trödler hatte er es auch gekauft, als er noch ein Lehrjunge und Lisette ein Kind gewesen war, und hatte ihr oft daraus vorgelesen, wenn er in den Feierstunden auf dem Hofe saß und die kleine sich aus der Schule zu ihm fand. Später, als sie groß wurde und in die Schule ging, hatte sie die Gedichte von ihm geborgt, um sie auswendig zu lernen, und er hatte ihr die Verständniß, weil der Großvater dazu die Zeit nicht hatte und weil Hermann es besser verstand als die Großmutter, der das Lesen in fremden Büchern nicht so von Statten ging. So waren sie neben einander erwachsen, Hermann und Lisette, und in einander verwachsen, und die Schiller'schen Gedichte waren ihnen so in das Leben und in das Herz hineingewachsen, und Hermann hatte, als er zuerst fortgegangen war, es wohl begriffen, daß sie dieselben nicht ohne ihn lesen mochte. Aber wie lange war das her, und wie viel konnte und mußte sich geändert haben seit jenem Tagen.

Es hatte ihn immer getröstet und ermuthigt, daß Lisette ihm nur das erste Bändchen mitgegeben und das andere für sich behalten; denn die beiden Bände mußten doch wieder einmal zusammenkommen, weil sie zu einander gehörten. Das abgegriffene Buch war ihm ein Talisman gewesen und ein Hoffnungszeichen, ein Pfand der Liebe und des Glücks — aber was half ihm das jetzt?

In dem schönen Hause, in welchem Lisette wohnte, hatte man ein solch' altes, schlechtes Buch wohl längst auf die Seite geworfen, und wie sehr es ihn auch drängte, die zu schreiben und ihr das Bändchen zu senden, das ihn bis dahin nicht verlassen hatte — er konnte es nicht über sich gewinnen. Bald fürchtete er, sie könne lachen, wenn sie das Buch erblicke, bald dachte er, es sei noch Hoffnung für ihn da, so lange es in seinen Händen bleibe — und halten muß der Mensch, wenn er die rechte Kraft zum Handeln haben soll.

Mit weit schwererem Herzen als er einst von Berlin gegangen war, verließ er es nach seiner ersten Heimkehr, und nur ein Paar Mal in jedem Jahre hörten die Eltern von ihm, wenn er ihnen zum Weihnachtsfeste etwas schickte oder an den Herrn Plattner schrieb. Es kamen

auch wenig gute Nachrichten von Berlin zu ihm nach England. Die Eltern wurden älter und älter, die Arbeitskraft nahm ab, die Kraft zum heiteren Entwerfen ebenfalls. Die Kinder, die freilich alle ihr Brod erwerben konnten, halfen nach und halfen aus, indeß es saß von ihnen allen keiner noch im Vollen und auf den Aeltesten richteten die Augen und die Hoffnungen sich darum doch zumeist. Herr Plattner, der noch älter als der Meister Brückner war, konnte bei Licht auch nicht mehr so viel schreiben, er klagte aber niemals, und von dem Werner'schen Hause erfuhr Hermann fast nichts.

Nur einmal, bald nachdem er in Berlin gewesen war, schrieb ihm seine Schwester, daß sie Lisetten auf der Straße getroffen und diese sich nach ihrem Ergehen und nach Hermann gefragt habe. Auf die Erzählung, daß er zu Schule gewesen, sei Lisette böse geworden. Sie hatte sich aber doch erkundigt, wie er ausgesehen habe und wo er hingegangen und was er vorgehabt, und hatte zuletzt gemeint, die Schwester möge ihm schreiben: Jeder und Thäte wären dazu erfunden, daß man Nachricht von sich gebe, und es sei nicht häbsch von ihrem Bruder, daß er nicht gewartet habe, bis sein alter Meister wieder nach Hause gekommen sei.

Darauf hatte Hermann einmal von Manchester aus, an den Herrn Werner einen Brief gerichtet, aber der Brief war nicht beantwortet worden, und nur das hörte der junge Mann, daß Lisette seinen Schwestern je nach ihrem Können, Arbeit gab, und einmal schrieb ihm der Herr Kandidat, daß Fräulein Werner ihn habe kommen lassen, um von ihm Unterricht im Englischen zu nehmen, was sehr zu verwundern sei, da es ja in Berlin so viel junge Lehrer und so viel Engländer gebe, und er niemals vom Sprachunterricht in Teutschland zu seinem Erwerbe Gebrauch gemacht habe.

Mehr aber hatte Hermann nicht nöthig gehabt, um auf's Neue zu Lisetten, wie zu seinem Sterne hinzusehen, und er hatte gelernt und gearbeitet an jedem Tage und gehofft in jeder Stunde und auf den rechten Augenblick und die rechte Gelegenheit gewartet und sie hatte sich dargeboten und er hatte sie benützt.

So war im Frühjahr von achtzehnhundertvierundfünfzig, als Herr Werner seinen siebenundsechzigsten Geburtstag feierte. Er war noch ein aufrechter Mann, der seine Abnahme seiner Kräfte spürte und sein hohes Alter gar nicht als etwas Besonderes ansah, denn sein Vater hatte es bis in die Neunzig gebracht und hatte es doch lange nicht so gut gehabt, als er. Seit er vor dem Thore wohnte, machte er jeden Morgen noch seinen stundenlangen Spaziergang, und weil er sein Herz, je älter er geworden war, nur mehr und mehr an sein Entfeßlung anhängte, so hatte Lisette sich gewöhnt, stets um ihn zu sein und ihn auch zu begleiten, wenn er in der Frühe ausging. Sie hatten dann ihr bestes Gespräch mit einander und wußten von einander manches, was den Andern verborgen blieb.

Früh am zwanzigsten Mai schien die Sonne so hell und so warm, als wollte sie dem alten Herrn zu seinem Geburtstage ganz besonders etwas zu gut thun und ihm für das Jahr die warmen Tage verbrechten, die des Alters Freude sind. Die Kastanien standen noch in ihrer letzten Blüthenzeit, die vollen Blüthenbolden hingen von den Büschen hernieder und schon drängte sich die ganze Fülle der Baumblüthe schimmernd hervor, daß man die reichste Fruchternte erwarten konnte, wenn das Jahr hielt, was der Frühling versprach. Der alte Herr war heiter und guter Dinge. Er hatte schon seine Mütze mit dem großen Schirm aufgelegt, den Krückstock in die Hand genommen, und sein weißer Pudel paßte auf den Augenblick zum Fortgehen, als Lisette im grauen Morgenrock, den Strohhut in der Hand herunter kam, dem Greise Glück zu wünschen und ihn abzuholen.

Sie war schön und stattlich geworden. Ihr blondes Haar hatte einen bräunlichen Schimmer bekommen, die klaren, hellen Augen einen ernsten und festen Blick, und da sie groß und stark war, sah sie recht wie ein Frauenzimmer aus, dem ein tüchtiger Mann seine Zukunft anzuvertrauen wünschen mußte. Sie hatte die Kraft der handarbeitenden Stände in sich bewahrt, aber eine beßere körperliche Pflege und eine größere geistige Kultur hatten dieser Kraft das Schwerfällige und Plumpe genommen, und der Großvater, der immer seine Freude daran hatte, daß Lisette handfest sei, sah es im Stillen doch mit Vergnügen, wie sie fein vornehm in ihrem einfachen Anzuge aussah, als sie die Treppe aus der Gartenstube herunterstieg.

„Großvater!" sagte sie, „das ist gegen die Abrede! Am Geburtstag könntest Du wirklich ein Bischen länger schlafen, damit man Dir doch vor Deinem Bette gratuliren könnte. Ich war um halb sechs Uhr munter, und nun bist Du doch noch vor mir da. Ich war in Deiner Stube, Dich zu suchen." Sie küßte ihn, und sagte, indem sie ihn umarmte, mit großer Herzlichkeit hinzu: „Bleib' Du mir nur leben, Großvater! Du mußt mir ja den Vater erseßen und hast es ja auch so unausprechlich treu gethan."

Er schüttelte ihr dankend die Hand und küßte dann ihr frisches Gesicht. „Schön Dank!" entgegnete er, „und ich denke, eine Weile soll's noch verhalten. Mir wär's auch ganz recht; wenn man sich's so bequem zurecht gemacht hat, für die alten Tage, will man's auch genießen. Es war mir nicht an der Wiege vorgesungen, daß ich's einmal so haben würde." Er öffnete mit diesen Worten die Gartenthüre, an der Seite, wo der Garten in das Wiesenland hinausging, und wo seine Lieblinge, ein paar schöne, rothbraune Kühe tief in dem mit Butterblumen überstickten, von Thau glänzenden Grase standen und sich achtsam mit dem großen sanften Augen nach dem Herankommenden umschauten, während der Pudel fröhlich hin und wider lief, und bald an dem alten Herrn, bald an dem Lieben Mädchen liebkosend emporsprang.

Der Greis ging den Kühen heran, klopfte sie freundlich auf die breiten Köpfe und zog ein Stück Brod aus der Tasche, das er unter die beiden Thiere vertheilte. „Die gehen mir nun über alle Blumen und über all' den Kram, mit dem Ihr Euch zu schaffen macht," meinte er. „Ich muß etwas Lebendiges um mich haben. In der Stadt, in dem engen Hofe, waren es der Storch, den Du ja noch gekannt hast, und der Rabe und der Papagei, die wir hinausgenommen haben, und wenn ich nebenan im Garten und im Hofe die ganze Schaar von Kindern sich tummeln sehe, so geht's mir wie der Großmutter, es thut mir leid, daß es bei uns so leer ist."

Er sah dabei zufällig die Lisette an und gewahrte, wie ihre Miene sich verdüstert. „Großvater!" bat sie abwehrend.

„Ja, ja!" rief er, „Du denkst, ich komme auf die Sprünge unserer Alten, da sei unbesorgt. Du sollst thun und machen, was Du willst, das weiß ich. Willst Du heirathen, ist's mir recht, wenn's der Mann darnach ist; willst Du ledig bleiben, ist's mir auch recht, so habe ich Dich um so länger für mich allein, und was sie von dem frühen Heirathen Gutes sagen, das sind Narrenspossen. Was Sie in der Ehe beschieden ist, das kannst Du mit dreißig Jahren so gut genießen wie mit zwanzig, nur Eins ist mir nicht recht."

„Und was ist das?" fragte Lisette.

Der Greis antwortete nicht gleich. An der Umzäunung des Wiesengrundstücks war eine Latte an einer Seite losgerissen, sie hing schief von dem Pfahl herunter. Er hob sie empor und Lisette half sie ihm halten, während er zur Versuch machte, die langen Nägel, welche noch 'darin steckten, in den nächsten Pfahl vorläufig wieder einzupassen, bis er Jemand schicken konnte, sie gehörig zu befestigen. „Da ist das verdammte Gesindel von drüben schon wieder dabei gewesen!" rief er ärgerlich aus. „Im Winter läßt man sich's gefallen, Noth kennt kein Gebot. Aber jetzt im Sommertag, wo Jeder Arbeit findet, so soll der Teufel holen, wenn ich sie attrapire. Der Karl muß nachher gleich hinaus!" — er sah noch einmal nach der nächsten Latten hin, ob da etwa auch schon die Nägel losgemacht wären, und sprach dann, als habe er inzwischen nichts Anderes vorgehabt: „Was mir nicht

recht ist an Dir, das ist, daß Du Dir die Einbildungen mit dem Brückner nicht aus dem Sinne schlägst."

Lisette wurde roth und die Adern auf ihrer starken, weißen Stirne schwollen leise an. „Großvater," sagte sie, „willst Du auch anfangen, mir das vorzuhalten? Ist's nicht genug, daß ich's schon ohnehin immer hören muß? — Da ist aber gar nichts zu machen, Ihr glaubt nicht, daß er wiederkommen wird —"

„Wiederkommen," meinte der alte Herr, „wer zweifelt denn daran, daß er einmal wiederkommen wird; aber das hat ja gar nichts mit Dir zu thun."

„Er wird wiederkommen, um meinetwillen," sagte Lisette fest.

„Warum nicht?" entgegnete der Greis, „ein Mädchen wie Du, und des alten Werners Enkelkind, ist schon 'ne Reise werth."

Lisette wurde ärgerlich. „Das hat Dir nun Alles die Großmutter wieder vorgeredet," rief sie. „Und doch weiß sie so gut wie Du, lieber Großvater, daß der Hermann mich nicht vergessen hat, daß er hier gewesen ist, damals als wir in Teplitz waren, daß er sich nur aus Bescheidenheit und weil er Ehre im Leibe hat, nicht hervor gewagt hat. Nachher hat er ja auch geschrieben und hat nicht wieder schreiben können, weil Ihr ihm nicht geantwortet habt. Und Ihr wißt auch, denn ich habe ja die Briefe an seine Eltern und an den Kandidaten selbst gelesen, daß er vorwärts kommt und daß es ihm gut geht, daß er unverheirathet ist und sich immer nach uns erkundigt —"

„Nach mir?" fiel der Greis ihr in die Rede, der an dem Eifer des schönen Mädchens seine Freude hatte und es nicht wollen lassen konnte, einen Spaß zu machen, wenn die Gelegenheit sich dazu bot.

Lisette lachte. Sie nahm des Greises Hand, und wie sie so neben ihm her ging, sagte sie: „Es ist eigentlich kein Mensch daran schuld, als Du! Hättest Du mir's nicht angewöhnt, daß ich immer meinen Willen haben muß, so würde ich nicht darauf bestehen! Was ich will, das will ich nun aber einmal, und Recht behalten werde ich gewiß!" — Sie warf dazu die Lippen trotzig auf, und der Greis hätte sie gern zürnen mögen, hätte er das Mädchen nur nicht so lieb gehabt.

„So hat sich schon Mancher verrechnet," meinte er endlich, „denn an das alte Sprichwort: hoffen und harren macht Manchen zum Narren; und eine Sünde und Schande wäre es doch wahrhaftig, wenn ein Mädchen, das wie mein Enkel in der Welt besteht, und nur das Anschauen hat, zur alten Jungfer werden sollte, weil sie sich den Sohn vom Brückner, von dem lumpigen Flickschuster —"

„Großvater! sag' das nicht! Armuth schändet nicht, Du bist auch armer Leute Kind."

„Armer Leute Kind hin, armer Leute Kind her!" rief der Alte, der plötzlich den Gleichmuth verlor, „ich hab's durch mich selber zu Etwas gebracht. Ich bin ein Mann bei der Stadt geworden, und wenn der alte Brückner auch sonst ein ordentlicher Mensch ist und sich nichts wider ihn haben will, Gott bewahre, nichts, gar nichts, so ist's doch Unsinn, daß Du den Hermann nicht aus dem Sinn schlägst. Und die Großmutter hat Recht! Ich hätte die Kandidaten gar nicht über die Schwelle kommen lassen sollen, denn der beschwätzt dich nun und wie werden wir erleben —"

„Wette mit mir!" fiel Lisette ihm in die Rede.

„Unsinn," brummte der Greis.

„Wette mit mir!" wiederholte sie dringender.

„Du hast nichts zu verwetten," meinte er, und seine gute Laune begann wiederzukehren.

„Ich habe mich selber zu verwetten," sagte sie ganz ernsthaft. Ich bin vorige Woche dreiundzwanzig Jahre alt geworden. Wenn bis heute über das Jahr Hermann nicht zurückgekommen und zurückgetreten ist, daß Du Dir selbst sagst, ich solle ihn zum Mann nehmen, so heirathe ich denjenigen, den Du und ich dann hier aussuchen werden. Aber ich heirathe ganz bestimmt."

Der Greis war überrascht. „Was weißt Du von dem Brückner?" fragte er.

44 *

„Nichts weiter," versetzte sie, „nichts weiter, als was Ihr auch wißt und was der Kandidat erzählt hat."

„Und darauf willst Du wetten?"

Lisette sah den Großvater an, lächelte, wurde dann wieder ernsthaft, und sagte: „Ich kenne ihn! — ich ge-

winne die Wette; verlaß Dich darauf! Er hat von klein an im Kleinsten wie im Größten Wort gehalten!"

„Soll mir lieb sein," versetzte der Greis, und er selber war es dann, der von andern Dingen zu sprechen anhub.

(Schluß folgt.)

Briefe über Gedächtnißkunst.

Von Dr. Ed. Eyth.

(Fortsetzung von S. 316.)

Fünfter Brief.

Der große, leider zu früh verstorbene Mnemoniker Hermann Kothe sagt einmal in seinem Katechismus der Mnemonik": wer sich vor Sonderbarkeiten fürchtet und vor Lächerlichkeiten davonläuft, — der ist ohne jede mnemonische Ader und kann ein sehr tüchtiges Mitglied der menschlichen Gesellschaft sein oder werden, aber ein Gedächtnißkünstler niemals".

In dieses Gebiet einer theilweise barocken Welt treten wir nun mehr und mehr ein. Erschrecken Sie also nicht, v. Fr., wenn Ihnen so oder dort eine wunderliche Figur quer über den Weg läuft! Mag sie aussehen, wie sie will: — wenn der „Mohr" oder der Zwerg nur seinen Dienst thut! Aber wir gehen an die Sache!

Im letzten Briefe haben wir Memorialverse und späterhin Memorialwörter von sehr gedrängtem Inhalte kennen gelernt. Nun lassen sich aber die letzteren natürlich auch wieder in Verse zusammenbringen. Und wenn man dieß mit einigem Verstande treibt, indem man Verwandtes vereinigt, so läßt sich wirklich eine große Masse, besonders von historischem Stoffe, auf einem sehr kleinen Raume concentriren. Und hierin dürfen Sie mir glauben; denn ich rede aus Erfahrung. Ein Beispiel wird am leichtesten meine Meinung darlegen. Merken Sie sich:

Bampitist[1]), Pilkemg[2]), Laevos[3]), Rojac[4]), Gem[5]), Jatgem[6]), Timc[7]).

Sie haben hier sieben Wörter, die man immerhin noch als Hexameter zu scandiren vermag, wenn man, wie Sie, Mehreres von Klopstock und Voß gelesen hat. Dieser Hexameter umfaßt nun aber das Wichtigste aus der Kirchengeschichte der ersten Periode, das auch Ihnen nicht gleichgültig sein kann. Nämlich:

1) Die zwölf Apostel: Bartholomäus, Andreas, Matthäus, Philippus, Johannes, Thomas, Judas (2), Simon (2), Jakobus (2).

2) Länder der ersten Ausbreitung des Christenthums: Palästina, Italien, Syrien, Kleinasien, Egypten, Macedonien, Griechenland.

3) Nebenämter der ersten christlichen Kirche: Lectoren, Akoluthen, Exorcisten, Vorsänger, Ostiarier, Subdiakonen.

4) Biesthümer: Rom, Antiochien, Jerusalem, Alexandrien, Ephesus.

5) Sekten: Gnostiker, Ebioniten, Manichäer, Montanisten, Monarchianer.

6) Griechische Kirchenväter: Justinus, Athenagoras, Theophilus, Gregorius, Methodius.

7) Lateinische Kirchenväter: Tertullian, Irenäus, Minucius Felix, Cajus romanus.

Hoffentlich werden Sie zugeben, v. Fr., daß, wenn auch ein so fremdklingender Vers vielleicht im ersten Augenblicke etwas schwieriger einzuprägen ist, dennoch derselbe die gehabte Mühe vergütet durch die Fülle seines Inhalts. Und nicht nur dieß. Einmal tüchtig gelernt,

bleibt er uns viel sicherer, als ein solcher, der aus tausendfach im Leben wiederkehrenden Wörtern gebildet ist. Gerade jener obige Vers stammt aus meinen akademischen Jahren und haftet in mir wahrscheinlich zeitlebens, ohne alle Mühe, während hundert andere aus jener Zeit vergessen sein mögen. Er ist aber nicht der einzige, sondern hatte und hat seine Gefährten. In ungefähr zwölf seinesgleichen lag und liegt für mich eine nicht geringe Masse von kirchengeschichtlichem Stoffe angehäuft. So war es mir in der trübsten Zeit meines Lebens, da ich stubiren sollte und doch, dem Erblinden nahe, weder lesen noch schreiben durfte, dennoch möglich, theils durch streng logische Ordnung, in die ich all mein geringes Wissen gliederte, theils durch leichterlernbare mnemonische Kunststücke, deren Seltsamkeit oft dem Humor meiner Freunde erregte, dennoch mit diesen gleichem Stand zu halten, ja in Manchem sie an Sicherheit und Bestimmtheit des Wissens zu übertreffen und namentlich den Vortheil zu genießen, daß ich in etlichen Minuten gründlich repetiren konnte, wozu Andere Stunden und beinahe halbe Tage nöthig hatten. Was ich aber über die Haltbarkeit gerade dieser Gattung von Memorialwerten an mir selbst erfuhr, das bestätigten mir auch vielfach schon Andere, besonders ehemalige Schüler. Uebrigens giebt es auch noch ein weiteres Erleichterungsmittel, um sich die fremdartigen Wörter geläufig zu machen. Man zertheilt dieselben wieder in Silben, die nun als Anfangssilben recht vielen Wörtern benützt werden, die zusammen einen vorstellbaren Sinn geben. A. B. Cethamtcpuc war oben das Wort für die neun Musen. Zerlegen Sie es in Ce-tham-tc-puc. Daraus stellen Sie sich nun vielleicht vor: „Zehn Damen thee trinkend im Bulinghampalast" (Und dabei etwa Gedichte vorlesend. Die zehnte Dame kann ja die Mutter der Musen sein, oder Präsidentin!) Dieses, ob auch gewagte Bild, wird Ihnen das Fremdwort festhalten und einzelne Mnemoniker haben auf diesem Wege ganz Unglaubliches geleistet.

Bevor wir weiter gehen, sage ich Ihnen nur noch bei, daß namentlich in der Bibel die Mnemonik der Anfangsbuchstaben, wenn auch in anderer Weise, gar häufig hervortreten ist, wenigstens im hebräischen Texte. Die sogen. „Stufenpsalmen" haben so viele Verse, als das hebräische Alphabet Buchstaben enthält, und jeder Vers beginnt mit dem nächstfolgenden Buchstaben, was offenbar nichts anderes ist, als ein Kunstgriff, um das Gedächtniß zu unterstützen. Man hat dies Gleiche wohl auch im Deutschen schon mit Glück nachgeahmt. Eine Aehnlichkeit hiermit hat in derartigen Versfahren mit ganzen Wörtern, wovon Sie die Belege an einigen geistlichen Liedern finden. In dem bekannten Liede: „Meinen Jesum laß ich nicht" merken Sie bemerken, daß diese erste Zeile zugleich die Anfangswörter der folgenden Verse abgiebt. Ebenso verhält es sich bei dem schönen Gerhard'schen Liede: „Befiehl du deine Wege", welchem der Spruch zu Grunde liegt: „Befiehl dem Herrn deine Wege und hoffe auf ihn; Er wirds wohl machen". Dieser Spruch war dem Verfasser die erbauliche Herzensstimmung, welche ihn zum Singen trieb; er

vertheilte ihn gleichfalls an die Anfänge seiner einzelnen Verse und hat dadurch, wahrscheinlich ohne es zu wissen, oder zu wollen, zur Mnemonik gleichfalls seinen Beitrag gegeben.

Aber lassen Sie uns zurückkehren, v. Fr., zu den Memorialversen des vorigen Briefs, — zu unserem: „Augustus, Tiber ꝛc.", um nochmals bei diesem Punkte einen neuen Faden anzuspinnen.

Wenn man nämlich, etwa in der Geschichte die Namen bedeutender Personen sich anzuführen sucht, so ist es wesentlich, auch ihre Lebenszeit genauer zu kennen. Aber Zahlen sind etwas sehr schwer Behältliches, weil jede Zahl für hundert Dinge gemalt sein kann und keine Zahl den geringsten Anknüpfungspunkt bietet. Hier sollte demnach geholfen werden.

Nun wußte man längst, daß z. B. die Römer (wie vorher schon die Griechen) ihre Zahlen durch Buchstaben auszudrücken genöthigt waren. Jux Lacedaemons enthält, beiläufig gesagt, ihre Zahlenbuchstaben. I = 1, u oder V = 5, X = 10, L = 50, C = 100, D = 500 und M = 1000. Die zwei letzten Consonanten zählten dann nicht mehr. — Nicht minder weiß Jedermann, daß z. B. unsere Kaufleute an ihren Artikeln geheimnißvolle Buchstaben anbringen, die aber lediglich den Ankaufs- und Verkaufspreis, also Zahlen enthalten, um ihr Publikum leichter zu überlisten. In alter und neuer Zeit ist also der Gedanke vorhanden, Zahlen in Buchstaben zu verwandeln. Es handelte sich nur, wie so oft, um eine allgemeinere rationelle Anwendung des Gegebenen.

Diese versuchte um die Mitte des vorigen Jahrhunderts zuerst, soviel mir bekannt, in öffentlicher Weise ein Engländer, Richard Grey. Er gab den einzelnen Vocalen und Consonanten die Bedeutung von Ziffern und bildete dadurch z. B. aus einer Jahreszahl, eine Silbe, die er dem betreffenden Worte anstatt einer andern, hinten abgeschnittenen Silbe anhängte. Derartige Wörter sagte er sodann wieder zu Versen, besonders Hexametern, zusammen. Dennoch lautet ein so dunkles System und ju dessen Charakterisirung von dem neuern großen Mnemoniker Reventlow verfertigtes Vers also:

Granilis, Spinmuty, Jesuty, Raphalry, Codomantis.

Das heißt:

Alexanders d. G. Sieg am Granitus i. J. tii = 334. Spinnrad erfunden . . . . utu = (15)30. Jesuitenorden gestiftet . . . . . . fu = (15)40.

(Schluß folgt.)

Raphael gestorben . . . . eu = (15)20. Darius Codomannus, König v. Persien tis = 335.

Noch jetzt soll diese Methode in manchen englischen Schulen gebraucht werden. Für eine kleine Anzahl von Daten wird sie wohl nach meiner Erfahrung auch brauchbar genannt werden können; dagegen wird sie bei einer größern Masse, und zwar aus verschiedenen Gründen, welche durch eine Probe sich leicht ergeben, nur Verwirrung herbeiführen. Uebrigens haben sich auch z. B. die Philosophen, welche sich mit der Logik beschäftigten, in ihren Verschen: barbara, celarent ꝛc., worin sie die möglichen Arten, Schlüsse zu ziehen, niederlegten, eines ganz ähnlichen Verfahrens bedient und zwar nicht ohne einigen günstigen Erfolg.

Wir sind jedoch nun abermals weiter gewiesen, v. Fr., und ich freue mich, Ihnen sagen zu dürfen, daß es ein deutscher Gelehrter war, der auch auf diesem Felde wieder — in aller Stille — bereits Bahn gebrochen hatte. In dem Archiv von Hannover befindet sich ein lateinischer Aufsatz des zu seiner Zeit größten Philosophen Leibnitz, welcher die Aufschrift führt: „Geheimmittel, wie man Zahlen, vornämlich solche, die in der Chronologie vorkommen, nebst einer unzähligen Menge anderer, dem Gedächtnisse bis zur Unvergeßlichkeit einprägen und überhaupt die Kraft desselben wunderbar stärken könne." Das Arcanum besteht nun abermals darin, für die Ziffern Buchstaben eintreten zu lassen, die jedoch nicht (nach der Weise des übrigen späteren Grey) ganz sinnlos, leicht verwechselbare Anhängesilben bilden, sondern leibhaftige Wörter, wie sich dieselben gerade ergeben. So konnte statt des obigen „tif bei Granikus das Wort Tifferni, bei Darius Codomannus statt tis vielleicht Tischschublade oder Aehnliches sich ergeben.

Ein brauntes Wort mochte somit immerhin eine Erleichterung zu bringen scheinen; aber es fehlte eben an der Verbindung zwischen Wort und Sache, welche Grey wenigstens äußerlich herbeigeführt hatte. Somit blieb auch dieses Verfahren noch mangelhaft genug. Aber wie nahe lag es, nun darauf zu denken, daß man nur solche Wörter wähle, denen eine innere, geistige Beziehung innewohnte! Und das gerade ist der große Fortschritt der neuesten Jahrzehnte, wobei ich einige, mehr oder weniger praktische Uebergangssysteme z. B. des Franzosen Aimé Paris, des Ungarn Mailath, des portugiesischen Castillo, des Ungarn Mailath, dem polnischen Generale Bem übergehen werde. Doch sehen Sie hieraus schon, daß es keine Nation geschämt hat, sich mit einer Kunst zu beschäftigen, die so sehr eine größere Cultivirung verdiente. In Kurzem ein Weiteres!

Via Mala.

(Mit Abbildung in Farbendruck.)

Wie der Rheinfall zu Schaffhausen oder die Tamina-schlucht bei Pfäffers, ist auch die Via Mala, d. h. derjenige Theil des Splügenpasses, welcher durch eine fast zweistündige enge Felsenschlucht von Tusis nach Zillis führt, stets einer der berühmtesten Punkte in der Schweiz gewesen. Seit Eröffnung der Thurer Eilenbahn wird sie aber viel blos in Verbindung mit einer Splügen- oder Bernhardinsfahrt, sondern meist von vielen Lustreisenden als isolirte Merkwürdigkeit besucht, die man eben auch abmachen muß, wenn man die Wunder der Schweiz besichtigen will. Allerdings ist die Via Mala an und für sich ein so vollkommen überraschender und befriedigender Gegenstand der Betrachtung, daß man mit unvermindertem Genusse den Rückweg von Zillis nach Tusis zurücklegen kann. Auf dieser Strecke begegnen sich auch die meisten Reisenden, allein es ist dies nur die äußere Via Mala, und es gehört zur Ergänzung dieser großartig wilden Scenerie der Besuch der inneren oder oberen Via Mala, welche von Andeer aus durch die Rofflaschluchten nach Silva plana eine halbe Stunde vor dem Dorfe Splügen führt.

Der Name Via Mala, „schlimmer Weg", rührt von dem ersten Versuchen her, durch das sogen. verlorene Loch einen Saumpfad zu bewerkstelligen. Früher war diese Felsenschlucht, durch welche der Hinterrhein selbst nur mit der größten Mühe sich eine Durchgangsspalte ausgehöhlt hat, für den Wanderer ganz undurchdringlich; nur lahme Gemsjäger wagten sich an den schroffen Felsenwänden empor und auf die Schluchtenriegel. Der Saumpfad mußte bei Tusis den Rhein verlassen und über die Höhen am Piz Beverin in langem Zickzack steigen, um durch Umgehung des verlorenen Loches den Wanderer in die obere Rheinthalstufe, das Schamserthal, zu führen, deßgleichen mußte er der inneren Via Mala, da wo jetzt ein herrliches Felsenthor durch die Rofflen durchbrochen ist, gleichfalls eine Seitenhöhe erstiegen werden, um in's Dorf Splügen gelangen zu können. Diese beiden Umgehungspfade nannte man Bia Bona, den guten Weg. Jetzt haben freilich beide Wege den Namen mit einander vertauscht. Der schlimme Weg zieht sich jetzt als eine sichere, breite Poststraße durch das verlorene Loch, durchbricht in weiter Sprengung die hemmenden Felsklippen, überspannt in hohen Wölbungen den 400 Fuß tief rauschenden, von überhängenden Felsgesimsen verborgenen Rhein, und ist selbst im Winter durch angestellte Wegschaufler und aufgestellte Signalpfosten fahrbar, während der früher gute Sommerweg jetzt durch Runsen und Lawinen so zerrissen und beschwerlich geworden ist, daß die jetzige Bia Mala sich nicht mehr unten in der Schlucht befindet, sondern oben vom Gebirge herabschaut.

Vergleicht man die beiden Bia Mala's, die äußere und die innere mit einander, so verdient allerdings die erstere den Vorzug der Berühmtheit. Die Großartigkeit der grausen, erregenden Schlucht erscheint hier mehr gedrungen, auf einzelne Brennpunkte concentrirt, der fast eine deutsche Meile lange Felsenspalt verengt sich häufiger zu einer himmelanschließenden Kluft, der Rhein unterwühlt in tieferen und engeren Spalten die Felsenverrammlung, die Riesentannen, welche den schmalen Streif des Horizontes in schwindelnder Höhe verdunkeln, die fich drohender über dem Scheitel des Wanderers, und der Zeitvertreib, Felsbrocken in den unsichtbaren Rhein von der Brücke aus hinabzuwerfen und die Länge ihres Falles an dem Secundenzeiger abzumessen, ist nur hier möglich. Allein auch die Rossein verdienen aufgesucht zu werden. Der Rhein stürzt dort innerhalb einer Stunde in dreizehn Absatzstufen durch die Schlucht hindurch, breit und in voller Jugendkraft, die Felswände klaffen mehr auseinander, aber auch sie sind von riesigem Nadelholz durchwurzelt, auch gipfelt sich der Charakter der Schlucht in einem kühn gesprengten Felsenthor — und eine der herrlichsten Gebirgswasserscenen, die es überhaupt in den Alpen gibt, ist der Sturz des Averserrheins in demselben Trichterkessel, in welchen der Hinterrhein in noch höherem Falle so eben selbst sich stürzt.

Scheut der Wanderer den Rückweg durch's Schamserthal nach Tusis, so bietet ihm das Ferreratthal, aus welchem der Averserrhein herausstürzt, durch seine wildromantische, der Schmergalpssosten und der Schafsennerhütte zeugen von den Vorsichtsmaßregeln, welche Alpenpässe im Winter erfordern. In dieser Jahreszeit bietet die Bia Mala keinen besonderen Reiz, denn der Schnee verwischt alle Charakteristik der Alpenschönheiten und macht das matterartige Schamserthal so öde und trostlos, als ob der ganze Weg von Tusis nach Dorf Splügen eine einzige ununterbrochene Bia Mala wäre.

E. O.

George Washington.

(Fortsetzung von Seite 340.)

An der militärischen Figur Washingtons wäre nicht zu mäkeln, daß aber sein militärisches Genie von manchmal minder hoch angeschlagen wurde, mag sich aus dem Folgenden erklären. Washington hatte stets mit kleinen Truppenkörpern, und dies auf ungeheuren Ausdehnungen, zu operiren. Die große Strategie konnte hier gar nicht ihre glanzvolle Kunst spielen lassen. Seine Kriegsführung war stets darauf angewiesen, in engeren Schranken der Klugheit zu laufen. Der Feldherr war sich dieser niedrigern Sphäre klar bewußt. Als er noch im Alter gegen Frankreich zum Degen greifen sollte, schrieb er: „Vergessen wir uns nicht, daß wir jetzt einen ganz andern Krieg als einst gegen England führen müßten. Dazumalen gebot uns die Lage der Dinge, dazumalen war es Weisheit, uns hinter Zeit und Umstände möglichst vorsichtig zu stecken, den Feind seine Kräfte nutzlos verzehren zu lassen, unsere Kräfte haushälterisch zu sparen und zu einem geeigneten Schlage zu sammeln. Jetzt müßten wir dagegen athemlos angreifen.“ — Hiermit haben wir eine Zeichnung der Situation und wissen, warum Washington den Titel eines Fabius Cunctator (Zauberer) nicht ohne Grund erhalten haben mag. Es kommt nur darauf an, ob verliehe nicht mehr zu seinem Lob als Vorwurf gereicht werden muß. Das Resultat, welches diese beschränktere Kriegsführung geliefert hat, läßt keinen Zweifel darüber: Großbritanien kämpfte acht Jahre gegen ein Land von drei Millionen Einwohner und war schließlich genöthigt, jeden Anspruch auf diese Perle in seiner Krone aufzugeben. — Abgesehen hiervon bilde man sich kein Urtheil durch Blick in die Verhältnisse, unter welchen und mit welchen Washington im Felde lag. Seine wahrheitsgetreue Feder schildert es uns in vielen Farben und Klagen. „Ich kenne die unglücklichen Zustände, welche mich bedrängen. Ich weiß, wie viel von mir erwartet wird; weiß aber auch, daß ohne Truppen, Waffen, Kriegsvorräthe und alles, was der Soldat bedarf, wenig auszurichten ist. Es kränkt mich, daß ich mich vor der Welt nicht rechtfertigen kann, ohne unsere üble Lage zu offenbaren und durch Entdeckung unserer Schwäche der guten Sache zu schaden. Ich bin aber seit nothgedrungen, nicht anders zu thun, als da, wo es nothwendig ist, um unsere Lage zu verbessern. Die Umstände werden mir oft so peinlich, daß ich, läge mir das allgemeine Beste nicht mehr am Herzen, als mein eigenes Wohl, schon längst Alles auf's Spiel gesetzt haben würde. Anstatt daß ich eine Armee von mindestens XXXXX Soldaten habe, sehe ich hier im Lager mit weniger als der Hälfte, die Kranken und Beurlaubten mitgerechnet, die so Uebrigen weder bekleidet noch bewaffnet, wie sie sein sollten. Mit einem Worte, meine Lage ist so, daß ich allerlei Kunstgriffe anwenden muß, um sie vor meinen eigenen Offizieren zu verbergen.“ — Darf es je eine Nothlüge geben? Wir finden etliche Male, daß Washington die Zahl seiner Mannschaft größer angab, als sie wirklich war, um nicht den Feind zu einem raschen Angriff herauszufordern. Es ist aber auch das Einzige, was ihm eine rigorose Moral zur Beschämung aufrechen könnte, das Einzige, was wir in der bänderreichen Bibliothek über sein Leben zu verzeichnen vermochten. Auch wurde Washington recht regelmäßig dafür gestraft. Denn jede solche Angabe nährte zugleich die Flauheit und Kargheit der Staaten gegenüber der Armee. Erst, wenn der Feind vor den Thoren stand und das Feuer der Noth gleichsam zum Dach hinanschlug, pflegten sich die Vertretungen zu wirksamen Opfern herbeizulassen, und dann war es meist zur vollen Wirkung zu spät. Erst mir jedem Winter wiederholten sich die unendlichen Mühen, womit der Feldherr von Anfang an eine Armee aus dem Boden zu stampfen hatte. Und aus was für einem Boden! Den Staaten fehlte es noch gänzlich an einer festen Einrichtung. Man mußte nicht, wer Koch und Kellner, an wen sich zu halten sei, um bestimmte Maßregeln durchzuführen. Es tagte ein Generalcongreß, aber er hatte keine förmlichen Vollmachten und noch weniger Machtmittel. An dieses schwankende Institut war nun der Feldherr zunächst mit seinem Antragen gewiesen, denn er war von ihm eingesetzt. Da fing denn mit der Verhandlung die Tantalusarbeit an. Die Mitglieder waren zwar darin einig, daß die Rechte der Colonien gegen England vertheidigt werden müssen, kam es aber zur Berathung des Wie, dann klafften die Ansichten weit auseinander. Einige trugen sich immer mit dem Gedanken einer Aussöhnung mit dem Mutterland, Andere hielten den Kampf für einen allzu ungleichen, die Meisten allerdings zugten, bis zur Gerechtigkeit der Sache entschlossen, Alles daran zu setzen. Jedoch gerade diese stellten sich aus Scheu vor den Gefahren, die eine Militärmacht für die Freiheit haben könnte, fort und fort auf die Hinterfüße, wenn es galt, den Heerwesen kräftig zu fördern. Und in Betreff dieser Scheu vor Soldatenherrschaft hatte letztere Partei das ganze Volk für sich. Daher stand Washington, um wo möglich die Empfindlichkeit in dem Argwohn den Stachel zu rauben, während des ganzen Kriegs in ununterbrochener, eingehendster Correspondenz mit dem Congreß. Bei Allem, was er verfügte, fragte er zuvor an, um die Ehre des Verfügens abzutreten. Freilich waren diese Anfragen insofern diplomatische Meisterstücke, als ihre Fassung und Beleuchtung der Antwort, welche er wünschte, fast unvermeidlich machten. Ohne daß der Congreß es sich bewußt wurde, war er das Werkzeug seines Generals, nicht umgekehrt. Ohne diese Thatsache war Alles, der Congreß, die Armee und die Sache der Bewegung selbst, schnell aus den Fugen gegangen. Aber sie kostete unaufhörlichen Zeitverlust für die Armee und unbeschreiblichste Kopfverdrehen für ihren Führer. Hatte nun Washington den Congreß zum Decret einer Maßregel vermocht, so war die Aufgabe, die Ausführung zu bringen, abermals ihm zu. Die Execution war nicht beim Congreß, sondern bei den Behörden und Ausschüssen der Provinzen. Da galt es einer Menge von Körperschaften und einzelnen Personen gegenüber unzählige Bedenken, Sonderinteressen, Organvorschläge, Widerseltigkeiten, Ausreden zu bekämpfen und niederzuhalten. Die Aushebung, Armirung und Belohnung der Truppen hatte bei jedem Feldzug mit alten und neuen Schwierigkeiten zu ringen. Man lernte die Noth kennen, welche meistens allein vermögend war, den Regierungen das Nöthige zur Kriegsführung abzuringen. Bald kann ein Marsch nicht verfolgt werden, weil die Soldaten keine Schuhe haben und sich die Füße gar zu wund gelaufen haben. Bald muß die Mannschaft in Ermanglung von Decken eine ganze Nacht beim Feuer stehen, denn sie kann ihn zum Schlafe nicht niederlegen, weil auch die Kleider zu dünn sind, um sich gehörig damit zudecken zu können. Bald stoßen wir auf ein paar tausend Soldaten, die weder Pulver noch Gewehr besitzen. Einmal für oftmal hören wir den Feldherrn klagen: „Etliche Tage war fast eine vollkommene Hungersnoth im Lager. Ein Theil der Armee bekam eine ganze Woche, der übrige drei oder vier Tage gar kein Fleisch. Nackt und hungernd, wie sie sind, kann ich die Geduld und Treue der Soldaten nicht genug bewundern. Denn diese Entbehrungen hätten längst eine allgemeine Meuterei und Auflösung des ganzen Heeres herbeiführen können. Beängstigende Zeichen der Unzufriedenheit bemerken wir freilich oft, und nur die thätigste Hilfe von allen Seiten kann eine schreckliche Katastrophe abwenden." — Wenn zu alle dem ein der Sold für Offiziere und Gemeine sehr niedrig ausgeworfen, diesen häufig trotz den dringendsten Ermahnungen lange vorenthalten wurde, wenn je und je die Unzufriedenheit wirklich ausbrach: etliche Male drohte sogar Gefahr von Verschwörungen, der nur noch Washington persönlich mit seiner Briefheit, Milde und Festigkeit vorbeugen konnte.

Wer will von einem Feldherrn unter dem Drucke solcher Verhältnisse mehr verlangen, wenn es doch zuletzt eine viel stärkere, weit reicher ausgestattete, ungleich besser disciplinirte und exercirte Armee aus dem Felde schlägt? Und was für eine sittliche und geistige Schwungkraft ge-

hört dazu, unter dem Drucke solcher Verhältnisse niemals weder den klaren Blick noch den heitern Muth zu verlieren? Wenn man seinen aufrechten Gang durch diese prüfungsvollen Kriegsjahre verfolgt, wird man des Wortes eingedenk: „den Fuß in Todesschatten, das Haupt in Sonnenschein." Dieser Mann schien aus dem Kampf mit den Beschwerden und Trangsalen sogar neuen Muth zu schöpfen. Das Vertrauen in den schließlichen Sieg der gerechten Sache ließ er oder ließ ihn keinen Augenblick von Anfang bis zu Ende fallen. Als die Armee Schlappe um Schlappe erhalten hatte, bis auf ein ohnmächtiges Häuflein zusammengeschmolzen war, der Kleinmuth viele Amerikaner in's britische Lager oder zum Eide an die britische Krone zurücktrieb, der Congreß bereits aus Philadelphia floh, weil man die Einnahme der Stadt durch den Feind für gewiß ansah, fragte den Feldherrn ein Offizier, was denn nach letzterem Ereigniß etwa noch gethan werden könnte? Washington erwiderte: dann wollen wir uns hinter den Fluß Susquehanna zurückziehen, und von da, wenn's nöthig ist, bis hinter das Alleganygebirge. — Dies unerschütterliche Vertrauen hatte lediglich nichts von jenem fatalistischen Düster, worin sich gewisse Kriegshelden schon eingehüllt: es gründete sich mit voller Klarheit auf den Glauben an einen lebendigen, gerechten, wundermächtigen Gott. Daher breitete es über das ganze Schalten und Walten des Mannes eine gleichmäßige Ruhe. Höchst selten ließ er sich aus ihr auflagen. Doch fehlt es nicht gänzlich an Beweisen, daß diese Ruhe keine bloße Naturanlage gewesen. Das Element der Leidenschaft konnte in Augenblicken gewaltig aus der Tiefe aufschäumen. Als im Gefechte bei Tarrytown die Miliz, wie manchmal, furchtbar auseinanderstäubte und in ihre Scherdenrflucht auch die reguläre Truppe trotz allen Befehlen der Offiziere fortriß, sprengte der Feldherr spornstreichs unter die Flüchtlinge hinein und wollte sie zum Stehen bringen. Vergeblich: Er schleuderte grimmig seinen Hut zur Erde und rief: „Sind das die Leute, mit denen ich Amerika vertheidigen soll?" Gegen Einige drückte er seine Pistolen ab, setzte Andern den Degen auf die Brust und war im Eifer so nahe der den Feind gerathen, daß er sicher gefangen worden wäre, wenn nicht ein Adjutant den Zügel seines Pferdes ergriffen und ihn mit Gewalt zurückgerissen hätte.

Und wie der Mensch, so wußte auch der General zur geeigneten, allerdings wohl berechneten Stunde die kühnsten Magnisse auszuführen. Aber sich am glänzenden Kriegserfolgen vergnügen will, der sehe, was Washington leisten, als ihm der Congreß am Rande des Abgrunds freie Hand zum Handeln ließ, indem er ihm auf kurze Zeit dictatorische Gewalt anvertraute. Eine fort und fort zurückgeschlagene, in förmlicher Auflösung begriffene Armee führte er plötzlich über den Delaware auf den Boden des Feindes und gewann innerhalb acht Tagen die zwei großen Schlachten bei Trenton und Princeton, so daß nach drei Wochen der britische Armee von allen Posten am Delaware vertrieben, Philadelphia von der Gefahr befreit und die Provinz Neu-Jersey wieder erobert war.

Derartige Manöver mußten auch auf die Soldaten gewöhnlichen Schlags, dem es nicht behagen mochte, den Krieg stets nur vom Gesichtspunkt eines Mittels, nicht eines Selbstzwecks betrieben zu sehen, immer wieder so wirken, daß er an dem Feldherrn hoch hinaufsah. Dazu kam die treue Sorgfalt, welche Washington seiner Mannschaft angedeihen ließ. Deßwegen hing der Kern der Armee mit unbedingter Ergebenheit an ihm. Wenn sich auf dem Congreß oder den Provinzen oder dem Lager ärgerliche, mißliche, vorwurfsvolle Stimmen gegen Washington bald leiser, bald lauter regten, sah ihn der Armee alsbald auf ihren Schild und trug ihn über die Anfechtungen hinaus. Selbst die Unzufriedenen, die Meuterer, die Verräther im Heer konnten sich der Ehrerbietung ihm gegenüber nicht erwehren. Während des Feldzugs von 1777 auf 1778, als die Armee in Valley-Forge lagerte, entspann sich eine sehr ernsthafte Cabale gegen den Feldherrn, deren Fäden sich aus dem Offiziercorps bis in den Congreß hineinzogen. Es wurden Briefe veröffentlicht, angeblich von

Washington, worin dieser den Eifer schmähte, mit dem der Congreß die Unabhängigkeitserklärung beschlossen habe und den Krieg in einem so unversöhnlichen Geiste gegen England fortführe. Die Absicht lag auf der Hand: man wollte den Feldherrn discreditiren, der in seinen öffentlichen Handlungen gerade den Standpunkt einnahm, daß von einer friedlichen Lösung keine Rede mehr sein könne noch dürfe. Als ihm die Unabhängigkeitserklärung vom Congreß übersandt wurde, ließ er sie feierlich vorlesen und in der Tagesordre hieß es: „Der General hofft, diese wichtige Begebenheit werde ein neuer Bewegungsgrund für einen jeden Offizier und Soldaten sein, seine Pflichten mit Muth und Treue zu erfüllen, da er weiß, daß wir den Frieden und die Freiheit unseres Vaterlandes nunmehr nächst Gott einzig und allein dem Glück unserer Waffen verdanken können, und da wir von jetzt an Alle im Dienste eines Staates stehen, der mächtig genug ist, die Treue zu belohnen, und den Verdienstvollen zu den höchsten Ehrenstellen in einem freien Lande zu erheben." — Hiernach hätte Washington ein elendes Lügenspiel getrieben. Ferner flog es mit anonymen Zuschriften im Congreß, worin alles Kriegsunglück der Unfähigkeit des Feldherrn zugeschrieben wurde, den man stürzen wollte. Washingtons Auge entging das Getriebe der Bosheit nicht, allein er that, als ob er gar nichts bemerkte, und ging auf der Bahn seiner Pflicht festen Schrittes fort. Als ihm der Präsident einen jener anonymen Briefe zusandte, äußerte er sich darauf: „Ich weiß nicht, wie ich Ihnen meinen Dank für Ihre Freundschaft und Güte ausdrücken soll bei einer Veranlassung, die mich so nahe angeht. Es war mir nicht unbekannt, daß seit einiger Zeit eine tückische Partei gegen mich gewühlt hat; da mein Gewissen mir aber das Zeugniß giebt, daß ich immer gethan habe, was ich konnte, um die großen Pflichten des mir anvertrauten Amtes zu erfüllen, so machte es mir keine Sorge, und mein Gefühl wurde schmerzlich verletzt. Die gefährlichen Folgen, welche eine innere Entzweiung für das allgemeine Wohl hervorbringen kann, beunruhigen mich aber sehr. — Da ich nie eine andere Absicht hatte, als für das Heil meines Vaterlandes zu arbeiten und ich nach keiner andern Ehre trachte, als nach der, welche der Beifall meiner Mitbürger mir spendet, so entziehe ich mich durchaus nicht einer freien Untersuchung alles dessen, was ich gethan, was ich konnte, und gern ertragen, wo selbst die mir feindliche Partei etwas wirklich Tadelnswerthes entdeckt. Der anonyme Brief enthält einige schwere Anklagen und ich wünsche, daß er dem Congreß übergeben werde. Dies verlange ich um so mehr, da die Unterdrückung oder Verheimlichung desselben Ihnen vielleicht später Unannehmlichkeiten zuziehen könnte; denn man kann nicht wissen, wer oder wie Viele mit dem Inhalte bekannt sind. — Meine Feinde suchen auf eine unedle Weise Vortheile über mich zu gewinnen. Sie trauen alle Schwierigkeiten meiner Lage und wissen, daß Beweggründe der Politik mir verbieten, mich so, wie ich wohl könnte, gegen ihre hinterlistigen Angriffe zu vertheidigen. Sie wissen, daß ich ihre Verleumdungen, mögen sie mich noch so hart treffen, nicht widerlegen kann, ohne Geheimnisse zu enthüllen, die von der größten Wichtigkeit sind. Wie könnte ich aber auch erwarten, ohne Tadel zu entgehen, der einem Jeden ohne Ausnahme trifft, der auf einem hohen Platze steht? Verdienste und Talente, die ich keineswegs zuschreiben kann, waren stets das Ziel der Verleumdung. Wenn mein Herz sagt mir, immer sei es meine Absicht gewesen, das Beste zu thun, so bin auch das so gestalteten; doch mein Verstand mag sich wohl oft in der Wahl der Mittel getäuscht haben und bei vielen Veranlassungen scharfen Tadel verdienen." — Es kam aber zu keiner Untersuchung: nicht bloß das Heer, sondern auch das Volk wehrte sich dagegen, als gegen eine Schmach, zu laut. Und die Ränkeschmiede verkrochen sich von selbst. Jedoch mußte dem Feldherrn eine seltsame Genugthuung werden. Ein Brigadier, Namens Conway, spielte die Hauptrolle in der schmutzigen Cabale. Derselbe, ein Fran-

zose von Geburt, wurde im Duell von einem amerikanischen Offizier verwundet und fühlte sich dem Ende nahe. Da peinigte ihn das Gewissensbiße und er schrieb noch mit zitternder Hand an den General: „Sie sind in meinen Augen ein großer und ein edler Mann. Möchten Sie sich lange der Achtung, Verehrung und Liebe dieser Staaten erfreuen, deren Freiheit Sie durch Ihre Tugend gegründet haben!" —

Noch öfter ließ Washington solche Angriffe auf seine Person unberücksichtigt; galten sie aber der Sache, der er diente, so fuhr er äußerst energisch darein. In der Schlacht von Monmouth wich der General Lee, der Nächste im Commando nach dem Feldherrn, auf eine höchst unnöthige daher auffallende Weise mit seinem Flügel zurück. Washington sprengte gegen ihn heran und nöthigte ihn mit herbem Herrscherton umzukehren. Lee wollte sich nach der Schlacht diese Behandlung nicht gefallen lassen und wandte sich in einem trotzigen Schreiben an den Feldherrn. Es mußte beigefügt werden, das Lee der Kandidat der Mißvergnügten war, welcher an die Stelle Washingtons hätte treten sollen. In diesem Falle glaubte der Feldherr das Kriegsgericht entscheiden lassen zu müssen, und dasselbe thal den Spruch, General Lee habe sich wegen schlechter Haltung vor dem Feind und wegen Mangels an Ehrerbietung vor dem Befehlshaber auf 12 Monate vom Commando zurückzuziehen. Der Congreß bestätigte diesen Spruch und Lee verließ auf immer die Armee. — Als ein hochbegabter und hochverdienter General, Namens Arnold, aus beleidigtem Ehrgeiz und wegen Ueberschuldung seine Heeresabtheilung zum Feind überliefern wollte, selbst auch wirklich überging, erwischte man den englischen Major, in dessen amerikanischer Uniform gekommen war, um den Verräther das Geleite zu geben. Das Kriegsgesetz verurtheilte ihn als Spionen zum Tode und Washington ließ es trotz allen Anstrengungen von englischer Seite walten. — Nicht lange hernach lehnten sich die Truppen in Pennsylvanien und Neujersey auf, erschlugen einige Offiziere und verlangten beharrlich dem Gehorsam. Da ließ Washington tausend Mann, die in den Hochlanden standen, gegen sie marschiren, um die Meuterei mit Gewalt zu dämpfen. Es gelang und die Rädelsführer wurden erschossen. Das scharfe Exempel that für immer die beste Wirkung. — Solche Erekutionen kosteten dem Feldherrn freilich eine große Selbstüberwindung. Denn der hervorstechende Zug seines Charakters war eher Weichheit als Härte. Nicht nur seine eigene Mannschaft bekam das innige Mitleiden, das sie für ihre Leiden umtrieb, reichlich zu erfahren, sondern auch dem Feinde gegenüber bewährte sich, soweit es nur die Umstände erlaubten, seine Menschlichkeit. Die englische Armee hatte, es war schon im Ausgang des Krieges, einen amerikanischen Offizier gefangen und wider alles Recht ohne Weiteres aufgehängt. Die Sache wurde eiligst bezeugt und erregte natürlich die tiefste Erbitterung. Umsonst verlangte das Kriegsgericht den Führer der Truppe, welcher die Grausthat begangen hatte, vom englischen Commando heraus. Nun wählte man durch das Loos einen englischen Gefangenen von gleichem Rang, um an ihm das Wiedervergeltungsrecht zu üben; es traf einen jungen Mann von 19 Jahren, Capitän Asgill. Mehrere Monate schwebte er in Todesfurcht: Washington war genügt, ihn loszugeben, aber der Congreß schwankte hin und her. Mittlerweile schrieb Asgills Mutter, eine auch von andern Trübsalen tiefgebeugte Frau, herzzerreißende Briefe. Das französische Ministerium verwendete sich auch für den Armen, und so ging endlich Washingtons Antrag auf Entlassung aus den Foltern glücklich durch. — Solche Züge verfehlten ihre Wirkung auch auf die feindliche Armee nicht. Der Name Washingtons wuchs im Verlaufe des Krieges zu einer wahren Kriegsmacht an und übte auf die englische Regierung einen moralischen Druck aus, dem es hauptsächlich zuzuschreiben ist, daß sie an einer Unterwerfung der Colonien endlich verzweifelte und in den Friedensschluß willigte.

(Schluß folgt.)

„SUCH' DIE BLUMEN DIR IM THAL!"

von

UFFO HORN.

FÜR

SOPRAN UND ALT MIT BEGLEITUNG DES PIANOFORTE

COMPONIRT

von

WILHELM SPEIDEL.

Verlag von Kraus und Hoffmann in Stuttgart.

„Such' die Blumen dir im Thal"
von Uffo Horn.

Andante con moto.

Comp. von Wilhelm Speidel.

Auf be-sonn-ten Ber - ges-hö-
Wenn der Schütz auf ho - he

hö - hen zwi - schen Fel-sen; schön und dicht, siehst du
Mat - ten früh nach wil-den Ro - sen geht, sucht der.

wil - de Ro - sen ste - hen, doch im tie - fen Tha - le
Hirt im Wal - der - schat - ten Veil - chen sich des A - bends

nicht. Zar - te Blüm - chen in der Run - de, Veil - chen,
spät. Nicht ge - deiht was Thä - lern ei - gen auf der

die im Schat - ten blühn, triffst du nur im küh - len
Alp' im Son - nen - strahl, kannst du nicht zu Ber - ge

4

Grunde, a - ber nicht im Al - pen-grün, triffst du nur im
stei-gen, such' die Blu-men dir im Thal, kannst du nicht zu

küh - len Grunde, a - ber nicht im Al - pengrün.
Ber - ge steigen, such' die Blu-men dir im Thal!

Druck von Breitkopf und Härtel in Leipzig.

Alpenwanderungen in Piemont.

Von Ludwig Gantter.

3. Monterone — Ortasee.

Bogogna hatte am Morgen nach unserer Rückkehr aus dem Anzascathale ein ganz verändertes Aussehen. Es hatte die ganze Nacht über geschüttet, wie es eben nur im Gebirge schütten kann. Hefenartig und bleischwer hingen die noch nicht ausgeregneten Wolken über dem Städtchen, ein

Zen Giulio.

wahrer Eulenhimmel war an die Stelle des sonnigen Azurs getreten. Die Landschaft war von dem heitern D-dur — Mozarts Lieblingstonart — in das schwermüthige Des-dur eines Chopin'schen Notturno transponirt, und abwärts gegen den Lago Maggiore hin war Himmel und Erde rabenschwarz, und der Wolkenkampf glich einem Ossian'schen Schlachtenbilde. Die Aussicht auf einen regnerischen

Tag brachte mich in eine weniger fromme Stimmung, als diejenige Göthe's war, als er auf seiner Schweizerreise einst wirthshausgebannt war, was die Engländer inn-bound nennen. „Wir gehen fleißig an's Fenster", schreibt er, „und sehen uns nach der Witterung um, denn wir sind jetzt sehr im Falle, Winde und Wolken anzubeten!"

Doch kamen auch wir in den Fall, ein Stoßgebet herzusagen, denn als wir wetterprüfend am Fenster standen, lief mir ein Marienkäfer vom Fenstergesims aus auf die Hand. In der Volkspoesie heißt diese liebe Käfer — den auch der roheste Mensch nicht zu zertreten oder zerquetschen wagt, weil er der Herrgottsvogel ist — Frauenkühle, und er wird angerufen um Sonnenschein zu bringen, denn er wohnt im himmlischen Gewässer bei der Göttin Hulda und bringt die Seelen der Kinder aus dem himmlischen Brunnen zur Erde. Wir beteten daher den Spruch:

> Frauenkühle
> Sitz auf's Stühle,
> Flieg über die Tannenbäum'
> Und bring uns schön warmen Sonnenschein!

Dann beobachteten wir genau, ob er mehr als sieben schwarze Punkte auf seinen Flügeldecken trage, denn hat er ihrer mehr, so regnet es fort und fort und es giebt ein theures Jahr. Und siehe da, Frauenkühle fliegt auf durch's offene Fenster zu seiner Herrin: Frau Holda trocknet sich die Augen und lächelt wieder freundlich, die Wellenschleier fallen, und die ganze Landschaft scheint in ungeahnten Modulationen sich aufzulösen, unerwartete Vorberge sondern sich staffelförmig vom Grundstecke ab, und die Sonne geht siegreich aus dem Kampfe hervor.

Die Erscheinungen der Gebirgswelt sind so wunderbar wie die des Oceans. Sich in dieselben hineinzuleben, erfordert mehr Zeit und Ruhe, als dem gewöhnlichen Lustreisenden beschieden ist. Darum lesen wir in den Beschreibungen der Alpenwanderungen meist nur von Felsgründen, Matten, Zerklüftungen, steilen Abhängen, aber nichts von den wunderbaren jugendartigen Verkürzungen, Zusammenziehungen, Erweiterungen der Bergmotive, nichts vom Hervor- und Zurücktreten, von optischen und perspektivischen Täuschungen, von Erprobungen der Höhe durch's Augenmaß und der Entfernung nach den Zustand der Atmosphäre, durch Wolkenspiele, durch scheinbare Vermischung der Wolken mit dem Gebirge. Wohl hat Jean Paul dies richtig gefühlt, wenn er sagt: „Es gibt einige mit einer ganz unleserlichen Hand geschriebene Blätter in Buche der Natur, die man nur lesen kann, der sich lange mit der Handschrift vertraut gemacht."

Die Landstraße, der wir dem Ortasee zuwanderten, nahm bald den Charakter der lombardischen Heerwege an, schnurgerade und mit einer unabsehbaren Reihe von granitnen Schutzwehrsteinen eingefaßt. Doch die Berge zur Linken sind so prachtvoll zersägt und zerknittert, wie der Resegone bei Lecco, mit dessen Beschreibung Manzoni seine Promessi sposi beginnt, und es fallen so hübsche Gieß-bäche herab, daß wir es nicht für nöthig hielten, uns die Langeweile durch Zählen der Granitsteine zu vertreiben, wie es in der Ebene nothwendig wird.

Bei Migiandone geht es über die Tosa, wiederum in einer Fähre, denn vor 10 Jahren theilte die steinerne Brücke auch hier das Schicksal der andern. In Ornavasso zeigt sich der Monte Orfano als verwaister Berg im Vordergrunde. Er ist nicht sehr hoch, fällt aber steil gegen die Tosa ab, die sich um ihn herumwindet, ehe sie in den Lago Maggiore fällt. Vor uns erhebt sich nun auch der Monterone, eine Bergwand wie der Rigi, mit mehreren niederen Kuppen. Rechtwinklich gegen ihn fallen die Berge ab, welche das Stronathal einengen und sich bei Omegna zu Hügeln abschwächen.

Bei Gravelona verließen wir die Simplenstraße und wandten uns dem Ortasee zu. Der Lago Maggiore kann von hier aus nicht gesehen werden, wohl aber sein Vorposten der Lago di Mergozzo, der zwischen den Marmorbrüchen von Candoglia und dem Monte Orfano eingebettet ist. Bekannt ist, daß der Dom zu Mailand aus diesen Marmorbrüchen seine Quader bezieht. Ungeheure Schutthalden von Marmorblöcken überdecken wie eine Lawine den untern Bergabhang. Auch der Orfano enthält Marmorbrüche, die jetzt stark ausgebeutet werden.

Mit großer Spannung gingen wir die neue Straße in's Stronathal hinauf. Die Strona kommt vom Monte Castella in südöstlicher Richtung herab, bildet zuerst ein wildes, schluchtenreiches Gebirgsthal und nähert sich bei Omegna dem Ortasee so sehr, daß sie auf der Landkarte in ihn zu münden scheint. Dem ist aber nicht so, sie macht plötzlich eine rechtwinkliche Wendung und fließt nördlich der Tosa zu, zu deren Teltamündung sie einen Arm bildet. Der Ortasee sendet ihr bei Omegna sein klares Abwasser zu, so daß sie in heller Transparenz an der Straße herabfließt.

In anderthalb Stunden erreichten wir Omegna. Wir mußten das ganze Städtchen durchwandern, bis wir zum Alberge Muschini oder della Posta gelangten. Der Gasthof liegt hart am See, der mitten in dem Regenschauer, welcher uns überfiel, eine ganz eigenthümliche aschhelle stählerne Farbe hatte. Da der Ortasee durch eine Landzunge getheilt wird und man ihn von hier aus schief sieht, so daß Breite und Länge zusammenfallen, so wird dieser obere See zu einem in sich abgeschlossenen Landschaftsbild. Seine unmittelbaren westlichen Ufer sind nur steile grüne Hügel; hinter ihnen erheben sich aber hohe Berge in den weichsten Rundformen und mit strebend anschwellenden Bühlmatten.

Der Ort ist sehr belebt. Auf der Brücke hart am Gasthofe ist reges Thun und Nichtsthun. Die Barcajolen feiern und treiben jetzt Politik. Ohne Zweifel fragen sie sich, ob das kühne Schiff Piemont mit seiner schweren Fracht von Reformen und Einigungsplänen eben so sicher die stürmische See durchkreuzen werde, wie ihre zerbrechlichen Nußschalen, die den Verkehr mit Orta vermitteln müssen, selbst auf der durch Winterstürme oder durch den Frühlingsföhn oft zu einer spitzgrätigen Wogenmasse aufgefurchten Seefläche.

An der Brücke steht das neugebaute palastähnliche Stadthaus mit einer großen Markthalle im Erdgeschoß. Der Seeabfluß wallt in ziemlich breitem Bette der Strona entgegen. Malerisch überhängen ihn einige Häuserbalkone.

Am nächsten Morgen unternahmen wir die Besteigung des Monterone, der als der Rigi Oberitaliens vielgenannt aber wenig besucht ist. Herr Mischini hatte uns einen sehr gewandten Führer, Carlo Bertrami, verschafft, der auch zugleich Bootsmann ist. Der kürzere Weg führt von einem engen Gäßchen aus gleich steil hinauf durch Gestrüpp und Knickicht. Man windet sich dann um eine Schlucht herum und gelangt zu einer Bergwand, die sonst mit dem schönsten Laubwalde bedeckt war, aber vorigen April durch einen Waldbrand verheert wurde. Ist man zwei Stunden steil gestiegen, so kommt man auf die Alpenweiden und bald an eine Sennhütte, wo wir laue Ziegenmilch tranken. Der Senne war ein alter Mann, kreuzlahm und halb kniegebrochen, er war einst von einem wüthenden Stiere verfolgt und über einen Felsenknauf hinabgestoßen worden. Mit strahlender Freude erzählte er, wie er nachher aus Rache den Stier assassinirt habe.

Von der Sennhütte aus erreicht man in einer halben Stunde den Monte Rotundo — eine weiche Kuppelabrundung des Berges. Hier ist kein Gesträuch mehr. Wie der Sammtteppich eines Louvre-Grasbeetes oder eines Kensington-Gartens ist die Matte dicht abgefedert, und elastisch geboren schwebt der Wanderer darüber hin. Als wir die höchste Kuppe erreicht hatten, kämpften die Wolken wieder mit der Sonne. Wie ein neckender Vorhang ließen sie sich bald hinauf, bald herab, schoben sich bald rechts, bald links, so daß wir zuerst nur ahnen durften, was vor uns lag. So lüftet der Pulichinello neckend von Zeit zu Zeit seinen Guckkastenvorhang, um den Kinder — großer und kleiner — Erwartung aufs Höchste zu spannen. Endlich konnten wir den Lago Maggiore zu unsern Füßen erblicken mit seiner reizenden Inselgruppe. Dann tauchten die zwei neuen östreichischen Forts von Laveno aus dem Nebel auf, deren geschützstrotzende Wille die ruhige Stimmung, in welcher der Farbenton des lauen Seespiegels aufgetragen war, unruhig störten. Immer weiter hinauf heben sich die Schleier — das schöne Gestade bis Luvino glänzt über den See herüber — der Sasso di Ferro, der Monte Michele, der Camera dei Fiori erheben sich mit ihren abgeschüttelten Vorbergen und verdecken das tiefe Gebirgsbecken des Luganer-Sees. Ein Labyrinth von Bergzügen thürmt sich hinter diesem Becken auf. In ihren tiefen Thälern wohnen Kleaver, Bergeller und Betteliner und die glücklichen Anwohner des Comer- und Lecco-Sees. Diese Bergketten

erhalten ihre Gipfelung durch die berühsten Pyramiden der Berninakette und des Orteler — des höchsten deutschen Berges!

Von der Abdachung dieser Gebirge gleitet das Auge herab in die große lombardische Ebene und zu den köstlichen Hügeln, an deren Fuß sich der silberne Schieß — man gestatte dies in Ortsnamen noch erhaltene ächt deutsche Wort für das englische shoot of water — des Lago di Varese sich so lesend anschmiegt. Auch die Lachen des Lago di Comabbio und Lago di Monate, sowie das untere flache Gestade des Lago Maggiore ragen in die Ebene hinein. Triumphirend zeigte mir Bertrami den Dom von Mailand. Ecco il Duomo, rief er mehrmals aus, denn das war ihm der interessanteste Anblick. So besteigen viele Schwarzwälder die Hornisgründe, nur um das Straßburger Münster zu sehen. Meine Blicke aber schweiften hinüber zu dem zauberhaft beleuchteten Fachgefüge der Bergamasker Berge, die sich in einen phantasmagorischen Hintergrund aufzulösen schienen.

Nordwärts wendet sich das Auge zu den Miserer- und Lorentinerbergen und zu jenem gordischen Knäuel von Gebirgshäuptern, die sich zwischen der Tosa und dem Langensee wie ein vieladriges Netz zusammenschürzen. Hier sind die unbesuchten, ganz verkannten Thäler der Maggia, des Cavernone, das Val Lavezzara, Val Verzasca, Val Cannobbio, das große Querthal Val Vigezzo und der Distrikt der Centovalli, welcher Name den besten Begriff von den vielen Maschen dieses Gebirgsnetzes gibt und ebenso bezeichnend ist, wie der Name Milletêten, der einem ähnlichen Labyrinthe, dem der Seealpen vom Cornicepaß aus gesehen, gegeben wird. Wer nennt die Namen, zählt die Häupter des vor den Monterone zur Musterung gelagerten Alpenheeres? Nur die allernächsten, welche die vor uns aufklaffenden tiefen Thaleinschnitte des Val Grande und Val Intragna umgeben, mögen hier genannt werden — der Pizzo di Pecore (Viehberg), der Monte Faje (Buchenberg), Pizzo Pernis (Rebhuhnberg), die Colma del Sass (Felsberg), Monte di Lauroca (Angstschweißberg), Monte Spalavera (Schluchtenberg), Monte Leda. Aber wer hat sie durchwandert, wer hat mit den dort athmenden Menschen das Brod gebrochen? Einiges davon wird alsbald dem Leser geoffenbart werden.

Bei einem so reichen Augenschmause wie der Monterone ihn bietet, wird man wahrhaftig zum Feinschmecker, man möchte sich den besten Bissen pour la bonne bouche aufbewahren. So hatten wir uns den Anblick des Monterosastockes bis zu guter Letzt aufgespart. Aber als wir ihn von seiner Kehrseite zuwendeten, zeigte er nur ein ganz verworrenes Bild. Es war als ob in den Firniß des Oelgemäldes ein Aehstoff gemischt worden wäre, so zusammengeklecksit und milchgeronnen waren die Farben, so verwischt die Conturen, so überflossen die Perspektive vom sepiadunkeln Horizonte. Die Nebel hatten sich theils zu Wolken zusammengeballt, theils strichen sie in horizontalen Schichten an den Berg-geländen herum. Hie und da tauchte ein Gletscher oder eine Eispyramide grau in grau hervor.

Doch lag der Ortasee in seiner ganzen Un-gezwungenheit, in all' seiner Lieblichkeit unterhalb dieses wirren Bildes, ein wahrer Gartensee, wie sein Name (orta stammt vom lat. hortus ab) be-deutet, mit der Legendeninsel San Giulie, dieser bescheidenen Rivalin der Borromeischen Inseln, und wie der See selbst noch unberührt vom Gänsestrich der Touristenwelt! Ja, nicht mit Unrecht nennt man den Monterone den Rigi Oberitaliens; denn wie dort der Vierwaldstätter-, der Zuger- und der Lo-werzer-See den Fuß des Rundschauberges umwallen, so thut es hier der Lago Maggiore und der Orta-See, und beide bieten dem Auge ein schöneres, süd-lich wärmeres Bild, als der doch etwas düstere, bergeingeschnürte, nur gegen Luzern hin freier aufath-mende Vierwaldstättersee, oder der noch überlebende Zeuge einer der gräßlich-sten Gebirgskatastrophen mit dem bis in's innerste Ein-geweide aufgerissenen Roß-berg und den Trümmer-blöcken an seinem Rande. Aber auch bezüglich der Fernsicht dürfen sich beide mit einander messen. Viel-leicht bietet der Monte Generoso bei Lugano, der in neuester Zeit zu Ehren zu gelangen scheint, eine großartigere Aussicht in die innere Gebirgswelt dar als der Monterone, aber da letzterer mehr gegen die Ebene hervortritt, wird auch seine Horizontlinie höher und länger, überdies

Legende: St. Julius wandelt über das Wasser.

zeigt sich von hier aus die Apennin gewiß noch schöner. Heute freilich sahen wir ihn höchst unwill-kommen, indem nicht nur eine prachtvolle Wellen-schichte aus dem ligurischen Meere aufgestiegen ist, sondern auch die Sonne sich zwischen uns und seine matten Umrisse gestellt hat, so daß wir kaum das halbausgetrocknete Bett der Sesia bis zu ihrer Mün-dung in den Tessin verfolgen konnten.

Um Mittag stiegen wir vom Monterone nach Omegna herab, ohne den Parco bei Cavalli del Re, das Gestüte des Königs zu sehen. Hier oben hielt sich früher eine Räuberbande auf. Mehrere Kreuze bezeichnen Mordthaten. Die vortrefflichen Piemon-teser Carabinieri haben das Land von ihnen gesäu-bert, aber nicht von den Schlangen, die hier hausen.

Und daß diese in den Reisehandbüchern nicht blos aufgewärmt werden, kann ich bezeugen. Denn als ich gerade mit meinem Alpenstocke von der durch den Waldbrand ganz verwitterten Granitoberfläche das versengte Moos loszuschälen mich unterhielt, zischelte eine drei Fuß lange, sehr dicke Viper an mir vor-über, die nach der Versicherung Bertrami's zu der Gattung der giftigen gehörte. Er nannte sie bis-sone. An derselben Stelle kreiste gerade ein herr-licher Falke über uns. Ohne Zweifel hatte er beab-sichtigt, einen Stoß auf die Viper auszuführen — denn der stolze Thurmfalke verschmäht nicht einmal Kröten und Salamander, und hält Vipern immer-hin noch für einen Lecker-bissen, d. h. wenn er keine Stein- und Schneehühner oder junge Hasen erwischen kann. Da er durch uns gestört wurde, wiegte er sich ruhig Halt machend in der Luft — oder wie man zu sagen pflegt, setzte er sich in die Luft — und als wir die Viper eine Strecke weit auf dem verbrannten Moosgrunde verfolgten, zerschlug er unter hellem Gri-gri-gri mit seinen spitzen Flügeln die Luft und entschwand bald unsern Blicken.

Nun wandten wir uns abwärts gegen den Orta-see, aus dessen lustklarem Spiegel alle die Najaden- und Nixen-, Hylas- und Lereleimythen auftauchten, die kein Mensch glauben will, und deren Anziehungs-kraft sich doch Keiner er-wehren kann. Denn wie das menschliche Auge selbst bei den vollendeisten, idealisirtesten und reinsten Ebenbilde der Gottheit unter allen Reizen, seien sie sinnlicher oder geistiger Art, doch den größten Zauber ausübt, und allein den Geist zum Geist, den Körper zum Körper lockt und bannt, so fühlt man sich auch in der schönsten, der üppigsten oder erhabensten Natur am unwider-stehlichsten vom Wasser angezogen. Daher sind Flüsse und Seen gleichsam die Augen der Erde, eine Idee, welche Lamartine in einer seiner Oden so schön aus-gedrückt hat:

Oten les eaux à la terre,
La terre sera sans yeux,
Et jamais sa face austère
Pleine d'ombre et de mystère
Ne réfléchira les cieux.

Nach zweistündigem Marsche kamen wir in

Omegna an, wo ein vortrefflicher Anguilla, frisch aus dem See, in Mangoldblätter eingewickelt und mit saftigen Limonenscheiben umrandet, unser harrte. Dem Dikaiopolis in Aristophanes' „Acharner'n" konnte die trefsliche Aalraupe im Kerbelschmuck nicht besser gemundet haben. Gewiß steht der Ortasee hierin dem Kopaïschen See in Böotien nicht nach, dessen Aale eine Lieblingsleckerei der Athener waren.

Ich hatte auf der heutigen Wanderung mein neues Dolchmesser vermißt. Ich vermuthete, es im Schlafzimmer liegen gelassen zu haben, es fand sich aber nicht vor, ja, es fehlte jetzt auch meine lederne Reiseflasche. Die Cameriera hatte nichts gesehen, weder von meinem Messer, noch von der Flasche, und da sie es mir mit hellen, offenen, großen Augen betheuerte, zweifelte ich gar nicht an ihrer Redlichkeit. Auch Signor Mnichini wußte nichts davon, kein Mensch im Hause wußte davon. Ebbene pazienza! dachte ich. Als aber die Cameriera hinausgegangen war, um die Rechnung zu holen, nahm ich mir die Freiheit, in der Schublade des Gläserschrankes einen Propfzieher zur Entkörkelung einer Flasche Gazense zu suchen und da lag — unter zusammengefalteten Tellertüchern verborgen: mein Messer und meine Flasche. Die Cameriera machte große Augen — aber nicht auf uns gebettet — als sie beide Gegenstände auf dem Tische vor uns liegen sah.

Dieselbe Flasche hatte ich vor einigen Jahren im goldenen Falken zu Zürich liegen lassen, und als ich das Jahr darauf wieder durch Zürich kam und mich darnach erkundigte, war sie auch in einer Schublade aufbewahrt, aber in Reserve gehalten für den wieder erscheinenden Eigenthümer.

Um 4 Uhr war die Barke bereit, die uns nach Orta bringen sollte. Carlo Beltrami ruderte uns über die himmelabspiegelnde Fläche. Der Ortasee vermittelt die Alpenwelt mit der oberitalienischen Landschaft vielleicht mehr als der Comer- oder der Langeusee, welche entweder zu schnell den italienischen Charakter annehmen oder zu lange den des Hochgebirgs beibehalten. Der Omegnaspiegel gleicht eher einem See am Nordabhang der Alpen, etwa einem Starnberger- oder Tegernsee, mit den zersägten hohen Marmorbergen des Tosathales im Hintergrund, die

Kanzel in der Kirche San Giulio.

so massig und ernst hereinschauen, daß sie auf einem Gemälde unnatürlich und steif erscheinen würden. Auch liegen wenig Ortschaften an dieser Hälfte des Sees, da die montane Region — Berge von 2 bis 4000 Fuß Höhe — ziemlich steil sich in den See stürzt, und deswegen auch die Kastanien- und Nußwälder nicht an's Ufer herabhängen können. Auch der südliche Reiz der Villen fehlt; keine Pinien und Cypressen einer Tremezzina bezaubern das Auge, kein Bellaggio sendet seinen Limonenduft herab, keine Isola Madre läßt aus den Ritzen des wasserumspülten Felsblockes Agavenkandelaber, purpurne Cacteen und goldige Fackeldisteln aufschießen. Wohl aber senkt sich dieser stille, von grünem Licht umsäumte, süddeutsch gerahmte Seespiegel eben so tief in das Gemüth des von ihm umfangenen Glücklichen, und wenn er so sanft dahingleitet, al soave spirar di placid aura — fühlt er wie Platen „die Kraft unaussprechlicher Milde". Gewiß wird auch zu diesem See in Bälde von Lustreisenden gewallt werden und da jetzt eine Fahrstraße von Omegna nach Orta angelegt werden ist, und eine Zweigbahn von Novara an den See in Aussicht steht, so wird dieser lachende Winkel Oberitaliens bald auch von Villen umgürtet sein, und müßten sie sich auch in die Bergwand einnisteln, wie die Villen eines Plinius, einer Taglieni, Paita oder Gräfin Bocarmé am steilen Ufer des unteren Comersees, oder wie die neue palastähnliche Villa des Marchese Ratta an dem Felsenbug des Städtchens Orta selbst.

Doch glaube man ja nicht, der See sei so unanbewohnt, wie der Walchen- oder gar der Königssee. Denn dort am Fuße des Monte Cregno liegt Ronie und dort Cesara, bei welchem ein schöner breiter Wasserfall au Rebhügeln herabstürzt. Auch La Punta mit der schimmernden Kirche auf einem Felsenknauf nimmt sich malerisch aus, und jetzt, wenn die Landzunge umrudert ist, öffnet sich ein Bild, das mit der unteren Hälfte des Comersees wetteifern kann; denn bekanntlich bildet dieser von der Stadt Como bis Menaggio fünf in sich selbst abgeschlossene Seespiegel, nämlich den Comerbasen, das Villenbiadem von Torno, den ernsten Spiegel von Argegno, die weichere Umrahnung bis zum Vorgebirge Lenna und endlich das Paradies der Tremezzina. Unbeschreiblich überraschend ist der Anblick der Insel San Giulio mit ihrem hohen priesterlichen Palaste und ihren schmucken in's Wasser sich tauchenden Häuserovale, ein wenniges Eiland, auf dem man sein Dasein in Ruhe verdehnen oder wie die Griechen sagten, wo man sein Leben verbaden möchte. Kein Wunder, daß hier jeder Zoll breit Erde als Hausraum benützt wird, daß selbst für Baumalleen und Uferkaie kein Platz gelassen ist. Nur eine ganz kleine Baumterrasse am Landungsplatz bei der Kirche erlaubt dem Fremden den Anblick des Sees im Freien zu genießen. Hier müssen alle Einwohner Brüder sein, hier kann keine Zwietracht, kein Verbrechen das süße Leben stören. Nicht schöner kann jene Donauinsel sein, von welcher der ungarische Dichter Alexander Petöfi singt: „Mein Engel, hast du die Donau gesehen und jene Insel mitten im Fluß? So pflanze ich dein Bild hier mitten in's Herz. O wolltest du auch so in mein Herz die grüne Hoffnung tauchen!"

Und diese Umgebungen! Oestlich der buschtripflige, baumredelnde, sanftkuppige Sacro Monte von Orta, mit dem allzeit frischgebadeten Städtchen zu seinen Füßen und dem stattlichen Kloster Mesma auf dem lorbeerumhegten südlichen Vorsprunge. Westlich das versteblen aus der Waldschlucht hervorragende Pella, mit seiner Fischerrhede und einer hoch oben auf dem Gesimse einer wetterzernagten Feldwand liegenden Wallfahrtskirche der Madonna del Sasso di Polete. Südlich schließt sich der See ab mit einer niederen aber üppigen Hügelkette, auf welcher sich der hohe Wartthurm von Buccione am Horizonte abzeichnet, hinüberschauend in die weite Novaresische Ebene, die er einst in den stürmischen Zeiten des Mittelalters scharf im Auge zu behalten genöthigt war. Noch hängt die silberne Glocke darin, welche, so oft sie geläutet wurde, die ganze Umgegend zu den Waffen rief, aber selbst in den stürmischen Tagen von Novara und Magenta blieben die Ufer des so nahen Ortasee's unberührt vom Schlachtgetöse.

Nicht minder reizend als die Insel liegt das Städtchen Orta selbst. Auch hier tauchen die Häuser mit ihren Gartenbänden unmittelbar in's Wasser, das rundgewölbte Erdgeschoß bildet zugleich einen Schlupfhafen und eine Badewanne, jeder Hausbesitzer hat einen Lustkahn darin angetaut, oder wie die Schiffer sagen: verlaut. Keine Straße, keine Helgoland'sche Bindfadenallee führt am Gestade hin. Die Häuser schweben über dem See, und schläfst du im ersten Stocke, so hörst du das Wasser bei Nacht unter deinen Füßen an das Felsenfundament des Hauses anbranden, daß ganze Städtchen ruht auf einem Felsenriff, und taucherfief geht es von der Schwelle des restigen Lichts jach in die purpurne Finsterniß hinunter. Doch hat sich im Laufe dieses Jahrhunderts durch Wegräumung einiger Uferhäuser eine Piazza am See gebildet, die als Markt und Promenade stets belebt ist. Eine schöne Ulme mit Sitzbänken umgeben steht an dem einen Ende des Platzes. Zwei Gasthöfe mit ihren Cafe's liegen hier. Der eine, der Leone d'Oro, liegt hart am See, am Schluß der Marina. Seine Terrasse gewährt einen ebenso köstlichen Frühstück- oder Abendessenpavillon, wie die des Hotels Gennazini zu Bellaggio oder der Majolica zu Cadenabbia, und ist doch so wenig von Lustreisenden besucht, daß wir nicht nur heute die einzigen, sondern auch die ersten Gäste der Saison waren. Der andere Gasthof, Albergo San Giulio, liegt nicht am See selbst und ist durch die Einkehr der Geschäftsleute und Provinzialen stets so belebt, daß er für einen längeren Aufenthalt nicht die Annehmlichkeiten des goldenen Löwen bietet.

Selten in meinem Leben überwältigten mich äußere Eindrücke mehr denn heute Abend, als wir vom Landungsplatz der Insel die hohe Treppenflucht hinaufstiegen und unmittelbar in eine der ältesten christlichen Kirchen traten, aus deren Halbdunkel Steinbilder, Pfeilerreihen und Kapitäler hervortreten, so uralt und seltsam als die des Doms zu Ravenna oder der Kirche Sant Ambrogio zu Mailand. Wir standen auf urchristlichem Boden — aus dem Ende des vierten Jahrhunderts tauchten die Gestalten der heiligen Brüder St. Julius und St. Julian vor uns auf. Wenn auch in einer veränderten architektonischen Hülle, befanden wir uns doch auf dem Boden der von ihnen gegründeten Kirche, und in der dunkeln Crypta standen wir an ihrem unzweifelhaften Grabe. Welcher Jugendwind historischer Erinnerungen umwehte unsere Stirne — freilich moderkalt und gespensterhaft, denn noch hat kein Geschichtschreiber es unternommen, diesen historisch so äußerst merkwürdigen Ort mit Wärme und Detailschmuck zum Gegenstande einer Monographie zu machen, zu welcher die Kunstgeschichte bei diesem, vielleicht manche Räthsel lösende, uralte, aber mehrfach veränderte kirchliche Monument unbeachtet gelassen, indem weder Schnaase noch Kugler Kunde davon gehabt zu haben scheinen. Als ich auf der uralten, aber reichstimmigen Orgel einige strenge Jngensätze zu spielen anfing, füllte sich die Kirche mit Seminaristen und Lehrpriestern. Nachdem sie einige Zeit zugehört hatten, kam ein Priester zu mir heraus und sagte: „Oh Sie spielen so ernst, so unmelodisch — bitte, spielen Sie uns eine marcia teutesca — einen deutschen Marsch!" Mit dem kleinen Retruten oder dem Dessauer wollte ich doch die Kirche nicht entheiligen, selbst Mendelssohns Sommernachtsmarsch schien mir nicht am Platze. So ließ ich den herrlichen Chor aus Tannhäuser: „Freudig begrüßen wir die edle Halle" mit vollem Register erklingen, und zum Schlusse donnerte Luthers Choral: „Eine feste Burg ist unser Gott, als der herrlichste deutsche Siegesmarsch durch die weiten Räume. Gewaltig war der Eindruck, den er auf die Zuhörer machte, so mit der Frage bestürmten, wer der Compositore dieses energischen Marsches sei. Er ist von Meyerbeer, aus der Oper Gli Ugonotti! — Davvero? — Ja, wahrhaftig!

Der Abend war schon tief herabgesunken, als

wir von San Giulio nach Orta hinüberfuhren; dennoch stiegen wir, der köstlichen Kühle und des gewürzigen Wohlduftes wegen, unverzüglich den grasverwachsenen Graupelweg hinauf zum Sacro Monte. Wohl wußten wir, daß auf diesem berühmten Kalvarienberge achtzehn abgesonderte große Kapellen mit lebensgroßen Bildergruppen aus terra cotta, von eigenen Hainen umfriedet, stehen, und doch bebten wir unwillkürlich zurück, als uns die Neugierde an das offene Gitter einer solchen lockte und wir darin einen knienden Mönch erblickten, der mitten in der ihn umstehenden leblosen Gruppe langsam die Hände zu erheben anfing, bis sie über seinem Haupte sich wie zur Erhebung der Hostie falteten, das Gesicht jedoch blieb in dem schauerlichen Chiaroscuro so steif und starr, wie das der andern Thonbilder. Noch standen wir in stummer Verwunderung da, denn es war, als ob ein Scheintodter aus seinem Grabe stiege, als plötzlich die Hände herabsanken, und der Mönch wieder so regungslos und gespensterhaft da kniete wie zuvor. Wir wanderten weiter, unfähig uns die Erscheinung zu erklären. Als wir an eine andere Kapelle kamen, wo Jesus als Mönch auf einem Esel mitten unter einem wunderbar ergreifend gruppirten Haufen von Kindern und Weibern, Männern und Pferden, den Mittelpunkt bildete, trat ein Priester aus dem die Kapelle umgebenden Haine hervor und fragte: "Soll ich auch diese Figur in Action setzen?" Es war der hier oben wohnende Offiziant, der, um uns zu überraschen, die Fäden in Bewegung gesetzt hatte, welche an den Händen des Mönchs befestigt waren.

Auf der Terrasse des Leone d'oro saßen wir bis zur Mitternacht. Träumend lag die Insel San Giulio vor uns da. Das von einer leichten Nachtbrise aufgerübelte Wasser hatte den Reflex des letzten Lichtes abgewischt. Wir lasen die Lebensgeschichte der heiligen Brüder Julius und Julianus, welche Abate Arogadro im Auszuge aus den Werken eines Bonius, Ippolito Porro, Piazza, Mobreni, Ginlini und Bonola herausgegeben hat. Wer so viele Biographen zählt, dessen Leben muß doch gewiß allgemeines Interesse erregen, und da die Geschichte dieser Brüder mit dem Ortasee so innig verwoben ist, wird ein kurzer Umriß ihres Lebens und Wirkens hier nicht unwillkommen sein.

Julius und Julianus wurden (der ältere im Jahr 330) auf der Insel Aegina — oder wie sie bei den alten Griechen hieß: Myrmidonia — geboren, also zur Zeit des Papstes Sylvester I. und bei der vor kurzem bekehrten Kaisers Constantin. Ueber die Abkunft der Eltern ist nichts Sicheres zu berichten — die einen Biographen machen sie zu vornehmen, die andern zu blutarmen Leuten. Jedenfalls waren sie Christen, denn sie schickten die zwei Knaben nach Athen, wo sie unter der Leitung eines Eubolus und Protarius sich zu Priestern heranbildeten. Schon bereisten sie als apostolische Sendlinge die griechischen Provinzen, als die große Christenverfolgung des arrianischen Kaisers Valens sie nöthigte, sich nach

Italien zu flüchten. Sie litten dort lange Zeit die bitterste Noth, waren aber unermüdlich in ihrem Bekehrungsamte. Als Theodosius nach Besiegung des Marimus in Rom im Jahr 389 triumphirend einzog, stellten sich ihm beide Brüder vor in bestaubten Kleidern, arm, todesmatt und durch Bußthuung abgezehrt, und baten ihn um eine kaiserliche Licenz, das Evangelium in allen Theilen seiner ausgedehnten Herrschaft predigen zu dürfen. Theodosius gewährte sie ihnen und sie wirkten nun hauptsächlich in Oberitalien, standen in Verbindung mit St. Ambrosius in Mailand und St. Gaudentius in Novara, von wo aus sie sich an den Ortasee begaben, über welchem noch die tiefe Nacht des Heidenthums lag. Zu Gaudianum (dem jetzigen Gozzano) erbauten sie die erste Kirche. Große Wunder wurden von ihnen hier vollbracht. So fuhren eines Tages einige Landleute durch den Ort, wo gerade an der Kirche gebaut wurde. St. Julius ersuchte sie um Benützung ihres Wagens zur Herbeischaffung des Materials. Sie gaben aber vor, es liege ein Todter darin, den sie bestatten müßten. Wirklich hatte sich einer von ihnen scheintodt auf den Boden des Wagens hingelegt. St. Julius durchschaute ihre Lüge und warnte sie vor den Folgen. Sie aber spotteten seiner und fuhren weiter. Kaum aber waren sie einige Schritte weit entfernt, so machten sie die schreckliche Entdeckung, daß der Scheintodte in der That ein Leichnam war!

Die größten Wunder verrichtete der Heilige jedoch in dem Orte Ancorea, dem heutigen Städtchen Orta. Als er dort zum erstenmal ankam, sah er eine Felseninsel im See vor sich liegen, die ihn ebenso anlockte, wie uns am heutigen Abende. Aber Niemand wollte mit ihm hinüberfahren, weil die Insel voll Dorngebüsch, giftiger Schlangen, Drachenbrut und anderem Ungethier sei. Da betete er: "Herr, du hast auf dem See Tiberias deinen Apostel Petrus über die Wasser wandeln lassen, als du ihn zu dir riefest, ziehe mich, nun auch hinüber zu dieser Felseninsel, damit ich ein Gotteshaus darauf erbauen kann!" Darauf breitete er seinen Mantel auf der Wasserfläche aus, stellte sich mit seinem Wanderstab darauf, und gelangte wohlbehalten hinüber, wie es in der Kirche in Relief gehauen und oben abgebildet ist. Er bahnte sich nun einen Weg durch das Gebüsch und pflanzte ein Kreuz auf den Felsen auf. Dann sprach er den Bannstrahl über alles Gewürm aus, da kroch es aus allen Höhlen und Spalten, und alles Gethier flüchtete sich in den See. Noch sieht man in der Sakristei die Vertebra eines Ungeheuers als Gedenkmal aufgehängt. Die Gelehrten Ginlini und Cotta — nicht der deutsche Geologe Bernhard Cotta, sondern der Mailänder Choreographe — streiten darüber, ob es ein Drache oder eine Schlange gewesen sei, während der bekannte Naturforscher Ameretti behauptet, es sei ein Walfisch gewesen. — Noch ein anderes Wunder ist in der Kirche abgebildet: Ein Wolf hatte einen Ochsen zerrissen, der mit einem andern in's Joch gespannt, Bauholz zu einer Kirche herbeiführen mußte. Der Heilige nöthigte sogleich den Wolf, sich unter dasselbe Joch spannen zu lassen — und Wolf und Ochse liefen friedlicher neben einander her als Pegasus und Karrengaul in dem Schiller'schen Gedichte.

St. Julius besaß auch einen prophetischen Geist, wie folgende Geschichte zeigt. Julian, welcher in Gozzano geblieben war, um die Kirchenbauten zu leiten, machte dort eine Gruft für sich selbst und lud seinen Bruder ein, dieselbe zu besichtigen. Da weissagte St. Julius: in wenig Tagen wirst du darin begraben liegen. Julian wurde am nächsten Tage krank und starb schnell darauf im Jahr 391. Noch ruht sein Leichnam unter dem Altar der Kirche zu Gozzano. St. Julius aber, welcher hundert Kirchen gegründet hatte, starb zwei Jahre nachher am 31. Januar 393. Sein Leichnam wurde im Jahr 1748 aus dem Boden der Crypta herausgegraben und in einem scurolo unter dem Hauptaltar beigesetzt, geschmückt mit bischöflichen Gewändern und umfunkelt von Krystall und Edelsteinen, obschon er nie die bischöfliche Würde angenommen hatte und stets nur den einfachen Capotte trug, auf welchem er über den See wankelte.

Auch nach St. Julius Tode blieb die Insel ein Hauptort priesterlicher Thätigkeit und wegen ihrer sicheren, durch Befestigung noch viel stärker gewordenen Lage wurde sie zu gleicher Zeit ein Sitz weltlicher Macht, so daß sie schon im 6. Jahrhundert die Residenz eines nach ihr benannten Herzogthums wurde. Jener Verräther Mimulph, der im Jahr 590 das Eindringen der Franken in's longobardische Reich über den St. Gotthard begünstigt hatte, und deswegen von dem Longobardenkönige Astolph enthauptet wurde, war Herzog von San Giulio. Der 200 Jahren wurden seine Gebeine aus der Kirche herausgenommen, als nicht würdig neben so großen Heiligen zu ruhen, und es dient jetzt seine Sargtruhe als Almosenschrein bei der Kirchthüre.

Für uns Deutsche aber gewinnt die Insel San Giulio dadurch ein besonderes historisches Interesse, daß Kaiser Otto der Große hier Berengar's Gemahlin Willa zwei Monate lang mit einer großen Macht belagerte, und sich der ganze Erfolg von Otto's zweitem Römerzuge an diesen Kampf knüpft.

Noch waren wir in diese Geschichten vertieft, als die Mitternachtsglocke von der Insel zu uns herübertönte. Der Himmel sterngeändert, powdered with stars, wie Milton sich ausdrückt, die Milchstraße, der Seelenweg, auf dem die nordische Mythologie Frau Hulda zur Erde fahren läßt, schien mit einem sanften phosphorartigen Schimmer auszukeimen, wie die Magellanischen Wolken der südlichen Hemisphäre. Kein menschliches Wesen war sichtbar, das unsere Andacht getheilt hätte, nur die Fische schienen sich an dem Widerscheine zu ergötzen, denn unsere Naphtalampe auf dem See warf, und sie erinnerten uns an die Schilderung Humboldts von den Thieren, die sich der schönen Mondhelle in den tropischen Ländern freuen. Selbst der See war wieder ganz ruhig geworden, kein Grübchen mehr war an seinen Wangen sichtbar. Es war auch für uns Zeit zur Ruhe zu geben. Hatten wir doch den Becher irdischen Genusses bis zur Neige ausgeleert.

Indische Fabel.

Die Wachtel und der Falke.

Hoch oben in den Lüften jammerte eine junge Wachtel in den Krallen eines Falken: „O daß ich Vater und Mutter verließ und aus meiner Heimath in andre Lande zog, sonst hättest du, Grausamer, mich nicht erwischt!"

„Wo wäre denn die Heimath, darin du sicher vor mir gewesen?"

„In den Furchen des Feldes, wo mein Vater und meine Mutter: dort wüßte ich mich wohl zu schützen."

Der Falke fuhr in spöttischem Tone fort: „du meinst also, wenn ich dich in deine Furchen zurückfliegen ließe, könntest du mir trotzen? Wir wollen's versuchen!"

Die Wachtel stieg fröhlich in die Furchen des Feldes herab. Hier steckte sie sich unter eine Erdscholle so hart wie Stein und rief neckisch den Falken herbei. Dieser ärgerte sich über die Frechheit des armseligen Vögeleins und schoß aus der Höhe schnurgerade auf seine Beute nieder. Aber im Ungestüm prallte er mit der Brust an die steinharte Scholle, brach sich das Bein und starb. In diesem Augenblick machte sich die Wachtel hervor und schlug mit heller Stimme:

Wie der Grimm
Thut so schlimm!
Kluger Sinn
Bringt Gewinn!

Scenen aus dem Kinderleben.

2.

Die Kinder schreien Vivat hoch!
In die blaue Luft hinein;
Den Frühling setzen sie auf den Thron,
Der soll ihr König sein.

Es war einer der letzten Tage des April, einer von jenen plötzlichen, sieghaften Wundertagen, wo es die Vögel singen, wo die ganze Natur es jubelt und in den Menschenherzen der Jubel widerhallt: Er ist da! Der Frühling ist gekommen!

Ungewöhnlich lange hatte dieses Jahr der Winter gedauert, doch war der letzte Schnee in wenigen milden Regentagen von den Bergen niedergeschmolzen, und über Nacht war der Lenz im Sturm auf die erwartungsvolle Erde hereingebrochen.

In den sonnigen, breiten Straßen und auf den grünen Baumplätzen der Hauptstadt erfüllt ein Wogen und Summen, wie von Bienenschwärmen, die Luft; Jung und Alt, Arm und Reich — Alles freut sich unter derselben Sonne, an demselben Himmelsblau, und es scheint daß in dem wogenden Menschengedränge dieß Gefühl der Gleichheit empfunden wird, denn selbst von den schönen und geputzten Leuten ist die übliche Straßenetikette ganz vergessen — sie sprechen und lachen laut und munter durcheinander.

Aber wir überlassen die bunte Menge sich selbst und begleiten einen stämmigen Handwerker, der mit einem heitern Ausdruck auf seinem bärtigen Gesicht die Straße zieht. Auch ihm scheint es die Frühlingssonne angethan zu haben, denn er geht einen langsameren und lässigeren Schritt, als man es bei Leuten seiner Art in der Nachmittagsstunde zu sehen gewohnt ist; oder ist vielleicht der kleine Junge, den er an der Hand führt, ein fünf- bis sechsjähriges Kerlchen — das sich übrigens alle Mühe giebt, den ehrenfesten Gang des Vaters nachzuahmen — sein Hemmschuh? Wohl Beides. Auch hat er ja gar nicht zu eilen nöthig, denn er hat sich rechtzeitig von Hause aufgemacht, um pünktlich auf dem Platz seiner nächsten Thätigkeit erscheinen zu können. Der Mann heißt Thomas Werner und ist seines Zeichens ein Zimmermann. Der Theaterschreiner ist gut Freund zu ihm und auf dessen Veranlassung wurde ihm für heute Abend Arbeit im Theater zugesagt. „Wenn er sich gut anschicke“, so könne es kommen, daß man ihn „stehend engagire“, wurde ihm bedeutet, und das wäre dem Thomas sehr lieb, denn er hat Weib und Kind, aber bis jetzt noch keine feste Einnahme. Kein Wunder also, daß er seinen Eintritt in das neue Geschäft lieber früher als später nehmen will.

Um 4½ Uhr soll er zur Stelle sein und jetzt schlägt es auf der nahen Kirche erst 4 Uhr. Das Geläute von den verzettelten Thürmen herab ist noch nicht verklungen, als schon die bunte Straßenscene sich verändert, oder vielmehr zu ihrem Höhepunkt gesteigert hat, denn die Schulkinder sind aus den dumpfen Lehrstuben in das liebe, goldene Sonnenlicht herausgeströmt und fordern mit Ungestüm ihr gutes Recht auf die besten Stellen und Plätze. Wartet nur, Kinder, in Kurzem haben sich die unbequemen Spaziergänger verzogen, und das Feld ist unbestritten euer.

Thomas ist indessen mit seinem Knaben bei dem Theater angekommen. Vor dem Thorweg, durch den er zu treten hatte, ist ein großer Sandhügel aufgeschüttet, den sich einige Buben zu ihrem Spiel- und Kampfplatz ausersehen haben. Thomas läßt die Hand seines Kleinen los, dem bei dem Anblick der Balgerei alsbald heroische Begierden aufsteigen, und er wehrt ihm nicht, sich zu den Kämpfenden zu gesellen. „Geh' bald heim!" ruft er ihm, in der Thüre verschwindend, nur noch zu; dieses „bald" ist aber ein sehr zweifel- hafter Begriff für den kleinen Mann und er zieht nur die Anwendung für sich daraus, daß er auf dem herrlichen Tummelplatz mitspielen darf; — das „wie lang" kann ihn wenig kümmern.

Im guten Zutrauen auf sein braves Gesicht und seine derben Glieder wollen wir vorauszetzen, daß Thomas seinem Freund Schreiner alle Ehre macht, und wir verweilen ein wenig bei seinem Söhnchen, das unter der Knabenschaar schon einen Kameraden gefunden hat und dadurch auch mit den Uebrigen schnell bekannt wurde. Wo ließe sich überhaupt leichter und schneller Freundschaft schließen, als in lustigem Ringen und Handgemeng auf einem so herrlichen Terrain. Ich kann es versichern, das Zimmermännchen hat sich wacker gebalgt! Mehr als einen ebenbürtigen Gegner hat er glänzend besiegt, und es war ein Vergnügen zu sehen, wie er, die Fäuste in die Seiten gestemmt, das Gesicht geröthet, die großen Augen glänzend vor freudiger Kampflust, den Anprall eines neuen Feindes erwartete. — Kinder erschöpfen sich aber selten in ihren Spielen und schon hat der Aelteste von ihnen eine neue Losung gegeben. Er hat mit allgemeinem Beifall das Versteckens-Spiel vorgeschlagen. „Wenn ihr mir versprecht, keinen Lärm zu machen, so wollen wir es in meinem Hause spielen", sagt er, „da giebt es gute Schlupfwinkel." Er ist der Sohn des Theaterschneiders und nennt somit das Theater „sein Haus". Das ist ganz in der Ordnung. — Etwas schüchtern schleicht unser kleiner Schützling den Andern nach, — „doch", denkt er, „der Vater ist ja da drinnen, so brauch' ich mich nicht zu fürchten." Und wundervoll ließ es sich hinter dem Gerümpel der Kisten und Kasten, zwischen den bemalten Papierwänden versteckens spielen! Meist schlichen sie sich auf den Zehen in die verborgenen Winkel, wo sie in banger, süßer Erwartung der Erlösung harrten. „Diesmal sollen sie mich nicht so schnell finden", sagt das Zimmermännchen für sich hinein, als er eine kleine, von den Andern noch nicht überschrittene Treppe hinaufeilt. Er hört die Fußtritte des suchenden Gespielen schon hinter sich, also, schnell! schnell in das nächste Versteck! Doch sieht er sich, als er die Treppe er- stiegen hat, allein auf einem weiten Raum und voll Angst, zeitig genug unterzukommen, sucht sein schwei- fender Blick nach einem Gegenstand, hinter dem er sich verbergen könnte — da, glücklicherweise sieht er, quer über dem Platz ein ganz kleines Zelt — ein Häuschen, gerade wie für ihn gemacht. Einem flüch- tigen Wiesel gleich huscht er hinein. Er muß, darin angekommen, zuerst einen Absatz hinunterkriechen, dann erreicht er einen niedrigen Stuhl, auf dem er sich athemlos zusammenkauert; — es schüttelt ihn leise vor Grauen und Vergnügen, solch' einen herrlichen Platz entdeckt zu haben und er bereitet sich nun vor, lange recht geduldig zu warten, bis sie ihn finden würden — denn sie würden ihn sehr lange nicht finden, das war gewiß. Er richtet sich etwas von dem Stuhle auf und so kann er knieend seine Umgebung unter- suchen — weit und breit ist kein Mensch zu sehen und der ganze Ebene, die sich vor ihm erstreckt und die ihm in der düstern Dämmerung endlos erscheint; doch jetzt! jetzt hört er ganz in seiner Nähe einen schleichenden Tritt. Es ist einer von den Jungens, er sieht ihn genau, er sieht selbst den spähenden Blick, den dieser nach allen Seiten wirft — noch einen Augenblick und er ist entdeckt. — Sein kleines Herz steht eine Weile stille, er hält sich mit beiden Händen den Mund zu, um sich nicht zu verrathen, um nicht, wie er es so gerne möchte, aufzuschreien: „da, da bin ich! In diesem Guckhäuschen steck' ich!" Aber er unterdrückt, wie ein Mann, seine Begierde, auch ist die Gefahr schon vorüber. Der Suchende hat sich unverrichteter abgewandt. — Jetzt kommt eine lange, lange Pause, voll Hoffen und Verzagen, voll horchen- der Aufregung und peinlicher Geduld. Das rastlose Tummeln in der Frühlingsluft hat den Knaben müde gemacht, und obgleich es ihm bange wird, als es dunkler um ihn her wird, so steigt doch der Trost in ihm auf: „der Vater ist ja da!" und stärkt ihn zu neuem Warten.

Sie haben ihn vergessen! Wem von uns ist solch' herbes Schicksal bei diesem schönsten aller Spiele nicht widerfahren? Wer hat sie nicht erlebt, die Schmach, unter dem Hohnlachen und Spott der Gesellen in ein neues Spiel einschleichen zu müssen? Wer kann der Thränen der Ungeduld und Kränkung vergessen, die er nach vergeblichem Harren in einem solch' unglücklichen Schlupfwinkel vergossen hat!

Unserm jungen Helden sind diese Schmerzen alle erspart; er liegt in tiefem, süßem Schlaf in dem Souffleurkasten und träumt den holden Traum der Kindheit vom Himmel und den lieben Engelein. — Er hört nicht, wie es rings um ihn her lebendig wird, er sieht es nicht, wie der große, leere Platz vor ihm sich in einen üppigen Wald verwandelt; der Vorhang zieht sich rauschend zusammen — aber der starke

Luftzug stört ihn nicht; die Lampen werden angezündet, ihr Glanz dringt nur schwach in sein Versteck hinab. Das dumpfe Summen, der Lärm, den das einströmende Publikum macht, die unharmonischen Quiet- und Klagelaute, die vom Orchester herauf tönen — all' dies geht spurlos an ihm vorüber. In tiefen Zügen athmet er mit geöffneten Lippen die fremde Luft in der fremden Umgebung.

Alle Plätze im Zuschauerraum sind heute Abend besetzt, weil eine berühmte Tänzerin auftreten wird. Die Stunde des Beginns der Vorstellung hat schon geschlagen und das neugierige Publikum giebt in deutlichen Zeichen seine Ungeduld kund.

Doch jetzt erhebt der Kapellmeister seinen Stab, die Klingel ertönt und indem der Vorhang sich theilt, eröffnet das Orchester mit einem pomphaften Accord die Scene; alle Augen sind auf die überraschend schöne Gruppe gerichtet, die von duftigen, lichten Gestalten in anmuthiger Verschlingung gebildet ist; — alle Augen? — Nein. Die schlummertrunkenen unseres Helden irren erschrocken und betäubt in die Höhe; der helle Lichtglanz, der durch die Oeffnung des Kastens einstrahlt, lockt ihn hinauf; — eben theilt sich die Gruppe und die geflügelten Wesen tanzen in flüchtiger Bewegung einen leichten Reigen. — Das Kind sieht starr und regungslos das Wunder vor sich; es sieht mit weit geöffneten Augen hinein und kann nichts denken, nichts fühlen, — nur sehen, sehen und staunen! — Da kommt eine Schaar weißer Kinder-gestalten mit goldenen Flügeln ganz nahe an ihn heran gehüpft. O wie schön sind sie! „Englein" lispelt er, — und mit diesem Zauberwort ist der Bann gebrochen, der über ihm hing, denn jetzt weiß er es — er sieht den Himmel vor sich! Wie oft hat er ja schon gebetet: „Lieber Gott mach' mich fromm, daß ich in den Himmel komm'." Und er war immer fromm gewesen.

In viel kürzerer Zeit, als wir es hier sagen, sind diese Gedanken durch sein Köpfchen gezogen; die Englein sind einstweilen in den Hintergrund zurückgeflogen und eine neue, wunderbarere Scene hat sich ge-bildet. All' die großen Engel halten Rosenketten in den Händen und reichen sie einem holden Geschöpf, das erhaben in ihrer Mitte schwebt, entgegen. Der Knabe sieht andächtig in das liebliche Antlitz dieses Engels und je genauer er es anblickt, um so deutlicher nimmt es die Züge an — Nachbars Bärbchen an; — ja, sie ist es gewiß! Mit freundlichem Lächeln sieht sie ihm in die Augen — jetzt erhebt sie beide Arme und winkt ihm so herzlich! — Er weiß noch nicht gewiß, ob er kommen soll, aber jetzt neigt sie sich weit vor, so weit, als ob sie ihn erreichen wollte und streckt ihm mit zärtlicher Holdseligkeit die Arme entgegen. — „Ich komme!" ruft er, und mit einem kräftigen Satz ist er auf gleichen Boden mit dem himmlischen Heer gelangt. Aber — o Entsetzen! Welcher Sturm bricht los! — Hinter ihm tönt grauiges, tausendstimmiges Lachen; — er sieht zurück und unzählige grinsende Menschenköpfe, hunderttausend Augen stieren ihn an! Er wendet sich vernichtet wieder um und sieht zum Glück Bärbchen noch auf dem Postament stehen, die Andern waren auseinander gestoben; zu ihr streckt er nun mit Hast, denn sie hat ihn ja zu sich gerufen, aber auch sie, — o, wie verändert! Ihr holdes Lächeln hat sich in eine Schreckensmiene verwandelt, und als sie die Absicht des Knaben, sich an sie anzuklammern, bemerkt, ruft sie ihm in Verzweiflung zu: „Hinaus, fort mit Dir!" Doch haben ihn schon die Luftgestalten in ihre Mitte genommen, und von ein paar kräftigen Engeln wird er unter Püffen und Stößen in die nächste Coulisse geschleudert. Fast be-sinnungslos finden wir ihn hier — in den Armen seines Vaters, des guten Thomas, der ein entsetzter Zeuge des ganzen Vorgangs gewesen. — O der Schande! Er nimmt den Jungen unter seinen weiten Rock und eilt mit ihm, wie von den Furien verfolgt, durch die engen Gänge und Treppen, das Freie suchend. Schon glaubt er sich gerettet, als er von seinem Freund Schreiner angerufen wird. „Heda, Werner! ist es nicht Dein Junge gewesen, der den Scandal eben gemacht hat?"

Er preßt das Kind fest an sein hochschlagendes Herz, und — Thomas, Thomas! — verläugnet es. „Nein, der meinige war's nicht!" sagt er so nachlässig als möglich.

Armer Junge! Von den Kameraden vergessen, aus dem Himmel verstoßen, vom Vater verläugnet, droht Dir noch eine bittere Strafe zu Hause! — Doch sei ruhig, es wird Dir nicht allzuschlimm ergehen; Dein Vater hat auch seine Freude an einer spaßhaften Geschichte — nur das Auslachen kann er ein für allemal nicht ertragen, und er hätte sich lieber die Zunge abgebissen, als es dem Schreiner gestanden, was für Contrebande er unter dem Kittel trage.

Der Adler.

Zu den Thieren, welche durch vorherrschende Eigenschaften zu symbolischer und sprichwörtlicher Bezeichnung dienen, ist vor allen der Adler zu zählen, der wegen seiner imposanten Haltung und Gestalt, wegen seiner Kraft und Kühnheit zu allen Zeiten in hohem Ansehen stand. Den Aegyptern war der Adler ein Bild der Sonne oder des Sonnengottes, und die Israeliten hatten sich in der ägyptischen Knechtschaft gewöhnt, sich die Herrschaft des Pharao unter diesem Bilde zu denken. In der griechischen Mythologie erscheint der Adler im Kreise der Götter an Jupiters Thron ruhend und die verwüstenden Blitze bewahrend. Auch überbringt er als Bote des Götterkönigs den Sterblichen Befehle, trägt die Lieb-

A Adlernest.

linge des Gottes auf seinen Schwingen zum Olympos empor oder vollzieht an den ihm Verhaßten gräßliche Strafen.

Wem er geneigt, dem sendet der Vater der Götter und Menschen
Seinen Adler herab, trägt ihn zu himmlischen Höh'n.

So entführte der Adler des Zeus den Ganymedes von den Fluren des Ida; dem an den Kaukasus geschmiedeten Titanen Prometheus aber fraß er täglich die stets sich erneuende Leber aus, bis den Quälenden die wuchtigen Pfeile des Herkules trafen. Der Adler wurde durch diese Mythen das Symbol der Verklärung, und man ließ bei den Leichenceremonien der Helden und der römischen Cäsaren aus dem brennenden Holzstoß einen Adler aufsteigen, der dem getäuschten Volke für das Unsterbliche des Hingeschiedenen galt. Das Erscheinen eines Adlers, besonders beim Beginne großer Unternehmungen, wurde schon zu Homers Zeit als ein glückliches, von Zeus gesendetes Zeichen betrachtet, wes-

G. SAND

halb später Feldherrn und Abenteurer bisweilen einen Adler mit sich führten, um ihn zur Ermuthigung ihrer Schaaren in einem geeigneten Momente auffliegen zu lassen, was, wie bekannt, noch in neuester Zeit geschehen ist. Auch in der nordischen Mythologie und in dem Volksglauben unserer Urväter spielte der Adler eine wichtige Rolle. Häufig ward er dem Kriegsgotte Wodan in den Urwäldern des alten Teutschlands zum Opfer gebracht und noch heute ist er auch bei den Indianern der neuen Welt das Sinnbild des Kriegsruhmes und eine Adlerfeder der höchste Schmuck des jungen Kriegers. Wie dieser königliche Vogel auf der Spitze von Jupiters Herrscherstab saß, prangte er auch auf den Sceptern der Könige; er wurde als Glück bringend das Feldzeichen der römischen Legionen, und später, was nahe genug lag, eine Hauptfigur in der Heraldik. Als das römische Reich in das morgenländische und abendländische getheilt wurde, stellte man den Adler zweiköpfig dar, worauf er, mannsach verzerrt und verunstaltet, auch in das Wappen christlicher Kaiser, Fürsten und Städte überging; zu welchem uralten Herkommen der schwarze oder goldene Adler unserer Gasthöfe einen heitern Gegensatz bildet.

Es ist die hehre, gebietende Gestalt, seine Kraft und Tyrannei gegen andere Vögel und die Leichtigkeit, mit welcher er sich in anhaltendem Fluge zu unermeßlichen Höhen erhebt, was diesem Raubvogel ein Ansehen verlieh, in welchem selbst der König der Thiere, der Löwe, nicht stand. Ruhig sitzt der Aar auf seinem erhabenen Felsenthrone, sein weites Gebiet mit dem feurigen Auge überschauend; plötzlich stürzt er mit Blitzesschnelle in die Tiefe, sein sorgloses Opfer mit unwiderstehlicher Gewalt entführend und mit den mächtigen Krallen und dem Schnabel es zerfleischend. Stundenlang schwebt er fast ohne Flügelschlag am blauen Himmel dahin, weshalb auch Salomo (Spr. 30, 19) den Weg des Adlers am Himmel unter die drei ihm unbegreiflichen Dinge zählt; Hiob (9, 16) aber, der sich in den großartigsten Bildern ergeht, vergleicht den Adlerflug dem kurzen Menschenleben: „Meine Tage sind vergangen", sagt er, „wie ein Adler fliegt zur Beute." Die Kraft dieses königlichen Vogels ist furchtbar, die Firste des starken Schnabels trotzend abwärts gebogen, die starken Läufe sind befiedert, und die

Zehen mit fast drei Zoll langen Krallen bewaffnet. Kein Thier, von der Maus bis zum Reh, von der Wachtel bis zur Trappe, ist vor seinem Ueberfall sicher. Sein durch die Lüfte klingendes „pflüü" oder „hiä" erfüllt alles übrige Geflügel mit Schrecken, und er entreißt lebende dem Falken die Taube und dem Habichte sein Haselhuhn.

Der bekannteste und reißendste Adler ist der große, schwarze Steinadler (Aquila chrysaëtos), der ausgewachsen auch Goldadler heißt, und spricht man in unserem Alpengebirge vom Adler, so ist dieser als ansehnlichster Repräsentant der Gattung gemeint; doch soll auch der dunkle braunschwarze Kaiseradler (A. imperialis) mit gelblichweißen Nackenfedern und weißer Schulter daselbst vorkommen.

An unzugänglichen Felswänden bauen diese klugen und gewaltigen Räuber ihren Horst aus Aesten, Stengeln und Heidekraut, den sie mit drei bis vier großen, braun gesprenkelten Eiern besetzen. Während das Weibchen brütet, kreist das Männchen über dem Neste und sorgt für Nahrung. Den Jungen tragen sie beide Wildpret in Menge herbei, das sie pädagogisch vor ihren Augen zerfleischen. Man fand bei einem jungen Adler ein Lamm, einen Hasen und drei Birkhühner im Horste und überdieß die Reste von hundert Gänsen, dreihundert Enten und vierzig Hasen. Der Adler soll überhaupt viele Sorgfalt für die Jungen zeigen und, wie man sagt, ihre ersten Ausflüge derselben mit ausgebreiteten Flügeln unter ihnen schwebend, um sie aufzufangen, wenn sie ermatten sollten. Wie schon David in seinen Lobgesängen Jehovah preist, der sein Volk behütet, „wie ein Adler ausführet seine Jungen und mit ausgebreiteten Fittigen unter ihnen schwebet", so leben wir in unsern Hymnen und sind getragen vom Herrn, „der uns auf Adlersgefieder so sicher geführet."

Die jungen Adler sind kohlschwarz mit weißlichen Federfüßen, je älter sie aber werden, desto mehr bräunt sich das Gefieder ab, weshalb der Adler, der bekanntlich über hundert Jahre alt wird und nach jeder Mauser an Schönheit und Kraft gewinnt, mit dem höhern Alter immer jugendlicher zu werden scheint. „Der Herr", singt David (Ps. 103), „mache Dir einen fröhlichen Mund und lasse Dich wieder jung werden wie einen Adler."

C. F. A. Kolb.

George Sand.
(Mit Portrait in Stahlstich.)

Die großen und bedeutenden Erzählertalente, welche zugleich mit den Historikern die Restaurations- und Juliepoche in Frankreich zur Blüthe gebracht, sind dahin gegangen. Stendal, Balzac, Soulié, Charles de Bernard, Eugen Sue sind begraben; auch Charles Nodier, welcher mit seinen klassischen Märchen, und Alfred de Musset, der als Verfasser der fein ausgearbeiteten Novellen zu den genannten gehörte, sind ihnen nachgefolgt: Alexander Dumas, dem man von jeher mehr im Auslande als in Frankreich ou sérieux genommen, ist ganz und gar in Fanfaronade aufgegangen; der kalte aber große Meister der Styles, Prosper Merimée, schweigt und das aristokratische Alfred de Vigny hat sich längst vom bürgerlichen Schauplatz der Literatur zurückgezogen. Was diesen nachfolgte und sich vorzugsweise seit dem Staatsstreiche entfaltete, ist nicht geeignet, sie vergessen zu machen oder zu ersetzen. Es sind Epigonen im wahrsten Sinne des Wortes, Nachbeter, Nachtreter, die auf den von jenen gebahnten Wegen mit geringerem Talente weiter gehen, durch Uebertreibung oder Anklammern an den Tag, an den vergänglichen Moment zu wirken suchen. L. Ulbach ist geistreich, aber eigentlich unproduktiv; Léon de Bailly poetisch, aber weder episch noch plastisch; Edmund About hat als Stylist viel von Diderot und dessen Zeitgenossen gelernt, aber sein Inhalt ist frivol; er bleibt ein Figaro, wenn er das Wichtigste und Erhabenste behandelt. Ernest Feydeau repräsentirt den krassesten Dilettantismus und giebt Auschweitung für Kraft und Tiefe 2c. Da sieht man sich gern nach Ueberresten aus der bessern alten Zeit um, und siehe da, diese bessere Zeit tritt uns noch heute und zwar auf höchst überraschende Weise in der Gestalt der Mad. Dudevant, George Sand, der Zeitgenossin jener Besseren entgegen.

Seit mehreren Jahren, ungefähr seit dem Staatsstreiche, hat man sich gewöhnt George Sand mit zu den Abgethanen, Abgelebten, Todten zu rechnen, zu den Schriftstellern, von denen man sagt: sie haben sich ausgeschrieben, und zwar that man dieses mit einem Ansscheine von Recht. Die Romane, die sie seit jener Zeit veröffentlichte, erinnerten nur hie und da an die alte, viel bewunderte Kraft, an das ehemalige so greifbar gestaltende Talent, an den muthigern Verstand, der den Dingen bis auf ihren Ursprung nachzugehen wagt; im Ganzen waren sie langweilig, erfindungsarm, ja gezwungen, das stammten sie aus einem Talente, das, verarmt, mit kleinen Resten den ehemaligen Luxus aufrecht halten will. Einer dieser Romane, der im Feuilleton der Presse erschien, mußte auf Reclamation der Abonnenten sogar in der Mitte abgedruckt werden. Als Lust- und Schauspieldichterin erlebte George Sand in diesen Jahren mehrere Niederlagen auf denselben Bühnen, auf denen sie mit ihrem François le Champi, mit ihrer Claudie früher Triumphe feierte. Ihre Memoiren schienen nur geschrieben zu sein, um das allgemeine Verdammungsurtheil zu bestätigen und von uns zu sagen, daß sie am Ende ihrer Laufbahn angekommen und nicht mehr weiter konne. Von jenem Muthe ihrer Meinung, von der bekannten Aufrichtigkeit, die ihre früheren Werke auszeichnete, wollte man in ihren Memoiren keine Spur finden; man fand sie wahrhaftiger in ihren Romanen als in ihren Denkwürdigkeiten, und epischer in der Fiktion als in der Wirklichkeit. Nicht einmal ihr eigenes Leben verstaub sie mehr nach der Ansicht des Publikums zu beschreiben; es war ausgemacht: George Sand ist todt. Sie wurde mit Jules Sandeau, ihrem ersten literarischen Kameraden, der ihr die Hälfte seines Namens gegeben, lebendig begraben.

Aber sie ist auferstanden. Seit ungefähr zwei Jahren bietet sie ein phänomenales Schauspiel, wie es wohl in allen Literaturgeschichten selten zu finden ist. Neu belebt und vollkommen verjüngt steht sie plötzlich vor uns, eine beschämende Erscheinung für Alle, die sich breiten, ein Handvoll Erde auf sie zu werfen und vor Allem beschämend für jene neue Literatur, die sich unter dem Schutze der kaiserlichen Sicherheitsgesetze unkünstlerisch, gemacht- und talentlos auf der Bühne breit machte, die sie schon als ihr unbestrittenes Gebiet betrachtete. Roman auf Roman erscheint in der Revue des deux Mondes und in Büchern, und siehe da, es ist die alte George Sand, oder vielmehr die junge George Sand aus den dreißiger und vierziger Jahren. Es ist, als ob der Druck des Imperialismus die freie Seele dieser Dichterin mächtiger beschwert habe als das übrige Frankreich; sie hat unter diesem Drucke ihr Talent eingebüßt, oder vielmehr, es lag wie gebunden, wie unter einem Alp, unter dem sie nur abgebrochen, krankhaft sich äußern konnte. Das Schauspiel, das das heutige Frankreich gewährt, hat sie gelähmt und man darf es vielleicht ein gutes Zeichen des allgemeinen Wiedererwachens betrachten, daß George Sand, die Zeiten als ein Genie vorausfühlend, erwacht ist. Das Genie ist ja der beste Barometer in der Geschichte. George Sand

Geist stieg unter dem freieren Geisteswetter der Juliepoche; er wurde durch den Staatsstreich herabgedrückt. Da er sich wieder erhebt, soll man nicht glauben, daß bessere Tage im Anzuge sind?

Die Romane, die George Sand in der letzten Zeit und zwar in rascher Aufeinanderfolge veröffentlichte — wir nennen nur: Elle et Lui und Jean de la Roche — erinnern auf's lebhafteste und schließen sich unmittelbar an die Werke ihrer besten und produktivsten Epoche, an Pauline, Horace, Jacques, Maupras, Leverino, Compagnon du tour de France 2c. an. Sie haben nichts von den Maßlosen oder Uebertriebenen, das Indiana, Lelia, Spiridion, Leone Leoni, Valentine 2c. charakterisirt, sondern sind maß- und formvoll, reich an feinen Bemerkungen über Seelenzustände und an herrlichen, tiefgefühlten Naturbeschreibungen; sie verschmähen die materielle Spannung durch äußere Verwicklungen und Intriguen und ziehen es vor, die Aufmerksamkeit durch Lösung psychologischer Räthsel zu erhalten, was die Darstellung interessanter Scenen und Begebenheiten nicht ausschließt. Sie ist so reich in Erfindung, oder besser gesagt, Reproduktion spannender und wahrer Gemüthsverhältnisse und Vorgänge, als Alexandre Dumas an äußerlichen Ereignissen und unglaublichen Abenteuern. Ihre Sprache, ihr Styl sind so jung und farbig, so edel und rein, wie in ihrer besten Zeit; das Abstrakteste weiß sie, wie ein ächter Dichter, in konkretes Gewand zu kleiden, das Unbegreifbarste anschaulich zu machen. Ihre Reflexion ist immer das natürlichste Ergebniß des Vorganges und jede Phase der Handlung geht wieder aus Gedanken und Gefühl hervor. Bei wenigen Schriftstellern sind Gedanke und That, Gefühl und Begebenheiten, nach allen Seiten hin, so logisch wie in der Natur verbunden, wie bei George Sand. Jedes ihrer besseren Werke ist ein geistiger und körperlicher Organismus. Es kommt selten oder nie bei ihr vor, was uns bei vielen Schriftstellern, besonders bei deutschen und zwar bei sehr bekannten deutschen so oft begegnet, daß uns eine Reflexion in den Weg tritt, von der wir nicht wissen, wie sie an den Platz gehöre, oder wie uns leicht selbst hätten machen können, oder die jedenfalls störend die Handlung aufhält und die Stimmung stört, indem der Schriftsteller mit seiner Weisheit auftritt, die mit den Personen, mit denen wir es eben zu thun haben, durchaus nichts gemein hat. Es ist einem dann, als ob sich der Schriftsteller gesagt hätte: "jetzt will ich geistreich sein", oder "ich habe schon lange keine Bemerkung gemacht", oder "ich muß doch den Leser erinnern, daß ich existire." Aus einem George Sand'schen Buche fühlt man sich allerdings fortwährend von ihrem, von ihrem eigenen Geiste angeweht, man kann aus der Atmosphäre nicht heraus, die sie um ihre Leser zieht, aber die Person des Künstlers vergißt man über seinem Werke, obwohl seine Individualität unaufhörlich fortwirkt. Freilich ist mit den alten Tugenden George Sands auch ein alter Fehler, oder wenn man lieber will, eine alte Schwäche, eine weibliche Schwäche wieder aufgetaucht, die der aufmerksame Leser dieser großen Schriftstellerin in ihren meisten Werken bemerkt haben wird. Es ist das ihre Neigung, ihren Helden immer durch die Heldin, den Mann durch das Weib erlösen zu lassen, ihn erst durch sie zu dem zu machen, der unserer Sympathie verdient. Es wird Niemand leugnen, daß zur Vollendung des Mannes das weibliche Element das Einigende und viel beitragen muß; aber wollte man die Welt ganz nach George Sand'schen Romanen beurtheilen, käme man zu dem Schlusse, daß der Mann nur durch das Weib ein Mensch werde, daß zum Hundert seiner Erziehung das Weib Neunundneunzig beitragen müßte. Das Weib aber steht bei ihr zum Manne so fix und fertig da, so daß Mann, Gefühl und Schicksal eigentlich nichts an ihr zu modeln haben. So auch in den neuen Romanen Elle et Lui und Jean de la Roche. In dem letzteren Roman ist die Heldin zu Anfang erst sechszehn Jahre alt, trotzdem aber so fertig, wie am Ende, das doch erst nach mannigfachen Schicksalen und vielen Jahren eintritt. Die und da spielt das Weib dem Manne gegenüber sogar die

Rolle der Thierbändigerin, wie z. B. in Maupras — manchmal wirkt sie auf den Mann, wie mit magischer Gewalt, wie z. B. selbst in den Dorfgeschichten Jeanne oder Petite Fadette. Es ist, als ob sie sagen wollte, nur der Mann ist zu erziehen, zu civilisiren, zu bändigen; am Weibe ist nichts besser zu machen, es ist von Anfang an fertig und gut, wie Eva aus der Rippe, wie Minerva aus der Stirne fertig und gut hervorgegangen, ohne zu bedenken, daß ihre Heldinnen bis zu einem gewissen Grade die Berechtigung verlieren, Heldinnen des Romanes zu sein, denn der Roman ist Geschichte einer inneren Entwicklung, und daß sie an Interesse verlieren müssen, denn was den gebildeten Leser vor Allem interessirt, ist der Anblick der inneren Entwicklung.

Die Verjüngung George Sands rechtfertigt es, daß wir unsern Lesern ihr Portrait bringen. Zu einem Portrait gehört allerdings eine Lebensbeschreibung, aber nachdem die Dichterin selbst ihr Leben geschildert, dürfen wir wohl nur auf diese Arbeit hinweisen. Dem Schreiber dieser Zeilen, der die ausgezeichnete Frau persönlich kennt, sei es nur gegönnt, eine kurze, persönliche Notiz beizufügen, die er so kurz als möglich abfaßt, wohl wissend, wie wenig George Sand es liebt, daß von ihrer Person und ihren persönlichen Verhältnissen gesprochen werde. Sie hatte in dieser Beziehung schon öfter Gelegenheit, sich über die Deutschen zu beklagen, und ein deutscher bekannter Schriftsteller ist es, der seinen Landsleuten die Bekanntschaft mit George Sand erschwerte, da sie seit seinem Besuche die deutsche Plauderhaftigkeit immer fürchtet.

In Deutschland machen sich unschuldige, spießbürgerliche, besonders weibliche Seelen eine „horrible" Vorstellung von George Sand und diese Vorstellung, die sich durch beinahe vierzig Jahre einzuwurzeln Zeit hatte, ist heute sehr schwer auszurotten. Es ist wie mit jedem Vorurtheil; man sage noch so viel Unwiderlegliches und Thatsächliches dagegen, die vorurtheilsvolle Seele fällt immer wieder auf das Vorurtheil, wie die Katze auf die Füße. Dies gilt besonders von den anebauernden Frauenseelen, von denen Schiller sagt, daß sie stets aufs erste Wort zurückkommen, nachdem man Stunden lang Vernunft gepredigt. Nach Ihrer Vorstellung ist George Sand kein Weib, sondern eine Virago, ein Mannweib, das, zugleich mit dem männlichen Namen männliche Kleider trägt, ein zusammengesetztes Ungethüm, wie jene Phantasiegebilde des Alterthums, die Sphinxe, Chimären, Centauren, Minotauren und Tritone, ein Wesen, dessen Namen in guter Gesellschaft nicht auszusprechen ist, wie in frommer der Name des Bösen nicht genannt wird. Wie wenige Menschen haben einen Geist gewohnt, nach dem historischen Ursprunge eines Vorurtheils, einer Ansicht oder Formel zu fragen! In den Jahren, da George Sand Cigarretten rauchte, hat schon der Umstand, daß sie Cigarretten rauchte, hingereicht halb Europa mit Antilopen vor diesem Frauenzimmer zu erfüllen und es als eine verlorene, verdammte Seele erscheinen zu lassen, wie man in verschiedenen Ländern die ersten Tabakraucher des 16. und 17. Jahrhunderts als dem Teufel verfallen und den Tabakrauch als Höllenqualen betrachtete. Dieselbe Cigarrettenraucherin schrieb Romane, in denen sie die menschliche Leidenschaft, das Gefühl, die Natur in Schutz nahm gegen althergebrachte Ansichten, gegen spießbürgerliche Anschauungen, gegen Berechnung, die Liebe gegen spekulative Ehen u. dgl. mehr. Grund genug für zu verderben um sie als unmoralisch auszuschreien, wie Alles unmoralisch ist, was gegen die Gewohnheit, „die Amme des Menschen" auftritt. Diese „Amme" Gewohnheit nimmt aus immer mit größerem Fanatismus in Schutz als die Mutter: die Natur, die Wahrheit. Die Fanatiker der Gewohnheit fanden starke Bundesgenossen an den „Kleinen", die Alles verleumden, was sie im Kopflange übertrugt. Es ging George Sand mit ihrem Vater Rousseau, dem einen Theil seiner Zeitgenossen ebenfalls ein Greuel war. Sie mochte das Zarteste, das Weiblichste, das Beste, Schönste und Wahrste in ihren Büchern aussprechen, man lehrte sich nicht daran, die Vorstellung von der Virago, von dem Ungethüm blieb.

Hunderte von Schriftstellern, ihre Nachtreter, sprechen heute dieselben Grundsätze aus; es fällt Niemand ein, sie darum zu verketzern: George Sands Ansichten sind landläufig geworden, in Fleisch und Blut übergegangen; aber selbst bei ihren Bekennern bleibt die alte Vorstellung, das alte Zerrbild aufrecht. Wie überrascht wären ihre »détracteurs«, wie kämen sie zum Nachdenken, wenn sie George Sand persönlich kennen lernten! Ist es diese anspruchslose, bescheidene Hausfrau?

Wir saßen eines Abends in der italienischen Oper in Paris, als eben Ferdinand Hiller den Franzosen den Fidelio vorführte. Ein Doktor tritt in die Loge und vermuthet, daß George Sand im Hause sei. — Wo? Wo? riefen unsere Damen. — Gerade über Ihnen. — Wie Schade, daß wir sie nicht sehen können! — Der Doktor verläßt die Loge und kehrt nach Abschluß mit George Sand zurück. Er hatte ihr gesagt, daß zwei liebenswürdige Damen sie gern sehen möchten. Mit der liebenswürdigsten Bereitwilligkeit bot sie sich sogleich an, dem Doktor zu folgen, um den Damen die Freude zu machen. Sie stellte sich so einfach vor, daß Niemand den Muth hatte, ihr ein Kompliment zu machen und sie schien sich dabei am wohlsten zu fühlen. Sie war ins Theater gekommen, um „Fidelio" kennen zu lernen und erkundigte sich bei uns nach der näheren Geschichte dieser Oper. Sie sprach in wenigen und schlichten Worten ihre Bewunderung für das Werk aus, das die Franzosen im Ganzen nur mittelmäßig aufnach, und bekundete wohl dadurch, wie durch so vieles in ihren Werken, das deutsche Blut in ihren Adern. Sie stammt ja von Moritz von Sachsen ab.

Wir verbrachten zwei Tage darauf einen ganzen Abend mit ihr im engen Kreise, da die größte Gesellschaften nicht liebt. Sie war von Anfang zu Ende das einfache, anspruchslose Weib, hinter dem kein Mensch die europäische Berühmtheit, die große Schriftstellerin vermuthet hätte. Sie war nicht glänzend, sie machte keinen Geist, sie suchte keine schönen oder geistreichen Worte, die ein Tagebuch führender Beobachter oder Celebritätenjäger hätte aufzeichnen können. Sie sprach überhaupt wenig, sie hörte viel zu; sie wollte offenbar von Jedem lernen. Jedermann fühlte sich hier gescheidt neben ihr. Als sie gegen Mitternacht ging, hatte Niemand gefunden, was er erwartet hatte, und fühlte sich Jedermann aufs angenehmste in seinen Erwartungen getäuscht. Man hatte eine gemüthliche Frau kennen gelernt und einen höchst gemüthlichen Abend verlebt. Und dieser erste Eindruck wurde durch alle spätere Bekanntschaft gelernt und immer wohlthätiger Lügen gestraft; man lernte wohl eine größere Tiefe des Geistes kennen, aber der Charakter der ganzen Erscheinung blieb immer derselbe.

George Sand ist heute nur von Wenigen persönlich gekannt. Sie verbringt den größten Theil des Jahres in ländlicher Zurückgezogenheit auf ihrem angeerbten Schlosse Rohan und kommt nur in Geschäften äußerst selten und immer nur auf wenige Tage nach Paris. Dann benachrichtigt sie die kleine Zahl ihrer Freunde von ihrer Anwesenheit; diele schweigen darüber und besuchen sie in ihrer kleinen Loge, wo die Damen vorplaudert werden. Einzelne verbringen ganze Wochen und Monate bei ihr auf Rohan. Es ist genug bezeichnend, daß alle diejenigen, die sich ihres näheren Umganges erfreuten, besonders die in der ländlichen Umgewungenheit ihre intimere Bekanntschaft machten, ihr mit unauslöschlicher, unerschütterlicher Liebe und Treue ergeben sind, ja mit dem Andenken an sie und an das Aufenthalt in Rohan einen gewissen schwärmerischen Cultus treiben. Allerdings muß man in Rohan Gelegenheit haben, sie von gewissen Seiten kennen zu lernen, die der Pariser Freunden ein Geheimniß sind, denn das Landvolk um Rohan begreift nicht, wie Madame Dudevant irgendwo in der Welt verleumdet und verlästert werden könne, sie, die man dort als Wohlthäterin, Rathgeberin und Schützerin der Gegend anerkennt. Dieselbe Frau, die anderer den frommen Seelen ein Greuel und Abscheu ist, sie lebt, in dessen Mitte sie lebt und das sie von Jugend auf kennt, eine im wahrsten Sinne des Wortes barmherzige Schwester.

George Sand hat ein kleines Vermögen ererbt und mit ihrer Feder ungeheure Summen erworben; aber sie ist eine arme Frau. Das Volk um Nohan weiß dieses Räthsel zu lösen, und lauscht man seinen Erzählungen, so erfährt man auch, auf welchen stillen und schönen Gängen sie jene Studien gemacht, welche ihren Dorfgeschichten zu Grunde liegen.

Der Maler des Bildes, das wir bringen, ist Couture, der Sohn eines Maurers, einer der berühmtesten Künstler des modernen Frankreichs. Während der Ausstellung des Jahres 1846 wurde er über Nacht eine Berühmtheit oder wie sich die Franzosen bei solchen Gelegenheiten auszudrücken pflegen, une des gloires de la France. Er stellte damals sein großes historisches Bild „La Decadence de Rome" aus, eine Orgie, die das in Sinnenlust versunkene Rom der Imperatoren in glänzenden Gestalten und großartigen Gruppen vergegenwärtigte. Es brachte wahrhafte Aufläufe hervor; alle Zeitungen waren seines Lobes voll und die Regierung Louis Philippes — damals Guizot — kaufte es an, um es im Luxembourg, dem Pantheon der lebenden Künstler, aufzustellen. Couture war noch sehr jung, als ihm diese Ehre, nach der alle französischen Maler streben, zu Theil wurde und als er sich so in die Gesellschaft Ary Scheffers, Delacroix', Ingres', Delacroix', Horace Vernets ꝛc. eingeführt sah. Seitdem hat keines seiner Bilder so großen Erfolg gehabt, „ein Bogenschütze" etwa ausgenommen, der an die besten Niederländer erinnert und mit dem ein Kunsthändler in der Rue Lafitte, der ihn besitzt, schon große Summen gewonnen haben soll, da der Bogenschütze ein Lieblingsbild der Copisten geworden und der Kunsthändler ihn für Geld zum Copiren verleiht. Seit dem Staatsstreich hat Couture nichts von Belang geleistet, und er, der sein bestes Bild „die Decadence" heute nicht ausstellen dürfte, weil man darin eine Anspielung auf das heutige Imperium sehen würde, ist der offizielle Maler des Hofes geworden, malt Apotheosen Napoleons, die Taufe des kleinen Prinzen und dergleichen höfische, byzantinisch-panegyrische Bilder. Sein Talent hat offenbar darunter gelitten. Mit den Heiligenbildern, die er vor vier Jahren in der Kirche St. Eustache malte, ist er arg durchgefallen, und mit einem Briefe, den er veröffentlichte und in dem er sich auf das Zeugniß des Kaisers berief, daß er, Couture, der einzige wirkliche Künstler der Gegenwart sei, hat er sich in Paris sehr lächerlich gemacht. Zu seinen Erfolgen gehört auch das Porträt George Sands, die nicht gerne sitzt, aber mit Couture eine Ausnahme machte. Das Bild erschien vervielfältigt in zweifacher Ausgabe bei Goupil und ging in unzähligen Exemplaren ab.

Berliner Kinder.

Erzählung von Fanny Lewald.

(Schluß von S. 348.)

12. Kapitel.

Am Tage vorher war der Meister Brückner nahe daran gewesen, wieder einmal auf seinen Berg zu steigen, obschon jetzt seine Kinder mehr da waren, die ihn störten, und obschon die Frau ihm heute keine Plage machte mit ihren Sorgen und Kümmernissen. Denn die Sorgen und Kümmernisse waren seit anderthalb Jahren ganz und gar vorüber, seit Hermann alle Vierteljahre ein bestimmtes Schärflein sandte, das völlig genug war, die Eltern über Wasser zu erhalten. Die Brüder und die Schwestern hatten nicht mehr nöthig beizusteuern, Hermann schaffte das Nöthige allein, und Hilfe nimmt sich immer leichter von Einem als von Vielen an, selbst wenn es zwischen Kindern und Eltern ist, daß sie geleistet und geboten werden muß.

Die Mutter war ganz schwindlig vor Freude. Der Herr Kandidat war da gewesen und hatte es selbst mit seiner Brille vorgelesen, daß Hermann in der nächsten Woche kommen würde, und so konnte und durfte es doch bei ihr nicht ausreden, wenn der Sohn nach Hause kehrte! Er mußte doch merken, daß die anzuwenden und zusammenzuhalten wußte, was er ihnen mittheilte von dem Seinigen, er mußte doch merken, daß sie noch die Alte war und nichts umkommen und nichts verkommen ließ. Sie ging, so wie sie stand und war, zu ihrer Tochter hin, die nebenan an einen Böttcher verheirathet war, ihr die Neuigkeit zu erzählen und ihr zu sagen, daß sie bereits den Gardinen von den Fenstern und vom Bette losgesteckt und die Stuhlbezüge abgenommen und durchgewaschen habe, und daß sie anfangen werde, Alles zu machen und daß sie Heringe in Essig legen werde, damit sie doch etwas in dem Hause habe, was er gern esse, wenn Hermann wieder da sei. Sie wollte ein Bett für ihn geborgt haben, sie wollte — sie wußte selber nicht was sie Alles wollte, und endlich ging sie Kaffee holen, um ihm für ihren Alten

zu kochen, weil sie über alle dem Thun und Wollen die Zeit verpaßt hatte, den Mittag zu besorgen.

Meister Brückner hielt sich ruhiger. Er arbeitete seine Rahl fort und ließ sich nichts merken vor der Frau. Nur der Lehrjunge sah, daß er nicht so gleichmäßig handthierte als sonst, und daß die Mutter die Gardinen schon zum Trocknen auf den Boden gebracht und die Fenster zum Putzen angehoben hatte, so daß man vor Ordnungschaffen, wie der Meister es nannte, seines Lebens nicht mehr sicher in der Stube war, klopfte es mit einem Male an die Thüre und der Meister sagte ärgerlich: „Nun braucht der Teufel nur gerade einen Kunden herzuführen, so denkt er, der Wirth will uns zum Hause hinauswerfen, solche Zucht ist's hier bei uns!"

Ärgerlich rief er: „Herein!" und die Meisterin ließ eben noch in Eile ihren Rahl, den sie hoch aufgeschürzt, über die Unterröcke herniederfallen, als die Thüre sich öffnete, und ein Mann an die Schwelle trat, der so groß war, daß er sich bücken mußte, um nicht anzustoßen. Seine Farbe war dunkel, wie die eines Menschen, der lange in heißen Ländern gelebt hat. Ein starker Bart umgab sein ganzes Gesicht, und er trug und hielt sich, als ein aufmerksamer Beobachter bei dem ersten Blick erkennen mögen, wie Jemand, der in sich selbst beruht und sich nicht zu gewiß ist, daß nicht mehr in jedem Augenblick an sich selbst zu denken braucht, um das Wohlanständige zu thun.

Die Mutter schrie auf vor Freude und schlug ein Mal uns andere Mal die Hände zusammen; der Meister ließ auch das Werkzeug fallen, aber weil er sich nicht gleich fassen konnte und sich's nicht merken lassen wollte, wie die ansehnliche Erscheinung des Sohnes ihn in Verwunderung setzte und ihm Respekt einflößte, wandte er sich zu der Mutter und sagte ärgerlich: „Da hast Du nun die Bescherrung! Nun ist er da, und nicht ein Platz, auf dem ein Christenmensch sich niederlassen kann! Das ist nun der Willkomm für Einen, der Jahr und Tag von Hause weg gewesen ist!" — Er hatte sich während dessen an den Anblick des Sohnes gewöhnt, stand auf, schüttelte ihm die Hand und rief: „Willkommen zu Hause und kümmere Dich nicht darum, Du weißt ja, wenn sie nicht Alles unter Wasser setzen kann, ist ihr nicht wohl. Und nachher giebt das Lamento über das Kopfreißen los."

„Lassen Sie's doch, Vater," begütigte Hermann, der die Eltern beide umarmte. „Ich bin froh, daß ich Sie beide munter finde — munterer als ich gehofft — und das Bißchen Lust hier oben ist ja bei dem Wetter eine Wohlthat."

Er setzte sich absichtlich auf den alten ausgesessenen Polsterstuhl, der seit einem Menschenalter nicht erneut worden war und noch immer, wie in den Tagen von Hermanns Kindheit, für ein Muster von Bequemlichkeit galt. Er wollte es zeigen, wie bequem er's habe, und er hatte es auch schnell dahin gebracht, daß man über sein Fragen und Erzählen völlig vergaß, wie fremd er in dieser Umgebung erschien, und wie lange er sich nicht in ihr bewegt hatte. Die Schwester mit ihrem Manne, den Hermann noch gar nicht kannte, und mit dem Kinde, von dessen Geburt er noch gar nicht gehört, wurden herbeigeholt. Die Mutter, so wenig sie es satt werden konnte, den vornehmen Mann anzustaunen, der ihr Sohn war, und seine Uhrkette und seine feine Wäsche und seinen schönen Reiseanzug zu bewundern, ließ doch inzwischen darüber, um unter einem Vorwande die Nachbarin an ihre Thür zu locken, und sie den Sohn aus der Ferne anstaunen zu lassen; und die Eltern waren noch ganz verdutzt über des Sohnes Anerbieten, sie von jetzt ab noch einmal so reichlich als bisher zu unterstützen, damit der Vater nicht mehr zu arbeiten brauchte, wenn er es nicht wollte, als Hermanns Erklärung, daß er nun fortgehen müsse, plötzlich der ganzen Freude ein Ende zu machen schien.

„Du willst fort?" rief die Mutter, „wo willst Du denn hin?" Er sagte, es dränge ihn, Herrn Plattner wieder zu sehen und er müsse dann in seinem Gasthof vorsprechen.

„In Deinem Gasthof?" fragte die Mutter wieder. „Ja, ich bekomme ja aber ein Bett für Dich geborgt, und ich schlage es gleich auf, sowie es kommt."

Er dankte ihr, aber er erklärte, er wolle ihr keine Mühe machen und werde in dem Gasthof bleiben, in dem er abgestiegen sei. Sie wollten wissen, was das wäre? Er nannte den besten Gasthof der Königsstadt, in dem er sich einquartiert, um in der Nähe der Seinigen zu sein.

„Da hast Du seiner Zeit manch Paar Stiefel hingetragen", bemerkte der Vater.

„Der alte Portier hat mich auch noch gekannt", versetzte heiter der Sohn. Die Mutter schwieg. Es machte ihr einen feierlichen und großen Eindruck, daß der Sohn in jenem Gasthof wohnte, und doch that es ihr leid, daß er nicht mehr derselbe war, der unter ihrem Dache zu schlafen, als er nach seiner Militärzeit zum letzten Male in Berlin gewesen.

Als er schon unter der Thür stand, rief der Vater: „Na! und wie sieht's denn in der Büße aus?"

Der Sohn lachte: „Etwas anders, lieber Vater, wie vor den Halle'schen und vor dem Spandauer Thor!"

„Und Du bist also wirklich darin gewesen?"

„Eine gute Strecke, Vater!"

„Seh' ein Mensch!" sprach der Alte und schüttelte mit Verwunderung den Kopf und dann erzählte er dem Schwiegersohn, und wie er ihn begleitet habe, als er ausgewandert sei, und wie kein Mensch es wissen könne, was in einem solchen Jungen stecke.

Sie waren in Meister Brückners Wohnung noch Alle in der größten Aufregung, als Hermann bereits die Stiegen zu der Wohnung seines alten Freundes und Beschützers hinanstieg.

Herr Plattner lebte noch immer in dem Stübchen, in

welchem er gewohnt, als Hermann ein Kind gewesen. Es waren noch immer die kahlen grauen Wände, noch immer hingen das Bild des Schlosses und das Porträt der Fürstin über dem Schreibtisch von weißem Holz, aber der kleine Raum hatte den Ausdruck der Armuth verloren und ein freundlicheres Ansehen bekommen. Es war unverkennbar, daß sich Jemand um denselben bekümmerte, daß Freude daran hatte, ihn wohnlicher zu machen. Es lag eine dicke Decke über dem Tische, die Füße des Schreibenden warm zu halten, er hatte auch einen Stuhl mit einer Lehne, an welchem zum Ueberfluße oben noch eine Schlummerrolle befestigt war, den Kopf des Ruhenden zu stützen. An der entgegengesetzten Wand, nicht weit von seinem Bette, standen auf einem andern Tische eine Schirmlampe und ein einfaches Theegeräth, und der große, wohlgenährte Kater, der sich auf dem Fensterbrette behaglich in der untergehenden Sonne dehnte, verrieth unwidersleglich, daß Herr Plattner jetzt die Mittel besitzen mußte, einen solchen Hausgenossen wohl zu unterhalten.

Herr Plattner hörte eben auf zu schreiben. Er hatte die Brille, die er schon seit Jahren tragen mußte, von der Nase genommen, und war dabei, noch Ordnung in seinen Papieren und Schreibereien zu machen, als es an seine Thüre pochte, und im nächsten Augenblicke Hermann sich in seine Arme warf.

Der Greis war überrascht, aber Gutes begreift sich schnell. „Mein Freund! mein Lehrer!" rief Hermann aus, „so sehe ich Sie endlich wieder."

Herr Plattner machte sich von ihm los, blieb in geringer Entfernung von ihm stehen, setzte die Brille auf und betrachtete ihn mit liebevollem Schweigen. „Gottlob!" sprach er dann, indem er die Hände faltete und wie im Dankgebet erhob, „Gottlob, Du bringst Dein altes klares Auge, Du bringst die reine Stirne wieder." — Die Wimpern mußten ihm feucht geworden sein, denn er fuhr mit der Hand leise darüber, und sagte dann: „Sei mir willkommen, mein Sohn! Aber woher bist Du schon heute hier? — Ich erwartete Dich nach Deinem Briefe erst in drei bis vier Tagen."

Hermanns Gesicht überstrahlte eine schöne Lebendigkeit. „Es ließ mich nicht zu rasten", sagte er, „seit ich in Triest den Fuß auf's Land gesetzt, seit ich mich wieder in Europa und vollends in Deutschland wußte. Ich dachte, Alles was ich thun und sehen wollte, könne ich auch später thun und sehen. Und das Glück hat seinen Aberglauben, ich wollte nicht versäumen, so bald als möglich hier zu sein, denn — er sprach nicht zu Ende, was er hatte sagen wollen, sondern legte seine beiden Arme dem Kandidaten auf die Schultern und rief: „weiß' ein Glück ist's, daß ich die Eltern, daß ich Sie so wieder finde, daß ich Ihnen danken kann für Alles, was Sie mir gethan, für Alles, was ich durch Sie geworden bin."

Der Kandidat erwiderte nichts. Er hatte sich niedergesetzt, als müsse er sich erholen, er wandte ihm eine Schwäche an. Hermann trat besorgt zu ihm. „Sind Sie unwohl? Habe ich Sie erschreckt?" rief er aus.

Herr Plattner schüttelte verneinend das Haupt. „Ich freue mich zu sehr", sagte er endlich, „und ich hatte nicht geglaubt, daß ich es vermöchte." Er meinte, daß er's nicht verbergen konnte. Der große, schöne Mann hatte sich neben ihn hingekniet und hielt ihn so umschlungen. Als der Greis sich beruhigt hatte, sagte er: „Steh' auf! Steh' auf, mein Sohn; ich gehöre nicht zu denen, vor welchen man knieen soll. Und nun ist's genug von mir, Du bist heut meinetwegen heimgekehrt, laß uns von Dir reden und von dem, was Dir am meisten am Herzen liegt."

„Nein!" unterbrach ihn Jener, „einen Augenblick noch; ich habe eine Botschaft an Sie, und diese war es, die mich nicht ruhen und nicht rasten ließ, bis ich sie in Ihren Händen wußte.

Er zog seine Brieftasche heraus, suchte unter verschiedenen Papieren, und reichte endlich dem Kandidaten ein verfiegeltes Schreiben hin. Herr Plattner nahm es, betrachtete das Siegel und seine Hände zitterten, da er es erblickte.

„Was soll mir das? Woher hast Du das Blatt?" rief er, während seine Wangen sich entfärbten und seine Lippen bebten.

„Lesen Sie, lesen Sie! Ich bringe Ihnen Gutes!" betheuerte der Andere.

Der Kandidat gehorchte. Der Brief lautete: „Es ist eine wunderfame Gewalt thätig und herrschend in der Welt, mag man sie Gott oder Schicksal nennen, und mag man die Leitung der irdischen Dinge, wie Sie es thun, einer allweifen Vorsehung oder einer innern Nothwendigkeit zuschreiben, so sind die Wege des Lebens dazu angethan, uns in Verwunderung zu setzen. — Ein gelegentlicher Besuch in der Maschinenfabrik, welche das Gouvernement in Kairo eingerichtet hat, machte mich mit Herrn Brückner bekannt. Von ihm hörte ich, seit den Tagen meiner ersten Jugend zum ersten Male, wieder Ihren Namen nennen, erfuhr ich von Ihrem Leben und von Ihrem Lebenslauf. — Es ist viel Zeit vergangen seit der Stunde, die uns trennte. Ihr Schüler ist seit vielen Jahren ein Mann geworden, und Manches, das er gefördert und geleitet, ist aus dem Samen erwachsen, den Sie einst in seine junge Seele streuten. Fürst Michael ist seit fünfzehn Jahren todt. Die Papiere und Briefschaften meiner Mutter haben mich dahin gebracht, ihren frühen Hingang nicht mehr als ein Unglück für sie zu betrachten. Ihr Leben an meines Vaters Seite war kein Glück für sie; sie selber nannte die Liebe, welche Sie ihr geweiht, den Segen und die Verklärung ihres Daseins. Daß ich, daß Vera's Sohn Ihnen dieses sagt, soll Ihnen dazu helfen, freier in die Vergangenheit zurück zu denken und muthiger in die Zukunft zu sehen, wenn eine solche dem kurzlebigen Menschen über seinen Tod hinaus vergönnt ist. Einsicht bringt ja dem Menschen zum Vergeben und Verzeihen — der Rückwirkende, an den Sie glauben, muß also nothwendig auch ein Allerbarmer sein!"

Das Blatt war Fürst Alexander D... gezeichnet. Der Greis las es und las es wieder, er hielt es fest in seinen Händen und ein Strom heißer Thränen entstürzte seinen alten Augen, als er mit dem Ausruf: „Erlösung! Erlösung!" auf seine Kniee niedersank und betend eine Weile in sich versunken blieb.

13. Kapitel.

Die Fenster des Zimmers waren geöffnet, aber es war still auf der sonst so lebhaften Königsstraße, und auch auf den Fluren und Treppen des Corridors ließ sich kein Laut mehr hören. Es war tief in der Nacht.

Hermann hatte die Seinen am Abende in seinem Zimmer bewirthet, und dann noch lange mit den Kandidaten beisammen gesessen und viel erkundet und Alles berathen. Als der Greis ihn verließ, hatte er sich zum Schreiben niedergesetzt. Nun war sein Brief beendet. Er setzte die Aufschrift darauf, aber ehe er ihn siegelte und auf das kleine Packet band, las ihn begleiten sollte, las er ihn noch einmal durch. Er lautete:

„Seit heute Morgen bin ich in Berlin, seit zwei Stunden, seit meine alten Eltern mich verlassen haben, meine innern Gedanken ausschließlich bei Ihnen! — Wann waren sie das nicht in all' den Jahren, die zwischen heute und jenem Tage liegen, an welchem Sie dem armen fortwandernden Gesellen das Buch zum Angedenken gaben, das ich in diesem Augenblicke nicht ohne Rührung ansehen kann, und das ich in Ihre Nähe zurückgebe. Als ein Pfand der Reigung hat es mich begleitet auf allen meinen Wegen; als ein Pfand der Liebe und einer unverbrüchlich bewahrten Treue bringe ich es Ihnen wieder. Lisette, hat meine Liebe, hat meine Treue Werth für Sie? und haben Sie mich nicht vergessen?

„Als ich von Manchester aus Ihrem Großvater schrieb, erhielt ich keine Antwort. Es that mir wehe, aber ich mußte ihm Recht geben, wenn ich mich in seine Stelle dachte. Er konnte das Schicksal seiner Enkelin nicht an ungewisse Hoffnungen sich ketten lassen. Es mußte ihm und Ihnen nach allen Seiten freie Hand verbleiben, und

es mochte ihm auch anmaßend erscheinen, daß ich Wünsche und Hoffnungen durchblicken ließ, wo ich nichts zu bieten hatte. Ihnen gegenüber, theure Lisette, mag meine Liebe mich entschuldigen, bei Ihrem Großvater muß meine jetzige günstige Lage zum Fürsprecher für die Vergangenheit und Zukunft werden.

„Ich hatte in Manchester mich in der Fabrik meines Freundes gut eingearbeitet, als ein Agent der egyptischen Regierung in die englische Fabrikdistricte kam, um dort für sein Gouvernement Ankäufe von Maschinen zu machen, und Sachverständige für ihre Aufstellung und für die erste Leitung der in Alexandrien und Kairo zu errichtenden Fabriken zu gewinnen. Die Anerbietungen, welche man machte, waren vortheilhaft. Die Luft, welche ich von Kindheit an gehegt, die Welt zu sehen und die heißen Klimate kennen zu lernen, fiel mit in die Wage; ich verpflichtete mich für zwei Jahre, mit ihnen von den Fürsten wenn ich in meiner Stellung zu verbleiben wünschte, sie dann auf zehn Jahre mit einer ansehnlichen Gehaltserhöhung behalten zu können. Diese zwei Jahre sind nahezu verflossen. Ich habe einen Urlaub gefordert, um mein Vaterland, um meine Heimath, um Sie, Lisette, wieder zu sehen und die Entscheidung über meine Zukunft in Ihre Hand zu legen.

„Ich bin gern in Egypten und ich bin in der Lage, Ihnen und der Familie, die ich zu gründen wünsche, ein reichliches Auskommen und einen geachteten Namen zu bieten. Aber wollen Sie die Meine werden und wollen Sie Europa weit verlassen, so sind mir von dem Fürsten Alexander D..., dessen Lehrer unser aller, verehrter Freund, der Kandidat Plattner einst gewesen ist, ebenfalls günstige Anerbietungen zur Begründung einer Schienenund Gtodenfabrik auf seinen Gütern im europäischen Rußland gemacht, und wollen endlich Ihre Großeltern nicht davon willigen, sich stets zu geben, wenn sie Sie ihnen entziehe, nun — so müssen Sie mit mir warten, liebe Lisette! und es wird sich dann auch hier in Berlin eine Thätigkeit und ein Erwerb für mich finden lassen, denn ich verstehe mein Fach und habe Muth und Kraft.

„Es fragt sich nur, Lisette, ob Sie wollen? — Wie es kam, daß mein ganzes Herz Ihnen gehörte, seit ich zu denken weiß, das brauche ich nicht zu erklären. Daß Ihre Reigung sich mir, dem armen Jungen zugewendet, das ist mir immer als das eigentliche Glück meines Daseins erschienen, denn ja auch Ihre Freundschaft unseres guten Plattner so früh, und damals auch ganz unverdient, zu Theil geworden ist.

„Und während ich Sie frage, ob Sie meiner noch gedenken, ob Sie mich nicht vergessen haben, begehe ich das erste Unrecht, dessen ich mich gegen Sie schuldig weiß. Wer mit seinem Schwert, zu überwinden und ohne Aufforderung zu schwierigen wußte, wie Sie in feinster Weise die hilfreiche Briefhelferin meiner Familie wurde, wer sich wie Sie zur Schülerin des Mannes meistern und dem ich danke, was ich bin, um deßen Manne meisterten und den Miedergebeugten durch antheilvolle Liebe aufrichten zu können, der hat mich nicht vergessen und der liebt mich.

„Lisette! ich habe in diesen Stunden keinen Gedanken als Dich. Unser guter Plattner, dem ich die Befreiung von seinem schmerzlosen Schmerze zu verdanken hatte, bringt Dir in der Frühe diesen Brief und das Bändchen Schiller'scher Gedichte, das Du kennst. Du werde bald darnach in Deiner Nähe sein. Werde Du mein Botschafter bei Deinen Großeltern, und sollst Du bald aus Deinem Augen, von Deinem Munde vernehmen, daß Du mich zu dem glücklichsten der Menschen machen willst."

Er siegelte den Brief sorgfältig zu, adressirte ihn, und legte ihn zu dem Bändchen Schiller'scher Gedichte, das ihn durch sein ganzes Leben begleitet hatte. Dann verschloß er dasselbe mit einem bloßen Papierumschlag, und legte sich nieder, um die glückseligen Träume zu genießen, aus denen bald das Kind Lisette, bald das Weib hervortauchte, das in seiner Phantasie herrschte und das er heiß ersehnte.

Gerade um dieselbe Morgenstunde, in welcher Frau Werner den Kutscher in die Stadt schickte, um den Geburtstagsfuchen herauszuholen und den Herrn Kandidaten mitzubringen, ohne dem im Werner'schen Hause nichts mehr geschehen konnte, seit Lisette ihm so in Freundschaft genommen, hatten sich Hermann und Herr Plattner in eine Droschke gesetzt und dem Kutscher den Weg nach dem Landhause des Herrn Werner angegeben.

Es war eine geraume Zeit verflossen, seit Hermann zuletzt durch diese Straßen und Plätze gefahren, aber so achtsam er sonst auch auf alles dasjenige war, was ihn umgab, heute hatte er kein Auge dafür. Er wurde nicht müde, es Herrn Plattner einzuschärfen, wie er Lisetten das Buch geben solle, nicht müde, ihm zu wiederholen, daß er in den Mienen immer den Erfolg des Briefes abwarten wolle, zu achten und ihm zu verfehren, wenn Lisette seiner nicht mehr denke und seiner Werbung nicht Gehör schenken sollte.

Frau Werner hatte unterdeß im Hause umher geschafft, und saß, ihrem alten Grundsatze getreu, daß man die Arbeit hübsch in der Frühe anfangen und bei Zeiten abthun müsse, schon um elf Uhr auf dem Balkon vor ihrer Gartenstube für und fertig angekleidet, und freute sich der schattigen Wärme unter ihrer Marquise. Ihr dicker Fuß ruhte jetzt sehr bequem auf einem gestickten Kissen und das Strickzeug lag Anstands halber auf der damastenen Kaffeeserviette, die über den Tisch vor der Thüre gebreitet war, denn sich mit der Arbeit zu plagen, hatte sie bei ihren Jahren, und vollends bei dem schönen Wetter doch nicht nöthig. Sie hielt darauf, daß es bei ihr im Garten und auf ihrem Balkon gerade so anständig und schön aussehe, wie bei ihren Nachbarn, die bei dem draußen schon länger anfässig waren, als sie. Und in dem Betrachten dessen, was in den zurückstgelegenen Häusern vorging, und in dem Ueberlegen, daß sie Alles ganz eben so gut haben und bezahlen könne, als die Besitzer der nächsten Grundstücke, war ihr die Zeit nicht lang geworden, und sie saß plötzlich mit Verwunderung auf den großen Schlaguhr gegenüber der Thür, daß es elf Uhr und der Kutscher noch nicht zurückgekommen sei.

"Wo nur der Mensch bleibt!" sagte sie zu ihrem Manne, der ihr gegenüber noch eine Brille seine Politische Zeitung las, "Wo nur der Mensch bleibt!" wiederholte sie und nahm behutsam den Fuß von dem Polster herunter, um an die Treppe zu gehen und nach ihrem Wagen auszuschauen. "Da wird er wieder zu Hause bei der Frau stecken und der arme Plattner wird sißen und auf ihn warten, denn die Lisette hat es ihm geschrieben, daß er um 10 Uhr abgeholt werden würde."

"Es thäte noch gerade Noth," meinte der Vater, "daß man Euch den Kandidaten ganz herauswählten. Es hat in diesem Frühjahr nicht viel Tage dagewesen, an denen Ihr ihn nicht hättet holen lassen."

"Ihr?" rief die Mutter, und sah dabei nach der schweren goldenen Uhr, ihrem liebsten Besitzthück, die sie an einer dicken Erbskette und obenein nach an einem goldenen mit Amethysten gezierten Haken an der Seite trug. "Ihr? Ich bin es doch nicht, die ihn alle Tage holen läßt! Ich nehme meine Zeitonen bei ihm, wie die Lisette, und ich frage auch gar Tausend nichts nach aller der Politik, über die ihr Beiden mit ihm zu discurriren habt. Meinetwegen brauchte er nicht zu kommen, wenn schon ich dem alten ehrlichen Gesicht das frische frische Kost den draußen und sein ordentliches Mittag- oder Abendbrod gern zusammen lasse. Wir haben's ja dazu!"

Sie hatte die letzten Worte aber noch nicht beendet, als sie sich weit hinausbog über das Geländer und die Hand über die Augen hielt, als traue sie diesen nicht, weil sie die Sonne blendete.

"Was hat denn das zu bedeuten?" rief sie. "Da kommt

ja der Kandidat mit noch einem Andern in einer Droschke angefahren."

Herr Werner war in seine Zeitung vertieft, er antwortete daher nicht gleich. Sich das gefallen zu lassen, war aber nicht die Sache seiner Frau. "Werner!" rief sie noch lebhafter, "so leg' doch das elende Stück Papier aus der Hand. Herr Gott! vor lauter Lesen verlierst Du noch das Hören und Sehen. Sag' mir nur, was bedeutet denn das? Nun steigt es aus und kommt hierher zu Fuß, und der Andere steigt auch ab und geht hinten herum, hinter Bergmanns Grundstück weg. Das ist ja reiner Unsinn: wozu ist er denn ausgestiegen, er hätte sich doch können bis hierher fahren lassen, wenn die Droschke doch einmal bezahlt war! Als ob er nicht hätte warten können, bis der Wagen gekommen wäre."

"Er wird wohl seinen Grund dazu gehabt haben, früher zu kommen", meinte Herr Werner, der immer gelassener zu werden pflegte, je mehr seine Frau sich erhiserte.

Sie konnte sich jedoch den Grund nicht denken, wie sie sagte, und sie war noch nicht mit ihrer Verwunderung und mit ihrem Aerger über ihren Kutscher fertig, der wenn er nicht immer so unpünktlich wäre, dem Kandidaten die Droschkenfahrt hätte ersparen können, als dieser in das Gartenthor eintrat. Kaum sah sie ihn nun in ihrem Bereiche, als sie ihm entgegenging und ihm die Frage zurief, mit wem und weshalb er denn herausgefahren sei, und weshalb er ihren Wagen nicht erwartet habe.

Der Kandidat, der, seit er Lisettens Lehrer geworden und in Folge ihrer Empfehlung noch ein Paar Schüler aus den Kreisen der wohlhabenden Gewerbetreibenden bekommen hatte, mehr auf sich verwenden konnte, sah heute in seiner saubern Kleidung noch viel stattlicher aus als sonst. Er hatte noch sein ganze gewohnte und sorgvolles Wesen beibehalten und auf den lebhaften Zuruf der eifrigen Hausfrau, entgegnete er einer ruhigen Begrüßung: er habe sich früher auf den Weg gemacht, weil er Fräulein Lisette ein Buch zu bringen gehabt, das sie, wie er glaube, schon lange zu besitzen gewünscht. Unterwegs sei er müde geworden, und habe einen vorüberfahrenden Herrn gebeten, ihn einsteigen zu lassen.

Die Wernerin schüttelte den Kopf. Sie wollte wissen, wer der Herr gewesen sei. Der Kandidat entgegnete, das könne er nicht sagen. Nun riß der Wernerin die Geduld. Sie nannte es außer allem Spaß, daß ein alter Mann um der Lisette willen solche Streiche mache. Daß er in der Mittagshiße, in der Sonnengluth solch' einen Weg zu Fuß gelaufen sei, und daß er dann wildfremde Menschen angehe, weil er nicht warten könne, das müsse dem Mädchen zu den Kopf verderben. "Unsere jungen Leute," so schloß sie ihre Rede, "die thun jeßt alle viel vernünftiger; die thun so etwas nicht, und darum ist die Lisette nachher auch Niemand recht, weil Sie sie so verziehen, Herr Plattner!"

"Bist Du nun fertig?" fragte Herr Werner, der inzwischen dem Gaste einen Stuhl geboten und dessen Glückwunsch zum Geburtstag empfangen hatte. Indeß man konnte es Herrn Plattner anmerken, daß er seine rechte Ruhe nicht habe, ohne zu fragen er, ob das Fräulein nicht zu Hause sei, als Lisette, welche die Stimme ihres alten Freundes gehört hatte, zu ihnen in das Freie heraustrat.

Sie reichte dem Kandidaten die Hand. "Weshalb schilt denn die Großmutter so mit Ihnen?" rief sie ihm entgegen, "ich hörte es bis in meine Stube."

"Weil ich früher herangekommen bin, als Ihnen ein Buch zu bringen," versetzte der Kandidat, und so fiel Lisetten auf, daß er sie scharf in's Auge faßte und daß seine Stimme anders klang, als sie sie sonst zu hören gewohnt war.

Er zog dabei ein kleines Päckchen aus der Tasche und reichte es seiner jungen Freundin hin. Lisette nahm es, öffnete den Umschlag, der Kandidat wandte keinen Blick von ihr. Ein schnelles Roth überflog ihr Gesicht, ihr Auge flammte auf, sie ihrer selbst nicht mächtig und ganz fassungslos rief sie: "Oh! wenn Sie mir das bringen, dann ist's gut!" — und ehe die erstaunten Großeltern noch eine Frage um die Ursache ihrer Erschütterung und Aufregung thun konnten, war sie in das Haus geeilt und hatte die Thüre ihrer Stube hinter sich rasch zugemacht.

Den Fragen, dem Staunen des Großvaters, der Neugier und der Heftigkeit der Großmutter Stand zu halten, wäre für Herrn Plattner, wenn er das Geheimniß nicht verrathen wollte, keine leichte Sache gewesen, hätte der Zustand länger gewährt. Indeß schon nach wenigen Minuten kam Lisette heraus, mit Augen, in denen die hellen Freudenthränen strahlten, und mit dem Ausruf: „Wo ist er? Ach, wo ist er?"

„In der Wiese am Erlenbusch," bedeutete der Kandidat, und mit geflügeltem Schritt eilte Lisette hinunter in den Garten, wo sie dem Auge der Großeltern durch die Hecken bald entzogen wurde.

Der Kandidat war sprachlos. Ihm klopfte das alte Herz in der Brust. Er hatte sie ja einmal empfunden, die Seligkeit der Liebe, und er kannte die Kraft der beiden Herzen, die er herangebildet, die er befestigt hatte in dem Glauben an das Sittliche und Heilige, und die in dieser Stunde das Glück des Wiedersehens nach langem, treuem Hoffen zu genießen hatten.

„Ist die Lisette toll geworden?" fragte die Wernerin; und: „Ist der Brückner zurück?" fragte leise Herr Werner, dem eine Ahnung des Zusammenhangs aufdämmerte.

„Ja!" rief der Kandidat, „ja, er ist zurück, und dort kommen sie ja schon, die beiden lieben, lieben Menschen."

Die Wernerin sah hinunter; da kam Lisette her, umfangen von dem Arme eines schönen, großen Mannes, und Beide so strahlend, so hell in ihrer Herzen Zuversicht und Freude.

„Aber wie ist mir denn!" rief die Großmutter, „ist das nicht der Hermann, der so manchen Puff von mir bekommen. Nein! wie die Zeit vergeht, man soll es gar nicht denken!"

Sie schlug die Hände ein Mal um's andere zusammen, aber es blieb ihr nicht viel Zeit für all' ihr Staunen und Verwundern. Die Liebenden waren da, sie lagen dem Großvater in den Armen, sie küßten die Wernerin, sie umarmten den Kandidaten, und die Sonne schien dazu so hell, daß der gute alte Herr Plattner wie in einem Glorienscheine dastand, als der Wagen anlam, der ihn hatte herausholen sollen.

„Kehr' um!" rief Herr Werner, „fahre gleich in die Stadt zurück, zum Meister Brückner, und hole Alles heraus, was von der Familie da ist. Sie sollen heute mit uns Kaffee trinken und Abendbrod essen, allsammt. Es ist Geburtstag hier! Bestell' das, Geburtstag und noch etwas anderes."

„Laß nur erst den Kuchen auspacken," meinte die Wernerin.

Und: „Ich muß doch erst füttern!" wendete der Kutscher ein.

„Du kannst drin in der Stadt füttern," bedeutete Herr Werner, „mach', daß Du fort kommst."

Solche Zucht und Wirthschaft hatte der Kutscher seit den Jahren, die er bei den Pferden war, noch nicht erlebt. Solche Freude war aber in dem Hause auch noch nicht gewesen.

Hermann mußte erzählen und mußte sich betrachten lassen, denn die Wernerin konnte und konnte es nicht begreifen. Und Herr Werner lachte zu all' den Ansichten, die Hermann hatte, und nannte es Narrenspossen, wenn er von Egypten und von Rußland sprach.

„Hier hinten auf der Wiese, wo Ihr Euch wiedergesehen habt, da ist Egypten und Rußland genug," sagte er, „da bau' Dir, was Du willst, und treibe was Du

magst. Der Schwiegersohn vom alten Werner kann's mit ansehen, bis sein Haus gebaut ist, und da mein Enkel satt geworden an meinem Tisch, so wird auch wohl für's Urenkel noch etwas da sein, wenn's inzwischen kommen wollte!"

Er war glücklicher, der alte Herr Werner, als ihn je einer der Seinigen gesehen, er hatte immer den Hermann gern gehabt, und er freute sich, daß Lisette ihren Willen durchgesetzt.

Wie die Stunden vergingen, wie der Mittag verstrich, wie der Meister Brückner aus dem Wagen stieg, und seine Frau, die mir in einer Kutsche gesessen hatte, gar nicht heraus kommen konnte, wer wollte das zu schildern unternehmen. Große Freude wirbelt ihre einzelnen Momente so kaleidoskopisch durcheinander, daß sie nicht fest zu halten sind, und nur das Bild einer unbegreiflichen phantastischen Herrlichkeit davon in der Erinnerung zurückbleibt.

Am Abende, als sich die einzelnen Personen beruhigt hatten, sagte die Wernerin: „Ich muß immer lachen, wenn ich den Hermann jetzt so vor mir sehe und dabei denke, wie sie ihn immer in der Straße den reitenden Kesselflicker schimpften, weil er dazumal so schlecht in Kleidern und so auf das Reiten versessen war."

„Wenn ich's erlebe, daß ich noch einen Urenkelsohn in meinem Hause habe," meinte der Großvater, „so soll der Hermann sein eigenes Reitpferd haben."

Hermann hörte das nicht in seinem stillen Plaudern mit der Braut, bis sein Vater ihn mit den Worten anrief: „Das Liebste ist mir, daß er doch auf seinem Kopf bestanden hat, und wie die alten Juden in die Wüste hinein gekommen ist."

„Ja," sagte Hermann, „nur umgekehrt. Die Juden zogen aus der Heimath in die Wüste und ich bin aus der Wüste in die Heimath, und in welche Heimath und an welches Herz zurückgekehrt."

„Die Wüste soll leben!" rief Meister Brückner, dem der Wein und die Aufregung der alten Wangen rötheten.

„Und der Kesselflicker danebon!" sprach die Wernerin, die einen Spaß in Ehren liebte.

Hermann lachte. „Nun mit dem Kesselbauen, wenn auch nicht mit dem Kesselflicken kann es eine Wahrheit werden, Großmutter!" sagte er. „Denn die Kessel, Ihnen hier einen Kessel aufzustellen, der Tag und Nacht nicht aus dem Kochen kommen und der uns satt machen soll für alle Zeit."

Und als dann Meister Brückner mit der Frau schon lange in einer Droschke in die Stadt befördert worden, und Herr Werner und die Frau zur Ruhe gegangen waren, da schieden Hermann und Lisette in dem Beisein ihres alten Freundes zum ersten Male von einander, und Herr Plattner umarmte sie Beide und sagte: „Ihr seid meine Erlöser geworden, jetzt kann ich ruhig sterben. Bleibt rein von Schuld und laßt mich leben in Eurem Angedenken."

„Und noch lange leben mit uns!" riefen die beiden Glücklichen, und immer und immer klang noch ein letztes: „Gute Nacht," ihm nach, als Hermann mit seinem alten Freunde zum ersten Male in die Stadt zurückkehrte, zu deren geachtetsten Bürgern, zu deren thätigen Gewerbtreibenden Herr Hermann Brückner in diesem Augenblicke zählt.

Das Haus, das er sich erbaut hat, steht hell zwischen seinen mit jedem Jahre wachsenden Fabrikanlagen hervor, und hat über seiner Thüre den einfachen Wahlspruch: „Arbeite und beharre!"

Ein acht bürgerlicher Wahlspruch und recht eigentlich hervorgegangen aus dem Geiste, der den Berliner Kindern, dem Berliner Bürgerstande eigen ist und eigen bleiben möge für alle Zeit.

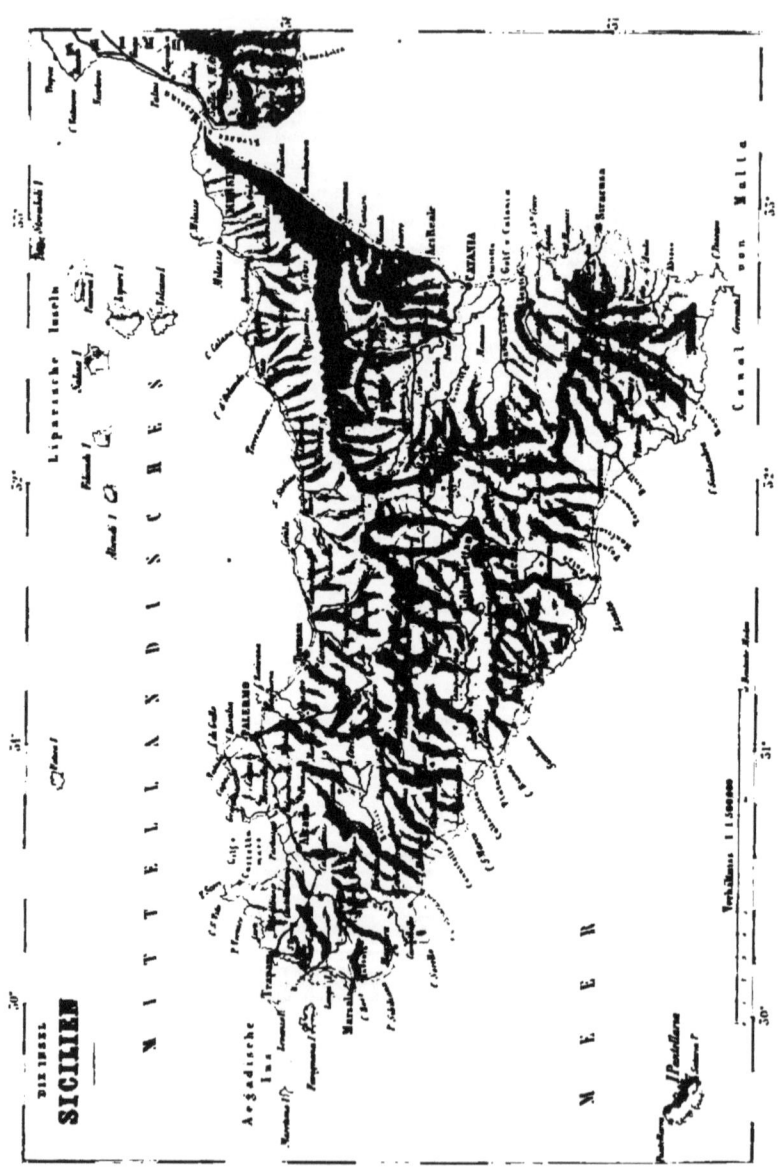

Zigeuner-Lager.

„Im Jahr 1418 setzen die Historien, seyen die ersten Stürtzer und Landdieb, so man Heyden oder Zigeuner nennet, in Teutschland gesehen worden. Was dieses für ein Gesind sey, vand was ihr vermeynt Fürgeben,

ihres Bagierens, Rumbschweystens, Leutbetriegens und Stehlens halben, findet man weitläuffig bey Albert Crantzen vand Sebastian Münstern, so bezeuget solches nach die tägliche Erfahrung an allen Orten, was es für seine Leut seyen, vannoth an diesem Ort viel Wort darvon zu machen.“

Gottfried's historische Chronik.

Sicilien.
(Mit einer Karte in Farbendruck.)

Südlich von Italien, nur durch die ½ Stunde breite Meerenge von Messina davon getrennt, ragt die schöne reiche Insel Sicilien aus den blauen Fluthen des mittelländischen Meeres hervor. Sie hat die Gestalt eines unregelmäßigen Dreiecks, dessen nördliche Seite die längste, dessen östliche die kürzeste ist. Ihre größte Länge beträgt 50 Meilen und ihr Flächeninhalt 497 Quadratmeilen. Der Reisende, welcher vom Meere aus ihr Ufer als eine ungeheure Masse wildzerrissener phantastischer Felsgebilde erblickt, deren Spitzen weit hinauf in den Himmel steigen, aber nicht, welches Paradies dahinter verborgen liegt. Alles was die Natur an Segen und Schönheit auf einem Fleck der Erde zusammendrängen kann, findet sich hier in verschwenderischer Fülle vereinigt. Fruchtbare Ebenen, den Gärten der Hesperiden vergleichbar, wechseln ab mit lieblichen Höhen oder steilen Gebirgeschluchten, Orangen-, Palmen- und Myrthenhaine mit ausgedehnten Wäldern, Weinbergen und üppigen Getreidefluren; leuchtende Gärten, wo im dunkeln Laub die Goldorangen glühen, breiten sich um die Wohnungen her, und darüber glänzt der ewig lachende, dunkelblaue Himmel. Reizend gelegene Hafenstädte, mit buntem südlichem Leben erfüllt, spiegeln sich mit ihren Säulen, Ruinen und Ballone in den blendenden Wassern des Meeres. Luft, Vegetation, der ganze Ton der Landschaft erinnern an eine südlichere Zone. Ein Göthe hatte seine Worte, um auszudrücken, wie ihn diese Königin der Inseln empfangen. Die herrlichen Landschaftsbilder, die dunstige Klarheit, die um die Küsten schwebte, die Reinheit der Contouren, die Schönheit der Formen, die Weichheit des Ganzen, die Harmonie von Himmel und Erde setzten ihn in Entzücken. — Das Klima der Insel ist, wenige Sumpfgegenden ausgenommen, überall rein und gesund. Die Sommerhitze, welche an den Küsten selten über 28° steigt, wird durch regelmäßig wechselnde Seewinde angenehm gemildert, und während ein harter Winter einen großen Theil des Festlandes von Italien unter ungewohntem Frost beugt, zeigt hier das Thermometer nie weniger als 6° Wärme.

Sicilien ist vorherrschend gebirgig. Zwei große Höhenzüge streichen längs der Nordküste von Osten nach Westen und breiten sich in vielen Verzweigungen über die ganze Insel aus. Der eine, das pelorische Gebirge, vom Cap del Faro an der Meerenge von Messina ausgehend, entfernt sich wenig von der Nordküste und bildet durch seine Ausläufer an dieser zahlreiche Baien und Häfen. Ihm schließt sich in der Mitte der Insel der madonische Gebirgszug an. Die Abhänge dieser Höhen sind auf der Nordseite fruchtbar und bewaldet, während die Südseite dürrer und rauher ist. Im östlichen Theile der Insel, durch tiefe Thäler von den übrigen Gebirgen getrennt, erhebt sich ein immergrünender Vulkan, der Aetna, das Entsetzen, der Stolz und Wohlthäter Siciliens, der in die reichen Gefilde, die seinen Fuß umgeben, Erwärmung und Befruchtung oder Verwüstung trägt. Ganz Sicilien erbebt, wenn unterirdischer Donner den Ausbruch der glühenden Schwefel- und Lavamasse aus den gebannten Essen des furchtbaren Kraters verkündet. Mit Ausnahme des Aetna und seiner Umgebung gehören die Gebirge Siciliens der Kalksteinformation an und sind reich an Grotten und Höhlen. Sie erreichen nur eine Höhe von 3—6,000 Fuß über der Meeresfläche, der Aetna ist jedoch 11,400 Par über erhaben. — Zahlreiche Gewässer durcheilen in allen Richtungen das Land, sind jedoch nicht schiffbar; größere Landseen fehlen. — Zwischen den Gebirgen breiten sich mehr oder weniger ausgedehnte fruchtbare Ebenen aus, welche durch eine üppige Vegetation die Ergiebigkeit des durch reiche Quellen erquickten Bodens selbst in den unbebauten Theilen der Insel bezeugen. Wein, Oel, Getreide und Südfrüchte aller Art gedeihen vortrefflich. Maulven, Vorbeerrosen und eine Menge geruchhafter Kräuter keimen überall zwischen den Felsentrümmern hervor; Felsenrücken und selbst Wildnisse von Steingeröll sind bedeckt mit indischen Feigen, einer gigantischen Cactusart, welche fast alle landschaftlichen Gebilde Siciliens charakterisirt und im Verein mit der Aloe auch die Erd- und Steinmauern um die Kleingärten ziert; Feigenbäume und Reben bedecken die Abhänge oft bis zum Meer herab.

Schon vor Jahrtausenden wurde die reizende Insel von den griechischen und römischen Schriftstellern der große Garten, das glückliche Gestade genannt. Hier war auch der Schauplatz vieler ihrer größeren und lieblichsten Gemälde aus der Mythenzeit. Götter, Halbgötter, Nymphen und Heroen trieben hier ihr Wesen. Hier wurden die großen Kämpfe Jupiters gegen die Giganten ausgekämpft. Die Rache und Verzweiflung der unter dem Aetna verschütteten Giganten Typhon und Enceladus speit noch unaufhörlich Gluth und Flammen Ceres erließ die Insel zu ihrem Lieblingssitz und bereicherte sie mit ihren Wohlthaten; Venus hatte auf dem Berge Eryx (jetzt M. S. Giuliano) einen weitberühmten Tempel, wo Tauben genährt und auferzogen wurden und die schönsten Frauen der Welt den Priesterdienst versehen. In den Schlünden des Aetna hatten Vulkan und seine Cyclopen ihre Werk-

stätten. Der furchtbarste der Cyclopen, Polyphem, der Sohn Neptuns, hauste in einer Felsenhöhle und schreckte die ganze Insel durch seine Wildheit. Odysseus, den seine Irrfahrten hierher führten, hatte von ihm zu leiden und blendete ihn dafür. Der in den griechischen Mythen so berühmte Baumeister Dädalus entflieht vor dem Könige Minos in Creta mit Hülfe seiner wächsernen Flügel nach Sicilien und bedeckt die Insel mit seinen Wunderwerken. Virgil führt den nach der Zerstörung Troja's heimathflüchtigen Aeneas mit seinen Trojern hierher in das Reich des Königs Acest. Und so treten noch viele andere Götter, Heroen und Nymphen in den sicilischen Mythen auf.

Auch in der alten und neuen Geschichte spielt Sicilien eine bedeutende Rolle. Göthe nannte es daher den wundersamsten Punkt, wohin so viele Radien der Weltgeschichte gerichtet sind. Angelockt von der für den Handel so günstigen Lage der Insel, da eine Küstenausdehnung von über 100 Meilen die herrlichsten Häfen bietet, siedelten sich schon im grauen Alterthume Griechen und Karthager hier an. Letztere gewannen nach heftigen Kämpfen mit den mächtigsten Städten des Landes allmählig die Oberhand, bis sie von den Römern verdrängt wurden. Sicilien wurde nun römische Provinz. Es war für die Römer von großer Wichtigkeit, da es der Hauptsitz des Handels im Mittelmeere, ihre Vorrathskammer und der Hauptsammelplatz ihrer Kriegsmacht gegen Asien und Afrika war. Damals je ein Laub in Reichthum und Betriebsamkeit blühte, so war es Sicilien. Seine Häfen waren mit unzähligen Schiffen gefüllt, in zwei Städten allein lebten 400,000 freie Einwohner und 800,000 Sklaven. Dieser Wohlstand wurde noch dadurch gehoben, daß die Insel als römische Provinz besondere Vorrechte genoß. Während der Völkerwanderung wurde Sicilien nebst ganz Italien von den Ostgothen erobert und 536 von dem byzantinischen Kaiser Justinian I. durch dessen Feldherrn Belisar. Dem byzantinischen Kaiserthume wurde es aber 827 von den arabischen Aegypten herübergekommenen Sarazenen entrissen. Gegen die Sarazenen kämpften hier im 11. Jahrhundert die landende normannische Krieger um ein Gebiet, und als der Normanne Roger II. den Rest der sarazenischen Herrschaft an sich gerissen hatte, bildete er unter dem Titel eines Königs beider Sicilien aus Neapel und Sicilien einen zusammenhängenden souveränen Staat. Nach dem Erlöschen des normännischen Königshauses i. J. 1189 kam das Königreich mit dem deutschen Kaiser Heinrich IV., dessen Gemahlin Constanze die letzte Sprößling der normännischen Könige war, an das Haus Hohenstaufen. Als sich Graf Karl von Anjou, ein Bruder Ludwigs IX. von Frankreich, auf Betrieb des Pabstes des sicilischen Königreiches bemächtigt hatte, suchte Conradin von Schwaben, der letzte der Hohenstaufen, seine Rechte mit dem Schwerte geltend zu machen, mußte aber, in der Schlacht von Tagliacozzo (1268) besiegt, unter dem Beile des Henkers fallen. 1282 erhoben sich die Sicilianer gegen die so bedrückenden französischen Statthalter, und machten, da Karl von Anjou des Aufstandes nicht Herr werden konnte, Peter III. von Aragonien zu ihrem Könige. In der Folgezeit stand Sicilien nach dem Aussterben des Hauses Anjou in der Mitte des 15. Jahrhunderts, abwechselnd mit Neapel vereinigt und davon getrennt, bald unter den Königen von Aragonien, bald unter spanischer, bald unter spanischer und zuletzt bis zum Jahre 1734 unter österreichischer Herrschaft. Jetzt gelangte es, mit Neapel vereinigt, in Folge der Eroberung Spaniens an das Haus Bourbon, den spanischen Infanten Karl. Nachdem dieser aber als Karl III. den spanischen Thron bestiegen, überließ er Sicilien 1759 seinem dritten Sohne Ferdinand IV., welcher mit mancherlei Unterbrechung bis 1825 regierte. Im Jahr 1806 nahm Napoleon von der Herrschaft Besitz und übergab sie als ein eigenes Königreich seinem Bruder Joseph und 1808 seinem Schwager Murat. Dem Wiener Tractate gemäß wurde aber Ferdinand IV. unter dem Namen Ferdinand I. als König der vereinigten Königreiche Neapel und Sicilien wieder eingesetzt. Ferdinand I. starb 1825, sein Sohn und Nachfolger Franz I. 1830. Unter dessen Sohne Ferdimand II. wurde Sicilien der Schauplatz blutiger, von den ausschweifendsten Grausamkeiten begleiteter Volksaufstände, zu welchen die grausamsten Verheerungen der 1836 ausgebrochenen Cholera, welche binnen 6 Wochen in Palermo allein 25,000 Menschen wegraffte, die Veranlassung gab. Als i. J. 1847 der von Pius IX. entfesselte Geist der Entwicklung als ein Revolutionsfieber durch die ganze italienische Halbinsel gieng, wurde auch Sicilien davon ergriffen, und zu Anfang 1848 kam es hier abermals zu einem blutigen Aufstande, welcher die Lossreißung von Neapel im Schilde führte und bereits eine provisorische Regierung einsetzte. Mord, Brand und Plünderung wütheten auf der Insel. Ferdinand II. gelang es indessen, seine Herrschaft aufrecht zu erhalten. Ihm folgte 1859 in der Regierung der jetzt vertriebene Franz II. Die neuesten Ereignisse seit April 1860, als der Ruf: „Italien frei bis zur Adria!" auch in Sicilien ein Echo fand, sind bekannt. Garibaldi hat mit seiner Freischaaru die Insel von der auf sie lastenden bourbonischen Herrschaft befreit, und Victor Emanuel von Sardinien ist ihr gegenwärtiger Beherrscher. —

Aber auf diesem von der Natur so reich bedachten, durch historische Denkmäler und Erinnerungen ehrwürdigen und interessanten Boden wohnt ein gedrücktes, heruntergekommenes Volk. Seit Jahrhunderten von seinen Regenten geknechtet und auf alle Art ausgesogen, sank Sicilien immer mehr von seiner früheren Bedeutung und seinem Wohlstande herab. Seine fischern und einst so belebten Häfen liegen jetzt fast ganz verödet. Nur wenige Hafenstädte, Messina und Palermo, zeigen noch einiges seemännisches Leben. Die übrigen sind nur von Fischerschurken bewohnt. Nur der zehnte Theil des Landes ist bebaut. Grund und Boden gehört zum großen Theil dem Adel, der Geistlichkeit oder den Städten und überall herrscht das Pachtsystem. Doch liefert der Ackerbau, so schlecht er auch betrieben wird, bei der Ergiebigkeit des Bodens immer noch reichliche Ernten, besonders an Waizen, der an den Küsten in großen Magazinen aufbewahrt wird. Was man dem Boden durch Fleiß nicht abgewinnt, ersetzt der natürliche Reichthum der Pflanzenwelt. Wein, Oel, Sumach, Süßholz, Mandeln, Saffran und andere Produkte werden in großen Mengen ausgeführt. Oel und Wein würden aber noch besser gedeihen, wenn der Anbau sorgfältiger und verständiger betrieben würde. Hauptnahrungs- und Erwerbszweig für die Küstenbewohner ist die Fischerei, besonders auf Thunfische, Sardellen, Austern, Muscheln und Korallen. — Ebenso wie der Laubbau liegt auch die Viehzucht darnieder. Die Rinder sind klein und unansehnlich, die Pferdezucht wird schlecht betrieben, besser noch die der Esel und Maulesel, da man sich ihrer bei dem gebirgigen

Charakter des Landes zum Waarentransport bedient. Ziegenheerden sieht man am häufigsten. Die Schafe sind unveredelt und liefern nur grobe Wolle. Auch der Bergbau steht auf niedriger Stufe, obwohl die Insel reich an Mineralien ist. Doch wird aus einigen Schwefelgruben ein bedeutender Ertrag gewonnen, auch giebt es ergiebige Marmorbrüche fast in allen Theilen des Landes. — Handel und Industrie sind gleichfalls unbedeutend. Dem innern Verkehre fehlt es an Kanälen und wohlgebahnten Straßen, dem äußeren an Schiffen; doch ist die Ausfuhr immer noch bedeutender als die Einfuhr.

Die ungefähr 2,231,000 Seelen zählende Bevölkerung ist ein eigenthümlicher Typus, im Laufe der Jahrhunderte aus einem Gemisch von Griechen, Karthagern, Römern, Gothen, Arabern, Normännern, Franzosen und Deutschen gebildet. Es ist ein schöner, kräftiger Menschenschlag mit olivenfarbener Haut, dunkelfeurigen Augen und ausdrucksvollen Gesichtszügen. Ihre Sprache ist ein eigener, stark mit griechischen, arabischen und spanischen Elementen untermischter Dialekt des Italienischen. Ihr Charakter ist ganz der eines gesunkenen Volkes: sie sind abergläubisch, mißtrauisch, träg, leidenschaftlich und rachsüchtig. Doch ist der Sicilianer gegen Fremde gastfrei und als ausgezeichneter Vaterlandsliebe beseelt. Der öffentliche Unterricht ist in einer traurigen Verfassung und verschuldet die große Unwissenheit der mittleren und niederen Klasse. Unter dem Druck fremder Nationen ist in diesem Volke der Sinn für alles Große und Schöne erstorben. — Der Adel und die Geistlichkeit sind zahlreich vertreten, beide reich begütert und mit freien Pfründen bedacht. Die niedere Volksklasse dagegen verarmt von Jahr zu Jahr immer mehr; das den Baronen ertheilte Monopol des Verkaufs der Lebensmittel lähmt den Nationalwohlstand und läßt den Wenigbemittelten bei bedeutenden Abgaben kaum noch erschwingen. Kein Wunder, daß der dritte Theil der Einwohner dieses herrlichen Landes aus Bettlern besteht. — Die Religion ist vorherrschend römisch-katholisch. — Die Hauptstadt des Landes ist Palermo mit 170,000 Einwohnern, nächstdem ist die Hafenstadt Messina am wichtigsten. An beiden Orten befinden sich Landesuniversitäten, aber Künste und Wissenschaften liegen sehr darnieder. Im Ganzen befinden sich über 300 größere und kleinere Städte auf der Insel. Der Reisende findet in Sicilien nach unseren Begriffen schlecht eingerichtete Gasthäuser und eine sparsame Bewirthung. Dagegen sind die Kaffeehäuser und Sorbetterien sehr zu rühmen.

Möge es der neuen Regierung gelingen, das geistige und materielle Wohl dieses gesunkenen Volkes zu heben und die gesegnete Insel wieder zum Schauplatz eines blühenden Verkehrs zu machen.

George Washington.

(Schluß von Seite 352.)

Eine solche Kriegsmacht, in Gestalt einer Person, hätte nun freilich den jungen Freistaaten höchst gefährlich werden können. Wir begegneten bereits den Argusblicken, mit welchen das Auge des Congresses auf dem Feldherrn und seiner Armee ruhte. Mit Recht, müssen wir sagen, weil der Machtbesitz die Lust zu herrschen nach der Erfahrung allzuleicht fördert. Und auch Washington nahe der Versuchung etliche Male, wenn nicht von innen, doch von außen. Der öffentliche Zustand forderte den Mißvergnügten des ganzen Volks, besonders aber auch des Militärs entschieden heraus. Bald wollte, bald konnte der Congreß nicht gedeihlich handeln; die Provinzstaaten sperrten sich oft gegen die billigsten Forderungen, vornehmlich in Betreff der

Ausgaben für das Heer. Dadurch verfielen viele Offiziere auf politische Reformgedanken, welche zuletzt eine Verschwörung gegen die Republik enthielten. Ein angesehener Oberst ward gewählt, welcher eine Schilderung der Mißstände, eine Anklage gegen die Verfassung aufsetzen und an den Feldherrn einsenden sollte. Am Schlusse der Denkschrift hieß es: „Dies ist für Alle, und vorzüglich für die Kriegsleute, ein deutlicher Beweis, wie schwach eine Republik ist, und daß die Armee nur darum Etwas ausrichten könnte, weil sie unter einem Oberhaupte steht. Deßhalb zweifeln wir keinesweges daran, wenn die Entzüge einer veränderten Regierungsform richtig dargestellt und reiflich erwogen werden, so muß man sich ohne Anstand für dieselbe entscheiden. In diesem Fall wird ein Jeder eingestehen müssen, daß derselbe Geist, welcher uns durch Hindernisse hindurch führte, die unüberwindlich schienen, und uns auf dem Wege des Ruhmes voranschritt, daß die Tugenden, welchen ein großes Heer ungetheilte Verehrung zollt, auch fähig sein werden, uns auf dem sanfteren Pfade des Friedens zu leiten. Bei Vielen vermischt sich die Vorstellung einer Monarchie so mit dem Gedanken an Tyrannei, daß sie beide Begriffe nicht zu trennen vermögen. Deßhalb würde es zuträglich sein, dem Oberhaupt der Verfassung einen dem Scheine nach gefahrlosen Namen zu geben. Ist aber alles Uebrige beseitigt, so werden sich gewiß überzeugende Gründe anführen lassen und der Benennung „König" wird nichts mehr im Wege stehen, woraus nach unserer Ansicht bedeutende Vortheile erwachsen." — Die Krone Nordamerika's auf dem Teller präsentirt! Washington gab sogleich den Bescheid auf das Anerbieten. — „Newburg, den 22. Mai 1782. Mein Herr! Mit Staunen habe ich das, was Sie mir übersandten, aufmerksam durchgelesen. Seien Sie versichert, daß kein Vorfall im ganzen Kriege mir so großen Schmerz verursacht hat, als diese Mittheilung. Ich sehe daraus, daß in der Armee Gedanken gehegt werden, die meinen Abscheu erregen und meine strengste Zurechtweisung verdienen. Für jetzt soll das, was Sie mir geoffenbart haben, in meinem Busen verschlossen bleiben, insofern keine weitere Anregung der Sache mich zur Kundmachung zwingt. Ich begreife nicht, wie mein Betragen Sie ermuthigt haben kann, mir einen Vorschlag zu machen, der nach meiner Ueberzeugung das Vaterland mit dem größten Unheil bedroht, das es jemals treffen könnte. Wenn ich mich nicht durchaus über mich selbst täusche, so giebt es keinen Menschen in ganz Amerika, dem Ihre Entwürfe verhaßter sein können als mir. Zugleich muß ich aber, um meinen Empfindungen Gerechtigkeit widerfahren zu lassen, hinzufügen, daß Niemand so aufrichtig wie ich wünscht, der Armee möge in vollem Maaße ihr Recht geschehen; und soweit meine Macht und mein Einfluß sich verfassungsmäßig erstreckt, werde ich Alles anwenden, was in meinen Kräften steht, und keine Gelegenheit unbenützt lassen, um Allen zu dem zu verhelfen, was ihnen gebührt. Ich beschwöre Sie aber, sofern Sie noch Liebe zu Ihrem Vaterlande haben, wenn Ihnen Ihr eigenes Glück und das Ihrer Nachkommen am Herzen liegt, und wenn Sie noch die geringste Achtung für mich hegen — verbannen Sie diese Gedanken aus Ihrer Seele und äußern Sie nie gegen irgend Jemand, weder aus eigenem Antrieb noch im Auftrag von Andern, dergleichen Gesinnungen. Mit vollkommener Hochachtung George Washington."

Fügte es eine höhere, lohnende Hand, daß der Feldherr in demselben Monate noch den ersten Brief vom englischen Befehlshaber erhielt, worin Friedenslust wehte? Nach einer solchen Ardonna verlangte der Ehrgeiz Washingtons aus vollem Herzen, denn daß kein Friedensschluß ohne Anerkennung der Unabhängigkeit möglich war, stand längst fest. Die Staaten waren aber durch den langen Krieg nicht nur ökonomisch erschöpft, sondern es drohte ihnen auch in socialen Beziehungen viel Unheil aus dieser fortwährenden Ruhelosigkeit, so daß noch ehe die Aussichten der Patrioten Friedensvorschläge mit beiden Händen aufgenommen werden mußten. Ein Feldherr durfte bei einem solchen Briefe auch im Gedanken an sich fröhlich aufathmen. Er hatte zwar eine eiserne Gesundheit und einen wunderbaren Muth aus seine rasige Aufgabe mitgebracht, aber er war doch der Ruhe jetzt sehr bedürftig. Seit sechs Jahren hatte er sich kaum einmal erlaubt, einen Abstecher nach Mount Vernon zu machen, wo ihn eine Geschäfterrile hart vorüberführte. Seine Gattin hatte dagegen die Liebenswürdigkeit, jeden Winter bei ihm im Lager zuzubringen. Vieles Opfer war nicht gering angeschlagen, denn es war auch keine Kleinigkeit für eine Dame von solcher Erziehung und Angewöhnung, der Wechsel eines Feldzugs verthulich zu begleiten. Entbehrt mußte ohnehin gar Vieles werden. Mistreß Washington schreibt aus Valley Forge an eine Freundin: „Die Woh-

nung des Generals ist sehr klein, er hat eine Hütte von Holz bauen lassen, um darin zu Mittag zu speisen. Dadurch ist unser Quartier viel erträglicher geworden, als es Anfangs war." Wir haben auch noch einen lustigen Brief, worin der Feldherr den Generalchirurgen Cochran zum Diner einlädt. „Lieber Doktor! Ich habe Mistreß Cochran und Mistreß Livingston gebeten, morgen Mittag bei mir zu speisen; bin ich aber zu meinem Gewissen jede Täuschung hasse, leiht werden sie nur die Einbildungskraft trifft. Mein Tisch ist groß genug, daß die Damen Platz finden werden. Aber wie wird er briest sein? Es wird das Mögliche geschehen. Ein Stück Schinken haben wir gewöhnlich; zuweilen krönt ein Stück Schweinefleisch das obere Ende der Tafel, ein Stück Rindbraten schmückt das untere Ende, und ein kleines, fast unmerkliches Schüsselchen mit Bohnen oder grünem Gemüse bildet das Centrum. Will der Koch groß thun, so erscheinen noch 2 Pasteten mit eingeschnittenem Rindfleisch oder 2 Schüsseln mit Kreben auf beiden Seiten des Centrums; diese füllen die Zwischenräume aus und machen, daß die Entfernung der Schüsseln von einander nur 6 Fuß beträgt, da sie sonst zwölf Fuß mißt. Neulich hat der überraschende Scharfsinn des Kochs gar die Entdeckung gemacht, daß man Apfeltorten backen kann. Sein hochstrebender Sinn leistet vielleicht morgen etwas derart. Wollen die Damen also vorlieb nehmen und es sich gefallen lassen, aus Tellern zu speisen, die einst von Zinn waren, jetzt aber von Eisen sind, woran jedoch nicht das häufige Scheuern schuldig ist, so wird es mich sehr erfreuen, sie bei mir zu sehen. Ich bin, liebster Doktor, der Ihrige. Washington."

Mitten unter den drückendsten Sorgen und Geschäften des Kriegs unterließ es Washington nie, mit seinem Oekonomieverwalter in Mount Vernon zu correspondiren. Er verlangte regelmäßige, genaue Rechenschaftsberichte über den Gang der Landwirthschaft, die Arbeiter und Arbeiten, die Saaten und Ernten; er ertheilte auf Grund derselben stets hinwiederum bis in's Einzelne seine Rathschläge und Befehle. Einmal ermahnt er schließlich: „Lassen Sie in Hinsicht der Armen der Gastlichkeit des Hauses nicht in Verfall gerathen. Niemand soll hungrig davon gehen. Fehlt es Einem an Korn, so helfen Sie ihm damit aus, nur daß der Mißgunst nicht befördert werde; denn ich habe nichts dagegen, daß Sie mein Geld als Almosen verwenden, sollte es sich auch im Jahre auf 40 bis 50 Pfund belaufen, da, wo Sie es für gut angewendet halten. Wenn ich sage, ich habe nichts dagegen, so meine ich damit, daß es mein Wille ist. Sie müssen bedenken, daß meine Frau und ich jetzt nicht da sind, um diese guten Werke zu thun. Der jenen andern Hinsicht empfehle ich Ihnen hier größte Zurückhaltung. Sie wissen ja, daß ich für meine Dienste ihre keinen Heller bekomme, außer was ich auslege. Deßhalb ist es nothwendig für mich, daß in meinem Hause möglichst gespart werde." — Als der Verwalter einst einem Rauberorps der englischen Armee, das auf dem Potomoral einherschiffte, Geldrente brachte, um damit die Schonung Mount Vernons zu erwirken, wie auch wirklich geschah, so bekam er von seinem Herrn einen ammunschen Berweis, wonach er lieber die größte Verheerung hätte über sich ergehen lassen sollen, und bedroht wird, entlassen zu werden, wenn Aehnliches wieder vorkäme.

Bekanntlich unterstützte Frankreich die Amerikaner in ihrem Unabhängigkeitskampf gegen England. Wie es ohne diese Unterstützung abgelaufen wäre, läßt sich natürlich durchaus nicht behaupten. So viel aber ist gewiß, daß der Kampf ohne Aussicht auf eine fremde Bundesgenossenschaft unternommen und lange geführt wurde. Die amerikanische Armee hielt während jenes bis Hauptterror und Washington, der Generalissimus aller Kämpfenden, war sich klar bewußt, daß die Nation ihre Freiheit sich selbst verdanken müsse und betrachtete darum das französische Freundschaft nie ohne Rückhalt. Es lohnt sich heutzutage, sein Verhalten in einem Beispiel kennen zu lernen. In den

Congreß wurde plötzlich die Idee hineingeworfen, Canada müsse erobert werden, und Lafayette sollte mit Franklin diesen Plan in Paris betreiben. Washington stemmte sich mächtig dagegen; er brachte allerlei militärische Bedenken vor, sein Hauptbedenken äußerte er aber stiller in Briefen. „Seit einiger Zeit ist, was seine Macht zu Land betrifft, Frankreich die erste Monarchie in Europa. Jetzt kann es Großbritanien auch die Herrschaft über das Meer streitig machen und würde, wenn es sich mit Spanien verbände, ohne Zweifel den Sieg erringen. Hat es nun Neuorleans zu unserer Rechten und Canada zu unserer Linken im Besitz, und wird es dann von den zahlreichen indianischen Stämmen unterstützt, die uns im Rücken liegen und so große Neigung für die Franzosen haben, alsdann ist leicht zu fürchten, daß es in der Macht Frankreichs stehen wird, den vereinigten Staaten Gesetze vorzuschreiben." — Er will jedoch kein Mißtrauen auslassen. — „Aber es ist ein Grundsatz, der sich auf die Erfahrung der Weltgeschichte gründet, daß wir einem Volke nur trauen sollen, insofern der eigene Vortheil es mit uns verbindet; und kein kluger Staatsmann oder Politiker darf sich von diesem Grundsatz entfernen. Unsere Verhältnisse fordern eine besondere Vorsicht: denn wir haben noch nicht die gehörige Kraft und Reife erlangt, um uns wieder erheben zu können, wenn ein unvorsichtiger Schritt uns in Gefahren stürzt. Gesetzt Frankreich selbst mit den reinsten Absichten im Anfang auf unsere Pläne ein, so ist doch zu fürchten, daß es im Fortgang der Unternehmung seine Gesinnung ändern wird, durch die Umstände verleitet und vielleicht durch die Wünsche der Einwohner von Canada aufgefordert." — Der Schluß war: „Wenn dies Alles auch grundlos wäre, so möchte er doch nicht die Verpflichtungen gegen die Bundesgenossen vermehren und eine fremde Macht zu Ansprüchen wegen geleisteter Dienste reizen, wo man derselben nicht durchaus benöthigt war." Wer so sprach und wirkte, konnte dereinst noch spät mit gutem Gewissen auch gegen die Franzosen zum Schwerte greifen. Und blickt uns aus diesen Sätzen des Feldherrn nicht schon der gewiegte Präsident einer Staatsregierung an?

Uns Deutsche muß freilich im Unterschied von den Franzosen eine Schamröthe überfliegen. England rekrutirte seine Armee öfters, wenn es Mannschaft von unsern Fürsten erlaufte. Dort ein lichterloher Freiheitsgeist, hier ein schnöder Sklavenhandel. Und es ist noch nicht lange her; es können noch leben, die damals gelebt haben, ihre Söhne sind jedenfalls jetzt die herrschende Generation. Dennoch blieb die Sache nicht ohne einen edeln Tropfen deutschen Blutes. Lieferten wir keinen Lafayette, so doch einen Steuben. Dieser einstige Adjutant Friedrichs des Großen im siebenjährigen Kriege und nachherige Hofmarschall des Fürsten von Hechingen vermochte nicht ruhiger Zuschauer des transatlantischen Dramas zu bleiben. Ohne Rang und Sold auszubedingen, bot er sich an und wandte sich an Washington: „Der Gegenstand meines größten Ehrgeizes ist, Ihrem Vaterlande alle in meiner Macht stehenden Dienste zu erweisen und dadurch, daß ich für die Sache Ihrer Freiheit fechte, den Titel eines Bürgers von Amerika zu verdienen. Wenn der ausgezeichnete Rang, den ich in Europa führte, ein Hinderniß sein sollte, möchte ich lieber als Freiwilliger dienen, als bei den verdienstvollsten Offizieren anstoßen, welche sich bereits unter Ihnen ausgezeichnet haben. Ich möchte überdies sagen, müßte ich nicht fürchten, Ihre Bescheidenheit zu verletzen, daß Euer Excellenz die einzige Person sind, unter welcher ich auch dem Dienste beim König von Preußen einen Beruf fortzusetzen wünsche, dem mein ganzes Leben gewidmet gewesen." — Steuben wurde Generalinspektor der nordamerikanischen Armee und leistete durch sein Organisationstalent Unschätzbares. Der Feldherr zog ihn in seinen engsten Rath und bewahrte ihm stets mit unbedingtem Vertrauen; der letzte Brief, den Washington als Oberbefehlshaber schrieb, galt ihm.

Kaum waren die Friedensverhandlungen angeknüpft, so ersuchte der Congreß den Feldherrn, an einen Sitzungen zur Berathung des Wichtigsten, das zu thun war, Theil

zu nehmen. Diesem Rufe folgte Washington und ward festlich in den Saal eingeführt. Der Präsident hielt eine Anrede an ihn: „Es hat schon Mancher für das allgemeine Beste Bedeutendes geleistet und sich die Dankbarkeit seiner Nation erworben. Aber Ihnen gebührt ein höherer Ruhm, denn Sie haben die Freiheit und Unabhängigkeit Ihres Vaterlandes begründet, und die dankbare Verehrung eines freien Volkes belohnt Sie dafür." — Nachdem der Friedensabschluß vollbracht war, gieng er an die Auflösung der Armee und die Entlassung ihres Feldherrn. In einer väterlichen Ansprache wandte sich Washington noch einmal an sein Heer: er dankte für alle Treue und ermahnte jeden Soldaten, jetzt ein tüchtiger, tugendhafter Bürger zu werden; zuletzt ertheilte er seinen Waffenbrüdern einen Segen und gelobte ihnen, dem Herrn der Heerschaaren seine Gebete für sie darzubringen. Der Abschied von den höhern Offizieren fand in einem Gasthofe New-Yorks statt. Washington füllte ein Glas mit Wein und erhob sich: „Mit einem Herzen voll Liebe und Dankbarkeit nehme ich Abschied von Euch, und bitte Gott, Eure späteren Tage

mögen so freudenvoll und beglückt sein, wie Eure früheren ruhmlich und ehrenvoll waren." Er trank darauf und fuhr fort: „Ich kann nicht zu einem Jeden von Euch gehen und ihm Lebewohl sagen; es wird mich aber freuen, wenn Ihr zu mir kommen und mir die Hand reichen wollt." General Knox, der zunächst stand, trat hinzu. Der Held, unfähig zu sprechen, ergriff seine Hand und umarmte ihn; sämmtlichen Uebrigen bezeugte er in derselben Weise seine Liebe. Kein Wort ward gewechselt, kein Auge blieb trocken. Washington schritt rasch aus dem Saale hinaus und durch die Spaliere hin, welche ein Corps Infanterie auf dem Wege nach White-Hall bildete: die ganze Gesellschaft folgte mit gesenktem Blick. Ein Staatsboot stand bereit und trug ihn davon; er wandte sich noch einmal um und schwenkte den Hut zum Lebewohl. Die Offiziere grüßten ebenso, bis das Boot hinter einem Vorsprung verschwunden war. — Die Fahrt ging nach Annapolis, wo der Congreß tagte. In dessen Hände gab der Feldherr seine Vollmachten feierlich zurück; er dankte der Armee öffentlich, empfahl ihre Leistungen der Anerkennung des Vaterlandes und endigte mit den Worten: „Ich betrachte es als eine unumgängliche Pflicht, diesen letzten öffentlichen Akt meines Lebens damit abzuschließen, daß ich die Interessen unseres theuersten Vaterlandes dem Schutze des allmächtigen Gottes, und diejenigen, denen die Leitung desselben obliegt, seiner heiligen Obhut anvertraue. Nachdem ich das mir übertragene Werk vollendet, trete ich von dem großen Schauplatz der Handlung ab; und indem ich dieser erhabenen Körperschaft, unter deren Befehl ich so lange gewirkt habe, ein tiefgefühltes Lebewohl sage, lege ich hiemit meine Bestallung nieder und nehme von jeder Verwendung im staatlichen Leben Abschied." — Am nächsten Morgen reiste er weiter und langte schon Abends — es war der heilige Abend vor Weihnachten — in seinem Mount Vernon an. „Der Vorhang ist endlich gefallen", äußerte er nach dem Eintritt in sein Landhaus. „ich fühle mich nun eine große Last von Sorgen erleichtert. Ich hoffe, den Rest meiner Tage damit verbringen zu können, die Herzen guter Menschen zu gewinnen und die Tugenden der Häuslichkeit zu üben." —

Washington glaubte in allem Ernste, seine Rolle auf der öffentlichen Bühne sei nun ausgespielt; er wünschte sich auch keinen andern Schauplatz mehr, als sein Landgut Mount Vernon. In dieser ländlichen Zurückgezogenheit und Beschäftigungsweile fühlte er sich wieder so beglückt wie früher. Wir dürfen durch Briefe in seiner Seele lesen. „Endlich", schrieb er an Lafayette, „lebe ich wieder als friedlicher Bürger, an den Ufern des Potowmal, unter dem Schatten meines eigenen Weinstocks und Feigenbaums; von dem Lärm des Lagers und der Geschäftigkeit des öffentlichen Lebens erlöst, erquicke ich mich an den stillen Freuden, von denen der Soldat, der stets dem Ruhme nachjagt, nichts weiß; noch der Staatsmann, der mühevolle Tage und schlaflose Nächte damit hinbringt, Plane zu entwerfen, welche die Wohlfahrt seines Vaterlandes befördern sollen, indeß sie vielleicht andere Völker in's Verderben stürzen, als ob dieser Erdkreis nicht Raum genug hätte für uns Alle; noch der Hofmann, der beständig auf das Angesicht seines Fürsten achtet, in der Hoffnung, vielleicht ein gnädiges Lächeln zu erringen. Ich habe mich nicht nur von allen öffentlichen Geschäften zurückgezogen, ich ziehe mich auch in mein eigenes Innere zurück und fühle mich fähig, die einsamen Wege und stillen Pfade des Lebens mit herzlicher Freude zu betreten. Keinen werde ich beneiden und für Alle ein herzliches Wohlwollen haben; dies ist die Regel meines Wandelns, und so will ich sanft den Strom des Lebens hinabschiffen, bis ich bei meinen Vätern schlafe." — Die Bewirthschaftung seiner Güter handhabte Washington namentlich in den ersten Jahren nach seinem Rückzug in's Privatleben durchaus vom finanziellen Standpunkt aus. Trotz der Verluste herbeizubringen, welche er während des Commando's erlitten hatte. Irgend einen Erlaß oder Lohn aus dem Staatsbeutel anzunehmen, erlaubte ihm seine Uneigennützigkeit nicht. Die Energie, womit er nun den Ackerbau betrieb, warf denn auch bald reichlichen Zins ab. Statt des Tabaks, der bisher vorzugsweise baute, cultivirte er allerlei Getreidearten und führte eine bestimmte Reihenfolge in deren Anbau ein, welche sich auf eine genaue Untersuchung der verschiedenen Bodenarten gründete. Erst nachdem die Ackerwirthschaft in bessere Ordnung gebracht war, gieng es an die Verschönerung des Gutes und wurde darin in seiner Beziehung gespart. Pflanzungen, Gewächshäuser, Gemüsegärten entstanden der Reihe nach und machten Mount Vernon zu einer der schönsten, ja luxuriösesten Besitzungen in Amerika. Die Baumzucht war eine sonderliche Liebhaberei Washingtons. Die der Beschriebene konnte man ihn Wochen lang mit Scheere und Messer herumgehen und eifrigst arbeiten sehen.

Die Gastfreundschaft, die Würze jeden Landlebens, hatte in Mount Vernon eine wahre Residenz aufgeschlagen. Es strömte dahin mit Besuchen aus der alten und neuen Welt; Freundschaft und Verehrung, Neugierde und Anliegen aller Art wirkten dabei bunt durcheinander. Mistreß Washington bot ihre ganze Liebenswürdigkeit und Verständigkeit auf, um diesem Andrange gegenüber das Hauswesen fröhlich und gedeihlich fortzuführen. Es gelang ihr, indem sie sich aus dem gewöhnlichen Geleise der Hausordnung niemals wegrücken ließ; seinem Gaste wurde etwas Besonderes geboten und eben dadurch fühlte sich

auch Jeder so wohl. Auch Washington ließ sich in seiner Lebensweise nicht stören, erst nach dem Mittagessen um 4 Uhr gehörte er bis Nachts 10 Uhr, zu welcher Stunde Alles schlafen ging, der Gesellschaft an. Unter der Legion von Besuchern heben wir wenigstens den aus, der ohne Zweifel in Mount Vernon die größte Freude machte. Lafayette kam auf einige Zeit. Wenn irgend von Sentimentalität im Charakter Washingtons die Rede sein kann, so äußerte sie sich in seiner Zuneigung für diesen ritterlichen Mann, der im amerikanischen Unabhängigkeitskampf so Bedeutsames geleistet hatte. Washington ließ es gern geschehen, daß seinem Gaste von den Staaten allerlei Ehrenbezeigungen zu Theil wurden, und reiste mit ihm gesellschaftlich herum. Zuletzt gab er ihm das Geleite bis Annapolis und feierte daselbst die schmerzliche Trennung. Kaum nach Mount Vernon zurückgekehrt, schrieb er an den Freund: „In dem Augenblick unserer Trennung auf dem Wege hierher und seitdem in jeder Stunde, habe ich empfunden, wie stark die Liebe, Verehrung und Anhänglichkeit ist, die ich für Sie habe, und welche ein so langer, vertrauter Umgang mit Ihnen in mir erweckt und immer mehr befestigte. Als unsere Wagen nach entgegengesetzten Richtungen abfuhren, fragte ich mich, ob dies wohl der letzte Blick sein würde, den ich von Ihnen empfing? Und obwohl ich wünschte, Nein sagen zu können, sprach meine Furcht doch Ja. Ich rief mir die Tage unserer Jugend in's Gedächtniß zurück und fand, daß sie seit lange entflohen sind, um sie zurückzuleben; daß ich jetzt von dem Hügel herabsteige, den ich seit 52 Jahren erklomm, und daß, wenn Gott mir auch die Gnade meiner guten Gesundheit verliehen hat, ich doch aus einer Familie stamme, deren Mitglieder alle kein hohes Alter erreicht haben und ich folglich erwarten muß, bald in den Gruft meiner Väter zu ruhen. Diese Gedanken warfen tiefe Schatten in mein Gemüth und verdunkelten den einen Blick in die Zukunft, als ich an ein Wiedersehen mit Ihnen dachte." Die trübe Ahnung hatte Recht; die Beiden sahen sich nie wieder. Jedoch der Liebe Blick gleich warm und stark. Als die Verfolgung über Lafayette hereinbrach, sannte Washington noch alle möglichen Hebel anzusetzen, um den Freiheitsschwärmer aus seiner Gefangenschaft zu erlösen.

Das ländliche Privatleben konnte freilich den gemeinnützigen, dem ganzen jugendwerthen Sinn Washingtons nicht ganz brach legen. Er betrieb namentlich den folgenreichen Gedanken, den Osten und Westen der vereinigten Staaten durch schiffbare Canäle in leichtere Verbindung zu bringen. Mehrere Reisen galten dem Nachweis der Möglichkeit hiervon und die Versammlung Virginiens nahm darauf die Ausführung des Plans in die Hand, der einen unberechenbaren national-ökonomischen Werth für Nordamerika bekam. Für seine Bemühungen in der Sache wurde ihm eine Schenkung von etwa 40,000 Dollars im Namen des Staates bereits eine großartiges Prämium zugedacht worden, das er aber rundweg von der Hand wies. Diesmal aber in einem andern Modus; er nahm die Schenkung für öffentliche Zwecke, nämlich für Hebung des Unterrichtswesens, an. Der Schule schenkte er überhaupt immer eine besondere Aufmerksamkeit und ließ manchen Jüngling aus eigenen Mitteln heranbilden. Auch die Belehrung der Indianer in Amerika unterstützte er angelegentlichst, und räumte auf einem seiner eigenen Besitzungen den Boden zu einer Missionsstation ein.

Ohne Unterlaß hefteten sich Washingtons Auge zumeist auf den politischen Zustand seines Vaterlandes. Die bisherige Verfassung zeigte sich bald nach Beendigung des Krieges, der die Staaten mit eiserner Klammer umspannt hatte, viel zu locker und ungenügend. Die Ahnung einer gefährlichen Krisis lastete allgemein auf dem Volksbewußtsein. Aber vor dem einzigen Gegenmittel, das von Erfolg sein konnte, dem Congreß mit einer größeren Machtvollkommenheit über die einzelnen Staaten zu bekleiden, scheute es zugleich aus übertriebenem Unabhängigkeitsgefühl, der durch demagogische Wühlereien stets gereizt wurde, gewaltig zurück. Washingtons Gemüth erschütterten diese

Beobachtungen schwer. „Die Furcht vor einer größern Gewalt des Congresses erscheint mir als der höchste Grad von Abgeschmacktheit und Tollheit bei dem Volk. Könnte wohl der Congreß seine Macht zum Nachtheil des Volkes mißbrauchen, ohne sich selbst einen gleichen und noch weit größern Schaden zuzufügen? Ist sein Vortheil nicht unauflöslich mit dem des Volkes verbunden? Die Mitglieder sich durch den Kreislauf der Anstellungen die Mitglieder des Congresses nicht stets wieder mit dem Bürgern? Und wenn die Congreß mit der erwähnten Macht bekleidet wird, ist da nicht viel mehr zu fürchten, die einzelnen Mitglieder werden diese Macht weniger gebrauchen, als gut wäre, um die Popularität und die Aussicht, künftig wieder gewählt zu nehmen, nicht einzubüßen? Wir müssen die menschliche Natur nehmen, wie sie ist; denn die Vollkommenheit ist nicht das Loos der Menschen. Viele sind der Meinung, der Congreß habe viel zu oft den Ton des Orlesens und die demüthigen Bitte gegen die Staaten gebraucht, wo er ein Recht hatte, als Herrscher zu gebieten und Gehorsam zu verlangen. Mag es sein, wie es will, Forderungen sind ein völliges Nichts, wenn dreizehn souveräne, unabhängige, unvereinigte Staaten berathschlagen und die Gewährung auch ihrem Gutdünken verweigern. Diese Forderungen sind in der That nichts weiter, als ein Spott und Sprichwort im ganzen Lande. Wenn die den Regierungen sagen, daß sie den Friedensvertrag gebrochen und die Rechte der Verbundenen verletzt haben, so werden sie Ihnen in's Gesicht lachen. Was soll also geschehen? So wie bis jetzt geht es nicht länger. Es ist sehr zu befürchten, daß die Besseren im Volke, dieser Verhältnisse überdrüssig, sich in Gedanken auf eine Revolution vorbereiten, möge sie noch so schlimm sein. Wir sind dazu geneigt, uns von einem Extrem in's andere zu stürzen. Unheilbringenden Ereignissen vorzubeugen, das wäre jetzt eine Aufgabe für die Weisheit und den Patriotismus. — Welche furchterregenden Veränderungen können wenige Jahre herbeiführen! Man sagt mir, daß selbst ehrenwerthe Männer ohne Abscheu von einer monarchischen Regierungsform sprechen. Aus Gedanken entspringen Worte und von diesen ist es oft nur noch ein einziger Schritt zur That. Aber wie unwiderruflich und fürchterlich ist diese! Welch' ein Triumph für die Verfechter des Despotismus, wenn wir unfähig sind, uns selbst zu regieren, und damit beweisen, daß eine Verfassung, auf der Grundlage gleicher Rechte und Freiheiten erbaut, ein Trugbild und eine Täuschung sei! Gebe Gott, daß Zeiten entschiedener Maßregeln ergriffen werden, um die Folgen abzuwenden, die wir nur zu viel Ursache haben zu fürchten." — So schrieb Washington und hiernach handelte er. Er betheiligte sich an vorbereitenden Versammlungen von Patrioten und willigte schließlich auch ein, als Abgeordneter Virginiens in die Versammlung einzutreten, welche in gesetzlicher Weise zu Philadelphia zusammentrat, um das Verfassungsleben der Freistaaten einer energischen Reform zu unterwerfen. (Mai 1787.) Dieser Schritt kostete ihn nicht wenig. „Es ist mir nicht nur ungelegen, mein Haus zu verlassen, sondern ich muß auch fürchten, man wird mich der Unbeständigkeit beschuldigen, wenn ich von Neuem auf der öffentlichen Schaubühne erscheine, nachdem ich erklärt habe, ich wolle es nicht wieder thun. Auch besorge ich, dieser Schritt wird mich in den Strom der Geschäfte zurückreißen, da Einsamkeit und Ruhe mir ein Bedürfniß und meine einzige Wunsch sind." Als die Bedenklichkeiten alle von der offenbaren Gefahr des Vaterlandes und den dringlichsten Vorstellungen seiner Freunde überwunden waren, schloß sich Washington zunächst in's Studierzimmer, um seine eigene Kenntniß von Land und Leuten in Amerika, sowie die Geschichte anderer Völker über die bereits etwaige Verfassung zu Rath zu ziehen. Die Papiere, worauf er sich über alle möglichen Genossenschaften alter und neuer Zeit, den achäischen, helvetischen, gar auch den deutschen Bund Notizen sammelte, sind noch vorhanden. So gründlich vorbereitet, reiste er zur Convention ab, ward von ihr mit öffentlichen Ehren empfangen und alsbald zum Vorsitzenden gewählt. Die Sitzungen währten vier Monate und lieferten das Verfassungswerk, auf dessen Grundlage der amerikanische Staatenbund bis heute ruht. Washington freute sich höchlich über die Geburt des Kindleins und erstehte ihm ein gedeihliches Wachsthum. Er verhehlte sich freilich die Unvollkommenheit nicht, aber ließ sich dadurch nicht irre machen. „Es sind Punkte in der neuen Regierungsweise, welche meinen Ansichten zuwiderlaufen; aber ich sah ein und bin fest davon überzeugt, daß, im Ganzen genommen, dies die beste Verfassung ist, welche wir jetzt haben können, und daß die Annahme derselben oder eine völlige Auflösung die einzige Wahl ist, welche uns bleibt." Von dieser vernünftigen Genügsamkeit ließ sich denn auch das amerikanische Volk bestimmen, dem Werke seine feierliche Zustimmung zu ertheilen. Gleichzeitig verbreitete sich aber auch allgemein die Ueberzeugung, daß das neugebaute Schiff, solle es nicht schon beim Auslaufen auf Sandbänke stoßen, keinem andern Steuermann übergeben werden dürfte, als dem Einzigen, in welchem sich alle Parteien die Hand reichten. Washington erfuhr bald, wie sich Aller Augen und Wünsche auf ihn lenkten. Er fühlte sich davon schwer angegriffen und äußerte sich in Briefen äußerst bedenklich, ob er die Wahl annehmen würde? „Lehne ich die Stelle ab, so geschieht es noch aus einer andern Ursache, als den bisher angeführten. Obwohl mein vorgerücktes Alter, die immer wachsende Vorliebe für die Beschäftigung mit der Landwirthschaft und die Neigung zur Einsamkeit meinen entschiedenen Hang zu der Lebensweise eines stillen Bürgers vermehren, so sind dies doch nicht die Beweggründe, welche mich bestimmen, die Stelle auszuschlagen; ebensowenig die Furcht, meinen guten Namen in politischen Getriebe zu gefährden, noch die Scheu, mich neuen Arbeiten und Beschwerden zu unterziehen; sondern die Ueberzeugung, daß ein Anderer, der weniger Ansprüche und geringere Neigung hat, sich zurückzuziehen, alle Pflichten ebengut und vollständig erfüllen kann, als ich."

Indessen halfen keine Einreden noch Gegenvorstellungen. Das Volk aller Staaten ernannte aus Einem Herz und Mund George Washington zum ersten Präsidenten Nordamerika's. Am 14. April 1789 ward ihm das Wahlresultat offiziell mitgetheilt und zwei Tage darauf trat er die Reise nach New-York, dem Regierungssitz, an. In seinem Tagebuch vom 16. April es: „Gegen zehn Uhr nahm ich Abschied von Mount Vernon, vom Privatleben und vom häuslichen Glück, und trat mit sorgenvollen und schmerzlichen Gesühlen, als Worte ausdrücken können, die Reise nach New-York an, mit den besten Willen, meinem Vaterlande, gehorsam seinem Rufe, theils näblich zu sein, aber mit weniger Hoffnung, Erwartungen zu rechtfertigen." — Die Reise war ein ununterbrochener Triumphzug; die Bevölkerung überbot sich allerwärts in ausgesuchten Ehrenbezeigungen. Den Einzug in New-York ließ aber alles Bisherige hinter sich. Am Schlusse des glorreichen Tages schrieb der Gefeierte in sein Tagebuch: „Die Anzahl von Booten, welche mich bei dieser Gelegenheit, theils mit Sängern, theils mit Instrumentalmusik besetzt, begleitete, die flaggenden Schiffe, der Donner der schweren Geschütze und das laute Zujauchzen des Volkes, als ich vorüberfuhr, erfüllten mich mit Empfindungen, die ebenso peinlich (wenn ich das Gegenbild dieser Scene bedenke, welches nach allen meinen Bemühungen, Gutes zu wirken, dereinst eintreten kann) als angenehm waren." — Am 30. April hatte die öffentliche Inhuldigung statt. Sie begann und schloß mit einem Gottesdienst in der Kirche. Der Aufzug in die Congreßhalle war pompös veranstaltet. Der Amtseid sollte möglichst offen abgenommen werden. Daher wählte man zum Orte einen Balkon vor dem Senatszimmer, auf welchem die Blicke der massenhaften Bevölkerung von den Straßen und Dächern reichen konnten. Hier stand ein Tisch und auf ihm lag eine Bibel.

Als Washington auf dem Balkon erschien, empfing ihn ein unermeßlicher Jubel. Er trat an die Balustrade, legte die Hand auf's Herz, verbeugte sich mehrmals und zog sich dann auf einen Lehnstessel am Tisch zurück. Die Menge

48*

verstand, daß der Auftritt den Helden überwältigt hatte, und ringsum trat sogleich tiefes Schweigen ein. Jetzt folgte die Handlung. Der Eid ward laut vorgelesen, während Washington die Hand auf die offene Bibel legte. Nach dem Schluß der Formel sprach er: „Ich schwöre es, so wahr mir Gott helfe!" Man wollte ihm darauf die Bibel zum Kuß reichen, aber er bückte sich ehrfurchtsvoll hinab, um das Buch zu küssen. In demselben Augenblick trat der Kanzler vor, schwenkte die Hand und rief aus: „Lange lebe George Washington, der Präsident der vereinigten Staaten!" Die Kanonen brachen los, die Glocken läuteten, die Bevölkerung ließ ein brausendes Hoch er schallen.

Nicht immer lohnt es sich, bei politischen Eidesleistungen länger zu verweilen. Washington aber führte sein hohes Amt stets mit einer Gewissenhaftigkeit, in welcher der Ernst jenes Augenblicks fortpulsirte. Und er entwickelte daneben eine staatsmännische Weisheit, welche in Verbindung mit solcher sittlichen Keuschheit vielleicht einzig in der Geschichte der Diplomatie dasteht. Ohne seine Politik im Detail zu betrachten, mögen wir uns doch nicht versagen, einige Urtheile von maßgebender Bedeutung wiederzugeben. Im Jahre 1794 kam der große Staatsmann Fox im englischen Parlamente darauf zu reden. „Ich muß bei dieser Gelegenheit des Generals Washington, des Präsidenten der vereinigten Staaten, gedenken, dessen Verfahren so verschieden von dem unserer Minister ist. Wie unendlich viel weiser sind die Grundsätze seiner Regierung, als die Politik aller neuern europäischer Höfe. Fürwahr, ein ruhmwürdiger Mann! Ein Mann, den sein Charakter noch weit höher adelt, als seine Stellung: vor dem alle erborgte Größe in Nichts verfällt, gegen den alle Potentaten Europa's, unsere königliche Familie ausgenommen, gering und verächtlich erscheinen. Er bedurfte es nicht, seine Zuflucht zu politischen Kunstgriffen oder vorgebildeten Schreckniffen zu nehmen; denn dieselben Mittel stützen seine Macht, durch die er sie erwarb, und sein Verfahren trägt immer den Stempel der Weisheit, Mäßigung und Gerechtigkeit. Ungeachtet der Dankbarkeit, welche Amerika Frankreich für dessen Beistand im Unabhängigkeitskriege schuldete, erklärte sich Washington doch für die Neutralität und hielt an ihr unerschütterlich fest. Nachdem er einmal diesen Weg für den wahren einsah, verfingen weder Drohungen noch Lockungen von französischer Seite. Er hatte keine Furcht vor den Jakobinern, ihre Grundsätze schreckten ihn nicht, und er hielt es nicht für nöthig, ihre Fortschritte zu hemmen. — Er wußte, daß das Volk, an dessen Spitze er steht, die eignen Rechte und Pflichten kennt. Und er vertraute, der gesunde Sinn desselben werde sich dem Einfluß der Wühlereien widersetzen; es war davon überzeugt, der Regierung könne keine Gefahr drohen, so lange sie die Liebe und Achtung der Unterthanen nicht verscherze; und zwar versteht er unter dieser Liebe und Achtung kein blindes, vielmehr ein klares, helldenkendes Gefühl. Ich fühle mich in der That gedrungen, die Weisheit und das Glück dieses Mannes zu bewundern, ihn erwähne auch seines Glückes, ohne damit sein außerordentliches Verdienst im Geringsten herabzustufen. Wir wollten es jedoch, ungeachtet seiner glänzenden Gaben und seiner makellosen Rechtschaffenheit, als ein außerordentliches Glück ansehen, daß ihm sein Loos zufiel; aus den Sterblichen so leiten daß ihm ein Loos zufiel, und daß er durch so mannigfache Schicksale ohne Verständigung und Vorwurf hindurchgegangen ist. Es ist wirklich höchst staunenswürdig, daß in einer so langen Reihe von Jahren, in so verwickelten Verhältnissen und auf einem so hohen Platz sich niemals Zweifel gegen seinen Charakter erhoben haben; daß er nie und bei keiner Gelegenheit eines ungeziemenden Anmaßung, noch einer verächtlichen Unterwürfigkeit in seinen Unterhandlungen mit fremden Mächten beschuldigt worden ist. Ihm hatte der Himmel vorbehalten, den Gipfel des Ruhmes zu erklimmen, ohne daß in seinem Hinderniß seinen Lauf hemmte." — Den Erfolg seiner achtjährigen Präsidentschaft — denn er wurde am Schluß der ersten vier Jahre zum zweiten Male einstimmig erwählt und durch die drin-

lichsten Vorstellungen auch wieder zur Annahme bestimmt — faßt ein unparteiischer Geschichtschreiber, Bristed, folgendermaßen zusammen. Es ist Thatsache, daß die vereinigten Staaten sich während Washingtons Verwaltung aus der tiefsten Nationalzerrüttung, aus Mangel und Bedrängniß, auf eine hohe Stufe der Macht, des Ansehens und Wohlstandes erhoben haben. Der öffentliche, vorher gänzlich vernichtete Credit lebte wieder auf, das Vertrauen kehrte in die fast ausgebildeten Privatverbindungen zurück, der gelähmte Handel wurde frei und umfaßte die alte, wie die neue Welt; die Nationalschuld, welche schon durchstrichen zu sein schien, erhielt eine solide Bürgschaft und jeder Gläubiger volle Sicherheit; das Staatseinkommen wuchs mit dem Fleiß und Vermögen des Volks, ohne auf beiden zu lasten; der Rechtsgang fand die freie und sichere Bahn zu einem freien und edeln Bürgerthum, und Europa sah mit Erstaunen diese wunderbare Schöpfung, das Werk der von Washington gegründeten und in das Leben eingeführten Verfassung.

Der Bösartigkeit der politischen Parteiungen konnte freilich auch Washington nicht ganz entgehen. Besonders in der letzten Zeit seiner Regierung versuchte es die nimmersatte Demokratie je und je, sich an ihm zu reiben. Allein schließlich stand er doch immer zu hoch, um mehr als bespritzt zu werden. Der berühmte Chef der feindlichen Richtung, Jefferson, kam selbst bei allen Anstellungen am Präsidenten stets auf das Urtheil zurück: „Seine Betherei ist reiner und seine Gerechtigkeit unbeugsamer, als je bei einem Menschen. Die Beweggründe des Vortheils, der Verwandtschaft, der Zuneigung oder Abneigung, hatten nie den geringsten Einfluß auf seine Entscheidung. Er war in der That in jedem Sinne ein weiser, ein guter und großer Mann." — Es war nichts so Geringes, wie es scheint, die bürgerliche und ökonomische Sitte das Haus wesens vom ersten Präsidenten der Republik festzustellen und festzuhalten. Anfangs glaubte Washington die Dinge sich selbst machen lassen zu dürfen. Allein die Ueberschwemmung mit Besuchen vom Morgen bis zum Abend nöthigte ihn bald zu bestimmten Einrichtungen. Es wurden Tage und Stunden für die Besuche anberaumt. Am Sonntag empfing Washington keine Gesellschaft. Morgens besuchte er regelmäßig die Kirche, Nachmittags zog er sich in sein Zimmer zurück und den Abend brachte er im Kreise der Familie oder der nächsten Freunde zu. Dergleichen mußte in Betreff der Einladungen zu Gastmählern und Bällen ein gewisses Ceremoniel eintreten, das zwischen monarchischer Etiquette und allzu einfacher Bürgerart füglich durch anzunehmen. Hierin wurde der Präsident von seinen Takte seiner Gemahlin unterstützt, die ihm auch in dieser Zeit würdig zur Seite stand. Und wir erfüllen eine gerechte Rücksicht, wenn wir auch von ihrem Wesen einen tieferen Eindruck zu erhalten Gelegenheit geben. Man lese den Brief, welchen sie nach der Rückkehr ihres Mannes von einer Reise durch die Staaten an eine Freundin schrieb.

„Ihr freundlicher Brief vom vorigen Monat hat mir mehr wahre Freude gewährt als alle die leeren förmlichen und nichtssagenden Ehrenbezeugungen. Nie werde ich des Gefühles untreu werden, die in früheren Zeiten der vertraute Umgang mit unsern Freunden mir einflößte, noch die Beweise der Dankbarkeit, welche der Präsident empfing, je vergessen; denn Sie kennen mich wohl genug, um mir zu glauben, daß mir nur das Freude machen kann, was von Herzen kommt. In der Ueberzeugung, daß die Beweise von Verehrung und Liebe zu ihm dieser Quelle entspringen, erfreuen mich dieselben so. Die Schwierigkeiten, welche sich Anfangs dem Präsidenten in den Weg stellten, haben sich jetzt einigermaßen überwunden zu sein. Wir verdanken es der Liebe unserer zahlreichen Freunde in allen Staaten, daß diese neue, uns nie wie gewünschte Lage mir nicht drückend ist. Wäre ich jünger, so würde ich wahrscheinlich die unschuldigen Freuden des Lebens mit Vergnügen genießen, wie manche Frauen in meinem Alter es noch thun; ich habe mich aber seit lange daran gewöhnt, mir meine irdische Glückseligkeit nur in dem stillen Leben zu Mount Vernon zu denken. — Als der Krieg zu Ende war, hielt ich keine Umstände für möglich, die den General von Neuem in das öffentliche Leben riefen. Ich hatte darauf gehofft, von diesem Augenblicke an würden wir in Einsamkeit und Ruhe, vereint dem Alter entgegengehen. Dies war von jeher der theuerste Wunsch meines Herzens. Ich will indessen nicht mit zu großem Schmerz an diese vereitelte Hoffnung denken; was geschah, war unvermeidlich, und doch stimmten die Gefühle meines Mannes vollkommen mit den meinigen überein, und er liebte das stille Landleben nicht minder. Ich kann ihn nicht tadeln, denn er hat gethan, was er für seine Pflicht hielt, indem er dem Ruf seines Vaterlandes gehorchte. Das Bewußtsein, Alles erfüllt zu haben, was in seiner Macht stand, und die Freude zu sehen, daß seine Mitbürger es anerkennen, wie frei von aller Selbstsucht sein Verfahren war, ist ihm ohne Zweifel eine Vergütung für das große Opfer, das es ihn, wie ich weiß, gekostet hat. Bei mir selbst ist es weniger, wie es sein sollte; ich finde keinen Ersatz für das, was ich vermisse. Eine jüngere Frau würde sich ohne Zweifel in meiner Lage glücklicher fühlen. Nicht als ob ich mit meinen jetzigen Verhältnissen unzufrieden wäre; denn die Menschen sind liebevoll gegen mich und Alles, was mich umgiebt, muß mich dankbar stimmen; aber ich kenne die Eitelkeit alles Irdischen zu gut, um mich in einem großen, öffentlichen Leben recht wohl fühlen zu können. Doch bin ich entschlossen, heiter und zufrieden zu sein, wie sich die äußern Umstände auch gestalten mögen; denn die Erfahrung hat mich auch gelehrt, daß die Quelle der Glückseligkeit und des Elends vorzüglich in unserem Innern entspringt und unabhängig vom Äußern ist. Wir bringen den Samen zu Leid und Freud in unserem Herzen mit, wohin wir auch gehen."

Während der ersten Präsidentschaft verlor Washington seine zweiundachtzigjährige Mutter. Er hatte sie kurz vorher, wie er stets gewohnt war, noch besucht. Sie lebte in Fredericksburg. Ihre einfache Lebensweise behielt sie bis an's Ende fast mit dünkthaftem Stolze bei; sie wollte auch jeden Schein vermeiden, als ob sie sich durch die glänzende Laufbahn ihres Sohnes aus ihrem gewohnten Geleise verdrängen ließe. Kam der Sohn zu ihr, so kehrte er buchstäblich in seine Knabenzeit zurück; er fand dieselbe Haushaltung und Behandlung wie bezumalen. (Gewöhnlich hörte sie das Schweigen zu, wenn der Sohn gerühmt wurde, oder sie pflegte zu sagen: "Ja, er ist immer ein guter Sohn gewesen, und ich glaube, er hat auch als Mann seine Schuldigkeit gethan." Der Hingang der würdigen Frau trieb Washington zu einem Brief an seine Schwester, worin er sagt: "Der Verlust einer Mutter gehört immer zum Schmerzen und Schmerzlichsten; doch müssen wir uns durch den Gedanken trösten, daß uns der Himmel die innige bis zu einem so hohen Alter, wie es Wenige erreichen, bewahrt und ihr die Gnade verliehen hat, daß ihre geistigen Kräfte bis zuletzt ungeschwächt blieben und auch ihr leiblicher Zustand stets leidlich war. Diese Betrachtung und die Hoffnung, daß sie sich jetzt eines glücklicheren Lebens erfreut, muß uns trösten, und ist unsere Pflicht, uns dem Willen des Schöpfers in Demuth zu unterwerfen."

Gegen das Ende der zweiten Präsidentschaft erklärte Washington seinen unabänderlichen Entschluß, sich von dem öffentlichen Leben zurückziehen zu wollen. Er that dies in einer Adresse, welche zugleich in dieser, denkwürdigster Weise die Politik, welche er nach seinen Ansichten und Erfahrungen für die wahre hielt, beschreibt. Eine Menge von Dankadressen brachte ihm die begeisterte Antwort der Staaten zurück. Die Abschiedsrede an die beiden Häuser des Congresses schloß mit den Worten: "Der Umstand, daß ich heute zum letzten Male unter den Stellvertretern des Volkes der vereinigten Staaten erscheine, ruft mit natürlicher Weise den Augenblick in's Gedächtniß zurück, da die Verwaltung unter der jetzt bestehenden Regierungsform begann; und ich brauche diesen Anlaß, um Euch und meinem Vaterlande zum glücklichen Fortgang bis heute

Glück zu wünschen, und von Neuem erhebe ich mich im innigsten Gebete zum höchsten Lenker der Welt, zum allwaltenden Schirmvogt der Völker, und flehe Ihn an, Er möge Seine schützende Hand allezeit über die vereinigten Staat ausbreiten, auf daß die Tugend und Glückseligkeit des Volkes bewahrt werde und die Regierung sich erhalten möge, welche das Volk selbst zum Schutze der Freiheit eingesetzt hat." — Die Häuser votirten einen feierlichen Dank für ihren großen Führer und drückten den Landes tiefen Schmerz über seinen Rücktritt aus. "Mögen Sie sich noch lange jener Freiheit erfreuen, welche Ihnen so theuer ist und welcher Ihr Name stets theuer sein wird. Möge Ihre eigene Tugend und die Gebete einer Nation den freundlichsten Sonnenschein und den kostbarsten Segen auf Ihre alternden Tage bringen. Uns unseres Landes und der republikanischen Freiheit willen ist es unser ernstlicher Wunsch, daß Ihr Beispiel der Leitstern für Ihre Nachfolger, und so, nachdem es der Schmuck und Schutz der Gegenwart gewesen, das Erbtheil unserer Nachkommen werden möge."

Wir liegen mit dem Ausgedienten über die letzten Festlichkeiten hinweg nach seinem lieben Ruheort Mount Vernon. Er hatte es sich während der achtjährigen Regierung nur einmal gegönnt, eine kleine Erholung daselbst zu feiern. Um so herrlicher behagte ihm nun wieder die Zurückgezogenheit. Als ob nichts dazwischen läge, nahm er die alten Gewohnheiten und Beschäftigungen mit alter Liebe wieder auf. Einem Freunde theilt er seine Lebensweise kurz mit. "Ich beginne meinen täglichen Lebenslauf mit dem Aufgang der Sonne und bereite die Geschäfte des Tages vor. Wenn ich damit fertig bin, ist das Frühstück bereit. Nach demselben steige ich zu Pferde und reite auf meine Felder; das währt so lange, bis ich mich zum Mittagessen umziehen muß; bei diesem sehe ich fast immer fremde Gesichter, die, wie ich sagen, aus Hochachtung gekommen sind. Wie anders ist es aber, wenige vertraute Freunde bei einem frohen Mahl zu bewirthen! Mit dem Mittagessen, einem Spaziergang, einem Thee, vergeht die Zeit, bis es dunkel wird. Wenn mich nicht Besuche daran verhindern, habe ich mir vorgenommen, sowie die dämmernde Kerze die Stelle des großen Tages gehörig vertritt, mich an meinen Schreibtisch zu setzen und die empfangenen Briefe zu beantworten. Da haben Sie die Geschichte eines Tages und können darin die Geschichte des ganzen Jahres lesen." Doch warfen die Ereignisse noch einen gewaltigen Stein in diesen Abendfrieden. Die französische Republik benahm sich so beleidigend und drohend gegen die vereinigten Staaten, daß diese an ernstliche Kriegsrüstungen denken mußten. Und der Senat ernannte oder erbat sich einmüthig Washington zum Oberbefehlshaber. Er mußte wohl einwilligen und entfaltete zu gutem Ende die ganze Klugheit und Energie seines Wesens in allen Vorkehrungen. Nach dem Sturze des Directoriums in Paris durch Napoleon löste sich das Kriegsgewitter freilich in einen friedlichen Vertrag auf. Doch erlebte Washington diese erfreuliche Lösung nicht mehr.

Auf einem seiner gewöhnlichen Ritte wurde er vom Regen und Schnee überrascht. Er meinte zuerst, er habe nur eine leichte Erkältung davongetragen, als sich Abends Heiserkeit einstellte. Allein schon in der folgenden Nacht bekam er schmerzliche Athmungsbeschwerden. Die Mittel, welche Washington die Ärzte anwandten, verlagerten sämmtlich. Da ließ Washington seine Frau zu sich treten und überreichte ihr sein Testament. Als Dr. Craik, sein alter Freund und Waffensgefährte, aus Alexandria herbeigeeilt kam, drückte er ihm freundlich die Hand und sagte lächelnd: "Ich fühle, daß ich sterbe und fürchte mich nicht." Er dankte noch seinen Seinigen, den Ärzten und seinem Diener, verordnete, daß man ihn 3 Tage lang vor der Beerdigung liegen lassen möge und als man ihm es versprochen hatte, sank er mit einem vernehmlichen "gut" zurück. Einen Augenblick darauf horchten die Umstehenden umsonst auf seinen Athem. Mistreß Washington, die zu Füßen des Bettes saß, fragte ruhig: "Ist er todt?" Einer der Ärzte bejahte es und sie fuhr fort: "Es ist gut. Ich werde ihm bald folgen; ich habe weiter keine Prüfungen zu bestehen." Es war der 14. Dezember 1799 und vier Tage darauf wurde sein Leichnam in der Familiengruft zu Mount Vernon beigesetzt.

Der Congreß ernannte ein Comité aus beiden Häusern, welches berathen sollte, "wie man das Andenken eines Menschen am würdigsten ehrt, welcher der Erste im Kriege, der Erste im Frieden und der Erste in den Herzen seiner Mitbürger sei." Großartige, allgemeine Trauerfeierlichkeiten wurden veranstaltet. Wir ziehen es aber vor, der stillen Feier beizuwohnen, welche daheim in Erfüllung seines Testamentes bestand. Washington hatte nie Vaterfreude zu erleben und daher fiel sein Vermögen größtentheils an seine treue Gattin. Doch ging für wohlthätige Stiftungen eine schöne Summe ab. Namentlich bestimmte

er, daß alle seine Sklaven die Freiheit erhalten sollten, und sorgte dafür, daß dieselben zugleich eine Aussteuer zu ihrer neuen Lage bekamen. Als Sklavenhalter geboren, wollte er als Sklavenbefreier sterben. Es gehörte dies wesentlich zur Vollendung der Harmonie seines Lebensbildes.

Wir reichen Stoff zum Nachdenken gibt besonders in unsern Tagen die hohe, fleckenlose Gestalt Washingtons! Amerika weiß nicht, was es thut, indem es jetzt die Gebeine seines Heiligen durch einen Bürgerkrieg beunruhigt. Und wir Deutsche strecken unsere Arme sehnsüchtig nach einem Genius aus, der in ebenso gewaltiger und gerechter Weise den Jammer unserer vaterländischen Zustände in Freude zu verwandeln fähig wäre.

Oliver Cromwell.

(Mit Porträtfigur in Farbendruck.)

Oliver Cromwell ist einer der merkwürdigsten Männer, einer der hervorragendsten und seltensten Charaktere, welche über die Bühne der Weltgeschichte gegangen sind. Sein Name bedarf keiner Einzeichnung in Marmor und Erz, um ewig im Andenken der Menschen fortzuleben. Dem durchdringenden und schrankenlosen, von religiösem, wie politischem Fanatismus erfüllten Geiste des Kirbriggebornen gelang es, zur höchsten Höhe des Ruhmes und der Gewalt emporzusteigen. Er machte sich zum Herrn von drei Nationen, die Götter der Erde fürchteten ihn und schmeichelten ihm. Von den Freunden mit übertriebenen Lobreden überhäuft und von den Feinden als ein Ungeheuer in der untersten Kreis der Hölle verwünscht, schwankt, von der Parteien Gunst und Haß verwirrt, das Bild dieses Unergründlichen in der Weltgeschichte. Doch kann Niemand vor dem klugen und kühnen Staatsmann, bei dem zugleich das religiöse Element so unwiderstehlich wirkte und der als ein Werkzeug der göttlichen Vorsehung erscheint, sich den Eindrücken der Bewunderung entziehen. In neuerer Zeit tritt der von früheren Geschichtsschreibern geschmähte und verabscheute Geist des großen Todten, in dem man nur eine erheuchelte Maske, Nichts als berechnenden Vorbedacht und selbstsüchtiges, ehrgeiziges Streben nach dem höchsten Preise erblickte, nachdem durch Aufsuchung und Zusammenstellung seiner Reden und Briefe die Erkenntniß mehr aufgeschlossen ist, wieder in vollen Ehren auf. — Versuchen wir es, diese gewaltige Erscheinung in flüchtiger Skizze an uns vorübergehen zu lassen.

Cromwell wurde den 25. April 1599 im Flecken Huntingdon, in der Grafschaft gleichen Namens, unter der Regierung der Königin Elisabeth geboren. Die Familie hatte, obwohl beide Eltern aus ritterbürtigem Geschlechte waren, wenig Vermögen und geringe Einkünfte. Der Vater war Friedensrichter und zugleich Landwirth und Brauer. Schon als Knabe ließ Oliver einen unruhigen und hochfahrenden Charakter blicken. Auch wirkte schon damals seine starke Einbildung in mancherlei Gestalten auf ihn. Als er einst tiefsinnig auf seinem Bette lag, däuchte es ihm, es trete eine Gestalt an ihn heran und die zu ihm sagte, er würde einst der größte Mann im Königreiche werden. Zuweilen ließ er spät in der Nacht den Arzt zu sich rufen, indem er sich einbildete, er liege in den letzten Zügen. Nachdem er bei einem braven Lehrer die Stadtschule besucht hatte, bezog der Jüngling 1616 das Sidney-Sussex-College des benachbarten Cambridge. Der Tod seines Vaters rief ihn 1617 von hier wieder

zurück, da eine Mutter mit sechs unversorgten Kindern seiner Stütze bedurfte. Aber einige Monate hernach begab er sich nach London, um die Rechte zu studieren. Hier soll er, wohl mehr aus dem ihm innewohnenden Drange und Ungestüm, sich den Lastern und rauschenden Sinnengenüssen der Residenz ergeben und Zeit und Geld vergeudet haben. Doch plötzlich ging eine innere Wandlung mit ihm vor; eine tiefe Schwermuth, welche fortan wie ganz aus seiner Feuernatur gewichen ist, überfiel ihn und ließ ihn auf dem betretenen Wege nicht weiter fortschreiten. Es bildeten sich bereits die Keime zu jenem religiösen Fanatismus, welcher Cromwells Charakter stets verdüsterte. Er besuchte fleißig die Kirchen, veranstaltete religiöse Clubs und verkehrte viel mit frommen Leuten. Nachdem er sich in seinem 21. Lebensjahre mit Elisabeth Bourchier, der Tochter eines Ritters, einem Mädchen von streng religiöser Richtung und mildem Charakter, mit der er in langer, treuer und glücklicher Ehe gelebt hat, in London verheirathet hatte, übernahm er das väterliche Erbe. Die so verbrachten zehn stillen Jahre pflegte er selbst als die Zeit seiner Erweckung und Wiedergeburt zu bezeichnen, in denen er die Schlacken der Sünde von sich abzustreifen und in tiefer Zerknirschung und selbst zum Nachtheile seiner Gesundheit das Wesen und den Willen Gottes zu erkennen suchte. "In der Tiefe seines Herzens," sagt sein Freund, der Dichter Milton, "hatte er ein festes Vertrauen auf Gott und eine Seelengröße, welche ihn auf die größten Zeiten vorbereiteten, deren Vorboten sich längst zeigten."

Die Streitigkeiten Karls I. mit dem Parlamente begannen. Dieser obgleich sonst rechtschaffene, doch hartnäckige und schwache Monarch hatte sich den Haß des Volkspartei zugezogen, durch Eingriffe in die Verfassung, durch willkürliche Ausdehnung der königlichen Gewalt, durch seine Nachgiebigkeit gegen die eigenmächtigen Bedrückungen seines Günstlings, des Herzogs von Buckingham, durch gewaltsame Maßregeln fich Geld zu verschaffen, endlich durch Begünstigung der Katholiken und der hierarchischen Bestrebungen der römischen Kirche. König und Parlament, König und Volk standen sich feindlich gegenüber. Die Volkspartei war hauptsächlich durch die Puritaner vertreten, eine politisch-religiöse Secte, welche die hierarchische Verfassung und den römischen Cultus der englischen Kirche abzuschaffen und die Leitung der geistlichen Angelegenheiten den Händen des Bischofthums zu entreissen trachtete. Zu dem Haß gegen die herrschende Kirche hatte sich der gegen die Krone

gesellt. Sie wollten der Allgewalt des Königthums das Parlament entgegenstellen und ein republikanischer Geist spukte in ihren Reihen. Sie wurden von der Regierung heftig verfolgt; ihre Geistlichen, aus ihren Pfarren vertrieben, zogen von Ort zu Ort, predigten auf freiem Felde, in Höhlen und Wäldern gegen den Papismus, und suchten das Volk gegen Krone und Kirche aufzuregen. — Cromwell gehörte seit seiner Bekehrung dieser Partei an und ergriff mit Leidenschaft ihr Interesse. Seine streng puritanische Gesinnung hatte ihm Ruf und Verbindung verschafft, und so wurde er 1628 als Vertreter der puritanischen Tendenzen in Karls I. drittes Parlament gewählt. Hier in der glänzenden Versammlung machte sein Aeußeres eben keinen angenehmen Eindruck. Sein Anzug war schmuzig und bäurisch, das derbe martialische Gesicht, die gedrungene Gestalt, die kreischende Stimme hatten wenig Einnehmendes. Doch wie erstaunte man über seine starke und männliche, mit treffenden Schrittzeilen gewürzte Beredsamkeit, als er heftige Angriffe gegen mehrere Bischöfe machte, die er des Papismus beschuldigte. Seine ganze Erscheinung belebte sich, seine Worte sprühten Feuer. Noch mehr that sich Cromwell in dem sogenannten „langen Parlamente“ hervor, welches Karl I. nach Auflösung der dritten wieder zusammenberufen mußte. Auf das engste den Führern der Opposition sich anschließend, machte er heftige und erbitterte Ausfälle auf die Person des Königs, wobei er Plumpheiten und Rohheiten jeder Art und ein gewisses puritanisch-nachlässiges Benehmen zur Schau trug. Aber der berühmte Hampden erklärte zu wiederholtenmalen, daß wenn es mit dem Könige zum Bruch komme, Cromwell der größte Mann in England sein werde, obgleich er ein Tölpel sei.

Und der Sturm, in welchem der unglückliche König zum Opfer fiel, brach los. Der Wortkampf verwandelte sich in einen Schwertkampf. Cromwell stand auf seinem Platze; es wußte es wohl, daß der König und seine ganze Politik bezwungen werden müßte, oder die alte Heimat war verloren. Der Bürgerkrieg begann. Die Truppen des Königs und die des Parlaments standen sich gegenüber. Cromwell ergriff noch in seinem 43. Jahre das Kriegshandwerk und trat mit drei Söhnen als Freiwilliger in das Parlamentsheer, wo er als Hauptmann eine Schwadron erhielt. Die ersten Gefechte bekundeten die Uebermacht der königlichen Truppen, da sie größtentheils aus jungen Edelleuten, Männern von Rang und Ehre bestanden, während der überwiegende Theil des Parlamentsheeres zusammengelaufenes Gesindel war. Der scharfsichtige und schöpferische Geist Cromwells fand Mittel und Wege, diesen Nachtheil des Heeres abzustellen. „Ich schaffe euch Leute herbei“, erklärte er, „welche das Bürgergefühl und die Ritterlichkeit der Cavalerie durch Gottesfurcht und Begeisterung mehr als aufwägen!“ Und bald darauf trat er an die Spitze seines berühmten Regiments der Ironsides, aus 1000 Reitern bestehend, die er durch sorgfältige Auswahl unter den Pächtern und Landleuten der Grafschaften, wo er früher gelebt hatte, zusammengebracht. Die glänzendste Wunderschaar, welche sich allein für die heiligsten Güter der Menschheit dem Kampf auf Tod und Leben weihte und der bald kein Gegner mehr Stand hielt, wurde zum Muster für die ganze Armee. Ihr Führer ging so ihnen an Muth und Unerschrockenheit mitten im Gefechte zuvor, und erwarb sich dadurch ihre ungetheilte Achtung. So führte er den Befehl mit der Einsicht eines längst erprobten Kriegers. Ein noch höheres Ansehen im Heere erwarb er sich durch seinen religiösen Eifer. Mit Offizieren und Gemeinen stimmte er zusammen an, hielt ihnen lange Predigten, oder forderte einen schlichten Reitersmann, den die Gabe des Wortes verliehen war, dazu auf. Die glänzendste Waffenthat verrichtete diese kühne Reiterschaar in dem Kampfe bei Marston-Moor am 2. Juli 1644, wo sie den lange schwankenden Sieg endlich entschied, der den König von dem ganzen Norden seines Reiches brachte. Cromwell, zum Generallieutenant befördert, erscheint bald neben dem Oberbefehlshaber als die Seele des Heeres. Mit seinem militärischen wuchs auch sein politischer Ein-

fluß. Im Laufe des Krieges hatte der wachsende Fanatismus noch eine andere religiös-politische Partei hervorgerufen, welche noch über die Puritaner hinausging, auf politischem Felde streng republikanische Ansichten und Interessen hegte und auf kirchlichem Gebiete die Macht der presbyterianischen Geistlichen, ihre Synoden und Generalversammlungen nicht mehr anerkennen wollte, da jede kirchliche Gemeinde unmittelbar und unabhängig (independent) unter Christus stehe. Man nannte sie daher Independenten. Dazwischen standen die Anhänger der bischöflich-hierarchischen Kirchenverfassung (Episcopalen) und die Presbyterianer, welche die Geistlichen von den Laien erwählten, ihren Synoden aber ein Recht über die Kirche einräumten. Cromwell gehörte jetzt den Independenten an und war ihr bedeutendster Vertreter im Parlament und im Heere.

Als Seele des Parlamentsheeres wußte er dasselbe nach Art seines Reiterregiments umzuwandeln und mit seinem fanatischen Geiste zu beseelen. Große entscheidende Schläge folgten rasch auf einander. Am 13. Juni 1645 schlug Cromwell den König bei Naseby auf's Haupt, Bristol und bald der Westen und der Süden des Landes wurden bezwungen. Karl suchte bei den Schotten Schutz, wurde aber von ihnen verrätherischer Weise dem Parlamente ausgeliefert. Vergebens suchten Schotten und Presbyterianer, welche letztere die Mehrzahl im Parlamente bildeten und sich lieber dem König, als den Independenten unterwarfen wollten, um das Gefängniß des Königs die Fahne des Bürgerkrieges zu seinen Gunsten zu erheben; Cromwell warf sie alle mit unwiderstehlicher Gewalt darnieder; zugleich ließ er das Parlament von presbyterianischen Mitgliedern gewaltsam säubern. Die Militärherrschaft befriedigte sich, wo das Heer das Hauptwort führte, unter dem sich selbst die Einsicht seiner Führer beugen mußte. Die Lage der Dinge ließ sonach für Cromwell keine andere Möglichkeit offen, als den gewaltsamen Tod des Königs, wie gern er ihm auch das Leben gerettet hätte. Ein Revolutionstribunal, dessen Seele Cromwell war, verurtheilte den unglücklichen Monarchen als Landesverräther zum Tode, und am 30. Januar 1649 ward er zu Whitehall vor allem Volk mit dem Schwerte enthauptet. Ueber seiner Leiche erhob sich die Republik. Sie war es jedoch nur dem Namen nach, da Cromwell unter dem Titel eines Lord-Protectors alle Gewalt in den früheren Königshände erhielt. Ein alle drei Jahre zusammenzuberufendes Parlament stand ihm nur zur Seite. Aber Cromwell that noch einen gewaltigen und kühnen Schritt weiter. Als er in Irland und Schottland gegen die Republik erhobenen Aufstände gänzlich unterdrückt und den von Schottland als König anerkannten Prinzen von Wales, den Sohn Karls I., in der Schlacht bei Worcester am 3. September 1651 gänzlich geschlagen und die drei Reiche England, Schottland und Irland unter die Oberhoheit der Republik vereinigt hatte, stellte er die unumschränkte Monarchie wieder her und befreite sich von dem Parlamente. Am 20. April 1653 löste er das Parlament gewaltsam auf, indem er sich in den Sitzungssaal begab, die Parlamentsmitglieder wohl mit Unrecht der größten Ungerechtigkeiten beschuldigte und sie durch einige mitgenommene Compagnien Soldaten, die im Vorsaale warteten, mit Gewalt aus dem Saale treiben ließ. Als der Saal leer war, schloß er selbst die Thüren und steckte den Schlüssel in die Tasche. — Meistens hat man maßlosen Ehrgeiz und gewaltthätige Herrschsucht als Motiv dieser That bezeichnet. Es war aber jedenfalls nur eine Consequenz der bisherigen Handlungsweise, welche darauf gerichtet war, das aus dem Fahrwasser geworfene Staatsschiff wieder in die alte Bahn zurückzulenken. Hatte er es bisher als eine Nothwendigkeit angesehen, alles Bestehende schonungslos niederzuwerfen, so galt es jetzt, wieder eine feste Ordnung der Dinge aufzubauen und die zum Bestande zu verhelfen. Er hatte aber die Erfahrung gemacht, daß die Republik für das vom innersten Conservatismus erfüllte englische Volk sich nicht eigne. — Cromwell war nun Alleinherrscher des britischen Reiches. Den ihm angebotenen Königstitel schlug er aus, da er mit dem Herrn, das er geschaffen, mit dem er emporgekommen, und das von einer Königskrone nie wieder etwas wissen wollte, nicht brechen mochte.

Auf unserm Bilde sehen wir ihn, wie er über den entscheidenden Gewaltstreich halb noch brütet, halb sich zur That anschickt. Es ist ein mahnes, strenges und doch einen gewissen Zug von Schwermuth und Weichheit verrathendes Antlitz, das wir hier vor uns sehen, der starckicht gewaltige, festgeschlossene und eine energische Willenskraft verkündende Mund, das lange, in der Mitte gescheitelte Hauptheer, der spärliche Bart auf Ober- und Unterlippe, die bekannte Warze auf der Stirn, der schlichte weiße Kragen, die hohe Reiterstiefel. Auf dem Boden liegt der breitkrämpige Republikanerhut mit wallender Feder.

Die merkwürdigste Schilderung von Cromwell hat uns sein Kammerherr John Maidstone gegeben: „Der Körper war gedrungen und stark", sagt er, „die Größe etwa 2 Zoll unter 6 Fuß, der Kopf so gestaltet, daß er wie ein Speicher und Laden, wie eine unerschöpfliche Niederlage natürlicher Gedanken erschien; sein Temperament war außerordentlich feurig, doch wurden die Flammen desselben meist im Zaume gehalten und durch bald durch hohe sittliche Kraft unterdrückt. Von Natur war er mitleidig für Noth und Elend, sogar weiblich weich, obwohl ihm Gott ein Herz geschaffen, in welchem wenig Raum für die Furcht vorhanden war. Eine größere Seele als die seine, glaube ich, hat selten in einer irdischen Behausung gewohnt." —

Seine Lebensart war einfach und mäßig, in der Familie war er ein herzlicher Gatte und Vater. Doch war er in seinem Privatleben nicht glücklich. Tag und Nacht schwebte ihm die Gefahr vor Augen, ermordet oder vergiftet zu werden. Jede Nacht schlief er deshalb in einem andern Zimmer, umgab sich stets mit bewaffneten Dienern und trug unter seinem Oberkleide beständig einen Panzer. Die ewige Aufgeregtheit und die gewaltigen Anstrengungen rieben ihn endlich geistig und körperlich auf. Er verschied am 3. September 1658 auf der Höhe seiner Macht zu Whitehall an einem hitzigen Fieber, fromm, reuig und fest wie ein Christ von der Welt Abschied nehmend. Sein Körper ward mit größtem Gepränge und königlichen Ehren in der Westminsterabtei unter den Gräbern der Herrscher Englands beigesetzt. — Während seiner Regierung hatte er eine treffliche Verwaltung und Rechtspflege gehandhabt, mitten im Sturm der Bürgerkriege die beiden Universitäten des Landes erhalten und ihnen eine dritte hinzugefügt. Auch nach außen hatte er die Größe des Staates in staunenswerther Weise entfaltet und England zu einer damals geförderten Großmacht erhoben. Dichter wie Milton und Waller und viele Gelehrte umgaben ihn. Das Protektorat gieng auf seinen Sohn Richard über, dem es aber an persönlicher Ergebung und Energie fehlte, weshalb er schon im folgenden Jahre auf die Protektorwürde verzichtete. Karl II., der Sohn der Revolution zum Opfer gefallenen legitimen Herrschers, wurde der Erbe des gewaltigen Agitators.

Briefe über Gedächtnißkunst.
Von Dr. Ed. Erth.
(Schluß von S. 349.)

Sechster Brief.

Daß Jedermann, welchem Stande oder Geschlechte er angehöre, v. Fr., wenn er nur überhaupt auf den Namen eines Gebildeten Anspruch machen will, wenigstens vor den größten chronologischen Mißgriffen sicher sein, d. h. daß er wenigstens die wichtigsten historischen Thatsachen nach ihrer Zeit richtig anzugeben wissen solle: darüber sind wir beide gewiß einig ohne allen Streit. Aber bei wie wenigen Männern, die nicht eben zu den Gelehrten gehören, — und ich setze mit einiger Schüchternheit hinzu: bei wie wenigen Frauen und Fräulein ist dies der Fall! Woran liegt es? Das Fach wird doch in jeder Mittelschule, jedem Institute gelehrt und mit gutem Willen gebricht es meistens nicht. Kurz gesagt, es fehlt an der Methode. Denn für todte Zahlen ist das gewöhnliche Gedächtniß, man mag noch so sehr angestrengt, meistens ein Danaidenfaß. Man lernt, repetirt, — man repetirt zum zehntenmal und in wenigen Wochen oder Monaten ist alles vergessen. Man muß also anders lernen, sonst lernt man wenig oder nichts. Aber wie?

Bieten vielleicht die Zahlen selbst eine Hilfe an? Zuweilen, ja, finden sich unter ihnen Verhältnisse, die einen Anhaltspunkt geben. Lassen Sie mich wieder in Beispielen sprechen. Im Jahr 14 starb Kaiser Augustus, im Jahr 814 starb Karl der Große und 1814 starb Napoleon, wenigstens politisch. Dreimal 14 bei einer ähnlichen Begebenheit und gerade ein Jahrtausend zwischen Karl und Napoleon, seinem Nachtreter. Sollte das nicht von selbst sich einprägen? — Oder: 987 und (1)789, die Umstürzung des ersten, weist auf Hugo Capet, als Begründer der fran-

zösischen Dynastie, die durch die Revolution gestürzt wurde. — Oder: 14—16 Concil von Constanz, 15—17 Reformation, 16—18 dreißigjähriger Krieg: hier leuchtet neben dem augenfälligen, nach innen sich gleichbleibenden, nach außen fortschreitenden Zahlenverhältniß auch der Fortschritt in den Ereignissen von selbst ein. Ich könnte Ihnen noch mit vielerlei Derartigem dienen, das trivialwegs zu verachten ist. Allein dieses Biele ist dennoch bei weitem zu wenig. Daher kehren wir zu derjenigen Methode zurück, die wir am Schlusse des letzten Briefes bereits angedeutet haben und die besonders von Reventlow und Kothe mit so glücklichem Erfolge begründet worden ist.

Eine kleine Vorbereitung müssen Sie mir jedoch erfüllen. Sie müssen sich folgendes Verzeichniß, worin ich Reventlow folge, gründlich einprägen:

0 wird ausgedrückt durch 1, z (ll doppelt in Null, und zero im Französ.)

1	„	„	t, d (t hat einen Grundstrich; d ist lautähnlich).
2	„	„	n, v (je zwei Grundstriche).
3	„	„	m, w (je drei Grundstriche).
4	„	„	r, q (quatre enthält beide Consonanten).
5	„	„	s, sch (Aehnlichkeit der Form).
6	„	„	b, p (Aehnlichkeit der Form, Lautähnlichkeit).
7	„	„	f, ph, pf (7 gleicht dem verkehrten großen lat. F).
8	„	„	h, j (h in huit, j als nächster Consonant).
9	„	„	g, k, ck (Aehnlichkeit der Form, dann des Lauts).

Und jetzt, u. Fr., nehmen Sie zur Einübung ein beliebiges Buch und lesen etwa eine Seite in der Art, daß Sie statt aller vorkommenden Consonanten die obigen Ziffern sprechen; dann sind Sie vorbereitet und werden sich, wenn Sie dieselben nicht schon wüßten, die folgenden Jahreszahlen, die ich ausführlicher beisetze, weil ich sie für unentbehrlich halte, und zwar für Jedermann, in der kürzesten Zeit anzueignen vermögen, indem Sie lediglich die Beziehung sich klar machen, worin das mnemonische Wort, das — von vorn herein betrachtet — die Zahl enthält, zur Thatsache selber steht. Ich gebe Ihnen also ein

Verzeichniß der allerwichtigsten Jahreszahlen der Weltgeschichte.

v. Chr.		
3984	Weltschöpfung	ewige Harmonie.
2348	Sündfluth	ein Meeresgrab.
2000	Abraham	voll Wunder.
1500	Moses (Anfang aller Gebote)	du sollst!
(1)500	Cadmus aus Phönicien in Griechenland	Schullehrer (Buchstaben).
(1)451	Josua	erster Richter.
(1)300	Tyrus (blüht zur See)	Moloch.
(1)191—84	Trojanischer Krieg	die Griechen — Herre.
(1)140	Samuel	der letzte Richter.
(1)068	Codrus (opfert sich gegen die Dorier)	Leib hingegeben.
(1)055	David König (durch das)	Loos Sauls.
900	Homer	Achilles.
880	Lycurg in Sparta	Hoher Lycurgs.
878	Karthago erbaut	Hafenstadt.
753	Rom erbaut	auf seinen Hügeln.
721	Assyrische Gefangenschaft (zehn Stämme verbannt	Kabe fr!
655	Psammetich in Aegypten	Psammetich.
624	Drako in Athen (lauter Todesurtheile)	Peiner.
606	Nebucadnezar (v. Tyrus, Sidon rc.)	Belagerungen.
603	Daniel	bei Löwen.
594	Solon in Athen	so gerecht.
588	Babylonische Gefangenschaft (Zerstörung Jerusalems)	Klage Jehuda's.
565	Aesopus an Crösus' Hofe	Aesopus.
582	Sieben Weise in Griechenland	Sieben.
560	Cyrus, Eroberer, in Persien	Säbel.
535	Pythagoras a. Samos, Philosoph	Samos.
538	Pisistratus in Athen (verschönert)	schöne Häuser.
521	Darius Hystaspis, König (durch das wiehernde Pferd)	Knurrich.
510	Tarquinius der Stolze vertrieben	Stolz.
486	Xerxes (weichlicher Depotiergeist)	Rakedeil.
480	Leonidas stirbt bei Thermopylä	ruhe, Leonidas!
478	Esra	viel heim
431	Peloponnesischer Krieg (Athen fällt)	Armada zerstört.
425	Socrates	ironisch.
411	Alcibiades (Retter Athens)	Retter.
404	Dreißig Tyrannen	Entsetzt.
390	Gallier in Rom	wehe, Gallier!
384	Aristoteles, größter Philosoph	Wahrheit.
362	Mantinea (trauert)	um Epaminondas.
355	Philipp und dritter „heil. Krieg"	Missionär!
343—290	Samniter gegen Rom	waren — unglücklich.
338	Chäronea (Untergang Griechenl.)	wie wehe (that's!).
332	Alexander d. Gr.	Ammonssohn.
323	Alexander, Aristoteles, Demosthenes, Diogenes †	Monumente.
321	Caudinische Pässe	Meineid (der Römer).
320	Ptolemäus Lagi in Aegypten	am Nil.
301	Ipsus (Schlacht zw. Alexanders Generalen)	Welttheilung.
281	Achäischer Bund	Einheit.
280	Pyrrhus von Epirus	ein Held
264—241	Erster punischer Krieg	unberechenbare — Vortheile.
260	Regulus (in seiner Eidestreue)	unbezwinglich.
219	Antiochus d. Große in Syrien	Antiochus.
218—201	Zweiter punischer Krieg	Noth — Heilen.
167	Maccabäer	die Befreier.
149—146	Dritter punischer Krieg	durch — Treubruch.
133	Gracchische Unruhen	Tummelplatz.
113	Cimbern und Teutonen	Teutonen.
87	Erster Bürgerkrieg (Marius und Sylla)	Hefe (des Volks.
64	Catilina (durch Cicero besiegt)	Brandstifter.
63	Pompejus im Orient siegreich	Pompejus.
60	Erstes Triumvirat (Cäsar, Pomp. Crassus)	hold aus!
49	Cäsar am Rubico	er kommt!
44	Cäsar ermordet!	Requiem.
31	Actium (Seeschlacht zw. August und Antonius)	Matrosen.
12—9	Drusus in Deutschland (zu Mainz)	dein — Grab.
4	Herod	Herod.

Probe. 1861.

n. Chr.		
9	Hermann (d. Teutoburg geg. Varus)	Cherusker.
14	Tiberius, Augusts Nachfolger	Tyrann.
54	Nero	Scharfrichter.
64	Erste Christenverfolgung (nach dem)	Brand (Roms).
70	Jerusalems Zerstörung (berichtet v.)	Flavius Josephus.
79	Pompeji, verschüttet (unter Titus)	Ausgrabungen.
96—180	Zeit der 5 guten Kaiser	giebt — die Heilung.
180—285	Meist schlimme Kaiser	die Höhe — wie los!
249	Decius Christenverfolger	ein arger!
284	Diocletian (orientalische Etiquette)	ein Herr!
324	Constantin, Monarch	Monarch.
375	Völkerwanderung (beginnend)	um feste Sitze.
392	Theodosius Magnus	Magnus.
451	Attila, d. Hunnenkönig b. Chalons	roth!
455	Vandalen in Rom	reißen ein.
476	Odoaker, König von Italien	Raufbold.
486	Chlodwig, Stifter d. Frankenreichs	Rheingrenze.
511	Merowinger	Schattenkönige.
527	Justinian (und Theodora)	schöne Frau.
610	Muhamed, Sohn Abdallah's	Abdallah
726	Bilderstürmer in Constantinopel	keine Bilder.
743	Bonifacius (stirbt später bei den	Friesen.
800	Karl d. Große u. Harun al Raschid	hehre Geister.
814	Ludwig d. Fromme (u. seine Söhne)	Hader.
836	Ansgar, Apostel des Nordens	Hamburg.
843	Vertrag von Verdun	Harmonie.
843—911	Carolinger in Deutschland	Harm — Kette.
919—1024	Sächsische Kaiser	guter Kaiser — Italiener.
951	Adelheid von Italien, Otto's I. Gemahlin	geistreich.
955	Olga von Rußland, Christin	fühlt das Kreuz.
1024—1125	Fränkische Kaiser	Italiener — die da nie siegen.
1066	Wilhelm der Eroberer (landend in England)	doppelt.
1073	Gregor VII.	so Dämon.
1096	Erster Kreuzzug	Zug Bouillons.
1138—1254	Schwäbische Kaiser	die Mühe — unser.
1140	Conrad III. vor Weinsberg (Weibertreue)	treue Liebe.
1152	Friedrich I. Barbarossa	tosender Sturm.
1215	Magna Charta in England	entscheidend.
1220	Franziskanerorden	Novizen.
1241	Hansa gestiftet	nordisch.
1248	Ludwig der Heilige	neuer Heiliger!
1273—1437	Kaiser verschiedener Häuser	infame — Ramschelten (und?)
1282	Sicilianische Vesper	einhauen.
1305—1376	Päbstliches Exil (Päbste in Rom und Avignon)	wälsches Amphibium.
1308	Schweizerische Eidgenossenschaft	Wilhelm Tell.
1356	Goldene Bulle (zur Regelung der Kaiserwahl)	weiße Bulle.
1397	Margaretha von Schweden (Union von Calmar)	wache Frau.
1414	Costnitzer Concil (4 Jahre lang)	quatre.
1420—36	Hussitenkriege	reine Lehre — im Bann.
1431	Jungfrau von Orleans verbrannt	arme Dirne!
1455	Die beiden „Rosen" in England	Rosamunde.
—	Constantinopel von Mohamed II. erobert	rase, Mahmud!
1492	Ferdinand d. Kath. und Isabella	Aragon.
—	Columbus (entdeckt Amerika)	der Genueser (4).
1495	Kaiser Maximilian	Reichskammergericht.
1509	Heinrich VIII. von England	Schatz.
1517	Reformation (95 Thesen angeschl.)	schaut, Pfaffen!
1520	Raphael stirbt	Sanzio.
1524	Bauernkrieg	Oesterreich.
1530	Augsburgische Confession (dadurch)	Schmalkald. Bund.
1540	Jesuiten	Schaar Loyolas.
1555	Augsb. Religionsfrieden geschl.	Erlösung
1558	Elisabeth von England (Armada)	Ersiegerin.
1572	Pariser Bluthochzeit	lauter Blut.
1580	Niederländische Republik (Tromp, Ruyter rc.)	Seehelden.
1587	Maria Stuart hingerichtet	sie hofft (auf Gott).
1598	Edict v. Nantes (durch Heinrich IV.)	Sieg Heinrichs.
1600	Englisch-ostindische Compagnie gestiftet	Bill.
1618	Dreißigjähr. Krieg (Brennen rc.)	Bethäuser (zerstört).
1632	Gustav Adolph fällt bei Lützen	beweint.
1640	Friedrich Wilhelm, der große Churf.	Berlin.
1648	Westphälischer Frieden	Beruhigung.
1653	Cromwell (regiert)	paschamäßig.
1689	Peter der Große (Strelitzenköpfer)	abhauen.
1700—17	Karl XII. von Schweden und nordischer Krieg	Haß — tief.
1701—14	Span. Erbfolgekrieg (Eugen rc.)	Held — triumphe.
1705	Gibraltar englisch	Kreis.
1740	Friedrich II. von Preußen	Fritz.
1741	Maria Theresia	Frau Theresia.
17(56	Siebenjähriger Krieg	siebenjährig (?).
1765	Joseph II. (glänzender Geist)	Phöbus.
1769—1821	Napoleons Lebenszeit	Beginn — Ende (?).
17(74	Nordamerikanischer Freiheitskrieg	Franklin (?).
1789	Französische Revolution	Jacobiner (?).
1792	Republik	Convent.

Nun, v. Fr., machen Sie den Versuch! Eine langjährige Erfahrung läßt mich mit Bestimmtheit hoffen, daß auch Sie diese Methode, sich geschichtliche Zahlen einzuprägen, alsbald für eine ganz ungemeine Erleichterung halten werden. In dieser angenehmen Hoffnung, an Ihnen eine neue Proselytin unserer Kunst gewonnen zu haben, grüße ich Sie auf's freundlichste.

Siebenter Brief.

Ihre letzten Zeilen, v. Fr., waren mir äußerst angenehm dadurch, daß Sie nach der gemachten Probe vollkommen sich von der Richtigkeit der Sache überzeugt haben. Während es Ihnen zuvor schwer wurde, eine weit kleinere Anzahl von geschichtlichen Zahlen mit Sicherheit festzuhalten, sind Sie jetzt eines ungleich größeren Besitzes gewiß und möchten sogar die Grenzen noch weiter ausdehnen. Ist es Ihnen hiermit wirklich Ernst, so erlaube ich mir, Sie einfach auf ein kleines Schriftchen zu verweisen. Es sind meine in zweiter Auflage (Stuttgart, bei Chr. Belser) erschienenen „mnemonischen Geschichtstafeln", worin Sie wohl einen weiteren Vorrath von mehreren Tausenden finden werden.

Sofern es aber selbstverständlich ist, daß auch die Geographie mit ihren Angaben von Einwohnern der Länder und Städte, von Quadratmeilen u. dgl. sich auf die nämliche Art behandeln läßt, so verweile ich Sie gleichfalls auf eine derartige Schrift von J. Wenzig in Prag. Oder was sollte doch leichter zu behalten sein: Straßburg mit ca. 51,400 Einwohnern, oder gerundet „Straßburg" selbst, sofern es diese Zahl enthält? (S = 5, t = l, r = 4)? Kirchenstaat mit 809 Quadratmeilen, 2,110,000 Einwohnern, oder „Kirchenstaat" — heiliger „Vater" = 809). Vater = 214? Benares mit 621,000 Einwohnern oder gerade wieder: Benares (b = 6, n = 2, r = 4)? ꝛc. (Die Nullen ergänzt man leicht von selbst und Niemand wird bei einigem Sinn ꝛc. um das Zehn- oder gar um das Hundertfache irren können.)

Die gleiche Anwendung ergiebt sich noch für hundert andere Gegenstände. Sie wünschen sich z. B. die Seitenzahl zu merken, wo in einem Buche ein gewisser Gegenstand behandelt wird. Sie verwandeln also die Zahl in ein Wort, das mit dem Gegenstande irgend in einer Beziehung steht und somit Ihnen eben so bald wieder einfällt, als Sie an den Gegenstand selbst denken. So lassen sich die Kapitel in der Bibel, die Lieder eines Gesangbuches u. dgl. merken. Das schöne Lied: „Mein Glaub' ist meines Lebens Ruh", das auch Ihr Lieblingslied ist, hat in dem Württembergischen Gesangbuch die Nummer 329, d. h. m n g; also behalten Sie bloß: „mein Glaub ist ꝛc." „Wie soll ich Dich empfangen" — ach, wie? (93). „Was freut mich noch" — was? (35.) Aber wir müssen weiter eilen.

Und nun will ich Ihnen die List gestehen, die ich bei dem Ereignisse des ersten Briefes angewandt habe. Sobald Ihnen nämlich das Lesen der Zahlen aus den Worten geläufig ist, nehmen Sie — vorausgesetzt, daß Sie einen Kreis von Unkundigen vor sich haben — irgend beliebige Lieder, gleichviel aber welchen Inhalts, die Sie etwa auswendig wissen und dictiren sodann vom Anfang an statt der Buchstaben die betreffenden Zahlen. So enthielt die Unmasse von 235 Ziffern, die ich mir 10 Personen austheilte, lediglich die zwei ersten Zeilen von 5 geistlichen und 5 weltlichen Liedern. Ich hätte damit noch lange fortfahren können und brauchte nachher einfach mich an

diese Zeilen, die selbst in regelrechter Ordnung gestellt waren, zu erinnern, um jedem Gliede der Gesellschaft aus den gleichen Worten wieder die gleichen Zahlen herauszulesen. Dies war also nichts als eine kleine Charlatanerie, womit man etwa Andere amüsiren, oder sich selbst in den Glanz eines bengalischen Feuers stellen kann. Finden Sie nun wohl jene Lieder heraus? Ich hoffte.

Wie aber, wenn uns dritte Personen die Zahlen angeben? Dann hört aller Betrug auf und wir müssen das Gleiche auf ehrlichem Wege zu erreichen streben. Und in der That ist dieses auch möglich. Revention, Röthe, und gerade bei Zahlen insbesondere das merkwürdige Gedächtnißkünstler Tate haben den Beweis geliefert. Bis zu einem solchen non plus ultra braucht nun ein gewöhnlicher Menschenkind die Sache nicht zu treiben. Wohl aber können Jedermann Fälle vorkommen — besonders Technikern und Mathematikern — wo es von Werth ist, größere Zahlenreihen sich schnell und leicht einprägen zu können. Was ist also zu thun, wenn wir in diese Noth gerathen? Ich soll mir z. B. 382503521053683330012... rasch und haftend einprägen. Für's Erste wird nun, etwa von hinten herein, wie beim Numeriren, die ganze Reihe in noch drei Stellen abgetheilt: 382,503,521,053,683,330,012. Diese Ziffern werden auf Buchstaben gebracht whn, sgru, schnt, lsb, wlbh, smm, ldu ... Aus diesen Buchstaben bildet man sodann wirkliche Wörter, und zwar ohne viel Besinnen, frischweg: Wohnung, Sigmund, schöne Tochter, Elisabeth, Weib Heinriche, Sammt, Laden ... Diese zerrissenen Wörter füge man hieran, so gut es geht, und oft mit sehr barocken Verbindungen aneinander, wobei natürlich eine lebhafte Vorstellung durch die Einbildungskraft sehr wesentlich, aber auch sehr leicht ist. Wir lagen also: Hier steht ein Wohnhaus; in dem Wohnhaus wohnt Sigmund; Sigmund hat eine schöne Tochter; die schöne Tochter heißt Elisabeth; Elisabeth ist des Weib Heinrichs; Heinrich handelt mit Sammt; der Sammt liegt in seinem Laden ꝛc. Rückt man sich nachher nur das Wohnhaus wieder lebhaft zurück, so erweckt immer eine Vorstellung von selbst wieder die brauchbarste und man liest aus ihnen ohne alle Anstrengung die Zahlen ab. Und die werden finden, daß auch hier eine ganz beschriebene Uebung überraschend große Resultate liefert, die hinter der Methode der List kaum zurückbleiben.

Auf diesen Punkt angekommen, können wir sogleich etwas Weiteres anreihen, das mir ungemein praktisch scheint, besonders beim grammatischen Erlernen einer Sprache. Wie manche, im Uebrigen ganz nothwendige Regel muthet uns zu, zehn, zwanzig und noch mehr völlig zusammenhanglose Wörter zu behalten, die unter diese Regel fallen! Wie schwer wird aber dieses sowohl den Alten als den Jungen! Wie manche Thränen der Verzweiflung hat es schon gekostet, innerhalb und außerhalb der Schulstube! Da ist nun Rettung in einer guten Methode. Man verbinde irgendwie die Begriffe: man flechte gleichsam eine Kette aus ihnen, man verwandle sie in eine Geschichte, in eine Kindererzählung. Der Ihrem Bruder schon wohlbekannte lange, lange Spruch: Viele Wörter sind auf -is Masculini generis: Panis, piscis, crinis, finis, Ignis, lapis, pulvis, cinis ꝛc. — lautet nach dieser Verwandlung (mit einiger Versetzung der Wörter) etwa so: „Es war einmal ein Schwert, und mit dem Schwert zerschnitt man Brod und das Brod gab man einem Fisch; der Fisch war ein Meerfisch, und der Meerfisch kam den Fluß herauf und von dem Fluß in den Kanal, und der Kanal war voller Pflugschaar gemacht, die Pflugschaar war von Stein und der Stein (seltsam!) im Feuer gehärtet, und das Feuer angefacht durch einen Blasebalg; und der Blasebalg machte Feuerbrand und der Feuerbrand machte Alles zu Asche; und die Asche war schwarz, wie Pulver, aber das Pulver fein wie Mehl und das Mehl lief eine Ratte und die Ratte hatte oben langes Haar und das Haar war wie Stride und die Stride in Bündel gebunden; und die Bündel hingen herab bis zu der Klaue und aus der Klaue lief Blut heraus und in dem Blut lief ein — Wurm herum und der Wurm war ein Holzwurm und der Holzwurm kam aus dem Thürpfosten und neben dem Thürpfosten standen Büschel und in den Büscheln war ein Prügel und mit dem Prügel konnte man einen Gebirgspfad hinaufklettern und auf dem Gebirgspfad kam man zu einem Hügel und auf dem Hügel stand ein Jägerneß und das Jägerneß stand schon viele Monate und die Monate hatten Jahre und Jahrbücher gegeben und die Jahrbücher waren so viele, als Samen in einer Wurste und mit der Wurst hat alles ein — Ende! Auch beim Memoriren z. B. eines Gedichtes wird das Heranziehen der Schlagwörter, die sodann in ähnlicher Weise combinirt werden, vom größten Nutzen sein.

Aber, welcher Unsinn! werden Sie sagen. Ich läugne es ja nicht; ihr pedantischer Gelehrter wird Zeter darüber schreien, aber troß alledem und alledem — machen Sie nur einmal eine Probe und dann eine Vergleichung! Dann werden Sie es mit mir bedauern, daß man uns in dem frischen, fröhlichen Kindesalter oft so gewaltig abdößte, während ein weit größeres Ergebniß um so viel leichter, unter Scherz und Humor, zu erringen war. Für heute genug!

Achter Brief.

Ihr fortdauerndes, ja durch die eigenen Erfolge gesteigertes Interesse für die Gedächtnißkunst ist mir von hohem Werthe, v. Fr. Ich noch mit weiteren Seiten und Anwendungen derselben bekannt zu machen.

Wir sind bereits auf dem Gebiete der Spracherlernung angekommen, welcher sich in unseren Tagen Niemand mehr entziehen kann. Neben Kenntniß der Grammatik aber brauchen wir auch eine Art von Lexikon oder Dictionnaire im Kopfe. Das Wörterlernen ist aber gleichfalls ein mühseliges Ding; wie kann man die Mühe erleichtern, den Jammer abkürzen und entfernen? Die Mnemonik erwiderst uns: „Thue nur grundsaßmäßig und in umfassender Weise, was Du in kleinem Maßstabe wahrscheinlich von jeher gethan hast! Baue Dir eine Brücke von der eigenen Sprache in die fremde, indem Du irgendwelche Beziehungen des Lautes, des Verstandes, des Bildes u. dgl. zwischen beiden aufsuchst. Lassen Sie mich wieder durch Beispiele sprechen und stoßen Sie sich nicht daran, wenn ich, einer Dame gegenüber, lateinische Beispiele vorziehe. Bei diesen bin ich am sichersten, daß Ihnen Alles unbekannt ist; die Probe wird daher am zuverlässigsten ausfallen. Ich wette also darauf, wenn Sie wollen, daß Sie wohl 25 und vielleicht noch weit mehr Wörter einer fremden Sprache nach einmaligem Vorlagen behalten müssen und zwar durch folgendes Verfahren:

primus	Primeln, Delmis, Primadonna	der erste
bellum	bell — was erfreut Galle Augen	Krieg
gero	ger — ein Ger auf der Schulter	tragen
reliquus	Reliquien, Uebersichtlich von Heil.	übrig
ferus	fer-us, feuriger Ofen!	wild
celeriter	cele-riter, schnelle Ritter	schnell
prædo	prædo, Bretlosen matra . . .	Zerräuber
mare	mar — mer	Meer
frango	frango, Frankreich darf man	aufbrechen
navis	na-vis, nach Alich (Meer) . .	Schiff
pato	pot, beim, bitten	bethören
exercitus	exercit	Armee
divitiæ	divit, dividiren, austheilen kann aus der	Reichthum
copiæ	cop, Kopf (innen Kopf braußen bei)	Truppen
longus	long, lang	lang
septingenti	sep, sieben — gent, cent (dreutner) hundert	Siebenhundert
adventus	advent, Advent (Ankunft des Herrn)	Zukunft
pecunia	pec-cul, mit Gld giebt nichts bes, aber	Geld
veritas	verl — Verdenträger, d. h. alte Traub dran	erfahren
salus	sal-us, und der Saal! braus!	Rettung
classis	clas — Glas ist im Sturm die bein!	Flotte
terra	terr — patterre, zur ebenen Erde	Erde
eques	eq-ues, es ist ein Ud gewesen; zu hei der;	Reiter
pedes	pedes, Verdes braucht man, Reiter und . . .	Fußgänger

Zu einer kleinen Probe genügt Obiges. Dabei bemerke ich nur, daß ich die Worte aus dem zufällig aufgeschlagenen zweiten Kapitel des Themistocles von Cornelius Nepos genommen und ohne viel Besinnen die Beziehungen so gesetzt habe, wie sie sich mir ungesucht und zunächst darboten. Jeder würde dabei vielleicht wieder andere finden und überall würden komische Dinge und Catembourgs der rarsten Sorte sich darunter befinden. Deßwegen möchte ich (wie auch noch aus weiteren Gründen) diese Methode nur in beschränkterem Maße für öffentliche Lehranstalten von größerer Schülerzahl empfehlen. Denn sobald etliche muthwillige junge Geister sich unter ihnen befänden, würde der Ernst des Lernens und die nothwendige Disciplin darunter leiden. Wo man es jedoch nur mit sich selbst oder einer sehr beschränkten Anzahl von Scholaren zu thun hat — und wo es sich lediglich darum handelt, schnell sich eine möglichst große Anzahl von Vocabeln einzuprägen, wird das fragliche Verfahren sich bei jedem Versuche als ein probates Mittel bewähren.

Für das praktische Bedürfniß des Laien, also auch für Sie, v. Fr., liegen wohl in dem bisher Mitgetheilten die wesentlichsten Fingerzeige vor. Ich will daher als Anhang Ihnen nur noch von einer Spielerei berichten, die nicht sehr schwer zu erlernen ist und doch einen gewissen Effekt hervorbringt. Nehmen Sie zwei Würfel, um zu versuchen, wie viele Würfe Sie zu behalten vermögen. So werden kaum sechs oder sieben sein und wenn man Sie examinirt, welches der fünfte, zweite, siebente, dritte ꝛc. sei, werden Sie ohne Zweifel in Verwirrung gerathen. Mehrere meiner Freunde, denen ich das Kunststück zeigte, wunderten sich höchlich, als ich nach ihrem so niedrig gebliebenen Vorgang unlängst das Gleiche bis an achtzig und hundert Würfe zu treiben und ohne alle Mühe auf Befragen jeden beliebigen Wurf, z. B. den siebenundbreißigsten, den achtzehnten, den vierundfünfzigsten ꝛc. zu nennen vermochte. Diese Sache beruht nun auf einer gewissen Art von Ortogedächtniß und wenn Sie das Gleiche auszuführen wünschen, müssen Sie eben — ich will die Zumuthung nicht auf den Bau einer Stadt oder nur einer Straße ausdehnen — aber Sie müssen sich wenigstens ein mnemonisches Zimmer einrichten. „Was soll das heißen?" werden Sie fragen. Ich werde es Ihnen im Folgenden erklären und bemerke nur noch, daß dessen Anwendbarkeit auch noch für andere Dinge feststeht.

Man erzählt von einem alten Griechen, Simonides, daß er in Folge eines sehr traurigen Anlasses die Mnemonit erfunden habe. Er speiste mit etlichen guten Freunden, wurde einen Augenblick herausgerufen und in demselben Augenblick stürzte das Dach ein und zerschmetterte alle Anwesenden so, daß die Leichname nicht mehr unterschieden werden konnten. Weil aber Simonides den Plaß jedes einzelnen Gastes sich gemerkt hatte, so wußte er aus demselben die einzelnen Erschlagenen zu benennen. Dieß, sagt man, führte auf die Mnemonit der Plätze, die allmählig ihre immer weitere Ausbildung erhielt, nachdem sie lange Zeit ziemlich unvollständig gewesen war. Um kurz zu sein: Sie nehmen sich etwa ihr tägliches Wohnzimmer und merken sich ein für allemal — ich will sagen hundert Plätze in demselben. Am besten folgen diese der selben in unmittelbarer Ordnung. Z. B. Nr. 1 ist ein Leuchter mit Licht auf einem Burrau, Nr. 2 ein daneben stehendes Entchen von Porcellan, Nr. 3 ein von einem Bauern, der anwesend ist, abgelegter Dreimasterhut, Nr. 4 eine an das Burrau gelehnte Bahße ꝛc. u. s. f. Sie bemerken selbst, daß zwischen der Zahl und dem Bilde irgend eine leicht Beziehung stattfindet. Nr. 10—20 placiren Sie vielleicht an die Wand in der Form von Porträts; Nr. 30—40 auf das Klavier, 40—50 in eine Schublade ꝛc. So wird demnach das Zimmer bis zu einer beliebigen Maße ausstaffirt, und diese Bilder müssen, wie gesagt, ganz fest in der Phantasie eingeprägt sein. Nun dividiren Sie also 1) 2, 6; 2) 3, 4; 3) 6, 1; 4) 3, 3 ꝛc. In Buchstaben umgesetzt heißt dieß: 1) n — r, 3) b—d, 4) m—m. In Wörtern gebildet 1) Nale, 2) Warm, 3) Bad oder Tied, 4. Mama. Diese Wörter bringen Sie zu Ihren stereotypen Bildern in eine, wenn auch noch so seltsame Verbindung, etwa folgende: 1) Eine Nase ist in's Licht hineingesteckt. 2) Das Entchen ist warm gemacht worden; 3) den Hut will ein Dieb holen; 4) die Mama spielt auf der Baßgeige 2c. Alle diese Curiositäten müssen Sie natürlich in der Phantasie ganz lebhaft und kräftig anschauen; dieß bedarf jedoch nur eines Momentes, um alsdann weiter zu gehen. Sollen Sie nachher vorwärts oder rückwärts sämmtliche Würste wieder benennen, oder will man den dreiundbreißigsten, den siebenundvierzigsten, kurz, irgend einen beliebigen von Ihnen wissen, so sehen Sie nur im Geiste Ihre stehenden Bilder an und gewiß fällt Ihnen nun beim Lichte die Nase ein, bei der Ente die Wärme, beim Dreißig der Dieb, bei der Baßgeige die Mama. Dann haben Sie nur aus diesen Wörtern einfach die Zahlen abzulesen und Ihr Publikum wird Sie vielleicht anstaunen, während Sie selbst über die Geringfügigkeit Ihrer Mühe lächeln oder erröthen.

Dieses Verfahren, wie überhaupt auch alle früheren aufgezählten Kunstwerke, haben die Virtuosen des Gedächtnisses bis zu einer ganz merkwürdigen Höhe gesteigert. Daß dieselben von Natur mit einer guten Gedächtnißkraft ausgestattet waren, läßt sich voraussehen, aber das Unbegreifliche leisteten sie durch ihre Kunst, die in geringerem Grade sich Jedermann aneignen kann. Und auch dieser geringere Grad hat seinen hohen Werth für das praktische Leben, wie z. B. Sie und ich nicht gerade die Fingerfertigkeit eines Fr. Liszt nöthig haben, um am Clavier uns zu ergötzen und eine Sonate von Haydn oder Mozart zu genießen. Ebenso ist es bei der Mnemonik. Wir brauchen uns nicht aus 20,000 Zahlenangaben der Geschichte und Geographie abfragen zu lassen, dennoch einen Quark von hundert unsinnig zusammengeworfenen Notizen uns vorlegen zu lassen, vielleicht obendrein eine halbe Seite Sanscrit zu behalten, eine Parthie Schach zu spielen, gleichfalls ohne auch nur einen Zug zu vergessen, — die Namen von einer Compagnie Soldaten uns zu merken, um Jeden alsbald wieder herauszufinden, auch wenn alle wirr durcheinanderlaufen. Solche Zaubereien müßte ein Reventlow, ein Kothe ausführen; für uns genügt es, für das Wenigere, was wir in Sprachen oder Realiädern zu erlernen wünschen, oder für diesen und jenen Fall des täglichen Lebens ein Hilfsmittel zu wissen, das uns bald in dieser, bald in jener Form angewendet, so wesentlich unterstützt, daß wir ihm gewiß nur dankbar sein werden, sobald wir es aus Erfahrung in seinem Werthe kennen gelernt haben.

Alles Menschliche ist freilich unvollkommen und hat seine zwei Seiten. Von der Mnemonik darf man keine Ausnahme erwarten. Ich habe Ihnen eine Schattenseite nicht verschwiegen, die darin besteht, daß manche für den nächsten Zweck nothwendige Combination irgendwelche Wunderlichkeiten und Ungeheuerlichkeiten mit sich führt, die sich mit der strengen Orthographie, Grammatik, Logik, Geschichte, ja mit den Regeln des guten Geschmacks und womit man hart urtheilen will, des hausbackenen gemeinen Menschenverstandes nicht immer vollständig verträgt und auf eine zügellose Phantasie hinzuwirken scheinen. Aber für diese Gebrechen fehlt ihr auch das Gegengewicht keineswegs. Denn wer sich ihrer Leistungen in höherem Maße freuen will, — und sie verdient dies sicherlich — der bedarf vor allem auch der Fähigkeit, rasch einen Gegenstand nach allen seinen Beziehungen zu überschauen, noch in höherem Maße ist es für ihn ein Bedürfniß, seinen Gedanken Anschaulichkeit und Lebendigkeit geben zu lernen; am nöthigsten aber ist ihm gewisse Festigkeit des Willens. Alles, was den Willen stören kann, ist auch ein geborener Feind der Gedächtnißkunst; Alles was den Willen frei macht, von Leidenschaften und kranker Empfindungen reinigt und ihm Kraft nach Innen verleiht, ist ihr Freund. Dadurch gewinnt unsere Sache sogar eine sittliche Seite: ja, ich nehme keinen Anstand zu behaupten, daß sie mit der Religion selbst in einer gewissen Verwandschaft steht. Ein Mensch, der sich im Pfuhl der Sünde wälzt, wird nach dem wahren Worte der Schrift ein Knecht der Sünde, mit dem Grade der Knechtschaft steigt seine Willenlosigkeit und wie manches Beispiel könnte beweisen, daß der Schaden dann vor Allem auch der Kraft des Gedächtnisses zu Tage kommt. Dagegen begegnen uns aber — und zwar selbst in den untersten Schichten der Gesellschaft — nicht selten Fälle, welche darthun, daß sogar höchst einfache, wenig begabte und ebensowenig geübte Menschen, denen es mit ihrer inneren sittlichen Reinigung, mit ihrer Frömmigkeit ein wirklicher Ernst ist, eben damit in auffallender Weise, besonders für die betreffenden Gegenstände, an Kraft des Gedächtnisses zunehmen und wachsen.

Und nun, v. Fr., denke ich, mein Versprechen hinreichend gelöst zu haben. Es ist mir noch übrig, Ihnen für die bewiesene Geduld meinen besten Dank abzustatten; den Lohn hierfür werden Sie in Ihrem eigenen mnemonischen Erfolgen, wie ich hoffte, nach kurzer Uebung finden. Also nur noch die Bitte, mich gleichfalls unter die Gegenstände aufzunehmen, welche Sie nicht zu vergessen wünschen. Leben Sie wohl!

Druck von C. Hoffmann in Stuttgart.

MONDNACHT.

SKIZZE FÜR DAS PIANOFORTE

VON

LUDWIG STARK.

Verlag von Kraus und Hoffmann in Stuttgart.

MONDNACHT.

L. Stark. Op. 29.

5

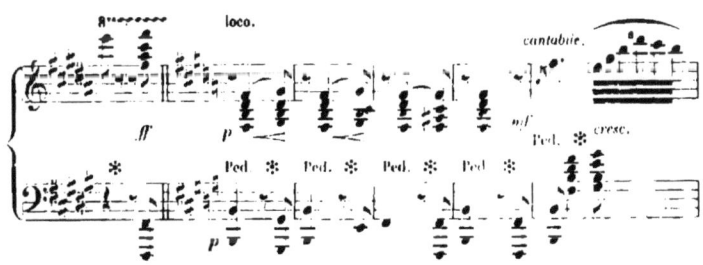

Druck von Breitkopf und Härtel in Leipzig.